2024 SD에듀

스포츠지도사
2급 필기 한권으로 끝내기

SD에듀

(주)시대고시기획

합격생 이＊금

60이라는 나이에도 합격했습니다!

나이가 있어서 필기 공부를 마음 먹기까지 망설임이 있었지만 방선영 쌤의 귀에 쏙쏙 들어오는 무료 동영상을 듣고 주저없이 인터넷 강의를 신청했습니다. 비전공자로서 수험서만으로는 이해에 한계가 있고, 돌아서면 금방 잊어버렸는데 동영상 강의를 듣고나니 이해가 잘 되고, 암기법도 재미있어 기억에 남고 시험공부에 큰 도움이 되었습니다. 결과는 평균 80점 이상의 고득점을 받게 되었어요.^^ SD에듀와 방선영 선생님께 감사인사를 드립니다. 스포츠지도사 자격증을 준비하시는 분들이라면 SD에듀를 선택하라고 자신있게 말씀드릴 수 있습니다. 체육전공자가 아닌 저도 충분히 합격을 해냈으니까요. 파이팅입니다!

합격생 공＊성

기출문제집 반복학습으로 합격했어요!

"합격을 향한 여정에 지름길은 없습니다. 꾸준한 기출문제 풀이가 합격을 보장합니다."라는 말에 믿음이 생겨 스포츠지도사 실전문제집을 선택하게 되었습니다. 기출분석, 출제비중, 출제빈도표 및 꿀팁까지 상세하게 기재되어 있어 과목 선택에도 큰 도움을 받았습니다. 특히 작년 기출과 개념문제 500제를 시간이 될 때마다 읽어보고, 기출문제 해설 강의를 들으면서 공부하여 합격했습니다. 정말 감사했습니다!

합격생 정＊찬

직장인도 합격할 수 있습니다!

저는 이전에 다른 출판사 교재로 독학을 실패한 경험이 있어 이번에는 강의를 적극적으로 활용했습니다. 네이버에 검색해서 나온 SD에듀 스포츠지도사 강의는 굉장히 체계적이고 학습진도율을 볼 수 있어서 매일의 동기부여가 되었습니다. 저는 강의를 하루에 하나는 무조건 학습한다는 목표로 공부했습니다. 시험 한 달 전에는 20일 단기완성 개념을 강의와 함께 학습했고, 시험 5일 전부터 모의고사를 해설강의와 함께 학습하였습니다. 다 푼 뒤에 모두 지우고 다시 한번 풀어보는 것을 시험 전날까지 반복했습니다. 시험 당일에는 시험장에서 교재에 포함되어있던 기출 족보를 활용해 한 문제라도 더 맞힐 수 있도록 했습니다. 결과는 합격! 학교 다닐 때 공부를 잘하는 편이 아니었던 저도 SD에듀 인강과 함께하니 합격할 수 있었습니다. 저의 글이 누군가에게 도움이 되길 바랍니다. 여러분도 할 수 있습니다! 모두 파이팅하세요. 마지막으로, SD에듀 강사님들 모두 감사합니다!

머리말

건강한 삶에 대한 현대인의 관심이 커지면서, 남녀노소를 가리지 않고 모든 국민의 스포츠활동 참여가 증가하고 있습니다. 이에 따라 스포츠활동을 체계적으로 관리해줄 스포츠지도사의 필요성 역시 강조되고 있습니다.

스포츠지도사는 최우선적으로 스포츠 참가자들의 건강 증진과 삶의 질 향상에 힘씁니다. 이에 더해 사람들이 스포츠에 참여하도록 동기를 부여하고, 스포츠 참여 증진을 위한 여러 사업을 지도하고 관리하기도 합니다. 이와 같은 측면에서 스포츠지도사는 스포츠 활성화와 사회의 스포츠 문화를 주도하는 중책을 맡고 있다고 할 수 있습니다.

스포츠지도사의 필요성과 중요성이 해마다 늘어갈수록 스포츠지도사 시험 또한 난이도가 올라가고 있습니다. 2016년경부터 시험이 서서히 어려워지기 시작했고, 2019~2021년 3년 연속으로 상당한 난이도의 문제들이 출제되었습니다. 해마다 과목별로 난이도가 들쑥날쑥하고 지엽적인 지식을 묻는 문제 또한 다수 등장하였습니다. 따라서 수험생 여러분들은 과목의 난이도를 고려하여 선택과목을 결정하기보다는 자신이 흥미를 가지는 분야를 선택하는 것을 추천드립니다.

다음은 수험생들의 효과적인 학습과 성공적인 합격을 위하여 본 도서에서 개정한 사항입니다.

---

❶ 최신 출제경향을 철저하게 분석하여 이론을 더욱 보강하였습니다.
❷ 출제경향에 맞춘 OX문제와 기출 POINT를 배치하여 효과적인 학습을 도모하였습니다.
❸ 기출문제 옆에 유사 유형의 문제가 과거에 출제되었던 연도를 표시하여 문제의 중요성을 한눈에 알아볼 수 있도록 하였습니다.
❹ 최근 3개년 기출문제를 상세한 해설과 함께 수록하였습니다.

본 도서가 스포츠지도사 자격시험을 준비하는 수험생들에게 효과적인 학습의 길잡이이자 든든한 디딤돌이 되기를 바랍니다. 더 나아가 본 교재가 대한민국 스포츠 문화 진흥을 위한 작은 시발점이 되기를 바랍니다.

편저자 일동

2023년 시험 82% 적중!

2023년도 필기시험의 난이도는 어려운 편이었습니다. 쉽지 않은 시험이지만 SD에듀의 도서는 82%라는 높은 적중률을 보였습니다. 평균 60점 이상을 획득하면 되는 절대평가 시험이므로 책을 따라 꾸준히 학습한다면 합격을 경험할 수 있을 것입니다. 2024년, 새롭게 준비한 〈스포츠지도사 2급 필기 한권으로 끝내기〉을 통해 스포츠지도사 합격을 경험하시기 바랍니다.

다음은 2023년 4월 29일 시행된 전문ㆍ생활 스포츠지도사 2급 필기시험에 출제된 내용 중 〈2023 스포츠지도사 한권합격〉 도서에 수록되어 있는 부분을 정리한 자료입니다.

문제 번호	도서 내 개념 위치(아래 내용은 2023년판 도서를 기준으로 작성하였습니다)				
	스포츠사회학	스포츠교육학	스포츠심리학	한국체육사	운동생리학
1번	160p	–	6p	370p	92p
2번	156p	298p	37p	–	107p
3번	184p	–	10p	373p	99p
4번	175p	291p	–	374p	–
5번	145p	354p	17p	375p	105p
6번	176p	–	18p	375p	120p
7번	164p	274p	64p	376p	–
8번	165p	259p	40p	378p	119p
9번	–	298p	–	378p	–
10번	178p	293p	–	378p	100p
11번	151p	–	14p	380p	115p
12번	170p	–	11p	381p	95p
13번	167p	–	–	383p	97p
14번	182p	–	62p	384p	102p
15번	185p	284p	36p	386p	119, 120p
16번	181p	–	–	389p	–
17번	172p	–	40p	392p	110p
18번	147p	–	15p	393p	111p
19번	164p	276p	26p	392p	–
20번	179p	254p	39p	394p	106p
적중률	95%	50%	75%	95%	75%

문제 번호	도서 내 개념 위치(아래 내용은 2023년판 도서를 기준으로 작성하였습니다)				
	운동역학	스포츠윤리	특수체육론(2권)	유아체육론(2권)	노인체육론(2권)
1번	202p	334p	4p	63p	93p
2번	107p, 227p	327p	28p	67p	111p
3번	215p	338p	–	73p	104p
4번	234p	328p	9p	78p	96p
5번	206p	–	10p	68p	110p
6번	209p	327p	10p	66p	107p
7번	210p	349p	–	74p	98p
8번	216p	335p	25p	68p	97p
9번	223p	327p	13p	94p	104p
10번	–	334p	–	67p	115p
11번	222p	350p	34p	–	–
12번	230p	336p	–	75p	95p
13번	–	329p	41p	–	110p
14번	228p	339p	65p	74p	102p
15번	–	–	26p	71p	113p
16번	212p	333, 334p	38p	10p	101p
17번	224p	354p	42p	69p	116p
18번	216p	350p	–	83p	96p
19번	227p	337p	44p	69p	95p
20번	211p	355p	–	81p	96p
적중률	85%	90%	70%	90%	95%

1과목 스포츠심리학

최근 기출 분석(2023년 기출)

스포츠심리학은 작년처럼 난이도가 있어 쉽게 풀 수 없는 문제들로 출제되었다. 내용 자체는 기존과 비슷했지만, 기존 이론을 주장한 학자들의 이름이 다수 언급되어 수험생들에게 혼란을 주었을 것이라 생각한다. 특히 지엽적으로도 출제된 문제가 있어 과목별 날개 부분을 놓치지 않고 학습해야 한다. 2022년과 마찬가지로 [인간운동행동의 이해]와 [스포츠수행의 심리적 요인] 파트에서 많은 문제가 출제되었다. 심리학은 때로 이론을 모르더라도 단어의 의미를 통해 유추해 볼 수 있어 신중하게 접근하는 태도가 필요하다. 2024년 스포츠지도사 취득을 위하여 반드시 중요하게 학습해야 한다.

출제비율(2018~2023년) ※ 출제비중은 소수점 첫째자리에서 반올림 하였습니다.

- 스포츠심리학의 개관
- 인간운동행동의 이해
- 스포츠수행의 심리적 요인
- 스포츠수행의 사회심리적 요인
- 운동심리학
- 스포츠심리상담

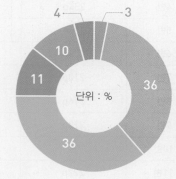

단위 : %

출제빈도표(2018~2023년)

구 분	2023	2022	2021	2020	2019	2018	합 계
스포츠심리학의 개관	1	–	1	–	1	1	4
인간운동행동의 이해	10	8	5	9	6	5	43
스포츠수행의 심리적 요인	6	5	7	7	9	9	43
스포츠수행의 사회심리적 요인	3	2	2	2	2	2	13
운동심리학	–	4	3	1	1	3	12
스포츠심리상담	–	1	2	1	1	–	5

2과목 운동생리학

✿ 최근 기출 분석(2023년 기출)

운동생리학은 생소한 용어가 다수 등장하기 때문에 어렵게 체감되지만 효과적인 트레이닝을 위해서 반드시 학습해야 하는 과목이기도 하고, 2023년 기출처럼 다른 과목들이 어렵게 출제되는 경우 비교적 무난한 난이도를 유지하는 과목으로 평가되기도 한다. 2023년 기출의 경우 전반적으로 용어에 대한 정의와 내용을 이해하고 있다면 어렵지 않게 풀 수 있는 문제들로 출제되었다. 단원별로 중요한 내용들이 골고루 출제되었고, 지문이 길지 않았다. 2022년도와 같이 텍스트로 출제되던 이론이 그래프 형태로 출제된 문제가 두 문제 있었다. 단순 암기만 해서는 그래프를 해석하기 어려우므로 이해를 수반한 학습이 필요하다. 운동생리학은 단원별 중요 단어를 중심으로 내용 이해를 잘 해두면 대체적으로 무난한 편이니 전략적으로 선택하는 것도 추천한다.

✿ 출제비율(2018~2023년) ※ 출제비중은 소수점 첫째자리에서 반올림 하였습니다.

■ 운동생리학의 개관
■ 에너지 대사와 운동
■ 신경조절과 운동
■ 골격근과 운동
■ 내분비계와 운동
■ 호흡 · 순환계와 운동
■ 환경과 운동

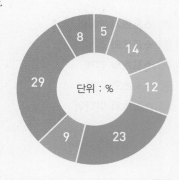

단위 : %

8, 5, 14, 12, 23, 9, 29

✿ 출제빈도표(2018~2023년)

구 분	2023	2022	2021	2020	2019	2018	합 계
운동생리학의 개관	1	2	–	–	2	1	6
에너지 대사와 운동	5	2	2	2	3	3	17
신경조절과 운동	3	2	4	2	1	2	14
골격근과 운동	4	4	4	7	5	4	28
내분비계와 운동	1	2	2	2	2	2	11
호흡 · 순환계와 운동	4	7	5	7	6	6	35
환경과 운동	2	1	3	–	1	2	9

3과목 스포츠사회학

✿ 최근 기출 분석(2023년 기출)

스포츠사회학의 경우 대부분의 문제가 도서에 설명되어 있고 과년도 기출에 충실하게 출제되어 어렵지 않게 풀 수 있었을 것으로 생각한다. 스포츠사회학은 생소한 학자를 등장시켜 문제 난이도를 조절하는 경향이 있었으나 2023년에는 새로 등장한 학자가 없었고, 두 문제가 전항정답, 복수정답 처리되었다. 2023년 기출의 경우 모든 파트에서 비슷한 비중으로 문제가 출제 되었으나 [스포츠와 일탈] 파트에서 4문제가 출제되었다. 매년 출제되던 '교육현장에서 스포츠의 순기능, 역기능'이 2022년에는 출제되지 않았다가 2023년 '스포츠 일탈의 순기능, 역기능'으로 출제되었다. 스포츠사회학은 과목 자체의 난이도가 높지 않은 편이기 때문에 고득점을 위한 전략과목으로 선택하는 것을 추천한다.

✿ 출제비율(2018~2023년) ※ 출제비중은 소수점 첫째자리에서 반올림 하였습니다.

- ■ 스포츠사회학의 이해
- ■ 스포츠와 정치
- ■ 스포츠와 경제
- ■ 스포츠와 교육
- ■ 스포츠와 미디어
- ■ 스포츠와 사회계층
- ■ 스포츠와 사회화
- ■ 스포츠와 일탈
- ■ 미래사회의 스포츠

단위 : %

✿ 출제빈도표(2018~2023년)

구 분	2023	2022	2021	2020	2019	2018	합 계
스포츠사회학의 이해	1	2	2	2	3	2	12
스포츠와 정치	2	3	3	3	4	2	17
스포츠와 경제	2	2	2	1	5	2	14
스포츠와 교육	1	2	1	1	1	2	8
스포츠와 미디어	3	3	1	3	1	3	14
스포츠와 사회계층	2	2	2	2	2	2	12
스포츠와 사회화	3	2	2	3	2	3	15
스포츠와 일탈	4	2	4	4	2	3	19
미래사회의 스포츠	2	2	3	1	-	1	9

4과목 운동역학

✿ 최근 기출 분석(2023년 기출)

운동역학은 계산문제가 있어 수험생들이 기피하는 과목이다. 하지만 과년도 기출에서 크게 벗어나지 않고 평이하게 나오던 기존과 같이 개념서를 충분히 이해했다면 응용하여 맞힐 수 있는 문제들이었다. 다만 운동생리학의 개념이 유관으로 출제되어 당황한 수험생이 있었을 것으로 생각된다. 매년 출제되던 '운동역학의 연구 목적'은 형태를 바꿔서 출제되었고 '인체의 무게중심', '인체 지레'는 이전처럼 출제되어 앞으로도 학습에 있어 필수적인 내용으로 보인다. [운동역학의 스포츠 적용] 파트에서 가장 많이 출제되었으며, 나머지 모든 파트에서 비교적 비슷한 비중으로 출제가 되고 있다. 운동역학은 운동과 그 원인이 되는 힘 사이의 법칙에 관련한 이해도를 묻는 문제가 매년 나오고 있어 이해도를 중심으로 공부해야 한다.

✿ 출제비율(2018~2023년) ※ 출제비중은 소수점 첫째자리에서 반올림 하였습니다.

■ 운동역학 개요
■ 운동역학의 이해
■ 인체역학
■ 운동학의 스포츠 적용

■ 운동역학의 스포츠 적용
■ 일과 에너지
■ 다양한 운동기술의 분석

단위 : %

13, 5, 10, 16, 13, 30, 12

✿ 출제빈도표(2018~2023년)

구 분	2023	2022	2021	2020	2019	2018	합 계
운동역학 개요	1	1	1	–	2	1	6
운동역학의 이해	2	1	2	1	4	2	12
인체역학	3	2	3	3	3	2	16
운동학의 스포츠 적용	2	2	2	4	2	2	14
운동역학의 스포츠 적용	6	8	3	6	4	9	36
일과 에너지	4	2	6	3	2	2	19
다양한 운동기술의 분석	2	3	3	3	3	2	16

5과목 스포츠교육학

✿ 최근 기출 분석(2023년 기출)

스포츠교육학은 [스포츠교육의 지도방법론] 파트에서 집중적으로 문제가 출제되었다. 매년 출제되다가 2022년에는 출제되지 않았던 '모스턴의 교수 스타일'은 두 문제가 출제되어 앞으로도 중요하게 학습해야 할 것으로 보인다. 또한 개정되어 출제 확률이 높았던 「학교체육진흥법」과 「스포츠기본법」을 포함한 법령 문제가 세 문제 등장해 체감 난이도가 높았을 것으로 예상된다. 생소한 학자와 새로운 개념도 등장해 혼란스러웠을 수 있지만, 개념 자체는 어렵지 않아 개념을 충분히 이해하는 것이 중요하다. 스포츠교육학은 매년 [스포츠교육의 지도방법론] 파트에서 과반에 가까운 문제가 출제되고 있어 집중해서 학습하는 것이 좋다.

✿ 출제비율(2018~2023년) ※ 출제비중은 소수점 첫째자리에서 반올림 하였습니다.

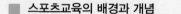

- ■ 스포츠교육의 배경과 개념
- ■ 스포츠교육의 정책과 제도
- ■ 스포츠교육의 참여자 이해론
- ■ 스포츠교육의 프로그램론
- ■ 스포츠교육의 지도방법론
- ■ 스포츠교육의 평가론
- ■ 스포츠교육의 전문적 성장

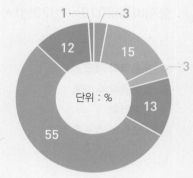

단위 : %

✿ 출제빈도표(2018~2023년)

구 분	2023	2022	2021	2020	2019	2018	합 계
스포츠교육의 배경과 개념	–	–	1	–	1	1	3
스포츠교육의 정책과 제도	3	5	2	2	3	3	18
스포츠교육의 참여자 이해론	–	–	2	–	–	1	3
스포츠교육의 프로그램론	2	3	4	1	3	3	16
스포츠교육의 지도방법론	11	10	9	14	11	11	66
스포츠교육의 평가론	3	2	2	3	3	1	14
스포츠교육의 전문적 성장	1	–	–	–	–	–	1

6과목 스포츠윤리

⚙ 최근 기출 분석(2023년 기출)

스포츠윤리는 기존의 방식대로라면 어렵게 출제될 것으로 예상하는 사람들이 많았는데, 거의 모든 문제가 수험서의 기본 개념으로 풀 수 있는 쉬운 문제들이었고, 기본적으로 쉬운 과목이라 전략적으로 선택한 수험생들에게 좋은 선택이었을 것으로 예상된다. 과년도 기출과 같이 [스포츠 윤리]와 [경쟁과 페어플레이] 파트에서 많은 문제가 출제되었다. '스포츠윤리센터'와 관련한 문제는 다른 과목에도 출제가 되어, 법령을 확인해보는 것이 좋다. 2023년 기출에도 '차별'과 관련한 문제가 세 문제 출제되어 앞으로도 중요하게 학습해야 하며, 과목 자체의 난이도가 높지 않아 전략과목으로 선택하는 것을 추천한다.

⚙ 출제비율(2018~2023년) ※ 출제비중은 소수점 첫째자리에서 반올림 하였습니다.

■ 스포츠와 윤리
■ 경쟁과 페어플레이
■ 스포츠와 불평등
■ 스포츠 환경윤리와 동물윤리

■ 스포츠와 폭력
■ 경기력 향상과 공정성
■ 스포츠와 인권
■ 스포츠 조직과 윤리

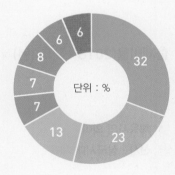

단위 : %

32 23 13 7 7 8 6 6

⚙ 출제빈도표(2018~2023년)

구 분	2023	2022	2021	2020	2019	2018	합 계
스포츠와 윤리	5	5	7	8	7	6	38
경쟁과 페어플레이	4	6	6	2	3	6	27
스포츠와 불평등	3	3	2	4	1	2	15
스포츠 환경윤리와 동물윤리	2	1	–	2	2	1	8
스포츠와 폭력	1	1	2	1	2	1	8
경기력 향상과 공정성	3	1	1	2	2	1	10
스포츠와 인권	–	2	2	–	2	1	7
스포츠 조직과 윤리	2	1	–	1	1	2	7

7과목 한국체육사

✿ 최근 기출 분석(2023년 기출)

한국체육사는 윷놀이, 축국, 수박, 궁술, 태권도 등 특정 체육활동을 묻는 문제들이 많이 출제되었고, 대부분의 문제가 어렵지 않게 출제되었다. 2022년도 기출과 동일한 키워드의 문제가 많아 체감 난이도 또한 무난했을 것으로 생각한다. [한국 근 · 현대 체육] 파트에서 가장 많은 문제가 출제되었고, '국제대회'에 대한 문제가 3문제 출제되었다. 올림픽 뿐만 아니라 아시아경기 등에 대해서도 '한국의 국제대회 출전 기록'은 학습하는 것이 필요하다. 특히 개화기 관련 내용이 5문제나 출제되었다. '개화기의 체육단체'는 헷갈리는 내용으로, 주요활동을 정확히 알아두는 것이 좋다. 한국체육사는 중요하게 출제되는 파트가 반복되기 때문에 전략과목으로 선택하는 것을 추천한다.

✿ 출제비율(2018~2023년) ※ 출제비중은 소수점 첫째자리에서 반올림 하였습니다.

■ 체육사의 의미　　　■ 고려 · 조선시대 체육
■ 선사 · 삼국시대 체육　　　■ 한국 근 · 현대 체육

단위 : %

✿ 출제빈도표(2018~2023년)

구 분	2023	2022	2021	2020	2019	2018	합 계
체육사의 의미	1	2	2	–	1	2	8
선사 · 삼국시대 체육	4	3	3	2	2	4	18
고려 · 조선시대 체육	5	5	5	6	5	4	30
한국 근 · 현대 체육	10	10	10	12	12	10	64

편집자의 팁

1 학습은 선택과 집중!

시간이 여유롭다면 전체 과목을 대비하는 것도 좋은 방안이 될 수 있지만, 부족한 시간을 쪼개어 학습하는 수험생들에게 이는 매우 비효율적인 방법입니다. 자신이 고득점을 획득할 수 있는 과목을 선정하여 더 많은 시간을 투자하고, 자신이 부족한 과목은 과락을 면할 수 있도록 준비해야 합니다. 만점을 받는 시험이 아니라 기준점을 넘기기 위한 시험이라는 점을 숙지하여야 합니다.

2 커뮤니티를 활용하자!

일반적인 시험은 상대평가이기에 다른 수험생들을 경쟁자로 여기고 경계하기도 합니다. 하지만 스포츠지도사 시험은 절대평가이며, 서로의 정보를 공유하는 것이 좋은 학습 방법이 될 수 있습니다. 이를 통해 떨어진 학습 동기를 고취시킬 수도 있고, 자신이 미처 몰랐던 사실을 확인할 수도 있습니다. 특히, 전문자격 학습 카페 시대로(cafe.naver.com/sdwssd)를 이용하시면 정확하고 빠른 답변을 받으실 수 있습니다.

3 기계적인 암기는 피해라!

자격증 시험을 준비하는 대부분의 수험생들이 도서의 내용을 기계적으로 암기합니다. 하지만 실제 문제는 암기한 내용을 비틀거나 응용해서 출제되기 때문에 단순 암기만으로는 한계가 있습니다. 각 이론의 원리를 파악하고, 왜 그렇게 되는지 고민해보는 시간이 반드시 필요합니다. 이 과정을 통해 각종 응용문제뿐 아니라, 새로이 출제되는 개념까지도 추론하여 해결할 수 있을 것입니다.

4 자신의 페이스를 찾자!

스포츠지도사의 경우 준비 기간이 한 달에서 수개월에 이르기까지 다양합니다. 심지어 기존에 학습한 부분이 있는 전공자의 경우 며칠 만에 합격하기도 합니다. 하지만 '다른 사람은 일주일 만에 붙었는데..' 와 같은 생각으로 스스로를 깎아내릴 필요는 전혀 없습니다. 공부도 운동과 같이 배우고 숙달하는 데 걸리는 시간에 개인차가 있습니다. 중요한 것은 빠른 합격이 아닌, 정확하고 확실한 합격입니다. 이를 위해서는 자신의 실력과 학습 속도, 현재 배경지식의 수준을 생각해서 자신에게 맞는 학습전략과 학습계획을 세우는 것이 중요합니다.

5 절대 자신감을 잃지 말자!

늘 할 수 있다는 마음으로 하루하루 꾸준히 공부하는 것이 중요합니다. 결코 쉽지 않은 시험이지만, 자신을 믿는다면 반드시 합격할 수 있을 것입니다. 매일의 노력들은 결국 합격이라는 달콤한 열매가 되어 돌아올 것입니다. 우리 모두는 할 수 있습니다!

Q&A

 체육지도자란 무엇인가요?

 체육지도자란 학교 · 직장 · 지역사회 또는 체육단체 등에서 체육을 지도할 수 있도록 「국민체육진흥법」에 따라 해당 자격을 취득한 사람을 말합니다.

 스포츠지도사 자격증의 분류는 어떻게 되나요?

 자격증의 특성에 따라서 전문 스포츠지도사, 생활 스포츠지도사, 유소년 스포츠지도사, 노인 스포츠지도사, 장애인 스포츠지도사로 나뉘며, 전문/생활/장애인 스포츠지도사는 1급과 2급으로 세분화 됩니다.

 시험일정은 어떻게 되나요?

 필기시험은 특별한 이유가 없는 한 매년 5월경에 치러집니다. 원서접수는 시행공고가 올라온 날짜로부터 대략 일주일 정도 후에 진행되고, 고사장은 선착순으로 접수되므로 최대한 빠르게 접수하는 것이 좋습니다. 시험일로부터 한 달 후 합격자가 발표되고 직후에 바로 실기 · 구술시험 접수가 시작됩니다. 실기 · 구술시험 또한 고사장별 선착순으로 접수됩니다. 실기 · 구술시험까지 합격하였다면 이후 연수 과정을 거쳐 스포츠지도사 자격증을 취득할 수 있습니다.

 필기시험에 대해 말해주세요.

 필기시험은 객관식이며 과목당 20문항이 출제됩니다. 과목선택은 필기시험 검정일에 OMR카드에 원하는 과목을 선택하면 됩니다. 시험시간은 1급류 80분, 2급류(노인, 유소년, 장애인) 100분입니다. 시험은 연 1회 시행되며 일정은 국민체육진흥공단 체육지도자 홈페이지에 공고됩니다. 시험 응시료는 18,000원입니다.

시험과목은 어떻게 되나요?

 선택과목은 2급 전문/2급 생활/2급 장애인/노인/유소년 스포츠지도사 모두 동일하게 '스포츠심리학, 운동생리학, 스포츠사회학, 운동역학, 스포츠교육학, 스포츠윤리, 한국체육사'로 7과목입니다. 2급 전문/2급 생활 스포츠지도사는 선택과목에서 다섯 과목을 선택하며, 노인/유소년/2급 장애인 스포츠지도사는 개별 필수과목 한 과목에 선택과목 네 과목을 포함한 다섯 과목으로 시험이 치러집니다.

 스포츠지도사 필기시험의 합격조건은 어떻게 되나요?

 과목마다 만점의 40% 이상 득점하고, 전 과목 평균 60% 이상 득점해야 합니다.

 스포츠지도사 합격자 수는 얼마나 되나요?

구 분	2급 전문 스포츠지도사	2급 생활 스포츠지도사	유소년 스포츠지도사	노인 스포츠지도사	2급 장애인 스포츠지도사
2022년	2,083	13,261	1,700	2,449	1,060
2021년	4,005	16,535	2,047	3,148	1,940
2020년	2,305	14,750	196	1,111	1,666
2019년	1,296	12,638	231	874	837
2018년	1,337	13,013	269	813	866

이 책의 구성

ⓒ 심리적 연습
- 운동학습과 수행을 촉진하기 위한 목적으로 대근운동이 일어나○ 과제를 상징적·인지적·언어적으로 예행 연습하는 것을 말○
- 심리적 연습은 운동 요소보다는 인지 요소에 더 많은 영향을 받○ 초기 단계와 숙련 단계에서 효과적이다.

⑤ 맥락간섭
ⓒ 연습 시 개입된 사건이나 경험으로 인하여 발생하는 문제에 때문에○ 방해를 받는 것을 말한다.
ⓒ 맥락간섭 효과 : 운동기술을 연습하는 상황에서, 운동기술에 포함○ 간의 간섭 현상이 발생하는 것을 말한다.
ⓒ 구획연습과 무선연습에 의해 맥락간섭 효과의 크기가 달라진다.
ⓔ 맥락간섭이 높으면 운동수행의 효과가 낮게 나타나지만, 운동 수행의 파지와 전이에 효과적이다.

기출 POINT

구스리(E. Guthrie)가 제시한 운동기술 학습으로 인한 변화 [23]
최소한의 움직임 시간과 에너지를 소비하여 최대의 확실성을 갖고 목표를 달성할 수 있는 능력

출제되었던 문제의 중요 키워드를 기출 POINT로 자세하게 학습할 수 있습니다.

개념 플러스

운동기술의 일차원적 분류체계

환경의 안정성	폐쇄 운동기술	환경의 변화가 없는 운동으로, 자기 조절에 따○ 점을 선택할 수 있다. 예 사격, 양궁, 체조 등
	개방 운동기술	변화하는 환경 속에서 수행하는 운동이다. 예 농구, 축구 등 대부분의 운동 종목
움직임의 연속성	불연속적 운동기술	운동기술에 시작과 끝이 존재하며, 연속되지 않○을 지닌다. 예 던지기, 받기, 차기 등
	계열적 운동기술	단계적 운동기술이 하나의 운동기술로 표현되○ 예 체조, 연기, 야구의 수비기술 등
	연속적 운동기술	특정 움직임이나 운동기술이 계속적으로 반복되는 특성이다. 예 달리기, 수영, 사이클 등
움직임에 동원되는 근육의 크기	대근육 운동기술	운동수행에 사용되는 근육의 크기에 따른 분류로서, 운동기술은 대○

OX문제

운동기술을 과제의 난이도, 환경의 안정성, 움직임의 연속성에 따라 분류하는 것은 일차원적 분류체계에 해당한다. (O, X)

정답 X

2017~2023년도 기출문제를 반영한 OX문제를 통해 빠르게 이론을 복습할 수 있습니다.

개념 플러스

운동기술의 일차원적 분류체계

환경의 안정성	폐쇄 운동기술	환경의 변화가 없는 운동으로, 자기 조절에 따라 운동수행 시작점을 선택할 수 있다. 예 사격, 양궁, 체조 등
	개방 운동기술	변화하는 환경 속에서 수행하는 운동이다. 예 농구, 축구 등 대부분의 운동 종목
움직임의 연속성	불연속적 운동기술	운동기술에 시작과 끝이 존재하며, 연속되지 않고 단발적인 특성을 지닌다. 예 던지기, 받기, 차기 등
	계열적 운동기술	단계적 운동기술이 하나의 운동기술로 표현되는 특성이다. 예 체조, 연기, 야구의 수비기술 등
	연속적 운동기술	특정 움직임이나 운동기술이 계속적으로 반복되는 특성이다. 예 달리기, 수영, 사이클 등
움직임에 동원되는 근육의 크기	대근육 운동기술	운동수행에 사용되는 근육의 크기에 따른 분류로서, 운동기술은 대근육, 소근육 운동기술이 복합적으로 어우러진다.
	소근육 운동기술	

심화학습에 필요한 이론을 선정해 개념 플러스로 구성했습니다.

젠타일(A. Gentile)의 이차원적 운동기술분류
환경적 맥락 조절 조건과 동작 간 가변성에 근거를 두고 운동기술과 관련이 있는 환경 정보와 그렇지 않은 정보를 구분해나가는 것이다. 날아오는 공의 궤적이나 회전과 같이 운동수행에 영향을 주는 환경적 조건을 조절 조건이라 하고, 공의 색깔이나 주변 배경의 상태 등과 같이 운동수행에 영향을 주지 않는 환경 조건을 비조절 조건이라 한다. 학습자는 이러한 환경 조건을 구분하여 필요한 정보는 받아들이고,

---

1과목 스포츠심리학

01 출제예상문제

01 다음 중 스포츠심리학의 정의로 옳지 않은 것은?

① 스포츠상황에서 일어나는 인간행동과 관련되는 여러 가지 문제에 대한 해답을 추구하는 스포츠과학의 한 분야
② 스포츠 수행, 운동기능의 수행에 영향을 미치는 심리적·사회적 요인 및 그 과정을 규명
③ 스포츠, 체력 그리고 체육 프로그램의 내용과 과정 및 결과를 분석
④ 운동수행능력을 높이기 위한 행동과학을 연구

해설
스포츠, 체력, 체육 프로그램의 내용과 과정 및 결과 분석은 스포츠교육학의 분야에 해당된다.

03 다음 보기의 폐쇄회로 이론의 개념 중 옳은 설명을 모두 고른 것은?

㉠ 체계가 실행해야 할 목표가 설정됨
㉡ 피드백이 없어도 인간의 운동은 정상적으로 발생
㉢ 매우 빠른 움직임과 관련됨
㉣ 지시가 미리 설정되어 있어 그것이 환경에 미치는 영향에 관계없이 실행
㉤ 참조기제에 에러가 계산됨

① ㉠, ㉡ 　② ㉠, ㉡, ㉢
③ ㉢, ㉣, ㉤ 　④ ㉠, ㉣, ㉤

해설

> ▶ 과목 학습이 끝난 후 출제경향을 반영한 예상문제를 통해 자신의 실력을 점검할 수 있습니다.

2급 전문·생활 스포츠지도사

2023 선택과목 기출문제

· 정답과 해설 509p

01 스포츠사회학

01 〈보기〉에서 스포츠의 교육적 순기능으로만 묶인 것은?

㉠ 학교와 지역사회의 통합
㉡ 평생체육의 연계
㉢ 스포츠의 상업화
㉣ 학업활동의 격려
㉤ 참여기회의 제한
㉥ 승리지상주의

① ㉠, ㉡, ㉢ 　② ㉠, ㉡, ㉣
③ ㉡, ㉢, ㉥ 　④ ㉡, ㉢, ㉥

03 〈보기〉에서 설명하는 스포츠 세계화의 원인은?

'코먼웰스 게임(Commonwealth Games)'은 영연방국가들이 참가하는 스포츠 메가 이벤트로, 영연방국가의 통합에 기여하는 측면이 있다. 영국의 스포츠로 알려진 크리켓과 럭비는 대부분 영국의 식민지였던 영연방국가에서 인기가 있다.

① 제국주의
② 민족주의
③ 다문화주의
④ 문화적 상대주의

> ▶ 3개년(2021~2023년) 기출문제를 수록하여, 최근 출제경향을 파악할 수 있도록 하였습니다.

2급 전문·생활 스포츠지도사

2023 정답 및 해설

01 스포츠사회학

01	①	02	②	03	①	04	②,③,④	05	③
06	①	07	④	08	②	09	④	10	③
11	②	12	①	13	②	14	③	15	①
16	④	17	④	18	②	19	④	20	①,②,③,④

01 ㉠ 학교와 지역사회의 통합, ㉡ 평생체육의 연계, ㉣ 학업활동의 격려는 스포츠의 교육적 순기능에 해당된다. 그러나 ㉢ 스포츠의 상업화, ㉤ 참여기회의 제한, ㉥ 승리지상주의는 스포츠의 교육적 역기능에 해당되는 내용이다.

05 ㉠ 보편주의, 원칙과 통제의 표준화, 효율성을 촉진한다는 점에서 관료화이다. ㉡ 높은 수준의 운동수행을 위해서는 전문화가 필요하고, 전문화를 통해서 스포츠의 프로화가 추진되었다.

추가해설
· 평등성 : 근대스포츠에서 강조되고 있는 평등의 원칙은 게임규칙 및 경쟁조건의 평준화에도 적용되었다. 이를 통해서 모든 경쟁자는 똑같은 조건에서 차별없이 스포츠에 참가하게 되었다.
· 합리화 : 근대스포츠에서는 명시된 규칙이 규제와 경쟁을 지배하는데, 이때 목적과 수단 사이에는 합리성과 관련이 있다.

06 한다.
④ 사회화 주관자의 위신과 위력 : 주관자의 위상과 영향력이 클수록

> ▶ 저자들이 직접 작성한 해설을 통해 아는 문제는 더 확실하게, 틀린 문제는 다시 틀리지 않도록 확실하게 학습할 수 있습니다.

이 책의 목차

12년간 19만 독자가 선택한 원조 스포츠지도사

스포츠지도사

2급 **필기** 선택과목

한권으로 끝내기

SPORT

2011년
생활체육지도사
출간 이후,
12년간 19만부
판매! (시리즈전체)

신경향 반영
핵심이론

기출 POINT
& OX문제

과목별
출제예상문제

2021~2023년
기출문제 해설

선택과목

출제빈도표(2018~2023년)

(단위 : 개)

구 분	2023	2022	2021	2020	2019	2018	합 계
스포츠심리학의 개관	1	–	1	–	1	1	4
인간운동행동의 이해	10	8	5	9	6	5	43
스포츠수행의 심리적 요인	6	5	7	7	9	9	43
스포츠수행의 사회심리적 요인	3	2	2	2	2	2	13
운동심리학	–	4	3	1	1	3	12
스포츠심리상담	–	1	2	1	1	–	5

※ 출제비중 및 출제빈도는 문제 분석에 따라 달라질 수 있습니다.

최근 기출 분석(2023년 기출)

스포츠심리학은 작년처럼 난이도가 있어 쉽게 풀 수 없는 문제들로 출제되었다. 내용 자체는 기존과 비슷했지만, 기존 이론을 주장한 학자들의 이름이 다수 언급되어 수험생들에게 혼란을 주었을 것이라 생각한다. 특히 지엽적으로도 출제된 문제가 있어 과목별 날개 부분을 놓치지 않고 학습해야 한다. 2022년과 마찬가지로 [인간운동행동의 이해]와 [스포츠수행의 심리적 요인] 파트에서 많은 문제가 출제되었다. 심리학은 때로 이론을 모르더라도 단어의 의미를 통해 유추해 볼 수 있어 신중하게 접근하는 태도가 필요하다. 2024년 스포츠지도사 취득을 위하여 반드시 중요하게 학습해야 한다.

1과목

스포츠심리학

01 스포츠심리학의 개관

기출 POINT

광의의 스포츠심리학 16
운동제어, 운동학습, 운동발달, 건강
운동심리학, (협의의) 스포츠심리학

협의의 스포츠심리학 15
• 심리적 요인이 운동수행에 미치는
  영향을 규명
• 스포츠나 운동수행이 개인과 팀의
  심리적 기능에 미치는 영향을 규명
• 운동수행과 사회적 요인과의 관계
  를 연구
• 운동제어, 운동학습, 운동발달 등 운
  동행동학 미포함

KeyPoint

• 스포츠심리학의 연구영역과 목적에 대해 설명할 수 있다.
• 스포츠심리학의 발전과정을 이해하고 말할 수 있다.
• 스포츠심리학 인접학문의 연구목적과 연구내용에 대해 설명할 수 있다.

01 스포츠심리학의 정의 및 의미

(1) 스포츠심리학의 정의

스포츠상황에서 일어나는 인간행동과 정신과정에 대한 해답을 추구하는 심리학적 원리를
적용한 스포츠과학의 한 분야이다.

(2) 스포츠심리학의 의미

① **광의의 개념** : 일반심리학이 포괄하는 모든 측면을 스포츠상황 및 그와 관련된 운동학
  습, 운동발달, 운동제어 등의 영역에 적용한 관점이다. 협의의 스포츠심리학 개념도
  포함한다.
② **협의의 개념** : 스포츠수행 또는 운동수행에 초점을 두고, 운동기능의 수행에 영향을
  미치는 심리적·사회적 요인 및 그 과정을 규명하는 것이다.

OX문제

광의의 스포츠심리학 하위 학문영역
에는 운동발달, 운동제어, 운동처방이
있다. (○, ×)

정답 ×

02 스포츠심리학의 역사

(1) 스포츠심리학의 발전과정

① 태동기(1895~1920년) : 트라이플렛(Tripleett)이 대표적 학자이다. 그는 오늘날 사회적 촉진 개념과 유사한 '타인의 존재와 사이클 수행의 관계'를 연구하였다.

② 그리피스(Griffith) 시대(1921~1938년) : 그리피스(Griffith)는 「코칭심리학」과 「심리학과 운동경기」를 저술하였고, 검사도구 및 심리적 프로파일을 개발했다.

③ 준비기(1939~1965년) : 이 시기에는 스포츠심리학 분야의 과학적 이론 적용을 시도했으나, 응용 분야의 연구는 미흡했다.

④ 학문적 발달기(1966~1977년) : 이 시기에는 국제스포츠심리학회 모임 개최, 국제스포츠심리학회지 창간, 북미스포츠심리학회(NASPSPA) 창설 등이 일어났다. 스포츠심리학이 독립 학문분야로서 기틀을 마련하는 동시에 스포츠심리학 발전의 획기적인 계기를 마련했다.

⑤ 현재의 스포츠심리학(1978년~현재) : 응용스포츠심리학 지식이 발달하고, 스포츠심리학의 연구와 현장 적용이 활발하다.

(2) 우리나라 스포츠심리학의 발전과정

① 1953년 한국체육학회가 창립되었고, 1955년 한국체육학회지가 창간되었다.

② 1986년 아시안게임과 1988년 서울올림픽 개최는 체육학이 급성장하는 계기가 되었으며, 1988년 학술대회를 계기로 발전의 전환점이 마련되었다.

③ 1989년 한국체육학회의 분과학회로서는 최초로 한국스포츠심리학회가 창립되었고, 한국스포츠심리학회지가 발간되었다.

④ 1990년 이후 많은 스포츠심리학자가 배출되었고, 2004년 스포츠심리상담사 자격제도가 도입되는 등, 2000년대 들어 스포츠운동심리학은 새로운 도약을 맞이하였다. 현재 스포츠심리학의 세부 영역까지 연구가 활발히 진행되고 있다.

운동학습 17

숙련된 운동수행을 위한 개인능력의 영구적 변화를 유도하는 내적 과정으로, 직접 관찰할 수 없으며 연습과 경험에 의해 나타남

운동발달 18

운동행동이 연령에 따라 계열적이고 연속적으로 변해가는 과정에 관한 연구분야

건강운동심리학 18

지속적인 운동참여와 그것을 통해 얻을 수 있는 개인의 정신건강에 관한 연구분야

OX문제

1. 동기유발전략과 불안감소전략은 스포츠심리학의 주요 연구과제에 해당된다. (O, ×)

2. 운동발달 개념은 학령기부터 사망까지의 지속적인 과정에 해당한다. (O, ×)

3. 스포츠심리학자의 역할은 운동선수를 대상으로 한 상담만을 실시하는 것에 한정되어 있다. (O, ×)

4. 지속적인 운동참여와 그것을 통해 얻을 수 있는 개인의 정신건강에 관해 연구하는 스포츠심리학의 하위영역은 응용스포츠심리학이다. (O, ×)

정답 1 (O), 2 (×), 3 (×), 4 (×)

03 스포츠심리학의 영역과 역할

(1) 스포츠심리학

① **연구영역** : 성격, 동기, 불안, 공격성, 집단응집성, 리더십, 사회적 촉진, 상담기술 및 방법 등

② 역할 : 스포츠상황에서 인간행동을 분석하고 이해하며, 통제하고 예측하기 위한 심리학의 다양한 방법 및 원리를 제공한다. 또한 스포츠심리학 전문가는 연구자, 교육자, 임상 또는 상담자의 역할을 한다.

(2) **운동제어**

① 연구영역 : 정보처리이론, 운동제어이론, 운동의 법칙, 반사와 운동, 협응 구조 등

② 역할 : 여러 정보를 종합적으로 판단하여 개별적인 움직임을 어떻게 생성하고 조절하는지와 관련된 원리와 법칙을 밝힌다.

(3) **운동학습**

① 연구영역 : 운동행동모형, 운동학습과정, 운동기억, 전이, 피드백, 연습 이론 등

② 역할 : 개인적 특성을 바탕으로 연습이나 경험을 통하여 과제와 환경적 변화에 부합하는 가장 효율적인 협응 동작을 형성시켜 나가는 과정을 연구한다.

(4) **운동발달**

① 연구영역 : 유전과 경험, 운동기능의 발달, 학습 및 수행 적정연령, 노령화 등

② 역할 : 신체 및 신경·근육의 발달, 인지능력의 발달과 환경과의 상호작용을 통하여 인간의 운동 기능이 어떻게 변화하는가를 연구한다.

(5) **건강운동심리학**

① 연구영역 : 운동 참가 동기, 운동수행 지속, 정신건강, 운동의 심리적 효과 등

② 역할 : 스포츠활동에 지속적으로 참여하기 위한 방법과 운동을 통한 사회·심리적 효과 등을 연구한다.

02 인간운동행동의 이해

KeyPoint

- 운동제어가 다루고 있는 인간의 행동 기전에 대해 설명할 수 있다.
- 운동학습에 대해 이해하고, 효율적인 운동학습이 무엇인가에 대해 설명할 수 있다.
- 운동발달의 영향 요인에 대해 이해하고, 실제 스포츠 사례를 들어 설명할 수 있다.

01 운동제어

(1) 운동제어의 개념

개인·환경·과제의 상호작용 속에서 나타나는 복잡한 인간운동행동의 원리를 동작·지각·인지적인 측면에서 규명하는 연구 분야를 말한다.

(2) 운동제어의 체계

① 폐쇄회로 이론

　㉠ 개념 : 오류의 탐지와 수정을 위한 참조기제가 있기 때문에 정보가 피드백되어 참조기제와 비교됨으로써 오류의 탐지와 수정이 이루어진다는 이론이다.
- 목표 설정 → 연속적인 피드백 → 참조기제와 비교 → 명령기관에서 오류 수정 지시

　㉡ 감각정보와 피드백
- 폐쇄회로체계에서는 그 반응으로 생성된 감각정보에 의하여 다음 반응이 가능한데, 이러한 감각정보를 '반응산출피드백'이라고 한다.
- 자극을 수용하여 반응을 산출하기까지 정보처리시간이 많이 걸리고 주의집중을 필요로 하기 때문에 빠른 운동을 설명하지 못한다.
- 자기감각수용기 : 근육, 관절, 건, 전정기관 등 신체 내 운동에 관한 정보를 알려주는 기관이다.
- 외적감각수용기 : 눈, 귀, 피부 등 신체 외부의 운동에 관한 정보를 알려주는 기관이다.

② 개방회로 이론

　㉠ 개념 : 지시(Instruction)가 미리 설정되어 있어, 그것이 환경에 미치는 영향에 관계없이 실행된다는 이론이다.
- 입력 → 지시 → 실행

기출 POINT

운동제어의 3요소 15 22
- 개인 : 인지, 지각, 동작 능력
- 과제 : 이동성, 안정성, 조정성
- 환경 : 조절환경, 비조절환경

폐쇄회로 이론의 사례 17
테니스 서비스는 공을 서비스 코트에 떨어뜨려야 한다. 퍼스트 서비스가 너무 길어 폴트가 된 것을 본 후, 손목 조절을 위해 시각 및 운동감각적 피드백을 이용하여 세컨드 서비스에서 공이 서비스 코트를 이탈하지 않도록 한다.

기출 POINT

정보처리이론의 단계
16 19 20 21

• 감각지각(자극확인) 단계 : 자극을 확인하고 감각기관을 이용하여 자극에 대해 지각하고 수용하는 단계
• 반응선택 단계 : 자극을 확인한 후 환경특성에 맞는 반응 유형을 선택하는 단계
• 반응실행(운동 프로그래밍) 단계 : 반응의 실행을 위한 구체적인 체계를 생성하고 조직화하는 단계

ⓛ 개방회로체계는 정확한 참조기제가 없고 피드백이 크게 관여하지 않는다. 또한 상황과 관계없이 정해진 순서와 시간에 따라 작동되기 때문에 빠르게 이루어지는 운동을 설명할 수 있다.

③ 행동체계
　㉠ 정보처리 단계

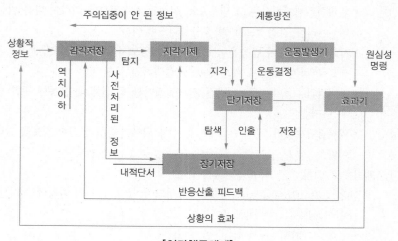

[인간의 정보처리 모형]

• 감각지각 단계 : 정보 자극을 받아들여 그 정보의 내용을 분석하고, 의미를 부여하는 과정이다.
• 반응선택 단계 : 자극에 대한 확인이 완료된 후 자극에 대하여 어떻게 반응할지 결정하는 단계이다.
• 반응실행 단계 : 실제로 움직임을 생성하기 위하여 운동 체계를 조직하는 단계이다.
　㉡ 인간행동체계

[인간행동체계]

- 감각저장 : 인간의 행동체계에서 들어온 자극을 지각기제로 보내거나, 기억과의 접촉을 위하여 장기기억으로 보내는 역할을 한다.
- 장기저장 : 장기저장에 전달된 정보는 과거의 경험과 접촉하여 유관가(Pertinence Value)가 제시된다. 어떤 특정한 자극과 경험을 많이 갖게 될수록 그 자극에 할당되는 유관가는 점점 커지게 된다. 매우 친숙한 항목들은 장기저장 내에서 매우 높은 유관성을 갖게 되고, 지각기제로의 접근을 촉진하게 된다. 반면에 유관성이 낮으면 재인과정을 거쳐 지각기제에 전달된다. 또한, 장기저장은 단기저장으로부터 전달된 정보를 반영구적으로 저장하는 역할을 수행한다.
- 지각기제 : 지각과정의 주된 역할은 과중하게 부과된 정보를 여과하는 일이다. 인간행동체계는 지각과정을 통해서 관련 특징을 분석하고, 이러한 특징들을 인지할 수 있는 단위로 통합 정리하며 입력정보에 의미를 부여하게 된다.
- 단기저장 : 단기저장 상태에서 중추신경은 자기의 행동을 어떻게 할 것인가를 결정하게 된다. 따라서 단기저장은 인간행동체계에서 가장 중요한 기제이다. 일단 운동이 완료되면 반응의 결과는 감각저장과 장기저장을 통하여 단기저장으로 전달되어 오류를 수정하게 된다.
- 운동발생기 : 운동을 수행하는 데 알맞은 근육조직을 선택하여 선택된 근육군에 일련의 원심성 운동명령을 전달함으로써 운동프로그램을 개시한다. 동시에 운동발생기는 체계가 앞으로 수행하게 될 동작의 감각귀결을 준비하도록 단기저장으로 피드포워드 신호, 즉 계통방전을 방출한다.
- 효과기 : 반응을 산출하는 사지를 조절하는 근육으로 구성되어 있다. 수행에 알맞은 근육이 선택되면, 효과기는 알맞은 순서로 정해진 운동을 실행하고 반응산출 피드백을 유도한다.
- 피드백 : 수행자 자신의 노력에 의하여 여러 감각수용기를 통하여 받을 수 있는 반응산출정보를 말한다. 피드백 정보는 단기저장에 전달되기 전에 장기저장과 접촉이 이루어져야 하고, 지각기제에서 의미가 부여되도록 인지되어야 한다.

기출 POINT

전체 반응시간 [20]
- 자극제시~반응시작 : 반응시간
- 반응시작~반응종료 : 움직임시간
- 자극제시~반응종료 : 전체 반응시간

(3) 반응시간과 운동행동의 관계

① 선택반응시간 연구
  ㉠ 단순반응 : 주어지는 자극이 1개이고 이에 대해 무조건 1개의 반응을 하는 것이다.
  ㉡ 변별반응 : 자극의 종류가 2개인데 오직 1개의 정해진 자극에 대해서만 반응하는 것이다.
  ㉢ 선택반응 : 자극의 종류가 2개 이상이고 반응도 2개 이상이다. 제시되는 자극과 그 자극에 대한 반응 수에 따라서 영향을 받는다. 또한 자극과 반응 간의 상호관련성을 나타내주는 복합성의 여부에 따라서 선택반응시간은 결정된다.
  ㉣ 자극-반응의 대안 수 : 자극의 수가 많을수록 그 자극에 대한 수행자의 반응 역시 다양해지면서 그만큼 반응을 선택하는 데 어려움이 따르게 된다.

기출 POINT

번스타인(Bernstein)의 운동제어 이론 19

• 신체 움직임의 특성, 환경, 신체에 작용하는 여러 가지 힘을 고려하여 운동체계를 설명
• 운동 등가 : 다른 근육군을 사용하여 같은 움직임을 수행할 수 있는 능력
• 맥락 조건 가변성 : 근육의 활동이 동일해도 조건에 따라 운동결과가 달라질 수 있다는 것

다이나믹시스템 이론 18

• 유기체, 환경, 과제의 상호작용 속에서 자기조직의 원리와 비선형성의 원리에 의해 인간의 운동이 생성되고 조절됨
• 일반화된 운동프로그램과 같은 기억표상의 구조가 필요하지 않다고 주장함

ⓜ 힉스의 법칙(Hick's Law)
• 선택반응시간은 자극과 반응의 수가 증가할수록 로그에 비례하여 증가한다.
• $T = a + b[\log_2(n+1)]$ (여기서 T는 선택반응시간, n은 자극반응의 대안 수, a와 b는 상수)
• 선택지가 많아지면 시간이 기하급수적으로 증가할 것으로 예상되나 힉스의 법칙에 의하면 그렇지 않다. 선택지가 1에서 100까지 늘어나도 시간은 1s에서 6.6s밖에 증가하지 않는다. 즉, 로그에 비례하여 증가하는 것이다.
• 자극반응 대안 수와 반응시간의 관계

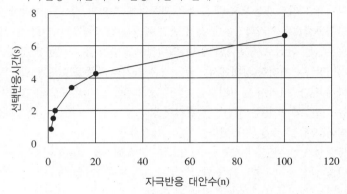

ⓗ 자극-반응 부합성 : 자극과 그 자극에 대한 반응이 자연스러운 방식으로 연결되어있는 정도를 말한다. 자극-반응 부합성의 여부에 따라서 선택반응시간은 달라진다. 즉, 자극과 그에 따른 반응이 서로 적절한 배열 관계에 있을수록 선택반응시간은 감소하게 된다.

② 이중자극 연구
ⓐ 이중자극 연구는 연속적으로 두 개의 자극을 제시하고 각각의 자극에 대하여 모두 반응하도록 하였을 때 나타나는 반응시간의 지연 현상을 규명하는 것이다.
ⓑ 심리적 불응기 : 먼저 제시된 자극에 대한 반응을 수행하고 있을 때 또 다른 자극을 제시할 경우, 두 번째 자극에 대한 반응시간이 느려지는 현상을 심리적 불응기라고 한다. 심리적 불응기 현상은 반응실행 단계에서 발생한다.
ⓒ 병목현상 : 하나의 자극에 대한 반응실행이 완료되기 전까지 다음 자극에 대한 반응실행이 이루어질 수 없는 현상이다.
ⓓ 집단화 : 자극 간 시간차가 매우 짧을 경우, 하나의 자극으로 간주하게 되어 심리적 불응기 현상이 나타나지 않는다.

(4) 운동제어의 관점

① 운동프로그램 이론 관점

    ㉠ 특정한 자극에 대한 반응이 대뇌피질 속에 미리 저장되어 있다고 보는데, 그 형태를 운동프로그램이라고 한다. 기본적으로 하나의 운동프로그램은 운동이 하나의 반응과 1:1 대응관계를 갖는 운동 명령에 의하여 조절된다는 것을 전제로 한다.

    ㉡ 운동프로그램의 특성

        • 움직임이 발생하기 전에 그 움직임에 대한 계획이 하나의 프로그램 형태로 기억 속에 저장되고, 가장 높은 대뇌피질 수준에서 구성되어 있는 프로그램은 움직임을 실행할 능력이 있는 가장 낮은 중추로 전달된다.

        • 연습에 따른 운동기술 수행의 질적인 변화에 대하여 동작을 계획하는 프로그램 자체가 변하는 것을 설명한다.

    ㉢ 슈미츠(Schmidt)의 일반화된 운동프로그램

        • 불변 매개변수 : 동작이나 반응 요소의 순서를 의미한다. 반응 생성 과정에서 선택되었거나 인출된 반응 단위들의 순서를 배열하는 과정으로, 근수축의 시간적 구조이다. 근육이 활동하는 데 필요한 전체 힘의 양을 선택된 각 근육에 적절한 비율로 분배하는 과정이다.

        • 가변 매개변수 : 동작의 시상과는 달리 매 동작마다 일정하지 않고, 동원되는 근수축에 의해 발휘되는 힘의 양을 조절한다. 동작 생성에 관련된 개별 근육들이 운동프로그램에 저장되어 있지 않고 동작에 따라 다르게 선택된다.

    ㉣ 슈미츠(Schmidt)의 도식 이론

        • 폐쇄회로 이론의 피드백과 개방회로 이론의 운동프로그램 개념을 통합하여 운동행동의 원리를 설명하는 이론이다. 일반화된 운동계획의 개념을 운동기능에 확장시켜 운동기능의 학습과 수행에 관여하는 두 독립된 매커니즘을 가정한다.

        • 회상도식 : 현재 수행하고자 하는 운동과 유사한 과거의 운동결과를 근거로 새로운 운동을 계획할 수 있다.

        • 재인도식 : 피드백 정보를 통하여 잘못된 동작을 평가하고 수정한다.

② 다이나믹시스템 이론 관점

    ㉠ 켈소(Kelso)는 운동프로그램의 역할 대신 '지각–동작'의 연결관계를 중시하고 인간 움직임의 협응구조를 강조하며, 유기체, 환경, 과제의 상호작용 속에서 자기조직의 원리와 비선형성의 원리에 의해 인간의 운동이 생성되고 조절된다고 본다.

    ㉡ 다이나믹시스템 이론의 특성

        • 자기조직(Self-organization)의 원리 : 인간의 행동은 제한요소(유기체, 환경, 과제)의 상호 작용이 조건에 부합할 때 인간의 행동이 생성된다는 원리이다.

        • 비선형성(Nonlinearity)의 원리 : 운동프로그램 관점에서 제시하는 기억표상의 구조가 필요하지 않다는 것을 전제로, 인간의 행동은 결과를 예측할 수 없는 비선형적인 경향을 보인다는 것이다.

기출 POINT

일반화된 운동프로그램 22 23

• 불변 매개변수 : 요소의 순서, 시상, 상대적인 힘 등

• 가변 매개변수 : 전체 동작지속시간, 힘의 총량, 선택된 근육군 등

일반화된 운동프로그램의 불변 특성 23

• 상대적 타이밍(Relative Timing) : 동작 속도 또는 동작 거리와 관계없는 기본적인 시간 구조 또는 동작 유형의 리듬으로, 하나의 운동기능이 다양한 하위 부분으로 구성되어 있다고 가정할 때 각 하위 부분이 시간적으로 정확하게 조화를 이룰 수 있도록 규칙화할 수 있는 능력

• 절대적 타이밍(Absolute Timing) : 전체 동작을 이루는 부분 동작의 절대적인 시간의 길이를 뜻하며, 템포와 관련됨

OX문제

1. 다이나믹시스템 이론에서는 일반화된 운동프로그램과 같은 기억표상의 구조가 필요하지 않다고 주장한다. (O, ✕)

2. 다른 근육군을 사용하여 같은 움직임을 수행할 수 있는 능력은 맥락 조건 가변성이다. (O, ✕)

정답 1 (O), 2 (✕)

02 운동학습

(1) 운동학습의 개념

① 개인적 특성을 바탕으로 연습이나 경험을 통해 과제와 환경적인 변화에 부합하는 가장 효율적인 협응 동작을 형성시켜 나가는 과정이다.

② 비교적 영구적인 운동 수행 향상으로 인해 나타나는 일련의 내적 과정이다.

③ 연습과 경험에 의해 나타나는 현상으로, 성숙과 동기 또는 훈련 등의 일시적인 변화는 포함하지 않는다.

④ 뇌가 외부환경의 양상이나 질에 따라 스스로의 구조와 기능을 변화시키는 특성인 신경 가소성을 나타낸다.

(2) 운동학습의 본질

① 운동학습과 파워법칙

㉠ 연습 시간이나 연습 시행 횟수에 따른 운동수행 결과의 변화는 전형적인 수행 곡선의 형태를 보인다. 이러한 변화는 파워법칙을 따른다.

㉡ 연습 시행 횟수가 증가할수록 선택 반응시간이 감소해 운동수행 능력이 높게 나타난다.

개념 플러스

운동수행 곡선의 수식

▶ **공식 ①** : P = a + bx(P : 수행, x : 연습량, a, b : 상수)

▶ **공식 ②** : log(p − a) = xlogb

※ 공식 ①은 전형적인 수행 곡선 형태의 수식이고, 공식 ②는 X와 Y축을 로그 좌표로 전환한 것으로 선형적인 직선 형태의 수행 곡선 수식이다.

② **고원 현상** : 운동기술을 학습할 때 일시적으로 운동수행 능력이 정체되는 현상이다.

㉠ 싱어(Singer)가 제시한 고원의 원인

• 습관의 위계

• 위계적 구조의 기능을 학습하는 과정 중 하위 단계에서 상위 단계로 올라가는 과도기에 일어난다.

㉡ 매길(Magill)이 제시한 고원 현상의 원인

• 습관의 위계, 동기의 저하, 피로, 주의력 결핍

• 상한 효과 : 과제가 너무 쉬울 경우, 초기에는 수행곡선이 급격한 향상을 보이다가 이후 X축과 평행을 이루는 경향이 있다.

• 하한 효과 : 과제가 너무 어려울 경우, 수행 곡선 초반부터 X축과 평행을 이루는 경향이 있다.

OX문제

1. 운동학습은 성숙이나 동기에 의한 일시적 수행 변화를 말한다.
   (O, ×)

2. 운동학습은 숙련된 운동수행을 위한 개인능력의 영구적 변화를 유도하는 일련의 내적과정이다.
   (O, ×)

정답 1 (×), 2 (O)

(3) 운동학습의 과정과 단계

① 운동학습의 과정

㉠ 움직임의 역동성에 대한 지각 : 학습자는 교사나 지도자가 제시하는 운동기술 동작의 전체적인 움직임 형태를 관찰하여, 그 운동기술의 특성에 대한 정보를 지각한다.

㉡ 움직임 구성 수준의 결정과 운동 구조의 형성 : 운동 동작의 협응과 기술은 그 동작에 포함된 움직임의 구성 수준에 따라 달라지며, 이러한 구성 수준은 상호 전환이 어렵다.

㉢ 오류수정 : 오류수정은 움직임 자체에 대한 느낌과 감각 오류를 내부적으로 어떻게 느낄 것인가에 대한 해답을 찾는 과정이다.

㉣ 자동화와 안정성 획득 : 자동화와 안정성 획득은 다른 운동학습 과정보다 많은 노력이 필요하며, 수행의 질적인 변화를 경험함으로써 나타난다.

② 운동학습의 단계

㉠ 피츠(Fitts)와 포스너(M. Posner) : 인지, 연합, 자동화 단계로 구분

㉡ 애덤스(Adams) : 인지화 단계와 고정화 단계를 합친 언어적 운동단계와 운동단계로 구분

㉢ 젠타일(Gentile) : 움직임의 개념 습득, 고정화 및 다양화 단계로 구분

㉣ 번스타인(Bernstein) : 자유도의 고정, 자유도의 풀림, 반작용의 활용 단계로 구분

㉤ 뉴웰(Newell) : 협응과 제어 단계로 구분

(4) 운동학습의 주요 요인

① 운동학습과 기억 : 기억이란 시간의 흐름 속에서도 획득한 정보를 지속적으로 보유하여 활용할 수 있는 역량을 의미한다.

㉠ 기억의 3단계

• 지각 단계 : 현재 주어진 정보가 조직화되는 단계

• 저장 단계 : 정보를 단기간 혹은 반영구적으로 기억 속에 보관해 두는 단계

• 인출 단계 : 저장된 기억 정보를 다시 끄집어내어 회생시키는 단계

기출 POINT

피츠와 포스너의 운동학습 단계
15 18

• 인지 단계 : 과제를 수행하기 위한 전략을 개발하는 단계로 일관성이 부족

• 연합 단계 : 전략을 선택하고 해결책을 찾아가는 단계로 일관성이 점점 좋아짐

• 자동화 단계 : 동작이 거의 자동으로 이루어져 실행 시 의식적 주의가 필요 없는 단계로 정확성과 일관성이 매우 높음

번스타인의 운동학습 단계
22 23

• 자유도 고정 : 관절을 제한시키고 원래 가지고 있던 안정적인 움직임을 사용해 새로운 동작을 탐험하는 단계

• 자유도 풀림 : 제한시켰던 관절들을 풀어 더 많은 움직임을 익히지만 불안정성도 올라감

• 반작용의 활용 : 신체 내·외적으로 발생하는 힘을 활용하여 보다 효율적인 동작 형성을 위해 더 많은 여분의 자유도를 활용

• 자유도 풀림 단계에서 동작의 역학적 요인, 근육의 공동작용, 관절의 상호움직임의 변화가 나타나며, 환경의 다양한 요구에 보다 쉽게 적응할 수 있다.

OX문제

1. 학습자가 스스로 오류를 탐지하여 오류의 일부를 수정하는 것은 피츠와 포스너의 운동학습단계 중 인지 단계에 해당한다. (O, ×)

2. 피츠(P. Fitts)와 포스너(M. Posner)의 운동학습단계 중 인지 단계는 학습해야 할 운동기술의 특성을 이해하고, 그 과제를 수행하기 위한 전략을 개발하는 단계이다. (O, ×)

3. 번스타인(N. Bernstein)은 운동학습 단계를 '자유도의 고정 단계-자유도의 풀림 단계-반작용의 활용 단계'로 구분한다. (O, ×)

정답 1 (×), 2 (O), 3 (O)

기억의 형태 [20]
- 감각기억 : 기억용량이 극히 제한적이고 새로운 정보가 유입되면 쉽게 손실
- 단기기억 : 기억용량이 제한적, 반복하거나 시연하지 않으면 사라짐
- 장기기억 : 기억용량이 무제한이고 반복을 통해 기억을 강화

정적전이 [16]
운동기술의 요소와 처리과정이 유사하여 과거 학습이 새로운 학습에 도움이 됨

부적전이 [20]
두 운동기술의 특성이 유사하지만 움직임이 다를 경우 이전에 학습한 기술이 새로운 기술을 익히는 데 부정적인 영향을 미침

ⓒ **기억의 형태**
- 감각기억 : 환경으로부터의 자극이 인간의 기억체계로 들어오는 첫 단계는 감각 정보이다. 감각시스템을 통해서 들어온 정보는 병렬적으로 처리되어, 아주 짧은 시간 동안에 많은 양의 정보가 감각기억에 저장된다.
- 단기기억 : 감각기억보다 다소 긴 시간동안 정보를 보유할 수 있는 단기기억은 감각시스템으로부터 유입된 모든 정보를 처리할 수 없기 때문에 선택적으로 필요한 정보만을 선택하여 처리한다.
- 장기기억 : 단기기억에 저장된 정보들은 자극의 수용자가 더 많은 주의를 기울이거나 특별한 조처를 할 때에 장기기억으로 전환된다. 저장되어 있는 정보의 양은 비교적 무제한이며, 정보가 기억의 체제 속에 그대로 머무는 기간은 장기적이며 비교적 영속적이다.

② **운동학습과 파지** : 파지란 연습으로 향상된 운동기술의 수행력을 오랫동안 유지할 수 있는 능력을 말한다.
- ㉠ 운동프로그램 이론 관점 : 파지를 부호화된 기억표상의 인출 과정으로 본다.
- ㉡ 다이나믹시스템 이론 관점 : 파지를 운동과제, 환경, 학습자가 지니는 제한요소에 대한 적응과정의 측면으로 본다.

③ **운동학습과 전이** : 전이란 과거의 수행 또는 학습경험이 새로운 운동기술의 수행과 학습에 영향을 미치는 것을 말한다.
- ㉠ 전이의 분류
  - **정적전이** : 한 가지 과제의 수행이 다른 과제 수행을 돕거나 촉진하는 경우를 말한다.
  - **부적전이** : 한 가지 과제의 수행이 다른 과제 수행을 간섭하거나 제지하는 경우를 말한다.
  - 영의전이 : 한 가지 과제의 수행이 다른 과제 수행에 아무런 영향도 미치지 않는 경우를 말한다.
- ㉡ 전이에 영향을 미치는 요인은 과제 간의 유사성, 선행과제의 연습, 훈련의 방법 등이 있다.
- ㉢ 양측성 전이
  - 어느 한 쪽 손이나 발로 특정 운동기술을 발전시키면, 반대편 혹은 대각선의 손발에 영향을 미친다.
  - 양측성 전이의 방향은 비대칭성 전이가 더 많은 지지를 받고 있다.

개념 플러스

운동학습의 검사
- 파지 검사 : 수행의 유지력 및 동작 재생능력을 검사하는 것이다.
- 수행 검사 : 특정 과제를 실제로 수행하도록 요구하는 검사형태이다.
- 전이 검사 : 과거의 수행 또는 학습경험이 새로운 운동기술의 수행과 학습에 영향을 미치는지 검사하는 것이다.
- 효율성 검사 : 단위 시간에 이루어진 운동능력의 향상을 측정하는 검사로, 같은 운동수행 단계에 도달하기 위해 걸린 시간이 짧을수록 효율성이 높다고 할 수 있다.

④ **운동학습과 피드백** : 피드백이란 목표 상태와 수행 간의 차이에 대한 정보를 되돌려서 운동동작 자체 또는 운동수행의 결과나 평가정보를 제공하는 것을 말한다.

  ㉠ 피드백의 분류
  - 내재적 피드백 : 운동수행자 자체에 내재하는 정보로서, 반응 후에 스스로의 감각 자극에서 피드백의 정보가 생긴다. 감각피드백이라고도 한다.
  - 외재적 피드백 : 타인이나 지도자에게 받는 정보이며 보강피드백이라고도 한다.

  ㉡ **피드백의 기능**
  - 정보 제공 : 효율적인 운동수행에 필요한 정보를 학습자에게 제공한다.
  - 동기유발 : 학습자의 기술 수행을 위한 동기를 유발시켜 지속적으로 목표를 성취할 수 있도록 유도한다.
  - 강화 : 정적강화는 유쾌 자극을 제공하여 현재의 수행을 지속적으로 유지할 수 있도록 돕는 것이며, 부적강화는 불쾌 자극을 제거함으로써 긍정적인 행동의 빈도를 높이는 것이다.

  ㉢ **보강피드백** : 보강피드백은 외부로부터 제공되는 정보를 의미하며, 학습자의 기술 수행을 위한 동기를 유발시키는 것에 목표를 둔다.
  - 결과지식 : 동작의 결과에 대한 정보를 학습자에게 제공하는 것이다.
  - 수행지식
    - 동작의 유형에 대한 정보를 학습자에게 제공하는 것이다.
    - 동작 유형에 대한 정보, 폼에 대한 질적 정보, 동작 패턴과 속도와 관련된 운동학적 정보이다.
  - 뉴웰(Newell)의 범주화
    - 처방 정보 : 이미 성취·완료된 움직임의 운동학적 정보를 제공하는 것을 말한다. 주로 언어적인 설명이나 시범을 통해서 전달한다.
    - 정보 피드백 : 학습자가 수행한 역동적인 움직임의 이전 상태 또는 현재 상태에 대한 정보를 제공하는 것이다.
    - 전환 정보 : 적절한 협응 형태를 형성하는 지각-운동 활동영역의 탐색을 활성화시키는 제어 변수를 말하는 것이다.

  ㉣ **자기통제피드백**
  - 정보를 처리하는 대상자의 인지적 노력에 관점을 두고 있으며, 능동적인 인지적 처리 과정이 운동 기술 학습에 절대적인 영향을 미친다는 것을 전제로 한다.
  - 대상자의 인지적 노력은 대상자 스스로가 필요하다고 생각되는 정보를 지도자에게 요구하여 획득하는 과정으로 나타난다.
  - 지도자에 의해서 미리 결정된 피드백 정보를 수동적으로 제공받는 것이 아니라, 학습자가 스스로 인지 전략을 세움으로써 능동적으로 학습에 참여할 수 있도록 학습자의 요구에 부합하는 정보를 제공하는 것이다.

기출 POINT

피드백의 기능 15
- 정보 기능 : 학습자의 불필요한 행동을 줄이고 수정해야 하는 정보 제시
- 강화 기능 : 현재 수행을 유지하며 성공적인 운동수행에 대한 자신감 강화
- 동기유발 기능 : 학습자가 목표를 성취할 수 있도록 동기 유발

보강피드백의 사례
15 18 20 21 23
- 결과지식 : 골프 스윙 정확성을 분석한 결과, 목표지점에서 오른쪽으로 10m 벗어났고 거리도 20m 짧게 나왔다.
- 수행지식 : 정확한 골프 스윙을 하기 위해서는 백스윙에서 머리가 움직이지 않도록 하면서, 어깨의 회전과 함께 체중이 오른쪽으로 이동하도록 해야 한다. 이러한 골프 스윙이 비거리와 정확성을 높일 수 있다.

자기통제피드백의 사례 16
농구수업에서 김 코치는 학습자가 자유투 동작과 관련된 피드백을 원할 때 정보를 제공하기로 하고, 각자 연습을 시작하였다. 김 코치는 연습 중 학습자가 피드백을 요구할 때마다 정확한 자유투 동작에 대해 알려주었다.

OX문제

김 코치는 연습 중 학습자가 피드백을 요구할 때마다 정확한 자유투 동작에 대해 알려주었다. 이는 내재적 피드백에 해당된다. (O, X)

정답 X

기출 POINT

연습시간의 배분 16 20
• 집중연습 : 연습시간이 휴식시간보다 상대적으로 긴 연습 방법
• 분산연습 : 휴식시간이 연습시간보다 상대적으로 긴 연습 방법
• 구획연습 : 하나의 기술을 주어진 시간에 연습하는 방법
• 무선연습 : 주어진 시간에 여러 운동기술을 연습하는 방법

분절화 21
• 순수 분습법 : 각 부분을 따로 연습한 후 종합적으로 전체 기술을 연습하는 방법
• 점진적 분습법 : 첫 번째와 두 번째 요소를 연습한 후 두 요소를 결합하는 과정을 반복하여 전체 기술을 연습하는 방법

(5) 운동기술의 연습

① 효과적인 연습계획
   ㉠ 학습자의 인지적 능력과 신체적 특성 그리고 발달의 차이를 고려한다.
   ㉡ 학습자에게 정확한 시범을 보이기 위한 준비를 한다.
   ㉢ 학습자가 과제에 대한 흥미를 가질 수 있도록 동기를 유발한다.

② 연습시간의 배분
   ㉠ 집중연습 : 연습시간이 휴식시간보다 상대적으로 긴 경우를 말한다.
   ㉡ 분산연습 : 휴식시간이 연습시간보다 상대적으로 긴 경우를 말한다.
   ㉢ 구획연습 : 운동기술에 포함되는 각 변인들을 나눈 다음, 각각 주어진 시간 동안 연습하는 방법을 말한다. 구획연습은 맥락간섭 효과가 낮기 때문에 연습수행에 효과적이다.
   ㉣ 무선연습 : 운동기술에 포함되는 하위 요소들을 무작위로 연습하는 것을 말한다. 무선연습은 맥락간섭 효과가 높기 때문에 파지와 전이에 효과적이다.

③ 연습과제의 분할
   ㉠ 전습법 : 한 가지 운동기술을 한꺼번에 학습하는 방법이다.
   ㉡ 분습법 : 한 가지 운동기술을 하위 단위로 나누어 학습하는 방법이다.
      • 분절화 : 학습할 전체 기술을 특정한 시·공간적인 영역으로 나누어 연습 한 후, 각각의 기술이 특정 수준에 도달하게 되면 전체 기술로 결합하여 연습하는 방법이다.
      • 단순화 : 운동기술을 수행할 때 과제 요소를 줄여 기술 수행의 난이도나 복잡성을 낮추는 방법이다.
      • 부분화 : 운동 과제에 포함되는 하위 요소를 하나 또는 둘 이상으로 분리하여 각각 연습하는 방법이다.

④ 연습기법의 활용
   ㉠ 가이던스(Guidance) 기법
      • 가이던스란 신체적, 언어적 또는 시각적인 방법을 사용하여 학습자의 운동수행에 직접적으로 도움을 제공하는 과정을 말한다.
      • 가이던스는 학습자의 오류를 줄여주고, 위험한 동작에 대한 두려움을 없애주며, 부상을 예방하기 위하여 사용한다.
      • 과도한 가이던스 제공은 학습자가 가이던스에 지나치게 의존하게 되어, 오히려 학습에 지장을 초래할 수 있다.
      • 효과적인 학습을 위해서는 적절한 시기에 가이던스를 제거하여, 가이던스에 의존하게 되는 것을 방지해야 한다.

OX문제

1. 무선연습은 분산연습에 비해 파지 및 전이에 효과가 높다. (O, ×)

2. 구획연습은 무선연습에 비해 짧은 시간 내에 여러 가지 기술을 연습할 수 있다. (O, ×)

3. 여러 가지 동작을 30분 동안 순서 없이 무작위로 연습하게 지도하였다면, 이는 무선 연습에 해당한다. (O, ×)

정답 1 (O), 2 (×), 3 (O)

ⓒ 심리적 연습
　　　　• 운동학습과 수행을 촉진하기 위한 목적으로 대근운동이 일어나지 않는 상태에서 과제를 상징적·인지적·언어적으로 예행 연습하는 것을 말한다.
　　　　• 심리적 연습은 운동 요소보다는 인지 요소에 더 많은 영향을 주며, 운동학습의 초기 단계와 숙련 단계에서 효과적이다.
　⑤ 맥락간섭
　　　ⓐ 연습 시 개입된 사건이나 경험으로 인하여 발생하는 문제 때문에 학습이나 기억에 방해를 받는 것을 말한다.
　　　ⓑ 맥락간섭 효과 : 운동기술을 연습하는 상황에서, 운동기술에 포함되는 하위 요소들 간의 간섭 현상이 발생하는 것을 말한다.
　　　ⓒ 구획연습과 무선연습에 의해 맥락간섭 효과의 크기가 달라진다.
　　　ⓓ 맥락간섭이 높으면 운동수행의 효과가 낮게 나타나지만, 운동 수행의 파지와 전이에 효과적이다.

기출 POINT

구스리(E. Guthrie)가 제시한 운동기술 학습으로 인한 변화 23

최소한의 움직임 시간과 에너지를 소비하여 최대의 확실성을 갖고 운동과제를 수행

개념 플러스

운동기술의 일차원적 분류체계

환경의 안정성	폐쇄 운동기술	환경의 변화가 없는 운동으로, 자기 조절에 따라 운동수행 시작점을 선택할 수 있다. 예 사격, 양궁, 체조 등
	개방 운동기술	변화하는 환경 속에서 수행하는 운동이다. 예 농구, 축구 등 대부분의 운동 종목
움직임의 연속성	불연속적 운동기술	운동기술에 시작과 끝이 존재하며, 연속되지 않고 단발적인 특성을 지닌다. 예 던지기, 받기, 차기 등
	계열적 운동기술	단계적 운동기술이 하나의 운동기술로 표현되는 특성이다. 예 체조, 연기, 야구의 수비기술 등
	연속적 운동기술	특정 움직임이나 운동기술이 계속적으로 반복되는 특성이다. 예 달리기, 수영, 사이클 등
움직임에 동원되는 근육의 크기	대근육 운동기술	운동수행에 사용되는 근육의 크기에 따른 분류로서, 운동기술은 대근육, 소근육 운동기술이 복합적으로 어우러진다.
	소근육 운동기술	

젠타일(A. Gentile)의 이차원적 운동기술분류

환경적 맥락 조절 조건과 동작 간 가변성에 근거를 두고 운동기술과 관련이 있는 환경 정보와 그렇지 않은 정보를 구분해나가는 것이다. 날아오는 공의 궤적이나 회전과 같이 운동수행에 영향을 주는 환경적 조건을 조절 조건이라 하고, 공의 색깔이나 주변 배경의 상태 등과 같이 운동수행에 영향을 주지 않는 환경 조건을 비조절 조건이라 한다. 학습자는 이러한 환경 조건을 구분하여 필요한 정보는 받아들이고, 그렇지 않은 정보는 무시할 수 있는 능력을 학습하게 된다. 환경의 변화를 예측할 수 있는 폐쇄운동기술인 경우 운동기술 수행의 고정화를 필요로 하며, 이전 단계에서 획득한 운동기술의 움직임 자체에 대한 기술 향상에 중점을 두고 연습하게 된다. 환경의 변화를 예측할 수 없는 개방운동기술에서는 운동기술 수행의 다양화가 필요하며, 다양하게 변하는 환경과 동작의 요구에 맞도록 움직임을 적응시키는 것에 중점을 두고 연습해야 한다.

OX문제

운동기술을 과제의 난이도, 환경의 안정성, 움직임의 연속성에 따라 분류하는 것은 일차원적 분류체계에 해당한다. (○, ×)

정답 ×

기출 POINT

운동발달의 기본 가정 17 21
• 전생애에 걸쳐 단계적·지속적으로 진행
• 발달의 속도와 범위 개인차 존재
• 민감기 또는 결정적 시기 존재
• 환경적 맥락의 영향

성장과 성숙 15
• 성장 : 신체나 신체 부분의 크기 증가를 뜻하는 용어로, 신체 변화의 총체
• 성숙 : 기능을 더 높은 수준으로 발전할 수 있게끔 하는 질적 변화로, 정해진 순서에 따라 진행

운동발달의 원리 16 23
• 분화와 통합의 과정을 거침
• 일정한 순서와 방향성을 가짐
• 유전과 환경의 상호작용을 통해 발달

Gentile(2000)의 운동기술 분류

환경적 맥락	동작의 기능			
	신체이동 없음		신체이동 있음	
	물체조작 없음	물체조작 있음	물체조작 없음	물체조작 있음
안정상태 조절 조건 동작 간 가변성 없음	제자리에서 균형잡기	농구 자유투하기	계단 오르기	책 들고 계단오르기
안정상태 조절 조건 동작 간 가변성 있음	수화로 대화하기	타이핑하기	평균대 위에서 체조 기술 연기하기	리듬체조에서 곤봉 연기하기
운동상태 조절 조건 동작 간 가변성 없음	움직이는 버스 안에서 균형잡기	같은 속도로 던져지는 야구공 받기	움직이는 버스 안에서 걸어가기	물이 든 컵을 들고 일정한 속도로 걷기
운동상태 조절 조건 동작 간 가변성 있음	트레드밀 위에서 장애물 피하기	자동차 운전하기	축구경기에서 드리블 하는 선수 수비하기	수비자를 따돌리며 드리블해 나가기

03 운동발달

(1) 운동발달의 개념

연령에 따라서 계열적·연속적으로 운동기능이 변화하는 과정이며, 기능적 분화와 복잡화·통합화를 이루어 환경에 잘 적응하고 하나의 상태에서 다른 상태로 변화하는 과정을 말한다.

(2) 운동발달의 요인

① 개인적 요인
  ㉠ 유전, 호르몬, 영양상태 : 인간의 성장과 성숙에 영향을 미치는데, 출생 시의 체중에는 15~20%, 뼈의 크기에는 60%의 영향을 미친다.
  ㉡ 심리적 요인 : 신체적 자긍심, 내적 동기는 운동참여 및 운동발달에 영향을 미친다.
② 사회·문화적 요인
  ㉠ 성역할 : 장난감과 놀이 환경에서 성별 구분은 놀이 및 스포츠사회화에 영향을 준다.
  ㉡ 대중매체 : 운동에 필요한 정보를 제공하는 것 중 가장 큰 비중을 차지한다. 대중매체를 통해 운동에 관심을 가지게 됨으로써 운동발달에 간접적으로 영향을 준다.
  ㉢ 인종과 문화적 배경 : 다양한 요인들을 고려해야 하며, 개인이 속한 집단의 가치에 따라 운동발달에 미치는 영향이 다를 수 있다.
  ㉣ 사회적 지지자 : 가족 간의 유대관계, 운동에 대한 부모의 긍정적인 인식과 직·간접적인 참여는 정서발달과 규칙적인 신체활동에 도움이 된다.

(3) 운동발달의 원리와 단계별 특징

① 운동발달의 원리

- ㉠ 운동발달은 인체 성숙과 관련된 일정한 단계에 따라 이루어진다.
- ㉡ 신체는 머리에서 발끝, 몸통에서 말초부분 순서로 발달이 이루어진다.
- ㉢ 운동발달은 기능적 분화와 통합화의 과정에 의해 이루어진다.

② 게셀(A. Gesell)과 에임스(L. Ames)의 운동발달의 원리

- ㉠ 머리-꼬리 원리(Cephalocaudal Principle) : 운동발달은 머리에서 발 방향으로 발달하는 일련의 방향성을 갖는다.
- ㉡ 중앙-말초 원리(Proximodistal Principle) : 중추신경계가 먼저 발달되고 말초신경계가 발달된다.
- ㉢ 개체발생적 발달 원리(Ontogenetic Development Principle) : 학습에 의한 운동행동 또는 연습과 경험을 필요로 하는 스포츠 기술과 관련된다. 게셀에 의하면 개체발생은 단일성의 원리와 이원성의 원리의 공존에 기초한 성장과정을 보여준다고 하였다. 또한, 통합과 분화의 이중 운동이 구조적이고 기능적인 조직을 구성하고, 점진적이고 개체화하는 성숙은 반응들과 태도들의 전반적 통일성의 내부에서 점점 더 분리되고 점점 더 정밀한 도식들을 재단해낸다.
- ㉣ 양측-동측-교차 운동협응의 원리(Bilateral-unilateral(Ipsilateral)-crosslateral Principle) : 운동협응의 발달순서가 있다.
  - 양측 : 상지 혹은 하지의 양측을 동시에 움직이는 형태를 보인다.
  - 동측 : 상하지를 동시에 움직이는 형태를 보인다.
  - 교차 : 상하지를 동시에 움직이는 형태를 보인다.

③ 운동발달의 단계

- ㉠ 반사 움직임 단계
  - 출생~1세의 신생아기에 나타난다.
  - 반사란 신경계통의 체계가 완전히 성숙되지 않아 나타나는 불수의적인 움직임으로, 자세반사와 이동반사로 분류된다.
  - 유아의 생존을 돕고, 유아의 운동행동에 대한 진단의 역할을 한다.
- ㉡ 기초 움직임 단계
  - 1~2세의 영아기에 나타난다.
  - 신경체계 성숙으로 반사 운동이 사라지고 수의적인 움직임이 나타나는 단계를 말한다.
  - 기어가거나 걷는 이동운동이 발달하고 물체를 잡는 물체조작운동이 더욱 발달한다.
- ㉢ 기본 움직임 단계
  - 2~6세의 유아기에 나타난다.
  - 기본적인 움직임의 능력이 현저하게 나타나는 단계를 말한다.
  - 자신의 신체에 대한 인식과 균형감이 발달하고, 이동운동이 더욱 발전한다.

기출 POINT

운동발달 단계의 구분 18 21
- 신생아기(출생~1년) : 반사 움직임 단계
- 유아기 : 기본 움직임 단계
- 아동기 : 스포츠 기술 단계
- 청소년기 : 성장과 세련 단계
- 성인초기 : 최고 수행 단계

OX문제

1. 운동발달의 원리 중 발달속도는 연령에 상관없이 일정하다.
   (O, ×)

2. 아동기는 스포츠 기술 단계에 해당한다. (O, ×)

3. 운동발달은 전 생애에 걸쳐 진행되는 불연속적인 과정이다.
   (O, ×)

4. 운동발달은 머리에서 발끝, 말초부분에서 몸통의 순서로 이루어진다. (O, ×)

정답 1 (×), 2 (O), 3 (×), 4 (×)

- 조작운동인 던지기와 차기 등의 운동기술이 나타난다.
- 회전하기, 비틀기, 뻗기, 굽히기 등이 다양하게 나타나지만, 아직 운동기술은 어색하다.

② 스포츠 기술 단계
- 7~14세의 아동기에 나타난다.
- 동작의 협응력이 발달하고 각각의 움직임 동작을 연관시켜 하나의 동작으로 형성이 가능하다.
- 레크리에이션 활동과 스포츠에 참여한다.

⑩ 성장과 세련 단계
- 청소년 시기에 나타난다.
- 호르몬 분비의 증가로 인해 체격이 커지고, 운동능력이 현저하게 발달한다.

⑭ 최고 수행 단계
- 20~30세의 성인초기에 나타난다.
- 근력과 심폐기능 그리고 정보처리 능력이 최고조에 이르러, 최상의 운동수행력을 보인다.

ⓢ 퇴보 단계
- 30세 이후에 나타난다.
- 심장혈관, 근력, 지구력, 신경기능, 유연성 등이 서서히 감소하고 정보처리 속도의 감소로 신체반응속도가 떨어진다.

03 스포츠수행의 심리적 요인

KeyPoint

- 개인의 정서와 동기, 불안이 시합에 미치는 영향에 대해 사례를 들어 설명할 수 있다.
- 자신감을 향상할 수 있는 지도방법에 대해 말할 수 있다.
- 심상과 이완, 루틴 등을 활용하여 경기불안을 관리하도록 지도할 수 있다.

01 성 격

(1) 성격의 정의

성격이란 행동특성에 일관성 있게 영향을 미치는 개인의 독특한 심리적 특성들의 총체를 말한다.

(2) 다양한 학자들의 정의

① **올포트(Allport)** : 성격이란 자기의 고유한 환경에서 적응을 결정짓는 개체 내의 역동적인 조직체를 말한다.

② **로저스(Rogers)** : 성격이란 근본적으로 현상학적인 것이며, 주로 설명적인 개념으로서 자아의 개념에 의존한다.

③ **카텔(Cattell)** : 성격이란 인간이 주어진 환경에 놓여 있을 때 무엇을 할 것인가를 구별 짓는 것을 말한다.

④ **매디(Maddi)** : 성격이란 인간의 심리학적 행동(사고, 감정, 행위 등)에서 공통점과 차이점을 결정해주는 항상성 있는 특징과 경향성을 말한다.

(3) 성격의 일반적 특성

① **독특성** : 다른 사람과 구분되는 사고방식으로, 주어진 환경의 자극에 대한 독특한 반응 특성을 말한다.

② **안정성(일관성)** : 시간이나 상황의 변화에도 달라지지 않는 행동 특성을 말한다.

③ **경향성** : 눈에 보이지 않는 속성을 말한다. 당사자의 행동을 바탕으로 추측할 수 있다.

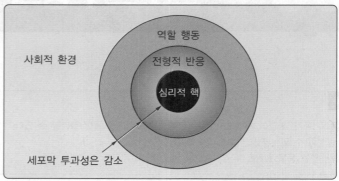

[성격 구조의 도식 (1)]

① **심리적 핵**
  ㉠ 성격의 가장 기초적 단계이며 기본적 수준을 의미한다.
  ㉡ 개인의 태도, 가치, 흥미, 동기, 믿음, 신념 등을 포함한다.
  ㉢ 성격의 가장 안정된 부분이고 장시간에 걸쳐 일정하게 유지되는 특성이다.
  ㉣ 외부 상황의 변화에 영향을 거의 받지 않는다.

② **전형적 반응**
  ㉠ 환경과의 상호작용을 통해서 외부세계에 반응하는 학습된 양식을 의미한다.
  ㉡ 심리적 핵을 예측하는데 반영되는 지표가 된다.

③ **역할 행동**
  ㉠ 개인이 사회적 지위와 역할을 염두에 두고 이에 따른 행동을 취하는 것을 의미한다.
  ㉡ 성격의 가장 표면적이고 변화 가능한 부분을 나타낸다.
  ㉢ 역할과 관련된 행동은 상황에 따라 달라지기 때문에 전형적인 반응이 아니며 심리적 핵을 확실하게 반영하지 않는다. 따라서 어떤 역할과 관련된 행동에 근거를 두고 한 사람의 성격특성을 말하는 것은 옳지 않다.

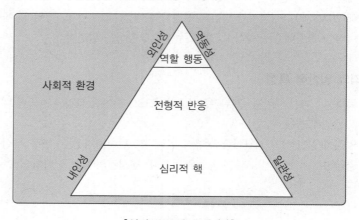

[성격 구조의 도식 (2)]

(5) 성격 이론

① **정신역동 이론** : 인간 행동을 지배하는 무의식적인 동기를 밝히려는 이론으로 다음과 같이 가정한다.

ㄱ. 심리적 결정주의로 인간의 행동은 결코 우연히 일어나지 않으며, 의식적이거나 무의식적인 동기가 있다고 본다.

ㄴ. 인성의 주요 기능들은 상황적인 측면에 반응하는 적응과정의 산물이다.

ㄷ. 인간의 행동을 본능적인 측면에서 파악한다.

ㄹ. 인간의 사고와 정서 및 행동에 있어서 무의식적인 결정체를 강조한다.

ㅁ. 목적주의적인 동기체계를 강조한다.

프로이드(Freud)의 정신 구조
- 원초아 : 무의식적이며 본능적인 성격의 핵을 나타낸다. 어떤 의미에서 원초아는 즐거움을 찾는 기제이다.
- 자아 : 의식적이고 논리적이며 실제를 올바르게 판단하는 측면을 나타낸다.
- 초자아 : 개인의 의식을 나타내는 것으로, 부모의 관리와 사회화 과정에서 영향을 미치는 내면화된 사회적 도덕 기준이다.

② **현상학적 이론** : 개인의 주관적인 경험을 강조하는 몇 가지 이론을 포함하여 개인의 동기적 내력이나 행동의 예언이 아니라 개인이 어떻게 사상을 지각하고 해석하는가에 관심을 두고 있다. 무의식적인 충동에 의하여 동기화된다는 정신역동 이론과는 달리, 현재 일어나고 있는 것에 관한 개인의 주관적 관점에 관심을 둔다.

ㄱ. 로저스(Rogers)의 자기실현 경향 : 인간은 자신이 타고난 잠재력을 실현시키는 선천적인 동기와 자신이 무엇인가 되고자 하는 자아상을 충족시키려는 동기를 가진다고 보았다.

ㄴ. <u>매슬로(Maslow)의 욕구위계 이론</u> : 매슬로는 인간의 기초적인 욕구를 5단계로 도식화하였다. 인간의 본능적 욕구인 배고픔, 목마름, 수면, 성욕 등의 생리적 욕구를 기저로, 그 위에 정서적·신체적 위험으로부터 보호 받으려는 안전의 욕구, 친밀과 애정 및 소속의 욕구인 소속감과 사랑의 욕구, 목표달성·권력·사회적 지위에 대한 욕구인 자기존중의 욕구, 자기만족을 위한 자아실현의 욕구로 구분된다. 이들 욕구는 위계적인 관계를 가지고 있다.

매슬로(A. Maslow)의 욕구위계 5단계 17
- 1단계 : 생리적 욕구
- 2단계 : 안전의 욕구
- 3단계 : 소속감과 사랑의 욕구
- 4단계 : 자기존중의 욕구
- 5단계 : 자아실현의 욕구

OX문제

매슬로(A. Maslow)에 의하면, 가장 원초적인 욕구는 안전의 욕구이고 가장 최상위 욕구는 자기존중의 욕구이다. (O, X)

정답 X

③ **특성 이론** : 외부 환경의 영향보다는, 개인 내에 존재하고 있는 일관적이고 안정된 특성들로 인해 개인의 행동이 결정된다는 이론이다.
   ㉠ 올포트(Allport)의 성격특성
   • 공통특성 : 공통적인 경험과 문화적인 영향 때문에 사람들에게 일관적으로 나타나는 특성이다.
   • 개인적 성향 : 개인에게만 독특한 방식으로 작용하는 특성이다.
      – 기본성향 : 고도로 일반화된 성향으로서 개인의 모든 사고와 행동에 나타난다. 개인은 기본성향을 중심으로 스스로 생활을 체계화한다.
      – 중심성향 : 기본성향보다는 행동을 적게 지배하지만, 행동에 포괄적인 영향을 미친다.
      – 이차성향 : 제한된 방식으로 개인의 행동을 이끄는 성향이다. 상황이나 대상에 따라 달라지는 특성이 있다.
   ㉡ 카텔(Cattell)의 성격특성
   • 표면특성 : 겉으로 드러나면서 함께 공존하는 것으로 보이는 성격특성이다. 인사하면서 미소 짓는 것을 예로 들 수 있다.
   • 근원특성 : 표면특성을 일으키고 표면특성으로 하여금 일관성을 갖도록 하는 성격이다.
   • 성격요인 검사(16PF) : 상황(환경)과 성격 경향성의 기능의 전형적인 반응을 알 수 있다. R = f(S・P)로 R은 반응, S는 상황, P는 성격이다. 성격요인 검사는 16개의 성격요인 질문지를 통해 근원특성을 측정한다.
   ㉢ 아이젱크(Eysenck)의 성격특성
   • 내향성과 외향성 : 각성수준과 관계되어 있어서 행동과 조건화에 영향을 미치는 특성이다.
   • 안정성과 불안정성(신경과민) : 정서적인 안정을 나타내는 차원의 특성이다.
④ **사회학습 이론** : 사회학습 이론은 행동이 개인의 심리적 특성 또한 사회적 대인관계를 통해 학습된다는 것을 말한다.
   ㉠ 개인의 행동은 상황의 특징, 상황에 대한 개인의 평가 및 그와 비슷한 상황에서의 행동에 대한 과거의 강화에 달려 있다고 본다.
   ㉡ 동기적 특성들보다는 인지적 발달과 사회적 학습경험에서의 개인차를 중요시하며, 환경적 조건과 상호작용하여 행동에 영향을 준다.

(6) 성격의 측정

① **평정척도법** : 피험자를 직접 인터뷰하거나 관찰한 후에, 그 결과를 준비한 단계에 따라 수량화하는 방법이다.
② **질문지법** : 구조화된 질문지를 피험자에게 주면, 피험자가 자기보고식 방법으로 각 문항에 체크하는 방법이다. 질문지는 관리하기 편하고 수량화하기도 용이하다.
   ㉠ 미네소타 다면적 인성 검사(MMPI)
   ㉡ 카텔(Cattell)의 성격 요인 검사(16PF)
   ㉢ 아이젱크(Eysenck)의 성격차원 검사(EPQ)

③ **투사법** : 피험자에게 무엇을 검사하려는지 알 수 없는 애매한 자극을 제시하고, 그에 대한 반응을 분석함으로써 피험자의 성격을 파악하는 방법이다.

　　㉠ 로르샤흐 잉크반점 검사 : 잉크의 얼룩이 무엇으로 보이는지를 검사하여 그 사람의 성격이나 정신 내부의 상태를 알아내려는 방법이다.

　　㉡ 주제통각 검사(TAT) : 인물, 상황 등 애매한 장면이 그려져 있는 그림판을 제시하여 과거, 현재, 미래에 대한 이야기를 하게 하여 이야기에 나타난 욕구, 행동의 체계와 수준, 행동의 종류, 행동의 결말 등을 단서로 하여 성격을 해석하는 방법이다.

　　㉢ 문장완성형 검사(SCT) : 언어를 이용하여 개인의 욕구와 감정 그리고 무의식적인 경향 등을 파악하는 방법이다.

(7) 성격과 운동수행의 관계

① **모건(Morgan)의 정신건강 모델 연구**

　　㉠ 모건(Morgan)은 스필버거(Spielberger)의 상태–특성불안 척도 측정, 아이젱크(Eysenck)의 내향성–외향성, 안정성–불안정성 검사, 그리고 맥네어(McNair)의 정서상태 검사 등을 이용하여 10개의 서로 다른 성격특성을 추출하였다.

　　㉡ 정신건강 모델에서 긍정적인 정신건강 프로파일은 우수 선수의 특성이 나타나고 부정적인 정신건강 프로파일은 비우수 선수의 특성이 나타난다.

② **모건(Morgan)의 빙산형 프로파일**

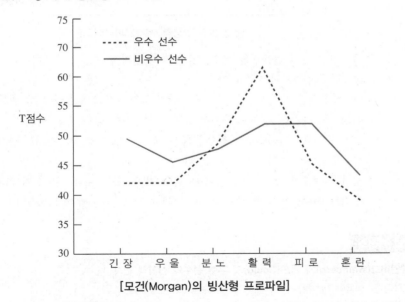

[모건(Morgan)의 빙산형 프로파일]

○ 모건(Morgan)의 기분상태 프로파일에서 빙산형 프로파일은 심리적 요인과 성공적인 운동수행 사이의 중요한 관계를 나타낸다.

○ 기분상태 프로파일(POMS)에서 우수 선수는 용기(활력)를 제외한 모든 마음 상태의 수치가 집단 평균 이하이고, 용기(활력) 수치는 집단 평균 이상으로 나타난다.

○ 우수 선수의 분포는 빙산과 같은 윤곽을 보이고, 비우수 선수의 분포는 완만한 윤곽을 보인다.

○ 일반적으로 우수 선수의 불안과 신경과민의 특성은 낮고 외향성은 높다.

○ 우수 선수의 심리적 특성을 나타낸 윤곽은 긍정적인 심리적 건강과 일치한다.

③ 운동선수의 경기력 수준과 성격

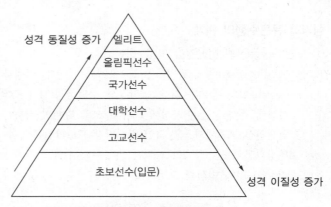

[운동선수의 성격·수행 피라미드]

○ 경기력 수준이 높을수록 선수들의 성격과 심리적 특성이 유사하다.

○ 초기단계의 경기력 수준을 가지고 있는 선수들의 성격은 매우 이질적이고 다양하지만, 긍정적인 성격 특성을 가진 선수만이 상위 수준으로 올라가고, 부정적인 성격 특성의 소유자는 상위 수준에서 탈락할 가능성이 높다.

○ 경기력 수준이 높아질수록 선수들의 성격특성이 동질적이며, 반대로 경기력 수준이 낮아질수록 성격특성은 이질적이다.

○ 경기력 수준이 중간단계인 선수들 간에 차이점을 찾아내기는 쉽지 않지만, 최고 엘리트 선수들은 낮은 수준의 선수들과는 서로 다른 성격 프로파일이 나타난다.

개념 플러스

웨인버그(Weinberg)와 굴드(Gould)의 우수 선수의 심리적 전략

• 경기 중 역경에 대처하는 구체적인 계획을 수립하고 연습한다.
• 경기 중과 경기 전에 예기치 못한 상황에 대처하는 일련의 전략을 연습한다.
• 당면한 수행에 완전히 집중하고 경기와 관련 없는 사건이나 생각은 배제한다.
• 경기 전에 심리적 연습을 한다.
• 경기 전에 상대선수에 대하여 걱정하지 않고 자신이 할 수 있는 일에 초점을 맞춘다.
• 자세한 경기계획을 수립한다.
• 각성과 불안을 조절하는 방법을 익힌다.

(1) 재미와 몰입

① 재미의 개념

    ㉠ 운동참여 경험에서 느끼는 긍정적 정서반응을 의미하며, '즐거움·좋아함' 같은 일반적인 느낌을 나타낸다.

    ㉡ 운동의 흥미, 동기유발, 지속적 참여를 이끌어내는 가장 큰 운동참여 요인이다.

② 몰입의 개념

    ㉠ 스포츠 참가를 지속하려는 욕구와 결심을 표현하는 심리적 구조이다.

    ㉡ 스포츠 참가에 대한 애착의 심리상태를 의미한다.

    ㉢ 몰입의 구성요소 : 명확한 목표, 즉각적인 피드백, 도전과 기술 수준의 균형, 당면과제에 대한 집중, 활동과 인식의 통합, 자아의식의 상실, 시간 감각의 왜곡, 통제감, 자기 목적적 경험 등이 있다.

    ㉣ 몰입경험 : 몰입경험을 통해, 사람들은 자신이 가지고 있는 잠재능력을 최대한 발휘하게 되고, 주관적 만족감이나 행복감을 느낀다.

③ 칙센트미하이(M. Csikszentmihalyi)가 주장한 몰입의 개념

    ㉠ 내면적으로 완전히 동기화된 상태에서 경험하는 것이다.

    ㉡ 인간 삶에 있어 '최고의 감정', '최상의 즐거움', '행복한 상태'를 몰입경험으로 본다.

    ㉢ 기술과 도전이 균형을 이루는 상황에서 운동 수행에 완벽히 집중하는 것이다. 도전이 높고 기술이 낮으면 불안을 느끼며 도전이 낮고, 기술이 높으면 이완을 느낀다. 여기서 기술은 자신의 능력이고, 도전은 과제의 난이도이다.

    ㉣ 선수들이 몰입될 수 있는 조건

        • 도전하는 과제와 자신의 기술 수준이 비슷할 때

        • 선수가 무엇을 해야 할지를 알 때

        • 명확한 목표를 갖고 있을 때

        • 높은 집중력과 조절 능력을 갖고 있을 때

        • 시간의 흐름을 느끼지 못해야 하며, 활동하고 참가하는 그 자체에 목적이 있을 때

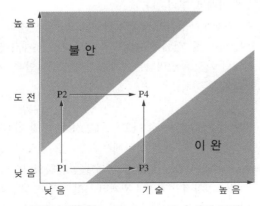

칙센트미하이(M. Csikszentmihalyi)의 몰입

기출 POINT

불안의 유형 17 20
• 특성불안 : 환경 위협 정도와 무관하게 불안을 지각하는 잠재적 성향
• 상태불안 : 상황에 따라 일시적으로 변하는 정서 상태
• 인지불안 : 운동수행에 관한 부정적 생각 · 걱정 등의 의식적 지각
• 신체불안 : 상황에 따라 변하는 지각된 생리적 반응

경쟁불안 18
• 경쟁불안이 일어나는 원인 : 실패에 대한 두려움, 승리에 대한 압박
• 경쟁불안을 감소시키는 요소 : 적절한 목표설정, 높은 성취목표성향

(2) 정 서

① 정서의 정의

  ㉠ 선행사건이 분명히 지각되고, 대상이 뚜렷하고, 지속시간이 짧은 정신적 · 생리적 상태를 의미한다.

  ㉡ 기분, 느낌, 감정 개념에 비해 범위가 좁다.

  ㉢ 제임스(W. James) : 유발자극에 대해 즉각적으로 신체적 변화가 일어나고, 신체적 변화를 대뇌피질이 지각함으로써 일어나는 것으로 정의하였다.

  ㉣ 왓슨(J. Watson) : 신체적 기제 전체, 특히 내장과 내분비체계의 심원한 변화를 수반하는 유전적으로 정형화된 반응으로 정의하였다.

② 정서를 보는 관점

  ㉠ 플러츠(Plutchik)의 혼합관점

  • 정서를 기본정서와 혼합정서로 구분하였다.

  • 정서의 분류개념은 색상환이나 원소주기율의 개념과 유사하다.

  • 플러츠(Plutchik)의 8가지 기본정서

    – 두려움, 놀람, 슬픔, 혐오, 분노, 예견, 기쁨, 수용

    – 강도 차원, 유사성 차원, 양극성 차원으로 구분

  ㉡ 러셀(Russell)의 차원관점

  • 정서가 기본 정서로 구분되는 것이 아니라 비정서적인 몇 개의 차원들로 환원된다는 것이다.

  • 모든 정서를 유쾌–불쾌와 각성–비각성의 두 차원으로 이루어진 평면상의 좌표로 표현하였다.

③ 정서의 측정 : 자기보고식 측정법, 생리적 측정법, 얼굴표정 측정법, 뇌기능 측정법 등이 있다.

(3) 불 안

① 불안의 개념

  ㉠ 불안은 신체적 각성을 고조시키는 주관적인 감정으로 불쾌감 또는 짜증감을 동반하는 부정적 정서 상태로 정의된다.

  ㉡ 근심, 걱정, 우려 등의 부정적인 생각과 관련된 요인의 인지적 불안, 맥박이 빨라지거나 손에 땀이 나는 등 신체적 활성화로 나타나는 신체적 불안으로 구분된다.

  ㉢ 선천적으로 타고난 기질로 설명되는 특성불안과 일시적인 환경 요인에서 느껴지는 상태불안으로도 구분된다.

② 불안의 유형

  ㉠ 특성불안 : 어떤 사람의 성격으로 타고난 개인적 특성 및 기질과 관계된 불안이다. 즉, 객관적으로 위협적이지 않은 상황에서도 그것을 위협적으로 지각하여, 객관적 위협의 정도와 관계없이 불안 반응을 나타내는 행동경향이다.

  ㉡ 상태불안 : 일시적 · 상황적인 측면과 관계된 불안으로, 상황에 따라 다양하게 변화하는 정서 상태이다. 자율신경계의 활성화와 관련된 주관적이고 의식적으로 지각된 공

포, 우려 및 긴장감을 지닌 일시적이고 지속적으로 변화하는 정서 상태이다. 상태불안은 인지적 상태불안과 신체적 상태불안으로 구분된다.

ⓒ 경쟁불안 : 스포츠 경기상황에서 경쟁과정에 수반하여 나타나는 불안의 한 형태이다. 개인의 요인과 관련하여 외부의 자극을 어떻게 받아들이느냐에 따라 경쟁불안의 수준이 결정된다. 또한 경쟁불안은 경쟁특성불안과 경쟁상태불안으로 분류되고, 경쟁상태불안은 인지적 상태불안과 신체적 상태불안으로 분류된다.

③ 불안의 측정

과도한 경쟁불안을 해소하여 적정 각성수준을 유지하는 문제는 경기력 향상을 위하여 필수적이며 선수와 지도자에게 현실적으로 중요한 일이라고 볼 수 있다. 경쟁불안의 해소를 위해서는 우선 선수들의 불안 수준을 정확하게 파악하여야 한다. 선수들의 경쟁불안 수준을 파악하기 위해서는 여러 가지 불안 측정도구와 생리적 지표 그리고 지도자들의 관찰에 의한 행동적 지표 등을 종합적으로 고려해야 한다.

㉠ 심리적 측정방법 : 운동수행 과정에서 나타나는 불안을 측정하기 위한 방법 중 널리 사용되고 있는 심리적 측정방법으로, 검사지와 설문지가 있다. 직접적으로 관찰이 어려운 불안 상태를 직접 경험하고 있는 수행자가 자기 진술을 통하여 측정하는 자기보고식 측정방법이라고 볼 수 있다.
- 테일러(Taylor)의 표출불안 척도(MAS)
- 스필버거(Spielberger)의 상태-특성불안 척도(STAI)
- 마튼스(Martens)의 스포츠경쟁불안 척도(CSAI-2)

㉡ 생리적 측정방법
- 뇌파 검사(EEG) : 두피에 전극을 붙여 뇌의 전기적 활동을 기록한다.
- 피부전기저항 검사(GSR) : 피부에 전류를 통했을 때, 체표부위에 생기는 전기저항을 측정한다.
- 심전도 검사(EKG) : 심장의 박동에 따라 심근에서 발생하는 활동 전류를 체표면의 적당한 2개소로 유도해서 전류계로 기록할 수가 있는데, 이와 같이 얻어진 심근 활동전류의 기록을 측정한다.
- 근전도 검사(EMG) : 골격근의 전기적 활동을 표면 전극 또는 침전극으로 검출하여 기록을 측정한다.
- 기타 검사 : 발한율(Palmar Sweat Index), 심박수, 혈압, 안면근육 패턴을 검사하는 방법이 있다.

㉢ 행동적 측정방법
- 외형적인 행동 반응을 측정하여, 직관적이면서도 쉽게 불안 정도를 측정할 수 있는 방법이다.
- 불안의 증상이나 과제의 수행상태를 측정한 다음, 그 차이에 근거하여 불안 상태를 파악한다.
- 불안의 행동 척도(행동적 반응 목록)는 불안 여부를 직접적으로 제시해주는 지표이다. 이는 선수를 지도하는 지도자에게 가장 현실적인 자료가 될 수 있다.

기출 POINT

운동선수 탈진 질문지(ABQ) 22
- 레이데크(Raedeke)와 스미스(Smith)가 개발
- 세 가지 측정 요인 : 성취감 저하, 스포츠 평가절하, 신체적·정서적 고갈

탈 진 17
과도한 신체·심리 에너지 사용으로 인한 심리생리적 피로의 결과

지각 협소화
(Perceptual Narrowing) 20
각성 수준이 높아짐에 따라 주의를 기울일 수 있는 초점의 폭이 점차 줄어드는 현상

[불안의 행동적 반응 목록]

• 위장 장애	• 설 사	• 심장의 떨림
• 심박수 증가	• 메스꺼움	• 근육의 떨림
• 손의 땀	• 피로감	• 호흡 항진
• 호흡수 증가	• 구 토	• 시각적 왜곡
• 침이 마름	• 얼굴이 홍조됨	• 집중 불능
• 과민 반응	• 혼 란	• 하 품
• 소변이 자주 마려움	• 기억 불능	• 의사결정 불능
• 근육 긴장	• 오랜 습관에 의지	

(4) 스트레스와 탈진

① 스트레스

  ㉠ 스트레스의 개념 : 내·외적 압력에 의하여 유기체 내에서 일어나는 모든 불특정한 반응의 총합이다.

  ㉡ 스트레스 발생 원인 : 개인의 동기나 능력에 맞는 환경을 제공받지 못하거나 개인의 능력이 환경을 감당하기 어려울 때 스트레스가 발생한다.

  ㉢ 스트레스 반응 : 근육긴장의 증가, 주변시각 협소화, 주의산만의 증가

  ㉣ 운동과 스트레스
- 유산소운동은 스트레스를 극복하는 데 효과적이다. 유산소운동을 하는 사람들이 심리적인 스트레스에 대해 덜 민감하게 반응하며, 스트레스를 받은 후에도 평상시의 수준으로 빨리 회복한다.
- 단기간 운동보다 장기간 운동이 스트레스 해소에 훨씬 큰 효과가 있다.
- 운동으로 인한 체력의 증가는 스트레스 감소뿐만 아니라 신체건강에도 긍정적인 영향을 미친다.

② 탈 진

  ㉠ 탈진의 개념
- 과도한 신체 에너지 사용으로 기운이 다 빠져 없어진 상태이다.
- 스트레스로 인한 정서적 소진 상태이다.

  ㉡ 스포츠 탈진의 개념
- 정서적 고갈, 스포츠의 가치 감소, 수행성취 감소 등의 심리적 증상을 보인다.
- 스트레스에 지속적으로 노출될 경우 정서적 자원을 고갈시키는데, 이 고갈된 자원이 보충되지 못하는 심각성을 내포한다.
- 과도하게 성취지향적인 선수나 완벽주의 성향의 선수들은 스포츠에 헌신적으로 집중하다가도 쉽게 탈진 증상을 경험한다.
- 능력 이상의 과제 요구에 부응하지 못할 경우 선수들은 쉽게 후회감이나 자괴감에 빠져 탈진을 경험한다.

  ㉢ 스포츠 탈진의 원인으로는 인간소외, 성취감 감소, 스스로의 고립, 신체적·정서적 운동 탈진 등이 있다.

(5) 경쟁불안과 운동수행 관계 이론

① 욕구 이론(추동 이론)

   ⊙ 운동수행의 결과가 경쟁불안의 정도인 각성수준과 비례하여 증가한다는 이론이다.

   ⓒ 단순한 운동과제나 학습이 잘된 운동과제의 수행을 설명하는데는 어느 정도 적합하나, 복잡한 기술이 요구되는 운동과제의 수행은 설명하지 못하는 단점이 있다.

기출 POINT

역U 가설 15

적정 수준의 각성이 최고의 운동수행을 가져온다는 이론

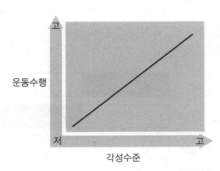

[각성수준과 운동수행의 관계]

[종목별 각성수준(불안 강도)]

각성수준		종 목
5	높 음	미식축구 태클, 200m · 400m 달리기, 윗몸일으키기, 역도, 팔굽혀펴기, 투포환, 턱걸이
4	약간 높음	100m 달리기, 멀리뛰기
3	중 간	농구, 복싱, 유도, 체조
2	약간 낮음	야구(투구), 펜싱, 테니스, 다이빙
1	낮 음	양궁, 골프(퍼팅), 농구(자유투), 축구(패널티킥)

② 적정각성수준 이론(역U 가설, Inverted-U Hypothesis)

   ⊙ 불안이 증가할수록 운동수행이 증진되다가 적정 수준의 각성상태에서 운동수행이 극대화되고, 각성수준이 더욱 증가하여 과각성상태가 되면 운동수행이 저하된다는 이론이다.

   ⓒ 불안과 운동수행의 관계가 곡선적인 개념이다.

   ⓒ 최적의 각성수준에 영향을 미치는 요인에는 개인의 특성불안 수준, 수행자의 과제에 대한 학습단계, 과제의 난이도 등이 있다.

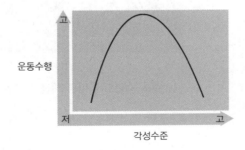

[역U 가설]

OX문제

인지불안이 적정수준을 넘어서면 수행의 급격한 추락현상이 발생한다는 이론은 추동 이론이다. (O, ×)

정답 ×

③ 최적수행지역 이론

㉠ 선수들의 상태불안 수준의 개인차가 매우 크며, 최고의 수행을 발휘하는 데 있어서 특정한 불안 수준이 필요한 것이 아니라 자신만의 고유한 불안 수준이 있다는 이론이다.

㉡ 적정불안 수준은 불안의 연속선상에서 항상 정중앙이 아닐 수 있으며 개인에 따라 큰 차이가 있다. 최고수행은 한 점이 아닌 범위로 표시된다.

㉢ 최고수행을 했을 때, 측정된 점수의 평균값 일정 범위에서 최적수행지역과 각성수준의 측정이 가능하다.

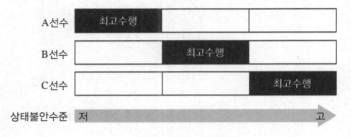

[최적수행지역 수준]

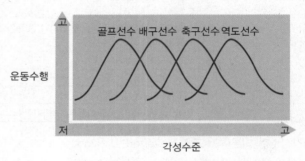

[종목별 선수의 최적 각성수준]

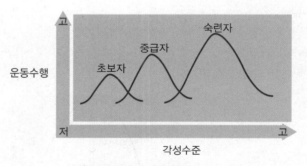

[선수의 숙련도에 따른 최적 각성수준]

④ 다차원적 불안 이론
  ㉠ 다차원적 불안 이론에 따르면, 인지적 불안은 초조·걱정과 같은 감정으로 주로 운동수행에 부정적인 영향을 주는 반면, 신체적 불안은 적정수준이면 운동수행에 긍정적인 영향을 준다.
  ㉡ 인지적 불안과 신체적 불안은 서로 독립적이고 운동수행에 있어 서로 다른 영향을 미친다.
  ㉢ 인지적 불안과 신체적 불안의 수준에 따라 서로 다른 불안감소기법을 적용해야 한다. 신체적 불안이 높은 경우에는 점진적 이완 기법을, 인지적 불안이 높은 경우에는 인지 재구성 훈련과 같은 인지적 기법으로 불안을 감소시켜야 한다.

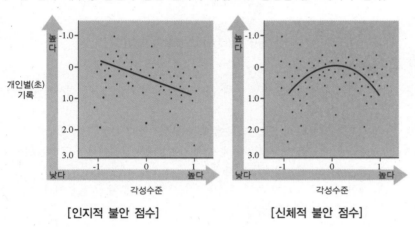

[인지적 불안 점수]   [신체적 불안 점수]

⑤ 카타스트로피 이론(격변 이론)
  ㉠ 카타스트로피 이론에서는 신체적 불안과 운동수행의 관계가 인지적 불안이 낮을 경우에만 역 U자 형태를 이룬다고 본다. 만약 인지적 불안 수준이 높을 경우, 신체적 불안이 일정 수준에 이르면 운동수행에 급격한 추락현상이 초래된다. 또한 운동수행의 급격한 추락현상이 발생했을 경우 이전 상태로 회복하는 데 많은 시간이 필요하다.
  ㉡ 신체적 불안과 인지적 불안의 상호작용에 따라 운동수행 수준이 결정된다. 따라서 불안의 두 차원을 따로 분리한 다차원적 이론보다 실제 불안 현상을 더 타당하게 설명할 수 있다.
  ㉢ 인지적 불안 수준에 따라 신체적 불안이 운동수행에 미치는 효과가 다르다는 점은 현장의 지도자와 선수에게 중요하며, 불안의 두 요소와 운동수행은 질서정연한 관계가 아니기 때문에 실제 운동 상황을 설명하는 데 더 적합할 수 있다.

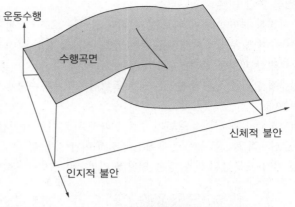

[카타스트로피 모형]

⑥ **전환 이론**

　㉠ 자신의 각성수준을 어떻게 해석하느냐에 따라 각성수준과 정서의 관계가 달라진다는 이론이다.

　㉡ 각성을 어떻게 받아들이느냐에 따라 부정적인 기분일 수도 있고 긍정적인 기분일 수도 있다. 이러한 각성수준에 따라 기분상태가 긍정에서 부정으로 변하며, 그 반대 방향으로도 전환이 가능하다.

　㉢ 개인의 각성 상태에 대한 해석을 중요시하기 때문에, 운동수행의 개인차를 이해하는 데 많은 기여를 하였다.

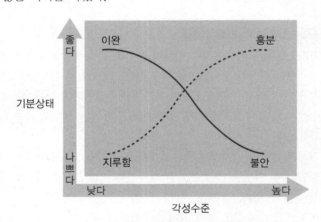

[각성수준에 따른 기분상태]

⑦ 심리 에너지 이론

　⊙ 각성을 긍정적으로 해석하면 긍정적 심리 에너지가 발생되기 때문에 운동수행에
　　긍정적인 영향을 미치는 반면, 각성을 부정적으로 해석한다면 부정적 심리 에너지
　　때문에 각성과 운동수행 사이에는 부정적인 관계가 성립한다.
　⊙ 운동선수는 긍정적인 심리 에너지가 높고 부정적인 심리 에너지가 낮을 때, 최고의
　　경기력을 발휘한다.

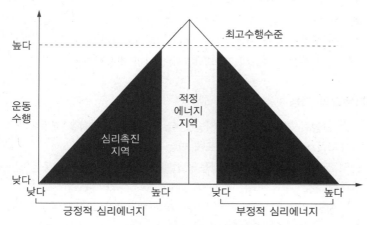

[심리 에너지 수준에 따른 운동수행]

(6) 불안과 스트레스의 관리 기법

① 불안의 조절 기법
　⊙ 자신이 조절할 수 있는 것에 주의 집중하기
　⊙ 마음속으로 연습하기
　⊙ 최악의 시나리오를 생각해보기
　⊙ 활동성을 유지하기
　⊙ 인지적 전략을 활용하기

② 불안의 해소 기법
　⊙ 명 상
　⊙ 자생 훈련
　⊙ 점진적 이완 훈련
　⊙ 생체피드백 훈련
　⊙ 심상 훈련

③ 스트레스의 관리 기법
　⊙ 스트레스원의 변화　　　⊙ 사고의 변화
　⊙ 심상을 수반한 인지적 리허설　⊙ 자율 이완 훈련
　⊙ 긍정적 혼잣말　　　　⊙ 점진적 근육 이완
　⊙ 복식 호흡　　　　　　⊙ 적절한 운동

기출 POINT

심리 에너지 이론의 적용사례
18

시합이 다가오면 누구나 불안을 느끼
지만, 불안을 어떻게 해석하느냐에 따
라 경기 수행이 달라진다. 이때 시합
을 좀 더 긍정적이고 희망적인 것으로
해석하는 것은 심리 에너지 이론에 입
각한 자세로 볼 수 있다.

OX문제

개인이 불안을 해석하는 방법에 따라
불안이 경기력에 미치는 영향이 달라
진다고 보는 불안 이론은 심리 에너
지 이론이다. (O, ×)

정답 O

03 동 기

(1) 동기의 개념

동기란 어떤 목표를 향해서 행동을 시작하도록 하는 내적 과정을 말한다. 또한 내적 상태나 활성화된 요구를 만족시키기 위해 각성된 행동이 지속되는 것을 말한다. 동기는 '노력의 방향과 강도'를 통해 확인할 수 있다.

① 행동의 제기 : 행동의 원동력으로 작용한다.

② 행동의 강도 : 내적 동력으로서 에너지를 제공해준다.

③ 행동의 지속성 : 목표의 선택과 결과에 따라 작용한다.

(2) 동기유발의 기능

① 행동 활성화 기능 : 행동의 시발(始發), 행동의 방향성을 결정한다.

② 목표지향 및 전진 기능 : 목표에 맞는 행동을 유도한다.

③ 선택 조절적 기능 : 다양한 행동의 선택지 가운데, 알맞은 행동을 선택하도록 영향을 준다.

④ 강화 제공 기능 : 행동에 따른 상이나 벌을 제공하며, 이어지는 동기유발의 정도를 결정한다.

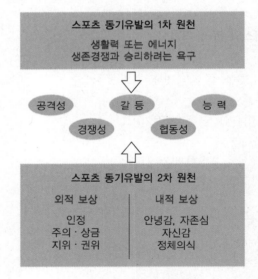

[스포츠 동기유발의 구성요소]

(3) 동기의 이론

① 성취동기 이론

ⓐ 모든 인간은 기본적으로 성취하기 위해 행동한다는 가정 하에 인간 행동을 설명함으로써 동기의 본질을 이해하려는 이론이다. 성취 지향적인 상황 속에서 나타나는 인간 행동의 방향·강도·지속성은 성취동기에 의해 결정되며, 특히 스포츠활동은 대표적인 성취지향적 상황으로 설명할 수 있다.

ⓑ 맥클랜드(McClelland)와 앳킨슨(Atkinson)의 성취동기모델 : 성공성취동기(MAS)와 실패회피동기(MAF)의 두 가지 중요한 구성개념으로 되어 있으며, 성공성취동기는 자신감과 내적욕구로, 실패회피동기는 실패공포나 불안으로 설명할 수 있다. 만약 MAS가 MAF보다 크다면 개인은 성공성취 상황에 접근하고, 그 반대의 경우에는 실패회피 상황에 접근한다.

개념 플러스

성취동기 = (성취욕구 − 실패회피 욕구) × (유인가치 × 성공확률) + 외적동기

- 성취욕구가 높을수록, 실패회피 욕구가 낮을수록 성취동기는 커짐
- 유인가치와 성공확률이 각각 반반일 때 성취동기가 가장 커짐
- 상금, 트로피, 칭찬 등과 같은 외적동기도 성취동기에 영향을 미침

---

② 성취목표 성향 이론

ⓐ 과제목표성향 : 비교의 준거가 자신이 되는 것으로, 기술이 향상되었거나 노력을 많이 했으면 유능한 느낌이 들고 성공했다고 생각한다.

ⓑ 자기목표성향 : 비교의 준거가 타인이 되는 것이다. 즉, 능력우월감이나 성취감을 느끼기 위해서는 남보다 더 잘해야 하며, 동일하게 잘했을 경우 남보다 노력을 덜해야 한다는 의미이다.

ⓒ 과제목표성향과 자기목표성향이 동시에 나타나는 경우 : 두 가지 목표 성향은 개인의 성격 특성이지만 환경의 영향을 받기도 한다. 따라서 특정 상황에서는 과제목표성향과 자기목표성향이 모두 강하게 나타날 수도 있다.

③ 인지평가 이론 : 행동을 일으키거나 조절하는 외적 사건이 동기 및 동기와 관련된 과정에 미치는 효과를 기술하는 이론으로, 1980년 데시(E. Deci)에 의해 처음 제안되었다. 인지평가 이론은 인간이 유능성과 자결성(자기결정성)을 느끼려는 본능적인 욕구를 갖고 있다고 전제한다. 개인의 유능성과 자결성을 높여주는 활동이나 사건이 바로 개인의 내적동기를 증가시킨다고 보는 것이다. 유능성은 자신의 노력으로 스스로 바람직한 변화를 만들 수 있다는 일종의 자신감이다. 자결성은 노력의 주체가 자신이며, 행동을 시작하고 그것을 조절하는 것이 자신이라는 감각이라고 할 수 있다.

기출 POINT

성취목표 성향 이론 [21]
- 과제목표성향 : 박고시는 남과의 대결 보다는 혼자 농구 기술을 연습하는 것을 좋아한다.
- 자기목표성향 : 김시대는 박고시와 농구 게임을 하여 이기는 것을 좋아한다.

인지평가 이론 [18] [21]
- 칭찬과 같은 긍정적 정보를 제공하면 유능성이 향상되어 내적동기가 증가한다.
- 부정적 피드백을 제공하면 유능성이 낮아져 내적동기가 감소된다.
- 지도자의 일방적 지시는 자결성을 낮추어 내적동기를 감소시킨다.

OX문제

1. 과제목표성향이 자기목표성향보다 높은 선수는 패배의 원인을 자신의 노력 부족으로 귀인하는 경우가 많다. (O, X)

2. 데시(E. Deci)의 인지평가 이론에 따르면, 부정적 피드백의 제공은 유능성을 하락시켜 내적동기를 감소시킨다. (O, X)

정답 1 (O), 2 (O)

ⓐ 제1전제 : 개인은 자결성의 욕구가 있다(내적 인과 소재를 부르는 사건은 내적동기를 향상시키고, 외적 인과 소재를 조장하는 사건은 내적동기를 감소시킨다).

ⓑ 제2전제

- 개인은 유능성의 욕구가 있다(유능성의 느낌을 높여주는 사건은 내적동기를 향상시키며, 유능성의 느낌을 낮추는 사건은 내적동기를 감소시킨다).
- 외적보상은 내적인 동기를 유발시키는 데 도움이 될 수도 있고 반대로 해가 될 수도 있다. 인지평가 이론에 따르면 외적보상은 통제적 측면과 정보적 측면을 모두 갖고 있다. 외적보상이 내적동기에 미치는 영향은 보상을 받는 사람이 보상을 어떻게 해석하느냐에 따라 달라진다. 즉 보상을 받는 사람은 보상을 통제적으로 볼 수도 있고 정보적으로 해석할 수도 있다.

ⓒ 제3전제

행동에 영향을 미치는 사건에는 정보 제공, 통제성의 정도, 무동기 3가지가 있다.
- 정보 제공 : 긍정적인 정보는 유능성의 느낌을 촉진시켜 내적동기를 향상시킨다.
- 통제성의 정도 : 통제성이 높을수록 자결성이 낮아져 내적동기를 감소시키고 반항을 유발한다.
- 무동기 : 무력감의 지각을 조장하여 내적동기를 감소시킨다.

ⓓ 제4전제 : 내적으로 정보를 제공해주는 사건은 내적동기를 향상시킨다.

[인지평가 이론]

④ 자기결정성 이론

ⓐ 자기결정성(Self-determination) 이론에서는 동기를 외적인 유인가의 유무가 아닌 자기결정성에 대한 주관적 지각으로 정의한다. 즉, 인간의 행동을 자율성의 정도에 따라 순전히 타율적인 행동(외재적으로 동기화된 행동)에서 완전히 자기결정된 행동(내재적으로 동기화된 행동)으로 개념화하는 것이다.

ⓑ 자기결정성이란 어떻게 반응할 것인가를 스스로 결정하는 과정이다.

ⓒ 자기결정성 이론에서 내재적 동기는 새롭고 도전적인 것을 추구하고, 자신의 능력을 확장하며 탐구·학습하고자 하는 선천적인 경향성이라고 정의한다. 또한, 스스로 선택을 하고 결정을 하는 것은 내재적 동기를 증가시킨다고 정의한다.

ⓓ 이러한 내재적 동기에 영향을 미치는 것으로 유능성 요구, 자율성 요구, 관계성 요구가 있는데, 이 세 가지 요구가 충족되면 내재적 동기가 높아진다.

- 유능성 요구 : 환경에서 효과적으로 기능을 발휘하려는 능력에 대한 요구를 말한다(숙달요구, 자기효능, 성취동기).
- 자율성 요구 : 자신의 소망에 따라 독립적으로 행위를 결정하려는 요구를 말한다.
- 관계성 요구 : 다른 사람과 긴밀한 정서적 유대와 애착을 형성하고 그에 따라 사랑과 존중을 받으려는 요구를 말한다.

ⓓ 자기결정성 이론은 내적동기, 외적동기, 무동기의 3가지 형태에 따라 인간의 성취행동이 달라진다고 본다. 내적동기, 외적동기, 무동기는 자결성의 측면에서 서열화할 수 있다. 자결성이 가장 높은 것은 내적동기(감각체험>과제성취>지식습득)이고, 다음은 외적동기(확인규제>의무감규제>외적규제)이며, 무동기가 가장 낮다.

- **내적동기**
  - 감각체험 : 운동할 때 느끼는 감각 체험이 즐거워서 스포츠활동에 참여한다.
  - 과제성취 : 과제를 성취하는 만족감 때문에 스포츠활동에 참여한다.
  - 지식습득 : 새로운 것을 배우는 것이 즐거워서 스포츠활동에 참여한다.
- **외적동기**
  - **확인규제** : 운동 자체의 목표가 아닌 건강 증진이나 다이어트 같은 자기설정 목표달성을 위해 스포츠활동에 참여한다.
  - **내적(의무감)규제** : 외적동기요인이 내면화되어 죄책감·불안 같은 압력으로 스포츠활동에 참여한다.
  - 외적규제 : 외적보상을 받으려는 욕구가 활동의 원동력이며, 외적보상을 얻기 위해 스포츠활동에 참여한다.
- **무동기** : 스포츠활동을 하려는 의도·동기가 없는 상태이다.

⑤ 귀인 이론

ⓐ 귀인 이론은 행동의 지각된 원인과 의미에 대한 연구를 중요시하고, 자신의 행동이나 타인의 행동에 관하여 인과적이고도 논리적인 해석을 내리는 방법을 강조하는 성취동기에 대한 인지적 접근 개념이다.

ⓑ **와이너(Weiner)의 귀인모형**
승리와 패배의 원인을 안정성, 내외 인과성, 통제성 차원으로 분석한다.
- 안정성 차원 : 미래 수행에 대한 기대가 안정적인지 불안정한지 결정한다.
- 내·외 인과성 차원 : 수행결과와 관련된 효과를 결정한다.
- 통제성 차원 : 개인이 통제할 수 있는지 없는지 유무로 결정한다.

[와이너(Weiner)의 귀인 요소에 대한 분류 구조]

귀인 요소	안정성 차원	내외 인과성 차원	통제성 차원
운	불안정	외 적	통제 불가능
노 력	불안정	내 적	통제 가능
과제난이도	안 정	외 적	통제 불가능
능 력	안 정	내 적	통제 불가능

기출 POINT

동기의 형태 15
- 내적동기 : 경기 자체에 대한 보람·즐거움
- 외적동기 : 경기 결과에 따른 상·벌·칭찬

의무감 규제의 사례 19 21
동수는 배드민턴에 흥미를 느껴 스포츠클럽 활동을 시작하였다. 그러나 시간이 지날수록 재미가 없어져서 클럽을 그만두고 싶었다. 하지만 지도자와 동료들로부터 부정적인 평가를 받기 싫어서 클럽 활동을 유지하고 있다.

와이너(B. Weiner)의 귀인 이론 4가지 요소 17 20 22
- 운 : 불안정한 외적 요소
- 능력 : 안정된 내적 요소
- 노력 : 불안정한 내적 요소
- 과제난이도 : 안정된 외적 요소

OX문제

1. 동료들로부터 부정적인 평가를 받을까 두려워 스포츠클럽에 지속적으로 참가하는 것은 의무감규제의 사례이다. (O, X)

2. 운은 불안정한 외적 요소이고, 능력은 안정된 내적 요소이다. (O, X)

3. 과제난이도 귀인은 안정적, 외적, 통제불가능 요소다. (O, X)

4. 노력이 부족하여 시험에서 낮은 점수를 받았다고 생각하는 것은 내적이며 불안정적이고 통제 가능한 귀인에 해당한다. (O, X)

정답 1 (O), 2 (O), 3 (O), 4 (O)

기출 POINT

과제난이도 귀인의 사례 19
탁구선수 A가 경기에서 패배한 것을
상대 선수의 능력이 자신보다 더 우수
하였기 때문이라고 생각하였다면, 이
는 와이너(B. Weiner)의 귀인 범주 중
'과제난이도' 귀인에 해당한다.

귀인 재훈련
(Attribution Retraining) 23
학습된 무기력(Learned Helplessness)
상태에 있는 학습자에게는 실패의 원
인을 노력 부족이나 전략의 미흡으로
받아들이게 하는 전략이 필요하다.

ⓒ 귀인 훈련
  • 기능적 귀인 전략
    - 실패의 원인을 통제가능 요인과 불안정요인(노력)에서 찾는다.
    - 신체기능을 숙달한다.
  • 비기능적 귀인 전략
    - 실패의 원인을 통제불가능 요인(능력)과 안정요인(과제난이도)에서 찾는다.
    - 능력에 맞는 상대를 선택, 쉬운 과제를 선택한다.
  • 부적응 귀인 : 현재의 귀인패턴(성공, 실패)이 미래실패나 자기비하로 이어지거나 자기실현을 방해하는 비관적 귀인패턴을 말한다.
  • 논리적 귀인 : 자기방어적 귀인이나 자기고양적 귀인을 취하지 않고 냉철하게 스스로를 분석하는 귀인 패턴을 말한다.
  • 진정한 낙천주의자 : 자신의 강점과 약점을 파악하여 능력에 맞는 활기찬 삶을 구축한다.
  • 귀인 재훈련

구 분	수행 결과	원 인	정서 변화
바람직하지 못한 귀인	실 패	통제 불가능한 요인 (능력 부족과 같은 내적, 안정적, 총체적인 요인에의 귀인)	낮은 성공 기대, 포기, 무력감, 저조한 수행, 부정적 정서
바람직한 귀인	성 공	통제 불가능한 요인 (높은 능력과 같은 내적, 안정적, 총체적 요인에의 귀인)	높은 성공 기대, 적극적인 과제 행동, 높은 수행, 자신감, 긍정적 정서
	실 패	통제 가능한 요인 (노력 부족이나 잘못된 작전과 같은 내적, 불안정 요인에의 귀인)	무력감 없음, 과제에 접근, 성공기대, 노력과 수행 개선, 분발

(4) 동기유발의 방법

① 지도자는 스포츠활동에서 선수 개개인의 목표달성이나 성취와 관련시켜 설명함으로써 선수들이 이에 대한 확신을 갖게 해야 한다.
② 지도자는 스포츠활동이나 연습 프로그램의 목적을 선수에게 제시한다.
③ 목표계획을 구체적으로 세워야 한다.
④ 목표계획에 따라 단기, 중기, 장기 훈련이나 연습프로그램을 계획하되, 흥미있고 의미있는 것이어야 한다.
⑤ 연습이나 훈련프로그램이 결정되면 선수 개개인의 기능향상 정도를 기록하며, 이러한 기능향상 속도를 목표계획에 근거하여 재평가해야 한다.
⑥ 선수 개개인에게 달성 가능한 적합한 목표를 제시해야 효과적이다.
⑦ 현실적인 목표를 구체적으로 제시해야 한다.
⑧ 연습 시에는 연습 결과에 대하여 적당한 강화를 부여하는 것이 좋다.
⑨ 연습 시 선수에게 동작이나 행동의 결과나 오류에 대한 지식을 가능한 한 빨리, 그리고 구체적으로 제공하여야 한다.
⑩ 사회적 동기, 즉 경쟁이나 협동을 이용해야 한다.

04 목표설정

(1) 목표설정의 개념

목표란 정해진 기간까지의 특정 과제의 향상 기준을 의미한다. 목표의 속성으로는 내용과 강도가 있다.

① 내용 : 달성하고자 하는 목적이나 결과를 의미한다.
② 강도 : 강도란 목표를 달성하기 위한 많은 노력과 시간의 투자를 의미한다.

(2) 목표설정의 필요성

① 목표는 기술이 수행되는 동안 중요한 요소에 주의를 집중하게 한다.
② 목표는 선수를 노력하게 한다.
③ 목표는 선수의 인내심을 지속시킨다.
④ 목표는 선수의 새로운 학습전략을 개발하도록 촉진시킨다.

(3) 목표설정의 원리

① 구체적이고 객관적인 목표를 설정한다.
② 도전적이고 현실적인 목표를 설정한다.
③ 단기목표와 중기목표 그리고 장기목표를 연계하여 설정한다.
④ 결과목표보다는 수행목표를 설정한다.
⑤ 팀의 목표를 고려하여 개인의 목표를 설정한다.
⑥ 목표를 융통성 있게 설정한다.
⑦ 목표를 자신의 코치와 상의하여 설정한다.
⑧ 목표를 서면으로 작성한다.
⑨ 목표성취 전략을 개발한다.

(4) 목표설정의 단계

① 준비 단계
  ㉠ 단체로 목표설정 훈련을 실시하는 경우 지도자는 상당 시간을 투자하여 목표설정에 관한 사전 준비를 해야 한다.
    → 목표설정이 가능한 영역 : 연습의 질 향상, 개인 기술 향상, 팀전력 향상, 체력 향상, 스포츠의 재미, 심리 기술 향상 등
  ㉡ 개인별 또는 팀별 목표를 설정할 때에는 선수의 잠재능력, 신념, 연습 시간 등을 고려한다.
  ㉢ 선수가 설정한 목표를 어떻게 달성할 것인가에 관한 전략을 마련한다.
  ㉣ 좋은 목표는 그 자체로 완전하지 않기 때문에 반드시 이를 어떻게 달성할 것인가에 관한 구체적이며, 실천 가능한 전략을 수립해야 한다.

기출 POINT

목표설정의 주요원리 15
• 구체적인 목표 설정
• 도전적이면서도 성취 가능한 목표 설정
• 팀 목표와 개인 목표를 충분히 검토하여 적절한 목표 설정
• 단기·중기·장기 목표를 연계 설정
• 수행목표 설정

목표설정의 스포츠 사례 16 20
• 수행목표 : 서브에서 팔꿈치를 완전히 펴서 스윙
• 결과목표 : 한국시리즈 우승, 올림픽 메달 획득, 20km 단축마라톤 1위

스포츠 재미의 원천(Weiss & Amorose) 22
사회적 소속, 숙달과 성취, 동작 자체의 감각 체험

OX문제

1. 축구 대회에서 입상하겠다는 목표는 결과목표에 해당한다. (O, ×)

2. 시간을 정해둔 목표는 스포츠 목표설정의 원리에 포함되지 않는다. (O, ×)

3. 테니스의 서브에서 팔꿈치를 완전히 펴서 스윙한다는 목표를 설정할 경우, 수행목표에 해당된다. (O, ×)

정답 1 (O), 2 (×), 3 (O)

기출 POINT

**반두라(A. Bandura)의 자기효능
감 이론** 15 18 19
• 자기효능감이 높은 선수는 역경 상
황에 잘 대처한다.
• 타인의 수행에 대한 대리경험 혹은
관찰은 자기효능감 향상에 도움이
된다.
• 자기효능감은 농구 드리블과 같은
구체적인 기술을 수행할 수 있다는
믿음이다.
• 경쟁상황에서 각성상태에 대해 부
정적으로 인식할 때 자기효능감이
하락할 수 있다.

자기효능감 향상설의 사례 19
• 정기적으로 운동하여 체지방의 감
량과 체형의 변화를 확인하였다.
• 피트니스센터에 가면 정서적 안정
감을 느낀다.
• 스포츠지도사로부터 칭찬을 자주
받는다.
• 가족들로부터 운동 참여에 대한 지
지를 받고 있다.

② 교육 단계
　㉠ 지도자가 팀의 목표와 선수들 개개인의 요구에 대한 파악을 끝내면 팀 전체를 대상
　　으로 한 목표설정 오리엔테이션을 진행한다.
　㉡ 오리엔테이션 시간에 자신의 목표를 모두 설정하기는 쉽지 않다. 따라서 선수나
　　학생들에게는 자신의 목표에 대해 생각해 볼 수 있도록 시간적 여유를 준다.
　㉢ 목표설정 훈련을 처음 실시하는 경우에는 한 번에 하나의 목표만을 설정하고 집중
　　한다.
③ 평가 단계
　㉠ 목표를 설정하고 실천에 옮기기 시각하면 목표의 달성 여부를 주기적으로 평가해
　　주어야 한다.
　　→ 목표설정 중 흔히 범할 수 있는 오류 : 목표의 달성 여부를 평가하지 않음
　㉡ 목표 달성의 진도를 평가하는 과정에서 목표가 너무 쉽거나 너무 어려운 것이 아닌,
　　도전감을 줄 수 있도록 목표를 수정한다.

05　자신감

(1) 자신감의 개념
　① 어떤 일을 성공적으로 해낼 수 있다는 마음상태 또는 자신에게 주어진 과제를 성공하거
　　나 목표를 달성할 수 있다는 믿음을 말한다.
　② 유사용어로는 자기효능감, 유능성 동기, 결과 기대 등이 있다.
　③ 우리가 어떤 일의 수행을 성취하기 위한 방법의 선택과 노력의 강도는 대부분 자신감에
　　의하여 결정된다.

(2) 자신감의 이론
　① 반두라(A. Bandura)의 **자기효능감 이론** : 자기효능감이란 특수한 상황에서의 성공에
　　대한 기대감으로, 당면한 과제를 해결하기 위해 다양한 지식과 기술을 상황에 맞게
　　조직하고 행동으로 옮기는 능력에 대한 믿음을 의미한다.

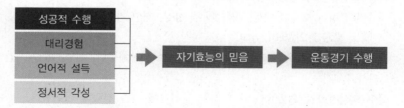

[운동선수의 자기효능감에 대한 선행요인과 관계]

ⓐ 자기효능감의 선행조건으로는 특별한 과제에서 경쟁하여 성공할 수 있다는 믿음이 중요하다.

ⓑ 자기효능감이 높은 사람은 열의와 자기확신을 가지고 경쟁 상황을 시작한다.

ⓒ 개인이 가진 자기효능의 정도는 경쟁 상황에 접근할 것인지 회피할 것인지를 결정한다.

ⓓ 경쟁 상황에서 자기효능감 수준이 높을수록 운동수행의 성취도가 높고 정서적 각성은 낮아진다.

② **하터(Harter)의 유능성 동기 이론** : 유능성동기 이론이란 동기지향성과 지각된 유능성 및 통제감의 3가지 심리적 변인과 관련된 다차원 동기를 의미한다.

ⓐ 동기지향성 : 특정한 과제에 대해 흥미를 느끼고 해볼 만한 가치가 있다고 느끼는 정도이다.

ⓑ 지각된 유능성 : 특정한 과제와 관련된 자부심의 정도이다.

ⓒ 통제감 : 특정한 과제의 성공과 실패에 관한 책임감의 인식 정도이다.

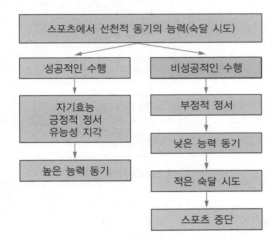

[유능성 동기 이론]

ⓓ 주요내용
- 개인은 인간 성취의 모든 영역을 감당할 수 있도록 선천적으로 동기가 부여된다.
- 개인은 스포츠와 같은 성취영역에서 유능하려는 욕구를 만족하기 위해 숙달을 시도한다. 이때 성공에 대한 개인의 자기 인지가 긍정적 또는 부정적 감정을 생기게 한다.
- 숙달과정에서 성공적인 수행은 자기효능감과 긍정적 정서를 생기게 하여, 높은 유능성동기를 부여한다.

기출 POINT

하터(S. Harter)의 유능성 동기 이론 모형 23
- 성공 경험은 자기효능감과 긍정적 정서를 갖게 하여 유능성 동기를 높이고, 숙달(Mastery)을 경험하게 함
- 실패 경험은 부정적 정서를 갖게 하여 유능성 동기를 낮추고, 결국에는 운동을 중도 포기하게 함

OX문제

1. 시합 전 우승 장면을 자주 떠올려 자기효능감이 향상되었다면, 이는 반두라(A. Bandura)의 자기효능감 향상 요인 중 간접경험에 의한 것이다. (○, ×)

2. 타인의 수행에 대한 관찰은 자기효능감에 영향을 주지 않는다. (○, ×)

정답 1 (×), 2 (×)

③ 빌리(Vealey)의 스포츠 자신감 이론
  ㉠ 빌리(Vealey)는 스포츠 자신감을 '개인이 스포츠에서 성공할 수 있는 능력을 갖고
    있다는 믿음이나 확실한 정도'라고 정의한다.
  ㉡ 객관적 경쟁 상황에서 운동선수들은 특성 스포츠 자신감과 경쟁 지향을 갖는다.
    이 두 요인은 운동선수가 경쟁 상황 동안 나타내는 상황적 상태 특성 스포츠 자신감
    수준의 전조가 된다. 상태 스포츠 자신감은 수행이나 명백한 행동 반응을 예언한다.
  ㉢ 특성 스포츠 자신감과 경쟁 지향성이 높은 사람은 상태 스포츠 자신감이 높아 행동
    에 있어서의 만족감, 성공감, 개인의 주관적 정서와 판단을 결정하는 데 영향을
    준다.

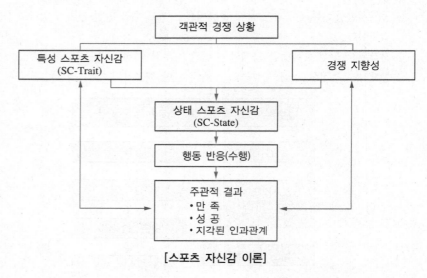

[스포츠 자신감 이론]

(1) 심상의 개념과 유형

① 개 념

ㄱ 기억 속에 있는 감각 경험을 회상하며, 외적 자극 없이 내적으로 운동수행하는 과정을 상상하는 것을 심상이라고 한다.

ㄴ 많은 선수들은 운동수행 직전에 운동을 잘 해내었던 자신의 모습을 상상한다. 이러한 심상은 운동 기능 향상에 많은 도움을 준다.

ㄷ 심상은 근육 조직의 활동을 일으키며 실제 신체적 경쟁을 준비할 수 있도록 해준다.

ㄹ 운동수행의 향상을 가져오는 심상의 매개 변인은 심상의 지향, 과제를 개념화시킬 수 있는 개인의 능력, 개인의 기술 수준이다.

② 유 형

ㄱ 내적 심상

• 심상자가 심상을 할 때 자신의 신체가 직접적으로 운동을 수행하는 것처럼 느끼는 것을 의미한다.

• 운동 중 자신의 관점에서 동작의 수행 장면을 본 것을 상상하는 것이다. 심상을 하는 동안에는 실제로 그 동작을 할 때 자신의 시선에 비쳤던 모습만을 보게 되고, 시선의 이동에 따라 심상도 계속 변한다.

• 내적 심상은 실제 동작을 수행할 때처럼 운동 감각을 더 많이 느낄 수 있다.

ㄴ 외적 심상

• 비디오에 찍힌 자신의 모습을 보는 것처럼, 자신이 성공적으로 운동수행하는 모습을 관찰자의 시점으로 상상하는 것을 의미한다.

• 외적 심상은 동작이 끝난 후에 녹화 테이프를 틀어서 자신의 모습을 보는 것과 같다. 외적 심상을 이용하면 운동수행하는 동작을 외부 관찰자 시점에서 보게 되므로 운동 감각을 느끼는 데는 큰 도움이 안 된다.

(2) 심상의 이론

① 심리신경근 이론

ㄱ 심상을 하는 동안에 뇌와 근육에는 실제 동작을 할 때와 매우 유사한 전기 자극이 발생한다.

ㄴ 심상을 하면 실제 동작을 하는 것과 똑같은 순서로 근육에 자극이 전달되어 근육의 운동 기억을 강화한다.

② 상징학습 이론

ㄱ 심상은 운동의 패턴을 이해하는 데 필요한 코딩 체계의 역할을 한다.

ㄴ 심상은 어떤 동작을 뇌에 부호로 만들어 그 동작을 잘 이해하게 만들거나 자동화시키는 역할을 한다.

③ 심리적·생리적 정보처리 이론

    ㉠ 심상은 기능적으로 조직되어 뇌의 장기 기억에 저장되어 있다고 구체적으로 전제한다. 심상을 하게 되면 자극 전제와 반응 전제가 활성화된다.

    ㉡ 자극 전제는 무엇을 상상할 것인지에 관한 내용을 설명해주는 것이다. 게임 종료 몇 초를 남겨두고 자유투하는 것을 상상할 때, 손에 닿는 공의 느낌, 바스켓의 모습 그리고 관중의 소리는 자극 전제에 해당한다.

    ㉢ 반응 전제는 심상의 결과로 일어나는 반응을 나타내는 것이다. 슈팅 동작 시의 팔의 긴장감, 호흡수의 증가, 불안감, 바스켓 속으로 빨려 들어가는 공의 모습 등은 반응 전제에 해당한다.

    ㉣ 심상은 특정 상황뿐만 아니라 그 상황에 대한 행동 반응, 심리 반응, 생리 반응 등을 포함시켜야 한다. 이러한 반응을 포함시키면 심상의 이미지는 선명해지고, 그 결과 몸에 심리적·생리적 변화가 생겨 운동수행 향상에 도움이 된다.

(3) 심상의 활용

① **기술의 학습과 연습** : 시간적·공간적·환경적 제약 없이 기술의 특정 연습을 반복 또는 창조한다.

② **전략의 학습과 연습** : 가상의 상대를 설정하고 수비나 공격 전략을 상상 속에서 연습한다.

③ **어려운 문제의 해결** : 문제 상황을 머리 속에 떠올리고 그 해결 방안을 심상한다.

④ **심리적 기술의 연습** : 심리적 기술을 연습할 때 심상 기법을 활용하여 이완한다.

⑤ **집중력의 향상** : 심상으로 과제의 어느 부분에 집중해야 할 것인지를 떠올림으로써 과제 관련 정보에 주의를 집중한다.

⑥ **자신감의 향상** : 자신이 성공적으로 수행하는 장면을 떠올리거나 상대방의 예상되는 전략에 대한 대안을 심상을 통하여 구상한다.

⑦ **부상의 회복** : 심상을 통하여 통증에 대한 지각을 완화시키고 병상에 누워서도 기능이나 전략을 연습한다.

⑧ **각성반응의 조절** : 심상을 통하여 성공적으로 수행하는 모습을 떠올림으로써 대처 방안을 구상하고 과제에 집중함으로써 불안과 긴장을 조절한다.

(4) 심상훈련 프로그램의 단계

① **교육단계 – 심상훈련에 관한 오리엔테이션**

심상에 대한 이해단계이다. 선수들은 심리적인 문제를 심상을 이용하여 단기간에 해결할 수 있다고 믿으므로, 심상에 대해 올바르게 이해시키는 단계가 필요하다. 심상에 대한 선수의 사례와 과학적인 연구결과를 제시하여, 심상기술의 효과에 대해 설명하고 아울러 체계적인 연습이 필요하다는 것을 제시한다.

② 측정단계 - 선수의 심상 능력의 측정

개별화된 심상훈련 프로그램을 위해서 개인의 심상능력 정도를 측정하는 단계이다. 마튼스(Martens)의 스포츠심상질문지(Sport Imagery Questionnaire)를 통해 심상능력을 시각, 청각, 운동감각, 기분상태, 조절력 등으로 구분하여 측정한다. 이를 통해 프로그램에 대한 장단점을 파악하고 강조되는 부분을 알 수 있다.

③ 습득단계 - 감각지각능력, 선명도, 조절력 향상

선수의 심상능력에 대한 측정이 이루어진 다음, 자신에게 적합한 연습전략을 찾는 단계이다. 심상에 대한 선명도와 조절력 향상을 목적으로 감각훈련, 선명도훈련, 조절력훈련 등의 훈련을 한다. 감각훈련에서 선수의 경험을 통한 감각수준을 높이면, 선명도훈련으로 넘어가 단순한 기술에서 복잡한 기술로의 심상능력을 향상시킨다. 마지막으로 조절력훈련을 통해 자신의 의지대로 조절할 수 있는 능력을 점차 길러줄 수 있다.

④ 연습단계 - 선수의 요구에 따라 체계적 연습

심상에 대한 기초훈련이 끝나면 이에 대한 체계적인 연습을 통해서 더 자신감 있는 심상을 할 수 있다. 심상훈련은 일상의 훈련과 병행하는 것이 더욱 효과가 크다.

⑤ 수정단계 - 심리훈련프로그램의 평가 및 보완

심상훈련의 실시결과와 자신의 목표달성 여부를 비교하여 평가하는 단계이다. 필요한 경우는 수정·보완하여야 한다. 수정된 프로그램은 1~2개월 지난 후에 다시 한 번 평가한다.

기출 POINT

심상훈련 요소 [20]
- 선명도 : 최대한 실제에 가까운 상황을 상상
  예 경기장의 형태, 관중 소리, 경기장에서의 감정 등을 상상
- 조절력(통제력) : 자신이 상황을 완벽하게 통제하고 있는 모습을 상상
  예 어렵게 생각하던 기술을 완벽히 수행하는 것을 상상

07 주의집중

(1) 주의집중의 개념

① 주의란 개인이 관심을 기울이려는 대상을 선정하는 능력을 의미하고, 집중은 주위로부터 받아들인 정보를 본인의 상황에 따라 유지하는 것을 말한다.

② 주의집중이란 시합에서 최고의 운동수행을 나타내기 위해 시합과 관련된 요인에 주의를 기울이고 이를 유지하는 것을 말한다.

(2) 주의집중의 특성

① 주의집중의 전환은 어떤 특정한 대상에 의식의 초점을 맞추고, 또 다른 대상으로 그 초점을 옮길 수 있는 능력인 선택성을 말한다.

② 배분성은 특정 조건에서 정신적 자원을, 동시에 발생하는 여러 가지 대상에 효율적으로 분산시키는 것을 말한다.

OX문제

1. 성공하는 장면을 선명하게 그리는 것은 심상을 활용한 사례이다. (O, ×)

2. 심상훈련은 실제 경기상황과 동일한 속도로 심상해야 한다. (O, ×)

3. 주의란 관심을 기울일 대상의 선정이며, 주의 유형은 폭과 방향으로 구성된다. (O, ×)

정답 1 (O), 2. (O), 3 (O)

③ 준비성과 경계성은 예고 없이 일어나는 자극에 순간적으로 반응하기 위한 주의의 가장 핵심적인 기능으로, 가장 중요한 단서에 반응하기 위해 준비하고 경계를 지속하는 능력을 말한다.

(3) 주의 이론

① 인간의 정보처리 이론
   ㉠ 감각등록기에 등록된 정보는 매우 짧은 시간동안 머무르며 후속처리를 위해 선택되지 않으면 영원히 사라진다.
   ㉡ 단기기억은 우리가 즉각적으로 기억해 낼 수 있는 정보로, 환경에서 들어온 정보를 암송하는 데 그치지 않고 장기기억 속에 들어있는 정보를 끌어내어 새로 들어온 정보를 평가하고 그것과 비교하기도 한다.
   ㉢ 장기기억은 인출된 정보를 단기기억에서 새로 들어온 정보와 비교·평가해 대체하기도 하고, 재조직하기도 하며, 강화하기도 한다. 장기기억은 현재 사용되지는 않지만 기억 속에 저장되어 있는 모든 정보를 말한다.

② **주의의 여과기 이론** : 인간의 정보처리체계는 그 용량이 고정되어 있어서 환경에서 들어오는 자극 모두를 한꺼번에 처리할 수 없기 때문에, 체계 내에 있는 병목이나 여과기가 필요한 만큼의 정보를 들여보낸다고 가정한다. 동시에 처리할 수 있는 용량에는 한계가 있기 때문이다.

③ **주의의 용량 이론** : 한 번에 둘 이상의 일을 처리할 수 있는 주의의 배분능력에 관심을 기울이는 것이다. 여기서 주의의 배분능력이란 동시에 두 가지 이상의 과제에 주의를 배분하여 성공적으로 수행할 수 있는 능력이다.

④ **주의집중의 기민성** : 반응을 하기 직전에 일어난 사건이나 분위기 및 느낌에 주안점을 둔다. 각성수준이 높아짐에 따라 단서활용의 범위가 감소되어 주의집중의 폭이 좁아지고, 주의집중 능력이 저하되어 결국 운동수행이 저하된다.

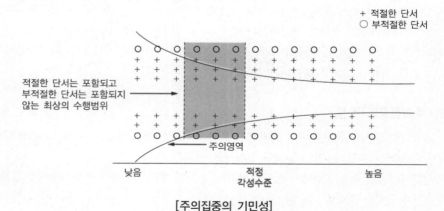

[주의집중의 기민성]

(4) 주의의 유형과 측정

① 주의의 유형

니드퍼(Nideffer)는 주의의 폭과 방향의 2차원적 조합에 대한 주의를 측정하였다. 또한 주의에는 4가지 유형이 있다고 보았다.

ㄱ 넓은·외적 유형 : 상황을 재빠르게 평가한다.

ㄴ 넓은·내적 유형 : 분석하고 계획한다.

ㄷ 좁은·내적 유형 : 수행에 대한 정신적 연습 및 정서를 조절한다.

ㄹ 좁은·외적 유형 : 하나 또는 두 개의 단서에 전적으로 주의 집중한다.

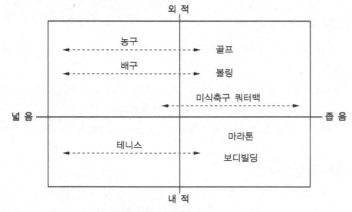

[운동 형태에 따른 주의 유형]

② 주의의 측정

ㄱ 주의의 측정으로, 운동선수의 주의력에 대한 강점과 약점을 인식할 수 있다.

ㄴ 측정법으로는 뇌전도 검사(EEG), 심박수 검사(HR), 피질의 과제 잠재력 검사(ERP) 등이 있다.

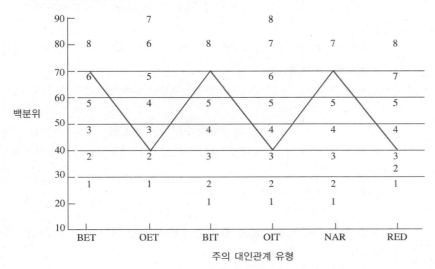

[주의 대인관계 유형 검사]

기출 POINT

주의의 개념과 유형 17
- 주의는 관심을 기울일 대상의 선정
- 주의 유형은 폭(범위)과 방향으로 구성
- 니드퍼(R. Nideffer)는 주의 유형을 넓은-내적, 좁은-내적, 넓은-외적, 좁은-외적, 4가지의 유형으로 구분

주의 유형의 사례 15 18 21
골프경기 상황별로 단계화한 주의 유형
- 넓은-외적 주의집중 : 골프장의 바람, 코스 상황, 관중
- 넓은-내적 주의집중 : 정보분석(이전 경험 추출), 계획 수립, 클럽 선택
- 좁은-외적 주의집중 : 공 자체를 보고 샷, 선수의 표적 조준
- 좁은-내적 주의집중 : 머릿속으로 퍼팅 연습, 깊은 숨 들이마시기

OX문제

사격선수가 시합에서 오로지 표적을 바라보며 조준하고 있는 경우 좁은-외적 주의유형에 해당한다. (○, ×)

정답 ○

기출 POINT

주의집중 향상 기법 15 18 20
• 심상훈련, 참선훈련, 격자판훈련, 모의훈련 등
• 적정 각성 수준 찾기
• 수행 전 루틴 개발하기
• 조절할 수 있는 것에 집중하기

주의집중 향상 기법 사례 20
• 야구 투구를 루틴에 따라 실행한다.
• 경기에서 관중의 방해를 의식하지 않는다.
• 지난 경기의 실수를 잊고 현재 수행에 몰두한다.

③ 주의집중의 요소
  ㉠ 용량 : 주어진 스포츠상황에서 과제와 관련된 정보를 처리하는 데 요구되는 정신적 주의 에너지의 총량을 말한다.
  ㉡ 지속성 : 경계성이라고도 하며 오랫동안 주의를 집중할 수 있는 주의 지속시간을 말한다.
  ㉢ 융통성 : 수행자가 주의의 범위와 초점을 정하기도 하고 또 전환시킬 수도 있는 능력을 말한다.
  ㉣ 선택성 : 정보의 분석적 처리로 주의를 선택하는 능력을 말한다.

(5) **주의와 경기력의 관계**

① 각성수준이 증가함에 따라 과제 수행 관련 단서에 주의력이 감소하여 경기력이 저하된다.
② 운동수행의 효율성과 관련하여, 과제 수행 관련 단서의 질과 단서 간의 조화에 의하여 각성과 운동수행 간의 상호작용이 발생한다.
③ 수행과제에서 요구되는 주의 형태와 과제의 숙련도에 따라 경기력의 차이가 발생한다.

(6) **주의집중 향상 기법**

① **모의 훈련** : 경기를 위해 유니폼을 갖추어 입는 것에서부터 경기 중 행하는 의례적인 절차와 경기의 진행에 이르기까지 실제경기와 똑같은 상황을 만들어 연습하는 것이다.
② **과정지향 목표**
  ㉠ 경기결과보다는 자신의 수행에 관련된 목표이기 때문에 스스로 통제가 가능하다.
  ㉡ 당면하고 있는 과제를 해결하는 데 주의를 집중하도록 도움을 준다.
③ **기능의 과학습**
  ㉠ 두 가지 이상의 수행을 동시에 할 수 있도록 연습하며 주의의 배분 기술을 향상시킨다.
  ㉡ 선수가 기능을 자동적으로 처리하도록 함으로써 한정된 주의용량으로 더 많은 기능을 처리할 수 있게 한다.
④ **주의집중 훈련 프로그램** : 스트룹 훈련이나 격자판 훈련과 같은 각종 프로그램을 사용하여 주의집중을 향상시킨다.
⑤ **신뢰 훈련** : 동작을 의식적으로 생각하여 수행하는 것이 아닌, 동작이 자동적으로 이루어진다는 신뢰를 기르기 위한 훈련이다. 주의집중하는 데 있어서 자신의 기술에 대한 신뢰가 중요하다.
⑥ **주의연합 전략과 분리 전략**
  ㉠ 주의연합 전략 : 내적인 변화에 주의를 기울이는 방법이다.
  ㉡ 분리 전략 : 과거의 즐거웠던 일을 생각하거나 변화하는 생각에 주의를 기울이는 방법이다.

08 루틴

(1) 루틴의 개념과 활용

① 루틴의 개념

ㄱ 선수들이 최상의 운동수행을 발휘하는 데 필요한 이상적인 상태를 갖추기 위한 자신만의 고유한 동작이나 절차를 의미한다.

ㄴ 선수들이 자주 수행하는 습관화된 동작이다.

② 루틴의 활용

ㄱ 선수들이 부적절한 내적·외적 방해로 인해 정신이 산만해질 때 운동과 무관한 것을 차단한다.

ㄴ 다음 수행에서 상기하여야 할 과정을 촉진시키고 다음 상황에 대한 친근감을 제공한다.

ㄷ 운동수행에 앞서 사전에 설정된 수행 과정을 제공함으로써 일관된 운동수행을 도와준다.

(2) 인지재구성의 개념과 활용

① 인지재구성의 개념

ㄱ 부정적인 생각을 긍정적인 생각으로 대체하는 방법과 관련된 인지적인 기법이다.

ㄴ 자기가 걱정하고 있는 것이 과연 자신이 통제할 수 있는 것인지를 인식한 다음, 자신이 통제할 수 있는 것에 대해서만 신경을 쓰고 그렇지 못한 것은 걱정을 하지 않는 것이다.

② 인지재구성의 활용

ㄱ 엘리스(Ellis)의 ABC 모델

• Activating Event : 선행사건

• Belief System : 사고나 신념 체계

• Consequence : 결과

• 비합리적인 사고 유형에서 합리적인 사고 유형으로 체계적인 인지재구성이 발생한다.

ㄴ 인지재구성의 단계

• 인지재구성의 일반적 원리를 설명한다.

• 내담자 유형에 따라 각자의 비합리적인 사고를 탐구한다.

• 내담자 스스로 문제를 분석하게 하고 해결방법이 무엇인지를 탐구한다.

• 행동의 실천 및 실제 연습을 통해 합리적인 대처 행동을 일으키는 방법을 습득한다.

기출 POINT

루 틴 16

경기력의 일관성을 위해 개발된 습관화된 동작. 최상수행을 위한 선수 자신만의 고유한 동작이나 절차

루틴의 사례 17

메시는 페널티킥을 할 때 항상 같은 동작으로 준비한다. 우선 공을 양손으로 들고, 페널티마크에 공을 위치시키면서, 자기가 찰 곳을 보고, 골키퍼 위치를 보고, 다시 공을 본 후에, 뒤로 네 걸음 걷고 나서, 심호흡을 한다.

인지재구성 15 20

부정적 생각을 긍정적으로 바꾸어 불안을 감소시키는 기법이다.

OX문제

1. 경기 중 흔히 사용하는 주의집중 향상기법으로는 심상 훈련과 격자판 훈련이 있다. (○, ✕)

2. 루틴은 자신이 조절할 수 없는 요인에 주의를 기울이게 한다. (○, ✕)

정답 1 (○), 2 (✕)

(3) 자기암시의 개념과 활용

① 자기암시의 개념

㉠ 자신의 머릿속에서 이루어지는 내면의 대화를 의미한다.

㉡ 부정적 자기암시에는 자기비난형 자기암시와 부정예측형 자기암시가 있다.

㉢ 긍정적 자기암시에는 긍정적인 예측으로 자신감이 증가하는 것이 있다.

② 자기암시의 활용

㉠ 부정적인 사고의 정지

• 부정적인 생각으로 인해 불안이나 긴장이 높아질 경우 부정적인 생각을 중단한다.

• 부정적인 생각을 정지시킨 다음 긍정적인 생각으로 전환한다.

㉡ 긍정적인 자기암시의 활용 : 긍정적인 자기암시는 자신감에 도움이 되고, 수행결과
가 긍정적으로 실현되게 한다.

09 이 완

(1) 이완의 개념

① 신체적 · 심리적 긴장을 완화시켜 안정된 상태에 이르는 방법이다.

② 산소섭취량, 심박수, 호흡수, 근육의 활동 등이 감소하고, 피부저항과 뇌의 알파파 활
동은 증가한다.

(2) 이완을 위한 훈련 방법

① 점진적 이완

㉠ 몸 전체의 근육을 한 근육씩 순서대로 이완시키는 절차로, 신체 모든 부위를 인위적
으로 긴장시키고 긴장 상태에서 이완시키는 과정을 통해 근육의 수축과 이완의 느
낌을 체험하게 하는 기법이다.

㉡ 일반적으로 몸의 중심에서 먼 근육부터 시작해 몸의 중심에 있는 근육의 순서로
이완시킨다.

② 자생훈련

㉠ 신체부위의 따뜻함과 무거움을 느끼게 해주는 일련의 동작이다.

㉡ 근육에 대조되는 두 느낌을 느낀다는 점에서 점진적 이완과 유사하다.

㉢ 자생훈련의 단계

• 1단계 : 무거움 훈련

• 2단계 : 따뜻함 훈련

• 3단계 : 심박수 훈련

• 4단계 : 호흡수 훈련

• 5단계 : 복부의 따뜻함

• 6단계 : 이마의 차가움

③ 바이오피드백
  ㉠ 신체 내에서 일어나는 각종 생리적 변화를 측정하여, 특정 부위의 반응을 학습에 의해 조절하는 과정을 의미한다.
  ㉡ 감지장치를 이용하여 인체의 자율 신경계의 반응을 조절하는 기법으로 근육의 활동, 피부온도, 심박수, 호흡수, 뇌파 등을 이용한다.
④ 명 상
  ㉠ 고요히 눈을 감고 차분한 마음으로 깊이 생각하는 것이다.
  ㉡ 행위의 측면에서 단순하게 표현하면, 개인이 마음을 운영하거나 훈련시키거나 정신이 평화로운 생각에 참여할 수 있도록 의식 모드를 유도하는 관행이다.
  ㉢ 마음을 깨끗이 비우고, 스트레스를 줄이며, 휴식을 촉진시키거나, 마음을 훈련시키는 데 사용된다.
  ㉣ 자신의 정신을 통제하는 방법을 터득하는 것이며, 이 방법을 터득하면 정신적 혼란을 멈추고 무엇에 집중할지 선택할 수 있게 된다.
⑤ 호흡법
  ㉠ 인위적으로 호흡에 집중해 긴장을 유발하는 원인에 대한 생각에서 주의를 전환시키는 방법이다.
  ㉡ 혈액 내 산소의 양을 증가시켜 수행 수준을 향상시킨다.
  ㉢ 횡경막 호흡, 크게 내쉬기, 리듬호흡, 1:2 비율 호흡, 주의집중 호흡 등이 있다.
⑥ 체계적 둔감화 : 불안을 적게 느끼는 상황부터 불안을 많이 느끼는 상황의 단계를 개발한 후 각각의 단계에서 불안을 극복하도록 유도하여 결국 가장 불안을 가장 많이 느끼는 상황을 극복하도록 독려하는 방법이다.

기출 POINT

바이오피드백 19
불안을 느끼는 선수에게 가슴과 어깨 부분에 센서를 부착하여 불안감이 높아질 때 근육의 긴장도가 함께 증가한다는 것을 시각적으로 보여주어 각성 조절능력을 향상시키는 방법

체계적 둔감화 22
불안을 유발하는 자극의 목록을 작성한 후, 하나씩 차례로 적용하여 유발 감각 자극에 대한 민감도를 줄여 불안 수준을 감소시키는 방법

04 스포츠수행의 사회심리적 요인

KeyPoint

• 집단응집력에 영향을 주는 요인과 사회적 태만을 방지하는 방법에 대해 설명할 수 있다.
• 스포츠수행에 영향을 미치는 사회적 촉진현상에 대해 설명할 수 있다.
• 공격성의 정의에 대해 이해하고, 스포츠 현장에서 발생하는 공격성에 대해 설명할 수 있다.

01 집단응집력

(1) 집단응집력의 개념

① 응집력은 집단의 성원을 집단에 머무르도록 작용하는 힘들의 총합을 의미한다.
② 응집력의 개념은 다음과 같은 몇 가지 특징을 함축한다.
  ㉠ 다차원적이다.
  ㉡ 역동적이다.
  ㉢ 수단적이다.
  ㉣ 정서적 측면이 포함된다.

개념 플러스

응집력의 결정 요인

• 응집력은 상황 요인, 개인 요인, 리더십 요인, 팀 요인에 의해 결정된다. 이들 각각의 요인은 독립적으로 또는 통합적으로 팀의 성원을 단결시키는 역할을 한다.
• 과제 측면과 사회 측면은 집단의 구성원이 어떤 이유 때문에 집단에 머무르려고 하는가를 구분하는 것이다.
  – 과제 측면 : 집단의 과제나 목표를 달성하기 위해 집단에서 활동하는 것
  – 사회 측면 : 집단의 과제 달성보다는 사회적인 유대관계가 큰 목적이 됨

(2) 집단응집력의 이론

① 카트라이트(Cartwright)의 집단응집력 개념 체계
  ㉠ 응집력을 결정하는 요인은 집단이 구성원에게 줄 수 있는 혜택, 구성원의 자발적 동기, 집단의 목표성취에 대한 기대, 다른 집단과 비교했을 때의 노력과 행동 수준으로 분류된다.
  ㉡ 집단의 응집력을 통하여 구성원의 집단에 대한 애착은 더욱 강하게 되고, 집단이 개인에게 미치는 영향은 커지며, 집단 활동에 대한 구성원의 참여도가 높아짐으로써 구성원 각자가 자부심을 가지게 된다.

② 캐런(Carron)의 응집력 모형

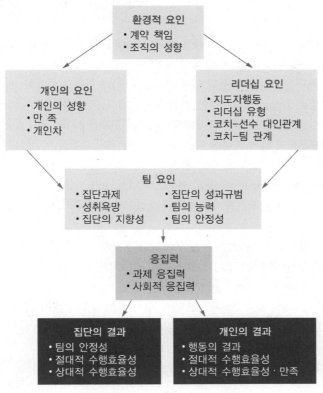

환경적 요인
• 계약 책임
• 조직의 성향

개인의 요인
• 개인의 성향
• 만 족
• 개인차

리더십 요인
• 지도자행동
• 리더십 유형
• 코치−선수 대인관계
• 코치−팀 관계

팀 요인
• 집단과제   • 집단의 성과규범
• 성취욕망   • 팀의 능력
• 집단의 지향성 • 팀의 안정성

응집력
• 과제 응집력
• 사회적 응집력

집단의 결과
• 팀의 안정성
• 절대적 수행효율성
• 상대적 수행효율성

개인의 결과
• 행동의 결과
• 절대적 수행효율성
• 상대적 수행효율성 · 만족

[스포츠 집단응집력의 개념 체계]

③ 스타이너(Steiner)의 이론

㉠ 스타이너는 집단에 소속된 개인이 갖고 있는 능력과 집단이 어떤 성과를 나타내는
지에 관한 이론을 제시하였다.

㉡ 집단의 실제 생산성(=잠재적 생산성−과정 손실)

• 잠재적 생산성 : 팀의 구성원들이 갖고 있는 실력을 최대로 발휘했을 때 이룰 수
있는 최상의 결과로 주어진 과제를 달성하는 데 필요한 자원(지식, 기술, 능력)의
양에 의해 결정된다.

• 과정 손실 : 조정 손실과 동기 손실의 2가지 이유로 발생한다.

– 조정 손실 : 구성원 사이에 타이밍이 맞지 않거나 잘못된 전략 때문에 팀의
잠재적 생산성에 나쁜 영향을 미치는 손실이다.

– 동기 손실 : 코치와 선수 등 팀 구성원이 자신의 최대 노력을 기울이지 않을
때 생기는 손실이다.

기출 POINT

유소년 지도자 훈련 프로그램 CET(Coach Effectiveness Training) 23

핵심 원칙 : 자기관찰, 상호지원, 발달 모델

OX문제

1. 캐런(A. Carron)의 응집력 모형에
서 응집력과 관련이 있는 팀 요소
에는 팀의 능력, 팀의 승부욕, 팀의
목표 등이 있다. (O, ×)

2. 심리사회적 요인은 스포츠상황에
서 집단 응집력 모형의 4가지 요소
에 해당하지 않는다. (O, ×)

정답 1 (O), 2 (O)

링겔만의 줄다리기 실험 사례
16

줄을 당기는 힘은 혼자일 때 가장 크고, 줄을 당기는 인원이 증가할수록 개인이 쓰는 힘의 양은 줄어들었다.

집단과제의 수행에서 발생하는 개인의 동기손실의 원인 17

할당 전략, 최소화 전략, 무임승차 전략, 반무임승차 전략

무임승차 전략의 사례 18

영운이는 친구들과 줄다리기를 할 때, 자신의 힘은 전혀 쓰지도 않고 친구들의 노력에 편승해서 경기에 이기려는 모습을 보이고 있다.

사회적 태만 방지 전략 15 21

• 대집단보다 소집단으로 구성
• 선수의 노력 확인 및 칭찬
• 다른 집단의 타인 역할도 경험
• 태만 허용상황을 미리 설정

ⓒ 집단의 성적이 가장 좋은 경우
  • 과정 손실이 동일한 상태라면 필요한 자원을 더 많이 갖추고 있어야 집단의 수행이 높아진다.
  • 자원의 양이 같다면 과정 손실이 적을수록 집단의 수행이 좋아진다.
  • 자원의 양이 많고 과정 손실이 더 적을 때 집단의 수행이 좋아진다.
ⓔ 축구, 배구, 농구 등과 같이 선수들 사이에 협동이 중요한 역할을 하는 상호작용 종목에서는 조정 손실이 집단의 수행에 큰 영향을 미친다.
ⓜ 수영, 육상, 체조 등과 같은 종목에서는 선수들 사이의 상호작용이나 협동이 그다지 요구되지 않기 때문에 이들 종목에서는 동기 손실을 막는 데 중점을 두어야 한다.

④ 집단 크기가 응집력에 주는 영향

위드마이어(Widmeyer) 등의 연구(각각 3인, 6인, 9인으로 구성된 팀의 농구 시합)에 따르면, 집단의 크기에 따라 승률과 응집력에 차이가 있고, 집단에 대한 느낌도 달라짐을 알 수 있다.
ⓐ 집단의 크기가 중간인 6인 팀이 승률과 사회 응집력에서 가장 높은 점수를 보였다.
ⓑ 가장 숫자가 많은 9인 팀은 집단의 목표에 대한 견해가 일치되지 않아, 과제 응집력과 사회 응집력이 낮은 편이다.
ⓒ 가장 소규모로 구성된 3인 팀의 경우 과제 응집력이 가장 높았지만, 승률은 좋지 않은 것으로 나타났다.

⑤ **링겔만 효과**
  ⓐ 모일수록 책임감이 분산되는 현상으로 '나 하나쯤이야'와 같은 심리를 의미한다.
  ⓑ 집단의 잠재 능력에 비해 실제 능력이 줄어드는 이유는 각자의 동기가 줄어들기 때문이다.

⑥ 사회적 태만
  ⓐ 혼자일 때보다 집단에 속해 있을 때 더 게을러지는 현상이다.
  ⓑ **사회적 태만 현상의 발생원인**
    • 할당 전략 : 혼자일 때 최대의 노력을 발휘하기 위해 집단에 속해 있을 때는 에너지를 절약하는 것이다.
    • 최소화 전략 : 가능한 최소의 노력을 들여 일을 성취하려는 것이다.
    • **무임승차 전략** : 집단 속에서 개인이 남들의 노력에 편승하여 혜택을 받기 위해 자신의 노력을 줄이는 것이다.
    • **반무임승차 전략** : 열심히 노력을 하지 않는 사람들이 무임승차를 하는 것도 원하지 않기 때문에, 자신의 노력을 줄이는 것이다.
  ⓒ **사회적 태만을 방지하는 방법**
    • 누가 얼마나 노력했는지를 확인할 수 있도록 해야 한다.
    • 팀 내의 상호작용을 촉진시켜 개인의 책임감을 높여야 한다.
    • 목표설정을 할 때 집단 목표와 개인 목표를 모두 설정한다.

(3) 집단응집력과 운동수행의 관계

① 스포츠 종목에 따른 집단응집력의 요구 수준

집단분류	상호협력집단	상호협력−상호반응집단	상호반응집단
종 목	양궁, 볼링, 골프, 사격, 스키, 레슬링	미식축구, 야구, 소프트볼, 피겨스케이팅, 조정, 수영	농구, 필드하키, 아이스하키, 럭비, 축구, 핸드볼, 배구
상호의존성	낮음	중간	높음
집단응집력의 필요 정도	낮음	중간	높음

② 집단응집력에 영향을 미치는 심리적 요인

    ㉠ 집단응집력은 개인의 만족도에 영향을 미친다.

    ㉡ 집단응집력이 높은 팀은 동조나 응종(명령이나 요구 따위에 응하여 그대로 따름) 수준이 높다.

    ㉢ 팀의 안정성이 높을수록 집단응집력이 강하다.

    ㉣ 집단응집력은 역할 수용 및 역할 명료성과 관계가 있다.

③ 팀 구축(Team Building) 중재전략 요인의 예

    ㉠ 환경요인 : 팀 구성원이 동일한 유니폼을 입는다.

    ㉡ 구조요인 : 매주 한 번씩 팀 미팅을 열어 각자의 역할과 책임에 대해 논의한다.

    ㉢ 과정요인 : 팀 구성원 간 상호작용과 의사소통의 기회를 충분히 갖는다.

(4) 집단응집력의 장애 요인

① 그룹 내에서 개인 간의 부조화

② 구성원 간의 과제와 역할의 갈등

③ 집단 구성원과 지도자 사이의 의사소통의 어려움

④ 구성원 간의 권력 싸움

⑤ 소집단의 잦은 재편성

⑥ 집단 목표의 불일치

기출 POINT

팀 구축 프로그램의 모형 17

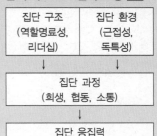

02 리더십

(1) 리더십의 정의

조직의 목표를 효과적으로 성취하기 위하여 집단 구성원으로 하여금 목표수행에 자발적으로 헌신할 수 있도록 유도·조정하는 리더행동으로 정의된다.

(2) 리더십의 이론

① **특성적 접근** : 특성적 접근에서는 개인의 속성을 강조한다. 성공적인 리더는 필요한 인성이나 특성을 타고 나서 어떠한 상황에서도 훌륭한 리더가 될 수 있다고 본다.

② **행동적 접근** : 행동적 접근에서는 리더십을 타고난 특성이나 유전적인 소질이 아닌 학습할 수 있는 하나의 성취라고 본다. 성공적인 리더는 집단을 효율적으로 이끄는 보편적인 행동 특성을 가지고 있다. 따라서 이러한 행동 특성을 찾아내어 가르치면 누구나 훌륭한 리더가 될 수 있다고 믿는다.

③ **상황적 접근** : 상황적 접근에서는 리더십을 결정짓는 것은 리더의 특성이나 행동뿐만 아니라 추종자의 태도와 능력, 그리고 리더십이 발휘되는 조직 내외의 상황들이라고 본다. 상황적 접근은 리더의 권위와 재량, 과제의 본질과 추종자의 능력과 동기, 리더에 대한 환경의 요구와 같은 상황적 요구의 중요성을 강조한다.

  ㉠ 상황부합 이론(유관성 모형)
  • 리더십의 효율성은 지도자의 인적 특성과 집단의 상황적 조건에 의존한다.
  • 지도자의 인적 특성은 지도자가 추종자들을 동기화시키는 방법을 의미한다. 지도자가 추종자를 동기화시키는 방법에는 '관계지향 방법'과 '과제지향 방법'이 있다.
  • 과제지향적 리더는 호의성 상황이 가장 좋거나 가장 나쁠 때 최상의 리더십을 발휘하고, 관계지향적 리더는 호의성 상황이 중간 정도일 때 가장 효율적인 리더십을 발휘한다.
  • 집단–과제 상황은 호의성의 정도에 따라 달라지고 지도자들은 과제·인간 지향성에 따라 다양할 것이며, 호의성 상황과 적절하게 일치하는 리더십 유형의 지도자가 가장 효율적인 리더십을 발휘한다.

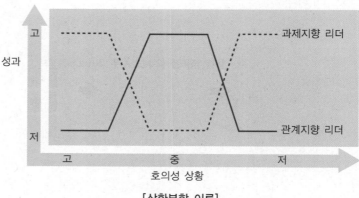

[상황부합 이론]

ⓛ 상황적 리더십 이론
- 리더십은 지도자의 과제 행동과 인간관계 행동, 구성원의 성숙 수준에 의해 결정된다.
- 리더십의 효율성은 구성원의 성숙 수준과 리더 행동의 조화에 달려있다.
- 구성원의 성숙도가 최저 수준에서 적정 수준까지 증가함에 따라 리더는 관계행동을 증가시키고 과업행동은 감소시켜야 한다. 구성원의 성숙도가 적정수준을 넘어 더 증가하면 리더는 과업행동을 감소시키는 동시에 관계행동도 감소시켜야 한다.

ⓒ 경로-목표 이론
- 지도자의 가장 중요한 기능은 성원과 과업의 특성을 고려하여 성원들에게 일을 수행해 나갈 수 있도록 동기를 유발하고 가치 있는 보상을 제시함으로써 만족스러운 심리 상태를 만드는 일이다.
- 리더의 행동유형에는 지시형 리더십, 지원적 리더십, 참여적 리더십, 성취 지향적 리더십이 있다.

ⓡ **다차원 리더십 이론**
특정상황에서 코치에게 요구되는 규정된 행동, 코치가 실제로 행하는 행동, 선수들이 좋아하는 행동의 일치 여부에 달려 있으며, 세 가지 행동이 모두 일치할 때 리더십의 효율성이 극대화된다. 그러나 세 가지 행동이 상반될 때는 원하는 결과를 얻을 수 없다. 이 세 가지 행동은 각각 처한 상황의 특성, 지도자의 특성, 선수들의 특성이라는 선행요인에 달려있다.

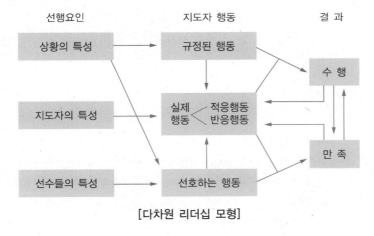

[다차원 리더십 모형]

기출 POINT

지도자의 코칭행동에 영향을 미치는 선행요인 15 18
리더의 특성, 구성원의 특성, 상황 요인

다차원 리더십 이론 18 22
규정행동, 실제행동, 선호행동이 일치해야 효율성이 극대화 된다는 이론
- 규정행동 : 리더로서 해야 하는 행동
- 실제행동 : 리더가 실제로 하는 행동
- 선호행동 : 선수들이 선호하거나 바라는 행동

OX문제

1. 다차원 리더십 모형에서 리더 특성이 원인변인이 되어 발생하는 리더 행동은 선호행동이다. (O, X)

2. 구성원의 특성, 리더의 특성, 상황 요인 모두 스포츠상황에서 지도자의 코칭행동에 영향을 미치는 주요 선행요인이다. (O, X)

정답 1 (X), 2 (O)

기출 POINT

부적강화의 사례 15
선수가 그날 훈련 목표를 달성할 때마다 선수가 하기 싫어하는 뒷정리를 면제해준다.

강화의 전략 17
• 바람직한 행동을 찾아 강화
• 결과보다 과정에 주의하여 강화
• 초보자에게 자주 강화, 숙련자에게 가끔 강화

(3) 리더십의 상황 요인

① 물리적·지리적 위치

㉠ 집단 내에서 가장 중심적인 위치를 차지하는 개인들이 지도자로서 가장 빈번하게 선택된다는 것은 거의 보편적으로 입증된 결과이다.

㉡ 중심 위치에 있는 사람들이 집단 상호작용과 의사소통에서 핵심적인 역할을 하기 때문에 집단 내의 의사소통은 중심 위치를 통하여 여과되는 경향이 있다.

㉢ 다른 위치에 있는 사람들이 중심 위치를 볼 수 있는 가시성이 커질수록 중심 위치에 귀속되는 지위도 점점 커진다는 것이다.

㉣ 지리적 인접성 : 특정 위치가 과제를 성취하기 위하여 진행 중인 동작에 대한 정보를 제공해 줄 수 있는 정도를 일컫는 관찰력과 운동장에서 특정 위치에 있는 사람을 다른 위치에 있는 사람들이 주시할 수 있는 정도를 의미하는 가시성이 결합되는 특성이 있다.

㉤ 과제 : 다양한 스포츠 위치에 따라 특유의 과제 상호작용이 그 특성을 구체화한 것이다. 어떤 위치는 매우 상호 의존적인 데 반해, 또 다른 위치는 매우 독립적이다.

② 스트레스의 정도

㉠ 상황에 따라 받는 스트레스 정도는, 지도자가 선택하는 의사결정 유형과 지도자 행동 유형에 영향을 미친다.

㉡ 스트레스는 집단 간 경쟁이나 위협 등의 외적 요인이나 집단 내 갈등, 수행 무능력 등의 내적 요인에 의해 발생할 수 있다.

㉢ 코튼(Korten)에 의하면, 집단은 스트레스 조건에서 권위적 유형의 리더십을 갈구하여 받아들이게 되며, 스트레스가 없을 때는 민주적 유형의 리더십이 지배적으로 출현한다.

(4) 강화와 처벌

① 강 화

㉠ 강화의 개념

강화는 어떤 행동이 나타난 다음에 자극을 제시해 줌으로써 미래에 그 반응이 나타날 확률을 높여 주는 것을 말하며, 정적강화와 부적강화로 분류된다.

• 정적강화 : 칭찬, 상, 표창, 금전적 보상 등과 같이 만족감을 주는 자극으로, 반응이나 행동발달을 촉진시킨다.
• 부적강화 : 청소를 면제해주는 등 불쾌한 자극을 제거해주어 긍정적인 반응이나 행동의 빈도를 높이는 것이다.

㉡ 강화의 전략

• 효과적인 강화물을 선택한다.
• 바람직한 행동을 찾아 강화하고, 결과보다는 수행과정에 관심을 가진다.
• 초보자에게는 자주, 숙련자에게는 간헐적인 강화의 빈도를 적용한다.
• 결과지식에 대해 제공한다.

② 처벌

　　㉠ 처벌의 개념 : 처벌은 특정한 반응이나 행동이 일어날 확률을 줄이기 위하여 원치
　　　않는 자극을 주거나(정적처벌), 원하는 자극을 제거하는(부적처벌) 것이다.

　　㉡ 처벌의 부정적 영향

　　　• 처벌은 강화에 비하여 장기적인 학습 효과는 낮은 것으로 알려져 있다.

　　　• 체벌을 포함한 처벌은 선수들에게 실패에 대한 공포를 불러일으킨다.

　　　• 처벌 위주의 지도는 기능의 향상을 오히려 방해할 수 있다.

　　　• 처벌의 효과에 대한 예측 가능성은 낮은 편이다.

03　사회적 촉진

(1) 사회적 촉진의 개념과 이론

　① 사회적 촉진의 개념

　　㉠ 사회적 촉진이란 타인의 존재가 과제수행에 미치는 효과를 의미한다.

　　㉡ 과제수행결과의 외적요인 중의 하나인 관중효과가 과제 수행결과에 정적·부적인
　　　영향을 미치는 힘을 말한다.

　② 사회적 촉진의 이론

　　㉠ 초기 연구

　　　• 트라이플렛(Triplett)의 연구 : 사회적 촉진은 타인의 존재(공행자)가 경쟁충동을
　　　　각성시키고, 큰 힘을 유도하여 수행속도를 증가시킨다고 하였다.

　　　• 올포트(Allport)의 연구 : 사회적 촉진은 같은 운동을 수행하고 있는 타인의 소리
　　　　나 시선 때문에 단순히 반응이 증가하는 현상이라고 하였다.

　　㉡ 사회적 추동 이론

　　　• 자욘스(Zajonc)의 단순 존재 가설 : 수행자의 행동 중, 수동적 관중(관중효과)과
　　　　같은 활동에 참가하는 관중(공행적 관중효과)을 관찰하여 관중의 존재는 각성을
　　　　유발하고 바로 이 각성이 지배적 반응의 원인이 된다고 밝혔다.

　　　• 코트렐(Cottrell)의 평가 우려 가설 : 타인의 존재로 인하여 자신의 수행이 관찰되
　　　　고 평가되고 있다는 지각의 정도를 평가 우려라고 하는데, 이것은 각성을 결정하
　　　　고 운동수행의 결과에 상이한 영향을 미친다고 밝혔다.

　　　• 샌더스(Sanders)의 주의 분산/갈등 가설 : 타인의 존재가 수행자의 주의를 분산
　　　　시키며, 주어진 과제에 대한 주의집중을 방해하기도 하지만, 주의 분산이 수행자
　　　　로 하여금 더 많은 노력으로 이를 극복할 수 있도록 한다고 밝혔다.

기출 POINT

부적처벌의 사례 [19]

선수들의 경기장 폭력을 감소시키기
위해 폭력 정도에 따라 출전시간을 제
한하는 제도

**와인버그(Weinberg) &
굴드(Gould)의 처벌 지침** [21]

• 사람이 아니라 행동을 처벌한다.

• 동일한 규칙위반에 대해 누구에게
　나 동일하게 처벌한다.

• 규칙 위반에 관한 처벌 규정을 만들
　때 선수의 의견을 반영한다.

• 신체활동을 처벌로 이용하지 않는다.

• 개인적인 감정으로 처벌하지 않는다.

• 전체 선수나 학생 앞에서 개인 선수
　에게 창피를 주지 않는다.

• 처벌이 필요할 때에는 단호함을 보
　여야 한다.

ⓒ 자의식 이론

- 본드(Bond)의 자기과시동기 가설 : 수행자는 관중의 존재 상황에서 자기과시의 동기가 촉진된다고 본다. 자신의 유능성이 유지될 수 있으면 관중의 존재는 개인의 수행을 촉진하지만, 자신이 부적절하게 보인다고 추론되면 수행자는 당황하게 되고 운동수행의 사회적 제지를 초래한다.
- 위클라우드(Wicklund)와 두발(Duval)의 객관적 자기인식 이론 : 자기인식상태에 있는 수행자는 자신의 과제 수행과 이상적 수행 간의 차이에 주목하며, 이러한 차이를 감소시키려는 동기가 촉진된다.
- 게랑(Guerin)의 자기감시적 분석 : 사회적 추동의 원인을 시각적 감시가 불가능한 타인들의 존재에 있다고 가정하며, 수행자에게 해를 끼치지 않는 타인들이 주기적으로 감시될 수 있다면, 타인의 존재는 추동 수준을 증가시키지 않을 것이라고 하였다.

(2) 스포츠에서의 사회적 촉진(관중효과)

① 관중효과를 중재하는 특성

ⓐ 선수의 특성

- 선수의 기술수준 : 높은 선수는 향상되고, 낮은 선수는 훼손된다.
- 선수의 동기수준 : 높은 선수는 향상되고, 낮은 선수는 훼손된다.

ⓑ 집단의 특성

- 집단의 크기 : 규모가 큰 집단이 작은 집단보다 영향이 작다.
- 종목의 구조 : 의존 스포츠가 독립 스포츠보다 영향이 작다.
- 집단응집력 : 응집력이 강할수록 영향이 작다.

ⓒ 관중의 특성

- 홈 경기 : 홈 팀에는 동기부여가 되고 원정팀의 운동수행은 손상된다.
- 홈 관중의 기대 : 위기에서는 유리하고 결승에서는 불리하다.
- 관중의 규모 : 홈 팀에 대하여 심리적 압력으로 작용한다.

② 관중효과와 홈 경기의 이점

ⓐ 일상생활의 조절이 용이 : 신체적·심리적으로 안정된다.

ⓑ 관중의 지원 : 홈 팀 관중들의 지지는 승리를 위한 헌신과 기능적·촉진적 공격성을 증가시킨다.

ⓒ 친숙한 경기장 : 물리적 조건의 혜택으로, 홈 경기장의 경험이 많기 때문에 유리하다.

ⓓ 심판의 편파 판정 : 홈 팀 관중들의 열정적 지지에 따라, 심판은 무의식적으로 홈 팀에게 유리한 판정을 하여 경기 흐름에 결정적인 영향을 줄 수도 있다.

(1) 공격성

① 공격행위의 종류

ㄱ 적대적 공격 : 해를 입히는 것이 목적으로 분노가 동반된다.

ㄴ 수단적 공격 : 해를 입힐 의도가 있으며 승리가 목적이고 분노가 동반되지 않는다.

ㄷ 권리적 공격 : 해를 입힐 의도가 없으며 합법적인 선에서 폭력 행위가 발생한다.
   보통 이상의 노력과 에너지가 소비된다.

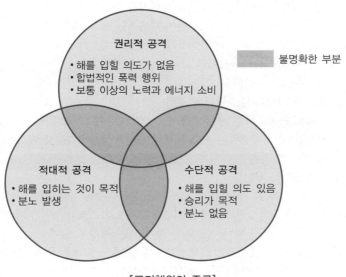

[공격행위의 종류]

② 공격성의 이론

ㄱ 생물학적 본능 이론

  • 본능적으로 분출되어 나오는 공격에너지가 공격행동을 일으킨다고 설명한다.

  • 스포츠는 공격에너지를 사회가 인정하는 방법으로 분출하는 배출구 역할을 한다.

ㄴ 좌절-공격 가설

  • 공격행위는 언제나 좌절의 결과로 일어나고 좌절은 언제나 공격행위를 초래한다고 가정한다.

  • 목표를 추구하는 행위가 방해를 받을 때 경험하는 좌절이 공격행동을 초래한다.

  • 공격행위가 성공하면 청정효과가 있고, 실패하면 큰 좌절을 경험함으로써 공격욕구가 증가한다.

  • 이 이론에 근거하여 적대적 공격행위를 설명할 수 있다.

© 사회학습 이론
- 환경 속에서의 관찰과 강화에 의하여 공격행위를 학습한 것으로 설명한다.
- 개인은 다른 사람의 공격 행위를 관찰하면 이를 모방하려는 경향이 있다. 만약 그 행위가 벌을 받지 않고 보상을 받으면 공격행위는 강화되어, 유사한 상황에서 공격행위를 할 가능성이 커진다고 본다.
② 단서촉발 이론
- 공격행위는 내적 욕구와 학습의 결과로 일어난다.
- 목표를 성취하려는 행동이 방해받을 때 내적 욕구는 억압을 받으며, 이로 인해 좌절을 느끼고 분노를 경험한다. 그러나 분노는 곧바로 공격행위를 일으키는 것이 아니라 단지 공격행위를 준비시킬 뿐이다.
- 분노가 공격행위를 일으키는지 다른 행동으로 표출되는지는 상황적 단서에 의해 좌우된다. 상황적 단서가 공격 행위를 연상시키면 좌절은 공격행위로 이어지고, 다른 행동을 연상시키면 그 행동이 일어난다.

③ **스포츠 수행과 공격행위**
  ㉠ 스포츠 수행과 공격행위의 결과
    상대방을 공격하는 데 주의를 빼앗기기 때문에, 공격행위는 과제로부터 주의를 분산시킨다. 공격행위는 분노나 적개심을 동반하기 때문에 이로 인하여 증가된 각성이 주의의 폭을 지나치게 좁혀 스포츠 수행을 방해한다.
  ㉡ 공격행위의 원인
    - 종목의 특성 : 신체적 충돌이 많은 종목일수록 공격행위가 일어날 소지가 많다.
    - 스코어 차이 : 경기가 팽팽한 접전일 때보다 스코어 차이가 많이날 때 승리에 대한 좌절감으로 인해 공격행위를 많이 하는 경향이 있다.
    - 초청경기와 방문경기 : 원정경기를 할 때 선수들은 상대선수뿐만 아니라 관중에도 민감하게 반응하기 때문에 공격행위를 많이 하는 경향이 있다.
    - 팀 순위 : 하위리그에 있는 팀이 상위리그에 있는 팀보다 공격행위를 더 많이 하며, 특히 하위리그에 떨어질 위기에 있는 팀들이 정서적 불안으로 인해 공격행위를 더 많이 하는 경향이 있다.
    - 경기의 시점 : 시합의 초반보다는 경기가 진행됨에 따라 각성의 증가로 인해 공격행위가 더 많이 일어나는 경향이 있다.
    - 경력과 경기 수준 : 경력이 많은 선수일수록 페어플레이의 의미를 잃어버리고, 팀에 최대한의 이익을 줄 수 있는 방향으로 노력해야 한다는 가치관이 내면화된 결과로 공격행위를 더 많이 일으키는 경향이 있다.

(2) 도덕성발달

① 도덕성의 이론

ㄱ 정신분석 이론 : 도덕성이 발달되어 가는 과정을 자아와의 동일화 과정을 통하여 개인의 초자아 속에 문화적인 규범과 가치가 내면화되는 것으로 설명한다.

ㄴ 사회학습 이론 : 사회학습 이론에서는 개인의 도덕성이 사회적 규범을 내면화함으로써 발달한다고 생각한다. 이때 내면화 과정이 부모와의 동일화 과정을 통하여 이루어지는 것이 아니라, 모델링과 강화에 의하여 이루어진다고 본다.

ㄷ 인지발달 이론 : 개인을 환경에 의하여 형성된 규범을 받아들이는 수동적 존재로 보지 않고, 환경과의 상호작용을 통하여 자신의 도덕적 철학을 확립해가는 능동적 존재로 본다.

② 도덕성발달을 위한 교수 전략

ㄱ 선수들에게 상황에 맞게 스포츠맨십을 설명해준다.

ㄴ 스포츠맨다운 행동은 강화하고 격려하며, 공격적인 행동은 벌을 준다.

ㄷ 동영상을 통하여 프로경기나 국가대표 선수들의 모범적인 경기를 관람시킨다.

ㄹ 실제적으로 부딪치는 도덕적인 곤경 상황에 대하여 토론하고 행동을 선택하게 한다.

ㅁ 격한 상황에서 자신의 감정을 자제할 때 격려해 준다.

ㅂ 코치나 경기 임원은 선수들의 적개심을 부추길 수 있는 언동을 피한다.

(3) 스포츠 참가와 도덕성발달

① 스포츠 참가의 유형

ㄱ 행동적 참가 : 경기자 자신의 직접적인 참가 활동과 선수로서의 참가 이외에 스포츠 생산과 소비 과정을 포함하는 참가이다.

ㄴ 인지적 참가 : 사회기관, 학교, 매스컴 등을 통해 스포츠에 관련된 정보를 습득함으로써 이루어지는 참가를 말한다.

ㄷ 정의적 참가 : 실제로 스포츠에 참여하지는 않지만, 감정적으로 스포츠에 깊숙이 개입하는 것을 말한다.

② 스포츠 참가를 통한 도덕성발달

ㄱ 페어플레이 정신 함양

ㄴ 승리에 대한 겸허함 학습

ㄷ 패배에 대한 자기통제 경험

ㄹ 예의범절 학습

개념 플러스

스포츠 참가와 인성발달

스포츠활동의 참가는 긴장, 공격성, 욕구불만 및 좌절과 같은 파괴본능을 안전하면서도 효과적으로 방출하는 수용력을 지니고 있으며, 스포츠활동 과정에서 경험하게 되는 규칙의 준수와 스포츠맨십 등은 자기통제 및 자기수양을 유도한다. 경기상황에서 필요로 하는 협동과 역할 분담은 자신과 타인을 존중할 줄 아는 가치 및 태도를 형성함으로써 도덕성 함양 및 인성발달에 기여한다.

기출 POINT

스포츠가 인성발달에 미치는 긍정적인 영향 [15]

• 올바른 스포츠 행동을 모방하도록 격려한다.

• 과제 자체에 대한 동기 및 협동심을 자극한다.

• 참가자 스스로 선택하고 책임질 수 있는 재량권을 가진다.

스포츠를 통한 인성 발달 전략 [23]

• 상황에 맞는 바람직한 행동을 설명한다.

• 도덕적으로 적절한 행동에 대하여 설명한다.

• 바람직한 행동을 강화하고, 적대적 공격행동은 처벌한다.

05 운동심리학

기출 POINT

운동의 심리적 효과 15 16 18

- 연령·성별과 관계없이 긍정적 효과
- 불안 및 스트레스 해소
- 자긍심 향상
- 유·무산소성 운동으로 우울증 감소 효과

모노아민 가설 18

모노아민 가설은 운동의 심리적 효과 중 우울증 개선 효과와 관련이 있다. 운동이 우울증에 긍정적 효과가 있는 이유는 세로토닌, 노르에피네프린, 도파민과 같은 뇌의 신경전달물질의 변화 때문이다. 이 신경전달물질을 모노아민이라고 하는데 모나아민 가설은 우울증의 주요 원인이 모노아민 부족이라는 것이다.

OX문제

모노아민 가설에 따르면, 운동은 신경원에 의한 신경전달 물질의 분비와 수용을 촉진시켜 우울증 개선에 도움이 된다. (○, ×)

정답 ○

> **KeyPoint**
> - 운동을 통해 얻을 수 있는 심리적 효과에 대해 사례를 들어 제시할 수 있다.
> - 합리행동 이론, 계획행동 이론 등의 운동심리 이론에 대해 설명할 수 있다.
> - 운동 미참여자가 운동에 참여하게 만들 수 있는 효과적인 방법에 대해 설명할 수 있다.

01 운동의 심리적 효과

(1) 운동과 성격

① 외향성·정서적 불안정성과 운동의 관계
  ㉠ 외향적인 사람이 운동을 실천할 가능성이 높다. 또한 외향적인 사람은 운동 중에 운동 강도를 실제보다 낮게 지각하며 더 오래 운동을 지속할 수 있다.
  ㉡ 정서적 불안정성은 운동의 실천과는 부적인 상관 관계가 있고, 운동을 장기간 실천하면 정서적 불안정성을 낮출 수 있다.
  ㉢ 외향성과 성실성을 가진 사람은 운동을 지속적으로 실천할 것이다.
  ㉣ 정서적 불안정성이 높으면 운동의 지속 실천도는 낮게 예측된다.
② 운동실천에 따른 성격 변화의 근거는 생리적 변화, 신체인식의 변화, 대인관계와 생활양식의 변화 등이 있다.

(2) 운동의 심리·생리적 효과

① 운동의 심리적 효과
  ㉠ 우울증 감소 효과가 있다.
  ㉡ 불안 및 스트레스 감소 효과가 있다.
  ㉢ 활력 수준이 높아지고 긍정적 정서를 체험한다.
  ㉣ 자기개념과 자기존중감이 향상된다.

운동의 심리적 효과와 관련된 주요 가설

- 열 발생 가설 : 운동 이후 편안함을 느끼는 현상을 설명한다.
- 모노아민 가설 : 운동이 우울증에 효과가 되는 근거를 설명한다.
- 뇌 변화 가설 : 운동에 따른 인지적 능력의 개선을 설명한다.
- 생리적 강인함 가설 : 운동이 스트레스에 효과가 있음을 설명한다.
- 사회심리적 가설 : 운동에 대한 기대 자체가 효과가 있음을 설명한다.

② 운동의 생리적 효과

　㉠ 심폐계에 미치는 효과

　　• 심장 용적이 변화한다.

　　• 심박수의 감소와 1회 박출량의 증가가 발생한다.

　　• 최대 산소섭취량이 증가한다.

　㉡ 근골격계에 미치는 효과

　　• 근조직 비대를 통한 근력 향상이 일어난다.

　　• 골밀도 증가 및 골조직의 노화가 예방된다.

(3) 운동의 심리 · 생리적 측정

① **질문지의 활용** : 자기보고식 질문지, 인터뷰식 질문지, 대리응답 질문지 등이 있다.

② **주관적 운동 강도 척도표(RPE)** : 운동 강도를 주관적으로 어떻게 인식하는가를 측정하는 도구이다.

③ **일지의 기록** : 하루에 어떤 운동을 얼마나 했는지를 일지형식으로 기록한다.

④ **가속도계의 활용** : 인체의 움직임을 감지하는 전자 장비를 착용하고 일상에서 일어나는 신체활동을 측정한다.

⑤ **심박수계의 활용** : 심박수는 운동의 강도를 알 수 있는 직접적인 지표이다.

⑥ **보수계의 활용** : 만보계, 운동량을 객관적으로 측정한다.

⑦ **행동관찰** : 신체활동을 직접 관찰하고 기록한다.

⑧ **간접 열량 측정** : 섭취한 산소와 배출한 이산화탄소를 측정하여 에너지소비량을 추정한다.

⑨ **동위원소법** : 생화학적인 방법으로 에너지소비량을 추정한다.

아젠(I.Ajzen)과 피시바인(M. Fishbein)의 합리적 행동이론의 주요변인 17 21

• 행동에 대한 태도(의도에 대한 변인)
• 주관적 규범(의도에 대한 변인)
• 의도(행동을 예측하는 변인)

변화단계 이론
15 18 20 21 22

• 계획 전 단계(무관심) : 현재 운동을 하지 않으며, 6개월 이내에 운동을 시작할 의도가 없다.
• 계획 단계(관심) : 현재 운동을 하지 않지만, 6개월 이내에 운동을 시작할 의도가 있다.
• 준비 단계 : 규칙적으로 운동을 하진 않으나, 1개월 이내에 할 의도를 가지고 있다.
• 실천 단계 : 운동을 하고 있지만 6개월이 지나지 않았다.
• 유지 단계 : 중간 정도 강도로 매일 30분씩 6개월 이상 운동을 하고 있다.

사회생태학 이론의 예시 22

• 지방자치단체에서 여성 전용 체육관을 건설한다.
• 정부가 운동 참여에 대한 인센티브 정책을 수립한다.
• 사회적으로 운동 참여를 지지하는 분위기를 형성한다.

OX문제

1. 의사의 권유로 운동을 하려고 마음먹은 것은 계획 전 단계에 해당한다. (○, ×)
2. 5개월 동안 꾸준히 운동을 지속한 경우 유지 단계에 해당한다. (○, ×)
3. 합리적 행동 이론의 주요 변인에는 행동에 대한 태도, 주관적 규범, 의도 등이 있다. (○, ×)

정답 1 (×), 2 (×), 3 (○)

02 운동심리 이론

(1) 합리적 행동 이론과 계획 행동 이론

① 합리적 행동 이론

ㄱ 의도는 행동을 예측하는 단 하나의 변인이다.

ㄴ 의도는 행동에 대한 태도와 주관적 규범에 의해 형성된다.

ㄷ 행동에 대한 태도는 특정 행동의 실천 결과에 대한 신념과 결과에 대한 평가에 영향을 받는다.

ㄹ 주관적 규범은 타인의 기대에 대한 인식과 기대에 부응하려는 동기에 영향을 받는다.

② 계획 행동 이론

ㄱ 행동에 대한 태도와 주관적 규범은 행동에 간접적인 영향을 주지만, 행동통제 인식은 의도뿐만 아니라 행동에 직접 영향을 준다.

ㄴ 운동방해 요인을 극복하고 자신이 계획한 운동을 통제할 수 있다는 생각은 운동의 지속적 실천에 꼭 필요하다.

(2) 변화단계 이론

① 변화단계 이론은 운동행동의 변화가 마음먹은 순간에 단번에 이루어지는 것이 아니라 여러 단계를 거치면서 점진적으로 변화한다고 본다.

② 무관심, 관심, 준비, 실천, 유지의 5단계가 있다.

③ 개인의 단계에 맞는 개별화된 운동 실천 중재전략을 개발하고 적용할 수 있는 장점이 있다.

④ 행동을 변화시키는 데 자기효능감, 의사결정균형, 변화과정의 3가지 요인이 영향을 준다.

(3) 사회생태학 이론

① 이론 차원을 넘어 개인, 지역사회, 국가 수준에서 연구와 중재를 목표로 한다는 특징을 갖는다.

② 운동과 관련된 환경이나 정책은 개인 수준을 넘는 것으로 개인의 운동에 영향을 준다.

③ 개인 차원의 요인과 개인 수준을 넘는 상위 차원의 요인을 모두 고려하기 때문에 운동 실천에 대한 자세한 설명이 가능하다.

④ 개인 차원의 요인은 행동에 영향을 주는 여러 수준의 영향 중 하나라고 본다. 따라서 개인 차원의 역할도 중요하지만 물리적 환경, 지역사회, 정부 등 다른 차원의 요인도 고려해야 한다고 본다.

03 운동실천의 중재전략

(1) 운동실천의 개인 요인

① 개인 배경 : 연령, 성, 직업, 교육수준, 건강상태 등

② 심리적 요인 : 운동방해 요인(시간), 자기효능감, 태도와 의도, 흥미, 신체이미지, 변화의 단계, 운동에 대한 지식 등

(2) 운동실천의 운동특성 요인

① 운동 강도 : 고강도 운동보다는 중간 강도의 운동이 적절하다.

② 운동 지속시간 : 1시간을 연속해서 운동하는 것보다, 20분씩 3회 나누어서 운동하는 것이 적절하다.

③ 단체 프로그램 : 혼자서 운동하는 것보다 단체로 운동하는 것이 실천 가능성을 높인다.

(3) 운동실천의 환경 요인(사회 요인)

① 운동 지도자의 영향 : 리더십 스타일

② 운동 집단의 영향 : 집단 응집력

③ 사회적 지지의 영향 : 도구적 지지, 정서적 지지, 정보적 지지, 동반자 지지, 비교확인 지지 등

④ 물리적 환경의 영향 : 날씨, 운동시설, 접근성 등

⑤ 사회와 문화의 영향 : 행동, 신념, 운동 규범의 변화 등

(4) 운동실천 이론에 근거한 중재전략

① 운동의 혜택 인식 : 예 건강·체력·외모·체형·정신적 건강·대인관계 등 다양한 부분을 개선가능

② 운동실천의 방해요인 극복

　㉠ 실제 방해요인 : 예 편리성(접근성) 부족, 환경적 요인, 생태적 요인, 신체적 제약

　㉡ 인식된 방해요인 : 예 시간 부족, 지루함, 흥미 부족

③ 자기효능감 향상 : 예 과거 성공적인 수행 경험을 떠올림

운동애착을 촉진하는 스포츠 지도전략 15 16 19

• 개인적인 피드백을 제공한다.

• 스스로 원하는 운동을 선택하여 동기부여를 한다.

• 운동을 자극하는 표어나 포스터를 적극적으로 활용한다.

• 친구 또는 가족과 함께 운동하는 것을 장려한다.

사회적 지지 유형의 5가지 분류 (Wills&Shinar, 2000) 18

• 정서적 지지 : 다른 사람을 격려하고 걱정하는 과정에서 생기는 것

• 도구적 지지 : 유형의 실질적인 지지를 제공하는 것

• 정보적 지지 : 운동 방법에 대해 안내와 조언을 하고 진행 상황에 관한 피드백을 제시해주는 것

• 동반 지지 : 운동할 때 동반자 역할을 하는 사람이 있는가의 여부(친구, 가족, 회원 등)

• 비교확인 지지 : 다른 사람과의 비교를 통해 자신의 생각, 감정, 문제, 체험 등이 정상적이라는 확인을 하는 것

행동수정 전략 예시 21
• 운동화를 눈에 잘 띄는 곳에 둔다.
• 지각이나 결석이 없는 회원에게 보상을 제공한다.
• 운동수행 정도를 공공장소에 게시한다.

내적동기 전략 17
운동 목표에 재미를 두어 즐거움과 몰입을 체험하게 함

(5) 행동수정 및 인지 전략

① 행동수정 전략

㉠ 의사결정 단서 : 행동의 실천 여부를 결정하게 하는 자극을 말한다.

㉡ 출석 상황 게시 : 출석 상황과 운동 수행 정도를 공공장소에 게시하면 운동프로그램 참여자의 동기를 유발시키는 효과가 있다.

㉢ 보상 제공 : 출석 행동이 강화되는 효과가 있다.

㉣ 피드백 제공 : 운동 기능 향상과 동기부여 측면에서 매우 중요하다.

㉤ 운동 계약 : 운동실천에 관한 의사결정 과정에 참여할 기회가 주어지면 운동실천에 대한 책임감이 증대된다.

② 인지 전략

㉠ 목표 설정 : 구체적이고 측정가능하며 현실적이고 약간 어려운 목표를 설정한다는 원칙을 지켜야 한다.

㉡ 내적 집중과 외적 집중 : 운동 중에 몸에서 나타나는 반응보다는 외부의 환경에 신경 쓰는 것이 피로감을 줄이는 데 더욱 효과적이다.
  • 내적 집중 : 근육, 심장, 호흡 등 신체 내부로부터의 피드백 정보에 주의를 기울인다.
  • 외적 집중 : 외부환경의 정보, 주변 경관을 구경하거나 음악을 듣는 것처럼 외부 환경에 주의를 기울인다.

③ 의사결정 전략

㉠ 의사결정 균형표의 작성 : 운동을 통해 얻게 되는 혜택과 발생하는 손실의 리스트를 적어 비교하는 방법이다.

㉡ 운동일지의 작성 : 운동 태도를 스스로 모니터링하고 운동 진도에 따라 체력 향상 정도를 시각적으로 보여주는 효과가 있다.

㉢ 운동 강도 모니터링 : 운동 강도를 스스로 인식하고 조절할 수 있는 방법을 익힐 필요가 있다. RPE는 6부터 20까지 숫자로 구성되어 있기 때문에 숫자의 범위로 운동 강도를 표현할 수 있다는 장점이 있다.

④ 내적동기 전략

㉠ 운동의 의미와 목적을 찾기 : 운동을 맹목적으로 하기보다는 운동에 의미를 부여해야 장기적인 운동실천이 가능하다.

㉡ 운동 체험의 과정을 중시 : 운동에서 얻을 수 있는 결과보다 과정에 주목하는 것이 장기적인 운동실천에 유리하다.

06 스포츠심리상담

KeyPoint

- 스포츠심리상담의 목적과 절차에 대해 말할 수 있다.
- 스포츠심리상담 윤리 규정에 대해 이해하고 설명할 수 있다.
- 스포츠심리상담 프로그램을 개발하기 위한 절차와 기법을 설명할 수 있다.

01 스포츠심리상담의 이해

(1) 스포츠심리상담의 개념

선수들의 수행향상을 위해 환경 특성과 선수들의 특성을 파악하고 상담을 통해 중재자의 역할을 수행하는 것을 의미한다.

(2) 스포츠심리상담의 목표

상담과 스포츠심리기술을 적용하여 운동선수들의 정서적 안정과 운동수행 및 경기력을 향상시키는 데 목적이 있다.

02 스포츠심리상담의 적용

(1) 스포츠심리상담의 프로그램

① 1단계 : 욕구진단을 위한 실제생활과 환경조사
② 2단계 : 욕구와 문제해결을 위한 대안 진술
③ 3단계 : 목적과 목표의 설정
④ 4단계 : 해결책 모색을 위한 정보 수집
⑤ 5단계 : 해결을 위한 프로그램의 선정 및 시행
⑥ 6단계 : 결과의 평가와 효과의 측정

기출 POINT

스포츠심리상담의 목표 [17]
선수들의 인간적 성장과 경기력 향상

스포츠심리상담의 적용 [17] [21]
- 라포 : 내담자와 상담자 사이의 공감적(상호신뢰) 관계
- 경청 : 상담자가 내담자의 언어적·비언어적 메시지를 듣는 과정
- 관심 보여주기 : 내담자 향해 앉기, 개방적 자세, 적절한 눈 맞춤, 편안한 몸짓과 표정 등
- 신뢰 형성 기술 : 적절한 고개 끄덕임, 적절한 반응, 관심어린 질문 등

OX문제

라포란 내담자와 상담자 사이의 공감적 관계를 말한다. (O, ×)

정답 O

스포츠심리상담의 절차 15

- 상담 초기 : 지도자와 선수 간 친밀한 관계와 상호 신뢰 형성
- 상담 중기 : 상담실, 훈련장, 경기장 등 다양한 곳에서 상담
- 상담 후기 : 면담이나 질문지 검사를 통해 평가

(2) 스포츠심리상담의 절차와 기법

순 서	상세내용
접수 및 신청	• 신청서 작성 • 선수정보의 수집 • 호소할 문제 접수 • 개인 및 팀의 상담방향 결정
스포츠상담의 안내 및 교육	• 친밀감 형성 • 상담의 목적 확인 • 헌신적인 참여 • 개인 또는 팀 요구 수용
개인 및 팀 접촉	• 설문지 작성 • 구조화된 상담 • 상담자의 현지 관찰 • 자기관찰 • 타인의 정보이용
평가 및 해석	• 심리기술 프로파일 분석 • 개별적 접촉 • 팀 접촉 • 심리기술 교육 • 선호하는 심리기술 선택
심리기술 훈련	• 심리기술·기법 훈련 • 회 기
현장적용	–
확인 및 평가	–

(1) 상담자의 책임감

① 상담자는 내담자가 호소하는 문제를 해결함으로써 내담자의 복리를 증진시켜야 할 의무가 있다.

② 내담자가 상담에서 이득을 얻지 못할 때, 상담자 능력의 한계 또는 소속기관의 사정상 상담을 계속할 수 없을 때 상담자는 다른 기관이나 상담자에게 의뢰하여야 한다.

(2) 내담자와의 관계

① 상담자는 상담의 목적과 목표, 상담에서 사용되는 기법, 상담에서 서로 지켜야 할 규칙들, 상담관계에 영향을 미칠 수 있는 여러 가능한 제한점들에 대해 내담자에게 미리 알려주어야 한다.

② 상담자와 내담자 간의 치료적 관계와 사회적 혹은 개인적 관계에 대해 주의를 기울여야 한다.

③ 상담자는 내담자에 대한 자신의 욕구와 영향력을 충분히 자각하고 있어야 하며, 전문적 판단에 영향을 미칠 수 있는 관계를 맺어서는 안 된다.

(3) 비밀보장의 문제

① 상담 시 내담자에게 비밀보장을 약속해야 하며, 약속된 비밀은 반드시 지켜야 한다. 그러나 비밀유지가 절대적일 수 없는 경우가 있기 때문에 상담자는 비밀유지의 한계를 내담자에게 설명해야 한다.

② 법적으로 상담자가 보고해야 할 상황에는 내담자가 자신이나 타인에게 위험한 행동을 할 때, 미성년 내담자가 근친상간·강간·아동학대 혹은 여타의 범죄의 희생자라고 생각될 때, 내담자가 입원할 필요가 있다고 판단될 때, 정보가 법적인 문제가 될 때 등이 있다.

개념 플러스

응용스포츠심리학회(AAASP)의 스포츠 심리상담 윤리규정 주요 내용

• 스포츠심리상담의 한계를 인식하고, 자신의 역량 범위 내에서만 상담을 진행해야 한다.
• 나이, 성별, 인종, 민족성, 국적, 종교, 성적 지향, 언어 또는 사회경제적 지위 등의 요인으로 내담자를 차별해서는 안 된다.
• 자신의 상담 내용이 타인의 삶에 영향을 미칠 수 있다는 것을 깨닫고, 오용되지 않도록 경각심을 가져야 한다.
• 타인과 다중관계를 맺어서는 안 되며, 가족·친구와 같은 대상에 대한 전문적·과학적 상담을 지양해야 한다. 또한 내담자와 성적인 관계를 맺어서는 안 된다.
• 내담자의 이익을 최우선으로 두고 상담을 진행해야 하며, 필요한 경우 다른 전문가에게 의뢰해야 한다.

기출 POINT

스포츠심리상담사의 상담윤리 15 20
• 특수 상황이 아니면 내담자와 사적 관계를 갖지 않음
• 내담자와 이성관계로 만나지 않음
• 미성년자 내담자 가족과 개인적·금전적 또는 다른 관계로 만나지 않음

스포츠심리상담사가 갖춰야 할 역량과 태도 15
• 스포츠에 관한 전문적 지식과 사회 전반에 대한 지식
• 풍부한 대인관계의 기술
• 선수들의 비언어적 메시지에도 주의를 기울이는 태도

스포츠심리상담사의 역할 17
• 상담의 전 과정을 상담 시작 전에 내담자에게 안내
• 지속적인 심리훈련
• 경기 시즌 전·중·후 지원

OX문제

1. 친밀감(유대감) 형성, 지속적인 심리훈련은 선수들이 지각하는 최고의 스포츠심리 상담사의 요건이다. (O, ×)

2. 응용스포츠심리학회(AAASP)에서는 내담자에 대한 깊은 이해를 위해 평소 잘 알고 있는 가족·친구 등과의 상담과정을 전문적으로 진행해야 한다고 권장한다. (O, ×)

정답 1 (O), 2 (×)

01 다음 중 스포츠심리학의 정의로 옳지 않은 것은?

① 스포츠상황에서 일어나는 인간행동과 관련되는 여러 가지 문제에 대한 해답을 추구하는 스포츠과학의 한 분야
② 스포츠 수행, 운동기능의 수행에 영향을 미치는 심리적·사회적 요인 및 그 과정을 규명
③ 스포츠, 체력 그리고 체육 프로그램의 내용과 과정 및 결과를 분석
④ 운동수행능력을 높이기 위한 행동과학을 연구

해설
스포츠, 체력, 체육 프로그램의 내용과 과정 및 결과 분석은 스포츠교육학의 분야에 해당된다.

02 다음 중 스포츠심리학의 연구영역으로 옳지 않은 것은?

① 성 격　　② 동 기
③ 불 안　　④ 스포츠 계층

해설
스포츠 계층은 스포츠사회학의 연구영역에 포함된다. 스포츠심리학의 연구영역으로는 성격, 동기, 불안, 주의, 목표설정, 리더십, 심리기술훈련 등 운동수행과 관련이 있다.

03 다음 보기의 폐쇄회로 이론의 개념 중 옳은 설명을 모두 고른 것은?

> ㉠ 체계가 실행해야 할 목표가 설정됨
> ㉡ 피드백이 없어도 인간의 운동은 정상적으로 발생
> ㉢ 매우 빠른 움직임과 관련됨
> ㉣ 지시가 미리 설정되어 있어 그것이 환경에 미치는 영향에 관계없이 실행
> ㉤ 참조기제에 에러가 계산됨

① ㉠, ㉡　　　　② ㉠, ㉡, ㉢
③ ㉢, ㉣, ㉤　　　④ ㉠, ㉤

해설
㉡·㉢·㉣ 개방회로 이론의 개념에 대한 설명이다.

04 다음 운동학습의 연습기법 중 가이던스(Guidance) 기법에 대한 설명으로 옳은 것은?

① 기억을 증진시킬 수 있는 기술적 간섭이다.
② 수행오류를 줄여주는 목적을 가지고 있다.
③ 위험한 동작에 대한 두려움이 생길 수 있고, 부상의 위험이 있을 수 있다.
④ 부상치료나 재활의 후기단계에서 적용한다.

해설
가이던스기법은 교육작용의 하나로, 개인지도 또는 학생 지도라고도 하며 학습자의 운동수행을 도와주는 과정을 말한다. 학습자에게 직접적으로 도움을 제공함으로써 수행오류 및 학습자의 두려움을 감소시켜 줄 수 있다.

05 다음 중 정보처리단계를 순서대로 옳게 연결한 것은?

① 감각지각단계 – 반응실행단계 – 반응선택단계
② 반응선택단계 – 반응실행단계 – 감각지각단계
③ 감각지각단계 – 반응선택단계 – 반응실행단계
④ 반응선택단계 – 감각지각단계 – 반응실행단계

해설
정보처리단계는 감각지각단계 – 반응선택단계 – 반응실행단계 순으로 이루어진다.

06 다이나믹시스템 이론에 대한 설명으로 옳지 않은 것은?

① 유기체, 환경, 과제의 상호작용 속에서 인간의 행동이 생성된다고 본다.
② 인간의 행동은 선형적 경향을 지닌다고 본다.
③ 지각과 동작의 연결관계를 중시하며 인간 움직임의 협응구조를 강조한다.
④ 운동프로그램 관점이 제시하는 기억표상의 구조가 필요하지 않다고 전제한다.

해설
다이나믹시스템 이론 관점은 인간의 행동을 선형적 경향으로 보지 않고, 결과를 예측할 수 없는 비선형적인 경향을 보인다고 주장한다.

07 고원현상에 대한 설명으로 옳지 않은 것은?

① 과제가 쉬울 경우 운동학습 초기 단계에 일어난다.
② 운동기술을 학습할 때 일시적으로 운동수행 능력이 정체되는 현상이다.
③ 운동학습에 대한 동기가 저하된 경우 고원현상이 일어난다.
④ 신체적 피로로 인한 주의력 결핍으로 고원현상이 일어난다.

해설
고원현상은 운동기술을 학습할 때 하위 단계에서 상위단계로 올라가는 과도기에 일어난다. 과제가 쉬울 경우 운동학습 초기단계에는 수행곡선이 급격한 향상을 보인다.

08 다음 중 기억의 3단계에 속하지 않는 것은?

① 지 각   ② 저 장
③ 평 가   ④ 인 출

해설
기억의 3단계는 지각, 저장, 인출이다.

09 다음 보기에서 설명하는 기억의 형태는?

> 환경으로부터의 자극이 인간의 기억체계로 들어오는 첫 단계로, 이때 정보는 병렬적으로 처리하며 아주 짧은 시간 동안에 많은 양의 정보를 저장한다.

① 단기기억
② 장기기억
③ 감각기억
④ 중기기억

해설
기억의 형태 중 감각기억에 대한 설명이다.
① 단기기억은 감각시스템으로부터 유입된 모든 정보를 처리할 수 없기 때문에 선택적으로 필요한 정보만을 선택하여 처리한다.
② 장기기억은 자극의 수용자가 단기기억에 저장된 정보들에 더 많은 주의를 기울이거나 특별한 조치를 할 때에 장기기억으로 전환된다. 저장되어 있는 정보의 양은 비교적 무제한이며, 정보가 기억의 체제 속에 그대로 머무는 기간은 장기적이고 비교적 영속적이다.
④ 중기기억은 기억의 형태에 포함되지 않는다.

10 다음 중 운동학습에서 파지에 영향을 미치는 요인으로 옳지 않은 것은?

① 운동과제의 특성 ② 환경의 특성
③ 학습자의 특성 ④ 피드백 유무

해설

파지란 연습으로 향상된 운동기술의 수행력을 오랫동안 유지할 수 있는 능력을 말하며, 피드백 유무는 파지에 영향을 미치지 않는다.

11 다음 중 피드백의 기능으로 옳지 않은 것은?

① 정보제공 ② 수행평가
③ 강 화 ④ 동기유발

해설

피드백은 정보제공, 동기유발, 강화의 기능을 한다.

12 다음 중 뉴웰(Newell)의 피드백 범주화에 대한 설명으로 옳지 않은 것은?

① 처방정보 – 이미 성취되고 완료된 움직임의 운동학적 정보를 말하는 것으로, 주로 언어적인 설명이나 시범을 통해서 전달
② 정보피드백 – 학습자가 수행한 역동적인 움직임의 이전 상태 또는 현재 상태에 대한 정보를 제공하는 것
③ 전환정보 – 적절한 협응형태를 형성하는 지각-운동 활동영역의 탐색을 활성화시키는 제어 변수
④ 결과지식 – 동작의 유형에 대한 정보를 학습자에게 제공하는 것

해설

뉴웰(Newell)은 피드백을 처방정보, 정보피드백, 전환정보로 범주화하였다. 이와 별개로, 피드백을 정보의 내용에 따라 분류하면 수행지식과 결과지식으로 나뉘는데, 동작의 유형에 대한 정보를 학습자에게 제공하는 것은 수행지식에 대한 내용이다.

13 다음 중 보기의 설명에 해당하는 연습 방법으로 옳은 것은?

> 분습법의 연습방법 중 하나로, 학습할 전체 기술을 특정한 시·공간적인 영역으로 나누어 연습한 후, 각각의 기술이 특정 수준에 도달하게 되면 전체 기술로 결합하여 연습하는 방법이다.

① 전습법 ② 분절화
③ 단순화 ④ 부분화

해설

① 전습법 : 한 가지 과제를 전체로 제시하는 방법이다.
③ 단순화 : 운동기술을 수행할 때 과제 요소를 줄여 기술 수행의 난이도나 복잡성을 낮추는 방법이다.
④ 부분화 : 운동 과제에 포함되는 하위 요소를 하나 또는 둘 이상으로 분리하여 각각 연습하는 방법이다.

14 다음 연습기법 중 가이던스 기법의 활용으로 옳지 않은 것은?

① 효과적인 학습을 위해서는 적절한 시기에 가이던스를 제거하는 것이 좋다.
② 제공되는 가이던스의 양이 많을수록 학습에 미치는 긍정적인 영향이 커진다.
③ 학습자의 오류를 줄여주고, 위험한 동작에 대한 두려움을 없애주며, 부상을 예방하기 위하여 사용한다.
④ 신체적, 언어적 또는 시각적인 방법을 사용하여 학습자의 운동수행에 직접적으로 도움을 제공하는 과정이다.

해설

과도한 가이던스 제공은 학습자가 가이던스에 지나치게 의존하게 되어, 오히려 학습에 지장을 초래한다.

15 다음 중 운동발달의 원리에 대한 설명으로 옳지 않은 것은?

① 운동발달은 일정한 성숙률에 따라 이루어진다.
② 운동발달은 일정한 단계적 절차 없이 유연하게 이루어진다.
③ 운동발달은 분화와 통합의 과정에 의해 이루어진다.
④ 신체는 머리에서 발끝으로, 몸통에서 말초부분으로 발달이 이루어진다.

해설
운동발달은 반사운동, 기초, 기본움직임, 스포츠기술, 성장과 세련, 최고수행, 퇴보의 일정한 단계를 거친다.

16 운동발달의 단계 중 반사운동단계에 대한 설명으로 옳지 않은 것은?

① 출생부터 1년까지의 신생아기에 나타나고, 자세반사와 이동반사로 분류된다.
② 신경체계의 성숙으로 수의적인 움직임이 나타나는 단계이다.
③ 유아의 생존을 돕는 역할을 한다.
④ 유아의 운동행동에 대한 진단의 역할을 한다.

해설
수의적인 움직임이 나타나는 단계는 운동발달의 단계 중 기초단계에 속한다. 기초단계는 1~2세까지의 유아기의 단계이며, 기거나 걷는 이동운동과 물체를 잡는 물체조작운동이 가능하다.

17 다음 중 성격의 일반적 특성으로 옳지 않은 것은?

① 독특성　　　　　② 안정성
③ 가변성　　　　　④ 경향성

해설
성격의 일반적 특성으로는 독특성, 안정성, 경향성이 있다. 가변성은 성격의 일반적인 특성이 아니며, 성격은 시간이나 상황의 변화로 달라지지 않는 행동 특성이다.

18 성격의 구조 중 심리적 핵에 대한 설명으로 옳은 것은?

① 외부 상황의 변화에 영향을 거의 받지 않는다.
② 환경과의 상호작용을 통해서 외부세계에 반응하는 학습된 양식이다.
③ 가장 표면적이고 변화 가능한 부분이다.
④ 사회적 지위와 역할과 관련된 행동이다.

해설
심리적 핵은 성격의 가장 기초적 단계로 안정된 부분이며, 장시간에 걸쳐 상당히 일정하게 유지되는 특성을 갖고 있다. 또한 외부 상황의 변화에 영향을 받지 않는다.

19 성격의 이론 중 정신역동 이론에 대한 설명으로 옳은 것은?

① 인간의 행동은 사회적 환경과의 상호작용이다.
② 현재 일어나고 있는 것에 관한 개인의 주관적 관점에 관심이 있다.
③ 개인의 행동은 개인 내에 존재하고 있는 일관적이고 안정된 특성들에 의해 결정된다.
④ 심리적 결정주의로 인간의 행동은 의식적이거나 무의식적인 동기가 있다.

해설
① 사회학습 이론, ② 현상학적 이론, ③ 특성이론에 관한 설명이다.

20 다음 중 모건(Morgan)의 정신건강모델에서 우수선수에게 높게 나타나는 요인으로 옳은 것은?

① 긴 장
② 피 로
③ 혼 란
④ 활 력

해설
우수선수에게는 긍정적 정서 요인인 활력이 높게 나타나고, 나머지 ①·②·③은 부정적 요인으로 낮게 나타난다.

21 다음 중 운동선수의 경기력 수준과 성격의 관계에 대한 설명으로 옳지 않은 것은?

① 수준이 높아질수록 선수들의 성격과 심리적 특성이 유사해진다.
② 기술수준이 높아질수록 선수들은 그들의 성격특성이 동질적이 되며, 반대로 낮아질수록 이질적이 된다.
③ 우수선수와 비우수선수는 불안대처 능력, 주의조절 능력, 심리기술 능력 등의 인지전략에서 큰 차이를 보인다.
④ 운동기술 수준이 중간단계인 선수들 간에 성격특성은 명확한 차이점이 존재한다.

해설
운동기술 수준이 중간단계인 선수들 간에 차이점을 찾아내기란 쉽지 않지만, 우수선수들은 운동기술 수준이 낮은 선수들과는 서로 다른 성격 프로파일을 나타낸다.

22 다음 중 스트레스의 발생 및 반응에 대한 설명으로 옳지 않은 것은?

① 개인의 능력이 환경을 감당하기 어려울 때 스트레스가 발생한다.
② 스트레스의 반응으로 인하여 근육긴장도가 감소된다.
③ 스트레스의 반응으로 인하여 주변 시각이 협소화된다.
④ 스트레스의 반응으로 인하여 주의 산만이 증가한다.

해설
스트레스의 반응으로 인하여 각성의 증가와 함께 근육의 긴장도가 증가한다.

23 다음 중 불안의 생리적 측정방법으로 옳지 않은 것은?

① 뇌파검사
② 피부전기저항
③ 상태–특성불안 척도
④ 심전도

해설
상태–특성불안 척도는 자기보고식 질문지법에 해당되며, 이는 심리적 측정방법이다.

24 다음 중 역U이론에 대한 설명으로 옳지 않은 것은?

① 불안과 수행의 관계가 곡선적이다.
② 최적의 각성수준에 영향을 미치는 요인은 개인의 특성불안 수준, 수행자의 과제에 대한 학습단계, 과제 난이도 등이 있다.
③ 적정수준의 각성상태에서 운동수행이 극대화되다가 각성수준이 더욱 증가하여 과각성상태가 되면 수행은 저하된다는 개념이다.
④ 최적의 상태불안 수준은 한 점이라기보다는 범위로 표시된다.

> **해설**
> ④ 역U이론이 아니라 최적수행지역 이론에 관한 설명이다.

25 다음 중 불안의 전환이론에 대한 설명으로 옳은 것은?

① 각성수준을 어떻게 해석하느냐에 따라 각성과 정서의 관계가 달라진다는 것이다.
② 인지적 불안과 신체적 불안은 서로 독립적이다.
③ 자신만의 고유한 불안수준의 범위가 존재한다.
④ 인지적 불안 수준이 높을 경우 신체적 불안이 어느 수준에 이르면 수행에 급격한 변화를 초래한다.

> **해설**
> ② 불안의 다차원적 이론, ③ 최적수행지역 이론, ④ 카타스트로피 이론에 관한 설명이다.

26 다음 중 불안의 해소 기법으로 옳지 않은 것은?

① 명상을 실시한다.
② 점진적 이완훈련을 실시한다.
③ 부정적인 생각으로 상쇄시킨다.
④ 심상훈련을 한다.

> **해설**
> 부정적인 생각은 불안의 수치를 더욱 상승시킨다.

27 교사가 불안과 운동 수행에 관한 카타스트로피 이론에 근거하여 체육 실기 평가 시 학생의 불안을 조절하고자 할 때 옳은 것은?

① 운동 기능이 낮은 학생의 경우 인지 불안을 높여 준다.
② 인지 불안이 높을 때 신체적 각성이 적정 수준을 넘지 않게 한다.
③ 과거에 최고 기록을 보였을 때의 불안 수준을 찾아 유지하게 한다.
④ 불안을 긍정적으로 해석하여 불쾌한 감정을 유쾌한 감정으로 바꾸게 한다.

> **해설**
> ① 인지불안이 높으면 시합에 대한 근심이나 걱정의 수준이 더 높아진다.
> ③ 카타스트로피 이론에 부적합한 내용이다.
> ④ 전환이론에 관련된 내용이다.

28 다음 중 동기의 개념적 속성으로 옳지 않은 것은?

① 행동의 제기　　② 행동의 빈도
③ 행동의 강도　　④ 행동의 지속성

> **해설**
> 동기는 '노력의 방향과 강도'라고 할 수 있으며, 행동의 제기, 강도, 지속성의 속성이 있다.

29 다음 중 성취목표성향에 대한 설명으로 옳지 않은 것은?

① 과제목표성향은 비교의 준거가 자신이 되는 것이다.
② 자기목표성향은 능력감이나 성공감을 느끼기 위해서는 남보다 더 잘해야 하며, 동일하게 잘했을 경우 남보다 노력을 덜해야 한다고 느낀다.
③ 과제목표성향과 자기목표성향이 동시에 나타나는 경우는 환경의 영향을 받기 때문이다.
④ 운동기술의 숙련도를 높이기 위해서는 과제목표성향이 높을수록 유리하며, 자기목표성향은 운동기술의 숙련도와 관계가 없다.

> **해설**
> 과제목표성향과 자기목표성향 모두 경기종목과 상황에 따라 운동기술의 숙련도를 높일 수 있다.

30 반두라(Bandura)의 자기효능감 이론을 기초로 교사는 학생의 자신감을 향상시켰다. 다음 보기에서 교사가 활용한 전략으로 옳은 설명을 모두 고른 것은?

> ㉠ 간이 게임을 통하여 경쟁 기회를 제공하였다.
> ㉡ 동료들과 연습을 통하여 협동심을 유발시켰다.
> ㉢ 칭찬과 격려를 통하여 축구 수행에 도움을 주었다.
> ㉣ 골대와의 거리를 좁혀서 슛 성공 경험을 제공하였다.
> ㉤ 잘 하는 학생의 시범을 통하여 성공장면을 보여 주었다.
> ㉥ 신체적, 정서적인 각성을 통해 최상의 컨디션을 유지시켰다.

① ㉠, ㉡, ㉢, ㉣
② ㉠, ㉡, ㉤, ㉥
③ ㉠, ㉣, ㉤, ㉥
④ ㉢, ㉣, ㉤, ㉥

> **해설**
> ㉠·㉡ 반두라(Bandura)가 제시한 자기효능감의 선행요인과 관련이 없는 내용이다.
> ㉢은 언어적 설득, ㉣은 과거의 성공경험, ㉤은 대리경험, ㉥은 정서적 각성에 해당된다.

31 다음 중 반두라(Bandura)의 자기효능감 이론에 대한 설명으로 옳은 것은?

① 성공적 수행, 대리경험, 언어적 설득, 정서적 각성의 선행요인이 존재한다.
② 인간은 인간 성취의 모든 영역에서 선천적으로 동기가 부여된다.
③ 무동기 측면을 강조한다.
④ 외적보상이 긍정적인 영향을 미친다.

> **해설**
> ② 하터(Harter)의 유능성 동기이론에 대한 설명이다.
> ③ 동기부여적 측면이 포함된다.
> ④ 외적보상은 내적인 동기를 유발시키는 데 도움이 될 수도 있고, 반대로 해가 될 수도 있다.

32 다음 중 하터(Harter)의 유능성 동기이론에서 가장 강조하는 것은 무엇인가?

① 정 서
② 노 력
③ 선천적 동기의 능력
④ 자기존중감

> **해설**
> 하터(Harter)의 유능성 동기이론은 스포츠에서 선천적 동기의 능력, 숙달 시도를 강조하고 있다.

33 다음 중 와이너(Weiner)의 귀인이론에 대한 설명으로 옳은 것은?

① 성취상황에서의 성공과 실패와는 관련이 없다.
② 안정성 차원이 인과성 차원보다 더 중요하다.
③ 과제의 난이도는 미래에 유사한 수행이 기대되는 반면, 운은 불안정적 요인이므로 미래에 유사한 수행을 기대할 수 없다.
④ 내외 인과성 차원은 수행결과와 관련된 효과를 결정하지 않으며, 안정성 차원은 미래 수행에 대한 기대를 결정한다.

해설
와이너(Weiner)의 귀인이론에 따르면, 과제의 난이도와 운은 외적요소라는 공통점이 있으나, 과제난이도는 안정적인데 반해 운은 불안정적이다.

34 다음 중 귀인이론에서 내적이며, 안정적이고, 통제가 불가능한 요소로 옳은 것은?

① 운   ② 환 경
③ 능 력   ④ 과제난이도

해설
와이너(B. Weiner)의 귀인이론 4가지 요소
• 운 : 불안정한 외적 요소, 통제 불가능
• 노력 : 불안정한 내적 요소, 통제 가능
• 과제난이도 : 안정된 외적 요소, 통제 불가능
• 능력 : 안정된 내적 요소, 통제 불가능

35 다음 동기유발의 방법 중 옳지 않은 것은?

① 목표 설정 과정에 참여하도록 한다.
② 과제난이도를 적절히 조절하여 성공 경험을 갖게 한다.
③ 연습 시에는 연습 결과에 대하여 적당한 강화를 부여하는 것이 좋다.
④ 미래지향적인 목표를 세우는 것이 좋다.

해설
미래지향적인 목표는 동기를 유발하는 데 한계가 있고, 목표설정의 원리에 어긋난다. 따라서 현실적인 목표를 구체적으로 세우는 것이 좋다.

36 다음 목표설정의 원리 중 옳지 않은 것은?

① 구체적이고 객관적인 목표를 설정한다.
② 도전적이고 현실적인 목표를 설정한다.
③ 가장 먼저 결과목표를 설정한다.
④ 단기목표와 중기목표 그리고 장기목표를 연계하여 설정한다.

해설
결과목표보다 수행목표를 설정하여야 한다.

37 다음 보기에서 설명하고 있는 자신감 이론으로 옳은 것은?

> 특수한 상황에서의 성공에 대한 기대감으로 당면한 과제를 해결하기 위해 다양한 지식과 기술을 상황에 맞게 조직하고 행동으로 옮기는 능력에 대한 믿음

① 자기효능감 이론
② 유능성동기 이론
③ 스포츠자신감 이론
④ 자기결정성 이론

해설
보기는 자기효능감 이론에 대한 설명이다. 자기효능감은 특별한 과제에서 경쟁하여 성공할 수 있는 개인의 믿음과 같은 뜻으로, 자기효능감이 높은 사람은 열의와 자기확신을 가지고 경쟁상황을 시작한다.

38 다음 중 심상의 이론으로 옳지 않은 것은?

① 심리신경근 이론
② 상징학습 이론
③ 상호작용 이론
④ 심리·생리적 정보처리 이론

> **해설**
> 심상 이론은 선수들이 운동 수행 직전에 평소 자신이 잘 수행했던 모습을 상상하며 하는 수행을 말한다. 심상의 이론에는 심리신경근 이론, 상징학습 이론, 심리적·생리적 정보처리 이론이 있다.

39 다음 중 니드퍼(Nideffer)가 설명한 주의 유형의 4가지로 옳지 않은 것은?

① 넓은-내적 : 분석과 계획
② 좁은-내적 : 수행에 대한 정신적 연습
③ 넓은-외적 : 상황의 재빠른 평가
④ 좁은-외적 : 수행결과에 대한 정서 조절

> **해설**
> '좁은-외적' 유형은 하나 또는 두 개의 단서에 전적으로 주의 집중하는 것이다.

40 다음 중 보기에 해당하는 설명으로 옳은 것은?

> 선수들이 최상의 운동수행 상태가 되기 위해 습관적으로 행하는 자신만의 고유한 동작이나 절차이다. 수행에 앞서 자기가 설정한 동작이나 절차를 행함으로써 일관된 운동수행을 돕는다.

① 협 응   ② 루 틴
③ 심 상   ④ 주 의

> **해설**
> 루틴은 선수들이 습관적으로 수행하는 동작이나 절차로서, 다음 수행에서 해야 할 과정을 상기시키고 다음 상황에 대한 친근감을 제공하여 일관된 운동수행을 돕는다.

41 다음 중 집단 응집력의 특징으로 옳지 않은 것은?

① 다차원적 개념이다.
② 수단적인 개념이다.
③ 역동적인 개념이다.
④ 정서적인 측면은 포함이 되지 않는다.

> **해설**
> 집단 응집력은 집단의 성원을 집단에 머무르도록 작용하는 힘들의 총합으로 정서적 측면이 포함된다.

42 다음 중 사회적 태만 현상의 발생 원인으로 옳지 않은 것은?

① 할당 전략
② 반무임승차 전략
③ 최대화 전략
④ 무임승차 전략

> **해설**
> 사회적 태만 현상의 발생 원인은 최대화 전략이 아닌 최소화 전략이다. 최소화 전략은 가능한 최소의 노력을 들여 일을 성취하려는 것이다.
> ① 혼자일 때 최대의 노력을 발휘하기 위해 집단 속에서 자신의 에너지를 절약하는 것
> ② 열심히 노력을 하지 않는 사람들이 무임승차를 하는 것을 원하지 않기 때문에 자신도 노력을 줄이는 것
> ④ 집단 상황에서 개인이 남들의 노력에 편승해서 그 혜택을 받기 위해 자신의 노력을 줄이는 것

43 다음 중 사회적 촉진과 관련된 사회적 추동이론에 대한 설명으로 옳은 것은?

① 자욘스(Zajonc)의 단순존재가설 – 수행자의 행동을 수동적 관중(관중효과)과 같은 활동에 참가하는 관중(공행적 관중효과)을 관찰하여 관중의 존재는 각성을 유발하고, 바로 이 각성이 지배적 반응의 원인이 된다고 하였다.

② 코트렐(Cottrell)의 평가우려가설 – 과제수행 중 타인의 존재가 수행자의 주의를 분산시키며, 이러한 주의 분산은 한편으로는 주어진 과제에 대한 주의집중을 방해하기도 하지만, 주의 분산이 유기체로 하여금 더 많은 노력으로 이를 극복할 수 있도록 수행자의 추동 수준을 증가시키기도 한다는 것이다.

③ 샌더스(Sanders)의 주의 분산/갈등가설 – 사회적 추동의 원인을 시각적 감시가 불가능한 타인들의 존재에 있다고 가정하여 수행자에게 해를 끼치지 않는 타인들이 주기적으로 감시될 수 있다면, 타인의 존재는 추동 수준을 증가시키지 않을 것이라고 하였다.

④ 게랑(Guerin)의 자기감시적 분석 – 타인의 존재로 인하여 자신의 수행이 관찰되고 평가되고 있다는 지각의 정도가 각성을 결정하고 운동수행의 결과에 상이한 영향을 미친다고 하였다.

해설
① 사회적 추동이론 중 자욘스(Zajonc)의 단순존재가설에 대한 내용이다.
② 코트렐(Cottrell)의 평가우려가설은 타인의 존재로 인하여 자신의 수행이 관찰되고 평가되고 있다는 지각의 정도를 평가우려라고 하는데, 이것은 각성을 결정하고 운동수행의 결과에 상이한 영향을 미친다고 하였다.
③ 샌더스(Sanders)의 주의 분산/갈등가설은 과제수행 중 타인의 존재가 수행자의 주의를 분산시키며, 이러한 주의 분산은 한편으로는 주어진 과제에 대한 주의집중을 방해하기도 하지만 주의 분산이 유기체로 하여금 더 많은 노력으로 이를 극복할 수 있도록 수행자의 추동 수준을 증가시키기도 한다는 것이다.
④ 게랑(Guerin)의 자기감시적 분석은 사회적 추동의 원인을 시각적 감시가 불가능한 타인들의 존재에 있다고 가정하여 수행자에게 해를 끼치지 않는 타인들이 주기적으로 감시될 수 있다면, 타인의 존재는 추동 수준을 증가시키지 않을 것이라고 하였다.

44 다음 중 응집력의 결정 요인으로 옳지 않은 것은?

① 팀 요인
② 상황 요인
③ 리더십 요인
④ 과정 요인

해설
응집력은 상황 요인, 개인 요인, 리더십 요인, 팀 요인에 의해 결정된다.

45 다음 중 쉘라두라이(Chelladurai)의 스포츠 리더십 이론에 대한 설명으로 옳지 않은 것은?

① 선수의 만족도와 수행은 규정된 지도자 행동, 선수나 팀이 선호하는 지도자 행동, 실제 지도자 행동에 의하여 결정된다.

② 스포츠 조직은 현존하는 집단 규범, 팀의 크기, 요구되는 조직 수준, 코치의 행동 통제와 같은 상황적 변수의 작용 정도에 따라 달라진다고 하였다.

③ 원인변인에서 결과변인 간에 불일치로 인한 피드백은 존재하지 않는다.

④ 원인변인은 반드시 상황 요인과 리더 특성 그리고 성원 특성이 반영된다.

해설
원인변인에서 결과변인 간에 불일치로 인한 피드백은 계속적으로 존재한다.

46 다음 중 긍정적 강화의 방법으로 옳지 않은 것은?

① 효과적인 강화물을 선택한다.
② 강화의 빈도는 초보자에게는 간헐적, 숙련자에게는 자주 적용한다.
③ 바람직한 행동을 찾아 강화한다.
④ 결과보다는 수행과정에 관심을 둔다.

해설
강화의 빈도는 초보자에게는 자주, 숙련자에게는 간헐적으로 하는 것이 바람직하다.

47 다음 중 공격행위에 대한 설명으로 옳은 것은?

① 적대적 공격행위 – 해를 입힐 의도, 승리할 목적, 분노 없음
② 수단적 공격행위 – 해를 입힐 의도, 해를 입힐 목적, 분노 있음
③ 권리적 공격행위 – 해를 입힐 의도, 승리할 목적, 분노 없음
④ 권리적 공격행위 – 해를 입힐 의도 없음, 합법적 폭력행위, 비상한 노력과 에너지 소비

해설
적대적 공격행위는 해를 입힐 의도, 해를 입힐 목적, 분노가 존재하고, 수단적 공격행위는 해를 입힐 의도와 승리할 목적이 있으나 분노가 없다.

48 다음 중 공격행동의 원인으로 옳지 않은 것은?

① 종목의 특성
② 스코어 차이
③ 초청경기와 방문경기
④ 적은 관중의 수

해설
이외에 공격행동의 원인으로 팀 순위, 경기의 시점, 경력과 경기수준 등이 있으며, 적은 관중의 수는 공격행동과 무관하다.

49 다음 보기에서 설명하는 운동심리 이론으로 옳은 것은?

개인 차원의 요인과 상위 차원의 요인을 모두 고려하기 때문에 운동 실천에 대한 설명을 더 잘할 수 있다.

① 합리적 행동 이론
② 계획행동 이론
③ 사회생태학 이론
④ 변화단계 이론

해설
① 합리적 행동 이론 : 원래 투표참가를 설명하기 위한 목적으로 개발된 것으로, 개인의 의사결정 측면에서 행동을 예측한다.
② 계획행동 이론 : 합리적 행동 이론의 주요 개념에 행동통제 인식이라는 개념이 추가된 것을 말한다.
④ 변화단계 이론 : 운동행동의 변화가 마음먹은 순간에 실천되는 것이 아니라, 여러 단계를 거치면서 점진적으로 변화한다는 개념이다.

50 다음 중 운동실천 중재전략에서 행동수정전략으로 옳지 않은 것은?

① 의사결정 단서
② 출석상황 게시
③ 피드백 제공
④ 운동 강도 모니터링

해설
운동 강도 모니터링은 운동실천 중재전략에서 의사결정전략에 포함된다.

51 다음 중 스포츠심리상담사가 지켜야 할 윤리로 옳지 않은 것은?

① 내담자의 사생활에 깊이 관여하고 주위에 도움을 청한다.
② 전문적 능력과 상담기술, 기법 등을 갖추고 있어야 한다.
③ 전반적인 상담 내용에 대해 비밀을 보장해야 한다.
④ 상담자로서의 역할에 대한 책임감을 다한다.

해설

스포츠심리상담사는 내담자와 사적인 관계를 맺어서는 안 된다.

52 다음 중 스포츠심리상담사와 내담자의 관계에 대한 내용으로 옳지 않은 것은?

① 상담의 목적과 목표를 정확하게 설명해 주어야 한다.
② 상담자와 내담자 간의 사회적 혹은 개인적 관계를 친밀하게 해야 한다.
③ 상담관계에 영향을 미칠 수 있는 여러 가능한 제한점들에 대해 내담자에게 미리 알려 주어야 한다.
④ 상담에서 사용되는 기법, 상담에서 서로 지켜야 할 규칙들을 설명해 주어야 한다.

해설

스포츠심리상담사는 내담자에 대한 자신의 욕구와 영향력을 충분히 자각하고 있어야 하며, 전문적 판단에 영향을 미칠 수 있는 관계를 맺어서는 안 된다.

53 다음 보기에서 설명하고 있는 이론으로 옳은 것은?

> 이 이론은 '내재적 동기'를 새롭고 도전적인 것을 추구하고 자신의 능력을 확장시키며 탐구하고 학습하고자 하는 선천적인 경향성이라고 정의하며, 스스로 선택을 하고 결정을 하는 것은 내재적 동기를 증가시킨다고 말한다.

① 자기효능감이론
② 능력동기이론
③ 성취동기이론
④ 자기결정성 이론

해설

자기결정성(Self-determination) 이론에서는 동기를 외적인 유인가의 유무가 아닌, 자기결정성에 대한 주관적 지각이라는 측면에서 정의하며, 인간의 행동을 자율성의 정도에 따라 순전히 타율적인 행동(외재적으로 동기화된 행동)에서 완전히 자기결정된 행동(내재적으로 동기화된 행동)에 이르는 일련의 연속체 선상에서 개념화한다.

54 다음 중 자기결정성 이론에서 내재적 동기에 영향을 미치는 세 가지의 요구가 아닌 것은?

① 관계성 요구　　② 자율성 요구
③ 자신감 요구　　④ 유능성 요구

해설

① 관계성 요구 : 다른 사람과 긴밀한 정서적 유대와 애착을 형성하고 그 결과 사랑과 존중을 받으려는 요구
② 자율성 요구 : 자신의 소망에 따라 독립적으로 행위를 결정하려는 요구
④ 유능성 요구 : 환경에서 효과적으로 기능을 발휘하려는 능력에 대한 요구

55 다음 보기에서 설명하는 자기결정성 이론의 규제 유형으로 옳은 것은?

> 인간의 성취 행동을 달라지게 하는 외적 동기 중 자결성이 가장 높은 규제로서, 건강 증진이나 다이어트 같은 자기설정 목표 달성을 위해 스포츠활동에 참여한다.

① 내적규제　　　　② 외적규제
③ 부적규제　　　　④ 확인규제

해설
① 내적(의무감)규제 : 외적동기요인이 내면화되어 죄책감·불안 같은 압력으로 스포츠활동에 참여
② 외적규제 : 외적보상을 받으려는 욕구가 활동의 원동력이며, 외적 보상을 얻기 위해 스포츠활동에 참여
④ 확인규제 : 운동 자체의 목표가 아닌, 건강 증진이나 다이어트 같은 자기설정 목표달성을 위해 스포츠활동에 참여

56 다음 중 팀 구축 중재전략 요인의 예로 옳지 않은 것은?

① 환경요인 – 팀 구성원이 동일한 유니폼을 입는다.
② 리더요인 – 팀 리더와 심리 상담을 한다.
③ 구조요인 – 매주 한 번씩 팀 미팅을 열어 각자의 역할과 책임에 대해 논의한다.
④ 과정요인 – 팀 구성원 간 상호작용과 의사소통의 기회를 충분히 갖는다.

해설
팀 구축 중재전략 요인은 환경요인, 구조요인, 과정요인이 있다.

57 다음 보기에서 설명하고 있는 피드백의 방법으로 옳은 것은?

> 정보를 처리하는 대상자의 인지적 노력에 관점을 두고 있으며, 능동적인 인지적 처리 과정이 운동 기술 학습에 절대적인 영향을 미친다는 것을 전제로 하고 있다. 대상자의 인지적 노력은 대상자 스스로 필요하다고 생각하는 정보를 지도자에게 요구하여 획득하는 과정으로 나타난다.

① 자기통제 피드백
② 뉴로 피드백
③ 내재적 피드백
④ 바이오 피드백

해설
② 뉴로 피드백 : 뇌파의 상황을 통해 순간순간 일어나는 두뇌의 활동을 확인할 수 있다. 컴퓨터 화면을 통해 이러한 뇌파의 활동을 눈으로 직접 보면서 자신의 두뇌가 더욱 적합하고 안정된 상태가 되도록 도와주는 최첨단 뇌 훈련 프로그램이다.
③ 내재적 피드백 : 시각적 정보, 운동 감각적 정보, 반응 후의 외적 보조정보에 의존하지 않고 감각자극에서 피드백의 정보가 생기는 것이다.
④ 바이오 피드백 : 특수한 기기를 이용하여 심신반응을 측정하고, 이 측정된 정보를 소리나 광선이나 그래프의 형태로 대상자에게 지각할 수 있는 형태로 피드백 시켜 알려줌으로써, 대상자가 자신의 이완이나 긴장상태를 스스로 조절하도록 훈련할 수 있다.

아이들이 답이 있는 질문을 하기 시작하면 그들이 성장하고 있음을 알 수 있다.

-존 J. 플롬프-

출제빈도표(2018~2023년)

(단위 : 개)

구 분	2023	2022	2021	2020	2019	2018	합 계
운동생리학의 개관	1	2	–	–	2	1	6
에너지 대사와 운동	5	2	2	2	3	3	17
신경조절과 운동	3	2	4	2	1	2	14
골격근과 운동	4	4	4	7	5	4	28
내분비계와 운동	1	2	2	2	2	2	11
호흡·순환계와 운동	4	7	5	7	6	6	35
환경과 운동	2	1	3	–	1	2	9

※ 출제비중 및 출제빈도는 문제 분석에 따라 달라질 수 있습니다.

최근 기출 분석(2023년 기출)

운동생리학은 생소한 용어가 다수 등장하기 때문에 어렵게 체감되지만 효과적인 트레이닝을 위해서 반드시 학습해야 하는 과목이기도 하고, 2023년 기출처럼 다른 과목들이 어렵게 출제될 경우 비교적 무난한 난이도를 유지하는 과목으로 평가되기도 한다. 2023년 기출은 전반적으로 용어에 대한 정의와 내용을 이해하고 있다면 어렵지 않게 풀 수 있는 문제들로 출제되었다. 단원별로 중요한 내용들이 골고루 출제되었고, 지문이 길지 않았다. 2022년도와 같이 텍스트로 출제되던 이론이 그래프 형태로 출제된 문제가 두 문제 있었다. 단순 암기만 해서는 그래프를 해석하기 어려우므로 이해를 수반한 학습이 필요하다. 운동생리학은 단원별 중요 단어를 중심으로 내용 이해를 잘 해두면 대체적으로 무난한 편이기 때문에 전략적으로 선택하는 것도 추천한다.

2과목

운동생리학

01 운동생리학의 개관

기출 POINT

행동체력의 개념 16 22
- 건강 관련 체력 : 활동하는 데 필요한 체력, 근력, 근지구력, 심폐지구력, 신체구성, 유연성 등
- 운동기술 관련 체력 : 운동기술 습득·향상을 위해 절대적으로 필요한 체력, 민첩성, 평형성, 협응성(조정력), 순발력 등

심폐지구력 23
모세혈관의 밀도, 미토콘드리아의 수와 크기, 동정맥 산소차(Arterial-venous Oxygen Difference)가 모두 증가되었을 때 향상되는 건강체력 요소

> ## KeyPoint
> - 운동생리학에서 사용되는 주요 용어에 대해 말할 수 있다.
> - 운동생리학의 정의에 대해 설명할 수 있다.
> - 운동생리학과 인접학문의 차이점에 대해 설명할 수 있다.

01 주요 개념

(1) 운동의 개념
심신단련이나 수련을 목적으로 하는 체계적이고, 계획적·규칙적인 신체활동을 말한다. 같은 운동자극이라도 그 반응방식은 사람에 따라 다르다.

(2) 신체활동의 개념
대근을 움직이는 신체의 움직임을 뜻한다(예 계단 오르기, 물건 들기 등). 운동은 신체활동의 하위 개념으로, 신체활동은 운동을 비롯한 인체의 모든 움직임을 포함하는 용어이다.

(3) 체력의 개념
인간이 일상생활을 영위하는 데 있어 기초가 되는 신체적 능력을 의미하며, 방위체력과 행동체력으로 구분된다.
① 방위체력 : 자극에 견디어 생명을 유지·발전시키는 능력을 말한다.
　㉠ 물리·화학적 스트레스에 견디는 능력(기후, 기압, 수질오염 등)
　㉡ 생물학적 스트레스에 견디는 능력(세균, 바이러스, 기생충 등)
　㉢ 생리적 스트레스에 견디는 능력(공복, 불면, 피로, 갈증 등)
　㉣ 심리적 스트레스에 견디는 능력(긴장, 고민, 불쾌감, 슬픔 등)
② 행동체력 : 육체적 활동을 통해 행동을 일으키는 능력을 말한다.
　㉠ 건강체력 : 사람이 활동하는 데 필요한 능력(근력, 근지구력, 심폐지구력, 유연성 등)
　㉡ 운동체력 : 운동기술을 발휘하는 데 필요한 능력(순발력, 민첩성, 평형성, 협응성, 스피드 등)

(4) 운동훈련의 원리

① 과부하의 원리 : 훈련 효과를 얻기 위해서는 신체의 적응능력 이상의 부하로 적응 수준을 높여야 한다.

② 가역성의 원리 : 과부하가 이루어지지 않거나 운동이 중지되었을 때 운동능력이 빠르게 감소된다.

③ 특수성(특이성)의 원리 : 훈련의 효과는 운동 중에 사용된 근육에만 영향을 미친다. 주로 활용되는 에너지 대사 체계 또는 근육 수축의 형태에 따라서도 운동 효과가 달라진다.

④ 점진성의 원리 : 트레이닝의 처방 요건에 따라 운동의 강도를 점증적으로 늘려간다.

⑤ 개별성의 원리 : 개인의 운동능력 수준에 따라 운동의 종류나 강도를 조절해야 한다.

⑥ 다양성의 원리 : 운동이 몸에 적절한 자극으로 작용하고, 프로그램이 지루해지지 않도록 다양하고 새로운 트레이닝 프로그램을 개발하여야 한다.

⑦ 적극 참여의 원리 : 트레이닝의 목적을 알고 트레이닝에 자발적이고 적극적으로 참여하는 태도는 트레이닝의 결과에 긍정적인 영향을 주게 된다.

⑧ 전면성의 원리 : 다양한 체력 요소가 골고루 발전되도록 운동해야 한다.

---

02 운동생리학의 개념

(1) 운동생리학의 정의

운동생리학이란 인체생리학의 한 분야로서, 일시적이거나 반복적인 운동으로 야기되는 인체기관계의 반응과 적응 현상, 생리기능 변화와 그 변화의 원인을 연구하는 학문이다.

개념 플러스

운동생리학의 학문적 정의

운동생리학은 운동 중 생명체가 생리학적으로 어떻게 반응하는가를 관찰하는 학문이다. 그러므로 운동이라는 '자극'을 이용하여 인체가 '적응'하는 과정을 생리학적으로 관찰함과 동시에 인체가 궁극적으로 어떻게 변화하는지를 연구하는 학문이라고 할 수 있다. 그러나 21세기에 접어들면서 운동생리학의 연구영역은 인체의 '조직과 기관'이라는 생리학적 수준에서 더 나아가 '세포'와 신호전달체계 및 단백질 합성 및 발현이라는 세포생물학 또는 분자생물학 분야로 진화하고 있다.

기출 POINT

과부하의 원리 19
• 운동훈련에 의한 효과는 운동량이 일상생활 수준보다 높을 때 일어남
• 운동량은 운동의 빈도, 강도 또는 지속시간을 늘림으로써 증가시킬 수 있음

특이성의 원리 22 23
• 트레이닝의 효과는 운동에 동원된 근육에서만 발생
• 근력 향상을 위해서는 저항성 트레이닝이 적합

운동생리학의 학문적 정의 15 18
운동생리학은 일정 기간 동안 운동 형태로 가해진 자극에 대해 인체가 적절하게 반응하고 적응하는 과정 속에서 나타나는 생리학적 현상을 연구하는 학문 분야

운동생리학 관련 연구 17
• 운동 시 신체 기능의 변화 연구
• 장기간 운동에 대한 신체적 효과 및 적응 연구
• 운동 능력 향상을 위한 훈련 과정에 적용

OX문제

운동생리학은 운동손상에 대한 수술 방법을 연구하는 학문이다. (O, ×)

정답 ×

(2) **운동생리학의 필요성**

① 운동 중 일어나는 인체의 기능적 변화에 대한 원인을 알고, 이를 통해 체계적인 훈련과
지도방법을 모색할 수 있다.

② 운동생리학의 기초지식은 다양한 대상자의 개인차에 따른 지도에 도움이 된다.

③ 인체의 발육 발달, 운동의 영향, 운동기술의 습득과 발달에 도움이 된다.

④ 스포츠지도자는 포괄적 건강 관련 지식을 갖추어야 한다.

(3) **운동생리학의 인접 학문**

운동생리학은 체육학을 구성하는 응용적 성격의 학문이며 다양한 학문에 필요한 기본적
이론을 제공한다. 스포츠의학·운동처방, 트레이닝론, 스포츠영양학, 생체역학 등 체육학
의 하위학문과 밀접한 관련을 가지고 있다.

① **스포츠의학·운동처방** : 운동수행의 의학적·과학적 측면을 포괄하는 개념이다.

② **트레이닝론** : 운동능력 향상을 위한 합리적인 트레이닝 방법과 운동량을 연구하는 학문
이다.

③ **스포츠영양학** : 인체 내 물질대사를 연구하며 스포츠활동을 위한 적합한 식단의 양과
질을 연구하는 학문이다.

④ **생체역학** : 근육 활동의 역학적 원리 및 인체동작의 역학적 법칙을 연구한다. 인접학문
들 중에서는 관련성이 가장 멀다.

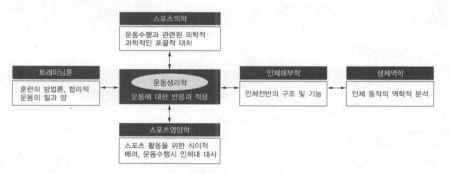

[운동생리학 관련 학문 영역]

OX문제

1. 운동생리학의 기본 영역에서 파생
된 학문으로는 운동처방, 트레이
닝 방법론, 운동영양학이 있다.
(O, ×)

2. 운동량을 운동의 빈도, 강도 또는
지속시간을 증가시킴으로써 늘릴
수 있다는 운동훈련의 원리는 가
역성의 원리이다. (O, ×)

3. 운동생리학은 일정 기간 동안 운
동 형태로 가해진 자극에 대한 인
체의 반응과 수용 과정에서 나타
나는 생리학적 현상을 연구하는
학문 분야이다. (O, ×)

정답 1 (O), 2 (×), 3 (O)

개념 플러스

운동의 특이성과 운동 분류의 3요소

• **운동의 특이성(Specificity of Exercise)**
동일한 운동의 자극이 있어도 반응하는 사람에 따라 생체의 반응패턴이 다르게 나타난다.

• **운동 분류의 3요소(스피드, 지속시간, 저항)**
스피드가 빠르면 운동 지속시간이 짧아지고, 스피드가 느리면 지속시간이 길어진다. 또한 저항이 증가
되면 운동의 최대스피드는 저하되며, 저항이 클수록 지속시간은 짧고 저항이 적을수록 지속시간은 길어
진다.

02 에너지 대사와 운동

KeyPoint

- 에너지가 발생하고 활용되는 양상에 대해 설명할 수 있다.
- 인체에서 에너지를 발생시키는 기제를 이해하고, 사례를 들어 설명할 수 있다.
- 유산소 트레이닝과 무산소 트레이닝에 대한 생리적 적응 현상에 대해 말할 수 있다.

01 에너지의 개념과 대사 작용

(1) 에너지 발생 과정

① 대사 작용 : 체내에서 일어나는 물질과 에너지의 모든 화학적 작용을 말한다.

② 대사 작용의 유형

　㉠ 동화 작용 : 외부에서 받아들인 영양물질이 화학변화를 통해 고분자 화합물로 합성
　　되는 과정으로, 에너지를 흡수·저장하는 과정이다.

　㉡ 이화 작용 : 체내의 복잡한 물질이 간단한 물질로 분해되는 과정으로 에너지를 방출·
　　소비하는 과정이다.

　㉢ 물질교환 : 합성반응과 분해반응을 통해 이루어진다.

(2) 물질대사(Metabolism) 과정

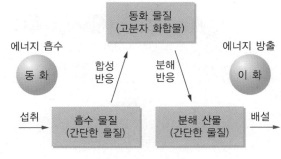

[물질대사 과정]

(3) 에너지 전환 및 보존 법칙

① 인체는 음식물 섭취를 통해 축적된 화학적 에너지를 신체활동을 위한 기계적 에너지, 체온유지를 위한 열에너지, 신경활동을 위한 전기에너지 등으로 변환한다.

② 에너지가 형태를 바꾸는 경우 외부의 영향을 차단하면 물리적·화학적 변화가 일어나도 에너지의 총량은 변하지 않는데, 이를 에너지 보존의 법칙이라고 한다.

③ 열역학 제1법칙에 따라 에너지는 새로 창조되거나 소멸되지 않고, 같은 값의 에너지양을 가진 유기물 중 화학에너지로 전환된다.

④ 열역학 제2법칙에 따라 에너지가 어떤 일에 사용되면 일부가 열에너지 형태로 전환된다.

⑤ 어떠한 형태의 에너지가 다른 형태의 에너지로 전환되더라도 에너지의 총량은 변화하지 않는다.

02 인체의 에너지 대사

(1) 아데노신 3인산(ATP ; Adenosine Triphosphate)

① 섭취한 음식물 속에서 소화된 영양소들은 세포 안에서 분자(CO_2, H_2O)로 분해되는데, 세포는 이 대사과정에서 유리된 다양한 종류의 결합에너지를 모아 높은 에너지 결합을 갖는 화합물로 만든다. 이 화합물이 아데노신 3인산이다.

② 아데노신 3인산(ATP)은 1개의 아데노신과 3개의 무기인산(Pi ; Inorganic Phosphate)으로 구성된다.

③ ATPase 효소에 의해 결합체가 분해되면 방출된 에너지가 사용된다.

④ ATP에서 ADP(아데노신 2인산)와 Pi로 분해될 때 에너지가 발생한다.

⑤ 인체는 섭취한 탄수화물, 지방, 단백질을 통해서도 ATP를 생성한다.

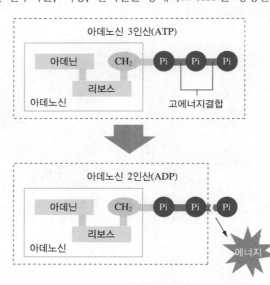

[아데노신 3인산의 분해와 에너지의 발생]

(2) ATP의 생성 체계

① 산소의 이용 유무에 따라 무산소성 과정과 유산소성 과정으로 나눌 수 있다.

② 무산소성 과정은 ATP-PCr 시스템과 무산소성 해당작용을 통해 이루어진다.

③ 유산소성 과정은 미토콘드리아 내부의 TCA 회로와 전자전달계를 통해 이루어진다.

(3) 무산소성 과정

① ATP-PCr 시스템

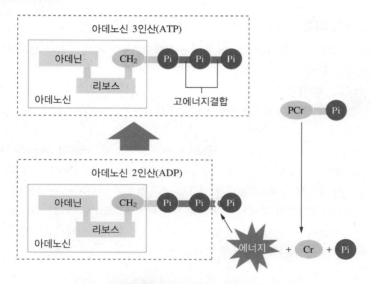

[크레아틴과 인산에 의한 ATP의 재합성]

㉠ 인원질 과정 시스템이라고도 하며, ATP-PCr 시스템에서는 PCr이 크레아틴(Cr)과 무기인산(Pi)으로 분해될 때 발생되는 에너지를 이용하여 ATP를 재합성한다.

㉡ 운동을 시작하면 크레아틴키나아제에 의해 ATP가 생성된다.

㉢ 근육세포 내에 저장된 제한적인 ATP를 생산한다.

㉣ 에너지 생산량은 적으나 산소가 없을 때에도 에너지를 얻을 수 있다. 운동시작 직후, 5~10초 이내의 단시간 고강도 운동에서 근수축에 필요한 에너지를 공급한다.

　예 50m 단거리 달리기, 높이뛰기, 역도 등

② 해당작용(Glycolysis) 시스템

㉠ 세포 내의 산소 공급이 없을 때 에너지를 얻는 방법이다.

㉡ 근육 속의 포도당(글루코스)이 피루브산으로 분해되는 무산소성 해당작용과 피루브산이 젖산으로 전환되어 축적되는 젖산 시스템이 일어난다.

㉢ 1분자의 포도당이 분해되면서, 2분자의 ATP와 2분자의 피루브산 혹은 젖산이 생성된다.

㉣ 젖산 시스템

　• 산소가 불충분하면 피루브산은 수소이온과 결합하여 젖산을 형성한다.

　• 젖산 시스템의 에너지 공급시간은 약 1분 전후이다.

기출 POINT

유산소 대사 15 16 21 23

- 주 에너지 공급원 : 글루코스와 유리
  지방산
- 미토콘드리아에서 크렙스 회로와
  전자전달체계를 통해 이루어짐
- 크렙스 회로는 주로 시트르산 탈수
  소효소에 의해 조절
- 장시간 운동수행 시 주로 사용
  예 800m 수영, 마라톤

- 젖산은 피로를 초래하는 물질로, 특정 농도 이상이 근육에 비축되면 근수축이 제한된다.

  ⑩ 코리 사이클(Cori Cycle)

  - 젖산이 혈액-간-혈액-근육을 거쳐 에너지원으로 재사용되는 것이다.
  - 운동 중 근육 내에서 해당작용의 결과로 생성된 젖산 일부는 혈액으로 확산되어 간으로 운반되고, 간에서 글리코겐으로 재전환되어 미토콘드리아 내에서 추가적인 에너지가 발생된다.

(4) 유산소성 과정

운동이 약 40~60초 이상 지속될 때에는 혈액으로부터 활동 근육의 산소를 공급받아 ATP 합성이 진행된다.

① 크렙스 회로(TCA 회로)

1분자의 당에서 2분자의 피루브산이 생산되는데, 이 피루브산이 CO_2, 전자, 수소이온으로 분해되는 과정이다.

㉠ 인원질 과정 및 무산소성 해당과정과 비교했을 때, 에너지 공급속도가 가장 느리다.

㉡ 미토콘드리아 내 산소를 사용하여 ATP를 생성하며, 산소가 충분히 공급되는 동시에 체내에 당과 지방질이 있으면 지속적으로 에너지를 공급할 수 있다.

㉢ 해당 작용에서 분해된 포도당 분자가 아세틸조효소A(Acetyl-CoA)로 전환된다.

㉣ 이산화탄소가 빠지고 전자와 수소이온이 분리되며, 시트르산이 회로의 모든 과정을 거치는 가운데 에너지가 발생한다.

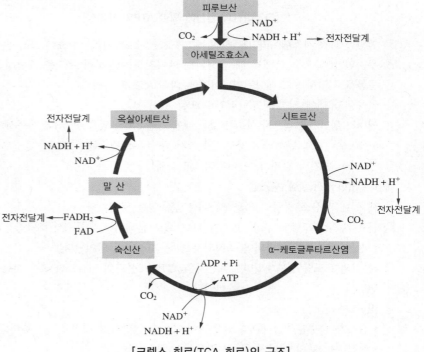

[크렙스 회로(TCA 회로)의 구조]

OX문제

1. 코리사이클이 증가하면 젖산역치가 발생한다. (O, ×)

2. 유산소시스템 과정은 세포 내 소기관인 골지장치에서 산소를 이용하여 일어난다. (O, ×)

3. 유산소 대사는 미토콘드리아에서 크렙스회로와 전자전달계를 통해 이루어진다. (O, ×)

정답 1 (×), 2 (×), 3 (O)

② 전자전달계 : 호흡과정을 통해 해당작용과 TCA 회로에서 방출된 전자와 수소이온을 물로 산화시키고 형성하는 화학반응이다.

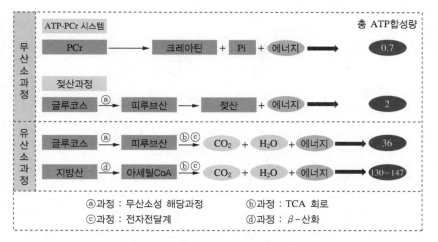

[각 에너지 대사의 ATP 합성 과정]

③ ATP 생성에 따른 에너지 시스템의 비교

구 분	ATP-PCr 시스템	젖산 시스템	유산소 과정
음식/화학적 연료	크레아틴	글리코겐	지방, 단백질, 글리코겐
산소 사용 여부	무산소성 과정	무산소성 과정	유산소성 과정
반응속도	가장 빠름	빠 름	느 림
상대적 ATP 생성량	극히 매우 적음	매우 적음	많 음

기출 POINT

체내 주요 영양소의 에너지 대사 [18]

• 포도당은 근육 및 간에서 글리코겐의 형태로 저장
• 지방산은 베타산화(β-oxidation)를 거쳐 ATP 생성에 사용
• 포도당과 지방은 서로 전환되어 에너지원으로 사용되기도 함

근육 글리코겐 [20]

고강도 운동 시 ATP 합성에 사용되는 주요 기질(Substrate)

(5) 생체에너지원

생체에너지원은 유기화합물인 탄수화물·지방·단백질이며, 생체에너지원의 분해를 통해 근 수축 지속에 요구되는 에너지가 생성된다.

① 탄수화물

㉠ 탄수화물의 특성
• 신체에서 가장 신속하게 에너지를 공급하는 연료이다.
• 탄소, 수소, 산소로 구성된다.
• 탄수화물 1g당 약 4kcal의 에너지가 방출된다.
• 운동 시 근육세포와 간의 당 분해(Glycogenolysis) 과정으로 근 수축 에너지가 형성된다.

㉡ 탄수화물의 형태
• 단당류(Monosaccharides) : 탄수화물 중 더이상의 간단한 화합물로 가수 분해되지 않는 당류로, 포도당·과당·갈락토오스가 있다.
• 이당류(Disaccharides) : 2개의 당이 결합된 탄수화물로 설탕, 젖당, 엿당 등이 있다.

- 유리지방산 형태로 가수분해된 지방은 혈액을 타고 돌며 신체의 에너지원으로 활용
- 체내에 칼로리 섭취가 부족한 경우 중성지방을 분해하여 에너지원으로 사용
- 중성지방은 리파아제에 의해 지방산과 글리세롤로 분해
- 운동 강도가 증가함에 따라 에너지 생산을 위한 주연료는 지방에서 탄수화물로 전환
- 지방의 베타(β)산화는 중성지방으로부터 분리된 유리지방산이 아세틸조효소–A로 전환되는 것을 뜻함

- 다당류(Polysaccharides) : 여러 개의 당이 결합한 탄수화물로 녹말, 글리코겐, 셀룰로오스가 있다.
  ⓒ 탄수화물의 기능
  - 에너지를 공급한다.
  - 중추신경의 에너지원이다.
  - 단백질과 지방의 신진대사를 조절하는 에너지원이다.
② **지 방**
  ㉠ 지방의 특성
  - 탄수화물보다 산소에 대한 높은 탄소비율 구조를 가진다.
  - 지방 1g당 약 9kcal의 에너지가 방출된다.
  - 오랜 시간의 운동에 적합한 에너지원이다.
  ㉡ 지방의 형태
  - 중성지방(Triglyceride) : 지방세포와 골격근세포의 형태로 저장된다.
  - 지방산(Fatty Acid) : 근육 에너지원으로 사용되며, 신체 내에서 중성지방의 형태로 저장된다.
  - 글리세롤(Glycerol) : 간에서 신생반응하여 포도당과 합성된다.
  - 인지질(Phospholipid) : 세포막을 구성하고, 신경세포 주위에 절연체를 형성한다.
  - 스테로이드(Steroid) : 세포막을 구성하고, 성호르몬인 에스트로겐, 프로게스테론, 테스토스테론 합성에 이용된다.
  ㉢ 지방의 기능
  - 에너지를 공급한다.
  - 체내 기관을 보호한다.
  - 체온을 유지한다.
③ 단백질
  ㉠ 단백질의 특성
  - 신체조직, 효소, 혈중 단백질을 형성한다.
  - 단백질 1g당 약 4kcal의 에너지가 방출된다.
  ㉡ 단백질의 형태
  - 알라닌(Alanine)은 간에 포도당으로 전환되어 당원 합성을 한다.
  - 근육세포 내에서 대사 매개물질로 전환된다.
  ㉢ 단백질의 기능
  - 에너지를 공급한다.
  - 세포 및 신체조직을 합성한다.
  - 혈장 단백질과 호르몬을 합성한다.
  - 체내의 수분을 조절한다.
  - 산염기의 평형을 조절한다.

1. 포도당은 근육 및 간에서 글리코겐 형태로 저장될 수 있다. (O, ×)

2. 중성지방은 리파아제에 의해 글리세롤과 유리지방산으로 분해된다. (O, ×)

정답 1 (O), 2 (O)

- 에너지 사용량 측정 방법 : 산소소비량 측정법, 이산화탄소 측정법, 질소농도 이용법
- 운동 시 순 에너지 소비량
  - 운동 중 순 산소소비량 (ℓ) × 산소 1ℓ당 소비열량(kcal)
  - 측정된 산소소비량이 12ℓ이며 리터당 5kcal의 에너지를 소비한다면 총에너지 소비량은 60kcal로 계산할 수 있다(12ℓ × 5kcal = 60kcal).

(6) 에너지 사용 측정 방법

① MET(Metabolic Equivalent Task) 운동계산법

   ㉠ MET : 운동 강도에 따라 필요로 하는 산소의 양이다.

   ㉡ 1METs : 안정 시 1분 동안 사용한 산소섭취량이다.

> 1METs = 3.5ml/kg/min(체중 1kg이 1분에 3.5ml의 산소 필요)

② RMR(휴식 대사량) 계산법 : 휴식 시 연소시키는 칼로리 양으로 다음과 같이 계산한다.

   ㉠ 남자 = 66.4 + (13.7 × 체중) + (5.0 × 신장) − (6.8 × 나이)

   ㉡ 여자 = 665 + (9.6 × 체중) + (1.8 × 신장) − (4.7 × 나이)

03 트레이닝에 의한 적응

(1) 유산소 트레이닝에 의한 적응

① 구조적 변화

   ㉠ 모세혈관 밀도가 증가하고 헤모글로빈 수가 증가한다.

   ㉡ 미토콘드리아 수와 크기가 증가한다.

   ㉢ 마이오글로빈 수가 증가한다.

② 기능적 변화

   ㉠ 포도당 절약과 유리지방산이 동원된다.

   ㉡ 산소소비량이 감소된다.

   ㉢ 젖산이 감소된다.

   ㉣ 1회 박출량이 향상된다.

기출 POINT

ATP-PCr 시스템 16 17 19
21

- 순간적인 고강도 운동을 위한 주요 에너지 시스템
- 운동 시작 시기에 가장 빠르게 에너지를 생산하는 방법
- 역도, 높이뛰기, 20m 달리기 등에 사용되는 주요 에너지 시스템

젖산 시스템 17 19

- 무산소성 대사에서 피르브산이 젖산으로 전환되는 과정
- 젖산은 피로를 초래하는 물질로, 특정 농도 이상이 근육에 비축되면 근수축이 제한됨

호흡교환율 21

- 분당 소비된 산소량에 대해 분당 배출된 이산화탄소량의 비율
- 분당 소비된 산소량은 동정맥산소차, 심박수, 1회 박출량 등에 의해 결정
- 호흡교환율이 1에 가까울수록 고강도 운동

(2) 무산소 트레이닝에 의한 적응

① ATP-PCr 시스템
  ㉠ PC 저장량이 증가하고 분해효소가 활성화되어서 ATP 재합성 효율이 증가한다.
  ㉡ 최대하 운동 후 산소 결핍에 따른 젖산 의존도가 낮아져 효율적 운동 수행이 가능하다.
② 젖산 시스템
  ㉠ 근 글리코겐 저장량이 증가하고 조절효소가 활성화되어 ATP 합성 효율이 증가한다.
  ㉡ 해당능력과 젖산 적응 능력이 향상된다.

(3) 호흡교환율(Respiratory Exchange Ratio ; RER)

① 분당 산소섭취량(VO_2)과 이산화탄소생성량(VCO_2) 사이의 비율을 뜻한다.

$$RER = \frac{VCO_2}{VO_2}$$

② 에너지 대사 과정에서 단백질의 참여 비율은 지극히 낮으므로 단백질의 영향은 일반적으로 무시하며, 비단백성 RER이라고도 부른다.
③ 호흡교환율이 1에 가까울수록 고강도 운동으로 혈중 젖산 농도가 증가하며, 에너지 대사의 연료로 탄수화물을 거의 100% 사용한다.
④ 에너지 대사의 원료로 지방이 100% 사용될 때의 호흡교환율은 0.7이다.
⑤ 호흡교환율에 따른 에너지 대사 비율

호흡교환율 (높을수록 고강도 운동)	탄수화물로부터 소비되는 칼로리(%)	지방으로부터 소비되는 칼로리(%)
0.70	0.0	100.0
0.75	15.6	84.4
0.80	33.4	66.6
0.85	50.7	49.3
0.90	67.5	32.5
0.95	84.0	16.0
1	100.0	0.0

⑥ 호흡교환율을 통한 소비열량 계산

$$소비열량(kcal) = VO_2(L/min) \times 시간(min)$$

개념 플러스

운동 후 초과산소섭취량

• 격렬한 활동 후 신체의 산소 부채를 제거하기 위해 산소 섭취량이 증가하는 것을 의미한다.
• 운동 후 몇 분 동안 VO_2는 운동 전 수준 이상으로 유지되지만, VCO_2는 빠르게 감소한다.
• ATP-PCr와 체내 저장 산소 보충, 혈압 감소, 젖산 제거, 글리코겐 재합성, 체온 저하, 심장과 환기 작용을 위한 산소 소비 등에 산소가 활용된다.

기출 POINT

운동 후 초과산소섭취량(EPOC) 에 영향을 미치는 요인 23

• 운동 중 증가한 체온
• 운동 중 증가한 젖산
• 운동 중 증가한 호르몬(에피네프린, 노르에피네프린)

OX문제

1. 운동 후 초과산소섭취량이 증가하는 원인은 운동 중 증가한 산소를 제거해야 하기 때문이다. (○, ×)

2. 아데노신 이인산과 무기인산에 의해 인산과당분해효소가 활성화되는 에너지 생성 시스템은 ATP-PCr 시스템이다. (○, ×)

3. 에너지대사에 지방산인 팔미틱산을 100% 사용하고 있을 때의 호흡교환율은 0.7이다. (○, ×)

4. RER이 1이라면 상대적으로 낮은 강도의 운동을 수행하고 있다고 볼 수 있다. (○, ×)

정답 1 (×), 2 (×), 3 (○), 4 (×)

03 신경조절과 운동

KeyPoint
- 뉴런의 구조와 전기적 활동에 대해 설명할 수 있다.
- 신경계의 특성에 대해 설명할 수 있다.
- 중추신경계와 말초신경계의 운동기능 조절 기제에 대해 설명할 수 있다.

01 신경계의 구조와 기능, 특성

(1) 신경계의 구조

① 신경계는 신체활동에 포함되는 인간의 여러 가지 사고, 감정, 행동의 조절을 담당한다.

② 신경계의 정보는 전기적 임펄스로 전달된다.

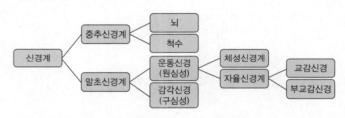

[신경계의 구조]

(2) 중추신경계(Central Nervous System)

신경계의 종합사령부로서 뇌와 척수로 구성된다.

① 뇌
  ㉠ 대 뇌
    - 운동기능 : 운동 조직화
    - 지적기능 : 학습 저장
    - 감각기능 : 지각 정보 수용
  ㉡ **소 뇌**
    - 골격근 조절 : 몸의 평형 유지
    - 근육 운동 협응 : 복잡한 운동 수행
  ㉢ **간뇌**(시상, 시상하부, 뇌하수체) : 감각조절중추, 자율신경중추(체온유지, 물질대사 조절)

② 뇌간(중뇌, 뇌교, 연수)
　　　　• 뇌와 척수 연결
　　　　• 운동 조절, 심혈계와 호흡계의 기능 조절
　② 척수 : 뇌와 말초신경 사이에서 자극과 명령을 전달하는 통로, 무조건 반사의 중추

(3) 말초신경계(Peripheral Nervous System)

외부 자극을 감각수용기를 통해 받아들여 감각신경계를 통해 척수를 거쳐 뇌로 전달한다.

① 감각신경(구심성) : 감각수용기에서 신체 상태에 대한 감각정보를 받아들여 중추신경계로 전달한다. 운동 수행에 중요한 역할을 하는 감각수용기는 고유수용기와 관절수용기이다.
　　㉠ 고유수용기
　　　　• 근방추 : 근육 길이의 변화를 감지하여 근수축 촉진
　　　　• 건방추(골지건기관) : 근육 수축으로 생기는 장력 변화 감지
　　㉡ 관절수용기 : 움직임 제어에 필요한 역학적 정보 제공
　　㉢ 피부감각수용기 : 피부 여러 곳에 위치하여 고통이나 압박, 뜨거움, 차가움 또는 화학적 자극 정보 제공
　　㉣ 특수감각수용기(미각, 촉각, 후각, 청각, 시각) : 물체에 대한 정보를 제공하는 중요한 수용기
　　㉤ 전정기관 : 몸의 균형과 평형 담당
　　㉥ 내부기관수용기 : 혈관, 림프관
② 운동신경(원심성) : 중추신경계에서 얻은 정보를 근섬유나 내장기관으로 전달한다.
　　㉠ 체성신경계(Somatic Nervous System) : 골격근의 수의적 움직임 조절
　　㉡ 자율신경계(Automamic Nervous System) : 내장의 근, 평활근, 심장근, 내분비선 같은 불수의적인 운동 조절
　　　　• 교감신경계 : 위급상황이나 스트레스 상황에서 활동 수행. 맥박 증가, 혈압 상승, 소화 억제, 골격근 혈류량 증가
　　　　• 부교감신경계 : 교감신경과 길항작용. 맥박 감소, 혈압 감소, 소화 촉진

02 뉴런의 구조와 활동

(1) 뉴런의 구조

① 신경세포체(Neuron Cell Body) : 핵을 가지고 있고, 신경세포 대사의 중심을 담당한다.
② 수상돌기(Dendrites) : 전기적 자극을 세포체(세포체 방향)로 전달하는 역할을 한다.
③ 축삭(Axon) : 전기적 자극을 세포체에서 축삭종말 방향으로 전달한다.

기출 POINT

뇌줄기(뇌간, Brainstem)의 기능 16
• 골격근 기능 조절
• 근 긴장 유지
• 심혈관계와 호흡계의 기능조절
• 의식상태의 결정(각성과 수면)

근방추 19 23
• 골격근에서 발견됨
• 근육의 길이를 감지
• 근육의 급격한 신전 시 반사적 근육 활동을 촉발시킴

골지건기관의 특징 17
• 수용기가 활성되면 주동근의 수축을 억제
• 저항성 운동에 중요한 역할
• 근육 수축을 통해 발생되는 장력 변화 감지
• 장력을 억제하여 잠재적 위험성 감소

자율신경계의 기능
17 18 20 21 22
• 내장의 근, 평활근, 심근, 내분비선 같은 불수의적 운동 조절
• 신체의 내부 환경을 일정하게 유지하는 항상성(Homeostasis) 조절에 중요한 역할을 함
• 교감신경 : 아세틸콜린과 노르아드레날린(노르에피네프린) 분비, 활성화되면 심박수 및 혈압 증가
• 부교감신경 : 아세틸콜린 분비, 심박수 억제

기출 POINT

신경세포의 전기적 신호 전달 순서
16

신경자극 → 수상돌기 → 세포체 →
축삭 → 축삭종말

뉴런의 전기적 활동 15

• 흥분성 신경전달물질 : 세포막을 탈
  분극시키는 작용
• 억제성 신경전달물질 : 세포막을 과
  분극시키는 작용
• 안정 시 막전위 상태로 돌아가려면
  나트륨·칼륨 펌프가 작동되어야 함

안정막전위 17 20 23

세포막은 특정 물질만을 통과시키는
선택적 투과성이 있어서 세포 안과 밖
의 전위차가 생기는데 이를 안정막전
위라고 함. 세포막 밖에는 Na^+ 이온
이 많고, 세포 안에는 K^+ 이온이 많음

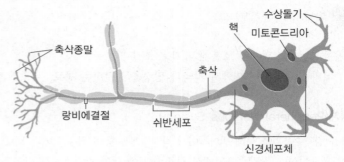

[운동뉴런의 구조]

(2) **뉴런의 전기적 활동**

① 안정 시 막전위

　㉠ 신경세포를 포함한 모든 세포는 안정 시 세포 내 음전하 상태

　㉡ 안정 시 막전위의 결정요소

　　• 이온의 종류에 따라 반응하는 세포막(혈장막)의 투과성

　　• 세포막 안과 세포막 밖의 이온 농도 차이

　㉢ 세포막 안 높은 칼륨 농도와 세포막 밖의 높은 나트륨 농도의 형성

　　• 나트륨 통로는 대부분 닫히고 칼륨 통로는 조금 열려, 세포 안으로 유입되는 나트
　　　륨 이온보다 많은 칼륨 이온이 세포 밖으로 이동

　　• 세포막의 양전하 손실이 초래되어 안정 시 음전하 상태

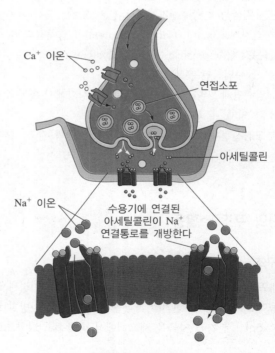

[신경연접부의 구조]

OX문제

1. 골지건기관은 근육 수축을 통해
   발생하는 장력 변화를 감지하며,
   저항성 운동에 중요한 역할을 한
   다. (O, ×)

2. 평활근은 체성신경계의 지배를 통
   해 수의적으로 수축 및 이완할 수
   있다. (O, ×)

3. 교감신경계가 활성화되면 심박수
   및 혈압이 감소하게 된다. (O, ×)

정답 1 (O), 2 (×), 3 (×)

② 활동 전위
  ㉠ 뉴런에 자극이 가해지면 이온 통로가 열리고, 이온이 세포 안으로 들어와 막전위가
    변화되어 활동 전위 생성
    • 많은 나트륨 이온이 세포 안으로 들어와 급격하게 양전하가 되거나 극성이 없어짐
      → 나트륨 통로가 닫히고 칼륨 통로가 열려 칼륨 이온이 세포 밖으로 나감 →
      나트륨–칼륨 펌프를 활성화하던 작용을 끝내고 뉴런의 항상성 유지
  ㉡ 연쇄 반응을 통해 탈분극과 재분극을 반복하며 활동전위 전도
    • 활동전위는 한 방향으로만 전도됨
    • 세포막의 자극이 역치를 넘어서야 생성됨
③ 재분극
  ㉠ 활동 전위 형성 부분의 나트륨 이온 통로가 닫히고, 칼륨 이온 통로가 열려 안정
    시 막전위를 회복하는 과정
  ㉡ 세포 밖으로 칼륨 이온이 확산되면서 세포 내 음전하 상태
  ㉢ 재분극으로 세포막 투과성이 회복되고, 나트륨–칼륨 펌프가 작용하여 안정 시 막전
    위와 동일한 상태로 이온 재배치
④ **탈분극** : Na^+이 세포 밖에서 안으로 유입되면서 양전하가 세포 내에서 증가하는 현상
⑤ **과분극** : K^+ 통로의 열린 상태가 유지되어 추가적으로 K^+이 세포 밖으로 나가는 현상,
  세포막 안이 안정막 전위보다 더욱 음전하가 됨

기출 POINT

탈분극 18 20 22
근섬유 수축을 위한 신경 활동전위
(Action Potential)의 단계 중 하나. 신
경 뉴런(Neuron)의 활동전위(Action
Potential)가 생성되는 첫 번째 단계로
서 나트륨 이온(Na^+)의 세포막 투과성
을 높여 세포 내 양(+)전하를 만들고
활동전위를 역치수준에 이르게 함

과분극 21
칼륨(K^+) 채널이 열려있고, 칼륨이 세
포 외로 이동하면서 세포 내는 음전하
를 띠는 단계. 이 단계 이후 칼륨 채널
이 닫히고, 칼륨의 세포 외 유출이 적
어짐에 따라 안정막 전위로 복귀

OX문제

1. 우리 몸의 균형과 평형을 담당하
   는 주요 기관은 전정기관이다.
   (○, ×)

2. 뉴런은 신경계의 기능적 단위이
   며, 해부학적으로 세포체, 수상돌
   기, 미토콘드리아의 세 가지 기본
   영역으로 구성된다. (○, ×)

3. 신경세포에서 전기적 신호의 전달
   순서는 '신경자극 → 축삭 → 세포
   체 → 수상돌기 → 축삭종말' 이다.
   (○, ×)

4. 뇌줄기(뇌간)는 골격근 기능과 심
   혈관계와 호흡계의 기능을 조절한
   다. (○, ×)

5. 나트륨 이온의 세포막 투과성을
   높여 세포 내 양전하를 만들고 활
   동전위를 역치수준에 이르게 하는
   단계는 탈분극 단계이다. (○, ×)

정답 1 (○), 2 (×), 3 (×),
4 (○), 5 (○)

04 골격근과 운동

기출 POINT

골격근 18
체성신경계의 지배를 통해 수의적 (Voluntary)으로 수축 및 이완할 수 있는 근육

운동단위 15 19 20
• 하나의 운동신경과 그 신경에 의해 지배되는 근육섬유들로 정의됨
• 1개의 운동단위는 여러 개의 근섬유를 지배할 수 있음
• 운동신경에 연결된 근섬유 수가 많을수록 큰 힘을 내는 데 유리
• 자극비율이 낮은 근육은 정교한 움직임에 적합
• 속근 섬유는 지근 섬유에 비해 운동단위 수가 적음
• 지근 섬유는 속근 섬유보다 일반적으로 먼저 동원됨

OX문제

1. 자극비율이 낮은 근육은 정교한 움직임에 불리하다. (O, X)

2. 저강도 운동에서 주로 사용되는 근육은 고강도 운동에서 사용되는 근육보다 일반적으로 먼저 동원된다. (O, X)

정답 1 (X), 2 (O)

KeyPoint

• 골격근의 구조에 대해 설명할 수 있다.
• 근섬유의 유형에 따른 특징을 사례를 들어 설명할 수 있다.
• 근육의 수축 형태와 기능, 수축 과정에 대해 설명할 수 있다.

01 골격근의 구조와 기능

근육은 모양에 따라 횡문근(골격근, 심장근)과 평활근으로 분류되며, 기능적으로는 생체의 의사에 따라 근육운동이 가능한 수의근과 불가능한 불수의근으로 분류된다. 골격근은 인체의 수의적 조절이 가능한 수의근이고, 심장근과 평활근은 불수의근이다.

(1) 골격근의 기능

① 운동과 호흡 기능
② 자세 유지 기능
③ 체온 유지 기능
④ 인체 운동의 수의적 조절 기능

(2) 골격근의 구조

① 구조상 횡문근이며, 기능상 수의근이다.
② 골격근은 근섬유의 다발인 근섬유다발로 구성된다.
③ 근섬유는 근원섬유와 근형질로 구성되며, 하나의 근섬유는 100만개의 미세섬유로 구성되어 있다.
④ 근원섬유는 평행한 400~2,500개의 미세섬유(Filament)로 구성되어 있다.
⑤ 미세섬유는 굵은 세사(Thick Filament)인 마이오신, 가는 세사(Thin Filament)인 액틴, 트로포마이오신, 트로포닌 등으로 구성되어 있다.

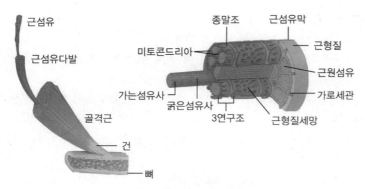

[골격근의 구조]

기출 POINT

근섬유의 유형
15 16 17 20 21 22 23

구 분	지근 섬유 (Type I)	속근 섬유 (Type IIa)	속근 섬유 (Type IIx/IIb)
특 성	유산소대사 활성	ATPase 활성, 무산소대사	ATPase 활성, 무산소대사
운동 강도	저강도 운동 : 걷기	중강도 운동 : 달리기	고강도 운동 : 전력질주
운동력	지구력	빠른 근수축	빠른 근수축
산화 능력	강 함	강 함	약 함
해당 능력	낮 음	높 음	높 음

(3) 근섬유

① 근섬유는 근원섬유와 근형질을 두르고 있어 근섬유막(Sarcolemma)이라고 한다.

② 근섬유와 근섬유막 사이에는 미토콘드리아, 글리코겐, 리보솜, 지방구, 수용성단백질, 대사산물, 효소 등이 들어 있다.

③ 근소포체는 근원섬유를 두르고 있는 그물 모양의 막 물질로서, 소포체로부터 특수분화한 활면 소포체이다.

④ 가로세관은 근섬유막이 몰입되어 생성된 것으로 근소포체와 연결되어 있다.

(4) 근원섬유

① 근섬유 속에는 근원섬유가 평행하게 근형질과 함께 묻혀 있는데, 근원섬유는 많은 근세사로 되어 있다.

② 근원섬유는 가로 줄무늬가 굴절성을 띠고 있는데, 어두운 띠 부위와 밝은 띠 부위로 구분된다.

02 골격근과 운동

(1) 근섬유의 유형

① 지근 섬유(ST)

㉠ 마이오글로빈 함량이 높아서 붉은 색을 띠고 있기 때문에 적근(Red Muscle)이라고 한다.

㉡ 마이오글로빈은 산소를 저장하는 역할을 한다.

㉢ 산소수송로인 모세혈관망이 발달되어 있다.

㉣ 미토콘드리아 수가 많기 때문에 장시간 운동 에너지 생성에 유리하다.

㉤ 유산소성 에너지 대사가 높기 때문에 피로에 내성이 크다.

OX문제

1. 근육의 구조는 '근다발 > 근섬유 > 근원섬유 > 필라멘트' 순으로 되어있다. (O, ×)

2. Type I 근섬유는 피로에 대한 강한 내성을 지니고 있지만 해당능력은 낮다. (O, ×)

정답 1 (O), 2 (O)

- 근육의 길이가 길어지면서도 힘을 발휘할 수 있는 수축
- 등장성(Isotonic) 근수축의 한 형태로 근육의 길이가 늘어나는 동안 장력(Tension)이 발생되는 수축

신경세포와 근육의 흥분-수축 결합 단계 15 17 20 22
활동전위가 축삭종말에 도달 → 아세틸콜린 방출 → 근형질세망에서 분비된 Ca²⁺과 트로포닌 결합 → 트로포마이오신 들어 올림 → 마이오신 머리와 액틴세사 결합 → 액토마이오신 형성 → 근수축 운동

② 속근 섬유(FT)
- ㉠ 백근(White Muscle)이라고 한다.
- ㉡ 속도가 빠른 대신 지근 섬유에 비해 쉽게 피로해진다.
- ㉢ 중간 근섬유는 지근 섬유의 대사적 특성을 많이 가지고 있다.
- ㉣ 인원질의 양이 많고 마이오신 ATPase 활성도가 높기 때문에 무산소적 대사능력이 높다.
- ㉤ 에너지 생성속도가 빠르고 글리코겐을 젖산으로 분해하여 에너지를 생성하는 능력을 갖고 있다.
- ㉥ 산소부재 상태에서도 탄수화물 분해 능력이 크기 때문에 단시간의 활동에 적합하다.

(2) 근육 수축의 형태

① 정적 수축
- ㉠ 등척성 수축
  - 근섬유 길이의 변화 없이, 관절각의 변화 없이 힘이 발생한다.
  - 정적인 신체 위치를 유지한다.
  - 등척성 운동은 시간소비가 적고, 특별한 장비가 필요하지 않다.

② 동적 수축
- ㉠ 등장성 수축
  - 단축성 수축(구심성 수축)
    - 근내 장력이 일정하고, 근 길이가 감소한다.
    - 관절의 각도에 따라 근력의 장력이 변화한다.
    - 저항의 중력을 극복하여 장력을 발휘한다.
    - 수축 속도가 빠를수록 최대파워가 감소한다.
  - 신장성 수축(원심성 수축)
    - 근내 장력은 일정하고, 근 길이가 늘어난다.
    - 저항의 중력을 극복하지 못하여 근 길이가 증가하고 장력을 발휘한다.
    - 부상과 근 염증의 주된 원인으로 통증과 부종을 유발한다.
    - 수축 속도가 빠를수록 최대 힘이 증가한다.
- ㉡ 등속성 수축
  - 속도가 일정한 상태에서 최대의 장력을 발휘한다.
  - 재활치료에 효과적이다.

(3) 근육 수축의 단계

골격근에서 근육 수축은 안정, 자극과 결합, 수축, 재충전, 이완의 단계를 거친다.
① 안정 단계 : 액틴과 마이오신이 약한 결속 상태거나, 결속되지 않은 안정된 상태이다.
② 자극과 결합 단계 : 신경자극에 의해 아세틸콜린이 분비되면 근형질세망으로부터 칼슘이 나온다. 이 칼슘은 트로포닌과 결합하여 마이오신과의 결합부위를 막고 있던 트로포마이오신의 위치를 변화시켜, 액틴과 마이오신의 결합을 만든다.

③ 수축 단계 : 액틴과 결합된 마이오신 머리에서 ADP, Pi로 방출되며, 액틴이 마이오신으로 미끄러져 들어가 근육이 짧아지며 근수축이 발생한다.

④ 재충전 단계 : 마이오신 머리에 ATP가 재충전되면서 다른 더 큰 수축을 위해 액틴과 마이오신의 결합이 풀린다. 마이오신 머리에 저장된 ATP가 ATPase에 의해 ADP, Pi를 다시 분해하여, 액틴과 마이오신의 재결합을 위한 에너지를 공급하며, 액틴과 마이오신의 수축 순환이 가능하다.

⑤ 이완 단계 : 신경자극이 아예 중지되면 트로포닌으로부터 **칼슘이온**이 근형질세망으로 재이동하며 트로포마이오신이 액틴분자의 결합부위를 덮어 근육이 안정 상태로 다시 돌아간다.

(4) 파워·지구력·근력 운동

① 파워(순발력) 운동
  ㉠ 파워(순발력) : 힘을 폭발적으로 발휘할 수 있는 능력이다.
  ㉡ 속근 섬유가 높은 비율로 사용한다. → 스프린터(지근 25~30%, 속근 70~75%)

② 지구력 운동
  ㉠ 지구력 : 힘을 일정한 속도와 강도로 지속할 수 있는 능력이다.
  ㉡ 지근 섬유가 주로 사용한다. → 장거리 달리기(지근 70~80%, 속근 20~30%)

③ 근력 운동
  ㉠ 근육이 발휘할 수 있는 최대 힘이다.
  ㉡ 근육 굵기와 횡단 면적에 비례한다.

개념 플러스

- 역치(Threshold) : 근육수축이 시작하는 일정한 정도 이상의 자극을 말한다.
- 실무율(All or None Law) : 모든 근섬유는 역치 이상의 자극을 가하였을 때 자극의 강도에 관계없이 동일 정도로 수축한다. 따라서 역치 이상의 자극이 주어져도 각각의 근육섬유가 더 수축하지는 않는다.

(5) 골격근의 운동 효과

근육의 크기 증가	• 근섬유 당 근원섬유의 크기 증가
대사능력 향상	• 산소 및 영양 공급능력 향상 • 지구성 훈련을 통해 모세혈관 밀도 증가 • 마이오글로빈 증가 • 미토콘드리아 수와 밀도 증가
해당능력 향상	• 근 글리코겐 저장 능력 향상과 해당효소 발달로 근형질의 해당능력 증가

05 내분비계와 운동

01 내분비계

(1) 호르몬의 정의와 특성

호르몬이란 내분비계에서 생산되는 화학물질의 총칭이며, 세포의 움직임을 조절하는 역할을 한다.

① 호르몬의 특성
  ㉠ 체액을 매개로 운반된다.
  ㉡ 미량에도 반응이 나타난다.
  ㉢ 표적기관이나 표적세포에만 작용한다.
  ㉣ 신경분비의 세포체는 시상하부에 존재한다.

② 호르몬의 구분
  ㉠ 생성기관에 따른 분류 : 뇌하수체 호르몬, 갑상선 호르몬, 부신 호르몬 등
  ㉡ 화학적 구조에 따른 분류 : 단백질 펩타이드 호르몬, 스테로이드 호르몬, 아미노산 유도체 호르몬 등

③ 내분비와 외분비
  ㉠ 내분비는 도관이 없는 세포에서 혈액 내로 직접 화학물질을 분비한다.
  ㉡ 외분비는 타액선 등과 같은 도관을 통해 화학물질을 방출한다.

(2) 호르몬의 작용

① 세포막에서 물질 운반속도를 조절한다.
② 세포의 핵 내에서 DNA가 활성화된다.
③ 세포 내 2차 전령(Second Messenger)을 조절한다.

(3) 내분비선과 호르몬

① 뇌하수체 전엽
  ㉠ 성장 호르몬
    • 근육을 성장시킨다.
    • 단백질, 지방, 탄수화물 대사와 모든 조직의 성장에 영향을 준다.
    • 혈장 포도당 이용을 감소시켜서 인슐린 활성을 억제한다.
    • 간에서 포도당 합성을 증가시킨다.
    • 지방조직으로부터 지방산 동원을 증가시킨다.
  ㉡ 난포자극 호르몬 : 난소에 작용하여 난소의 발육성숙을 촉진한다.
  ㉢ 황체형성 호르몬 : 남성과 여성의 생식선을 자극하는 호르몬으로 특히 여성의 난소에서 황체를 형성하도록 한다.
  ㉣ 갑상선자극 호르몬 : 갑상선에 작용하여 갑상선 호르몬의 합성과 분비를 유도한다.
  ㉤ 부신피질자극 호르몬 : 부신피질에 작용하여 선세포의 증식, 호르몬의 합성과 분비를 촉진한다.

② 뇌하수체 후엽
  ㉠ 항이뇨 호르몬 : 신장에서 수분의 재흡수를 촉진시켜 이뇨량과 체내 수분량을 조절한다.
  ㉡ 옥시토신 : 아미노산 9개로 이루어진 펩타이드호르몬으로, 분만 시 자궁 근육을 수축시키고 모유 분비를 촉진한다.

③ 갑상선
  ㉠ 티록신 : 체내 물질대사를 촉진하여 포도당을 분해하고, 체온을 증가시킨다.
  ㉡ 칼시토닌 : 혈액 속의 칼슘 농도가 높을 시 그 농도를 감소시킨다.

④ 부갑상선 : 혈액 속의 칼슘의 농도가 낮을 경우, 그 양을 증가시킨다.

⑤ 부신 : 신장의 상부에 좌우 한쌍으로 조직 내부의 수질과 겉을 싸고 있는 피질로 나누어진다.
  ㉠ 부신수질 호르몬(아드레날린, 노르아드레날린)
    • 빠르게 작용하는 호르몬으로 교감신경계의 신경자극에 의해 분비된다.
    • 심박출량을 증가시키고, 근육 및 간에서 글리코겐이 글루코스(포도당)로 분해가 촉진된다.
    • 혈중 글루코스 및 혈중 유리지방산 농도가 상승한다.
    • 혈관이 수축 및 확장하고 혈압이 상승한다.
    • 부신수질은 에피네프린(아드레날린), 노르에피네프린(노르아드레날린), 도파민을 합성하는데, 이 세 호르몬을 카테콜아민(Catecholamine)이라고 한다.
    • 부신수질에서 분비되는 카테콜아민의 약 80%가 아드레날린이고, 나머지가 노르아드레날린이며, 도파민은 소량만 분비된다.
    • 아드레날린과 노르아드레날린은 부신수질 외에 인체의 모든 교감신경 끝부분에서 분비되기 때문에 교감신경부신호르몬(Sympatho-adrenalhormone)이라고 한다.

알도스테론 [17]
- 부신피질 분비 호르몬
- 표적기관은 신장임
- 운동 시 수분손실에 자극됨
- Na^+을 재흡수하여 수분 손실 억제

코티졸 [17]
운동 시 혈당 유지 위해 유리지방산의 혈액유입 촉진

인슐린 [15] [18] [22] [23]
- 제2형 당뇨(Type-2 Diabetes)의 원인으로 알려진 주된 호르몬
- 췌장의 베타세포에서 분비
- 혈당 조절에 관여
- 장시간의 운동 중 혈액 내 농도는 감소됨

글루카곤 [16] [17]
- 췌장 알파세포에서 분비
- 간에서 글리코겐이 글루코스(당)로 분해되는 것을 촉진

ⓛ 부신피질 호르몬
- **알도스테론**(무기질 코르티코이드)
  - 운동 중 탈수를 방지한다.
  - 소듐(나트륨)과 포타슘의 균형을 유지한다.
  - 신장의 소듐(나트륨) 재흡수가 증가한다.
- **코티졸**(당질 코르티코이드)
  - 간에서 글리코겐을 합성한다.
  - 포도당을 새로 만드는 작용을 촉진한다.
  - 말초신경 조직에서 항인슐린 작용 및 소염 작용한다.
  - 혈중 글루코스 농도가 상승한다.
  - 간장 이외의 말초조직에서 아미노산 분해를 촉진한다.
  - 지방세포에서 지방분해를 촉진한다.
  - 염증 및 알레르기 증상을 완화한다.

⑥ 췌 장
ⓐ **인슐린**
- 혈당량이 높아지면 포도당을 세포로 유입시켜 글리코겐으로 저장시키고, 혈당량을 낮춘다.
- 랑게르한스섬의 베타세포에서 분비된다.

ⓛ **글루카곤**
- 인슐린과 반대 작용을 하는 호르몬이다.
- 간에 저장된 글리코겐을 글루코스(포도당)로 분해시켜 혈당량을 높인다.
- 랑게르한스섬의 알파세포에서 분비된다.

⑦ 성선호르몬
ⓐ 성선은 내분비기능을 갖고 있는 생식기관(정소, 난소)이다.
ⓛ 남성호르몬에는 테스토스테론을 분비한다. 남성의 2차 성장을 발달시키고 정자를 형성한다.
ⓒ 여성호르몬에는 에스트로겐과 프로게스테론을 분비한다. 에스트로겐은 여성의 2차 성징을 발달시키고 프로게스테론은 임신 유지 및 배란을 억제한다.

02 운동과 호르몬 조절

(1) 근육 글루코스 대사 조절

① 인슐린에 의해 글루코스를 세포에 운반하고 흡수를 촉진한다.
② 운동을 통해 인슐린의 양이 감소된다.

(2) 혈장 글루코스 조절

① 간 글리코겐으로부터 글루코스가 동원된다.
② 혈중 글루코스를 절약하기 위해 지방 조직으로부터의 유리지방산이 동원된다.
③ 아미노산, 젖산, 글리세롤로부터 간에서 글루코스가 합성된다.
④ 유리지방산의 연료대체효과를 증가시키기 위해 글루코스의 세포 내 유입이 저해된다.

(3) 운동에 따른 호르몬의 반응

① 운동 전 단계
　㉠ 운동 전 생리적 준비정도는 개인에 따라 다르다.
　㉡ 일반적인 스트레스 반응에 의한 ACTH와 코티졸 및 교감신경자극에 의한 노르아드
　　레날린이 발생한다.
　㉢ 혈당량이 상승한다.
　㉣ 간에서 글루코스 신생의 항진이 발생한다.
　㉤ 근에서의 단백질 합성이 저하된다.
　㉥ 땀샘활동의 항진이 발생한다.
　㉦ 심박수가 상승한다.
　㉧ 심근수축력이 증대된다.
　㉨ 혈압이 상승한다.

② 운동 초기
　㉠ 아드레날린과 노르아드레날린의 분비량이 증가한다.
　㉡ 글루코스 생성과 글리코겐 분해에 의해서 혈당량이 상승한다.
　㉢ 근세포에 대한 아드레날린의 영향에 의해 말초저항이 저하된다.

③ 적응기
　㉠ 코티졸 분비가 저하된다.
　㉡ 아드레날린과 노르아드레날린의 분비가 지속된다.
　㉢ 혈당량이 하락한다.
　㉣ 성장호르몬이 증가한다.
　㉤ 티록신 및 글루카곤 분비가 자극된다.
　㉥ 혈액 농축(혈액의 삼투압 상승)이 발생한다.
　㉦ 항이뇨호르몬이 분비된다.

기출 POINT

일회성 운동 시 호르몬 반응 15

• 카테콜아민의 혈중 농도 : 운동 강도
　에 비례하여 증가
• 글루카곤의 혈중 농도 : 운동지속시
　간에 비례하여 증가
• 코티졸의 혈중 농도 : 운동지속시간
　에 비례하여 증가

OX문제

1. 부신수질에서 분비되는 호르몬의
　80%를 차지하는 것은 당질 코티
　코이드이다. (O, ×)

2. 카테콜아민을 의미하는 두 가지
　호르몬은 인슐린 – 글루카곤이다.
　(O, ×)

3. 제2형 당뇨(Type-2 Diabetes)의
　원인으로 알려지고 있는 주된 호
　르몬은 인슐린이다. (O, ×)

4. 글루카곤은 혈중 글루코스 수준을
　증가시킨다. (O, ×)

정답 1 (×), 2 (×), 3 (O), 4 (O)

④ 피로탈진기
　　㉠ 부신수질의 호르몬 분비 저하나 코르티졸 분비의 저하로 인한 피로가 발생한다.
　　㉡ 뇌하수체와 부신의 기능 하락으로 에너지원의 물질공급이 감소한다.
⑤ 회복기
　　㉠ 안정 시 항상성을 회복하기 위한 생체 반응이다.
　　㉡ 호르몬의 분비량은 운동 후 감소된다.
　　㉢ 혈액 중 호르몬의 농도는 얼마동안 높은 값이 유지된다.
　　㉣ 교감신경자극이 저하된다.
　　㉤ 심박수가 감소된다.
　　㉥ 피부혈관이 이완된다.
　　㉦ 혈압이 저하된다.

06 호흡 · 순환계와 운동

- 호흡계의 구조와 기능에 대해 설명할 수 있다.
- 순환계의 구조와 기능에 대해 설명할 수 있다.
- 운동에 대한 호흡계와 순환계의 반응과 적응 양상에 대해 설명할 수 있다.

01 호흡계의 구조와 기능

(1) 호흡계의 구조와 기능

① 구조적 호흡기 : 호흡기는 폐와 기도로 이루어진다.

② 기능적 호흡기 : 전도영역(상기도부터 종말모세기관지)과 호흡영역으로 구분된다.

　㉠ 전도영역

- 상기도로부터 종말모세기관지까지 공기의 통로를 말한다.
- 전도영역에서는 가스교환이 일어나지 않는다(해부학적 사강).
- 기관지동맥으로부터 혈액을 공급받는다.

　㉡ 호흡영역

- 3억개 이상의 폐포(허파꽈리)가 있으며 모세혈관망으로 둘러싸여 폐포와 모세혈관 사이에 가스 교환이 이루어진다.
- 폐포의 전 표면적은 신체표면의 약 40배에 해당한다.
- 폐와 직접 접하는 막을 장측흉막이라고 한다.
- 외측의 흉벽 및 횡격막에 접하는 막을 벽측흉막이라고 한다.

개념 플러스

호흡계의 주요 개념
- 환기 : 공기유입과 유출에 대한 폐의 기계적 과정
- 확산 : 농도가 높은 곳에서 낮은 곳으로의 분자 이동
- 폐호흡 : 환기에 의한 가스 교환
- 세포호흡 : 조직세포가 산소를 이용하여 에너지를 얻기 위해 유기물을 산화하면서 이산화탄소를 방출하는 과정

기출 POINT

전도영역 [21]
- 상기도로부터 종말모세기관지까지 공기의 통로
- 코 · 비강 · 인두 · 후두 · 기관 · 기관지 등이 해당
- 호흡하는 공기에 습기를 제공하며, 공기의 먼지 · 세균 등을 여과하는 역할
- 전도영역에서는 가스교환이 일어나지 않음

OX문제

호흡계통의 이동경로에는 가슴우리, 허파꽈리, 기도 등이 있다. (O, ×)

정답 O

기출 POINT

호흡의 원리 18

• 안정 시 흡기는 흡기에 동원되는 호
흡근의 능동적인 수축으로 일어남
• 안정 시 호기는 흡기 시 수축했던 호
흡근이 이완되면서 수동적으로 일
어남
• 운동 시 호기는 횡격막과 내늑간근
의 능동적인 수축으로 일어남

(2) 내호흡과 외호흡

① 내호흡(세포호흡)

   ⊙ 혈액이 세포에 산소를 공급하고, 대사 결과 생성된 이산화탄소를 혈액으로 받아들
이는 작용을 말한다.

   ⓛ 혈액과 조직세포 사이의 가스교환, 조직세포의 산소 이용, 이산화탄소 생산과정이
이루어진다.

② 외호흡(폐호흡) : 폐 환기, 폐포공기와 모세 혈관 사이의 가스 교환, 혈액에 의한 산소
및 이산화탄소의 운반이 이루어진다.

---

02 운동에 따른 호흡계의 반응 · 적응

(1) 운동에 따른 호흡계의 반응

① 흡기 작용(들숨)

   ⊙ 공기가 폐로 들어오는 작용이다.

   ⓛ 늑골과 횡격막의 운동으로 흉강이 커지면 흉강 내부의 압력이 낮아져 공기가 폐로
들어온다.

② 호기 작용(날숨)

   ⊙ 폐에 있는 공기를 밖으로 내보내는 작용이다.

   ⓛ 혈액 내 CO_2의 농도가 높아지면 횡격막과 늑골의 운동으로 흉강의 크기가 감소하
고, 흉강 내부의 압력이 증가하여 공기가 밖으로 나간다.

   ⓒ 운동 시에는 호기작용이 능동적으로 이루어지며, 호기근과 복부근에 의해 촉진된다.

③ 분당 환기량 : 1분 동안 흡기와 호기되는 공기의 양이다.

> 분당 환기량 = 1회 호흡량 × 호흡 수

   ⊙ 안정 시 환기량 약 6ℓ/min, 안정 시 호흡수 12회/분, 1회 호흡량 약 12회

   ⓛ 환기량은 성인남자 약 80~100ℓ/min, 성인여자 45~80ℓ/min

   ⓒ 최대 환기량은 남녀 각각 180ℓ/min, 130ℓ/min

④ 사강 환기량 : 매 호흡마다 일정량의 공기가 공기전달 통로(기관, 기관지 등)에 머물러
가스 교환에 참여하지 않는 환기량이다.

⑤ 폐포 환기량 : 폐포에 도달하는 공기로서 폐의 모세혈관에 산소를 공급하고, 이산화탄
소를 제거한다.

> 폐포 환기량 = (1회 호흡량 − 사강 환기량) × 호흡 수

OX문제

1. 안정 시 흡기는 흡기에 동원되는
호흡근의 능동적인 수측으로 인해
일어난다. (O, ×)

2. 환기량은 운동 강도가 증가함에
따라서 직선적으로 증가한다.
(O, ×)

정답 1 (O), 2 (×)

⑥ 폐용적과 폐용량

㉠ 폐용적의 구성

구 분	정 의	평균치(성인남자 기준)
1회 호흡량 (TV ; Tidal Volume)	1회 호흡 시 들이마시거나 내쉬는 공기의 양	약 500ml
흡기 예비 용적 (IRV ; Inspiratory Reserve Volume)	1회 호흡량에서 다시 최대로 들이 마실 수 있는 공기량	약 1,000~1,200ml
호기 예비 용적 (ERV ; Expiratory Reserve Volume)	1회 호흡량에서 다시 최대로 내쉴 수 있는 공기량	약 1,000~1,200ml
잔기량 (RV ; Residual Volume)	최대로 공기를 배출한 후에도 폐에 남아있는 공기량	약 1,200ml

㉡ 폐용량의 구성

구 분	정 의	산출방법
흡기용량 (IC ; Inspiratory Capacity)	정상호흡에서 최대한 흡입할 수 있 는 양	TV + IRV
기능적 잔기량 (FRC ; Functional Residual Capacity)	평상호흡에서 공기를 내쉰 후, 폐 내에 남아있는 공기량	ERV + RV
폐활량 (VC ; Vital Capacity)	최대한 공기를 들이마신 후 최대한 배출시킬 수 있는 양	IRV + TV + ERV
총폐용량 (TLC ; Total Lung Capacity)	최대한 공기를 흡입하였을 때 폐 내 에 있는 공기량	VC + RV

⑦ 운동에 따른 환기량의 변화

구 분		내 용
안정 시		• 환기량의 변화 없음
운동 전		• 대뇌피질의 예측으로 환기량이 어느 정도 증가함
운동 중	초 기	• 운동피질의 자극으로 환기량이 급격히 증가함
	중 기	• 환기량이 안정되어 느리게 증가함 • 혈액에서의 이산화탄소 증가, 산소분압 감소, pH 감소가 나타남
	후 기	• 최대하 운동 시 환기량은 유지 상태이고, 최대 운동 시에는 환기량이 계속 증가 • 혈액에서의 이산화탄소 증가, 산소분압 감소, pH 감소는 계속 나타남
운동 후		• 운동피질의 영향으로 환기량의 급격한 감소가 일어난 후, 환기량의 느린 감소가 이루어짐 • 혈액 속 산소 감소, 이산화탄소 증가 등 pH의 항상성이 유지됨

기출 POINT

폐용적과 폐용량 16 22

폐 용 적	1회호흡량 (TV)	안정 시 1회 흡기 와 호기량
	잔기량 (RV)	최대 호기 후 폐의 잔기량
폐 용 량	기능적 잔기량 (FRC)	안정 시 호기 후 폐 의 잔기량
	폐활량 (VC)	최대 흡기 후 최대 호기량
	총폐용량 (TLC)	최대 흡기 시 폐내 총 공기량

OX문제

1회 호흡량은 안정 시 호기 후 최대 흡
기량이고, 폐활량은 최대 흡기 후 최대
호기량이다. (O, ×)

정답 ×

⑧ 운동 중 호흡계의 반응 정리

구 분	안정 상태	최대하 운동 상태	최대 운동 상태
호흡 수	감 소	감 소	증 가
분당 환기량	일 정	일 정	증 가
1회 호흡량	일 정	일 정	증 가
폐용량	일 정	일 정	일 정
동정맥산소차	증 가	증 가	증 가

개념 플러스

젖산역치

- 운동부하를 점차 증가시키는 과정에서 혈중젖산농도가 급격히 증가하는 시점이 있는데, 이때의 운동 강도를 젖산역치라고 한다.
- 운동 강도가 최대산소섭취량의 약 60% 이상을 넘어서는 고강도 운동에서는 유산소성 대사만으로 에너지를 생성하는 데 한계가 있다. 이에 따라 무산소성 해당과정을 통한 에너지 공급이 증가하고, 이로 인해 젖산 생성이 증가한다.
- 젖산역치는 피로를 느끼지 않고 장시간 운동할 수 있는 개인 운동 강도의 최대치이므로, 지구력 훈련을 위한 적정 운동 강도의 기준이 될 수 있다.

(2) **운동에 따른 호흡계의 적응(가스교환의 원리)**

① 산소의 운반

   ㉠ 산소는 혈장에 용해된 상태로 운반되거나 적혈구 내 헤모글로빈에 의해 운반된다.

   ㉡ 산소의 97% 이상은 산화헤모글로빈(HbO_2) 형태로 운반된다.

   ㉢ 헤모글로빈이 산소를 조직에 유리하고 나면 환원헤모글로빈이 된다.

   ㉣ 헤모글로빈 산소포화에 영향을 미치는 요인은 혈중 O_2 분압, 혈액온도, 혈액의 pH, 혈중 CO_2 등이 있다.

② **이산화탄소의 운반**

   ㉠ 대사활동 결과 생성된 이산화탄소는 모세혈관에 확산되어 정맥혈이 된다.

   ㉡ 혈액이 CO_2를 운반하는 형태는 용해된 상태, 중탄산염(HCO_3^-), 카바민 화합물 총 3가지가 있다.

   ㉢ 혈중 이산화탄소 용해 상태 운반 : 10%

   ㉣ 혈중 이산화탄소의 약 20%는 헤모글로빈과 결합한 카바미노헤모글로빈으로 운반된다.

> 조직에서
> $$CO_2 + H_2O \rightarrow H_2CO_3 \rightarrow 탄산탈수효소 \rightarrow H^+ + HCO_3^-$$

기출 POINT

혈중 가스분압의 변화 [15]
- 운동 시 단련자가 일반인보다 산소 추출 능력이 높음
- 단련자는 일반인에 비해 동정맥산소차가 크게 나타남
- 단련자는 일반인과 비교해 동맥혈 산소함량에 큰 차이가 없음
- 단련자가 일반인보다 활동근 정맥혈에서의 산소 분압이 낮게 나타남

혈액 내 이산화탄소 운반 방법 [17]
- 혈장 내 용해되어 운반
- 헤모글로빈과 결합하여 운반
- 중탄산염(HCO_3^-) 형태로 운반

젖산역치가 발생하는 원인 [19]
- 근육 내 산소량 감소
- 속근 섬유 사용률 증가
- 무산소성 해당과정 의존율 증가

OX문제

1. 호흡 시 이산화탄소는 마이오글로빈과 결합하여 운반된다. (O, ×)

2. 점증부하 운동 시 증가된 혈중 수소이온이 중탄산염의 완충 작용과 폐환기량의 증가에 의해 감소된다. (O, ×)

정답 1 (×), 2 (O)

ⓜ 혈중 이산화탄소의 약 70%는 중탄산염(HCO_3^-)으로 운반된다.

폐에서

$$H^+ + HCO_3^- \rightarrow H_2CO_3 \rightarrow 탄산탈수효소 \rightarrow H_2O + CO_2$$

03 순환계의 구조와 기능

(1) 순환계의 개념

인체의 순환계는 물질대사에 필요한 영양분과 산소를 공급하고, 대사산물인 CO_2와 노폐물을 폐와 신장을 통해 체외로 배설하는 작용을 담당하는 기관이며, 심혈관계와 림프계로 나뉜다.

(2) 심혈관계

① 심장의 구조

ⓖ 심방과 심실
- 심방은 심방중격에 의하여 우심방과 좌심방으로 구분되고 혈액의 펌프역할을 한다.
- 심실은 심실중격에 의하여 우심실과 좌심실로 구분되고 혈액의 혼합을 방지하는 역할을 한다.

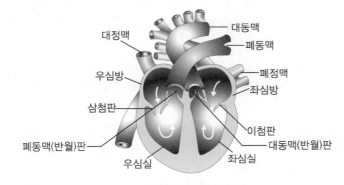

[심장의 구조]

ⓛ 심장의 판막
- 심장은 혈액의 역류 방지를 위해 4개의 판막을 가지고 있다.
- 반월판 : 대동맥과 좌심실에 있는 대동맥(반월)판, 폐동맥과 우심실 사이에 있는 폐동맥(반월)판이 있다.
- 이첨판 : 좌심실과 좌심방 사이에 있다.
- 삼첨판 : 우심방과 우심실 사이에 있다.

기출 POINT

심혈관계의 주 기능 [16]
산소 운반, 체액균형 조절, 대사노폐물 제거

심장 자극 전도체계 [17]
동방결절 → 방실결절 → 방실다발 → 퍼킨제섬유

심장의 구조와 기능 [18]
- 판막은 혈액의 역류를 방지
- 심장은 두 개의 방과 두 개의 실로 구성
- 심실중격은 좌·우심실 간 혈액의 혼합을 방지

동방결절 [20]
- 우심방 벽에 위치
- 전기적 신호로 심장의 수축 주기를 조절
- 전기적 자극이 시작되므로 페이스메이커(Pacemaker)라고 함

OX문제

심실중격은 좌·우심실 간 혈액 혼합을 방지한다. (O, ×)

정답 O

기출 POINT

정맥혈 회귀를 조절하는 요인
[18]

• 근육 펌프
• 호흡 펌프
• 정맥 수축

방실결절 [16]
심장 근육 섬유의 작은 덩어리로 심장
의 우심방 벽에 위치. 동방결절로부터
심장 수축을 유발하는 전기신호를 심
실로 전달하는 기능을 함

폐순환과 체순환 [17]
• 폐순환 : 이산화탄소 농도가 높은 혈
액이 폐를 순환하면서 이산화탄소
를 내보내고 산소를 받아들이는 과
정(우심실 → 폐동맥 → 폐 → 폐정
맥 → 좌심방)
• 체순환 : 산소 농도가 높은 혈액이
몸 전체를 순환하면서 산소를 전달
하는 과정(좌심실 → 대동맥 → 온
몸 → 대정맥 → 우심방)

OX문제
심혈관계의 주 기능으로 산소 운반과
체액균형 조절을 들 수 있다. (O, ×)

정답 O

② 폐순환과 체순환
  ㉠ 폐순환 : 심장과 폐 사이의 혈액순환을 말한다.
    • 우심실 → 폐동맥 → 폐 → 폐정맥 → 좌심방
    • 우심실에서 이산화탄소 함유량이 증가된 혈액을 내보낸다.
    • 심장의 우측펌프는 신체 여러 조직에서 가스교환이 이루어진 결과, 혈액 내 산소
      농도가 낮고 이산화탄소 농도가 높은 혈액을 박출한다.
    • 폐에서 산소는 혈액 속으로 들어가고 이산화탄소는 폐로 박출된다.
  ㉡ 체순환 : 심장 왼쪽에서 산소로 포화된 혈액이 신체 여러 조직으로 순환되는 것을
      말한다.
    • 좌심실 → 대동맥 → 소동맥 → 모세혈관 → 소정맥 → 대정맥 → 우심방
    • 좌심실에서 산소함유량이 많은 혈액을 온몸으로 내보낸다.
③ 혈관의 구조
  ㉠ 동 맥
    • 심장에서 조직으로 혈액을 수송하는 역할을 하는 혈관이다.
    • 3개의 층으로 구성(외막, 중막, 내막)된다.
    • 수축기의 압력을 견디기 위해 중막층이 발달했다.
    • 정맥보다 두께가 두꺼우며, 탄력성과 신전성이 좋다.
    • 관상동맥은 심장을 둘러싸고 있는 동맥으로 심장근육에 산소와 영양분을 공급한다.
  ㉡ 정 맥
    • 조직에서 심장으로 혈액을 수송하는 역할을 하는 혈관이다.
    • 동맥보다 두께가 얇다.
    • 혈액량이 줄어들면 주위의 조직압이 작용하여 위축된다.
    • 정맥판막이 정맥혈 회귀를 돕는다.
  ㉢ 모세혈관
    • 동맥과 정맥을 연결하는 혈관이다.
    • 모세혈관은 내피세포만으로 이루어져 혈관벽이 매우 얇다.
    • 조직세포로 산소와 영양물질 등을 공급한다.
    • 조직세포에서 모세혈관으로 노폐물이 이동한다.
④ 혈액의 구조
  ㉠ 혈액의 구성과 역할
    • 혈장 : 액체성분으로 이온, 단백질, 호르몬으로 구성되어 있다.
    • 혈구 : 세포성분으로 적혈구, 혈소판, 백혈구로 구성되어 있다.
      – 적혈구 : 산소전달을 위한 헤모글로빈 함유, 산소와 이산화탄소를 운반한다.
      – 혈소판 : 혈액의 응고 작용을 담당한다.
      – 백혈구 : 병원균 감염에 대한 방지역할을 한다.

ⓛ 압력, 저항, 혈류의 상관관계
- 혈류비율은 혈관 두 끝 간의 압력차와 비례한다.
- 혈류는 높은 압력에서 낮은 압력으로 이동한다.
- 혈압 5배의 증가를 통한 혈류의 5배 증가가 일어난다.
- 혈압의 소폭 증가와 상대적으로 높은 감소를 통한 혈관저항으로 운동 중 활동근 혈류가 증가한다.
ⓒ 혈류 저항
- 혈관길이, 혈액 점도와 혈류저항은 비례한다.
- 혈관직경은 혈관저항 결정의 가장 중요한 변인이다.
ⓔ 혈관 수축과 팽창
- 혈액운반률을 조절한다.
- 운동 중 혈류를 재분배하고 조절한다.
- 고강도 운동 중 활동근 혈류가 증가하고 비활동근 혈류가 감소한다.

04 운동에 따른 순환계의 반응·적응

(1) 운동과 심박출량

① 심박출량
ⓐ 분당 심박수와 1회 박출량을 곱한 값을 심박출량이라고 한다.
ⓑ 안정 시 심박출량은 4~6ℓ이며, 운동 시 심박출량은 4~5배까지 증가한다.

> 심박출량 = 심박수 × 1회 박출량

② 1회 박출량
ⓐ 심장이 1회 수축하면서 내뿜는 혈액의 양을 의미한다(확장기말 혈액량과 수축기말 혈액량의 차이).
ⓑ 점진적 운동 강도 증가 시 1회 박출량은 최대강도의 40~60% 강도에서 고원현상(Plateau)이 발생한다.
ⓒ 누운 자세보다 선 자세에서 1회 박출량이 감소한다(중력의 영향으로 정맥환류량이 감소).
ⓔ 1회 박출량을 결정하는 요인
- 심장으로 되돌아오는 정맥혈의 양(정맥환류량)
- 심장의 수축력
- 대동맥 및 폐동맥의 혈압

기출 POINT

심박출량에 영향을 주는 요인
16 17 21 22 23

정맥회귀량(심실이완기말 혈액량), 심장의 수축력, 대동맥 및 폐동맥 혈압

운동 시 동정맥산소차 17 22
- 근육세포의 산소소비량에 비례
- 고강도 운동 시 동정맥산소차 증가
- 골격근의 모세혈관 분포 증가는 동정맥산소차를 증가시킴
- 지구력 훈련으로 최대산소섭취량에 대한 백분율을 높이고 동정맥산소차 향상

운동 중 1회 박출량(Stroke Volume) 증가 원인 23
- 호흡펌프작용에 의한 정맥회귀(Venous Return) 증가
- 골격근 수축에 의한 근육펌프작용 증가
- 교감신경 자극에 의한 심근 수축력 증가

OX문제

장기간 유산소 운동을 할 경우 1회 박출량이 서서히 증가하다가 안정 시 감소한다. (O, X)

정답 X

최대산소섭취량에 대한 백분율 (VO₂max) [17]

• 지구성 운동 기록에 영향을 미치는 중요한 요인

• 중장거리 달리기 선수들에게 훈련이 필요

• 마라톤 선수는 VO₂max의 약 80% 수준으로 훈련

장기간 유산소 운동(지구성 트레이닝)에 따른 심혈관계의 적응 [16] [18] [20] [23]

• 운동 전과 비교하여 안정 시 심박수 감소

• 운동 전과 비교하여 안정 시 1회 박출량 증가

• 운동 전과 비교하여 최대하 운동 시 심박수 감소(동일한 절대적 운동 강도)

• 운동 전과 비교하여 최대하 운동 시 1회 박출량 및 산소섭취량 증가(동일한 절대적 운동 강도)

OX문제

1. 평균 대동맥혈압과 폐활량은 1회 박출량을 조절하는 요인이다.
   (○, ×)

2. 지구성 트레이닝에 대한 적응으로 최대 동정맥산소차는 증가하고, 최대 1회 박출량은 감소한다.
   (○, ×)

정답 1 (×), 2 (×)

(2) **운동에 따른 순환계의 적응**

안정 시의 변화, 최대하 운동(Submaximal Exercise) 시의 변화, 최대 운동 중의 변화 등 운동의 효과에 따른 심장과 순환계의 변화에 따라 적응 현상이 나타난다.

① 안정 시 변화

    ㉠ 심장 크기의 변화

        • 지구력 운동으로 심실강 크기가 증가한다.

        • 비지구력 운동으로 심근층 두께가 증가한다.

    ㉡ 심박수 감소 : 안정 시 운동성 서맥이 훈련의 결과로 나타난다.

    ㉢ 1회 박출량 증가 : 운동선수는 일반인보다 안정 시 1회 박출량이 크다.

    ㉣ 훈련에 의해 총혈액량과 헤모글로빈양이 증가한다(**최대산소섭취량** 증가).

② 최대하 운동 시 순환계의 변화

    ㉠ 1회 박출량 증가 : 안정 시와 최대하 운동 중의 1회 박출량 모두 증가된다.

    ㉡ 심박출량이 비훈련자에 비하여 다소 낮다.

    ㉢ 인체의 효율성이 증대된다(산소소비량 감소).

    ㉣ 심박수의 감소 : 훈련에 의한 1회 박출량 증가로 인해 심박수는 감소된다.

③ 최대운동 시 순환계의 변화

    ㉠ 최대심박출량과 1회 박출량의 증가(심장비대와 **심근 섬유** 수축력 증대) 및 최대심박수의 감소(특히 지구력이 필요한 운동)가 발생한다.

    ㉡ 최대유산소 능력이 향상된다.

    ㉢ 근혈류량의 변화 : 최대운동 중 전체 활동근으로 공급되는 혈류가 많아진다.

④ 운동 중 순환계의 반응 정리

구 분	안정 상태	최대하 운동 상태	최대 운동 상태
1회 박출량	증 가	증 가	증 가
심박출량	증 가	변화 없음	증 가
심박수	감 소	감 소	변화없거나 감소

07 환경과 운동

KeyPoint

• 인체가 체온을 조절하는 기제에 대해 설명할 수 있다.
• 기온에 따른 운동 시 생리적 변화에 대해 설명할 수 있다.
• 고지대 및 수중 운동 시의 생리적 변화와 적응현상에 대해 말할 수 있다.

01 체온조절과 운동

(1) 체온조절

인체는 체온을 일정하게 유지하기 위해 열생산과 열손실이 언제나 같도록 조절하고 있다.

① 체온조절의 기전
　㉠ 온도수용기
　　• 피부에 있는 말초온도수용기와 시상하부의 앞부분에 있는 심부온도수용기가 있다.
　　• 감지된 피부온도나 심부체온의 변동에 대한 정보는 구심성 뉴런을 통해 시상하부의 체온조절중추로 전달된다.
　㉡ 체온조절중추
　　• 난방기구의 자동온도조절기와 같은 구실을 한다.
　　• 체내 온도에 대한 기준값이 설정되어 있다.
　　• 체온이 올라갈 때는 땀샘을 자극하여 발한량을 증가시킨다.

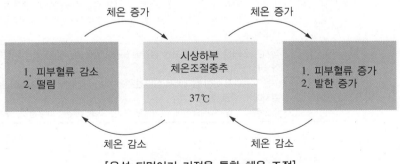

[음성 되먹이기 기전을 통한 체온 조절]

기출 POINT

운동 시 체온조절 17
• 간뇌의 시상하부에 체온조절중추가 있음
• 수의적 근육운동 및 불수의적 운동으로 열 생성하여 체온 유지
• 격렬한 운동으로 증가된 체온은 피부 혈관의 확장·발한으로 열 발산

OX문제

체온조절중추는 피부온도를 직접 감지하여 체온을 조절한다. (O, X)

정답 X

고온환경 운동수행 시 생리적 반응
17 18

- 피부혈관 확장으로 피부혈류량 증가
- 내장혈관 수축으로 심부 온도 증가
- 교감신경계 자극으로 심박출량 및 심박수 증가

② 열손실의 기전 : 피부혈관의 확장과 발한을 통해 체열발산한다.

복 사	물체 표면에서 다른 물체로의 물리적 접촉이 없는 열의 이동
전 도	신체와 물질의 접촉을 통한 열의 이동
대 류	인체와 공기 접촉을 통한 열의 이동
증 발	땀의 분비와 호기를 통한 수분의 증발로 열이 이동

(2) 고온환경에서의 체온조절

① 고온에서의 신체 변화
  ㉠ 심부온도가 상승하고 땀분비를 촉진시켜 고체온증을 유발한다.
  ㉡ 열질환 위험 증가한다.
  ㉢ 근육의 글리코겐 이용률이 증가하고 젖산의 생산량도 증가한다.

② 열순응 반응
  ㉠ 발한 시점이 앞당겨진다.
  ㉡ 발한율이 증가한다.
  ㉢ 땀에 의한 전해질의 손실이 감소한다.
  ㉣ 피부 혈류량이 감소한다.
  ㉤ 열충격 단백질 생성이 증가한다.
  ㉥ 혈장량이 증가한다.

③ 고온에서의 열질환

유 형	특 징
열경련	• 고온에서 심한 육체노동이나 운동을 했을 때 근육이 경련을 일으키는 증상 • 많이 사용하여 피로한 근육에서 많이 발생 • 고온 환경을 떠나 2~3일 후 다시 고온에 노출되는 경우 주로 발생 • 주요증상 : 근육경련 30초~3분
열탈진 (열피로, 일사병)	• 고온에서 수분과 염분이 제때 보충되지 않아서 일어나는 질병 • 고온에 적응하지 못한 사람이 물만 마시고 염분을 보충하지 못했을 경우 발생 • 적절히 치료하면 쉽게 회복될 수 있으나, 그렇지 않으면 열사병으로 진행 • 주요증상 : 현기증, 피로감, 두통이 나타나며 심하면 실신
열사병	• 장시간 뜨거운 햇볕이나 고온 환경에 노출되었을 때 체온조절중추 장해로 몸의 온도가 비정상적으로 상승하는 질병 • 고온 적응하지 못한 상태에서 심한 훈련을 하는 군인이나 신체기능이 떨어지는 노인·환자에게 주로 발생 • 주요증상 : 중추 신경장애, 현기증, 오심, 구토, 두통, 피부건조, 혼수상태 등

(3) 저온환경에서의 체온조절

① 저온에서의 신체 변화

    ㉠ 신경전달 비율이 감소한다.

    ㉡ 피부혈관 수축에 의한 피부혈류가 감소한다.

    ㉢ 피부의 열손실이 차단된다.

    ㉣ 골격근 떨림이 증가한다.

② 저온 순응 반응

    ㉠ 오한이 시작되는 평균 피부온도가 감소한다.

    ㉡ 대사관련 호르몬 분비 증가로 대사적 열생성이 증가한다.

    ㉢ 열생성 능력이 증가한다.

    ㉣ 말초혈관 확장으로 손과 발의 체온이 유지된다.

③ 저온에서의 질환

유 형	특 징
저체온증	• 체온이 35℃ 이하로 떨어진 상태로, 혈액순환과 호흡·신경계 기능이 떨어진 것 • 외부환경으로 인해 체온이 35℃ 이하로 내려갈 때 발생함 • 주요증상 : 오한, 혈압저하, 의식혼미, 사지강직
동 상	• 영하 2~10℃의 심한 추위에 노출되면 피부의 연조직이 얼고 그 부위에 혈액공급이 안되어 나타나는 현상 • 조직 내 체액이 얼어 세포가 파괴될 때 발생함 • 주요증상 : 피부의 붉어짐, 통증·물집 발생, 혈액순환 장애

기출 POINT

저온환경에서 순발력 저하 원인
15

• 근육 온도 저하로 인한 근육세포 내 수분의 점도 증가
• 근육 내 화학반응 속도 감소로 인한 최대근육수축 도달시간 증가
• 교차결합과 액틴의 움직임에 대한 물리적 저항 증대
• ATP합성을 위한 화학반응 속도 감소

고지환경에 노출되었을 때 생리적 반응 16 18 21

• 호흡수 증가, 심박수 증가, 심박출량 증가, 최대산소섭취량 감소
• 산소분압 감소로 지구성 운동능력 저하

고지대에서 장기간 노출 시 나타나는 생리적 적응 현상(고지 순응) 19

• 적혈구 수 증가
• 혈액의 산소운반능력 향상
• 근육의 모세혈관 밀도 증가
• 주어진 절대강도 운동 시 폐환기량 증가

수중 운동 시 체온 유지를 위한 요인 23

• 체지방량
• 운동 강도
• 물의 온도

02 인체 운동에 대한 환경의 영향

(1) 고지환경의 특성과 영향

고도가 올라갈수록 산소분압이 감소하여 신체 조직들이 충분한 산소를 공급받지 못한다.

① 생리적 반응
  ㉠ 산소분압에 의한 최대 산소 섭취량 감소와 유산소 운동 능력 저하
  ㉡ 심박수 증가와 호흡수 증가
  ㉢ 운동 중 젖산 생성 증가

② 고지 순응(저산소 환경에 대한 인체적응)
  ㉠ 적응에 의한 환기량 증가
  ㉡ 적혈구 수 증가로 산소 이용 능력 증대
  ㉢ 근육 조직의 모세혈관 밀도와 미토콘드리아 밀도 증가

개념 플러스

고산병
낮은 지대에서 해발 2,000m ~ 3,000m 이상의 고지대로 이동하였을 때 산소가 희박해지면서 나타나는 신체의 급성 반응이다.

(2) 수중환경의 특성과 영향

수심이 깊어질수록 사람이 받는 압력은 증가한다.

① 생리적 반응
  ㉠ 호흡・순환계에 대한 부담 감소
  ㉡ 정맥의 혈액 보유량 감소
  ㉢ 심장으로 환류하는 혈액량 증가
  ㉣ 심박출량과 최대 심박수 감소

② 수중 적응
  ㉠ 폐용량의 최대흡기압과 폐활량이 높아짐
  ㉡ 심박출량 감소, 서맥 현상 발생

개념 플러스

서맥 현상
서맥 현상은 맥박이 분당 60회 이하로 느리게 뛰는 것을 말한다. 이와 반대되는 용어로 빈맥 현상이 있다.

02 출제예상문제

01 다음 중 운동생리학에서 파생된 학문 영역이 아닌 것은?

① 트레이닝방법론   ② 운동처방
③ 스포츠영양학   ④ 생체역학

해설

생체역학은 운동역학에서 파생된 학문영역이다.

02 다음 중 운동분류의 3요소로 옳지 않은 것은?

① 스피드   ② 지속시간
③ 저 항   ④ 파 워

해설

운동의 3요소 : 스피드, 지속시간, 저항

03 다음 중 인체의 구조적 단계가 바르게 나열된 것은?

① 세포 → 조직 → 기관 → 계통
② 세포 → 기관 → 조직 → 계통
③ 기관 → 세포 → 조직 → 계통
④ 조직 → 세포 → 기관 → 계통

해설

인체의 구조적 단계는 '세포 → 조직 → 기관 → 계통'이다.

04 다음 중 에너지 전환 및 보존법칙과 관련된 설명으로 옳지 않은 것은?

① 에너지 보존의 법칙 – 에너지가 형태를 바꿔도 외부 영향을 차단하면 총량은 변하지 않는다.
② 열역학 제1법칙 – 에너지는 새로 창조되거나 소멸 되지 않고, 같은 값의 에너지양을 가진 유기물 중 화학 에너지로 저장된다.
③ 열역학 제2법칙 – 에너지가 어떤 일에 사용되면 일부 가 열에너지 형태로 전환된다.
④ 열역학 제3법칙 – 물체 A가 물체 B에 힘을 가하면 A도 B에 가한 동일한 힘을 되돌려 받게 된다.

해설

열역학 제3법칙은 이상적인 완전 결정의 엔트로피 및 일정 압력 비열의 값은 어떠한 압력하에서도 0K에 가까워짐에 따라 차츰 0이 된다는 것이다. ④ 작용반작용의 법칙이다.

05 다음 보기에서 운동기술 관련 체력으로 옳은 내용을 모두 고른 것은?

> ㉠ 근 력　　　　㉡ 민첩성
> ㉢ 평형성　　　　㉣ 유연성
> ㉤ 협응성

① ㉡, ㉢, ㉤
② ㉠, ㉡, ㉢, ㉣
③ ㉢, ㉣, ㉤
④ ㉠, ㉡, ㉢, ㉣, ㉤

해설

• 운동기술 관련 체력 : 운동기술 습득·향상을 위해 절대적으로 필요한 체력 요소. 민첩성, 평형성, 협응성(조정력), 순발력 등
• 건강 관련 체력 : 활동하는 데 필요한 체력. 근력, 근지구력, 심폐지구력, 신체구성, 유연성 등

06 다음 중 인체의 물질대사 작용의 유형이 아닌 것은?

① 자극 전도
② 이화 작용
③ 동화 작용
④ 물질 교환

해설

물질대사 작용의 유형으로 동화 작용과 이화 작용이 있으며, 합성 반응과 분해 반응을 통해 물질 교환이 이루어진다.

07 다음 중 세포에 대한 설명으로 옳지 않은 것은?

① 인체의 유전적 기본단위이다.
② 인체의 기능적 기본단위이다.
③ 구조적·기능적으로 연계된 세포들이 모여 형성된다.
④ 수많은 분자들의 독특한 구조이며 생명활동을 전개한다.

해설

구조적·기능적으로 연계된 세포들이 모여 형성되는 것은 조직이다.

08 다음 중 세포막의 기능으로 옳지 않은 것은?

① 세포활동에 필요한 정보 수송
② 에너지 운반계
③ 생체와 외부환경의 경계
④ 소포체와 동일한 기능

해설

소포체는 세포질에 있는 그물 모양의 물질이동 통로로 세포막과 동일한 기능을 하지 않는다.

09 다음 중 생체에너지원이 아닌 것은?

① 탄수화물　　　　② 무기질
③ 지 방　　　　④ 단백질

해설

생체에너지원으로 탄수화물, 지방, 단백질이 있다.

10 다음 중 탄수화물의 특성으로 옳지 않은 것은?

① 탄소, 수소, 산소로 구성된다.
② 가장 빠른 에너지 공급원이다.
③ 1g당 약 4kcal 에너지를 방출한다.
④ 가장 에너지 효율이 높은 에너지원이다.

> **해설**
> 가장 열량이 높은 에너지원은 지방으로, 1g당 9kcal의 에너지를 방출한다.

11 다음 중 지방의 특성으로 옳지 않은 것은?

① 오랜 시간 운동에 적합한 에너지원이다.
② 간에서 포도당으로 전환되어 당원을 합성한다.
③ 산소에 대한 높은 탄소비율 구조를 가진다.
④ 인지질은 지방의 형태 중 하나이다.

> **해설**
> 간에서 포도당으로 전환되어 당원을 합성하는 것은 단백질이다.

12 다음 중 지방의 형태가 아닌 것은?

① 중성지방
② 지방산
③ 글리세롤
④ 단당류

> **해설**
> 지방의 형태는 중성지방, 지방산, 글리세롤, 인지질, 스테로이드 등이 있다.

13 다음 중 유산소 트레이닝에 의한 적응으로 옳지 않은 것은?

① 헤모글로빈 수 증가
② 미토콘드리아 수와 크기 증가
③ 산소소비량 증가
④ 1회 박출량 증가

> **해설**
> 산소소비량은 감소한다.
>
> 유산소 트레이닝에 의한 적응
> 모세혈관 밀도 증가(헤모글로빈 수 증가), 미토콘드리아 산화 능력 향상(미토콘드리아 수와 크기 증가), 마이오글로빈 수 증가, 산소소비량 감소, 젖산 감소, 1회 박출량 증가

14 다음 중 중성지방에 대한 설명으로 옳은 것은?

① 골격근세포 형태로 저장된다.
② 근육의 에너지원으로 사용된다.
③ 간에서 포도당을 신생합성한다.
④ 세포막을 구성한다.

> **해설**
> 중성지방은 골격근세포와 지방세포의 형태로 저장된다.

15 다음 보기에서 자율신경에 대한 설명으로 옳은 내용을 모두 고른 것은?

> ㉠ 골격근의 수의적 움직임을 조절한다.
> ㉡ 내장근, 평활근, 심장근 등 운동을 조절한다.
> ㉢ 교감신경에서 아세틸콜린과 노르에피네프린을 분비하여 심박수를 억제시킨다.
> ㉣ 부교감신경은 교감신경과 길항작용을 한다.

① ㉡, ㉣
② ㉠, ㉢, ㉣
③ ㉡, ㉢, ㉣
④ ㉠, ㉡, ㉢, ㉣

해설
㉠ 체성신경에 대한 설명이다.
㉢ 교감신경에서 아세틸콜린과 노르에피네프린을 분비하여 심박수를 증가시킨다.

16 다음 중 지방의 기능이 아닌 것은?

① 에너지를 공급
② 체내기관을 보호
③ 체온을 유지
④ 산·염기의 평형 유지

해설
산·염기의 평형 유지는 단백질의 기능이다.

17 다음 중 신경세포의 전기적 신호 전달체계의 순서로 옳은 것은?

① 신경자극 → 수상돌기 → 세포체 → 축삭 → 축삭종말
② 신경자극 → 세포체 → 축삭 → 축삭종말 → 수상돌기
③ 신경자극 → 세포체 → 수상돌기 → 축삭 → 축삭종말
④ 신경자극 → 축삭 → 축삭종말 → 수상돌기 → 세포체

해설
신경세포의 전기 자극 전달
• 수상돌기(Dendrites) : 전기적 자극을 세포체로 전달
• 신경세포체(Neuron Cell Body) : 핵을 가지고 있고, 신경세포의 영향과 대사의 중심을 담당
• 축삭(Axon) : 전기적 자극을 체세포에서 축삭종말 방향으로 전달

18 다음 중 폐용적과 폐용량에 대한 설명으로 옳지 않은 것은?

① 기능적잔기량(FRC) - 최대 호기 후 폐의 잔기량
② 폐활량(VC) - 최대 흡기 후 최대 호기량
③ 총폐용량(TLC) - 최대 흡기 시 폐내 총 공기량
④ 1회호흡량(TV) - 안정시 1회 흡기와 호기량

해설

폐용적	1회호흡량 (TV)	안정 시 1회 흡기와 호기량
	잔기량 (RV)	최대 호기 후 폐의 잔기량
폐용량	기능적잔기량 (FRC)	안정 시 호기 후 폐의 잔기량
	폐활량(VC)	최대 흡기 후 최대 호기량
	총폐용량 (TLC)	최대 흡기 시 폐내 총 공기량

19 다음 중 단백질의 기능으로 옳지 않은 것은?

① 에너지를 공급
② 저강도 운동의 주 에너지원
③ 세포 및 신체조직을 합성
④ 산·염기의 평형 유지

해설
저강도 운동의 주 에너지원은 지방이다.

20 다음 중 규칙적인 운동을 했을 때 기대되는 효과로 옳지 않은 것은?

① 미토콘드리아 수 증가
② 혈중 젖산 감소
③ 지방 이용 증가
④ 운동 시 심박수 증가

해설
규칙적인 운동을 하면 운동수행 시 심박수가 감소하고 운동지속시간은 증가한다.

21 심장 자극 전도체계의 순서가 바르게 나열된 것은?

> ㉠ 퍼킨제섬유(Purkinje Fibers)
> ㉡ 동방결절(SA Node)
> ㉢ 방실다발갈래(Bundle Branch)
> ㉣ 방실다발(AV Bundle)
> ㉤ 방실결절(AV Node)

① ㉠ - ㉡ - ㉢ - ㉣ - ㉤
② ㉡ - ㉤ - ㉣ - ㉢ - ㉠
③ ㉡ - ㉤ - ㉢ - ㉣ - ㉠
④ ㉠ - ㉡ - ㉣ - ㉢ - ㉤

해설
우심방과 상대정맥의 경계에 있는 동방결절은 규칙적인 전기 자극을 스스로 만들어낸다. 동방결절에서 시작된 자극은 심방을 수축시킨 후, 심방과 심실 경계 중 우심방 가까이에 있는 방실결절에 전달되고, 방실 속에 있는 방실다발로 빠르게 전달된다. 방실다발갈래를 거쳐 심실벽에 있는 퍼킨제섬유를 따라 심실 전체로 전달된 자극에 의해 심실 전체가 동시에 수축한다.

22 다음 중 ATP에 대한 설명으로 옳지 않은 것은?

① 1개의 아데노신과 3개의 무기인산으로 구성되어 있다.
② 아데노신은 Pi와 결합하여 에너지를 저장한다.
③ Pi가 ATP로부터 분리할 때 에너지가 발생한다.
④ ATP의 공급원은 탄수화물, 지방, 단백질, 무기질이다.

해설
ATP는 1개의 아데노신과 3개의 무기인산으로 구성되고, 아데노신은 Pi와 결합함으로써 고에너지 인산화합물이된다. ATP의 공급원은 탄수화물, 지방, 단백질이다.

23 다음 중 신경조직의 구성요소가 아닌 것은?

① 뉴런
② 시냅스
③ 액토마이오신
④ 신경세포체

해설
신경조직의 구성요소는 뉴런, 시냅스, 신경세포체 등이다. 액토마이오신은 근세포 구성요소이다.

정답 19 ② 20 ④ 21 ② 22 ④ 23 ③

24 다음 중 결합조직 섬유가 아닌 것은?

① 세 망　　　　　② 탄 성
③ 뉴 런　　　　　④ 교 원

해설
뉴런은 신경조직의 최소단위로 다른 세포에 전기적 신호의 형태로 정보를 전달한다. 결합조직의 3가지 섬유 종류에는 교원섬유, 탄성섬유, 세망섬유가 있다.

25 다음 중 운동생리학에 대한 내용으로 옳지 않은 것은?

① 인체기관의 반응과 적응현상에 대한 연구이다.
② 인체기관의 생리기능적 변화에 대한 연구이다.
③ 적응은 운동자극에 의한 기관계 활동의 일시적 증가현상이다.
④ 반복적인 운동자극은 기관계의 적응에 유효하다.

해설
운동생리학은 인체기관의 반응과 적응현상과 인체 기관의 생리기능적 변화에 대한 연구로, 반복적인 운동자극은 기관계의 적응에 유효하다.

26 다음 설명에 해당하는 내용으로 옳은 것은?

> 외부로부터의 자극이나 외부환경의 변화가 내부환경에 영향을 미치는 경우, 인체는 이를 즉시 정상적인 상태로 되돌리거나 일정한 상태를 유지하려고 한다.

① 반 응　　　　　② 적 응
③ 조 절　　　　　④ 항상성

해설
항상성은 인체를 정상적인 일정한 상태로 유지하려는 것이다.

27 다음 중 ATP생성체계의 인원질과정(ATP–PCr)의 내용으로 옳지 않은 것은?

① 크레아틴과 Pi로 분해될 때 에너지 발생
② 크레아틴키나아제에 의한 ATP 생성
③ 에너지의 양은 크지만, 5~10초의 고강도 운동에 에너지 공급
④ 글리코겐이 젖산으로 분해되는 과정

해설
ATP를 인체가 합성하는 방법은 산소의 이용유무에 따라 무산소과정과 유산소과정으로 구분된다. 무산소과정은 인원질과정(ATP–PCr시스템)과 젖산시스템으로 구분할 수 있다. 글리코겐이 젖산으로 분해되는 과정은 젖산시스템이다.

28 다음 중 무산소성 해당과정의 젖산시스템에 대한 설명으로 옳지 않은 것은?

① 근육세포 내에 저장된 제한적인 ATP를 생산한다.
② 근육 속의 당이 분해되는 과정에서 얻어지는 에너지다.
③ 당원 분해로 피루브산이 형성된다.
④ 피루브산은 산소 공급이 충분하지 않을 때 젖산으로 전환한다.

해설
젖산시스템은 근육 속의 당(글리코겐 및 글루코스)이 젖산으로 분해되는 과정에서 얻어지는 에너지를 이용하여 ATP를 재합성하는 시스템이다. 근육세포 내에 저장된 제한적인 ATP를 생산하는 것은 인원질과정(ATP–PCr)이다.

29 다음 중 젖산시스템에 대한 설명으로 옳지 않은 것은?

① 젖산시스템의 에너지 공급시간은 약 1분 전후이다.
② 생산된 젖산이 피로를 초래하는 물질로 작용한다.
③ 피루브산이 젖산으로 전환되어 축적되는 것이다.
④ 미토콘드리아 내 산소를 사용하여 에너지를 생성한다.

해설

무산소성 과정인 젖산시스템은 당원분해로 젖산을 형성한다. 미토콘드리아 내 산소를 사용하여 에너지를 생성하는 것은 유산소성 과정이다.

30 다음 중 유산소성 과정의 크렙스 회로에 대한 설명으로 옳지 않은 것은?

① 에너지 공급속도가 신체 에너지 시스템 중 가장 느리다.
② 미토콘드리아 내 산소를 사용하여 ATP를 생성한다.
③ 산소가 있을 경우 해당작용에서 분해된 포도당 분자가 아세틸조효소로 전환된다.
④ 산소는 이산화탄소와 결합하여 물을 형성한다.

해설

미토콘드리아 내 크렙스 회로 반응 촉진의 효소활성으로 산소가 있을 경우 해당작용에서 분해된 포도당분자가 아세틸조효소로 전환된다. 전자전달체계에서 산소는 수소와 결합하여 물을 형성한다.

31 다음 중 아래 도표의 (가), (나), (다)에 들어갈 내용으로 모두 옳은 것은?

구 분	(가)	(나)	(다)
음식 · 화학적 연료	크레아틴	글리코겐	지방, 단백질, 글리코겐
산소사용	사용 안함	사용 안함	사용함
반응속도	가장 빠름	빠 름	느 림
상대적 ATP 생성량	극히 매우 적음	매우 적음	많 음

	(가)	(나)	(다)
①	인원질 시스템	젖산 시스템	유산소 시스템
②	젖산 시스템	인원질 시스템	유산소 시스템
③	유산소 시스템	인원질 시스템	젖산 시스템
④	유산소 시스템	젖산 시스템	인원질 시스템

해설

무산소과정에는 인원질과정, 젖산시스템이 있다.
인원질시스템은 PCr이 크레아틴(Cr)과 Pi로 분해될 때 발생되는 에너지를 이용하여 ATP를 재합성한다. 젖산시스템은 글리코겐이 젖산으로 분해되는 과정에서 얻어지는 에너지원이다.

32 다음 중 고온환경에서 운동을 했을 때 나타나는 생리적 반응으로 옳은 것은?

① 피부혈류량 감소
② 근혈류량 감소
③ 심부 온도 감소
④ 심박수 감소

해설

① 피부혈관 확장으로 피부혈류량 증가
③ 내장혈관 수축으로 심부 온도 증가
④ 교감신경계 자극으로 심박출량 및 심박수 증가

33 다음 중 중추신경계에 대한 설명으로 옳지 않은 것은?

① 뇌와 척수로 이루어진다.
② 수의적 움직임을 조절한다.
③ 내분비 호르몬 분비율을 변화시킨다.
④ 신경자극을 감지한다.

해설

중추신경계는 ① · ② · ③ 외에 신경계의 총사령부로서의 기능을 담당한다. 말초신경계는 통증, 운동, 화학성 등 신경자극을 감지한다.

34 다음 신경계 구조에 속한 요소 중 나머지와 성격이 가장 이질적인 것은?

① 자율신경계   ② 체성신경계
③ 감각신경   ④ 중추신경계

해설

말초신경계는 감각신경(구심성)과 운동신경(원심성)으로 나누어지며, 운동신경은 체성신경계와 자율신경계로 나누어진다.

35 다음 중 골격근의 기능이 아닌 것은?

① 운동과 호흡의 기능
② 자세유지 기능
③ 체온유지 기능
④ 에너지 생성 기능

해설

골격근은 운동과 호흡의 기능, 자세유지 기능, 체온유지 기능, 인체운동의 수의적 조절기능이 있다.

36 다음 중 골격근에 대한 설명이 아닌 것은?

① 구조상 횡문근이다.
② 불수의근이다.
③ 근원섬유는 미세섬유로 구성된다.
④ 근섬유는 형질막에 쌓여있다.

해설

골격근은 구조상 횡문근이며 수의근이고, 운동단위인 근섬유가 모여서 형성된다. 근섬유는 100만개의 미세섬유로 구성된다.

37 다음 중 지근 섬유에 관한 설명으로 옳지 않은 것은?

① 마이오글로빈 함량이 높다.
② 모세혈관망이 발달되어 있다.
③ 미토콘드리아가 많다.
④ 흰색을 띠고 있기 때문에 백근이라고 한다.

해설

지근 섬유는 마이오글로빈 함량이 많아서 붉은색을 띤다. 마이오글로빈은 산소를 저장하는 역할을 하고, 산소 수송로인 모세혈관망이 발달되어 있다.

38 다음 중 속근 섬유의 특성이 아닌 것은?

① 백근이라고 한다.
② 속도가 빠른 대신 지근 섬유에 비해 쉽게 피로해진다.
③ 무산소적 대사능력이 높다.
④ 마이오글로빈이 많아서 산소를 저장한다.

해설

속근 섬유는 백근이라고 하며, 속도가 빠른 대신 지근 섬유에 비해 쉽게 피로해진다. 지근 섬유는 마이오글로빈이 많아 산소를 저장하는 역할을 한다.

39 다음 중 속근 섬유의 특성으로 옳은 것은?

① 지구성 운동에 주로 사용된다.
② 인원질량이 많고, 마이오신 ATPase 활성도가 높다.
③ 피로에 내성이 높다.
④ 장거리달리기에 주로 사용된다.

해설

속근 섬유는 인원질량이 많고, 마이오신 ATPase 활용도가 높아 무산소 대사능력이 높다. 에너지 생성속도가 빠르며, 젖산을 분해하여 에너지를 생성한다. 또한 산소 부재 상태에서도 탄수화물 분해능력이 뛰어나 단시간 활동에 적합하다.

40 다음 중 근육의 동적 수축에 대한 설명으로 옳지 않은 것은?

① 근통증을 유발하지 않는다.
② 근내 장력이 일정하다.
③ 등장성, 신장성, 등속성 수축이 있다.
④ 관절각도에 따라 근력의 장력이 변화한다.

해설

동적 수축에는 근내 장력이 일정하고 근길이가 감소하는 등장성 수축, 근내 장력은 일정하고 근길이가 늘어나는 신장성 수축, 속도가 일정한 상태에서 최대장력을 발휘하는 등속성 수축이 있다. 신장성 수축 (원심성 수축)은 부상과 근 염증의 주된 원인으로 통증과 부종을 유발한다.

41 다음 중 근육수축이 시작하는 일정한 자극의 정도를 나타내는 것은?

① 실무율   ② 역치
③ 구심성 수축   ④ 등척성 수축

해설

세포에 자극이 주어졌을 때 반응이 나타나는 최소의 자극을 역치라고 한다. 역치는 수용기세포에 따라 다른데, 역치가 낮을수록 민감하다고 할 수 있다. 그런데 일단 자극의 세기가 역치 이상에 이르면 자극을 더 크게 주어도 세포의 반응 정도는 더 커지지 않고 일정하다. 이러한 법칙을 나타내는 것을 실무율이라고 한다.

42 다음 빈칸에 들어갈 내용으로 옳은 것은?

> (   )(이)란 내분비계에서 생산되는 화학물질의 총칭이며, 세포의 움직임을 조절하는 역할을 한다.

① 호르몬   ② 인원질
③ 무기질   ④ 내분비

해설

호르몬은 내분비계에서 생산되는 화학물질의 총칭이며, 세포의 움직임을 조절하는 역할을 한다.

43 다음 중 호르몬의 특징이 아닌 것은?

① 체액을 매개로 운반된다.
② 미량에는 반응이 없다.
③ 표적세포에 특이하게 작용한다.
④ 내분비는 혈액으로 직접 분비한다.

해설

호르몬은 체액을 매개로 운반되며, 미량에도 반응이 일어나며, 표적세포에 특이하게 작용한다.

44 다음 중 뇌하수체 전엽에서 발생되는 호르몬이 아닌 것은?

① 성장 호르몬
② 난포자극 호르몬
③ 갑상선자극 호르몬
④ 항이뇨 호르몬

해설
뇌하수체 전엽 호르몬에는 성장 호르몬, 난포자극 호르몬, 황체 호르몬, 갑상선자극 호르몬, 부신피질자극 호르몬, 프로락틴 등이 있다. 항이뇨 호르몬은 뇌하수체 후엽에서 생성된다.

45 다음 중 성장 호르몬에 대한 설명이 아닌 것은?

① 혈장 포도당 이용을 감소시켜 인슐린 활성을 억제함
② 간에서 포도당 합성을 증가시킴
③ 수분손실 감소와 체액 유지 기능
④ 지방조직으로부터 지방산 동원을 증가시킴

해설
성장 호르몬은 근육을 성장시키고, 모든 조직의 성장에 영향을 미친다. 또한 혈장 포도당이용을 감소시켜서 인슐린 활성을 억제하고, 간에서 포도당의 합성을 증가시킨다. 수분손실 감소와 체액 유지 기능은 항이뇨 호르몬의 기능이다.

46 다음 중 부신수질 호르몬의 설명이 아닌 것은?

① 염증 및 알레르기 증상을 완화한다.
② 교감신경계의 신경자극에 의해 분비된다.
③ 심박출량을 증가시킨다.
④ 빠르게 작용하는 호르몬이다.

해설
부신수질 호르몬은 교감신경계로 심박출량을 증가시키고, 근육 및 간에서 글리코겐을 글루코스로 분해·촉진시키고, 혈관의 수축 및 확장과 혈압의 상승을 야기한다.
부신피질 호르몬의 코티솔은 간장에서 글리코겐 합성을 촉진시키고, 간장 이외의 말초조직에서 글루코스 흡수를 억제하고, 염증 및 알레르기 증상을 완화한다.

47 다음 중 혈당량 조절과 관련된 호르몬으로 옳지 않은 것은?

① 인슐린
② 글루카곤
③ 성선 호르몬
④ 코디솔

해설
성선 호르몬은 고환과 난소에서 분비되는 것으로 2차 성징과 관련이 있다.

48 다음 중 인슐린에 대한 설명으로 옳지 않은 것은?

① 당대사 조절
② 혈중 글루코스 농도 저하
③ 랑게르한스섬의 베타세포에서 분비
④ 글리코겐을 글루코스로 분해

해설
인슐린은 당대사 조절이 주된 역할로 혈중 글루코스 농도를 저하하고, 랑게르한스섬의 베타세포에서 분비된다. 글루카곤은 인슐린과 반대로 작용(글리코겐을 글루코스로 분해)을 한다.

49 다음 호르몬 중 나머지와 성격이 이질적인 것은?

① 테스토스테론　　　　② 안드로겐
③ 글루카곤　　　　　　④ 에스트로겐

해설

테스토스테론, 안드로겐, 에스트로겐은 성선 호르몬이며, 글루카곤은 췌장에서 분비되는 호르몬이다.

50 다음 중 호흡에서 흡기작용의 설명으로 옳지 않은 것은?

① 흉강의 용적 증가
② 복부근에 의해 촉진
③ 폐 내압이 감소
④ 폐의 팽창

해설

흡기작용은 흉강의 용적을 증가시키고, 횡격막은 아랫방향으로, 늑간은 수축에 의해 외상방으로 증가한다. 운동시 호기작용은 호기근과 복부근에 의해 촉진된다. 폐가 팽창되면 폐내압이 감소되어 공기가 폐로 흡입된다.

51 다음 중 분당 환기량에 대한 설명이 아닌 것은?

① 가스 교환에 참여하지 않은 환기량
② 분당 환기량 = 1회 호흡량 × 호흡 수
③ 안정 시 호흡 수는 12회/분
④ 1분당 흡기와 호기되는 공기의 양을 뜻함

해설

분당 환기량은 1분 동안 흡기와 호기되는 공기의 양을 말한다. 개인차가 있지만 안정 시 환기량은 약 6ℓ/min이며, 안정 시 분당호흡 수는 12회 정도이다. 가스 교환에 참여하지 않은 환기량은 사강 환기량이다.

52 다음 중 혈액에서 이산화탄소를 운반하는 형태로 옳지 않은 것은?

① 혈액에 용해된 상태
② 중탄산염이온
③ 카바민 화합물
④ 산화헤모글로빈

해설

이산화탄소는 용해상태, 중탄산염이온, 카바민 화합물의 세가지 형태로 혈액에 운반된다. 산소의 97% 이상은 산화헤모글로빈 형태로 운반된다.

53 다음 중 심장에 대한 설명으로 옳은 것은?

① 우심실은 우심방에서 온 혈액을 좌심방으로 보낸다.
② 우심방은 대정맥에서 온 정맥혈을 받아 우심실로 보낸다.
③ 좌심실은 좌심방에서 온 혈액을 대정맥으로 보낸다.
④ 좌심방은 폐동맥에서 온 혈액을 좌심실로 보낸다.

해설

폐순환은 우심방 → 우심실 → 폐동맥 → 폐 → 폐정맥 → 좌심방 → 좌심실의 순환경로이며, 체순환은 좌심실 → 대동맥 → 온몸 → 대정맥 → 우심방의 순환경로이다. 우심방은 대정맥으로 들어온 정맥혈을 받아 우심실로 보낸다.

54 다음 중 혈액이 대동맥에서 좌심실로 역류하는 것을 방지하는 기능을 가진 기관은?

① 이첨판　　　　　　② 삼첨판
③ 폐동맥판　　　　　④ 대동맥판

해설

대동맥판은 혈액이 대동맥에서 좌심실로 이동하는 것을 방지하는 기능을 한다.

55 다음 중 혈액의 체순환 과정을 나열한 순서로 옳은 것은?

① 좌심실-대동맥-소동맥-모세혈관-소정맥-대정맥-
　　우심방
② 좌심실-대정맥-소정맥-모세혈관-소동맥-대동맥-
　　우심방
③ 좌심실-소동맥-대동맥-모세혈관-대정맥-소정맥-
　　우심방
④ 좌심실-소정맥-대정맥-모세혈관-대동맥-소동맥-
　　우심방

해설
혈액의 체순환 과정은 좌심실-대동맥-소동맥-모세혈관-소정맥-대
정맥-우심방이다.

56 다음 중 폐순환의 과정을 나열한 순서로 옳은 것은?

① 좌심방-폐정맥-폐-폐동맥-우심실
② 우심방-폐동맥-폐-폐정맥-좌심실
③ 우심실-폐동맥-폐-폐정맥-좌심방
④ 좌심실-폐정맥-폐-폐동맥-우심방

해설
폐순환의 과정은 우심실-폐동맥-폐-폐정맥-좌심방이다.

57 다음 중 심박출량의 공식으로 옳은 것은?

① 심박출량 = 심박수 × 1회 박출량
② 심박출량 = 심박수 / 1회 박출량
③ 심박출량 = 최고·최저혈압의 평균 × 1회 박출량
④ 심박출량 = 최고·최저혈압의 평균 / 1회 박출량

해설
• 심박출량 : 심장이 1분 수축하면서 내뿜는 양
• CO(심박출량) L/분 = HR(심박수) 회/분 × SV(1회 박출량 ml/분)

58 다음 중 고지환경에 적응했을 때 나타나는 고지순응반응
으로 옳은 것은?

① 심박출량 증가
② 호흡수 증가
③ 근육 조직의 모세혈관 밀도 증가
④ 심박 수 증가

해설
고지환경에 단기간 노출되었을 때 반응은, 호흡수 증가, 심박 수 증가,
심박출량 증가, 최대산소섭취량 감소 등이다. 고지환경에 장기간 노
출되었을 때 순응반응은 적응에 의한 환기량 증가, 산소 이용 능력
증가, 근육 조직의 모세혈관 밀도와 미토콘드리아 밀도 증가 등이다.

59 다음 중 혈액에서 혈장의 기능이 아닌 것은?

① 체온유지
② 혈액농도 유지
③ 영양소 및 노폐물 운반
④ 식균작용

해설
• 혈액은 혈장과 혈구의 두 가지 기본 성분으로 구성된다.
• 혈장은 이온, 단백질, 호르몬을 포함하는 혈액의 일부이다.
• 혈구는 백혈구세포, 적혈구세포, 혈소판으로 구분한다.
• 식균작용은 백혈구의 단핵구 중 대식세포의 기능이다.

60 다음 중 열순응 반응이 아닌 것은?

① 혈장량 증가
② 신경 전달비율 감소
③ 높은 발한율
④ 피부 혈류량 감소

해설
열순응 반응에는 혈장량 증가, 높은 발한율, 피부 혈류량 감소, 땀에
의한 전해질 손실 감소에 의한 균형유지 등이 있다.

55 ① 56 ③ 57 ① 58 ③ 59 ④ 60 ②　정답

많이 보고 많이 겪고 많이 공부하는 것은 배움의 세 기둥이다.

– 벤자민 디즈라엘리 –

출제빈도표(2018~2023년)

(단위 : 개)

구 분	2023	2022	2021	2020	2019	2018	합 계
스포츠사회학의 이해	1	2	2	2	3	2	12
스포츠와 정치	2	3	3	3	4	2	17
스포츠와 경제	2	2	2	1	5	2	14
스포츠와 교육	1	2	1	1	1	2	8
스포츠와 미디어	3	3	1	3	1	3	14
스포츠와 사회계층	2	2	2	2	2	2	12
스포츠와 사회화	3	2	2	3	2	3	15
스포츠와 일탈	4	2	4	4	2	3	19
미래사회의 스포츠	2	2	3	1	–	1	9

※ 출제비중 및 출제빈도는 문제 분석에 따라 달라질 수 있습니다.

최근 기출 분석(2023년 기출)

스포츠사회학의 경우 대부분의 문제가 도서에 설명되어 있고 과년도 기출에 충실하게 출제되어 어렵지 않게 풀수 있었을 것으로 생각한다. 스포츠사회학은 생소한 학자를 등장시켜 문제 난이도를 조절하는 경향이 있었으나 2023년에는 새로 등장한 학자가 없었고, 두 문제가 전항정답, 복수정답 처리되었다. 2023년 기출의 경우 모든 파트에서 비슷한 비중으로 문제가 출제되었으나 [스포츠와 일탈] 파트에서 4문제가 출제되었다. 매년 출제되던 '교육현장에서 스포츠의 순기능, 역기능'이 2022년에는 출제되지 않았다가 2023년 '스포츠 일탈의 순기능, 역기능'으로 출제되었다. 스포츠사회학은 과목 자체의 난이도가 높지 않은 편이기 때문에 고득점을 위한 전략과목으로 선택하는 것을 추천한다.

스포츠사회학

출제예상문제

01

스포츠사회학의 이해

기출 POINT

스포츠사회학의 정의 15 19 21

- 스포츠의 맥락에서 인간의 사회행동 법칙을 규명
- 스포츠 현상에 사회학 이론과 연구방법을 적용하여 일반 사회구조의 측면에서 설명
- 사회학의 하위분야로 스포츠 현상에 사회학적 개념을 적용하고 인간 행동을 예측

KeyPoint

- 스포츠사회학의 정의에 대해 설명할 수 있다.
- 스포츠사회학의 연구영역을 미시적 영역과 거시적 영역으로 나누어 설명할 수 있다.
- 스포츠의 사회적 기능을 사례를 들어 설명할 수 있다.

01 스포츠사회학의 이해와 연구영역

(1) 스포츠사회학의 이해

① 스포츠사회학의 의미

㉠ 스포츠와 사회학의 관련성에 초점을 둔 사회학의 하위 학문이다.

㉡ 스포츠 현상에 사회학 이론과 연구방법을 적용하여 연구하는 학문이다.

㉢ 사회학과 스포츠 과학의 한계 과학(Boundary Science) 또는 학제적 학문(Interdisciplinary Science)이다.

② 스포츠의 사회학적 의미

㉠ 스포츠는 비교적 지속적으로 사회조직의 유형을 유지하는 특성이 있다.

㉡ 스포츠는 팀, 리그전, 코치, 감독관, 스폰서, 지도자 충원과 인사교체, 경기규칙 및 규제 기관으로 구성된 형식조직 내에서 행해진다.

㉢ 스포츠는 결과가 사전에 결정되지 않은 진지한 경쟁이다.

㉣ 스포츠는 신체적 기능을 강조한다.

③ 스포츠사회학의 주요 과제

㉠ 스포츠와 다른 측면인 가족, 교육, 정치, 경제, 종교와 같은 타 사회학 영역과의 관계성을 파악한다.

㉡ 다양한 형태의 스포츠 장면에서 나타나는 사회조직, 집단행동 및 사회적 상호작용의 유형을 파악한다.

㉢ 스포츠와 스포츠 경험에 영향을 미치는 문화적, 구조적, 상황적 요인을 파악한다.

㉣ 스포츠와 관련하여 발생하는 사회화, 경쟁, 협동, 갈등, 사회계층, 사회변동 등을 검증한다.

OX문제

스포츠사회학은 스포츠의 맥락에서 인간의 사회행동 법칙을 규명한다. (O, ×)

정답 O

(2) 스포츠사회학의 연구영역

① 연구내용 및 과제에 의한 영역

○ 사회적 행위에 관한 연구

- 특정 집단이나 사회적 범주에 속한 인간의 행위나 상호작용을 연구하여, 사회적 법칙을 발견하는 연구영역이다.
- 인격(Personality), 사회적 행동, 사회적 사실 등을 연구한다.

○ 집단에 관한 연구

- 스포츠활동을 주된 목적으로 하여 기능하는 집단의 구조적·기능적 특성을 밝히는 것을 목표로 하면서 그 가운데서 이루어지는 사회화 과정을 발견하는 연구영역이다.
- 학교 운동부, 체육학습 집단, 학교 스포츠 집단, 학교 스포츠 연맹 및 조직 단체, 협회 등을 연구한다.

○ 문화나 제도에 관한 연구

- 정신체계(비물질 문화)에 속하는 행동문화(외면적 문화, 제도나 규범, 습관, 규율, 규칙 등)로부터, 정신문화(내면적 문화, 신념 등), 이데올로기(여론 등), 스포츠맨십, 아마추어리즘을 연구하는 영역이다.
- 스포츠 집단과 스포츠 문화의 분석 연구가 중심이 되며, 이외에 스포츠사회학의 학문적 체계의 연구나 사변적·문헌적 연구도 이루어진다.

○ 사회 변동의 영향에 관한 연구

- 사회의 변동에 따라 일어나는 스포츠 집단이나 스포츠 문화에 대한 영향 또는 변용의 과정에 관한 연구이다.
- 스포츠에 대한 사회적 요구나 대중화, 학교시설 개방, 교과 외 스포츠클럽의 속성 등과 관련된 지도자의 역할 및 기능의 문제에 관한 연구가 있다.
- 진학과 스포츠, 체력과 운동, 야외활동과 사고발생 등 사회 변동의 영향으로 일어나는 사회 문제적 현상의 연구도 포함된다.

② 연구 범위 및 접근방법에 의한 영역

○ 거시적 영역 : 대규모 사회체계를 이루고 있는 사회제도와 스포츠 간의 관계를 연구한다.

정 치	가치, 이데올로기 및 신념의 전달, 스포츠와 정치의 관계, 참가자의 정치적 성향, 정치적 목적 달성을 위한 스포츠의 이용 등
종 교	기독교, 불교, 유교의 교리와 스포츠를 통한 의식의 체험 등
교 육	학생의 성취에 대한 스포츠 참가의 영향, 학교에 대한 스포츠의 영향 등
사회계층	계층이동 요인으로서의 스포츠, 차등에 대한 합법적 요인으로서의 스포츠 등
성역할	스포츠활동 참가와 운동 수행에 대한 영향 등

기출 POINT

스포츠사회학의 연구영역 [17]
스포츠사회학은 스포츠에서 나타나는 행동유형과 '사회과정'에 초점을 두고, 이를 스포츠활동이 존재하는 일반 '사회구조'의 측면에서 설명

스포츠사회학의 연구 사례 [16]
- 종교가 스포츠 보급에 미치는 영향 분석
- 운동선수들의 은퇴 후 사회적응과정 분석
- 스포츠활동과 생활만족도 간의 관계 연구

OX문제

1. 스포츠활동과 생활만족도 간의 관계를 연구한 것은 스포츠사회학을 적용한 연구 사례이다. (O, ×)

2. 스포츠사회학은 스포츠에서 나타나는 행동유형과 사회화과정에 초점을 두고 있다. (O, ×)

정답 1 (O), 2 (O)

소집단의 상호작용	협동심을 발휘하는 인성 특성, 소집단의 구성·구조 및 효율성의 문제
지도자론	도자의 위치, 지도자의 배출 방안 등
사회화	스포츠 참가의 동인, 스포츠 참가의 결과 등
사 기	승리와 사기의 관계 등
공격성	관중의 폭력행위, 경기자의 폭력행위 등
비 행	운동선수를 훌륭한 시민으로 육성하는 방안 등

ⓒ 전문적 영역 : 스포츠사회학의 학문적 연구와 관련된 과제와 방법을 연구한다.

학문적 적법성	스포츠사회학 연구의 이유와 유용한 연구방법, 유용한 정의, 개념 및 이론의 제 시 등
스포츠의 본질적 정체	구조기능주의, 갈등주의, 비판이론 및 상징적 상호작용 등 각종 사회학적 이론의 적용 등

02 스포츠의 사회적 기능

(1) 스포츠의 순기능과 역기능

사회학적 측면에서 스포츠의 순기능이란 사회공동체의 유지, 변화나 발전을 위한 긍정적
영향을 말하며, 역기능이란 사회공동체에 대한 부정적이고 장애가 되며 해체될 위험성을
지닌 결과론을 내포한 사회요소로서의 역할을 말한다. 스포츠의 순기능과 역기능을 다각도
에서 바라보려는 시도는 그만큼 폭넓은 이해를 도울 수 있다.

[스포츠의 순기능과 역기능 비교]

기 능	스포츠의 순기능	스포츠의 역기능
생물학적	• 기계화로 야기된 운동부족의 문제를 스포츠를 통해서 상쇄 • 질병의 예방 및 치료	• 스포츠 상해의 증가나 그에 따른 간접사고 의 지속적 증가 • 인종·성에 따른 종목별 운동능력의 차이 • 인간능력과 관련된 실험이나 약물복용
정치적	• 정치적인 긴장해소에 기여 • 연대감 강화, 정치적인 한계 극복에 도움 • 스포츠 외교의 역할	이념으로 인한 보이콧 등 정치적인 갈등
사회적	• 협동심 및 원활한 대인관계 형성 • 스포츠를 통해 가치와 규범을 배움 • 여가선용의 기회 제공 • 스포츠는 사회가 중요하게 여기는 일반적 가치관 반영(가치수용) • 스포츠활동은 공격성이 합법적으로 표출 되는 무대를 제공함으로써 억압된 공격성 의 표출, 정화 및 배출을 위한 수단	스포츠 행위에서 잠재된 공격성이 다른 사람 에게 해를 가하기도 함

교육적	• 자기 가치와 개인 발달의 기회 제공 • 긍정적 사회화 경험	• 지나친 경쟁심으로 인한 정서불안 • 스포츠 선수들의 수업 결손
경제적	• 스포츠 참여 증가에 따른 시설 및 기구의 기술 향상과 개발 • 스포츠 장비를 구입하는 수요의 증가로 스포츠 산업 발전에 기여	• 스포츠 선수의 상품화 우려 • 물질적 가치 숭배 확산
미학적	• 경기장면은 가장 생동감 있는 미를 창출 • 개인의 신체미 향상 동기를 부여 • 신체를 이용한 운동문화로 미적인 형태 제시	• 찌푸리거나 상한 얼굴, 형상 • 지쳐서 고통 받는 모습, 욕설

(2) 스포츠의 사회적 기능

① 사회성 함양 기능

㉠ 스포츠 참여는 바람직한 성격형성과 자기 수양, 경쟁적 생활 준비, 도덕성 발달과 훌륭한 시민정신의 함양 등과 같은 결과를 가져온다.

㉡ 스포츠는 여러 가지 사회적 경험을 쌓을 수 있는 사회화의 장으로서 긍정적 정서를 형성하는 데 기여한다.

② 사회통합 기능

㉠ 개인을 공통의 관점과 결집력을 갖춘 집단으로 통합하는 데 중점을 둔다.

㉡ 사회체계가 효과적으로 기능할 수 있도록 상이한 개인들 사이의 유대성과 통일성을 형성·유지하고 분열을 방지하며, 한편으로는 통제하는 요소를 포함한다.

㉢ 스포츠활동은 사회화의 한 형태로 개인을 집단 속으로, 집단을 문화 속으로 통하게 하는 기능을 수행한다.

③ 사회정화 기능

㉠ 스포츠는 참가자뿐만 아니라 그것을 관람하는 관중들에게도 잉여 에너지를 발산시킬 수 있는 배출구를 제공한다.

㉡ 대리적 즐거움을 추구하는 관중에게 심리적인 측면에서 다른 방법으로는 정화할 수 없는 감정을 방출할 수 있는 통로를 제공하는 기능을 수행한다.

㉢ 스포츠활동은 현대사회의 갈등과 욕구불만으로 누적된 감정 및 공격성을 정화시켜 분출할 수 있는 방향 전환의 기능을 수행한다.

④ 사회통제 기능

㉠ 지배 집단이 자기 이익이나 권력을 위해 스포츠를 도구로 이용하여 구성원을 통제한다.

㉡ 지배 집단이 스포츠에 대한 국민의 관심을 증대시켜 정치적 무관심을 유도하기도 한다.

기출 POINT

사회통합 사례 [16] [19]

2002년 한일월드컵에서 한국축구대표팀은 4강 신화를 만들었다. 이 과정에서 성별, 연령에 관계없이 많은 국민들이 길거리 응원에 참가하며 국가에 대한 애착심과 소속감을 되새겼다.

사회통제 기능 [17]

• 정치인들이 국민의 스포츠에 대한 관심을 증대시켜 정치적 무관심 유도
• 정치인들이 자신의 이익이나 권력을 공고히 하기 위해 스포츠 경기를 이용

OX문제

1. 스포츠의 사회적 순기능에는 사회화, 사회통제, 사회통합, 사회정서적 기능이 있다. (O, ×)

2. 스포츠를 통해 국가에 대한 애착심과 소속감을 되새기게 되는 스포츠의 역할은 사회통합의 기능이다. (O, ×)

3. 정치인들이 국민의 스포츠에 대한 관심을 증대시켜 정치적 무관심을 유도하는 것은 스포츠의 사회소외 기능에 해당한다. (O, ×)

정답 1 (×), 2 (O), 3 (×)

⑤ 파슨즈(T. Parsons)의 AGIL 조직 유형

사회적 기능	초점을 맞추는 조직
적 응 (Adaptation)	• 생산조직(민간기업 등) • 사회구성원이 소비하는 자원, 상품, 재화 등을 생산하는 조직
목표성취 (Goal Attainment)	• 정치조직(정부, 정당 등) • 사회적 목표와 가치를 결정하고, 사회자원을 동원하여 목표를 달성하는 역할을 수행하는 조직
통 합 (Integration)	• 통합조직(법원, 경찰 등) • 일탈을 규제하고 통합상태를 유지하며, 사회구성원들의 갈등을 해소하는 역할을 수행하는 조직
체제유지 (Latency)	• 유형유지조직(교육기관, 문화단체, 종교단체 등) • 문화와 가치를 보존하고 전승하며, 사회의 규범을 구성원들에게 내면화시키는 기능을 수행하는 조직

구조기능이론과 스포츠일탈의 사례
[19]

구조기능이론에서는 일탈을 현존하는 사회질서의 유지에 기여한다는 점에서 정상적인 것으로 간주하기도 한다. 예를 들어, 도핑은 그 자체로는 일탈행위에 해당하지만, 이를 통해 사람들은 그런 행동을 경멸하게 되고 이에 대한 경각심을 가지게 된다.

갈등이론 [20]
• 마르크스 제시
• 사회구성원의 경제적 요인을 기준으로 지배계급(부르주아)과 피지배계급(프롤레타리아)으로 구분
• 지배계급은 피지배계급을 억압하고 착취
• 재화의 불평등한 분배는 사회의 본질적 속성

신체소외 [18]
신체소외는 갈등이론 개념 중 운동선수의 재능·능력 착취와 관련이 있으며, 스포츠 선수의 신체가 이윤추구를 위한 수단으로 전락하는 것을 다룸
예 올림픽에서 농구 주전선수인 ○○는 1차전 경기에서 어깨에 심각한 부상을 입었다. 그러나 팀의 승리와 메달 획득 때문에 감독은 응급처치 후 ○○를 다시 경기에 출전하도록 강요하였고 이후 부상이 심각해져서 결국 입원하게 되었다.

(3) 스포츠와 사회관계에 대한 관점

① 구조기능주의(뒤르켐)

ㄱ 개 념
• 사회를 유기체에 비유하면서 사회는 본질적으로 상호 관련되어 있다고 보는 기능론적 관점에 해당한다.
• 사회, 지역, 학교, 가정, 스포츠와 같은 사회체계의 각 부분이 체계의 전체적 활동에 어떻게 기여하는가에 가장 큰 관심을 가진다.
• 스포츠는 대중에게 사회의 기본적 가치와 규범을 가르쳐 사회의 체제유지 및 사회적 긴장을 처리하는 기능을 한다는 것에 중점을 둔다.

ㄴ 한계점
• 스포츠의 긍정적 기능을 과장한다.
• 스포츠상의 갈등을 무시한다.
• 체계의 한 하위부분이 전체에 기여하는 바를 확인하는 것은 불가능하다.
• 개개인의 상호작용을 간과한다.

② 갈등이론(마르크스)

ㄱ 개 념
• 스포츠는 자본주의 사회에서 일부 지배집단에 의해 조작되고 그들의 이익을 증진시키는 데 이용된다.
• 대중을 스포츠 소비자로 전락시키고 운동선수의 재능과 능력의 착취를 통하여 권력과 이익을 보존하는 수단으로 활용한다.

ㄴ 한계점
• 계층이나 민족에 따른 스포츠 의미의 차이가 단순한 경제논리에 의해 간과되었다.
• 개인이 스포츠에 참여함으로써 얻을 수 있는 의미나 스포츠의 사회적 순기능을 무시하였다.

03 스포츠의 특징

(1) 스포츠의 특징

스포츠는 경쟁을 통해 이루어지고 제도화된 신체 활동이다.

① 놀이(Play) : 허구성, 비생산성, 자유성, 쾌락성
② 게임(Game) : 허구성, 비생산성, 불확실성, 규칙성, 경쟁성, 신체기능, 전술
③ 스포츠(Sport) : 허구성, 비생산성, 불확실성, 규칙성, 경쟁성, 신체기능, 전술, 신체활동성, 제도화

(2) 근대스포츠의 특징

거트만(A. Guttmann, 2004)은 스포츠의 역사를 개관하면서 근대스포츠가 과거의 신체적 활동이나 게임에서 나타나지 않았던 고유의 특징을 지니고 있다고 주장하였다. 그가 언급한 근대 스포츠의 특징은 다음과 같다.

① 세속화(Secularization) : 근대스포츠는 즐거움, 건강, 경제적 이득, 명예 등 세속적 관심의 충족을 추구하는 성격이 지배적이다. 근대스포츠는 여흥의 수단이며, 개인적인 동기에 의해서 행해지고 있다. 이러한 경향은 시간이 흐를수록 더욱 확대·심화되고 있다.

② 평등화(Equality) : 근대스포츠에서 강조되고 있는 평등의 원칙은 게임규칙 및 경쟁조건의 평준화에도 적용되었다. 이를 통해서 모든 경쟁자는 똑같은 조건에서 차별없이 스포츠에 참가하게 되었다. 또한 여성과 일반 대중의 근대스포츠 참가도 확대되고 있다.

③ 전문화(Specialization) : 근대스포츠는 고도의 전문성을 특징으로 하고 있다. 높은 수준의 운동수행을 위해서는 전문화가 필요하고, 전문화를 통해서 스포츠의 프로화가 추진되었다.

④ 합리화(Rationalization) : 근대스포츠에서는 명시된 규칙이 규제와 경쟁을 지배하는데, 이때 목적과 수단 사이에는 합리적인 관련이 있다. 또한, 근대스포츠는 규칙과 전략으로 구성되어 있다. 규칙은 장비·경기기술 그리고 참가의 제한 등 목표달성을 위한 수단을 명시화한 것이고, 전략은 훈련의 열의·경험을 규정하는 근거를 제공한다.

⑤ 관료화(Bureaucratization) : 관료화는 보편주의, 원칙과 통제의 규준화, 효율성을 촉진한다. 근대스포츠는 국제화되고, 국내적·지역적 수준의 복잡한 조직의 설립에 의하여 조절된다. 이러한 조직에 있는 사람들은 운동, 팀, 경기를 두루 살피고 참가한다. 또한 그들은 규칙을 만들고 경기를 조직하며 기록을 보증한다.

기출 POINT

스포츠의 특징 사례 18
- 놀이 : 친구들과 개울가에서 물장구를 치면서 장난을 하는 경우
- 스포츠 : 제도화된 규칙 하에서 상대방과 경쟁하는 수영을 하는 경우

거트만(A. Guttmann)의 근대스포츠 특징 23
- 관료화 : 국제스포츠조직은 규칙의 제정, 대회의 운영, 종목 진흥 등의 역할을 담당함
- 전문화 : 투수라는 같은 포지션 내에서도 선발, 중간, 마무리 등으로 구분됨

OX문제

1. 제도화된 규칙 하에서 상대방과 경쟁하는 수영은 스포츠의 예시이다. (O, ×)

2. 코클리(J. Coakley)가 제시한 스포츠 제도화의 특성에는 경기기록의 계량화, 경기규칙의 표준화, 경기기술의 정형화 등이 있다. (O, ×)

정답 1 (O), 2 (×)

⑥ **수량화(Quantification)** : 시간, 거리, 기록 등 간단하게 정리할 수 있는 모든 것은 측정되고 기록되는데 이러한 측정과 통계는 근대스포츠와 깊은 관련이 있다. 근대스포츠는 모든 운동을 수량화하고 측정할 수 있도록 바꾸려는 경향이 있는데, 초시계를 포함한 다양한 전자기기의 등장으로 스포츠의 여러 수치가 수량화되었다.

⑦ **기록화(Records)** : 근대스포츠는 기록화를 중요시한다. 경기결과는 한 종목으로부터 다른 종목까지 비교되고, 그 결과 조직, 리그, 단체, 국가, 지방, 대륙에 있어서 팀과 개인을 위한 기록이 발행된다. 기록은 시간과 공간을 초월한 무형의 비교 및 경쟁 대상이 된다. 또한 기록화를 통해서 경기의 결과를 일목요연하게 정리할 수 있게 되었고, 다른 경기 결과와 비교하는 것이 수월해졌다.

OX문제

거트만의 근대스포츠 특성 중, 수량화는 경기의 결과를 일목요연하게 정리하는 것을 말한다. (O, ×)

정답 ×

02 스포츠와 정치

KeyPoint

- 정치가 스포츠를 이용하는 방법과, 스포츠의 정치적 기능을 사례를 들어 설명할 수 있다.
- 스포츠에 정치가 개입되는 원인에 대해 이해하고, 순기능과 역기능을 설명할 수 있다.
- 국제정치에서 나타나는 스포츠의 정치적 이용 방식을 사례를 들어 설명할 수 있다.

01 스포츠와 정치의 결합

(1) 스포츠와 정치의 관계

① 체계화된 조직 스포츠의 내재적 특성은 국가목적 수행과 기능을 담당한다.

② 스포츠는 특정 국가의 사회제도 수준을 반영하기 때문에 정치제도의 발전 단계에 따라 스포츠의 이념, 성격, 내용에 있어 차이가 존재한다.

(2) 스포츠의 정치적 속성

에티즌(Eitzen)과 세이지(Sage)는 스포츠와 정치적 현상과 관련하여 스포츠의 정치적 속성을 다음과 같이 제시하였다.

① 대표성 : 국제경기에서의 성적은 국가의 우월성을 표출하는 수단이며, 참가자는 국가를 대표하는 선수로서 강한 충성심을 가지게 된다.

② 권력투쟁 : 스포츠 조직에서는 불평등하게 분배된 권력으로 인해 권력투쟁이 발생한다.

③ 상호의존성 : 프로스포츠 구단 창단 시 조세 감면을 받는 등, 정부 기관의 관여로 일반 기업이 혜택을 받는 경우가 발생한다.

④ 보수성 : 스포츠의 제도적 특성은 보수적인 질서를 유지하고, 스포츠 경기에 수반되는 애국심은 정치체계를 강화하는 역할을 한다.

(3) 스포츠의 정치적 기능

① 스포츠의 정치적 순기능

㉠ 스포츠는 사회구성원의 화합을 통해 그 구성원들을 결속시키며, 조직의 일체감을 형성한다. 2002년 월드컵경기에서 대한민국을 외치며 온 국민이 하나가 되어 응원했던 장면을 예로 들 수 있다.

기출 POINT

스포츠정책과 정치 19

- 국가는 스포츠정책을 통해 스포츠에 개입
- 스포츠의 상징, 동일화, 조작의 과정을 통해 정치적 기능이 극대화
- 정부는 의료비 지출을 줄이고 산업 생산력을 향상시키기 위해 스포츠에 관여
- 냉전시대에는 이데올로기와 체제의 선전 수단으로서 스포츠가 이용

스포츠의 정치적 속성 23

- 권력투쟁 : 에티즌(D. Eitzen)과 세이지(G. Sage)에 의하면 다양한 팀, 리그, 선수단체 및 행정기구는 각각의 특성에 따라 불평등하게 배분된 자원과 권한을 갖게 되고, 더 많은 권한을 갖기 위해 대립적 갈등을 겪게 된다.

ⓛ 스포츠는 외교적 수단으로서의 기능을 가진다. 우리나라가 올림픽 개최를 준비하는 동안 교류가 없던 나라들과도 외교관계를 맺게 된 것이 그 대표적인 예이다. 특히, 중국, 헝가리, 유고슬라비아 등 공산권 국가들과의 수교에 스포츠가 결정적인 역할을 했다.

ⓒ 스포츠는 기본적인 인성 및 사회의 기본적 가치와 규범을 가르치는 수단이다. 스포츠에서의 룰과 페어플레이 정신의 강조는, 사회에서의 준법정신 강조와 일맥상통한다.

ⓔ 스포츠는 경쟁심과 높은 성취욕구를 불러일으켜 생산성을 높이는 역할을 한다. 제2차 세계대전의 패전국인 독일이 '골든 플랜'으로 일터와 체육시설을 함께 제공하여 국민건강을 되찾고 생산성을 향상시킨 것을 예로 들 수 있다.

ⓜ 스포츠는 정치의 광의적 측면에서 사회운동의 수단이 되기도 한다. 멕시코올림픽에서 미국의 단거리 선수인 스미스(T. Smith)와 카를로스(J. Carlos)가 시상대에서 고개를 숙인 채 검은 장갑을 낀 손을 높이 들며, 인종차별에 대한 무언의 시위를 벌인 사건을 예로 들 수 있다. 이처럼 인종문제, 이데올로기, 성차별 등의 문제를 스포츠와 연관하여 해결책을 모색하는 경우도 있다.

② **스포츠의 정치적 역기능**

㉠ 스포츠는 대립국가들 간의 대결 및 국제적 갈등의 원인이 되기도 한다. 1980년 모스크바올림픽과 1984년 LA올림픽은 각각 공산주의와 민주주의의 이념적 대립으로 인해 주변국가들 간의 갈등을 조장한 경우이다.

㉡ 부당한 권력의 형성과 유지를 정당화하기 위해 스포츠를 활성화하기도 한다. 우리나라에서 제5공화국 출범과 함께 우민정책의 일환으로 국민들의 정치적 무관심을 조장하기 위해 스포츠를 활성화했다고 보는 견해가 그 예에 해당한다.

㉢ 스포츠는 국수주의적 국민의식을 조장하기도 한다. 그 예로 국제 스포츠경기에서의 승리는 자국의 정치체계의 우월성이나 이데올로기, 경제, 사회 및 민족의 우수성을 과시하는 수단이 되기도 한다.

(4) **스포츠를 정치에 이용하는 방식**

① **상 징**

㉠ 스포츠 경기에서의 승리가 개인의 성취보다 성, 인종, 지역, 민족, 국가의 영광으로 해석 되는 것이다.

㉡ 경기의 결과가 국가들 간의 경쟁으로 의미가 확장된다.
　예 대표팀이 소속 국가의 국기를 부착, 경기 시작 전에 국가 연주

② **동일화**

㉠ 대중이 선수 개인이나 대표팀을 자신과 일체시키는 태도이다.

㉡ 경기와 선수의 상황에 더욱 몰입하게 만드는 효과를 가진다.

㉢ 공동체적 사고를 배양할 수 있어서 프로스포츠의 지역연고제에서 이를 적극적으로 활용한다.

㉣ 지나칠 경우 훌리건과 같은 사회적 일탈행위가 발생할 수 있고, 정치적 이데올로기가 스포츠에 개입하기 쉬워진다.

③ 조 작
  ㉠ 상징과 동일화의 효과를 극대화하기 위해 정치권력이 인위적으로 개입하는 행위이다.
  ㉡ 목적을 달성하기 위해 윤리성과 합리성보다는 효율성을 지향한다.
  ㉢ 정치세력은 조작을 통해 여론을 통치에 유리한 방향으로 조장하거나 직접 조작에
    관여해 체제를 유지 · 강화한다.
    예 한일전을 앞두고 보도되는 독도문제 · 과거사 발언

02 스포츠와 국내정치

(1) 지역사회와 스포츠

① 지역사회 차원의 스포츠
  ㉠ 지역사회에 대한 향토애 진작과 지역사회 개발에 기여한다.
  ㉡ 학원 스포츠, 아마추어, 프로 스포츠, 생활체육활동 등을 촉진한다.
② 스포츠와 정치의 상호관계
  ㉠ 스포츠와 정치는 서로 공생적인 관계이며 상호간 균등한 영향력을 행사한다.
  ㉡ 정치가 스포츠에 미치는 영향 : 스포츠 참여 기회 제공과 참여 기반 확대를 결정한
    다. 또한 지역 스포츠 관련 단체의 정치적 관심이 높을수록 지역 스포츠가 활성화되
    면서, 지역의 정치적 유대가 조성되고 연대감이 강화된다.
  ㉢ 스포츠가 정치에 미치는 영향 : 지역사회가 개발 및 발전되고, 지역주민의 사회적 · 정
    치적 지위를 고양시키는 데 기여한다.

(2) 국가사회와 스포츠

① 스포츠와 국가의 관계
  ㉠ 스포츠가 국가의 체제유지와 통합에 기여한다.
  ㉡ 국가는 정치 · 경제 · 군사 · 문화적 측면의 도구로 스포츠를 이용한다.
  ㉢ 스포츠를 대중조작의 상징적 매개물로 간주한다.
  ㉣ 정치 권력은 관련 법규 제정과 재정 투자를 이용하여 국민의 스포츠 참여 기회를
    제한하므로, 권력의 균형이 상대적으로 정치적 영역에 편재된다.
② 스포츠의 정치적 역할
  ㉠ 사회통합을 촉진한다.
  ㉡ 대중의 사회 통제에 기여한다.
  ㉢ 국가 간 공식 외교 관계 수립과 국가적 위광을 획득한다.
③ 스포츠와 민족주의의 관계
  ㉠ 국민의 사회화 수단으로 활용되어 국가 정치체제에 대한 합법성을 지원한다.
  ㉡ 충성심과 애국심을 고양한다.

기출 POINT

엘리슨과 훌리한의 정부가 스포츠에 개입하는 목적 21

- 공공질서 보호
- 시민들의 건강 및 체력 유지
- 지역사회·국가적 명성 고취
- 정체성과 소속감 증진
- 지배적인 정치 이데올로기와 관련된 가치 재생산
- 정치 지도자와 정부에 대한 시민 지지 증대 등

① **국민건강 증진과 여가기회 제공** : 정부는 경제, 보건, 복지의 차원에서 국민건강을 증진하고 여가기회를 제공하기 위해 스포츠에 개입한다. 이를 위한 정부의 노력 가운데 대표적인 것은 체육·여가공간 확대를 위한 기반 시설을 구축하는 것으로, 공원 및 실내체육관, 수영장, 운동장 건립 등의 사업이 이에 해당한다.

② **사회질서의 유지·보호** : 스포츠가 개인들의 사적 활동에서 사회제도로 공식화될 때 발생하는 갖가지 문제들을 통제하는 정부의 역할을 일컫는다. 스포츠 현장에서 발생하는 지도자와 선수 간 폭력 및 성폭력 사건에 대한 개입, 학생선수들의 학업권을 보장하지 않는 엘리트스포츠 체계에 대한 시정 노력, 홀리건과 같은 과격한 관중문화에 대한 규제 등을 예로 들 수 있다.

③ **국위선양** : 1988년 서울올림픽을 통해 국제사회에서 한국의 위상이 높아지고, 외교적 역량이 증대되었던 사실은 스포츠가 국위선양의 기제로 이용될 수 있음을 보여준다. 이러한 효과를 위해 정부는 종목별 경기단체에 대한 재정 지원, 경기력 향상을 위한 태릉선수촌 운영 등의 정책을 시행해 왔고, 특히 올림픽이나 아시안게임에서 성과를 낸 우수선수들에게는 병역대체복무제도, 경기력향상연구연금제도 등을 통해 보상해왔다.

④ **사회통합** : 스포츠활동은 구성원 상호간의 정서적 일체감을 형성하여 집단에 대한 소속감을 높이는 작용을 한다. 따라서 정치는 스포츠에 의한 자국민의 정체성 인식을 통해 국민을 하나로 결집시키기 위해 스포츠에 개입한다.

⑤ **국가·지역사회의 경제발전 촉진** : 올림픽이나 월드컵과 같은 메가 이벤트의 유치는 다방면에서 국가와 지역사회 경제발전에 기여할 수 있다. 경기를 개최하는 데 필요한 기반시설인 교통·주거환경 조성을 위해 건설경기가 부양되고 행사를 조직, 기획, 운영하기 위한 고도의 지적·인적 인프라가 구축돼 지역사회 발전에 중요한 자원을 확보할 수 있다. 특히 개발 도상국의 경우, 선진국의 기술과 행정을 경험할 수 있는 기회가 되기도 한다.

⑥ **정부나 정치인에 대한 지지 확보** : 정부나 정치인은 체제의 정당성을 강화하고 자신의 권력을 유지하기 위해서 스포츠를 지원하기도 한다. 정치인은 자신이 후원하는 스포츠 활동에 참여하는 사람들이 즐거움과 가치를 느끼면 자신의 인지도와 함께 정치적 입지가 강화된다고 믿는다. 따라서 정부나 정치인들은 각종 스포츠를 지원하거나 개최하고 자신이 열렬한 스포츠팬임을 자처하기도 하며, 사회적 비중이 높은 중요 대회에 참석하고자 노력한다.

⑦ **지배 이데올로기에 부합하는 가치·성향의 강조** : 스포츠는 목표달성 및 성공을 최대 덕목으로 여기기 때문에 훈련과정에서 구성원의 인내심과 집단에 대한 충성심, 근면 등을 강조한다. 이러한 가치는 현대 자본주의 사회의 질서유지에 필수적이기 때문에, 정부는 스포츠를 이용하여 이러한 태도와 성향을 고취시킨다. 국가적인 스포츠 영웅을 양성하고 환대함으로써 그들이 얼마나 힘든 과정을 인내했으며, 이를 극복함으로써 어떤 성취를 이룰 수 있었는지를 면밀히 전시해 국민들로 하여금 이러한 가치를 자연스럽게 받아들이도록 한다. 이를 통해 대중들은 사회적 모순에 주목하는 대신 열심히 하면 누구나 성공할 수 있다는 성공 이데올로기를 내면화하게 된다.

OX문제

경기규칙의 선진화는 국가가 스포츠에 개입하는 원인에 해당되지 않는다. (○, ×)

정답 ○

(1) 국제정치에서 스포츠의 역할

① 국가 이데올로기의 우월성 입증

㉠ 국제사회를 형성하는 각 국가는 이데올로기의 우월성을 입증하기 위하여 다양한 제도를 도구적 수단으로 활용하기에 이르렀다.

㉡ 스포츠는 본래 상징적 현재성이 뚜렷하고 경쟁의 결과가 확연하다는 측면에서 이데올로기의 우월성을 입증할 수 있는 도구적 가치의 효용성을 인정받았고, 이를 통해 스포츠가 국제사회의 중요한 관심사로 부각되었다.

㉢ 조직화된 스포츠는 국가 간의 다양한 정치적, 이데올로기적 차이점에도 불구하고 스포츠 경기에 참가한 국가 간의 친선을 도모하고 유대를 강화하는 역할을 한다.

② 정치현상으로서의 국제 스포츠

㉠ 정치적 도구로서, 국가 간 교류와 외교관계의 기틀을 마련한다.

㉡ 국내문제 반영의 사회·정치적 반사경이 된다.

㉢ 국가선전의 장이 된다.

㉣ 국가 침략적 공격성을 배출한다.

㉤ 국가 경쟁력 공개의 장이 된다.

㉥ 민족주의의 진원이 된다.

(2) 국제정치에 있어서 스포츠의 이용

① **외교적 도구** : 국제 수준에서 스포츠를 이용하는 가장 보편적인 방법은 외교적 승인이다. 오늘날에는 어느 한 국가가 다른 국가와 스포츠 경기를 하게 되면 공식적 외교관계가 성립되어 있지 않더라도 양국 및 해당 정부를 승인한 것으로 인정된다. 역으로 특정 국가와의 스포츠 교류를 거절하거나 그 나라의 운동선수에게 비자 및 여행문서 발급을 거부함으로써 스포츠 참가를 인정하지 않는 행위는 외교적 단절과 동등한 의미로 해석된다.

② **이데올로기 및 체제 선전의 수단** : 국제 스포츠에서의 경쟁은 승자와 패자를 가늠하는 스포츠의 경쟁 원리에 입각하고 있다는 점에서, 특정 정치 체제의 입지를 강화하기 위한 대리전적 성격을 지닌다. 또한 국제 경기에서의 승리는 특정 정치 체제의 우월성을 입증하는 증거가 된다. 따라서 정치적 적대국 간의 스포츠 경기는 특정 정치체제를 대표하는 신체적 기량의 공개심판대를 제공한다고 말할 수 있다.

③ **국위선양** : 운동선수와 국가 간의 동일시는 특정국가로 하여금 세계의 매스컴에 자연스럽게 명성을 떨칠 수 있는 기회를 제공한다. 올림픽과 국제대회에서의 승리는 즉각적인 갈채와 국제적 신망 그리고 지위를 보장한다.

기출 POINT

국제정치에서 스포츠의 기능 23

• 국위선양 : 2002년 한일월드컵 4강 진출로 대한민국이 축구 강국으로 인식

• 외교적 항의 : 1980년 모스크바올림픽에서 서방 국가들의 보이콧 선언

• 정치이념 선전 : 1936년 베를린올림픽에서 나치즘의 정당성과 우월성 과시

평창 동계올림픽에서 남북한 여자 아이스하키 단일팀이 구성되었다. 이를 계기로 남북 정상회담이 성사되는 등 그동안 중단되었던 남북교류가 다시 활성화되었다. 국제정치에서의 스포츠 역할 중 외교적 친선 및 승인의 사례로 볼 수 있다.

외교적 항의의 사례 17 22
• 남아프리카공화국의 인종차별정책에 반대하는 많은 국가들이 남아프리카공화국에서 개최된 국제대회에 불참하였다.
• 구소련의 아프가니스탄 침공을 문제 삼아 미국을 비롯한 서방국가들이 1980년 모스크바올림픽 경기대회에 불참하였다.

④ **국제 이해 및 평화** : 스포츠는 상호 교류 및 신뢰를 증진시킴으로써 모든 인류를 한곳으로 모을 수 있는 세계 공통어다. 국가와 문화를 초월한 스포츠 경쟁은 특정 개인으로 하여금 광범위한 세계관을 형성시켜 줌으로써 자국 우월주의나 민족 중심주의와 같은 극우 집단의 배타적 적대사상을 퇴치시키는 데 기여한다. 게다가 국가 간 상호작용을 통하여 국제 이해, 친선 및 평화를 증진하는 데 스포츠가 긍정적인 공헌을 할 수 있다.

⑤ **외교적 항의** : 특정 국가가 자국의 이익에 위배되는 행동을 하거나 위협을 가한 국가에 대하여 외교적으로 항의할 경우 극심한 외교적, 통상적, 정치적 피해를 입게 된다. 그러나 스포츠를 통하여 이와 같은 항의를 전달할 경우, 직접적인 피해나 손해를 입지 않고도 외교적 목적을 달성할 수 있다.

⑥ **갈등 및 전쟁의 촉매** : 오늘날 국제적으로 유명한 운동선수는 국가가 보유하고 있는 핵무기처럼 여겨지고 있어 국가의 중요한 외교적 정치 수단이 되고 있다. 그리하여 스포츠는 '우정으로 무장한 전쟁' 또는 '무기 없는 전쟁'으로까지 불리기도 한다. 스포츠를 통하여 의도적으로 갈등을 분출하고자 하는 정부는 거의 존재하지 않지만, 그럼에도 불구하고 국가 간의 갈등은 스포츠 현장에 언제나 존재하며 예기치 않게 발생한다.

개념 플러스

스포츠 세계화와 민족주의
• 냉전시대에는 국가 간의 대립으로 인하여 자국 정치체제의 우월성을 강조하기 위한 수단으로 스포츠를 이용하였고, 이 과정에서 민족주의적 요소가 강조되었다.
• 민족주의로 인하여 스포츠가 국가 간 경쟁의 성격을 지니게 되었다. 스포츠가 국가전의 형태를 취하게 되면서 다양한 나라가 스포츠 메가이벤트에 참가하게 되었고, 이는 곧 스포츠 세계화로 이어졌다.
• 제국주의 시대에 피지배 집단은 스포츠 경기를 자신들의 민족적 자존감과 정체성 강화에 활용하고자 노력하였으므로, 민족주의가 강화되었다고 할 수 있다.
• 스포츠에 내재된 민족주의적 속성은 다국적 기업의 세계화 전략에 중요한 자원으로 활용되고 있다.

OX문제

1. 국제 이해와 평화는 국제정치에서 스포츠의 역할과 거리가 멀다. (○, ×)

2. 구소련의 아프리카 침공을 문제 삼아 미국 등 서방국가들이 모스크바올림픽에 불참한 것은 스포츠가 체제 선전의 수단으로 쓰인 경우이다. (○, ×)

정답 1 (×), 2 (×)

(3) 올림픽과 정치

① **올림픽의 이념** : 인류의 번영과 평화추구, 상호이해, 국제 친선 증진

② **올림픽 경기의 정치화 요인**

　㉠ 민족주의의 심화(국가를 위한 충성과 헌신) : 올림픽 경기에서 민족주의가 대두된 직접적 요인은 국기게양, 국가연주, 메달 성적 발표, 팀 스포츠의 존재 등이다. 민족주의는 국가 간의 경쟁을 심화시키고 나아가 올림픽 경기에서의 정치화 현상을 유발하는 요인으로 간주되고 있으며, 민족주의적 성향의 부산물이 곧 정치적 개입임을 알 수 있다.

　㉡ 상업주의의 팽창(자국의 이익만을 추구) : 올림픽 경기는 국가 경제규모의 확대를 위한 수단으로 활용되고 있으며, 상업적 이익 추구를 위한 도구로 이용되고 있다. 고도의 상업적 이익을 위해서 스포츠를 독점하고 이를 광고 대상물로 간주하려는 상업주의 성향이 올림픽 경기를 통해서 두드러진다. 각 국가는 올림픽대회 개회식이나 시설물의 화려함과 웅대함을 주최하여 국가의 정치·경제·사회적 우월성과 동일시하고 있다.

　㉢ 정치권력의 강화·보상(국가정책의 수단) : 국가가 스포츠를 정치화하고 있는 것은 정치적 차원에서 스포츠가 국력의 과시 및 외교수단으로서 효용 가치가 크기 때문이다. 정치가 스포츠를 이용하게 된 동기에는 강력한 군사력의 육성, 이데올로기나 정치체제의 강화, 외교수단 그리고 국민총화 등과의 연계성 등이 있다. 특히 국가가 스포츠를 국제관계에 이용하려는 배경에는 스포츠가 정치체제의 강화나 외교수단을 통한 목적달성을 가능케 하는 잠재력이 있기 때문이다.

③ **올림픽 경기의 정치적 도구화**

　㉠ 현대 올림픽 경기에 있어서 정치는 스포츠의 일부분으로 일상화되었기 때문에 올림픽 경기에서 정치성을 배제하기란 거의 불가능하다. 역사적으로도 올림픽 경기에서 발생한 수많은 사건들이 국가 내외의 정치적 상황에 대한 영향력을 얻기 위해 발생하였다. 이와 같이 올림픽을 정치적 목적 달성 수단으로 이용하는 경향은 현재에도 꾸준히 이어지고 있다.

　㉡ 강대국은 자국에 유리하도록 올림픽 경기를 유도하고, 약소국은 자국의 정치적 목적의 부합성 여부에 따라 올림픽 참가 여부를 결정하기도 한다.

검은 9월단 사건 [20]

1972년 뮌헨올림픽에서 팔레스타인의 과격단체 '검은 9월단' 소속 테러리스트 8명이 이스라엘 선수단 숙소를 습격해 선수 2명을 살해하고 9명을 인질로 잡은 사건. 이후 진입과정에서 테러리스트 5명과 인질 전원이 사망함

④ 올림픽 경기의 개선방안

　㉠ 올림픽의 제도 및 운영 : 타국선수와 혼합 입장이나 종목별 입장, 올림픽기 · 올림픽가 · 국가유니폼 폐지, 개인 메달 집계만 발표

　㉡ 상업주의 대안 : 경기규모 간소화, 단체경기 배제와 참가자수 제한

　㉢ 정치성 배제 : 개최지를 중립적 장소와 개발 도상국으로 한정

⑤ 역대 올림픽 경기에서 정치가 영향을 미친 사례

대 회	사 건
1896년 아테네올림픽	• 지중해와 에게해에서 터키의 침략정책을 저지하려는 그리스의 정치의도가 개입됨
1920년 앤트워프올림픽	• 세계대전을 일으킨 독일, 오스트리아, 터키의 불참 • IOC 기구 및 조직에 대한 서방국가와의 견해차이로 소련 불참
1936년 베를린올림픽	• 히틀러 정권이 나치 선전의 장으로 이용
1948년 런던올림픽	• 제2차 세계대전 후 동유럽을 병합하려는 소련과 이를 저지하려는 미국, 영국, 프랑스 등 서방세력 간의 정치적 갈등의 장
1956년 멜버른올림픽	• 소련의 헝가리 침공에 대한 항의로 스페인, 네덜란드, 스위스 등 서방국가 불참
1964년 도쿄올림픽	• 1962년 아시안게임 개최 시 대만과 이스라엘 선수단의 비자발급을 거부하고 초청하지 않았다는 이유로 인도네시아 불참
1972년 뮌헨올림픽	• 검은 9월단 사건 발생 • 남아프리카공화국의 인종차별정책과 로디지아의 백인 소수 지배체제에 반대하는 아프리카국들의 대회 불참
1976년 몬트리올올림픽	• 뉴질랜드 럭비팀의 남아프리카공화국 원정경기에 항의하면서 뉴질랜드의 올림픽 참가를 저지하기 위해 아프리카국들이 대회에 불참
1980년 모스크바올림픽	• 소련의 아프가니스탄 침공에 대한 미국의 정치적 대응으로 미국을 비롯한 서방국가들의 대회 불참
1984년 LA올림픽	• 소련과 소련의 보이콧 주장에 동조한 공산진영 13개국 불참

03 스포츠와 경제

KeyPoint

- 스포츠가 상업화된 과정에 대해 설명할 수 있다.
- 스포츠 상업화로 인해 발생한 스포츠의 변화에 대해 사례를 들어 설명할 수 있다.
- 프로스포츠와 스포츠 메가이벤트의 상업적 기능과 경제적 가치를 설명할 수 있다.

01 상업주의와 스포츠의 변화

(1) 상업주의 스포츠 출현의 사회적 조건

① 자본주의적 시장 경제 체계 : 스포츠와 관련된 경제적 보상체계가 발달하였다.

② 인구 밀도가 높은 대도시 : 스포츠와 관련하여 흥행 가능성이 높아졌다.

③ 자본의 집중 : 대단위 체육시설의 유치 및 유지가 용이해졌다.

④ 소비문화의 발전 정도 : 스포츠를 통한 소비가 촉진되었다.

(2) 스포츠의 본질 변화

① 아마추어리즘의 퇴조

㉠ 아마추어리즘이란 스포츠 자체를 위하여 신사적으로 경기에 임하고 스포츠를 애호하는 페어플레이 정신이자, 물질적인 이익을 추구하지 않고 공명정대한 방법으로 경기규칙을 준수하는 마음의 자세라 할 수 있다.

㉡ 아마추어리즘은 시대 변천에 따른 국가주의와 상업주의의 대두, 금전적·물질적 이익을 추구하는 프로스포츠의 발달로 퇴보하기 시작하였다. 현재에 이르러서는 행위의 결과를 중시하고 외면적 보상을 추구하는 생계유지 수단으로서의 스포츠가 강조되고 있다.

㉢ 아마추어리즘의 퇴조는 올림픽 경기에서 조직의 비대화, 경기의 과열, 상업화의 신장, 정치의 개입 등으로 더욱 두드러지게 나타나고 있다.

기출 POINT

상업주의 스포츠 출현 및 발전의 사회·경제적 조건 18

- 스포츠기반시설 구축을 위한 거대 자본
- 인구가 밀집되어 있는 도시
- 자본주의적 시장경제 체제

현대 스포츠의 발전에 영향을 미친 요소 19

- 산업의 고도화 : 스포츠용품의 대량 생산체계가 갖춰지고 용기구가 표준화
- 교통의 발달 : 수송체계가 원활해지면서 다양한 스포츠 행사가 개최
- 통신의 발달 : 정보 유통이 원활해져 스포츠저널리즘이 발달

OX문제

1. 아마추어리즘의 퇴조는 상업주의로 인한 스포츠의 변화에 해당된다. (○, ×)

2. 상업주의 스포츠가 출현하기 위해서는 스포츠기반시설을 구축하기 위한 막대한 자본이 필수적이다. (○, ×)

정답 1 (○), 2 (○)

기출 POINT

스포츠의 상업화로 인한 변화
17 20 21 22 23
• 스포츠 규칙 변화(관중의 흥미 극대화)
• 아마추어리즘 퇴조, 프로페셔널리
  즘 추구
• 스포츠조직의 세계화

**코클리(J. Coakley)의 상업주의
에 따른 스포츠의 변화** 23
• 스포츠 조직의 변화 : 스포츠 조직은
  경품 추첨, 연예인의 시구와 같은 의
  전행사에 관심을 갖게 되었다.
• 스포츠 목적의 변화 : 아마추어리즘
  보다 흥행에 입각한 프로페셔널리
  즘을 추구하게 되었다.

② 스포츠의 직업화
　㉠ 스포츠를 생계유지 수단의 방편으로 선택하는 경향은 자본주의의 발달과 밀접한
　　관련을 맺고 있는 현대산업사회에서 대두된 현상이다.
　㉡ 스포츠활동을 본업으로 삼고 있는 직업 스포츠인은 금전적 이익을 위해 스포츠에
　　참여하고 있으며 어떠한 형태로든 보수를 지급받는다. 그들은 보수를 지급하는 고
　　용자의 뜻에 따르는 종업원이며, 그들에게 스포츠란 즐거움이기보다는 하나의 직업
　　일 뿐이다.
　㉢ 한편으로, 스포츠가 직업화되고 상업화됨으로써 하류계층 출신의 사람이라도 강인
　　한 체력과 고도의 신체기능을 바탕으로 스포츠를 통한 상승적 사회이동을 성취할
　　수 있는 기회가 주어지고 있다.

(3) 상업주의에 의한 스포츠의 변화

① 스포츠의 구조
　㉠ 결승전 경기시간 조정, 광고시간 삽입, 경기팀 조정, 규칙개정, 도박심리 유도, 지
　　명타자 제도 등 스포츠의 규칙이 변화된다.
　㉡ 상업주의 영향에도 스포츠의 기본 구조는 유지되고 있다.
② 스포츠의 내용
　㉠ 스포츠의 비본질적 요소를 중시하여 득점과 승리만을 추구한다.
　㉡ 전시효과를 추구한다.
　㉢ 심미적 가치보다 영웅적 가치가 선호받고 있다.
③ 스포츠의 조직
　㉠ 대중매체, 팀 구단주, 후원자 등의 지원으로 스포츠 이벤트가 개최되어, 스포츠 경
　　기의 쇼(Show)화가 발생한다.
　㉡ 개폐회식 이전과 예산확보를 위한 스포츠 조직의 노력이 권장된다.
　㉢ 재정적 이익 창출을 위한 흥미적 요소를 추구하는 경향이 있다.
④ 올림픽 경기의 변화
　㉠ 올림픽 경기규모가 거대화된다.
　㉡ 기업체는 올림픽 경기를 기업 광고 수단으로 간주한다.

개념 플러스

상업주의가 스포츠에 미친 영향
• 경기 성적, 위험한 묘기 연출, 금전적 보상, 선수의 탁월성 지향 : 내면적 욕구 만족에서 외면적 욕구
  만족으로 변화한다.
• 흥미본위의 경기규칙 재정과 매체, 구단주, 후원자에 의한 흥행이 강조된다.
• 프로스포츠의 출현과 가속화가 이루어진다.
• 심미적 가치보다 영웅적 가치가 선호되지만 심미적 가치의 경시라고는 보기 힘들다.

02 프로스포츠와 상업주의

(1) 프로스포츠의 경제적 가치

① 경제적 파급효과 : 생산유발효과, 소득유발효과, 부가가치유발효과를 포함하여 스포츠를 통해 파생되는 경제적 파급효과는 직·간접적으로 높은 수익 창출 효과를 나타내고 있다.

② 수입원 : 프로스포츠 구단들의 수입원은 크게 방송중계권료, 광고관련 수입, 경기입장료, 스폰서십, 라이선싱 수입 등이 있으며, 해당 스포츠와 특정 구단의 인기도와 비례한다.

(2) 프로스포츠의 사회적 기능

① 프로스포츠의 순기능

㉠ 일반 국민에게 흥미 거리를 제공하여 개인의 여가 선용뿐만 아니라 스포츠 참여의 확산, 사회적 긴장 해소 등 생활의 활력소 역할을 수행한다.

㉡ 대다수의 프로스포츠 팀은 특정 지역을 연고지로 하고 있다. 지역을 대표하는 팀의 존재로 인하여 해당 지역주민의 공동체 의식이 유발되고, 지역경제가 활성화되어 지역 사회의 발전을 이루는 기회를 제공한다.

㉢ 프로스포츠는 아마추어 선수에게 장래의 진로 개척과 함께 미래에 대한 희망을 지니게 함으로써 선수의 사기상승에 도움을 주는 것은 물론, 아마추어 스포츠를 활성화시키는 역할을 한다.

㉣ 인기 프로스포츠는 대중으로 하여금 경기에 대한 이해를 높이고, 대중들의 호기심을 자극하여 직접 스포츠 참여를 유도하는 등 스포츠의 대중화에 기여한다.

② 프로스포츠의 역기능

㉠ 스포츠의 내면적 만족보다 외형적인 이익을 중시하여 아마추어리즘을 퇴색시키고, 물질 만능주의에 빠지게 만든다.

㉡ 대중을 특정 종목 몇 가지에만 몰입하도록 유도하여 이들로부터 주목받지 못하는 비인기 종목에 대한 대중들의 무관심을 불러일으키고, 종목 간 불균형을 초래하여 동일 종목에서 아마추어 스포츠의 토대를 무너뜨리기도 한다.

㉢ 한국사회에서 경마, 경정, 경륜과 같은 일부 종목의 경우 합법적인 도박의 기회를 제공하여 국민의 사행심을 조장할 뿐만 아니라 게임조작이나 불법적인 행동을 유발하기도 한다.

(3) 프로스포츠에서 시행되는 제도

① **보류 조항(Reserve Clause)** : 구단이 소속팀 선수의 재계약 권리를 독점적으로 가지는 제도
② **웨이버 조항(Waiver Rule)** : 구단이 시즌 중 소속 선수와의 선수 계약을 해지하거나 포기하고자 하는 경우 다른 구단에게 당해 선수 계약을 양수할 기회를 주는 제도
③ **선수대리인(Agent)** : 운동선수가 운동에 전념할 수 있도록 계약상에서 공식적으로 선수를 대리하여 연봉협상, 이적 등 선수의 계약권을 대행하는 대리인
④ **자유계약(Free Agent)** : 계약기간이 끝난 선수가 자유롭게 다른 구단과 계약할 수 있는 제도
⑤ **샐러리 캡(Salary Cap)** : 한 팀 선수들의 연봉 총액을 제한하는 제도(팀 연봉 총액 상한제)
⑥ **래리버드룰(Larry Bird Rule)** : 베테랑 선수가 재계약할 경우 샐러리 캡을 초과할 수 있는 제도
⑦ **최저연봉제(Minimum Annual Salary System)** : 선수들의 기본적인 생활을 보장하기 위해 연봉에 하한선을 두는 제도
⑧ **드래프트(Draft)** : 신인 선수를 모아 순번대로 구단에서 선수를 선택해 계약할 것을 정하는 것으로, 유명 구단의 신인 선수 독점과 계약금 인상 경쟁을 막기 위한 제도
⑨ **트레이드(Trade)** : 구단에서 선수를 바꾸는 이적 제도
⑩ **퀄리파잉 오퍼(Qualifying Offer)** : 메이저리그 구단이 계약이 만료된 선수에게 연봉협상을 거치지 않고 메이저리그 상위 연봉 선수 125명의 평균치를 연봉으로 하여 제안하는 1년 계약안

03 스포츠 메가이벤트의 경제

(1) 스포츠 메가이벤트의 효과

① **경제부문의 효과** : 스포츠의 경제적 효과는 직·간접효과와 유발효과로 구분할 수 있다. 직접효과는 관광객의 소비 지출과 스포츠 시설 및 인프라에 대한 투자지출로 인해 해당 산업 내에서 직접적으로 발생하는 경제적 효과를 말한다. 간접효과는 대회시설 건설 등 대회 관련 투자와 관람객 및 여행객들의 소비로 인해 관련 산업에서 부가적으로 발생하는 경제적 효과다. 구체적으로 대회 개최를 위한 투자로 인해 대회 관련 산업에서 고용 유발효과, 생산 유발효과, 부가가치 유발효과의 형태로 나타난다.
  ㉠ 고용 유발효과 : 특정한 경제활동을 위해 필요한 신규 일자리 확대
  ㉡ 생산 유발효과 : 특정한 경제활동이 가져오는 부가적인 생산활동 창출
  ㉢ 부가가치 유발효과 : GDP(국내총생산)의 증가
  ㉣ 기타 효과 : 수출증대 효과, 관광수입 효과, 지역경제 활성화 등

② **사회부문의 효과** : 국가와 지역에 대한 국민들의 자부심 증가와 이로 인한 국민 통합과 결속의 효과가 있다. 그 외에도 글로벌 시장에서 제조업 및 관광산업을 비롯한 개최국 기업들의 인지도 및 인식이 향상된다. 또한 개최 국가와 도시의 이미지 향상, 교통, 문화, 사회기반시설 등 사회적 기초 인프라 구축을 통한 삶의 질 향상과 같은 다양한 효과를 발생시킨다.

개념 플러스

국제 스포츠대회의 효과

경제부문과 사회부문에 걸쳐 발생한다. 대회 개최국과 개최 도시에서의 대규모 투자와 외국인 관광객들을 포함한 관람객들의 광범위한 소비 지출로 인해 경제적 효과를 발생시킬 수 있고, 국민통합, 지역사회 자긍심 구축, 관광산업의 발전 등 다양한 사회적 효과가 유발된다.

---

(2) 스포츠 메가이벤트의 경제적 가치

① 스포츠 메가이벤트가 막대한 수익을 창출할 수 있는 이유는 4년에 한번 열리는 대회의 희소성과, 스포츠 메가이벤트를 지켜보는 시청자의 범위가 특정 국가가 아닌 전 세계로 광범위하여 미디어와 다국적 기업의 적극적인 참여를 유도할 수 있기 때문이다.

예 흑자를 기록한 대표적 사례 : 1984년 LA올림픽, 1992년 바르셀로나올림픽, 1994년 미국월드컵, 1998년 프랑스월드컵 등

② 메가이벤트 개최로 인해 경제적으로 적자를 보는 경우도 많다. 이는 인프라 구축을 위한 중복투자, 과잉투자 및 사후시설관리 등의 문제가 경제적 손실로 이어지기 때문이다.

예 적자를 기록한 대표적 사례 : 1976년 몬트리올올림픽, 1988년 캘거리동계올림픽, 2000년 시드니올림픽 등

③ 올림픽과 월드컵의 중계권료는 매 대회마다 큰 폭으로 상승하고 있지만, 거대자본을 소유한 다국적 기업들은 주저하지 않고 올림픽과 월드컵의 공식 스폰서가 되기 위해서 막대한 자본을 지불하고 있다.

④ 올림픽에서 스폰서십(Sponsorship)을 시행함으로써 IOC는 기업으로부터 금전 및 물자를 제공받고, 기업은 자사제품 광고 및 홍보에 올림픽 공식 로고와 휘장을 사용할 수 있는 권한을 얻는다.

OX문제

올림픽 같은 스포츠 메가이벤트는 항상 막대한 수익을 창출한다. (O, ×)

정답 ×

04 스포츠와 교육

기출 POINT

학교 내 통합 사례 17
미래중학교는 학생 상호간, 학생과 교사 간 교류가 줄어들면서 '우리'라는 공동체의식을 형성하지 못한 채 갈등을 겪고 있다. 미래중학교는 이러한 문제를 해결하기 위해 스포츠를 적극 활용하려고 한다.

사회선도 17 22
• 여권신장 : 남녀평등의 가치를 실현시킬 수 있도록 사회 전반에 대환 관심을 환기시킴
• 평생체육과의 연계 : 평생 동안 즐길 수 있는 신체활동 지식을 전수함
• 장애인의 삶의 질 향상 : 장애인이 원만한 사회생활을 하도록 도움

KeyPoint
• 스포츠의 교육적 순기능에 대해 사례를 들어 설명할 수 있다.
• 스포츠의 교육적 역기능에 대해 사례를 들어 설명할 수 있다.
• 한국 학원스포츠의 문제점과 개선방안에 대해 설명할 수 있다.

01 스포츠의 교육적 기능

(1) 스포츠의 교육적 순기능

① 전인교육
  ㉠ 학업 활동 격려 : 스포츠에 참여함으로써 학업 활동에 충실해지거나 흥미를 유발할 수 있다.
  ㉡ 사회화 촉진 : 사회화를 주관한다(목표도전, 스포츠맨십, 팀워크 등 학습).
  ㉢ 정서 순화 : 스포츠에서 경험하게 되는 공정한 경쟁은 개인을 도덕적으로 성숙시켜 사회적으로 유용한 인간으로 형성시키는 수단이 되는데, 특히 스포츠 경쟁에서의 성공 경험은 사회 적응력에 큰 영향을 미친다.

② 사회통합
  ㉠ 학교 내 통합 : 스포츠는 학교에 공동 목표를 제공하여 학교를 학생의 일부분으로 또는 학생을 학교의 일부분으로 만들어 교내의 모든 사람들에게 '우리'라는 공동체의식을 형성시킨다.
  ㉡ 학교와 지역사회 통합 : 스포츠를 통해 학교는 지역사회 생활의 일부가 되기도 하며, 일부 지역에 존재하고 있는 '학교와 주민' 사이의 이해 부족이 해소되기도 한다.

③ 사회선도
  ㉠ 사회 진출기회를 통한 여권 신장 : 스포츠는 남녀 평등의 가치를 실현시킬 수 있도록 사회 전반에 대한 관심과 기회를 증대시킨다.
  ㉡ 장애인 적응력 배양 : 장애인의 스포츠활동은 국민으로서 보장된 기본 권리이며, 스포츠는 이들이 원만한 사회생활을 영위할 수 있게 한다.
  ㉢ 평생 체육의 기반 조성 : 교육 제도 내에서의 스포츠는 참가자는 물론 일반 학생에게 평생 동안 즐길 수 있는 신체활동의 유형이나 실천 방법과 더불어 기능, 지식, 태도 등을 전수함으로써 미래의 삶을 보다 가치 있게 향유토록 한다.

OX문제

스포츠를 통해 공동체의식을 형성하고 학교 내 갈등을 해결하고자 하는 것은 스포츠의 학교 내 통합 기능을 활용한 것이다. (○, ×)

정답 ○

(2) 스포츠의 교육적 역기능

① 교육 목표의 훼손

㉠ 승리지상주의 : 노동의 형태로 스포츠 가치가 변질되고 과도한 경쟁이 유발된다.

㉡ 일반 학생의 참가기회 제한 : 엘리트의식을 조장한다.

㉢ 성차별의 간접교육 : 교육에 있어서 성별에 따른 상이한 역할 기대나 운동부 여성 감독의 부재는 성차별을 간접교육하는 역기능을 유발할 수 있다.

② 부정행위 조장

㉠ 스포츠의 상업화 : 운동선수의 숙식비, 학비를 지원하면서 학교 명성과 경제적 이익을 창출한다.

㉡ 위선과 착취 : 성적 위조, 학교경영 수단으로 운동선수를 이용하면서 선수 스스로가 제도에 대한 개인적 무기력을 경험하게 된다.

㉢ 일탈 조장 : 승리지상주의로 인해서 선수의 부정 출전과 약물 복용 등이 발생한다.

③ 편협한 인간육성

㉠ 독재적 코치 : 코치의 무조건적 복종 강요로 인하여, 선수들은 독립된 성인으로 성장할 수 있는 기회를 박탈당한다.

㉡ 비인간적 훈련 : 선수는 학교의 목적 달성을 위한 도구로 전락하여 인간성을 상실한다.

기출 POINT

스포츠의 교육적 역기능
15 18 21 23

• 교육목표의 결핍
• 부정행위 조장
• 편협한 인간 육성
• 승리지상주의
• 학원스포츠의 상업화
• 일탈과 부정행위
• 학업에 대한 편법과 관행
• 참여기회의 제한
• 비인간적 훈련

OX문제

1. 학교 내 통합에 대한 기여는 스포츠의 교육적 기능에 해당된다.
(○, ×)

2. 스포츠가 성, 연령, 계층과 관계없이 사회적 소통을 촉진하는 것은 사회통합 기능과 관련이 있다.
(○, ×)

3. 학교의 명성을 높이기 위해 메달을 따는 조건으로 학생에게 장학금 형태의 학비 보조, 학업성적 보장을 해주었다면, 이는 승리지상주의의 폐단으로 볼 수 있다.
(○, ×)

4. 결과만을 중시하고 항상 승자의 시각에서 보도하는 것은 개인주의 이데올로기가 내포된 것이다.
(○, ×)

정답 1 (○), 2 (○), 3 (○), 4 (×)

학생선수들은 교실공간과 분리되어 합숙소와 운동장에서 주로 생활하며 그들만의 공동체 문화를 만들어 간다. 또한 그들만의 동질감을 바탕으로 끈끈한 인간관계를 맺지만, 일반학생들과는 이질화되고 있다.

학원스포츠의 개선방안 16 18

• 학교스포츠클럽 육성
• 운동부 지도자 처우 개선
• 공부하는 학생선수 육성
• 주말리그제 시행
• 학교운동부 운영 투명화
• 최저학력기준 설정

02 한국의 학원스포츠

(1) 학원스포츠의 문제

① 교육적 적합성의 의심

ㄱ 국가 주도의 통제와 관리가 이루어진다.

ㄴ 소수로 제한된 엘리트 운동선수 육성을 중심으로 한다.

ㄷ 체육영역(생활, 학교, 엘리트) 간 불균형과 단절이 큰 문제점으로 지적된다.

② 운동선수의 학습권 박탈 : 운동선수 이후의 바람직한 사회생활의 영위를 저해할 가능성이 높다.

③ 운동부 운영에 있어서 환경적인 제약 : 예산과 시설부족, 우수지도자의 부재로 인한 학교 운동부 운영의 질이 저하된다.

④ 중·고등학교 학생선수의 저조한 학업성취

ㄱ 우리나라의 경우 학생선수 경험이 학업성취에 매우 부정적인 영향을 미치고 있다.

ㄴ 상급학교 진학을 위해서 최고의 운동실적을 요구하는 특기생제도로 인하여 학업에 충실할 수 없게 되고, 따라서 운동에 모든 힘을 쏟아 부을 수밖에 없다.

ㄷ 우리나라 체육과 운동선수에 대한 부정적인 인식으로 인해 학업성취 능력이 우수한 학생들의 경우 학생선수의 경험을 거부하게 되는데 이는 부모의 영향이 크다.

ㄹ 학생의 신분으로 학업성취를 위해 노력하도록 격려하고 제도적으로 뒷받침해줘야 함에도 불구하고 이를 그냥 방치하고 있다. 이는 학생선수들로 하여금 수업결손을 당연하다고 인식하게 만들어 점점 더 학업성취에 대한 의욕을 상실하도록 한다.

(2) 학원스포츠의 개선방안

① 학생선수의 학습권 보장

ㄱ 중·고등학교 학생선수는 학생의 신분으로서 학습할 권리가 있다. 또한 바람직한 사회생활을 위한 준비를 위해서 학습권은 지켜져야 한다.

ㄴ 학습권 보장을 위한 제도

• 최저학력제 : 최저학력 기준을 정하고, 기준미달 학생선수는 각 학교의 세부지침에 따라 대회참가를 제한받을 수 있는 제도이다. 선수들은 의무적으로 기초학력 보장 프로그램에 참여해야 한다.

• 학력증진 프로그램 : 다양한 학력증진 프로그램을 제공하여 학생선수의 실질적 기초학력을 확보하고, 공부와 운동을 병행하는 학생선수 상을 정립한다.

② 학교스포츠클럽 육성 : 생활체육, 학교체육, 엘리트체육 간에 불균형과 단절을 극복할 수 있는 방안을 모색한다.

③ 운동부 운영의 제약을 극복할 방안 : 운동부 운영을 투명화하고, 지도자 처우 개선 및 체육수업 관련 예산과 체육 시설 확충에 힘쓴다.

1. 학생선수의 학습권 제한은 학원스포츠의 문제점에 해당되지 않는다. (O, X)

2. 학원스포츠의 개선방안으로 공부하는 학생선수의 육성과 운동부지도자의 처우개선을 들 수 있다. (O, X)

3. 학원스포츠를 개선하기 위해 최저학력제를 시행하고 주말리그제를 폐지해야 한다. (O, X)

정답 1 (X), 2 (O), 3 (X)

05 스포츠와 미디어

16 22

KeyPoint

- 스포츠가 미디어에 미친 영향에 대해 사례를 들어 설명할 수 있다.
- 미디어로 인해 스포츠에서 발생한 변화에 대해 사례를 들어 설명할 수 있다.
- 스포츠저널리즘과 미디어 윤리에 대해 설명할 수 있다.

01 스포츠와 미디어의 이해

(1) 맥루한(McLuhan)의 매체 이론

① 이론의 가정

    ㉠ 매체 영향력의 결정 요소는 매체 자체의 정의성, 수용자의 감각 참여성과 감각 몰입성 등이 있다.

    ㉡ 매체의 영향력 구분 조건으로는 매체 자체가 지니고 있는 정의성의 상태, 매체를 수용하는 수용자의 수용방법 등이 있다.

개념 플러스

스포츠 미디어의 유형과 특성

신문·잡지·라디오·영화와 같은 매체들은 그 자체가 높은 정의성을 지니고 있기 때문에 이들은 매체 수용자에게 낮은 감각의 참여와 몰입을 요구하게 되는 반면, TV·만화 같은 매체들은 그 자체가 낮은 정의성을 지니고 있으므로 이를 받아들이는 매체 수용자에게 높은 감각의 참여와 몰입을 요구하게 된다. 이와 같은 사실을 토대로 맥루한(McLuhan)은 매체 그 자체의 정의성과 수용자의 감각 참여성, 감각 몰입성을 기준으로 하여 매체를 핫 매체(Hot Media)와 쿨 매체(Cool Media)로 구분하였다.

---

② 매체의 유형

    ㉠ 핫 매체 : 수용자의 낮은 감각 참여와 낮은 감각 몰입성으로 수용되는 매체이다.

        - 문자시대에 적합하다.
        - 일시적 전달보다 장시간 개별적 수용에 적절하다.
        - 메시지가 높은 정의성과 논리성을 가지고 있다.
        - 신문, 잡지, 라디오, 화보, 영화 등이 있다.

기출 POINT

맥루한(McLuhan)의 매체 이론
16 22

핫 매체스포츠	쿨 매체스포츠
• 정적인 스포츠	• 동적인 스포츠
• 높은 정의도	• 낮은 정의도
• 낮은 몰입 수준	• 높은 몰입 수준
• 수영, 야구, 테니스 등	• 축구, 핸드볼, 농구 등

OX문제

1. 스포츠미디어의 유형에서 인터넷, 모바일 기기, 비디오 게임은 모두 같은 유형이다. (O, ×)

2. 축구와 핸드볼은 맥루한(M. McLuhan)의 매체이론 중 핫(Hot) 매체 스포츠에 해당된다. (O, ×)

정답 1 (O), 2 (×)

  ㉡ 쿨 매체 : 수용자의 높은 감각 참여와 높은 감각 몰입성으로 수용되는 매체이다.
    - 전자시대에 적합하다.
    - 복잡한 정보의 제한적 제공이 이루어진다.
    - 매체 자체의 정의성이 낮고 즉흥적·비논리적·일시적이다.
    - TV, 만화, 인터넷 등이 있다.
③ 매체 스포츠의 유형
  ㉠ 핫 매체 스포츠
    - 정적인 스포츠이며, 선수의 행동반경이 좁다.
    - 경기의 정의도가 높으며, 수비와 공격의 구분이 쉽다.
    - 낮은 몰입 수준을 요구한다.
    - 수영, 야구, 태권도, 검도, 육상 등
  ㉡ 쿨 매체 스포츠
    - 동적인 스포츠이며, 선수의 행동반경이 넓다.
    - 경기의 정의도가 낮으며, 수비와 공격의 구분이 어렵다.
    - 높은 몰입 수준을 요구한다.
    - 농구, 축구, 핸드볼 등

(2) 대중매체 이론
① 개인차 이론
  ㉠ 대중매체가 관람자의 개인적 특성에 호소하는 메시지를 제공하여 개인의 욕구 충족을 제공한다.
  ㉡ 정보의 기능 : 대중매체는 게임의 과정에 대한 지식, 게임의 결과에 대한 지식, 그리고 경기자와 팀에 대한 통계적 지식을 제공해 준다.
  ㉢ 각성적·정의적 기능 : 대중매체는 흥미와 흥분을 제공해 준다.
  ㉣ 통합적 기능 : 대중매체는 타 사회집단과 친화할 수 있도록 하고 다른 관중과 사회적 경험을 공유하게 하며 공동체 의식을 갖게 한다.
  ㉤ 도피적 기능 : 대중매체는 불안, 초조, 욕구불만, 좌절 등의 감정을 정화해 준다.
② 사회범주 이론
  ㉠ 미디어의 영향력이 서로 다른 하위집단의 구성원에게 획일적으로 미치지 않을 수 있다는 것을 가정하는 디 플로어(M. de Fleur)의 이론이다.
  ㉡ 스포츠 소비 형태 및 변화가 연령·성·사회계층·교육수준·결혼 여부에 따라 차이가 있다는 사실을 근거로 하고 있다.
③ 사회관계 이론
  ㉠ 비공식적 사회관계는 개인이 대중매체의 메시지에 대해 반응하는 태도를 수정하게 하는 데 중요한 역할을 한다.
  ㉡ 개인의 대중매체 스포츠 소비 유형은 다른 사람의 가치와 행동에 의해 다양하게 영향을 받는다.

④ 문화규범 이론
  ㉠ 대중매체는 현존하는 사상이나 가치를 선택적으로 제시하며 강조한다.
  ㉡ 개인의 대중매체 스포츠 소비 유형은 스포츠 취급 양태에 따라서 다양하게 영향을 받는다.

(3) 스포츠 저널리즘

① 저널리즘
  ㉠ 원래는 최근의 사건을 인쇄된 형태로, 특히 신문에 취재·보도하는 것을 지칭하였으나, 20세기에 라디오와 텔레비전이 등장하면서 의미가 확대되었다.
  ㉡ 최근에는 시사문제를 다루는 인쇄물과 전자 통신장비를 이용한 커뮤니케이션을 모두 포함하게 되었다.

② 스포츠 미디어
  ㉠ 저널리스트가 창조하는 스포츠 이미지와 메시지라 할 수 있다.
  ㉡ 사회의 지배적 가치를 만들어내고 독자에게 가치와 행동의 기준을 제공한다.

③ 스포츠 저널리스트
  ㉠ 스포츠 저널리스트는 올바른 가치관과 윤리의식에 기초하여 공정성과 정확성을 유지하면서 보도하여야 한다.
  ㉡ 스포츠 저널리스트는 다른 분야의 기사와는 달리 기자의 주관을 어느 정도 허용하므로 객관성이 결여된 기사를 싣는 경우도 있다.
  ㉢ 스포츠 저널리스트가 특정 선수나 코치의 개인 사생활을 의도적으로 파헤치거나 선수나 스포츠 관계자를 웃음거리로 만드는 기사를 보도하는 관행(**옐로 저널리즘**, Yellow Journalism)은 일시적으로 신문의 판매부수를 높일 수 있지만, 궁극적으로 스포츠 저널리스트의 직업적 윤리관에 어긋나는 행위로 사회적 비난을 피할 수 없다.

02 스포츠와 미디어의 상호관계

(1) 스포츠가 미디어에 미치는 영향

① 매체의 스포츠 의존도가 증대 : 스포츠의 확산에 따라 대중매체는 각종 스포츠 관련 기사를 중요하게 보도하고, 보도량 역시 증가하였다. 과거에는 스포츠 기사가 비정기적으로 보도되었으나, 최근에는 스포츠 전문 신문이 발간되고, 일간지에도 스포츠 기사의 지면이 대폭 늘어나는 등 스포츠 관련 기사의 점유율이 증가하고 있다.

기출 POINT

스포츠 저널리즘 관련 용어
17 18 23
- 옐로 저널리즘 : 특정 선수나 코치의 개인 사생활을 의도적으로 파헤치거나 선수나 스포츠 관계자를 웃음거리로 만드는 기사를 보도하는 관행
- 팩 저널리즘 : 보도에 독창성과 개성이 없고 단조로움
- 하이에나 저널리즘 : 권력 있는 사람, 정치적으로 살아 있는 사람보다 힘없는 사람, 영향력을 잃은 사람을 집중적으로 매도함
- 뉴 저널리즘 : 기존 속보성, 객관성의 관념을 거부하고, 소설의 기법을 적용하여 사건과 상황에 대한 표현을 독자에게 실감나게 전달함
- 보편적 접근권 : 국민의 관심이 높은 스포츠 경기를 무료 혹은 저렴한 비용으로 시청할 수 있는 권리

맥퍼슨(B. McPherson)의 사회관계 이론 23
- 대중매체를 통한 개인의 스포츠 소비 형태는 중요타자의 가치와 소비 행동에 영향을 받음
- 스포츠 수용자 역할로의 사회화는 스포츠에 참여하는 가족 구성원으로부터 받은 스포츠 소비에 대한 승인 정도가 중요하게 작용함

OX문제

1. 선수 개인의 사생활이나 비공식적인 내용을 중심으로 대중을 자극하고 호기심에 호소하는 흥미 위주의 스포츠 관련 보도는 옐로 저널리즘이라고 한다. (O, ✕)
2. 옐로 저널리즘을 통한 판매부수 증가는 사회적 비난을 받을 수는 있지만 스포츠 저널리스트의 직업적 윤리관에는 어긋나지 않는다. (O, ✕)

정답 1 (O), 2 (✕)

기출 POINT

스포츠가 대중매체에 미치는 영향 15 18

• 미디어 기술의 발달
• 미디어의 보급 및 확산에 기여
• 미디어에 콘텐츠를 제공

대중매체가 스포츠에 미치는 영향 15 18 20 22

• 경기규칙과 경기일정의 변경
• 스포츠 인구의 증가로 스포츠에 대한 관심 증가 및 대중화
• 스포츠의 상품화
• 스포츠 용기구의 변화, 새로운 종목의 창출

OX문제

1. 스포츠가 대중매체에 미친 영향으로 경기기술의 전문화와 표준화를 들 수 있다. (O, ×)

2. 스포츠경기 일정 조정은 스포츠가 미디어에 미치는 영향이다. (O, ×)

3. 야구의 신생팀 창단 제한은 관중 흥미 극대화를 위한 규칙의 변화에 해당한다. (O, ×)

4. 대중매체는 스포츠의 경기규칙과 경기일정을 변경시키기도 한다. (O, ×)

정답 1 (×), 2 (×), 3 (×), 4 (O)

② **스포츠 보도의 위상 향상** : 스포츠는 매체를 움직이는 힘을 지니게 되었다. 한일전 축구 경기나 프로야구 한국시리즈 같은 중요한 경기의 경우 대중매체는 황금시간대에 경기를 중계한다. 이는 스포츠 중계를 통해 많은 시청자를 확보할 수 있기 때문이다. 중요한 스포츠 경기의 경우 광고 수가 매우 많아 이를 통해 대중 매체는 경제적 이익을 도모할 수 있다.

③ **방송 기술의 발달** : 스포츠의 영향력이 확대되면서 대중매체는 관중의 욕구를 충족시켜주기 위해서 다양한 보도 기법을 개발하게 되었다. 대중매체는 클로즈업, 이중화면, 정지동작, 반복방영 등의 다양한 보도 기술을 이용하여 시청자의 취향에 맞춰 경기를 편집하고, 대형 스크린의 개발 등을 통해 스포츠를 보다 흥미롭게 연출하고 있다.

(2) 미디어가 스포츠에 미치는 영향

① **스포츠의 상품화** : 매스미디어는 스포츠를 정보화·기호화 함으로써 그 교환 가치를 증대시키고, 스포츠를 상품화하여 이를 통해 스포츠 조직은 안정된 수입을 획득하게 된다. 또한 TV중계로 스포츠의 인기가 크게 높아지면서 결과적으로 관중 동원수와 수입이 증가하게 되었다.

② **스포츠에 대한 관심과 인기증대** : TV를 통해 적은 비용으로 스포츠를 관람할 수 있게 되었다. 또한, '보는 스포츠(See Sports)'와 '하는 스포츠(Do Sports)'의 인구를 크게 증가시켰다.

③ **스포츠 규칙의 변경** : 관람자에게 호소력을 높이고 TV 프로그램의 요구에 부응하기 위해 스포츠의 룰이 변경되기도 하였다.

④ **경기 일정의 변경** : 각종 국제 경기가 경기 위주로 운영되지 못하고 TV 방영 위주로 경기 시간이 짜여지고 있다.

⑤ **스포츠 기술의 향상** : 영상자료를 이용하여 경기 내용을 반복적으로 분석 검토하여 소속팀이나 개인의 전술 및 기술 지도에 이용하는 경우가 많아지고 있다.

(3) 스포츠와 미디어의 공생관계

① 관람스포츠의 발달과 미디어 중계의 발달로, 스포츠 조직을 운영하는 데 필요한 재정을 창출할 수 있다.

② 미디어 중계의 영향으로 스포츠는 제대로 된 경기 규칙을 제정하고, 일반 대중들이 좋아할만한 새로운 종목이 신설되기도 한다.

③ 미디어를 통한 운동기술 분석의 발달로, 운동선수들의 전체적인 평균 기량이 향상된다.

④ 미디어 기술과 스포츠 중계의 편집 기법 발달로 인하여, 스포츠의 인기와 위상이 올라간다.

06 스포츠와 사회계층

KeyPoint

- 스포츠계층의 특징에 대해 설명할 수 있다.
- 계층별 스포츠 참가 유형의 차이에 대해 근거를 들어 설명할 수 있다.
- 스포츠 상황에서 발생하는 계층이동을 사례를 들어 설명할 수 있다.

01 사회계층의 이해

(1) 사회계층의 정의

① 사회계층 : 사회적 불평등의 구조적 형태로서 권력, 부, 사회적 평가 및 심리적 만족의 정도에 따라 위계질서가 사회 구성원 사이에서 서열화된 상태를 의미한다.

② 스포츠 내에서의 사회계층 : 스포츠 제도라는 특정 사회체계 내에서 성, 연령, 근력, 신장, 인성, 사회 경제적 지위, 특권, 선호도와 같은 사회적·문화적·생물학적 특성이 특정 집단이나 개인 및 종목에 차별적으로 배분됨으로써 상호 서열이 위계적 체계를 이루고 있는 것을 의미한다.

(2) 스포츠계층의 정의

스포츠라는 특정 사회제도 내에서 개인의 사회적·문화적·생물학적 특성에 따라 권력, 부, 사회적 평가, 심리적 만족 등이 특정 집단이나 개인 및 종목에 차별적으로 배분된 상호 서열의 위계적 체계를 의미한다.

(3) 스포츠계층 특성

① 사회성 : 생물학적 불평등뿐만 아니라 보다 광범위한 사회 문화적 현상을 나타내는 것으로, 스포츠라는 공동체 내에서 보수가 배분되는 방법이 스포츠 내의 규범이나 관행에 의하여 결정된다.

② 고래성 : 스포츠계층은 오래 전부터 형성되어 왔는데 한 사회의 불평등과 관련된 역사와 그 맥락을 같이한다.

③ 보편성 : 스포츠계층은 장소와 시간을 불문하고 존재하며, 그 편재성은 어디에나 존재하고 발견할 수 있는 보편적 사회문화 현상이다.

기출 POINT

스포츠에서의 사회계층 16

- 스포츠라는 사회체계 내에서 계층이 형성되는 것을 의미
- 스포츠는 상이한 계층 간의 사회적 상호작용이 가능
- 사회계층은 선호하는 스포츠 종목에 영향을 줌

스포츠계층의 특성 16

- 사회성 : 스포츠계층은 사회계층을 반영
- 고래성 : 스포츠계층은 역사발전 과정을 거치며 변천
- 보편성 : 스포츠계층은 모든 국가와 사회에 존재하는 보편적 사회문화 현상
- 다양성 : 스포츠계층은 다양한 형태로 나타남
- 영향성 : 스포츠계층은 생활기회와 생활양식의 변화에 영향을 받음

보편성(편재성)의 사례 18 23

- 스포츠는 인기종목과 비인기종목으로 구분
- 태권도, 유도는 승단 체계에 따라 종목 내 계층이 형성
- 종합격투기는 체급에 따라 대전료와 중계권료 등에 차등이 존재

④ **다양성** : 스포츠계층은 권력, 재산, 위광이 모든 사람에게 동등하게 부여될 수도 그렇지 않을 수도 있으므로 다양한 형태로 나타난다.

⑤ **영향성** : 권력, 재산, 평가 및 심리적 만족의 불평등에 의하여 나타나는 결과는 크게 생활기회와 생활양식의 변화를 들 수 있고, 그 차이는 기본적으로 사회적 배경이 비슷한 사람들끼리 교류함으로써 발생한다는 점에서 스포츠 계층과 밀접하게 관련되어 있다.

(4) 투민(M. Tumin)의 사회계층 형성 과정

① **지위의 분화**

　㉠ 사회적 지위에 따라 특정한 역할이 주어짐으로써 타 지위와 구별되는 과정을 의미한다.

　㉡ 지위의 분화는 업무가 분명히 한정되고, 역할에 대한 권한과 책임이 명확히 구분되며, 그러한 지위를 담당할 충분한 인재가 모집되고 훈련받을 수 있는 효과적인 구조가 존재할 때 발생한다.

　㉢ 각 개인이 성실하게 임무를 수행하도록 유도할 수 있고 그들이 임무에 태만하거나 최저한도의 임무 수행으로부터 이탈하지 않도록 보수를 포함한 상벌을 지니게 될 때, 지위의 분화가 가장 효율적으로 발휘된다.

② **지위의 서열화**

　㉠ 역할의 분화에 의한 지위의 상호비교가 가능하다.

　㉡ 서열화의 중요한 목적은 각 지위를 적재적소에 배치하는 것이다.

　㉢ 지위의 서열화는 개인적 특성, 개인의 기능이나 능력, 역할의 사회적 기능에 의해 이루어진다.

③ **평 가**

　㉠ 가치 유용성 정도에 따라 상이한 각 위치에 지위를 적절하게 배열하는 일이다.

　㉡ 평가의 기준은 어떠한 지위가 우수한가·열등한가, 좋은가·나쁜가, 특색이 있는가·없는가, 호의적인 여론이 있는가·없는가 등에 의해 결정된다.

　㉢ 평가는 가치 판단의 발생과 관련되어 있으며 스포츠에서는 흔히 연령, 성, 민족 집단, 사회계급을 대표하는 사회범주 사이에 불쾌한 차별이 존재하는 원인이 된다.

개념 플러스

평가의 요소

구 분	내 용
권 위	사회 구성원이 공경하는 명예
호 감	특정 역할이나 역할모방에 대한 지향점을 선택
인 기	선수, 감독이 대중의 주목을 받거나 명성을 얻고 있는 정도

④ 보수의 부여

　ㄱ 서열화된 각 지위에 대해서 사회적 희소가치의 자원이 차별적으로 배분되는 과정이다.

　ㄴ 보수는 다음의 세 가지로 구분된다.

　　• 선수나 감독의 급여나 상금과 같이 재화나 용역에 관한 권리 또는 책임을 의미하는 재산

　　• 주장의 팀 대표 권한이나 감독의 선수 선발 등과 같이 자신의 목적을 타인의 반대에도 불구하고 실현시킬 수 있는 능력

　　• 명성이나 인기 등과 같은 비물질적 보수

02 사회계층과 스포츠 참가

(1) 스포츠 참가유형의 차이

① 상류층은 중류층이나 하류층보다 스포츠 직접 참여를 선호한다.

② 스포츠 직접 참여는 시간적·경제적 여유가 보장될 때 가능하다.

③ 관람스포츠의 경우, 대중화되어 접근이 편리하고 비용이 저렴할 뿐만 아니라 TV를 통한 시청도 가능하다. 하지만 참여스포츠는 필요한 장비의 구매나 시설 이용에 많은 비용이 소요된다.

(2) 스포츠 관람유형의 차이

① 시간적·경제적 여유가 변수로 작용하기 때문에 계층 간 차이가 드러난다.

② 상류층은 경기장에서의 직접 관람을 선호하고, 하류층은 TV 등을 통한 간접 관람을 선호한다.

(3) 스포츠 참가종목의 차이

① 중하류층의 경우 축구와 야구 같은 단체종목에 많이 참가하는 반면, 상류층은 테니스, 골프, 탁구, 수영과 같은 개인종목에 참가하는 비율이 높다.

② 상류층이 개인스포츠에 참여하는 비율이 높은 이유

　ㄱ 개인스포츠는 비용이 많이 든다.

　ㄴ 상류층에는 골프, 수영, 스키와 같은 특정 종목을 강조하는 분위기가 형성되어 있어서 이러한 환경에서 성장한 상류층 자녀들은 스포츠 사회화 과정에서 자연스럽게 이들 종목을 숙달하고 경험한다.

　ㄷ 상류층에게는 과시적 소비의 성향이 있다.

　ㄹ 일과가 불규칙한 상류층은 소수 인원이 즐길 수 있는 개인스포츠가 적합하다.

수직적 계층이동의 매개체로서 스포츠의 역할 16

- 교육적 기회 제공 및 성취도 향상
- 직업적 후원의 다양한 기회 제공
- 올바른 태도 및 행동 함양

스포츠 계층구조 17 23

부르디외(P. Bourdieu)는 생활양식과 같은 사회문화적 요소를 계급결정 요인으로 간주하고 이를 자본의 개념으로 다룸. 이 개념에 따르면 스포츠는 체화된 '문화자본'의 한 형태로써 사회의 계층구조에 관여함

개념 플러스

스포츠와 계급·계층

- 부르디외(P. Bourdieu) : 생활양식과 같은 사회문화적 요소를 계급 결정 요인으로 간주하면서, 사회문화적 요소에 따라 스포츠를 즐기는 양상이 변화한다고 주장하였다. 대표적인 예시로 상류계층은 테니스와 골프 같은 스포츠를 즐기며, 하류계층은 관람스포츠의 비중이 높게 나타난다는 것 등이 있다.
- 베블렌(T. Veblen) : 그의 저서인 『유한계급론』에서 '현시적(과시적)' 소비에 대해 비판하였다. 이 이론에 따르면 상류 계층이 골프 등의 스포츠를 즐기는 것은 과시적 성향이 강하다고 볼 수 있다.
- 마르크스(K. Marx) : 스포츠가 자본주의 사회에서 일부 지배집단에 의해 조작되고, 그들의 이익을 증진시키는 데 이용된다고 주장하였다. 이 이론에 따르면 운동선수는 기득권의 권력 유지를 위해 이용되는 피지배계급에 속한다.
- 베버(M. Weber) : 사회계층을 분석할 때 단일 요인이 아닌, 다차원적 요인을 고려해야 한다고 주장하였다. 그의 주장에 따르면, 감독과 선수의 사회계층 수준은 연봉액수의 단일 요인이 아닌, 더 다양한 요인을 함께 평가해야 한다고 볼 수 있다.

03 스포츠와 계층이동

(1) 사회이동의 유형

① 수직이동과 수평이동

ㄱ) **수직이동 : 계층구조** 내에서 집단 또는 개인이 지녔던 종전의 지위 즉, 종전의 계층적 지위에 대한 상하 변화를 가리킨다. 또한 계층적 지위가 상승되는 경우와 하강되는 경우의 두 가지 방향이 있을 수 있다. 전자를 상승이동, 후자를 하강이동이라 부른다. 스포츠 팀에서 후보 선수로 있다가 주전 선수가 되거나 선수에서 코치나 감독이 되는 것은 상승이동이고 그 반대의 경우는 하강이동이다.

ㄴ) 수평이동 : 계층적 지위의 변화가 없는 이동이다. 이는 동일하게 평가되는 지위, 일종의 단순한 자리바꿈이다. A팀의 주전선수로 있다가 비슷한 수준에 있는 B팀으로 동일한 대우를 받고 이동하는 경우가 이에 해당된다.

② 세대 간 이동과 세대 내 이동

    ㉠ 세대 간 이동 : 같은 가족 내에서 한 세대로부터 다음 세대로 이어지는 과정에서 발생하는 사회·경제적 지위의 변화를 말한다. 이를 대개 특정 시점에서 부모의 교육적, 직업적, 수입적 성취와 성장한 자녀의 동일한 세 가지 요인에 대한 성취도를 비교하여 측정한다. 만약, 어떤 운동선수가 자신의 부모보다 수입이 더 많고 직업적 위광이나 교육수준이 더 높다면 그는 조직적 스포츠 참가를 통하여 사회계층이 상승이동하였다고 할 수 있다.

    ㉡ **세대 내 이동** : 한 개인의 생애주기 가운데 발생하는 사회·경제적 지위의 변화를 의미하는 것으로 흔히 경력이동이라고도 한다. 예를 들어 20세에 프로팀에 처음 입단했을 때 후보이던 선수가 45세에 코치나 감독이 되었다면 세대 내 상승이동이 발생하였다고 할 수 있다.

③ 개인 이동과 집단 이동

    ㉠ 개인 이동 : 개인의 능력과 노력에 의하여 사회적 상승의 기회가 실현되는 경우를 의미하는 것으로서 스포츠를 통한 사회이동의 대부분이 이 범주에 속한다. 즉, 스포츠는 실력본위의 사회이동 체계로서 개인의 운동수행 능력이나 노력 여하에 따라 사회적 상승이동의 기회가 폭넓게 제공된다.

    ㉡ 집단 이동 : 유사한 조건을 갖추고 있는 집단이 어떤 촉매적 계기를 통하여 집단적으로 이동하는 현상을 말한다. 가장의 사회적 이동이 곧 가족의 이동과 동일시되는 경우가 집단이동의 한 예이다. 스포츠 영역에서는 1980년대 들어 프로스포츠가 태동함에 따라 그동안 낮은 사회계층적 지위를 점유하고 있던 것으로 인식되던 운동선수의 지위가 전반적으로 높게 평가되고 있는데, 이는 집단 이동의 결과라 할 수 있다.

(2) 사회이동 기제로서의 스포츠

① 사회이동 기제로서의 스포츠의 역할을 인정하는 입장

    ㉠ 스포츠 참가가 사회적 상승이동을 촉진하는 매개체 역할을 한다.

    ㉡ 어린 시절부터 조직적인 스포츠에 참가하게 되면 프로스포츠와 같은 전문 직종에 입문할 수 있는 신체적 기량 및 능력이 고도로 발달한다.

    ㉢ 조직적인 스포츠 참가는 직접적이든 간접적이든 교육적 성취도를 향상시킨다.

    ㉣ 조직적인 스포츠 참가는 다양한 형태의 직업적 후원을 받을 수 있는 기회를 제공한다.

    ㉤ 스포츠 참가는 일반 직업영역에서 가치 있게 여겨지는 태도 및 행동양식의 발달을 유도하여 사회적 상승이동을 촉진하는 수단이 된다.

② **사회이동 기제로서의 스포츠의 역할을 부정하는 입장**

    ㉠ 불평등한 사회현실을 은폐하기 위해 스포츠를 이용하는 것이라고 비판한다.

    ㉡ 누구나 노력하면 성공할 수 있다는 일종의 성공 이데올로기를 대중에게 확신시킨다고 비판한다.

기출 POINT

사회계층 이동의 사례 20 22

미켈 아르테타(개인이동)는 2011년부터 2016년까지 잉글랜드 프리미어리그 아스날팀의 주전선수로 활동하면서 대회에서 2번 우승하는 등 축구선수로서 명성을 얻었다. 은퇴 후, 2019년부터 아스날팀의 감독(수직이동, 세대 내 이동)으로 활동하게 되었다.

사회이동의 기제로서 스포츠의 역할 21

로이(J. Loy)와 레오나르드(G. Leonard)는 스포츠의 참가가 사회이동에 있어 상승 이동을 할 수 있는 수단이 될 수 있다는 일반적 믿음과 달리 지극히 드물게 이동의 기회가 존재한다고 주장함

OX문제

교육적 기회 제공 및 성취도 향상은 사회적 상승이동의 매개체로서 스포츠의 역할이다. (O, X)

정답 O

07 스포츠와 사회화

KeyPoint

- 스포츠사회화가 무엇인지 설명할 수 있다.
- 스포츠사회화의 각 과정을 사례를 들어 설명할 수 있다.
- 스포츠사회화와 관련된 이론에 대해 설명할 수 있다.

01 스포츠사회화의 이해

(1) 사회화의 개념

① 사회화란 인간이 사회의 한 성원으로 생활하도록 동화되는 것으로서, 개인이 사회의 규범·가치관과 사회적 기대를 일생에 걸쳐 학습하는 과정을 의미한다.

② 사회화의 기초적 요인으로 유전과 환경이 있다.

③ **사회화를 문화적, 사회적, 심리적 차원의 3가지 관점으로 본 경우**

　㉠ 문화 동질화 과정으로서의 사회화 : 태어날 때 백지 상태인 인간이 특정 문화에 젖어들어 동일화되어 가는 과정이다.

　㉡ 역할 훈련 과정으로서의 사회화 : 개인이 사회의 한 유능한 구성원으로서 사회적으로 규정되어 있는 역할을 성공적으로 담당하게 되는 과정을 말한다.

　㉢ 충동의 통제능력 형성 과정으로서의 사회화 : 프로이드(Freud)는 인간의 타고난 이기적이고 충동적인 본능이 사회생활을 통해서 규범적으로 규제되어 가다가 차츰차츰 스스로가 자기의 욕구를 통제할 수 있는 분별력이 생기는 과정을 사회화 과정으로 보았다.

(2) 스포츠사회화의 개념

① 스포츠사회화는 스포츠라는 영역에서 일어나는 사회화를 의미하며 스포츠를 통하여 집단 구성원이 공통으로 지니는 가치관, 신념, 태도 등을 집단 내 다른 구성원과의 상호작용을 통해 습득하는 과정으로 정의할 수 있다.

② 개인이 스포츠활동을 통해 운동부 및 스포츠 팀과 같은 사회집단의 구성원이 되고 해당 사회가 지니는 문화를 체득하여 자신의 정체성을 발현시키는 과정이라 할 수 있다.

(1) 사회학습 이론

① 개인이 사회적 행동을 어떻게 습득하고 수행하는지 분석하고 밝히는 레오나르드(W. Leonard Ⅱ)의 이론이다.

② 코칭, 강화, 관찰학습을 통해 사회화가 이루어진다고 본다.

  ㉠ 강화 : 상과 벌 같은 외적보상으로 사회적 역할을 습득한다.

  ㉡ 코칭 : 사회화 주관자에 의하여 새로운 지식과 기능을 학습한다.

  ㉢ 관찰학습 : 타인의 행동을 관찰하여 개인의 과제 학습·수행을 진행한다.

③ 사회화 과정의 3요소는 역할학습과 관련이 있다.

  ㉠ 개인적 특성 : 성별, 연령, 사회경제적 지위 등

  ㉡ 주요 타자 : 가족, 동료, 교사, 대중매체 등

  ㉢ 사회화 상황 : 집단구조, 참여의 자발성 등

(2) 역할 이론

① 개인이 사회구조 속에 처한 상황을 인식하여 자기 역할을 완전하게 수행하려고 시도하면서 사회화가 이루어진다는 이론이다.

② 개인이 사회화 과정을 통해 집단에 소속되어 구성원으로 적응해가는 사실을 설명한다.

(3) 준거집단 이론

① 타인이나 어떤 준거가 되는 집단의 행동, 감정, 태도 등을 자신의 준거 척도로 삼는다는 이론이다.

② 준거집단은 규범집단, 비교집단, 청중집단으로 구분한다.

  ㉠ 규범집단 : 규범의 설정과 가치관 형성을 위한 개인 행동지침을 제공한다.

  ㉡ 비교집단 : 특정한 역할수행의 기능적 의미를 제시하는 역할 모형 집단이다.

  ㉢ 청중집단 : 타집단의 가치와 태도에 부합되게 행동하려는 집단이다.

기출 POINT

스포츠사회화의 이론 17 21 23

• 사회학습 이론은 코칭, 강화, 관찰학습을 통해 사회화가 이루어진다고 봄

• 역할 이론은 개인이 사회구조 속에서 자기 역할을 수행함에 따라 사회화가 이루어진다고 봄

• 준거집단 이론은 규범집단, 비교집단, 청중집단 등을 준거집단으로 삼음

사회학습 이론의 사례 19

• A고교 농구 감독은 팀 훈련 과정에서 학생선수들의 운동 수행 능력을 향상시키기 위하여 상과 벌을 활용한다.

• B선수는 다른 팀 선수가 독특한 타격 자세로 최다안타상을 획득하자 그 선수의 타격자세를 관찰하여 자신만의 것으로 발전시켰다.

OX문제

1. 농구팀의 감독이 훈련 과정에서 학생선수들의 운동수행 능력을 향상시키기 위하여 상과 벌을 활용했다면, 이는 사회학습 이론의 사례로 볼 수 있다. (O, ×)

2. 준거집단이론에서 준거집단은 규범집단, 비교집단, 청중집단 등으로 구성된다. (O, ×)

정답 1 (O), 2 (O)

기출 POINT

스포츠로의 사회화 사례 `18` `21`

○○는 어린이날에 야구를 좋아하는 삼촌을 따라 처음으로 야구장에 가게 되었다. 처음 보는 현장 경기에서 실제로 본 선수들의 모습이 너무 멋있었다. 다음 날 부모님을 졸라 주변에 있는 리틀 야구단에 입단하였다.

스포츠사회화와 사회적 상황 `19`

여성의 신체노출을 금기시하는 일부 중동국가의 문화에서는 여성의 스포츠 참가를 불가능하게 막고 있으며, 경기 관람조차 허용하지 않고 있다. 이와 같이 사회적 상황은 스포츠로의 사회화에 영향을 준다.

OX문제

1. 스포츠로의 사회화는 스포츠참가 자체를 의미한다. (○, ×)

2. 또래집단은 지역사회에 비해 청소년기에 영향력이 큰 사회화 주관자이다. (○, ×)

정답 1 (○), 2 (○)

03 스포츠사회화의 과정

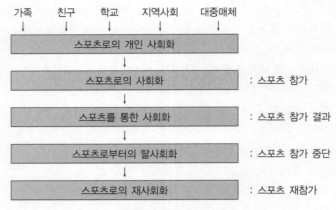

[스포츠사회화의 과정]

(1) 스포츠로의 사회화

① 참가 그 자체(참여하는 과정 그 자체)를 전제로 한다.

② 주요 타자와 준거집단 가치관에 결정적 영향을 받는다.

③ **스포츠 개입의 과정** : 본질적 즐거움, 외적 보상에 대한 기대, 주요 타자로부터 인정을 받음으로써 일어나는 만족감, 부정적 제재로부터의 회피, 개인의 정체성 확인 등이 있다.

④ **스포츠사회화의 주관자**

ㄱ 가정 : 가정은 사회화의 가장 중요한 주관자로, 출생 이후 줄곧 사회화가 이루어진다. 가정의 사회화 문제에 대해서 가정의 경제적 위치, 가족 구성원 간의 인간관계, 가정에 대한 문화적 인식의 차 등을 중요시하는데, 가정의 스포츠에 대한 인식 차이에 따라 아동의 스포츠 참가가 결정된다.

ㄴ 친구(동료)집단 : 아동의 가장 초기 경험은 가족에 의한 가정생활이지만 이와 비슷한 시기에 대등한 인간관계를 경험하는 곳이 친구집단이다. 또래집단으로 이루어진 스포츠활동에 참가하면서 대등한 관계 속에서 페어플레이, 스포츠 역할, 협력 등을 배우며 사회화 과정을 거친다. 특히 청소년기에 동료집단은 자신의 존재감을 확인하는 중요한 대상인데, 이때 스포츠는 자신의 존재감을 드러낼 수 있는 중요한 매개가 된다.

ㄷ 학교 : 학교는 아동이 처음 접하는 공식적인 체육활동의 장소이다. 학교의 다양한 체육 프로그램으로부터 그들의 체력을 향상시키고 스포츠 기능을 학습하면서, 사회가 요구하는 가치관을 수용하고 인격을 형성하게 된다. 특히, 학교에서 스포츠를 지도하는 체육교사와 지도자의 가치관과 태도, 그리고 지도방식은 학생들의 스포츠로의 사회화에 가장 큰 영향을 미치게 된다.

ⓔ 지역사회 : 지역사회는 비영리 및 영리를 목적으로 한 스포츠 시설을 통해 지역 주민의 스포츠사회화 주관자 역할을 담당하게 된다. 최근 지역사회의 체육활동이 활발해지면서 과거 학교가 전적으로 담당하던 청소년기의 체육활동을 각종 지역사회 체육조직이 분담하기 시작했고, 이 덕분에 제한적이었던 스포츠 참여 인구가 다양한 경로로 확산되고 있다.

ⓜ 대중매체 : 대중매체는 각종 경기의 방영을 통해 청소년과 일반 국민에게 스포츠에 대한 간접경험을 제공하고, 스포츠 지식을 획득할 수 있는 기회를 제공하고 있다.

(2) 스포츠를 통한 사회화

① 정의 : 스포츠 장면에서 학습된 기능·특성, 가치, 태도, 지식, 성향(인성, 도덕적 성향) 등이 다른 사회현상으로 전이·일반화되는 과정이다.

② 스포츠 태도의 형성 : 스포츠 태도는 스포츠의 경험, 즉 스포츠 참가를 통해 형성된 스포츠에 대한 마음가짐이다. 이는 스포츠 참가의 형태, 정도, 수준에 따라 차이를 보인다.

③ 케년(G. Kenyon)과 슈츠(Z. Schutz)의 스포츠 참가의 유형

　ⓗ 행동적 참가 : 스포츠에 실질적으로 참가하는 형태를 말하는데 이는 자신이 경기자로 참가하는 일차적 참여와, 선수 이외에 코치, 심판, 방송원 등으로 스포츠를 직접 생산하는 자, 그리고 팬(Fan)과 같은 소비자로 참가하는 이차적 참여로 구분된다.

　ⓛ 인지적 참가 : 학교, 사회기관, 미디어 등을 통해 스포츠에 관한 일정 정보를 수용함으로써 이루어지는 참가를 의미한다. 이러한 정보에는 스포츠 역사, 규칙, 기술, 전술 등에 관한 지식이 포함된다.

　ⓒ 정의적 참가 : 실제 스포츠상황에 참가하지는 않지만 간접적으로 특정 선수나 팀 또는 경기상황에 대해 감성적 성향을 표출하는 행동을 의미하는데, 그 예로는 열광적으로 응원하는 스포츠팬을 들 수 있다.

　ⓡ 일상적 참가 : 스포츠활동에 정규적으로 참가하고, 활동이 개인의 생활과 잘 조화를 이루고 있는 상태이다.

　ⓜ 주기적 참가 : 일정 간격을 유지하면서 스포츠에 지속적으로 참가하는 상태이다.

　ⓗ 일탈적 참가 : 일차적 일탈 참가와 이차적 일탈 참가로 구분된다. 일차적 일탈 참가는 자신의 직업을 등한시하거나 포기하고 골프나 테니스와 같은 스포츠활동 참가에 모든 시간을 소비하는 상태이며, 이차적 일탈 참가는 단순히 기분 전환을 위한 스포츠 관람의 차원을 넘어 경기결과에 거액의 내기를 걸고 도박을 할 정도로 스포츠 관람을 탐닉하는 상태를 의미한다.

　ⓢ 참가 중단 : 스포츠의 모든 참가를 혐오하며 스포츠 역할에 전혀 참가하지 않거나 과거 스포츠활동에 참가했더라도 기회의 제한, 관심의 부족, 스포츠로 인한 불쾌한 경험 때문에 현재는 참가하지 않고 있는 상태를 말한다.

기출 POINT

스포츠를 통한 사회화
15 16 21 23

스포츠 장면에서 기능, 특성, 가치, 태도, 지식, 성향 등이 다른 사회현상으로 전이 또는 일반화되는 과정
예 중학생 고영주는 학교스포츠클럽에 참가하면서 교우관계가 원만해졌다.

케년(G. Kenyon)의 스포츠 참가 유형 23

• 특정 선수의 사인볼 수집
• 특정 스포츠 관련 SNS 활동
• 특정 스포츠 물품에 대한 애착

행동적 참가 20

행동적 참가는 직접적인 스포츠 참가나 경기관람, 스포츠 관련 기사 읽기 등 여러 형태가 있음. 스포츠에 신체활동을 수단으로 하여 참여하는 경기자 자신에 의한 활동을 일차적 참여, 선수로서의 참여가 아닌 그 이외의 스포츠 생산과 소비과정에 참여하는 것을 이차적 참여라고 함

정의적 참가 18

정의적 참가란 실제 스포츠에 참가하지는 않지만 간접적으로 특정선수나 팀 또는 경기상황에 대해 감정적인 태도나 성향을 표출하며 참가하는 것

OX문제

실제 스포츠에 참가하지는 않지만 간접적으로 특정 선수나 팀 또는 경기상황에 대해 감정적인 태도나 성향을 표출하는 참가 유형은 정의적 참가에 해당한다. (O, ×)

정답 O

기출 POINT

스포츠 사회화의 전이 조건
[17] [23]
• 스포츠 참가 정도(빈도·기간·강도)
• 스포츠 참가의 자발성 여부
• 스포츠 조직 내의 사회적 관계
• 사회화 주관자의 위신과 위력
• 스포츠 참가자의 개인적·사회적 특성

운동선수의 스포츠 탈사회화 [17]
• 선수은퇴를 의미함
• 환경, 취업, 정서 등의 요인이 영향을 미침
• 새로운 직업에 대한 기회가 많고 교육수준이 높은 운동선수일수록 자발적 은퇴를 선택함

④ 스포츠 참가의 수준
  ㉠ 조직적 스포츠 참가 : 조직적 스포츠는 역할학습이나 수행결과에 초점을 두고 스포츠 경험을 제공하는 구조적으로 안정된 활동이다.
  ㉡ 비조직적 스포츠 참가 : 비조직적 스포츠는 활동 자체에 만족을 얻기 위한 자율적인 활동으로서 구성원들의 참가정도는 자유의사, 시간, 시설, 장소, 경제적 여유 등에 따라 달라지며 무엇보다도 구성원의 상호작용을 강조한다.
⑤ 스포츠 가치의 형성
  ㉠ 현대사회에 있어 스포츠는 복잡하고 다원화되어 있는 사회의 가치를 전체 사회 구성원에게 효율적으로 전달하는 유형화된 제도로서 발달해왔다.
  ㉡ 오늘날 스포츠는 현대사회가 공유하고 있는 성공·경쟁 등의 이데올로기를 가장 잘 반영하고 있다. 따라서 스포츠를 통해 습득한 이러한 이데올로기는 사회에서 개인이 당연히 받아들여야 할 가치체계로 인식되기 마련이다.
⑥ **스나이더(E. Snyder)의 스포츠 사회화 전이 조건**
  ㉠ 참여의 정도 : 빈도, 기간, 강도가 클수록 전이가 잘 발생한다.
  ㉡ 참가의 자발성 여부 : 스스로 스포츠에 참여한 경우 전이가 잘 발생한다.
  ㉢ 스포츠 조직 내의 사회적 관계 : 스포츠 조직원들이 서로 친밀한 관계인 경우 전이가 잘 발생한다.
  ㉣ 사회화 주관자의 영향력 : 주관자의 위상과 영향력이 클수록 전이가 잘 발생한다.
  ㉤ 참가자의 개인·사회적 특성 : 개인의 다양한 특성도 전이에 영향을 미친다.

(3) **스포츠로부터의 탈사회화**

① 자발적 은퇴 : 운동선수의 교육수준, 현재와 미래의 재정적 상황, 새로운 직업에 대한 기회, 신체능력의 저하 등에 의해 영향을 받는다.
② 참여중단과 중도탈락 및 은퇴(비자발적)
  ㉠ 큰 부상이나 팀으로부터의 해임과 같이 본인의 의사와 관계없이 예기치 않게 갑자기 일어난다.
  ㉡ 자의건 타의건 스포츠로부터의 이탈은 전 연령층에 걸쳐 일어나며 그 이유도 다양하다.
  ㉢ 변화에 대한 반응이나 그 과정이 비자발적이며 예상 밖의 일로서 심리적 스트레스와 적응 문제들을 경험하게 되는 경우가 많다.
③ 탈사회화에 영향을 미치는 요인

환경변인	성, 연령, 계층 및 교육정도
취업변인	채용 가능한 잠재적 노동력 보유 여부에 의한 스포츠 이외의 취업기회
정서변인	스포츠가 개인의 자아정체 중심부를 차지한 정도
역할 사회화 변인	스포츠 이외의 선택 가능한 타 역할에 대한 사전계획이나 사회화의 정도
인간관계 변인	스포츠로부터 탈사회화하는 과정에 대한 가족이나 친우로부터의 지원 체계

(4) 스포츠로의 재사회화

① 스포츠 참가를 중단하고 스포츠의 장으로부터 이탈해 있던 비참가자가 새롭게 흥미를 느끼는 종목이나 포지션 및 타 지역에서 다시 스포츠활동을 재개하게 되는 경우를 의미한다.

② 모든 은퇴선수의 재사회화가 이루어지는 것은 아니다. 스포츠로부터의 탈사회화 이후 스포츠와 관련된 현장으로 복귀할 수 있는 기회가 없거나 스포츠와 관련이 없는 사회영역에서 새로운 삶을 개척하기로 결정한 경우, 스포츠로의 재사회화는 이루어지지 않는다.

기출 POINT

스포츠로의 재사회화 사례

16 21

프로야구의 강동훈 선수는 부상으로 은퇴한 후, 해설가로 활동하면서 사회인 야구의 감독을 맡고 있다.

OX문제

1. 올림픽 수영선수의 금메달 획득 장면을 보고 수영강습 신청이 증가했다면, 이 때의 스포츠사회화의 주관자는 대중매체이다. (O, ×)

2. 선수생활 중단 5년 후 스포츠클럽 지도자로 활동하는 것은 스포츠재사회화와 거리가 멀다. (O, ×)

정답 1 (O), 2 (×)

08 스포츠와 일탈

기출 POINT

스포츠 일탈 16

• 페어플레이 정신과 스포츠맨십에 위반되는 행동
• 스포츠참가자의 사회화에 부정적인 영향을 미칠 수 있음
• 시간, 장소, 사회적 상황, 평가하는 사람에 따라 다양하게 평가됨

KeyPoint

• 스포츠일탈의 개념과 원인에 대해 설명할 수 있다.
• 스포츠일탈의 순기능과 역기능의 사례를 말할 수 있다.
• 스포츠일탈의 유형에 대해 설명할 수 있다.

01 스포츠 일탈의 이해

(1) 스포츠 일탈의 개념과 원인

① 스포츠 일탈의 개념
  ㉠ 경기규칙을 위반하는 행동이다.
  ㉡ 스포츠맨십과 페어플레이 정신 등 보편적 가치에서 벗어나는 행동이다.
  ㉢ 비합법적으로 사람, 용기구, 재산에 손해를 가하는 행동이다.

② 스포츠 일탈의 원인
  ㉠ 양립하기 힘든 가치의 지향성 : 스포츠맨십과 페어플레이 정신이 이상적인 반면, 어떠한 희생을 감수하더라도 승리를 추구하는 것이 실제상황이기 때문에 어느 한쪽을 위배하지 않고 두 가지 가치를 동시에 실현하는 것은 쉽지 않다.
  ㉡ 가치 및 규범과 성공 강박 간의 충돌 : 스포츠 가치 및 규범과 성공을 향한 행위 사이의 갈등을 말한다. 승리를 위해서 규정된 연습 시간 이외의 시간을 이용하여 훈련을 수행하는 것을 예로 들 수 있다.
  ㉢ 역할 갈등 : 운동선수는 일반 학생으로서 수업에 빠짐없이 출석하고 학급 생활을 열심히 하여 우수한 성적을 거두도록 기대되는 동시에, 운동선수로서 시합에 승리하기 위하여 열심히 연습에 참여하도록 기대된다. 이러한 다양한 역할을 동시에 충족시키려 할 때 역할 갈등이 발생하며, 일탈 행동으로 분출하게 된다.
  ㉣ 상이한 역할 기대 간의 불일치 : 코치나 감독은 운동선수에게 숙련된 기술만을 요구하지만, 운동선수 자신은 개인의 사회적·직업적인 역할을 수행하는데도 민감하다. 이러한 역할 기대 간의 불일치로 일탈 행동이 나타날 수 있다.

OX문제

상대론적 접근에 따르면 스포츠 일탈은 개인 윤리적 문제가 아닌 사회 구조적 문제이다. (O, ×)

정답 O

(2) 스포츠 일탈의 기능

① 역기능

    ㉠ 사회조화와 질서에 대한 위협과 긴장을 초래한다.

    ㉡ 스포츠 체계 질서인 예측 가능성을 위협하여 긴장을 조성한다.

    ㉢ 일탈행동(폭력, 공격, 규칙위반)을 통한 부정적 행동 습득의 내면화로, 스포츠 참가자의 사회화에 부정적 영향을 초래한다.

② 순기능

    ㉠ 규범의 존재가 재확인되어 규범에 대한 동조를 강화한다.

    ㉡ 부분적인 스포츠 일탈은 사회적 안전판 역할을 수행한다.

    ㉢ 사회개혁과 창의성의 발생 계기가 되어 현재의 일탈이 다음 세대의 규범으로 확립될 수도 있다.

(3) 코클리(J. Coakley)가 제시한 스포츠 일탈의 접근

① 절대론적 관점 : 일탈은 사회구성원 간의 합의를 통한 기준을 벗어나는 행위를 말한다. 사회 내 보편적으로 적용될 수 있는 윤리적 가치체계가 이미 확립되어 있는데, 스포츠에서의 규칙도 그 가치를 따라야 한다는 것이다.

② 상대론적 관점(구성주의적 접근) : 인간관계의 상호작용에 의한 기준으로 유동적이다. 규범의 수용정도에 따라 과소동조와 과잉동조로 구분된다. 일탈을 개인의 윤리적 해이의 문제가 아니라 사회구조적 문제로 본다.

개념 플러스

스포츠 일탈의 두 가지 유형

• 과소동조(비동조) 일탈 : 스포츠의 규칙이나 규범, 가치에 부합되는 못하는 행동으로 나타나는 것으로, 금지 약물 복용, 스포츠 폭력, 시합 거부, 담합, 승부조작 등이 해당된다.

• 과잉동조(과동조) 일탈 : 스포츠의 규범과 가치를 무비판적으로 지나치게 수용하는 형태로, 과트레이닝 및 부상 투혼, 운동중독, 섭식장애 등이 해당된다.

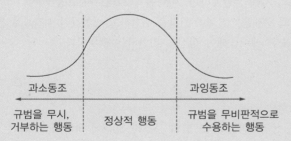

과소동조		과잉동조
규범을 무시, 거부하는 행동	정상적 행동	규범을 무비판적으로 수용하는 행동

일탈 행동과 관련된 이론

• 아노미 이론(머튼)

  – 아노미란 사회가 빠르게 변동함에 따라 사회의 지배적 규범이 붕괴되고, 이를 대체할 만한 규범이 정립되지 않은 상태를 말한다.

기출 POINT

스포츠 일탈의 역기능과 순기능
18

• 스포츠 일탈의 역기능 : 스포츠의 공정성 및 질서체계 훼손, 스포츠 참가자의 사회화에 부정적인 영향

• 스포츠 일탈의 순기능 : 사회적 안전판의 기능, 고정관념에서 벗어나는 창의적 기회, 사회 개혁과 창의성을 부여

동조주의의 사례 18

아노미(Anomie) 이론에서 일탈행동에 대한 적응형태 중 동조주의에 따르면, 스포츠에서는 규칙을 준수하면서 이기는 것이 중요하다고 생각한다.

상징적 상호작용론 22 23

• 미시적 관점의 이론

• 거시적 관점이 간과한 개인의 능동적인 사고 과정에 주목

• 쿨리(C. Cooley)의 거울자아 : 자아는 타자와의 관계속에서 형성됨

OX문제

1. 스포츠 일탈은 규범에 대한 동조를 강화시키는 순기능을 가진다. (O, ×)

2. 머튼(R. Merton)의 아노미 이론의 적응형태 중 규칙을 준수하면서 이기는 것이 중요하다는 것은 동조주의에 해당한다. (O, ×)

정답 1 (O), 2 (O)

도구적 공격행위의 사례 16

• 농구에서 팔꿈치를 크게 휘두르는 행위
• 유격수에게 과감한 슬라이딩을 감행해 더블플레이를 방해하는 행위

제도적 부정행위의 사례 16

심판에게 반칙판정을 유도하는 헐리웃 액션

일탈적 부정행위의 사례 18

• 경기력 향상을 위한 금지약물 복용
• 상급학교 진학을 위한 승부조작
• 승리를 위한 심판 매수 및 금품 제공

― 아노미 이론의 적용모형

적응형태	특 징
동조주의	• 목표와 수단을 모두 인정하는 행위 • 스포츠 규칙을 준수하면서 이기는 것이 중요하다고 생각한다.
혁신주의	• 목표는 수용하지만 수단은 거부하는 행위 • 승리하기 위해서 수단과 방법을 가리지 않는다.
도피주의	• 목표와 수단을 모두 거부하는 행위 • 스포츠 참가 중단 또는 포기를 한다.
의례주의	• 목표는 거부하지만 수단은 수용하는 행위 • 경기의 승패보다 규칙을 지키는 것이 중요하다고 생각한다.
반역주의	• 목표와 수단을 모두 거부하고, 새로운 목표와 방법을 모색하는 행위 • 기존 스포츠를 거부하고 새로운 스포츠를 개발해야 한다고 생각한다.

• 차별적 교제 이론
  － 문제를 일으키는 집단과의 교류를 통해 일탈적 행위를 학습할 수 있다는 이론이다.
  － 일탈 행동은 개인의 심리적 차이가 아닌, 일탈적 행동을 장려하는 환경적 요인을 통해 학습된다고 주장한다.
• 낙인 이론 : 사회 구성원들에게 일탈자로 낙인되었기 때문에 일탈 행동을 한다는 이론이다.
• 상징적 상호작용론
  － 인간은 대상과 상황을 주관적으로 해석하고 거기에 의미를 부여한다.
  － 인간 자신의 행위를 능동적으로 구성해 나가는 존재이기 때문에 비행, 공격성 낙인 등과 같이 주어진 상황에 대한 개인의 경험의 해석을 강조한다.

02 스포츠 일탈의 유형

(1) 약물 복용

① 약물 복용의 사례 : 암페타민, 아나볼릭 스테로이드 등
② 약물 복용의 문제점 : 신체적 건강을 위협하고 비인간적인 강요로 윤리 문제가 발생할 수 있다. 또한 페어플레이 정신을 위반하는 행위이다.

(2) 스포츠 폭력

① 스포츠 폭력의 개념
  ㉠ 스포츠 상업화와 스포츠 팀의 구조적 모순에 의하여 발생되는 폭력행위이다.
  ㉡ 행동적 정의 : 행위의 결과를 중시하고 상해의 결과를 강조한다.
  ㉢ 동기적 정의 : 행동의 결과보다 의도 자체에 초점을 둔다.
② 스포츠 폭력의 유형
  ㉠ 적대적 공격 : 승리에 대한 보상을 기대하며 상대에게 해를 가할 목적으로 분노적 공격 행위를 하는 것
  ㉡ **도구적 공격** : 승리, 보상, 위광을 위한 외적 목표를 추구하는 행위를 말한다.

③ 스포츠 폭력의 원인
- ㉠ 스포츠의 상업화 : 관중을 동원하여 인기와 금전적 보상을 얻기 위해 폭력을 실행한다.
- ㉡ 선수의 역할 사회화 : 선수가 승리를 위한 역할만을 강요당한다.
- ㉢ 스포츠 팀의 구조적 특성 : 스포츠 팀은 코치와 감독의 억압적 통제 체제 하에 놓여 있다. 그러한 팀의 억압적 구조는 선수로 하여금 경기장에서 폭력을 일으키게 하고, 폭력을 쉽게 용인하도록 조장한다. 또한, 스포츠 팀에서 발생하는 위협 요소에 대처하여, 스스로를 보호하고 자신의 지위를 확고히 하며 자아존중감을 지속적으로 유지하기 위한 수단으로 폭력이나 공격적 행동을 사용하기도 한다.

(3) 부정행위

① 정의 : 의도적 규칙 위반, 단합에 의한 승부 조작, 탈법적 선수 충원 등의 행위를 의미한다.

② 부정행위의 유형
- ㉠ 제도적 부정행위
  - 관례적으로 용인되는, 또는 경기 전략으로 발생되는 제도화된 속임수를 말한다.
  - 상대방 파울을 유도하기 위해 반칙을 당한 것처럼 가장하는 행위 등이 있다.
- ㉡ 일탈적 부정행위
  - 일탈적 목적으로 실행되며, 사회적 비난을 받는 행위이다.
  - 약물 투여, 승부 조작 등이 있다.

③ 범죄행위의 개념
- ㉠ 정의 : 질서유지를 위한 규범이나 경기규칙을 위반하는 행위로, 사회적으로 용인이 불가능한 행위이다.
- ㉡ 범죄행위의 이론
  - 정화 이론 : 스포츠활동을 통해 공격성·좌절감 등 부정적 감정을 표출한다.
  - 사회학습 이론 : 스포츠폭력이 내면화되면서 사회에서 동일 행동을 유발한다.

(4) 조직적 일탈

① 경기 출전을 위한 운동부의 일탈 행위, 스포츠연맹 협회의 규정 위반 등이 해당된다.
② 학교 교육의 순수성과 경기의 지배적 가치 간의 불일치로, 특정한 조직의 묵시적 지지가 조직적 일탈로 나타난다.

(5) 과잉동조

① 의미 : 과잉동조란 규범의 무비판적 수용을 말한다.
② 과잉동조와 폭력의 관계 : 선수들은 폭력을 사용하면서까지 조직의 목표에 헌신하는 모습을 보임으로써 동료들로부터 지지를 얻으며 자존감을 획득한다.
③ 문제점 : 과잉동조를 중단하는 것은 자신의 존재가치를 약화시키고 집단에서 낙오되는 결과를 초래한다. 한편으로 과잉동조는 지나친 경쟁상황을 무비판적으로 수용하고 동조하는 경향으로 발전되어 범죄행위로 이어질 수도 있다.

기출 POINT

드워(C. Dewar)가 제시한 관중 폭력의 요인 17
관중이 많을수록, 경기 후반부일수록, 기온이 올라갈수록, 시즌이 막바지로 접어들수록, 난동 발생 가능성이 높음

집합행동 15 21 23
스포츠와 관련된 특정 상황에 처한 다수의 관중이나 선수 또는 일반 대중이 공통의 자극에 충동적으로 반응할 때 발생

부가가치 이론 20 23
부가가치 이론은 집합행동이 발생한 장소와 시간 및 양식에 대하여 설명하려는 이론임. 부가가치 이론의 기본적 전제는 집합행동이 일어난 사회적 상황과 관련된 많은 발생요인들이 사건의 발생 이전에 나타나야 한다는 것

④ 코클리(J. Coakley)의 일탈적 과잉동조를 유발하는 스포츠 윤리규범 유형

 ㉠ 몰입규범 : 운동선수는 경기에 헌신하여야 한다는 규범이다.

 ㉡ 구분짓기규범 : 운동선수는 다른 선수들보다 뛰어난 모습을 보이기 위하여 노력해야 한다는 규범이다.

 ㉢ 인내규범 : 운동선수는 스포츠상황에서 발생하는 다양한 위험과 고통을 감내하고 경기에 임해야 한다는 규범이다.

 ㉣ 도전규범(가능성규범) : 운동선수는 불가능은 없다는 긍정적인 마음가짐으로, 역경과 장애물을 극복하기 위해 도전해야 한다는 규범이다.

(6) 관중 폭력

① 관중 폭력의 개념

 ㉠ 쟁점성 관중 폭력 : 사회적으로 내재된 갈등이 스포츠경기에서 표출되어 관중의 집단 행동으로 나타나는 폭력행위이다.

 ㉡ 우발적 관중 폭력 : 스포츠경기 전후로 팀의 승리에 대한 축하의 의미 또는 패배·좌절에 대한 표출로, 집단적이고 자발적이며 비구조화되어 관중에 의해 나타나는 폭력행위이다.

② 관중 폭력의 이론

 ㉠ 전염 이론 : 군중심리로 개인의 행동이 타인에 영향을 주어 동조하게 만들고, 폭력적 성향이 전염되어 집단적 폭력행위로 이어진다는 이론이다.

 ㉡ 수렴 이론 : 군중 속 개인의 잠재적 본성이 익명성을 바탕으로 표출된다는 이론. 비사회적·반사회적 기질이 표출된다.

 ㉢ 규범생성 이론 : 군중 속에서 개인의 차이와 군중의 이질성을 인정하는 것이다. 군중폭력 행위의 전염성과 모방성을 동조하지 않고 이성적으로 판단할 수 있다는 이론이다.

 ㉣ 부가가치 이론 : 집단행동을 야기하는 요인들이 연속적 행동을 한계화·특성화한다고 보는 이론으로, 지역대립, 만원관중, 좌절, 갈등, 선수 간 충돌, 관중난입, 심판의 판정, 사회적 통제 등은 가치의 부가과정을 거친다고 본다.

09 미래사회의 스포츠

KeyPoint

• 스포츠 변화에 영향을 미치는 요인에 대해 설명할 수 있다.
• 스포츠 세계화에 대해 설명할 수 있다.
• 미래사회의 스포츠 변화 양상에 대해 추측하고, 그 근거를 설명할 수 있다.

01 스포츠 변화에 영향을 미치는 요인

(1) 테크놀로지의 발전

① 과학적 지식이나 기타 조직화된 지식을 스포츠에 응용한다.
② 스포츠 동작의 과학적 분석과 스포츠 장비의 발달로 경기력이 향상된다.

(2) 통신 및 전자매체의 발달

① 텔레비전, 컴퓨터, 인터넷, 무선전화와 같은 전자매체가 스포츠 발달에 기여한다.
② 통신의 발달이 스포츠 보급의 확산과 스포츠 기술의 발달에 기여한다.

(3) 조직화

① 합리적으로 설정한 조건을 따르고, 목표를 성취함으로써 스포츠의 즐거움을 얻는다.
② 스포츠 행사 개최를 통한 집단의 결속력이 증대되고, 스포츠 동호회를 통한 유대감이
형성된다.

(4) 상업화

① 스포츠 경기 참여 및 관전에서 이윤 창출을 위한 상업화의 경향이 두드러진다.
② 프로스포츠와 대중스포츠가 확산된다.

(5) 새로운 스포츠의 도입

가상 현실 스포츠 발달, 스포츠 게임 활성화, E-sports의 발달 등 새로운 형태의 스포츠가
도입된다.

OX문제

1. 미디어 제작자들의 미래 스포츠 모습에 대한 영향력 증가는 미래의 통신 및 전자매체가 스포츠변화에 미친 영향 중 하나이다. (O, ×)

2. 뉴스포츠의 지속적 등장은 테크놀로지 발전에 따른 미래 스포츠의 변화와 거리가 멀다. (O, ×)

3. 뉴미디어의 등장으로 스포츠 콘텐츠의 생산자와 수용자의 경계가 모호해지고 있다. (O, ×)

4. 미디어는 스포츠의 본질적 가치를 존중하여 규칙의 변화에 부정적인 태도를 보인다. (O, ×)

정답 1 (O), 2 (×), 3 (O), 4 (×)

스포츠 세계화의 과정 17
- 제국주의 시대에 스포츠를 통한 동화정책은 식민지 체제의 지배를 정당화하고, 결과적으로 피식민지 주민의 민족주의적 감정을 유발함
- 19세기 기독교는 아시아와 아프리카 원주민의 종교적 거부감을 해소하는 데 스포츠를 활용함
- 과학기술의 진보는 스포츠의 시공간적 제약을 극복하는 데 기여함

스포츠 세계화의 사례 16 18
- 외국선수의 국내유입과 자국선수의 해외진출이 자유롭게 이루어지고 있다.
- 나이키와 아디다스 같은 스포츠 기업이 다국적 기업으로 성장하고 있다.
- 태권도가 올림픽 정식종목으로 채택되면서 많은 국가로 보급되고 있다.
- 최근 들어 우리나라 야구, 축구 선수들의 해외리그 진출이 증가하고 있다. 또한 우리나라에도 축구, 농구, 배구 등에서 많은 외국선수들이 활동하고 있다(스포츠 노동 이주).

신자유주의 시대의 스포츠 세계화에 대한 특징 19 21
- 프로스포츠의 이윤 극대화에 기여
- 스포츠 시장의 경계가 국경을 초월해 전 세계로 확대
- 세계인들에게 표준화된 스포츠 상품을 소비하도록 만듦

02 스포츠 세계화

(1) 스포츠 세계화의 의미

① 국가적 차원에서 상호거래를 통해 스포츠의 형태와 스포츠를 통한 경험을 하나의 체계로 엮고, 세계사회에 효율적으로 적응할 수 있도록 발전시켜가는 총체적 과정이다.

② 스포츠는 지난 100여 년간 세계화가 가장 활발히 진행된 분야 가운데 하나이다. 또한 스포츠는 세계인이 공유하는 가장 대표적 문화현상이다.

(2) 스포츠 세계화의 원인

① **제국주의** : 스포츠를 통한 동화정책은 문화적 수단을 활용하여 체제의 지배를 정당화하고 강압보다 동의를 획득하는 방식으로 이루어졌다는 측면에서 제국주의 시대 스포츠의 전파를 문화적 헤게모니(Cultural Hegemony)라는 개념으로 설명하기도 한다.

② **민족주의** : 스포츠는 같은 민족에 속한 사람들을 결집시켰으며, 이들에게 '하나'라는 정체성을 부여하고 '민족형성'에 결정적 영향을 미쳤다.

③ **종교** : 빅토리아시대의 스포츠는 기독교신앙과 연계되어 건강하고 강인한 남성성과 기독교 행동주의가 결합된 사상으로 나타났으며, 스포츠가 내포하는 협동, 희생, 건강, 페어플레이 등을 강조했다. 근대에 이르러 YMCA는 어린이부터 노인 그리고 여성에 이르기까지 다양한 스포츠 프로그램을 소개함으로써, 생활체육의 기틀을 마련하는 데 기여한 것으로 평가된다.

④ **테크놀로지의 진보** : 오늘날 지구촌 어디에서 스포츠 경기가 열리든 선수들의 생생한 모습이 시공간의 제약을 넘어 거의 실시간으로 다른 나라와 지역으로 전송되고 있다. 이런 일이 가능해진 것은 교통, 통신, 미디어 등 고도로 발전된 테크놀로지 덕분이며, 이는 스포츠의 세계화에 결정적 영향을 미쳤다.

⑤ **신자유주의** : 규칙에 기초한 자유경쟁을 주장하며 자유 시장의 건전한 발전을 위해 법적 인프라, 게임의 규칙을 정비하는 데 중요성을 두는 경제학 사상으로, 정부의 역할이 축소되는 결과를 가져왔다. 신자유주의로 인해 프로스포츠의 이윤이 극대화되었고, 스포츠 시장의 경계가 국경을 초월해 전 세계로 확대되었다. 동시에 다국적 기업의 성장으로 세계인들이 표준화된 스포츠 상품을 소비하게 되었다.

(3) 스포츠 세계화의 변화

① 국제스포츠 경쟁에서 국가 간의 경쟁이라는 의미가 축소되고, 국제스포츠 조직의 확대를 통한 범세계적 교류가 증진될 것이다.

② 교통·통신·전자 분야의 첨단기술은 공간-조정적 테크놀로지의 발달로 스포츠 장소 간의 공간적 거리를 무의미하게 만들며, 스포츠 정보를 거래하는 데 드는 비용과 시간이 더 중요해질 것이다.

③ 국제스포츠에서 배분의 불평등은 과거에 비해 많이 개선되었지만 여전히 존재하며, 자칫하면 서구스포츠가 전 세계적 스포츠문화 영역으로 확대될 가능성도 있다.

④ 다양한 스포츠 리그들이 세방화(글로컬리제이션, Glocalization)를 통해 미래지향적 리그를 형성하려 노력할 것이다.

03 미래 스포츠의 변화와 전망

(1) 정보화 시대의 스포츠와 생활체육

① 스포츠 교육서비스에 대한 요구가 증대된다.

② 스포츠 과학이 획기적으로 발전한다.

③ 다양한 경기 전략에 대한 정보를 신속하게 제공받는다.

④ 생활체육 정보가 급증할 것이다. 정보의 양적 증대는 일반 대중의 생활체육에 대한 선택가능성을 잠재적으로 확대시켜 나가는 데 기여할 것이다.

⑤ 일반대중의 여가시간이 증대되어 생활체육의 수요가 확대된다.

⑥ 단체 종목보다는 개인 종목이 선호되며, 지역사회에서의 연대의식과 같은 목적보다는 개인의 욕구 만족에 초점을 둔 개인 종목을 중심으로 생활체육이 전개될 것이다.

(2) 탈근대 문화 스포츠

① 스포츠의 의미 변화

    ㉠ 건강에 대한 관심과 환경에 대한 책임감으로 자연친화적인 스포츠에 대한 관심이 증가한다.

    ㉡ 개방적이고 즉흥적인 활동으로 경기의 승리보다 내재적 만족이 강조된다.

② 스포츠 참여 계층의 다양화

    ㉠ 여성 계층의 스포츠 참여 확대

      • 여성이 자원과 권력을 획득하면서 스포츠 참여의 기회가 증가한다.

      • 여성이 선호하는 새로운 스포츠 형태가 구축된다.

    ㉡ 노인 계층의 스포츠 참여 확대

      • 평균 수명의 증가로 고령층의 스포츠활동 참여가 증가한다.

      • 부상 위험이 적은 스포츠가 선호된다.

      • 스포츠를 사회활동으로 인식하며, 경쟁이 아닌 즐거움이 강조된다.

기출 POINT

세방화 22

어떤 지역이 지닌 고유한 전통이 경쟁력을 높여서 세계적인 보편성을 획득하는 현상

스포츠 노동이주 유형 21 23

• 유목민형 : 종목의 특성이나 개인의 취향에 의해 이주
• 정착민형 : 보다 나은 환경에서 거주하기 위한 이주
• 개척자형 : 이주한 국가와 친밀한 관계를 형성
• 귀향민형 : 다른 나라로 이주했다가 다시 자국으로 귀향
• 용병형 : 경제적 보상으로 인한 이주

미래 스포츠의 변화와 전망 16 21

• 용품, 장비, 시설 등 스포츠 환경 개선
• 전자매체 발달로 관람형태 다양화
• 새로운 형태의 스포츠 발생
• 기술도핑으로 인한 공정성 훼손
• 노인 스포츠 참여율 증가

OX문제

1. 민족주의는 국가 간 갈등의 원인이 되어 스포츠 세계화의 걸림돌로 작용해 왔다. (O, X)

2. 신자유주의로 인하여 사람들이 소비하는 스포츠 용기구가 더욱 다양해졌다. (O, X)

정답 1 (X), 2 (X)

03 출제예상문제

01 다음 중 스포츠사회학의 정의에 대한 설명으로 옳지 않은 것은?

① 스포츠에 관한 연구 및 문화요소와 스포츠의 상호관계를 연구하는 학문
② 인간의 스포츠행위를 토대로 집단 스포츠행위와 사회적 상호작용을 연구하는 학문
③ 스포츠의 맥락에서 인간의 사회행동의 법칙을 규명하는 학문
④ 스포츠상황에서의 인간행동에 관한 의문점을 해결하고 수행의 향상을 연구하는 학문

해설

스포츠상황에서의 인간행동에 관한 의문점을 해결하고 수행의 향상을 연구하는 학문은 스포츠심리학이다.

02 다음 중 스포츠사회화에 대한 설명으로 옳지 않은 것은?

① 스포츠로의 사회화 - 스포츠활동에 있어서 사회화 과정은 일차로 스포츠활동의 참가를 전제로 한다.
② 스포츠를 통한 사회화 - 스포츠활동의 경험을 통하여 생존과 성공에 필요한 자질을 습득하는 과정에서 형성되는 가치나 태도 및 행동의 학습에 관한 문제이다.
③ 스포츠로부터의 탈사회화 - 스포츠활동으로부터 중도에 탈락 또는 포기하거나 은퇴하는 등 스포츠 사회화 과정이 중단되는 경우를 말한다.
④ 스포츠로의 재사회화 - 더 이상 스포츠 참가를 지속할 수 없는 상황에 직면하여 스포츠의 장으로부터 이탈하는 것을 말한다.

해설

스포츠로의 재사회화는 스포츠의 장으로부터 이탈해 있던 비참가자가 새롭게 흥미를 느끼는 종목이나 포지션 및 타 지역에서 다시 스포츠활동을 재개하게 되는 경우를 말한다.

03 다음 중 사회학습이론에 대한 설명으로 옳지 않은 것은?

① 개인이 어떻게 사회적 행동을 습득하고 수행하는가를 밝힌다.
② 강화, 코칭, 관찰학습을 포함한다.
③ 새로운 운동기능과 반응에 대한 동기를 부여할 수 있다.
④ 개인이 자기 자신이 처해 있는 상황을 인지하고 상호작용할 때 사회화 과정이 진행된다.

해설

스포츠사회화의 이론 중 역할이론에 대한 설명으로, 개인이 사회화 과정을 통해 집단의 기능적 구성원이 되어가는 과정을 설명한다.

04 다음 중 스포츠와 정치의 관계에 대한 설명으로 옳지 않은 것은?

① 스포츠는 특정 국가의 사회제도 수준을 반영한다.
② 정치제도의 발전 단계에 따라 스포츠의 이념에 차이가 있다.
③ 스포츠 교류를 통한 정치, 경제, 사회, 문화 교육 등에서 자국의 이익을 추구한다.
④ 스포츠 외교를 통하여 대회 보이콧 등 적대관계가 증대된다.

해설
스포츠는 국가적 유대감을 증대시키고, 국제적 관계에 있어 평화와 우정이라는 틀 안에서 국가를 이상적으로 연결시킨다.

05 다음 중 정치적 목적의 달성을 위해 직접적으로 스포츠를 이용하는 경우로 옳은 것은?

① 사회화의 수단
② 내셔널리즘의 수단
③ 사회적 안전판의 수단
④ 스포츠 홍보

해설
정치가 직접적으로 스포츠를 이용하는 경우는 대내적 효과를 위한 내셔널리즘과 관계가 있다. 사회화의 수단과 사회적 안전판의 수단은 정치적 목적의 달성을 위해 간접적으로 스포츠를 이용하는 경우에 해당된다.

06 다음 중 프로스포츠의 역기능에 대한 설명으로 옳지 않은 것은?

① 인기종목과 비인기종목의 불균형 초래
② 물질만능주의 확대
③ 사회통합의 기능
④ 스포츠 도박행위

해설
사회통합의 기능은 프로스포츠의 순기능이다.

07 다음 중 현대 스포츠 발전에 영향을 미친 사회적인 요소로 옳지 않은 것은?

① 운동 기술의 발전
② 도시화
③ 인구 밀도의 증가
④ 산업화

해설
운동 기술의 발전은 사회적인 요소로 보기 어렵다.

08 다음 보기에서 설명하는 스포츠의 사회적 기능으로 옳은 것은?

• 스포츠활동은 사회화의 한 형태로서 개인을 집단 속으로, 집단을 문화의 형태 속으로 통합하는 기능을 수행한다.
• 개인 간의 유대성과 통일성을 유지하고 분열을 방지한다.

① 사회정서 기능
② 사회정화 기능
③ 사회통합 기능
④ 사회통제 기능

해설
사회통합 기능은 각 개인을 결집력 있는 집단 속으로 통합시키는 데 중점을 둔다.

정답 04 ④ 05 ② 06 ③ 07 ① 08 ③

09 다음 중 머튼(Merton)의 아노미 이론에 대한 설명으로 옳지 않은 것은?

① 동조주의 – 문화적으로 규정된 성공적인 목표와 그 목표를 성취하기 위한 수단을 모두 수용하는 행위
② 혁신주의 – 문화적 목표는 수용하나 그 사회가 적용하는 수단은 수락할 수 없다고 하는 행동양식
③ 의례주의 – 문화적 목표와 사회적 수단을 모두 거부하는 적응양식
④ 반역주의 – 종래의 목적과 수단을 모두 포기하고 새로운 방법을 가지고 목적을 달성하려는 행위

해설
머튼(Merton)의 아노미 이론에서, 문화적 목표와 사회적 수단을 모두 거부하는 적응양식은 도피주의에 해당되는 내용이다.

10 다음 중 놀이나 게임과 달리 스포츠만이 지닌 특성으로 옳은 것은?

① 경쟁성　　　　② 비생산성
③ 규칙성　　　　④ 제도화

해설
• 놀이(Play) : 허구성, 비생산성, 자유성, 쾌락성
• 게임(Game) : 허구성, 비생산성, 불확실성, 규칙성, 경쟁성, 신체기능, 전술
• 스포츠(Sports) : 허구성, 비생산성, 불확실성, 규칙성, 경쟁성, 신체기능, 전술, 신체활동성, 제도화

11 다음 중 올림픽 경기의 정치화 요인으로 옳지 않은 것은?

① 민족주의 심화
② 다양한 문화의 융합
③ 상업주의 팽창
④ 정치권력 강화·보상

해설
다양한 문화의 융합은 올림픽 경기의 정치화 요인으로 볼 수 없다.

12 다음 중 스포츠의 정치적 순기능에 대한 설명으로 옳은 것은?

① 대립국가들 간의 대결의 장으로 이용되어 국제적 갈등의 원인이 되기도 한다.
② 광의의 정치적 측면에서 스포츠는 사회운동의 수단이 된다.
③ 국수주의적 국민의식을 조장한다.
④ 권력의 형성과 유지를 정당화하기 위해 피지배자의 감정에 호소하여 지배의 정당성을 구하고자 한다.

해설
광의의 정치적 측면에서 스포츠가 사회운동의 수단이 되는 것은 스포츠의 정치적 순기능에 해당한다. 나머지는 스포츠의 정치적 역기능에 포함되는 내용이다.

09 ③　10 ④　11 ②　12 ②　**정답**

13 다음 보기에서 나온 속성에 대한 설명으로 옳지 않은 것은?

> 국제정치에서 스포츠는 다양한 방식으로 국가 간의 관계형성 및 유지에 활용되고 있다. 스포츠가 국제정치에 영향력을 발휘할 수 있는 이유는 스포츠가 지니고 있는 다음과 같은 속성 때문이다.

① 스포츠는 지배적인 이데올로기보다는 개인적인 성취 욕구를 강조한다.
② 스포츠는 정치, 경제, 문화 및 제도의 차이에도 불구하고 동일한 규칙 및 행동양식을 지닌 신체활동으로 개방성이 강하다.
③ 상호간에 이루어지는 선의의 경쟁 활동으로 국가 간의 친선과 우호를 자연스럽게 유도할 수 있다.
④ 세계인이 보편적으로 공유하는 정서 및 의식이 부각되는 활동이다.

해설
스포츠는 지배적인 이데올로기 및 체제 선전의 수단이라는 속성이 강조된다.

14 다음 중 스포츠와 정치의 결합방법으로 옳지 않은 것은?

① 상 징　　　　② 체 제
③ 동일화　　　　④ 조 작

해설
스포츠와 정치의 결합방법은 상징, 동일화, 조작이 있다.

15 다음 중 상업주의 스포츠 출현의 일반적 사회조건으로 옳지 않은 것은?

① 자본주의적 시장경제 체계 – 스포츠 관련 경제적 보상체계의 발달
② 인구 밀도가 높은 대도시 – 스포츠 관련 흥행 성공 가능성
③ 자본의 분산 – 소단위 체육시설의 각 도시별 유치 및 유지
④ 소비문화의 발전 정도 – 스포츠의 소비 촉진

해설
상업주의 스포츠 출현의 일반적 사회조건은 자본의 분산이 아닌 자본의 집중과 관련이 있다.

16 다음 중 스포츠 메가이벤트에 대한 설명으로 옳지 않은 것은?

① 스포츠 메가이벤트를 개최하는 국가의 자부심 증가로 국민 통합과 결속이 이루어진다.
② 스포츠 메가이벤트 개최 과정에서 스포츠산업 및 관광산업이 발달한다.
③ 다국적 기업들은 스포츠 메가이벤트의 공식 스폰서가 되기 위해 자본을 지불한다.
④ 스포츠 메가이벤트를 개최하는 국가는 모두 막대한 수익을 창출한다.

해설
메가이벤트 개최로 인해 경제적인 적자를 보는 국가도 적지 않다.

17 다음 상황 중 관중 폭력이 발생할 가능성이 가장 낮은 것은?

① 관중석이 빽빽하게 들어찬 농구경기
② 월드컵의 조별예선 첫 경기
③ 여름 낮 2시에 벌어진 야구경기
④ 한국프로야구 시즌 막바지

해설

드워(C. Dewar)는 관중이 많을수록, 경기 후반부일수록, 기온이 올라갈수록, 시즌이 막바지로 접어들수록 관중 폭력의 발생 가능성이 높아진다고 말하였다.

18 다음 중 스포츠의 상업주의적인 성향으로 옳지 않은 것은?

① 프로팀 구단주는 보다 많은 이익을 얻기 위하여 끊임없이 시장개척에 몰두한다.
② 운동선수는 자신의 경제적 이익보다는 자기 발전 또는 팀이나 팬에 대한 존경을 우선시한다.
③ 스포츠가 점차 게임, 위락보다는 입장권 수입, TV 방영권, 기업체의 홍보 및 선전 등의 사업에 관심을 갖는다.
④ 구단주와 운동선수 매니저와 운동선수, 커미셔너와 매니저, 팀과 팀, 선수와 선수 사이에 금전문제로 인한 갈등이 심화된다.

해설

스포츠의 상업주의적인 성향의 운동선수는 자신의 경제적 이익을 가장 중요하게 여긴다.

19 다음 중 보기에서 학원스포츠의 문제점으로 옳은 내용을 모두 고른 것은?

> ㉠ 운동선수의 학습권 박탈
> ㉡ 체육영역 간 불균형과 단절
> ㉢ 운동부 운영의 환경적 제약
> ㉣ 아마추어리즘의 퇴색

① ㉠, ㉡, ㉢
② ㉠, ㉡, ㉢, ㉣
③ ㉠, ㉢, ㉣
④ ㉠, ㉡

해설

㉣ 아마추어리즘의 퇴색은 프로스포츠의 역기능에 해당한다.

20 학원스포츠의 문제를 해결하기 위한 개선방안으로 옳지 않은 것은?

① 학교스포츠클럽 육성
② 최저학력제 폐지
③ 운동부 지도자 처우 개선
④ 학생선수의 학습권 보장

해설

바람직한 사회생활을 위한 준비로서, 중·고등학교 학생선수의 학습권은 지켜져야 한다. 학생선수의 학습권 보장을 위한 제도에는 최저학력제가 대표적이다.

21 다음 중 월드컵 개최로 인한 파급효과에 대한 설명으로 옳지 않은 것은?

① 국민 소비성향의 감소
② 스포츠관련 산업의 성장
③ 지역경제의 활성화
④ 수출 증대의 활성화

해설
국민 소비성향이 증가된다. 이는 스포츠 메가이벤트의 개최로 인한 무형의 경제적 가치에 해당한다.

22 다음 중 스포츠에서 관중의 흥미를 유발하는 세 가지 요인에 해당하지 않는 것은?

① 경기 결과의 불확실성
② 대회 참가자에 대한 재정적 보상
③ 경기에 참가한 스타의 탁월한 기량
④ 스포츠 규칙의 준수

해설
대회 참가자에 대한 재정적 보상은 관중의 스포츠 자체에 대한 흥미를 유발하는 세 가지 요인에 해당하지 않는다.

23 다음 중 스포츠 메가이벤트의 경제적 효과로 옳지 않은 것은?

① 고용창출 효과
② 생산유발 효과
③ 부가가치 효과
④ 체제유지 효과

해설
체제유지 효과는 정치적 속성과 관련된다.

24 다음 중 스포츠의 교육적 순기능으로 옳지 않은 것은?

① 전인교육   ② 승리지상주의
③ 사회 통합   ④ 사회 선도

해설
승리지상주의는 스포츠의 역기능에 속한다.

25 다음 중 스포츠 계층의 특성과 그 설명으로 옳지 않은 것은?

① 보편성 – 스포츠계층의 편재성은 모든 국가와 사회에 존재하는 보편적 사회·문화 현상이다.
② 고래성 – 스포츠계층은 역사발전 과정을 거치며 변천했다.
③ 영향성 – 스포츠계층은 사회적으로 획득한 사회·문화적 여건에 의해 형성된다.
④ 다양성 – 스포츠계층은 다양한 형태로 나타난다.

해설
스포츠 계층의 특성
• 보편성 : 스포츠계층의 편재성은 모든 국가와 사회에 존재하는 보편적 사회·문화 현상이다.
• 고래성 : 스포츠계층은 역사발전 과정을 거치며 변천했다.
• 사회성 : 스포츠계층은 사회적으로 획득한 사회·문화적 여건에 의해 형성된다.
• 다양성 : 스포츠계층은 다양한 형태로 나타난다.
• 영향성 : 스포츠계층은 생활기회와 생활양식의 변화에 영향을 받는다.

정답 21 ① 22 ② 23 ④ 24 ② 25 ③

26 다음 중 스포츠가 미디어에 미치는 영향으로 옳지 않은 것은?

① 미디어 콘텐츠 제공
② 미디어 테크놀로지 발전
③ 미디어 보급 확대
④ 미디어 스포츠 의존도 감소

> **해설**
> 스포츠의 영향으로 미디어의 스포츠 의존도는 증가하였다.

27 다음 중 미디어가 스포츠에 미치는 영향으로 옳지 않은 것은?

① 선수의 동기수준을 높여줌으로써 스포츠의 저변확대와 스포츠 기술의 발전을 도모한다.
② 스포츠가 대중에 긍정적인 이미지를 형성하면서 스포츠의 발전을 가져오게 된다.
③ 스포츠 경기 일정의 조정에 관여하지만 새로운 스포츠 종목은 창출하지 않는다.
④ 스포츠의 여러 문제점을 비판하고 올바른 방향모색에 도움을 준다.

> **해설**
> 미디어의 영향으로 인해 E-sports와 같은 새로운 스포츠가 창출되고 있다.

28 다음 중 미디어가 스포츠에 미치는 영향으로 옳지 않은 것은?

① 매스미디어는 스포츠의 교환 가치를 증대시켜 스포츠를 상품화한다.
② 스포츠의 인기 상승으로 관람 비용에 대한 부담이 증가하여 '보는 스포츠' 인구가 감소하였다.
③ 각종 국제 경기가 TV 방영을 고려하여 경기 시간을 편성하고 있다.
④ 영상 자료를 이용하여 반복적으로 분석 및 검토하여 팀에 활용한다.

> **해설**
> 미디어를 통한 스포츠에 대한 관심과 인기 증대로 TV를 통해 적은 비용으로도 스포츠를 관람할 수 있게 되었으며, '보는 스포츠'와 '하는 스포츠'의 인구를 크게 증가시켰다.

29 다음 중 스포츠 저널리즘에 대한 설명으로 옳은 것은?

① 사소한 일로부터 흥미를 이끌어내는 것으로 상업성을 추구해야 한다.
② 특정 선수나 코치의 개인 사생활을 의도적으로 보도하여 알 권리를 충족시켜야 한다.
③ 사실 그대로 전달할 수 있도록 편중된 보도경향을 자제해야 한다.
④ 옐로우 저널리즘의 확대를 유도해야 한다.

> **해설**
> 저널리스트는 올바른 가치관과 윤리의식에 기초하여 보도의 공정성과 정확성을 유지하여야 한다.

30 다음 중 미래사회의 스포츠 변화에 대한 설명으로 옳지 않은 것은?

① 미디어 발달로 노인 스포츠 참여율 감소
② 전자매체 발달로 관람스포츠 형태 변화
③ 새로운 형태의 스포츠가 지속적으로 발생
④ 용품, 장비, 시설 등 스포츠 환경 개선

> **해설**
> 평균수명 증가로 노인 스포츠 참여율이 증가할 것이다.

26 ④ 27 ③ 28 ② 29 ③ 30 ① 정답

31 다음 중 스포츠에 대한 기능주의 이론의 주장과 거리가 먼 것은?

① 사회통합과 체제유지
② 차별적 보상의 필요성 강조
③ 사회적 상승 수단의 스포츠 참가
④ 개인 간 소외 조장

해설

스포츠가 개인 간 소외를 조장한다는 것은 갈등이론에 포함된다. 갈등이론에서는 사회계층 현상에서 스포츠는 권력집단의 기득권 유지를 위한 수단으로 이용되어 불평등한 사회적 배분구조를 반영하고 있으며, 이를 강화시킨다고 하였다.

32 다음 중 마르크스의 갈등 이론에 대한 설명으로 옳은 것은?

① 계층구조에 따른 지배는 문화적 수단에 의해 암묵적으로 일어난다.
② 사회 구성원의 경제적 요인을 기준으로 부르주아 계급과 프롤레타리아 계급으로 구분하였다.
③ 사회계층 현상이 복잡한 다차원적 성격의 현상임을 강조한다.
④ 사회를 유기체와 비유하면서 사회가 본질적으로 상호 관련되어 있다고 본다.

해설

사회 구성원의 경제적 요인을 기준으로 부르주아 계급과 프롤레타리아 계급으로 구분한 것은, 마르크스의 갈등 이론에 대한 설명이다.

33 다음 중 스포츠에서의 사회계층에 관한 설명으로 옳은 것은?

① 스포츠라는 사회체계 내에서 계층이 형성되는 것을 의미한다.
② 사회적 지위가 높을수록 일차적 관람보다 이차적 관람을 선호하는 경향이 있다.
③ 선호하는 스포츠 종목은 사회계층과 관련이 없다.
④ 스포츠는 상이한 계층 간의 사회적 상호작용을 불가능하게 한다.

해설

② 중상류층에서 1차적 관람의 선호 비율은 하류층보다 높다.
③ 사회계층은 선호하는 스포츠 종목에 영향을 끼친다.
④ 스포츠는 상이한 계층 간의 사회적 상호작용을 가능하게 한다.

34 다음 중 계층이동 기제로서의 스포츠의 긍정적 역할에 대한 설명으로 옳지 않은 것은?

① 스포츠 역할이 양적으로 증가한다.
② 개인의 자아실현에 도움이 된다.
③ 계층 상승 이동의 촉매가 된다.
④ 성공 이데올로기를 대중에 확신시킨다.

해설

계층이동 기제로서의 성공 이데올로기를 대중에 확신시키는 것은 부정적인 입장에 포함된다.

35 다음 보기에서 스포츠사회화 과정에 대한 옳은 설명을 모두 고른 것은?

> ㉠ 스포츠로의 사회화 – 스포츠에 참가함으로써 사회화
> ㉡ 스포츠를 통한 사회화 – 스포츠 장면에서 학습된 기능, 특성, 가치, 태도, 지식, 성향 등이 다른 사회현상으로 전이·일반화되는 과정
> ㉢ 탈사회화 – 참여 중단, 중도탈락과 은퇴
> ㉣ 재사회화 – 은퇴 후, 새로운 스포츠 사회에 적응

① ㉠, ㉣   ② ㉡, ㉢
③ ㉠, ㉡, ㉢   ④ ㉠, ㉡, ㉢, ㉣

> **해설**
> ㉠·㉡·㉢·㉣ 모두 스포츠사회화 과정에 대한 설명이다.

36 다음 중 스포츠로의 사회화에 기여하는 개입의 요소로 옳지 않은 것은?

① 내·외적 만족   ② 사회적 결속
③ 가족 구성원의 수   ④ 스포츠의 정체감

> **해설**
> 스포츠로의 사회화에 기여하는 개입의 요소와 가족 구성원의 수는 관련이 없다.

37 다음 중 스포츠사회화의 준거집단 이론의 설명으로 옳은 것은?

① 어떤 준거집단의 가치를 자신의 준거 척도로 삼으면서 사회화가 이루어진다는 관점이다.
② 규범 설정과 가치관 형성을 위한 개인 행동지침을 제공하는 집단을 대표집단이라고 한다.
③ 타집단의 가치와 태도에 부합되게 행동하려는 집단을 비교집단이라고 한다.
④ 준거집단은 규범집단, 비교집단, 대표집단으로 구분한다.

> **해설**
> ② 규범 설정과 가치관 형성을 위한 개인 행동지침 제공하는 집단을 규범집단이라고 한다.
> ③ 타집단의 가치와 태도에 부합되게 행동하려는 집단을 청중집단이라고 한다.
> ④ 준거집단은 규범집단, 비교집단, 청중집단으로 구분한다.

38 다음 보기는 철수의 변화 과정을 기술한 것이다. 이에 대한 스포츠 사회학적 설명으로 옳지 않은 것은?

> ㉠ 방과 후 축구 활동 초기에는 기능 수준은 낮지만 참여 자체에 만족함
> ㉡ 교사의 기술 지도로 인하여 실력이 향상되고 친구가 많아짐
> ㉢ 점차 축구 활동에 적극적으로 참여하였고, 축구팀에서 주도적인 학생으로 성장함
> ㉣ 승리에 대한 과도한 집착으로 반칙을 사용하는 경우가 발생함
> ㉤ 할 일을 하지 않으면서까지 축구에 몰입하는 경우가 발생함

① ㉠ – 철수는 비조직적 스포츠에 참가하고 있음을 알 수 있다.
② ㉡ – 사회학습이론에 따르면, 철수는 교사의 코칭을 통해 축구 기술을 습득하고 있음을 알 수 있다.
③ ㉢ – 철수의 태도 변화는 역할행동에서 비롯되었음을 알 수 있다.
④ ㉤ – 철수의 행동은 2차적 일탈 참가에 해당된다.

> **해설**
> 할 일을 하지 않으면서까지 축구에 몰입하는 경우는 2차적 일탈이 아니라 1차적 일탈이다. 1차적 일탈이란 자신의 직업·학업을 등한시하거나 포기하고 스포츠활동 참가에 모든 시간을 소비하는 상태를 의미한다.

39 다음 중 스나이더(E. Snyder)가 주장한 스포츠 사회화의 전이 조건으로 옳지 않은 것은?

① 스포츠 참가자의 신체적 특성
② 스포츠 참가의 자발성 여부
③ 스포츠 참가 기간
④ 사회화 주관자의 위신과 위력

해설
스나이더(E. Snyder)의 스포츠 사회화의 전이 조건
• 스포츠 참가 정도(빈도, 기간, 강도)
• 스포츠 참가의 자발성 여부
• 스포츠 조직 내의 사회적 관계
• 사회화 주관자의 위신과 위력
• 스포츠 참가자의 개인적·사회적 특성

40 다음 대화에 나타나는 상업주의에 의한 스포츠의 변화에 해당하는 내용으로 옳은 것은?

> 학 생 : 선생님, 어제 텔레비전에서 배구 경기를 봤는데, 이상한 점이 있었어요. 왜 우리나라 배구 국가대표팀 유니폼에 ○○은행의 이름이 새겨져 있어요?
> 교 사 : 그건 이번에 배구협회가 마케팅 팀을 신설하면서 국가대표팀 유니폼에 ○○은행 이름을 넣을 수 있는 권리를 팔아서 그래. 이제 배구협회는 그 수익금으로 협회를 안정적으로 운영할 수 있겠지.

① 스포츠의 구조 – 상업주의 영향에도 스포츠의 기본 구조 유지
② 스포츠의 내용 – 스포츠의 비본질적 요소를 중시하여 경기 외적인 득점과 승리를 추구
③ 스포츠의 조직 – 예산확보를 위한 스포츠 조직의 노력
④ 올림픽 경기의 변화 – 기업체는 올림픽 경기를 기업 선전매장으로 간주

해설
교사의 말에 언급된 배구협회는 스포츠 조직을 의미한다. ○○은행의 후원을 통해 그 수익금으로 배구협회를 안정적으로 운영할 수 있으므로, 예산확보를 위한 스포츠 조직의 노력이 대화에 나타나는 내용이다.

41 다음 중 맥루한(McLuhan)의 매체 이론을 적용한 옳은 설명을 모두 고른 것은?

> ㉠ 핫(Hot) 매체는 메시지의 정의성이 높기 때문에 이를 수용하는 스포츠팬은 높은 감각의 참여와 몰입 상태로 스포츠를 간접적으로 즐긴다.
> ㉡ 쿨(Cool) 매체 스포츠는 경기자의 행동반경이 넓고 경기장에서의 확산 정도가 높아서 스포츠 자체의 정의성이 낮다.
> ㉢ 핫 매체 스포츠를 관람하는 스포츠팬은 낮은 감각의 몰입과 참여를 통하여 스포츠 메시지를 심리적 부담 없이 쉽게 수용할 수 있다.
> ㉣ 쿨 매체의 스포츠 메시지를 수용하는 스포츠팬은 높은 감각의 참여 및 몰입을 통하여 수용하고자 하는 메시지를 제공받는다.
> ㉤ 핫 매체 스포츠 유형으로는 주로 동적이며 수비 측과 공격 측이 구분되지 않는 단체 경기의 스포츠 종목이 많다.

① ㉠, ㉡, ㉢
② ㉠, ㉡, ㉤
③ ㉡, ㉢, ㉣
④ ㉡, ㉣, ㉤

해설
• 핫 매체 : 메시지 상태가 논리적이며 사전 계획적이고 직접적으로 전달되는 메시지로서 신문·잡지·라디오·영화와 같은 매체들이다.
• 쿨 매체 : 메시지 상태가 즉흥적이고 일시적이며 비논리적이기 때문에 주어지는 정보 제공량은 적은 반면, 전달하려는 메시지의 내용은 충분하게 채워져 있으므로 메시지를 수용할 때 수용자의 주관이 개입하기에 적당하고 수용자의 심리적 반응효과가 크다. TV, 비디오, 만화 등이 포함된다.

42 다음 중 스나이더(Snyder)와 스프라이처(Spreitzer)가 제시한 스포츠개입의 요소로 옳지 않은 설명을 모두 고른 것은?

> ㉠ 중요 타자의 인정으로 생긴 만족감
> ㉡ 생활양식 개선에 따른 여가 기회의 확대
> ㉢ 지위 상실, 불명예 등과 같은 부정적 제재로부터의 회피
> ㉣ 이용 시설의 근접성, 편리성 등과 같은 환경에 대한 만족감
> ㉤ 승리, 금전 등과 같은 외적 보상에 대한 기대감

① ㉠, ㉡ ② ㉡, ㉣
③ ㉡, ㉤ ④ ㉢, ㉣

해설
스포츠활동에 대한 개입을 유지하고 증진시키는 요소로는 내적 만족, 외적 보상, 중요 타자의 인정으로 생긴 만족감, 부정적 불안감의 회피, 개인의 정체성이 포함된다.

43 다음 중 스포츠 일탈의 구조적 원인에 대한 설명으로 옳지 않은 것은?

① 양립 불가능한 가치 지향
② 조직에 대한 몰입
③ 경쟁적 보상 구조
④ 승리에 대한 강박

해설
조직에 대한 몰입은 스포츠 일탈의 구조적 원인이 아니다.

44 스포츠사회학의 연구영역으로 옳지 않은 것은?

① 사회적 행위에 대한 연구
② 집단에 대한 연구
③ 운동제어에 대한 연구
④ 사회변동의 영향에 대한 연구

해설
운동제어는 스포츠심리학의 하위영역이다. 스포츠사회학의 연구영역은 사회적 행위에 대한 연구, 집단에 대한 연구, 문화나 제도에 대한 연구, 사회변동의 영향에 대한 연구이다.

45 다음 중 스포츠 일탈 행동의 부정적 유형으로 옳지 않은 것은?

① 스포츠의 폭력행위 ② 약물 복용
③ 부정행위 ④ 운동중독

해설
운동중독은 일탈 행동의 부정적 유형이 아니다. 스포츠 일탈 행동의 부정적 유형에는 스포츠 폭력, 도핑, 조직적 일탈, 관중 폭력 등이 있다.

46 보기에서 설명하는 스포츠일탈 이론은?

> 문제를 일으키는 집단과의 교류를 통해 일탈적 행위를 학습할 수 있다는 이론이다.

① 낙인 이론 ② 차별적교제 이론
③ 아노미 이론 ④ 상호작용 이론

해설
차별적교제 이론에 대한 설명으로, 일탈행동은 개인의 심리적 차이가 아닌 환경적 요인을 통해 학습된다는 이론이다.

47 다음 중 세계화에 따른 스포츠의 의미 변화로 옳지 않은 것은?

① 국제스포츠 경쟁에서 국가 간의 경쟁이라는 의미가 축소되고, 국제스포츠 조직의 확대를 통한 범세계적 교류가 증가할 것이다.
② 스포츠의 세계화는 세계적 스포츠 통일체의 형성과정으로 간주된다.
③ 스포츠가 행해지는 공간적 거리를 무의미하게 만들며, 장소들 간의 절대적 거리보다 스포츠정보를 거래하는 데 드는 비용과 시간이 더 중요해질 것이다.
④ 국가 간 스포츠 전문 인력의 교류와 첨단방송기술의 표준화가 시행된다.

해설
세계적 스포츠 통일체를 형성하는 것이 아니라, 다양성을 증대시키는 데 목적을 둔다.

48 다음은 머튼(Merton)의 아노미 이론을 적용하여 스포츠 일탈을 설명한 것이다. (가), (나)에 들어갈 단어로 가장 적절한 것은?

현대사회의 스포츠는 (가)이/가 강화된 특성을 가진 조직 체계로 규정할 수 있다. 왜냐하면 스포츠에서 추구하는 문화적 목표인 승리에 대한 사회적 압력은 대단히 높으나, 승리를 성취하기 위한 구조적 기회인 수단은 여러 가지 스포츠 규범에 의해 제한되기 때문이다. 이와 같은 스포츠에서의 목표와 수단 간의 괴리는 (나)을/를 유발하여 여러 가지 일탈행동을 발생시킨다.

	(가)	(나)
①	사회적 규범	역할 갈등
②	통 제	분 노
③	구조적 역기능	긴 장
④	경제적 보상	역할 갈등

해설
스포츠에서 구조적 역기능이 강화될수록, 스포츠에서의 일탈은 증가한다. 또한 스포츠에서의 목표와 수단 간의 괴리는 긴장을 유발한다.

49 다음 내용을 스포츠 계층의 형성과정 순서대로 바르게 배열한 것은?

㉠ 필요한 인재를 적재적소에 효율적으로 배치하는 과정으로, 역할 수행이 팀 전체에 미치는 영향과 효과에 따라 달라진다.
㉡ 특정 지위에 적절한 자원을 배분하는 과정으로, 스포츠 내에서 한 개인이 차지하고 있는 지위나 특성 수준에 따라 달라진다.
㉢ 감독, 코치, 선수와 같은 사회적 지위에 특정한 역할이 정해짐으로써 다른 지위와 구별되게 하는 과정이다.
㉣ 서로 다른 위치에 지위를 적절하게 배열하는 과정으로, 선수나 감독이 얻는 명성이 이 과정을 판단하는 요소가 될 수 있다.

① ㉠ - ㉡ - ㉣ - ㉢
② ㉠ - ㉣ - ㉢ - ㉡
③ ㉢ - ㉠ - ㉣ - ㉡
④ ㉢ - ㉣ - ㉠ - ㉡

해설
㉠ 각 지위를 적재적소에 배치하는 것으로 지위의 서열화에 해당한다. 지위의 서열화는 개인적 특성, 개인의 기능이나 능력, 역할의 사회적 기능에 의해 이루어진다.
㉡ 각 지위에 대해 희소가치를 지니는 자원을 차별적으로 배분하는 것은 보수의 부여에 해당한다.
㉢ 사회적 지위에 따라 특정한 역할을 배정하여 타 지위와 구별하는 것은 지위의 분화에 해당한다.
㉣ 지위를 적절하게 배열하는 과정은 평가에 해당한다. 평가의 요소로는 권위, 호감, 인기 등이 있다.

50 케년(Kenyon)이 제시한 스포츠 참가유형 중 다음 보기에 해당하는 것은?

> 영희는 복싱에서 맹활약을 펼치고 있는 최○○ 선수를 무척 좋아한다. 그러나 영희는 복싱을 해보지 않았고, 그와 관련된 일을 하는 것도 아니며, 복싱의 역사, 규칙, 기술 등에 대해서 잘 알고 있는 것은 더욱 아니다. 그저 복싱 이야기만 나오면 좋아하고 최○○ 선수에 대해 열광할 뿐이다.

① 인지적 참가   ② 정의적 참가
③ 행동적 참가   ④ 일상적 참가

해설

- 인지적 참가 : 학교, 사회기관, 미디어 등을 통해 스포츠에 관한 일정 정보를 수용함으로써 이루어지는 참가를 의미한다.
- 정의적 참가 : 실제 스포츠상황에 참가하지는 않지만 간접적이나마 어떤 특정 선수나 팀 또는 경기상황에 대하여 감정적 태도, 성향을 표출하는 참가라 할 수 있다.
- 행동적 참가 : 스포츠에 실질적으로 참가하는 형태를 말하는데 이는 자신이 경기자로 참가하는 일차적 참여와, 선수이외에 코치·심판·방송원 등으로 스포츠를 직접 생산하는 자, 그리고 팬(Fan)과 같은 소비자로 참가하는 이차적 참여로 구분된다.
- 일상적 참가 : 스포츠 활동에 정기적으로 참가하고, 활동이 개인의 생활과 잘 조화를 이루는 상태이다.

51 다음 중 거트만(A. Guttmann)의 근대스포츠 특성에 관한 설명으로 옳지 않은 것은?

① 세속화 – 근대스포츠는 즐거움, 건강, 경제적 이득, 명예 등 세속적 관심의 충족을 추구하는 성격이 지배적이다. 즉, 종교적 신념이나 종교적 의식과의 직접적인 관련성을 찾기 어렵다.
② 평등화 – 근대스포츠는 참가자의 성취 및 지위에 의하여 규제되어서는 안 된다는 사상에 기초를 두고 있다.
③ 기록화 – 근대스포츠는 모든 운동을 수량화하고 측정할 수 있는 것으로 바꾸려는 경향을 가지고 있다.
④ 합리화 – 근대스포츠는 명시된 규칙에 의해서 규제된다. 즉, 규칙이 경쟁을 지배하는 것이다.

해설

모든 운동을 수량화하고 측정할 수 있는 것으로 바꾸려는 경향은 수량화에 대한 설명이다. 기록화는 기록을 세우고 깨뜨리는 것을 중요하게 여기는 것을 말한다.

52 다음 보기에서 설명하고 있는 올림픽 대회로 옳은 것은?

> 소련의 아프가니스탄 침공에 대한 미국의 정치적 대응으로 미국을 비롯한 서방 국가들이 대회 불참을 선언하였다.

① 1980년 모스크바올림픽
② 1976년 몬트리올올림픽
③ 1964년 도쿄올림픽
④ 1936년 베를린올림픽

해설

② 1976년 몬트리올올림픽 : 남아프리카공화국의 인종차별정책에 반발한 아프리카국가들이 뉴질랜드 럭비팀의 남아프리카공화국과의 원정경기에 항의하고, 뉴질랜드의 올림픽 참가를 저지하기 위해 대회에 불참하였다.
③ 1964년 도쿄올림픽 : 1962년 아시안게임 개최 시 대만과 이스라엘 선수단에 비자발급을 거부하고 초청하지 않았다는 이유로 인도네시아가 불참하였다.
④ 1936년 베를린올림픽 : 히틀러 정권의 나치 선전의 장으로 이용되었다.

53 다음 중 정보화 시대 스포츠와 생활체육의 특징으로 옳지 않은 것은?

① 스포츠 교육서비스에 대한 요구가 증대된다.
② 스포츠 과학이 획기적으로 발전한다.
③ 다양한 경기 전략에 대한 정보를 신속하게 제공받는다.
④ 다수의 참가가 요구되는 단체 종목이 더 선호될 것이다.

> **해설**
> 다수의 참가가 요구되는 단체 종목보다는 참가자의 수적 제한이 비교적 적은 개인 및 대인 종목이 선호되며, 지역사회에서의 연대의식과 같은 목적보다는 개인의 욕구 만족에 초점을 둔 개인 종목을 중심으로 생활체육이 전개될 것이다.

54 다음 보기에서 설명하고 있는 개념으로 옳은 것은?

> 스포츠 장면에서 학습된 기능, 특성, 가치, 태도, 지식, 성향 등이 다른 사회 현상으로 전이·일반화되는 과정이다.

① 스포츠로의 사회화
② 스포츠를 통한 사회화
③ 스포츠로부터의 탈사회화
④ 스포츠로의 재사회화

> **해설**
> ① 스포츠로의 사회화 : 스포츠에 참가 그 자체를 전제로 한다.
> ③ 스포츠로부터의 탈사회화 : 참여중단, 중도탈락이나 은퇴 등으로 스포츠로부터 이탈하는 것이다.
> ④ 스포츠로의 재사회화 : 스포츠 참가를 중단하고 이탈해 있던 비참가자가 새롭게 흥미를 느끼는 종목이나 포지션 및 다른 지역에서 다시 스포츠활동을 재개하는 경우를 말한다.

55 다음 중 스포츠와 미디어에서 쿨 매체 유형으로 옳지 않은 것은?

① 수용자의 높은 감각 참여와 높은 감각 몰입성으로 매체 수용
② 전자시대 적합
③ 사격, 양궁 등 정적 스포츠
④ 복잡한 정보의 제한적 제공

> **해설**
> 쿨 매체의 스포츠 유형에는 동적 스포츠로서 주로 팀 스포츠가 해당된다. 농구, 럭비, 축구, 핸드볼 등을 예로 들 수 있다.

출제빈도표(2018~2023년)

(단위 : 개)

구 분	2023	2022	2021	2020	2019	2018	합 계
운동역학의 개요	1	1	1	–	2	1	6
운동역학의 이해	2	1	2	1	4	2	12
인체역학	3	2	3	3	3	2	16
운동학의 스포츠 적용	2	2	2	4	2	2	14
운동역학의 스포츠 적용	6	8	3	6	4	9	36
일과 에너지	4	2	6	3	2	2	19
다양한 운동기술의 분석	2	3	3	3	3	2	16

※ 출제비중 및 출제빈도는 문제 분석에 따라 달라질 수 있습니다.

최근 기출 분석(2023년 기출)

운동역학은 계산문제가 있어 수험생들이 기피하는 과목이다. 하지만 과년도 기출에서 크게 벗어나지 않고 평이하게 나오던 기존과 같이 개념서를 충분히 이해했다면 응용하여 맞힐 수 있는 문제들이었다. 다만 운동생리학의 개념이 유관으로 출제되어 당황한 수험생이 있었을 것으로 생각된다. 매년 출제되던 '운동역학의 연구 목적'은 형태를 바꿔서 출제되었고 '인체의 무게중심', '인체 지레'는 이전처럼 출제되어 앞으로도 학습에 있어 필수적인 내용으로 보인다. [운동역학의 스포츠 적용] 파트에서 가장 많이 출제되었으며 나머지 모든 파트에서 비교적 비슷한 비중으로 출제가 되고 있다. 운동역학은 운동과 그 원인이 되는 힘 사이의 법칙에 관련한 이해도를 묻는 문제가 매년 나오고 있어 이해도를 중심으로 공부해야 한다.

4과목

운동역학

01 운동역학의 개요

기출 POINT

운동역학(Sports Biomechanics)의 내용 23

운동역학은 스포츠 상황에서 발생하는 인체 운동을 관찰하여 움직임을 설명하고, 원인을 규명하는 학문이다. 운동역학은 스포츠과학의 주요 학문으로서 인체 움직임의 원리를 이해하고 실기 지도의 효율성을 높일 수 있다는 점에서 의의가 있다.

KeyPoint

- 운동역학의 개념과 필요성에 대해 설명할 수 있다.
- 운동역학의 연구영역에 대해 설명할 수 있다.
- 운동학, 운동역학, 동역학, 정역학의 차이에 대해 설명할 수 있다.

---

01 운동역학의 정의 및 의미

(1) 운동역학의 정의

스포츠 현장에서 나타나는 인체 운동을 관찰하여 그 움직임을 설명하고, 그 원인을 규명하는 학문이다.

(2) 운동역학의 용어 변천

① 운동역학의 어원은 키니시올로지(Kinesiology)부터 출발하였다.
  ㉠ 해부학적·생리학적·기계학적 키니시올로지로 구분된다.
  ㉡ 해부학적·생리학적 키니시올로지는 스포츠해부학, 생리학과 결합되었고, 기계학적 키니시올로지가 발전하고 확대되었다.
  ㉢ 기계학적 키니시올로지(Mechanical Kinesiology)는 인류기계학(Anthropomechanics), 생물역동학(Biokinetics), 생체동역학(Biodynamics), 인체운동측정학(Kinanthropometry), 그리고 생체역학(Biomechanics)으로 불린다. 그 중 생체역학이라는 용어가 타학문에도 등장하는 등 제일 많이 쓰이고 있다.
② 인체 운동 및 경기의 개념측면에서 살펴볼 때 운동역학(Sports Biomechanics)이란 용어가 가장 적합하다고 할 수 있다.

(3) 운동역학의 역사

고대 그리스	히포크라테스	• "겨울에는 빠르게 걷고, 여름에는 천천히 걷는다."
	아리스토텔레스	• 운동역학의 아버지 • 키니시올로지(Kinesiology)가 탄생
르네상스 시대	레오나르도 다 빈치	• 근육의 움직임 연구 • 인체구조와 균형 연구 • 신체운동과 중심의 관계 연구
	갈릴레오 갈릴레이	• 근대 과학의 아버지 • 종합적 방법과 분석적 방법을 설명
	보렐리	• 현대 운동학의 창시자 • 인간의 신체에 관한 새로운 연구방법을 사용함 • 측정 기구를 이용하기 시작함
	뉴턴	• 운동 3법칙 발표 : 관성의 법칙, 가속도의 법칙, 작용반작용의 법칙 • 뉴턴의 법칙은 운동역학의 기본이 됨
19세기	웨버 형제	• 정지 및 이동 중의 신체역학을 연구 • 신체중심측정 방법을 개선 • 사람의 보행을 '앞으로 넘어지게 하고 그것을 앞에 나간 발로 지탱하여 거기에 체중을 싣는 운동'이라 정의
	머레이	• 영화 촬영 : 인간의 동작과 운동을 분석 • 힘의 측정, 지면반력 측정, 자동묘사법 등을 연구
	뮤브리지	• 동작분석을 위해 연속 사진을 촬영하여 이용 • 24대의 사진기로 질주하는 말을 촬영
20세기	힐	• 운동 중에 신체 내에서 일어나는 생리적인 변화를 연구하여 운동방정식을 만들었고 노벨상을 수상
	크리톤	• 육상경기나 수영 동작을 물리적으로 분석
	헤르바르트	• 자세의 생리, 중심의 움직임, 직립자세 중의 에너지 등을 연구

(4) 운동역학의 필요성

① 어떠한 동작을 가르칠 때 그 동작을 어떻게 해야 하는지, 왜 그렇게 해야 하는지에 대해 이론적으로 설명할 수 있어야만 학습의 효과를 높일 수 있다.

② 스포츠과학의 주요 학문으로서 인체 움직임의 원리를 이해하고 실기 지도의 효율성을 높일 수 있다.

- 운동기술의 향상
- 운동수행 안정성의 향상 및 손상의 예방
- 경기력 및 운동기술의 향상
- 경기력 향상을 위한 운동 장비 및 용 기구의 개발 및 평가
- 분석방법 및 자료처리 기술개발
- 운동역학 연구에 사용되는 방법 : 힘 분석법, 동작분석법, 근전도분석법

운동역학의 학문 영역 16 18

- 운동학 : 공간이나 시간을 고려하여 움직임을 기술하는 학문
- 운동역학 : 힘의 작용을 연구하는 학문
- 정역학 : 힘의 평형을 연구하는 학문
- 동역학 : 가속에 영향을 받는 시스템 을 연구하는 학문

정역학의 범주 19

- 물체에 작용하는 모든 힘이 평형 을 이루고 있고 회전이 발생하지 않을 때
- 물체가 일정한 속도로 움직일 때
- 물체가 정지하고 있을 때

OX문제

1. 운동역학 연구 내용으로는 운동 용기구의 개발 및 평가가 포함된 다. (O, X)

2. 운동역학은 스포츠 동작 신기술 개발을 통한 경기력 향상을 목표 로 한다. (O, X)

3. 스포츠 선수의 심리 조절은 운동 역학의 주요 연구목적에 포함된 다. (O, X)

정답 1 (O), 2 (O), 3 (×)

02 운동역학의 목적과 내용

(1) 운동역학의 목적

① 동작의 효율적 수행을 통하여 운동 기술을 향상시킨다.

② 동작 수행 시 상해의 원인 규명 및 예방을 통해 안전성 향상을 도모한다.

③ 위의 두 가지를 고려한 과학적인 스포츠 장비를 개발한다.

(2) 운동역학의 연구내용

① 운동역학에는 운동 동작을 분석하는 기기 개발과 운동용 기구의 개발 등이 포함된다.

② 이 과정에서 인체에 가해지는 힘을 측정하기 위해 힘 측정기(Force Gauge)를 이용하거 나 근전도 검사(EMG ; Electromyography)를 활용함으로써 근육의 활동 상태를 측정 하기도 한다.

③ 운동 동작의 분석, 인체 측정, 힘의 측정 등이 주요 연구내용이다.

(3) 운동역학의 학문 영역

① 운동역학 : 운동에 관한 신체 움직임 원리와 효과를 연구하는 학문이다.

② 운동학 : 공간이나 시간을 고려하여 물체·신체의 움직임을 연구하는 학문이다.

③ 정역학 : 힘의 평형 상태를 연구하는 학문이다.

④ 동역학 : 힘의 영향을 받아 운동 상태의 변화를 연구하는 학문이다.

02 운동역학의 이해

4과목 운동역학

KeyPoint

- 해부학적 자세와 방향용어, 인체의 축과 운동면에 대해 설명할 수 있다.
- 각 해부학적 축과 운동면에서 발생하는 인체의 운동에 대해 나열할 수 있다.
- 운동의 종류에 대해 예시를 들어 설명할 수 있다.

01 해부학적 기초

(1) 인체의 근골격계

① 근골격계 : 골격을 서로 연결하여 운동을 돕는 근골격계의 근육과 골격을 아우르는 말이다.

② 근 육

  ㉠ 골격이 움직일 수 있는 것은 관절이 있기 때문인데, 이 관절을 유기적으로 움직일 수 있도록 해주는 것이다.

  ㉡ 근골격계의 근육은 힘줄과 연결하거나 직접 관절 등의 뼈에 붙어서 탈락을 방지하고 힘을 주어 운동할 수 있도록 해준다.

(2) 해부학적 자세와 방향 용어

① <mark>해부학적 자세</mark> : 양쪽 발꿈치를 붙이고 발끝을 약간 외측으로 벌리고, 그리고 손바닥을 앞쪽으로 향하게 하여 팔을 체간에 붙이고 똑바로 선 자세를 의미한다. 이와 같이 정의하면, 해부학적 자세에서 상부(Superior)라고 하는 것은 항상 머리쪽(Head)을 향하는 것이며, 하부(Inferior)라고 하는 것은 발끝을 의미한다.

② 방향 용어

  ㉠ 상부(Superior) : 두부(Head) 방향
  ㉡ 하부(Inferior) : 발(Feet) 방향
  ㉢ 전부(Anterior) : 복부(Ventral), 인체의 앞 방향
  ㉣ 후부(Posterior) : 배부(Dorsal), 인체의 뒤 방향
  ㉤ 내측(Medial) : 인체의 정중 시상면(Midsagittal Plane), 인체의 중심선 방향
  ㉥ 외측(Lateral) : 인체의 정중 시상면, 인체의 중심선과 먼 방향
  ㉦ 근위(Proximal) : 체간이나 기시점(Point of Origin)에 가까운 방향

기출 POINT

해부학적 자세 15 18

- 시선은 전방을 향함
- 인체를 곧게 세운 직립자세
- 각 분절의 운동축과 운동면은 해부학적 자세를 기준으로 함

OX문제

1. 해부학적 방향을 나타내는 용어 중 아래쪽은 복부에서 먼 쪽을 가리킨다. (○, ×)

2. 해부학적 자세에서 귀는 코의 외측에 위치한다. (○, ×)

정답 1 (×), 2 (○)

전후면(시상면) `17` `23`

해부학적 자세를 기준으로 발목관절의 바닥쪽굽힘(족저굴곡)과 등쪽굽힘(배측굴곡)이 발생하는 면

전후면에서 발생하는 관절운동
`19`

- 굽힘(Flexion, 굴곡)
- 폄(Extension, 신전)
- 발바닥굽힘(Plantar Flexion, 저측굴곡)

좌우면(관상면) `16` `18`

- 인체의 측면을 통과하여 인체를 전후로 나누는 해부학적 운동면
- 다리의 벌림(외전, Abduction)과 모음(내전, Adduction)이 발생하는 면

◎ 원위(Distal) : 체간이나 기시점에서 먼 방향
ⓢ 표층(Superficial) : 인체 표면에서 가까운 방향
ⓓ 심층(Deep) : 인체 표면에서 먼 방향

(3) 인체의 축(Axis)과 운동면(Plane)

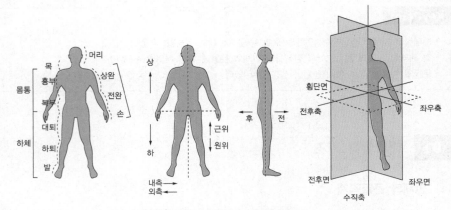

[해부학적 자세의 축과 운동면]

① 인체의 축(Axis) : 힘을 발휘하는 대부분의 운동은 각운동을 하며, 회전하는 축이나 중심을 가지고 있다.
  ㉠ 전후축(Sagittal Axis) : 인체의 전후를 지나는 축
  ㉡ 좌우축(Frontal Axis) : 인체의 좌우를 지나는 축
  ㉢ 수직축(Longitudinal Axis) : 인체 꼭대기에서 바닥까지 지나는 축

② 운동면(Plane)
근육이 뼈, 관절의 면, 축에 대해 어떤 방향으로 지나는지를 알면 인체가 어떻게 움직이는지 알 수 있다.
  ㉠ **전후면(Sagittal Plane)** : 인체를 전방에서 후방으로 통과하면서 몸을 좌우로 나누는 면
  ㉡ **좌우면(Frontal Plane)** : 인체를 측면으로 통과하면서 몸을 전후로 나누는 면
  ㉢ 횡단면(Transverse Plane) : 인체나 인체분절의 수직축에 대해 수직으로 통과하면서 몸을 상하로 나누는 면

1. 인체의 좌우축을 중심으로 전후면에서 발생하는 관절운동에는 굴곡, 신전, 저측굴곡 등이 있다. (O, ×)

2. 해부학적 자세를 기준으로 발목관절의 족저굴곡과 배측굴곡이 발생하는 면은 수평면이다. (O, ×)

정답 1 (O), 2 (×)

(4) 관절 운동

① **굴곡(Flexion)** : 굽힘 동작이다. 즉 두 개 이상의 인접한 관절의 각이 감소하면서 서로 가까워지는 동작이다. 팔꿈치를 굽히고 대퇴를 복부에 가깝게 굽히는 동작이 이에 속한다.

② **신전(Extension)** : 두 개 이상의 인접한 관절의 각이 커져 서로 멀어지는 펌 동작으로, 굽혔던 팔, 대퇴, 팔꿈치와 무릎 등을 펴는 것이다. 여기서 직립 자세에서 머리를 뒤로 굽히는 것을 과신전이라고 한다. 어깨 부위에서의 신전은 어깨 관절 뒤쪽으로 팔을 움직이는 것이다.

③ **배측굴곡(Dorsiflexion)** : 발등굽힘 동작으로 발목관절에서만 사용된다. 발을 발등면으로 들어 올리는 동작이다.

④ **저측굴곡(Plantarflexion)** : 발바닥굽힘 동작으로 발목관절에서만 사용된다. 발가락 끝을 향하여 발을 내리 누르는 동작이다.

⑤ **외전(Abduction)** : 몸의 중심에서 사지가 멀어지게 하는 동작이다. 팔이나 대퇴부를 바깥쪽으로 들어 올리는 동작이다.

⑥ **내전(Adduction)** : 외전의 반대되는 운동으로, 사지를 몸의 정중선까지 오게 하는 동작이다. 즉, 해부학적 자세로 되돌아오는 것을 의미한다.

⑦ **회선(Circumduction)** : 굴곡, 외전, 신전, 내전 등이 연속적으로 일어나는 동작으로, 한 점을 축으로 원뿔형태로 회전하는 운동이다.

⑧ **회전(Rotation)** : 신체 분절로 하나의 축을 중심으로 돌리는 동작이다. 이것은 제1·2 경추 사이에서만 가능한 운동이며, 고관절이나 견관절 부위에서 흔히 일어나는 운동이다. 상완골과 대퇴골의 전면을 안쪽으로 돌리는 것을 내측회전, 전면을 바깥쪽으로 돌리는 것을 외측회전이라 한다.

⑨ **회외(Supination)** : 팔꿈치가 90도 구부러진 상태에서 손바닥이 위로 향하는 동작이다.

⑩ **회내(Pronation)** : 팔꿈치가 90도 구부러진 상태에서 손바닥이 아래로 향하는 동작이다.

⑪ **내번(Inversion)** : 발바닥이 몸의 정중면을 향하게 하는 동작이다.

⑫ **외번(Eversion)** : 발바닥이 몸의 외측으로 향하게 하는 동작이다.

⑬ **전인(Protraction)** : 신체의 일부가 앞쪽으로 당겨지는 동작으로 어깨나 하악이 앞으로 나오는 동작이다.

⑭ **후인(Retraction)** : 전인되었던 부위가 제자리로 돌아오는 동작이다.

⑮ **거상(Elevation)** : 어깨나 하악을 위쪽으로 들어 올리는 동작이다.

⑯ **하강(Depression)** : 들어 올려진 어깨나 하악이 아래쪽으로 내려오는 동작이다.

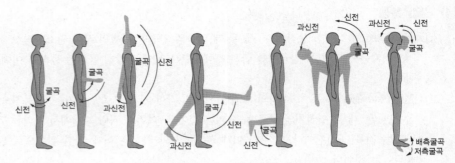

[인체의 다양한 관절에서 나타나는 전후면 상의 관절 운동]

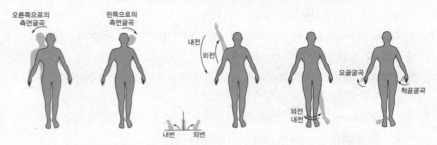

[인체의 다양한 관절에서 나타나는 좌우면 상의 관절 운동]

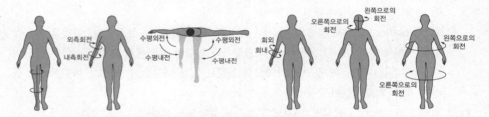

[인체의 다양한 관절에서 나타나는 횡단면 상의 관절 운동]

02   운동의 정의와 종류

(1) 운동의 정의

① 운동은 정지해 있는 어떤 기준점에 대한 물체의 위치가 시간의 경과와 더불어 변하는 현상을 의미한다.

② 운동은 속도, 가속도, 각속도, 각가속도, 진동수, 힘 등으로 표현한다.

③ 물체의 운동 상태는 그 운동에 작용하는 힘과, 그 힘에 의한 가속도의 관계를 운동방정식으로 표현하여 구체적으로 기술할 수 있다.

(2) 운동의 종류

① **병진운동(선운동)** : 질점계의 모든 질점이 똑같은 변위로 평행 이동하는 운동이다. 직선운동과 곡선운동으로 구분되는데, 전자는 인체나 물체의 각 점이 직선을 따라 움직이는 경우이고, 후자는 각 점의 경로가 평행하게 곡선을 이루는 경우이다. 흔히 병진운동이라 하면 달리기 동작과 같은 직선운동을 떠올리게 되는데, 스키점프의 공중 동작이나 행글라이딩의 상승·하강 곡선운동 역시 병진운동의 좋은 예이다.

② **회전운동(각운동)** : 물체가 하나의 축을 중심으로 원을 그리면서 회전하는 운동이다. 회전축을 벗어나 작용한 힘은 회전력을 발생시키고, 이 회전력은 회전운동을 일으킨다. 인체 운동에서 대부분의 관절운동은 이러한 회전운동으로 이루어진다.

개념 플러스

회전운동에서의 회전축

회전운동에서 회전축은 물체의 내부 혹은 외부에도 존재할 수 있다. 피겨 스케이터가 수직축을 중심으로 회전운동을 하는 경우는 회전축이 운동체의 내부에 있지만, 철봉의 대차돌기에서는 운동체 외부에 위치한 철봉이 회전축이 된다. 또한 회전운동에서 회전축의 위치나 방향은 운동이 진행되는 동안 고정된다.

③ **복합운동** : 병진운동과 회전운동이 혼합된 운동 형태로 대부분의 스포츠 현장에서의 운동은 이에 해당된다. 예를 들어 야구에서 투수가 던진 커브볼은 볼 자체적으로 회전운동을 하지만 볼의 중심은 선운동(혹은 곡선운동)을 하게 된다.

03 인체역학

기출 POINT

기본물리량의 국제단위계(SI)
15 21
• 시간 : s
• 길이 : m
• 질량 : kg

인체의 무게중심
17 19 20 21 22 23
• 무게중심의 위치는 안정성에 영향을 줄 수 있다.
• 무게중심은 회전력(토크)의 합이 '0'인 지점이다.
• 무게중심은 인체 외부에 위치하기도 한다.
• 성별, 나이, 인종에 따라 무게중심 높이가 달라진다.
• 주로 몸을 휜 움직임일 경우 무게 중심이 인체 외부에 위치한다.

KeyPoint
• 인체의 무게중심이 운동에 미치는 영향을 설명할 수 있다.
• 인체의 평형과 안정성을 높이는 방법에 대해 설명할 수 있다.
• 지레의 원리가 인체 운동에 미치는 영향을 이해하고, 이를 사례에 적용할 수 있다.

01 인체의 물리적 특성

(1) 질량과 무게
① 질량
  ㉠ 인체뿐만이 아니라 모든 물체에 존재하고 있는 불변의 물리량이다.
  ㉡ 물체의 질량은 위치에 상관없이 크기가 변하지 않으며 외부의 힘으로부터 물체를 가속하기 어렵게 만드는 특성이 있다.
  ㉢ 물체가 갖는 관성의 척도이다.
② 무게
  ㉠ 물체에 작용하는 중력의 크기로, 장소에 따라 달라지는 상대적인 값이다.
  ㉡ 무게는 질량과 중력가속도의 곱으로 이루어진다.
  ㉢ 질량은 스칼라량이고 무게는 벡터량이다.

개념 플러스

스칼라(Scalar)와 벡터(Vector)
• 스칼라량 : 방향값 없이 크기만을 나타내는 양으로 길이, 질량, 시간, 밀도, 온도, 면적, 속력 등이 있다.
• 벡터량 : 크기와 방향을 모두 가지고 있는 양으로 무게, 힘, 속도 등이 있다.

OX문제

1. 골프 경기에서 골프클럽의 가속도는 벡터에 해당한다. (○, ×)

2. 속력은 스칼라이고 속도는 벡터이다. (○, ×)

정답 1 (○), 2 (○)

(2) 인체의 무게중심
① **질량중심점(Center Of Mass ; COM)** : 인체를 포함한 모든 물체는 질량을 가지는데, 그 질량이 한 곳에 집중되어 있는 점을 말한다.
② **무게중심점(Center Of Gravity ; COG)** : 인체를 포함한 모든 물체는 지구의 중심 방향으로 중력의 영향을 받는다. 무게중심이란 이러한 중력에 의해 작용하는 회전력(토크)의 합이 0이 되는 지점을 말한다.

③ 인체무게중심의 결정

　㉠ 분절법
　　• 인체 분절의 질량과 무게중심점의 위치 등은 선행연구의 사체(Cadaver) 자료를 이용한다.
　　• 각 분절의 위치는 영상분석에서 디지타이징을 통해 각 분절의 끝점을 좌표화하여 산출한다.
　　• 인체의 무게중심점을 결정하기 위해서는 다중분절시스템을 이용한 평형분석법을 이용한다.

　㉡ 균형법
　　날카로운 모서리 위에 물체를 올려놓을 때 균형을 잡는 면에 중심이 있다. 따라서 방향을 번갈아 가며 세 번의 균형법을 반복했을 때 겹쳐지는 한 점이 물체의 중심이 된다.

　㉢ 반작용판법
　　• 저울과 반작용판을 이용한다.
　　• 반작용판에 사람이 누운 후 인체중심을 구한다.

02　인체평형과 안정성

(1) 안정성

① 물체 또는 인체가 정적 또는 동적자세의 균형을 잃지 않으려는 상태이다.
② 운동성과 상반된 개념으로, 안정성이란 운동 상태가 변할 때의 저항성을 의미한다.
③ 안정성이 높으면 자세를 바꾸거나 중심을 이동하기 어려운 반면, 안정성이 낮아져 불안정해지면 작은 외부의 힘에 대해서도 쉽게 인체를 움직일 수 있게 된다.
④ 안정성에 영향을 주는 요인 : 기저면의 넓이, 중심의 높이, 수직중심선의 위치 등

(2) 기저면

① 인체 또는 물체 등이 지면과 접촉하는 각 점들로 이루어진 전체 면적을 말한다.
② 안정성을 높이려면 기저면을 넓혀야 한다.
③ 한 발로 지지하고 선 자세보다는 두 발로 지지하는 자세가 기저면이 넓어 안정성 또한 높아지며, 두 발을 넓게 벌리거나 지팡이 등 물체를 이용하여 지면을 지지하는 경우에도 기저면이 넓어져 안정성은 더욱 높아진다.

(3) 무게중심의 높이

① 안정성은 인체나 물체의 무게 중심 높이와 반비례한다.
② 무게중심이 높으면 안정성이 떨어지고, 무게중심이 낮으면 안정성이 높아진다.

기출 POINT

경기력 향상을 위한 무게중심 활용 사례 [16]
• 높이뛰기 선수가 바를 효과적으로 넘기 위해 배면뛰기 기술을 구사한다.
• 레슬링 선수가 안정성 증가를 위해 무게중심을 낮춘다.
• 배구 스파이크 시 타점을 높이기 위해 무게중심을 높인다.

지레의 원리 [18]
• 지면에서 수직으로 발뒤꿈치 들고 서기(Calf Raise)는 인체의 2종 지레의 원리
• 2종 지레는 작용점(R)이 축(A)과 힘점(F) 사이에 있음
• 시소(Seesaw)의 구조는 축(A)이 힘점(F)과 작용점(R) 사이에 있는 1종 지레의 원리

(4) 수직중심선의 위치

① 무게중심을 지나는 수직선이 기저면의 어디에 위치하느냐에 따라 안정성이 달라진다.

② 수직중심선이 기저면의 중앙에 가까울수록 안정성이 높지만, 기저면 바깥으로 나갈수록 안정성은 떨어진다.

③ 인체에 중력을 제외한 외력이 작용할 경우, 수직중심선이 외력이 작용하는 쪽으로 치우치면 안정성이 커지고 그 반대로 치우치면 안정성이 작아진다.

03 인체의 구조적 특성

(1) 인체의 역학적 모형

① 역학에서는 인체를 기계적 특성을 가진 모형으로 간주한다.

② 인체의 분절은 골격과 근육으로 이루어진 하나의 활동 단위로, 8개의 분절인 머리, 몸통, 손, 위팔, 아래팔, 발, 넓적다리, 종아리로 이루어진다.

(2) 인체 지레

① 지 레

　㉠ 인체의 동작은 대부분 지레의 원리를 사용한다.

　㉡ 지레의 3요소 : 힘점, 작용점(저항점), 받침점(축)

[지레의 원리에 따른 인체요소]

구 분	내 용
힘 점	근육 부착점
작용점	저항점, 무게
받침점	관절 축
지렛대	뼈

개념 플러스

지레의 원리
• 지레는 받침점을 중심으로 힘점과 작용점에 발생하는 토크를 이용하는 도구이다.
• 힘점이 받침점에서 멀면, 작용점에 가해야 되는 힘은 커진다.
• 힘점이 받침점과 가까우면, 힘을 조금만 가해도 작용점에 가해지는 힘은 커진다.

② 지레의 종류

　　㉠ 1종 지레(힘점, 받침점, 작용점) : 축(받침점)이 힘점과 작용점(저항점) 사이에 위치
　　　한다. 예 목관절 신전

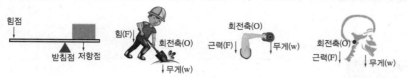

[1종 지레]

　　㉡ 2종 지레(받침점, 작용점, 힘점) : 축(받침점)이 있고 그 다음에 작용점(저항점)과
　　　힘점이 위치한다. 예 발뒤꿈치 들고 서기

[2종 지레]

　　㉢ 3종 지레(받침점, 힘점, 작용점) : 축(받침점), 힘점, 작용점(저항점)의 순으로 위치
　　　하며, 운동의 범위와 속도 면에서 유리하다. 예 팔꿈치 굴곡

[3종 지레]

(3) 인체 도르래

① 인체에 존재하는 도르래는 단일 고정 도르래로 1종 지레와 비슷한 기능을 수행하며,
　힘의 작용 방향을 바꿔주는 역할을 한다.

② 무릎 경골내과, 발목 비골외과 등이 여기에 속한다.

(4) 인체의 축과 바퀴

① 축에 힘을 작용하여 바퀴가 빠르게 회전하는 원리가 인체에 적용된다.

② 인체의 회전동작이나 트위스팅 대부분이 축과 바퀴의 원리에 의한 것으로, 몸통 회전,
　팔 내외측 회전, 대퇴 내외측 회전, 머리 좌우측 회전 등이 여기에 속한다.

개념 플러스

인체 기능에서 도르래의 원리

실질적으로 팔꿈치 관절의 신전에서 삼두근은 상완의 장축 방향을 따라 수축하지만, 하완은 작용하는
힘의 반대 방향으로 움직이기 때문에 방향이 바뀐다.

기출 POINT

1종 지레 17
목뼈(경추) 1번 관절에서 위쪽등세모
근(상부승모근)의 근력과 머리 하중
이 형성됨

2종 지레 15 21 22
물체의 저항점이 힘의 작용점과 회전
축 사이에 있으며, 힘팔이 저항팔보다
항상 긴 구조
예 발뒤꿈치 들기, 엎드려 팔굽혀 펴
　기 등

3종 지레 19 20 23
카누선수가 보트 위에서 오른손으로
패들의 끝을 잡고, 왼손으로 패들을
잡고 당기는 순간에 적용되는 지레

기계적 확대율 20
• 기기에 의한 힘의 확대율
• 힘팔의 길이 ÷ 저항팔의 길이

OX문제

1. 3종 지레는 축이 힘점과 작용점 사
　이에 있다. (O, ×)

2. 목뼈 1번 관절에서 위쪽등세모근
　의 근력과 머리 하중이 형성하는
　지레는 2종 지레에 해당한다.
　(O, ×)

3. 3종 지레의 경우 힘팔이 저항팔보
　다 항상 짧다. (O, ×)

　　정답 1 (×), 2 (×), 3 (O)

04 운동학의 스포츠 적용

KeyPoint

• 선운동의 운동학적 개념들을 이해하고 그 차이점을 설명할 수 있다.
• 각운동의 운동학적 개념들을 이해하고 그 차이점을 설명할 수 있다.
• 실제 스포츠사례를 운동학적 개념을 바탕으로 분석·추리할 수 있다.

01 선운동의 운동학적 분석

(1) 거리와 변위

① 상대적 위치

움직이지 않는 기준점에 대한 물체의 위치를 의미하는 것으로 시간 t일 때 점 O에 대한 점 P(t)의 상대적 위치는 공간상의 한 점을 나타낸다.

$$\vec{r}_{P/O}(t) = \vec{r}(t)$$

② 거 리

물체의 처음 위치부터 마지막 위치까지의 운동 경로에 따른 길이를 나타내는 스칼라량이다. 거리는 시간변화량(Δt) 동안 P(t)가 움직여 지나간 궤적의 길이를 뜻하며 항상 양의 값을 갖는 스칼라량이다.

③ 변 위

처음 위치부터 마지막 위치까지의 방향과 직선거리를 나타내는 벡터량이다. 주어진 시간(Δt) 동안의 위치 변화량으로, 첫 번째 위치에서 두 번째 위치로의 방향과 두 지점 간의 최단거리를 나타내는 벡터량으로 ($\Delta \vec{r}$) 표기한다. 시간 t에서의 상대적 위치 P(t)와 (Δt)만큼의 시간이 지난 뒤 변한 상대적 위치 P(t+Δt) 간의 위치 변화량을 의미한다.

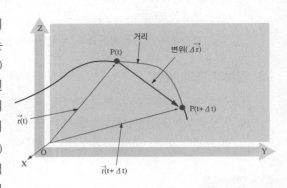

$$\Delta \vec{r} = \vec{r}(t + \Delta t) - \vec{r}(t)$$

(2) 속력과 속도

① 평균 속력

㉠ 물체의 이동방향에 구애받지 않고 물체의 빠르기를 나타내는 물리량이다.

㉡ 이동한 거리의 Δd를 시간 변화량(Δt)으로 나눈 값이다.

㉢ 방향을 표시하지 않고 단지 크기만을 나타내며, 항상 0 이상의 양의 값을 갖는 스칼라량이다.

$$S_{avg} = \frac{\Delta d}{\Delta t} \geq 0$$

② 평균 속도

㉠ 일정한 시간 동안 물체의 이동방향과 함께 물체의 빠르기를 나타내는 물리량이다.

㉡ 시간 변화량(Δt) 동안 점 P(t)에서 점 P(t+Δt)로 움직인 변위의 변화율을 나타낸다.

㉢ 이 물리량은 구간 벡터로서 방향과 크기를 가지며 점 P(t)가 점 P(t+Δt) 방향으로 얼마나 빨리 움직였는가를 알 수 있게 하는 벡터량이다.

$$\vec{V}_{avg} = \frac{\vec{\Delta r}}{\Delta t}$$

③ 순간 속도

㉠ 시간 t에서 점 P(t)의 순간속도는 시간 변화량(Δt) 동안 움직인 변위 t변화율인 평균 속도를 구하는 공식에서 Δt를 0에 가깝게 극소화시켜 미분한 값이다.

㉡ 순간 벡터로서 방향과 크기를 가진다.

$$\vec{V}(t) = \lim_{\Delta t \to 0}\left(\frac{\vec{\Delta r}}{\Delta t}\right) = \frac{\vec{dr}}{dt} = \vec{r}(t)$$

(3) 가속도

① 평균 가속도

㉠ 물체의 최종속도와 처음속도의 차이를 운동시간으로 나눈 값이다.

㉡ 속도 변화량을 시간 변화량으로 나눈 것으로 속도의 변화율을 나타낸다.

㉢ 구간 벡터로서 방향과 크기를 가진다.

$$\vec{a}_{avg} = \frac{\vec{\Delta r}}{\Delta t} = \frac{\vec{v}(t+\Delta t) - \vec{v}(t)}{\Delta t}$$

기출 POINT

속력과 속도의 개념
15 18 21 23

• 속력 : 단위시간에 움직인 거리를 나타내는 스칼라량
• 속도 : 단위시간에 움직인 변위를 나타내는 벡터량

가속도의 개념 17 20

• 단위 시간에 따른 속도의 변화율
• 단위 시간동안 이동한 거리와 방향을 고려한 벡터량
• 가속도의 단위 : m/s²
• 가속도의 방향 : 합력의 방향과 항상 같다.

OX문제

1. 단거리 선수가 100m를 10초에 달렸다면 평균 속도는 10m/s 이다. (○, ×)

2. 속도는 벡터량으로 크기와 방향을 가지며, 변위를 경과시간으로 나눈 것을 말한다. (○, ×)

3. 가속도의 방향은 속도의 방향과 항상 일치한다. (○, ×)

4. 5초 동안 10m/s의 속도로 움직인 물체의 평균 가속도는 2m/s²이다. (○, ×)

정답 1 (○), 2 (○), 3 (×), 4 (×)

② 순간 가속도

　㉠ 시간 t에서 점 P(t)의 가속도는 시간 변화량 (Δt) 동안의 속도 변화량의 변화율인 평균 가속도를 구하는 공식에서 Δt를 0에 가깝게 극소화시켜 미분한 값이다.

　㉡ 순간 벡터로서 방향과 크기를 가진다.

$$\vec{a}(t) = \lim_{\Delta t \to 0}\left(\frac{\overrightarrow{\Delta r}}{\Delta t}\right) = \frac{\overrightarrow{dv}}{dt} = \dot{\vec{v}}(t) = \frac{\overrightarrow{d^2 r}}{dt^2} = \ddot{\vec{r}}(t)$$

(4) 포물선 운동

① 선운동의 가장 대표적 형태이다.

② 투사 높이와 착지 높이가 같다면 포물선의 모양은 좌우 대칭이다.

③ 최고 높이에서의 수직속도는 0m/s이다.

④ 투사 높이와 착지 높이가 같다면, 투사 시와 착지 시 속도의 크기는 같다.

⑤ 수평 방향은 등속도 운동이고 수직 방향은 등가속도 운동이다.

⑥ 포물선 운동 공식에서 수평 방향으로는 외력이 없으므로 가속도가 0인 등속도 운동이다.

$$a = 0$$
$$V_f = V_i$$
$$S_f = S_i + V_i \times t$$

⑦ 수직방향은 중력이 외력으로 작용하므로 가속도가 중력가속도(g)인 등가속도 운동이다.

⑧ 투사각도와 투사거리에 따른 투사체 운동의 특성

　㉠ 투사 높이와 착지 높이가 같은 경우 투사체 운동은 45도로 던질 때 최대 거리를 얻는다.

　㉡ 투사 높이가 착지 높이보다 낮은 경우 투사체 운동은 45도보다 다소 큰 각도로 던져야 최대 거리를 얻는다.

　㉢ 투사 높이가 착지 높이보다 높은 경우 투사체 운동은 45도보다 다소 작은 각도로 던져야 최대 거리를 얻는다.

(5) 투사체 운동

① 등속도 운동 시 d는 움직인 거리, V는 속도, t는 시간이다.

$$V = \frac{d}{t}$$
$$d = Vt$$

② 등가속도 운동 시 a 가속도, V_2 나중속도, V_1 처음속도, t 시간, d는 움직인 거리

$$a = V_2 - \frac{V_1}{t}$$
$$V_2 = V_1 + at$$
$$d = V_1 t + \frac{1}{2}at^2$$
$$2ad = V_2^2 - V_1^2$$

③ 투사지점과 착지지점이 같지 않은 포물체 운동의 문제 해결 순서
  ㉠ 이륙(실제)속도의 수평, 수직성분을 계산한다.
  ㉡ 수직속도를 이용하여 이륙에서 정점에 도달하는 시간을 계산한다.
  ㉢ 투사지점에서 정점까지의 수직거리를 계산한다.
  ㉣ 지면으로부터 투사높이를 더한 다음, 정점에서 지면까지 내려오는데 소요되는 시간을 계산한다.
  ㉤ 이륙에서 정점에 이르는 시간과 정점에서 착지할 때까지 시간을 더해 총 체공시간을 산출한다.
  ㉥ 수평속도와 총 체공시간을 이용하여 총 수평거리를 계산한다.

02 각운동의 운동학적 분석

(1) 각거리와 각변위

① 각위치
  ㉠ 어떤 고정된 축에 대하여 특정 시점에 물체가 만드는 각이다.
  ㉡ X축에 대한 물체 B의 위치로 $\theta(t)$ 함수로 표현되며 물체 B(t)의 시간 t에서의 각도를 말한다.
  ㉢ 방향을 갖는 벡터량이다.

$$\vec{\theta}(t)$$

② 각거리
  ㉠ 주어진 시간 동안의 각의 변화량을 나타내는 것이다.
  ㉡ 방향이 없으며 항상 양의 값을 가진다.
  ㉢ 각속도의 절댓값을 시간에 대하여 적분한 값이다.
  ㉣ B(t)가 X축 상에 위치해 있다가 변했을 경우의 각거리를 표현한 것이다.

$$A = \int |d\theta| = \int |w(t)|d \geq 0$$

③ 각변위

㉠ 각변위는 회전하는 물체에 대한 각위치의 변화이다.

㉡ 시간 변화량(Δt) 동안 물체 B(t)의 각위치의 변화량이다.

㉢ 물체 B(t)가 Δt이 지난 후엔 B(t+Δt)의 위치가 되는데, 각변위는 방향을 갖는 벡터량이다.

$$\overrightarrow{A\theta} = \vec{\theta}(t+\Delta t) - \vec{\theta}(t) = \int_{t}^{t+\Delta t}\vec{\theta}(t)$$

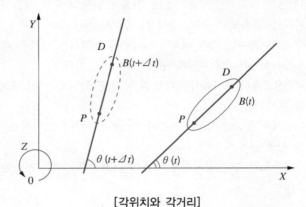

[각위치와 각거리]

(2) 각속도와 각속력

① 평균 각속도

일정 시간 동안 각 변위의 변화율로 방향과 함께 나타내는 물리량이다. 즉, 시간 변화량(Δt) 동안 변화한 각변위 $\Delta\theta$ 를 Δt로 나눈 값이다.

$$\overrightarrow{w}_{avg} = \frac{[\vec{\theta}(t+\Delta t) - \vec{\theta}(t)]}{\Delta t} = \frac{\overrightarrow{\Delta\theta}}{\Delta t}$$

② 각속도

㉠ 벡터량으로 어떤 순간에서 각변위의 변화율을 의미한다.

㉡ 각속도는 각변위를 소요시간으로 나눈 값이다.

㉢ $\vec{w}$로 표현된다.

㉣ Δt 동안 $\overrightarrow{\Delta\theta}$의 변화율인 평균 각속도를 구하는 공식에서 Δt를 0에 가깝게 극소화시켜 미분한 값이다.

㉤ 그래프에서 각변위 곡선의 접선의 기울기이다.

$$\vec{w}(t) = \lim_{\Delta t \to 0}\left(\frac{\overrightarrow{\Delta\theta}}{\Delta t}\right) = \frac{\overrightarrow{d\theta}}{dt} = \dot{\vec{\theta}}$$

③ 각속력

    ⊙ 각속도의 절댓값을 의미한다.

    ⓒ 항상 양의 값을 가진다.

$$\Omega(t) = |\overrightarrow{w(t)}| \geq 0$$

기출 POINT

소프트볼 투수가 공을 던지는 동작 사례 15 17 20 22

- 던지는 팔의 회전 속도는 공의 선속도에 영향을 미친다.
- 투수의 팔 길이가 길면 공의 선속도를 증가시키는 데 유리하다.
- 공의 선속도는 던지는 팔의 길이와 팔의 각속도의 곱으로 나타난다.

(3) 각가속도

① 평균 각가속도 : 일정 시간 동안 각속도의 변화율이다.

$$\overrightarrow{a_{avg}} = \frac{[\overrightarrow{w(t+\Delta t)} - \overrightarrow{w(t)}]}{\Delta t} = \frac{\overrightarrow{\Delta w}}{\Delta t}$$

② 각가속도

    ⊙ 각가속도란 원운동을 하는 물체에 힘의 모멘트가 작용하여 속도나 방향을 변화시킬 때 생기는 물리량이다.

    ⓒ 각가속도는 각속도의 변화를 소요시간으로 나눈 값이다.

    ⓒ 벡터량으로서 각속도의 변화율이며 각속도를 미분한 값으로 $\overrightarrow{w} - t$이고, 그래프에서 $\overrightarrow{a}$는 각속도 곡선의 접선 기울기이다.

$$\overrightarrow{a} = \overrightarrow{w} = \frac{\overrightarrow{dw}}{dt} = (\frac{\overrightarrow{dw}}{\overrightarrow{d\theta}})(\frac{\overrightarrow{d\theta}}{\overrightarrow{dt}}) = \overrightarrow{w}\frac{\overrightarrow{dw}}{\overrightarrow{d\theta}}$$

(4) 선속도와 각속도와의 관계

① 원 운동을 하는 점의 움직임을 표현하기 위해서 직각좌표계의 XY좌표계와 이동좌표계의 ab좌표계를 이용한다.

② ab좌표계의 a방향은 중심에서 바깥으로 나가는(Radial) 방향이고, b방향은 원의 접선(Tangential) 방향이다.

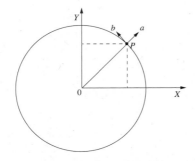

[원 운동 중 점 P의 움직임]

OX문제

1. 야구 배트 헤드의 선속도는 배트의 각속도에 비례한다. (O, ×)

2. 골프 클럽의 선속도 방향은 각속도 방향과 같다. (O, ×)

3. 각속도와 회전반경이 모두 증가하면 선속도도 빨라진다. (O, X)

정답 1 (O), 2 (×), 3 (O)

③ 선운동하는 물체가 회전하면 연속적인 각운동을 하는 상태와 같다. 그러므로 선운동하는 선속도가 빠르면 회전하는 각속도도 빨라지는 비례관계가 성립된다.

④ 각속도가 일정할 때 선속도는 회전반경에 비례하고, 선속도가 일정할 때 각속도는 회전반경에 반비례한다.

개념 플러스

원 위를 달리고 있는 점의 속도는 '각속도 × 회전반경'의 크기이고 방향은 접선 방향이다. 원 위를 달리고 있는 점의 가속도는 두 가지 성분을 갖는다. 첫 번째 성분은 구심가속도로서 원 운동의 실행 여부를 결정하게 하는데, 원 운동을 하려면 구심력의 방향으로 항상 존재해야 한다. 두 번째 성분은 접선 가속도로서 각속도의 변화가 있을 때만 존재하고, 방향은 각 순간마다 궤도의 접선방향을 말한다.

05 운동역학의 스포츠 적용

KeyPoint

• 힘의 종류와 정의에 대해 설명할 수 있다.
• 뉴턴의 선운동법칙과 각운동법칙에 대해 설명할 수 있다.
• 스포츠 현장에서 적용되는 힘의 작용 방식을 이해하고, 힘의 크기를 계산할 수 있다.

기출 POINT

힘의 정의와 단위 16 17 22

• 힘(Force) : 움직임을 일으키는 원인으로 벡터 물리량
• 힘의 3요소 : 크기, 방향, 작용점
• 힘의 단위 : N(Newton)으로 표시

01 선운동의 운동역학적 분석

(1) 힘의 정의와 단위

① 힘은 물체의 속도와 방향을 변화시켜서, 물체의 운동 상태를 변화시키는 원인을 말한다.
② 힘은 질량과 가속도에 비례한다.
③ 힘은 밀거나 당기는 작용을 통해 물체를 정지 혹은 가속이나 감속시키는 작용을 하며 단위는 뉴턴(N)으로 표시한다.
④ 1뉴턴은 1kg의 물체를 $1m/s^2$으로 가속시키는 힘을 일컫는다($1N = 1kg \times 1m/s^2$).

(2) 힘의 벡터적 특성

① 힘은 벡터 물리량으로 크기, 방향, 작용점으로 구성된다.
② 힘의 크기와 방향이 같으면 동일한 힘이며, 이것들이 다르면 물체에 미치는 영향도 달라진다.
③ 같은 힘(영향력)이 서로 다른 작용점에 작용하면 나타나는 움직임 역시 달라진다.
④ 힘의 크기와 작용점은 동일하지만 힘의 방향이 다른 경우 역시 물체에 전혀 다른 영향을 미치기 때문에 움직임이 달라진다. 또한 작용선이 다르면 작용점이 다른 것과 마찬가지로 회전력이 달라진다.

(3) 힘의 종류

① **내력과 외력** : 내력은 어떤 물체의 외부에 힘을 가했을 때 물체가 자기의 형상을 유지하기 위해 내부에서 버티는 힘이고, 외력은 외부에서 물체에 가하는 힘이다.
② **마찰력** : 물체가 다른 물체에 접촉하면서 운동을 할 때, 접촉면에 생기는 운동을 방해하는 반대방향의 힘이다.

OX문제

1. 힘의 3요소는 크기, 방향, 작용점이다. (○, ×)

2. 마찰력의 크기는 접촉면에 가한 수직 힘의 크기에 반비례한다. (○, ×)

정답 1 (○), 2 (×)

중력의 개념 18

- 물체의 질량과 중력가속도의 곱
- 물체의 질량에 비례
- 인체나 물체를 지구 중심을 향해 끌어당기는 힘

양 력 22

- 물체의 운동하는 방향의 수직 방향으로 작용
- 베르누이 원리(Bernoulli Principle)로 설명 가능
- 물체의 중심선과 진행하는 방향이 이루는 공격각(Angle of Attack)에 의해 발생

뉴턴의 선운동법칙의 사례 15

- 관성의 법칙 : 버스가 급출발하거나 급정거할 경우 승객들이 뒤로 혹은 앞으로 쏠리는 것은 버스의 운동과 달리 승객들은 원래 운동 상태를 유지하려고 하기 때문이다.
- 가속도의 법칙 : 자전거를 타고 페달을 강하게 밟을수록 자전거는 외력이 커져 가속되면서 앞으로 간다.
- 작용과 반작용의 법칙 : 보트를 타고 노로 물을 뒤로 밀면 배는 앞으로 간다.

개념 플러스

마찰력
- 마찰력은 저항력 또는 추진력으로 작용할 수 있다.
- 마찰계수는 접촉면의 형태와 성분에 따라 달라진다.
- 마찰력의 크기는 접촉면에 가한 수직 힘의 크기에 비례한다.
- 마찰력은 물질이 움직이는 평면과 평행하게 작용하며, 물체의 운동 반대 방향으로 작용한다.

③ 압력 : 물체가 누르는 힘으로 중력에 비례하고 접촉면적에 반비례한다.

④ 부력 : 물속에 잠긴 물체에 중력의 반대 방향인 위로 작용하는 힘이다.

⑤ 중력 : 지구 중심 방향으로 끌어당기는 힘으로, 지구상의 모든 물체에 적용된다.

⑥ 항력 : 공기나 물속을 움직이는 물체의 운동 방향에 반대 방향으로 작용하는 저항력이다.

⑦ 양력 : 유체 속의 물체에 운동방향의 수직방향으로 작용하는 힘이다.

(4) 뉴턴의 선운동법칙

① 제1법칙(관성의 법칙)

㉠ 물체는 외부로부터 받는 힘의 합이 '0'이면 현재의 운동 상태를 그대로 유지한다. 즉, 정지해 있는 물체는 그대로 정지해 있고, 움직이고 있는 물체는 그 방향과 속도를 유지하며 운동을 계속한다. 또한 물체의 관성은 그 질량과 비례한다.

㉡ 뉴턴의 제1운동법칙에 의하면 운동량 보존의 법칙도 설명이 가능하다. 운동량 보존의 법칙은 물체가 외부로부터 힘을 받지 않을 경우 운동을 진행하는 동안 물체가 지닌 운동량은 그대로 유지된다는 이론이다.

② 제2법칙(가속도의 법칙) : 물체가 외부로부터 힘을 받으면 물체는 힘의 방향으로 가속되며, 이때 가속도의 크기는 힘에 비례하고 질량에 반비례한다.

$$\vec{F} = \vec{ma}, \quad \vec{a} = \frac{\vec{F}}{m}$$

③ 제3법칙(작용과 반작용의 법칙) : 물체에 힘이 작용하면 항상 크기가 같고 방향이 정반대인 반작용의 힘이 동시에 작용한다. 인체의 기본 움직임인 걷기, 달리기, 뛰기 등은 인체가 지면에 가한 힘의 반작용에 의해 가능하다.

(5) 선운동량과 충격량

① 선운동량
㉠ 물체의 질량과 속도의 함수로서 더 큰 질량을 지닌 물체일수록, 또는 더 빠른 속도로 움직이는 물체일수록 큰 운동량을 지닌다. 따라서 일정한 질량을 가진 어떤 물체의 운동량 변화는 속도의 변화를 의미한다.
㉡ 선운동량의 공식 : 운동량(M) = 질량(m) × 속도(v)
㉢ 운동량의 단위 : N·s 또는 kg·m/s

② 충격량
㉠ 물체에 힘이 작용하여 운동 상태를 바꿀 때 가해진 충격의 물리량을 말한다.
㉡ 충격량은 운동량의 변화량과 같으며, 힘의 크기와 그 힘이 작용하는 시간을 곱한 것이다.
㉢ 충격력은 물체가 타격을 받거나 충돌했을 때 생기는 힘이다.
㉣ 충격량의 공식 : 충격량(I) = 충격력(F) × 충돌시간(t)
㉤ 충격량의 단위 : N·s 또는 kg·m/s

(6) 선운동량의 보존
① 충돌 전후의 운동량은 일정하다는 것이다.
② 두 개 이상의 물체가 충돌할 때, 외부로부터 힘을 받지 않으면 운동이 진행되는 동안 두 물체 사이의 운동량은 그대로 유지된다.

(7) 충 돌

① 탄성력
㉠ 외력에 의해 일시적으로 변형된 물체가 원래의 모양으로 돌아가려는 힘을 말한다.
㉡ 충돌 시 두 개의 물체 속도 변화는 각각의 질량에 반비례한다.
㉢ 탄성계수 = 충돌 후의 상대속도(분리속도) ÷ 충돌 전의 상대속도(접근속도)
㉣ 탄성계수 영향 요인 : 표면(충돌체)의 재질, 충격 강도, 충격 속도, 온도(저온일수록 탄성력이 낮음)

② 완전 탄성 충돌(탄성계수 = 1)
충돌 물체 상호간의 충돌 전과 충돌 후의 상대 속도가 같은 경우로서, 충돌에 의한 에너지의 손실이나 에너지 형태의 전환이 없는 경우를 말한다.
예 당구 등

③ 불완전 탄성 충돌(0 < 탄성계수 < 1)
충돌에 의하여 물체가 일시적으로 변형된 후에 다시 충돌 전의 형태로 복원되는 경우를 말한다. 예 농구의 리바운드, 야구의 배팅, 축구의 킥, 테니스, 복싱 등

④ 완전 비탄성 충돌(탄성계수 = 0)
충돌 후에 서로 분리되지 않는 경우를 말한다.
예 양궁, 사격, 구기종목의 포구 동작 등

⑤ 도구의 질량과 속도가 타구에 미치는 영향

실제로 도구의 질량이 무거울수록 도구의 타격 전 속도의 감소로 인한 역작용이 발생한다. 따라서 도구의 질량을 증가시키는 것보다는 스윙의 속도를 크게 하는 것이 더 효과적이다.

ㄱ 도구의 질량이 무거울수록 충돌 후 공의 속도가 빠르다.

ㄴ 공의 질량이 가벼울수록 충돌 후 공의 속도가 빠르다.

ㄷ 도구의 충돌 전 속도가 클수록 충돌 후 공의 속도가 빠르다.

ㄹ 공의 충돌 전 속도가 클수록 충돌 후 공의 속도가 빠르다.

ㅁ 충돌 각도가 작을수록, 즉 정면충돌에 가까울수록 충돌 후 공의 속도가 빠르다.

ㅂ 탄성계수가 클수록 충돌 후 공의 속도가 빠르다.

⑥ 탄성력의 활용 사례

ㄱ 주요 활용 사례 : 추진력(양궁, 장대높이뛰기, 다이빙 등), 저항(근력 트레이닝 등), 완충(매트 등)

ㄴ 테니스 라켓(Sweet Spot) : 공을 최대의 속도로 리턴시킬 수 있고, 선수에게 충격과 진동을 최소로 느끼게 한다.

ㄷ 리바운드 동작

- 충돌 후 공의 수평속도, 절대속도, 반사각은 스핀이 없을 때에 비하여 백스핀은 작으며 톱스핀은 크다.
- 스핀에 관계없이 충돌 후 공이 리바운드 되는 높이는 일정하다(수직으로 작용하는 탄성).
- 고정 면에 공이 사각 충돌 시, 고정 면이 수평면인 경우와 수직면인 경우에 스핀의 효과는 정반대이다.
- 리바운드 영향요인 : 탄성계수, 공의 압력, 주위의 온도, 공의 속도와 회전, 충돌 물체와의 마찰력(반작용력) 등
- 수직축을 중심으로 회전 시에 짝힘이 작용하면, 에너지가 손실되어 리바운드 높이, 속도, 거리에 변화가 생긴다.

개념 플러스

짝 힘

크기가 비슷하고 방향이 서로 평행하며 향한 곳이 반대인 두 가지의 힘이 물체에 작용할 때 그 한 쌍의 힘을 말한다.

02 각운동의 운동역학적 분석

(1) 토크(돌림힘)

① 물체를 회전시켜 각운동량을 만드는 힘을 토크라고 하며, 돌림힘 또는 회전력이라고도 한다.

② 토크의 크기는 작용된 힘, 힘의 연장선, 회전중심 사이의 수직거리에 비례한다.

③ 외부의 토크를 가하지 않으면 각운동량은 보존된다는 운동량 보존 법칙이 적용된다.

(2) 관성모멘트

① 회전운동에서 외부에서 가해진 회전력에 대해 물체의 운동 상태를 변화시키지 않으려는 저항 특성이다.

② 회전운동에 대한 관성량, 즉 임의의 회전축에 대한 질량의 분포상태를 나타내는 물리량이다. '관성능률'이나 '회전모멘트'라는 용어로도 사용된다.

③ 관성모멘트의 크기는 물체의 질량과 회전반경이 클수록 증가한다.

(3) 뉴턴의 각운동 법칙

① 각운동량 보존의 법칙 : 외부에서 토크가 작용하지 않으면, 각운동량은 변하지 않고 일정하다.

② 각가속도의 법칙 : 토크가 작용하면 토크의 방향과 일치하면서, 토크의 크기와 비례하고 관성모멘트에 반비례하는 각가속도가 발생한다.

③ 각반작용의 법칙 : 어떤 물체에 토크를 가하면, 그 물체에 발생한 토크와 반대방향으로 크기가 같고 방향이 반대인 반작용토크가 발생한다.

(4) 각운동량과 회전충격량

① 각운동량 : 각운동량은 물체의 관성모멘트와 각속도의 함수로서, 회전하는 물체가 가진 운동량이다. 더 큰 관성모멘트를 지닌 물체일수록, 또는 더 빠른 각속도로 움직이는 물체일수록 큰 각운동량을 지닌다.

② 회전충격량 : 회전충격량은 주어진 시간 동안 가해진 회전력의 총량이며 각운동량의 변화를 일으킨다. 회전충격량은 각운동량의 변화, 즉 공전적 각운동량과 자전적 각운동량의 변화 원인이기도 하다.

기출 POINT

토크의 개념 16 18 23

• 토크는 회전력을 의미함
• 토크는 가해진 힘과 축에서 힘의 작용선까지 수직거리의 곱
• 힘이 작용하는 방향이 다르면 토크가 달라짐
• 토크의 2가지 요소 : 작용하는 힘, 모멘트 암
• 토크의 크기는 작용되는 힘, 힘의 연장선, 회전중심 사이의 수직거리에 비례함
• 팔꿈치 각도가 커지면 커질수록 회전력은 감소하고, 팔꿈치 각도가 작아지면 작아질수록 회전력은 증가

토크 활용 방법의 사례 16

• 볼트를 쉽게 돌리기 위해 렌치를 이용한다.
• 테니스 서브를 강하게 하기 위해 공을 임팩트할 때 신체를 최대한 신전을 한다.
• 역도에서 바벨을 몸의 중심에 가까이 유지하면서 들어 올린다.

관성모멘트의 개념 18

• 단위는 $kg \cdot m^2$
• 질량이 회전축으로부터 멀리 분포될수록 커짐
• 어떤 물체를 회전시키려 할 때 잘 돌아가지 않으려는 속성

관성모멘트의 사례
16 17 18 21 22 23

• 다이빙 선수가 전방으로 공중 회전하는 동작에서 사지를 쭉 편 레이아웃(Layout) 자세보다 사지를 웅크린 턱(Tuck) 자세가 회전수를 증가시킨다.
• 레이아웃 자세는 신체 질량이 회전축으로부터 멀리 분포되어 있어 회전반경과 관성모멘트가 커진다.

기출 POINT

각운동량의 보존과 전이(공기저항 무시) [17] [20]
- 다이빙의 공중 동작에서 각운동량은 보존됨
- 축구의 인프론트킥에서 발끝 속도는 몸통의 각운동량이 하지로 전이되어 발생함
- 높이뛰기에서 이륙 후 인체의 총 각운동량은 일정함

구심력과 원심력 [15] [20]
- 구심력 : 원운동을 발생시키는 원인으로 원의 중심을 향함
- 원심력 : 원운동을 하는 물체가 바깥쪽으로 벗어나려고 하는 경향을 나타내는 힘

(5) 각운동량의 전이

① 각운동량의 전이는 전체 운동량이 변하지 않은 상태에서 일부 동작으로 각운동량을 만들고, 나머지 동작으로 각운동량이 선운동량으로 전환되는 원리를 일컫는다(반대로 선운동량이 각운동량으로 전이되기도 한다).

② 투창 경기 중 도움닫기의 선운동량이 던지는 동작의 각운동량으로 전이되는 것을 예로 들 수 있다.

(6) 구심력과 원심력

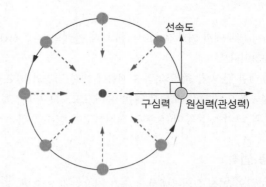

$$m \times r \times w^2 = \frac{m \times v^2}{r} \quad (m : \text{질량}, \ r : \text{회전반경}, \ w : \text{각속도}, \ v : \text{속도})$$

① 구심력

㉠ 물체가 원 궤도를 따르게 하는 힘으로 일종의 장력이다.

㉡ 물체를 구속시켜 원주 위를 운동하게 하는 원인이며, 원의 회전중심으로 향하는 힘이다.

㉢ 해머의 질량을 2배 늘리면 2배의 구심력이 필요하지만, 해머 선수가 회전을 2배 빠르게 하면 4배의 구심력이 필요하기 때문에 해머의 질량을 늘리거나 질량분포를 멀게 하는 것이 유리하다.

$$\text{구심력} = \text{질량}(m) \times \text{회전반경}(r) \times \text{각속도}^2(w^2)$$

② 원심력

㉠ 실제로 존재하지 않는 가상의 힘이다.

㉡ 물체를 잡아당기는 구심력에 대한 반작용으로서 회전하는 물체가 회전궤도를 이탈하고자 하는 가상적인 힘이다.

$$\text{원심력} = \text{질량}(m) \times \text{속도}^2(v^2) \div \text{회전반경}(r)$$

③ 구심력과 원심력의 상관관계

　㉠ 힘의 작용 방향이 서로 반대방향이다. 구심력은 곡선 경로로 움직이는 물체에 실제로 존재한다.

　㉡ 구심력과 원심력(관성력)의 크기는 같으며, 구심력이 없어지는 순간(줄을 놓으면) 물체는 선속도의 방향으로 날아간다.

　㉢ 자동차가 커브 길을 달릴 때 차 안의 사람이 원심력이 있는 것처럼 느끼는 이유는 원심력 때문이 아니라 원운동을 하고 있는 자동차를 잡아당기는 구심력이 없기 때문이다.

　㉣ 곡선주로 달리기 : 내측 모멘트의 발생을 통한 원심력 상쇄, 무게중심의 이동, 원심력을 줄이려면 회전반경은 크게, 질량은 작게 만들어서 속도를 줄여야 한다.

④ 구심력과 원심력의 일반적 원리

　㉠ 물체의 질량이 클수록, 물체를 계속 원운동하도록 하는 데 더 큰 힘이 필요하다.

　㉡ 물체의 속력이 빠를수록, 물체를 계속 원운동하도록 하는 데 더 큰 힘이 필요하다.

　㉢ 원의 반경이 작을수록, 물체를 계속 원운동하도록 하는 데 더 큰 힘이 필요하다(완만한 곡선은 기록 단축에 도움을 줌).

⑤ 구심력과 원심력의 활용 사례

　㉠ 해머를 돌리다가 놓게 되면 해머에 가해진 구심력이 소멸되며 원심력도 0이 된다. 구심력의 소멸로 인하여 해머는 원의 궤적으로부터 이탈하게 되는데 그 방향은 뉴턴의 제1법칙에 의하여 접선방향으로 운동하게 된다.

　㉡ 해머가 빠르게 회전할 때 선수는 신체를 뒤쪽으로 기울여 해머가 선수를 당기는 힘과 균형을 이루는 구심력을 생성해야 한다.

　㉢ 육상의 트랙경기, 벨로드롬에서의 사이클 경기, 스피드 스케이팅 등에서 곡선주로를 이탈하지 않고 달리기 위해서는 신체를 곡선주로의 안쪽으로 기울이거나 경기장을 경사지도록 설계해야 한다.

　㉣ 사이클 벨로드롬 경기에서 안정성을 유지하는 방법은 속도를 줄여 각속도를 줄이거나 회전반경을 크게 하여 각속도를 줄이는 것이다.

　㉤ 피겨스케이팅의 액셀 점프 시에 양팔과 양다리를 옆으로 넓게 벌리면서 점프하면 관성모멘트가 커지게 되는데, 공중에서 팔과 다리를 안쪽으로 당기면 질량분포가 이동하여 큰 각속도로 회전할 수 있다.

06 일과 에너지

기출 POINT

줄(J)과 와트(Watt) 17 21 23
- 줄(J) : 운동에너지, 일(Work), 탄성 에너지의 단위
- 일률(Power) : 와트(Watt; W), 마력 (Horse Power ; HP)의 단위

근육의 수축에 따른 일 21 23
- 단축성 수축
  - 근내 장력이 일정하고, 근 길이가 감소
  - 저항의 중력을 극복하여 장력 발휘
- 신장성 수축
  - 근내 장력은 일정하고, 근 길이가 늘어남
  - 부상과 염증의 주된 원인으로 통증과 부종 유발

KeyPoint
- 일과 일률에 대해 이해하고, 실제 상황에서 그 값을 계산할 수 있다.
- 역학적에너지 보존 법칙에 대해 이해하고, 위치에너지와 운동에너지 값을 구할 수 있다.
- 일과 에너지 관계를 이해하고, 실제 스포츠 사례에 적용할 수 있다.

01 일과 일률

(1) 일(Work)

① 물체에 힘이 작용하는 동안에 물체에 작용한 힘 또는 물체가 전달한 에너지를 말한다.

② 양의 일(Positive Work)과 음의 일(Negative Work)

㉠ 힘의 방향과 이동방향이 동일하면 곱하여 '양(Positive)'이 되고 반대의 경우 곱이 '음(Negative)'이 된다.

㉡ 원심성 수축에서 팔꿈치 관절의 각도가 커지는 경우 음의 일이 되고, 구심성 수축에서 팔꿈치 각도가 작아지는 경우 양의 일이 된다.

㉢ 양의 일은 물체로 전달된 에너지이고, 음의 일은 물체가 전달한 에너지이다.

③ 일의 단위 : Nm(힘과 거리를 곱한 값). 1Nm = 1Joule

$$w = \vec{F} \cdot \vec{r} = |\vec{F}||\vec{r}|\cos\theta$$

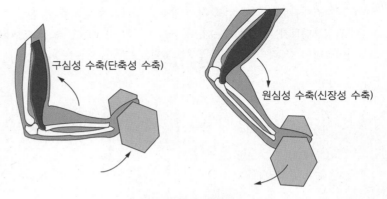

구심성 수축(단축성 수축)

원심성 수축(신장성 수축)

[근육의 수축에 따른 일]

(2) 일률(Power)

얼마나 빠르게 일을 수행하였는지를 의미한다.

① 단위시간에 수행한 일의 양을 파워(Power) 혹은 일률이라고 한다.

② 스포츠에서는 순발력이라는 용어로 사용된다. 스포츠에서의 순발력은 짧은 시간에 폭발적으로 발현하는 힘을 말한다.

③ 운동 중 일률은 짧은 시간에 한 무산소성 파워와 비교적 긴 시간에 이루어진 유산소성 파워로 순발력(Power)을 구분한다.

$$P = \frac{W}{t} = \frac{F \times d}{t} = F \times V$$

02 에너지

(1) 에너지의 정의와 종류

① 정 의

에너지(Energy)란 운동의 원천으로서, 일을 할 수 있는 능력을 말한다.

② 운동에너지

운동하고 있는 물체가 갖고 있는 에너지를 운동에너지(KE ; Kinetic Energy)라고 한다. 즉, 스포츠 현장에서 날아가는 활과 창, 스윙하는 골프채, 풀백의 태클 등이 에너지를 가지며 일을 한다.

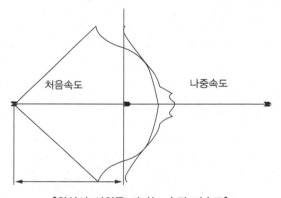

처음속도   나중속도

[화살이 시위를 떠나는 순간 가속도]

㉠ 질량(m)이 크고 속도(v)가 빠른 물체일수록 더 큰 운동에너지를 갖게 된다.

㉡ 물체가 다른 물체에 부딪칠 때 부딪치는 힘은 물체의 운동에너지의 영향을 받는다.

㉢ 운동 중인 물체가 충돌할 때의 힘은 운동에너지에 비례하고, 힘이 작용한 거리에 반비례한다.

기출 POINT

파워(일률) 19 22 23

• 단위 시간 당 수행한 일(Work)의 양이다.

• 와트(Watt ; W), 마력(Horse Power ; HP) : 일률의 단위

일(Work)과 일률(Power)의 계산
15 17 18

• 일
= (작용하는 힘) × (힘 방향의 변위)

• 일 률
: 단위 시간당 수행한 일의 양
= (작용하는 힘) × (힘 방향의 속도)

스키점프 동작의 사례 17 23

• 역학적에너지는 착지 직전까지 보존된다.

• 운동에너지는 착지 직전이 가장 크다.

• 위치에너지는 수직 최고점에서 가장 크다.

OX문제

1. 파워(Power)는 단위 시간 당 수행한 일의 양으로 정의할 수 있으며, 운동 상황에서는 순발력을 의미한다. (O, ×)

2. 일률이란 단위 시간당 수행한 일의 양으로, 단위는 N를 사용한다. (O, ×)

정답 1 (O), 2 (×)

기출 POINT

트램펄린 위에서 점프 동작을 할 때 신체의 위치에너지
19 20 21

- 위치에너지는 신체의 점프 높이가 높아질수록 증가한다.
- 운동에너지는 신체가 트램펄린에 닿을 때 최대가 된다.
- 위치에너지는 신체가 수직으로 가장 높이 올라갔을 때 최대가 된다.

장대높이 뛰기의 특성 15 22

- 장대를 들고 달리는 단계(운동에너지)
- 장대를 짚고 올라가는 단계(탄성에너지)
- 장대를 놓고 최고점에 있는 단계(위치에너지)

OX문제

1. 야구배트의 위쪽을 원통 모양으로 잘라내고 그 안에 코르크와 같은 가벼운 소재로 채워 넣는 것은 탄성에너지를 줄이기 위한 것이다. (○, ×)

2. 낙하 중인 다이빙 선수의 위치에너지는 감소하고 운동 에너지는 증가한다. (○, ×)

정답 1 (×), 2 (○)

③ **위치에너지**

높은 곳에 있는 물체가 높이에 따라 갖게 되는 에너지를 위치에너지(PE ; Potential Energy)라고 한다.
㉠ 물체의 중력으로 인한 높이에 따라 정해진 에너지라고도 한다.
㉡ 물체가 중력으로 인하여 일을 하기 때문에 중력에 의한 위치에너지라고도 한다.
㉢ 위치에너지의 크기는 질량과 높이에 비례한다.

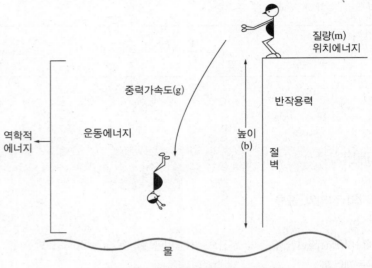

[위치에너지와 운동에너지의 관계]

④ **탄성에너지**

늘어나거나 오므라든 탄성체가 변형이 없어지는 동안에 탄성력이 하는 일의 양을 탄성에 의한 위치에너지 혹은 탄성에너지라고 한다.
㉠ 팽팽하게 당겨진 활의 현은 현을 놓을 때 활에 힘을 미치고 일을 하게 된다. 이와 같이 높은 곳에 있는 물체나 당겨진 활은 현재 정지하고 있지만 에너지를 갖고 있다.
㉡ 신축성 있는 물체인 근육, 스프링 등의 안에서 원상태로 돌아가기 위해 저장해 놓은 에너지이다.

(2) 역학적에너지의 보존법칙

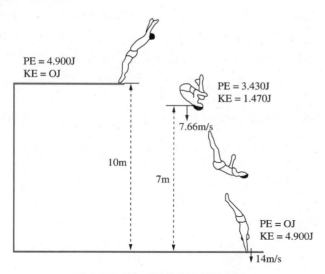

PE = 4,900J
KE = 0J

PE = 3,430J
KE = 1,470J

7.66m/s

10m

7m

PE = 0J
KE = 4,900J

14m/s

[다이빙에서 역학적에너지의 보존]

운동에너지와 위치에너지를 합하여 <mark>역학적에너지</mark>라 하며, 총에너지는 변하지 않고 일정하다. 이것을 에너지 보존법칙이라 한다.

① 역학적에너지 보존의 법칙에서 외력이 물체에 작용하지 않으면 역학적에너지는 항상 일정하다.

② 신체가 공중에서 자유롭게 운동하는 경우에 공기저항이 없고 중력만이 외부의 힘으로 작용한다면, 신체의 운동에너지와 위치에너지의 합은 역학적에너지 보존법칙을 따른다.

③ 위치에너지와 운동에너지는 체공 시간 동안 서로 보완하여 두 에너지의 합인 역학적에너지를 일정하게 유지시킨다.

$$역학적에너지 = 운동에너지 + 위치에너지 = \frac{1}{2}mv^2 + mgh$$

(3) 인체 에너지의 효율

① 에너지의 효율은 인체가 소모한 에너지양에 대해 <mark>역학적으로 한 일</mark>의 비율이다.

② 소모되는 에너지량을 대사에너지라 하며 생리학적으로 계산할 수 있고, 그 양과 역학적으로 계산한 일의 양이 똑같아야만 효율적인 운동을 했다고 평가된다.

$$효율 = \frac{역학적으로 한 일}{인체가 소모한 에너지량}$$

기출 POINT

역학적에너지 16 23

운동에너지, 중력에 의한 위치에너지, 탄성에 의한 위치에너지

역학적 일을 구하는 공식
16 18 21 23

일 = 작용한 힘 × 변위
예 농구선수가 20N의 힘으로 농구공을 수직으로 2m 들어 올렸을 때 역학적 일(Work)의 크기는 40N·m(J)이다.

OX문제

1. 20N의 힘으로 물체를 수직으로 2m 들어올렸다면 이 때의 역학적 일의 크기는 40N·m(J)이다. (O, ×)

2. 바벨을 머리 위에서 3초 동안 움직이지 않게 버티고 있던 것은 역학적 일과 가깝다. (O, ×)

3. 중력에 의한 위치에너지와 탄성에 의한 위치에너지는 역학적 에너지가 아니다. (O, ×)

정답 1 (O), 2 (×), 3 (×)

(4) 일과 에너지의 관계

일은 힘이 작용하는 방향으로 신체가 이동한 거리와 힘의 크기를 곱한 값이고, 에너지는
일을 수행할 수 있는 능력을 말한다. 즉, 일은 물체의 역학적에너지 변화의 원인이다.

① 일은 힘이 작용하여 물체로 전달된 에너지 또는 물체가 전달한 에너지이다.

② 한 물체에 저장된 에너지에 의해 다른 물체에 힘이 작용하여 힘의 방향으로 이동시키는
일을 한다.

③ 일의 합은 운동에너지 변화와 위치에너지 변화의 합이고, 일은 힘 곱하기 거리가 된다.

07 다양한 운동기술의 분석

KeyPoint

• 영상분석의 특징에 대해 이해하고, 실제 사용 사례를 설명할 수 있다.
• 힘을 직접 측정하는 분석방법에 대해 이해하고, 스포츠 사례에 적용할 수 있다.
• 근전도가 무엇인지 이해하고, 근전도 분석에 대해 설명할 수 있다.

01 운동기술 분석의 이해

(1) 운동학적 분석

① 운동의 형태에 관한 분석방법이며 힘과는 관계없이 인체운동을 보고 측정하여 분석한다.
② 양적 변화 : 변위, 속도, 가속도, 무게중심, 인체중심, 방향, 위치 등

(2) 운동역학적 분석

① 운동의 원인이 되는 힘, 운동을 유발하는 힘의 분석에 초점을 둔다.
② 질적 변화 : 외력(중력, 마찰력, 지면반력), 내력(근모멘트, 근육·인대활동), 역학적 힘 에너지 등

02 동작 분석

다양한 매체와 방법을 통해 인체 운동을 분석하는 것을 통칭하여 동작 분석(Motion Analysis)이라고 한다. 동작 분석은 인체 움직임의 기술적 요인들을 구체적인 통계치에 의해 객관적으로 분석하는 운동역학 분야에서 가장 활용도가 높다.

(1) 영상 분석의 개요

영상 분석은 카메라 등의 영상장비를 통해 운동 수행을 기록하고 기록된 영상으로부터 인체나 물체의 운동에 대한 정보를 추출하는 일련의 과정이다.

기출 POINT

인체의 운동 분석 [17] [20]

• 운동학(Kinematics) : 운동 형태에 관한 분석. 운동의 변위, 속도, 가속도, 무게중심, 관절각 등 분석
• 운동역학(Kinetics) : 운동의 원인이 되는 힘을 측정·분석. 마찰력, 지면반력, 근모멘트 등 분석

운동학적 분석 사례 [16] [18] [21]

• 골프 드라이버 스윙 시 클럽헤드의 최대속도 계산
• 100m 달리기 시 신체중심의 구간별 속도 측정
• 멀리뛰기 발구르기 시 발목관절의 각도 측정
• 자유투 시 농구공이 날아가는 궤적을 측정
• 야구 스윙 시 배트의 각속도를 측정
• 테니스 스트로크 동작 시 팔꿈치 각도를 측정

운동역학적 분석 사례 [16]

• 보행 시 지면반력 측정
• 테니스 포핸드 스트로크에서 그립 압력의 크기 측정
• 스쿼트 동작에서 대퇴사두근의 근활성도 측정
• 축구 헤딩 후 착지 시 무릎관절의 모멘트 계산

OX문제

컬링의 스위핑 시 브러시에 가해지는 압력을 측정하였다면, 이는 운동학적 측정의 사례이다. (○, ×)

정답 ×

기출 POINT

2차원 영상분석 19 20
• 카메라를 사용하여 분석
• 한 대의 카메라로도 측정할 수 있음
• 2차원 상의 평면 운동을 분석

3차원 분석법 17 20
• 2차원 분석법에서 발생하는 투사오차 해결
• 2대 이상의 카메라 사용
• 하나의 인체 분절 정의에 필요한 최소 반사마커 수는 3개

영상 분석으로 추출할 수 있는 변인 15 16 20
가속도, 각도(자세), 속도 = 운동학적 변인

OX문제

1. 3차원 분석법에 요구되는 최소 카메라 수는 3대이다. (O, ×)

2. 인체의 움직임을 카메라 등의 장비를 통해 기록하고 기록된 영상으로부터 인체 운동의 정보를 추출해 내는 분석 방법은 영상 분석 방법이다. (O, ×)

3. 영상분석 방법은 운동 상황에서 힘을 직접 측정하는 방법이다. (O, ×)

정답 1 (×), 2 (O), 3 (×)

(2) 2차원 영상 분석의 활용

① 2차원 영상 분석은 2차원 상에서의 평면 운동을 분석하는 것으로, 운동이 단일 평면 내에서 이루어진다고 가정하고 운동체에 대한 정보를 얻는 방법이다.

② 동작이 하나의 평면상에서 일어나는 것으로 간주할 수 있는 철봉의 대차륜, 자전거 페달링 시의 다리 동작, 걷는 동작 등은 동작을 필름이나 비디오의 화면에 투영시켜 2차원 자료를 이용하여 분석할 수 있다.

(3) 3차원 영상 분석의 활용

① 3차원 분석은 2대 이상의 카메라를 사용하여 인체 운동을 공간(3차원)적으로 분석하는 것으로, 공간상의 운동을 평면(2차원)적으로 분석함에 따라 발생하는 오차를 해결함과 동시에 복잡한 인체 운동에 대한 분석을 가능하게 해주는 방법이다.

② 대부분의 인체 움직임은 공간상에서 매우 복잡하게 일어나므로, 2개 이상의 평면적인 영상 자료로부터 3차원의 공간 좌표를 계산한 후에 이를 이용하여 분석하는 3차원 **영상 분석 방법**을 이용하는 것이 바람직하다.

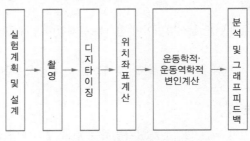

[3차원 영상 분석 절차]

03 힘 분석

인체 운동을 심층적으로 분석하기 위해서는 운동의 원인인, 인체의 내·외부에 작용하는 힘을 측정하여야 한다.

(1) 힘의 측정 원리

힘은 육안으로 관찰하거나 측정할 수 없으므로 대부분 물체의 늘어나는 정도가 힘에 비례하여 변하고, 이 변화에 비례하여 전기의 세기가 변하는 장치를 이용하여 힘을 측정하게 된다. 이러한 힘을 측정하기 위한 장비에는 작용과 반작용의 법칙을 이용한 압력판(Force Platform)이 있으며, 이 장비를 이용하면 걷기와 도약 등과 같은 여러 가지 운동 상황에서 사람이 지면에 가하는 힘의 세기를 직접 측정하여 운동 특성을 분석할 수 있게 된다. 또한 압력판 위에서의 인체의 압력중심에 대한 정보를 이용하여 안정성의 분석에도 이용된다.

(2) 힘의 측정 방법

동작 분석 방법에 의해 얻어진 운동학적 정보를 이용하여 힘을 추정할 수도 있지만, 인체 작용의 힘은 직접 측정하는 것이 바람직하다.

① 지면반력기(Force Plate)

직육면체의 네 모서리에 힘센서가 내장된 로드셀을 장착하여 전후, 좌우, 상하의 세 방향 힘과 회전력을 측정하며 지면반력기로 측정된 기초자료를 이용해 실제 분석에 사용되는 변인을 분석한다.

② 족저압력분포 시스템(Pedar System)

수십 개 혹은 수백 개의 힘 센서를 이용하여 압력이 가해지는 부분의 형태나 크기 등을 정밀하게 조사할 수 있는 장비로 현재는 EMED, Pedar 시스템을 많이 사용하고 있다.

(3) 지면반력 측정의 활용

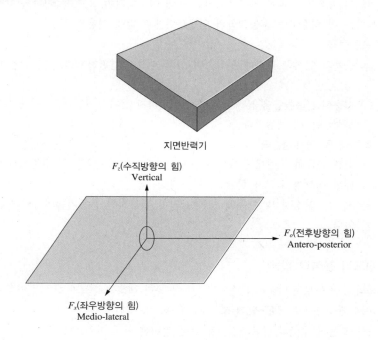

지면반력기

F_z(수직방향의 힘)
Vertical

F_o(전후방향의 힘)
Antero-posterior

F_x(좌우방향의 힘)
Medio-lateral

인체는 항상 중력이 작용하기 때문에 대부분의 운동은 지면을 지지한 상태에서 지면과의 상호작용에 의해 가능하다.

① 인체가 지면에 가한 힘에 대한 반작용을 측정한다.

② 인체운동에 영향을 미치는 중요한 외력(External Force)의 하나이다.

③ 수직성분은 수직으로 누르는 힘이고 수평성분은 마찰력에 영향을 받는다.

④ 전후, 좌우, 상하 세 방향의 힘과 압력 중심점, 토크, 모멘트 등을 산출한다.

기출 POINT

지면반력 17 19 20 23

- 지면반력기로 측정
- 발이 지면에 가하는 족압력에 대한 지면의 반발을 측정한 것
- 지면이 신체에 가하는 반력을 측정한 값
- 뉴턴의 작용–반작용 법칙으로 설명
- 인체가 수평 정지 상태라면, 수직 지면반력의 크기는 몸무게와 같음

OX문제

1. 지면반력은 발이 지면에 가하는 근력을 측정한 값이다. (O, X)

2. 운동 시 각각의 근육에 대한 수축 및 활성도 정보를 얻을 수 있는 분석 방법은 지면 반력 분석 방법이다. (O, X)

3. 보행 시 지면반력 측정은 운동역학적 분석의 예이다. (O, X)

4. 가속도는 영상분석 장비로 산출할 수 있다. (O, X)

정답 1 (X), 2 (X), 3 (O), 4 (O)

근육의 수축을 유발하는 전기적 신호를 측정하는 근전도 분석(EMG ; Electromyography)은 근육의 활동에 대한 다양한 정보를 제공한다.

(1) 근전도의 원리

근전도 분석은 근육의 내·외부에 위치한 전극을 통해 근육의 수축에 관여하는 운동단위들의 모든 근섬유로부터 발생하는 수많은 개별 활동전위들을 시간적·공간적으로 종합 누적하여 검출하는 것이다.

(2) 근전도의 측정

근전도의 측정은 전극이라는 전도체를 통해 이루어지며, 큰 근육이나 근육군의 활동을 분석하는 데 적절하며 운동역학의 연구분야에서 많이 사용되고 있다.

① 표면전극
- ㉠ 근육과 인접한 피부에 부착하며 실험 과정이 간편하고 다양한 상황에 적용할 수 있다.
- ㉡ 심층의 근육활동을 분석하는 데는 적절하지 않지만, 큰 근육이나 근육군의 활동을 분석하는 데 적절하다.

② 침전극 및 극세선전극
- ㉠ 심층 근육이나 미세 근육의 활동을 분석할 때나, 운동단위 수준에서 활동 전위에 대한 정보를 얻고자 할 때 주로 사용된다.
- ㉡ 인체의 안정성 및 활동에 제약이 많아 활동적인 운동기술의 분석에는 적절하지 않다.

(3) 근전도의 분석과 활용

근육의 활동 여부는 단순히 근전도의 관찰을 통한 정성적 분석과 신호의 역치 수준에 도달한 여부에 이용하는 정량적 분석으로 구분할 수 있다.

① 근전도는 근수축과 근육조절작용 등에 관련한 생체 전기 활동 정보를 담고 있으므로 인체 운동에 대한 직접적인 정보를 얻을 수 있다.

② 근전도 분석을 통해 근육 동원 양상 및 최대 근파워, 근육질환의 진단, 골격근 상해 후 재활을 위한 근력의 평가 등의 임상의학적 진단, 개인의 최대 근력, 근피로 등을 과학적으로 예측하여 운동선수의 훈련과 운동수행력의 향상에 기여하고 이를 통해 상해를 방지할 수 있다.

기출 POINT

근전도검사 15 18 19 20 21
- 근수축과 관련된 전기적 신호를 측정하는 것
- 근전도 검사를 통해 근육의 동원 순서를 알 수 있음
- 근전도 검사에 사용되는 전극은 표면전극과 삽입전극으로 구분
- 근전도 신호의 분석을 통해 근 피로에 대한 정보를 일부 추정할 수 있음
- 근전도 신호는 양과 음의 값을 동시에 가짐

OX문제

1. 근전도 검사를 통해 신체 분절의 위치를 확인할 수 있다. (O, ×)

2. 달릴 때와 걸을 때 최대 수직 지면 반력의 크기는 항상 같다. (O, ×)

3. 맨손 스쿼트 동작 분석에서 압력 중심궤적을 분석하고자 한다면 동작분석기를 활용해야 한다. (O, ×)

4. 근전도기를 통해 운동학적 변인을 측정할 수 있다. (O, ×)

정답 1 (×), 2 (×), 3 (×), 4 (×)

04 출제예상문제

01 다음 중 운동역학에 대한 설명으로 옳지 않은 것은?

① 속도, 가속도, 각속도, 각가속도, 진동수, 힘 등을 이용하여 운동을 설명하는 학문이다.

② 스포츠 현장에서 나타나는 인체운동을 관찰하여 그 움직임을 설명하고, 그 원인을 규명하는 학문이다.

③ 연구하는 대상의 움직임 상태에 따라 정역학과 동역학으로 나눌 수 있다.

④ 힘의 영향을 받은 운동 상태의 변화를 연구하는 학문은 정역학이다.

해설
힘의 영향을 받은 운동 상태의 변화를 연구하는 학문은 동역학이다. 정역학은 힘의 평형 상태를 연구하는 학문이다.

02 다음 중 운동역학의 내용으로 옳지 않은 것은?

① 운동 동작의 분석
② 운동프로그램 구성
③ 힘의 측정
④ 인체 측정

해설
운동프로그램 구성은 운동생리학과 트레이닝방법론에서 주로 사용한다.

03 다음 중 운동역학의 방향 용어로 옳게 연결된 것은?

① 외측(Lateral) – 체간이나 기시점에 가까운 방향

② 원위(Distal) – 인체의 정중 시상면 또는 어떤 구조물의 중앙선에서 먼 방향

③ 후부(Posterior) – 인체의 앞 방향

④ 표층(Superficial) – 신체 표면에 가까운 방향

해설
① 외측 : 인체의 정중 시상면 또는 어떤 구조물의 중앙선에서 먼 방향
② 원위 : 체간이나 기시점에서 먼 방향
③ 후부 : 배부(Dorsal) – 인체의 뒤 방향
• 전부(Anterior) : 복부(Ventral) – 인체의 앞 방향

04 다음 중 관절운동에서 굴곡에 대한 설명으로 옳은 것은?

① 어떤 뼈가 그 자신의 긴축을 중심으로 도는 것이다.

② 관절의 각도를 감소시키고 두 개의 관절뼈를 가깝게 근접시키는 운동이다.

③ 몸의 정중선이나 정중면으로부터 사지가 멀어지게 하는 것이다.

④ 전완에서 일어나는 운동으로 손바닥이 위로 향하게 하는 외측 회전운동이다.

해설
① 회전, ③ 외전, ④ 회외에 대한 설명이다.

05 다음 운동의 종류 중 병진운동에 대한 설명으로 옳지 않은 것은?

① 질점계의 모든 질점이 똑같은 변위로 평행 이동하는 운동이다.
② 직선운동과 곡선운동으로 구분된다.
③ 철봉의 대차돌기를 예로 들 수 있다.
④ 스키점프의 공중 동작이나 행글라이딩의 상승·하강운동은 병진운동에 해당된다.

해설
철봉의 대차돌기는 회전운동의 예이다.

06 다음 중 질량과 무게에 대한 설명으로 옳지 않은 것은?

① 질량은 인체뿐만 아니라 모든 물체에 존재하고 있는 불변의 물리량이다.
② 물체의 질량은 위치에 상관없이 크기가 변하지 않으며 외부의 힘으로부터 물체를 가속하기 어렵게 만드는 특성이 있다.
③ 질량은 스칼라량이고, 무게는 크기와 방향을 가진 벡터량이다.
④ 무게는 질량과 중력가속도 제곱의 곱으로 이루어진다.

해설
무게는 질량과 중력가속도의 곱으로 이루어진다.

07 다음 중 인체의 무게중심을 구하는 방법에 대한 설명으로 옳지 않은 것은?

① 각 분절의 위치는 영상분석에서 디지타이징을 통해 각 분절의 끝점을 좌표화하여 산출한다.
② 인체의 무게중심점을 결정하기 위해서 다중분절시스템을 이용한 평형분석법을 이용한다.
③ 저울과 반작용판을 이용하여 $X_b = W_b / R_1 d$의 공식으로 구한다.
④ 방향을 번갈아 가며 세 번의 균형법을 반복했을 때, 겹쳐지는 한 점이 물체의 중심이 된다.

해설
저울과 반작용판을 이용하는 공식은 $X_b = R_1 d / W_b$이다.

08 다음 중 인체 지레에 대한 설명으로 옳지 않은 것은?

① 제1종(힘점, 받침점, 작용점) – 축이 힘점과 작용점 사이에 위치 예 목관절 신전
② 제2종(받침점, 작용점, 힘점) – 축이 있고 그 다음에 작용점과 힘점이 위치 예 발뒤꿈치 들고 서기
③ 제3종(받침점, 힘점, 작용점) – 축, 힘점, 작용점의 순으로 위치, 힘에서는 손해를 보나 거리에서는 득을 보는 특성 예 팔꿈치 굴곡
④ 제3종(받침점, 힘점, 작용점) – 힘의 작용 방향을 바꾸는 역할을 수행 예 무릎 경골 내과

해설
힘의 작용 방향을 바꾸는 역할을 수행하는 것은 인체 도르래에 대한 설명이다.

09 10m 높이에서 공을 자유낙하시킬 때 공이 지면에 닿을 때의 속도는?

① 10m/s
② 12m/s
③ 13m/s
④ 14m/s

> **해설**
> 공이 지면에 닿을 때, 10m 높이의 위치에너지는 모두 운동에너지로 전환된다.
> • $mgh = \dfrac{1}{2}mv^2$
> • $gh = \dfrac{1}{2}v^2$
> • $9.8 \times 10 = \dfrac{1}{2}v^2$
> • $v = \sqrt{2 \times 9.8 \times 10} = 14m/s$

10 역도 선수가 150kg인 바벨을 2,000N의 힘으로 들어 올릴 때, 바벨의 수직가속도는?

① $3.0m/s^2$
② $3.2m/s^2$
③ $3.5m/s^2$
④ $4.0m/s^2$

> **해설**
> • 역도선수가 바벨을 위로 밀어올리는 힘 = 2,000N
> • 중력이 바벨을 끌어내리는 힘 = 150 × 9.8 = 1,470N
> • 합력 = 2,000N – 1,470N = 530N
> • 수직가속도 = $\dfrac{530N}{150kg}$ = $3.5m/s^2$

11 다음 현상에 영향을 미치는 성질로 옳은 것은?

> 어떤 물체가 다른 물체와 부딪히게 되면, 두 물체는 접촉한 부위가 눌리게 되어 변형을 일으키지만 원래의 모습으로 복원하려는 성질을 갖는다.

① 중 력
② 관 성
③ 탄 성
④ 마찰력

> **해설**
> 탄성에 대한 설명으로 외력에 의해 일시적으로 변형된 문제가 원래의 모양으로 돌아가려는 힘을 말한다.

12 다음 중 임의의 회전축에 대한 질량의 분포상태를 나타내는 물리량의 명칭은?

① 관성모멘트
② 회선반경
③ 회전력
④ 각운동량

> **해설**
> 관성모멘트는 회전운동 시 외부에서 가해진 회전력에 대해 물체의 운동 상태를 변화시키지 않으려는 저항 특성이다.

13 다음 중 힘의 벡터적 특성에 대한 설명으로 가장 옳지 않은 것은?

① 힘은 벡터 물리량으로 크기, 방향, 작용점으로 구성된다.
② 힘의 크기와 방향이 같으면 동일한 힘이며, 이것들이 다르면 물체에 미치는 영향도 달라진다.
③ 같은 힘(영향력)이 서로 다른 작용점에 작용하면 나타나는 움직임 역시 달라지며, 이는 마찰력의 차이 때문이다.
④ 힘의 크기와 작용점은 동일하지만 힘의 방향이 다른 경우 역시 물체에 전혀 다른 영향을 미치기 때문에 움직임이 달라진다.

> **해설**
> 마찰력의 차이가 아니라 회전력의 차이 때문이다.

14 다음 중 원심력에 대한 설명으로 옳은 것은?

① 물체를 구속시켜 원주 위를 운동하게 하는 원인이다.
② 해머의 회전 속도를 늘리는 것보다 해머의 질량을 늘리는 것이 유리하다.
③ 물체가 원 궤도를 따르게 하는 힘으로 일종의 장력이다.
④ 원심력을 구하는 공식은 '질량 × 속도^2 ÷ 회전반경'이다.

해설
①·②·③ 구심력에 관한 설명이다.

15 다음 중 일과 에너지의 관계로 옳지 않은 것은?

① 일은 힘이 작용하여 물체로 전달된 에너지 또는 물체가 전달한 에너지다.
② 한 물체에 저장된 에너지에 의해 다른 물체에 힘이 작용하여 힘의 방향으로 이동시키는 일을 한다.
③ 일의 합은 운동에너지 변화와 위치에너지 변화의 합이다.
④ 일은 힘이 작용하는 방향으로 신체가 이동한 거리의 제곱과 힘의 크기를 곱한 값이다.

해설
일은 신체가 이동한 거리와 힘의 크기를 곱한 값이다.

16 다음 중 근전도의 분석과 활용에 대한 설명으로 옳지 않은 것은?

① 근전도는 근수축과 근육조절작용 등에 관련한 생체 전기 활동에 관련한 정보를 담고 있으므로, 근전도 분석으로 인체 운동에 대한 직접적인 정보를 얻을 수 있다.
② 근전도 분석을 통해 근육 동원 양상 및 최대 근파워, 근육질환의 진단, 골격근 상해 후 재활을 위한 근력의 평가 등의 임상의학적 진단이 가능하다.
③ 근육과 인접한 피부 표면에 부착하는 표면전극은 심층의 근육활동을 분석하는 데 적절하다.
④ 개인의 최대 근력과 근피로 등을 과학적으로 예측하여 운동선수의 훈련과 운동수행력의 향상에 기여하므로 이를 통해 상해를 방지할 수 있다.

해설
심층의 근육활동은 침전극 및 극세선전극으로 분석하는 것이 적절하다.

17 다음 중 인체의 안정성에 대한 설명으로 옳은 것은?

① 수직중심선이 기저면 바깥쪽에 있을 때 안정성이 높아진다.
② 무게중심 높이가 높을수록 안정성이 높아진다.
③ 기저면이 좁을수록 안정성이 높아진다.
④ 몸무게가 무거울수록 안정성이 높아진다.

해설
① 수직중심선이 기저면 중앙에 가까울수록 안정성이 향상된다.
② 무게중심 높이가 낮을수록 안정성이 향상된다.
③ 기저면이 넓을수록 안정성이 향상된다.

18 만약 어떤 물체가 반시계 방향으로 회전운동을 한다면, 이 물체의 가속도 방향은?

① 시계 방향
② 반시계 방향
③ 수평 방향
④ 원의 중심 방향

해설

가속도는 원의 중심을 향하며, 이는 구심력의 방향으로 존재하는 구심가속도이다.

19 다음 중 뉴턴의 운동법칙에 대한 설명으로 옳지 않은 것은?

① 물체는 외부로부터 받는 힘의 합이 '0'이면 현재의 운동 상태를 그대로 유지한다.
② 정지해 있는 물체는 그대로 정지해 있고, 움직이고 있는 물체는 그 방향과 속도를 유지하며 운동을 계속한다.
③ 물체가 외부로부터 힘을 받으면 물체는 힘의 방향으로 가속되며, 이때 가속도의 크기는 힘과 질량에 비례한다.
④ 물체에 힘이 작용하면 항상 크기가 같고 방향이 정반대인 반작용의 힘이 동시에 작용한다.

해설

물체가 외부로부터 힘을 받을 경우, 가속도의 크기는 힘에 비례하고 질량에 반비례한다.

20 50파운드의 힘으로 줄다리기를 한다면, 그 줄이 사람에게 가하는 힘의 값은?

① 10파운드
② 20파운드
③ 50파운드
④ 100파운드

해설

뉴턴의 제3법칙인 작용과 반작용의 법칙에 따라서 줄의 힘 50파운드가 그대로 전달된다.

21 다음 중 운동역학적 분석 사례로 옳은 것은?

① 100m 달리기 시 신체 중심의 구간별 속도 측정
② 축구에서 드리블 이동거리 측정
③ 멀리뛰기에서 발목관절의 각도 측정
④ 배구에서 블로킹 후 착지 시 무릎관절의 모멘트 측정

해설

①·②·③ 운동학적 분석 사례에 해당한다.

22 다음 중 역학적에너지에 대한 설명으로 옳은 것은?

① 위치에너지와 탄성에너지를 합한 에너지이다.
② 외력의 작용과 관계없이 역학적에너지는 항상 일정하다.
③ 역학적에너지 $= \frac{1}{2}mv^2 + mgh$
④ 스키 점프 동작에서 역학적에너지는 수직최고점에서 가장 크다.

해설

① 운동에너지와 위치에너지(중력에 의한 위치에너지, 탄성에 의한 위치에너지)를 합한 에너지이다.
② 역학적에너지 보존의 법칙은 외력이 물체에 작용하지 않는 것을 전제로 한다.
④ 스키 점프 동작에서 역학적에너지는 착지 직전까지 일정하다.

23 다음 사례를 참고하여 ㉠~㉢에 해당하는 옳은 내용을 모두 고른 것은?

> Gail Devers가 100m 달리기를 하고 있다. 그는 출발 소리를 듣고, 스타팅 블록을 떠나 달리기 시작했고, 6초 동안 $11m/s^2$의 최고 속력을 낼 때까지 속력이 증가하였다. 그는 이 속력을 2초 동안 유지하다가, 그 후에는 점차적으로 감속하여 11초에 결승선을 지나간다.

> ㉠ Gail의 처음 6초 동안의 평균가속도는 얼마인가?
> ㉡ Gail의 6초에서 8초까지의 평균가속도는 얼마인가?
> ㉢ 마지막 3초 동안 Gail의 가속도는 어느 방향인가?

	㉠	㉡	㉢
①	$1.83^{m/s}$	0	출발선을 향한 방향
②	$2.83^{m/s}$	1	출발선을 향한 방향
③	$3.83^{m/s}$	5	결승선을 향한 방향
④	$4.83^{m/s}$	5	결승선을 향한 방향

해설
㉠ 6초 동안 $11m/s^2$에 도달하였으므로 가속도는 11 ÷ 6 = $1.83m/s^2$이다.
㉡ 2초 동안 속력을 유지하였으므로 가속도는 0이다.
㉢ 마지막 3초 동안은 점차 감속하였으므로 출발선을 향한 방향이다. 가속도가 음의 값일 경우 가속도의 방향은 물체의 진행방향과 반대이다.

24 다음 사례에 해당하는 뉴턴의 각운동 법칙으로 옳은 것은?

> 배구선수가 스파이크를 하기 위해 공중으로 점프를 한다. 이때 그 선수는 어떤 각운동량도 가지지 않은 채로 지면에서 떠오른다. 스파이크를 하기 위해 팔을 앞으로 흔들 때, 선수의 몸통과 반대쪽 팔이 회전하지 않는다면, 그 선수의 다리는 반대의 각운동 방향으로 회전한다.

① 관성의 법칙
② 각운동량 보존의 법칙
③ 각가속도의 법칙
④ 각반작용의 법칙

해설
각반작용의 법칙은 어떤 물체에 토크를 가하면, 그 물체의 토크와 반대방향으로 반작용 토크가 발생하는 것을 말한다. 스파이크 동작 중, 배구선수의 다리가 반대의 각운동 방향으로 회전한 것은 반작용 토크 현상으로 볼 수 있다.

25 다음 중 골프공의 표면에 있는 딤플이 공 궤적에 미치는 영향으로 옳은 것은?

① 양력 증가
② 양력 감소
③ 항력 증가
④ 항력 감소

해설
딤플이란 골프공 표면의 움푹 들어간 모양으로, 공기의 저항을 줄여 공을 더 빠르고 멀리 보낼 수 있게 한다. 딤플로 인하여 볼이 날아갈 때, 공의 표면에 난기류가 발생하여 항력이 감소하고 공 궤적의 속도와 비거리가 증가하게 된다.

26 다음 중 가속도에 대한 설명으로 옳지 않은 것은?

① 단위 시간에 따른 속도의 변화율을 의미한다.
② 단위 시간동안 이동한 거리와 방향을 고려한 벡터량이다.
③ 가속도의 방향은 합력 방향과 항상 같다.
④ 가속도의 단위는 m/s이다.

해설
가속도의 단위는 m/s^2이다.

27 일과 에너지의 관계에 대한 설명으로 옳지 않은 것은?

① 일은 물체의 역학적에너지 변화의 원인이다.
② 에너지는 일을 수행할 수 있는 능력이고, 어떤 물체에 일을 하면 물체의 에너지가 증가한다.
③ 일의 단위와 에너지의 단위는 다르다.
④ 에너지를 가진 물체는 다른 물체에 일을 할 수 있다.

해설
일의 단위와 에너지의 단위는 모두 줄(J)로 동일하다.

28 지면반력 측정에 대한 설명으로 옳지 않은 것은?

① 지면반력은 인체가 지면에 가해 준 힘에 대한 반작용이다.
② 인체운동에 영향을 미치는 중요한 외력의 하나이다.
③ 전후, 좌우, 상하 세 방향과 힘과 압력 중심점, 토크, 모멘트 등을 산출한다.
④ 인체가 수평 정지 상태에 있으면 수직 지면반력의 크기는 몸무게의 절반과 같다.

해설
인체가 수평 정지 상태에 있으면 수직 지면반력의 크기는 몸무게와 항상 같다.

29 표면전극, 침전극 및 극세선전극에 대한 설명으로 옳은 것은?

① 표면전극은 심층 근육이나 미세 근육의 활동을 분석할 때 적용한다.
② 침전극 및 극세선전극은 큰 근육이나 근육군의 활동을 분석하는 데 적절하다.
③ 표면전극은 운동단위 수준에서 활동 전위에 대한 정보를 얻고자 할 때 주로 사용된다.
④ 침전극 및 극세선전극은 인체의 안정성 및 활동에 제약이 많아 활동적인 운동기술의 분석에는 적절치 않다.

해설
침전극 및 극세선전극은 심층 근육이나 미세 근육의 활동을 분석할 때 적용되고, 운동단위 수준에서 활동 전위에 대한 정보를 얻고자 할 때 주로 사용되어진다. 인체의 안정성 및 활동에 제약이 많아 활동적인 운동기술의 분석에는 적절치 않다.

30 다음 중 선운동량과 충격량에 대한 설명으로 옳지 않은 것은?

① 선운동량은 물체의 질량과 속도의 함수이다.
② 충격량은 힘의 크기와 그 힘이 작용하는 시간을 곱한 것이다.
③ 충돌 전 운동량과 충돌 후 운동량의 총합은 다르다.
④ 더 큰 질량을 지닌 물체일수록, 또는 더 빠른 속도로 움직이는 물체일수록 선운동량은 크다.

해설
충돌 전 운동량과 충돌 후 운동량의 총합은 항상 같으며 이를 선운동량의 보존 법칙이라고 한다.

31 운동의 종류에 대한 설명으로 옳지 않은 것은?

① 대차운동의 회전축은 신체 외부의 철봉이다.

② 포물선운동 중인 농구공은 등속운동을 한다.

③ 커브볼에서 야구공의 중심은 선운동을 한다.

④ 행글라이딩의 상승·하강 운동은 병진운동에 포함된다.

> **해설**
> 포물선운동 중인 농구공은 고점까지 속도가 점차 줄어들다가, 하강운동 시에는 등가속운동을 한다.

32 축구 수행에 관한 변인 중 벡터에 해당하는 것은?

① 경기장의 습도

② 경기장의 온도

③ 축구공의 무게

④ 날아가는 축구공의 평균속력

> **해설**
> 습도, 온도, 질량, 속력 등은 스칼라에 해당한다.

33 300N 덤벨을 2m 들어 올린 후 다시 바닥에 내려놓았을 때 역학적 일의 양은?

① 0J

② 300J

③ 600J

④ 1200J

> **해설**
> 역학적 일의 양을 구하는 공식은 '작용한 힘 × 변위'이다. 변위가 0이므로, 역학적 일의 양은 0이 된다.

34 출발점과 도착점이 같은 400m짜리 원형트랙을 한 바퀴 도는 데 80초가 걸렸을 때의 평균속도는?

① 0m/s ② 5m/s

③ 10m/s ④ 25m/s

> **해설**
> 출발점과 도착점이 같으므로 변위는 0이며, 따라서 평균속도는 0m/s이다.

35 인체의 무게중심에 관한 설명으로 옳지 않은 것은?

① 회전력의 합이 최대가 되는 지점이다.

② 움직임에 따라서 인체 외부에 존재할 수도 있다.

③ 성별이나 연령 등의 요소에 따라 그 위치가 달라진다.

④ 해부학적 자세에서는 무게중심의 위치가 일정하게 나타난다.

> **해설**
> 무게중심은 회전력의 합이 0이 되는 지점에 위치한다.

36 물체에 힘을 가할 때 발생하는 충격량의 크기가 다른 것은?

① 한 사람이 5초 동안 20N의 힘을 발생시켰을 때

② 한 사람이 4초 동안 25N의 힘을 발생시켰을 때

③ 한 사람이 3초 동안 33N의 힘을 발생시켰을 때

④ 한 사람이 2초 동안 50N의 힘을 발생시켰을 때

> **해설**
> 충격량은 충격력 곱하기 충돌시간으로 산출한다. 따라서 다른 보기의 충격량은 100J이고, ③의 충격량은 99J이다.

37 헬스트레이너가 300N의 덤벨을 1m 들어 올리는 데 2초가 걸렸을 때의 일률은?

① 100W   ② 150W

③ 300W   ④ 600W

해설

일률은 일의 양을 시간으로 나누어 구할 수 있다. 300N의 덤벨을 1m 들어 올렸으므로 이 때의 힘의 양은 300J이며, 2초가 걸렸으므로 일률은 150W이다.

39 다음 중 탄성력을 활용한 스포츠가 아닌 것은?

① 양 궁

② 레슬링

③ 다이빙

④ 장대높이뛰기

해설

탄성력이란 외력에 의해 일시적으로 변형된 물체가 원래의 모양으로 돌아가려는 힘을 말하며, 이를 활용한 스포츠에는 양궁, 야구, 다이빙, 장대높이뛰기 등이 있다.

38 다음 중 마찰력에 대한 설명으로 옳지 않은 것은?

① 마찰력은 접촉면을 수직으로 누르는 전압력에 반비례한다.

② 마찰력은 물질의 종류에 따른 특성을 반영하는 마찰계수와 전압력의 곱으로 나타낸다.

③ 최대 마찰력은 물체가 움직이기 시작할 때의 마찰력을 말한다.

④ 마찰력은 물체가 다른 물체에 접촉하면서 운동할 때 접촉면에 생기는 운동을 방해하는 힘이다.

해설

마찰력은 접촉면을 수직으로 누르는 전압력에 비례한다.

40 다음 중 운동학적 분석의 예가 아닌 것은?

① 100m 달리기의 속도를 측정하였다.

② 외줄타기의 인체중심을 측정하였다.

③ 씨름에서 상대방의 무게중심 변화를 측정하였다.

④ 보행 시의 지면반력을 측정하였다.

해설

지면반력의 측정은 운동역학적 분석의 예이다.

출제빈도표(2018~2023년)

(단위 : 개)

구 분	2023	2022	2021	2020	2019	2018	합 계
스포츠교육의 배경과 개념	–	–	1	–	1	1	3
스포츠교육의 정책과 제도	3	5	2	2	3	3	18
스포츠교육의 참여자 이해론	–	–	2	–	–	1	3
스포츠교육의 프로그램론	2	3	4	1	3	3	16
스포츠교육의 지도방법론	11	10	9	14	11	11	66
스포츠교육의 평가론	3	2	2	3	3	1	14
스포츠교육의 전문적 성장	1	–	–	–	–	–	1

※ 출제비중 및 출제빈도는 문제 분석에 따라 달라질 수 있습니다.

최근 기출 분석(2023년 기출)

스포츠교육학은 [스포츠교육의 지도방법론] 파트에서 집중적으로 문제가 출제되었다. 매년 출제되다가 2022년에는 출제되지 않았던 '모스턴의 교수 스타일'은 두 문제가 출제되어 앞으로도 중요하게 학습해야 할 것으로 보인다. 또한 개정되어 출제 확률이 높았던 「학교체육진흥법」과 「스포츠기본법」을 포함한 법령 문제가 세 문제 등장해 체감 난이도가 높았을 것으로 예상된다. 생소한 학자와 새로운 개념도 등장해 혼란스러웠을 수 있지만 개념 자체는 어렵지 않아 개념을 충분히 이해하는 것이 중요하다. 스포츠교육학은 매년 [스포츠교육의 지도방법론] 파트에서 과반에 가까운 문제가 출제되고 있어 집중해서 학습하는 것이 좋다.

5과목

스포츠교육학

기출 POINT

스포츠교육의 주요 개념 [18]

- 진보주의 교육이론 : '체조 중심의 체육'에서 '신체를 통한 교육'으로 전환되는 철학적 근거를 마련하였고 루소, 존 듀이 사상의 영향으로 놀이, 게임, 레크리에이션의 의미가 부각됨
- 체력 중심의 교육 : 스포츠교육의 발전과정에서 체력 중심의 체육으로 건강 중심적, 이상적인 남성상, 아마추어리즘과 페어플레이 정신이 강조됨
- 신체의 교육 : 20세기 초까지의 스포츠교육은 당시 학교교육의 이론적 기반이었던 '형식도야론'에 근거한 '신체의 교육'에 바탕을 두고, 신체의 발달과 건강을 위한 '신체기능교육' 교과로서 편성됨
- 움직임 교육 : 1950년대 이후, 특정 종목이나 활동 자체를 배우기보다는 각 활동 속에 내재된 움직임의 보편적 원리를 학습하는 데 중점을 둠

OX문제

1. 체육학 문화 운동으로 스포츠교육학은 1940년대에 학문적으로 체계화되었다. (O, ×)

2. 진보주의 교육이론을 통해 체조 중심의 체육에서 체력 중심의 교육으로 패러다임 전환이 이루어졌다. (O, ×)

정답 1 (×), 2 (×)

KeyPoint

- 스포츠교육의 변천사에 대해 연도순으로 나열할 수 있다.
- 스포츠교육의 개념과 연구범위에 대해 설명할 수 있다.
- 스포츠교육이 학교 현장, 생활체육, 경기에서 적용되는 양상을 설명할 수 있다.

01 스포츠교육의 역사

(1) 스포츠교육에 대한 역사적 관심

① 1960년대 중반

㉠ 미국을 중심으로 체육 학문화 운동이 전개되었다.

㉡ 신체 활동을 지도할 때 학문을 기반으로 만들어진 이론적 지식을 학습자에게 가르쳐야 한다는 주장이 제기되었다.

㉢ 스포츠교육학이 체육학의 하위학문으로 성장하는 계기가 되었다.

② 1970년대 중반~1980년대 중반

㉠ 체육수업활동의 체계적 관찰 및 분석이 이루어졌다.

㉡ 수업 및 학습활동의 성패에 밀접한 영향을 미친다고 추정되는 변인 간 상관관계 검증을 통해 교육의 효과를 파악하였다.

㉢ 행동주의적 또는 인지적 심리학을 배경으로 하여 체육교수학습활동을 이해하고자 하였다.

③ 1980년대 중반~1990년대 중반

㉠ 교육학 분야에서 질적 연구방법론이 새롭게 각광을 받으며 스포츠교육의 질적 연구 분야가 급성장하였다.

㉡ 학교라는 조직 내에서 체육을 가르치는 교사와 학생의 수업활동, 삶과 체험을 직접적이고 세밀하게 분석하였다.

④ 1990년대 중반~현재

㉠ 어떤 한 가지 특정한 관점이나 학문적 시각을 가진 연구주제나 방법론이 아닌 다양한 형태의 연구가 이루어지고 있다.

㉡ 체육의 교육적 측면에 대한 학문적 탐구와 연구가 어느 정도 자리를 잡고 있다고 볼 수 있다.

(2) 스포츠교육에 대한 최근의 노력

① 체육교과를 이해하는 전체적인 시각, 즉 패러다임이 변화되고 있다.

② 학생과 학습과정, 그리고 교사와 수업과정에 대한 시각이 구성주의적 관점으로 변화하고 있다.

③ 스포츠기능의 숙달과 함께 체육학적 지식의 이해를 통한 비판적 인식능력 발달을 목표로 하고 있다.

④ 체육교과내용을 주제별로 통합하여 조직하는 것을 기본 원칙으로 하고 있다.

⑤ 체육수업이 다양화되고 수업방법이 학생 중심으로 변화하고 있다.

02 스포츠교육학의 개념

(1) 협의의 스포츠교육학

스포츠를 교육적인 수단으로만 한정하고, 스포츠가 학교 내에서 교육적으로 실천되는 현상을 다루는 학문이다.

(2) 광의의 스포츠교육학

스포츠를 통해 삶의 의미를 추구하는 신체활동을 모두 포괄하고, 다양한 스포츠활동의 참여 과정 내에서 일어나는 여러 교육적 현상을 분석·기술하는 과학적인 학문이다.

기출 POINT

스포츠교육학 16
• 학교체육, 생활체육, 전문체육을 모두 포괄
• 체육교과과정, 체육수업, 체육교사교육 등을 연구영역으로 함
• 교육적 관점에서 모든 연령층의 신체활동을 다룸

스포츠교육의 지향점 19
• 활동 목표와 내용, 방법에 있어 통합화와 다양화를 추진
• 훈련과정에서 학습자의 개인적 특성과 현재 수준을 종합적으로 고려하여 지도해야 함
• 유아, 청소년, 성인, 노인, 장애인 등 다양한 학습자를 대상으로 함
• 학교체육 – 생활체육 – 전문체육을 연계적으로 발전

OX문제

교육과정(프로그램)은 스포츠 교육학의 연구영역에 해당된다. (O, ×)

정답 O

(1) 학교에서의 스포츠교육

① 학생들의 의미 있는 학습경험을 위해서 다양한 활동 기회를 제공한다.
② 체육수업에서 경험한 내용이 방과 후 체육활동이나 다양한 스포츠활동으로 자연스럽게 이어질 수 있도록 학습의 장을 마련한다.
③ 교사는 시즌 계획에 따라 융통성 있고 탄력적인 시간 운영으로 학생들에게 의미 있는 학습경험을 제공한다.
④ 학생들이 책임감 있는 역할 수행을 할 수 있도록 적절한 강화와 보상이 필요하며, 시즌의 특색에 따라 학생들의 역할에 변화를 주는 것도 필요하다.

(2) 생활에서의 스포츠교육

① 대한체육회는 다양한 프로그램을 운영하여 주민들의 생활체육 수요에 부응하는 개방형 체육시스템을 구축한다.
② 생활체육은 인간욕구 충족, 평생교육, 건강유지와 증진, 지역사회 개발, 사회문제 해결, 여가선용의 기능을 한다.
③ 생활체육은 주체적이고 미래지향적이며, 국민복지와 행복의 의미를 담고 있는 체육의 중심 영역이다.

(3) 경기에서의 스포츠교육

① 지도자는 스포츠의 과학적 이론을 적용하여 각 종목별 기능을 지도한다.
② 지도자는 선수 개인의 경기력 수준에 적합한 훈련 및 대회 참가 계획을 수립할 수 있도록 지도한다.
③ 지도자는 여러 가지 교육 매체를 활용하여 다양한 지도 사례를 관찰하고, 효율적인 스포츠 교육에 대한 이해를 높일 수 있도록 지도한다.

02 스포츠교육의 정책과 제도

01 학교체육

(1) 국가체육교육과정

① 국가체육교육과정의 변천

㉠ 제1차 교육과정 : 최소한의 필수적인 교육 내용만 표시하여 국가 기준으로서의 교육 과정임을 명확히 하고, 반공 교육, 도의 교육, 실업 교육을 강조하며, 특별 활동 시간을 배당하는 등 전인 교육을 지향하였다.

㉡ 제2차 교육과정 : '경험중심 교육과정'이라고도 한다. 교육과정은 곧 학생들이 학교의 지도하에 경험하는 모든 학습의 총화를 의미하는 것이며, 학생들의 경험 여하에 따라 그들이 어떤 인간으로 성장하게 되는지 결정된다고 보았다.

㉢ 제3차 교육과정 : 국민적 자질의 함양 및 인간 교육의 강화, 지식, 기술의 쇄신 등을 기본 방침으로 하고, 이러한 방침에 따라 자아실현(개인면)과 국가 발전 및 민주적 가치 함양(사회면)을 교육 목표로 하였다.

㉣ 제4차 교육과정 : 민주 사회, 고도 산업 사회, 문화 사회, 통일 조국 건설에 필요한 건강한 사람, 심미적인 사람, 능력 있는 사람, 도덕적인 사람, 자주적인 사람을 길러 내는데 목적을 두었다.

㉤ 제5차 교육과정 : 교육과정 및 교과용 도서 중에서 개선이 필요한 부분만을 개정한 다는 것을 기본 원칙으로 삼고, 건강한 사람, 자주적인 사람, 창조적인 사람, 도덕적 인 사람을 기르는 데 목적을 두었다.

㉥ 제6차 교육과정 : 건강한 사람, 자주적인 사람, 창의적인 사람, 도덕적인 사람의 인간상을 제시하고, 교육과정 결정의 분권화, 교육과정 구조의 다양화, 교육과정 내용의 적정화, 교육과정 운영의 효율화를 목표로 하였다.

Ⓐ 제7차 교육과정 : 기능적, 학문적, 규범적 성격을 공유하는 종합 교과로서의 성격을 가지게 되었으며, 움직임 욕구의 실현 및 체육 문화의 계승·발전이라는 내재적 가치와 체력 및 건강의 유지·증진, 정서 순화, 사회성 함양이라는 외재적 가치를 추구함으로써 인간의 '삶의 질'을 향상시키는 데 공헌하는 교과로 성격을 규정하였다.

개념 플러스

국가체육교육과정의 목표와 주요 내용

구 분	체육 목표	주요 내용
제1차 교육과정	• 원만한 환경 밑에 신체활동을 통한 신체의 발달 • 굳세고 아름다운 정신과 건전한 사회적 성격 함양 • 위생생활의 습관화 • 민주적 사회활동에서의 최선을 다하는 능력 함양	• 교과중심 교육과정 • 체육 과목의 명칭을 초등학교는 보건, 중·고등학교는 체육을 사용 • 진보주의 교육사상 도입, 생활경험을 중시하여 여가활동 강조
제2차 교육과정	• 운동의 기술과 기능 발달을 통한 신체의 발달 • 스포츠를 통한 사회성과 페어플레이 정신 함양 • 감정과 의지, 미적인 표현, 창작, 감상력의 함양 • 보건과 안전 교육을 통한 사회 안전 훈련에의 협조 • 레크리에이션 활동의 계획과 창작능력 함양	• 체육 과목의 명칭이 체육으로 모두 통일됨
제3차 교육과정	• 운동을 통한 강건한 국민으로의 성장 • 공명정대하게 경쟁에 참여하는 태도 함양 • 공중보건 및 체육활동을 통한 건강하고 안전한 생활 • 운동의 생활화를 통한 여가선용과 정서 순화	• 학문중심 교육과정 • 순환운동과 질서 운동을 새롭게 채택됨 • 초등학교에서 놀이를 벗어난 '운동' 용어를 사용함
제4차 교육과정	• 운동의 실천을 통한 기능의 향상 • 신체활동 지식의 습득을 통한 생활 활용능력 함양 • 공정하게 운동하는 태도의 함양 • 운동을 통한 여가 선용과 정서의 함양	• 인간중심 교육과정 • 통합교육과정 교과서를 개발함 • 기본 운동 개념이 도입됨
제5차 교육과정	• 경기를 즐길 수 있는 운동 기능과 체력의 함양 • 신체적인 표현능력의 함양 • 운동과 건강 및 여가 선용에 대한 지식과 적용 능력 • 정서의 함양과 바람직한 사회적 태도	• 교육과정의 적합성을 제고 • 통합교육과정의 개발과 운영의 자율성을 제고 • 교육 개념이 심동적 영역, 인지적 영역, 정의적 영역으로 분화됨
제6차 교육과정	• 경기에 참여할 수 있는 기능과 체력의 함양 • 신체적인 표현능력의 함양 • 운동과 여가활동 지식의 습득과 실천능력 함양 • 바람직한 운동 태도와 사회적인 태도 함양	• 교육과정의 분권화, 통합 교육과정 지향 • 탐구, 자유, 자주성, 성격 등을 강조

OX문제

인지적 영역, 심동적 영역은 스포츠교육학이 추구하는 가치 영역이다. (○, ×)

정답 ○

제7차 교육과정	• 다양한 운동에서의 적극적 참여와 그를 통한 심신의 건강 • 운동과 건강에 관한 지식의 이해와 활용 • 운동을 통한 바람직한 태도 및 문화적 가치 규범의 습득	• 체육의 목적을 제시함(신체활동의 가치, 창의성, 인격수양 등) • 초등학교 1학년부터 고등학교 1학년까지(1~10학년) 국민공통교육과정으로 편성함 • 고등학교 2~3학년은(11~12학년) 심화과정으로 편성함 • 필수교과와 선택교과로 나누어 제시됨

기출 POINT

스포츠 창의성의 요소 18

• 전술적 창의력 : 스포츠 경기상황에 맞게 경기 전술을 즉흥적으로 구상한 다음 적용함
• 표현적 창의력 : 독창적인 동적 움직임의 중요성을 고려함

② 2007 개정 체육과 교육과정 : 신체 활동의 직접 체험뿐만 아니라 그 속에 담겨진 역사, 철학, 문학, 예술 등 다양한 인문적 요소들을 통해 신체 활동을 통합적으로 체험함으로써 경기 예절, 사회적 책임감, 페어플레이, 스포츠 정신 등 다양한 덕목을 기를 수 있도록 하고 있으며, 이를 통해 학생들에게 전인교육을 강조하였다.

③ 2009 개정 교육과정에 따른 체육과 교육과정 : 필요한 기초 핵심역량과 교과별 특성을 반영한 **창의성** 및 인성 함양 내용이 강화된 수업 내용 개선 중심의 개정을 의도하고 있다.

④ 2015 개정 체육과 교육과정 : 신체활동 가치의 내면화와 실천을 통해 체육과의 역량을 습득함으로써 전인교육 실현을 목적으로, 신체활동을 통해 건강한 삶에 필요한 핵심역량을 습득, 스스로 미래의 삶을 기획할 기능과 태도를 기르는 것을 목표로 한다.

개념 플러스

제7차 교육과정과 2007 · 2009 개정 교육과정의 비교

구 분	제7차 교육과정	2007 개정 체육과 교육과정	2009 개정 교육과정에 따른 체육과 교육과정
교과 성격	운동기능 중심	신체활동 가치 중심	
체육과 목표	• 움직임 욕구 실현 • 운동수행 기능과 체력 증진 • 운동과 건강에 관한 다양한 지식 이해	신체활동의 가치의 내면화와 실천(전인교육)	
내 용	체조, 육상, 수영, 개인 및 단체활동, 무용, 체력 운동, 이론, 보건	건강활동, 도전활동, 경쟁활동, 표현활동, 여가활동	
인성 요소	각 내용들을 통해 바람직한 태도의 함양을 강조하나, 구체적인 인성 요소로 나타나 있지 않음	실천의지력, 노력과 극기, 자기절제와 공동체의식, 상황 판단력, 경기예절, 스포츠 정신 등이 명시됨	자기조절, 자기존중, 실천의지력, 인내심, 자신감, 페어플레이, 팀워크, 배려와 존중 등이 명시됨

OX문제

농구 경기에서 기존의 수비법을 변형하여 즉흥적으로 적절한 수비법을 구상하여 적용하는 것은 전술적 창의력에 해당한다. (○, ×)

정답 ○

학교체육 진흥의 조치 등(학교체육진흥법 제6조) 16
- 유아·장애·여학생의 체육활동 활성화
- 학교스포츠클럽 및 학교운동부 운영
- 학생선수의 학습권 보장 및 인권보호
- 학교체육행사의 정기적 개최

학교운동부지도자의 자격기준 등 (학교체육진흥법 시행령 제3조) 23
- 직무수행 실적
  - 학생선수에 대한 훈련계획 작성, 지도 및 관리
  - 학생선수의 각종 대회 출전 지원 및 인솔
  - 훈련 및 각종 대회 출전 시 학생선수의 안전관리
  - 경기력 분석 및 훈련일지 작성
  - 훈련장의 안전관리
- 복무 태도
- 학교운동부 운영 성과
- 학생선수의 학습권 및 인권 침해 여부

「학교체육진흥법」에 의하면 초등학교에서는 스포츠강사를 의무적으로 배치해야 한다. (O, ×)

정답 ×

---

(2) 학교체육진흥법(2024. 3. 24 시행)

① 학교체육진흥법은 학생의 체육활동 강화 및 학교운동부 육성 등 학교체육 활성화에 필요한 사항을 정함으로써 학생들이 건강하고 균형 잡힌 신체와 정신을 가질 수 있도록 하는 데 기여함을 목적으로 한다.

② 이 법은 스포츠시스템 선진화를 위한 '한국형 스포츠클럽' 추진에 따라 2005년 연구가 시작되어 2011년 3월 입법 발의되었고, 2011년 12월 30일 국회 본 회의에서 통과되어 2013년 1월부터 시행되었다.

③ 국가 및 지방자치단체는 학교체육 활성화를 위한 시책을 수립·시행하여야 하며, 교육감은 해당 지방자치단체의 학교체육 진흥 계획을 수립·시행하여야 한다는 것을 주요 내용으로 하고 있다.

[학교체육진흥법의 주요 내용]

항 목	제 목	내 용
제1조	목 적	학교체육진흥법은 학생의 체육활동 강화 및 학교운동부 육성 등 학교체육 활성화에 필요한 사항을 정함으로써 학생들이 건강하고 균형 잡힌 신체와 정신을 가질 수 있도록 하는 데 기여함을 목적으로 한다.
제3조	학교체육 진흥 시책과 권장	국가 및 지방자치단체(교육감을 포함한다)는 학교체육 진흥에 필요한 시책을 마련하고 학생의 자발적인 체육활동을 권장·보호 및 육성하여야 한다.
제6조	학교체육 진흥의 조치 등	① 학교의 장은 학생의 체력증진과 체육활동 활성화를 위하여 다음 아래의 조치를 취하여야 한다. • 체육교육과정 운영 충실 및 체육수업의 질 제고 • 학생건강체력 평가에서 비만 판정을 받은 학생에 대한 대책 • 학교스포츠클럽 및 학교운동부 운영 • 학생선수의 학습권 보장 및 인권보호 • 여학생 체육활동 활성화 • 유아 및 장애학생의 체육활동 활성화 • 학교체육행사의 정기적 개최 • 학교 간 경기대회 등 체육 교류활동 활성화 • 교원의 체육 관련 직무연수 강화 및 장려 • 그 밖에 학교체육 활성화를 위하여 필요한 사항 ② 학교의 장은 ①에 따른 조치를 시행하기 위하여 필요한 경비를 학교 예산의 범위에서 확보하여야 한다.
제7조	학교 체육시설 설치 등	③ 학교의 장은 학생에 대한 폭력, 성폭력 등 인권침해의 우려가 있는 학교 체육시설 관련 주요 지점에 「개인정보 보호법」에 따른 고정형 영상정보처리기기를 설치·관리할 수 있다.
제8조	학생건강체력평가 실시계획의 수립 및 실시	① 국가는 학생의 건강체력 상태를 측정하기 위해 매년 3월 31일까지 학생건강체력평가 실시계획을 수립하고, 학교의 장은 실시계획에 따라 학생건강체력평가를 실시해야 한다.

제9조	건강체력교실 등 운영	① 학교의 장은 제8조에 따른 학생건강체력평가에서 저체력 또는 비만 판정을 받은 학생을 대상으로 건강체력증진을 위한 정규 또는 비정규 프로그램을 운영해야 한다.
제10조	학교스포츠 클럽 운영	① 학교의 장은 학생들이 신체활동 프로그램에 참여할 수 있도록 학교스포츠 클럽을 운영하여 학생들의 체육활동 참여기회를 확대해야 한다. ② 학교의 장은 학교스포츠클럽을 운영하는 경우 학교스포츠클럽 전담교사를 지정해야 한다. ⑤ 학교의 장은 일정 비율 이상의 학교스포츠클럽을 해당 학교의 여학생들이 선호하는 종목의 학교스포츠클럽으로 운영해야 한다.
제11조	학교운동부 운영 등	① 학교의 장은 학생선수가 일정 수준의 학력기준(이하 "최저학력"이라 한다)에 도달하지 못한 경우에는 별도의 기초학력보장 프로그램을 운영하여 최저학력이 보장될 수 있도록 노력해야 하며, 필요한 경우 경기대회 출전을 제한할 수 있다. ③ 학교의 장은 학생선수의 학습권 보장 및 신체적·정서적 발달을 위해 학기 중 상시 합숙훈련이 근절될 수 있도록 노력해야 한다. ④ 학교의 장은 원거리에서 통학하는 학생선수를 위하여 기숙사를 운영할 수 있다. 이 경우 필요한 사항은 교육부령으로 정한다. ⑥ 국가 및 지방자치단체는 예산의 범위에서 학교운동부 운영과 관련된 경비를 지원할 수 있다.
제12조	학교운동부 지도자	① 학교의 장은 학생선수의 훈련과 지도를 위하여 학교운동부지도자를 둘 수 있다. ② 국가는 학교운동부지도자의 자질 향상 및 전문성 강화를 위하여 연수교육 계획을 수립하고, 이를 실시하여야 한다. ④ 학교의 장은 학교운동부지도자가 학생선수의 학습권을 박탈하거나 폭력, 금품·향응 수수 등의 부적절한 행위를 하였을 경우 학교운영위원회의 심의를 거쳐 계약을 해지할 수 있다.
제13조	스포츠강사의 배치	① 국가 및 지방자치단체는 학생의 체육수업 흥미 제고 및 체육활동 활성화를 위해 초등학교에 스포츠강사를 배치할 수 있다.
제14조	유아 및 장애학생 체육활동 지원	① 국가 및 지방자치단체는 유치원에 재원 중인 유아 및 일반학교·특수학교에 배치된 특수교육대상자에 대하여 적절한 체육활동 프로그램을 운영해야 한다.

- 지방자치단체는 직장인 체육대회를 연 1회 이상 개최하여야 한다(「국민체육진흥법」 제8조 제3항).
- 국가와 지방자치단체는 우수선수와 체육지도자 육성을 위하여 필요한 표창제도를 마련하여야 한다(「국민체육진흥법」 제14조 제2항).
- '체육동호인조직'이란 같은 생활체육 활동에 지속적으로 참여하는 자의 모임을 말한다(「국민체육진흥법」 제2조 제7항).

국민체육진흥법 시행령 주요 내용 22

- 체육지도자 자격은 18세 이상인 사람에게 부여한다(「국민체육진흥법 시행령」 제8조 제2항).
- 스포츠지도사는 1급 전문스포츠지도사, 2급 전문스포츠지도사, 1급 생활스포츠지도사, 2급 생활스포츠지도사로 구분한다(「국민체육진흥법 시행령」 제9조 제1항).

OX문제

스포츠지도사란 초·중등학교 정규 수업 보조 및 학교스포츠클럽을 지도하는 체육전문강사를 말한다. (O, ×)

정답 ×

02 생활체육 및 전문체육

(1) 국민체육진흥법(2023. 9. 15 시행)

이 법은 국민체육을 진흥하여 국민의 체력을 증진하고, 체육활동으로 연대감을 높이며, 공정한 스포츠 정신으로 체육인 인권을 보호하고, 국민의 행복과 자긍심을 높여 건강한 공동체의 실현에 이바지함을 목적으로 한다.

① 국민체육진흥법 주요 용어 정리

구 분	내 용
체 육	운동경기·야외 운동 등 신체 활동을 통하여 건전한 신체와 정신을 기르고 여가를 선용하는 것
전문체육	선수들이 행하는 운동경기 활동
생활체육	건강과 체력 증진을 위하여 행하는 자발적이고 일상적인 체육 활동
선 수	• 경기단체에 선수로 등록된 자 • 국가대표선수는 대한체육회, 대한장애인체육회 또는 경기단체가 국제경기대회(친선경기대회 제외)에 우리나라의 대표로 파견하기 위하여 선발·확정된 사람
학 교	「초·중등교육법」 제2조 및 「고등교육법」 제2조의 정의에 따른 학교
체육 지도자	학교·직장·지역사회 또는 체육단체 등에서 체육을 지도할 수 있도록 다음 어느 하나에 해당하는 자격을 취득한 사람 • 스포츠지도사: 「국민체육진흥법」과 동 시행령에서 규정하고 있는 자격 종목에 대하여 전문체육이나 생활체육을 지도하는 사람이다. • 건강운동관리사: 개인의 체력적 특성에 적합한 운동 형태, 강도, 빈도 및 시간 등 운동 수행 방법에 대해 지도·관리하는 사람을 말한다. • 노인스포츠지도사: 노인의 신체적·정신적 변화 등에 대한 지식을 갖추고 … (중략) … 노인을 대상으로 생활체육을 지도하는 사람을 말한다. • 유소년스포츠지도사: 유소년의 행동양식, 신체발달 등에 대한 지식을 갖추고 … (중략) … 유소년을 대상으로 체육을 지도하는 사람을 말한다. • 장애인스포츠지도사: 장애 유형에 따른 운동방법 등에 대한 지식을 갖추고 … (중략) … 장애인을 대상으로 전문체육이나 생활체육을 지도하는 사람을 말한다.
체육 동호인 조직	같은 생활체육 활동에 지속적으로 참여하는 자의 모임
운동 경기부	선수로 구성된 국가, 지방자치단체, 학교나 직장 등의 운동부
체육단체	체육에 관한 활동이나 사업을 목적으로 설립된 법인이나 단체
도 핑	선수의 운동능력을 강화시키기 위하여 문화체육관광부장관이 고시하는 금지 목록에 포함된 약물 또는 방법을 복용하거나 사용하는 것
경기단체	특정 경기 종목에 관한 활동과 사업을 목적으로 설립되고 대한체육회나 대한장애인체육회에 가맹된 법인이나 단체 또는 문화체육관광부장관이 지정하는 프로스포츠 단체
스포츠비리	• 회계부정, 배임, 횡령 및 뇌물수수 등 체육단체의 투명하고 민주적인 운영을 저해하는 행위 • 운동경기 활동 중 발생하는 승부조작, 편파판정 등 운동경기의 공정한 운영을 저해하는 행위
체육진흥 투표권	운동경기 결과를 적중시킨 자에게 환급금을 내주는 표권(票券)으로서 투표 방법과 금액, 그 밖에 대통령령으로 정하는 사항이 적혀 있는 것

② 생활체육 관련 내용

항 목	제 목	내 용
제10조	직장 체육의 진흥	① 국가와 지방자치단체는 직장 체육 진흥에 필요한 시책을 마련하여야 한다. ② 직장의 장은 대통령령으로 정하는 바에 따라 체육동호인조직과 체육진흥관리위원회를 설치하는 등 직장인의 체력 증진과 체육 활동 육성에 필요한 조치를 마련하여야 한다. ③ 대통령령으로 정하는 직장에는 직장인의 체력 증진과 체육 활동 지도·육성을 위하여 체육지도자를 두어야 한다. ④ 「공공기관의 운영에 관한 법률」에 따른 공공기관 중 대통령령으로 정하는 기관(이하 "공공기관"이라 한다)과 대통령령으로 정하는 직장에는 한 종목 이상의 운동경기부를 설치·운영하고 체육지도자를 두어야 한다. ⑤ 직장 체육에 관한 업무는 시장·군수·구청장(자치구의 구청장을 말한다)이 지도·감독한다.
제11조	체육 지도자의 양성	① 국가는 국민체육 진흥을 위한 체육지도자의 양성과 자질 향상을 위하여 필요한 시책을 마련하여야 한다. ② 문화체육관광부장관은 대통령령으로 정하는 자격 요건을 갖춘 사람으로서 체육지도자 자격검정에 합격하고 체육지도자 연수과정을 이수한 사람에게 체육지도자의 자격증을 발급한다. 다만, 학교체육교사 및 선수 등 대통령령으로 정하는 사람에게는 대통령령으로 정하는 바에 따라 자격검정이나 연수과정의 일부(제3항에 따른 성폭력 등 폭력 예방교육은 제외한다)를 면제할 수 있다. ③ 연수과정에는 성폭력 등 폭력 예방교육 등 문화체육관광부령으로 정하는 사항이 포함되어야 한다.
제13조	체육시설의 설치 등	① 국가와 지방자치단체는 국민의 체육 활동에 필요한 시설의 적정한 확보와 이용에 필요한 시책을 마련하여야 한다. ② 국가와 지방자치단체는 장애인 체육 활동에 필요한 시설의 설치와 운영에 필요한 시책을 마련하여야 하며, 장애인이 체육시설을 우선적으로 이용할 수 있도록 필요한 조치를 할 수 있다.

③ 전문체육 관련 내용

항 목	제 목	내 용
제12조	체육지도자의 자격 취소	문화체육관광부장관은 체육지도자가 다음 각 호의 어느 하나에 해당하면 그 자격을 취소하거나 5년의 범위에서 자격을 정지할 수 있다. 다만, 제1호부터 제4호까지의 어느 하나에 해당하면 그 자격을 취소하여야 한다. ① 거짓이나 그 밖의 부정한 방법으로 체육지도자의 자격을 취득한 경우 ② 자격정지 기간 중에 업무를 수행한 경우 ③ 체육지도자 자격증을 타인에게 대여한 경우 ④ 선수를 대상으로 상해와 폭행의 죄를 저지른 체육지도자로서 금고 이상의 형을 선고받고 그 집행이 종료되거나 집행이 유예·면제된 날부터 10년이 지나지 아니한 사람 ⑤ 선수의 신체에 폭행을 가하거나 상해를 입히는 행위를 한 경우 ⑥ 선수에게 성희롱 또는 성폭력에 해당하는 행위를 한 경우 ⑦ 윤리 및 인권의식 향상을 위하여 매 2년마다 성폭력 등 폭력 예방교육 등의 내용이 포함된 재교육을 받지 아니한 경우 ⑧ 그 밖에 직무수행 중 부정이나 비위 사실이 있는 경우
제12조의3	체육계 인권침해 및 스포츠비리 관련 명단 공개	① 문화체육관광부장관은 체육지도자 및 체육단체의 책임이 있는 자가 체육계 인권침해 및 스포츠비리와 관련하여 유죄판결이 확정되는 경우에는 운영위원회의 심의·의결을 거쳐 그 인적사항 및 비위 사실 등을 공개할 수 있다.
제14조	선수 등의 육성	① 국가와 지방자치단체는 선수와 체육지도자에 대하여 필요한 육성을 하여야 한다. ② 국가와 지방자치단체는 우수 선수와 체육지도자 육성을 위하여 필요한 표창제도를 마련하여야 한다. ③ 국가, 지방자치단체, 공공기관, 그 밖에 대통령령으로 정하는 단체는 대통령령으로 정하는 우수 선수에게 아마추어 경기 생활을 할 수 있게 하기 위하여 문화체육관광부장관이 요청하면 우수 선수와 체육지도자를 고용하여야 한다.
제14조의3	선수 등의 금지행위	① 전문체육에 해당하는 운동경기의 선수·감독·코치·심판 및 경기단체의 임직원(이하 전문체육선수 등)은 운동경기에 관하여 부정한 청탁을 받고 재물이나 재산상의 이익을 받거나 요구 또는 약속하여서는 아니 된다. ② 전문체육선수 등은 운동경기에 관하여 부정한 청탁을 받고 제3자에게 재물이나 재산상의 이익을 제공하거나 제공할 것을 요구 또는 약속하여서는 아니 된다.
제15조	도핑 방지 활동	① 국가는 스포츠활동에서 약물 등으로부터 선수를 보호하고 공정한 경쟁을 통한 스포츠 정신을 높이기 위하여 도핑 방지를 위한 시책을 수립하여야 한다. ② 국가는 도핑을 예방하기 위하여 선수와 체육지도자를 대상으로 교육과 홍보를 실시하여야 하고, 체육단체 및 경기단체의 도핑 방지 활동을 지도·감독하여야 한다.

(2) 스포츠기본법(2022. 6. 16 시행)

이 법은 스포츠에 관한 국민의 권리와 국가 및 지방자치단체의 책임을 정하고 스포츠 정책의 방향과 그 추진에 필요한 기본적인 사항을 규정함으로써 스포츠의 가치와 위상을 높여 모든 국민이 건강하고 행복한 삶을 영위하고 나아가 국가사회의 발전과 사회통합을 도모하는 것을 목적으로 한다.

① 스포츠기본법 주요 용어 정리

구 분	내 용
스포츠	건강한 신체를 기르고 건전한 정신을 함양하며 질 높은 삶을 위하여 자발적으로 행하는 신체활동을 기반으로 하는 사회문화적 행태
전문스포츠	「국민체육진흥법」에서 정의하는 '선수'가 행하는 스포츠 활동
생활스포츠	건강과 체력 증진을 위하여 행하는 자발적이고 일상적인 스포츠 활동
장애인스포츠	장애인이 참여하는 스포츠 활동
학교스포츠	학교(유치원 및 초·중·고)에서 이루어지는 스포츠 활동
스포츠산업	스포츠와 관련된 재화와 서비스를 통하여 부가가치를 창출하는 산업
스포츠클럽	회원의 정기적인 체육활동을 위하여 「스포츠클럽법」에 따라 등록을 하고 지역사회의 체육활동 진흥을 위하여 운영되는 법인 또는 단체

② 주요 내용

항 목	제 목	내 용
제7조	스포츠 정책 수립·시행의 기본원칙	국가와 지방자치단체는 스포츠에 관한 정책을 수립하고 시행할 때에는 다음의 사항을 충분히 고려하여야 한다. ① 스포츠권을 보장할 것 ② 스포츠 활동을 존중하고 사회전반에 확산되도록 할 것 ③ 국민과 국가의 스포츠 역량을 높이기 위한 여건을 조성하고 지원할 것 ④ 스포츠 활동 참여와 스포츠 교육의 기회가 확대되도록 할 것 ⑤ 스포츠의 가치를 존중하고 스포츠의 역동성을 높일 수 있을 것 ⑥ 스포츠 활동과 관련한 안전사고를 방지할 것 ⑦ 스포츠의 국제 교류·협력을 증진할 것
제9조	국가스포츠 정책위원회	국민의 스포츠권 보장과 주요 시책의 평가·점검, 기본계획의 수립·조정, 국제경기대회 개최와 관련된 주요 정책의 수립·조정 등에 관한 사항을 심의·의결하고 스포츠 관련 정책을 총괄 조정하기 위하여 국무총리 소속으로 국가스포츠정책위원회를 둔다.
제27조	스포츠의 날과 스포츠 주간	국민의 스포츠 의식을 북돋우고 스포츠를 보급하기 위하여 매년 10월 15일을 스포츠의 날로 지정하고, 매년 4월의 마지막 주간을 스포츠 주간으로 한다.

• 소외계층 체육 : 행복 나눔 스포츠
교실, 스포츠강좌이용권 사업, 버스
를 활용한 움직이는 체육관 등
• 동호인 체육 : 전국생활체육대축전
지원, 생활체육동호회리그 지원 등
• 직장체육 : 시도체육회의 직장인 스
포츠클럽 지원, 직장 스포츠클럽 리
그 구축 등

OX문제

스포츠강좌 이용권 지원사업은 우리
나라 유·청소년 전체를 대상으로 진
행되는 사업이다. (O, ×)

정답 ×

(3) 스포츠클럽법(2022. 6. 16 시행)

이 법은 스포츠클럽의 지원과 진흥에 필요한 사항을 규정함으로써 국민체육 진흥과 스포
츠복지 향상 및 지역사회 체육발전에 기여함을 목적으로 한다.

① 스포츠클럽법 주요 용어 정리

구 분	내 용
스포츠클럽	회원의 정기적인 체육활동을 위하여 등록을 하고 지역사회의 체육활동 진흥을 위하여 운영되는 법인 또는 단체
지정스포츠클럽	스포츠클럽 중에서 문화체육관광부장관이 지정한 스포츠클럽
스포츠클럽회원	스포츠클럽의 시설이나 프로그램을 이용하기 위하여 스포츠클럽에 가입하여 정기적으로 회비를 납부하고 활동하는 사람

② 주요 내용

항 목	제 목	내 용
제5조	스포츠클럽 진흥 기본계획의 수립 등	문화체육관광부장관은 스포츠클럽 진흥을 위하여 5년마다 스포츠클럽 진흥 기본계획을 수립·시행하여야 한다.
제6조	스포츠클럽의 등록	지역사회의 체육활동 진흥을 위하여 운영되는 법인·단체로서 스포츠클럽으로 등록하고자 하는 법인 또는 단체는 특별자치시장·특별자치도지사·시장·군수 또는 구청장에게 등록하여야 한다.

(4) 국민체육진흥 정책

① 문화체육관광부 정책

구 분	내 용
스포츠비전 2030	• 비전 : 사람을 위한 스포츠, 건강한 삶의 행복 • 정책 방향 : 운동하기 편한 나라, 스포츠클럽 시스템 정착, 스포츠 가치의 사회적 확산 • 4대 추진전략 : 신나는 스포츠, 함께하는 스포츠, 자랑스러운 스포츠, 풀뿌리 스포츠
생활체육광장 운영	• 마을 단위로 기초적인 생활체육 참여환경을 제공해 주는 것이 핵심 • 지역주민이 가장 가까운 곳에서 누구나 참여 가능한 장소·시간·종목을 선정할 수 있도록 함으로써 주민들이 쉽게 생활체육에 참여할 수 있도록 만드는 것이 주요 목적
스포츠강좌 이용권 지원	• 저소득층 유·청소년에게 스포츠강좌 혜택을 받을 수 있는 일정 금액의 이용권을 제공하는 사업
행복나눔 스포츠교실 운영	• 소외계층 청소년을 대상으로 다양한 체육활동 참여기회를 제공함으로써 스포츠참여 형평성을 높이고 사회 적응력을 배양하는 것을 목적으로 시행되는 사업
찾아가는 맞춤형 여성체육활동 지원	• 체육활동 참여율이 저조한 임신, 출산, 육아, 갱년기 여성을 대상으로 생활체육 참여기회를 제공하는 사업
생활체육 홍보 지원 사업	• 스포츠7330 홍보 : 일주일(7)에 세 번(3) 이상, 하루 30분 운동하자 • 스포츠 미디어 콘텐츠 활성화 • 체육포털 서비스 운영(sportal.or.kr)
국민체력 100	• 체력 인증 단계를 3단계로 구분하고 결과에 따라 운동 상담 및 처방을 해주는 복지 서비스

② 국민체육진흥법 시행령(2023. 1. 1 시행)

항 목	제 목	내 용
제3조	국민체육 진흥 시책	① 「국민체육진흥법」 제4조 제1항에 따라 문화체육관광부장관이 수립하여 시행하는 국민체육진흥에 관한 기본 시책에는 다음의 사항이 포함되어야 한다. • 생활체육의 진흥 • 선수와 체육지도자의 보호·육성 • 체육시설의 설치와 유지·보수 및 관리 • 체육과학의 진흥 • 여가 체육 활동의 육성·지원 • 그 밖에 국민체육진흥에 관한 사항 ② 문화체육관광부장관은 기본시책을 수립한 때에는 특별시장·광역시장·특별자치시장·도지사 또는 특별자치도지사에게 알려야 한다. ③ 문화체육관광부장관은 기본시책에 따라 연도별 국민체육진흥 시행계획을 수립하여 시행하여야 한다.
제4조	지방체육 진흥 계획	① 시·도지사는 기본시책에 따라 해당 특별시·광역시·특별자치시·도 또는 특별자치도의 체육 진흥 계획을 수립하여야 하며, 이를 시장·군수·구청장에게 알려야 한다. ② 시장·군수·구청장은 제1항에 따른 체육 진흥 계획에 따라 해당 시·군·구의 체육 진흥 계획을 수립하여 시행하여야 한다. ③ 지방자치단체의 장은 제1항과 제2항에 따른 체육 진흥 계획과 그 추진 실적을 문화체육관광부령으로 정하는 바에 따라 문화체육관광부장관(시장·군수·구청장의 경우에는 시·도지사)에게 보고하여야 한다.

03 스포츠교육의 참여자 이해론

KeyPoint

• 체육교사, 스포츠강사, 코치, 스포츠지도사 등을 역할별로 구분할 수 있다.
• 학습자의 유형에 따른 특성을 이해하고, 적합한 스포츠 교육 목표를 설정할 수 있다.
• 스포츠교육 행정가의 역할과 개념에 대해 설명할 수 있다.

01 스포츠교육 지도자

(1) 체육교육전문가

① 체육교사

㉠ 개 념

• 체육교사는 정규 체육 및 방과 후 체육을 포함한 학교체육 전반에 걸쳐 학생들이 신체 활동을 매개로 신체적·정신적·사회적·영적인 삶의 유기적인 조화를 이루며 성장할 수 있도록 조력하는 사람이다.
• 체육학과 교육학은 물론 스포츠교육학에 대한 전문 지식과 **교육자적 인격과 자질**이 요구된다.

㉡ 역 할

• 학생들의 신체와 정신의 조화로운 발달을 강조하며, 전인 육성 목표로 수업을 운영하는 전문성을 가져야 한다.
• 체육교사가 수행해야 할 역할은 매우 다양하지만 크게 행정 업무, 운동부 업무, 교과 업무 등을 담당할 뿐만 아니라 학교체육 활성화를 위해 프로그램 계획, 조직, 조정, 예산, 관리 등의 업무를 관장한다.
• 학습안내자, 인성지도자, 롤 모델, 조력자 등의 역할을 담당한다.

② 스포츠강사

㉠ 개 념

• 초등학교와 중학교에서 학교스포츠클럽 및 방과 후 체육활동을 지도하거나 정과 체육수업의 수업진행 및 보조 역할을 수행하는 체육지도자를 말한다.
• 전문대학 및 대학에서 체육관련 학과를 이수한 자 중에서 초등학교 2급 정교사, 중등학교 체육 2급 정교사, 실기교사 자격증, 생활스포츠지도사 2급 이상의 지도자 자격을 갖춘 사람을 말한다.

ⓛ 역 할
- 스포츠강사는 정과 체육수업 보조 및 학교스포츠클럽을 지도하는 체육전문 강사를 말하며, 주로 학교스포츠클럽과 정규 수업 후 방과 후 활동을 지도한다.
- 안내자, 보조자, 행사자, 전문가, 개발자 등의 역할을 담당한다.

(2) 스포츠지도전문인

① 생활스포츠지도사

ⓖ 개 념

다양한 스포츠 시설이나 체육 동호회 및 사회단체에서 자발적으로 운동에 참여하는 일반인들을 지도하는 체육 전문가로서, 해당 분야 실기 능력과 더불어 건강에 대한 지식과 책임감을 바탕으로 일반인들이 운동을 통해 행복과 삶의 질 향상을 꾀할 수 있도록 조력하는 사람이다.

ⓛ 역 할
- 생활체육 활동 목표를 설정한다.
- 효율적인 지도 기법을 개발한다.
- 생활스포츠지도사에 대한 인간관계를 유지한다.
- 생활체육 프로그램을 개발한다.
- 생활체육 관련 재정을 관리한다.

② 전문스포츠지도사

ⓖ 개 념

학교운동부, 실업팀이나 프로스포츠단 등에 소속된 코치나 감독 등의 지도자로서, 선수와 팀의 기량을 최대로 끌어올릴 수 있는 스포츠 과학 전문 지식과 종목에 대한 체계적이며 전문적인 지도 능력에 더해 리더십이 요구된다.

ⓛ 역 할
- 우리나라 최고의 체육지도자로서 주로 국가대표팀의 감독, 코치, 학교나 단체의 운동 팀 감독, 코치로 활동하고 있으며, 각자의 숙련된 경기지도 경력과 연수기간 중 습득한 최신 스포츠과학 이론을 접목하여 경기력 향상을 도모한다.
- 창조적 역할, 실행자 역할, 독려자 역할, 모니터 역할, 지시자 역할, 배려자 역할을 수행한다.

기출 POINT

학습자의 기능수준 고려 사례
16

김코치는 중학교 여학생을 대상으로 리듬체조를 지도할 때, 초보자에게는 기초기술을 숙련자에게는 응용기술을 가르쳤다.

학습자의 발달수준 고려 사례
21

김코치는 초등학생을 대상으로 축구를 지도할 때 1학년에게는 기초기술을, 5학년에게는 응용기술을 가르쳤다.

(1) 학습자의 상태

학습자의 상태는 효율적인 학습을 위해 매우 중요하다. 학습자의 내적 요인으로는 **기능수준**, 체격 및 체력, 동기유발 수준, 인지능력 및 감정코칭 능력, **발달수준** 등을 들 수 있다.

(2) 생애주기별 발달 특성

① **유아기** : 대뇌, 감각기관, 근육, 인지능력, 언어능력이 발달한다.
② **아동기** : 신체활동과 운동기능이 발달하고, 지적 흥미가 다양화되면서 또래집단을 형성한다.
③ **청소년기** : 신체가 급격하게 성장하여 성적 성숙이 나타나며, 가치관을 형성하게 된다.
④ **일반 성인기** : 결혼하여 가정생활과 직업생활을 양립하는 시기로, 신체적 노화가 시작된다.
⑤ **노년기** : 체력이 저하되고 운동기능이 감퇴하면서 사회적 활동이 감소하며, 인지능력과 감각기능이 퇴화한다.

(3) 생애주기별 평생 체육 활동

① **유아기 체육** : 놀이를 중심으로 한 다양한 신체활동을 포함하고 있으며, 움직임 교육에 중점을 두고 있다. 유아기의 체육활동은 각종 놀이기구를 이용하여 서기, 걷기, 뛰기, 던지기, 잡기 등의 기초 운동기능을 기르는 것이 바람직하다.
② **아동기 체육** : 부모나 교사 및 체육지도자는 아동의 나이와 체력 수준에 적합한 운동프로그램을 제시해주어야 한다. 이 시기의 체육활동은 달리기, 뜀뛰기, 체조, 조직성이 낮은 간이 경기, 물놀이, 춤과 리듬 활동 등이 적합하다.
③ **청소년기 체육** : 청소년들로 하여금 신체 발달, 체력 육성, 정서 안정, 순화, 교우관계 개선, 여가 선용 및 자아실현 등의 바람직한 가치를 경험케 함으로써 평생 체육의 기틀을 마련하는 것이 매우 중요하다. 청소년기는 다양한 체육 활동을 골고루 할 수 있는 시기이며, 학교체육활동만으로는 성장단계에 필요한 신체활동의 양이 부족하므로 학교체육을 기초로 하여 수영, 등산, 야영 등 야외 활동을 병행하는 것이 바람직하다.
④ **성인기 체육** : 성인기에는 운동 부족, 영양 과다 섭취, 각종 스트레스로 인한 고혈압, 비만증, 당뇨병 등과 같은 성인병을 앓게 되는데, 성인기의 체육 활동은 성인병 예방은 물론 긴장과 불안을 해소하고 삶의 의욕을 높여주어 즐거운 생활을 누리게 하는 활력소가 될 수 있다. 성인기의 체육 활동은 산책, 하이킹, 골프, 체조, 수영, 테니스, 등산 등의 유산소 운동과 웨이트 트레이닝 등의 무산소 운동을 적절히 배분하여 구성한다.

⑤ **노년기 체육** : 지나친 신체활동보다는 자신의 건강 상태나 체력 수준에 알맞은 운동을 선택하여 실천하는 것이 중요하다. 걷기, 산책, 체조, 등산, 배드민턴, 게이트볼, 활동형 레크리에이션 등이 해당된다.

기출 POINT

노인 체육 지도 시 유의점 15
• 운동 중 신체 상황을 지속적으로 점검
• 대화를 통해 건강상태를 파악

03 스포츠교육 행정가

스포츠교육 행정가는 스포츠와 관련된 일을 하며, 프로젝트 기획, 행정, 사무, 개발, 교육 등의 업무를 담당하는 사람을 말한다. 스포츠교육 행정가는 학교체육과 관련된 행정가, 생활체육과 관련된 행정가, 전문체육과 관련된 행정가로 구분한다.

(1) 학교체육 행정가

① 개 념

학교체육 행정가는 크게 학교체육 행정이론가와 학교체육 행정실무자로 구분한다. 학교체육 행정이론가는 교육정책과 절차를 수립하는 역할을 하며, 학교업무를 관장하는 교장, 교감, 행정실장 등이 있다. 학교체육 행정실무자는 학교체육 관련 업무, 운동부 관련 업무, 학교스포츠클럽 관련 업무 등 전체적인 업무를 총괄하거나 협조하여 예산 집행 및 결재를 직접적으로 담당 또는 운영하는 주관부서의 담당자인 체육교사와 스포츠강사를 말한다.

② 역 할

㉠ 안내자로서의 역할 : 학교체육 활성화를 위해 교사가 학교 현장 속에서 다양한 활동을 수행할 수 있도록 안내한다.

㉡ 조력자로서의 역할 : 학교체육 행정가의 가장 핵심적인 임무는 교사들이 체육 교과 활동과 체육행사, 운동부 업무를 하게끔 돕는 것과 새로운 지식과 이미 습득한 지식을 바탕으로 새로운 문제를 해결할 수 있도록 돕는 것이다.

㉢ 행정가로서의 역할 : 체육행정의 현상을 정확하게 규명할 능력과 이론을 바탕으로 학교 체육 업무를 달성할 수 있도록 인적·물적 자원을 지시하고 결정한다.

(2) 생활체육 행정가

① 개 념

생활체육 행정가는 단순 스포츠활동만을 그 대상으로 하는 것이 아니라 국가의 생활체육정책을 수립하고 집행하는 행정업무를 담당한다. 생활체육을 통한 수입 및 지출 계획 수립과 효율적 관리를 통해서 자체 수익사업 등의 사무·행정업무를 관장하고, 생활체육 대회 및 행사 주관, 홍보, 경기운영 등을 관장하는 등의 업무를 담당한다.

OX문제

1. 생활체육 분야의 체육 지도자는 참여자가 지속적으로 스포츠활동에 참여하도록 안내한다. (O, ×)

2. 초보자에게는 기초기술을, 숙련자에게는 응용기술을 가르치는 것은 학습자의 기능수준을 고려한 것이다. (O, ×)

정답 1 (O), 2 (O)

② 역 할

㉠ 조력자로서의 역할 : 생활체육 행사 및 관련 업무를 지원하며, 생활스포츠 전문가들이 새로운 지식이나 이미 습득한 지식을 바탕으로 여러 가지 문제를 해결할 수 있도록 돕는다.

㉡ 조직가로서의 역할 : 참여자 개인이 집단의 구성원으로 여겨지도록 조성함으로써, 집단 전체가 하나의 단위로 기능하도록 조직화한다.

㉢ 운영자로서의 역할 : 일반 국민이나 선수들의 체육활동을 지원하고 관리하며, 체육계 공공기관 및 단체에서 체육 보급과 진흥을 위한 행정 지원 업무를 수행한다.

㉣ 지원자로의 역할 : 주민의 체육활동을 위한 스포츠 시설을 관리하고 운영한다.

(3) 전문체육 행정가

① 개 념

㉠ 전문체육 행정가는 엘리트 스포츠와 관련된 기관에서 사무, 행정, 개발, 교육 등의 업무를 담당하는 사람을 말한다. 스포츠 관련 프로그램 계획, 조직, 인사, 조정, 예산, 시설관리 등의 사무·행정업무를 관장하고, 홍보·경기운영·영업 등을 관장한다.

㉡ 전문체육 행정가는 국가의 정책을 수행하는 문화체육관광부, 대한체육회, 시·도체육회, 가맹단체 등 운동선수를 양성하거나 각종 대회를 개최·운영하는 곳에서 체육조직의 업무를 관장하고 조직의 목적과 목표를 달성할 책임을 맡고 있으며 업무의 조정, 인력의 배치, 물적 자원 관리, 시설 관리, 프로그램 관리 등의 업무를 담당한다.

② 역 할

㉠ 전문가로서의 역할 : 전문체육 행정가는 전문체육의 행정에 관한 광범위한 지식과 전문체육과 관련된 능력과 기술을 모두 가지고 있어야 한다.

㉡ 행동가로서의 역할 : 스포츠상황에 불이익을 당하는 선수들을 위해 진정한 행정가의 역할이 강조되는데, 전문체육 행정가는 스포츠 조직과 함께 스포츠 환경을 개선하고, 서비스를 요구하기 위한 집단행동 시에 리더십을 발휘하여 행동을 이끌어가야 한다.

㉢ 관리자로서의 역할 : 조직의 관련 시스템과 프로세스를 사용하여 관리 업무를 수행하며, 다른 단체와 일반인의 정보에 대한 문의와 요청에 응답하고, 관리 시스템, 프로세스 및 데이터베이스를 효율적으로 관리하고 보장한다.

04 스포츠교육의 프로그램론

5과목 스포츠교육학

KeyPoint

- 학교체육 프로그램의 개발 및 실천 과정에 대해 설명할 수 있다.
- 연령에 맞춘 생활체육 프로그램의 개발 및 실천 과정에 대해 설명할 수 있다.
- 선수의 기량 향상을 위한 전문체육 프로그램 개발 및 실천 과정에 대해 설명할 수 있다.

01 학교체육 프로그램

(1) 학교체육 프로그램의 유형

① 교과 활동 : 체육교과의 체육수업을 의미한다.

② 비교과 활동 : 체육수업과 관계없이 학교에서 이루어지는 체육활동을 의미한다. 창의적 체험활동 시간에 이루어지는 학교스포츠클럽, 방과 후에 이루어지는 학교스포츠클럽, 방과 후 체육활동, 운동부 활동 등을 들 수 있다.

(2) 체육수업 프로그램

① 체육수업의 개념

ㄱ 체육수업은 학교에서 이루어지는 대표적인 학교체육 프로그램으로 '정과 체육수업' 또는 '체육수업'이라고 일컫는다.

ㄴ 체육수업은 체육과 교육과정에 근거해서 체계적인 계획을 통해 학습자들의 특성 및 요구를 반영하고 심동적·인지적·정의적 영역의 학습 내용을 통합적으로 조직하여 제공된다.

ㄷ 좋은 체육수업 프로그램은 학습자의 요구와 발달 상태, 흥미 등을 정확히 이해하여 수업의 주제를 선정하고, 이에 맞게 활동과 수업 내용, 이용할 용기구, 평가방법 등을 결정해야 한다.

[슐만(Shulman)의 지식]

교육과정 지식	참여자 발달단계에 적합한 내용과 프로그램에 대한 지식
교육환경 지식	수업에 영향을 미치는 환경에 대한 지식
교육목적 지식	교육 목적·목표·교육시스템 구조에 대한 지식
내용 지식	교과 내용에 대한 지식
내용교수법 지식	교과나 주제를 참여자 특성에 맞게 지도할 수 있는 방법에 대한 지식
지도방법 지식	모든 교과에 적용되는 지도법에 대한 지식
학습자에 대한 지식	수업에 참여하는 학습자에 대한 지식

기출 POINT

교육과정 지식 [17]

체육 프로그램 참여자의 발달 단계에 적합한 내용과 프로그램에 대한 지식

기능 수준과 내용교수법 [18]

- 기능 수준 : 팀 승리에 집착하여 초보 선수들에게도 너무 어려운 기능을 가르친다면, 선수들의 기능 수준을 고려하지 못한 것임
- 내용 교수법 : 선수들의 수준에 맞게 적절한 기능을 선정하고 가르칠 수 있는 방법

학습자에 대한 지식 [21]

- 수업에 참여하는 학습자에 대한 지식
- 노인의 신체적 변화에 대한 지식, 장애 유형에 따른 운동법에 대한 지식 등

스포츠 교육 프로그램 구성요소 [23]

- 목적 및 목표 : 일반적인 목표와 구체적인 목표로 구분
- 내용 : 수업 목표와 직접 관련 있는 활동을 선정하고, 참여자의 운동능력과 경험 수준에 적합한 활동을 선정
- 지도법 : 프로그램을 체계적으로 전달하는 방법
- 평가 : 프로그램을 개선하는 데 도움을 줌

OX문제

체육 프로그램 참여자의 발달 단계에 적합한 내용과 프로그램에 대한 지식은 '내용 지식'에 해당한다. (O, ×)

정답 ×

② 체육수업 프로그램의 개발 시 고려사항

　㉠ 구체적이고 체계적인 지도 계획을 수립하고, 창의・인성을 지향하는 학습 환경을 조성해야 한다. 그리고 통합적 교수학습 활동 및 효율적 교수학습 방법을 활용해야 한다.

　㉡ 학교 내・외적 환경을 고려해야 한다. 여기에는 학급 규모 및 학습자의 특성 파악, 시간 배당 및 기자재 확보, 학습자 안전 관리 등이 포함된다.

(3) 학교스포츠클럽 프로그램

① 학교스포츠클럽의 개념

　학교스포츠클럽은 스포츠활동에 취미를 가진 동일 학교의 일반 학생들로 구성되어 자율적으로 운영되는 스포츠클럽 또는 체육동아리를 의미한다. 방과 후, 점심시간, 토요일 등을 활용하여 진행되며 교내리그, 지역 교육청 리그 및 본선대회, 학교스포츠클럽 전국대회로 분류된다.

② 학교스포츠클럽 프로그램의 목적

　㉠ 체력이 저하된 학생들에게 정기적인 체육활동의 기회를 제공한다.

　㉡ 활기찬 학교분위기를 조성한다.

　㉢ 학생들의 체육활동 및 체육경기 참여기회를 확대한다.

③ 학교스포츠클럽 프로그램의 구성 시 고려사항

　활동 시간을 다양화하고, 학생 주도의 자발적 참여를 유도해야 한다. 또한, 스포츠 인성 함양 및 스포츠문화 체험을 제공해야 한다.

02　생활체육 프로그램

(1) 생활체육 프로그램의 개념

① 생활체육은 국민체육, 평생체육, 사회체육이란 용어와 함께 사용되어 왔다. 생활체육은 1986년 제10회 서울아시안게임과 1988년 제24회 서울올림픽을 계기로 활성화되기 시작하였으며, 1989년에 '국민생활체육진흥종합계획'이 수립되면서 더욱 적극적으로 추진되었다.

② 생활체육은 시설, 전문스포츠지도사, 생활체육 프로그램, 생활체육 참여자로 구성되며, 전문스포츠지도사와 생활체육 참여자를 연결시켜주고 참여자의 요구를 충족시켜 줄 수 있는 효과적인 생활체육 프로그램이 중요하다.

(2) 생활체육 프로그램의 개발 기획

생활체육 프로그램 개발에 있어서 중요한 요소는 기획이다. 기획이란 '어떤 일을 꾸며 계획함'을 의미하며, 생활체육 프로그램 개발 기획은 앞에서 언급된 생애주기별 참여자 선정과 프로그램 유형 선정을 바탕으로 생활체육 프로그램을 체계적으로 계획하는 작업이라 할 수 있다. 체계적인 생활체육 프로그램 개발 기획을 위해서는 기관의 철학적 이해, 요구조사, 프로그램 목적 및 목표 설정, 프로그램 계획, 프로그램 실행, 프로그램 평가 절차가 바탕이 되어야 한다.

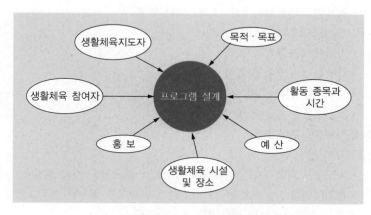

[생활체육 프로그램의 설계]

(3) 생활체육 프로그램의 요구분석

① 요구분석의 진행 단계

ㄱ 자료수집 단계 : 참여자의 스포츠활동 참여 동기, 생활습관, 관심 분야 등에 대해 수집하는 단계이다. 생활체육 프로그램 개발에 필요한 자료를 얻기 위해 참여자의 인구통계학적 특성, 여가 선용 및 스포츠활동 시간대 및 소비시간, 여가 및 스포츠활동, 스포츠활동에 대한 견해 및 태도 등을 다양하고 폭넓게 조사할 수 있으며, 필요한 내용만 선정하여 자료를 수집할 수도 있다.

ㄴ 자료분석 단계 : 수집된 자료는 전문적 지식을 바탕으로 분석해야 한다. 수집된 자료는 생활체육 프로그램을 개발하는 데 있어서 참여자의 스포츠활동에 대한 요구사항뿐만 아니라 지역사회에서 요구하는 내용까지 제공하기 때문에 신중하고 객관성 있게 처리해야 한다.

ㄷ 분석된 연구결과에 대한 해석 : 요구분석의 결과는 생활체육 프로그램 개발을 위한 사전조사로서 기능해야 하므로, 해석의 타당도에 신경 써야 한다. 요구분석에 대한 해석이 충분히 타당하다면, 생활체육 프로그램 개발을 위해 설정된 질문들에 대한 답을 찾을 수 있다.

② 요구분석의 결과 활용

프로그램 개발자와 스포츠지도사는 기존의 참여자들을 대상으로 수집된 정보를 바탕으로 시대와 지역사회의 변화에 알맞도록 생활체육 프로그램을 개선하고 새로운 프로그램을 개발해야 한다.

기초 POINT

생활체육 프로그램의 요구 조사 및 분석 17

• 요구 조사 : 연령, 성별, 선호도, 경제 수준 등을 고려하고, 생활체육 참여도, 기존 프로그램 만족도, 지도자에 대한 만족도 등을 질문하는 것

• 요구 분석 결과 : 기존의 생활체육 프로그램을 개선하고 새로운 프로그램을 개발하는 데 활용

OX문제

1. 체육지도자가 유소년에게 농구 기본 기술을 지도하는 방법에 대한 지식은 교육과정 지식이다. (O, ×)

2. 체육지도자가 학교스포츠클럽을 지도할 때 학생의 흥미보다는 지도자 자신의 흥미를 고려해야 한다. (O, ×)

3. 요구분석은 생활체육 프로그램을 추진하고자 하는 지역사회와 참여자에 대한 사후 분석절차이다. (O, ×)

4. 학교스포츠클럽은 방과 후 시간, 점심시간을 활용하여 운영되고 주말에는 운영할 수 없다. (O, ×)

정답 1 (×), 2 (×), 3 (×), 4 (×)

기출 POINT

축제형 프로그램의 사례 18
전체 회원을 기능이 비슷한 몇 개 팀
으로 나눠서 리그전을 한 다음, 회원
과 팀의 공식 기록도 남기고 시상도
한다.

**지역스포츠클럽 대회의 경기운영
방식** 17
• 통합리그 : 참가한 팀이 다른 팀과
모두 최소 한 번씩 경기를 치르는 방
식으로, 승패 결과를 누적 기록하여
순위를 산정. 순위가 고착화될 가능
성이 높음
• 조별리그 : 복수 조를 편성하여 조별
로 경기를 하고 그 결과에 따라 순위
를 산정. 패배한 팀이 즉각 탈락하는
토너먼트 대회보다 늦게 진행됨
• 녹다운 토너먼트 : 패배한 팀은 탈락
하고 승리한 팀끼리 다음 경기를 진
행하여 최종 우승팀을 가리는 방식.
패배한 팀의 순위를 산정하기 어려움
• 스플릿 토너먼트 : 단일 리그로 순위
를 산정하여 상위 50% 팀과 하위
50% 팀을 각각 다른 조에 편성하여
조별 리그를 진행하는 방식. 동일한
경기 수가 보장됨

OX문제

생활체육 프로그램 중 전체 회원을
기능이 비슷한 몇 개 팀으로 나누어
리그전을 하는 방식은 축제형 프로그
램에 해당한다. (○, ×)

정답 ○

(4) 생활체육 프로그램의 실천

① 유소년스포츠 프로그램

ㄱ 프로그램의 유형
• 개인운동형 : 개인의 운동 동작 습득 및 움직임 놀이 예 인라인스케이트, 수영 등
• 집단운동형 : 집단운동 및 놀이 예 축구, 야구, 농구 등
• 경기대회형 : 종목별 체육대회, 스포츠클럽 리그전 등
• 지도형 : 특별활동, 스포츠 강습, 스포츠교실 등
• **축제형** : 가족체육대회, 스포츠체험 축제 등

ㄴ 프로그램의 구성 시 고려사항
• 자발적 스포츠활동 고려
• 다양한 스포츠활동 경험 고려
• 지역시설 연계 고려
• 스포츠활동 시간대 및 접근성 고려

② 청소년스포츠 프로그램

ㄱ 프로그램의 유형
• 지도형 : 학교체육과 연계하여 다양한 스포츠활동 기회 제공
• **경기대회형** : 스포츠종목별 경기방법과 규칙을 적용한 프로그램 운영

ㄴ 프로그램의 구성 시 고려사항
• 청소년의 발달단계와 운동능력 고려
• 청소년의 요구 및 흥미 고려
• 시설의 상태나 접근성을 비롯한 스포츠활동 환경 고려

③ 성인스포츠 프로그램

ㄱ 프로그램의 유형
• 지도형
 – 개인운동 : 수영, 헬스, 요가, 필라테스, 골프 등
 – 대인운동 : 테니스, 배드민턴, 스쿼시, 탁구 등
 – 집단운동 : 축구, 농구, 핸드볼, 배구, 에어로빅 등
• 경기대회형
 – 국민생활체육 전국종목별연합회 대회 : 축구, 배구, 테니스, 배드민턴, 게이트
볼, 골프 등 50여 개 단체
 – 동호인 리그전 : 축구, 배구, 테니스, 배드민턴 등 동호인모임별 경기대회
• 혼합형
 – 전국 국민생활체육 대축전 : 20개 정식 종목

ㄴ 프로그램의 구성 시 고려사항
• 참여자의 요구 고려
• 프로그램 지속성 여부 고려
• 프로그램의 다양성과 전문성 고려

(5) 생활체육 프로그램 설계 시 고려사항

① **구성요소** : 생활체육 프로그램 설계 시 목적 및 목표, 내용, 장소, 예산, 홍보 등이 포함되어야 한다.

② **종목** : 참가자의 욕구 충족을 위해서는 참가자의 흥미와 매력을 제공하는 활동 종목을 구성해야 한다.

③ **홍보** : 잠재적 참가자의 생활체육에 대한 긍정적 인식을 강화하고 참가 욕구를 자극하기 위해서는, 팸플릿, 배너, 전단지, 대중매체(TV, 라디오, 신문, 잡지), SNS(유튜브, 인스타그램, 페이스북 등) 등을 활용하여 다양한 방법으로 홍보해야 한다.

④ **장소** : 접근성이 좋지 않으면 아무리 좋은 생활체육 프로그램이더라도 참여도가 낮아진다. 따라서 대중교통 및 지리적 측면 등의 접근성을 고려하여 장소를 설정해야 한다.

⑤ **예산** : 시설 대여비, 용품구입비, 인건비, 홍보비 등의 경비를 예측해야 한다.

⑥ **안전** : 생활체육활동은 신체적 움직임이 많으므로 무엇보다 안전이 중요하다. 따라서 참가자들에게 안전규칙에 대해 확실하게 숙지시킨 후, 프로그램을 진행해야 한다.

03 전문체육 프로그램

(1) 전문체육 프로그램의 개념

① 전문체육에서는 과학적인 방법과 체계적인 지도를 통해 최상의 운동수행 능력을 발휘하도록 지도하는 것을 목표로 한다. 이를 위해 많은 코치들은 지도 프로그램 개발을 위해 자신들의 선수시절 경험이나 다른 코치들의 방법을 참고한다. 유능한 코치가 되기 위해서는 체계적인 프로그램 설정과 실천이 필요하다.

② 전문체육 프로그램의 개발은 코치에게 스포츠 기술과 관련하여 언제, 무엇을, 어떻게 할지에 대한 의사결정뿐만 아니라 선수 관리, 팀 운영에 이르기까지 많은 부분을 포함한다.

기출 POINT

마튼스(Martens)의 전문체육 프로그램 지도 개발 단계 17 22
선수에게 필요한 기술 파악 → 선수 이해 → 상황 분석 → 우선 순위 결정 및 목표 설정 → 지도 방법 선택 → 연습 계획 수립

문제해결형 지도방법 16
• 참여자는 선호하는 학습양식과 학습매체를 사용할 수 있다.
• 참여자는 하나의 문제에 다양한 해답을 찾을 수 있다.
• 참여자는 해답을 찾아가는 과정에 대한 책임이 있다.

(2) 마튼스(R. Martens)의 전문체육 프로그램 지도 개발 단계

① 1단계 - 선수에게 필요한 기술 파악

코치는 스포츠기술을 지도한다. 그러나 스포츠기술 지도가 코치가 하는 일의 전부는 아니다. 코치는 선수들이 스포츠를 통해 훌륭한 선수로 성장할 수 있도록 지도해야 한다. 이를 위해 스포츠기술 지도뿐만 아니라 바람직한 인성을 함양시킬 수 있도록 지도해야 한다.

② 2단계 - 선수 이해

선수들의 신체적·심리적·사회적 발달단계를 파악해야 한다. 현재 체력, 건강 상태 등에 대한 면밀한 분석, 사전 운동 경험, 기술 수준, 운동에 대한 열정 및 동기, 개인의 성격 및 팀 내에서의 동료와의 관계 등 선수 개개인에 대한 충분한 이해가 필요하다.

③ 3단계 - 상황 분석

지도계획을 수립하기 위해서는 먼저 주변 상황에 대한 분석이 필요하다. 팀 안팎의 상황은 훈련 기간 동안 직·간접적인 영향을 미치기 때문이다. 선수의 수, 연습 및 훈련 공간, 기자재, 보조 지도자의 활용 가능 여부, 팀의 분위기, 학부모와의 관계, 학교 또는 학부모의 지원 여부 등을 파악하여 계획의 수립 및 실행에 부정적인 영향을 미치는 요소들은 충분히 개선해야 한다.

④ 4단계 - 우선순위 결정 및 목표 설정

지도계획에서 우선순위를 결정하는 일은 지도 목표를 설정하는 데 도움을 준다. 현재 상황에서 언제, 무엇을, 어떻게 해야 할지에 대한 확실한 순서가 결정되면 스포츠 지도를 위한 목표가 정해진다. 우선순위를 결정하기 전에 지도해야 할 기술을 구체적으로 나열한 체크리스트를 만들어 중요도를 표시해 나가면 도움이 된다. 목표는 단기, 중기, 장기 목표를 설정한다. 목표는 구체적이고 성취 가능한 것이어야 한다.

⑤ 5단계 - 지도방법 선택

무엇을 가르칠지에 대한 우선순위와 목표가 정해졌으면 효과적으로 지도할 수 있는 지도방법을 선택해야 한다. 지도방법은 성공적인 기술 수행을 위한 전술이 아니라 기술 및 연습에서 효율적이고 효과적으로 지식, 기능, 태도 등을 전달하는 과정이다. 그렇기 때문에 목표에 따라 다양한 지도방법이 사용될 수 있다. 지도방법에는 직접형, 과제형, 상호형, 유도발견형, 문제해결형 등이 있다.

⑥ 6단계 - 연습계획 수립

무엇을 가르치고 무엇을 연습해야 할지에 대한 내용이 결정되면 시즌 계획과 일일 지도 계획을 수립해야 한다. 지도의 수준과 범위를 어떻게 결정할지에 대한 우선순위와 목표가 정해졌으면, 체계적으로 지도할 수 있는 연습계획을 수립해야 한다.

(3) 전문체육 프로그램의 실천

① 청소년스포츠코칭 프로그램의 개발

ㄱ 청소년스포츠코칭 프로그램의 개념 : 청소년선수들의 스포츠기술, 경기 방법, 전술 뿐만 아니라 조화로운 인지적·정의적·심동적 발달을 위한 스포츠코칭 프로그램 이다.

ㄴ 청소년스포츠코칭 프로그램의 내용 : 코치가 게임분류 체계를 이용하면 같은 범주 의 스포츠 안에서 일반적인 움직임의 요소들을 고려한 수업을 운영할 수 있고, 같은 범주의 스포츠 안에서 선수들에게 전략을 제공할 수 있다.

ㄷ 청소년스포츠코칭 프로그램의 설계 시 고려사항

- 선수의 개인 특성을 바탕으로 **인성교육**을 도모해야 한다.
- 인권침해로부터 보호할 수 있는 프로그램을 설계해야 한다.
- 스포츠 참여를 통해 배운 가치를 생활로 전이할 수 있도록 유도해야 한다.

② 성인스포츠코칭 프로그램의 개발

ㄱ 성인스포츠코칭 프로그램의 개념 : 성인들의 스포츠상황에서 이미 습득된 기술을 더욱 발전시키기 위한 스포츠 코칭 프로그램이다.

ㄴ 성인스포츠코칭 프로그램의 설계 시 고려사항

- 지도계획 수립을 구체적이고 체계적으로 실시한다.
- 학습자가 의사결정의 주체가 되는 프로그램을 설계한다.
- 자아 성찰을 가능하게 하는 프로그램을 설계한다.

기출 POINT

스포츠 인성교육의 조건 18

- 스포츠활동에서 바람직한 행동을 지속적으로 반복하도록 함
- 학습자가 올바른 도덕적 의식을 가지고 자율적으로 실천하도록 함
- 지도자가 바람직한 인성의 역할 모델로서 스포츠맨십의 모범을 보여주어야 함

OX문제

1. 학생들의 사회·경제적 지위는 지도자가 수업을 계획할 때 가장 최우선적으로 고려해야 하는 요인이다. (O, X)

2. 스포츠 인성교육을 위해서는 스포츠활동과 인성 요소를 독립적으로 구분하여 지도해야 한다. (O, X)

정답 1 (X), 2 (X)

05 스포츠교육의 지도방법론

KeyPoint

- 스포츠지도를 위한 교육모형의 종류와 그 특성을 각각 설명할 수 있다.
- 지도 준비 과정과 지도 계획안 설계 과정에 대해 설명할 수 있다.
- 효과적인 스포츠지도를 위한 교수기법에 대해 설명할 수 있다.

01 스포츠지도를 위한 교육모형

(1) 직접교수모형

[직접교수모형의 특징]

구 분	내 용
주 제	• 교사가 수업의 리더 역할을 한다.
이론적 기초	• 학습참여기회를 높일 수 있도록 고안되었다. • 긍정적 피드백과 교정적 피드백을 선호한다. • 강화는 높은 비율로 제공된다.
개 요	• 교사 중심의 의사결정이 이루어진다. • 교사가 주도하는 참여 형태를 보인다. • 교사는 학습자에게 명확한 학습목표를 제시한다. 　예 학생에게 바람직한 움직임, 기술 또는 개념을 보여주는 모형을 제시 • 학습자에게 높은 비율로 피드백을 제공한다.
학습 영역의 우선 순위	• 심동적 영역(1순위) – 인지적 영역(2순위) – 정의적 영역(3순위)

[직접교수모형의 가정]

구 분	내 용
교사 (교수)	• 교사는 수업내용과 의사결정의 주관자이며, 수업계획과 실행에 주도적인 역할을 한다. • 교사는 단원 내용을 결정하고, 그 내용은 학생 발달에 따라 참여하게 될 일련의 학습 과제로 선정되어야 한다. • 교사는 수업운영기술과 체육교육내용에 대해 높은 수준의 전문지식을 갖추고 있어야 한다. • 교사는 수업시간과 수업자료를 최대한 활용하고, 수업에 학습자가 최대한 참여가 가능한 환경을 조성한다.

학습자 (학습)	• 학습은 작은 과제들을 점진적으로 수행하면서 이루어지고, 이것은 방대하고 복잡한 지식의 학습으로 이어진다. • 학습자는 학습 활동에 참여하기에 앞서 학습 과제와 수행 기준에 대한 이해를 해야 한다. • 행동은 강화나 벌과 같은 자극이 주어지지 않으면 시간이 지나면서 감소하는 경향이 나타날 수 있다. • 학습자의 움직임이 능동적이고 지속적으로 되기 위해서는 높은 참여율이 필요하다. • 학습자에게 높은 비율의 학습참여기회(OTR) 제공은 긍정적·보강적 피드백의 횟수를 늘리 는 것과 동반되어야 한다.

[직접교수모형의 학습평가]

구 분	내 용
공식적 평가	• 학습자는 각 과제의 성공 횟수와 실패 횟수를 기록하는 카드를 제출한다. • 교사는 주기적으로 간단한 시험을 학습자에게 내어, 즉시 채점할 수 있다. • 교사는 체크리스트를 사용하여 학습자를 관찰할 수 있다.
비공식적 평가	• 교사는 시간이 거의 소비되지 않고 기록할 필요가 없는 방법으로 학습자의 성공률을 비공식 적으로 평가할 수 있다. • 교사는 학습자가 과제를 연습할 때 표본 학습자를 모니터할 수 있고, 표본 학습자가 성공한 횟수와 실패한 횟수를 셀 수 있다. • 표본 학습자 거의 모두가 기준 성공률에 도달했을 때, 교사는 다음 과제로 이동할 수 있다.

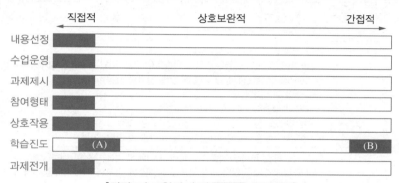

[직접교수모형의 수업 주도성 프로파일]

기출 POINT

교수·학습의 주도성을 결정하는 요인 17

내용선정, 수업운영, 과제제시, 참여 형태, 상호작용, 학습진도, 과제전개

개념 플러스

직접교수모형

① 지도계획 시 주안점
• 시간에 구애받지 않고 전체 단원 내용을 계획하고 내용 범위와 결과에 대한 초안을 작성한다.
• 단원 계획을 미리 세우면 그 단원에서 앞으로 배워야 할 내용과 남아 있는 시간에 따라 수업을 조정
할 수 있다.
• 학습자에게 다양한 방법으로 과제를 제시하고, 가능하면 교수 매체를 사용한다.
• 학습자 중심 평가를 수시로 실시하고, 학습자 스스로 가능한 학습 과제를 정하게 된다.
• 학습자가 기다리는 시간이 없도록 충분한 학습 스테이션을 마련한다.
• 단순히 계획된 학습 내용만 가르치려고 하지 말고, 단원에 있는 각 기능 또는 지식 영역의 도달
기준을 학습자들이 시연해 볼 수 있도록 방법을 제공한다.

OX문제

1. 교수·학습 지도안 작성 시 학습
목표는 학습자 특성을 중심으로
작성해야 한다. (O, ×)

2. 체육 활동에서 지도자와 학생 간
교수·학습의 주도성을 결정하는
요인에는 내용 선정, 수업 운영, 과
제 전개 등이 있다. (O, ×)

3. 직접 교수법의 수업 진도는 주로
학생이 결정한다. (O, ×)

정답 1 (O), 2 (O), 3 (×)

- 학생들은 사전에 계열화된 학습과제를 자신에게 맞는 속도로 학습
- 학습 진도가 빠른 학생은 지도자의 동의 없이 진도를 나갈 수 있음
- 학습영역의 우선순위는 심동적, 인지적, 정의적 영역의 순
- 지도자는 운영 과제 전달 시 미디어 사용을 활용하고 학습 과제 정보 전달 시간을 최소화하거나 없앰

② 수업의 단계
- 전시과제 복습 : 이전 수업내용을 간단히 복습한다. 이전에 배웠던 가장 핵심적인 기능이나 개념들을 다루어야 한다.
- 새로운 과제 제시 : 수업 도입단계가 끝나면 교사는 바로 학생이 배우게 될 새로운 내용(개념, 지식, 기능)을 제시한다.
- 초기 과제 연습 : 구조화된 연습으로 이어지고, 학생은 주어진 과제를 능숙하게 수행하기 위해서 연습을 시작한다.
- 피드백 및 교정 : 교사는 다음 과제로 이동할 준비가 되었는지를 확인하기 위해 몇 가지 주요 운동 수행 단서를 다시 가르치거나 몇 가지 이전 학습과제를 되풀이할 수 있다.
- 독자적인 연습 : 교사는 여전히 학습 활동을 설계하고 그들을 위해 과제를 제시하지만, 진도에 대해서는 학생 스스로 결정할 수 있도록 한다.
- 본시 복습 : 교사는 학생이 이전의 수업내용을 얼마나 기억하고 있는지를 확인하고, 학생에게 새로운 내용은 이전의 내용을 토대로 형성됨을 알려준다.

(2) 개별화지도모형

[개별화지도모형의 특징]

구 분	내 용
주 제	• 수업진도는 학습자가 결정한다.

이론적 기초	• 응용 행동분석학에서 시작되었다.
	• 교사의 직접적인 역할 유무에 따라 학습을 증진할 수 있는 환경을 설계하는 것이 가능하다.
	• 본 모형에서는 학습자에게 다음과 같은 강화를 제공한다.
	  – 학습의 즉각적인 평가
	  – 교사의 학습자 개인에 대한 관심
	  – 학습목표를 향한 규칙적이고 실제성 있는 과정
	  – 창의적이며 흥미로운 학습 자료를 바라볼 수 있는 능력

개 요	• 학습자는 학습 과제를 계열성에 따라 자신에게 맞는 속도로 배운다. • 학습 과제는 전체 단원의 내용 목록을 결정할 때 이루어지며, 가르칠 기능 및 지식 영역에 대한 과제 분석을 통해 이루어진다. • 학습자에게 주어지는 학습 과제 모듈은 과제제시, 과제구조, 오류분석, 수행 기준에 대한 정보를 포함한다.
학습 영역의 우선 순위	• 심동적 영역(1순위) – 인지적 영역(2순위) – 정의적 영역(3순위)

[개별화지도모형의 가정]

구 분	내 용
교사(교수)	• 교수 기능들은 문서와 영상 매체로 전달할 수 있다. • 교사의 기본 역할은 수업관리보다는 학습과 동기유발을 위해 학습자들과 상호 작용하는 것이다. • 학습자의 참여와 학습은 교사의 간섭이 없고 자기주도적일 때 가장 효과적이다. • 수업 계획의 의사결정은 학습자에 대한 자료 수집에 근거하여 이루어진다. • 개별 지도의 설계가 가능하다.

학습자 (학습)	• 학습자의 학습은 교사의 도움 없이 자율적으로 이루어진다. • 학습자는 각기 다른 학습 속도를 보인다. • 학습자가 각기 보유한 학습 능력의 정도는 서로 다르다는 것을 전제한다. • 모든 학습자는 충분한 시간과 기회가 주어진다면, 주어진 수업 목표를 달성할 수 있다. • 학습자가 독립적일 때, 동기유발도 잘 되고 책임감도 커진다.

[개별화지도모형의 학습평가]

구 분	내 용
학습 과제의 완수	• 학습자가 정해진 수행 기준에 따라 학습 과제를 완수하면 그것이 곧 평가인 것이다.
성공한 횟수의 기록	• 학습자로 하여금 '연습블록'에서 성공한 횟수를 기록하게 하면, 교사는 각 학습자가 몇 번이 나 시도하여 과제를 완수했는지 알 수 있다.

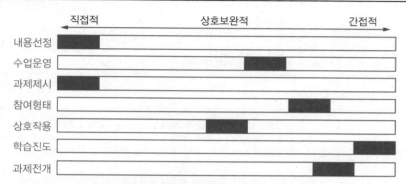

[개별화지도모형의 수업 주도성 프로파일]

개념 플러스

개별화지도모형

① 지도계획 시 주안점
- 사전에 전체 단원 내용을 계획하고 범위와 계열을 설정한다. 그 후에 각 기능과 지식 영역에서 학생이 과제를 완수하는 데 걸리는 소요 시간을 결정한다. 소요 시간을 결정할 때 명심해야 할 것은 교사의 입장이 아닌 학습자의 입장을 고려해야 한다는 것이다.
- 개별 학습지에서 답을 찾을 수 있는 질문에는 답하지 않는다는 것을 명심한다. 그 시간은 다른 학습자와의 상호작용에 활용한다.
- 과제제시에는 CD, 과제카드 등 다양한 방법을 모색하고 가능하면 교수매체를 활용한다.
- 충분한 스테이션을 확보하여 학생들의 대기 시간을 최소화한다.
- 매시간 후 학습자의 개인 학습지를 수거한다. 이렇게 하면 다음 시간에 잊고 두고 오거나 분실하는 것을 예방할 수 있다.

② 수업의 설계
- 개별화지도모형의 기본적인 설계는 각 학생들에게 수업 관리 정보, 과제 제시, 과제 구조, 수행기준과 오류분석이 포함된 학습활동 및 평가를 하나의 묶음으로 구성하여 수업자료들을 제공하는 것이다.
- 학습자들은 학습활동의 계열에 따라 각 단계에서 정해진 수행기준을 충족하면 다음 단계로 넘어가게 된다.

기출 POINT

협동학습모형 지도 목표 16

- 긍정적인 팀 관계 격려
- 상호작용을 기반으로 개인의 책임감 증진
- 자아존중감 개발

슬라빈(Slavin)의 개인 책무성 18

모든 팀원의 수행이 팀 점수 또는 평가에 포함되기 때문에 모든 학습자는 팀의 과제 수행을 위해 노력해야 함

(3) 협동학습모형

[협동학습모형의 특징]

구 분	내 용
주 제	• 서로를 위해 서로 함께 배우기
이론적 기초	• 동기이론 : 모든 팀원들이 공헌하고 성취해야 한다는 점을 모든 팀들에게 인식시킨다. • 인지이론 : 팀 목표를 달성하기 위해 팀에게 적당한 양의 도전을 부여하는 발달단계에 적합한 학습 과제를 학생에게 제공한다. • 사회학습이론 : 다른 팀원들을 지켜보고 그들의 이야기를 경청하면서 학습이 이루어진다. • 행동이론 : 협동과정, 학생의 과제 참여, 팀 목표달성에 따른 보상 사이의 관계를 제공한다.
개 요	• 귀인이론에 기초한 교수 전략이다. • 책임감 있는 팀원이 되고, 자신의 잠재능력을 최대로 개발하고, 팀의 성공을 위해서 자신의 능력에 맞게 공헌을 하는 것에 의미를 둔다.
학습 영역의 우선 순위	• 인지적 학습에 초점을 둘 때 정의적 영역(1순위) = 인지적 영역(1순위), 심동적 영역(2순위) • 심동적 학습에 초점을 둘 때 정의적 영역(1순위) = 심동적 영역(1순위), 인지적 영역(2순위)

[협동학습모형의 가정]

구 분	내 용
교사(교수)	• 교사의 역할은 학습자의 인지적 학습 및 사회적 학습을 위한 격려자로 볼 수 있다. • 교사는 팀 과제의 학습 환경, 구조, 매개변수를 확립한 후에만 격려자의 역할을 담당하게 된다. • 처음에는 직접적인 지도 방식으로 시작되지만, 팀원들이 주어진 과제에 참여하게 되면 매우 간접적인 지도 방식으로 이루어진다. • 교사는 학습자의 사회적 학습을 관찰하고, 반성적인 능력을 가르치는 주요 업무를 맡는다. • 교사는 사회적 학습과 인지적 학습 사이의 목표 균형을 유지해야 한다. 사회적 학습의 과정은 인지적 학습의 결과만큼 중요하기 때문이다.
학습자 (학습)	• 협동적 구조는 개인적·경쟁적 학습구조보다 높은 수준의 사회적·인지적 학습 능력을 촉진한다. • 팀은 개인과 공동 목표를 성취하기 위해서 협동적으로 일해야 한다. • 팀의 학습은 이질적인 성격을 가진 구성원들로 구성될 때 가장 잘 이루어지며, 구성된 팀은 장기간 유지한다. • 모든 구성원은 팀의 목표 달성을 위해 공헌할 수 있는 능력을 가지고 있다. • 구성원은 주어진 과제를 완수하기 위해 스스로 역할수행 방법을 찾을 수 있다. • 개인의 책무성에 대한 기준을 상세화해야 하며, 모든 구성원들의 수행은 팀의 평가 점수에 반영된다. • 일부 구성원이 게으름을 피울 수 있다. 그러므로 팀 목표 달성을 위해 모든 구성원들이 공헌해야 한다는 사실을 확실하게 지적해야 한다.

[협동학습모형의 학습평가]

구 분	내 용
전통적인 평가 방법을 사용	• 심동적 기능과 내용 지식 학습에 중점을 둔 과제인 경우, 기능검사, 필기시험 등 전통적인 평가 방법을 사용하는 것이 효과적이다.
평가 내용 및 도구를 직접 제작	• 교사는 학생의 능력, 내용, 단원의 맥락에 맞게 과제를 계획했기 때문에 평가 내용 및 도구를 직접 제작하는 것이 좋다.

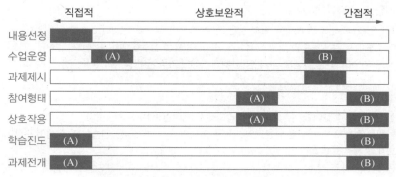

[협동학습모형의 수업 주도성 프로파일]

기출 POINT

직소(Jigsaw)의 사례 18

• 지도자는 학습자를 몇 개의 팀으로 나누고, 각 팀마다 학습 과제를 분배 (테니스의 경우, A팀은 포핸드 스트로크, B팀은 백핸드 스트로크, C팀은 발리, D팀은 서비스)
• 각 팀의 모든 팀원들은 팀에 할당된 과제를 익힌 후, 다른 팀에게 해당 과제를 가르침

개념 플러스

협동학습모형

① 지도계획 시 주안점
• 운동기능 수준, 성, 인종, 지적 능력, 창의성, 리더십 등과 같은 특성을 고려하여 가능한 이질적으로 팀을 선정한다.
• 팀이 선정되면 팀이 무엇이 부족한지를 생각하지 않도록 한다.
• 해당 단원이 추구하는 목표를 가장 잘 촉진시킬 수 있는 협동 학습 전략을 신중하게 선택한다.
• 높은 수준의 학습 도전을 제공하고 문제 해결을 위해 학습자들의 다양한 능력이 요구되는 학습과제와 문제를 설계한다.
• 학습과제와 문제를 명확하게 계획하고, 학습자들이 명료하게 이해할 수 있는 많은 기회를 제공한다.
• 학습과제와 문제를 계획할 때 루브릭 또는 다른 평가 방법을 포함시킨다.
• 루브릭 또는 평가 전략은 운동수행뿐만 아니라 학습자와 팀의 협동을 모니터할 수 있는 방법을 포함해야 한다.
• 유념할 점은 학습과제와 문제를 완성하는 방법을 학습자들에게 제공하는 것이 아니라, 학습과제와 문제를 수행할 수 있도록 충분한 정보와 자료를 제공하는 것이다.
• 좋은 학생과 팀의 협력 사례를 찾아서 수업 종료 시간에 학습자들에게 알려주어 강조한다.
② 과제제시와 과제구조
• 교사에 의한 과제제시는 없고 대신 학습자 스스로 주어진 과제를 조직해서 문제를 해결해야 한다. 교사는 과제가 무엇인지만을 알려주고, 과제를 완수하는 구체적인 방법은 알려주지 않는다.
• 과제 구조는 학습자-팀 성취배분(STAD), 팀 경쟁학습(TGT), 팀 보조수업(TAI), 직소(Jigsaw), 집단 연구(GI)가 있다.

OX문제

1. 슬라빈(R. Slavin)의 협동학습모형에서 모든 팀원의 수행이 팀 점수 또는 평가에 포함되기 때문에 모든 학습자가 팀의 과제 수행을 위해 노력해야 한다는 것은 개인 책무성이다. (O, ×)

2. 학습자를 몇 개 팀으로 나누고, 각 팀마다 학습과제를 분배하는 방식은 직소 교수 전략이다. (O, ×)

정답 1 (O), 2 (O)

학생 팀 성취-배분(STAD)

① 모든 팀에게 동일한 학습 과제와 필요한 자원이 제공된다.
② 팀별로 연습한 후 평가를 통해 모든 팀원들의 점수가 합쳐져 팀 점수가 된다(1차 평가).
③ 팀은 동일한 과제를 연습하는 2차 연습시간을 가지고, 2차 평가에서의 향상 점수에 따라 팀 점수가 부여된다.
④ 모든 팀원들과 팀 점수는 1차 시험 때보다 높아야 한다.
⑤ 개인별 점수는 발표되지 않고 팀 점수만 발표되므로, 팀 내 협동을 유발한다.

팀 게임 토너먼트(TGT)

① 1차 연습 후 팀별로 시험을 봐서 높은 점수 순으로 등수를 매긴다.
② 다른 팀에서 같은 등수인 학생의 점수와 비교하여 높은 점수를 얻은 학생에게 일정한 상점을 부여한다.
③ 운동 기능이 낮은 학생도 자기 팀을 위해 무엇인가를 공헌할 수 있다는 자신감을 가질 수 있다.

팀-보조 수업(TAI)

① 팀 선정 후 학생에게 수행기준과 학습과제가 제시된 목록을 제공한다.
② 팀원들은 혼자 또는 다른 팀원들의 도움을 받으면서 그 과제들을 연습하고, 학생이 수행기준에 따라 과제를 완수하면 다른 팀원이 과제 수행 여부를 체크한다.
③ 팀 성적은 매주 각 팀들이 수행한 과제 수를 점수로 환산하거나, 개인별로 시험을 본 후 개인 점수를 합산하여 계산한다.

직소(Jigsaw)

① 자신의 팀에 할당된 과제를 익힌 후, 교사가 되어 다른 팀에게 그 내용을 가르쳐 준다.
② 각 팀에서 동일한 주제나 기술을 학습한 학생끼리 모여 전문가 집단을 구성하고, 자신들이 배운 내용을 공유한 후 원래 자신의 집단으로 돌아와 배운 것을 팀원에게 가르쳐 준다.

집단연구(GI)

① 팀이 학습 과정에 협동하고 학습 결과를 공유하는 데 사용된다.
② 팀은 3주안에 여러 가지 매체를 이용하여 과제를 완성해야 하고, 발표는 단체 프로젝트 형식으로 이루어진다.
③ 집단연구가 시작되고 각 팀에게 단일점수가 주어지기 전에 루브릭 점수를 학생에게 제시하여 평가가 이루어진다.

(4) 스포츠교육모형

[스포츠교육모형의 특징]

구 분	내 용
주 제	• 유능하고 박식하며 열정적인 스포츠인으로 성장하기
이론적 기초	• 스포츠의 가장 긍정적인 특성들로 구성된 스포츠 문화를 전승할 수 있는 방식으로 설계되었다. • 시덴탑(Siedentop)은 유능하고, 박식하며, 열정적인 스포츠인을 육성할 의도를 가지고 본 모형을 설계하였다.
개 요	• 학습자에게 실제적이고 교육적으로 풍부한 스포츠 경험을 제공해야 한다. • 체육프로그램에 참여한 학습자들이 스포츠, 무용, 신체활동에서 실제로 즐거운 학습 경험을 가질 수 있도록 한다.
학습 영역의 우선 순위	• 심동적·인지적·정의적 세 가지 영역의 균형을 이루며, 우선 순위는 학습영역에 따라 달라진다.

[스포츠교육모형의 가정]

구 분	내 용
교사(교수)	• 교사는 학습목표를 성취할 수 있는 직접 교수, 협력 교수, 동료 교수, 소집단 교수 등을 활용할 필요가 있다. • 교사는 모든 학습활동을 직접적으로 통제하기 보다는 자료를 제공하고 지원하는 역할을 담당한다. • 교사는 스포츠활동에 내재된 가치, 전통, 수행을 반영한 의사결정을 학습자 스스로 할 수 있도록 안내해야 한다. • 교사는 학습자에게 스포츠교육 모형의 시즌에서 선수로서의 역할 외에도 시즌을 이끌어 갈 다른 역할들에 대한 기회와 책임감을 가질 수 있도록 수업을 계획하고 촉진해야 한다.
학습자 (학습)	• 학습자의 학습 기회는 의사결정을 하고 이행하는 과정에 참여함으로써 이루어질 수 있다. • 학습자는 팀 구조 속에서 공동 목표를 성취하기 위해 협력한다. • 스포츠를 학습하는 방법으로 수동적 참여보다는 능동적 참여를 선호한다. • 학습자는 스스로 발달 단계에 적합한 형태의 스포츠를 선택하고, 교사의 안내가 필요하다. • 스포츠교육모형의 구조는 다른 환경에서의 참여를 일반화할 수 있는 실제적인 스포츠 경험을 제공한다.

[스포츠교육모형의 학습평가]

구 분	내 용
수행결과를 통한 평가	• 스포츠교육모형에서의 평가는 시즌 동안 두 가지 주요 역할(선수 역할과 다른 임무)에 대한 학생의 수행결과를 대상으로 이루어진다.
교육주제 반영	• 스포츠교육모형의 주요 목적(유능하고, 박식하며, 열정적인 참여자)을 반영해야 한다.

기출 POINT

스포츠교육모형의 사례 18
팀마다 코치, 심판, 기록원, 해설가 등의 역할을 맡도록 하면 모두가 실력에 상관없이 다양한 활동을 체험하며, 친목도 도모할 수 있다.

스포츠교육모형의 목적 16
참여자들이 스포츠에서 다양한 역할을 경험하여 '유능하고 박식하며 열정적인 스포츠인'으로 성장하도록 함

기출 POINT

스포츠교육모형의 6가지 요소
17 21

시즌, 팀 소속, 공식경기, 결승전 행사,
기록보존, 축제화

동료교수모형 17 22

학생은 개인교사 역할과 학습자 역할
을 번갈아가며 경험

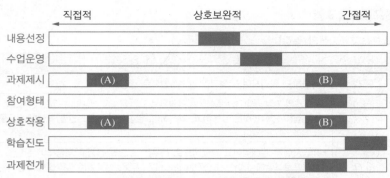

[스포츠교육모형의 수업 주도성 프로파일]

개념 플러스

스포츠교육모형

① 지도계획 시 주안점
- 학습자가 감당할 수 있는 정도의 의사결정의 권한과 책임을 부여한다. 학습자 스스로 다양한 역할을 선택하고, 수행하게 될 때, 동기유발이 적극적으로 이루어지며, 더 많은 것을 학습하게 된다.
- 학습자가 맡아야 할 의사결정의 권한과 책임이 어디까지인지 명확하게 규정한다.
- 교사가 책임져야 할 권한과 학생이 책임져야 할 책임에서 권한의 경계를 명확하게 구분해야 한다.
- 팀 선정을 비공개로 진행해야 한다. 주장들이 팀 구성원을 지명하는 방식은 많은 부작용을 초래할 수 있다.

② 스포츠 시즌의 6가지 요소(Siedentop)
- 시즌 : 연습 기간, 시즌 전 기간, 정규시즌 기간, 최종경기를 포함한다.
- 팀 소속 : 시즌 동안 한 팀의 일원으로 참여한다.
- 공식경기 : 경기의 공정성과 더 나은 경기 참여를 위해 시즌을 조직하고 의사결정에 참여한다.
- 결승전 행사 : 시즌은 팀 경쟁, 개인 경쟁 등 다양한 형태로 마무리한다.
- 기록보존 : 경기수행에 대해 기록하고 분석한다.
- 축제화 : 결승전 행사 때 축제 분위기로 마무리한다.

---

(5) **동료교수모형**

[동료교수모형의 특징]

구 분	내 용
주 제	• 나는 너를, 너는 나를 가르친다.
이론적 기초	• 직접교수모형의 이론적 배경 및 근거에 기초한다. • 높은 비율의 학생참여 기회와 피드백, 교육 내용에 걸친 활발한 교사주도의 학습 진도를 지향하는 완전 숙달중심 모형으로 볼 수 있다.
개 요	• 몇몇 학습자가 학습과정에서 다른 학습자를 보조하기 위해 많은 교수 기능을 담당하는 학습 환경을 의미한다. • 동료교수는 직접교수의 기본적인 운영 방식과 유사하지만, 수업에서 누가 교수 전략을 실행하는가에 따라 차이가 있다. • 사회성 학습을 강조한다(개인교사, 학습자, 조, 학생).

학습 영역의 우선 순위	• 개인교사일 경우 　인지적 영역(1순위) – 정의적 영역(2순위) – 심동적 영역(3순위) • 학습자일 경우 　심동적 영역(1순위) – 인지적 영역(2순위) – 정의적 영역(3순위)

[동료교수모형의 가정]

구 분	내 용
교사(교수)	• 교사는 시간과 다른 자원의 활용을 극대화하기 위해 단원 내용, 수업 운영, 과제 제시, 내용 전개와 관련된 많은 의사결정에서 통제력을 유지해야 한다. • 교사는 교수정보를 학습자에게 제공하는 주요기능을 수행할 개인교사를 훈련시킬 수 있다. • 조(짝)는 인지적·정의적·심동적 영역의 발달을 촉진한다.
학습자 (학습)	• 교사가 제공하는 심동적 영역의 학습은 관찰과 피드백에 의해 촉진된다. • 교사는 연습에 임하는 학습자들을 관찰하고 분석하며 지도함으로써 인지적 영역의 학습이 촉진된다. • 두 명의 학생으로 구성되는 조(짝)는 교수·학습 과정에서 서로 다른 역할을 수행하면서 정의적·사회적 학습을 촉진시킨다. • 교사와 학습자는 할당된 학습 과제를 완수하기 위해 서로 협력하여 참가함으로써 문제해결 기술을 발달시켜 나간다.

[동료교수모형의 학습평가]

구 분	내 용
개인교사의 학습자 관찰	• 동료교수모형은 개인 교사가 정지된 상황에서 반복적이고 비교적 단순한 움직임 활동을 수행하는 학습자를 관찰할 수 있는 많은 기회를 제공한다.
관찰 체크리스트 의 활용	• 개인 교사는 평가 목적으로 가장 적합한 관찰 체크리스트를 활용하게 된다. • 관찰 체크리스트는 교사가 심동적 영역에 해당하는 운동수행을 관찰하고 정확하게 수행된 움직임 또는 기술을 기록하기 쉽다.

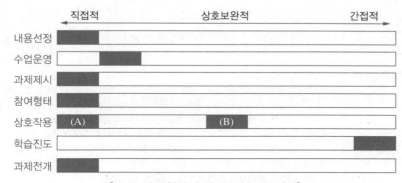

[동료교수모형의 수업 주도성 프로파일]

체육수업 중 문제해결 중심의 지도에
활용할 수 있는 모형

개념 플러스

동료교수모형

① 지도계획 시 주안점
- 개인 교사의 역할은 교사의 눈, 귀, 목소리라는 것을 말하고 개인 교사에 대한 기대를 분명하게 제시한다.
- 교사는 개인 교사에게 학생들의 학습을 돕기 위해 행하는 것을 보여주고, 수업계획에서 이를 위한 훈련 시간을 마련한다.
- 학습자와 개인 교사를 평가한다.

② 주요 개념
- 개인교사 : 수업 도중 교사의 역할을 담당하는 학습자
- 학습자 : 개인 교사의 관찰 및 평가 하에서 수업에 참여하는 자
- 조 : 개인교사와 학습자의 짝으로 구성된 단위
- 학생 : 아직 개인 교사나 학습자의 역할을 수행하지 않은 자

(6) 탐구수업모형

[탐구수업모형의 특징]

구 분	내 용
주 제	• 문제 해결자로서의 학습자
이론적 기초	• 학습자들이 움직임을 통해 지식을 표현하기 전에 내용을 인지적으로 과정화할 필요가 있다. • 문제의 규명, 문제의 제시, 문제에 대한 유도 설명, 최종 해답의 규명 및 정교화, 분석 평가, 논의를 위한 발표 등이 이루어진다.
개 요	• 교사의 질문이 지도 방법의 핵심이다. • 움직임 교육, 교육적 게임, 기술 주제 등은 모두 학생의 지적 능력을 개발시키고, 이어서 심동적 영역에서 학생의 표현력, 창의력, 기능 숙달의 개발을 돕는다.
학습 영역의 우선 순위	• 인지적 영역(1순위) – 심동적 영역(2순위) – 정의적 영역(3순위)

[탐구수업모형의 가정]

구 분	내 용
교사(교수)	• 교사는 학습자의 사고를 자극하여 심동적 영역의 발달을 도모한다. • 교사는 학습자에게 가장 일반적인 형태의 대화 수단으로 질문한다. • 교사는 학습자의 학습을 촉진하기 위해, 학습자의 창의력과 탐구력이 발달될 수 있도록 진지하고 사려깊은 질문으로 학습자를 자극한다. • 교사의 질문은 학습자의 지적 능력에 적합하여야 한다. • 교사의 역할은 직접 교수와 간접 교수를 적절하게 배합하는 것이다.
학습자 (학습)	• 학습활동이 학습자에게 의미가 있을 때 회상의 학습이 이루어진다. • 학습자는 사전 지식 등의 정보를 가지고 활동에 참여하며, 새로운 지식을 구성한다. • 심동적 영역에서의 학습은 인지적 영역에서의 학습에 의해서 전개된다. • 학습은 본질적으로 문제 해결의 과정으로 가정한다. • 과제의 복잡성이 학습자의 발달 능력에 맞을 경우, 인지적 발달이 가장 잘 일어난다.

1. 탐구수업모형 학습 영역의 우선순위는 인지적, 심동적, 정의 영역 순이다. (O, ×)

2. 동료교수모형에서 학생은 개인교사 역할과 학습자 역할을 번갈아가며 경험한다. (O, ×)

3. 탐구수업모형은 문제해결 중심에 활용하기 효과적인 체육수업 모형이다. (O, ×)

4. 동료교수 모형에서 지도자는 과제 수행 방법을 설명과 시범이 아닌 질문을 통해 학습자들이 스스로 찾도록 한다. (O, ×)

정답 1 (O), 2 (O), 3 (O), 4 (×)

[탐구수업모형의 학습평가]

구 분	내 용
공식적· 전통적 평가	• 탐구수업모형에서 하위수준의 학습 결과를 평가하기 위해서 교사는 전통적이고 공식적인 평가 기법을 활용할 수 있다. • 학습목표 수준을 지식, 이해, 적용으로 설정했을 때 간단한 퀴즈, 컴퓨터 활용검사, 활동학습지의 작성 또는 간단한 기능검사는 교사에게 평가 정보를 제공할 수 있다.
비공식적 평가	• 교사가 단기간에 신속히 해결 가능한 학습 과제 또는 문제를 계획했을 때 비공식적 평가는 가장 실제적인 방법이 된다. • 이러한 평가는 대부분 교사가 제시한 질문에 답변을 하기 위해 '생각하고 움직이기'를 하는 학생을 교사가 관찰한 것에 근거를 둔다.
대안 평가	• 대안적인 평가 기법은 탐구수업모형의 모든 학습단계에서 특히 높은 수준의 학습 결과에 활용될 수 있다. • 질문들이 '실제' 학습을 반영하여 창의적으로 설정된 경우라면, 이때의 평가는 매우 실제적인 평가가 된다.

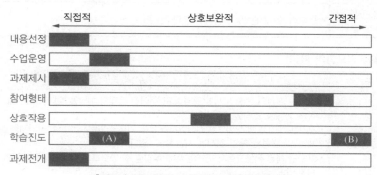

[탐구수업모형의 수업 주도성 프로파일]

탐구수업모형

① 지도계획 시 주안점
• 내용 전개는 학습자가 높은 수준의 신체적, 인지적 수행을 보일 때 행해야 한다.
• 교사는 질문하되 가능한 한 답하지 말고, 학습자가 스스로 답을 찾도록 지도해야 한다.
• 교사는 많은 시간을 들여 질문을 작성하고 수업 계획을 구성해야 한다.

② 모형의 설계
• 교사는 질문함으로써 문제를 구성하고 한 가지 이상의 가능한 해답을 찾아내도록 시간을 할당한다.
• 일반적으로 문제는 인지적 영역에서 해결되어야 하는데, 그것은 학습자가 주요 개념을 이해하고 교사의 질문에 대한 해답을 찾아낸 증거로써 '움직임 대답'을 형성하기 전에 이루어진다.

(7) 전술게임모형

[전술게임모형의 특징]

구 분	내 용
주 제	• 이해중심 게임 지도
이론적 기초	• 게임과 게임 유형에 대한 학습자의 흥미와 열정은 모형에서 긍정적인 동기유발의 소재로 활용된다. • 전술게임모형을 통해 학습자는 게임에 대한 이해가 깊어지고, 경기 참여와 의사결정 과정에서 교사에게 의존하는 경향이 줄어들게 된다. • 학습자는 자신이 이해한 것을 게임에 적용하여 수행할 수 있다.
개 요	• 기술발달과 게임 수행에 필요한 전술 지식을 학습하기 위해 게임 구조에 대한 흥미를 활용한다. • 모의활동은 반드시 정식 게임을 대표할 수 있어야 하며, 실제 게임을 수행하기 전에 전술 기능 개발에 초점을 둘 수 있도록 상황이 과장되어야 한다.
학습 영역의 우선 순위	• 인지적 영역(1순위) – 심동적 영역(2순위) – 정의적 영역(3순위)

[전술게임모형의 가정]

구 분	내 용
교사(교수)	• 교사는 게임의 전술 문제를 규명하고, 주어진 문제의 해답을 찾아나가는 데 초점을 둔 각 학습 과제를 조직할 수 있다. • 교사는 게임 수행에 필요한 전술인지와 운동 기능을 발달시키는 학습 과제를 설계하기 위해 게임 및 변형된 게임 형식을 사용할 수 있다. • 교사는 게임 전문가로서, 전술문제에 몰입할 수 있도록 학습자에게 간접적인 학습 경험을 제공한다. • 모든 게임과 게임형식은 해당 학년의 발달 단계에 적합해야 한다.
학습자 (학습)	• 학습자들은 재미있고 즐거운 게임의 참여를 원한다. • 학습자는 전술인지와 의사결정 능력이 수업의 최우선 목표이다. • 학습자가 게임을 잘 수행하기 위해서는 전술적 지식과 의사결정 지식을 가지고 있어야만 한다. • 전술적 지식과 의사결정 지식은 구성주의적 입장에서 개발되어야 한다. • 전술인지와 다른 유형의 학습은 유사한 분류 범주 내에서 게임으로 전이된다.

[전술게임모형의 학습평가]

구 분	내 용
학습자의 능력에 초점	• 전술게임모형에서는 게임을 진행하는 동안 전술적 결정을 만들고 수행하는 학습자의 능력에 초점을 맞추어야 한다.
게임의 진행을 관찰	• 게임은 정식게임, 변형게임 또는 게임상황을 대표하는 게임형식이 될 수도 있다. 평가는 게임 진행을 관찰함으로써 이루어지기 때문에 실제적이라고 볼 수 있다.

[전술게임모형에 따른 스포츠의 유형]

구 분	내 용
필드형 스포츠	• 넓은 공간에서 치고 달리기, 던지고 받기 등을 하면서 목표 지점을 많이 돌아오는가를 겨루는 경기이다. 예 야구, 소프트볼, 티볼 등 • 공격과 수비가 번갈아 진행되므로 경기상황에 맞는 자기 역할을 수행하도록 지도한다. • 자기 역할에 대한 책임감이 무엇보다 중요하다. • 공격하는 팀의 공격 기회가 일정하게 보장된다.
영역형 스포츠	• 상대팀 영역을 침범하여 득점하거나 상대방 공격을 막아내는 경기이다. 예 축구, 농구, 핸드볼, 하키 등 • 공을 가진 팀이 공격하고 그렇지 않은 팀은 수비를 한다. 잦은 신체 접촉과 거친 플레이를 이겨낼 수 있는 강한 체력과 정신력, 지구력이 필요하다. • 공격과 수비가 수시로 바뀌기 때문에 경기상황에 따른 자기 역할을 빠르게 인지·수행해야 하고, 공간을 효율적으로 사용할 줄 알아야 한다.
네트형 스포츠	• 네트를 사이에 두고 공격 또는 수비를 하는 경기이다. 예 배드민턴, 탁구, 테니스, 배구 등 • 공격수는 상대방이 받지 못할 공간으로 공을 보내는 전략을 습득하고, 수비수는 빈 공간을 주지 않고 공격을 막아내는 기능과 전략을 습득해야 한다. • 상대팀과의 신체접촉이 없고, 공격과 수비가 수시로 바뀌기 때문에 다음 경기상황을 예측하는 것이 필요하다.
표적형 스포츠	• 표적을 맞추는 걸 중점으로 두는 스포츠로 경기성적에서 정확도가 가장 중요한 스포츠이다. 예 당구, 골프, 볼링, 크로켓 등

기출 POINT

전술게임모형에 따른 스포츠 유형
15 16 21 22

• 네트형 스포츠 : 공격 계획을 수립하는 등의 일반적인 게임 전략들은 배구 같은 운동 수행 능력을 증진시킬 수 있음
• 영역형 스포츠 : 공간을 만들어 내는 것과 같은 기초 지식들은 하키나 농구 게임에서 볼 수 있는 전술과 전략에 큰 도움을 줌
• 필드형 스포츠 : 개인의 역할이 경기에 중요한 영향을 미치므로, 자신의 역할에 대한 이해와 책임감을 증진시킬 수 있음

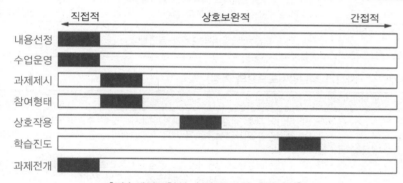

[전술게임모형의 수업 주도성 프로파일]

개념 플러스

전술게임모형

① 지도계획 시 주안점
• 교육내용은 항상 기술이 아닌 전술적 문제에 근거해야 한다.
• 게임 형식을 가능한 단순하게 구성하되, 실제 게임과 유사하게 만든다.
• 학생들이 너무 오랫동안 한 게임에 참여하지 않도록 유의한다.
② 진행 단계
  게임 소개 → 게임 이해 → 전술 인지 → 의사 결정 → 기술 연습 → 실제 게임 수행

③ 전술게임모형에서 활용되는 변형 게임
- 스크리미지(Scrimmage) : 전술게임모형 과정에서 활용되는 변형 게임의 한 종류로, 전술 측면의 변형게임이다. 티칭모멘트가 발생할 경우 게임을 멈출 수 있는 완전 게임의 형태이다. 점수를 기록하지 않거나 특정규칙을 적용하지 않고, 게임의 특정 장면을 반복 수행하게 함으로써 게임 상황에 대한 또 다른 시각을 키우는 데 도움이 된다.
- 리드–업 게임(Lead–up Games) : 전술게임모형 과정에서 활용되는 변형 게임의 한 종류로, 기능 측면의 변형게임이다. 정식 게임을 단순화한 형태로 기능 측면에 초점을 맞추었기 때문에, 구기의 기초적 기능을 학습하는 데 용이하다.

(8) 개인적·사회적 책임감지도모형

[개인적·사회적 책임감지도모형의 특징]

구 분	내 용
주 제	• 통합, 전이, 권한 위임, 교사–학생의 관계
이론적 기초	• 스포츠에서의 성공과 실패는 노력, 준비, 지지, 공유의 부분이 어떻게 조합되는지에 따라 달라진다. • 팀의 모든 구성원들은 팀의 성공에 필요한 자신의 역할을 인지하고 책임을 진다.
개 요	• 체육에서 가르쳐야 하는 내용의 대부분이 학생 스스로와 타인에 대한 책임을 어떻게 져야 하는지 그 방법을 연습하고 배우는 기회들을 제공한다. • 책임감과 신체활동이 별개의 학습 성과가 아니므로 동시에 추구하고 성취되어야 한다.
학습 영역의 우선 순위	• 교사에 의해 학습목표 및 우선순위가 결정된다.

[개인적·사회적 책임감지도모형의 가정]

구 분	내 용
교사(교수)	• 자신과 타인에 대한 책임감을 지도하기 위해서는 높은 수준의 교육적 의도가 필요하다. • 교사는 책임감과 의사결정 학습을 체육 프로그램의 내용 학습과 별개로 취급해서는 안 된다. • 최상의 수업은 학생들이 신체활동 환경에서 긍정적으로 개인적, 사회적 의사결정을 할 수 있도록 권장하고 그러한 결정을 수행하도록 도와주는 것이다.
학습자 (학습)	• 학습은 학습자 중심으로 이루어져야 한다. • 수업의 구조화는 책임감을 어느 정도 수준에서 지도할 수 있도록 계획될 수 있지만, 학습자들이 반드시 골고루 향상될 것이라는 예상은 하지 말아야 한다.

[개인적·사회적 책임감지도모형의 학습평가]

구 분	내 용
책임감 수준	• 이 모형에서는 학생들이 책임감 수준 자체에 대해서만 아는 것으로 충분하지 않다. 학생들은 적절한 의사결정과 행동을 통하여 책임감 수준의 향상을 보여야 한다.
실제 평가	• 평가의 많은 부분은 학생 자신의 학습 활동 내에서 이루어지므로 실제 평가가 되어야 한다.

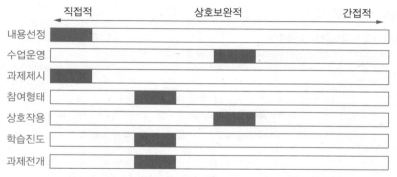

[개인적 · 사회적 책임감지도모형의 수업 주도성 프로파일]

기출 POINT

책임감 수준 단계 사례
17 20 22

- 0단계(무책임감) : 과제에 대한 책임감과 참여하고자 하는 의지가 모두 없음
- 1단계(타인의 권리와 감정 존중) : 최소한도로 과제에 참여함
- 2단계(참여와 노력) : 스스로 새로운 과제에 도전
- 3단계(자기방향 설정) : 코치가 자리를 비운 상황에서도 스스로 목표를 세우고 과제를 완수
- 4단계(돌봄과 배려) : 타인을 고려하여 차이점을 인정하고 그에 맞게 대응
- 5단계(전이) : 과제를 통해 학습한 배려를 일상생활에서 실천

개념 플러스

개인적 · 사회적 책임감지도모형

① 지도계획 시 주안점
- 항상 학생 개인의 현행 수준을 알고, 학급에서 가장 많이 일어나는 수준에 맞춰서 대부분의 수업활동을 계획한다.
- 이 모형에서는 과정이 학습 향상으로 연결되므로, 전략을 활용하기 위해서는 충분한 시간이 필요하다.
- 학생이 보다 낮은 수준에서 행동하고 결정할 때 '퇴보'를 예상하고 계획해야 예측이 가능하다.

② 헬리슨(Hellison)의 책임감 수준 단계

구 분		내 용
0단계	무책임감	• 참여의지가 전혀 없음 • 다른 사람을 방해함
1단계	타인의 권리와 감정 존중	• 타인을 고려하면서 참여 • 타인을 방해하지 않음
2단계	참여와 노력	• 의무감이 없는 자발적 참여 • 자기동기 부여
3단계	자기방향 설정	• 교사 없이 과제 완수 • 자기 목표 설정 및 자기 평가 가능
4단계	돌봄과 배려	• 먼저 모범을 보이며 경청 · 대응하기 • 다른 사람의 요구와 감정 인정
5단계	전 이	• 같은 상황에 처한 다른 사람에게 피드백 제공 • 훌륭한 역할 본보기

(9) 하나로수업모형

[하나로수업모형의 특징]

구 분	내 용
주 제	• 운동의 안과 밖을 하나로, 동시에 겪는 것
이론적 기초	• 직접교수활동과 간접교수활동을 올바르게 실천한다. • '터(공간)'와 '패(모둠, 팀)'의 아이디어를 활용한다.
개 요	• 배우는 교과내용으로서의 스포츠를 그 스포츠의 본 모습에 가장 가까운 형태로 체험하기 위한 것이다. • 총체적 스포츠 체험을 통해서 나의 겉모습과 속모습이 하나가 되는 기회를 갖는 것이다. • 학교 내에서 배우는 내용들이 학교 밖 일상생활에서도 실제적으로 활용되고, 학교 밖에서 배운 것들이 수업 시간에 배우는 내용에 구체적으로 적용되는 것이다.
수업내용	• 하나로 수업으로 진행하는 체육수업에서 학생들은 스포츠 기능을 습득하고 시합을 실시하는 것 이외의 수업활동과 학습과제들 진행한다. 이 다양한 활동과 과제들은 그 성격상 '직접적 체험을 겪게 하는 것'과 '간접적 체험을 도와주는 것'들로 크게 나눌 수 있다. 그리하여 수업을 위한 과제는 직접체험을 위한 것과 간접체험을 위한 것들로 구성된다. • 학생들은 작은 소집단으로 나뉘고, 그 안에서 각자의 역할을 담당한다. 특히 이 '패' 안에서는 각 구성원의 역할 분담이 기본적으로 이루어진다. 이는 조금 더 책임 있는 수업활동의 참여와 자기주도적인 학습활동을 원활히 하는 데 필수적인 요소라고 할 수 있다.
활동 및 목표	• 직접체험활동(기법적 차원) : 스포츠를 잘하는 것(기능, 전술, 게임) • 간접체험활동(심법적 차원) : 스포츠를 잘 아는 것(전통, 정신, 안목)

[하나로수업모형의 평가방식]

구 분	내 용
더하기식 평가	• 낱낱의 과제들을 수행한 정도를 합하여 총점을 만들어낸다. 기능, 태도, 지식들을 독립적으로 평가하고 그것을 최종으로 더한다.
곱하기식 평가	• 하나의 활동 속에서 학습자의 체험 정도를 모두 찾아내 평가한다.

[하나로수업모형 적용을 통한 통합적 교육효과]

구 분	내 용
자신의 내면 세계 파악	• 그동안 깨닫지 못한 자신의 모습을 느끼는 것이다.
삶의 방향 설정	• 삶의 방향을 설정하고 자신감을 가지는 매우 중요한 계기가 된다.
상호이해관계의 긍정적 마인드	• 스포츠를 매개로 서로 이해하고 좋은 관계를 맺을 수 있다.
반성하는 자세	• 반성일지 등을 통해서 변화된 자세를 느낀다.
스스로의 자세 터득	• 스포츠에 대한 기능적인 면뿐만 아니라 관심과 지식을 함양시킨다.
정신집중 향상	• 신체적 변화뿐만 아니라 정신 집중에도 영향을 미친다.

링크(Rink)의 체육수업방식 유형

적극적 수업	• 교사중심으로 이루어지는 직접 교수방법의 형태이다. • 구조화된 과제에 효과적인 수업 형태이다.
과제식 수업	• 둘 이상의 과제들이 한 학습 환경에서 동시에 진행되도록 구성한다. • 스테이션 교수 형태로, 수준별 학습이 가능하다. • 질적 과제에는 부적합하며, 새로운 학습보다 복습에 유리하다.
동료수업	• 2~3명의 학생들로 수업단위를 구성하여 수업을 운영한다. • 교사가 개발한 체크리스트를 바탕으로 개인교사 또는 보조교사가 개인지도를 하는 형태이다. • 사회성 부재 시에는 활용하기 어렵다.
질문식 수업	• 과제를 질문식의 형태로 제시한다. • 개념과 원리를 학습할 때 유리하다. • 개인차를 고려하여 질문하기 때문에 내용의 개별화가 가능하다.
협동학습	• 5명 내외의 소모둠을 구성하여 진행한다. • 협동 및 협력을 통해 사회·정의적 영역 발달에 도움이 된다. • 교사가 제시한 과제에 대해 각 소집단은 과제수행에 대한 모든 내용을 스스로 결정한다.
팀 교수	• 교사그룹을 통해 이루어지는 학습자 지도형태이다. • 수업의 흥미와 동기를 촉진하지만, 교사들 사이의 의견 조율이 중요하다.
자기지도식 수업	• 학습자 스스로 진도를 조절하여 학습하는 형태이다. • 자율학습이기 때문에 학습자의 책임감이 중요하다. • 동료교수와 함께 사용되기도 한다.

기출 POINT

스테이션 교수(Station Teaching)
23

링크(J. Rink)가 제시한 교수 전략(Teaching Strategy) 중 한 명의 지도자가 수업에서 공간을 나누어 두 가지 이상의 과제를 동시에 진행하는 것

• 지도자는 자신이 가르칠 수 있는 내용의 수준이 어느 정도인지 고려
• 학습자의 성취 결과뿐만 아니라 향상 정도를 평가할 수 있는 방법을 계획
• 지도의 목표가 모방일 경우에는 지시자, 창조일 경우에는 촉진자의 역할이 필요
• 행동 목표는 운동수행 조건, 성취 행동, 운동수행 기준을 고려하여 설정

학습성취와 관련된 지도자 변인
23

로젠샤인(B. Rosenshine)과 퍼스트(N. Furst)는 과정-산출에 대한 연구를 검토하고 다음과 같은 행동 유목이 학생의 학업성취와 관계가 있음을 제시함
• 내용제시의 명확성
• 수업활동의 다양성
• 지도자의 열성
• 과제 지향성
• 학생의 학습기회
• 지도자의 비지시성
• 학생의 아이디어 이용
• 비 판
• 구조적 논평의 사용
• 질문의 형태
• 학생의 반응검토

OX문제

1. 도구 조작 기능의 학습과제에는 훌라후프 던지고 받기가 있다. (O, ×)

2. 스포츠 지도를 위한 준비 단계에서 지도자는 자신이 가르칠 수 있는 내용의 수준을 고려해야 한다. (O, ×)

3. 프로그램 지도 계획 중 가능한 시설과 용기구, 시간, 참여자 수 등을 고려해야 한다. (O, ×)

정답 1 (×), 2 (O), 3 (O)

02 스포츠지도를 위한 교수기법

(1) 지도를 위한 준비

① 적합한 학습과제 선정
ㄱ 수업목표와 직접 관련 있는 활동을 선정한다.
ㄴ 참여자의 운동 능력과 경험 수준에 적합한 활동을 선정한다.

개념 플러스

움직임 기능에 적합한 학습과제의 사례

비이동 운동 기능	• 공간 이동이 없고 물체 또는 도구를 사용하지 않는 운동 기능을 말한다. 예 평균대 위에서 균형 잡기, 팔굽혀 펴기
이동 운동 기능	• 물체 또는 도구를 사용하지 않고 공간 이동을 포함한 신체운동을 말한다. 예 걷기, 두 발 뛰기, 한발 뛰기
물체 조작 기능	• 손이나 몸에 고정시키지 않은 상태에서 도구를 조작하는 운동을 말한다. • 일반적인 물체는 공, 훌라후프, 바톤 등이다. 예 훌라후프 던지고 받기, 배구 공 토스하기 등
도구 조작 기능	• 물체를 통제하기 위한 목적으로 용기구나 기구를 한 손 또는 두 손으로 다루는 운동을 말한다. • 일반적인 도구는 배트, 라켓, 글러브, 클럽 등이다. 예 골프에서 퍼팅하기, 배트로 공을 치기 등
전략적 움직임과 기능	• 역동적인 상황(일반적으로 게임)에 적용되는 움직임 형태를 말한다. • 어떤 특정한 결과를 산출하는 데 필요한 운동기능과 상황적 의사결정 과정이 결합된 형태이다. 예 야구의 도루, 축구의 패스 패턴을 따라 달리는 활동
움직임 주제	• 복잡한 운동 패턴을 점진적으로 발달시키기 위해 기본 운동 기능과 움직임 개념을 결합한 것을 말한다. • 기본 운동 기능에는 비이동운동, 이동운동, 물체 조작 운동, 도구 조작 운동이 있다. • 움직임 개념이란 공간인지(어디로 몸을 움직이는가?), 노력(몸을 어떻게 움직이는가?), 관계(신체 일부와 다른 물체, 도구 등의 관계)에 대한 것이다.
표현 및 해석적 움직임	• 익숙한 기술을 습득하나 어떤 성과를 거두기 위한 운동이 아닌, 느낌·개념·생각·주제를 표현하기 위해 이루어지는 움직임을 말한다. 예 노래를 듣고 몸으로 표현하기

② 스포츠지도자의 전문성 구성요소(Schempp)
ㄱ 개인적 특성 : 배려심, 선천적인 기질, 열정, 믿음 등 심리적 측면의 전문성
ㄴ 지식 : 교수 내용과 관련된 전문지식
ㄷ 철학 : 도덕성 및 가치관
ㄹ 기술 : 교수 방법과 관련된 기술적 전문성

③ 스포츠 교육 프로그램의 지도 원리
 ㉠ 개별성의 원리 : 학습자의 다양성을 고려하는 교수학습 방법의 방향, 운동하는 사람의 연령, 성별, 체력, 건강 상태에 맞는 운동 종목, 운동 강도 등을 설정
 ㉡ 적합성의 원리 : 학생의 능력을 고려하여 3가지 학습 영역의 다양한 목표를 효율적으로 가르치기 위해 지도자는 다양한 교수학습 방법을 활용
 ㉢ 통합성의 원리 : 체육과 교수학습 내용의 다양화를 지향

(2) 지도 계획안 설계

① 지도 계획안 작성의 필요성
 ㉠ 성공적인 학습지도를 위해 반드시 해야 할 일이다.
 ㉡ 교수학습과정에 대한 지침이며 단원목표에 기초하여 구성된다.
 ㉢ 목적과 목표를 구체적인 학습경험과 내용으로 전환하는 과정이다.
② 지도 계획안의 내용
 ㉠ 학습자에 대한 정보
 ㉡ 학습환경 분석
 ㉢ 학습목표
 ㉣ 학습활동 목록
 ㉤ 학습과제 제시
 ㉥ 평 가

개념 플러스

메이거(R. Mager)가 제시한 학습 목표 설정
학생이 학습성취 행동을 보일 때, 어떤 행동을 보일 것인지 그리고 교사가 그것을 어떻게 알 수 있을지를 반드시 기술해야 한다. 메이거는 좋은 목표의 조건 세 가지를 다음과 같이 제시하였다.
첫째, 의도하고 있는 학생 행동의 변화를 제시해야 한다.
둘째, 그 행동의 수행에 따르는 조건을 제시해야 한다.
셋째, 성취 기준을 제시해야 한다.

기출 POINT

교수 · 학습 지도안 작성 시 고려사항 19 21
• 진행할 학습 과제, 각 과제에 배정한 시간 등을 포함
• 과제 전달 방법 및 과제 수행 조건, 교수단서 등을 포함
• 학습 목표는 학습자 특성을 중심으로 작성
• 예상치 못한 상황이 발생했을 때를 대비하여 대안적 계획을 수립

학습과제 발달단계 15 19 21 22
• 시작형(전달형) : 기초적인 수준에서 학습하도록 소개하고 안내
• 확장형 : 쉬운 과제에서 어렵고 복잡한 과제로 발전시킴
• 세련형 : 폼이나 느낌과 같이 운동 기능의 질적인 측면에 초점을 맞춤
• 적용형(응용형) : 실제 게임에 적용할 수 있는 기회를 제공

학습단서 15
어떤 학습과제에서 가장 중요한 특징을 학생에게 전달하기 위해 지도자가 사용하는 단어나 문장

- 회상형 : 기억된 내용에 대한 질문으로, 예·아니오 등 단답형 대답 요구
- 수렴형 : 이전 경험의 내용 분석 및 통합에 필요한 질문으로, 조건을 제시하고 응답자의 예측과 판단 등을 요구함
- 확산형 : 이전에 경험하지 않은 문제의 해결에 필요한 질문으로, 정해진 정답 없이 자유로운 대답을 요구
- 가치형 : 태도나 의견 등에 대한 질문으로, 사실적 내용보다는 옳고 그름에 대한 가치의 문제를 다룸

링크(J. Rink)의 학습 과제 연습 방법 중 역순 연쇄 23

역순 연쇄 : 과제를 발생순서에 반대되는 순서에 따라 가르치는 지도 방법을 말한다. 운동기능의 지도에서 역순 연쇄 지도법을 동원하는 이유는 두려움이 운동기능의 학습을 어렵게 할 때, 그 기능을 역순으로 학습함으로써 불안을 조성하는 상황을 즉각 해결하고 이어지는 동작들을 보다 쉽게 학습할 수 있는 상황을 만들 수 있기 때문이다. 또한, 운동기능을 역순연쇄 지도법으로 가르치는 것이 매우 실제적이고 능률적일 수 있기 때문이다.

OX문제

1. 링크(J. Rink)의 학습과제 발달 단계에 따르면, 난이도와 복잡성이 추가된 형태의 과제를 세련형 과제라고 한다. (O, ×)

2. 체육활동 시 학습자가 부적절한 행동을 보인다면, 다른 학습자에게 방해되지 않아도 즉시 제거해야 한다. (O, ×)

정답 1 (×), 2 (×)

(3) 지도 내용의 전달

① 발달적 과제의 조직
  ㉠ 링크(J. Rink)의 학습과제 발달단계
    - '시작형 – 확장형 – 세련형 – 적용형' 과제 순서로 전개
    - 시작형(전달) 과제 : 기초적인 단계의 학습과제
    - 확장형 과제 : 난이도와 복잡성이 추가된 과제
    - 세련형(세련) 과제 : 기능의 질적 측면에 집중된 학습과제
    - 적용형(응용) 과제 : 학습한 운동기능을 실제 상황에 활용할 수 있도록 제작한 학습과제
  ㉡ 적절한 학습과제의 기능
    - 폐쇄기능 과제 : 환경의 변화에 영향을 받지 않는 기능으로, 양궁, 사격, 볼링 등이 해당된다.
    - 개방기능 과제 : 환경의 변화에 영향을 받아 요구조건이 변화하는 기능으로, 팀 스포츠가 이에 해당된다.

② 과제의 전달
  ㉠ 학습단서 조직
    - 정확성 : 학습단서는 정확해야 효과적이다.
    - 간결성 : 학습단서는 요점이 있고 간결해야 한다.
    - 적절성 : 학습자의 연령과 학습 단계에 적합해야 한다.
  ㉡ 질문의 활용
    - 회상형(회고적) 질문 : 기억 수준의 질문이다.
    - 수렴형(집중적) 질문 : 경험했던 내용을 분석·통합하는 데 필요한 질문이다.
    - 확산형(분산적) 질문 : 경험한 적 없는 문제 상황을 해결하는 데 필요한 질문이다.
    - 가치형(가치적) 질문 : 가치판단에 따른 선택·태도·의견을 표현하는 질문이다.
  ㉢ 시 범
    - 시범은 정확해야 한다.
    - 기능 수행의 원리를 설명한다.
    - 학생의 시범을 이용한다.
    - 시범 후 학습자의 이해 여부를 확인한다.

(4) 지도 내용의 연습 및 교정

① 교수전략

       ⊙ 1인 연습 : 혼자 거울을 보거나 비디오 녹화를 이용하는 방법이다.

       ⊙ 동료교수 : 동료끼리 모의로 수업을 만들어 교수 기능을 연습하는 방법이다.

       ⊙ 마이크로티칭(축소수업) : 제한된 범주 안에서 한 가지 구체적인 내용으로 소수 학생을 대상으로 모의 수업을 해보는 방법이다.

       ⊙ 스테이션 교수 : 둘 이상 과제를 동시에 진행하기 위한 교수방법으로서, 학습환경을 나누어 학생들이 스테이션을 이동하면서 학습하게 하는 방법이다.

       ⊙ 반성적 교수(현장개선연구) : 교사에 대한 평가를 통해 반성의 자료를 제공하는 방법이다.

       ⊙ 대집단 단시간 교수 : 실제 상황에서 전체 학생을 대상으로 10~20분 단위 수업을 해보는 방법이다.

       ⊙ 소집단 단시간 교수 : 소수 집단을 대상으로 10~20분 단위 수업을 해보는 방법이다.

       ⊙ 실제 교수(교생실습) : 일정 기간 여러 학급에 대해 책임감을 갖고 실제로 수업하는 방법이다.

개념 플러스

반성적 교수(현장개선연구)

• 자신의 교수 행동을 지속적으로 조정·검토하고 평가하는 순환적·나선적 과정이다.

• 수업 능력 발달 지원을 위해서 수업탐구능력이 요구된다.

• 교육훈련에서 가지게 된 통찰과 자기반성을 통해 부분적으로 형성된 교사판단에 기초한다.

• 교사의 개방성·책임감을 요구한다.

• 더 나은 수업을 위한 반성적 교수의 과정은 연구의 과정과 흡사하여, 현장개선연구라고도 부른다.

• 케미스(Kemmis)와 맥타거트(McTaggart)는 '계획 – 실행 – 관찰 – 반성 – 수정'의 순환과정이라고 보았다.

쿠닌(J. Kounin)의 교수 기능

• 상황파악 : 학생들이 무엇을 하고 있는지 교사가 항상 인지하고 있다는 사실을 학생들에게 전달

• 동시적 처리 : 두 가지 일을 동시에 처리하는 것

• 유연한 수업 전개 : 수업 활동의 흐름을 중단하지 않고 부드럽게 이끌어 가는 것

• 여세 유지 : 수업 진행을 늦추거나 학생의 학습활동을 중단시키지 않고 계속해서 활력 있게 수업을 전개해 나가는 것

• 집단 경각 : 모든 학생을 과제에 몰두하도록 지도하는 것

• 학생의 책무성 : 과제수행에 대한 책임감을 부여하는 것

기출 POINT

마이크로티칭(축소수업) 16 20

예비지도자가 모의 상황에서 동료 또는 소수 참여자들을 대상으로 일정한 시간 내에 구체적인 내용으로 지도기능을 연습

현장개선연구(반성적 교수) 19

• 체육 지도자가 동료나 연구자의 도움을 받아 자신의 강좌를 반성적으로 탐구하여 개선하는 데 목적이 있음

• 집단적 협동과정

• 자기 성찰을 중시

• 연속되는 순환 과정

OX문제

광마이크로티칭은 혼자 거울을 보거나 녹화를 이용해 교수방법을 피드백하는 전략이다. (O, ×)

정답 ×

② 모스턴(M. Mosston)의 네 가지 유형의 피드백

    ㉠ 가치적 피드백 : 긍정적 또는 부정적 내용의 피드백으로 언제나 수행과 관련된 느낌이나 가치를 표현하는 단어(동작)를 포함한다. 단점으로는 상호의존성이 과도하게 발달할 수 있다.

       예 '매우 훌륭한 샷이야', '허리를 회전시켜 임팩트가 더 강력해지고 좋아졌다'

    ㉡ 중립적 피드백 : 행동 모니터링을 위해 판단을 유보한 피드백으로, 주관적 판단이 결여된 사실적인 규명이다. 이 형태의 피드백은 수정이 없고 기술적이며 사실 그 자체이다. 단점으로는 이탈의 원인이 되기도 한다.

       예 '그래, 가능한 움직임 구성이다', '너는 모든 스테이션 과제를 완수했구나'

    ㉢ 교정적 피드백 : 긍정 또는 부정에 대한 가치 판단이 아닌 동작의 수정에 관련된 피드백이다. 이 피드백은 잘못이 분명히 드러나고 학생의 반응이 정확하지 않을 때 사용한다. 단점으로는 실책(실수)를 지나치게 강조하는 경향이 있다.

       예 '공에서 눈을 떼지 마라', '과제는 공을 드리블하면서 파트너에게 패스하는 연습이다. 따라서 공이 발에서 멀어지지 않도록 해라'

    ㉣ 불분명 피드백 : 해석의 오류를 일으킬 수 있는 피드백 유형으로, 학습자에게 불분명한 단서를 제공하므로 지양해야 한다. 이 형태의 피드백은 학생에게 활동 수행에 관하여 정확한 정보를 제공해주지 못한다. 단점으로는 신뢰감 저하가 있다.

       예 '다시 실시해', '문제가 있다', '흥미로운데', '아주 좋아'

(5) 관리 운영

① 효율적 수업 운영

    ㉠ 초기 활동 통제 : 수업을 시작할 때 초기 행동을 통제한다.

    ㉡ 수업시간 엄수 : 모든 수업을 정시에 시작한다.

    ㉢ 출석점검 시간 절약 : 출석점검 시간을 줄이고 실제 학습 시간을 늘린다.

    ㉣ 적극적 수업진행 : 지시, 열의, 격려를 초기단계에 보여 학습자에게 동기 부여한다.

    ㉤ 피드백과 상호작용 : 구체적 피드백과 긍정적 피드백으로 상호작용을 증진시킨다.

    ㉥ 주의집중 : 박수, 구호, 호각 등을 이용하여 학습자가 집중하도록 한다.

    ㉦ 절차의 훈련 : 규칙과 절차를 인지시키고 지속적으로 강조한다.

    ㉧ 관리행동 : 수업운영 시간 및 학생 관리 기록을 한다.

OX문제

1. '키가 큰 상대팀 선수에게 가로막혔을 경우 어떻게 해야 합니까?'와 같은 질문은 확산형 질문에 해당한다. (O, ×)

2. '정민아 지금처럼 공을 끝까지 보지 않으면 안 돼'와 같은 피드백은 부정적 피드백에 해당한다. (O, ×)

3. 현장개선연구는 과정보다는 결과가 중시되는 직선적 과정이다. (O, ×)

4. 출석점검, 수업준비 상태 확인, 화장실 출입 등 스포츠 지도시간에 반복적으로 일어나는 활동을 상규적 활동이라고 한다. (O, ×)

정답 1 (O), 2 (O), 3 (×), 4 (O).

개념 플러스

상규적 활동 시간 감소 전략(실제학습시간 증가)

• 최초 활동의 통제 : 집합장소, 수업시작 시간, 활동내용 등을 포함하는 최초 활동을 게시판에 게시한다.

• 수업시간의 엄수 : 교사와 학생 모두 수업 시작 시간을 엄수한다.

• 출석점검 시간의 절약 : 출석 서명을 받거나, 보조학생을 통해 대신 출석을 확인하여, 출석 점검에 소요되는 시간을 절약한다.

• 주의집중에 필요한 신호체계의 활용 : 학생들의 주의를 집중하기 위해서 호루라기와 같은 신호체계를 활용한다.

② 수업 중 지도자의 기여
- ㉠ 직접기여행동
  - 지도 행동 : 과제를 직접 가르치는 행동이다.
  - 운영 행동 : 지도하는 데 필요한 환경을 조성하는 행동이다.
- ㉡ 간접기여행동
  - 수업과 관련 있지만 수업에 직접 기여하지 않는 행동이다.
  - 부상자 돌보기, 수업 중 화장실 가거나 물 마시는 학습자 지도하기 등이 있다.
- ㉢ 비기여행동
  수업 내용에 기여할 가능성이 없는 행동이다.
③ 학습자 관리 기술
- ㉠ 행동 수정 전략
  - 현재 수준에서 출발한다.
  - 학습자 행동을 조금씩 변화시킨다.
  - 학습자 행동을 단계적으로 변화시킨다.
  - 적절한 행동에 대한 보상체계를 마련한다.
  - 일관성을 유지한다.
  - 수반되는 행동 수정의 결과를 명시한다.
- ㉡ 효과적인 벌의 전략
  - 삭제훈련 : 학습자가 부정적 행동을 하지 않은 것에 대한 칭찬과 보상을 하여 부정적 행동을 삭제한다.
  - 적극적 연습 : 학습자가 잘못된 행동을 할 때마다 바른 행동을 하도록 반복적으로 연습시킨다.
  - 퇴장 : 학습자가 잘못된 행동을 했을 때 수업 현장에서 퇴장시킨다.
  - 보상손실 : 학습자가 잘못된 행동을 했을 때 좋아하는 것을 빼앗는다.

기출 POINT

스포츠 지도 시 주의집중 전략 [18]
- 주위가 소란할 때는 학습자와 사전에 약속된 신호를 사용하는 것이 필요
- 학습자의 주의가 기구에 집중되면, 기구를 정리한 후 집합하여 설명하는 것이 좋음
- 학습자의 주의를 집중하기 위해, 가능하면 지도자는 햇빛을 보고 학습자는 햇빛을 등지게 하여 설명
- 학습자가 설명을 정확하게 이해하도록 지도자는 학습자 가까이에서 설명하는 것이 좋음

체육지도자의 수업 중 기여행동 사례 [17] [20]
- 직접기여행동 : 동작 설명과 시범, 학생 관찰 및 피드백
- 간접기여행동 : 부상학생의 처리, 과제 외 토론 참여, 시설 보수
- 비기여행동 : 학부모와의 면담

상규적 활동 [19]
출석점검, 수업준비 상태 확인, 화장실 출입 등 스포츠 지도시간에 반복적으로 일어나는 활동. 이러한 과정을 효율적으로 관리하면 학습자들의 과제참여 시간을 증가시키는 데 도움이 됨

실제학습시간 (Academic Learning Time) [20]
수업에 참여하는 학생들이 적절한 난이도의 과제를 성공적으로 경험하면서 실제로 소비한 시간의 양

운동기능의 학습 전이의 유형 [23]
- 과제 간 전이 : 한 가지 기능이나 과제의 학습이 다른 기능이나 과제로 전이되는 것
- 과제 내 전이 : 한 가지 조건에서 학습한 기능이 다른 조건으로 전이되는 것
- 대칭적 전이 : 어느 한쪽을 먼저 학습하는 것과는 상관없이 양쪽에 대한 전이효과가 유사하게 발생하는 것
- 일상으로의 전이 : 한 가지 기능이나 과제의 학습이 일상생활에 영향을 미치는 것

기출 POINT

학습자 관리 기술의 주요 개념
18 20

• 신호간섭 : 시선의 마주침, 손 움직임, 부주의한 행동을 감소시키는 그 밖의 교사행동을 이용하는 것
• 접근통제 : 교사가 그 행동에 관심을 보이고 있다는 것을 전달하기 위하여 방해 행동을 하는 학생에게 가까이 접근하거나 그를 접촉하는 것
• 삭제훈련 : 학습자가 부정적 행동을 하지 않았을 때 칭찬이나 보상을 하여 부정적 행동을 삭제
• 보상손실 : 연습 시간에 계속 지각하는 학습자의 경기 출전권을 제한함. 즉, 학습자가 잘못된 행동을 했을 때, 좋아하는 것을 줄이는 것

연습형 스타일 20

• 교사는 설명과 시범을 보여주고 학습자 스스로 연습할 시간을 줌. 이후 피드백을 개별적으로 제공
• 학습자는 과제활동 중 특정 9가지 의사결정을 스스로 결정하고 과제를 반복적으로 연습

OX문제

모스턴(M. Mosston)의 교수스타일은 K에 가까워질수록 효과적인 교수방법이라고 할 수 있다. (O, ✕)

정답 ✕

(6) 모스턴(M. Mosston) 교수 스타일의 특성

교사와 학습자 사이의 상호작용은 항상 특정한 교수 행동, 학습자 행동 및 도달 목표를 반영한다. 교수 행동(T), 학생 행동(L), 목표(O) 사이의 유대관계는 복잡하게 얽혀있다. 각 스타일은 교사의 특정행동(교사가 하는 의사결정), 학습자의 특정 행동(학생이 하는 의사결정), 도달목표로 정의되기 때문에 각 스타일은 독특한 T–L–O 관계구조를 가진다.

개인적 편견과 주장을 강조하는 '대비접근 방식'이 아닌 보편적 지식 체계를 강조하는 '비대비접근 방식'에 근거를 두기 때문에, 각 교수 스타일 사이의 우월관계는 성립하지 않는다.

① 지시형 스타일(A)

ㄱ 지시형 스타일은 '정확한 수행'이라고 할 수 있다. 교사의 역할은 과제활동 전·중·후의 모든 사항을 결정하는 것이며, 학습자의 역할은 교사가 내린 결정 사항들에 대하여 교사가 지시하는 대로 따르는 것이다.

ㄴ 지시형 스타일의 본질은 교사의 자극과 학생의 반응인데, 둘 사이는 직접적이고 즉각적으로 일어난다.

ㄷ 교사에 의한 자극은 학습자의 모방 행동에 앞서 미리 제시되며, 학습자는 교사가 제시한 모델을 모방한다. 따라서 어떤 학습의 구조 속에 나타나는 모든 결정들은 교사가 결정하게 된다.

② 연습형 스타일(B)

ㄱ 연습형 스타일은 '피드백이 주어진 기억·모방 과제를 학습자가 개별적으로 연습하는 것'이라고 할 수 있다.

ㄴ 교사의 역할은 모든 교과내용과 이에 따른 세부 운영절차를 결정하고 피드백을 학습자에게 개별적으로 제공하는 것이다.

ㄷ 학습자의 역할은 9가지 특정 사항(수업장소, 수업운영, 시작시간, 속도와 리듬, 정지시간, 질문, 인터벌, 자세, 복장과 외모)을 결정하는 한편, 기억·모방 과제를 개별적으로 수행하는 것이다.

③ 상호학습형 스타일(C)

ㄱ 상호학습형 스타일은 '특정 기준에 의하여 주어진 사회적 상호작용 및 피드백하는 것'이라고 할 수 있다.

ㄴ 교사의 역할은 모든 교과내용 및 기준을 정하고, 세부 운영절차와 관련된 결정을 내리며, 관찰자에게 피드백을 제공하는 것이다.

ㄷ 학습자의 역할은 자기 동료와 함께 두 명이 짝을 이루며 움직임을 수행하는 것이다. 이때, 한 명의 학습자는 주어진 과제를 수행하고 다른 한 명의 학습자는 교사가 개발해놓은 기준 용지를 사용하여, 즉각적이고 지속적인 피드백을 제공하는 관찰자의 역할을 맡게 된다.

④ 자기점검형 스타일(D)

ⓐ 자기점검형 스타일은 학습자가 과제를 수행하고 스스로 평가한다는 특징이 있다.

ⓑ 교사는 교과내용, 평가기준, 수업 운영절차 등을 결정하며, 학습자는 과제를 독립적으로 수행하고 교사가 마련한 평가기준에 따라 자신의 과제수행을 점검하는 역할을 수행한다.

ⓒ 본 스타일의 의사결정에서 학습자는 많은 책임감을 갖게 되고, 개인연습과 자기평가라는 두 측면을 강조한다.

⑤ 포괄형 스타일(E)

ⓐ 포괄형 스타일은 다양한 기술 수준에 있는 학습자가 자신들이 수행할 수 있는 난이도를 선택하면서 동일한 과제에 참여한다는 것이다.

ⓑ 교사의 역할은 과제의 난이도 선정, 교과내용과 수업 운영절차에 대한 의사결정을 하는 것이다.

ⓒ 학습자의 역할은 자신이 성취 가능한 수준을 조사하고, 출발점을 선택하여 과제를 연습하며 필요에 따라 과제 수준을 수정하며 평가기준을 맞추어 자신의 수행을 점검하는 것이다.

⑥ 유도발견형 스타일(F)

ⓐ 유도발견형 스타일은 미리 예정되어 있는 해답을 학습자가 발견하도록 유도하는 일련의 계열적이며, 논리적인 질문을 설계하는 것이다.

ⓑ 교사의 역할은 학습자가 발견해야 할 목표 개념을 포함한 일련의 계열적인 질문의 설계와 교과와 관련된 의사결정을 하는 것이다.

ⓒ 학습자의 역할은 교사에 의해 주어진 질문에 대한 해답을 발견하는 것이다.

⑦ 수렴발견형 스타일(G)

ⓐ 수렴발견형 스타일은 미리 결정되어 있는 정확한 반응을 수렴적 과정을 통해 발견하는 것이다.

ⓑ 교사의 역할은 탐색되어야 할 목표 개념을 포함한 교과내용을 결정하는 것이며, 학습자에게 던져 줄 질문을 계획하고 구성하는 것이다.

ⓒ 학습자의 역할은 추리력, 호기심, 논리적 사고를 동원해 문제에 대해 논리적으로 연결된 해답을 발견하는 것이다.

⑧ 확산발견형 스타일(H)

ⓐ 확산발견형 스타일은 구체적인 인지 작용을 통해 어느 한 문제 혹은 상황에서 확산적인 반응을 발견하는 것을 의미한다.

ⓑ 수업 중 교사의 역할은 학습자에게 전달해야 할 교과에 대한 특정 문제와 주제를 결정하는 일이다.

ⓒ 학습자의 역할은 특정 문제에 대한 다양한 설계, 해답, 반응을 발견하는 것이다.

기출 POINT

상호학습형 스타일 – 배구 토스 기술 지도의 사례 16

• 참여자들은 2인 1조로 각각 수행자와 관찰자의 역할을 정한다.

• 수행자는 토스를 연습하고 관찰자는 수행자에게 피드백을 제공한다.

• 지도자는 관찰자에게 피드백을 제공한다.

포괄형 스타일의 사례 16 23

높이뛰기를 지도하기 위해서 바(Bar)의 높이를 110cm, 130cm, 150cm로 준비한다. 참여자들은 자신의 수준에 적합한 바의 높이를 선택한다.

유도발견형 스타일 16 18 23

• 참여자는 체육지도자가 묻는 질문에 대답하면서 한 가지 개념적 아이디어를 찾아냄

• 지도자는 미리 예정되어 있는 해답을 학생에게 직접적으로 전달해서는 안 됨

• 지도자는 논리적이며 계열적인 질문을 설계

• 지도자는 질문(단서)에 대한 학습자의 해답(반응)을 검토하고 확인

• 지도자와 학습자가 지속적으로 상호작용하며 의사결정을 내림

OX문제

유도발견형 스타일로 지도할 때 지도자는 미리 예정되어 있는 해답을 학생에게 직접 전달해야 한다. (○, ✕)

정답 ✕

⑨ 자기설계형 스타일(I)
  ㉠ 자기설계형 스타일은 어떤 문제나 쟁점의 해결을 위해 학습 구조의 발견에 대한 독립성 확립이라고 할 수 있다.
  ㉡ 교사의 역할은 학습자가 학습 주제를 결정하기 위한 세부적인 공통 교과내용을 선정하는 것이다.
  ㉢ 학습자의 역할은 공통 교과내용에 따른 의사결정 과정을 결정하는 것으로 공통 교과내용 안에서의 학습자 고유의 초점에 따른 질문 만들기, 학습 진행 방법 및 진행 절차를 확인할 수 있는 질문 만들기, 해답 및 움직임 발견하기, 학습을 위한 운동수행 범위 설정하기 등이다.

⑩ 자기주도형 스타일(J)
  ㉠ 자기주도형 스타일에서 학습의 설계에 대한 책임과 학습 경험 등은 학습자의 주도에 있다.
  ㉡ 교사의 역할은 학습자들이 학습 경험을 통해서 자진하여 결정한 사항들을 가능한 한 최대한 수용하고 학습자를 지원하며, 학습자들의 요청이 있을 때에만 교수·학습 활동에 참여하는 것이다.
  ㉢ 학습자의 역할은 과제활동 전 상황에서 모든 결정을 하며, 과제활동 중의 교수·학습은 물론이고, 과제활동 후 상황에서도 학습 평가기준을 결정하는 것이다.

⑪ 자기학습형 스타일(K)
  ㉠ 자기학습형 스타일은 학습에 대한 학습자의 개인적 열망 및 개별적인 학습 집착력에 한정한다.
  ㉡ 개인이 교수·학습 활동에 교사나 학습자로 참여하여 모든 의사결정에 참여한다. 본 스타일의 교수 행동이 이루어지면, 개인별로 계획을 세운 교과내용과 학습 행동목표를 개개인이 스스로 성취하게 되는 것이다.
  ㉢ 이 교수 행동은 교사 한 사람에 의한 수업 상황에서는 시도하거나 배정할 수 없는 것으로서 학교 현장에서는 존재할 수 없는 교수 스타일로 학습자 자신이 자기 자신을 가르치게 되는 상황에서 존재하는 것이다.

06 스포츠교육의 평가론

KeyPoint

- 평가의 개념과 목적을 설명할 수 있다.
- 평가의 종류와 그 활용에 대해 설명할 수 있다.
- 서로 다른 평가 기법을 구분하고, 그 방식과 목적을 설명할 수 있다.

기출 POINT

체육학습 평가의 목적과 활용
15 20

- 학습자들에게 학습상태와 학습지도에 관한 정보 제공
- 학습목표와 관련된 학습 진행 상태를 평가하여 교수활동 조정
- 교수의 효과를 판단하고 학습자들에게 운동수행 향상 동기 유발

01 평가의 이론적 측면

(1) 평가의 개념과 목적

① 평가의 개념 : 측정 자료를 분석·판단하여 교수학습의 의사결정에 도움을 주기 위한 활동이다.

② 평가의 목적

㉠ 교수·학습의 효과성 및 교육과정의 적합성을 판단한다.

㉡ 학습자의 동기를 유발하고, 운동수행을 향상시킨다.

㉢ 학습자의 학습 상태·수준과 학습지도에 관한 정보를 제공한다.

㉣ 학습지도 및 관리 운영의 효율성을 위한 집단을 편성한다.

㉤ 학습자 역량 판단을 통한 이수 과정 정보를 제공한다.

㉥ 학습자의 미래 수행력을 예측한다.

(2) 평가가 필요한 이유

① 학습 결과를 진단하고 치료한다.

② 학습과정과 학습지도법을 개선한다.

③ 학습자 자신에 대한 이해와 학습의 동기를 유발한다.

④ 체육의 교육계획을 개선한다.

⑤ 팀의 선발, 집단의 분류, 평가기준설정, 연구의 자료로 필요하다.

기출 POINT

평가 기준 예시 21
- 절대평가 : 3km 달리기를 완주한 학생들에게 전원 점수 지급
- 상대평가 : 3km 달리기 기록을 측정하여 상위 15%의 학생들에게 점수 지급

평정척도의 예시 18
각 지도자의 자질에 해당하는 요소를 5가지 항목(매우 만족, 만족, 보통, 불만족, 매우 불만족)의 표로 만들어 평가하는 것은 상대적 가치에 따라 평가하는 리커트 형식의 평정척도에 해당한다.

체크리스트 19 22
어떤 사건이 벌어졌는지 체크하여 확인하는 도구로 자신의 동작을 확인하기 위해 자신 또는 타인이 평가하는 방법. 객관적 관찰이 가능하기에 질적 평가가 가능함

OX문제

1. 조언타당도와 내용타당도는 평가의 타당도를 측정하는 방법이다. (O, ×)

2. 질문과 대화를 통해 학습자에 대한 정보를 수집하는 것은 면접법이다. (O, ×)

3. 시작 전에 학생들의 기본기 수준을 평가하는 것은 진단평가의 예시이다. (O, ×)

정답 1 (×), 2 (O), 3 (O)

(3) 평가의 양호도

① **타당도** : 목적에 맞게 정확하게 측정하는 정도를 말한다.
- ㉠ 내용타당도 : 특정 내용을 정확하게 나타내는지 측정한다.
- ㉡ 준거타당도 : 평가하려는 내용을 척도와 비교하여 측정한다.
- ㉢ 구인타당도 : 특정 이론의 세부 요소나 특성을 측정한다.

② **신뢰도** : 검사도구가 측정내용을 일관성 있게 측정하는 정도를 말한다. 타당도가 높으려면 신뢰도가 높아야 하지만, 신뢰도가 높다고 해서 타당도가 높은 것은 아니다.
- ㉠ 검사-재검사 : 동일한 검사에 대해 시간 차이를 두고 2회 측정해서 측정값을 비교해 차이가 작으면 신뢰도가 높고, 크면 신뢰도가 낮은 것으로 판단한다. 첫 번째와 두 번째 측정 사이의 시간 차이가 너무 길거나 짧으면 신뢰도가 낮게 나올 수 있다.
- ㉡ 동형 검사 : 연구자가 개발한 검사와 가능한 여러 면(내용, 반응과정, 통계적 특성 등)에서 동일한 다른 검사를 개발하고, 두 검사점수 간의 상관계수를 구해서 검사의 신뢰도를 알아보는 방법이다.
- ㉢ 반분 신뢰도 검사 : 검사를 한 집단에게 실시하고 전체 문항을 반으로 나누어 하위검사 1, 2로 만든 뒤 두 하위검사에서 얻은 점수 사이의 상관계수를 구하는 방법이다.
- ㉣ 내적 일관성 검사 : 한 검사 내 모든 단일 문항 간 평균의 상관계수를 구하는 방법이다. 내적 일관성에 대한 가장 대중적인 검사 방법은 Cronbach's α 계수이다.

③ **객관도** : 2명 이상의 채점자들의 평가가 일치된 정도를 말한다.
- ㉠ 도구신뢰도 : 정확히 측정할 수 있는 방법이 있을 때 신뢰도가 높다.
- ㉡ 채점자신뢰도 : 채점자가 정확하게 측정할 때 신뢰도가 높다.

④ **실용도** : 검사 실시에 드는 노력과 비용 대비 목적 달성 정도를 말한다.

02 평가의 실천적 측면

(1) 평가 기준

① **준거지향 평가(절대평가)** : 스포츠지도사가 설정한 준거에 학습자가 도달했을 때 교육 목표 달성, 완전학습을 위한 평가이다.

② **규준지향 평가(상대평가)** : 학습자 상호 간 상대적 비교 평가로, 경쟁이 과열된다.

③ **자기지향 평가** : 개인이 자기 자신의 행동을 평가한다.

(2) 평가 기법

① **관찰** : 객관적·지속적으로 관찰한다.
- ㉠ 사건 기록법(Event Recording) : 행동이 발생할 때마다 횟수를 체크하는 방식으로 기록한다. 행동의 발생 횟수를 가장 직접적으로 정확하게 기록하는 방법이나, 시간을 기록하지 못한다.

  ⓛ 일화 기록법(Anecdotal Recording) : 일화의 일반적 느낌을 전부 기록한다. 단편적인 정보기록이 교수학습 활동을 정확성 있게 지각한다고 볼 수 없다.

  ⓒ 지속시간 기록법(Duration Recording) : 행동의 횟수가 아닌 행동의 시간을 기록한다. 얼마나 오래 또는 얼마나 짧게 그 행동이 발생했는가에 대한 기록이다.

② **면접** : 질문지나 대화를 통해 학습자에 대한 정보를 수집한다.

③ **일지** : 학습 진행 및 학습 내용을 기록한다.

④ **프로젝트** : 소집단별로 과제 수행 정도를 평가한다.

⑤ **포트폴리오** : 특정 주제에 대한 지식을 나타내기 위해 여러 자료를 모아 만든 작품을 평가한다.

⑥ **루브릭** : 평가 기준을 학습자에게 알리고 교사가 검토한다.

⑦ **체크리스트** : 자기 동작을 확인하기 위한 자기 평가를 한다.

⑧ **평정척도** : 상대적 가치에 따라 평가한다.

(3) 평가 유형

① **진단평가** : 수업 시작 전 학생들의 출발점 행동을 파악하기 위한 평가활동으로 평가결과는 교사의 교수 계획을 수립하는 데 중요한 정보를 제공한다. 즉, 계획된 학습의 목표를 달성하기 위하여 학습지도와 학습활동이 전개되기 이전에 그 학생들이 일정한 학습을 받아들이기에 어느 정도의 준비성을 가지고 있는가를 진단해 보는 평가라고 할 수 있다.

② **형성평가** : 수업과정에서 학생들의 수업 진행 상황을 파악하기 위한 평가활동으로, 평가결과는 교사들이 자신의 교수 활동을 수정하기 위한 기초 자료로서 활용된다. 형성평가는 학습이 진행되는 동안 수시로 학생들의 학습·미학습의 정도 또는 그것에 관련된 오류 등을 발견하여 시정할 수 있게 한다.

③ **총괄평가** : 주어진 일정한 기간 동안 학습과정을 끝마치고 학습목표의 달성도를 개인별 또는 집단별로 평가하여 학생들의 성적을 작성, 기능과 능력의 점검, 다음 학습과정에서의 성공 예측, 다음 학습 교수활동의 출발점 결정, 완전 학습을 위한 학습의 피드백 유도, 그리고 개인의 집단 내 위치를 확인하는 평가를 말한다.

④ **임의평가** : 측정된 결과를 평가할 때 어떤 객관적인 기준에 의해서 측정치 또는 질적 기술을 해석하지 않고 교사의 주관적인 판단에 의해서 해석할 때 이를 임의평가라고 부른다.

⑤ **상대평가** : 교육성취도를 평가할 때 집단 내의 상대적인 서열을 중심으로 이루어지는 평가 방식으로서 선발, 분류, 배치 상황에서 유용하게 사용된다.

⑥ **절대평가** : 학생들의 교과별 학업성취도를 평가할 때 집단 내의 다른 학생들의 성취 정도와 비교하여 평가하는 것이 아니라 사전에 설정된 교수·학습목표를 준거로 하여 그 목표의 달성도를 평가하는 방식을 의미한다.

⑦ **개인내차 평가** : 타인과의 비교나 도달기준에 의한 판정이 이루어지는 것과는 달리 어떤 개인의 진보의 정도를 종단적·계속적으로 추적해 가면서 조사하여 그 개인의 발전 상태를 알아보는 방법이다.

기출 POINT

수행평가(실제평가) 16 20 21

실제 상황에서 요구되는 과제의 수행을 통해 학습자들의 능력을 측정하는 평가. 참평가라고도 함

평가의 개념과 목적 19

• 평가의 유사개념에는 측정, 사정, 검사 등이 있음
• 측정이나 검사는 중립적인 활동이지만, 평가는 가치 지향적
• 평가는 학습자의 학습 상태와 지도에 관한 정보를 제공
• 평가는 지도 활동에 대한 피드백이 될 수 있음

OX문제

1. '학생들이 수업 중 얼마나 열심히 참여했는가?'는 '학생들이 목표를 얼마나 달성했는가?'에 비해 중요한 수업의 성공여부 기준이다. (○, ×)

2. 체육활동 지도 초기에 참여자의 수준과 상태를 파악하고, 효과적인 교수·학습 전략을 수립하기 위해 실시하는 평가는 진단평가이다. (○, ×)

3. 절대평가는 개인의 목표성취 여부에 관심이 있다. (○, ×)

4. 실제 스포츠활동 상황에서 참여자가 알고 있는 것과 할 수 있는 것을 평가하는 방법은 수행평가 방법이다. (○, ×)

정답 1 (×), 2 (○), 3 (×), 4 (○)

⑧ **수행평가** : 학생들로 하여금 학습과제를 수행하도록 요구하고 그 과정과 결과를 통하여 보여 주는 지식, 기능, 태도를 관찰하고 판단하는 평가방식이다.

(4) 평가의 활용

① 평가 자료는 학생에 대한 교사의 이해도를 높이고, 학생의 학습 성취도를 향상시키기 위한 유용한 도구로 적극적으로 활용하도록 한다.

② 평가 결과는 학습목표, 지도방법, 지도계획 등에 적용하여 전반적인 수업 방법을 수정하고 보완하는 교수-학습 자료로 활용함과 동시에 학생의 적성 파악과 진로 지도를 위한 자료로 활용하도록 한다.

07 스포츠교육자의 전문적 성장

KeyPoint

• 스포츠 전문인이 지녀야 하는 전문적 자질에 대해 이해하고 설명할 수 있다.
• 학교·생활·전문 체육인이 지녀야 하는 자질을 근거를 들어 설명할 수 있다.
• 장기적 전문인 성장 및 발달 방법에 대해 사례를 들어 설명할 수 있다.

01 스포츠교육 전문인의 전문적 자질

(1) 학교체육 전문인

① 인지적 자질

ㄱ 학생들의 발달과 차이, 학생들의 선행학습 정도나 학습 동기와 요구의 파악은 매우 중요하다.

ㄴ 학생들이 정규 체육수업 상황에 있을 때와 방과 후 학교체육 프로그램에 있을 때, 혹은 학교스포츠클럽에 참여할 경우 이들의 배움과 동기는 다를 수 있다. 정규 체육수업에서는 교육과정에 따라 배움에 목적을 둔다면, 학교스포츠클럽의 경우에는 자신이 좋아하는 스포츠에 집중하여 다양한 실전 게임을 해볼 수 있는 실전 경험에 참여하는 것이 참여 동기가 될 수 있다. 이러한 학생의 참여 동기 및 요구에 대한 지식은 가르치는 사람에게 매우 중요하다.

② 수행적 자질

ㄱ 체육교사, 스포츠강사, 학부모들의 참여와 협력을 유도하여 가르침의 효과가 최대화되도록 노력해야 한다. 최근 들어, 학교체육은 체육교사 일변도에서 학교스포츠클럽을 지도하는 스포츠강사, 방과 후 학교 프로그램 지도자, 학교운동부 등 다양한 방식을 포괄하는 방향으로 전개되고 있다.

ㄴ 학교 체육지도는 다양한 학교체육 정책이 학교라는 한정된 시설과 공간에 투입됨에 따라 시설과 공간에도 제약을 가지고 있기 때문에 지역사회와 협력관계를 맺어 지역사회의 시설을 사용할 수 있도록 유관기관과 생활체육 단체와도 협력관계를 유지할 수 있는 능력이 요구된다.

기출 POINT

체육지도자의 인지적 자질 [16]

• 스포츠생리학, 운동역학 등과 관련된 스포츠과학 지식 구비
• 참여자와의 상담을 위한 기본적인 상담지식 구비
• 클럽 운영과 관련된 지식, 정책 및 법령에 대한 이해

OX문제

스포츠맨십, 스포츠 인권 등과 같은 규범적 가치를 존중하는 것은 체육지도자의 '인지적 자질'에 해당된다. (O, ×)

정답 ×

(2) 생활체육 전문인

① 인지적 자질

㉠ 인지적 자질에서 가장 큰 비중을 차지하는 것은 지도에 관련된 지식으로 이는 지도 대상, 지도 내용, 지도 방법 지식으로 나눌 수 있다.

㉡ 생활체육 전문인은 유·청소년, 성인, 노인 등 다양한 참가자에 대한 이해가 필요하다. 특히 체중감량, 스포츠기능 향상, 사회적 관계의 확장 등 다양한 참가자의 요구사항을 파악할 수 있도록 참가자를 이해할 수 있는 지식을 갖추어야 한다.

㉢ 유·청소년 체육 전문인은 성장, 노인체육 전문인은 노화 등 참가자의 신체발달 및 퇴행과 관련된 전문지식에 해박하여야 한다. 여기에 참가자의 심리, 사회적 특성을 고려한 운동수행 및 학습 성향에 대한 올바른 이해가 더해질 때 코칭을 위한 견고한 지식 토대가 마련된다.

② 기능적 자질

㉠ 생활체육 전문인의 기능적 자질로서 요구되는 것은 프로그램 개발 능력으로, 이는 교사의 교육과정 같은 자신만의 고유한 지도 계획을 통하여 드러나게 된다.

㉡ 생활체육 전문인은 참여자의 동기, 요구에 부응하고 연령, 수준 등의 특성을 반영한 프로그램을 개발할 수 있어야 한다. 따라서 종목 지도에 대한 자신의 아이디어나 노하우를 바탕으로 프로그램을 계획하고 운영할 수 있는 능력이 요구된다.

㉢ 기능적 자질에서 무엇보다 중요한 자질은 다름 아닌 지도 능력이다. 지도 능력은 종목 지도 능력과 종목에 관계없이 통용되는 일반 지도 능력으로 구분된다.

• 종목 지도 능력 : 가르치는 운동종목의 기능을 능숙하게 구사할 수 있는 실기 능력과 종목 특성에 따른 단계별 지도 능력 등이 있다.

• 일반 지도 능력 : 지도 장면에서 발휘되는 표현력, 언어적/비언어적 피드백 능력, 참여자에게 목표를 부여하고 동기를 유발하는 능력을 포함한다.

㉣ 최근 생활체육동호회 및 클럽의 활성화로 주목받고 있는 관리 능력은 생활체육지도자에게 새롭게 요구되고 있는 능력이며, 앞으로 그 중요성이 더욱 강조될 분야이다. 관리 능력은 회원관리, 조직관리, 안전관리, 시설관리로 구분할 수 있다.

(3) 전문체육 전문인

① 전문적 자질의 영역
- ㉠ 철학 및 윤리
- ㉡ 안전 및 상해예방
- ㉢ 신체적 컨디셔닝
- ㉣ 성장 및 발달
- ㉤ 지도법 및 커뮤니케이션
- ㉥ 운동기능 및 전술
- ㉦ 조직과 운영
- ㉧ 평 가

② 전문적 자질의 개발
- ㉠ 엘리트 선수의 경기력에 영향을 미칠 수 있는 제 요인을 파악할 수 있는 능력과 이를 향상시킬 수 있는 지도 능력, 그리고 다양한 경기 외적인 행정업무 수행능력을 어떻게 함양하는가와 밀접한 관련이 있다.
- ㉡ 우수 선수의 발달단계는 아동기 단계, 일반참가 단계, 고급향상 단계, 최고기량 단계로 나누어져 있으며, 코치는 선수 발달단계에 맞춰 각각 초급코치, 레벨 2코치, 중견코치, 마스터코치의 4단계로 구분하고 있다.

02 스포츠교육 전문인으로서의 성장

(1) 형식적 성장

① 형식적인 체육전문인 교육을 통하여 이루어진다. 형식적 체육전문인 교육이란 고도로 제도화되고, 관료적이며, 교육과정에 의하여 조직된 교육으로 성적, 학위 또는 자격증을 부여하는 교육이다. 이러한 형식적 교육은 기관에 의하여 대규모로 이루어지는 특징을 가지고 있다.

② 대규모로 코치의 자격증을 부여하는 형식적 교육이 전 세계적으로 증가하는 추세에 있다. 이러한 형식적 교육은 표준화된 교육과정을 통하여 코치들이 배워야 할 공통의 지식을 체계적으로 전달할 수 있으며, 평가가 용이하다는 장점이 있다. 하지만 이러한 형식적 교육 프로그램이 체육전문인 교육에 그다지 효과적이지 못하다는 비판도 있다.

기출 POINT

무형식적 성장방법의 사례 16
세미나 참여, 워크숍 참여, 클리닉 참여 등

비형식적 성장의 사례 17
훌륭한 스포츠교육 전문가가 되기 위해, 선수 시절 경험을 정리해보고 코칭 관련 책과 잡지를 읽으면서 다양한 지식을 얻었다.

(2) 무형식적 성장

① 일상적으로 바쁜 업무를 수행해야 하는 체육전문인들에게 형식적 교육의 참여는 쉬운 일이 아니다. 따라서 단기간의 세미나, 워크숍, 컨퍼런스 참여 같은 무형식적 교육은 체육전문인들에게 유용한 학습 기회가 된다.

② 무형식적 교육은 공식화된 교육기관 밖에서 행해지는 조직적인 학습의 기회로서 비교적 단기간에 자발적으로 이루어진다. 무형식적 교육은 지속적이면서 광범위하게 이루어질 수 있다. 비록 무형식적 교육이 형식성은 떨어진다고 할지라도 더 많은 지식을 가진 누군가에 의하여 배울 수 있는 포럼의 기회를 제공한다는 특징을 가지고 있다. 형식적 교육, 무형식적 교육, 비형식적 교육이 연계선상에 있다고 할 때, 무형식적 교육은 형식적 교육에 더 가까운 선상에 있다고 볼 수 있다.

(3) 비형식적 성장

① 일상적인 경험으로부터 얻는 비형식적 학습
   ㉠ 비형식적 학습은 과거의 선수 경험, 비형식적인 멘토링, 실제적인 코칭 경험, 동료 코치나 선수들과의 대화에서 얻을 수 있다. 비형식적 학습은 자기 주도적인 학습이란 말과 거의 유사하다.
   ㉡ 인터넷을 검색하거나 코칭 매뉴얼 읽기, 독서, 저널이나 코칭 잡지 구독, 스포츠과학에 관련된 동영상 시청, 코칭 세션에 대한 비평, 자신 혹은 다른 사람의 코칭을 녹화하여 분석하는 것이 해당된다.
   ㉢ 실제적으로 코칭의 경험이 전문성의 성장에 도움을 준다는 메커니즘은 경험에 대한 반성을 통해 이루어진다고 할 수 있다. 이러한 경험적 학습은 코칭을 하는 과정에 대한 반성, 코칭 후 곧바로 이루어지는 반성, 행위에 대한 회상적 반성에 의하여 이루어진다.

② 과거의 선수 경험으로부터 얻는 비형식적 학습
   ㉠ 실제로 엘리트 코치든, 자발적인 청소년 스포츠 코치든 코치의 역할에 대한 학습은 주로 자신의 선수 경험에서부터 시작된다.
   ㉡ 이러한 경험은 스포츠의 규칙, 절차, 기술에 대한 지식을 갖게 하고 자신이 가르치는 선수들을 이해할 수 있는 장점이 있다. 하지만 이러한 경험의 유용성은 보다 면밀하게 점검될 필요가 있으며, 모든 경험이 긍정적인 학습을 가져온다고 할 수는 없다.
   ㉢ 모든 경험이 학습으로 연결되는 것은 아니다. 문제를 발견하고 이러한 문제를 해결하기 위한 전략을 탐색하고, 이를 실행하여 평가해나가는 반성의 과정을 통하여 경험을 학습으로 연결할 수 있다.

05 출제예상문제

01 다음은 어떤 모형의 단점을 설명하는 것인가?

> - 소수의 학생이 팀에서 교사처럼 활동할 수 있다.
> - 팀원 모두가 개념을 잘못 알고 있을 때 상황을 변경하기 어렵다.
> - 일부 학생은 자신에게 주어진 기회를 회피하는 경향을 보일 수 있다.

① 직접교수모형
② 개별화지도모형
③ 협동학습모형
④ 탐구수업모형

해설

협동학습모형은 책임감 있는 팀원이 되고, 자신의 잠재능력을 최대로 개발하며, 팀의 성공을 위해서 자신의 능력에 맞게 공헌하는 것에 의미를 둔다.

02 다음 중 가치적 피드백에 대한 설명으로 옳지 않은 것은?

① 긍정과 부정의 판단어로 표현된다.
② 교사의 가치 체계에 기초한 판단이다.
③ 비구체적 피드백은 잘못된 해석에 대한 가능성이 있다.
④ 독단적 활용은 개별적인 이탈 경험을 제공한다.

해설

가치적 피드백

긍정적 또는 부정적 형태의 가치적 진술로 진술의 제공자에 초점을 두고 판단의 결정은 만족, 평가, 가치, 기준, 감정표현에 목적을 둔다.
- 긍정과 부정의 판단어로 표현
- 비구체적인 피드백은 잘못된 해석에 대한 가능성 내포
- 교사의 가치 체계에 기초하는 판단과 표출
- 가치적 피드백은 상호의존성을 발달시키는 단점
- 적절한 가치적 피드백 진술은 개인적 목표를 수립하고 개별적인 가치 체계 형성

03 다음 중 국민체육진흥에 관한 기본 시책에 포함되지 않는 것은?

① 생활체육의 진흥
② 체육시설의 설치와 유지 · 보수 및 관리
③ 체육과학의 진흥
④ 전문체육 활동의 육성과 지원

해설

국민체육진흥에 관한 기본 시책으로는, 생활체육의 진흥, 선수와 체육지도자의 보호 · 육성, 체육시설의 설치와 유지 · 보수 및 관리, 체육과학의 진흥, 여가 체육 활동의 육성 · 지원 등이 있다.

정답 01 ③ 02 ④ 03 ④

04 다음 중 국민체육진흥 시책에 대한 설명으로 옳지 않은 것은?

① 문화체육관광부장관은 기본시책을 수립한 때에는 시장·도지사에게 알려야 한다.

② 시장·군수·구청장은 체육 진흥 계획에 따라 해당 자치 지역의 체육진흥 계획을 수립하여 시행해야 한다.

③ 지방자치단체의 장은 체육진흥 계획과 그 추진 실적을 문화체육관광부령으로 정하는 바에 따라 문화체육관광부장관에게 보고해야 한다.

④ 시·도지사는 기본시책에 따라 해당 시·도의 체육진흥 계획을 수립해야 하며, 이를 문화체육관광부장관에게 보고해야 한다.

해설

지방체육 진흥 계획(국민체육진흥법 시행령 제4조 제1항)
시·도지사는 기본시책에 따라 해당 특별시·광역시·특별자치시·도 또는 특별자치도의 체육진흥 계획을 수립해야 하며, 이를 시장·군수·구청장에게 알려야 한다

05 다음 중 탐구수업모형의 교수에 관한 가정으로 옳지 않은 것은?

① 교사의 질문은 교사의 지적 능력에 적합하여야 한다.

② 교사는 수업 중 학생의 사고를 자극해서 심동적 영역 발달을 도모한다.

③ 교사는 학생의 학습을 증진시키는 촉진자로, 학생의 창의력과 탐구력을 발달시킬 수 있도록 질문으로 학생을 자극한다.

④ 교사의 역할은 직접교수와 간접교수를 적절하게 배합하는 것이다.

해설

교사의 지적 능력은 탐구수업모형의 가정과는 무관하다.

06 다음 중 반성적 수업의 특징으로 옳지 않은 것은?

① 수업활동을 사회문화적 맥락에서 이해하려는 체육교사의 총체적 노력이다.

② 연속되는 순환 과정이다.

③ 동료교사들과의 협동적 대화와 협조 노력 속에서 이루어지는 집단적 작업이다.

④ 수업의 전체가 교사의 명령과 지시에 의해서 일사불란하게 진행된다.

해설

반성적 수업의 개념은 교사의 반성적 사고가 작용하여 '나의 수업 지도에 있어서 지금 무엇이 잘못되고 있는가?'라는 근본적인 물음에 답을 얻기 위해 실제 수업상황에서 계속 탐구하며 얻어 낸 자료를 바탕으로 그 원인에 대해 파악하고 성찰하려는 과정이라고 할 수 있다.

07 다음 보기에서 학습과제의 단계화에 대한 옳은 설명을 모두 고른 것은?

┌─────────────────────────────────────┐
│ ㉠ 시작형 단계 – 학습의 가장 기초적인 수준에서 학생이 학습할 수 있도록 개발한 과제 │
│ ㉡ 세련형 과제 – 폼이나 느낌과 같이 운동 기능의 질적 측면에 초점이 맞추어진 과제 │
│ ㉢ 확장형 과제 – 난이도와 복잡성이 덧붙여진 형태의 과제 │
│ ㉣ 적용형 과제 – 배운 기능을 실제 상황에서 다양하게 활용하도록 만든 과제 │
└─────────────────────────────────────┘

① ㉠   ② ㉡, ㉢

③ ㉡, ㉢, ㉣   ④ ㉠, ㉡, ㉢, ㉣

해설

체육수업의 실천에서 학습과제의 단계화에 대한 설명으로 모두 맞는 설명이다.

08 다음 중 효율적 교수의 특징에 대한 설명으로 옳지 않은 것은?

① 수업 참여를 위해 매시간 출석을 부른다.
② 구체적 피드백과 긍정적 피드백으로 상호작용을 증진시킨다.
③ 박수, 구호, 호각 등을 이용하여 학습자가 집중하도록 한다.
④ 수업운영 시간을 기록한다.

해설
상규적 활동 시간을 최소화하는 것이 좋다.

09 「학교체육진흥법」의 '학교체육 진흥의 조치'에 해당하지 않는 것은?

① 학생건강체력 평가에서 비만 판정 받은 학생에 대한 대책을 마련한다.
② 학교스포츠클럽 및 학교운동부를 운영한다.
③ 여학생의 체육활동을 활성화한다.
④ 학생선수의 학습권 보장을 위해 운동부를 폐지한다.

해설
학교체육 진흥의 조치(학교체육진흥법 제6조)
• 체육교육과정 운영 충실 및 체육수업의 질 제고
• 학생선수의 학습권 보장 및 인권보호
• 학교스포츠클럽 및 학교운동부 운영
• 유아 및 장애학생의 체육활동 활성화
• 여학생의 체육활동 활성화
• 학생건강체력 평가 및 비만 판정 받은 학생에 대한 대책
• 학교 간 경기대회 등 체육 교류활동 활성화
• 학교체육행사의 정기적 개최
• 교원의 체육 관련 직무 연수 강화 및 장려

10 다음 중 보기의 교수 연습법에 대한 설명으로 옳은 것은?

> • 실제적 상황에서 수업상의 부담을 줄인 상태로 실제 학생 대상으로 교수 기능 연습
> • 학생의 수(보통 5~10명), 10~20분 정도 단위 수업
> • 수업 내용 지도와 관련된 교수 기능 연습에 유용

① 동료 교수
② 반성적 수업
③ 축소 수업 – 마이크로티칭
④ 현장에서의 소집단 교수

해설
보기의 교수 연습법에 대한 내용은 현장에서의 소집단 교수법에 대한 설명이다. 현장에서의 소집단 교수는 현장의 학습자들을 소집단으로 묶어 가르치는 것이다.

11 다음 중 「학교체육진흥법」에서 제시한 학교스포츠클럽 운영에 대한 설명으로 옳지 않은 것은?

① 학교스포츠클럽 활동내용을 학교생활기록부에 기록해 상급학교 진학자료로 활용할 수 있도록 한다.
② 학교스포츠클럽 전담교사에게는 학교 예산 범위에서 소정의 지도수당을 지급한다.
③ 학교스포츠클럽 활동에 많이 참여하는 남학생이 선호하는 종목을 주로 하여 학교스포츠클럽을 운영한다.
④ 학교스포츠클럽을 운영하는 경우 학교스포츠클럽 전담교사를 지정해야 한다.

해설
학교스포츠클럽 운영(학교체육진흥법 제10조 제5항)
학교의 장은 일정 비율 이상의 학교스포츠클럽을 해당 학교의 여학생들이 선호하는 종목의 학교스포츠클럽으로 운영해야 한다.

12 다음 중 질문식 수업의 특징으로 인지전략에 해당하지 않는 것은?

① 학습과정은 학습 결과만큼 중요
② 학습자들은 학습 과정에서의 역할이 증대되어 상위 내용수준 학습
③ 내용의 개별화 기능
④ 형식화된 평가 관리 시스템

해설
형식화된 평가 관리 시스템은 전통적인 수업방식에 해당한다.

13 다음 중 시덴탑(Sidentop)의 스포츠교육모형 6가지 요소에 대한 설명으로 옳지 않은 것은?

① 시즌 – 연습 기간, 시즌 전 기간, 정규시즌 기간, 최종 경기를 포함한다.
② 공식경기 – 경기의 공정성과 더 나은 경기 참여를 위해 시즌을 조직하고 의사결정에 참여한다.
③ 결승전 행사 – 결승전 행사 때 축제 분위기로 마무리한다.
④ 기록보존 – 경기수행에 대해 기록하고 분석한다.

해설
시덴탑(Sidentop)의 스포츠교육모형 6가지 요소는 시즌, 팀소속, 공식경기, 결승전 행사, 기록보존, 축제화이다. 이 중 '결승전 행사'는 시즌을 팀 경쟁, 개인 경쟁 등 다양한 형태로 마무리하는 것을 말한다. 결승전 행사 때 축제 분위기로 마무리하는 것은 '축제화'이다.

14 다음 중 청소년스포츠코칭 프로그램 내용으로 옳지 않은 것은?

① 필드형 스포츠는 공격 기회가 일정하게 보장되지 않는다.
② 영역형 스포츠는 잦은 신체 접촉과 거친 플레이를 이겨낼 수 있는 강한 체력과 정신력이 필요하다.
③ 네트형 스포츠에서 공격수는 상대방이 받지 못할 공간으로 공을 보내는 전략을 습득해야 한다.
④ 영역형 스포츠는 공격과 수비가 수시로 바뀌기 때문에 경기상황에 따른 자기 역할을 빠르게 인지·수행하고, 공간을 효율적으로 사용해야 한다.

해설
야구, 소프트볼, 티볼 등 필드형 스포츠는 팀의 공격 기회가 일정하게 보장된다.

15 다음 중 슐만(Shulman)의 7가지 교사 지식에 대한 설명으로 옳지 않은 것은?

① 교육목적 지식 – 교육 목적·목표·교육시스템 구조에 대한 지식
② 교육과정 지식 – 참여자 발달단계에 적합한 내용과 프로그램에 대한 지식
③ 학습자에 대한 지식 – 수업에 참여하는 학습자에 대한 지식
④ 내용교수법 지식 – 모든 교과에 적용되는 지도법에 대한 지식

해설
슐만(Shulman)의 7가지 교사 지식은 교육과정 지식, 교육환경 지식, 교육목적 지식, 내용 지식, 내용교수법 지식, 지도방법 지식, 학습자에 대한 지식이다. 이 중 '내용교수법 지식'은 교과나 주제를 참여자 특성에 맞게 지도할 수 있는 방법에 대한 지식을 말한다. 모든 교과에 적용되는 지도법에 대한 지식은 '지도방법 지식'이다.

16 다음 중 자기설계형 스타일의 제한점에 대한 설명으로 옳지 않은 것은?

① 개별 프로그램을 인식하고 교사와 학습자 간의 의사소통에 필요한 시간 확보
② 학습자 개인의 수업결과를 위한 적절한 지원 및 피드백 제공시간 확보
③ 수업 중에서 각각의 결정에 대한 충분한 대화
④ 학습설계에 대한 책임은 학습자의 주도에 있음

해설
학습설계에 대한 책임이 학습자의 주도에 있다는 것은 자기주도형 스타일에 대한 내용이다.

17 다음 중 자기주도형 스타일의 특징에 대한 설명으로 옳지 않은 것은?

① 학습자 학습 경험 주도와 의사결정 인정
② 필요한 개별 학습 조건 제공
③ 학습 진행 과정과 학습 결과 인정
④ 계획과 실제 학습 활동과의 모순점 경고

해설
필요한 개별 학습 조건 제공은 연습형 스타일에 대한 내용이다.

18 개인적·사회적 책임감지도모형 중 책임감 수준에 대한 설명으로 옳은 것은?

① 2단계 참여와 노력 – 타인의 요구 수용, 교사 없이 과제 완수
② 3단계 자기방향 설정 – 자기 동기 부여와 자발적 활동 참여
③ 5단계 전이 – 같은 상황에 처한 다른 사람에게 피드백 제공
④ 4단계 돌봄과 배려 – 타인을 방해하지 않고 고려하면서 활동 참여

해설
① 2단계 참여와 노력 : 의무감 없는 자발적 참여, 자기 동기 부여
② 3단계 자기방향 설정 : 교사 없이 과제 완수, 자기 목표 설정 및 자기 평가 가능
④ 4단계 돌봄과 배려 : 먼저 모범을 보이며 경청·대응, 다른 사람의 요구과 감정 인정

19 다음 중 보기의 교수 스타일에 대한 설명으로 옳은 것은?

> 학습목표 : 길게 뜨는 볼 차기에서 발가락 끝으로 차기에 대한 발견
>
> ㉠ 질문 : 멀리 떨어진 사람에게 공을 패스하고 싶을 때 어느 정도의 거리로 차야 할까?
> 대답 : 길게 차기!(맞았어!)
> ㉡ 질문 : 너와 동료 사이에 상대 팀 선수가 있고, 그 근처에 다른 동료는 아무도 없다고 가정해보자. 너는 동료에게 어떻게 하면 공을 안전하게 전달할 수 있을까?
> 대답 : 공이 높이 뜨도록 차야 해요! (맞아?)
> ㉢ 질문 : 공을 높게 뜨도록 차기 위해서는 공의 어느 부분을 차야할까?
> 대답 : 가능한 낮은 부분을요. (그렇지)
> ㉣ 질문 : 달리고 있을 때, 발의 어느 부분이 공의 가장 낮은 부분에 편안하게 닿을까?
> 대답 : 발가락이요! (훌륭한 대답이야. 우리 한번 연습해 보자!)

① ㉠ – 수렴발견형 스타일
② ㉡ – 확산발견형 스타일
③ ㉢ – 유도발견형 스타일
④ ㉣ – 모방중심형 스타일

해설
유도발견형 스타일에서 교사는 미리 예정되어 있는 해답을 학습자가 유도발견하도록 계열적이며 논리적인 질문을 제공해야 한다.

20 다음 중 전술게임모형에서 활용되는 4가지 주요 학습 과제에 대한 설명으로 옳지 않은 것은?

① 게임형식 – 정식 게임의 변형
② 기술연습 – 교사는 전술과 기술에 관련된 한 가지 이상의 연습 고안
③ 변형게임 – 학생 발달단계에 적합하도록 규칙, 점수, 경기장 크기, 게임시간 등을 변경하여 전술과 기술의 반복 연습
④ 정식게임 – 발달단계에 적합한 정식게임 참여로 학생의 최대 참여 제한

해설

정식게임은 게임 단계를 설정하고, 게임이 시작되기 전 학생이 해결해야 하는 전술문제들을 부과하는 것이다.

21 배드민턴 수업의 학생 평가 계획에서 보기의 (가)~(라)에서 활용된 평가방법이 옳게 연결된 것은?

(가) 학생들과의 자연스러운 대화를 통해 배드민턴 수업에 대한 학생들의 생각이나 느낌 등의 정보를 수집하여 수업 태도, 협동심, 책임감 등을 평가하고자 한다.
(나) 활동 과제를 해결하기 위해 학생이 각종 자료를 수집, 분석, 종합하여 작성한 배드민턴 연구 보고서를 평가하고자 한다. 단, 활동 과제의 범위가 넓을 경우 모둠별 과제로 작성하게 할 예정이다.
(다) 배드민턴 실기 능력이 떨어지는 학생을 지속적, 객관적으로 살펴보기 위해서 체크리스트와 비디오 녹화를 활용하여 평가하고자 한다.
(라) 네트형 경쟁 활동에 대한 이해 및 배드민턴 경기 능력에 대한 학생의 변화, 발전 과정을 전반적으로 평가하고 학생의 자기반성 및 평가도 촉진하고자 한다.

① (가) – 관찰법, (다) – 면접법
② (가) – 면접법, (다) – 프로젝트법
③ (나) – 포트폴리오, (라) – 프로젝트법
④ (나) – 프로젝트법, (라) – 포트폴리오

해설

(가) 면접법, (나) 프로젝트법, (다) 관찰법, (라) 포트폴리오
네 가지 모두 대안평가의 방법으로서 교사가 계획한 특정 학습 기준이나 결과를 모니터할 수 있도록 설계되었다. 따라서 자신감을 확보할 수 있고, 다양한 평가방법 구현을 추구할 수 있다.

22 다음 중 쉠프(Schempp)의 스포츠지도자 전문성 구성요소로 옳지 않은 것은?

① 개인적 특성　　② 지 식
③ 철 학　　　　　④ 체 력

해설

쉠프(Schempp)의 스포츠지도자 전문성 구성요소
• 개인적 특성 : 배려심, 선천적인 기질, 열정, 믿음 등 심리적 측면의 전문성
• 지식 : 교수 내용과 관련된 전문지식
• 철학 : 도덕성 및 가치관
• 기술 : 교수 방법과 관련된 기술적 전문성

23 다음 중 개별화지도모형의 학습영역 우선순위를 순서대로 나열한 것은?

① 심동적 학습 – 인지적 학습 – 정의적 학습
② 인지적 학습 – 심동적 학습 – 정의적 학습
③ 정의적 학습 – 인지적 학습 – 심동적 학습
④ 정의적 학습 – 심동적 학습 – 인지적 학습

해설

직접교수모형, 개별화지도모형의 학습영역 우선순위는 심동적, 인지적, 정의적 학습 순이다.

24 다음 중 동료교수모형의 이론적 근거에 대한 설명으로 옳지 않은 것은?

① 사회학습이론
② 인지발달
③ 간접교수모형
④ 구성주의 학습이론

해설

동료교수모형은 직접교수모형의 이론적 배경에 기초한다.

25 다음 보기는 농구 스탠딩 숏에 대한 활동 과제를 순서 없이 나열한 것이다. 학습 과제 ㉠~㉣의 순서를 올바르게 배열한 것은?

㉠ 링으로부터 5m 거리의 측면 위치에서 숏을 연습하게 한다.
㉡ 숏 동작의 설명과 시범을 보인 후 골 밑에서 숏을 연습하게 한다.
㉢ 골대 정면 5m 지점에 수비수 한 명을 세워두고 숏을 10회 시도하여 성공 횟수를 확인하게 한다.
㉣ 무릎, 팔꿈치를 순서대로 펴면서 손목 스냅을 이용하여 숏을 연습하게 한다.

① ㉡ → ㉠ → ㉣ → ㉢
② ㉡ → ㉣ → ㉠ → ㉢
③ ㉣ → ㉡ → ㉠ → ㉢
④ ㉣ → ㉠ → ㉡ → ㉢

해설

링크(Rink)는 학습과제 발달단계를 '시작형 → 확장형 → 세련형 → 적용형' 순서로 제시했다.
㉠ : 난이도와 복잡성이 추가된 과제로 확장에 해당한다.
㉡ : 기초 단계의 학습과제로 시작에 해당한다.
㉢ : 학습 기능을 실제상황에서 활용하는 것으로 적용에 해당한다.
㉣ : 자세나 기분 등 질적 측면이 향상된 과제로 세련에 해당한다.

26 다음 중 지도자의 언어적 피드백과 모스턴의 피드백 유형의 연결로 옳지 않은 것은?

① 그래, 가능한 움직임 구성이다. – 중립적 피드백
② 공에서 눈을 떼지 마라. – 교정적 피드백
③ 흥미로운데?, 아주 좋아. – 가치적 피드백
④ 허리를 회전시켜 임팩트가 더 강력해지고 좋아졌다.
　　– 가치적 피드백

해설

'흥미로운데?', '아주 좋아.' 같은 형태의 피드백은 학생에게 활동 수행에 관하여 정확한 정보를 제공해주지 않기 때문에 불분명 피드백에 해당한다.
• 가치적 피드백 : 긍정·부정적 내용의 피드백으로 느낌이나 가치를 표현하는 단어를 포함
• 중립적 피드백 : 모니터링을 위해 판단을 유보한 피드백으로 주관적 판단이 결여된 사실
• 교정적 피드백 : 긍정·부정의 가치 판단이 아닌 동작의 수정에 관한 피드백

27 다음 보기와 같은 내용이 포함된 체육 관련법으로 옳은 것은?

국민체육을 진흥하여 국민의 체력을 증진하고, 체육활동으로 연대감을 높이며, 공정한 스포츠 정신으로 체육인 인권을 보호하고, 국민의 행복과 자긍심을 높여 건강한 공동체의 실현에 이바지함을 목적으로 한다.

① 국민체육진흥법
② 건강체력교실
③ 학교체육진흥법
④ 생활체육진흥법

해설

② 건강체력교실은 학생건강체력평가에서 저체력 또는 비만 판정을 받은 학생을 대상으로 운영하는 프로그램이다. 해당 내용은 학교체육진흥법에 포함되어 있다.
③ 학교체육진흥법은 학생들이 건강하고 균형 잡힌 신체와 정신을 가질 수 있도록 하는 데 기여함을 목적으로 한다.
④ 생활체육진흥법은 생활체육의 기반조성 및 활성화를 도모하고, 생활체육을 통한 국민의 건강과 체력 증진, 여가 선용 및 복지 향상에 이바지함을 목적으로 한다.

28 국가체육교육과정 중 2007 · 2009 개정 교육과정의 체육과에 대한 설명으로 옳은 것은?

① 국민적 자질의 함양 및 인간 교육의 강화, 지식, 기술의 쇄신 등을 기본 방침으로 하고, 이러한 방침에 따라 자아실현과 국가 발전 및 민주적 가치 함양을 교육목표로 한다.

② 교육과정 및 교과용 도서 중에서 개선이 필요한 부분만을 개정한다는 것을 기본 원칙으로 삼고, 건강한 사람, 자주적인 사람, 창조적인 사람, 도덕적인 사람을 기르는데 목적을 두고 있다.

③ 건강한 사람, 자주적인 사람, 창의적인 사람, 도덕적인 사람의 인간상과 함께 교육과정 결정의 분권화, 교육과정 구조의 다양화, 교육과정 내용의 적정화, 교육과정 운영의 효율화를 목표로 하고 있다.

④ 각 단원에서 배워야 할 창의적 인성요소를 선정하여 내용을 체계화 하고, 그것을 가능하게 하는 다양한 교수–학습방법과 평가체계를 구축한다.

> **해설**
> ④ 제7차 교육과정까지는 바람직한 태도의 함양을 강조하고 있으나 구체적인 인성 요소는 나타나 있지 않았다. 그러나 2007 개정 교육과정과 2009 개정 교육과정에서는 신체활동의 다른 차원(지속적 참여, 인성교육 등)이 강조되고 있다.
> ① 제3차 교육과정에 대한 내용이다.
> ② 제5차 교육과정에 대한 내용이다.
> ③ 제6차 교육과정에 대한 내용이다.

29 다음 보기의 수업 모형 중 학습 영역의 최우선 순위가 동일한 것을 모두 고른 것은?

> ㉠ 직접교수모형
> ㉡ 개별화지도모형
> ㉢ 전술게임모형
> ㉣ 인지적 학습에 초점을 둔 협동학습모형
> ㉤ 학습자일 경우의 동료교수모형

① ㉠, ㉡, ㉤   ② ㉠, ㉢, ㉤
③ ㉡, ㉢, ㉣   ④ ㉡, ㉣, ㉤

> **해설**
> ㉠ 직접교수모형 : 심동적 > 인지적 > 정의적
> ㉡ 개별화지도모형 : 심동적 > 인지적 > 정의적
> ㉢ 전술게임모형 : 인지적 > 심동적 > 정의적
> ㉣ 협동학습모형
> • 주어진 과제가 인지적 학습에 초점을 두면
>   정의적 = 인지적 > 심동적
> • 주어진 과제가 심동적 학습에 초점을 두면
>   정의적 = 심동적 > 인지적
> ㉤ 동료교수모형
> • 개인교사일 경우 인지적 > 정의적 > 심동적
> • 학습자일 경우 심동적 > 인지적 > 정의적

30 다음 중 학습자 관리 기술에 대한 설명으로 옳지 않은 것은?

① 적절한 행동에 대한 보상체계를 마련한다.

② 행동수정 체계를 상황에 맞춰 수시로 변화시킨다.

③ 학습자 행동을 조금씩 변화시킨다.

④ 현재 수준에서 출발한다.

> **해설**
> 행동수정 체계는 일관성이 있어야 한다.

31 다음 중 국민체육진흥법에서 정의한 내용으로 옳지 않은 것은?

① 체육 – 운동경기, 야외 운동 등 신체 활동을 통하여 건전한 신체와 정신을 기르고 여가를 선용하는 것을 말한다.
② 전문체육 – 선수들이 행하는 운동경기 활동을 말한다.
③ 경기단체 – 체육에 관한 활동이나 사업을 목적으로 설립된 법인이나 단체를 말한다.
④ 체육진흥투표권 – 운동경기 결과를 적중시킨 자에게 환급금을 내주는 표권으로써 투표 방법과 금액, 그 밖에 대통령령으로 정하는 사항이 적혀 있는 것을 말한다.

> **해설**
> • 체육에 관한 활동이나 사업을 목적으로 설립된 법인이나 단체는 체육단체에 대한 정의이다.
> • 경기단체란 특정 경기 종목에 관한 활동과 사업을 목적으로 설립되고 대한체육회나 대한장애인체육회에 가맹된 법인이나 단체 또는 문화체육관광부장관이 지정하는 프로스포츠 단체를 말한다.

32 다음 중 효과적인 벌의 전략에 대한 설명으로 옳지 않은 것은?

① 보상손실 – 학습자가 잘못된 행동을 했을 때 좋아하는 것을 빼앗는다.
② 적극적 연습 – 학습자가 잘못된 행동을 할 때마다 바른 행동을 하도록 반복적으로 연습시킨다.
③ 퇴장 – 학습자가 잘못된 행동을 했을 때 수업 현장에서 퇴장시킨다.
④ 삭제훈련 – 학습자가 잘못된 행동을 했을 때 벌을 주어 행동을 수정한다.

> **해설**
> 삭제훈련은 학습자가 부정적 행동을 하지 않은 데에 칭찬·보상을 하여 부정적 행동을 삭제하는 것이다.

33 다음 중 광의의 스포츠교육에 대한 설명으로 옳지 않은 것은?

① 스포츠 교육적 활동뿐만 아니라 삶의 의미를 추구하는 신체활동을 모두 포괄한다.
② 스포츠교육학은 다양한 스포츠활동의 참여 과정 내에서 일어나는 여러 교육적 현상을 분석 기술하는 과학이다.
③ 교육학 내의 일분야로서뿐만 아니라 스포츠 과학 내의 학문분야에 포함된다.
④ 스포츠교육이 학습자의 우울증 완화에 도움이 되는지에 관심을 둔다.

> **해설**
> 스포츠교육이 학습자의 우울증 완화에 도움이 되는지에 관심을 두는 것은 스포츠교육학보다 스포츠심리학에 가깝다.

34 다음 중 연습형 스타일의 특징으로 옳지 않은 것은?

① '피드백이 주어진 기억/모방 과제를 학습자가 개별적으로 연습하는 것'이라고 할 수 있다.
② 교사의 역할은 모든 교과내용과 이에 따른 세부 운영 절차를 결정하고 피드백을 학습자에게 개별적으로 제공하는 것이다.
③ 학습자의 역할은 9가지 특정 사항(수업장소, 수업운영, 시작시간, 속도와 리듬, 정지시간, 질문, 인터벌, 자세, 복장과 외모)을 의사결정하는 한편, 기억/모방 과제를 개별적으로 수행하는 것이다.
④ 교사의 역할은 학습자가 발견해야 할 목표 개념을 포함한 일련의 계열적인 질문의 설계와 교과와 관련된 의사결정을 하는 것이다.

> **해설**
> ④ 유도발견형 스타일에 해당된다. 유도발견형 스타일은 미리 예정되어 있는 해답을 학습자가 발견하도록 유도하는 일련의 계열적이고 논리적인 질문을 설계하는 것이며, 학습자의 역할은 교사에 의해 주어진 질문에 대한 해답을 발견하는 것이다.

35 다음 중 보기에서 교사와 학습자의 역할에 따른 교수 스타일에 대한 설명으로 옳은 것은?

> 교사의 역할은 학습자에게 전달해야 할 교과에 대한 특정 문제와 주제를 결정하는 일이다. 학습자의 역할은 특정 문제에 대한 다양한 설계, 해답, 반응을 발견하는 것이다.

① 확산발견형 스타일
② 자기설계형 스타일
③ 수렴발견형 스타일
④ 상호학습형 스타일

해설
확산발견형 스타일의 특징
정의적 영역에서 고유한 조건을 생성한다. 모든 학습자는 발견의 과정에서 기쁨과 스트레스를 모두 경험해 보고 이를 잘 처리해야 한다. 여기서 즐거움은 자신만의 고유한 아이디어를 창조해냄으로써 얻어진다. 반면 학습자는 새로운 것을 발견하라는 요구와 직면했을 때 스트레스를 겪는다. 어떤 학습자는 스트레스를 잘 견디며 임무를 완성하지만, 몇몇 학습자는 실패를 두려워하거나 인지적 한계를 드러내기도 한다.

36 다음 중 보기에서 설명하는 제도로 옳은 것은?

> 학교의 장은 학생선수가 일정 수준의 학력기준에 도달하지 못한 경우에는 별도의 기초학력보장 프로그램을 운영하여야 하며, 필요할 경우 경기대회 출전을 제한할 수 있다.

① 최저학력제
② 건강체력교실
③ 학생건강체력평가
④ 학교체육진흥위원회

해설
학교운동부 운영 등(학교체육진흥법 제11조 제1항)
학교의 장은 학생선수가 일정 수준의 학력기준(이하 "최저학력"이라 한다)에 도달하지 못한 경우에는 별도의 기초학력보장 프로그램을 운영하여 최저학력이 보장될 수 있도록 노력하여야 하며, 필요할 경우 경기대회 출전을 제한할 수 있다.

37 다음 교수 스타일의 특성 중 지시형 스타일에서 목적을 달성하지 못하는 이유로 옳지 않은 것은?

① 교사가 지나치게 말을 많이 하거나, 학습자들이 적극적으로 참여할 시간이 거의 주어지지 않은 경우
② 교사의 페이스와 리듬 속도가 너무 빠르거나 혹은 너무 느린 경우
③ 한두 명의 학습자들이 곤란을 겪고 있을 뿐인데도 학급 전체의 행동을 중단시키는 행동을 할 경우
④ 교사가 학습자가 선택한 수준에 대해 이야기하지 않는 것이 어렵겠지만, 인내심을 갖고 참는 경우

해설
④ 포괄형 스타일의 실제에 해당된다. 포괄형 스타일은 학습자에게 선택한 과제의 수준이 좋았는지 나빴는지 이야기하는 것은 교사의 역할이 아니며, 학습자의 역할은 교사에게 도움을 요청하지 않고 자신에게 적합한 수준을 선택하는 것이다.

38 다음 중 보기에서 설명하고 있는 모형으로 옳은 것은?

> 전인으로서의 성장 또는 인성을 갖춘 사람으로서, 성숙은 호울 스포츠(Whole Sports)의 입문으로 가능하다고 주장한다. 다양한 직접체험활동과 간접체험활동을 실행하고 경험하면서, 체육교사의 간접교수활동과 직접교수활동을 통하여 학생들은 체육활동의 기법적 차원과 심법적 차원에 올바로 입문된다.

① 스포츠교육모형   ② 하나로수업모형
③ 동료교수모형   ④ 탐구수업모형

해설
'공적 전통으로서의 체육 문화'를 보다 구체화시킨 표현이 호울 스포츠(Whole Sports)이며 체육에서의 사회적 실제를 말한다. 하나로수업모형은 공적 전통으로서의 체육문화에 학생들을 입문시키기 위해서 단순한 기술, 전술, 규칙만을 가르치지 않고, 해당 스포츠의 정신, 안목, 전통을 이해하고 체득할 수 있도록 가르친다.

39 다음 중 하나로수업모형의 교수목표에 대한 설명으로 옳지 않은 것은?

① 배우는 교과내용으로서의 스포츠를 그 스포츠의 본 모습에 가장 가까운 형태로 체험하기 위한 것이다. 보는 것만이 아니라 오감을 입체적으로 활용하여 다양한 측면들에 대해 종합적으로 체험함으로써 그 스포츠에 대한 보다 총체적인 이해를 갖도록 한다.

② 학교 내에서 배우는 내용들이 학교 밖 일상생활에서도 실제적으로 활용되고, 학교 밖에서 배운 것들이 수업 시간에 배우는 내용에 구체적으로 적용될 수 있도록 한다.

③ 자신 이외에 우리 삶에서 소중한 다른 사람들을 이해하고 배려하고 사랑하는 것을 배워서 자신처럼 여길 수 있어야 한다는 것이다. 타인과의 하나 됨을 통해서 체육과 삶을 사랑할 수 있도록 가르쳐야 한다.

④ 교육의 목표는 학생 개인의 사고력, 문제 해결력, 탐구력 등을 향상시키는 것이며, 질문중심 수업의 독특한 성격과 그 속에 담겨있는 많은 유용한 전략들을 통해 학생의 인지적 능력을 개발시킬 수 있다.

해설

④ 하나로수업모형이 아닌 탐구수업모형에 관한 설명이다. 움직임 교육, 교육적 게임, 기술 주제 등은 모두 학생의 지적능력을 개발시키고, 이어서 심동적 영역에서 학생의 표현력, 창의력, 기능 숙달의 개발을 돕는다.

40 다음 중 체육 평가 유형의 종류와 그에 대한 설명의 연결이 옳은 것은?

① 진단평가 – 계획된 학습의 목표를 달성하기 위하여 학습지도와 학습활동이 전개되기 이전에 그 학생들이 일정한 학습을 받아들이기에 어느 정도의 준비성을 가지고 있는가를 평가한다.

② 형성평가 – 주어진 일정한 기간 동안의 학습과정을 끝마친 후 학습목표의 달성도를 개인별 또는 집단별로 평가하여 학생들의 성적을 작성하고, 기능과 능력의 점검, 다음 학습과정에서의 성공 예측, 다음 학습 교수활동의 출발점 결정, 완전 학습을 위한 학습의 피드백 유도, 그리고 개인의 집단 내 위치를 확인하는 데 활용하는 평가를 말한다.

③ 개인내차 평가 – 측정된 결과를 평가할 때 어떤 객관적인 기준에 의해서 측정치 또는 질적 기술을 해석하지 않고 교사의 주관적인 판단에 의해서 해석한다.

④ 상대평가 – 학생들의 교과별 학업성취도를 평가할 때 집단 내의 다른 학생들의 성취 정도와 비교하여 평가하는 것이 아니라 사전에 설정된 교수·학습목표를 준거로 하여 그 목표의 달성도를 평가하는 방식을 의미한다.

해설

② 총괄평가, ③ 임의평가, ④ 절대평가에 관한 내용이다.

41 다음 중 보기에서 설명하고 있는 체육평가의 유형으로 옳은 것은?

> 교육성취도를 평가할 때 집단 내의 상대적인 서열을 중심으로 이루어지는 평가방식으로서 선발, 분류, 배치 상황에서 유용하게 사용된다.

① 절대평가
② 개인내차 평가
③ 상대평가
④ 수행평가

해설
보기는 상대평가에 관련된 내용이다. 상대평가는 집단 내의 다른 학생들과의 상대적인 비교를 통해서 이루어지는 평가로, 학생 개인이 성취한 수준과는 관계없이 다른 학생들의 성취 수준에 따라 상대적으로 성취 정도가 평가된다.

42 다음 중 측정 및 평가가 필요한 이유로 옳지 않은 것은?

① 학습 결과의 진단과 치료
② 학습평가를 기준으로 목표 변경
③ 학습자 자신에 대한 이해와 학습의 동기유발
④ 팀의 선발, 집단의 분류, 평가기준설정, 연구의 자료로 필요

해설
학생들로 하여금 바람직한 변화를 가져올 수 있게 하기 위해 어떤 조건이 필요한 것인가를 밝히는 수단으로서의 평가는 바람직하지만, 목표 변경을 위한 자체의 목적이 되어서는 안 된다.

43 다음 중 상대평가와 절대평가의 비교에 대한 설명으로 옳은 것은?

① 평가근거 – 상대평가는 타인과 비교, 소속집단의 점수분포, 절대평가는 학습목표 도달 수준
② 기준 – 상대평가는 과학적 연구결과에 근거, 절대평가는 해당 성, 연령, 대상 집단의 전집에 근거
③ 평가도구의 양호도 – 상대평가는 타당도 중시, 절대평가는 신뢰도 중시
④ 성취수준의 판정방법 – 상대평가는 목표 도달률, 절대평가는 평균치

해설
② 기준 : 절대평가는 과학적 연구결과에 근거, 상대평가는 해당 성, 연령, 대상 집단의 전집에 근거
③ 평가도구의 양호도 : 절대평가는 타당도 중시, 상대평가는 신뢰도 중시
④ 성취수준의 판정방법 : 절대평가는 목표 도달률, 상대평가는 평균치

44 다음 중 평가기법에 대한 설명으로 옳지 않은 것은?

① 포트폴리오 – 특정 주제에 대한 지식을 나타내기 위해 여러 자료를 모아 만든 작품 평가
② 루브릭 – 평가 기준을 학습자에게 알리고 교사가 검토
③ 체크리스트 – 목표달성 정도를 확인하기 위한 평가
④ 프로젝트 – 소집단별로 과제 수행 정도를 평가

해설
체크리스트는 자기 동작을 확인하기 위한 자기 평가이다.

45 다음 중 수행평가에 대한 설명으로 옳지 않은 것은?

① 학습의 결과뿐만 아니라, 체계적인 기록과 지속적인 관찰을 근거로 한 학습 과정을 평가에 반영하도록 한다.
② 교사의 평가뿐만 아니라, 상호평가(동료·학생 간 평가), 자기 평가 등의 학생 평가를 결합한 다양한 방법을 사용하여 종합적인 평가가 이루어지도록 한다.
③ 그 성과가 어느 정도로 발달하였는가를 총평하고, 그에 대한 성적을 산출하여 그 결과를 행정자료에 반영시키려는 목적으로 실시한다.
④ 목적과 내용을 고려하여 실시하도록 하고, 학년별 평가의 기준, 절차, 시기, 시설 및 용기구, 평가 도구 등을 공정하게 적용하여 객관적이고 신뢰성 있는 평가가 이루어지도록 한다.

해설
성과를 총평하고 성적을 산출하여 결과를 행정자료에 반영시키려는 것은 총괄평가에 관한 내용으로, 학기말 고사나 중간고사 등이 총괄평가에 포함된다.

46 다음 중 스포츠 교육에 대한 최근의 변화 양상으로 옳지 않은 것은?

① 체육교과를 이해하는 전체적인 시각, 즉 패러다임이 변화되고 있다.
② 학생과 학습과정, 그리고 교사와 수업과정에 대한 시각이 구성주의적 관점으로 변화하고 있다.
③ 스포츠기능의 숙달과 함께 체육학적 지식의 이해를 통한 비판적 인식능력을 발달시키고 강조하고 있다.
④ 체육수업방법이 하나로 통합되어 교사 중심적인 교수 스타일이 강조되고 있다.

해설
체육수업방법이 보다 다양화되었고 학생 중심적으로 변화되고 있다.

47 다음 중 체육수업의 목적을 건강 증진으로 생각하는 원인으로 옳지 않은 것은?

① 체육수업은 다른 교과의 수업보다 적극적인 신체활동이 이루어지는 기회가 많기 때문
② 학생들은 과거에 비하여 건강 상태는 좋지만 체력은 저하되었기 때문
③ 국민 건강 증진을 위해 체육수업이 기여하는 바가 검증된 실증적 자료가 존재하기 때문
④ 체육수업의 시간 부족과 입시위주의 사회문화 속에 건강의 중요성이 강조되기 때문

해설
체육수업이 필요한 이유를 건강증진에 초점을 맞추고 있으나 결과론적으로 검증된 실증적 자료와는 관련이 없다.

48 다음 중 평가의 목적으로 옳지 않은 것은?

① 교수·학습의 효과성 및 교육과정의 적합성 판단
② 학습자 역량 판단을 통한 이수 과정 정보 제공
③ 학습자의 미래 수행력 예측
④ 적합한 학습과제 선정의 편리성을 위한 집단 편성

해설
학습지도 및 관리 운영의 효율성을 위한 집단 편성을 목적으로 한다.

49 다음 중 포괄형 스타일의 특징에 대한 설명으로 옳지 않은 것은?

① 다양한 기술 수준에 있는 학습자가 자신들이 수행할 수 있는 난이도를 선택하면서 동일한 과제에 참여한다는 것이다.
② 교사의 역할은 과제의 난이도 선정, 교과내용과 수업 운영절차에 대한 의사결정을 하는 것이다.
③ 학습자의 역할은 자신이 성취 가능한 수준을 조사하고, 출발점을 선택하여 과제를 연습하며 필요에 따라 과제 수준을 수정하며 평가기준을 맞추어 자신의 수행을 점검하는 것이다.
④ 학습자는 큰 책임감을 갖게 되고, 개인연습과 자기평가라는 두 측면이 강조된다.

해설
학습자가 책임감을 가지는 것은 포괄형이 아니라 자기점검형 스타일의 특징으로 학습자가 과제를 수행하고 스스로 평가한다는 특징이 있다.

50 다음 중 생활스포츠지도사의 역할로 옳지 않은 것은?

① 생활체육 프로그램 개발
② 효율적인 지도 기법의 개발
③ 생활체육 활동 목표의 설정
④ 학교스포츠클럽과 정규 수업 후 방과 후 활동을 지도

해설
학교스포츠클럽과 방과 후 활동 지도는 전문스포츠강사의 역할에 해당된다.

51 다음은 축구 활동에 적용한 수업 전략이다. 이러한 전략을 주로 활용하는 수업 모형에 대한 옳은 설명을 보기에서 모두 고른 것은?

수업 목표
공의 소유권 유지하기

과제 내용
패스 및 움직임의 타이밍 조절 기능 향상

수업 절차
게임 이해 → 전술 이해 → 의사 결정 → 기술 연습 → 실제 게임 수행

질문과 답변
• 질문 : 공의 소유권을 지키기 위해서 어떻게 해야 하는가
• 답변 : 수비수가 가까이 붙기 전에, 빈 공간으로 이동 중이거나 수비수에게 마크당하지 않은 팀 동료에게 패스해야 한다.

㉠ 과제는 교사가 주도적으로 제시하며 학습의 진도는 학생 스스로 결정하게 된다.
㉡ 구성주의 학습이론에 바탕을 두며 기능 연습에 앞서 전술적 이해를 강조한다.
㉢ 모든 학생은 모의 상황에서는 동일 학습 속도로, 변형 게임에서는 수준에 따라 학습한다.
㉣ 교사는 연역적 질문을 통해 학생이 전술 문제를 해결할 수 있도록 한다.
㉤ 인지적, 정의적, 심동적 영역의 순으로 학습 영역의 우선순위를 둔다.

---

① ㉠, ㉡, ㉢　　　　② ㉠, ㉡, ㉣
③ ㉡, ㉢, ㉣　　　　④ ㉢, ㉣, ㉤

해설
수업 절차를 보면 전술게임 모형이라는 것을 쉽게 파악할 수 있다.
㉢ 개별화 지도모형에 해당하는 내용이다.
㉤ 전술게임모형의 학습영역 우선순위는 인지적 – 심동적 – 정의적 영역의 순이다.

52 다음 보기는 스포츠교육 전문인의 자질 중 어떤 것에 대한 설명인가?

> 전문적 자질로서 요구되는 것은 프로그램 개발 능력으로, 이는 교사의 교육과정 같은 자신만의 고유한 지도 계획을 통하여 드러나게 된다. 또한, 참여자의 동기, 요구에 부응하고 연령, 수준 등의 특성을 반영한 프로그램을 개발할 수 있어야 한다.

① 학교체육 전문인의 인지적 자질
② 학교체육 전문인의 수행적 자질
③ 생활체육 전문인의 기능적 자질
④ 전문체육 전문인의 수행적 자질

해설
생활체육 전문인의 기능적 자질로서, 종목 지도에 대한 자신의 아이디어나 노하우를 바탕으로 프로그램을 계획하고 운영할 수 있는 능력을 말한다.

53 다음 체육전문인으로 성장하기 위한 방안 중 형식적인 성장 방법이 아닌 것은?

① 교육과정에 의하여 조직된 교육
② 학위 또는 자격증을 부여하는 교육
③ 표준화된 교육 프로그램
④ 워크숍, 컨퍼런스 참여

해설
워크숍, 컨퍼런스 참여는 무형식적 성장에 해당된다. 단기간의 세미나, 워크숍, 컨퍼런스 참여 같은 무형식 교육은 체육전문인들에게 유용한 학습 기회가 된다. 무형식 교육은 공식화된 교육기관 밖에서 행해지는 조직적인 학습의 기회로서 비교적 단기간에 자발적으로 이루어진다.

54 다음 중 보기에서 설명하고 있는 생활체육과 관련된 행정가의 역할로 옳은 것은?

> 생활체육 행정가는 생활스포츠 전문가들로 하여금 생활체육 행사 및 관련 업무를 지원하며, 새로운 지식이나 이미 습득한 지식을 바탕으로 새로운 문제를 해결할 수 있도록 도와주는 역할이다.

① 조력자로서의 역할
② 조직가로서의 역할
③ 운영자로서의 역할
④ 지원자로서의 역할

해설
생활체육 행정가는 단순히 스포츠활동만을 대상으로 하는 것이 아니라 국가의 생활체육정책을 수립하고 집행하는 행정업무를 동시에 담당한다. 보기의 내용은 생활체육과 관련된 행정가의 개념 중 조력자로서의 역할에 해당된다.

55 다음 중 전문체육 프로그램 지도 개발을 위한 6단계를 순서대로 바르게 나열한 것은?

① 선수 이해 → 선수에게 필요한 기술 파악 → 상황 분석 → 우선순위 결정 및 목표 설정 → 지도방법 선택 → 연습계획 수립
② 선수에게 필요한 기술 파악 → 선수 이해 → 상황 분석 → 우선순위 결정 및 목표 설정 → 지도방법 선택 → 연습계획 수립
③ 우선순위 결정 및 목표 설정 → 선수 이해 → 선수에게 필요한 기술 파악 → 상황 분석 → 지도방법 선택 → 연습계획 수립
④ 상황분석 → 우선순위 결정 및 목표 설정 → 선수 이해 → 선수에게 필요한 기술 파악 → 지도방법 선택 → 연습계획 수립

해설
전문체육 프로그램 지도 개발을 위한 6단계
선수에게 필요한 기술파악 → 선수이해 → 상황분석 → 우선순위 결정 및 목표 설정 → 지도방법 선택 → 연습계획 수립

출제빈도표(2018~2023년)

(단위 : 개)

구 분	2023	2022	2021	2020	2019	2018	합 계
스포츠와 윤리	5	5	7	8	7	6	38
경쟁과 페어플레이	4	6	6	2	3	6	27
스포츠와 불평등	3	3	2	4	1	2	15
스포츠 환경윤리와 동물윤리	2	1	–	2	2	1	8
스포츠와 폭력	1	1	2	1	2	1	8
경기력 향상과 공정성	3	1	1	2	2	1	10
스포츠와 인권	–	2	2	–	2	1	7
스포츠 조직과 윤리	2	1	–	1	1	2	7

※ 출제비중 및 출제빈도는 문제 분석에 따라 달라질 수 있습니다.

최근 기출 분석(2023년 기출)

스포츠윤리는 기존의 방식대로라면 어렵게 출제될 것으로 예상하는 사람들이 많았는데, 거의 모든 문제가 수험서의 기본 개념으로 풀 수 있는 쉬운 문제들이었고, 기본적으로 쉬운 과목이기도 하여 전략적으로 선택한 수험생들에게 좋은 선택이었을 것으로 예상된다. 과년도 기출과 같이 [스포츠 윤리]와 [경쟁과 페어플레이] 파트에서 많은 문제가 출제되었다. '스포츠윤리센터'와 관련한 문제는 다른 과목에도 출제가 되어, 법령을 확인해보는 것이 좋다. 2023년 기출에도 '차별'과 관련한 문제가 세 문제 출제되어 앞으로도 중요하게 학습해야 하며, 과목 자체의 난이도가 높지 않아 전략과목으로 선택하는 것을 추천한다.

01 스포츠와 윤리

KeyPoint

- 스포츠와 윤리의 관계에 대해 설명할 수 있다.
- 스포츠윤리의 독자성을 이해하고, 그 필요성을 설명할 수 있다.
- 동서양의 다양한 윤리이론을 이해하고, 스포츠상황에 적용하여 사례를 들 수 있다.

01 스포츠윤리의 기초

(1) 도덕, 윤리, 선의 개념

① 도 덕
  ㉠ 마땅히 행해야 할 도리로, 관습적이며 개인적이다.
  ㉡ 당위의 규범이다.
  ㉢ 어떤 자연스런 행동에 대한 규제 또는 명령이다.
  ㉣ 주관적인 면이 존재한다(인간의 태도, 마음가짐, 심정 등).
  ㉤ 일상생활에서 좋은 생활을 의미하며 계시나 전통 같은 것도 포함된다.

② 윤 리
  ㉠ 사람이 살면서 마땅히 해야 할 도리이다.
  ㉡ 사람이 사회생활 시 행해야 할 도리이다(조직 내의 도리).
  ㉢ 윤리란 법과 도덕의 종합으로 볼 수 있다.
  ㉣ 실질적인 면이 존재한다(인간이 무엇을 해서는 안 되는가, 무엇을 이루는가).
  ㉤ 학문적이며, 이성만으로 선악을 탐구하려는 것이다.

③ 선(善)
  ㉠ 사람이 사람으로서의 도리를 다하는 것이다.
  ㉡ 윤리와 도덕은 선의 표현이다.
  ㉢ 진리가 인식의 참 가치라면, 선은 실천 행위의 참 가치이다.
  ㉣ 인간의 의식 작용을 그 성격에 따라 지(知)·정(情)·의(意)로 분별하여 궁극적으로 지향하는 가치 중의 하나이다.
  ㉤ '악(惡)'은 '선(善)'의 반(反)가치로서 '진(眞)'에 대한 '위(僞)'나 '미(美)'에 대한 '추(醜)'와 같다.

(2) 사실판단과 가치판단

① 사실판단

- ㉠ 측정을 통하여 참과 거짓을 파악할 수 있는 것이다.
  - 예 몸무게는 ○○이다.
- ㉡ 사실판단의 유의점
  - 감각기관의 한계
  - 선입견
  - 정보왜곡
  - 베이컨(F. Bacon)의 종족우상(모든 것을 인간 중심으로 보는 것)

② 가치판단

- ㉠ 개인의 가치관에 따라 달라지므로 가치판단의 기준은 주관적이다.
  - 예 내가 너보다 예쁘다.
- ㉡ 개인의 가치관이 개입된다.
- ㉢ 우선시 되어야 할 가치판단
  - 보편적 가치 : 당연히 지켜야 하는 가치 예 생명의 소중함
  - 공공의 가치 : 다수를 위해서 지켜야 하는 가치

02 스포츠윤리의 이해

(1) 일반윤리학과 스포츠윤리학

① 윤리학

- ㉠ 도덕의 기원, 발달, 본질, 규범에 대해서 연구하는 학문이다.
- ㉡ 모두가 지켜야 할 것으로 그 타당성을 중요시한다.

② 스포츠윤리학

- ㉠ 스포츠에 관여하는 사람들의 도덕에 대해 연구하는 학문이다.
- ㉡ 스포츠도덕의 원리, 스포츠와 관련된 사람들 사이의 도덕적인 질서관계를 연구한다.

(2) 스포츠윤리학에서 요구되는 지식

① 도덕은 상대적인 것으로 적용범위에 한계가 있기 때문에, 국제화 시대인 현대에서 인류에 대한 보편적인 도덕원칙이 필요하다.

② 스포츠가 다른 생활분야를 위협하는 문제가 발생한다. 예 골프장 농약, 경기장 설립으로 인한 환경 파괴 등

③ 지나친 스포츠 선전가치에 대한 집착과 스포츠정신의 변질이 발생할 수 있다.

(3) 스포츠와 윤리의 관계

① 스포츠는 인간에 의해 이루어진다.

② 스포츠는 인간의 지혜, 윤리가 투영된 정신적 산물이다(문화와 전통의 소산).

③ 스포츠는 인생의 축소판이자 사회의 거울이라 표현된다.

④ 스포츠 행위는 단순한 개인의 문제가 아니라 공적 기준에 의한 윤리문제로 이슈화될 수 있다.

(4) 스포츠윤리의 독자성

① 스포츠도덕은 스포츠 규칙의 자발적 준수를 의미한다.

② 스포츠 규칙의 준수는 스포츠선수의 필수조건이다.

③ 스포츠에서는 규칙의 자발적 준수가 도덕적 선수와 비도덕적 선수의 절대적인 구별 기준이 아니다.

④ 스포츠에서 규칙 위반은 경기의 일부로 받아들여진다.

(5) 스포츠윤리의 목적과 필요성

① 목 적

    ㉠ 일반윤리학이 제시한 윤리적 원리와 도덕적 덕목을 고찰하기 위함이다.

    ㉡ 스포츠 참여자의 특정 행동을 권장하기 위한 도덕적 가치들의 규칙을 세우기 위함이다.

② 필요성 : 스포츠가 산업화·세계화된 가운데 비윤리적 현상이 지속적으로 발생하고 있다.

(6) 스포츠인의 윤리

① 정 의

    ㉠ 체육인으로서 갖추어야 할 기본적인 도덕적 품성이다.

    ㉡ '체육인은 어떻게 행동하는 것이 바른 것인가'에 대한 도덕적 판단이다.

② 체육인 : 체육 및 스포츠와 관련된 모든 사람을 의미한다.

    예 운동선수, 지도자, 체육행정가, 학교체육교사, 심판 등

③ 체육인으로서의 바른 행동 : 국가관, 사명감, 협동정신, 페어플레이 정신, 품위유지 등

④ 체육인 윤리강령

    ㉠ 스포츠 고유 가치에 대한 존중

    ㉡ 국가와 사회에 대한 체육인의 역할

    ㉢ 존경받는 체육인상의 정립

    ㉣ 체육윤리위원회의 설치와 운영

03　윤리이론

도덕적 규칙의 갈등으로 인한 윤리적인 문제를 해결하기 위해서는 윤리이론 지식이 필요하다. 규범윤리 체계는 어떻게 행동해야 하는가를 결정하는 데 참고하는 도덕적 규범과 행위의 규칙이라고 할 수 있다.

(1) 결과론(목적론)적 윤리이론

① 행위의 옳고 그름을 판단함에 있어 행위의 의도나 수단보다는 행위의 결과를 중시한다.

② 벤담의 양적 공리주의 : 옳은 행위는 다수에게 행복을 주는 행위이며, 쾌락은 질적으로 동일하다(최대다수의 최대행복).

③ 밀(Mill)의 질적 공리주의 : "배부른 돼지보다 배고픈 인간이 바람직하다."

④ 사례 : 상대팀에게 의도적인 반칙을 하여 부상을 입힌 끝에 팀의 승리를 이뤄냈다.

⑤ 한계점

　ⓐ 근본적이며, 보편적인 도덕개념(정의, 인권 등)과 모순될 수 있다.

　ⓑ 양적으로 계산할 수 없는 다양한 가치가 존재한다.

　ⓒ 인간의 내적 동기에 소홀할 수 있다.

(2) 의무론적 윤리이론(정언적 도덕추론)

① 결과의 좋고 나쁨이 아니라 그 행위 자체가 도덕규칙의 판단기준이 된다.

② 반드시 지켜야 할 도덕법칙이 행위의 옳고 그름을 결정한다.

③ 도덕적 의도로 행동하였다면 행위의 결과와 상관없이 도덕적이라고 할 수 있다.

④ 도덕적 보편성 추구 : 행위의 본질을 강조한다. 예 거짓말하지 마라, 약자를 도와라, 살인하지 마라 등

⑤ 보편적 도덕원칙은 시간과 공간을 초월하며, 도덕은 모든 사람에게 동일하게 적용된다.

⑥ 칸트의 의무론적 윤리설 : 인간에게는 가장 세련된 권위인 실천이성(양심)이 존재한다.

⑦ 사례 : 심판의 잘못된 판정으로 팀이 이득을 보았지만 이를 도덕적으로 옳지 못하다고 생각해 판정을 번복해달라고 요청했다.

⑧ 한계점

　ⓐ 도덕규칙이 서로 상충할 수도 있다.

　ⓑ 내면과 개인의 윤리에 치중하여 다수의 이익을 간과할 수 있다.

　ⓒ 행위가 가져올 사회의 이익과 손해를 경시하기 때문에, 구체적인 삶의 지침을 제공하지 못한다.

기출 POINT

공리주의의 사례 17 22

강등위기에 처한 프로축구팀 감독은 상대팀 주전 공격수인 A선수를 거칠게 수비하라는 지시를 B선수에게 내렸다. B선수는 자신의 파울로 인한 결과가 유용하고 A선수 한 사람에게 주는 피해보다 소속팀 전체에 이익을 줄 수 있다면 자신의 행동은 옳다고 생각했다.

의무론적 윤리이론의 개념
15 20 21 22

스포츠에 있어서 경기 결과의 좋고 나쁨이 아니라 그 행위가 도덕적 의무를 준수했는가를 판단 기준으로 하는 윤리이론

의무론적 윤리이론의 한계점
17 19 20 23

도덕규칙 간의 갈등상황에서 실질적인 해결책을 제시하지 못함

OX문제

1. 결과론적 윤리이론의 한계점으로 일반적인 사실로부터 도덕적인 당위를 추론하지 못할 수 있다. (○, ×)

2. 의무론적 윤리이론에서는 목적이 수단을 정당화 할 수 없다고 본다. (○, ×)

3. 결과론적 윤리이론에서는 선수가 가지는 상식적으로 보편적인 도덕적 직관과 부합하는 결과를 추구한다. (○, ×)

정답 1 (○), 2 (○), 3 (×)

- 행위 자체보다는 행위의 주체에 초점을 맞춤
- 인간에게 내재되어 있는 감정을 도덕적 동기로 인정
- '무엇을 해야 하는가'보다 '어떻게 살아야 하는가'가 중요
- 인간 내면에 있는 도덕성의 근원과 개인의 인성을 중요시함

개념 플러스

롤스(J. Rawls)의 정의의 원칙
- 제1원칙(평등한 자유의 원칙) : 사회의 모든 가치는 기본적으로 모든 사람에게 평등하게 배분되어야 한다는 원칙이다.
- 제2원칙
  - 차등의 원칙 : 가치의 불평등한 배분은 사회의 최소 수혜자에게 유리한 경우에만 허용될 수 있다는 원칙이다.
  - 기회균등의 원칙 : 사회경제적 불평등은 그 원천이 되는 모든 직무와 직위에 대한 공평한 기회균등 하에 발생한 것이어야 한다는 원칙으로, 동일한 능력을 가진 사람이 동일한 지위를 획득할 수 있어야 한다는 것이다.
- 제1원칙은 제2원칙에 우선하며, 제2원칙 내에서는 공정한 기회균등의 원칙이 차등의 원칙에 우선한다.

(3) 덕 윤리 이론

① **덕 윤리**는 어떤 사람이 되어야 할지에 관심을 가지는 것을 의미한다. 덕 윤리는 '덕이 있는 사람은 어떤 사람인가?', '어떻게 살아야 하는가?' 등 행위자에게 초점을 둔다.
② 결과론과 의무론의 한계로 나타난 윤리사상이다.
③ 덕 윤리에서는 미덕을 나타내는 행동이 옳은 것이며, 이는 개인의 품성과 연관되어 있다.
④ 덕 윤리에서 도덕성은 인간 내면의 문제이다(의무와 공정성 등 행위의 문제가 아님).
⑤ 이상적 인격모델(공자, 석가, 예수 등)을 통해 도덕적 탁월성을 추구한다.
⑥ **사례** : 더위에 고생하는 학생들을 위해 선생님이 시원한 음료수를 제공했을 때 선생님의 행위는 유덕한 품성으로부터 나온 선한 행동으로 볼 수 있다.
⑦ **한계점**
  ㉠ 스포츠조직이나 스포츠 자체 등 사람이 아닌 경우에 덕 윤리 이론으로 설명하기 어렵다.
  ㉡ 스포츠상황에서 표면상 미덕으로 보이지만 결국은 악덕인 경우도 있다.
    예 야구에서 팀을 위한 빈볼 발생

1. 스포츠윤리의 독자성은 경쟁의 도덕적 조건과 가치 있는 승리의 의미를 밝힌다. (○, ×)

2. 야구경기 중 코치가 빈볼을 지시했지만, 투수는 이를 어기고 정상적으로 투구했다. 이는 의무론과 관련이 있는 행동이다. (○, ×)

3. 상대 선수에게 주는 피해보다 팀의 이익이 크다고 판단하여 고의적으로 A선수를 거칠게 수비하였다면, 이는 공리주의적 판단이다. (○, ×)

4. 덕 윤리에서는 행위 주체보다 행위 자체에 초점을 맞추어 '무엇을 해야 하는가'를 중요하게 여긴다. (○, ×)

5. 덕 윤리에서는 행위의 주체보다 행위 자체에 초점을 둔다. (○, ×)

정답 1 (○), 2 (○), 3 (○), 4 (×), 5 (×)

(4) 동양사상과 윤리체계

① 유교

㉠ 공자의 사상

- 공자는 사회 혼란의 원인을 인간의 도덕적 타락에서 기인한다고 보고, 도덕적 타락의 극복방안으로 인의 실천을 주장하였다. 자신을 이기고 예로 돌아가는 것[극기복례(克己復禮)]이 인의 실천이라고 주장하였다.
- 인(仁) : 타고난 내면적인 도덕성을 의미한다. 인의 실천 덕목은 부모에 대한 효(孝), 형제간의 우애(友愛), 임금에 대한 충(忠), 친구 간의 신(信)이다.
- 예(禮) : 인은 내면적 도덕성인 반면, 예는 인의 외면적 표출을 의미한다.
- 스포츠상황에서 승리 추구를 위한 맹목적 결과주의를 지양하고, 정도(正道)를 지키고 예의를 갖추어 정정당당하게 페어플레이하는 것이 공자의 윤리에 기초한 것이라 볼 수 있다.
- 개인윤리와 제도의 중요성을 함께 강조하였다.

㉡ 맹자의 사상

- 맹자는 사람의 본성이 선하다는 성선설(性善說)을 주장하면서, 그 근거로 사단을 제시하였다.
- 측은지심(惻隱之心), 수오지심(羞惡之心), 사양지심(辭讓之心), 시비지심(是非之心)의 사단을 통해서 인, 의, 예, 지를 실현할 수 있다고 본다.
- 맹자는 인은 따뜻한 사람의 마음을 의미하고, 의는 옳고 그름의 구분이며, 인과 의가 인간의 본성이라고 여겼다.
- 부상당한 선수를 돕는 것은 인간 본성에 따른 본능적인 행동이다.

② 불교

㉠ 연기설 : 모든 존재는 원인과 조건에 의해 이루어지고, 모든 현상은 서로 연관이 있다는 연기적 세계관이다.

㉡ 연기적 세계는 서로 연결되어 차등이 없는 평등한 세계로서, 연기설은 모든 차별을 극복하고 중생을 구제하는 자비의 윤리이다.

㉢ 행복과 깨달음을 지향하는 철학으로 '모든 것은 마음에서 나온다(一切唯心造)'라는 사상을 바탕으로 하며, 수행을 통해 도달할 수 있는 궁극적인 경지를 해탈이라고 한다.

③ 도교

㉠ 도교윤리는 노자에서 비롯되어 장자에 의해 발전되었다(노장사상).

㉡ 노자는 최고의 선은 물과 같다고 주장하면서[상선약수(上善若水)], 인위적 제도와 본질을 모르고 겉모습만 추구하는 세태가 혼란의 원인이라고 주장하였다.

㉢ 노자가 추구하는 이상적인 삶은 자연 그대로의 상태인 무위자연(無爲自然)으로 돌아가 인위를 거부하고 자연의 섭리대로 살아가는 것이다.

㉣ 장자는 시비 분별과 차별로 자기주장만 내세우는 이기적인 편견을 혼란의 원인으로 보았다.

기출 POINT

승리지상주의에 대한 노자(老子)의 입장 19

승리의 추구보다 스포츠 자체를 즐길 수 있도록 자기 자신을 낮추고 겸양과 배려로 상대를 대할 때, 진정한 의미의 스포츠 윤리가 발현될 수 있다. 이를 위해서는 스포츠에서의 인위적 제도나 구속을 최소화하고, 윤리적 행위가 스포츠 자체를 통해 자연스럽게 발현되도록 해야 한다.

맹자의 사상 20 23

- 측은지심 : 남을 불쌍하게 여기는 타고난 착한 마음
- 수오지심 : 자기의 옳지 못함을 부끄러워하고, 남의 옳지 못함을 미워하는 마음
- 사양지심 : 겸손하여 남에게 사양할 줄 아는 마음
- 시비지심 : 옳고 그름을 가릴 줄 아는 마음

OX문제

1. 노자는 승리지상주의의 폐단을 극복하기 위하여 제도적 규제의 강화를 주장할 것이다. (O, X)
2. 맹자는 상선약수(上善若水)를 중심으로 한 스포츠맨십을 중요시한다. (O, X)
3. 노자는 남의 눈치 때문에 다른 사람을 부축하기보다 내면의 윤리성이 중요하다고 생각할 것이다. (O, X)

정답 1 (X), 2 (X), 3 (O)

- 주어진 윤리적 상황을 다각도로 분석
- 주어진 상황에 적용할 수 있는 다양한 윤리이론 고려
- 윤리적 상황에 적용되는 도덕규칙과 결과의 공리성을 비교·분석하여 최선의 방안을 찾으려는 노력
- 재판자의 관점이 아니라 모든 사람이 수용 가능한 중도를 찾으려는 노력

동양의 사상가들 20

- 공자 : 인(仁)의 실천과 예(禮)로 돌아가는 것을 강조. 인은 타고난 도덕성, 예는 인의 외면적 표출
- 맹자 : 사람의 본성은 선하다는 성선설 주장
- 순자 : 사람의 본성은 악하다는 성악설 주장
- 고자 : 사람의 본성은 선하지도 악하지도 않다는 성무선악설 주장
- 노자 : 자연의 섭리대로 살아가는 무위자연 주장
- 장자 : 자연과 내가 하나가 되는 물아일체 주장

ⓜ 장자는 자연과 내가 하나가 되는 경지인 물아일체(物我一體)를 이상적 경지라고 주장하고, 물아일체에 도달한 인간을 지인(至人), 진인(眞人)이라고 하였다.

개념 플러스

서양의 사상가들

- 베버(M. Weber)의 심정윤리와 책임윤리 : 심정윤리는 결과가 아닌 과정의 선함을 중요시하지만, 책임윤리는 심정윤리와 별개로 행동의 결과에 대해 엄중한 책임을 묻는다.
- 니부어(R. Niebuhr)의 개인윤리와 사회윤리 : 개인은 윤리적(개인윤리)일 수 있으나 속해 있는 사회적 제도, 집단구조가 윤리적 문제를 야기할 수 있으며, 집단의 도덕과 행동은 개인의 도덕과 행동보다 도덕성이 떨어진다.
- 나딩스(N. Noddings)의 정의윤리와 배려윤리 : 정의윤리(보편적 가치를 가지는 도덕성)를 비판하고 공동체적 관계에서 나오는 도덕성을 강조하였다. 정의윤리는 정의와 공정성을 강조하지만, 배려윤리는 소수자의 권리와 존엄성을 강조한다.

(5) 가치충돌의 문제와 대안

① 가치충돌은 도덕적 가치가 서로 충돌하는 것이다.

② 스포츠 현장에서 사실판단 및 가치판단의 충돌이 발생한다.

③ 사실판단의 차이로 인한 문제해결 방법 : 객관적 자료와 근거를 제시한다.

　예 야구 비디오 판독 등

④ 가치판단의 차이로 인한 문제해결 방법

　㉠ 도덕적인 우선순위(가치의 우선순위) 적용 : 보편적이고 영구적인 가치가 일시적인 가치보다 우선 고려되어야 한다.

　㉡ 모든 윤리이론을 적용하여 도덕적 판단결과를 다각도로 분석한다.

　㉢ 모든 사람이 수용 가능한 중도적 관점을 유지한다.

승리를 위해서 아무 잘못이 없는 상대에게 피해를 입히는 것은 도덕적으로 옳지 않다고 주장하는 윤리이론은 의무론이다. (O, ×)

정답 O

02 경쟁과 페어플레이

- 아곤(Agon)과 아레테(Arete)의 특성과 차이점을 설명할 수 있다.
- 놀이, 게임, 스포츠의 차이를 이해하고 사례를 들어 설명할 수 있다.
- 스포츠맨십과 페어플레이가 무엇인지 이해하고, 차이를 설명할 수 있다.

01 스포츠 경기의 목적

(1) 아곤(Agon)과 아레테(Arete)

① 아곤(Agon)
  ㉠ 고대 그리스의 운동경기에서 경쟁을 의미하였다.
  ㉡ 경쟁은 승리추구, 결과 중시, 비교우위와 같은 개념이다.
  ㉢ 경쟁은 자기중심적인 개념으로 이기고자 하는 욕구를 말한다.
  ㉣ 경쟁을 통해 타인보다 뛰어나려는 열망을 의미한다.
  ㉤ 경쟁을 통해 능력을 과시하는 것을 의미한다.

② 아레테(Arete)
  ㉠ 사람이나 사물이 가지고 있는 본질적 탁월성을 의미한다.
  ㉡ 노력, 과정, 탁월함을 중시하며 덕과 탁월성을 의미한다.
  ㉢ 스포츠에서 아레테는 기능적 상태와 인격적 차원의 높은 수준을 추구하는 것이다.

③ 아곤(Agon)과 아레테(Arete)의 차이점
  ㉠ 아곤은 스포츠에서 목적달성, 경쟁의 승리 같은 결과에 초점을 맞춘 개념이다.
  ㉡ 아레테는 경쟁의 개념을 포함하면서, 스포츠에서 탁월성을 추구하는 것을 의미한다.
  ㉢ 스포츠에서 경쟁의 목적은 아곤적 요소와 아레테적 요소가 모두 내재되어 있지만, 아곤(승리 추구)보다는 아레테(탁월성 추구)를 더 고려해야 할 필요가 있다.

기출 POINT

아곤(Agon) 17 20 22

경쟁성을 기반으로 하는 스포츠와 관련됨

아레테(Arete)
16 17 20 21 22

운동선수가 갖춰야 할 덕목으로서 '탁월성' 또는 '덕'으로 번역될 수 있는 용어. 자신에게 주어진 모든 가능성을 최대한 활용하여 최고의 실력을 정당하게 발휘하고자 하는 마음가짐과 태도

스포츠상황에서 아레테(Arete)의 의미 18

- 선수의 덕성
- 지도자의 탁월성
- 선수의 최적의 기능수준

OX문제

1. 스포츠 팬들이 응원의 동기를 가지게 만드는 요소는 아레테적 요소이다. (○, ×)

2. 제도화된 규칙을 무시해가면서까지 승리를 추구하려는 열망은 아곤적 요소가 강해서 발생하는 일이다. (○, ×)

정답 1 (×), 2 (○)

(2) 승리의 추구와 탁월성의 성취

① 승리의 추구

  ㉠ 경쟁이 치열하다면 승리는 명백하게 중요한 기준이다.

  ㉡ 승리가 성공의 증거가 되고, 패배는 실패의 증거가 된다.

  ㉢ 미적관점의 좋은 플레이라도 경쟁적 상황에서는 흥미 없는 플레이가 될 수 있다.

  ㉣ 경쟁적 스포츠는 인간적 탁월성을 증명하는 방법이다.

  ㉤ 아곤적 요소가 지배적이다.

② 탁월성의 성취

  ㉠ 시합에 집중한다.

  ㉡ 자기발견을 중시한다.

  ㉢ 도전과 탁월성을 상호 추구한다.

  ㉣ 아레테적 요소가 지배적이다.

③ 현대 스포츠의 병폐 및 해결

  ㉠ 아곤적 요소의 추구로 인한 승리지상주의가 발생한다.

  ㉡ 탁월성의 성취(아레테)를 우선하면서 경쟁과 승리(아곤)를 추구하여야 한다.

  ㉢ 스포츠에서 최고의 성과 추구는 규칙이 허용한 범위 내에서 이루어져야 한다.

  ㉣ 단순한 승리 추구가 아니라 자신의 한계에 도전하고 인간의 한계를 극복하는 모습이 중요하다.

개념 플러스

알레아(Alea)

의지나 능력의 포기이며, 아무런 노력 없이 행운을 얻으려 하는 것으로, '우연'이나 '운'으로 번역된다. 주사위, 제비뽑기, 경마 등이 알레아가 두드러지는 대표적인 놀이이다.

---

02 스포츠규칙과 스포츠맨십

(1) 투쟁적 놀이로서의 스포츠

① 놀이의 특징

  ㉠ 놀이는 활동 그 자체가 목적이다.

  ㉡ 즉흥적 놀이와 규칙 있는 놀이로 구분된다.

  ㉢ 게임은 사전에 규칙이 부여된 놀이를 의미한다.

  ㉣ 게임에는 경쟁적인 것과 비경쟁적인 것이 있다.

② 투쟁적 놀이의 특징

  ㉠ 씨름이나 달리기 등의 투쟁적 놀이는 우위자나 연장자 쪽에서 힘을 억제한다.

  ㉡ 공격과 수비의 교체가 이루어진다.

  ㉢ 패턴의 전환이 이루어진다.

③ 경쟁상황의 강조

ㅤ㉠ 스포츠는 일차적으로 놀이에 포함되지만 경쟁적 상황이 더욱 강조되는 특징을 가진다.

ㅤ㉡ 스포츠에서 경쟁은 제도화된 규칙 내에서 승리하려는 노력을 의미한다.

ㅤ㉢ 스포츠는 승리자와 패배자가 공존하는 이기적 속성을 지닌다.

ㅤ㉣ 스포츠에서 경쟁은 상호의 탁월성을 표현하기 위한 공동의 노력이라는 긍정적인 인식이 필요하다.

ㅤ㉤ 소수 정예를 중심으로 '경쟁성'을 강조하는 것은 '전문체육'이라 할 수 있다.

(2) 스포츠규칙의 구조

① 규칙의 형식적 측면

ㅤ㉠ 시간, 공간, 용기구, 게임 전개, 심판 등이 있다.

ㅤ㉡ 성문화된 스포츠규칙으로는 경기규칙집이 있다.

② 규칙의 도덕적·윤리적 측면 : 규칙의 도덕적·윤리적 측면은 성문화된 것도 아니고 정식으로 공표된 것도 아니다.

③ 규칙의 구조

ㅤ㉠ 조리적 행위규범 : 규칙의 단어로 구체적인 형태는 없지만, 스포츠의 장에서 인정한 행위규범이다.

ㅤㅤ예 **스포츠맨십**, **페어플레이**, 상대존중 정신 등

ㅤ㉡ 행정법적 행위규범 : 과학적 법칙이나 윤리규범 등에서 유추할 것을 허락하지 않는다.

ㅤㅤ예 농구의 바이얼레이션, 배구에서 네트터치 등

ㅤ㉢ 형법적 행위규범 : 불법적인 행위의 규제이다.

ㅤㅤ예 승부조작, 구타, 약물복용 등

ㅤ㉣ 조직규범 : 선수 측 위반이 있을 수 없는 규범이다. 자동적·기계적으로 적용이 이루어진다.

ㅤㅤ예 득점기록법, 승패의 우열을 결정, 경기조건의 설정방식 등

④ **규칙의 유형**

ㅤ㉠ 구성적 규칙 : 스포츠의 일반적인 규칙과 경기 진행방식을 서술하는 것으로, 구성적 규칙이 위반될 경우 스포츠가 성립하지 않는다.

ㅤㅤ예 '축구는 한 팀에 11명이다', '태권도에서 정확히 타격하면 점수를 준다' 등

ㅤ㉡ 규제적 규칙 : 개별 행위에 적용되는 세밀한 규칙이며, 구체적·강제적이고 각 종목의 특성에 따라 만들어진 규칙으로 개인의 행동을 규제하는 것이다.

ㅤㅤ예 수영에서의 전신수영복 금지, 도핑 금지 등

(3) 스포츠규칙의 도덕 기능

① 기본적인 규칙의 기능
  ㉠ 평등, 기회의 균등, 안전의 보장
  ㉡ 질서유지 기능(공간, 시간, 용기구, 게임전개)
  ㉢ 법적 안정성의 확보
  ㉣ 정의의 실현
  ㉤ 흥미보장(규칙의 최종적 기능)
  ㉥ 규칙의 도덕성(농구의 파울)

② 규칙과 도덕의 관계
  ㉠ 규칙에는 도덕화의 기능이 있다.
  ㉡ 규칙의 목적이 도덕화는 아니지만 규칙 자체에 도덕화의 기능이 존재한다.
  ㉢ 규칙의 판정, 해석을 할 때 항상 도덕적 판단을 한다.

(4) 스포츠맨십

① 스포츠맨십은 스포츠인이 지켜야 할 준칙과 실천해야 할 행동지침을 의미한다. 다른 말로는 스포츠도덕이라고 한다.
② 스포츠맨십은 스포츠를 즐기는 사람들 상호간에 입장을 존중하고 규칙을 준수하는 정신이다.
③ 스포츠맨십의 발휘 대상은 상대 팀, 우리 팀, 심판, 스포츠 자체(전통, 규정, 정신), 지도자(코치, 감독), 선수 등이 있다.
④ 스포츠맨십은 스포츠인의 윤리로서 사회·문화적 차원까지 영향력을 미치며, 스포츠의 가치를 실천하는 것이다.

(1) 분배적 정의와 절차적 정의

① 분배적 정의

㉠ 분배와 관련된 정의이므로 그 생명은 공정성(Fairness)이다.

㉡ 분배 기준을 세울 때 그 과정은 모든 관련자가 받아들일 수 있는 것이어야 한다.

㉢ 공정한 과정을 거쳐서 세운 기준에 따른 불평등은 수긍할 수 있다.

㉣ 합리적인 분배 기준을 제시해야 하므로 여기서 절차적 정의의 중요성이 대두된다.

㉤ 사례 : 피겨스케이팅 종목은 기술의 난이도에 따라 점수를 차등적으로 받는다. 이 경우 모든 참가자가 동의할 수 있는 절차가 마련되어야 한다.

② 절차적 정의

㉠ 각자의 몫을 정하는 기준을 절차 혹은 과정에 둔다.

㉡ 사례 : 공정성의 원리는 날씨 같은 통제 불가능한 외적 요인으로 실현되지 않을 수 있다. 이와 같은 불평등은 축구에서 전·후반 지역 교체와 같은 제도적 장치를 통해 해결할 수 있다.

(2) 페어플레이의 개념

① '페어'하게 '플레이'한다는 의미

㉠ 공평한 조건에서의 공정한 경쟁을 의미한다.

㉡ 스포츠의 규칙을 지키는 것을 의미한다.

㉢ 정정당당한 경기와 타인에 대한 배려의 실현을 의미한다.

② 페어플레이의 실현

㉠ 규칙을 따름 : 스포츠경기의 규칙을 충실하게 준수하며 경기에 임한다.

㉡ 문화(관습)를 따름 : 문서로 규정되지 않았지만 암묵적으로 합의한 규칙까지 충실하게 준수한다.

③ 공정성의 실현

㉠ 형식적 페어플레이 : 문서로 명시되는 등 명확하게 제시된 규칙을 지키는 것이다.

㉡ 비형식적 페어플레이 : 스포츠 참여자 간의 존중과 공정한 가치 태도로 경기의 관습을 지키는 것이다.

기출 POINT

정의의 유형 `17` `18` `20` `21` `22` `23`

- 평균적 정의 : 모든 인간은 동등한 가치를 지녔으므로 똑같이 대우해야 한다는 절대적 평등이론. 절대적, 산술적, 형식적 평등을 주장
- 절차적 정의 : 공정한 절차가 있어 그 절차만 제대로 따르면 내용에 상관없이 그 결과도 공정한 것으로 간주하는 분배 방식
- 분배적(배분적) 정의 : 개인은 서로 다른 능력과 가치를 지녔으므로 집단에 기여하는 공헌도와 능력에 맞게 대우해야 한다는 실질적 평등이론. 상대적, 비례적, 실질적 평등을 주장
- 법률적(일반적) 정의 : 사회는 개인의 권리를 존중하고 개인은 구성원으로서 의무를 다해야 한다는 이론. 권리와 의무의 내용이 법에 규정되어 있음

페어플레이 `15` `19` `21` `23`

- 페어플레이는 보편적이며 고정적인 스포츠윤리
- 규칙 준수, 상대 존중 등 근대적 시민의 도덕규범과 일치
- 규칙의 준수로서 페어플레이는 행위에 대한 요구와 제재를 의미
- 패자 앞에서 과도한 승리 세리모니를 하는 것은 규범으로서의 페어플레이를 위반한 것

OX문제

1. 축구 경기에서 양 팀에 동일한 규격의 골대를 적용하는 것은 평균적 정의에 해당한다. (O, ×)

2. 축구 경기에서 동전던지기로 선·후공을 결정하는 것은 분배적 정의에 해당한다. (O, ×)

정답 1 (O), 2 (×)

기출 POINT

의도적인 반칙의 사례
[17] [18] [21]

프로농구 결승전, 경기종료 1분을 앞두고 3점차로 지고 있던 A팀의 선수 '김태풍'은 의도적 반칙을 행하였다. 그런데 우리는 종종 반칙을 한 선수에게 비난하기보다는 뛰어난 선수라며 오히려 칭찬하는 경우를 발견한다.

승부조작의 윤리적 문제 [18] [23]
• 개인 윤리적 관점 : 승부조작이 발생하는 원인은 모두 개인의 도덕성 결핍에 있다고 보아, 개인의 도덕적 의지와 책임을 강조
• 사회 윤리적 관점 : 승부조작의 원인이 잘못된 사회 제도에 있다고 보아, 윤리적 문제는 스포츠 사회구조나 제도가 정의롭지 않을 때 발생한다고 주장

(3) 의도적인 파울

① 정 의
  ㉠ 스포츠 경기 중 자유의지에 의한 계획을 가지고 행하는 규칙위반을 의미한다.
  ㉡ 규칙위반은 전술적 수단으로 사용되기도 한다.
  ㉢ 승리지상주의 관점에서 파울은 경쟁우위의 수단으로 사용된다.
  ㉣ 팀원뿐 아니라 팀을 위해 응원하는 관중에게 보답하고자 하는 행동이 될 수도 있다.

② 윤리적 문제와 대처
  ㉠ 궁극적으로 의도적 파울은 규칙을 준수하지 않는 행위이며, 페어플레이 정신에 위배된다.
  ㉡ 일부 결과론적 윤리 관점에서 의도적 파울을 용인하고 옹호하여 스포츠 도덕을 손상시킨다.
  ㉢ 과정을 중시하고 개인의 탁월성을 추구한다면 극복할 수 있다.
  ㉣ 반칙을 하지 않고 승리하는 것이 명예롭고 스포츠 윤리적인 승리이다.

(4) 승부조작

① 윤리적 문제
  ㉠ 승부조작은 스포츠 경기에서 외적인 이득 획득을 목적으로 경기의 과정과 결과를 왜곡시키는 것이다.
  ㉡ 스포츠의 공정성 및 경기수준이 하락한다.
  ㉢ 스포츠의 근본적 가치를 훼손한다.
  ㉣ 범죄행위로서 행위자에 대한 형법적 책임이 있으므로, 스포츠인의 인적손실이 발생한다.
  ㉤ 승부조작은 스포츠계의 가장 위협적인 윤리적 문제이다.

② 해결방안
  ㉠ 내적 통제를 통한 해결방안 : 지도자, 심판, 스포츠단체, 선수와 학부모를 대상으로 한 스포츠윤리교육의 강화
  ㉡ 외적 통제를 통한 해결방안 : 제도적, 법적 처벌강화 및 관리감독 강화

03 스포츠와 불평등

01 성차별

(1) 스포츠에서 성차별의 정의

① 성별에 따라 스포츠 참여 기회와 권리를 제한하거나 불이익을 주는 제반 행위를 말한다.
② 성역할 고정관념은 스포츠의 제반 영역에서 특정 성별의 참여를 제한하는 논리로 기능해왔다.

(2) 스포츠에서 성차별의 원인

① 스포츠 구조와 조직에서 남성이 지배적 위치를 차지하고 있다.
② 전통적인 가부장적 이념이 체육계 전반에 스며들어 있다.
③ 여성선수 스스로 가부장적 이념이 지배적인 사회적 관계에서 수동적 역할을 한다.
④ 대중매체의 편향적 보도가 존재한다.

(3) 스포츠에서 성차별의 실태

① 남성지도자들이 선수관리 상황 하에 성적 비하 및 성희롱적 표현을 한다.
② 가부장적 이념 속에서 전형적인 여성성을 강조하고, 일방적 의사소통 구조의 양태를 보인다.
③ 남성지도자가 여성선수의 일상생활에 간섭하고 사생활을 제약한다.

(4) 성차별 극복의 제약요인

① 여성의 생물학적, 신체적 그리고 기술적 능력이 남성선수와 차이가 있어서 성차별 극복의 제약요인이 된다.
② 스포츠계를 운영하는 지배 이념으로서 남성성을 근거로 하는 가부장적 이념이 존재한다.

기출 POINT

여성의 스포츠 참여 [15]

• 고대 그리스 올림픽에서 여성은 참가할 수도 없고 관람할 수도 없었음
• 근대 올림픽의 부활에 있어서 여성 경기인들의 참여는 제한적
• 2012년 런던올림픽에서 여성이 참가하지 못한 종목은 하나도 없었음
• 현대 올림픽에서는 싱크로나이즈드 스위밍이나 리듬체조 등 여성들만 참가할 수 있는 경기종목들이 있음

생물학적 환원주의 [16] [20]

남성은 여성에 비해 선천적으로 우월한 신체 능력을 갖고 태어나기 때문에 신체 능력에 크게 의존하는 스포츠에서 남녀차별은 불가피하다는 견해

스포츠에서 나타나는 성차별의 원인 [23]

• 사회적 성 역할의 고착화
• 차이를 차별로 정당화하는 논리
• 신체구조와 운동능력에 대한 편견

OX문제

근대 올림픽의 창시자인 쿠베르탱(P. Coubertin)은 스포츠 정신을 강조하며 여성의 올림픽 참여를 권장하였다. (○, ×)

정답 ×

스포츠에 나타나는 인종차별 사례
18 21 22 23

• 남아프리카공화국은 '아파르트헤이트'라는 인종차별정책으로 인해 1990년대까지 국제 경기에 참가 금지당했다.
• 스포츠에서 인종 간의 승패여부는 민족적·생물학적 의미를 가지지 않는다.
• 미디어에서는 흑인선수가 수영종목에 적합하지 않은 신체조건을 갖고 있다고 설명한다.

다문화주의 가치의 스포츠 정책
15

• 스포츠는 다문화사회에서 사회적 갈등과 비용을 최소화시키기 위한 중요한 정책적 수단이 됨
• 다문화주의 가치의 합리적 수용성을 담아내는 스포츠정책 : 다문화가정의 체육활동 지원, 이민자 생활체육의 욕구 및 실태조사, 다문화가정의 체육교육 프로그램 개발 등

(5) 스포츠에서 성평등을 위한 방안

① 평등의 보장을 법제화한다.

② 여성스포츠를 더욱 활성화한다.

③ 가족과 사회에서 여성의 자주성을 강조한다.

④ 남성 선수와의 연봉 불균형을 개선한다.

⑤ 성별과 무관하게 공정한 기회를 제공한다.

⑥ 선수 스스로 신체적, 지적, 정서적 그리고 사회적 능력을 향상시키도록 노력한다.

(6) 성전환 선수의 문제

① 성전환을 통한 생리학적 우월성은 공정한 노력의 결과가 아니다.

② 법적으로 인정받은 성전환 선수라도 스포츠 영역에서의 명확한 기준을 설정할 필요가 있다.

02 인종차별

(1) 인종차별의 정의

① 스포츠 현장에서 특정 인종에 불이익을 주는 것을 의미한다.

② 스포츠에서의 인종차별

  ㉠ 사회 경제적 장벽을 통한 제한 : 경비 지출이 적고, 개인 기량에 좌우되는 스포츠에 흑인 선수들의 참여가 많다.

  ㉡ 포지션의 제한이 발생한다. 예 미식축구의 쿼터백 등

  ㉢ 미디어의 편향된 보도에 따라 대중의 인종에 대한 의식이 왜곡된다.

  ㉣ 피부색에 따른 정신적·신체적 능력의 차이가 존재한다고 생각하는 것은 인종차별의 예시이다. 예 흑인 선수는 탄력과 유연성이 뛰어나다, 백인 선수는 냉철한 판단력을 가지고 있다 등

(2) 다문화 사회의 도래

① 다문화사회는 민족, 인종, 종교, 언어 등 다양한 문화가 공존하는 사회적 형태로, 단일문화에 반대되는 개념이다.

② 우리나라는 외국인 근로자의 국내노동시장 진입, 국제결혼 등으로 다문화사회로 진입하고 있다.

③ 다문화사회에서 스포츠는 만국 공통어로서의 소통의 도구로 기능한다.

④ 스포츠 사회통합의 기능으로 다문화사회 구성원의 응집력을 강화시킬 수 있다.

⑤ 스포츠활동을 통해서 이주민에게 사회적 활동 기회를 제공하여 정착과 적응에 기여한다.

(3) 인종차별을 극복하기 위한 방안

① 인종적 고정관념을 경계해야 하며, 인종차별 극복을 위한 교육과 조직(국가)차원의 활동이 필요하다.

② 스포츠에 대한 사회·경제적 제약 요인을 극복할 수 있는 제도적 장치를 제공한다.

③ 인종차별적 언행에 대한 처벌을 강화한다.

03 장애차별

(1) 장애인의 스포츠 참여

① 장애의 분류

　㉠ 기능장애 : 인체 기능의 상실이나 이상 상태

　㉡ 능력장애 : 행동능력의 상실이나 이상 상태

　㉢ 사회적 장애 : 기능장애와 능력장애에 따른 사회적 불이익

② 장애인의 스포츠

　㉠ 장애인 스포츠는 전쟁부상자의 의료 및 재활수단으로 이용되어 왔다.

　㉡ 장애인의 스포츠 권리

　　• 헌법상의 천부적 권리에 따라 장애인의 스포츠 참여가 보장되어 있다.

　　• 문화생활을 영위하고, 건전한 경쟁과 자기발전을 도모할 수 있는 차별없는 생활을 누릴 수 있는 권리이다.

　　• 장애인이 차별없이 스포츠에 참여할 수 있는 권리이다.

　　• 신체활동을 통해 장애인과 비장애인이 사회통합을 이룰 수 있다.

(2) 장애차별을 극복하기 위한 방안

① 장애인이 원하는 장소와 시간을 확보하기 위해 접근성 높은 시설을 확충한다.

② 장애인이 참여할 수 있는 스포츠 대회를 많이 개최하여 관심을 증가시킨다.

③ 활동에 필요한 장비 및 기구를 구입하기 위한 재정적인 지원을 증가시킨다.

④ 장애인스포츠 전문인력인 특수체육지도자를 양성한다.

⑤ 다양한 장애인 참여자를 고려한 프로그램·용기구를 개발한다.

04 스포츠 환경윤리와 동물윤리

기출 POINT

스포츠 환경의 분류 [17]
• 순수환경 : 원래의 야생지, 공원, 보전구역
• 개발환경 : 트레일, 슬로프, 스포츠필드, 실외수영장 등 야외 스포츠 공간
• 시설환경 : 실내체육관, 경기장, 아이스링크 등 실내 스포츠 공간

생태중심 환경윤리 [19]
생태중심 환경윤리를 스포츠 환경에서 실천할 수 있는 현실적인 방법으로 기존시설을 최대로 활용하는 것을 들 수 있다. 예를 들어 새로운 시설을 건설하는 대신 이미 건설되어 있는 스포츠센터에서 요가를 즐기는 실내운동의 경우 생태중심 환경윤리를 실천한 사례라고 볼 수 있다.

KeyPoint
• 스포츠에서 파생되는 환경윤리적 문제가 무엇인지 사례를 들 수 있다.
• 환경윤리학 이론을 이해하고, 스포츠 환경윤리 문제에 적용하여 설명할 수 있다.
• 스포츠에서 발생하는 종차별주의를 이해하고, 이론적 관점에서 해결책을 제시할 수 있다.

01 스포츠 환경윤리

(1) 스포츠가 환경에 미치는 영향

① 스포츠는 환경을 위협하고, 환경은 다시 스포츠를 위협한다.

② 스포츠가 야기하는 환경오염
  ㉠ 산악 자전거, 클라이밍 등의 종목은 스포츠 행위 자체로 환경오염이 유발될 수 있다.
  ㉡ 스포츠 참여에 이용되는 교통수단으로 인하여 자연이 오염된다.
  ㉢ 스포츠 시설물의 건설·이용으로 인하여 환경오염이 유발된다.
  ㉣ 자연을 이용하는 스포츠의 증가로 자연환경이 소모된다.

③ 스포츠 중 환경오염으로 인한 피해
  ㉠ 오염된 바다에서 수영하면 피부염의 위험이 있다.
  ㉡ 매연을 마시며 조깅하면 호흡기 질환에 걸릴 수 있다.

(2) 스포츠에서 파생되는 환경윤리적 문제

① 스포츠 시설물 확보로 인한 환경파괴가 발생한다.

② 스포츠활동 자체로 자연훼손이 발생할 수 있다.

(3) 생태학·환경윤리학적 접근(인간과 인간, 인간과 자연)

① '왜 자연환경을 보전해야 하는가?'에 대한 답변이다.

② 스포츠와 자연환경의 상반된 속성을 해소한다.

③ 인간중심주의
  ㉠ 자연을 보호하는 이유는 인간의 이익을 위해서이다.
  ㉡ 환경보호의 당위성을 자연의 도구적 가치에서 찾는 입장이다.

OX문제

생태중심 환경윤리를 스포츠 환경에서 실천할 수 있는 현실적인 방법으로는 기존시설을 최대로 활용하는 것을 들 수 있다. (○, ×)

정답 ○

④ 자연중심주의

    ㉠ 자연에 복종·순응하는 것을 인간의 의무라고 주장한다.

    ㉡ 자연환경의 고유한 가치를 보존해야 한다는 주장이다.

    ㉢ 자연의 목적을 알고 자연에 순종하는 자연보호의 태도를 보인다.

(4) 스포츠의 환경윤리학적 이론

① 테일러의 생태윤리 4가지 의무

    ㉠ 불침해(비상해)의 의무 : 소극적 의무로서, 인간이 다른 생명체에 해를 끼치지 않아야 한다는 의무이다.

    ㉡ 불간섭의 의무 : 각 생명이 가지는 생명으로서의 목적에 간섭하지 않아야 한다는 의무로, 생태계의 자유로운 발전에 제한을 가하면 안 된다는 것이다.

    ㉢ 성실(신뢰)의 의무 : 자연 상태의 야생동물에게 위해를 가해 신뢰를 훼손해서는 안 된다는 것이다.

    ㉣ 보상적 정의의 의무 : 인간이 고의든 과실이든 어느 생명에게 해를 끼쳤다면, 피해에 대해 적극적으로 보상해야 한다는 것이다(자연 상태로 회복하기 위해 노력해야 함).

② 스포츠와 자연의 공존 이념

    ㉠ 스포츠상황에서 도덕적 고려의 범위를 인간에서 자연까지로 확장한다.

    ㉡ 자연과의 관계 속에서 스포츠의 도덕가치와 행동을 판단한다.

    ㉢ 스포츠(인간)와 자연의 조화로운 공존을 추구하여야 한다.

02 스포츠 동물윤리

(1) 스포츠에서 종차별주의 문제

① 종차별주의

    ㉠ 정의 : 자신이 속한 종의 이익을 위해, 다른 종의 이익을 배척하는 태도를 말한다.

    ㉡ 문제점

      • 스포츠 현장에서 많은 동물이 경쟁을 위한 도구화되고 있다.

      • 스포츠와 관련한 연구나 실험 등으로 많은 동물이 희생되고 있다.

      • 강제적이고 폭력적인 훈련과 경기는 동물에게 고통을 준다.

      • 동물은 인간의 유희의 대상이 되어서는 안 된다.

기출 POINT

테일러(P. Taylor) 16 22
• 생태윤리에 대한 4가지 규칙 : 불침해, 불간섭, 신뢰, 보상적 정의
• 스포츠로 인한 환경오염 발생 시 해당 스포츠 금지
• 다른 동물에게 피해를 끼치는 스포츠 금지

지속가능한 스포츠발전을 위한 노력 16 23
• 스포츠행사에서 쓰레기를 줄이기 위한 각종 대책 마련
• 생태계에 미치는 영향을 최소화한 레저시설 건립
• 에너지소비의 최소화를 통한 스포츠시설의 효율적 운영

OX문제

스포츠에서 동물이 경쟁, 유희, 연구를 위한 수단으로 사용되는 것은 종차별주의에 해당한다. (○, ×)

정답 ○

② 반종차별주의

　　㉠ 싱어(P. Singer) : 쾌고감수능력(쾌락과 고통을 느낄 수 있는 능력)이 있는 존재는 모두 도덕적 고려의 대상이 되어야 한다고 주장함으로써, 동물 학대 가능성이 있는 스포츠 종목 폐지의 당위성을 제시하였다.

　　㉡ 레오폴드(A. Leopold) : 인간중심주의에서 탈피하여 생태계의 모든 대상을 동등하게 존중받아야 할 고유 내적 가치를 지닌 존재로 간주하였다. 테일러와 매우 유사하지만 레오폴드는 생태주의중심주의자로, 도덕적 숙고의 대상을 무생물까지 포함시키고자 하였다.

　　㉢ 레건(T. Regan) : 동물이 다른 사람의 이익이나 욕구와는 관계없이 그 자체로 본래적 가치를 지닌다고 주장하였는데, 그 이유는 동물 스스로가 자기 삶의 주체라고 생각하였기 때문이다.

　　㉣ 테일러(P. Taylor) : 모든 생명체는 '목적론적 삶의 중심'으로서 인간의 필요와는 구분되는 고유한 가치를 지니며, 각 개체마다 나름의 선(善)의 기준이 있다고 주장하였다. 또한 선을 갖는 실체들은 '내재적 존엄성'을 가진다고 주장함으로써 모든 생명체를 존중해야 한다고 하였다.

(2) 스포츠와 동물윤리

① 동물스포츠(동물이 참가하는 스포츠 경기)

　　㉠ 동물과 인간의 투쟁 : 투우 등
　　㉡ 동물을 이용한 스포츠 경기 : 승마, 경마, 폴로 등
　　㉢ 동물 간의 투쟁 : 소싸움, 투견, 투계 등

② 동물스포츠의 윤리적 관점

　　㉠ 동물이 참가하는 스포츠로 인해 동물이 인간의 쾌락을 위한 도구가 되어서는 안 된다.
　　㉡ 인류를 위한 동물실험에 내재된 인간중심주의적 관점에서 탈피해야 한다.
　　㉢ 동물을 이용한 실험 시 대안을 마련해야 한다.
　　　• 최대한 비동물 실험으로 유도한다.
　　　• 실험 대상 동물의 개체 수를 최소화한다.
　　　• 동물의 고통을 최소화한다.

> **개념 플러스**
>
> **싱어(P. Singer)**
> • 싱어는 그의 저서인 '동물해방'에서 쾌고감수능력이 있는 존재를 도덕적으로 고려해야 한다고 주장하였다.
> • 싱어는 공리주의자로서, 동물도 이익에 맞는 동등한 대우를 받아야 한다고 주장하였다.
> • 도덕적 고려의 대상을 쾌고감수능력이 있는 존재로 한정하였으므로, 쾌고감수능력이 있는지 알기 어려운 식물이나 미생물 등의 가치를 경시한다는 비판이 있다.

05 스포츠와 폭력

KeyPoint

- 공격성과 폭력에 대해 이해하고 스포츠 사례에 적용하여 설명할 수 있다.
- 선수에 의해 행해지거나 선수를 대상으로 발생하는 폭력에 대해 설명할 수 있다.
- 관중 폭력이 발생하는 이유를 이해하고, 사례를 분석할 수 있다.

01 스포츠 폭력

(1) 스포츠 폭력의 정의

운동선수, 감독, 심판, 단체임원, 광고주 등의 스포츠 관계인이나 관중 등의 일반인이 단독 또는 집단으로 스포츠상황에서 신체적, 언어적, 성적 폭력행위를 저지르는 경우를 의미한다.

(2) 공격성의 정의

① 공격성(Aggression)은 '걸어오다', '시작하다' 또는 달리기의 출발, 돌진을 의미한다.
② 물리적 또는 언어적으로 표현되는 행동이나 분노를 촉발하는 정서 상태이다.
③ 사람이나 목표물을 향해 심리적 혹은 신체적인 해를 입히는 행동이다.
④ 공격성은 누구나 가지고 있으며, 스포츠의 고유 속성이다.

(3) 공격성의 긍정적 측면

① 적절한 공격성은 적응적인 것으로, 자신의 의견을 피력하는 데 쓰인다.
② 인간의 근원적 본능 중 하나이다.
③ 진화심리학에서 말하는 적자생존의 원칙과 일치한다.
④ 자기방어(정당방위)를 위한 공격성은 필요하다.
⑤ 적절한 공격성과 부적절한 공격성으로 구분 가능하다.

(4) 공격성의 부정적 측면

① 승리지상주의에 따른 과열적 공격성으로 반칙이 발생한다.
② 이종격투기, 권투 등 투기 종목의 모방이 발생한다.

기출 POINT

폭력을 설명한 학자
18 20 21 22

- 푸코(규율과 권력) : 스포츠계에서 위계적 권력 관계는 폭력으로 변질되어 작동된다.
- 아렌트(악의 평범성) : 스포츠계에서는 폭력에 길들여진 위계질서와 문화가 폭력을 폭력으로 인식하지 못하게 하고 있다.
- 아리스토텔레스(분노) : 스포츠 현장에서 인간 내면의 분노에서 시작된 폭력은 반복된다.
- 홉스(폭력론) : 통제의 질서가 없는 자연 상태에서 사람은 늑대와 같은 존재가 된다.
- 지라르(모방적 경쟁) : 닮고자 하는 운동선수를 모방하게 되듯이 폭력의 원인은 모방적 경쟁관계이다.

OX문제

1. 아렌트(H. Arent)는 사유의 부재로 인하여 폭력적이고 억압적인 행위가 지속된다고 주장하였다. (O, ×)

2. 홉스는 폭력의 원인을 공격본능이나 자연 상태가 아닌 모방으로 보았다. (O, ×)

정답 1 (O), 2 (×)

(5) 스포츠의 폭력성

① 공격성을 긍정적 방법으로 발산하는 방법이다.

② 인간 근원적 본능을 표현한 것이다.

③ 공격성을 지나치게 억압하면 부작용이 발생하기도 한다.

④ 공격성은 강력한 에너지이므로 스포츠활동을 통해 해소할 필요가 있다.

⑤ 스포츠의 특성인 규칙을 통해 폭력성을 적절히 규제할 수 있다.

(6) 스포츠에서 폭력성의 문제점

① 이종격투기, 권투 등의 스포츠는 출혈·부상에 노출될 수 있다.

② 청소년이 폭력적 행동을 모방할 우려가 있다.

③ 공격적 상상은 현실과 상상의 혼동을 유발하여 폭력적 행동 가능성을 높인다.

(7) 이종격투기의 윤리적 논쟁

① 이종격투기의 정의 : 여러 종류의 격투기를 혼합하여, 일정한 규칙으로 경기하는 것을 의미한다.

② 이종격투기 찬성 측 의견

ㄱ 스포츠의 규칙에 따른 용인된 폭력이다.

ㄴ 스포츠의 폭력성은 인간의 근원적 본능의 표현이다(폭력의 정도 차이임).

ㄷ 신체의 탁월성을 겨루는 경쟁 스포츠이다.

③ 이종격투기 반대 측 의견

ㄱ 스포츠 내에서라도 폭력은 도덕적으로 용인될 수 없다.

ㄴ 지속적으로 폭력성이 증대된 스포츠가 나타날 수 있다.

ㄷ 폭력성이 기능적·기술적으로 훈련되는 것은 스포츠 가치에 위배된다.

ㄹ 폭력은 어떤 경우든 정당화 될 수 없다.

02 선수 폭력

(1) 선수 폭력의 정의

① 스포츠지도자 및 선수 사이에서 발생하는 구타, 가혹행위, 심리적 폭력 등을 의미한다.
② 폭력의 주체에 따라 스포츠지도자에 의한 선수 폭력과 선수 간의 폭력으로 분류된다.

(2) 선수 폭력의 유형

① 경기 중 선수 간의 폭력
② 선수의 심판에 대한 폭력
③ 선수의 관중에 대한 폭력
④ 선수의 일상생활에서 폭력

(3) 선수 폭력이 근절되지 않는 이유

① 선수 간의 폭력 세습으로 폭력의 피해자가 가해자로 전이된다.
② 지도자, 선수, 기관 등 폭력 문제의 개선을 인식하면서도 사후 대처에 소극적이고, 폭력 사실 인지 후에도 묵인하는 이해관계자의 이중적 인식이 존재하기 때문이다.
③ 지도자의 신분이 불안정한 상태에서 대회 및 진학의 성과만을 가지고 지도자를 평가함으로써 선수 체근의 빌미를 제공한다.
④ 선수 폭력은 학교, 가정, 사회, 정부 등 여러 요소가 결합된 복합적인 문제이다.

(4) 선수 폭력의 예방 방안

① 선수권익을 보호하는 정책을 마련한다.
② 지도자에게 선수 폭력을 예방하기 위한 교육을 진행한다.
③ 지도자, 선수, 부모에 대한 스포츠 인권 교육 프로그램을 확대한다.
④ 사회의 각 분야가 연계하여 스포츠 인권국가를 지향한다.
⑤ 선수체벌을 전면적으로 금지한다.
⑥ 지도자의 임용과 자격취득 등 검증제도를 강화한다.
⑦ 스포츠 인권 보호를 위한 가이드라인을 보강하고, 스포츠 인권센터를 활성화한다.

기출 POINT

선수 간의 폭력 15
스포츠현장에서 라이벌 선수와 상대팀에 대하여 폭력상황이 발생하는 이유 중 하나는 승리지상주의

심판에 대한 폭력 15
선수 또는 지도자가 판정에 불만을 갖고 심판에게 가하는 폭력의 원인은 '자기분노조절의 실패'

선수체벌을 금지하는 이유 16
• 인권을 침해하는 행위
• 과도한 스트레스의 원인이 됨
• 수동적 태도를 길러 줌

관중 폭력 `16` `19` `22`
- 선수나 심판에 대한 욕설이나 비방
  도 넓은 의미에서 관중 폭력에 해당
- 신체적 폭행이 아닌 경기 시설물을
  파괴하는 행위도 관중 폭력에 해당
- 선수와 단 둘이 있을 때보다 군중으
  로 있을 때 상대적으로 쉽게 발생
- 축구팬의 훌리거니즘(Hooliganism)
  은 관중 폭력의 실제 사례 중 하나

03 관중 폭력

(1) 관중 폭력의 발생

① 팀의 지지를 통한 연대감으로 집단적 과시의 경향이 나타난다.

② 관중 폭력은 집단 내 무책임성, 몰개성화(Deindividuation)에 의해 발생된다.

③ 경기 결과에 따른 좌절감과 분노에 따라 폭력행동이 발생한다.

(2) 경기 중 관중 폭력

① 경기 중 선수들의 폭력이 관중 폭력을 유발한다.

② 편파적 판정이나 무능력한 심판이 관중 폭력을 유발한다.

③ 사회적 통제 및 안전장치가 미흡한 경우 관중 폭력이 증가한다.

(3) 훌리거니즘(Hooliganism)

① 훌리거니즘이란 스포츠팀 응원을 빌미로 폭력적 행동을 조장하는 것을 말하며, 이러한 무리를 훌리건이라 한다.

② 훌리건의 행동은 경기 전후, 직후, 경기 도중에 장소를 가리지 않고 어디서든 발생할 수 있다.

③ 관중도 스포츠를 완성하는 구성원으로서 스포츠 관람을 통해 스포츠의 가치와 문화를 발전시킬 의무가 있다.

06 경기력 향상과 공정성

6과목 스포츠윤리

KeyPoint

- 도핑이 무엇인지 이해하고, 도핑의 금지 이유와 그 방안을 제시할 수 있다.
- 스포츠 상황에서 발생하는 유전자조작의 문제점과 방지책을 설명할 수 있다.
- 용기구와 생체 공학 기술이 스포츠의 공정성에 미치는 영향에 대해 설명할 수 있다.

01 도 핑

(1) 도핑의 의미

① 정의 : 일반적으로 스포츠 기능의 단기적 향상 또는 승리를 위해 약물 또는 심리적인 처치를 하는 것을 도핑이라고 한다.

② 유래 : 남아프리카 원주민 카필족이 제사에 사용하던 알코올성 흥분제를 '도프(Dop)'라 불렀던 것에서 유래되었다.

③ IOC 의무분과위원회 도핑대책위원회의 정의 : 도핑이란 어떤 특정한 경기자 또는 경기 단체가 약물이나 물리적 방법 또는 다른 방법으로 경기에 대해 생체의 체력적 또는 심리적 능력을 변질시키는 부정행위이다.

(2) 도핑의 역사

① 1964년 도쿄올림픽에서 도핑국제회의 개최 및 IOC 의무분과위원회가 발족되었다.

② 1968년 그레노블 동계올림픽에서 첫 도핑 검사가 실시되었다.

③ 1988년 서울올림픽에서 벤 존슨 금메달 박탈사건이 발생하였다.

(3) 도핑의 문제점

① 선수의 건강이 손상된다.

② 페어플레이 정신에 반한다(윤리적·도덕적).

③ 규칙을 위반하는 행위이다.

④ 비윤리적 행위이다.

⑤ 선수 보호 차원에서 비인도적 행위이다.

기출 POINT

도핑의 사례 16 18

러시아는 정부가 국가대표 선수들의 도핑을 주도했고, 검사 결과를 조작한 것이 드러나 IOC로부터 회원 자격을 정지당했다.

도핑을 금지해야 하는 이유
15 16

- 스포츠와 인간 공동 추구의 기본적 즐거움을 감소시키기 때문
- 도핑을 통해 경기 수행에 부당한 이익을 얻는 것을 방지하기 위해
- 약물 투여로 인해 발생하는 해로운 부작용으로부터 선수를 보호하기 위해
- 부정적 역할 모형으로, 청소년선수들은 유명 선수의 도핑을 모방할 가능성이 크며 그로 인해 약물오남용이 사회적으로 확산될 위험성이 있음

---

(4) 효과적인 도핑금지 방안

① 지속적인 스포츠 윤리교육 강화를 통해서 올바른 가치관을 형성한다.
② 도핑의 문제점, 규정, 정책을 숙지시켜 무지에 의한 사고를 예방한다.
③ 도핑 검사 강화로 일탈행위를 사전에 예방한다.
④ 적발 시 강력한 처벌로 재발을 방지한다.

개념 플러스

세계반도핑기구(WADA)에서 규정하는 금지 약물 국제 표준(2023.01.01)

상시 금지 약물	• 비승인 약물 • 동화작용제 • 펩티드 호르몬, 성장인자, 관련약물 및 유사제 • 베타-2 작용제 • 호르몬 및 대사 변조제 • 이뇨제 및 기타 은폐제
경기기간 금지 약물	• 흥분제 • 마 약 • 카나비노이드 • 글루코코르티코이드 * 상시 금지 약물 포함
특정스포츠 금지 약물	• 베타차단제류

02 유전자 조작

(1) 유전자 조작의 정의와 현황

① 유전자를 조작하여 경기력을 높이는 것을 말한다.
② 과학의 발전으로 유전자 지도 변형, 체세포 변형, 생식세포 변형, 배아 선택이 가능해졌다.
③ 유전자 조작을 적발하기 위한 검사 도구에 대한 확신이 아직 부족하다.
④ 동물에 대한 유전자 조작이 윤리적인 거부감 없이 행해진다는 문제점이 있다.
⑤ 운동선수의 유전자 조작은 스포츠 정신에 반하는 행위이다.

(2) 유전자 조작과 관련된 윤리적 이슈

① IOC 의무분과위원회의 입장
  ㉠ 도핑보다 더 무섭고 위험한 문제이다.
  ㉡ 미래에 닥칠 심각한 문제이다.

② 우수한 선수의 유전자
  ㉠ R577 : 단거리 달리기 선수와 근력을 주로 쓰는 운동선수의 유전자
  ㉡ ACTN3 : 고속질주 단백질로, 강화 단백질의 유전자 변이체
  ㉢ ACE : 고산 등반을 위한 유전자로, 장거리선수의 유전자

③ 유전자에 대한 연구
  ㉠ 운동능력 유전자를 알게 되면, 운동능력 강화에 활용할 수 있다.
  ㉡ 유전자 조작을 밝혀낼 수 있는 방법에 대한 연구가 필요하다.

④ 미래의 올림픽에 대한 3가지 예측
  ㉠ 현재와 같은 유전적 소질을 타고난 운동선수들이 경쟁하는 상황일 것이다.
  ㉡ 형평성을 고려하여 핸디캡을 부여할 것이다(체급별 경쟁).
  ㉢ 유전적 소질이 없는 선수에게 유전자 강화를 허용하는 상황일 것이다.

(3) 유전자 조작의 문제점

① 생명체의 본질이 훼손되고 인간의 존엄성이 무시되며 인간이 상품화될 수 있다.
② 부작용으로 선수의 생명이 위험할 수 있다.
③ 스포츠 가치와 페어플레이 등의 스포츠 정신에 위배되는 행위이다.
④ 생태적·진화적 변이를 가져와서 종의 정체성에 혼란을 일으킬 수 있다.

(4) 유전자 조작의 방지 대책

① 강력한 법적 규제 방안을 마련한다.
② 지속적인 윤리교육으로 인식을 강화한다.
③ 유전자 도핑 검사를 적극적으로 실시한다.
④ 신뢰할 수 있는 검사도구를 개발하기 위한 연구를 진행한다.

기출 POINT

치료목적사용면책(TUE) [20]
- 투여된 약물이 치료목적사용면책 규정에 합치된다면 도핑 위반으로 간주하지 않음
- 치료목적사용면책은 국내수준에서만 유효

유전자 도핑의 문제점 [23]
- 선수의 신체를 실험 대상화하여 기계나 물질로 이해하도록 만든다.
- 유전자 조작 인간과 자연적 인간 사이에 갈등을 초래한다.
- 생명체로서 인간의 본질을 훼손하고 존엄성을 부정한다.
- 선수를 우생학적 개량의 대상으로 만든다.

OX문제

스포츠경기에서 오심이나 편파 판정을 최소화하여 공정성을 향상시켜 주는 공학기술은 수행증가를 위한 기술이다. (O, ×)

정답 ×

국제수영연맹(FINA)의 기술도핑 금지 사례 23

2008년 베이징올림픽 수영종목에서는 25개의 세계신기록이 쏟아져 나왔다. 주목할만한 것이 23개의 세계신기록이 소위 최첨단 수영복이라 불리는 엘지알 레이서(LZR Racer)를 착용한 선수들에 의해 수립되었다는 것이다. 그러나 이 같은 수영복을 하나의 기술도핑으로 간주한 국제수영연맹은 공정성 추구를 위해 2010년부터 최첨단 수영복의 착용을 금지하였다.

국제육상경기연맹(IFFA)의 출전 금지 판단 사례 23

2011년 대구세계육상선수권대회에서 남아프리카공화국의 의족 스프린터 피스토리우스(O. Pistorius)는 비장애인육상경기에 참가 신청을 했으나, 국제육상경기연맹은 경기에 사용되는 의족의 탄성이 피스토리우스에게 유리하다는 이유로 기술적으로 불공정하다고 판단하여 출전을 허용하지 않았다.

(1) 스포츠와 공학기술의 결합으로 파생되는 윤리적 문제

① 첨단 기술의 경기력에 대한 영향으로 인해서, 스포츠가 인간의 경쟁이 아닌 기술의 경쟁으로 변질될 우려가 있다.
② 스포츠의 정신과 가치가 훼손된다.
③ 스포츠선수가 과학기술로 조작되어 경기가 왜곡된다.

(2) 전신수영복 착용을 금지하는 이유

① 스포츠 공정성을 훼손하기 때문이다.
② 신체적 탁월성이 아닌 장비의 우월로 경쟁하는 것이기 때문이다.

(3) 의족 장애선수의 일반경기 참가에 대한 윤리적 문제

① 장애선수의 일반경기 참여는 스포츠 평등권에 부합할 수 있다.
② 장애인 선수에게 역경의 극복을 통한 스포츠정신의 실현 기회를 제공한다.
③ 공정성에 대한 문제 제기가 있을 수 있다.
④ 비장애인에 대한 역차별이 될 수 있다.
⑤ 의족 첨단화에 대한 의존으로 스포츠 가치가 훼손될 수 있다.

07 스포츠와 인권

01 학생선수의 인권

(1) 학생선수에게 발생되는 문제
① 학습권
  ㉠ 교육 본질의 목적, 다양한 직업 선택의 가능성, 운동 선수 은퇴 이후의 설계 등을 위해서 학생선수의 학습권 보장이 요구된다.
  ㉡ 학습권의 침해로 학생선수의 학력 저하가 발생한다.
  ㉢ 중학생 선수의 75%, 고등학생 선수의 97%가 학업성적의 하위 20%를 차지한다.
  ㉣ 운동 기량만으로 진학이 가능하고, 학기 중 상시 합숙훈련 등이 발생한다.
  ㉤ 학업능력 고양을 위한 장기적 배려의 부재가 지속되고 있다.
② 생활권
  ㉠ 신체발달과 더불어 지식과 인성을 고루 발달시킬 수 있도록 학생선수의 생활권 보장이 요구된다.
  ㉡ 장기적인 합숙훈련 등으로 인하여, 학생선수의 정상적인 생활권이 침해된다.
③ 엘리트 체육으로 인한 딜레마
  ㉠ 운동부의 위계적 문화로 인하여 신체적·언어적 폭력에 노출된다.
  ㉡ 승리지상주의, 결과주의에 따른 문제가 발생한다.

OX문제

1. 대한민국 헌법 제 10조에는 모든 국민은 인간으로서의 존엄과 가치를 가지며, 행복을 추구할 권리를 가진다고 규정되어 있다. (O, ×)

2. 스포츠 인권이란 인종이나 성별에 관계없이 누구나 스포츠를 동등하게 누릴 수 있는 권리이다. (O, ×)

3. 학습권은 학생선수가 정당하게 누려야 하는 권리이면서 의무이기도 하다. (O, ×)

정답 1 (O), 2 (O), 3 (O)

기출 POINT

최저학력제 22
학교운동부 운영 등(학교체육진흥법
제11조 제1항) : 학교의 장은 학생선수
가 일정 수준의 학력기준(최저학력)
에 도달하지 못한 경우에는 별도의 기
초학력보장 프로그램을 운영하여 최
저학력이 보장될 수 있도록 노력하여
야 하며, 필요할 경우 경기대회 출전
을 제한할 수 있다.

(2) 학생선수를 위한 대책

① 전국대회의 참가횟수를 제한한다.
② 권역별 지역대회를 중심으로 대회를 진행한다(지역제리그제도).
③ 주말리그제도를 시행한다.
④ 최저성적기준을 명시하여 기준에 미달하는 학생선수의 활동을 제한한다(**최저학력제**).
⑤ 대학교 체육특기자에게 수능최저등급을 적용한다.
⑥ 대학교 일정학점의 이수를 조건으로 학생선수를 대회에 출전시킨다(C제로룰).
⑦ 학습권 보장제를 도입한다.
⑧ 학기 중의 합숙훈련을 최소화한다.
⑨ 선수 개개인의 특성을 바탕으로 인격적으로 지도한다.
⑩ 인성·진로 지도를 강화하고, 생활 지도를 철저히 한다.
⑪ 체육특기생의 진학 제도와 전·출입 제도를 개선한다.

02 스포츠지도자의 윤리

(1) 스포츠지도자의 폭력이 일어나는 이유

① 경기력 강화, 정신력 강화라는 명목으로 지도자의 폭력이 정당화된다.
② 폭력이 단기적인 성과를 위한 수단으로 이용된다.
③ 지도자는 선수에 대한 진로, 경기 참여, 학습 등 생활의 전반적인 영역에서 권력을 행사한다.

(2) 스포츠지도자의 책임과 권한

① 지도자의 역할
  ㉠ 미래에 대한 비전과 목표를 제시한다.
  ㉡ 심리적·사회적 환경을 조성하여 팀 목표 달성에 도움이 되도록 한다.
  ㉢ 삶의 철학과 윤리·도덕을 가르친다.
  ㉣ 선수와 지도자의 소통으로, 동기를 유발하고 갈등을 해결한다.
② 교육자로서의 책임과 권한
  ㉠ 폭력을 사용하지 않고, 교육적인 방법으로 훈련시킨다.
  ㉡ 민주적으로 선수들의 의사를 존중한다.
  ㉢ 선수를 도구화하지 않고 인격체로서 존중한다.
  ㉣ 비인간적 승리지상주의를 지양한다.

(1) 스포츠의 인성교육적 가치

① 인성
  ㉠ 사람이 태어날 때부터 가지고 있는 본연적 성질을 가리키며, 성품은 성질과 품격으로 구성된다.
  ㉡ 인성은 성격 가치중립적 의미와 인격의 가치지향적 의미가 있다.

② 스포츠 인성교육의 목적
  ㉠ 스포츠는 스포츠 자체의 운동성과 경기력을 통해 인간의 건강을 증진시킨다.
  ㉡ 스포츠에 내재된 규칙준수, 존중, 자기절제 등의 특징과 원칙을 통해 인간의 도덕적·사회적 인성을 길러준다.
  ㉢ 스포츠의 덕목들은 도덕적·사회적 인성발달에 도움이 된다.

(2) 인성교육의 방법

① 인지주의적 접근 : 인간의 이성적 능력과 도덕성을 가장 중요한 요소로 강조한다.
② 덕 교육적 접근 : 덕은 사람이 살면서 다른 사람에게 느끼는 인간적 품성이다.
③ 통합적 접근 : 인지주의적 접근과 도덕 교육적 접근의 강점을 통합했다.

(3) 스포츠 인성교육의 기대효과

① 건강한 스포츠의 활용
② 스포츠맨십 함양
③ 스포츠 덕목의 함양(공손, 책임, 공정, 정직, 희생, 충성, 인내, 협동, 용기 등)

(4) 학교체육의 인성교육적 가치

① 정서 발달
② 인지 발달
③ 사회성 발달
④ 도덕성 발달

기출 POINT

덕 교육 17

스포츠맨십, 페어플레이 같은 윤리적 품성의 실천과 습관화를 강조하는 교육

레스트(J. Rest) 도덕성 4구성요소 모형의 스포츠윤리 교육 적용 19 21 22

• 도덕적 민감성(Moral Sensitivity) : 스포츠상황에서 도덕적 딜레마를 지각하게 하는 것
• 도덕적 판단력(Moral Judgement) : 스포츠상황에서 옳고 그름을 판단하게 하는 것
• 도덕적 동기화(Moral Motivation) : 다른 가치보다 정정당당하게 경기하는 것에 가치를 두게 하는 것
• 도덕적 품성화(Moral Character) : 스포츠상황에서 장애 요인을 극복하여 실천할 수 있는 강한 의지, 용기, 인내 등의 품성을 갖게 하는 것

OX문제

1. 사회적 일탈행위에 대한 정화적 역할은 학교체육의 역할 중 하나이다. (O, ×)

2. 스포츠윤리의 실천과제로 우수선수의 연금수혜에 대한 과제가 있다. (O, ×)

3. 스포츠맨십, 페어플레이와 같은 윤리적 품성의 실천과 습관화를 강조하는 교육은 정서교육이다. (O, ×)

정답 1 (O), 2 (×), 3 (×)

08 스포츠 조직과 윤리

기출 POINT

스포츠윤리센터의 설립(국민체육진흥법 제18조의3) 23

- 체육의 공정성 확보와 체육인의 인권보호를 위하여 스포츠윤리센터를 설립한다.
- 스포츠윤리센터의 운영, 이사회의 구성 및 권한, 임원의 선임, 감독 등 스포츠윤리센터의 정관에 기재할 사항은 대통령령으로 정한다.
- 스포츠윤리센터의 장은 업무 수행에 필요하다고 인정될 때에는 문화체육관광부장관의 승인을 받아 관계 행정기관 소속 공무원이나 관계 기관·단체 소속 임직원의 스포츠윤리센터 파견 또는 지원을 요청할 수 있다.
- 스포츠윤리센터가 아닌 자는 스포츠윤리센터 또는 이와 비슷한 명칭을 사용하지 못한다.
- 스포츠윤리센터는 문화체육관광부장관이 감독한다.

KeyPoint
- 스포츠의 정책 결정과정에서 고려해야 할 윤리성에 대해 설명할 수 있다.
- 심판이 지녀야 할 도덕적 조건을 이해하고, 사회적 역할과 과제에 대해 설명할 수 있다.
- 스포츠조직의 윤리경영을 위해 필요한 경영자의 윤리적 리더십에 대해 설명할 수 있다.

01 스포츠와 정책윤리

(1) 스포츠의 정치적 기능
① 스포츠는 국위선양과 국민화합에 기여하고, 국가와 단체에 대해 자부심을 가지게 하는 사회통합의 기능이 있다.
② 이데올로기나 정치적 체계의 우월성을 내세우기 위한 상징으로 스포츠가 이용되기도 한다.
③ 스포츠는 사회의 가치관, 태도를 교육하여 구성원을 사회화시킨다.

(2) 한국 스포츠의 사회적 이슈
① 엘리트 중심의 스포츠 정책과 생활체육 정책의 이원화
② 스포츠 참여의 불평등과 스포츠 복지 소외
③ 스포츠 윤리적 이슈(불법스포츠도박, 승부조작, 도핑, 폭력 등)

(3) 스포츠윤리센터
① 정의 : 국민체육진흥법(시행 2023. 9. 15.) 제18조의3에 따라 체육인의 인권보호와 스포츠 비리 근절을 위해 설립된 문화체육관광부 산하 독립 법인
② 역 할
  ㉠ 체육계 인권침해 및 스포츠비리 등에 대한 신고 접수와 조사
  ㉡ 신고자 및 피해자에 대한 치료 및 상담, 법률 지원, 임시보호 및 연계, 임시보호시설 운영
  ㉢ 체육계 현장의 인권침해 조사·조치 상황 등을 상시 점검할 수 있는 인권감시관 운영
  ㉣ 스포츠비리 및 체육계 인권침해에 대한 실태조사 및 예방을 위한 연구와 교육
  ㉤ 그 밖에 체육의 공정성 확보 및 체육인의 인권보호를 위하여 필요한 사업

02 심판의 윤리

(1) 심판의 덕목

① 공정성 : 치우침과 사사로움 없이 공평하고 정대함
② 청렴성 : 성품이 고결하고 탐욕이 없음
③ 전문성 : 정확한 판정을 내리기 위해 필요한 전문적 지식과 같은 역량
④ 기타 조건 : 페어플레이 정신과 스포츠 가치를 인식함

(2) 심판의 사회적 역할

① 공정한 스포츠의 실천자라는 상징성을 가진다.
② 스포츠의 가치와 정신을 지키는 역할을 한다.
③ 선수들이 스포츠 가치와 정신을 발휘할 수 있도록 기여한다.

03 스포츠 조직의 윤리경영

(1) 윤리경영의 정의

윤리경영이란 조직 경영 및 활동에 있어 윤리를 최우선 가치로 여기고, 투명하고 공정하며 합리적인 업무 수행을 추구하는 경영정신을 말한다.

(2) 스포츠 조직의 불공정 행위와 윤리적 조직행동

① 스포츠 조직의 불공정 행위
  ㉠ 승리지상주의
  ㉡ 맹목적 이익 추구
  ㉢ 승부조작
  ㉣ 학연·지연에 따른 편파 판정
② 윤리적 조직행동 : 국민체육진흥공단의 윤리규범
  ㉠ 윤리헌장, 윤리강령, 행동강령, 실천지침으로 구성
  ㉡ 모든 행동과 의사결정의 기본원칙 제시
  ㉢ 윤리규범을 제시하여 임직원의 가치관과 행동기준 제시

(3) 윤리경영의 가치

① 사회적 책임을 실천한다.
② 윤리적 문화 확산으로 조직의 명성을 제고한다.
③ 사회공헌 활동을 통해 조직의 명성을 제고한다.

기출 POINT

심판의 윤리 15 17 18 20 23
• 심판의 윤리는 개인윤리와 사회윤리가 복합적으로 얽혀 있는 상호 보완적 관계
• 개인윤리는 심판 개인의 공정성, 청렴성 등의 인격적 도덕성을 의미
  예 개인의 행위, 품성, 인격 등에 대한 평가 등
• 사회윤리는 협회나 기구의 도덕성과 밀접한 연관
  예 사회제도, 정책, 관행, 관습, 정책 등에 대한 평가 등
• 심판은 스포츠상황에서 규칙이 준수되도록 외적 통제를 직접 담당

윤리경영 22
• 가치경영을 넘어 정성적 규범기준까지 확장된 사회·윤리적 가치체계
• 경영자의 윤리적 실천의지와 경영의 투명성이 중요

OX문제

1. 심판은 한 번 내린 판정을 번복하기가 힘들기 때문에, 정확한 판정을 내릴 수 있는 오랜 경험과 훈련이 필요하다. (O, ×)

2. 공정한 스포츠는 스포츠인의 도덕적 자율성과 제도적 강제성의 조화에서 찾을 수 있으므로, 제도적 강제성에 집중할 필요가 있다. (O, ×)

정답 1 (O), 2 (×)

(4) 스포츠 조직의 비윤리적 문제 유형

① 혈연, 지연, 사제지간 등으로 구성된 조직의 사유화와 직권남용
② 부적정한 단체운영
③ 불공정한 심판운영
④ 승부조작과 편파판정
⑤ 공금횡령 및 부정회계 관리
⑥ 파벌문제
⑦ 폭 력

(5) 스포츠 조직의 윤리 선진화 방안

① 국가조직 및 지도층의 의지
② 스포츠단체가 자력으로 실천할 수 있는 제도적 장치와 윤리프로그램 시행
③ 시민단체와 체육단체의 연대
④ 예산집행과 회계 과정의 투명성 확보
⑤ 민주적 의사결정구조 확립 및 단체장 선출의 공정성 강화
⑥ 체육단체 관련 법규 및 제도의 정비

01 다음 중 스포츠윤리학에 대한 설명으로 옳지 않은 것은?

① 스포츠에 관여한 사람들의 도덕에 관해 연구하는 학문이다.

② 스포츠에서 지켜야 할 것의 타당성을 묻는 학문이다.

③ 스포츠에 관련된 사람간의 도덕적 질서관계를 연구하는 학문이다.

④ 삶을 영위하고 사고하는 지적인 방법을 제시하는 학문이다.

해설

삶을 영위하고 사고하는 지적인 방법을 제시하는 학문은 논리학이다.

02 다음 스포츠윤리학의 방법론 중 의무론적 윤리이론에 대한 설명으로 옳지 않은 것은?

① 결과가 나쁘더라도 도덕적 의도로 행동했으면 윤리적이다.

② 도덕적 보편성을 추구한다.

③ 행위의 본질을 강조하며 모든 사람에게 동일하게 적용된다.

④ 공리주의에 해당한다.

해설

의무론적 윤리이론은 행위의 본질을 강조하는 도덕적 보편성을 추구한다. 공리주의는 결과론적 윤리이론이다.

03 다음 스포츠윤리학의 방법론 중 목적(덕)론적 윤리이론으로 옳지 않은 것은?

① '어떻게 살아야 하는가?'와 같은 근본적 질문에 기초한다.

② 공리주의와 의무론의 한계를 극복하고자 한다.

③ 편파적이기 쉬운 감정을 배제한 순수한 이성을 도덕적 동기로 인정한다.

④ 행위자의 인성을 중요하게 여기며, 도덕적 탁월성을 추구한다.

해설

순수한 이성이 아닌 감정을 도덕적 동기로 인정한다.

04 다음 중 의도적 반칙에 대한 설명으로 옳지 않은 것은?

① 경쟁우위의 수단으로서 보편적으로 행해지는 규칙위반으로, 공정성을 훼손하지 않는다.

② 경기 중에 선수가 의지적 계획을 가지고 행하는 규칙위반이다.

③ 전술적 수단으로 행하는 규칙위반이다.

④ 결과론적 윤리 관점에서는 의도적 반칙을 용인·옹호한다.

해설

전술적으로 경쟁우위의 수단으로 사용되기도 하지만, 페어플레이 정신에 위배되므로 지양해야 한다.

05 다음 중 테일러가 제시한 생태윤리의 4가지 의무에 대한 설명으로 옳은 것은?

① 불간섭의 의무 – 인간은 다른 생명체를 해치지 않아야 한다.

② 보상적 정의의 의무 – 생태계의 발전을 제한하면 안된다.

③ 신뢰의 의무 – 야생동물에게 해를 가해 신뢰를 훼손하면 안 된다.

④ 불침해의 의무 – 인간은 훼손된 자연을 원래 상태로 회복하기 위해 노력해야 한다.

해설
테일러의 생태윤리 4가지 의무
• 불침해의 의무 : 인간이 다른 생명체를 해치지 않아야 한다.
• 불간섭의 의무 : 자연 생태계에 간섭하여 생태계의 발전을 제한하면 안 된다.
• 신뢰의 의무 : 야생동물에게 해를 가해 신뢰를 훼손하면 안 된다.
• 보상적 정의의 의무 : 인간이 다른 생명에게 해를 끼쳤으면 자연상태로 회복하기 위한 노력(보상)을 해야 한다.

06 다음 중 스포츠맨십에 대한 설명으로 옳지 않은 것은?

① 스포츠인들이 서로 존중하고 규칙을 준수하는 정신이다.

② 스포츠맨십보다 페어플레이가 더 구체적이고 상대적인 윤리규범이다.

③ 이상적인 신사의 인간상이 스포츠에 적용되면서 만들어진 가치이다.

④ 스포츠의 가장 한정적이고 제한적인 윤리규범이다.

해설
스포츠맨십은 스포츠의 가장 포괄적인 도덕규범이다.

07 다음 중 스포츠에서 성평등을 위한 방안으로 옳지 않은 것은?

① 법적 평등의 보장 제도화

② 여성스포츠의 장려·활성화

③ 남성 선수와의 연봉 불균형 개선

④ 성전환 선수의 생리학적 우월성 인정

해설
성전환을 통해 생리학적 우월성을 증대하는 것은 공정한 노력의 결과가 아니며, 성평등을 위한 방안과 관계없다.

08 다음 중 도덕에 대한 설명으로 옳지 않은 것은?

① 도덕은 절대적이며 보편적인 규범이다.

② 도덕은 마땅히 행해야 할 도리이다.

③ 어떤 자연스러운 행동에 대한 규제 또는 명령이다.

④ 계시나 전통 같은 요소를 포함하는 개념이다.

해설
도덕은 주관적인 면이 존재한다.

09 다음 중 스포츠 현장에서 도핑의 문제점으로 옳지 않은 것은?

① 선수의 건강을 손상시킨다.

② 페어플레이 정신에 반하는 행위이다.

③ 규칙의 위반이다.

④ 실력 향상에 도움이 되지 않는다.

해설
도핑은 단기적인 실력 향상에 도움이 되지만, 선수의 건강에 부작용을 초래할 수 있으며 페어플레이 정신과 규칙을 훼손하는 행위이다.

10 다음 중 도핑과 관련된 내용으로 옳지 않은 것은?

① 1968년 그레노블 동계올림픽에서 처음으로 도핑검사가 실시되었다.
② 경기에서 생체의 체력적·심리적 능력을 변질시키는 부정행위이다.
③ 스포츠상황에서 용인되는 일탈이다.
④ 비윤리적 행위에 해당한다.

해설
도핑은 결코 용인되지 않으며, 1988년 서울올림픽에서 벤 존슨의 금메달이 박탈되기도 하였다.

11 다음 중 스포츠의 반윤리적 행위로 옳지 않은 것은?

① 스포츠에서의 폭력
② 약물복용
③ 경 쟁
④ 인종차별

해설
스포츠에서의 경쟁은 구성적 규칙으로 정해진 테두리 내에서 승리를 얻으려고 하는 시도이므로, 반윤리적 행위가 아니다.

12 다음 중 도덕, 윤리, 선의 개념으로 옳지 않은 것은?

① 도덕은 당위의 규범이다.
② 윤리란 사람이 행해야 할 도리이다.
③ 윤리와 도덕은 선의 표현이다.
④ 도덕과 윤리는 모두 법으로 규정되어 있다.

해설
모든 도덕과 윤리가 법제화된 것은 아니다.

13 다음 중 선에 대한 설명으로 옳지 않은 것은?

① 사람으로서의 도리이다.
② 윤리와 도덕은 선의 표현이다.
③ 선은 인식의 참 가치이다.
④ 선은 궁극적 지행의 가치이다.

해설
진리가 인식의 참 가치이면, 선은 실천행위의 참 가치이다.

14 다음 중 도덕에 대한 설명으로 가장 옳지 않은 것은?

① 마땅히 해야 할 도리
② 당위의 규범
③ 자연스런 행동에 대한 규제와 명령
④ 사람이 사회생활 시 해야 할 도리

해설
사람이 사회생활 시 해야 할 도리는, 도덕보다는 윤리에 더 가까운 설명이다.

15 다음 중 스포츠 심판 판정의 직무 수행을 위해 갖춰야 할 도덕적 조건에 해당하지 않는 것은?

① 자율성   ② 신속성
③ 청렴성   ④ 공정성

해설
스포츠 심판 판정의 직무 수행을 위해 갖춰야 할 도덕적 조건은 자율성(독립성), 청렴성, 공정성이다.

16 다음 중 다문화사회에서 이루어져야 할 스포츠정책으로 옳지 않은 것은?

① 다문화가정의 체육활동 지원
② 이주민의 생활체육의 욕구 조사
③ 다문화가정을 위한 체육교육 프로그램 개발
④ 다문화가정을 위한 특수체육지도자 양성

> **해설**
> 특수체육지도자는 장애인 스포츠 전문인력이다. 다문화주의 가치의 합리적 수용성을 담아내는 스포츠정책으로는 다문화가정의 체육활동 지원, 이민자 생활체육의 욕구 및 실태조사, 다문화가정의 체육교육 프로그램 개발 등이 있다.

17 다음 중 사실판단에 대한 내용으로 옳지 않은 것은?

① 참과 거짓을 측정해서 파악할 수 있는 것이다.
② 감각기관의 한계로 진실이 아닐 수 있다.
③ 정보가 왜곡되지 않도록 유의해야 한다.
④ 개인 가치관에 따라 달라진다.

> **해설**
> 개인의 가치관에 따라 달라지는 것은 가치판단이다.

18 다음 중 가치판단의 내용으로 옳지 않은 것은?

① 가치판단의 기준이 주관적이다.
② 개인의 가치관이 개입된다.
③ 가치충돌 시 보편적 가치를 우선해야 한다.
④ 측정해서 파악할 수 있다.

> **해설**
> 측정해서 파악할 수 있는 것은 사실판단의 내용이다. 가치판단은 측정해서 파악할 수 없다.

19 다음 중 승부조작에 대한 설명으로 옳지 않은 것은?

① 스포츠의 공정성을 훼손시키는 행위이다.
② 우리나라의 프로스포츠에서도 여러 번 적발되었다.
③ 규칙을 위반한 행위이지만, 법적인 처벌 방안은 아직 마련되어 있지 않다.
④ 경기 수준을 하락시켜 스포츠의 흥행에 악영향을 준다.

> **해설**
> 승부조작은 규칙을 위반한 행위일 뿐 아니라 범법행위이다.

20 카이요와(R. Caillois)가 구분한 놀이의 요소 중 경쟁성을 기반으로 하는 스포츠와 관련 있는 것은?

① 아곤(Agon)
② 알레아(Alea)
③ 일링크스(Ilinx)
④ 미미크리(Mimicry)

> **해설**
> 카이요와(R. Caillois)가 구분한 놀이의 요소 중 경쟁성은 아곤(Agon)에 해당한다.

21 다음 중 스포츠윤리의 독자성에 대한 설명으로 옳지 않은 것은?

① 스포츠도덕은 스포츠규칙의 자발적 준수를 의미한다.
② 스포츠 규칙의 준수는 선수의 필수조건이다.
③ 스포츠에서 규칙위반은 경기의 일부로 받아들여진다.
④ 규칙의 자발적 준수가 도덕적 선수와 비도덕적 선수의 구별기준이다.

> **해설**
> 스포츠윤리의 독자성은 규칙의 자발적 준수가 도덕적 선수와 비도덕적 선수의 구별기준은 아니라는 것이다.

22 다음 중 스포츠 경기의 목적에서 아곤(Agon)과 거리가 먼 것은?

① 탁월성 중시　　② 결과 중시
③ 자기중심적　　④ 경 쟁

해설
아곤(Agon)은 경쟁, 승리, 결과를 중시하는 한편, 아레테(Arete)는 경쟁의 개념을 포함하면서 탁월성을 추구한다.

23 다음 중 스포츠 경기의 목적에서 아레테(Arete)와 거리가 먼 것은?

① 노 력　　② 과 정
③ 탁월성 중시　　④ 자기중심적

해설
아레테(Arete)는 노력, 과정, 탁월성, 화합 등을 추구한다.

24 다음 중 페어플레이에 대한 설명으로 옳은 것은?

① 상대를 물리칠 것을 목표로 스포츠에 참가하는 것이다.
② 구성적 규칙의 범위 내에서 행해지는 경쟁을 의미한다.
③ 승리를 얻으려고 하는 모든 시도를 포함한다.
④ 일종의 제로섬 게임이다.

해설
페어플레이는 구성적 규칙의 범위 내에서 행해지는 경쟁이다.

25 다음 중 스포츠에서 발생하는 성차별의 원인으로 옳지 않은 것은?

① 남성지배적 사회문화
② 차별적 성역할
③ 여성운동의 활성화
④ 대중매체의 편향적 보도

해설
여성운동의 활성화는 스포츠 성평등을 위한 방안이다.

26 다음 중 스포츠가 야기하는 환경오염과 관련된 내용으로 가장 거리가 먼 것은?

① 스포츠 행위로 인한 환경오염
② 스포츠시설의 환경오염
③ 자연을 활용하는 스포츠의 증가
④ 수익우선주의

해설
스포츠가 야기하는 환경오염과 관련된 내용으로는 스포츠 자체 행위로 인한 환경오염, 스포츠시설의 환경오염, 자연을 활용하는 스포츠의 증가 등이 있다.

27 다음 보기에서 관중 폭력 발생 요인으로 옳은 내용을 모두 고른 것은?

> ㉠ 선수들의 폭력 행위
> ㉡ 편파적 판정이나 무능력한 심판
> ㉢ 사회통제 및 안전장치 미흡
> ㉣ 홀리건의 활동

① ㉠, ㉡, ㉢, ㉣ ② ㉠, ㉡, ㉢
③ ㉠, ㉡ ④ ㉡, ㉢, ㉣

해설
㉠·㉡·㉢·㉣ 모두 관중 폭력 발생 요인으로 작용한다.

28 다음 중 동물윤리 문제와 무관한 스포츠는?

① 투 우 ② 승 마
③ 폴 로 ④ 스 키

해설
스키는 동물윤리와 무관한 스포츠이다. 동물윤리적 문제가 제기될 수 있는 스포츠로는 투우와 같은 동물과 인간의 경쟁, 승마나 폴로와 같은 동물을 이용한 경쟁 그리고 투계와 같은 동물 간의 경쟁 등이 있다.

29 다음 이종격투기에 대한 윤리적 논쟁 중 다른 의견은?

① 규칙 내에서 근원적 본능의 발산
② 과도한 폭력성으로 비교육적
③ 규칙을 가지고 있지만 과도한 폭력성이 문제임
④ 대중이 폭력에 무감각해짐

해설
이종격투기의 긍정적 관점은 스포츠로서 규칙 안에서 이루어지며 인간의 근원적 본능을 스포츠로 발휘하는 것으로 본다.

30 다음 중 그 성격이 가장 이질적인 스포츠는?

① 투 우 ② 승 마
③ 폴 로 ④ 투 견

해설
투우, 승마, 폴로 등은 동물을 이용한 경쟁 스포츠이며 투견, 소싸움 등은 동물 간의 경쟁을 통한 스포츠이다.

31 국제수영연맹은 2010년부터 전신수영복을 금지하고 있다. 다음 중 전신수영복이 금지된 이유로 옳은 것은?

① 보기에 좋지 않음
② 환경에 영향을 미침
③ 경기력이 급격하게 향상됨
④ 대중성이 결여됨

해설
전신수영복은 첨단 소재를 통한 저항력 및 마찰력 감소로 수영선수의 기록을 급격하게 증대시켜 국제수영연맹에서 2010년부터 착용을 금지하고 있다.

32 다음 중 학생선수의 생활권과 학습권을 보장하기 위한 제도로 옳지 않은 것은?

① 최저학력제
② 주말리그 도입
③ 공부하는 학생선수 육성
④ 현 체육특기자제도 유지 및 강화

해설
체육특기자제도는 학교체육 강화방안으로 학업성적과 상관없이 경기 실적을 보유하면 상급학교 진학을 허용한 제도로 학생선수들의 운동 매진을 유도하기 위하여 도입되었으나, 입시비리, 학습권 및 생활권 관련 문제, 학교중심적 선발구조의 문제점 등이 제기되고 있다.

33 다음 중 의무론적 윤리이론의 난점이 아닌 것은?

① 사회의 보편적인 도덕규칙들과 모순될 수 있다.

② 서로 다른 도덕규칙이 상충할 수 있다.

③ 내면과 개인의 윤리에 치중하여 다수의 이익을 간과할 수 있다.

④ 행위가 가져올 사회의 이익과 손해를 경시하기 때문에, 구체적인 삶의 지침을 제공하지 못한다.

해설

사회의 보편적인 도덕규칙들과 모순될 수 있다는 난점을 가진 것은 결과론적 윤리이론이다.

34 다음 중 아곤(Agon)에 대한 설명으로 옳지 않은 것은?

① 현대어로는 흔히 '탁월함'으로 해석된다.

② 자기중심적인 개념으로, 이기고자 하는 욕구를 포함한다.

③ 타인보다 뛰어나려는 열망을 의미한다.

④ 경쟁의 개념을 포함하여, 타인보다 뛰어나려는 열망을 의미한다.

해설

아곤(Agon)은 현대어로 '경쟁'에 가까우며, '탁월함'은 아레테(Arete)에 해당한다.

35 페어플레이에 대한 설명으로 옳지 않은 것은?

① 보편적이며 고정적인 스포츠윤리이다.

② 스포츠맨십에 비해 일반적이고 보편적인 윤리규범이다.

③ 규칙의 준수로서 페어플레이는 행위에 대한 요구와 제재를 의미한다.

④ 문서로 규정되지 않았지만 암묵적으로 합의된 규칙까지 충실히 준수하는 것을 포함한다.

해설

스포츠맨십은 페어플레이보다 더 일반적이고 보편적인 윤리규범이다.

36 다음 보기의 대화에 나타난 스포츠윤리 문제에 대한 설명으로 옳지 않은 것은?

> A : 이제 올림픽의 꽃, 100m 경주가 결승전만을 남겨놓고 있습니다.
>
> B : 네. 숨 가쁘게 달려온 일정이었는데, 선수들 모두 대단한 열정을 보여주고 있습니다.
>
> A : 혹시 눈여겨봐야 할 선수가 있을까요?
>
> B : 아무래도 미국의 C선수를 눈여겨봐야 될 것 같습니다. 백인다운 냉철하면서도 정확한 움직임이 인상적인 선수에요.
>
> A : 그렇죠. 그 외에는 어떤 선수가 있을까요?
>
> B : 늘 우승후보로 꼽히는 D선수 역시 주목할 만합니다. D선수는 흑인 특유의 탄탄하고도 우월한 신체능력으로 지난 올림픽에서는 금메달을 쓸어가기도 했으니까요.
>
> A : 그렇군요. 관건은 D선수의 순발력과 파워를 C선수가 어떻게 극복하느냐가 될 것 같습니다.

① 단일 민족 국가에서는 발생하지 않는다.

② 신체적 탁월함은 선천적으로 결정되지 않는다.

③ 서로 다른 국가 사이에서 발생하기도 한다.

④ 미디어에서는 편향된 보도로 이와 같은 문제를 유발하기도 한다.

해설

보기는 인종차별의 사례이다. 유엔은 '단일민족'을 강조하는 우리나라에 대해 "단일민족을 강조하는 것은 다른 인종. 국가 출신 사람들이 같은 영토 내에 함께 살며 이해와 관용, 우의를 증진하는 데 장애가 될 수 있다"라고 말하며 인종과 출신 국가에 대한 차별을 근절해야 한다고 권고하였다.

37 다음 중 덕 윤리 이론에 대한 설명으로 옳지 않은 것은?

① 행위 자체보다는 행위의 주체에 초점을 맞추고 있다.

② 인간에게 내재되어 있는 감정을 도덕적 동기로 인정한다.

③ '무엇을 해야 하는가?'가 '어떻게 살아야 하는가?'보다 중요하다.

④ 도덕성을 의무나 공정성 등 행위의 문제가 아닌 인간 내면의 문제라고 생각한다.

해설
'무엇을 해야 하는가?'보다 '어떻게 살아야 하는가?'를 중요하게 생각한다.

38 보기에서 설명하는 스포츠에 대한 입장을 가진 사상가로 옳은 것은?

> 스포츠일탈의 원인은 인간의 도덕적 타락에서 기인한다. 이와 같은 도덕적 타락을 극복하기 위해서는 인(仁)의 실천이 중요한데, 인의 실천을 위해서는 자신의 욕망을 이겨내고 예(禮)로 돌아갈 필요가 있다.

① 노 자 　　② 맹 자

③ 순 자 　　④ 공 자

해설
공자의 '극기복례'에 해당하는 내용이다.

39 다음 중 승부조작의 해결방안 중 성격이 다른 것은?

① 법적인 처벌을 강화한다.

② 스포츠윤리 교육을 강화한다.

③ 승부조작 관리감독 기관을 신설한다.

④ 스포츠협회차원에서 승부조작에 가담한 선수를 영구 제명한다.

해설
스포츠윤리 교육의 강화는 내적 통제에 해당하고, 나머지는 외적 통제에 해당한다.

40 다음 보기에 대한 학자들의 반박으로 적절하지 않은 것은?

> 승마에서 기수가 자신과 함께 오래 활동한 말에게 감사의 정(情)을 표현하는 것은 언제나 직접적으로 인간의 자기 자신에 대한 의무일 뿐이다. 동물은 간접적으로 보호해줘야 하는 대상일 뿐, 인간과 같은 도덕적 고려의 대상은 결코 아니다.

① 싱어(P. Singer) – '쾌고감수능력'을 지닌 동물은 도덕적 고려의 대상이다.

② 레건(T. Regan) – 인간과 동물은 동등한 '본래적 가치'를 지니므로 동물의 가치를 침해해서는 안 된다.

③ 패스모어(J. Passmore) – 모든 생명체는 '목적론적 삶의 중심'으로서 고유한 가치를 지니므로, 이를 고려해야 한다.

④ 레오폴드(A. Leopold) – 인간중심주의에서 탈피하여 생태계의 모든 대상을 동등하게 존중받아야 할 고유 내적 가치를 지닌 존재로 바라봐야 한다.

해설
패스모어(J. Passmore)는 인간중심적인 관점에서 미래의 인간에게 해악을 끼칠 수 있는 현재의 환경오염, 생태계 파괴를 비판하였다. 모든 생명체가 '목적론적 삶의 중심'으로서 인간의 필요와 구분되는 고유한 가치를 지닌다는 주장은 테일러(P. Taylor)의 주장이다.

41 다음 중 스포츠에서 나타나는 성차별의 사례가 아닌 것은?

① 고대 그리스 올림픽에서는 여성의 스포츠 관람을 제한하였다.
② 많은 스포츠가 남자 경기와 여자 경기를 구분하여 진행된다.
③ 대중매체에서 여성 선수의 탁월성보다 외모에 집중하여 보도한다.
④ 여자농구팀의 감독이 사적인 술자리에 선수를 호출하였다.

해설
스포츠에서 남자 경기와 여자 경기를 나누는 것은 성차별이 아닌 성구분에 해당한다.

42 다음 중 규제적 규칙을 위반한 사례가 아닌 것은?

① 농구 경기에서 불리한 팀의 자유투에 3점을 주었다.
② 축구 경기에서 상대방이 점프하지 못하도록 옷을 잡아 당겼다.
③ 수영 경기에서 어깨의 문신을 가리기 위하여 전신수영복을 착용하였다.
④ 사이클 경기에서 자전거를 개조하여 뒷 바퀴에 모터를 달았다.

해설
점수의 배점을 다르게 한 것은 농구의 자유투는 1점을 준다는 구성적 규칙을 위반한 것이다.

43 관중 폭력에 대한 설명으로 적절하지 않은 것은?

① 선수나 심판에 대한 욕설은 해당하지 않는다.
② 시설물에 대한 파괴도 관중 폭력에 해당한다.
③ 선수와 단 둘이 있을 때보다 군중으로 있을 때 더 많이 발생한다.
④ 대표적인 사례로는 훌리거니즘(Hooliganism)이 있다.

해설
선수나 심판에 대한 욕설이나 비방도 넓은 의미에서 관중 폭력에 해당한다.

44 장애인 스포츠에 대한 내용으로 적절하지 않은 것은?

① 장애인도 비장애인과 같은 스포츠를 즐길 수 있는 권리가 있다.
② 전쟁부상자의 의료 및 재활수단으로서 장애인 스포츠가 활용된다.
③ 스포츠 참여를 통해 장애의 경계를 허물고 성취감을 얻을 수 있다.
④ 우리나라에는 장애인의 스포츠 참여에 대한 제도가 마련되어 있지 않다.

해설
우리나라에서는 1998년 선포된 「한국장애인인권헌장」에서 장애인의 문화, 예술, 체육, 여가 활동에 참여할 권리를 규정하고 있으며, 「장애인차별금지법」의 제25조에서는 장애인의 체육활동 차별을 금지하고 있다.

45 다음 중 학교체육의 목적으로 적절하지 않은 것은?

① 갈등 해소의 기회 제공
② 전략적·창의적 사고의 발달
③ 내재적 가치와 체력 및 건강의 유지 및 증진
④ 국가경쟁력 강화를 위한 엘리트 선수의 육성

해설
학교체육의 목적은 사회적 일탈행위에 대한 정화, 학교환경에 적응하고 갈등을 해소할 수 있는 기회제공, 사회적 존재로서의 공동체의식 고취, 내재적 가치와 체력 및 건강의 유지·증진, 정서 순화, 사회적 함양이라는 외재적 가치 추구, 인간으로서 인간의 '삶의 질'을 높이는 것 등이 있다.

46 학생선수의 학습권 보장을 위한 정책으로 옳지 않은 것은?

① 주말리그제도를 시행한다.
② 전국대회의 참가횟수를 제한한다.
③ 최저학력제를 시행한다.
④ 상시 합숙훈련 확대를 통해 학생선수를 관리한다.

해설
학생선수의 학습권을 보장하기 위한 제도에는 주말리그제도, 전국대회 참가횟수 제한, 최저학력제, 상시 합숙훈련의 최소화 등이 있다.

47 다음 중 도핑금지 방안으로 적절하지 않은 것은?

① 도핑 검사를 강화한다.
② 스포츠의 경쟁적 가치를 강조한다.
③ 적발 시의 처벌을 강화한다.
④ 윤리교육을 시행하여 의식 변화를 꾀한다.

해설
도핑의 원인 중 하나는 지나친 경쟁으로 인한 승리지상주의이므로, 경쟁적 가치를 강조하는 것은 도핑을 유발할 가능성이 있다.

48 다음 보기의 상황과 관련된 학자와 이론이 바르게 연결된 것은?

> 시대중학교에 다니는 철수는 평소 양심적으로 교칙을 준수하고, 모범적으로 생활하고 있다. 하지만 농구 경기가 시작되면 승리를 위해 거칠게 몸싸움을 하고, 공격적인 언행을 일삼는다. 그 결과 이기는 경기가 지는 경기보다 많았지만, 상대팀 선수가 철수의 거친 행동 때문에 다치기도 하였다.

① 베버(M. Weber) - 책임윤리
② 요나스(H. Jonas) - 책임윤리
③ 니부어(R. Niebuhr) - 사회윤리
④ 나딩스(N. Noddings) - 배려윤리

해설
니부어는 사람들이 소속된 단체의 이익을 위해서 쉽게 이기적인 행동을 취한다고 주장하였다.

49 보기에서 설명하는 롤스(J. Rawls)의 '정의의 원칙'으로 가장 적절한 것은?

> A시에서는 저소득층 자녀들의 스포츠 권리를 위해 사설 스포츠 센터 이용권과 스포츠 강좌 수강권을 제공하였다. 이를 통해 누구나 경제적 형편에 무관하게 스포츠를 누릴 수 있게 되었다.

① 자유의 원칙
② 차등의 원칙
③ 기회균등의 원칙
④ 원초적 원칙

해설

롤스의 정의의 원칙
- 제1원칙(자유의 원칙) : 사회의 모든 가치는 기본적으로 모든 사람에게 평등하게 배분되어야 한다는 원칙이다.
- 제2원칙
  - 차등의 원칙 : 가치의 불평등한 배분은 사회의 최소 수혜자에게 유리한 경우에만 허용될 수 있다는 원칙이다.
  - 기회균등의 원칙 : 사회경제적 불평등은 그 원천이 되는 모든 직무와 직위에 대한 공평한 기회균등 하에 발생한 것이어야 한다는 원칙으로, 동일한 능력을 가진 사람이 동일한 지위를 획득할 수 있어야 한다는 것이다.
- 제1원칙은 제2원칙에 우선하며, 제2원칙 내에서는 공정한 기회균등의 원칙이 차등의 원칙에 우선한다.

50 다음 중 세계반도핑방지기구(WADA)에서 발표한 국제표준의 '상시 금지 약물'이 아닌 것은?

① 동화작용제
② 베타-2 작용제
③ 카나비노이드
④ 호르몬 및 대사 변조제

해설

세계반도핑기구(WADA)에서 규정하는 금지 약물 국제 표준(2023.01.01)

상시 금지 약물	• 비승인 약물 • 동화작용제 • 펩티드 호르몬, 성장인자, 관련 약물 및 유사제 • 베타-2 작용제 • 호르몬 및 대사 변조제 • 이뇨제 및 기타 은폐제
경기기간 금지 약물	• 흥분제 • 마 약 • 카나비노이드 • 글루코코르티코이드 * 상시 금지 약물 포함
특정스포츠 금지 약물	• 베타차단제류

출제빈도표(2018~2023년)

(단위 : 개)

구 분	2023	2022	2021	2020	2019	2018	합 계
체육사의 의미	1	2	2	–	1	2	8
선사·삼국시대 체육	4	3	3	2	2	4	18
고려·조선시대 체육	5	5	5	6	5	4	30
한국 근·현대 체육	10	10	10	12	12	10	64

※ 출제비중 및 출제빈도는 문제 분석에 따라 달라질 수 있습니다.

최근 기출 분석(2023년 기출)

한국체육사는 윷놀이, 축국, 수박, 궁술, 태권도 등 특정 체육활동을 묻는 문제들이 많이 출제되었고, 대부분의 문제가 어렵지 않게 출제되었다. 2022년도 기출과 동일한 키워드의 문제가 많아 체감난이도 또한 무난했을 것으로 생각한다. [한국 근·현대 체육] 파트에서 가장 많은 문제가 출제되었고, '국제대회'에 대한 문제가 3문제 출제되었다. 올림픽 뿐만 아니라 아시아경기 등에 대해서도 '한국의 국제대회 출전 기록'은 중요하게 학습해야 한다. 특히 개화기 관련 내용이 5문제 출제되었다. '개화기의 체육단체'는 헷갈리는 내용으로, 주요활동을 정확히 알아두는 것이 좋다. 한국체육사는 중요하게 출제되는 파트가 반복되기 때문에 전략과목으로 선택하는 것을 추천한다.

7과목

한국체육사

01 체육사의 의미

기출 POINT

체육사 15 17 18 22 23
• 체육과 스포츠를 역사적 방법으로 연구하는 학문
• 연구대상으로는 시간, 인간, 공간이 고려됨
• 신체활동의 여러 현상을 문화사 또는 교육사 측면으로 고찰
• 각 나라의 역사와 문화를 살펴보는 것이 중요
• 체육사 연구에서 사관(史觀)이 갖는 의미는 역사가의 가치관에 따라 체육의 역사를 해석하는 것

체육사의 연구영역 16 22
• 스포츠를 통해 시대별로 파생된 여러 문화 현상
• 스포츠의 기원 또는 발달 과정
• 스포츠 종목의 발생 원인 및 조건
• 체육사상사, 스포츠문화사, 스포츠 종목사 등 포함

OX문제

1. 체육사 연구에서 사관(史觀)은 역사가의 가치관에 따라 체육의 역사를 해석한다. (○, ×)

2. 체육사는 체육과 스포츠를 역사적 방법으로 연구하는 학문이다. (○, ×)

정답 1 (○), 2 (○)

KeyPoint
• 체육사의 의미와 연구영역에 대해 설명할 수 있다.
• 체육사 연구가 필요한 이유에 대해 설명할 수 있다.
• 체육사에서의 시대구분에 대해 설명할 수 있다.

(1) 체육사의 이해

① 고대에서부터 오늘날까지 체육의 변천 모습을 살펴 보고, 각 시대의 체육관이나 그 방법 등에 관련된 시대적·사회적 배경 등을 역사적으로 연구하는 분야이다.

② 현재의 체육 상황을 명확히 인식하여 이를 바탕으로 장래를 현명하게 통찰하기 위한 학문이다.

(2) 체육사의 연구영역

① 체육사는 신체운동을 대상으로 이루어지는 역사적 연구이다. 인간은 선사시대부터 수면시간 이외에는 끊임없이 움직이고, 각각의 상황에 맞는 자세를 취하거나 운동을 하며 일상생활을 영위하고 있다.

② 인간은 긴 역사를 통해 각 민족의 고유한 일상적·노동적·전투적·스포츠적인 여러 운동 형태를 만들어내고, 시대적·지역적으로 특색 있는 신체 문화를 형성하였다. 즉, 체육사란 '신체운동 → 신체수련 → 신체교육 → 신체문화'라는 유기적인 문제를 거시적으로 고찰하고, 그러한 존재의 의의를 역사적으로 이해하기 위한 독자적인 학문영역이다.

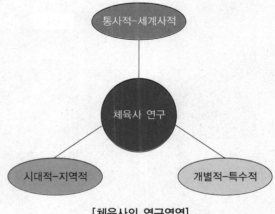

[체육사의 연구영역]

(3) 체육사의 연구내용

① 체육사의 연구방법
체육사는 기존에 있었던 여러 체육 사상을 연구하는 학문이기 때문에 사료를 통하여 체육사를 재구성해야 한다. 체육사 연구방법의 중심은 사료의 분류와 평가이다.

② 체육사의 시대구분
ㄱ 독자성 : 체육사의 시대구분은 기존 구분 방식을 따르지 않고 주제에 따라 독자적으로 이루어진다.

ㄴ 고증 : 체육사의 시대구분은 철저한 고증 후에 이루어져야 한다.

③ 체육사의 연구단계
ㄱ 연구 문제의 선택

ㄴ 자료의 수집과 분류

ㄷ 가설 구성

ㄹ 새로운 사실 발견

ㅁ 풀이와 서술

기출 POINT

체육사 연구에서의 사료(史料) 19 21 22
- 유물, 유적 등의 유산은 물적 사료
- 공문서, 사문서, 출판물 등은 문헌 사료
- 과거의 기억에 대한 증언 등은 구술 사료
- 각종 트로피, 우승기, 메달, 경기 복장 등은 물적 사료에 포함

체육사의 시대구분 15 18 21
- 체육사의 시대구분은 역사가들의 임의적 수단이자 도구이므로, 기존 구분 방식을 따를 필요 없이 지역과 주제에 따라 시대구분을 새롭게 할 수 있음
- 체육사 연구에서 시대를 구분하는 이유는 체육사의 종합적인 이해와 서술을 돕기 위함임
- 대체로 부족국가·삼국시대를 고대 체육, 고려·조선을 중세체육, 개화기·일제강점기를 근대체육, 광복 후를 현대체육으로 봄

OX문제

1. 생존자의 과거 기억에 대한 증언 등은 구술 사료이다. (O, X)

2. 체육사 연구에서 시대를 구분하는 이유는 체육사의 종합적인 이해와 서술을 돕기 위해서이다. (O, X)

3. 체육사의 시대구분은 철저한 고증 하에 이루어진 것이므로 연구성과를 인정받기 위해서는 시대구분을 준수해야 한다. (O, X)

정답 1 (O), 2 (O), 3 (X)

02 선사·삼국시대 체육

기출 POINT

부족국가시대의 신체문화
15 17
• 제천행사와 민속놀이
• 생존과 연관된 사냥 활동
• 성인식

KeyPoint

• 선사시대와 부족국가시대의 생활과 신체문화에 대해 설명할 수 있다.
• 삼국시대와 통일신라시대의 체육사상에 대해 설명할 수 있다.
• 삼국시대와 통일신라시대의 무예와 민속스포츠, 오락에 대해 설명할 수 있다.

01 선사 및 부족국가시대의 체육

(1) 선사시대의 생활과 신체문화

① 선사시대에는 학교를 전제로 하는 오늘날의 체육은 존재하지 않았지만, 식량 획득의 중요한 수단이자 신체활동인 수렵이 있었다.

② 활, 창, 돌도끼 등의 도구를 사용하는 방법이 하나의 기술로 인정되었을 것이며, 이것은 식량을 얻는 생산 기술인 동시에 적으로부터 몸을 지키는 전투술이기도 하였다.

③ 이 시대에 석촉이 발견된 것은 궁술이 발전되었음을 나타낸다. 어린이들은 또래들과의 놀이를 통해, 혹은 부모로부터 궁술을 배워 그 사회에 적응하여 나갔으리라 추측된다.

④ 애니미즘과 샤머니즘 같은 원시신앙과 관련된 주술활동과 성인식 등의 독특한 신체문화가 나타났다.

OX문제

1. 고구려의 제천행사는 동맹이며, 신라의 제천행사는 가배였다.
(○, ×)

2. 부족국가 시대에 행해진 제천행사의 주목적은 신체미 숭배였다.
(○, ×)

정답 1 (○), 2 (×)

(2) 부족국가시대의 생활과 신체문화

① 제천행사

ⓐ 파종과 수확을 할 때에 모든 사람들이 하늘에 지내는 제사를 말한다.

ⓑ 애니미즘에 대한 믿음을 바탕으로 시행되었다.

ⓒ 제천행사 때 각종 무예, 유희, 음주가무 등이 실시되었다.

ⓓ 고구려의 동맹, 부여의 영고, 동예의 무천, 신라의 가배 등이 있다.

② 성인식

ⓐ 정신적·육체적인 고통을 참고 이겨내야만 사회의 일원으로 인정하는 성인식은 부족국가사회에는 어디든지 있는 하나의 의식이었다.

ⓑ 그 당시 시행되던 성인식은 단식이나 생매장, 몸에 상처를 내거나 못을 박는 등 고행을 시키는 것이 대부분이었다. 부족의 신화를 계승하는 춤을 추거나 식량 확보를 위한 수렵과 채집활동을 하는 경우도 있었다. 이러한 경험 후에 유년기 생활을 벗어나 청년단의 일원이 되었음을 선포하게 된다.

ⓒ 『삼국지』의 「위지동이전」에 '큰사람'으로 부른 기록이 있다.

③ 궁술과 유희

ⓐ 당시의 지배층들은 무예를 통하여 체력을 단련하였고, 무술 연마를 겸하여 궁술을 이용한 사냥 등을 즐겼다.

ⓑ 삼국 시대의 무예적 유희였던 석전, 수박, **각저** 등이 나타났다.

ⓒ **저포(윷놀이)**는 우리 민족의 전통 오락 중 가장 오래된 놀이로 정월 초하루부터 보름날까지 행해졌다. '도, 개, 걸, 윷, 모'라는 호칭을 붙여 실시하는 놀이로 '돼지, 개, 양, 소, 말'이라는 짐승의 크기와 빠르기에 의해 판 위에서 말들이 나가는 놀이이다. 이 놀이는 당시 부여의 사출도를 다스리던 관직의 이름에서부터 유래하였다.

- 삼국시대에는 군사훈련을 위해 기마술과 활쏘기(궁술)를 중요시함
- 고구려의 경당에서는 활쏘기를 교육하였으며, 백제 또한 활쏘기를 임금이나 백성이 갖춰야 할 중요한 자질의 하나로 취급함

화랑도 15 17 21 22 23
- 귀족 자제들 참여
- 단체생활을 통해 심신 연마
- 야외교육활동 '편력' 수행
- 풍류도, 국선도, 원화도라고도 함
- 원광의 세속오계를 기본정신으로 함
- 무예수련을 통해 인재 양성

세속오계 16 20
- 사군이충 : 왕에게 충성함
- 사친이효 : 부모를 효로 섬김
- 교우이신 : 벗을 믿음으로 사귐
- 임전무퇴 : 전쟁에서 물러나지 않음
- 살생유택 : 생명을 죽이는 것은 가려서 함

편 력 15 18
- 신라 화랑도의 교육방식으로 명산대천(名山大川)을 두루 돌아다니는 야외 활동
- 시(詩)와 음악을 비롯한 각종 신체수련 활동을 포함

OX문제

시와 음악관련 활동 및 각종 신체활동을 야외에서 진행하는 화랑도의 교육방식은 천렵이다. (○, ×)

정답 ×

02 삼국 및 통일신라시대의 체육

(1) 삼국시대의 사회와 교육

① 삼국시대
- ㉠ 고대부족국가 체제를 갖추며 민족의식을 성장시켜 통일신라 문화에 정신적인 기초를 부여한 시대이다.
- ㉡ 삼국이 서로 대립하고 있었던 만큼 국방 체육으로서의 무술이 발달하게 되었다.
- ㉢ 여러 가지 민속적 유희가 성립·발전하며 교육으로서의 신체 운동이 완성된 시기이다.

② 삼국시대의 사회
- ㉠ 유교와 불교가 도입되어 전통적인 무속신앙과 조화를 이루었다.
- ㉡ 윤리의식과 정치제도가 발달하였다.

③ 삼국시대의 교육
- ㉠ 고구려 : 태학, **경당**(독서, 활쏘기 연습 등)
- ㉡ 백제 : 의박사, 역박사, 오경박사 등의 박사제도
- ㉢ 신라 : 화랑도(궁술, 기마술, 검술, 사냥, 편력 등)

(2) 삼국시대의 무예

① 신체 단련과 군사훈련을 목표로 한 상무적 무예가 중시되었다.
② **궁술** : 삼국시대에는 궁술이 무술로서 높이 평가되어 궁술 실력으로 인재를 등용했다.
- ㉠ 백제 : 관사라는 군사적 행사에 의해 인재 등용
- ㉡ 고구려 : 봄·가을의 수렵 대회를 통해 궁술에 능한 인재 등용
- ㉢ 신라 : '궁전법'으로 인재 등용(기마와 궁술로써 시험하여 선발)
③ **신라의 화랑도 체육**
- ㉠ 국가의 관료를 등용하던 교육제도이다.
- ㉡ 신체적 단련을 통한 강한 청소년 양성을 목적으로 하였다.
- ㉢ 집단 활동으로 도덕적 품성과 미적 측면을 함양하였다.
- ㉣ 원광의 '**세속오계**'를 바탕으로 충성보국할 수 있는 문무겸비의 인재를 양성하였다.
- ㉤ 입산수행은 종교적 의미를 포함하며, 부족생활을 위해 신체·정신을 단련하였다.
- ㉥ **편력**은 시와 음악 관련 활동 및 각종 신체활동을 포함하는 일종의 야외활동이었다.

(3) 삼국시대의 민속스포츠와 오락

① **수렵(狩獵)** : 삼국시대의 수렵은 본질적으로 두 개의 다른 면을 갖고 있다. 하나는 왕에 의한 순행으로, 군사적 시위를 목적으로 실시되었다. 다른 하나는 놀이로서의 수렵이다.

② **방응(放鷹)** : 매사냥을 가리키며, 고구려·백제·신라 삼국이 모두 매사냥을 하였다.

③ **축국(蹴鞠)** : 가죽 주머니로 공을 만들어 발로 차던 놀이이다. 흡사 오늘날의 축구 또는 제기차기와 유사한 형태의 놀이라고 할 수 있다.

④ **기사(騎射)** : 말을 달리면서 쏘는 궁술을 말한다. 기사는 한반도에서 주로 체계화된 신체운동이었다.

⑤ **석전(石戰)** : 변전, 편전, 편쌈이라고도 한다. 변은 이 변, 저 변의 의미이고, 편은 이 편, 저 편하는 양 편을 의미한다. 석전은 마을의 돌팔매겨루기로, 전쟁에 대비하는 전투적 유희라고 할 수 있다.

⑥ **투호(投壺)** : 일정한 거리에 항아리를 놓고 화살과 같은 것을 던져 넣는 오락이다. 그러나 투호는 단순한 놀이라기보다는 궁술과 같이 자신의 수양 그리고 대인 관계에서 예의를 통해 군자의 태도를 배우는 방법으로 제시되고 있었던 듯하다.

⑦ **쌍륙(雙六)** : 여러 사람이 편을 갈라 차례로 주사위 두 개를 던져서 나오는 대로 말을 써서 먼저 들여보내는 놀이이다.

⑧ **마상재** : 말 위에서 여러 동작을 보이는 것으로, 곡마·말놀음·말광대라고도 하였다.

⑨ **기타 놀이** : 위기, 악삭, 죽마, 농주, 풍연 등

기출 POINT

경당 22
- 고구려의 민간 교육기관으로 미성년자들을 교육
- 경전을 독서하고 활쏘기를 연습

삼국시대 민속스포츠
16 17 21 23
- 쌍륙 : 여러 사람이 편을 갈라 차례로 주사위 두 개를 던져서 나오는 대로 말을 써서 먼저 들여보내는 놀이
- 마상재 : 말 위에서 여러 동작을 보이는 것으로, 곡마·말놀음·말광대라고도 함

OX문제

1. 마상재는 말 위에서 여러 동작을 보이는 것으로, 말놀음 또는 말광대라고도 한다. (O, ×)

2. 방응(放鷹)은 사나운 매를 길러 꿩이나 새를 사냥하는 일종의 수렵 활동이다. (O, ×)

3. 화랑도는 원효의 세속오계를 기본 정신으로 삼고 있다. (O, ×)

정답 1 (O), 2 (O), 3 (×)

03 고려 · 조선시대 체육

KeyPoint

- 고려시대의 무예와 민속스포츠, 오락에 대해 설명할 수 있다.
- 조선시대의 무예와 민속스포츠, 오락에 대해 설명할 수 있다.
- 조선시대의 체육사상이 체육활동에 미친 영향에 대해 설명할 수 있다.

01 고려시대의 체육

(1) 고려시대의 사회와 교육

① 고려시대의 사회

ㄱ 정치적으로는 유교, 종교적으로는 불교 중심 사회였다.

ㄴ 체계적인 교육기관이 설립되었고, 과거제도가 도입되었다.

② 고려시대의 교육

ㄱ 관학 : **국자감**(고려시대 최고의 종합교육기관), 향교, 학당(지방교육기관)

ㄴ 사학 : 12도, 서당

(2) 고려시대의 무예

① 교육기관의 체육

ㄱ 국자감 : 고려시대의 대표적인 국립교육기관이다. 귀족의 자제를 대상으로 문무를 겸비한 인재를 양성하는 것이 목적이었다. 문학과 무학을 구분하여 교육하였으며, 7재 중 강예재에서 무학을 공부하였다.

ㄴ 향학 : 고려시대의 지방교육기관으로, 귀족의 자제와 서민을 대상으로 하였다. 유교사상의 전파와 교육이 목적이었으며, 궁사·음악 교육과 함께 수박희가 개최되었다.

② 무예체육

ㄱ **수박** : 맨손과 발을 이용한 격투 기술이다. 외세의 잦은 침략으로 인해 무신정권의 장기집권 시기에, 관리 채용과 출세를 위한 방법으로 수박희라는 형태의 무예 기술이 발달하였다.

ㄴ 궁술 : 문무를 겸비한 인재의 양성 목적으로, 국가에서도 병사나 관료들에게 궁술을 익히도록 장려하였다.

(3) 고려시대의 민속스포츠와 오락

① 귀족사회 민속스포츠와 오락

    ㉠ **격 구**

        • 서양의 폴로 경기와 유사하며, 말을 타고 채를 이용하여 공을 치는 경기

        • 귀족들 사이에서 성행한, 대표적인 귀족사회의 오락 및 여가활동

        • 군사훈련의 수단으로도 사용됨

        • 사치성으로 인한 폐단이 발생하기도 하였음

    ㉡ **방 응**

        • 매를 놓아 사냥하는 것으로 고려시대에 매우 성행한 왕과 귀족의 유희

        • 충렬왕 즉위 1년에 응방, 응방도감이 설치되는 등 체계적 관리가 이루어짐

        • 무예의 훈련, 체력 및 용맹성 증진의 수단

    ㉢ **투 호**

        • 화살과 비슷한 모양의 긴 막대기를 일정 거리에 있는 항아리 속에 던져 넣는 오락

        • 왕실과 귀족사회에서 성행하였음

② 서민사회 민속스포츠와 오락

    ㉠ 씨 름

    ㉡ 추천(그네뛰기)

    ㉢ **석 전**

    ㉣ 연날리기

(4) 고려시대의 체육사상

유교사상의 도입과 시대적 상황과 맞물려, 삼국시대에 비해 무예가 천시되었다. 이러한 숭문천무 사상은 무신의 난의 빌미가 되기도 하였다.

02 조선시대의 체육

(1) 조선시대의 사회와 교육

① 조선시대의 사회

    ㉠ 유교주의 국가 이념을 중시하였고, 성리학이 발전하였다.

    ㉡ 신분제를 기반으로 한 계급사회이다.

    ㉢ 임진왜란, 병자호란 같은 전쟁이 발생하였다.

② 조선시대의 교육

    ㉠ 관학 : **성균관**, 사학, 향교, 기술교육기관

    ㉡ 사학 : 서원, 서당

조선시대 무과 시험 18 20 22
- 무과는 초시(初試), 복시(覆試), 전시(展試)로 이루어짐
- 복시는 병조와 훈련원에서 주관함
- 전시는 기격구(騎擊毬)와 보격구(步擊毬)를 시행하여 29명을 선발

조선시대의 무예 19 21
- 편사(便射) : 무사 시험 과목의 하나로, 각 사정을 대표하는 궁수 5인 이상이 편을 나누어 활 실력을 겨루는 단체경기
- 기창(騎槍) : 조선시대 병조에서 실시한 무술시험으로, 말을 몰며 목표를 창으로 찌르는 동작으로 평가
- 기사(騎射) : 말을 타며 활을 쏘는 무술의 일종
- 본국검(本國劍) : 신라시대 화랑도들을 중심으로 무술을 연마하기 위해 사용한 우리 고유의 검술

조선시대의 활쏘기 16 22 23
- 군사훈련의 수단으로 활용
- 심신수련의 중요한 교육활동
- 무과 시험에서 인재를 선발하는 실기과목

무예도보통지 15 16 19 23
정조(正祖, 1752~1800)는 문무겸비를 강조한 왕으로서 문과 무를 양립시키는 것이 국가를 부강하게 하는 계책이라고 여겼다. 그는 규장각의 이덕무, 박제가와 장용영의 백동수를 통해 무예도보통지를 편찬케 하였다. 이 책은 조선시대를 대표하는 병서이자 무예교범서였다.

③ 과거제도
  ㉠ 문관, 무관, 기술관을 채용하는 시험이다.
  ㉡ 과거제도를 통해 탁월한 무인을 선발하였다(고등무관시험).

[과거제도의 무과 시험]

구 분		내 용
시작년도		고려 말기
시험단계		초시, 복시, 전시의 3단계로 이루어짐(소과와 대과의 구분 없음)
시험과목	무 예	궁술, 기창, 격구, 조총 등
	병법서	경서, 병서 등
시험장소	초 시	훈련원(서울), 병사(지방)
	복시, 전시	병조와 훈련원

(2) **조선시대의 체육**

① 무예교육기관
  ㉠ **훈련원** : 공식교육기관으로 무예를 시험하고, 훈련과 병서를 강습하였다.
  ㉡ **사정** : 비공식교육기관으로 한량들이 어울려 놀기 위한 정자를 의미하며, 전국 각지에서 무사 양성교육기관을 대신하였다.

② **체육으로서의 무예**
  ㉠ **궁 술**
    - 무예의 훈련 수단이자, 심신 수양의 교육적 수단으로 활용되었다.
    - 의례 : 성균관 대사례 거행, 성종 때부터 의식으로 완성되어 교육적 성격으로 정착되었다.
    - 향교 : 일종의 과외 활동으로 궁술의 교육과 경기를 장려하였다.
  ㉡ 격구 : 넓은 의미의 귀족 스포츠로, 국방 훈련, 무인 교육에 필수적인 신체활동이었다.
  ㉢ 수박희 : 조선 말기에 전국 민속경기로 보급되어, 스포츠의 성격으로 발달되었다.
  ㉣ 이황의 활인심방 : 퇴계 이황이 명나라 주권의 도가 의서 '활인심'을 들여와 만든 책으로, 치료보다는 예방을 위한 보건체조의 기능을 함

개념 플러스

조선시대의 무예서
- 무예제보 : 선조 때 한교가 명나라 무예서 '기효신서'를 참고하여 펴낸 무예서이다.
- 무예신보 : 영조 때 사도세자가 '무예제보'를 보완하여 펴낸 무예서이다.
- 무예도보통지 : 정조 때 만들어진 무예서로서, 24가지 무(武)에 관한 기예를 그림으로 설명한 종합무예서이다.

(3) 조선시대의 민속스포츠와 오락

　① 양반사회 민속스포츠와 오락

　　㉠ 궁도 : 활쏘기, 편사와 같은 경연대회

　　㉡ 봉희 : 골프와 유사한 유희의 한 종류로 주로 궁정에서 실시

　　㉢ 방응 : 응방 설치, 왕실과 상류층의 여가 문화

　　㉣ 투호 : 궁중오락으로 매우 성행, 덕성교육의 수단

　② 서민사회 민속스포츠와 오락

　　㉠ 서민들이 명절에 즐기던 축제 형식의 유희와 오락 : 다리밟기, 줄넘기, 널뛰기 등

　　㉡ 단결력을 강조하는 형태의 놀이 : 줄다리기, 석전 등

　　㉢ 아이들의 유희와 오락 : 제기차기, 연날리기, 팽이, 썰매 등

(4) 조선시대의 체육사상

　① 숭문천무와 문무겸전의 대립

　　㉠ 숭문천무 : 문존무비 사상으로 인하여 신체문화가 활성화되지 못하였다.

　　㉡ 문무겸전 : 문과 무를 함께 갖추어 군사력을 강화하였다.

　② 학사사상

　　㉠ 활쏘기를 심신수련의 중요한 교육수단으로 생각하였다.

　　㉡ 인재 등용 수단으로 활용되기도 하였다.

　　㉢ 공자로부터 유래되어, 조선시대에도 유교국가로서 활쏘기가 강조되었다.

04 한국 근·현대 체육

기출 POINT

개화기 교육기관
15 16 17 18 19 20 21 23

- 원산학사
  - 1883년 설립된 최초의 근대학교
  - 교과과정에 전통무예 포함
  - 문사양성을 위한 문예반 50명, 무사양성을 위한 무예반 200명
- 대성학교
  - 1907년 국권회복운동의 일환으로 안창호가 설립
  - 일반 체조를 포함한 군대식 조련 실시
- 배재학당
  - 1885년 선교사 아펜젤러가 설립
  - 정기적으로 체조수업 진행
  - 다양한 서구 스포츠 보급
- 이화학당
  - 한국 최초의 여성교육기관
  - 1886년 선교사 스크랜턴이 설립
  - 정규수업에 체조를 포함
- 오산학교
  - 1907년 이승훈이 민족운동가 양성을 목적으로 세운 학교
  - 대운동회를 매년 1회 실시
  - 주로 군사훈련의 성격의 체육

OX문제

원산학사는 우리나라 최초의 근대식 학교로 문예반과 무예반으로 나누어져 있었다. (O, ×)

정답 O

KeyPoint

- 개화기의 체육 변천을 사회적 상황에 맞추어 설명할 수 있다.
- 일제강점기의 각 시기별 체육사적 특징을 연도순으로 나열할 수 있다.
- 광복 이후의 체육과 스포츠의 특징을 연도순으로 나열할 수 있다.

01 개화기의 체육

(1) 개화기의 사회와 교육

① 개화기의 시기 구분
  ㉠ 1870년대 : 개화와 개국이 같은 개념으로 사용되고, 외국과의 교류 증가로 그들에 대한 지식이 강조되던 시기
  ㉡ 1880년대 : 외국의 선진 기술을 받아들여 국가의 부강을 이루려던 시기
  ㉢ 1890~1900년대 : 서구 열강의 이권 침탈에 대해 국가의 자주적 독립과 국민의 권리를 주장하던 시기

② 개화기의 사회·문화적 배경
  ㉠ 신문의 발간
  ㉡ 교육의 확대
  ㉢ 국학 운동의 전개
  ㉣ 기독교의 정착

③ 개화기의 교육
  ㉠ 관립교육기관 : 통변학교와 육영공원
  ㉡ 민간교육기관 : 원산학사, 홍화학교, 대성학교 등 1910년까지 3,000여 개 사립학교 설립
  ㉢ 선교단체 교육기관 설립 : 경신학당, 배재학당, 이화학당 등
  ㉣ 교육개혁 : 고종 「교육입국조서」 공포
    - 지배계급에만 한정되었던 교육기회가 전 국민으로 확대
    - 전통적 유교 중심의 교육에서 근대적 전인교육으로 전환
    - 지·덕·체의 균등한 발전을 위한 근대적 교육 사상 표명
    - 체육을 교육의 중요한 영역 중 하나로 인정

(2) 개화기의 학교체육

① 제1기(1876~1884년) : 근대 체육의 태동기

㉠ 무예학교와 원산학사의 정규 교육과정에 무예체육 포함

㉡ 외세의 침입에 대응하기 위한 무사의 입학생 수 증대

㉢ 교육내용은 병서와 사격으로 구성

② 제2기(1885~1904년) : 근대 체육의 수용기

㉠ 기독교계 사립학교와 관립학교의 정규 교과과정에 체조과목 편성

㉡ 1903년 한국 YMCA가 조직되어 서구 스포츠의 본격적 유입

㉢ 관·공립학교 체육

• 1895년 고종이 교육입국조서를 반포

• 체육을 소학교 및 고등과에서 정식 교과목으로 채택

㉣ 운동회 및 체육구락부가 활성화

③ 제3기(1905~1910년) : 근대 체육의 정립기

㉠ 기독교계 사립학교와 일반학교 체계에서 학교체조, 병식체조, 유희 등 필수 교과로 지정

㉡ 1906년 2월 일본은 대한제국의 교육제도를 대대적으로 개편, 학교체육을 병식체조 중심으로 전환

㉢ 연합운동회 활성화로 애국심 고취(민족주의)

(3) 개화기의 스포츠

① 학교 스포츠의 발달

㉠ 운동회의 확산

• 최초의 운동회는 화류회

• 운동회가 점차 확산되어 학교 간 연합운동회로 발전

• 운동회를 통해 학교 스포츠가 발달

• 초창기 운동회에서 주로 실시된 종목은 육상(달리기)

㉡ 운동회의 성격과 기능

• 학교와 사회가 어우러진 축제(주민 향촌 축제)

• 민족운동의 요람으로 사회체육의 발달 촉진(스포츠 사회화에 기여)

• 민족주의에 의한 애국심 고취

② 근대 스포츠 도입과 보급

㉠ 체 조

• 1895년 한성사범학교 설치령 : 체조 교과가 정식으로 채택

• 체조 교과목 : 도수체조, 병식체조, 기계체조 포함

㉡ 육 상

• 1896년 영어학교 화류회에서 경기 형태를 갖추어 발전하기 시작

• 종목 : 경주의 길이를 걸음걸이 수로 정한 300보·600보 달리기, 공 던지기, 대포 알 던지기, 멀리뛰기, 높이뛰기

기출 POINT

개화기에 발생한 체육사적 사실 [19] [23]

• 최초의 근대 학교인 원산학사에서는 무사 양성을 위한 무예반을 개설했다.

• 선교사들이 미션 스쿨을 설립하고, 서구의 체조 및 근대스포츠를 도입하였다.

• 한국 최초의 여성교육기관인 이화학당이 설립되고, 정규수업에 체조수업을 실시하였다.

교육(입국)조서 [15] [17] [20]

• 고종이 새로운 교육 제도의 필요성을 인식하고 1895년에 발표

• 교육의 기회가 전 국민으로 확대되는 데에 기여

• 전통적 유교 중심 교육에서 벗어나 지·덕·체 조화의 근대적 전인교육 발전 계기

• 소학교 및 고등과정에서 체조가 정식과목으로 채택되는 데 영향

개화기 교육입국조서 반포 이후의 체육사적 사실 [19] [20]

• 한국 YMCA가 설립되어 서구 스포츠가 본격적으로 도입되었다.

• 한국 최초의 운동회가 화류회(花柳會)라는 이름으로 개최되었다.

• 우리나라 최초의 근대적인 체육 단체인 대한체육구락부가 결성되었다.

개화기의 운동회 [17] [21]

• 영어학교나 기독교계 학교를 중심으로 운동회 확산

• 학생대항, 마을대항 같은 단체전 중심

• 우리나라 최초의 운동회는 1896년 5월 2일 영어학교에서 개최한 화류회(花柳會)

• 초창기 운동회에서 주로 실시된 종목은 육상

기출 POINT

질레트(P. Gillett) 19 21
- 1903년 황성기독교청년회 초대 총무를 역임
- 우리나라 최초로 야구와 농구를 소개
- 개화기 YMCA를 통해서 우리나라 근대스포츠의 발달에 큰 역할을 담당

우치다 료헤이 20
1906년 서울 명동에 우리나라 최초의 유도장 개설

황성기독교청년회 19 20 21
- 개화기인 1903년 창설
- 외국인 선교사를 주축으로 근대스포츠를 도입
- 1910년 한일병합 이후에도 스포츠 보급 활동에 기여
- 1916년 우리나라 최초의 체육관을 개관

OX문제

1. 배재학당은 조선 정부가 영어교육을 위해서 세운 학교로, 다양한 서구 근대 스포츠 문화를 소개했다. (O, ×)

2. 반하트(B. Banhart)는 우리나라 최초로 야구와 농구를 소개하였다. (O, ×)

3. 고종이 반포한 교육입국조서는 지양, 덕양보다 체양을 강조하였다. (O, ×)

정답 1 (×), 2 (×), 3 (×)

ⓒ 수 영
- 1898년 무관학교에서 근대적 수영의 면모를 드러냄
- 무관학교 학생들에게 휴가 시 한강에서 수영 연습을 명함

ⓔ 축 구
- 1896년 외국어학교에서 운동회 종목으로 채택
- 1899년 삼선평에서 최초로 황성기독교청년회와 오성학교가 경기

ⓜ 야구, 농구
- 1905년 미국인 선교사 질레트에 의해 도입
- 미국인 선교사 질레트가 황성기독교청년회원들에게 지도

ⓗ 테니스
- 1883년 미국인 초대 공사 푸트에 의해 도입
- 1908년 탁지부 일반관리의 운동회 때 정구 경기 종목 채택

ⓢ 투 기
- 검도 : 1896년 경무청에서 검도를 경찰 교습과목으로 채택
- 씨름 : 1898년 학부 주최 관·사립학교 운동회에서 경기 종목으로 채택
- 유도 : 1906년 일본인 우치다에 의해 도입

ⓞ 사이클
- 1906년 육군참위였던 권원식과 일본인 요시카와가 훈련원에서 경기 개최
- 1913년 경성일보·매일신보의 공동 주최로 전 조선 자전거 경기 대회가 개최되었고, 엄복동이 승리함

ⓩ 빙 상
- 1890년 미국의 알렌 공사 부부에 의해 도입
- 서유럽식의 스케이트가 빙족희라는 이름으로 전래되었고, 이후 1908년 평양의 대동강에서 일본인들이 빙상운동회를 개최

ⓒ 기타 도입된 종목 : 사격, 승마, 골프 등

③ 체육단체의 결성과 활동

㉠ 대한체육구락부
- 1906년 3월에 김기정, 현양운 등 30여 명에 의해 발족
- 우리나라 최초의 근대적 체육단체
- 삼선평 등에서 축구 등 근대 스포츠 보급과 지도

㉡ 황성기독교청년회 운동부
- 1903년 10월에 발족된 기독교 청년단체
- 1906년 4월에 황성기독교청년회 운동부가 결성
- 개화기에 결성된 체육단체 중 가장 왕성한 활동을 전개
- 회장 터너와 총무 질레트는 개화기 우리나라 근대 스포츠의 발달에 큰 역할을 담당
- 농구, 배구, 야구, 유도, 철봉, 역도, 권투, 무용, 텀블링, 곤봉 등의 보급

ⓒ 대한국민체육회
  • 1907년 10월에 발족, 체육을 질적으로 보급 및 향상하기 위함
  • 노백린(근대체육의 선구자) : 덕육 및 지육에 치우친 교육의 문제점과 병식체조 일부에 국한된 학교 체육 비판, 올바른 국민교육의 일환으로 체육의 중요성 역설
ⓔ 대동체육구락부
  • 1908년 권서연, 조상호, 이기환 등이 결성한 사회체육단체
  • 사회진화론적 자강론 : 체육의 가치를 국가 부강과 존폐의 근간으로 인식
  • 체육 계몽운동
ⓜ 기타 체육단체
  • **회동구락부** : 우리나라에서 연식 정구를 제일 먼저 행한 단체로 알려짐
  • 광학구락부 : 운동을 통한 정신과 육체의 배양을 목표로 하여 1908년에 발족된 단체로, 남상목 등에 의해 발기 · 조직됨
  • **무도기계체육부** : 1908년 당시 무관학교 교장이었던 이희두와 학무국장인 윤치오에 의하여 발기된 단체로, 일반 국민의 체육을 발전시키고자 노력함
  • 대한흥학회운동부 : 일본 유학생 단체를 모태로 1909년 도쿄에서 결성된 단체로 모국에 새로운 스포츠를 보급하고 체육계를 계몽하는 데 힘씀
  • 사궁회 : 이상필 등의 발기로 1909년 조직된 단체이며 우리의 전통운동으로서 계층을 초월하여 숭상 · 실천되어오던 활쏘기에 대한 새로운 인식과 보급을 목적으로 창립됨
  • 소년광창체육회 : 1909년 청년의 신체를 건강하게 하기 위해 체조나 정구회를 연일 거행할 계획으로 조직된 단체이나, 자세한 활동상은 기록에 남아있지 않음
  • 체조연구회 : 1909년 체육교사였던 조원희 등에 의해 보성중학교에서 조직된 단체이다. 우리나라 체육을 병식체조에서 학교체육으로 개혁하는 데 크게 이바지함
  • **청강체육회** : 중등학교 재학생인 최성의 등에 의해 1910년 조직된 단체로서, 교내 체육활동의 성격을 띤 우리나라 최초의 학교체육부라고 할 수 있음
  • 성계구락부 : 1910년 농 · 상공부의 유지 간에 친목을 도모하고 오락을 즐기기 위해 조직된 단체

④ 개화기 체육의 체육사적 의의
  ⓐ 체육개념에 대한 발아와 근대적 각성
  ⓑ 학교체육의 교육과정론적 발전
  ⓒ 정치 · 사회적 격동 상의 영향과 반영 : 자각과 변혁의 수용
  ⓓ 학교체육의 제도적 근대화와 체육의식의 성장 : 제도와 의식의 상보적 발전 관계
  ⓔ 학교체육을 통한 체육 문화 창출 : 풍속과 사상의 개량

기출 POINT

대한국민체육회 22
• 1907년 10월에 노백린이 설립
• 체육이 병식체조에서 벗어나지 못하고 있는 현실을 비판

개화기 체육의 역사적 의미 16
• 체육의 개념 및 가치에 대한 근대적 각성
• 체육이 교육체계 속에 포함되기 시작
• 근대적인 체육문화 창출

개화기의 체육단체 23
• 무도기계체육부 : 우리나라 최초 기계체조 단체로서 이희두와 윤치오가 1908년에 조직
• 청강체육부 : 중등학교 재학생인 최성의 등에 의해 1910년 조직된 단체로서, 교내 체육활동의 성격을 띤 우리나라 최초의 학교체육부
• 회동구락부 : 우리나라에서 연식 정구를 제일 먼저 행한 단체
• 대동체육구락부 : 1908년 권서연, 조상호, 이기환 등이 결성한 사회체육단체로서, 사회진화론적 자강론으로 체육 계몽운동을 펼침

OX문제

초창기 운동회에서 실시된 종목은 주로 구기종목이었다. (O, ×)

정답 ×

기출 POINT

문일평이 체육발전을 위하여 제안한 내용 18

• 체육학교를 설치하고, 체육교사를 양성하자.
• 과목에 체조, 승마 등을 개설하자.
• 체육에 관한 학술을 연구하기 위하여 청년을 해외에 파견하자.

(4) 개화기의 체육사상

① 유교주의와 체육 : 성리학에 바탕을 둔 전통적 윤리는 체육과 스포츠문화의 확산을 저해하는 요인이 됨
② 사회진화론적 민족주의 : 체육의 정규교과 수업과 과외활동이 민족운동의 지도자 양성이라는 측면에서 운영되었기 때문에, 학교체육이 사회체육단체 결성과 연합 및 개별학교 운동회 활성화에 공헌하여 체육문화를 사회에 보급하는 계기가 됨
③ 대표적인 체육 사상가 : 이기, **문일평**, 이기동, 이종만, 조원희, 노백린, 이종태, 박은식 등

02 일제강점기의 체육

(1) 일제강점기의 사회와 교육

① 일제강점기 사회 : 조선총독부를 설치하여 효율적인 식민지배를 위한 탄압, 영구예속화를 위한 민족 고유성의 말살 및 우민화 정책, 철저한 경제적 수탈
  ㉠ 1910~1919년 : 무단통치 시기, 헌병경찰통치
  ㉡ 1919~1931년 : 문화통치 표방 시기, 민족분열통치
  ㉢ 1931~1945년 : 병참기지화 및 전시동원 시기, 민족 문화의 말살, 인적·물적 자원 약탈
② 일제강점기 교육
  ㉠ 제1차 조선교육령(1911~1922년) 시행
    • 조선인 우민화 교육을 위한 민족교육의 통제
    • 식민지 교육으로 천황에게 충성하는 신민을 육성하려고 함
    • 일본어 보급을 통해 우리 전통문화와 생활양식 말살, 일본 문화와 생활양식에 동화
  ㉡ 제2차 조선교육령(1922~1938년) 시행
    • 1919년 3·1운동을 계기로 일본에서 문화정치를 표방함
    • 각급 학교의 편제와 수업 연한을 일본과 유사하게 조정함
    • 일본어와 일본역사 교육을 통해 민족의식의 말살 시도
    • 경성제국대학 설립
  ㉢ 제3·4차 조선교육령(1938~1945년) 시행
    • 민족문화말살 정책기 또는 황국신민화 정책기
    • 1938년 제3차 조선교육령 : 전시체제 돌입으로 체육 교과목의 비중을 높임
    • 1943~1945년 제4차 조선교육령 : 학교 수업 연한을 1년 단축하여 전쟁인력 확보, 체육의 교련화로 교육의 의미를 상실

OX문제

1. 일제는 3·1운동을 계기로 민족문화말살 정책을 시행하였다.
   (○, ×)

2. 문일평은 과목에 체조, 승마 등을 개설하고, 체육활동을 총괄할 단체를 설립할 것을 주장하였다.
   (○, ×)

정답 1 (×), 2 (×)

(2) 일제강점기의 학교체육

① 조선교육령 공포기 체육(1911~1914년)

  ㉠ 근대적 체육 목적 설정 : 잠재적 의도는 체육의 자주성 박탈과 우민화 교육

  ㉡ 학교체조에서 보통체조로 명칭 전환, 유희, 수영, 스케이팅 등 새롭게 추가

  ㉢ 병식체조는 서전체조(스웨덴체조)로 대치, 각종 유희의 도입

  ㉣ 민족주의 체육활동의 통제

  ㉤ 일본군 체조교원을 채용하여 민족주의 체육을 규제함

② 체조교수요목의 제정과 개정기 체육(1914~1927년)

  ㉠ 유희, 병식체조, 보통체조에서 체조, 교련, 유희의 구분

  ㉡ 병식체조를 교련으로 이관 분리하여 민족주의 체육의 말살

  ㉢ 경쟁적 유희, 발표 동작위주 유희 등으로 구분

  ㉣ 과외활동으로 야구, 수영, 테니스 종목을 권장

  ㉤ 체조교육의 교수 방법, 목적 개념 등을 구체적으로 제시(단체운동의 지도, 신체 및 정신의 도야, 운동의 생활화, 위생 개념 언급)

  ㉥ 학교체육이 필수가 됨

  ㉦ 소학교, 보통학교 체조교수서(1916) 개발과 신편체조교수서(1927) 편찬

③ 체조교수요목 개편기 체육(1927~1941년)

  ㉠ 체조 중심에서 유희·스포츠 중심으로 변경

  ㉡ 학교 대항 각종 운동경기대회 성행과 국제무대 진출

  ㉢ '연고전'의 효시인 연희전문학교와 보성전문학교 간 경기가 개최

  ㉣ 육상, 축구, 야구, 농구 종목의 학교대항전 경기가 활성화됨

  ㉤ 학교경기는 사회체육으로 이어져 민족의식을 고취함

④ 체육 통제기(1941~1945년)

  ㉠ 전시동원체제에 맞는 학제로 개편하여 체육의 군사화

  ㉡ 체조과는 체련과로 변경

  ㉢ 체육의 내용은 점차 교련활동으로 변화

  ㉣ 각종 체육경기가 완전 통제됨

(3) 일제강점기의 스포츠

① 근대 스포츠의 도입과 발달

  ㉠ 근대 스포츠의 도입 : 권투, 탁구, 배구, 역도, 골프, 연식정구와 테니스, 레슬링 등

  ㉡ 근대 스포츠의 발달

   • 1910년대부터 활성화된 스포츠 : 야구, 정구, 사이클 등

   • 1919년 이후 조선체육회는 우리나라의 체육활동을 총괄

기출 POINT

일제강점기 체육활동 16

• 체육, 스포츠활동을 통해 민족의식 고취

• 유도, 검도 같은 무도가 빠르게 전파

• 손기정, 엄복동 등 국제적인 스포츠 선수 등장

학교체조교수요목(1914) 18

• 식민지통치하 학교체육을 본격적 궤도에 올려놓음

• 일본식 유희가 도입

• 체조과 교수시간 이외에 여러 가지 운동을 실시

일제강점기 근대 스포츠 도입
17 20 21 22 23

• 스키 : 일본인 체육교사 나카무라에 의해 소개

• 럭비 : 조선철도국 직원 사카구치에 의해 소개

• 역도 : 서상천에 의해 소개

• 배구 : YMCA 체육부에 의해 소개

• 권투 : YMCA 체육부에 의해 소개

OX문제

1. 일제강점기의 학교체조교수요목은 유희, 보통체조, 병식체조를 체조과 교재로 도입하였다. (O, ×)

2. 1930년대 조선인 체육지도자들은 체육의 대중화를 위하여 스웨덴체조를 보급하였다. (O, ×)

정답 1 (×), 2 (×)

기출 POINT

YMCA가 한국 체육에 미친 영향
17

- YMCA의 조직망을 통해 스포츠를 전국으로 확산시키는 데 기여
- 야구, 농구, 배구 등 서구 스포츠 소개
- 스포츠지도자 양성·배출
- 체육과 스포츠 가치에 관한 계몽

조선체육회
15 16 20 21 22 23

- 일본체육단체인 조선체육협회에 대한 대응으로 1920년 7월 13일 조선인 중심으로 창립
- 조선인의 체육을 지도 장려함을 목적
- 체육에 관한 조사, 연구 및 선전, 체육 도서의 발행
- 각종 경기대회의 주최 및 후원, 기타 체육회 사업 활동
- 1948년 9월 3일 대한체육회로 명칭 변경

② YMCA의 활동
  ㉠ **YMCA의 창설**
  - 1903년 황성기독교청년회로 출범
  - 초대 체육부장은 영국 성공회의 신부인 터너와 질레트
  - 황성기독교청년회 체육부를 조직하여 각종 스포츠를 한국 사회에 보급
  ㉡ YMCA의 체육활동과 민족주의 운동
  - 1916년 우리나라 최초의 체육관을 개관하는 등 스포츠의 대중화를 위한 기초를 마련함
  - 체육과 스포츠 가치에 관한 계몽
  - 한국 민족운동과 기독교 복음주의의 결속
  - 서구 스포츠의 보급과 한국 민속스포츠인 그네뛰기, 국궁, 씨름 등의 부활에 기여
③ 체육단체의 결성과 청년회 활동
  ㉠ **조선체육회**
  - 1920년 조선의 체육을 지도·장려하는 것을 목적으로, 동아일보사의 후원하에 현 대한체육회의 전신인 조선체육회 창립
  - 민족주의 사상을 토대로 일본의 **조선체육협회**에 대응하기 위해 설립
  - 첫 사업으로 제1회 전조선야구대회 개최(오늘날 전국체전의 효시)
  - 운동경기에 관한 연구 활동에 더불어 스포츠 보급의 일환으로 운동구점을 설치·운영
  - 1938년 조선체육회는 일제에 의해 강제 해산되어 조선체육협회로 통합
  ㉡ 관서체육회
  - 1925년 평양 기독교 청년회관에서 결성
  - 1934년부터 전조선빙상대회(1월)를 비롯한 대회를 개최
  - 1934년 총독부 축구 통제령에 반대 투쟁
  ㉢ 청년회 체육활동
  - 1920년대에는 전국적으로 조직된 수많은 청년단이 존재
  - 반일 민족운동단체의 성격
  - 청년회 운동부 : 지역 체육발전 주도, 체육의 발전과 민족의식의 고양

(4) 민족주의 체육활동

① 민족주의 체육활동의 특징

ㄱ 전국적으로 조직된 청년회는 일제의 탄압에 대한 저항 문화운동의 일부로 체육활동
이 장려됨

ㄴ 일제가 학교체육의 장을 군사훈련화 하려는 움직임에 대응하여 YMCA와 같은 단체
를 중심으로 순수체육을 지향함

ㄷ 민족전통경기 부활과 보급

• 국 궁
– 1910년 성계구락부 활쏘기 단체
– 1916년 '조선 궁술연합대회' 개최로 활쏘기 대회의 조직적 발달 시작

• 씨 름
– 근대 외래 스포츠와 함께 활성화
– 민족적·민중적 성격을 지닌 스포츠
– 1927년에 YMCA가 주최하고 동아일보사가 후원한 제1회 전조선씨름대회 개최

② 민족주의 체육활동의 결실

ㄱ 근대스포츠의 보급과 확산

ㄴ 민속스포츠의 계승과 발달

ㄷ 민중스포츠의 발달

ㄹ 한국체육의 민족주의 경향이 강화

③ 운동경기를 통한 저항의식 표출

ㄱ 1920년대부터 1930년대 중반까지 각종 운동경기가 본격적으로 확산

ㄴ 1936년 제11회 베를린 올림픽 마라톤에 출전한 손기정과 남승룡 입상

④ 체육·스포츠 탄압

ㄱ 체육 교련화와 연합운동회 탄압

• 1910년부터 민족주의적 정서가 강하게 내재된 연합운동회가 개최됨

• 사립학교 연합운동회에 대한 탄압은 3·1운동을 계기로 점차 완화되었다가, 일제
말기 다시 강화

• 1943년 학교체육은 군사교육체제로 전환

ㄴ 체육단체의 해산과 통합

• 조선체육회의 강제 통합 : 1938년 조선체육협회에 통합

• 무도계 일본인 단체 흡수 통합 : 1938년 조선인 단체였던 조선무도관, 조선연무
관, 조선강무관, 조선중앙기독교청년회 유도부 등을 동경강도관 조선지부로 흡수
통합

• 조선 학생체육 총연맹 흡수 통합
– 1937년 조선 내의 전문학교, 대학스포츠 단체를 일원화할 목적으로 결성
– 1941년 조선 학생체육총연맹을 조선체육협회에 통합

기출 POINT

일장기말소사건 16 18 21
• 1936년 베를린올림픽 대회에서 손
기정, 남승룡 선수 입상
• 동아일보 이길용 기자에 의해 일장
기말소사건 발생

**민족말살기(1931~1945) 학교
체육** 17 20
• 1938년 개정된 조선교육령에 따라
민족말살정책 본격화
• 황국신민 양성을 목표로 한 황국신
민체조 도입

OX문제

1. 민족말살기의 학교체육은 보통체
조와 병식체조 중심에서 스웨덴체
조로 전환되었다. (O, X)

2. 일장기말소사건은 조선일보의 이
길용에 의해 이루어졌다. (O, X)

정답 1 (X), 2 (X)

03 광복 이후의 체육

(1) 광복 이후의 사회와 교육

① 광복 이후 사회

> 광복 → 미군정기 → 이승만 정부 → 6·25 전쟁 발발 → 휴전 → 4·19 혁명 → 5·16 군사정변 → 박정희 정부 → 10·26 사건 → 전두환 정부 → 6월 항쟁 → 노태우 정부 → 김영삼 정부 → 김대중 정부

② 광복 이후 교육
- ㉠ 민주교육의 이념 확산
- ㉡ 민주주의를 기본이념으로 한 새 교육법 제정·공포, 교육자치제 실시
- ㉢ 실업교육의 강화, 교과서 검인정제도 채택
- ㉣ 유치원 교육의 학제화, 초등학교 교육의 정상화, 의무교육 연한의 연장, 고등교육 기회의 확대, 평생교육체제의 확산

(2) 광복 이후의 학교체육

① 미군정기와 교수요목 시대(1945~1954년) 체육 : '신 체육'
- ㉠ 체육의 편제 및 목적 : 체육·보건
- ㉡ 체육교원의 충원과 양성
  - 문교부는 이화여자대학교와 서울대학교를 비롯한 각 대학에 체육학과 인가
  - 조선대학교와 신흥대학에 2년제 체육학과를 설치하여 체육교원 양성

② 교육과정시대 체육
- ㉠ 학교체육 발달
  - 1954년 초등학교 보건, 중등학교 체육 2시간, 고등학교 필수 1시간, 선택 0~6시간으로 규정
  - 1955년 신체검사 규정, 1958년 체력검사 규정 : 학교체육진흥의 기초
  - 5·16 군사정변 이후 박정희는 체육을 강조하여 교육정책을 개혁하고, 초등학교부터 대학교까지 체육을 필수교과로 지정
  - 1962년 국민체육진흥법 제정·공포, 1970년 국민 체육진흥관리위원회 구성, 체육진흥을 위한 행정기구의 정비·강화 등으로 학교체육은 점차 체계적으로 발달

ⓛ 체육교육과정 목표 변천
- 제1차 교육과정(1954~1963년)
  - 초등학교는 보건, 중·고등학교는 체육
  - 교과중심 교육과정
  - 진보주의 교육사상 도입 : 경험과 생활중심 교육 강조
  - 생활경험을 중요시하여 여가활동을 강조
- 제2차 교육과정(1963~1973년)
  - '보건·체육'에서 '체육'으로 통일
  - 경험중심 교육과정과 여가활동을 중시
- 제3차 교육과정(1973~1981년)
  - 학문중심 교육과정
  - 국민교육헌장 이념 실현
  - '순환운동'과 '질서운동' 내용 채택
- 제4차 교육과정(1981~1987년)
  - 인간중심 교육과정
  - 통합교육과정 교과서 개발
- 제5차 교육과정(1987~1991년)
  - 교육과정 적합성 제고
  - 통합교육과정 개발과 운영의 자율성
- 제6차 교육과정(1991~1997년)
  - 교육과정의 분권화를 통한 통합교육과정 지향
  - 탐구 중심, 자유, 자주성 등 강조
- 제7차 교육과정(1997~현재)
  - 체육의 목적 제시
  - 1~10학년(초등학교 1학년~고등학교 1학년) 국민공통교육과정, 11~12학년(고등학교 2~3학년) 심화과정으로 편성

ⓒ 학교체육 제도
- 학교체육 기반조성
  - 박정희 정권은 학교체육의 발전을 강화할 수 있는 각종 제도와 규정 정비
  - 학교보건법, 학교신체검사법, 체력장 제도, 학교 체육시설 설비 기준령 등
- 입시제도 개선과 체력검사
  - 체력장 제도는 1970년대 전국 중·고등학생을 대상으로 실시
  - 등급별 점수는 고등학교 입학전형(1972)과 대학교 입학전형(1973)에 점수로 반영
  - 1973년도부터 대입 내신을 위한 체력장 제도를 전격적으로 도입
  - 1979년부터 5종목의 체력장을 실시하여 등급별 점수를 입시에 반영, 1980년 입시부터 상대평가에서 절대평가로 개선

② 체육의 학문적 발전
  • 1953년 한국체육학회 창립
  • 1970년대 활발한 학술활동
  • 1980년대 86아시안게임과 88서울올림픽 학술대회를 성공적으로 개최
  • 1990년대부터 한국체육사학회 산하 각 분과학회의 학술활동 활성화

(3) 광복 이후의 스포츠

① 체육 및 스포츠 진흥운동의 전개 양상
  ㉠ 해방 이후 1940~50년대 신체육 개념을 기반으로 학교체육 진흥 시작
  ㉡ 1960년대 체육진흥운동 본격화
  ㉢ 박정희 정권 : 국민체육진흥운동을 전개하며 약 18년 동안 국가주도 스포츠진흥운동

② 학교스포츠 발달
  ㉠ 교기 육성제도
    • 초·중·고등학교는 지리적 환경이나 사회적 상황에 적합한 한 두 종목의 스포츠를 채택하여 우수선수 발굴·육성
    • 우수한 선수에게 장학금을 지급하고 지역사회와 학교지원체제를 구축
  ㉡ 소년체전
    • 목적 : 스포츠를 통한 강인하고, 건전한 청소년 육성과 우수선수의 조기발굴
    • 슬로건 : '몸도 튼튼, 마음도 튼튼, 나라도 튼튼'
    • 스포츠 내셔널리즘 추구
    • 박정희 정권 출범으로 문교부와 대한체육회가 공동으로 추진했던 소년체전은 학교스포츠 진흥운동의 출발

③ 사회스포츠 발달
  ㉠ 미군정기 스포츠
    • 조선체육회 부활 : 1945년 대한체육회의 전신인 조선체육회 재건
    • 전국체전 : 1947년 조선체육동지회 주최 종합경기대회, 제18회 전 조선 종합경기대회 부활
    • 국제활동
      – 1947년 대한올림픽위원회(KOC)가 IOC에 가입
      – 서윤복 제51회 보스턴마라톤 우승(1947)
      – 1948년 런던 올림픽 공식적 참가
  ㉡ 이승만 정권 스포츠
    • 제1공화국 성립
    • 스포츠 발달
      – 1948년 제14회 런던 하계올림픽에 우리 구호를 사용하여 출전
      – 조선체육회에서 '대한체육회'로 명칭 변경
      – 1950년 제54회 보스턴 마라톤대회 석권

ⓒ 박정희 정권 스포츠
- 제2·3·4공화국 성립 : 박정희 주도로 군사정변 발생(1961년 5월 16일)
- 스포츠 발달
  - 1960년대부터 사회체육 기반 조성
  - 1961년 군사정부의 재건 국민운동본부 '체력은 국력' 슬로건 채택
  - '국민재건체조' 제정(1961년 7월 10일)
  - 국민체육진흥법 공포(법률1146호, 1962년 9월 17일)
  - 매년 10월 15일 체육의 날 제정(1962년), 매월 마지막 주 '체육주간' 제정
  - 1963년 장충체육관 개관 및 각 시·도청 소재지에 체육관 건립
  - 1966년 태릉선수촌 완공
  - 우수선수의 육성 : 대한체육회 회관 개관, 1968년 정부의 체육 조직 일원화 방침 공포, 대한체육회, 대한올림픽위원회, 대한학교체육회 3개 사단법인이 대한체육회로 통합, 1977년 국립 한국체육대학교 설립, 우수선수 병역면제 시행 등
  - 1976년 사회체육진흥 5개년 계획 : 지역사회와 직장체육 진흥
  - 1977년 대한체육회 산하 사회체육위원회 설치

개념 플러스

대한체육회 산하 사회체육위원회
- 목적 : 사회체육의 내실화를 도모
- 역할 : 국민체육심의위원회가 못한 실질적 기능을 발휘
- 내용 : 사회체육시설의 확대, 지도자 양성, 관련 사회체육단체 사이의 협의체 조직
- 의의 : 한국사회체육 발전의 이정표

ⓔ 전두환 정권 스포츠
- 제5공화국 성립 : 전두환 정권(1981~1988년)
- 스포츠 발달
  - 1982년 체육부를 신설(초대 장관 노태우)
  - 3S정책의 일환으로 프로스포츠 출범(야구, 축구, 씨름)
  - 국군체육부대 창설
  - 1986년 서울 아시안 게임 개최
ⓜ 노태우 정권 스포츠
- 제6공화국 성립 : 노태우 정권(1988~1993년)
- 스포츠 발달
  - 1988년 서울하계올림픽경기대회 개최
  - 국민체육진흥공단, 국민생활체육협의회 설립
  - 1990년 국민생활체육진흥 3개년 종합계획(호돌이 계획) 추진

기출 POINT

1960~1970년대 스포츠정책 [16]
- 보건체육의 시수 증가
- 입시전형에서 체력장 제도 도입
- 엘리트스포츠 양성을 위한 태릉선수촌 설립

태릉선수촌 [15] [21]
1964년 동경올림픽에 대비한 '우수선수강화훈련단'이 결성되어 국가대표 선수들의 훈련이 이루어졌고 동경올림픽 이후 대한체육회는 우수선수의 지속적인 강화훈련을 위해 서울 공릉동에 건물을 짓고 1966년 준공식을 가졌다.

프로스포츠 [20]
- 프로야구 : 1982년 개막
- 프로축구 : 1983년 개막
- 프로씨름 : 1983년 개막

국민체육진흥공단 [19]
- 제24회 서울올림픽경기대회를 기념하여 1989년 공익법인으로 설립
- 체육지도자 국가자격시험을 전담
- 경정, 경륜, 스포츠토토 등의 기금조성사업을 하고 있음

OX문제

1. 박정희 정부에서는 국민체육진흥법을 제정하고, 태릉선수촌을 건립하는 등 체육 진흥을 위해 힘썼다. (O, X)
2. 국민체육진흥공단은 경정, 경륜, 스포츠토토 등의 기금조성사업을 하고 있다. (O, X)
3. 전두환 정부에서는 3S정책의 일환으로 프로스포츠를 장려했다. (O, X)

정답 1 (O), 2 (O), 3 (O)

광복 이후 체육사상과 운동 16

- 엘리트스포츠 육성을 통한 스포츠 민족주의
- 체육진흥운동을 통해 강건한 국민성을 함양하는 건민체육사상
- 국민 모두의 생활체육을 강조한 대중스포츠운동

올림픽대회 참가의 역사
16 17 18 20 21 22 23

- 1936년 베를린 올림픽 대회 : 마라톤 경기에서 손기정이 우승, 남승룡이 3위로 입상함
- 1948년 런던 올림픽 대회 : 최초로 '코리아'라는 국가 명칭 사용. 김성집 선수가 역도에서 대한민국 국적으로 최초 메달 획득
- 1952년 헬싱키 올림픽 대회 : 한국 전쟁 중 우리나라가 참가한 대회로, 올림픽에 대한 한국의 열정을 극명하게 보여줌
- 1976년 몬트리올 올림픽 대회
  - 우리나라가 최초로 금메달을 획득한 대회로, 금 1개, 은 1개, 동 4개로 종합순위 19위를 차지함
  - 레슬링에서 양정모 선수가 대한민국 최초로 금메달을 획득함

1988년 서울 올림픽 대회의 역사적 의의 16

- 스포츠외교를 통해 공산국가들이 대거 참가한 대회
- 생활체육을 활성화하는 계기 마련
- 엘리트스포츠 발전에 획기적인 역할

국민생활체육협의회 20

- 호돌이 계획의 일환으로 1991년 국민생활체육협의회 창립
- 2009년 국민생활체육회로 명칭 변경
- 2016년 대한체육회와 통합하여 통합 대한체육회가 됨

ⓑ 2000년대 이후 스포츠
- 2002년, FIFA월드컵 일본과 공동 개최
- 2003년, 생활체육 활성화를 위한 '국민체육진흥 5개년 계획' 정책 추진
- 2005년, 대한장애인체육회 설립
- 2018년 평창동계올림픽경기대회 개최
- 생애주기별 맞춤형 프로그램 보급, 종합형 스포츠클럽 육성
- 스포츠비전 2018 : 행복 나눔 스포츠교실 확대사업 추진
- 스포츠비전 2030 : 신나는 스포츠, 함께하는 스포츠, 자랑스러운 스포츠, 풀뿌리 스포츠의 4대 추진전략을 바탕으로 전생애에 걸친 스포츠활동을 권장

(4) 광복 이후의 체육사상

① 건민주의 사상
  ㉠ 건민주의 : 건전한 정신과 강인한 체력 육성으로 강인한 국민성을 함양하자는 사상
  ㉡ 범국민적인 체육활동을 위한 체육진흥운동
② 국가주의와 엘리트주의
  ㉠ 국가주의(민족주의)적 이데올로기가 내재된 체육 : 국민통합의 수단
  ㉡ 국위선양을 위한 엘리트체육 육성
  ㉢ 국민 모두의 생활체육을 강조한 스포츠의 대중화 지향

04 국제스포츠 대회 참가

(1) 올림픽대회 참가 역사

① 하계올림픽

1936년 베를린	• 손기정 선수가 일장기를 달고 마라톤 경기에 출전하여 우승 • 마라톤에서 남승룡 선수가 3위
1948년 런던	• 최초로 '코리아'라는 국가 명칭 사용 • 역도에서 김성집 선수 동메달 획득, 대한민국 국적 최초의 메달
1976년 몬트리올	• 양정모 선수가 레슬링에서 대한민국 최초의 금메달 획득
1984년 로스엔젤레스	• 서향순 선수가 대한민국 여성 최초로 양궁에서 금메달 획득
1988년 서울	• 대한민국이 종합 4위의 성적을 거둠
1992년 바르셀로나	• 올림픽 사상 처음 도입된 배드민턴 종목에서 한국이 금메달 2개와 은메달, 동메달 획득 • 마라톤에서 황영조 선수 우승
2000년 시드니	• 태권도가 정식 종목으로 채택 • 최초로 남북한 선수단이 동시 입장

② 동계올림픽

1948년 생모리츠	• 대한민국이 태극기를 들고 처음으로 참가한 동계올림픽 • 대한민국에서는 세 명의 선수가 출전
1952년 오슬로	• 6・25전쟁으로 인해 대한민국이 불참 • 8・15 광복 이후 대한민국 선수단이 참가하지 못한 유일한 동계올림픽
1992년 알베르빌	• 스피드스케이팅 1,000m에 출전한 김윤만 선수가 대한민국 최초의 동계올림픽 메달을 획득(은메달) • 쇼트트랙 남자 1,000m에 출전한 김기훈 선수가 대한민국 최초의 동계올림픽 금메달을 획득
2006년 토리노	• 남북한 공동 입장이 성사된 최초의 동계올림픽
2018년 평창	• 우리나라에서 개최된 최초의 동계올림픽 • 여자 아이스하키팀이 남북 단일팀으로 참가

(2) 국제스포츠대회 개최 역사

① 1986년 제10회 서울 아시안게임 개최 : 대한민국에서 처음으로 개최된 국제 스포츠 대회

② 1988년 제24회 서울하계올림픽경기대회 개최 : 대한민국에서 개최된 최초의 올림픽, 이념 대립을 넘어선 냉전 종식의 밑거름이 된 올림픽

③ 2002년 제17회 한/일 월드컵개최 : 두 개의 나라에서 개최된 최초의 월드컵이자 아시아 최초의 월드컵

④ 2002년 제14회 부산 아시안게임 개최 : 북한이 처음으로 대한민국에서 열린 스포츠 대회에 참가, 부산을 중심으로 3개 지역에서 분산 개최

⑤ 2008년 대구국제육상경기대회 개최

⑥ 2014년 제17회 인천 아시안게임 개최

⑦ 2018년 제23회 평창동계올림픽경기대회 개최 : 대한민국에서 개최된 최초의 동계올림픽, 세계에서 다섯 번째로 4대 메이저 국제 스포츠 대회를 모두 개최, 여자 아이스하키 남북단일팀 결성

기출 POINT

태권도 23

• 1988년 제24회 서울올림픽경기대회에서 시범 종목으로 채택
• 2000년 제27회 시드니올림픽경기대회에서 정식 종목으로 채택
• 2007년에 정부는 이 종목을 진흥하기 위한 법률을 제정

대한민국에서 개최된 하계아시아경기대회 23

• 1986년 제10회 서울아시아경기대회
• 2002년 제14회 부산아시아경기대회
• 2014년 제17회 인천아시아경기대회

OX문제

1. 우리나라가 최초로 금메달을 획득한 하계올림픽 경기대회는 몬트리올올림픽이다. (O, ×)

2. 우리나라가 최초로 태극기를 들고 참가한 동계올림픽은 1948년 생모리츠 동계올림픽이다. (O, ×)

3. 광복 이후의 올림픽경기에서 최초로 금메달을 획득한 선수는 김성집이며, 종목은 역도였다. (O, ×)

정답 1 (O), 2 (O), 3 (×)

기출 POINT

남북체육회담 18 21 22 23
• 남북한이 상호간의 체육교류와 국제대회에 단일팀으로 참가하는 문제 등을 협의
• 제41회 지바 세계탁구선수권대회 남북한 단일팀 여자 단체전 우승
• 제6회 포르투갈 세계청소년축구대회 남북한 단일팀 8강 진출

제41회 지바세계선수권대회 23
1991년에 남한과 북한이 단일팀으로 탁구 종목에 참가한 국제경기대회

(3) 남북체육교류

① 남북체육회담과 교류

㉠ 1963년 최초 남북체육회담 : 1964년 로잔과 홍콩에서 '제18회 도쿄 올림픽경기대회 단일팀 출전 문제' 논의

㉡ 1970년~1980년대 : 남북 정부의 지원 부족으로 회담 결렬

㉢ 1990년 베이징 남북체육정상회담 : 남북통일체육대회 개최 결정, 최초의 '남북통일축구대회'가 평양과 서울에서 번갈아 열림

㉣ 1991년 남북체육회담 : 각종 국제대회 참가 단일팀 구성 합의, 지바에서 열린 제41회 세계탁구선수권대회와 포르투갈에서 열린 제6회 세계청소년축구대회에서 남북한 단일팀 구성, '코리아'란 이름으로 탁구 종목 출전

㉤ 1999년 : '남북통일농구대회'를 서울에서 개최

㉥ 2000년 : '남북통일탁구대회' 개최. 시드니올림픽 개회식에서 남북 동시 입장

㉦ 2003년 : 제주도 '민족통일평화체육축전' 개최

㉧ 2018년 : 평창동계올림픽 여자 아이스하키 남북단일팀 결성

② 남북체육교류의 의의

㉠ 남북한 간 정치적 화해의 시작

㉡ 남북한 간 사회문화 교류 확대의 가능성

㉢ 민족의식과 공동체 의식 고취

OX문제

남한과 북한이 최초로 단일팀을 구성하여 '코리아(Korea)'라는 명칭으로 참가한 종목은 태권도이다. (O, ×)

정답 ×

07 출제예상문제

01 다음 중 체육사에 대한 설명으로 옳지 않은 것은?

① 고대에서부터 오늘날까지 체육의 변천 모습을 살펴 보고, 각 시대의 체육관이나 그 방법 등에 관련된 시대적·사회적 배경 등을 역사적으로 연구하는 학문이다.

② 신체활동의 여러 현상을 문화사 또는 교육사 측면으로 고찰하는 학문이다.

③ 스포츠의 기원 또는 발달과정을 연구한다.

④ 인간의 본질, 인간과 사회의 관계 등 체육의 방향이나 목적, 이상을 연구하는 학문이다.

> **해설**
> ④ 체육철학에 관한 내용이다. 체육사는 실증학문의 성격이 강하고, 체육철학은 논리학문의 성격이 강하다. 즉, 체육사는 객관적, 실증적 증거를 바탕으로 한 역사의 기술이고, 체육철학은 체육의 본질, 인식, 가치와 같은 문제를 언어와 논리를 방법으로 다루는 것이다.

02 다음 중 체육사의 연구내용으로 옳지 않은 것은?

① 스포츠를 통해 시대별로 파생된 여러 문화현상 연구

② 스포츠 종목의 발생원인 및 조건 연구

③ 스포츠 맥락에서 인간의 사회행동 법칙 규명

④ 과거 체육 관련 사실에 대한 정확한 확인 및 해석

> **해설**
> ③ 스포츠 맥락에서 인간의 사회행동 법칙을 규명하는 것은 스포츠사회학에 대한 설명이다.

03 다음 중 선사시대의 신체문화로 옳은 것은?

① 상식적·기초적 학교체육이 존재하였다.

② 수렵과 스포츠가 구별되었다.

③ 궁술이 경시되었다.

④ 성인식과 주술 활동이 신체문화로 존재하였다.

> **해설**
> 선사시대는 무속신앙의 종교적 의의를 포함하여 성인식과 주술의 문화가 존재하였다.

04 다음 중 부족국가시대의 제천행사와 민속놀이에 대한 설명으로 옳지 않은 것은?

① 각종 제천의식 거행

② 고구려 동맹, 부여 영고, 동예 무천, 신라 가배 등

③ 기마, 덕견이, 수박, 격검, 사예, 씨름, 윷놀이 등

④ 생산기술과 전투기술은 삼국시대로 넘어가서 분화되기 시작

> **해설**
> 생산기술과 전투기술은 부족국가시대에 이미 분화되기 시작하였다. 부족국가시대는 농경사회가 국가적인 규모로 발전함에 따라 병농일치의 수준에 머물렀던 농병이 농민과 병사로 점차 분리되었다. 본격적으로 무기가 생산되었고, 이 과정에서 궁술과 기마술이 발전하게 되었다.

05 부족국가시대의 생활과 신체문화로 옳지 않은 것은?

① 제천행사　　　　② 성인식
③ 불교문화　　　　④ 궁술과 유희

해설
불교문화는 삼국시대에 도입되었다.

06 다음 중 삼국시대 교육의 연결로 옳은 것은?

① 고구려 – 박사제도
② 신라 – 태학
③ 신라 – 경당
④ 백제 – 박사제도

해설
고구려는 태학과 경당에서, 신라는 화랑도를 통해, 백제는 박사제도를 통해 교육이 이루어졌다.

07 삼국시대의 유희인 방응에 대한 설명으로 옳은 것은?

① 가죽 주머니로 공을 만들어 발로 차던 공차기이다.
② 말을 달리면서 쏘는 궁술을 말한다.
③ 변전, 편전, 편쌈이라고도 한다.
④ 매사냥을 가리키며, 삼국이 모두 매사냥을 실시하였다.

해설
방응은 매사냥을 가리키며, 일본은 이 매사냥의 문화를 백제로부터 전수받았다. 고구려, 백제, 신라 삼국이 모두 매사냥을 실시하였다.

08 신라의 화랑도 체육에 대한 설명으로 옳지 않은 것은?

① 원광의 세속오계를 기본정신으로 한다.
② 집단 활동으로 도덕적 품성과 미적 정조를 함양한다.
③ 유교 문화를 바탕으로 한다.
④ 신체적 단련을 통해 강한 청소년을 양성한다.

해설
신라시대는 유교 문화가 발달하지 않았고, 불국토 사상에 뿌리를 두고 있다. 유교 문화는 조선시대의 사상이다.

09 다음 중 삼국시대의 민속스포츠에 대한 설명으로 옳은 것은?

① 쌍륙 – 두 사람이 맞잡고 힘을 겨루는 씨름의 일종
② 마상재 – 편을 갈라 차례로 주사위 두 개를 던져서 나오는 대로 말을 써서 먼저 들여보내는 놀이
③ 각저 – 전쟁에 대비하는 전투적 유희로서 편쌈이라고도 함
④ 기사 – 말을 달리면서 쏘는 궁술

해설
삼국시대 민속스포츠
• 석전 : 전쟁에 대비하는 전투적 유희로 편쌈이라고도 함
• 쌍륙 : 편을 갈라 차례로 주사위 두 개를 던져서 나오는 대로 말을 써서 먼저 들여보내는 놀이
• 각저 : 두 사람이 맞잡고 힘을 겨루는 씨름의 일종
• 마상재 : 말 위에서 여러 동작을 보이는 것으로, 곡마 · 말놀음 · 말광대라고도 함

10 다음 중 고구려의 경당에 대한 설명으로 옳지 않은 것은?

① 일반 평민의 교육기관
② 청년들이 모여서 밤낮으로 독서
③ 청소년 단체
④ 활쏘기를 연습

해설

청소년 단체는 고구려의 경당이 아닌 신라의 화랑도이다.

11 삼국시대 무예로서 궁술에 대한 설명으로 옳은 것은?

① 삼국 모두 봄·가을 수렵대회를 통해 인재 등용
② 백제에서는 편력을 통해 인재 등용
③ 고구려에서는 관사라는 군사적 행사를 통해 인재 등용
④ 신라에서는 궁전법을 통해 인재 등용

해설

삼국시대에는 궁술이 무술로서 높이 평가되었다. 백제에서는 관사라는 군사적 행사를 통해, 고구려에서는 봄·가을 수렵 대회를 통해, 신라에서는 궁전법을 통해 궁술에 능한 인재를 등용했다.

12 다음 중 보기의 설명에 해당하는 내용으로 옳은 것은?

고구려의 고분 벽화에 보이는 체육의 모습으로 약수리 고분, 덕흥리 고분, 안악 3호 고분에서 발견되며 승마 자세와 활, 칼, 창, 복장 등의 모습으로 어느 정도 추측할 수 있다.

① 각저도   ② 수렵도와 기마도
③ 수박도   ④ 석전희

해설

고구려의 고분 벽화에 보이는 체육의 모습은 수렵도와 기마도이다. 고구려의 용맹함과 씩씩함을 나타내고 있다.

13 신라 화랑도의 '편력'에 대한 설명으로 옳은 것은?

① 편전, 편쌈이라고도 하며, 전쟁에 대비하는 전투적 유희이다.
② 산속에서 신체를 단련하는 활동으로서 종교적 의미가 담겼다.
③ 기마술과 궁술 시험을 통해 인재로 등용된다.
④ 음악 관련 활동과 신체활동을 포함한다.

해설

④ 편력은 시·음악 관련 활동과 신체활동을 포함한 야외 교육활동이다.
① 삼국시대 민속스포츠인 '석전'에 대한 설명이다.
② 화랑들의 '입산수행'에 대한 설명이다.
③ '궁전법'에 대한 설명이다.

14 다음 중 화랑도의 체육사상으로 옳지 않은 것은?

① 숭문천무 사상
② 심신 일체론
③ 불국토 사상
④ 신체미 숭배사상

해설

숭문천무는 조선시대에 성행하던 사상으로, 문(文)을 숭상하고 무(武)를 천시하는 것을 말한다. 화랑도는 문무겸비의 인재 양성을 추구한다.

15 다음 중 고려시대의 교육제도에 대한 설명으로 옳은 것은?

① 국자감은 국립교육기관으로서 경사6학으로 이루어졌고, 7재를 두어 교육했다.
② 유교주의 국가이념을 바탕으로 교육 기관이 증설되었다.
③ 관리가 되기 위해서는 과거에 합격해야 했고, 문과와 무과가 있었다.
④ 무예교육기관으로 훈련원과 사정이 있다.

해설
②·③·④ 조선시대의 교육에 관한 설명이다.

16 다음 중 고려시대의 무예에 대한 설명으로 옳은 것은?

① 강예재는 국학 7재 중 무학을 가르치는 분과이다.
② 문신정권으로 무예가 크게 발달하지 못했다.
③ 민속스포츠와 오락은 귀족사회의 영향으로 성장하지 못했다.
④ 격구는 서민사회 민속스포츠이다.

해설
② 고려 중기 이후 무신정권의 장기집권으로 무예가 크게 발달하였다.
③ 민속스포츠와 오락은 귀족사회와 서민사회 모두 발달하였다.
④ 격구는 귀족사회의 민속스포츠이다.

17 다음 중 고려시대 귀족사회의 체육으로 옳지 않은 것은?

① 격구는 오락·여가활동으로 성행하였고, 수박은 관람용으로 변질되었다.
② 매 사냥을 위해 응방도감을 설치하였다.
③ 팔관회와 같은 불교 행사나 단오절 같은 명절날에 주로 많이 시행되었다.
④ 방응은 왕과 귀족이 즐기던 오락의 일종이다.

해설
팔관회와 연등회는 온 백성이 참여한 국가적 행사로서 고려시대 귀족사회의 체육과 거리가 멀다.

18 다음 중 고려시대 석전에 대한 설명으로 옳은 것은?

① 무예적 기능이 인정되어 신라와 마찬가지로 군사 훈련의 한 영역을 차지하고 있었다.
② 기창, 기검, 기사를 잘하기 위한 놀이로서 행해졌다.
③ 신기군의 군사훈련을 위해 채택된 이후부터 고려사회에 급속히 확산되었다.
④ 매사냥을 통한 무예 수련은 귀족들에게 대단히 인기가 있는 스포츠였다.

해설
석전은 고려시대의 풍속으로 단오절에 계속 이어져 왔으며, 군사훈련의 기능도 하였다.

19 다음 중 보기의 설명에 해당하는 고려시대 체육활동으로 옳은 것은?

> • 맨손과 맨발을 이용한 격투기술이다.
> • 인재 선발을 위한 기준이 되었다.
> • 무신 반란의 주요 원인 중 하나였다.

① 석 전　　　　　② 격 구
③ 수 박　　　　　④ 방 응

해설
수박(手搏)은 무기 없이 맨손이나 발로 격투를 벌여 상대방과 승부를 가르는 무예이다. 수박희 행사를 통해 인재를 선발하기도 했는데, 이는 무신 반란의 원인이 되기도 했다.

20 다음 중 조선시대 민속놀이에 대한 설명으로 옳지 않은 것은?

① 고려시대 귀족들의 놀이가 대중화되고 새로운 놀이도 출현했다.
② 기풍의례 민속놀이로 지신밟기, 쥐불놀이, 사자놀이, 차전놀이 등이 있다.
③ 도판희와 추천은 여성 중심의 민속놀이이다.
④ 양반들은 무예로서의 신체활동을 주로 하고 놀이를 천시했다.

해설
양반들은 무예뿐 아니라 유희로서의 신체활동도 즐겨했다. 봉희, 방응, 투호 등은 양반들이 즐겨한 놀이이다.

21 다음 보기의 시대적 배경과 부합하는 체육의 역사적 사실을 설명한 내용으로 옳은 것을 모두 고른 것은?

> 대내적으로 집권층의 갈등과 사회적 혼란이 있었고, 대외적으로 서세동점의 세계사적 조류와 일본의 팽창정책으로 강제로 개항하게 되었다. 이후 조선은 서양 열강들과 수호조약을 체결하였다. 개항은 근대화의 계기가 되었지만, 다른 한편으로는 한반도가 열강의 각축장으로 전락하는 계기가 되기도 하였다.

> ㉠ 근대 체육의 태동기에 원산학사에서는 전통무술과 정구를 가르쳤다.
> ㉡ 체육(명칭은 체조)이 소학교 및 고등과에 정식 교과목으로 채택되었다.
> ㉢ 1895년 '교육조서'에는 체육의 중요성을 강조하는 내용이 포함되었다.
> ㉣ 근대 체육의 수용기에 기독교계 사립학교와 관립학교의 정규 교과과정에 서구 스포츠가 편성되었다.
> ㉤ 관립 외국어 학교에서는 체육(명칭은 체조)이 정식 과목은 아니었으며, 서구 스포츠가 영국과 미국인 교사들을 통해 소개되었다.

① ㉠, ㉡　　　　　② ㉠, ㉣
③ ㉡, ㉤　　　　　④ ㉡, ㉢, ㉤

해설
㉠ 전통무술과 정구를 가르친 것이 아니라 병서와 사격 과목이 편성되었다. 정구는 1908년 일본 탁지부 관리들이 회동구락부를 조직한 것이 시초이다.
㉣ 기독교계 사립학교를 비롯하여 일반학교체계에 학교체조, 병식체조, 유희 등이 필수교과로 지정되었다. 서구 스포츠는 과외활동으로 편성되었다.

22 개화기 체육이 가지는 역사적 의미로 옳지 않은 것은?

① 한국체육사의 전환기로서 체육의 개념이 정립되고, 체육활동 가치에 대한 근대적 각성이 일어났다.

② 자본론적 세계주의가 스포츠와 함께 도입되어 사상적 다양성에도 영향을 미쳤다.

③ 체조가 교과목으로 채택되고, 고종이 교육조서를 통해 덕육·지육과 함께 체육을 중요한 교육의 영역으로 인정했다는 점에서 교육 체계 내에서 체육의 위상이 정립되었다고 볼 수 있다.

④ 다양한 스포츠가 도입되고 각종 사회 스포츠 단체가 설립되어 근대적 체육과 스포츠 문화가 창출된 시대였다.

해설
개화기에는 사회진화론적 자강론, 민족주의 등이 사상적 조류였다.

23 다음 중 보기에서 설명하는 근대 스포츠 종목에 대한 설명으로 옳은 것은?

> 1896년 삼선평에서 있었던 영어학교 화류회로부터 경기 형태를 갖추어 발전하기 시작하였다. 화류회는 우리나라 최초의 운동회가 되었다.

① 육 상　　　　② 축 구
③ 야 구　　　　④ 농 구

해설
육상에 관한 설명이다. 육상종목으로는 경주의 길이를 걸음걸이 수로 정한 300보·600보 달리기, 공 던지기, 대포알 던지기, 멀리뛰기, 높이뛰기 등이 있었다.

24 다음 중 근대 체육의 한계점으로 옳지 않은 것은?

① 계몽 의지의 과잉과 전통적 체육 문화 반영의 미흡

② 학교 체육에 대한 국가적 차원의 정책 결핍

③ 일제 식민지화 정책과 학교 체육 발전의 한계

④ 서구 스포츠 도입으로 인한 체육단체의 주체성 상실

해설
서구 스포츠 도입은 체육단체의 활성화와 체육의 선진화에 기여하였다.

25 다음 중 조선체육회의 설명으로 옳지 않은 것은?

① 우리나라의 근대 체육을 정착시키는 데 큰 기여를 하였다.

② 각종 경기대회를 주최 및 후원하였다.

③ 운동경기에 대한 연구도 하였다.

④ 광학구락부를 토대로 성립되었다.

해설
조선체육회는 일본체육단체에 대응하여 조선인 중심으로 창립되었다.

26 다음 중 조선시대의 체육사상으로 옳지 않은 것은?

① 승문천무와 문무겸전의 대립
② 불교문화 중심의 체육관
③ 유학사상의 체육관
④ 학사사상

조선시대는 유교문화가 지배하였다.

27 다음은 광복 이후 우리나라 체육 및 스포츠에 나타난 변화이다. 보기의 내용을 시대 순으로 바르게 배열한 것은?

> ㉠ '체력은 국력'이라는 슬로건 하에 국민체육진흥운동이 전개되었다.
> ㉡ 신체육 개념을 기반으로 학교체육 진흥이 시작되었다.
> ㉢ 스포츠 과학화가 진행되었고, 프로스포츠가 활성화되었다.
> ㉣ 국가주의적인 이념을 토대로 엘리트스포츠와 사회체육이 전개되었다.

① ㉠ – ㉡ – ㉣ – ㉢
② ㉡ – ㉠ – ㉣ – ㉢
③ ㉡ – ㉢ – ㉠ – ㉣
④ ㉣ – ㉠ – ㉢ – ㉡

㉠ 박정희 정권 이후 1960년대 초
㉡ 해방 이후 1940~50년대
㉢ 1980년대
㉣ 1970년대

28 다음 중 개화기 체육의 체육사적 의의로 옳지 않은 것은?

① 학교체육의 제도적 근대화
② 학교체육의 교육과정론적 발전
③ 체육개념에 대한 발아와 성장
④ 생활체육을 통한 현대적 체육문화 창출

학교체육을 통해 근대적 체육문화를 창출했다.

29 다음 중 개화기 운동회에 대한 설명으로 옳은 것은?

① 국공립학교를 중심으로 운동회가 확산되었다.
② 초창기 운동회에서 주로 실시된 종목은 축구였다.
③ 우리나라 최초의 운동회는 1896년 오성학교에서 개최한 화류회(花柳會)이다.
④ 운동회는 점차 확산되어 학교 간 연합운동회로 발전했다.

① 영어학교나 기독교계 학교를 중심으로 확산되었다.
② 초창기 운동회에서 주로 실시된 종목은 육상이었다.
③ 우리나라 최초 운동회는 1896년 5월 2일 영어학교에서 개최한 화류회(花柳會)이다.

30 다음 중 일제강점기의 체육에 대한 설명으로 옳은 것은?

① 민주주의 체육활동
② 한국체육의 민족주의 경향 강화
③ 체육단체 활성화
④ 생활스포츠 발달

일제강점기 시대에는 일제의 탄압으로 인하여 한국체육의 민족주의 경향이 강화되었다.

31 다음은 일제강점기 학교체육의 변화양상이다. 보기의 내용을 시대 순으로 바르게 배열한 것은?

> ⊙ 전국 규모의 중등학교 육상 경기대회가 시작되었다.
> ⓒ 체조과가 체련과로 바뀌었다.
> ⓒ 학교체조교수요목이 공포되었다.
> ⓔ 조선교육령 시행과 함께 체조교육이 확대되었다.

① ⊙ - ⓒ - ⓔ - ⓒ
② ⓒ - ⊙ - ⓔ - ⓒ
③ ⓒ - ⓔ - ⊙ - ⓒ
④ ⓔ - ⓒ - ⊙ - ⓒ

해설

⊙ 1927년
ⓒ 1941~1945년
ⓒ 1914~1924년
ⓔ 1911년

32 다음 조선체육회 주최 대회 중 대한체육회가 전국체육대회의 기점으로 정한 것은?

① 제1회 전조선정구대회
② 제1회 전조선야구대회
③ 제1회 전조선축구대회
④ 제1회 전조선육상대회

해설

조선체육회는 민족주의 사상을 토대로 일본인들이 설립했던 조선체육협회에 대항할 수 있는 단체가 필요하다는 취지에서 창립한 단체였다. 첫 사업으로 제1회 전조선야구대회를 주최하였으며, 그 대회가 오늘날 전국체전 통산 횟수의 기점이 되었다.

33 다음 중 보기의 1960년대 이후 학교체육정책에 따라 시행된 것은?

> • 목적 : 스포츠를 통해 강인하고, 건전한 청소년 육성과 우수선수 조기 발굴
> • 슬로건 : '몸도 튼튼, 마음도 튼튼, 나라도 튼튼'
> • 스포츠 내셔널리즘 추구
> • 박정희 정권 출범 이후 문교부와 대한체육회가 공동으로 추진

① 학교체력장제도   ② 전국체전
③ 학교스포츠클럽   ④ 소년체전

해설

박정희 정권 출범 이후 문교부와 대한체육회가 공동으로 추진했던 소년체전은 학교스포츠 진흥운동의 출발이었다.

34 다음 중 보기의 설명에 해당하는 단체로 옳은 것은?

> 지방 한 단체의 활동을 넘어서 전국적인 체육단체로서의 성격을 가졌으며, 조선체육회와 더불어 체육 발전에 중추적인 기관으로 성장한 단체이다.

① 대한체육구락부
② 관서체육회
③ 황성기독청년회운동부
④ 대한국민체육회

해설

관서체육회
• 1925년 평양 기독교 청년회관에서 결성
• 1934년 이래 전조선빙상대회(1월)를 비롯한 대회 개최
• 1934년 총독부 축구 통제령에 반대 투쟁

35 다음 중 일제의 체육 활동 통제에 대한 설명으로 옳지 않은 것은?

① 군국주의적 체육정책을 펼쳤다.
② 각종 체육단체를 해산시켰다.
③ '체육'이라는 이름 아래 '전쟁을 위한 훈련'만이 존재하였을 뿐이다.
④ 일제의 식민지지배 정책으로 민족주의 체육은 전혀 발전하지 못했다.

해설
일제강점기 시대는 민족주의 체육이 가장 발전하였다.

36 다음 중 학교체육의 황국신민화 정책으로 옳지 않은 것은?

① 민족주의 운동에 대대적인 탄압을 가하였다.
② 학교체육에 도입한 것이 '황국신민체조'였다.
③ 모든 체육이 일제의 무도 정신의 함양을 위해 실시되었다.
④ 각종 운동경기대회 출장은 감시와 탄압을 받지 않았다.

해설
각종 운동경기대회 출장이 모두 일제의 감시와 탄압을 받았다.

37 다음 중 조선시대 서민의 유희와 오락으로 옳지 않은 것은?

① 줄넘기   ② 널뛰기
③ 석 전   ④ 투 호

해설
투호는 상류층의 유희와 궁중오락으로 매우 성행했으며 덕성교육의 수단이었다.

38 조선시대 교육제도와 과거제도에 대한 설명으로 옳지 않은 것은?

① 문과와 무과에 평등하게 고른 인재를 선발하였다.
② 초등교육기관은 서당이 있어 한자의 초보적인 습득과 습자 공부를 하였다.
③ 교육형태는 크게 유학교육, 무학교육, 기술교육으로 나눌 수 있다.
④ 문치주의 경향이 강해 무학과 기타 교육이 상대적으로 열등한 위치에 있었다.

해설
유학사상의 영향으로 문과의 비중이 높았다. 조선시대의 교육형태는 크게 유학교육, 무학교육, 기술교육으로 나눌 수 있으나, 문치주의 경향으로 무학을 비롯한 기타 교육이 상대적으로 열등한 위치에 있었다.

39 다음 중 조선의 중앙 고등교육기관으로 옳은 것은?

① 서 원   ② 서 당
③ 향 교   ④ 성균관

해설
성균관은 조선시대 관학기관으로 국가에 행사가 있을 때 임금과 신하가 한자리에 모여서 활을 쏘는 의례인 대사례를 거행했다.

40 조선시대 무과제도와 무예에 대한 설명으로 옳지 않은 것은?

① 무과는 초시, 복시, 전시의 3종류로 나뉜다.
② 무과시험보다 한 단계 아래인 일반 무사들은 시험을 보지 않았다.
③ 무예시험은 목전, 철전, 편전과 같은 활쏘기와 말을 타고 하는 기사와 기창이 있다.
④ 기예를 위주로 보는 시험의 시취 내용은 무예와 논문 형태인 강서로 구분된다.

해설
일반 무사들도 무예시험을 치러야만 했다.

41 다음 중 이황의 활인심방에 대한 설명으로 옳은 것은?

① 도인체조를 실시하였다.
② 병을 치료하는 목적으로 만들었다.
③ 스포츠의 성격을 포함한다.
④ 주로 양반들에 의해 행해졌다.

해설
활인심방의 도인체조는 치료보다는 예방을 위한 보건체조 성격을 지닌 운동요법이다.

42 우리나라의 국제스포츠대회 참가 역사에 대한 설명으로 옳지 않은 것은?

① 1936년 베를린올림픽 – 손기정 선수가 마라톤 경기에 출전하여 우승
② 1948년 런던올림픽 – 최초로 '코리아'라는 국가 명칭 사용
③ 1952년 헬싱키올림픽 – 역도에서 김성집 선수가 대한민국 국적 최초의 메달 획득
④ 1976년 몬트리올올림픽 – 양정모가 레슬링에서 대한민국 최초 금메달 획득

해설
1948년 런던올림픽에서 최초로 '코리아'라는 국가 명칭을 사용하였고, 이때 역도에서 김성집 선수가 3위를 차지하여 대한민국 국적 최초의 메달을 획득하였다. 헬싱키올림픽은 우리나라가 한국전쟁 중 참가한 대회이다.

43 다음 중 1895년 2월에 반포된 고종의 교육입국 조서에 대한 설명으로 옳지 않은 것은?

① 지배계급에만 한정되었던 교육 기회가 전 국민으로 확대
② 전통적 유교 중심의 교육에서 근대적 전인교육으로 전환
③ 지·덕·체 교육 강조, 체육을 교육의 중요한 영역 중 하나로 인정
④ 관립 교육기관을 통해 이루어지는 일원화된 체육 활성화 정책

해설
관립 교육기관 이외 민간 교육기관, 선교단체 교육기관 등이 교육개혁을 하였다.

44 다음 중 원산학사의 체육과 관련된 설명으로 옳지 않은 것은?

① 무예반의 교육 내용을 병서와 사격으로 구성한 것은 군사체제를 위한 국민체육이라는 점에서 중요한 의미를 지닌다.
② 우리나라 최초의 근대 공립교육기관으로 무예제도를 근간으로 한다.
③ 문사보다 무사의 입학생 수가 훨씬 많은 것은 외세의 침입에 대응하기 위한 자강책으로 우선 급하게 전투력에 도움이 될 수 있는 많은 무사가 필요했기 때문이다.
④ 원산학사의 설립과 운영은 한국 체육사에서 전통적 무예가 교육과정 속에 최초로 채택되고 중시되었다는 점에서도 역사적 의의가 크다.

해설
원산학사는 우리나라 최초의 근대 사립학교로 무예를 교육과정으로 채택하였다.

45 다음 중 YMCA가 한국 체육에 미친 긍정적인 영향으로 옳지 않은 것은?

① 19세기 말부터 일어나기 시작한 한국 스포츠 붐의 맥을 이어주었다.
② 야구, 농구, 배구 등과 같은 서구 스포츠를 한국에 도입하였다.
③ 스포츠지도자를 양성·배출하였다.
④ 일제의 탄압으로 스포츠를 전국으로 확산시키지는 못했다.

해설
YMCA의 조직망을 통하여 한국 체육의 발달에 지대한 영향을 미쳤으며, 민족주의 운동과 연계하여 스포츠를 전국적으로 확산시켰다.

46 다음 중 보기의 설명에 해당하는 단체로 옳은 것은?

> 1910년 최성희 등에 의해 조직된 단체로서 매주 수요일과 일요일 이틀에 정기적으로 축구경기를 실시하는 등 교내 체육활동의 성격을 띤 우리나라 최초의 학교체육부라고 할 수 있는 단체이다.

① 성계구락부   ② 체조연구회
③ 광학구락부   ④ 청강체육회

해설
보기는 청강체육회에 대한 내용이다.
① 성계구락부 : 1910년 농·상공부의 유지 간에 친목을 도모하고 오락을 즐기기 위해 조직된 단체이다.
② 체조연구회 : 1909년 체육교사였던 조원희 등에 의해 보성중학교에서 조직된 단체이다. 체육의 실제면에서 제기되는 기술과 이론을 연구하여, 당시 유치하고 비조직적인 수준에 머물러있던 체육을 지도, 개선, 진흥시킴으로써 국민의 심신을 강건하게 할 것을 지도하였으며, 우리나라 체육을 병식체조에서 학교체육으로 개혁시키는 데 크게 이바지하였다.
③ 광학구락부 : 운동을 통하여 정신과 육체의 강장함을 목표로 하여 1908년 발족된 단체로, 남상목 등에 의해 발기·조직되었다.

47 일제강점기의 '체조교수요목 제정과 개정기 체육(1914~1927년)'에 대한 설명으로 옳은 것은?

① 병식체조를 교련으로 이관 분리하여 민족주의 체육 말살
② 전시동원체제에 맞는 학제로 개편하여 체육의 군사화
③ 체육의 내용은 점차 교련과 관련된 활동으로 변화
④ 각종 체육경기 완전 통제

해설
일제는 병식체조를 교련으로 이관 분리하여 민족주의 체육을 말살했다. ②·③·④는 체육 통제기(1941~1945년) 정책에 해당된다.

48 다음 중 YMCA 체육활동과 민족주의 운동의 설명으로 옳지 않은 것은?

① 스포츠 대중화를 위한 기초적인 역할을 하였다.
② 체육과 스포츠 가치에 관한 계몽을 하였다.
③ 한국의 전통문화보다는 서구 스포츠를 보급하는데 힘썼다.
④ 한국 민족운동과 기독교 복음주의를 결속하였다.

해설
YMCA는 한국의 전통문화를 존중하였고, 민속스포츠인 그네뛰기, 국궁, 씨름 등의 부활에 기여했다.

49 다음 중 조선체육회에서 주최한 경기대회에 관한 설명으로 옳은 것은?

① 일본의 민족말살정치로 인해 대항 의식을 가진 경기는 없었다.
② 일본인 체육단체인 조선체육협회가 주최한 경기대회와 대결의식을 가지면서 성장하였다.
③ 최초로 전조선축구대회를 개최하였다.
④ 일제의 압력에도 불구하고 유일하게 독립된 단체로 유지했다.

해설

조선체육회는 일본인 체육단체인 조선체육협회가 주최한 경기대회와 대결의식을 가지면서 성장하였다.
• 1920년 현 대한체육회의 전신인 '조선체육회' 창립
• 일본의 '조선체육협회'에 대응
• 첫 사업으로 제1회 전조선야구대회 개최 : 오늘날 전국체전의 효시
• 1938년 조선체육회는 일제에 의해 강제 해산되어 조선체육협회로 통합

50 다음 중 남북체육교류에 대한 설명으로 옳지 않은 것은?

① 1963년 – 남북체육회담이 최초로 열림
② 1970년~1980년대 – 남북 정부의 지원 부족으로 회담 결렬
③ 1990년 – 베이징 남북체육정상회담의 결과로 '남북통일탁구대회'가 평양과 서울에서 번갈아 열림
④ 1991년 – 남북체육회담의 결과로 각종 국제대회 참가 단일팀 구성 합의

해설

1990년 베이징 남북체육정상회담의 결과로 평양과 서울에서 번갈아 '남북통일축구대회'가 열렸다.

배우기만 하고 생각하지 않으면 얻는 것이 없고, 생각만 하고 배우지 않으면 위태롭다.

- 공자 -

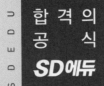

우리가 해야할 일은 끊임없이 호기심을 갖고
새로운 생각을 시험해보고 새로운 인상을 받는 것이다.

- 월터 페이터 -

12년간 19만 독자가 선택한 원조 스포츠지도사

스포츠지도사

2급 필기 기출문제

한권으로 끝내기

SPORT

2011년
생활체육지도사
출간 이후,
12년간 19만부
판매! (시리즈전체)

신경향 반영
핵심이론

기출 POINT
& OX문제

과목별
출제예상문제

2021~2023년
기출문제 해설

기출문제

01 스포츠사회학

01 〈보기〉에서 스포츠의 교육적 순기능으로만 묶인 것은?

기출 15, 17, 20, 22

> ㉠ 학교와 지역사회의 통합
> ㉡ 평생체육의 연계
> ㉢ 스포츠의 상업화
> ㉣ 학업활동의 격려
> ㉤ 참여기회의 제한
> ㉥ 승리지상주의

① ㉠, ㉡, ㉣ ② ㉠, ㉢, ㉤
③ ㉡, ㉢, ㉣ ④ ㉡, ㉤, ㉥

02 〈보기〉에서 코클리(J. Coakley)의 상업주의에 따른 스포츠의 변화에 관한 설명으로 옳은 것을 모두 고른 것은?

기출 15, 17, 18, 19, 21, 22

> ㉠ 스포츠 조직의 변화 – 스포츠 조직은 경품 추첨, 연예인의 시구와 같은 의전행사에 관심을 갖게 되었다.
> ㉡ 스포츠 구조의 변화 – 스포츠의 심미적 가치보다 영웅적 가치를 중시하게 되었다.
> ㉢ 스포츠 목적의 변화 – 아마추어리즘보다 흥행에 입각한 프로페셔널리즘을 추구하게 되었다.
> ㉣ 스포츠 내용의 변화 – 프로 농구의 경우, 전·후반제에서 쿼터제로 변경되었다.

① ㉠, ㉡ ② ㉠, ㉢
③ ㉡, ㉢, ㉣ ④ ㉠, ㉢, ㉣

03 〈보기〉에서 설명하는 스포츠 세계화의 원인은?

기출 16, 19, 21, 22

> '코먼웰스 게임(Commonwealth Games)'은 영연방국가들이 참가하는 스포츠 메가 이벤트로, 영연방국가의 통합에 기여하는 측면이 있다. 영국의 스포츠로 알려진 크리켓과 럭비는 대부분 영국의 식민지였던 영연방국가에서 인기가 있다.

① 제국주의
② 민족주의
③ 다문화주의
④ 문화적 상대주의

04 〈보기〉에 해당하는 케년(G. Kenyon)의 스포츠 참가유형은? 기출 17

> • 특정 선수의 사인볼 수집
> • 특정 스포츠 관련 SNS 활동
> • 특정 스포츠 물품에 대한 애착

① 일탈적 참가
② 행동적 참가
③ 정의적 참가
④ 인지적 참가

05 〈보기〉의 ㉠, ㉡에 해당하는 거트만(A. Guttmann)의 근대스포츠 특징은? 기출 16

> • (㉠) – 국제스포츠조직은 규칙의 제정, 대회의 운영, 종목 진흥 등의 역할을 담당한다.
> • (㉡) – 투수라는 같은 포지션 내에서도 선발, 중간, 마무리 등으로 구분된다.

	㉠	㉡
①	관료화	평등성
②	합리화	평등성
③	관료화	전문화
④	합리화	전문화

06 스나이더(E. Snyder)가 제시한 스포츠 사회화의 전이 조건이 아닌 것은? 기출 17

① 참가의 가치
② 참가의 정도
③ 참가의 자발성 여부
④ 사회화 주관자의 위신과 위력

07 〈보기〉는 버렐(S. Birrell)과 로이(J. Loy)의 스포츠 미디어를 통해 충족할 수 있는 욕구에 관한 설명이다. ㉠~㉢에 해당하는 용어가 바르게 연결된 것은? 기출 19, 21, 22

> • (㉠) 욕구 – 스포츠 경기의 결과, 선수와 팀에 대한 통계적 지식을 제공해 준다.
> • (㉡) 욕구 – 스포츠에 대한 흥미와 흥분을 제공해 준다.
> • (㉢) 욕구 – 다른 사회집단과 경험을 공유하게 하며 공동체 의식을 갖게 한다.

	㉠	㉡	㉢
①	정의적	인지적	통합적
②	인지적	통합적	정의적
③	정의적	통합적	인지적
④	인지적	정의적	통합적

08 〈보기〉의 ㉠, ㉡에 해당하는 용어가 바르게 연결된 것은? 기출 15, 16, 17, 18, 19, 20, 22

> • (㉠) – 국민의 관심이 높은 스포츠 경기를 무료 혹은 저렴한 비용으로 시청할 수 있는 권리를 말한다.
> • (㉡) – 선수 개인의 사생활을 중심으로 대중을 자극하고 호기심에 호소하는 흥미 위주의 스포츠 관련 보도를 지칭한다.

	㉠	㉡
①	독점 중계권	뉴 저널리즘 (New Journalism)
②	보편적 접근권	옐로 저널리즘 (Yellow Journalism)
③	독점 중계권	옐로 저널리즘 (Yellow Journalism)
④	보편적 접근권	뉴 저널리즘 (New Journalism)

09 〈보기〉에서 설명하는 프로스포츠의 제도는? 기출 19, 22

> • 프로스포츠 구단이 소속 선수와의 계약을 해지하고 다른 구단에게 해당 선수를 양도받을 의향이 있는지 공개적으로 묻는 제도이다.
> • 기량이 떨어지거나 심각한 부상을 당한 선수를 방출하는 수단으로 이용하고 있다.

① 보류 조항(Reserve Clause)
② 웨이버 조항(Waiver Rule)
③ 선수대리인(Agent)
④ 자유계약(Free Agent)

10 스포츠 일탈의 순기능에 관한 사례로 적절하지 않은 것은?
기출 19, 21, 22

① 승부조작 사례를 보고 많은 선수들이 경각심을 갖는다.

② 아이스하키 경기에서 허용된 주먹다짐은 잠재된 공격성을 해소시켜 준다.

③ 스포츠에서 선수들의 약물복용이 지속되면 경기의 공정성이 훼손된다.

④ 높이뛰기에서 배면뛰기 기술의 창안은 기록경신에 기여하고 있다.

11 〈보기〉는 스트렌크(A. Strenk)가 제시한 국제정치에서 스포츠의 기능에 관한 설명이다. ⊙~ⓒ에 해당하는 내용이 바르게 연결된 것은?
기출 15, 18, 19, 20, 22

• (⊙) – 2002년 한일월드컵 4강 진출로 대한민국이 축구 강국으로 인식

• (ⓛ) – 1980년 모스크바올림픽에서 서방 국가들의 보이콧 선언

• (ⓒ) – 1936년 베를린올림픽에서 나치즘의 정당성과 우월성 과시

	⊙	ⓛ	ⓒ
①	외교적 도구	정치이념 선전	국위선양
②	국위선양	외교적 항의	정치이념
③	국위선양	외교적 도구	외교적 항의
④	외교적 도구	외교적 항의	정치이념 선전

12 〈보기〉에서 설명하는 부르디외(P. Bourdieu)의 문화자본 유형은?
기출 17, 19

• 테니스의 경기 기술뿐만 아니라 경기 매너도 습득하게 된다.

• 스포츠 활동처럼 몸으로 체득하게 되는 성향을 의미한다.

• 획득하는데 시간이 오래 걸리고, 타인에게 양도나 전이, 교환이 어렵다.

---

① 체화된(Embodied) 문화자본

② 객체화된(Objectified) 문화자본

③ 제도화된(Institutionalized) 문화자본

④ 주체화된(Subjectified) 문화자본

13 〈보기〉에서 투민(M. Tumin)이 제시한 스포츠계층의 특성 중 보편성(편재성)에 해당하는 것으로만 묶인 것은?
기출 18, 20, 21, 22

⊙ 스포츠는 인기종목과 비인기종목으로 구분된다.

ⓛ 과거에 비해 운동선수들의 지위가 향상되고 있다.

ⓒ 종합격투기는 체급에 따라 대전료와 중계권료 등에 차등이 있다.

ⓔ 계층에 따라 스포츠 참여 빈도, 유형, 종목이 달라지며, 이러한 차이는 개인의 삶에 영향을 미친다.

---

① ⊙, ⓛ

② ⊙, ⓒ

③ ⓛ, ⓔ

④ ⓒ, ⓔ

14 〈보기〉의 밑줄 친 ㉠, ㉡을 설명하는 집합행동 이론이 바르게 연결된 것은? 기출 20, 21

이 코치 : 어제 축구 봤어? 경기 도중 관중폭력이 발생했잖아.

김 코치 : ㉠ 나는 그 경기를 경기장에서 직접 봤는데 관중들의 야유 소리가 점점 커지면서 관중폭력이 일어났어.

이 코치 : ㉡ 맞아! 그 경기 이전에 이미 관중의 인종차별 사건이 있었잖아. 만약 인종차별이 먼저 발생하지 않았다면, 어제 경기에서 그런 관중폭력은 없었을 거야.

	㉠	㉡
①	전염이론	규범생성이론
②	수렴이론	부가가치이론
③	전염이론	부가가치이론
④	수렴이론	규범생성이론

15 메기(J. Magee)와 서덴(J. Sugden)이 제시한 스포츠 노동이주의 유형에 관한 설명 중 적절하지 않은 것은? 기출 21

① 개척자형 – 스포츠 보급을 통해 금전적 보상을 추구하는 유형
② 정착민형 – 영구적으로 정착할 수 있는 곳을 찾는 유형
③ 귀향민형 – 해외에서의 스포츠 경험을 바탕으로 자국으로 복귀하는 유형
④ 유목민형 – 개인의 취향대로 흥미로운 장소를 돌아다니면서 스포츠에 참여하는 유형

16 〈보기〉는 코클리(J. Coakley)가 제시한 스포츠 일탈에 관한 설명이다. ㉠, ㉡에 해당하는 용어가 바르게 연결된 것은? 기출 19, 21, 22

• (㉠)에 따르면 스포츠 일탈이 용인되는 범위는 사회적으로 타협하는 과정을 통해 구성된다.
• (㉡)는 과훈련(Over-training), 부상 투혼 등을 거부감 없이 무비판적으로 수용하는 것이다.

	㉠	㉡
①	상대론적 접근	과소동조
②	절대론적 접근	과잉동조
③	절대론적 접근	과소동조
④	상대론적 접근	과잉동조

17 스포츠사회화를 이해하기 위한 사회학습이론의 관점으로 적절하지 않은 것은? 기출 17, 19, 21, 22

① 상과 벌을 통해 행동이 변화한다.
② 다른 사람의 행동을 관찰하여 모방이 일어난다.
③ 사회화 주관자의 가르침을 통해 행동이 변화한다.
④ 개인은 자신이 처해있는 상황을 스스로 학습하고 변화한다.

18 〈보기〉에서 설명하는 스포츠의 정치적 속성은? 기출 20, 21

에티즌(D. Eitzen)과 세이지(G. Sage)에 의하면 다양한 팀, 리그, 선수단체 및 행정기구는 각각의 특성에 따라 불평등하게 배분된 자원과 권한을 갖게 되고, 더 많은 권한을 갖기 위해 대립적 갈등을 겪게 된다.

---

① 보수성
② 긴장관계
③ 권력투쟁
④ 상호의존성

19 〈보기〉에서 설명하는 맥퍼슨(B. McPherson)의 스포츠 미디어 이론은? 기출 19, 21, 22

> • 대중매체를 통한 개인의 스포츠 소비 형태는 중요타자의 가치와 소비행동에 의해 영향을 받는다.
> • 스포츠 수용자 역할로의 사회화는 스포츠에 참여하는 가족 구성원으로부터 받은 스포츠 소비에 대한 승인 정도가 중요하게 작용한다.

① 개인차 이론
② 사회범주 이론
③ 문화규범 이론
④ 사회관계 이론

20 〈보기〉에서 설명하는 스포츠사회학 이론은? 기출 17, 19, 20, 21, 22

> • 일상에서 특정 물건을 소비하는 것은 자신의 계급 위치를 상징화하는 행위이다.
> • 자원과 시간의 소비가 요구되는 스포츠에 참여하는 것은 계급 표식 행위이다.
> • 고가의 스포츠용품, 골프 회원권 등의 과시적 소비 양상이 나타난다.

① 갈등이론
② 구조기능이론
③ 비판이론
④ 상징적 상호작용론

---

02 스포츠교육학

01 〈보기〉에서 설명하는 스포츠 교육 평가의 신뢰도 검사 방법은? 기출 15, 16, 17, 19, 22

> • 동일한 검사에 대해 시간 차이를 두고 2회 측정해서 측정값을 비교해 차이가 작으면 신뢰도가 높고, 크면 신뢰도가 낮은 것으로 판단한다.
> • 첫 번째와 두 번째 측정 사이의 시간 차이가 너무 길거나 짧으면 신뢰도가 낮게 나올 수 있다.

① 검사-재검사
② 동형 검사
③ 반분 신뢰도 검사
④ 내적 일관성 검사

02 〈보기〉의 수업 장면에서 활용한 모스턴(M. Mosston)의 교수 스타일에 관한 설명으로 적절하지 않은 것은?
기출 16, 18, 19, 20, 21, 22

신체활동	축 구
학습목표	인프런트킥으로 상대방 수비수를 넘겨 동료에게 패스할 수 있다.

수업 장면
지도자 : 네 앞에 상대방 수비수가 있을 때, 수비수를 넘겨 동료에게 패스하려면 어떻게 공을 차야 할까?
학습자 : 상대방 수비수를 넘길 수 있을 정도의 높이로 공을 띄워야 해요.
지도자 : 그럼, 발의 어느 부분으로 공의 밑 부분을 차면 수비수를 넘길 수 있을까?
학습자 : 발등과 발 안쪽의 중간 지점이요. (손가락으로 엄지발가락을 가리킨다)
지도자 : 좋은 대답이야. 그럼, 우리 한 번 상대방 수비수를 넘기는 킥을 연습해볼까?

① 지도자는 논리적이며 계열적인 질문을 설계해야 한다.
② 지도자는 질문에 대한 학습자의 해답을 검토하고 확인한다.
③ 지도자는 학습자에게 예정된 해답을 즉시 알려준다.
④ 지도자는 학습자와 지속적으로 상호작용하며 의사결정을 한다.

03 로젠샤인(B. Rosenshine)과 퍼스트(N. Furst)가 제시한 학습성취와 관련된 지도자 변인에 해당하지 않는 것은?

① 지도자의 경력
② 명확한 과제제시
③ 지도자의 열의
④ 프로그램의 다양화

04 링크(J. Rink)가 제시한 교수 전략(Teaching Strategy) 중 한 명의 지도자가 수업에서 공간을 나누어 두 가지 이상의 과제를 동시에 진행하는 것은? 기출 15, 19, 21, 22

① 자기 교수(Self Teaching)
② 팀 티칭(Team Teaching)
③ 상호 교수(Interactive Teaching)
④ 스테이션 교수(Station Teaching)

05 〈보기〉는 국민체육진흥법(시행 2022.8.11.) 제18조의3 '스포츠윤리센터의 설립'에 관한 내용이다. ㉠, ㉡에 들어갈 용어가 바르게 연결된 것은? 기출 22

체육의 (㉠) 확보와 체육인의 (㉡)를 위하여 스포츠윤리센터를 설립한다.

	㉠	㉡
①	정당성	권리 강화
②	정당성	인권 보호
③	공정성	권리 강화
④	공정성	인권 보호

06 스포츠 교육 프로그램의 지도 원리에 관한 설명이 적절하지 않은 것은?

① 개별성의 원리 – 개인차를 고려한 다양한 수준별 지도
② 효율성의 원리 – 학습자 스스로 내용을 파악하고 문제해결
③ 적합성의 원리 – 지도자의 창의적인 지도 활동의 선정과 활용
④ 통합성의 원리 – 교수・학습 내용의 다양화와 신체활동의 총체적 체험

07 직접교수모형에 관한 설명으로 적절하지 않은 것은? 기출 16, 19, 22

① 학습영역의 우선순위는 심동적 영역이다.
② 스키너(B. Skinner)의 조작적 조건화 이론에 근거한다.
③ 지도자 중심으로 의사결정이 이루어져 학습자의 과제 참여 비율이 감소한다.
④ 수업의 단계는 전시과제 복습, 새 과제 제시, 초기과제 연습, 피드백과 교정, 독자적 연습, 본시 복습의 순으로 진행된다.

08 스포츠기본법(시행 2022.6.16.) 제7조 '스포츠 정책 수립・시행의 기본원칙' 중 국가와 지방자치단체의 스포츠 정책에 관한 고려사항에 해당하지 않는 것은? 기출 22

① 스포츠 활동을 존중하고 사회 전반에 확산되도록 할 것
② 스포츠 대회 참가 목적을 국위선양에 두어 지원할 것
③ 스포츠 활동 참여와 스포츠 교육의 기회가 확대되도록 할 것
④ 스포츠의 가치를 존중하고 스포츠의 역동성을 높일 수 있을 것

09 모스턴(M. Mosston)의 포괄형(Inclusion) 교수 스타일에 관한 설명으로 적절하지 않은 것은? 기출 16, 18, 19, 20, 21, 22

① 지도자는 발견 역치(Discovery Threshold)를 넘어 창조의 단계로 학습자를 유도한다.
② 지도자는 기술 수준이 다양한 학습자들의 개인차를 수용한다.
③ 학습자가 성취 가능한 과제를 선택하고 자신의 수행을 점검한다.
④ 과제 활동 전, 중, 후 의사결정의 주체는 각각 지도자, 학습자, 학습자 순서이다.

10 〈보기〉에서 설명하는 링크(J. Rink)의 학습 과제 연습 방법은? 기출 15, 19, 21, 22

> • 복잡한 운동 기술의 경우, 기술의 주요 동작이나 마지막 동작을 초기 동작보다 먼저 연습하게 한다.
> • 테니스 서브 과제에서 공을 토스하는 동작을 연습하기 전에 공을 라켓에 맞추는 동작을 먼저 연습한다.

① 규칙 변형
② 역순 연쇄
③ 반응 확대
④ 운동수행의 목적 전환

11 〈보기〉에 해당하는 쿠닌(J. Kounin)의 교수 기능은?

> • 지도자가 자신의 머리 뒤에도 눈이 있다는 듯이 학습자들의 행동을 파악하는 것
> • 지도자가 학습자들 간에 발생하는 사건을 인지하는 것

① 접근통제(Proximity Control)
② 긴장 완화(Tension Release)
③ 상황이해(With-it-ness)
④ 타임아웃(Time-out)

12 〈보기〉에서 활용된 스포츠 지도 행동의 관찰기법은? 기출 15, 16, 17, 19, 22

> • 지도자 : 강 감독   • 수업내용 : 농구 수비전략
> • 관찰자 : 김 코치   • 시간 : 19:00 ～ 19:50

구 분	피드백의 유형	표기(빈도)		비 율
대 상	전 체	∨∨∨∨∨	(5회)	50%
	소집단	∨∨∨	(3회)	30%
	개 인	∨∨	(2회)	20%
성 격	긍 정	∨∨∨∨∨∨∨∨	(8회)	80%
	부 정	∨∨	(2회)	20%
구체성	일반적	∨∨∨	(3회)	30%
	구체적	∨∨∨∨∨∨∨	(7회)	70%

① 사건 기록법(Event Recording)
② 평정 척도법(Rating Scale)
③ 일화 기록법(Anecdotal Recording)
④ 지속시간 기록법(Duration Recording)

13 배구 수업에서 운동기능이 낮은 학습자의 참여 증진을 위한 스포츠지도 방법으로 적절하지 않은 것은? 기출 21, 22

① 네트 높이를 낮춘다.
② 소프트한 배구공을 사용한다.
③ 서비스 라인을 네트와 가깝게 위치시킨다.
④ 정식 게임(Full-sided Game)으로 운영한다.

14 메이거(R. Mager)가 제시한 학습 목표 설정의 요소가 아닌 것은?

① 설정된 운동수행 기준
② 운동수행에 필요한 상황과 조건
③ 학습자에게 기대되는 성취행위
④ 목표 달성이 불가능할 경우의 대처방안

15 〈보기〉에서 메츨러(M. Metzler)의 탐구수업모형에 관한 설명으로 옳은 것을 모두 고른 것은? 기출 21, 22

> ⊙ 모형의 주제는 '문제해결자로서의 학습자'이다.
> ⓒ 학습 영역의 우선순위는 심동적, 인지적, 정의적 순이다.
> ⓒ 지도자는 학습자가 '생각하고 움직이기'를 할 수 있도록 과제를 제시한다.
> ② 지도자의 질문에 학습자가 바로 대답하지 못하는 경우 즉시 답을 알려준다.

① ㉠, ㉢
② ㉡, ㉢
③ ㉠, ㉡, ㉢
④ ㉠, ㉡, ㉣

16 스포츠 참여자 평가에서 심동적(Psychomotor) 영역에 해당하는 것은? 기출 17, 18

① 몰 입
② 심폐지구력
③ 협동심
④ 경기규칙 이해

17 〈보기〉에 해당하는 운동기능의 학습 전이(Transfer) 유형은? 기출 16, 17, 19

> 야구에서 배운 오버핸드 공 던지기가 핸드볼에서 오버핸드 공 던지기 기능으로 전이되는 경우이다.

① 대칭적 전이
② 과제 내 전이
③ 과제 간 전이
④ 일상으로의 전이

18 스포츠 교육 프로그램의 구성요소에 관한 설명으로 적절하지 않은 것은? 기출 15, 16, 17, 19, 22

① 평가 – 프로그램을 개선하는 데 도움을 준다.
② 내용 – 스포츠 지도의 철학, 이념 또는 비전이다.
③ 지도법 – 프로그램을 체계적으로 전달하는 방법이다.
④ 목적 및 목표 – 일반적인 목표와 구체적인 목표로 구분할 수 있다.

19 메츨러(M. Metzler)의 개별화지도모형의 주제로 적절한 것은? 기출 21, 22

① 지도자가 수업 리더 역할을 한다.
② 나는 너를, 너는 나를 가르친다.
③ 유능하고, 박식하며, 열정적인 스포츠인으로 성장한다.
④ 학습자가 가능한 한 빨리, 필요한 만큼 천천히 학습 속도를 조절한다.

20 학교체육진흥법 시행령(시행 2021.4.21.) 제3조 '학교운동부지도자의 자격기준 등'에서 제시한 학교운동부지도자 재임용의 평가 내용이 아닌 것은? 기출 16, 17, 18, 19, 20, 21, 22

① 복무 태도
② 학교운동부 운영 성과
③ 인권교육 연 1회 이상 이수 여부
④ 학생선수의 학습권 및 인권 침해 여부

01 스포츠심리학의 주된 연구의 동향과 영역에 포함되지 않는 것은? 기출 21

① 인지적 접근과 현장 연구
② 경험주의에 기초한 성격 연구
③ 생리학적 항상성에 관한 연구
④ 사회적 촉진 및 각성과 운동수행의 관계 연구

02 데시(E. Deci)와 라이언(R. Ryan)이 제시한 자기결정이론(Self-determination Theory)에서 외적동기 유형으로 분류되지 않는 것은? 기출 16, 19, 21

① 무동기(Amotivation)
② 확인규제(Identified Regulation)
③ 통합규제(Integrated Regulation)
④ 의무감규제(Introjected Regulation)

03 〈보기〉에서 설명하는 개념은? 기출 20, 21

> 체육관에서 관중의 함성과 응원 소리에도 불구하고, 작전타임에서 코치와 선수는 서로 의사소통이 가능하다.

① 스트룹 효과(Stroop Effect)
② 지각협소화(Perceptual Narrowing)
③ 무주의 맹시(Inattention Blindness)
④ 칵테일파티 효과(Cocktail Party Effect)

04 〈표〉는 젠타일(A. Gentile)의 이차원적 운동기술분류이다. 야구 유격수가 타구된 공을 잡아서 1루로 송구하는 움직임이 해당하는 곳은? 기출 17, 18, 19

구 분			동작의 요구(기능)			
			신체 이동 없음 (신체의 안정성)		신체 이동 있음 (신체의 불안정성)	
			물체 조작 없음	물체 조작 있음	물체 조작 없음	물체 조작 있음
환경적 맥락	안정적인 조절 조건	동작 시도 간 환경 변이성 없음				
		동작 시도 간 환경 변이성				
	비안정적 조절 조건	동작 시도 간 환경 변이성 없음	①		③	
		동작 시도 간 환경 변이성		②		④

05 뉴웰(K. Newell)이 제시한 움직임 제한(Constraints) 요소의 유형이 다른 것은?

① 운동능력이 움직임을 제한한다.
② 인지, 동기, 정서상태가 움직임을 제한한다.
③ 신장, 몸무게, 근육형태가 움직임을 제한한다.
④ 과제목표와 특성, 규칙, 장비가 움직임을 제한한다.

06 〈보기〉에서 설명하는 게셀(A. Gesell)과 에임스(L. Ames)의 운동발달의 원리가 아닌 것은? 기출 16, 17, 19, 21

- 머리에서 발 방향으로 발달한다.
- 운동발달은 일련의 방향성을 갖는다.
- 운동협응의 발달순서가 있다.
  양측 : 상지 혹은 하지의 양측을 동시에 움직이는 형태를 보인다.
  동측 : 상하지를 동시에 움직이는 형태를 보인다.
  교차 : 상하지를 동시에 움직이는 형태를 보인다.
- 운동기술의 습득 과정에서 몸통이나 어깨 근육을 조절하는 능력을 먼저 갖추고, 이후에 팔, 손목, 손, 그리고 손가락 근육을 조절하는 능력을 갖춘다.

① 머리-꼬리 원리(Cephalocaudal Principle)
② 중앙-말초 원리(Proximodistal Principle)
③ 개체발생적 발달 원리(Ontogenetic Development Principle)
④ 양측-동측-교차 운동협응의 원리(Bilateral-unilateral(Ipsilateral)-crosslateral Principle)

07 스포츠를 통한 인성 발달 전략에 대한 설명으로 옳지 않은 것은?

① 상황에 맞는 바람직한 행동을 설명한다.
② 도덕적으로 적절한 행동에 대하여 설명한다.
③ 바람직한 행동을 강화하고, 적대적 공격행동은 처벌한다.
④ 격한 상황에서 자신의 감정을 공격적으로 표출하도록 격려한다.

08 〈보기〉에서 설명하는 목표의 유형은? 기출 18, 19

- 운동기술을 잘 수행하기 위해서 필요한 핵심 행동에 중점을 둔다.
- 자기효능감과 자신감을 높이고 인지 불안을 낮추는 데 도움이 된다.
- 자신의 운동수행에 대한 목표를 달성하는 데 중점을 두는 목표로 달성의 기준점이 자신의 과거 기록이 된다.

① 과정목표와 결과목표
② 수행목표와 과정목표
③ 수행목표와 객관적목표
④ 객관적목표와 주관적목표

09 스미스(R. Smith)와 스몰(F. Smol)이 개발한 유소년 지도자 훈련 프로그램인 CET(Coach Effectiveness Training)의 핵심 원칙이 아닌 것은?

① 자기관찰
② 운동도식
③ 상호지원
④ 발달모델

10 균형유지와 사지협응 및 자세제어에 주된 역할을 하는 뇌 구조(영역)는? 기출 16, 22

① 소뇌(Cerebellum)
② 중심고랑(Central Sulcus)
③ 대뇌피질의 후두엽(Occipital Lobe of Cerebrum)
④ 대뇌피질의 측두엽(Temporal Lobe of Cerebrum)

11 골프 퍼팅 과제를 100회 연습한 뒤, 24시간 후에 동일 과제에 대해 수행하는 검사는? 기출 16, 17, 19

① 속도검사(Speed Test)
② 파지검사(Retention Test)
③ 전이검사(Transfer Test)
④ 지능검사(Intelligence Test)

12 〈보기〉에서 설명하는 일반화된 운동프로그램(Generalized Motor Program)의 불변 특성(Invariant Feature) 개념은? 기출 22

A 움직임 시간(Movement Time) = 500ms			
하위 움직임 1 = 25%	하위 움직임 2 = 25%	하위 움직임 3 = 25%	하위 움직임 4 = 25%

B 움직임 시간(Movement Time) = 900ms			
하위 움직임 1 = 25%	하위 움직임 2 = 25%	하위 움직임 3 = 25%	하위 움직임 4 = 25%

• A 움직임 시간은 500ms, B 움직임 시간은 900ms로 서로 다르다
• 4개의 하위 움직임 구간의 시간적 구조 비율은 변하지 않는다.
• 단, A와 B 움직임은 모두 동일인이 수행한 동작이며, 하위움직임 구성도 4개로 동일함

① 어트랙터(Attractor)
② 동작유도성(Affordance)
③ 상대적 타이밍(Relative Timing)
④ 절대적 타이밍(Absolute Timing)

13 〈보기〉에서 구스리(E. Guthrie)가 제시한 '운동기술 학습으로 인한 변화'에 관한 설명으로 옳은 것을 모두 고른 것은?

> ㉠ 최대의 확실성(Maximum Certainty)으로 운동과제를 수행할 수 있다.
> ㉡ 최소의 인지적 노력(Minimum Cognitive Effect)으로 운동과제를 수행할 수 있다.
> ㉢ 최소의 움직임 시간(Minimum Movement Time)으로 운동과제를 수행할 수 있다.
> ㉣ 최소의 에너지 소비(Minimum Energy Expenditure)로 운동과제를 수행할 수 있다.

① ㉠, ㉡, ㉢
② ㉠, ㉢, ㉣
③ ㉡, ㉢, ㉣
④ ㉠, ㉡, ㉢, ㉣

14 〈보기〉에 제시된 공격성에 관한 설명과 이론(가설)이 바르게 연결된 것은? 기출 17

> • (㉠) 환경에서 관찰과 강화로 공격행위를 학습한다.
> • (㉡) 인간의 내부에는 공격성을 유발하는 에너지가 존재한다.
> • (㉢) 좌절(예 목표를 추구하는 행위가 방해받는 경험)이 공격 행동을 유발한다.
> • (㉣) 좌절이 무조건 공격행동을 유발하지 않고, 공격행동이 적절하다는 외부적 단서가 있을 때 나타난다.

	㉠	㉡	㉢	㉣
①	사회학습이론	본능이론	좌절-공격가설	수정된 좌절-공격가설
②	사회학습이론	본능이론	수정된 좌절-공격가설	좌절-공격가설
③	본능이론	사회학습이론	좌절-공격가설	수정된 좌절-공격가설
④	본능이론	사회학습이론	수정된 좌절-공격가설	좌절-공격가설

15 〈보기〉에서 하터(S. Harter)의 유능성 동기이론 모형에 관한 설명으로 옳은 것을 고른 것은?

> ⊙ 심리적 요인과 관련된 단일차원의 구성개념이다.
> ⓒ 실패 경험은 부정적 정서를 갖게 하여 유능성 동기를 낮추고, 결국에는 운동을 중도 포기하게 한다.
> ⓒ 성공 경험은 자기효능감과 긍정적 정서를 갖게 하여 유능성 동기를 높이고, 숙달(Mastery)을 경험하게 한다.
> ⓔ 스포츠 상황에서 성공하기 위한 능력이 있다는 확신의 정도나 신념으로 특성 스포츠 자신감과 상태 스포츠 자신감으로 구분한다.

① ⊙, ⓒ
② ⊙, ⓔ
③ ⓒ, ⓒ
④ ⓒ, ⓔ

16 〈보기〉에서 설명하는 용어는? 기출 16

> 번스타인(N. Bernstein)은 움직임의 효율적 제어를 위해 중추신경계가 자유도를 개별적으로 제어하지 않고, 의미 있는 단위로 묶어서 조절한다고 설명하였다.

① 공동작용(Synergy)
② 상변이(Phase Transition)
③ 임계요동(Critical Fluctuation)
④ 속도-정확성 상쇄 현상(Speed-accuracy Trade-off)

17 〈보기〉에서 연구 결과를 통해 확인할 수 있는 목표설정에 관한 설명으로 옳은 것을 고른 것은?

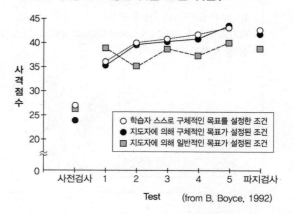

(from B. Boyce, 1992)

> ⊙ 목표설정이 운동의 수행과 학습에 효과적이다.
> ⓒ 학습자에게 어려운 목표를 설정하도록 조언해야 한다.
> ⓒ 구체적인 목표를 설정했던 집단에서 더 높은 학습 효과가 나타났다.
> ⓔ 구체적이고 도전적인 목표를 향해 전념하도록 격려하는 것은 운동의 수행과 학습의 효과를 감소시킨다.

① ⊙, ⓒ
② ⊙, ⓒ
③ ⓒ, ⓒ
④ ⓒ, ⓔ

18 〈보기〉에서 설명하는 피드백 유형은? 기출 16, 18, 20, 21

높이뛰기 도약 스텝 기술을 연습하게 한 후에 지도자는 학습자의 정확한 도약 기술 습득을 위해 각 발의 스텝번호(지점)을 바닥에 표시해주었다.

① 내적 피드백(Intrinsic Feedback)
② 부적 피드백(Negative Feedback)
③ 보강 피드백(Augmented Feedback)
④ 부적합 피드백(Incongruent Feedback)

19 〈보기〉는 칙센트미하이(M. Csikszentmihalyi)가 주장한 몰입의 개념이다. ㉠~㉣에 들어갈 개념이 바르게 연결된 것은? 기출 17, 19

• (㉠)과 (㉡)이 균형을 이루는 상황에서 운동 수행에 완벽히 집중하는 것을 몰입(Flow)이라 한다.
• (㉡)이 높고, (㉠)이 낮으면 (㉢)을 느낀다.
• (㉡)이 낮고, (㉠)이 높으면 (㉣)을 느낀다.

	㉠	㉡	㉢	㉣
①	기 술	도 전	불 안	이 완
②	도 전	기 술	각 성	무관심
③	기 술	도 전	각 성	불 안
④	도 전	기 술	이 완	지루함

20 학습된 무기력(Learned Helplessness) 상태에 있는 학습자에게 귀인 재훈련(Attribution Retraining)을 위한 적절한 전략은? 기출 17, 19, 20, 22

① 실패의 원인을 외적 요인에서 찾게 한다.
② 능력의 부족을 긍정적으로 받아들이게 한다.
③ 운이 따라 준다면 다음에 성공할 수 있다고 지도한다.
④ 실패의 원인을 노력 부족이나 전략의 미흡으로 받아들이게 한다.

---

04 한국체육사

01 체육사 연구에서 사관(史觀)에 관한 설명으로 적절하지 않은 것은? 기출 19, 21, 22

① 유물사관, 관념사관, 진보사관, 순환사관 등이 있다.
② 체육 역사에 대한 견해, 해석, 관념, 사상 등을 의미한다.
③ 체육 역사가의 관점으로 다양한 과거의 역사적 사실을 해석한다.
④ 과거 체육과 관련된 사실을 담고 있는 역사자료를 의미한다.

02 〈보기〉의 ㉠~㉢에 들어갈 용어가 바르게 연결된 것은? (단, 시대구분은 나현성의 방식을 따름) 기출 18, 22

• (㉠) 이전은 무예를 중심으로 한 무사 체육 등의 (㉡) 체육을 강조하였다.
• (㉠) 이후는 「교육입국조서(敎育立國詔書)」를 통한 학교 교육에 기반을 둔 (㉢) 체육을 강조하였다.

	㉠	㉡	㉢
①	갑오경장(1894)	전 통	근 대
②	갑오경장(1894)	근 대	전 통
③	을사늑약(1905)	전 통	근 대
④	을사늑약(1905)	근 대	전 통

03 〈보기〉에서 설명하는 민속놀이는? 기출 16, 19, 22

- 사희(柶戲)라고도 불리었다.
- 부여의 사출도(四出道)라는 관직명에서 유래되었다.
- 남녀노소 누구나 즐길 수 있으며, 장소에 크게 구애받지 않은 놀이였다.

① 바 둑
② 장 기
③ 윷놀이
④ 주사위

04 화랑도에 관한 설명으로 옳지 않은 것은?
기출 15, 16, 17, 18, 20, 21, 22

① 진흥왕 때에 조직이 체계화되었다.
② 세속오계는 도의교육(道義敎育)의 핵심이었다.
③ 신체미 숭배 사상, 국가주의 사상, 불국토 사상이 중시되었다.
④ 서민층만을 대상으로 한 청소년단체로서 문무겸전(文武兼全)을 추구하였다.

05 〈보기〉에서 설명하는 신체활동은? 기출 16, 19, 22

- 가죽 주머니로 공을 만들어 발로 차는 놀이였다.
- 한 명, 두 명, 열 명 등 다양한 형식으로 실시되었다.
- 〈삼국사기(三國史記)〉와 〈삼국유사(三國遺事)〉에 따르면 김유신과 김춘추가 이 신체활동을 하였다.

① 석전(石戰)
② 축국(蹴鞠)
③ 각저(角抵)
④ 도판희(跳板戲)

06 〈보기〉에서 민속놀이와 주요 활동 계층이 바르게 연결된 것으로만 묶인 것은? 기출 18, 19, 20, 21, 22

㉠ 풍연(風鳶) - 귀족	㉡ 격구(擊毬) - 서민
㉢ 방응(放鷹) - 귀족	㉣ 추천(鞦韆) - 서민

① ㉠, ㉡
② ㉢, ㉣
③ ㉠, ㉣
④ ㉡, ㉢

07 고려시대 수박(手搏)에 관한 설명으로 옳지 않은 것은?
기출 16, 19, 22

① 관람형 무예 경기로 성행되었다.
② 응방도감(鷹坊都監)에서 관장하였다.
③ 무인 선발의 기준과 수단이 되었다.
④ 무예 수련과 군사훈련 등의 목적으로 활용되었다.

08 〈보기〉에서 조선시대의 훈련원에 관한 설명으로 옳은 것을 모두 고른 것은? 기출 18, 22

- ㉠ 성리학 교육을 담당하였다.
- ㉡ 활쏘기, 마상무예 등의 훈련을 실시하였다.
- ㉢ 무인 양성과 관련된 공식적인 교육기관이었다.
- ㉣ 〈무경칠서(武經七書)〉, 〈병장설(兵將說)〉 등의 병서 습득을 장려하였다.

① ㉠, ㉡
② ㉢, ㉣
③ ㉡, ㉢, ㉣
④ ㉠, ㉡, ㉢, ㉣

09 조선시대 궁술(弓術)에 관한 설명으로 옳지 않은 것은?
기출 16, 18, 19, 22

① 육예(六藝) 중 어(御)에 해당하였다.
② 무관 선발을 위한 무과 시험의 한 과목이었다.
③ 대사례(大射禮), 향사례(鄕射禮) 등으로 행해졌다.
④ 왕, 무관, 유학자 등 다양한 계층에서 실시하였다.

10 〈보기〉에서 설명하는 조선시대의 무예서는? 기출 16

- 24종류의 무예가 기록되어 있다.
- 정조의 명령하에 국가사업으로 간행되었다.
- 한국, 중국, 일본의 관련 문헌 145권이 참조되었다.

① 무예제보(武藝諸譜)
② 무예신보(武藝新譜)
③ 무예도보통지(武藝圖譜通志)
④ 무예제보번역속집(武藝諸譜翻譯續集)

11 〈보기〉에서 설명하는 개화기 민족사립학교는?
기출 16, 19, 21

- 1907년에 이승훈이 설립하였다.
- 대운동회를 매년 1회 실시하였다.
- 체육은 주로 군사훈련의 성격을 띠었다.

① 오산학교
② 대성학교
③ 원산학사
④ 숭실학교

12 개화기의 체육사적 사실에 관한 설명으로 옳은 것은?
기출 16, 17, 18, 19, 21, 22

① 동래무예학교는 문예반 50명, 무예반 200명을 선발하였다.
② 개화기 최초의 운동회는 일본인 학교에서 주관한 화류회(花柳會)였다.
③ 양반들이 주도하여 배재학당, 이화학당, 경신학당 등 미션스쿨을 설립하였다.
④ 고종은 「교육입국조서(教育立國詔書)」를 반포하고, 덕양, 체양, 지양을 강조하였다.

13 개화기의 체육단체에 관한 설명으로 옳은 것은?
기출 16, 18, 19, 22

① 청강체육부 – 탁지부 관리들이 친목 도모를 위해 1902년에 조직하였고, 최초로 연식정구를 도입하였다.
② 회동구락부 – 최성희, 신완식 등이 1910년에 조직하였고, 정례적으로 축구 시합을 하였다.
③ 무도기계체육부 – 우리나라 최초 기계체조 단체로서 이희두와 윤치오가 1908년에 조직하였다.
④ 대동체육구락부 – 체조 교사인 조원희, 김성집, 이기동 등이 주축이 되어 보성중학교에서 1909년에 조직하였고, 병식체조를 강조하였다.

14 일제강점기 체육에 관한 사실로 옳지 않은 것은?
기출 17, 20, 22

① 박승필은 1912년에 유각권구락부를 설립해 권투를 지도하였다.
② 조선체육협회는 1920년에 동아일보사 후원으로 설립되었다.
③ 서상천은 1926년에 일본체육회 체조학교를 졸업하고, 역도를 소개하였다.
④ 손기정은 1936년에 베를린올림픽경기대회 마라톤 종목에서 우승하였다.

15 〈보기〉에서 설명하는 단체는? `기출 16, 19, 22`

> • 외국인 선교사가 근대스포츠인 야구, 농구, 배구를 도입하였다.
> • 1916년에 실내체육관을 준공하여, 다양한 실내스포츠를 활성화하였다.

① 황성기독교청년회
② 대한체육구락부
③ 조선체육회
④ 조선체육협회

16 〈보기〉에서 박정희 정부 때 실시한 체력장 제도에 관한 설명으로 옳은 것을 모두 고른 것은? `기출 20, 21, 22`

> ㉠ 1971년부터 실시되었다.
> ㉡ 1973년부터는 대학입시에 체력장 평가가 포함되었다.
> ㉢ 국제체력검사표준화위원회에서 정한 기준과 종목을 대상으로 하였다.
> ㉣ 시행 종목에는 100m 달리기, 제자리멀리뛰기, 팔굽혀매달리기(여자), 턱걸이(남자), 윗몸일으키기, 던지기가 있었다.

① ㉠, ㉡
② ㉢, ㉣
③ ㉠, ㉡, ㉢
④ ㉠, ㉡, ㉢, ㉣

17 〈보기〉에서 설명하는 스포츠 경기 종목은? `기출 16, 18, 19, 20, 21, 22`

> • 1988년 제24회 서울올림픽경기대회에서 시범 종목으로 채택되었다.
> • 2000년 제27회 시드니올림픽경기대회에서 정식 종목으로 채택되었다.
> • 2007년에 정부는 이 종목을 진흥하기 위한 법률을 제정하였다.

① 유 도
② 복 싱
③ 태권도
④ 레슬링

18 1948년 제5회 동계올림픽경기대회에 관한 설명으로 옳지 않은 것은? `기출 16, 18, 19, 20, 21, 22`

① 개최지는 스위스 생모리츠였다.
② 제2차 세계대전을 일으킨 독일과 일본도 출전하였다.
③ 광복 이후 최초로 태극기를 단 선수단이 파견되었다.
④ 이효창, 문동성, 이종국 선수는 스피드스케이팅 종목에 출전하였다.

19 대한민국에서 개최된 하계아시아경기대회가 아닌 것은? `기출 17, 18, 19, 21`

① 1986년 제10회 서울아시아경기대회
② 2002년 제14회 부산아시아경기대회
③ 2014년 제17회 인천아시아경기대회
④ 2018년 제18회 평창아시아경기대회

20 1991년에 남한과 북한이 단일팀으로 탁구 종목에 참가한 국제경기대회는? `기출 17, 18, 19, 21`

① 제41회 지바세계선수권대회
② 제27회 시드니올림픽경기대회
③ 제28회 아테네올림픽경기대회
④ 제6회 포르투갈세계청소년선수권대회

01 ATP를 합성하는데 사용되는 에너지원이 아닌 것은? 기출 16, 17, 18, 19

① 근중성지방
② 비타민C
③ 글루코스
④ 젖 산

02 근수축에 필수적인 Ca^{2+} 이온을 저장, 분비하는 근육 세포 내 소기관은? 기출 15, 21, 22

① 근형질세망(Sarcoplasmic Reticulum)
② 위성세포(Satellite Cell)
③ 미토콘드리아(Mitochondria)
④ 근핵(Myonuclear)

03 운동 후 초과산소섭취량(EPOC)에 영향을 미치는 요인으로 적절하지 않은 것은? 기출 19

① 운동 중 증가한 체온
② 운동 중 증가한 젖산
③ 운동 중 증가한 호르몬(에피네프린, 노르에피네프린)
④ 운동 중 증가한 크레아틴인산(Phosphocreatine, PC)

04 수중 운동 시 체온유지를 위한 요인으로 옳지 않은 것은? 기출 16, 18, 19, 21

① 폐활량
② 체지방량
③ 운동 강도
④ 물의 온도

05 운동강도 증가에 따라 동원되는 근섬유 순서로 옳은 것은? 기출 16, 17, 18, 19, 21

① Type II a섬유 → Type II x섬유 → Type I 섬유
② Type II x섬유 → Type II a섬유 → Type I 섬유
③ Type I 섬유 → Type II a섬유 → Type II x섬유
④ Type I 섬유 → Type II x섬유 → Type II a섬유

06 장기간 규칙적 유산소 훈련의 결과로 최대 운동 시 나타나는 심폐기능의 적응으로 옳은 것을 모두 고른 것은? 기출 17, 20, 21

> ㉠ 최대산소섭취량 증가
> ㉡ 심장용적과 심근수축력 증가
> ㉢ 심박출량 증가

① ㉠, ㉡
② ㉠, ㉢
③ ㉡, ㉢
④ ㉠, ㉡, ㉢

07 항상성 유지를 위한 신체 조절 중 부적피드백(Negative Feedback)이 아닌 것은? 기출 16, 17, 18, 19, 22

① 세포외액의 CO_2 조절
② 체온 상승에 따른 땀 분비 증가
③ 혈당 유지를 위한 호르몬 조절
④ 출산 시 자궁 수축 활성화 증가

08 운동 중 1회 박출량(Stroke Volume) 증가 원인으로 옳지 않은 것은? 기출 16, 17, 18, 19, 22

① 대동맥압 증가에 따른 후부하(After Load) 증가
② 호흡펌프작용에 의한 정맥회귀(Venous Return) 증가
③ 골격근 수축에 의한 근육펌프작용 증가
④ 교감신경 자극에 의한 심근 수축력 증가

09 〈보기〉의 ㉠, ㉡에 들어갈 내용이 바르게 연결된 것은?

기출 19

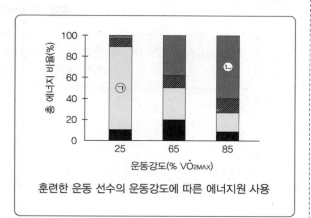

종에너지 비율(%)

운동강도(% V̇O₂MAX)

훈련한 운동 선수의 운동강도에 따른 에너지원 사용

	㉠	㉡
①	혈중 포도당	근중성지방
②	혈중유리지방산	근글리코겐
③	근글리코겐	혈중 포도당
④	근중성지방	혈중유리지방산

10 운동 중 소뇌의 기능에 대한 설명으로 옳은 것을 모두 고른 것은? 기출 15, 22

> ㉠ 골격근 운동 조절의 최종 단계 역할
> ㉡ 빠른 동작의 정확한 수행을 위한 통합 조절
> ㉢ 고유수용기로부터 유입되는 정보를 활용하여 동작 수정

① ㉠, ㉡
② ㉠, ㉢
③ ㉡, ㉢
④ ㉠, ㉡, ㉢

11 운동에 따른 환기량의 변화로 옳은 것을 모두 고른 것은?

기출 18, 21

> ㉠ 운동 시작 직전에는 운동 수행에 대한 기대감으로 환기량이 증가할 수 있다.
> ㉡ 운동 초기 환기량 변화의 주된 요인은 경동맥에 위치한 화학수용기 반응이다.
> ㉢ 운동 강도가 증가하면 1회 호흡량은 감소하고 호흡수는 현저히 증가한다.
> ㉣ 회복기 환기량은 운동 중 생성된 체내 수소이온 및 이산화탄소 농도와 관련 있다.

① ㉠, ㉡
② ㉠, ㉢
③ ㉠, ㉣
④ ㉡, ㉢, ㉣

12 〈보기〉의 ㉠, ㉡에 들어갈 내용이 바르게 연결된 것은?

기출 17, 22

1개의 포도당 분해에 따른 유산소성 ATP 생성		
대사적 과정	고에너지 생산	ATP 누계
해당작용	2 ATP	2
	2 NADH	7
피루브산에서 아세틸조효소 A 까지	2 NADH	12
㉠	2 ATP	14
	6 NADH	29
	2 FADH₂	㉡
합 계		㉡ ATP

	㉠	㉡
①	크랩스회로	32
②	β 산화	32
③	크랩스회로	35
④	β 산화	35

13 체중이 80kg인 사람이 10METs로 10분간 달리기 했을 때 소비칼로리는? (단, 1MET = 3.5㎖ · kg⁻¹ · min⁻¹, O₂ 1L 당 5Kcal 생성)

① 130Kcal

② 140Kcal

③ 150Kcal

④ 160Kcal

14 〈보기〉는 신경 세포의 안정 시 막전위에 영향을 주는 Na⁺과 K⁺에 대한 그림이다. ㈀~㈃에 들어갈 내용이 바르게 연결된 것은? 기출 17, 18, 21

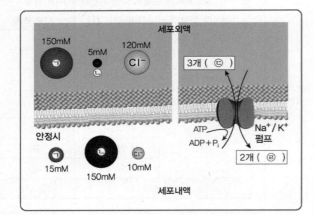

	㈀	㈁	㈂	㈃
①	K⁺	Na⁺	Na⁺	K⁺
②	Na⁺	K⁺	Na⁺	K⁺
③	K⁺	Na⁺	K⁺	Na⁺
④	Na⁺	K⁺	K⁺	Na⁺

15 〈보기〉의 최대산소섭취량 공식에서 장기간 지구성 훈련에 의해 증가되는 요소를 모두 고른 것은? 기출 16, 17, 18, 19, 22

> 최대산소섭취량 = ㈀ 최대1회박출량 × ㈁ 최대심박수 × ㈂ 최대동정맥산소차

① ㈀

② ㈀, ㈁

③ ㈀, ㈂

④ ㈁, ㈂

16 〈보기〉의 내용이 모두 증가되었을 때 향상되는 건강체력 요소는? 기출 16, 19, 22

> • 모세혈관의 밀도
> • 미토콘드리아의 수와 크기
> • 동정맥 산소차(Arterial-venous Oxygen Difference)

① 유연성

② 순발력

③ 심폐지구력

④ 근 력

17 1시간 이내의 중강도 운동 시 시간 경과에 따라 혈중 농도가 점차 감소하는 호르몬은? 기출 16, 17, 18, 19

① 에피네프린(Epinephrine)

② 인슐린(Insulin)

③ 성장호르몬(Growth Hormone)

④ 코르티솔(Cortisol)

18 〈보기〉에서 설명하는 고유수용기는?

> • 감각 및 운동신경의 말단이 연결되어 있다.
> • 감마운동뉴런을 통해 조절된다.
> • 근육의 길이 정보를 중추신경계로 보낸다.

① 근방추(Muscle Spindle)
② 골지건기관(Golgi Tendon Organ)
③ 자유신경종말(Free Nerve Ending)
④ 파치니안 소체(Pacinian Corpuscle)

19 근력 결정요인으로 옳지 않은 것은?

① 근육 횡단면적
② 근절의 적정 길이
③ 근섬유 구성비
④ 근섬유막 두께

20 상완이두근의 움직임에 대한 근육 수축 형태로 옳지 않은 것은? 기출 18, 20, 21, 22

① 자세를 유지할 때 – 등척성 수축
② 턱걸이 올라갈 때 – 단축성 수축
③ 턱걸이 내려갈 때 – 신장성 수축
④ 공을 던질 때 – 등속성 수축

---

06 운동역학

01 운동역학(Sports Biomechanics)의 내용으로 적절한 것은? 기출 15, 16, 17, 18, 19, 21, 22

① 스포츠 현상을 사회학적 연구 이론과 방법으로 설명하는 학문이다.
② 운동에 의한 생리적·기능적 변화를 기술하고 설명하는 학문이다.
③ 스포츠 수행에 영향을 주는 심리적 요인을 설명하는 학문이다.
④ 스포츠 상황에서 인체에 발생하는 힘과 그 효과를 설명하는 학문이다.

02 근육의 신장(원심)성 수축(Eccentric Contraction)이 아닌 것은? 기출 19, 21

① 스쿼트의 다리를 굽히는 동작에서 큰볼기근(대둔근, Gluteus Maximus)의 수축
② 팔굽혀펴기의 팔을 펴는 동작에서 위팔세갈래근(상완삼두근, Triceps Brachii)의 수축
③ 턱걸이의 팔을 펴는 동작에서 넓은등근(광배근, Latissimus Dorsi)의 수축
④ 윗몸일으키기의 뒤로 몸통을 펴는 동작에서 배곧은근(복직근, Rectus Abdominis)의 수축

03 단위 시간당 이동한 변위(Displacement)를 나타내는 벡터량은? 기출 16, 18, 22

① 속도(Velocity)
② 거리(Distance)
③ 가속도(Acceleration)
④ 각속도(Angular Velocity)

04 지면반력기(Force Plate)를 통해 얻을 수 있는 변인이 아닌 것은? 기출 16, 17, 18, 20, 21, 22

① 걷기 동작에서 디딤발에 가해지는 힘의 방향
② 외발서기 동작에서 디딤발 압력중심(Center of Pressure)의 이동거리
③ 서전트 점프 동작에서 발로 지면에 힘을 가한 시간
④ 달리기 동작의 체공기(Non-supporting Phase)에서 발에 작용하는 힘의 크기

05 인체의 시상(전후)면(Sagittal Plane)에서 수행되는 움직임이 아닌 것은? 기출 16, 18, 19, 21

① 인체의 수직축(종축)을 중심으로 회전하는 피겨스케이팅 선수의 몸통분절 움직임
② 페달링하는 사이클 선수의 무릎관절 굴곡/신전 움직임
③ 100m 달리기를 하는 육상 선수의 발목관절 저측/배측굴곡 움직임
④ 앞구르기를 하는 체조 선수의 몸통분절 움직임

06 〈보기〉에서 복합운동(General Motion)에 해당하는 것을 모두 고른 것은?

> ㉠ 커브볼로 던져진 야구공의 움직임
> ㉡ 페달링하면서 직선구간을 질주하는 사이클 선수의 대퇴(넙다리) 분절 움직임
> ㉢ 공중회전하면서 낙하하는 다이빙 선수의 몸통 움직임

① ㉠
② ㉠, ㉢
③ ㉡, ㉢
④ ㉠, ㉡, ㉢

07 인체 무게중심에 대한 설명으로 옳은 것은? (단, 공기저항은 무시함) 기출 15, 16, 17, 19, 20, 21, 22

① 무게중심은 항상 신체 내부에 위치한다.
② 체조 선수는 공중회전하는 동안 무게중심을 지나는 축을 중심으로 회전하게 된다.
③ 지면에 선 상태로 팔을 위로 올리면 무게중심은 아래로 이동한다.
④ 서전트 점프 이지(Take-off) 후, 공중에서 팔을 위로 올리면 무게중심은 위로 이동한다.

08 농구 자유투에서 투사된 농구공의 운동에 대한 설명으로 옳은 것은? (단, 공기저항은 무시함)

① 농구공 질량중심의 수직속도는 일정하다.
② 최고점에서 농구공 질량중심의 수평속도는 0m/s가 된다.
③ 최고점에서 농구공 질량중심은 수평방향으로 등속도 운동을 한다.
④ 최고점에서 농구공 질량중심은 수직방향으로 등속도 운동을 한다.

09 〈그림〉과 같이 공이 지면(수평고정면)에 충돌하는 상황에 관한 설명으로 옳은 것은? (단, 공의 충돌 전 수평속도 및 수직속도는 같음) 기출 20, 22

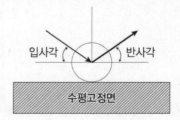

① 충돌 후, 무회전에 비해 백스핀된 공의 수평속도가 크다.
② 충돌 후, 무회전에 비해 톱스핀된 공의 수직속도가 크다.
③ 충돌 후, 무회전에 비해 톱스핀된 공의 반사각이 크다.
④ 충돌 후, 무회전된 공과 백스핀된 공의 리바운드 높이는 같다.

10 〈그림〉에서 달리기 선수의 질량은 60kg이며 오른발 착지 시 무게중심의 수평속도는 2m/s이다. A와 B의 면적이 각각 80N·s와 20N·s일 때, 오른발 이지(Take-off) 순간 무게중심의 수평속도는?

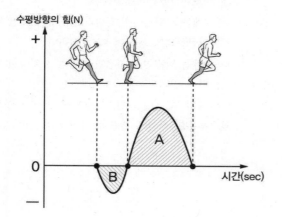

① 3m/s
② 4m/s
③ 5m/s
④ 6m/s

11 〈보기〉의 ㉠, ㉡에 들어갈 용어가 바르게 연결한 것은? 기출 18, 21, 22

> 농구선수는 양손 체스트패스 캐치 동작에서 공을 몸쪽으로 당겨 받는다. 그 과정에서 공을 받는 (㉠)은 늘리고 (㉡)은 줄일 수 있다.

	㉠	㉡
①	시 간	충격력(Impact Force)
②	충격력	시 간
③	충격량(Impulse)	시 간
④	충격력	충격량

12 역학적 일(Work)을 하지 않은 것은? 기출 17, 18, 19, 22

① 역도 선수가 바닥에 있던 100kg의 바벨을 1m 높이로 들어 올렸다.
② 레슬링 선수가 상대방을 굴려서 1m 옆으로 이동시켰다.
③ 체조 선수가 철봉에 매달려 10초 동안 정지해 있었다.
④ 육상 선수가 달려서 100m를 이동했다.

13 마그누스 효과(Magnus Effect)에 관한 내용이 아닌 것은? 기출 18, 21, 22

① 레인에서 회전하는 볼링공의 경로가 휘어지는 현상
② 커브볼로 투구된 야구공의 경로가 휘어지는 현상
③ 사이드스핀이 가해진 탁구공의 경로가 휘어지는 현상
④ 회전(탑스핀)이 걸린 테니스공이 아래로 빠르게 떨어지는 현상

14 스키점프 동작의 역학적 에너지에 대한 설명으로 옳지 않은 것은? (단, 공기저항은 무시함) 기출 16, 17, 18, 20, 21

① 운동에너지는 지면 착지 직전에 가장 크다.
② 위치에너지는 수직 최고점에서 가장 크다.
③ 운동에너지는 스키점프대 이륙 직후부터 지면 착지 직전까지 동일하다.
④ 역학적 에너지는 스키점프대 이륙 직후부터 지면 착지 직전까지 보존된다.

15 〈보기〉의 그림에 제시된 덤벨 컬(Dumbbell Curl) 운동에서 팔꿈치관절 각도(θ)와 팔꿈치관절에 발생되는 회전력(Torque)의 관계를 옳게 나타낸 그래프는? (단, 덤벨 컬 운동은 등각속도 운동임)

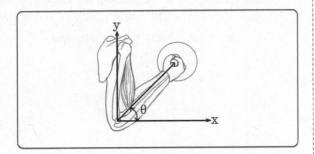

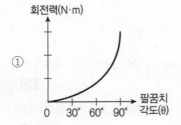

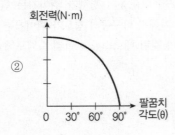

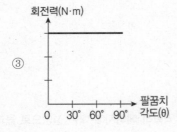

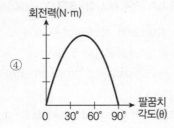

16 인체 지레에 대한 설명 중 옳은 것은?

기출 15, 17, 18, 19, 20, 21, 22

① 지레에서 저항팔이 힘팔보다 긴 경우에는 힘에 있어서 이득이 있다.
② 1종지레는 저항점이 받침점과 힘점 사이에 있는 형태로, 팔굽혀펴기 동작이 이에 속한다.
③ 2종지레는 받침점이 힘점과 저항점 사이에 있는 형태로, 힘에 있어서 이득이 있다.
④ 3종지레는 힘점이 받침점과 저항점 사이에 있는 형태로, 운동의 범위와 속도에 있어서 이득이 있다.

17 〈보기〉의 ㉠~㉣에 들어갈 내용을 바르게 연결한 것은?

기출 16, 18, 19, 21, 22

다이빙 선수의 공중회전 동작에서는 다이빙 플랫폼 이지(Take-off) 직후에 다리와 팔을 회전축 가까이 위치시켜 관성모멘트를 (㉠)시킴으로써 각속도를 (㉡)시켜야 한다. 입수 동작에서는 팔과 다리를 최대한 펴서 관성모멘트를 (㉢)시킴으로써 각속도를 (㉣)시켜야 한다.

	㉠	㉡	㉢	㉣
①	증가	감소	증가	감소
②	감소	증가	증가	감소
③	감소	감소	증가	증가
④	증가	증가	감소	감소

18 30m/s의 수평투사속도로 야구공을 던질 때, 야구공의 체공시간이 2초라면 투사거리는? (단, 공기저항은 무시함)

① 15m
② 30m
③ 60m
④ 90m

19 일률(Power)의 단위가 아닌 것은? 기출 17, 18, 21

① N·m/s

② kg·m/s^2

③ Joule/s

④ Watt

07 스포츠윤리

01 스포츠맨십(Sportsmanship) 행위가 아닌 것은?
기출 15, 16, 17, 18, 19, 21, 22

① 패자에게 승리의 우월성 과시

② 악의 없는 순수한 경쟁

③ 패배에 대한 겸허한 수용

④ 승자에 대한 아낌없는 박수

02 〈보기〉에서 스포츠에 관한 결과론적 윤리관에 해당하는 것으로만 고른 것은? 기출 16, 17, 18, 19, 20, 22

> ㉠ 경기에서 지더라도 경기규칙은 반드시 준수해야 한다.
> ㉡ 개인의 최우수선수상 수상보다 팀의 우승이 더 중요하다.
> ㉢ 운동선수는 훈련과정보다 경기에서 승리하는 것이 더 중요하다.
> ㉣ 스포츠 경기는 페어플레이를 중시하기 때문에 승리를 위한 불공정한 행위를 해서는 안 된다.

① ㉠, ㉢   ② ㉠, ㉣

③ ㉡, ㉢   ④ ㉢, ㉣

20 〈보기〉의 ㉠~㉢에 들어갈 내용을 바르게 연결한 것은?
기출 15, 16, 17, 18, 19, 20, 21, 22

> 신체의 정적 안정성을 높이기 위해서는 기저면(Base of Support)을 (㉠), 무게중심을 (㉡), 수직 무게중심선을 기저면의 중앙과 (㉢) 위치시키는 것이 효과적이다.

	㉠	㉡	㉢
①	좁히고	높이고	가깝게
②	좁히고	높이고	멀 게
③	넓히고	낮추고	가깝게
④	넓히고	낮추고	멀 게

03 스포츠에서 나타나는 인종차별에 관한 설명으로 적절하지 않은 것은? 기출 15, 18, 19, 20, 21, 22

① 경기실적 향상을 위해 우수한 외국 선수를 귀화시키기도 한다.

② 개인의 운동기량을 인종 전체로 일반화시켜 편견과 차별이 심화되기도 한다.

③ 스포츠미디어는 인종에 대한 편견과 차별을 재생산하기도 한다.

④ 일부 관중들은 노골적으로 특정 인종을 비하하는 모욕 행위를 표출하기도 한다.

04 스포츠윤리 이론 중 덕윤리의 특징으로 적절하지 않은 것은?
기출 17, 18, 22

① 스포츠 상황에서의 행위의 정당성보다 개인의 인성을 강조한다.
② 비윤리적 행위는 궁극적으로 스포츠인의 올바르지 못한 품성에서 비롯된다.
③ '어떠한 행위를 하는 선수가 되어야 하는가' 보다 '무엇이 올바른 행위인지'를 판단하는 데 더 주목한다.
④ 스포츠인의 미덕을 드러내는 행동은 옳은 것이며, 악덕을 드러내는 행동은 그릇된 것으로 간주한다.

05 〈보기〉에서 **스포츠윤리의 역할**로 적절한 것으로만 고른 것은? 기출 15, 19, 20, 21

> ㉠ 스포츠 상황에서 행동의 옳고 그름을 판단할 수 있는 원리 탐구
> ㉡ 스포츠 현상을 사실적으로 기술하는 방법 탐구
> ㉢ 스포츠 현상의 미학적 탐구
> ㉣ 윤리적 원리와 도덕적 덕목에 기초하여 스포츠인에게 요구되는 행위 탐구

① ㉠, ㉡   ② ㉠, ㉣
③ ㉡, ㉢   ④ ㉡, ㉣

06 〈보기〉의 괄호 안에 공통으로 들어갈 용어는?
기출 16, 17, 18, 19, 20, 21

> • 칸트(I. Kant)에게 도덕성의 기준은 (   )이다.
> • 칸트에 의하면, 페어플레이도 (   )이/가 없으면 도덕적이라 볼 수 없다.
> • (   )은/는 도덕적인 선수가 갖추어야 할 내적인 태도이자 도덕적 행위의 필요충분 조건이다.

① 행 복   ② 선의지
③ 가언명령   ④ 실 천

07 〈보기〉에서 스포츠 선수의 유전자 도핑을 반대해야 하는 이유로 적절한 것을 모두 고른 것은? 기출 16, 17, 18, 19

> ㉠ 선수의 신체를 실험 대상화하여 기계나 물질로 이해하도록 만들기 때문
> ㉡ 유전자조작 인간과 자연적 인간 사이에 갈등을 초래하기 때문
> ㉢ 생명체로서 인간의 본질을 훼손하고 존엄성을 부정하기 때문
> ㉣ 선수를 우생학적 개량의 대상으로 만들기 때문

① ㉠, ㉢
② ㉡, ㉢
③ ㉠, ㉡, ㉣
④ ㉠, ㉡, ㉢, ㉣

08 〈보기〉의 괄호 안에 들어갈 정의(Justice)의 유형은?
기출 17, 18, 20, 21, 22

> 운동선수의 신체는 훈련으로 만들어지기도 하지만 유전적 요인으로 결정되는 경우가 많다. 농구와 배구선수의 키는 타고난 우연성에 해당한다. 일반적으로 스포츠 경기에서는 이러한 불평등 문제에 (   ) 정의를 적용하지 않는다. 왜냐하면 스포츠는 전적으로 개인의 자발적인 선택의 문제이기 때문이다.

① 자연적   ② 절차적
③ 분배적   ④ 평균적

09 〈보기〉에서 A선수의 판단 근거가 되는 윤리이론의 난점에 관한 설명으로 적절한 것은? 기출 16, 17, 18, 19, 20, 22

> 농구경기 4쿼터 종료 3분 전, 감독에게 의도적 파울을 지시받은 A선수는 의도적 파울이 팀 승리에 기여할 수 있지만, 상대 선수에게 위협을 가하거나 자칫 부상을 입힐 수 있기 때문에 도덕적으로 옳지 않다고 판단했다.

① 사회 전체의 이익을 고려하지 않는 경우가 발생한다.
② 상식적이고 보편적인 도덕직관과 충돌하는 판단을 내릴 수 있다.
③ 행위의 결과를 즉각 산출하기 어려울 경우에 명료한 지침을 제시하지 못할 수 있다.
④ 도덕을 수단적으로 인식한다는 점에서 근본적인 도덕 개념들과 양립하기 어렵다.

10 〈보기〉의 괄호 안에 공통으로 들어갈 용어는?

기출 18, 20, 21, 22

> 예진 : 스포츠에는 규칙으로 통제된 (   )이 존재해. 대표적으로 복싱과 태권도와 같은 투기종목은 최소한의 안전장치가 마련되고, 그 속에서 힘의 우열이 가려지는 것이지. 따라서 스포츠 내에서 폭력은 용인된 폭력과 그렇지 않은 폭력으로 구분할 수 있어!
> 승현 : 아니, 내 생각은 달라! 스포츠 내에서의 폭력과 일상생활에서의 폭력은 본질적으로 동일하지. 그래서 (   )은 존재할 수 없어.

① 합법적 폭력
② 부당한 폭력
③ 비목적적 폭력
④ 반사회적 폭력

11 〈보기〉에서 국제수영연맹(FINA)이 기술도핑을 금지한 이유는? 기출 16, 17, 18, 19

> 2008년 베이징올림픽 수영종목에서는 25개의 세계신기록이 쏟아져 나왔다. 주목할만한 것이 23개의 세계신기록이 소위 최첨단 수영복이라 불리는 엘지알 레이서(LZR Racer)를 착용한 선수들에 의해 수립되었다는 것이다. 그러나 이 같은 수영복을 하나의 기술도핑으로 간주한 국제수영연맹은 2010년부터 최첨단 수영복의 착용을 금지하였다.

① 효율성 추구
② 유희성 추구
③ 공정성 추구
④ 도전성 추구

12 〈보기〉에서 나타난 현준과 수연의 공정시합에 관한 관점이 바르게 연결된 것은? 기출 18

> 현준 : 승부조작은 경쟁적 스포츠의 본래적 가치를 훼손시키는 행위지만, 경기규칙을 위반하지 않았다면 윤리적으로 문제없는 것이 아닌가?
> 수연 : 나는 경기규칙을 위반하지 않았다 하더라도, 스포츠의 역사적·사회적 보편성과 정당성 속에서 형성되고 공유된 에토스(Shared Ethos)에 충실해야 한다고 생각해! 그래서 스포츠의 가치를 근본적으로 훼손시키는 승부조작은 추구해서도, 용인되어서도 절대 안 돼!

	현준	수연
①	물질만능주의	인간중심주의
②	형식주의	비형식주의
③	비형식주의	형식주의
④	인간중심주의	물질만능주의

13 〈보기〉의 ㉠, ㉡과 관련된 맹자(孟子)의 사상이 바르게 연결된 것은? 기출 19

> ㉠ 농구 경기에서 자신과 부딪쳐서 부상을 당해 병원으로 이송되는 상대 선수를 걱정해 주는 마음
> ㉡ 배구 경기에서 자신의 손에 맞고 터치 아웃된 공을 심판이 보지 못해서 자기 팀이 득점을 했을 때 스스로 부끄러워하는 마음

	㉠	㉡
①	수오지심(羞惡之心)	측은지심(惻隱之心)
②	측은지심(惻隱之心)	수오지심(羞惡之心)
③	사양지심(辭讓之心)	시비지심(是非之心)
④	측은지심(惻隱之心)	사양지심(辭讓之心)

14 장애인의 스포츠 참여를 지원하는 방법으로 적절하지 않은 것은? 기출 16, 17, 18, 20, 21

① 장애인이 접근 가능한 장소의 확보
② 활동에 필요한 장비 및 기구의 안정적 지원
③ 비장애인과의 통합수업보다 분리수업 지향
④ 일회성 체험이 아닌 지속적인 클럽활동 보장

15 스포츠의 지속 가능한 발전에 관한 설명으로 적절하지 않은 것은? 기출 16

① 새로운 스포츠 시설의 개발 금지
② 스포츠 시설의 개발과 자연환경의 공존
③ 건강한 인간과 건강한 자연환경의 공존
④ 스포츠만의 환경 운동이 아닌 국가적, 국제적 협력과 공조

16 〈그림〉은 스포츠윤리규범의 구조이다. ㉠~㉢에 해당하는 용어가 바르게 연결된 것은? 기출 15, 16, 17, 18, 19, 21, 22

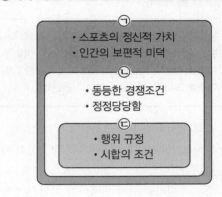

	㉠	㉡	㉢
①	규칙준수	스포츠맨십	페어플레이
②	스포츠맨십	페어플레이	규칙준수
③	페어플레이	규칙준수	스포츠맨십
④	스포츠맨십	규칙준수	페어플레이

17 국민체육진흥법(시행 2022.8.11.) 제18조의3 '스포츠윤리센터의 설립'에 관한 사항으로 옳지 않은 것은? 기출 21, 22

① 스포츠윤리센터는 문화체육관광부 장관이 감독한다.
② 스포츠윤리센터의 정관에 기재할 사항은 국무총리령으로 정한다.
③ 스포츠윤리센터가 아닌 자는 스포츠윤리센터 또는 이와 비슷한 명칭을 사용하지 못한다.
④ 스포츠윤리센터의 장은 문화체육관광부 장관의 승인을 받아 관계 행정기관 소속 임직원의 파견 또는 지원을 요청할 수 있다.

18 〈보기〉에서 국제육상경기연맹(IFFA)이 출전금지를 판단한 이유는?

> 2011년 대구세계육상선수권대회에서 남아프리카공화국의 의족 스프린터 피스토리우스(O. Pistorius)는 비장애인육상경기에 참가 신청을 했으나, 국제육상경기연맹은 경기에 사용되는 의족의 탄성이 피스토리우스에게 유리하다는 이유로 출전을 허용하지 않았다고 한다.

① 인종적 불공정
② 성(性)적 불공정
③ 기술적 불공정
④ 계급적 불공정

19 스포츠에서 나타나는 성차별의 원인이 아닌 것은?
기출 16, 17

① 사회적 성 역할의 고착화
② 차이를 차별로 정당화하는 논리
③ 신체구조와 운동능력에 대한 편견
④ 여성성을 해치는 스포츠에의 여성 참가 옹호

20 스포츠에서 심판윤리에 관한 설명으로 옳지 않은 것은?
기출 17, 18, 19

① 심판의 사회윤리는 협회나 종목단체의 도덕성과 밀접한 관련이 있다.
② 심판은 공정하고 엄격한 도덕적 원칙을 적용해야 한다.
③ 심판의 개인윤리는 청렴성, 투명성 등의 인격적 도덕성을 의미한다.
④ 심판은 '이익동등 고려의 원칙'에 따라 전력이 약한 팀에게 유리한 판정을 할 수 있다.

01 스포츠사회학

01 〈보기〉에서 스포츠의 사회적 기능을 설명한 파슨즈(T. Parsons) AGIL모형의 구성요소로 옳은 것은? 기출 21

- 스포츠는 사회구성원에게 현실에 적합한 사고, 감정, 행동 양식 등을 학습할 수 있는 장을 마련해준다.
- 스포츠는 개인의 체력 및 건강증진을 도모하여 효율적으로 사회활동에 참여할 수 있게 한다.

① 적 응   ② 목표성취
③ 사회통합   ④ 체제유지 및 관리

02 에티즌(D. Eitzen)과 세이지(G. Sage)가 제시한 스포츠의 정치적 속성으로 옳지 않은 것은? 기출 20, 21, 23

① 보수성   ② 대표성
③ 권력투쟁   ④ 상호배타성

03 〈보기〉에서 설명하는 사회학습이론의 구성요소로 옳은 것은? 기출 17, 19, 21

상과 벌은 행동의 학습과 수행에 긍정적 · 부정적 영향을 미친다. 스포츠 현장에서 스포츠에 내재된 가치, 태도, 규범에 그릇된 행위는 벌을 통해 중단되거나 회피된다.

① 강 화   ② 코 칭
③ 관찰학습   ④ 역할학습

04 〈보기〉에 해당하는 스포츠사회화 과정이 연결된 것으로 옳은 것은? 기출 15, 18, 19, 20, 21

- ㉠ – 손목수술 후유증으로 인해 골프선수를 그만두게 되었다.
- ㉡ – 골프의 매력에 빠져 골프선수가 되어 사회성, 체력, 준법정신이 함양되었다.
- ㉢ – 아빠와 함께 골프연습장에 자주 가면서 골프를 배우게 되었다.
- ㉣ – 골프선수 은퇴 후 골프아카데미 원장으로 부임하면서 골프꿈나무를 양성하게 되었다.

	㉠	㉡	㉢	㉣
①	스포츠로의 재사회화	스포츠를 통한 사회화	스포츠로의 사회화	스포츠 탈사회화
②	스포츠로의 재사회화	스포츠로의 사회화	스포츠를 통한 사회화	스포츠 탈사회화
③	스포츠 탈사회화	스포츠를 통한 사회화	스포츠로의 사회화	스포츠로의 재사회화
④	스포츠 탈사회화	스포츠로의 사회화	스포츠를 통한 사회화	스포츠로의 재사회화

05 학원엘리트스포츠를 지지하는 입장으로 옳지 않은 것은?

① 애교심을 강화시킬 수 있다.

② 학교의 자원 및 교육시설을 독점할 수 있다.

③ 지위 창출의 수단, 사회이동의 기제로 작용할 수 있다.

④ 사회에서 요구되는 책임감, 성취감, 적응력 등을 배양시킬 수 있다.

06 〈보기〉의 내용과 관련이 깊은 사회학 이론으로 옳은 것은? 기출 20, 21, 23

> • 미시적 관점의 이론이다.
> • 인간은 사회제도나 규칙에 대해 능동적으로 사고하고 의미를 부여하며 행동한다.
> • 스포츠 팀의 주장은 리더십이 필요하기 때문에 점차 그 역할에 맞는 리더십을 발휘한다.

① 갈등이론

② 교환이론

③ 상징적 상호작용론

④ 기능주의이론

07 정치의 스포츠 이용 방법에 관한 설명으로 옳은 것은? 기출 15, 18, 19, 20, 23

① 태권도를 보면 대한민국 국기(國技)라는 동일화가 일어난다.

② 정부의 3S(Sports, Screen, Sex) 정책은 스포츠를 이용하는 상징의 대표적인 방법이다.

③ 스포츠 이벤트에서 국가 연주, 선수 복장, 국기에 대한 의례 등은 상징의식에 해당한다.

④ 올림픽에서 금메달 수상 장면을 보면서 내가 획득한 것처럼 눈물을 흘리는 것은 상징화에 해당한다.

08 〈보기〉에서 설명하는 투민(M. Tumin)의 스포츠계층 형성 과정으로 옳은 것은? 기출 18, 20, 21

> • 스포츠 종목에서 요구되는 우수한 운동수행능력을 갖추어야 한다.
> • 뛰어난 경기력뿐만 아니라 탁월한 개인적 특성을 갖추어야 한다.
> • 스포츠 팀 구성원으로 자신의 능력이 팀 승리에 미치는 영향력이 커야 한다.

① 평 가

② 지위의 분화

③ 보수부여

④ 지위의 서열화

09 〈보기〉의 내용과 관련 있는 용어로 옳은 것은?

> • 로버트슨(R. Roberston)이 제시한 용어이다.
> • LA 다저스팀이 박찬호 선수를 영입하여 좋은 경기력을 펼치면서 메이저리그 경기가 한국에서 인기가 높아졌다.
> • 맨체스터 유나이티드팀이 박지성 선수를 영입하면서 프리미어리그 경기가 한국에서 인기가 높아졌다.

① 세방화(Glocalization)

② 스포츠화(Sportization)

③ 미국화(Americanization)

④ 세계표준화(Global Standardization)

10 국제사회에서 발생한 스포츠 사건에 관한 설명으로 옳은 것은? `기출 17, 23`

① 남아프리카공화국은　아파르트헤이트(Apartheid)로 인해 국제대회 참여가 거부되었다.
② 구소련의 아프가니스탄 침공을 이유로 1984년 LA올림픽경기대회에 많은 자유 진영 국가가 불참하였다.
③ 2018년 평창동계올림픽경기대회에서 메달 획득을 위해 여자아이스하키 남북 단일팀이 결성되었다.
④ 1936년 베를린올림픽경기대회에서 검은구월단 무장단체가 선수촌에 침입하여 이스라엘 선수를 살해하였다.

11 머튼(R. Merton)의 아노미(Anomie) 이론에 대한 설명 중 ㉠~㉢에 해당하는 적응유형으로 옳은 것은? `기출 18, 21`

> • 도피주의 – 스포츠에 내재된 비인간성, 승리지상주의, 상업주의, 학업 결손 등에 염증을 느껴 스포츠 참가 포기
> • (㉠) – 승패에 집착하지 않고 참가에 의의를 두는 것, 결과보다는 경기 내용 중시
> • (㉡) – 불법 스카우트, 금지 약물 복용, 경기장 폭력, 승부조작 등
> • (㉢) – 전략적 시간 끌기 작전, 경기규칙이 허용하는 범위 내에서의 파울 행위 등

	㉠	㉡	㉢
①	혁신주의	동조주의	의례주의
②	의례주의	혁신주의	동조주의
③	의례주의	동조주의	혁신주의
④	혁신주의	의례주의	동조주의

12 〈보기〉의 내용을 기든스(A, Giddens)의 사회계층 이동 준거와 유형으로 연결한 것 중 옳은 것은? `기출 15, 19, 20`

> • K는 가난한 가정에서 태어나 끊임없는 훈련을 통해 축구 월드스타가 되었다.
> • 월드스타가 되고 난 후, 축구장학재단을 만들어 개발도상국에 축구학교를 설립하여 후진양성에 큰 역할을 하고 있다.

	이동 주체	이동 방향	시간적 거리
①	개 인	수직이동	세대내이동
②	개 인	수평이동	세대간이동
③	집 단	수직이동	세대간이동
④	집 단	수평이동	세대내이동

13 〈보기〉에서 설명하는 스포츠 미디어 이론으로 옳은 것은? `기출 19, 21, 23`

> 대중들은 능동적 수용자로서 특수한 심리적 욕구를 만족시키기 위해 매스미디어를 적극 이용한다. 이에 미디어 수용자는 인지적, 정의적, 도피적, 통합적 욕구를 충족시키기 위해 스포츠를 주제로 다루는 매스미디어를 이용한다.

① 사회범주 이론
② 개인차 이론
③ 사회관계 이론
④ 문화규범 이론

14 〈보기〉에서 코클리(J. Coakley)가 제시한 상업주의와 관련된 스포츠 규칙 변화의 충족 조건으로 옳은 것을 모두 고른 것은? 기출 15, 17, 18, 19, 21, 23

> ㉠ 경기의 속도감 향상   ㉡ 관중의 흥미 극대화
> ㉢ 득점 방법의 단일화   ㉣ 상업적인 광고 시간 할애

① ㉠, ㉡
② ㉢, ㉣
③ ㉠, ㉡, ㉢
④ ㉠, ㉡, ㉣

15 〈보기〉에서 설명하는 프로스포츠의 제도로 옳은 것은? 기출 19, 23

> • 프로스포츠리그의 신인선수 선발 방식 중 하나이다.
> • 신인선수 쟁탈에 따른 폐단을 막기 위해 도입되었다.
> • 계약금 인상 경쟁을 막기 위한 방법으로 고안되었다.

① FA(Free Agent)
② 샐러리 캡(Salary Cap)
③ 드래프트(Draft)
④ 최저연봉(Minimum Salary)

16 〈보기〉에서 대중매체가 스포츠에 미치는 영향으로 옳은 것을 모두 고른 것은? 기출 15, 16, 17, 18, 19, 20, 23

> ㉠ 대중매체의 기술이 발전한다.
> ㉡ 스포츠 인구가 증가한다.
> ㉢ 새로운 스포츠 종목이 창출된다.
> ㉣ 미디어 콘텐츠를 제공한다.
> ㉤ 경기규칙과 경기일정이 변경된다.
> ㉥ 스포츠 용구가 변화한다.

① ㉠, ㉡, ㉢
② ㉠, ㉢, ㉣
③ ㉡, ㉢, ㉣, ㉤
④ ㉡, ㉢, ㉤, ㉥

17 스포츠의 교육적 순기능 중 사회선도 기능으로 옳지 않은 것은? 기출 15, 17, 20, 23

① 여권신장
② 학교 내 통합
③ 평생체육과의 연계
④ 장애인의 삶의 질 향상

18 다음 ㉠~㉣에서 코클리(J. Coakley)가 제시한 일탈적 과잉동조를 유발하는 스포츠 윤리규범의 유형과 특징으로 옳은 것을 모두 고른 것은? 기출 19, 21, 23

구 분	유 형	특 징
㉠	구분짓기 규범	다른 선수와 구별되기 위해 탁월성을 추구해야 한다.
㉡	인내규범	위험을 받아들이고 고통 속에서도 경기에 참여해야 한다.
㉢	몰입규범	경기에 헌신해야 하며 이를 그들의 삶에서 우선순위에 두어야 한다.
㉣	도전규범	스포츠에서 성공을 위해 장애를 극복하고 역경을 헤쳐 나가야 한다.

① ㉠, ㉡
② ㉡, ㉢
③ ㉠, ㉢, ㉣
④ ㉠, ㉡, ㉢, ㉣

19 맥루한(M. McLuhan)의 매체이론에 관한 설명으로 옳지 않은 것은? 기출 15, 16, 20

① 핫(Hot) 미디어 스포츠는 관람자의 감각 참여성이 낮다.
② 쿨(Cool) 미디어 스포츠는 관람자의 감각 몰입성이 높다.
③ 핫(Hot) 미디어 스포츠는 경기 진행 속도가 빠르다.
④ 쿨(Cool) 미디어 스포츠는 메시지의 정의성이 낮다.

20 스포츠 세계화의 특징으로 옳지 않은 것은?

기출 16, 19, 21, 23

① 스포츠 시장의 경계가 국경을 초월해 전 세계로 확대되었다.
② 모든 나라의 전통스포츠(Folk Sports)가 세계적으로 확대되었다.
③ 세계인이 표준화된 스포츠 상품과 스포츠 문화를 소비하게 되었다.
④ 프로스포츠 시장의 이윤 극대화로 빈익빈 부익부 현상이 심화되었다.

	㉠	㉡
①	여성체육활동 지원	국민체력100
②	국민체력100	스포츠강좌이용권 지원
③	스포츠강좌이용권 지원	행복나눔스포츠교실 운영
④	행복나눔스포츠교실 운영	여성체육활동 지원

02 스포츠교육학

01 스포츠기본법(시행 2022.2.11)의 용어 정의에 관한 설명으로 옳지 않은 것은?

① '학교스포츠'란 건강과 체력 증진을 위하여 행하는 자발적이고 일상적인 스포츠 활동을 말한다.
② '스포츠산업'이란 스포츠와 관련된 재화와 서비스를 통하여 부가가치를 창출하는 산업을 말한다.
③ '장애인스포츠'란 장애인이 참여하는 스포츠 활동(생활스포츠와 전문스포츠를 포함한다)을 말한다.
④ '전문스포츠'란 「국민체육진흥법」 제2조 제4호에 따른 선수가 행하는 스포츠 활동을 말한다.

02 〈보기〉의 ㉠, ㉡에 해당하는 취약계층 생활스포츠 지원 사업으로 옳은 것은? 기출 16, 18

> ㉠ 스포츠복지 사회 구현의 일환으로 저소득층 유·청소년(만5~18세)과 장애인(만12~23세)에게 스포츠강좌 혜택을 받을 수 있는 일정 금액의 이용권을 제공하는 사업이다.
> ㉡ 소외계층 청소년을 대상으로 다양한 체육활동 참여기회를 제공함으로써 참여 형평성을 높이고 사회 적응력을 배양하는 것을 목적으로 시행되는 사업이다.

03 〈보기〉의 발달특성을 가진 대상을 위한 스포츠 프로그램 구성 시 고려사항으로 옳지 않은 것은?

> • 신체적·정서적·사회적 발달이 뚜렷하다.
> • 개인의 요구와 흥미가 뚜렷하게 나타난다.
> • 2차 성징이 나타난다.

① 생활패턴 고려
② 개인의 요구와 흥미 고려
③ 정적운동 위주의 프로그램 구성
④ 스포츠 프로그램의 지속적 참여 고려

04 〈보기〉에서 생활스포츠 프로그램의 교육목표 진술에 관한 설명으로 옳은 것을 모두 고른 것은?

기출 15, 16, 17, 19

> ㉠ 프로그램의 목표는 추상적으로 진술한다.
> ㉡ 학습 내용과 기대되는 행동을 동시에 진술한다.
> ㉢ 스포츠 참여자에게 기대하는 행동의 변화에 따라 동사를 다르게 진술한다.
> ㉣ 해당 스포츠 활동이 끝났을 때 참여자에게 나타난 최종 행동 변화 용어로 진술한다.

① ㉠, ㉡
② ㉢, ㉣
③ ㉠, ㉡, ㉢
④ ㉡, ㉢, ㉣

05 〈보기〉의 교수 전략을 포함하는 체육수업모형으로 옳은 것은? 기출 18, 21, 23

- 모든 팀원은 자신의 팀에 할당된 과제를 익힌 후, 교사가 되어 다른 팀에게 자신이 학습한 내용을 지도한다.
- 각 팀원들이 서로 다른 내용을 배운 다음, 동일한 내용을 배운 사람끼리 모여 전문가 집단을 구성한다. 이들은 자신이 배운 내용을 공유하며, 원래 자신의 집단으로 돌아가 배운 것을 다른 팀원들에게 지도한다.

① 직접 교수 모형
② 개별화 지도 모형
③ 협동학습 모형
④ 전술게임 모형

06 메츨러(M. Metzler)의 교수·학습 과정안(수업계획안) 작성 시 고려해야 할 구성요소 중 〈보기〉에서 설명하는 것으로 옳은 것은? 기출 21, 23

- 학생의 흥미를 유발시킬 수 있는 수업 도입
- 과제 제시에 적합한 모형과 단서 사용
- 학생에게 방향을 제시할 과제 구조 설명
- 다양한 과제의 계열성과 진도(차시별)

① 학습 목표
② 수업 맥락의 간단한 기술
③ 시간과 공간의 배정
④ 과제 제시와 과제 구조

07 〈보기〉에서 안전한 학습환경 유지에 관한 설명으로 옳은 것을 모두 고른 것은? 기출 21

㉠ 위험한 상황이 예측되더라도 시작한 과제는 끝까지 수행한다.
㉡ 안전한 수업운영에 필요한 절차를 분명히 전달하고 상기시켜야 한다.
㉢ 사전에 안전 문제를 예측하고 교구·공간·학생 등을 학습에 도움이 되는 방향으로 배열 또는 배치한다.
㉣ 새로운 연습과제나 게임을 시작할 때 지도자는 학생들의 활동을 주시하고 적극적으로 감독한다.

① ㉠, ㉡
② ㉡, ㉢
③ ㉠, ㉢, ㉣
④ ㉡, ㉢, ㉣

08 헬리슨(D. Hellison)이 제시한 개인적·사회적 책임감 수준과 사례로 옳지 않은 것은? 기출 17, 20

	수 준	사 례
①	타인의 권리와 감정 존중	타인에 대해 상호 협력적이고 다른 학생들을 돕고자 한다.
②	참여와 노력	새로운 과제에 도전하며 노력하면 성공할 수 있다고 여긴다.
③	자기 방향 설정	지도자가 없는 상황에서도 자신이 수립한 목표를 달성한다.
④	일상생활로의 전이	체육 수업을 통해 학습한 배려를 일상생활에 실천한다.

09 〈보기〉의 ㉠, ㉡에 해당하는 평가 방법을 연결한 것으로 옳은 것은? 기출 15, 16, 17, 19, 23

> ㉠ 수업 전 학습목표에 따른 참여자 수준을 결정하고, 학습과정에서 참여자가 계속적인 오류 상황을 발생시킬 때 적절한 의사결정을 하도록 한다.
> ㉡ 학생들에게 자신의 높이뛰기 목표와 운동계획을 수립하게 한 다음 육상 단원이 끝나는 시점에서 종합적 목표 달성여부 확인을 위해 평가를 실시한다.

	㉠	㉡
①	진단평가	형성평가
②	진단평가	총괄평가
③	형성평가	총괄평가
④	총괄평가	형성평가

10 다음에 해당하는 평가기법에 대한 설명으로 옳지 않은 것은? 기출 18, 19, 23

테니스 포핸드 스트로크 과정	운동수행
두 발이 멈춘 상태에서 스트로크를 시도하는가?	Y/N
몸통 회전을 충분히 활용하는가?	Y/N
임팩트까지 시선을 공에 고정하는가?	Y/N
팔로우스로우를 끝까지 유지하는가?	Y/N

① 쉽게 제작이 가능하며 사용이 편리하다.
② 운동수행과정의 질적 평가가 불가하다.
③ 어떤 사건이나 행동의 발생 여부를 신속히 확인할 때 주로 사용한다.
④ 관찰행동을 구체적으로 정의하고 그 행동의 발생 시점을 확인할 수 있다.

11 학교체육진흥법(시행 2021.6.24)의 제10조에서 규정하고 있는 학교장의 역할에 관한 내용으로 옳지 않은 것은? 기출 16, 17, 18, 19, 20, 21, 23

① 학생들이 신체활동 프로그램에 참여할 수 있도록 학교스포츠클럽을 운영하여 학생들의 체육활동 참여기회를 확대하여야 한다.
② 학교스포츠클럽을 운영하는 경우 전문코치를 지정하여야 한다.
③ 학교스포츠클럽 활동 내용을 학교생활기록부에 기록하여 상급학교 진학자료로 활용할 수 있도록 하여야 한다.
④ 교육부령으로 정하는 바에 따라 일정 비율 이상의 학교스포츠클럽을 해당 학교의 여학생들이 선호하는 종목으로 운영하여야 한다.

12 다음 ㉠~㉤에서 체육시설법 시행규칙(시행 2021.7.1.) 제22조 '체육지도자 배치기준'으로 옳은 것을 모두 고른 것은?

체육시설업의 종류	규 모	배치 인원
㉠ 스키장업	슬로프 10면 이하	1명 이상
	슬로프 10면 초과	2명 이상
㉡ 승마장업	말 20마리 이하	1명 이상
	말 20마리 초과	2명 이상
㉢ 수영장업	수영조 바닥면적이 400m² 이하인 실내 수영장	1명 이상
	수영조 바닥면적이 400m²를 초과하는 실내 수영장	2명 이상
㉣ 골프연습장업	20타석 이상 50타석 이하	1명 이상
	50타석 초과	2명 이상
㉤ 체력단련장업	운동전용면적 200m² 이하	1명 이상
	운동전용면적 200m² 초과	2명 이상

① ㉠, ㉡, ㉢, ㉣
② ㉠, ㉡, ㉣, ㉤
③ ㉠, ㉢, ㉣, ㉤
④ ㉡, ㉢, ㉣, ㉤

13 국민체육진흥법(시행 2021.6.9)에서 규정하는 생활스포츠지도사의 자격으로 옳지 않은 것은? `기출 23`

① 체육지도자의 자격은 19세 이상인 사람에게 부여한다.
② 생활스포츠지도사는 1급, 2급으로 구분한다.
③ 2급 생활스포츠지도사는 2급 생활스포츠지도사 자격 검정에 합격하고, 연수과정을 이수한 사람으로 한다.
④ 1급 생활스포츠지도사는 자격 종목의 2급 생활스포츠지도사 자격을 취득한 후 3년 이상 해당 자격 종목의 지도경력이 있는 사람으로 한다.

14 〈보기〉의 ㉠, ㉡에 들어갈 말로 옳은 것은? `기출 17`

> 마튼스(R. Martens)가 제시한 전문체육 프로그램 개발 6단계는 (㉠), 선수 이해, 상황 분석, 우선순위 결정 및 목표 설정, (㉡), 연습 계획 수립이다.

	㉠	㉡
①	스포츠에 대한 이해	공간적 맥락 고려
②	선수 발달 단계에 대한 이해	전술 선택
③	선수단(훈련) 규모 설정	체력상태의 이해
④	선수에게 필요한 기술 파악	지도 방법 선택

15 ㉠, ㉡에 들어갈 말로 옳은 것은? `기출 16, 19`

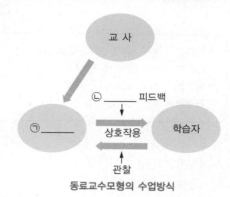

동료교수모형의 수업방식

	㉠	㉡
①	관찰자	교정적
②	개인교사	중립적
③	개인교사	교정적
④	교 사	가치적

16 그리핀(L. Griffin), 미첼(S. Mitchell), 오슬린(J. Oslin)의 이해중심게임모형에서 변형게임 구성 시 반영해야 할 2가지 핵심 개념으로 옳은 것은?

① 전술과 난이도
② 연계성과 위계성
③ 공간의 특성과 학습자
④ 대표성과 과장성

17 〈보기〉의 ㉠, ㉡에 해당하는 젠틸(A. Gentile)의 스포츠 기술로 옳은 것은?

> (㉠)은 환경의 변화나 상태에 의해 변화되는 기술을 말한다. (㉡)은 상대적으로 환경적 조건이 안정적이며 외부 조건이 대부분 변하지 않는 속성이 있다.

	㉠	㉡
①	개별기술	복합기술
②	개방기술	폐쇄기술
③	시작형 기술	세련형 기술
④	부분기술	전체기술

18 〈보기〉와 같이 종목을 구분하는 근거로 옳은 것은?

기출 16, 21, 23

> • 영역형 – 농구, 축구, 하키, 풋볼
> • 네트형 – 배드민턴, 배구, 탁구
> • 필드형 – 야구, 소프트볼, 킥볼
> • 표적형 – 당구, 볼링, 골프

① 포지션의 수
② 게임전술의 전이 가능성
③ 기술(Skill)의 특성
④ 선수의 수

19 〈보기〉의 설명에 해당하는 피드백 유형으로 옳은 것은?

기출 16, 19

> • 모스턴(M. Mosston)이 제시한 피드백 유형이며, 사실적
>   으로 행동을 기술한다.
> • 판단이나 수정 지시를 하지 않으나, 피드백 진술의 의미
>   를 변경할 수 있다.
> • 다른 피드백 형태로 옮겨가는 특징을 가지고 있다.

① 교정적 피드백(Corrective Statements)
② 가치적 피드백(Value Statements)
③ 중립적 피드백(Neutral Statements)
④ 불분명한 피드백(Ambiguous Statements)

20 링크(J. Rink)의 내용발달 단계 순서로 옳은 것은?

기출 15, 19, 21, 23

① 시작과제 → 확대과제 → 세련과제 → 적용과제
② 적용과제 → 시작과제 → 확대과제 → 세련과제
③ 세련과제 → 적용과제 → 시작과제 → 확대과제
④ 확대과제 → 세련과제 → 적용과제 → 시작과제

---

03 스포츠심리학

01 〈보기〉의 레빈(K. Lewin, 1935)이 주장한 내용 중 ㉠, ㉡에 들어갈 개념으로 옳은 것은?

> • 인간의 행동은 (㉠)과 (㉡)에 의해 결정된다.
> • (㉠)과 (㉡)의 상호작용으로 행동은 변화한다.

① ㉠ – 개인(Person), ㉡ – 환경(Environment)
② ㉠ – 인지(Cognition), ㉡ – 감정(Affect)
③ ㉠ – 감정(Affect), ㉡ – 환경(Environment)
④ ㉠ – 개인(Person), ㉡ – 인지(Cognition)

02 아동의 운동 발달을 평가할 때 심리적 안정을 도모하기 위한 평가 방법으로 옳은 것은?

① 평가장소에 도착하면 환경에 대한 탐색 시간을 주지 말고 평가를 바로 진행한다.
② 아동의 평가 민감성을 높이기 위해 평가라는 단어를 강조한다.
③ 운동 도구를 사용하여 평가할 때 탐색할 기회를 제공한다.
④ 아동과 공감대를 형성하지 않는다.

03 〈보기〉에 제시된 일반화된 운동프로그램(Generalized Motor Program ; GMP)에 관한 설명으로 옳은 것은? `기출 23`

> ㉠ 인간의 운동은 자기조직(Self-organization)과 비선형성(Nonlinear)의 원리에 의해 생성되고 변화한다.
> ㉡ 불변매개변수(Invariant Parameter)에는 요소의 순서(Order of Element), 시상(Phasing), 상대적인 힘(Relative Force)이 포함된다.
> ㉢ 가변매개변수(Variant Parameter)에는 전체 동작지속시간(Overall Duration), 힘의 총량(Overall Force), 선택된 근육군(Selected Muscles)이 포함된다.
> ㉣ 환경정보에 대한 지각 그리고 동작의 관계(Perception-action Coupling)를 강조한다.

① ㉠, ㉡   　② ㉠, ㉢
③ ㉡, ㉢   　④ ㉢, ㉣

04 〈보기〉에서 설명하는 개념으로 옳은 것은?

> • 자극반응 대안 수가 증가할수록 선택반응시간도 증가한다.
> • 투수가 직구와 슬라이더 구종에 커브 구종을 추가하여 무작위로 섞어 던졌을 때 타자의 반응시간이 길어졌다.

① 피츠의 법칙(Fitts' Law)
② 파워 법칙(Power Law)
③ 임펄스 가변성 이론(Impulse Variability Theory)
④ 힉스의 법칙(Hick's Law)

05 〈보기〉에 제시된 번스타인(N. Bernstein)의 운동학습 단계에 대한 설명으로 옳은 것은? `기출 23`

> ㉠ 스케이트를 탈 때 고관절, 슬관절, 발목관절을 활용하여 추진력을 갖게 한다.
> ㉡ 체중 이동을 통해 추진력을 확보하며 숙련된 동작을 실행하게 한다.
> ㉢ 스케이트를 신고 고관절, 슬관절, 발목관절을 하나의 단위체로 걷게 한다.

	㉠	㉡	㉢
①	자유도 풀림	반작용 활용	자유도 고정
②	반작용 활용	자유도 풀림	자유도 고정
③	자유도 풀림	자유도 고정	반작용 활용
④	반작용 활용	자유도 고정	자유도 풀림

06 레이데크와 스미스(T. Raedeke & A. Smith, 2001)의 운동선수 탈진 질문지(Athlete Burnout Questionnaire ; ABQ)의 세 가지 측정 요인으로 옳지 않은 것은?

① 성취감 저하(Reduced Sense of Accomplishment)
② 스포츠 평가절하(Sport Devaluation)
③ 경쟁상태불안(Competitive State Anxiety)
④ 신체적・정서적 고갈(Physical, Emotional Exhaustion)

07 웨이스와 아모로스(M. Weiss & A. Amorose, 2008)가 제시한 스포츠 재미(Sport Enjoyment)의 영향 요인으로 옳지 않은 것은?

① 인지능력
② 사회적 소속
③ 동작 자체의 감각 체험
④ 숙달과 성취

08 〈보기〉에 제시된 도식이론(Schema Theory)에 관하여 옳은 설명으로 묶인 것은? 기출 18

> ㉠ 빠른 움직임과 느린 움직임을 구분하여 설명한다.
> ㉡ 재인도식은 피드백 정보가 없는 빠른 운동을 조절하는 역할을 한다.
> ㉢ 회상도식은 과거의 실제결과, 감각귀결, 초기조건의 관계를 바탕으로 형성된다.
> ㉣ 200ms 이상의 시간이 필요한 느린 운동 과제의 제어에는 회상도식과 재인도식이 모두 동원된다.

① ㉠, ㉡   ② ㉡, ㉢
③ ㉠, ㉣   ④ ㉢, ㉣

09 〈보기〉에 제시된 심리적 불응기(Psychological Refractory Period ; PRP)에 관하여 옳은 설명으로 묶인 것은?

> ㉠ 1차 자극에 대한 반응을 수행하고 있을 때 2차 자극을 제시할 경우, 2차 자극에 대해 반응시간이 느려지는 현상이다.
> ㉡ 1차 자극과 2차 자극간의 시간차가 10ms 이하로 매우 짧을 때 나타난다.
> ㉢ 페이크(Fake) 동작의 사용 빈도를 높일 때 효과적이다.
> ㉣ 1차와 2차 자극을 하나의 자극으로 간주하는 현상을 집단화라고 한다.

① ㉠, ㉡

② ㉡, ㉢

③ ㉢, ㉣

④ ㉠, ㉣

10 인간 발달의 특징에 관한 설명으로 옳지 않은 것은?

① 개인적 측면은 발달에 영향을 미치는 요인이 개인마다 달라서 나타나는 현상이다.

② 다차원적 측면은 개인의 신체적·정서적 특성과 같은 내적 요인 그리고 사회 환경과 같은 외적 요인으로 나눌 수 있다.

③ 계열적 측면은 기기와 서기의 단계를 거친 후에야 자신의 힘으로 스스로 걸을 수 있게 되는 것이다.

④ 질적 측면은 현재 나타나고 있는 움직임 양식이 과거 움직임의 경험이 축적되어 나타나는 것이다.

11 시각탐색에 사용되는 안구 움직임의 형태로 옳지 않은 것은? 기출 20, 23

① 지각의 협소화(Perceptual Narrowing)

② 부드러운 추적 움직임(Smooth Pursuit Movement)

③ 전정안구반사(Vestibulo-ocular Reflex)

④ 빠른 움직임(Saccadic Movement)

12 〈보기〉에 제시된 불안과 운동수행의 관계를 설명하는 이론으로 옳은 것은? 기출 15, 16, 18, 19, 21, 23

> • 선수가 불안을 어떻게 '해석'하느냐에 따라 운동수행이 달라질 수 있다.
> • 선수는 각성이 높은 상태를 기분 좋은 흥분상태로 해석할 수도 있지만 불쾌한 불안으로 해석할 수도 있다.

① 역U가설(Inverted-U Hypothesis)

② 전환이론(Reversal Theory)

③ 격변이론(Catastrophe Theory)

④ 적정기능지역이론(Zone of Optimal Functioning Theory)

13 〈보기〉의 ㉠과 ㉡에 들어갈 용어로 옳은 것은?

기출 19, 20, 21

• (㉠)은 불안을 감소시키기 위해 자기최면을 사용하여 무거움과 따뜻함을 실제처럼 느끼도록 유도하는 방법이다.
• (㉡)은/는 불안을 유발하는 자극의 목록을 작성한 후, 하나씩 차례로 적용하여 유발 감각 자극에 대한 민감도를 줄여 불안 수준을 감소시키는 방법이다.

	㉠	㉡
①	바이오피드백 (Biofeedback)	체계적 둔감화 (Systematic Desensitization)
②	자생훈련 (Autogenic Training)	바이오피드백 (Biofeedback)
③	점진적 이완 (Progressive Relexation)	바이오피드백 (Biofeedback)
④	자생훈련 (Autogenic Training)	체계적 둔감화 (Systematic Desensitization)

14 와이너(B. Weiner)의 경기 승패에 대한 귀인이론에 관한 설명으로 옳지 않은 것은? 기출 17, 19, 20, 23

① 노력은 내적이고 불안정하며 통제 가능한 요인이다.
② 능력은 내적이고 안정적이며 통제 불가능한 요인이다.
③ 운은 외적이고 불안정하며 통제 불가능한 요인이다.
④ 과제난이도는 외적이고 불안정하며 통제할 수 있는 요인이다.

15 〈보기〉에 제시된 심상에 대한 이론과 설명이 옳게 묶인 것은? 기출 18

㉠ 심리신경근 이론에 따르면 심상을 하는 동안에 실제 동작에서 발생하는 근육의 전기 반응과 유사한 전기 반응이 근육에서 발생한다.
㉡ 상징학습 이론에 따르면 심상은 인지 과제(바둑)보다 운동 과제(역도)에서 더 효과적이다.
㉢ 생물정보 이론에 따르면 심상은 상상해야 할 상황 조건인 자극전제와 심상의 결과로 일어나는 반응 전제로 구성된다.
㉣ 상징학습 이론에 따르면 생리적 반응과 심리 반응을 함께하면 심상의 효과는 낮아진다.

① ㉠, ㉡
② ㉠, ㉢
③ ㉡, ㉢
④ ㉢, ㉣

16 〈보기〉에 제시된 첼라드라이(P. Chelladurai)의 다차원 리더십 모델에 관한 설명으로 옳게 묶인 것은? 기출 18

㉠ 리더의 특성은 리더의 실제 행동에 영향을 준다.
㉡ 규정 행동은 선수에게 규정된 행동을 말한다.
㉢ 선호 행동은 리더가 선호하거나 바라는 선수의 행동을 말한다.
㉣ 리더의 실제 행동과 선수의 선호 행동이 다르면 선수의 만족도가 낮아진다.

① ㉠, ㉡
② ㉠, ㉣
③ ㉡, ㉢
④ ㉢, ㉣

17 〈보기〉에서 설명하는 운동심리 이론(모형)으로 옳은 것은?

> • 지역사회가 여성 전용 스포츠 센터를 확충한다.
> • 정부가 운동 참여에 대한 인센티브 정책을 수립한다.
> • 가정과 학교에서 운동 참여를 지지해주는 분위기를 만든다.

① 사회생태모형(Social Ecological Model)
② 합리적행동이론(Theory of Reasoned Action)
③ 자기효능감이론(Self-efficacy Theory)
④ 자결성이론(Self-determination Theory)

18 프로차스카(J. O. Prochaska)의 운동변화단계 모형
(Transtheoretical Model)에 관한 설명으로 옳은 것은?
`기출` 15, 18, 20, 21

① 변화 단계와 자기효능감과의 관계는 U자 형태다.
② 인지적 · 행동적 변화과정을 통해 운동 단계가 변화한다.
③ 변화 단계가 높아짐에 따라 운동에 대해 기대할 수 있는 혜택은 점진적으로 감소한다.
④ 무관심 단계는 현재 운동에 참여하지 않지만, 6개월 이내에 운동을 시작할 의도가 있다.

19 한국스포츠심리학회가 제시한 스포츠심리상담사 상담윤리에 대한 설명으로 옳지 않은 것은?
`기출` 15, 17, 19, 20, 21

① 스포츠심리상담사는 자신의 전문영역과 한계영역을 명확하게 인식해야 한다.
② 스포츠심리상담사는 상담 과정에서 얻은 정보를 이용할 때 고객과 미리 상의해야 한다.
③ 스포츠심리상담사는 상담 효과를 알리기 위해 상담에 참여한 사람으로부터 좋은 평가나 소감을 요구해야 한다.
④ 스포츠심리상담사는 타인에게 역할을 위임할 때는 전문성이 있는 사람에게만 위임하여야 하며 그 타인의 전문성을 확인해야 한다.

20 〈보기〉에 제시된 폭스(K. Fox)의 위계적 신체적 자기개념 가설(Hypothesized Hierarchical Organization of Physical Self-perception)에 관한 설명으로 옳게 묶인 것은?

> ㉠ 신체적 컨디션은 매력적 신체를 유지하는 능력이다.
> ㉡ 신체적 자기가치는 전반적 자기존중감의 상위영역에 속한다.
> ㉢ 신체 매력과 신체적 컨디션은 신체적 자기가치의 하위 영역에 속한다.
> ㉣ 스포츠 유능감은 스포츠 능력과 스포츠 기술 학습 능력에 대한 자신감이다.

① ㉠, ㉡
② ㉠, ㉢
③ ㉡, ㉣
④ ㉢, ㉣

01 체육사에 관한 설명으로 옳지 않은 것은? [기출] 17

① 연구대상은 시간, 인간, 공간 등이 고려된다.
② 체육과 스포츠를 역사적 방법으로 연구하는 학문이다.
③ 연구내용은 스포츠문화사, 전통스포츠사 등을 포함한다.
④ 체육과 스포츠의 도덕적 가치판단에 대한 근거를 탐구한다.

02 〈보기〉에서 체육사 연구의 사료(史料)에 관한 설명으로 옳은 것을 모두 고른 것은? [기출] 19, 21, 23

㉠ 기록사료는 문헌사료와 구전사료가 있다.
㉡ 물적사료는 물질적 유산인 유물과 유적이 있다.
㉢ 기록사료 중 민요, 전설, 시가, 회고담 등은 문헌사료이다.
㉣ 전통적인 분류 방식에 따르면, 물적사료와 기록사료로 구분된다.

① ㉠, ㉡
② ㉡, ㉢
③ ㉠, ㉡, ㉣
④ ㉡, ㉢, ㉣

03 부족국가와 삼국시대의 신체활동이 포함된 제천의식에 관한 설명으로 옳지 않은 것은? [기출] 17, 19

① 신라 – 가배
② 부여 – 동맹
③ 동예 – 무천
④ 마한 – 10월제

04 〈보기〉에서 화랑도에 관한 설명으로 옳은 것을 모두 고른 것은? [기출] 15, 16, 17, 18, 20, 21, 23

㉠ 법흥왕 때에 종래 화랑도 제도를 개편하여 체계화되었다.
㉡ 한국의 전통사상과 세속오계(世俗五戒)를 근간으로 두었다.
㉢ 국선도(國仙徒), 풍류도(風流徒), 원화도(源花徒)라고도 불리었다.
㉣ 편력(遍歷), 입산수행(入山修行), 주행천하(周行天下) 등의 활동을 했다.

① ㉠, ㉡
② ㉡, ㉢
③ ㉠, ㉡, ㉣
④ ㉡, ㉢, ㉣

05 〈보기〉의 ㉠에 들어갈 말로 옳은 것은? [기출] 15, 16, 17

『구당서(舊唐書)』에 따르면, "고구려의 풍속은 책 읽기를 좋아하며, 허름한 서민의 집에 이르기까지 거리에 큰 집을 지어 이를 (㉠)이라고 하고, 미혼의 자제들이 여기에서 밤낮으로 독서하고 활쏘기를 익힌다."라고 되어 있다.

① 태 학
② 경 당
③ 향 교
④ 학 당

06 고려시대의 무학(武學) 전문 강좌인 강예재(講藝齋)가 개설된 교육기관으로 옳은 것은? [기출] 16, 21

① 국자감(國子監)
② 성균관(成均館)
③ 응방도감(鷹坊都監)
④ 오부학당(五部學堂)

07 〈보기〉에서 고려시대 무예의 특징으로 옳은 것을 모두 고른 것은? 기출 18, 19, 20, 21, 23

> ㉠ 격구(擊毬)는 군사훈련의 수단이었다.
> ㉡ 수박희(手搏戲)는 무인 인재 선발의 중요한 방법이었다.
> ㉢ 마술(馬術)은 육예(六藝) 중 어(御)에 속하며, 군자의 중요한 덕목 중 하나였다.
> ㉣ 궁술(弓術)은 문인과 무인의 심신 수양과 인격도야의 방법으로 중시되었다.

① ㉠
② ㉡, ㉢
③ ㉡, ㉢, ㉣
④ ㉠, ㉡, ㉢, ㉣

08 조선시대 무과제도에 관한 설명으로 옳지 않은 것은? 기출 15, 18, 20

① 초시, 복시, 전시 3단계로 실시되었다.
② 무과는 강서와 무예 시험으로 구성되었다.
③ 증광시, 별시, 정시는 비정규적으로 실시되었다.
④ 선발 정원은 제한이 없었으며, 누구나 응시할 수 있었다.

09 〈보기〉에 해당하는 신체활동으로 옳은 것은? 기출 16, 19, 23

> • 군사훈련의 성격을 지니고 실시된 무예 활동
> • 조선시대 왕이나 양반 또는 대중에게 볼거리 제공
> • 나라의 풍속으로 단오절이나 명절에 행해졌던 활동
> • 승부를 결정 짓는 놀이로서 신체적 탁월성을 추구하는 경쟁적 활동

① 투호(投壺)　② 저포(樗蒲)
③ 석전(石戰)　④ 위기(圍碁)

10 〈보기〉에서 조선시대 체육사상에 관한 설명으로 옳은 것을 모두 고른 것은? 기출 18, 23

> ㉠ 유교의 영향으로 숭문천무(崇文賤武) 사상이 만연했다.
> ㉡ 심신 수련으로 활쏘기가 중시되었고, 학사사상(學射思想)이 강조되었다.
> ㉢ 활쏘기를 통해서 문무겸전(文武兼全) 혹은 문무겸일(文武兼一)에 도달하고자 했다.
> ㉣ 국토 순례를 통해 조선에 대한 애국심을 가지게 하는 불국토사상(佛國土思想)이 중시되었다.

① ㉠, ㉡　　② ㉡, ㉢
③ ㉠, ㉡, ㉢　④ ㉡, ㉢, ㉣

11 일제강점기에 설립된 체육 단체로 옳지 않은 것은? 기출 16, 18, 19, 21, 23

① 대한국민체육회(大韓國民體育會)
② 관서체육회(關西體育會)
③ 조선체육협회(朝鮮體育協會)
④ 조선체육회(朝鮮體育會)

12 〈보기〉의 ㉠, ㉡에 해당하는 여성 스포츠인으로 옳은 것은?

> • 박봉식은 1948년 런던올림픽경기대회에 출전한 첫 여성 원반던지기 선수
> • (㉠)은/는 1967년 세계여자농구선수권대회에 출전해 최우수선수로 선정
> • (㉡)은/는 2010년 밴쿠버동계올림픽경기대회에 출전해 피겨스케이팅 금메달 획득

	㉠	㉡
①	박신자	김연아
②	김옥자	김연아
③	박신자	김옥자
④	김옥자	박신자

13 〈보기〉의 ㉠, ㉡에 해당하는 개최지로 옳은 것은?

기출 23

> 우리나라는 1986년 서울아시아경기대회, 2002년 (㉠)아시아경기대회, 2014년 (㉡)아시아경기대회를 성공적으로 개최했다.

	㉠	㉡
①	인 천	부 산
②	부 산	인 천
③	평 창	충 북
④	충 북	평 창

14 〈보기〉에서 설명하는 인물로 옳은 것은?

> • 제6회, 제7회 아시아경기대회에서 수영 종목 400m, 1,500m 2관왕 2연패
> • 2008년 독도 33바퀴 회영(回泳)
> • 2020년 스포츠영웅으로 선정되어 2021년 국립묘지에 안장

① 조오련
② 민관식
③ 김 일
④ 김성집

15 개화기에 도입된 근대스포츠 종목으로 옳지 않은 것은? 기출 16, 18, 19, 20, 21, 23

① 농 구
② 역 도
③ 야 구
④ 육 상

16 광복 이전 조선체육회에 관한 설명으로 옳지 않은 것은?

기출 16, 18, 19, 23

① 조선체육협회보다 먼저 창립되었다.
② 조선의 체육을 지도, 장려하는 것이 목적이었다.
③ 첫 사업인 제1회 전조선야구대회는 전국체육대회의 효시이다.
④ 고려구락부를 모태로 하였고, 조선체육협회에 강제 통합되었다.

17 〈보기〉에서 설명하는 올림픽경기대회로 옳은 것은?

기출 16, 18, 19, 20, 21, 23

> • 우리 민족이 일장기를 달고 출전한 대회
> • 마라톤의 손기정이 금메달, 남승룡이 동메달을 획득한 대회

① 1924년 제8회 파리올림픽경기대회
② 1928년 제9회 암스테르담올림픽경기대회
③ 1932년 제10회 로스앤젤레스올림픽경기대회
④ 1936년 제11회 베를린올림픽경기대회

18 〈보기〉의 ㉠, ㉡에 들어갈 말로 옳은 것은?

> • (㉠)경기대회는 우리나라 여성이 최초로 금메달을 획득한 대회로, 서향순이 양궁 개인전에서 금메달을 획득했다.
> • (㉡)경기대회는 우리나라가 광복 후 최초로 마라톤에서 금메달을 획득한 대회로, 황영조가 마라톤에서 금메달을 획득했다.

	㉠	㉡
①	1984년 로스앤젤레스올림픽	1988년 서울올림픽
②	1984년 로스앤젤레스올림픽	1992년 바르셀로나올림픽
③	1988년 서울올림픽	1988년 서울올림픽
④	1988년 서울올림픽	1992년 바르셀로나올림픽

19 〈보기〉의 정책들과 관련 있는 정권으로 옳은 것은?

기출 20, 21, 23

- 호돌이 계획 시행
- 국민생활체육회(구 국민생활체육협의회) 창설
- 1988년 서울올림픽경기대회의 성공적인 개최
- 제41회 지바 세계탁구선수권대회 남북단일팀 출전

① 박정희 정권
② 전두환 정권
③ 노태우 정권
④ 김영삼 정권

20 2002년 제17회 월드컵축구대회에 관한 설명으로 옳지 않은 것은? 기출 23

① 한국은 4강에 진출했다.
② 한국과 일본이 공동으로 개최했다.
③ 한국과 북한이 단일팀을 구성하여 출전했다.
④ 한국의 길거리 응원은 온 국민 문화축제의 장이었다.

---

05   운동생리학

01 〈보기〉에서 설명하는 트레이닝의 원리로 옳은 것은?

기출 19

- 트레이닝의 효과는 운동에 동원된 근육에서만 발생한다.
- 근력 향상을 위해서는 저항성 트레이닝이 적합하다.

① 특이성의 원리
② 가역성의 원리
③ 과부하의 원리
④ 다양성의 원리

---

02 체온 저하 시 생리적 반응으로 옳은 것은?

기출 15, 17, 18

① 심박수 증가
② 피부혈관 확장
③ 땀샘의 땀 분비 증가
④ 골격근 떨림(Shivering) 증가

03 지구성 트레이닝 후 최대 동-정맥 산소차(Maximal Arterial-venous Oxygen Difference) 증가에 기여하는 요인으로 적절하지 않은 것은? 기출 17

① 미토콘드리아 크기 증가
② 미토콘드리아 수 증가
③ 모세혈관 밀도 감소
④ 총 혈액량 증가

04 〈보기〉에서 운동유발성 근육경직(Exercise-associated Muscle Cramps)을 방지하기 위한 방법으로 옳은 것을 모두 고른 것은?

㉠ 발생하기 쉬운 근육을 규칙적으로 스트레칭한다.
㉡ 필요 시 운동 강도와 지속 시간을 감소시킨다.
㉢ 수분과 전해질의 균형을 유지한다.
㉣ 탄수화물 저장량을 낮춘다.

① ㉠
② ㉠, ㉡
③ ㉠, ㉡, ㉢
④ ㉠, ㉡, ㉢, ㉣

05 1회 박출량(Stroke Volume)에 관한 설명으로 옳지 않은 것은? 기출 16, 17, 18, 19, 23

① 심실 수축력이 증가하면 1회 박출량은 증가한다.
② 평균 동맥혈압이 감소하면 1회 박출량은 증가한다.
③ 심장으로 돌아오는 정맥혈 회귀(Venous Return)가 감소하면 1회 박출량은 감소한다.
④ 수축기말 용적(End-systolic Volume)에서 확장기말 용적(End-diastolic Volume)을 뺀 값이다.

06 〈보기〉에서 설명하는 중추신경계 기관으로 옳은 것은? 기출 15, 23

- 시상과 시상하부로 구성된다.
- 시상은 감각을 통합·조절한다.
- 시상하부는 심박수와 심장 수축, 호흡, 소화, 체온, 식욕 및 음식 섭취를 조절한다.

① 간뇌(Diencephalon)
② 대뇌(Cerebrum)
③ 소뇌(Cerebellum)
④ 척수(Spinal Cord)

07 직립 상태에서 폐-혈액 간 산소확산 능력은 안정 시와 비교하여 운동 시 증가하는데, 이에 기여하는 요인으로 옳은 것은?

① 폐포와 모세혈관 사이의 호흡막(Respiratory Membrane) 두께 증가
② 증가한 혈압으로 인한 폐 윗부분(상층부)으로의 혈류량 증가
③ 폐정맥 혈액 내 높은 산소분압
④ 폐동맥 혈액 내 높은 산소분압

08 건강체력 요소 측정으로 옳지 않은 것은? 기출 16, 19, 23

① 오래달리기 측정, 생체전기저항분석(Bioelectric Impedance Analysis)
② 앉아윗몸앞으로굽히기 측정, 윗몸일으키기 측정
③ 배근력 측정, 제자리높이뛰기 측정
④ 팔굽혀펴기 측정, 악력 측정

09 운동하는 근육으로의 혈류량을 증가시키는 국소적 내인성(Intrinsic) 자율조절 요소로 옳지 않은 것은?

① 수소이온, 이산화탄소, 젖산 등 대사 부산물
② 부신수질로부터 분비된 카테콜아민(Catecholamine)
③ 혈관 벽에 작용하는 압력에 따른 근원성(Myogenic) 반응
④ 혈관내피세포(Endothelial Cell)에서 생성된 산화질소, 프로스타글랜딘(Prostaglandin), 과분극인자(Hyper polarizing Factor)

10 〈보기〉의 ㉠~㉢에 들어갈 용어로 옳은 것은? 기출 17, 18, 19, 20

근육수축 과정
- 골격근막의 활동전위는 가로세관(T-tubule)을 타고 이동하여 근형질세망(Sarcoplasmic Reticulum)으로부터 (㉠) 유리를 자극한다.
- 유리된 (㉠)은 액틴(Actin) 세사의 (㉡)에 결합하고, (㉡)은 (㉢)을 이동시켜 마이오신(Myosin) 머리가 액틴과 결합할 수 있도록 한다.

	㉠	㉡	㉢
①	칼륨	트로포닌	트로포마이오신
②	칼슘	트로포마이오신	트로포닌
③	칼륨	트로포마이오신	트로포닌
④	칼슘	트로포닌	트로포마이오신

11 〈그림〉은 폐활량계를 활용하여 측정한 폐용적(량)을 나타낸 것이다. ㉠~㉣에서 안정 시와 비교하여 운동 시 변화에 대한 설명으로 옳은 것은?

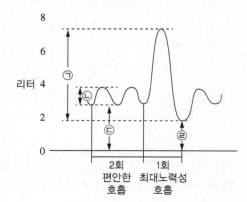

2회 편안한 호흡
1회 최대노력성 호흡

① ㉠ – 증가
② ㉡ – 감소
③ ㉢ – 감소
④ ㉣ – 증가

12 〈보기〉 중 저항성 트레이닝 후 생리적 적응으로 옳은 것을 모두 고른 것은? 기출 20

> ㉠ 골 무기질 함량 증가
> ㉡ 액틴(Actin) 단백질 양 증가
> ㉢ 시냅스(Synapse) 소포 수 감소
> ㉣ 신경근접합부(Neuromuscular Junction) 크기 감소

① ㉠
② ㉠, ㉡
③ ㉠, ㉡, ㉢
④ ㉠, ㉡, ㉢, ㉣

13 〈보기〉 중 지구성 트레이닝 후 1회 박출량(Stroke Volume) 증가에 기여하는 요인으로 옳은 것만 나열된 것은? 기출 16, 17, 18, 19, 23

> ㉠ 동일한 절대 강도 운동 시 확장기말 용적(End–diastolic Volume) 감소
> ㉡ 동일한 절대 강도 운동 시 수축기말 용적(End–systolic Volume) 증가
> ㉢ 동일한 절대 강도 운동 시 확장기(Diastolic) 혈액 충만 시간 증가
> ㉣ 동일한 절대 강도 운동 시 심박수 감소

① ㉠, ㉡
② ㉠, ㉢
③ ㉡, ㉢
④ ㉢, ㉣

14 〈보기〉의 ㉠, ㉡에 들어갈 내용으로 옳은 것은? 기출 18, 20, 21, 23

> • 골격근의 신장성 수축은 수축 속도가 (㉠) 더 큰 힘이 생성된다.
> • 동일 골격근에서 단축성 수축은 신장성 수축에 비해 같은 속도에서 더 (㉡) 힘이 생성된다.

	㉠	㉡
①	빠를수록	작 은
②	느릴수록	작 은
③	느릴수록	큰
④	빠를수록	큰

15 혈액순환 시 혈압의 감소가 가장 크게 발생하는 혈관으로 옳은 것은?

① 모세혈관(Capillary)
② 세동맥(Arteriole)
③ 세정맥(Venule)
④ 대동맥(Aorta)

16 스프린트 트레이닝 후 나타나는 생리적 적응으로 옳은 것은? 기출 19, 20

① 속근 섬유 비대 – 해당과정을 통한 ATP 생산능력 향상
② 지근 섬유 비대 – 해당과정을 통한 ATP 생산능력 향상
③ 속근 섬유 비대 – 해당과정을 통한 ATP 생산능력 저하
④ 지근 섬유 비대 – 해당과정을 통한 ATP 생산능력 저하

17 〈보기〉의 ㉠, ㉡에 들어갈 용어로 옳은 것은? 기출 17, 23

> 지방의 베타(β) 산화는 중성지방으로부터 분리된 (㉠)이 미토콘드리아 내에서 여러 단계를 거쳐 (㉡)(으)로 전환되는 과정을 뜻한다.

	㉠	㉡
①	유리지방산 (Free Fatty Acid)	아세틸 조효소-A (Acetyl CoA)
②	유리지방산 (Free Fatty Acid)	젖 산 (Lactic Acid)
③	글리세롤 (Glycerol)	아세틸 조효소-A (Acetyl CoA)
④	글리세롤 (Glycerol)	젖 산 (Lactic Acid)

18 〈보기〉의 ㉠, ㉡에 들어갈 용어로 옳은 것은? 기출 17, 18, 19, 20

> 운동 시 교감신경계가 활성화되면, 골격근으로의 혈류량은 (㉠)하고 내장기관으로의 혈류량은 (㉡)한다.

	㉠	㉡
①	감 소	증 가
②	감 소	감 소
③	증 가	감 소
④	증 가	증 가

19 〈보기〉 중 옳은 것으로만 나열된 것은? 기출 17, 18, 19, 20, 21, 23

> ㉠ 인슐린(Insulin)은 혈당을 증가시킨다.
> ㉡ 성장호르몬(Growth Hormone)은 단백질 합성을 감소시킨다.
> ㉢ 에리스로포이에틴(Erythropoietin)은 적혈구 생산을 촉진시킨다.
> ㉣ 항이뇨호르몬(Antidiuretic Hormone)은 수분손실을 감소시킨다.

① ㉠, ㉡   ② ㉠, ㉢
③ ㉡, ㉣   ④ ㉢, ㉣

20 막 전위의 변화를 나타낸 그림에서 ㉠~㉣ 중 탈분극(Depolarization)에 해당하는 시점으로 옳은 것은? 기출 18

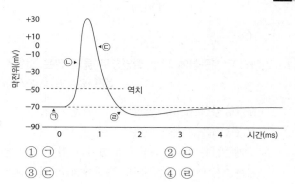

① ㉠   ② ㉡
③ ㉢   ④ ㉣

01 운동역학(Sports Biomechanics) 연구의 목적과 내용으로 옳지 않은 것은? 기출 15, 16, 17, 18, 19, 21, 23

① 동작분석
② 운동장비 개발
③ 부상 기전 규명
④ 운동 유전자 검사

02 인체의 움직임을 표현하는 용어로 옳지 않은 것은? 기출 16, 17, 18, 19

① 굽힘(굴곡, Flexion)은 관절을 형성하는 뼈들이 이루는 각이 작아지는 움직임이다.
② 폄(신전, Extension)은 관절을 형성하는 뼈들이 이루는 각이 커지는 움직임이다.
③ 벌림(외전, Abduction)은 뼈의 세로축이 신체의 중심선으로 가까워지는 움직임이다.
④ 발등굽힘(배측굴곡, Dorsi Flexion)은 발등이 정강이뼈(경골, Tibia) 앞쪽으로 향하는 움직임이다.

03 인체의 무게중심에 관한 설명으로 옳지 않은 것은? 기출 15, 16, 17, 19, 20, 21, 23

① 무게중심의 높이는 안정성에 영향을 준다.
② 무게중심은 인체를 벗어나 위치할 수 없다.
③ 무게중심은 토크(Torque)의 합이 '0'인 지점이다.
④ 무게중심의 위치는 자세의 변화에 따라 달라진다.

04 〈그림〉에서 인체 지레의 구성으로 옳은 것은? 기출 15, 17, 18, 19, 20, 21, 23

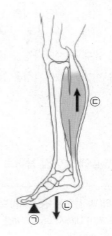

	㉠	㉡	㉢
①	받침점	힘 점	저항점
②	저항점	받침점	힘 점
③	받침점	저항점	힘 점
④	힘 점	저항점	받침점

05 운동학적(Kinematic) 및 운동역학적(Kinetic) 변인에 대한 설명으로 옳지 않은 것은? 기출 16, 18

① 질량(Mass)은 크기만을 갖는 물리량이다.
② 시간(Time)은 크기만을 갖는 물리량이다.
③ 힘(Force)은 크기만을 갖는 물리량이다.
④ 거리(Distance)는 시작점에서 끝점까지 이동한 궤적의 총합으로 크기만을 갖는 물리량이다.

06 각운동에 대한 설명으로 옳지 않은 것은? 기출 16, 20

① 각속도(Angular Velocity)는 각변위를 소요시간으로 나눈 값이다.
② 각가속도(Angular Acceleration)는 각속도의 변화를 소요시간으로 나눈 값이다.
③ 1라디안(Radian)은 원(Circle)에서 반지름과 호의 길이가 같을 때의 각으로 57.3°이다.
④ 시계 방향으로 회전된 각변위(Angular Displacement)는 양(+)의 값으로 나타내고, 반시계 방향으로 회전된 각변위는 음(−)의 값으로 나타낸다.

07 투사체 운동에 대한 설명으로 옳은 것은?(단, 공기저항은 고려하지 않음) 기출 17, 19

① 투사체에 작용하는 외력은 존재하지 않는다.
② 투사체의 수평속도는 초기속도의 수평성분과 크기가 같다.
③ 투사체의 수직속도는 9.8m/s로 일정하다.
④ 투사높이와 착지높이가 같을 경우, 38.5°의 투사각도로 던질 때 최대의 수평거리를 얻을 수 있다.

08 골프 스윙 동작에서 임팩트 시 클럽헤드의 선속도를 증가시키는 방법으로 옳지 않은 것은? 기출 17, 20

① 스윙 탑에서부터 어깨관절을 축으로 회전반지름을 최대한 크게해서 빠른 몸통회전을 유도한다.
② 임팩트 전까지 손목 코킹(Cocking)을 최대한 유지하여 빠른 몸통회전을 유도한다.
③ 임팩트 시점에는 팔꿈치를 펴서 회전반지름을 증가시킨다.
④ 임팩트 시점에는 언코킹(Uncocking)을 통해 회전반지름을 증가시킨다.

09 힘(Force)의 개념에 대한 설명으로 옳지 않은 것은? 기출 16, 17, 20

① 힘의 단위는 N(Newton)이다.
② 힘은 합성과 분해가 가능하다.
③ 힘이 작용한 반대 방향으로 가속도가 발생한다.
④ 힘의 크기가 증가하면 그 힘을 받는 물체의 가속도가 증가한다.

10 압력과 충격량에 관한 설명 중 옳지 않은 것은? 기출 18, 21, 23

① 유도에서 낙법은 신체가 지면에 닿는 면적을 넓혀 압력을 증가시키는 기술이다.
② 권투에서 상대방의 주먹을 비켜 맞도록 동작을 취하여 신체가 받는 압력을 감소시킨다.
③ 높은 곳에서 뛰어내릴 때 무릎관절 굽힘을 통해 충격 받는 시간을 늘리면 신체에 가해지는 충격력의 크기는 감소된다.
④ 골프 클럽헤드와 볼의 접촉구간에서 충격력을 유지하면서 접촉시간을 증가시키면 충격량은 증가하게 된다.

11 마찰력(F_f)에 대한 설명으로 옳은 것은? 기출 18, 19, 21

① 아스팔트 도로에서 마찰계수는 구름 운동보다 미끄럼 운동일 때 더 작다.
② 마찰력은 물체 표면에 수직으로 작용하는 힘과 관계가 있다.
③ 최대정지마찰력은 운동마찰력보다 작다.
④ 마찰력은 물체의 이동 방향과 같은 방향으로 작용한다.

12 양력에 대한 설명으로 옳지 않은 것은? 기출 18, 21

① 양력은 물체가 이동하는 방향의 반대 방향으로 작용한다.
② 양력은 베르누이 원리(Bernoulli Principle)로 설명된다.
③ 양력은 형태의 비대칭성, 회전(Spin) 등에 의해 발생한다.
④ 양력은 물체의 중심선과 진행하는 방향이 이루는 공격각(Angle of Attack)에 의해 발생한다.

13 충돌에 관한 설명으로 옳지 않은 것은? 기출 20

① 탄성(Elasticity)은 충돌하는 물체의 재질, 온도, 충돌 강도 등에 따라 그 정도가 달라진다.
② 탄성은 어떠한 물체에 힘이 가해졌을 때, 그 물체가 변형되었다가 원래 상태로 되돌아가려는 성질을 말한다.
③ 복원계수(반발계수, Coefficient of Restitution)는 단위가 없고 0에서 1 사이의 값을 갖는다.
④ 농구공을 1m 높이에서 떨어뜨려 지면으로부터 64cm 높이까지 튀어 올랐을 때의 복원계수는 0.64이다.

14 다이빙 공중회전 동작을 수행할 때 신체 좌우축(Mediolateral Axis)을 기준으로 회전속도를 가장 크게 만드는 동작으로 옳은 것은?(단, 해부학적 자세를 기준으로)
기출 16, 18, 19, 21, 23

① 두 팔을 머리 위로 올리고, 머리를 뒤로 최대한 젖힌다.
② 신체를 최대한 좌우축에 가깝게 모으는 자세를 취한다.
③ 상체와 두 다리를 최대한 폄 시킨다.
④ 두 팔을 머리 위로 올리고, 두 다리는 최대한 곧게 뻗는 자세를 취한다.

15 일률(파워, Power)에 대한 설명으로 옳은 것은?
기출 17, 18, 19, 23

① 단위는 J(Joule)이다.
② 힘과 속도의 곱으로 구한다.
③ 이동거리는 고려하지 않는다.
④ 소요시간을 길게 하면 증가한다.

16 〈그림〉의 장대높이뛰기에서 역학적 에너지의 변화 과정을 순서대로 나열한 것은? 기출 16, 17, 19, 20

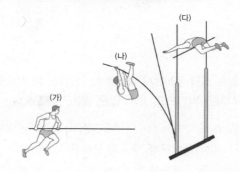

	(가)		(나)		(다)
①	탄성 에너지	→	운동 에너지	→	위치 에너지
②	탄성 에너지	→	위치 에너지	→	운동 에너지
③	위치 에너지	→	운동 에너지	→	탄성 에너지
④	운동 에너지	→	탄성 에너지	→	위치 에너지

17 〈보기〉의 ㉠, ㉡ 안에 들어갈 내용으로 옳은 것은?

> (㉠)은 다양한 장비를 활용하여 동작 및 힘 정보를 수치화하고 분석하는 방법이다. (㉡)을 통해 객관적이고 정확한 정보를 획득할 수 있으며, 주관적인 판단을 배제할 수 있다.

	㉠	㉡
①	정성적 분석	정량적 분석
②	정량적 분석	정성적 분석
③	정성적 분석	정성적 분석
④	정량적 분석	정량적 분석

18 달리기 출발구간 분석에서 〈표〉의 ㉠, ㉡, ㉢에 들어갈 측정장비로 옳은 것은? 기출 17, 23

측정장비	분석 변인
㉠	넙다리곧은근(대퇴직근, Rectus Femoris)의 활성도
㉡	압력중심의 위치
㉢	무릎 관절 각속도

	㉠	㉡	㉢
①	동작분석기	GPS시스템	지면반력기
②	동작분석기	지면반력기	지면반력기
③	근전도분석기	GPS시스템	동작분석기
④	근전도분석기	지면반력기	동작분석기

19 지면반력의 측정과 활용에 관한 설명으로 옳은 것은? 기출 17, 19, 20, 23

① 지면반력기는 수직 방향으로 작용하는 힘만 측정할 수 있다.

② 지면반력기에서 산출된 힘은 인체의 근력으로 지면에 가하는 작용력이다.

③ 높이뛰기 도약 동작분석 시 지면반력기에 작용한 힘의 소요시간을 측정할 수 있다.

④ 보행 분석에서 발이 지면에 착지하면서 앞으로 미는 힘은 추진력, 발 앞꿈치가 지면으로부터 떨어지기 전에 뒤로 미는 힘은 제동력을 의미한다.

20 〈그림〉과 같이 팔꿈치 관절을 축으로 쇠공을 들고 정적(Static) 동작을 유지하기 위해서 위팔두갈래근(상완이두근, Biceps Brachii)이 발생시켜야 할 힘(F_B)의 크기로 옳은 것은?

> **조 건**
> • 손, 아래팔(전완), 쇠공을 합한 무게는 50N이다.
> • 팔꿈치 관절점(E_J)에서 위팔두갈래근의 부착점까지의 거리는 2cm이다.
> • 팔꿈치 관절점에서 손, 아래팔, 쇠공을 합한 무게중심(C_G)까지의 거리는 20cm이다.
> • 위팔두갈래근은 아래팔에 90°로 부착되었다고 가정한다.

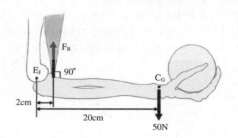

① 100N

② 400N

③ 500N

④ 1,000N

01 '도덕적 선(善)'의 의미를 내포한 것으로 옳은 것은?

기출 19

① 축구 경기에서 득점과 연결되는 '좋은' 패스
② 피겨스케이팅 경기에서 고난도의 '좋은' 연기
③ 농구 경기에서 상대 속공을 차단하는 수비수의 '좋은' 반칙
④ 경기에 패배했음에도 불구하고 상대팀에게 박수를 보내는 '좋은' 매너

02 〈보기〉에서 ㉠, ㉡에 들어갈 용어로 옳은 것은?

> 롤스(J. Rawls)는 (㉠)이 인간 발전의 조건이며, 모든 이의 관점에서 선이 된다고 하였다. 스포츠는 신체적 (㉡)을 훈련과 노력으로 극복하며, 기회의 균등이 정의로 작용하고 있음을 보여준다. 즉 인간이 갖는 신체적 능력의 (㉡)은 오히려 (㉠)을 개발할 기회를 마련해주며, 이를 통해 **스포츠** 전체의 선(善)이 강화된다.

	㉠	㉡
①	탁월성	평 등
②	규범성	조 건
③	탁월성	불평등
④	규범성	불평등

03 〈보기〉에서 가치판단으로 옳은 것을 모두 고른 것은?

기출 16, 17, 18, 20, 21

> ㉠ 체조경기에서 선수들의 연기는 아름답다.
> ㉡ 건강을 위해서는 고지방 음식을 피해야 한다.
> ㉢ 시합이 끝난 후 상대방에게 인사를 하는 것은 옳은 행위이다.
> ㉣ 이상화는 2010년 밴쿠버동계올림픽경기대회에서 금메달을 획득하였다.

① ㉠, ㉢
② ㉡, ㉢
③ ㉠, ㉡, ㉢
④ ㉠, ㉡, ㉢, ㉣

04 〈보기〉에서 설명하는 윤리 이론으로 옳은 것은?

기출 17, 18, 23

> • 모든 스포츠인의 권리는 동등하게 보장되어야 한다.
> • 스포츠 규칙 제정은 공평성과 평등의 원칙에 근거해야 한다.
> • 선수의 행동이 좋은 결과를 얻었다면 도덕적으로 옳은 것이다.

① 공리주의
② 의무주의
③ 덕윤리
④ 배려윤리

05 아곤(Agon)과 아레테(Arete)에 관한 설명으로 옳지 않은 것은? 기출 15, 16, 17, 18, 20, 21

① 아곤은 경쟁과 승리를 추구한다.
② 아곤은 타인과의 비교를 전제하지 않는다.
③ 아레테는 아곤보다 더 포괄적인 개념이다.
④ 아레테는 신체적·도덕적 탁월성을 추구한다.

06 스포츠 경기에 적용되는 과학기술에 관한 설명으로 옳지 않은 것은? 기출 21

① 유전자 치료를 통한 스포츠 수행력의 향상은 일종의 도핑에 해당한다.
② 야구의 압축배트, 최첨단 전신수영복 등은 경기의 공정성 확보에 기여한다.
③ 도핑 시스템은 선수의 불공정한 행위를 감시하고 적발하는 데 도움이 된다.
④ 태권도의 전자호구, 축구의 비디오 보조 심판(VAR ; Video Assistant Referees)은 기록의 객관성과 신뢰성을 높인다.

07 〈보기〉에서 ㉠, ㉡에 들어갈 용어로 옳은 것은?

독일의 철학자 (㉠)는 인간의 행위에 대한 탐구를 통해 성공적인 삶을 실현하는 사회적 조건으로 (㉡)을 들고 있다. 인간은 누구나 타인에게 (㉡)을 받고 싶은 욕구가 있다. 스포츠에서 승리에 대한 욕구는 가장 원초적인 (㉡)투쟁이라고 할 수 있다.

	㉠	㉡
①	호네트(A. Honneth)	인 정
②	호네트(A. Honneth)	보 상
③	아렌트(H. Arendt)	인 정
④	아렌트(H. Arendt)	보 상

08 〈보기〉에서 의무론적 도덕 추론으로 옳은 것을 모두 고른 것은? 기출 16, 17, 18, 19, 20, 23

㉠ 의무론적 도덕 추론은 가언적 도덕 추론이라고도 한다.
㉡ 스포츠지도자, 선수 등의 행위 주체에 초점을 맞추고 있다.
㉢ 행위의 결과에 상관없이 절대적인 도덕규칙에 따라 판단을 내린다.
㉣ 선의지는 도덕적인 선수가 갖추어야 할 내적인 태도이자 도덕적 행위의 필요충분조건이다.
㉤ 정정당당하게 경기에 임하려는 선수의 착한 의지는 경기결과에 상관없이 그 자체로 선한 것이다.

① ㉠, ㉡, ㉢
② ㉠, ㉢, ㉣
③ ㉡, ㉣, ㉤
④ ㉢, ㉣, ㉤

09 〈보기〉의 ㉠~㉢에 해당하는 정의의 유형으로 옳은 것은? 기출 17, 18, 20, 21, 23

㉠ 유소년 축구 생활체육지도자 A는 남녀학생 구분 없이 경기에 참여하도록 했다. 또한 장애 학생에게도 비장애 학생과 동일한 참여 시간을 보장했다.
㉡ 테니스 경기에서는 공정한 경기를 위해 코트를 바꿔가며 게임을 하도록 규칙을 적용한다.
㉢ B지역 체육회는 당해 연도에 소속 선수의 경기실적에 따라 연봉을 차등 지급하기로 결정했다.

	㉠	㉡	㉢
①	평균적	절차적	분배적
②	평균적	분배적	절차적
③	절차적	평균적	분배적
④	분배적	절차적	평균적

10 셸러(M. Scheler)의 가치 서열 기준과 이를 스포츠에 적용한 사례로 연결이 옳지 않은 것은?

① 지속성 – 도핑으로 메달을 획득하는 것보다 지속적으로 훈련을 하여 경기에 참여하는 것이 가치가 더 높다.

② 만족의 깊이 – 자신의 실수를 인정하여 패배하는 것이 속임수를 쓰고 승리하여 메달을 획득하는 것보다 가치가 더 높다.

③ 근거성 – 올림픽 경기에서 메달 획득으로 병역 혜택을 받는 것보다 올림픽 정신을 토대로 세계적인 선수들과 정정당당하게 겨루는 것이 가치가 더 높다.

④ 분할 향유 가능성 – 상위 팀이 상금(몫)을 독점하는 것보다는 적더라도 보다 많은 팀이 상금(몫)을 받도록 하는 것이 가치가 더 높다.

11 〈보기〉의 ㉠에 해당하는 레스트(J. Rest)의 도덕성 구성 요소로 옳은 것은? 기출 19, 21

> (㉠)은/는 스포츠 현장에서 발생하는 특정 상황 속에 내포된 도덕적 이슈들을 감지하고 그 상황에서 어떠한 행동을 할 수 있으며 그 행동들이 관련된 사람들에게 어떤 영향을 미칠 수 있는가를 상상하는 것을 말한다.

① 도덕적 감수성(Moral Sensitivity)

② 도덕적 판단력(Moral Judgement)

③ 도덕적 동기화(Moral Motivation)

④ 도덕적 품성화(Moral Character)

12 〈보기〉의 설명과 관계있는 자연중심주의 사상가로 옳은 것은? 기출 16

> • 생태윤리에 대한 규칙 – 불침해, 불간섭, 신뢰, 보상적 정의
> • 스포츠에 의한 환경오염 발생 시 스포츠 폐지 권고
> • 인간의 욕구를 위해 동물의 생존권을 유린하는 스포츠 금지

① 베르크(A. Berque)

② 테일러(P. Taylor)

③ 슈바이처(A. Schweitzer)

④ 하이젠베르크(W. Heisenberg)

13 〈보기〉에서 설명하는 사건으로 옳지 않은 것은? 기출 15, 18, 19, 20, 21, 23

> • 1964년 리마에서 개최된 페루·아르헨티나의 축구 경기에서 경기장 내 폭력으로 300여 명 사망
> • 1969년 온두라스와 엘살바도르의 축구 전쟁
> • 1985년 벨기에 헤이젤 경기장에서 열린 리버풀과 유벤투스의 경기에서 응원단이 충돌하여 39명 사망

① 경기 중 관중의 폭력

② 아파르트헤이트(Apartheid)

③ 위협적 응원문화

④ 훌리거니즘(Hooliganism)

14 폭력을 설명한 학자의 개념과 그에 대한 설명으로 옳은 것은? 기출 18, 20, 21

① 푸코(M. Foucault)의 '분노' – 스포츠 현장에서 인간 내면의 분노로 시작된 폭력은 전용되고 악순환을 반복하는 경향이 있다.

② 아리스토텔레스(Aristotle)의 '규율과 권력' – 스포츠계에서 위계적 권력 관계는 폭력으로 변질되어 표출된다.

③ 홉스(T. Hobbes)의 '악의 평범성' – 폭력이 관행화 된 스포츠계에서는 폭력에 대한 죄책감이 없어진다.

④ 지라르(R. Girard)의 '모방적 경쟁' – 자신이 닮고자 하는 운동선수를 모방하게 되듯이 인간 폭력의 원인을 공격 본능이 아닌 모방적 경쟁관계에서 찾는다.

15 〈보기〉의 ㉠~㉢에 해당하는 용어로 옳은 것은?

> 스포츠 조직에서 (㉠)은/는 기업의 가치경영을 넘어 정성적 규범기준까지 확장된 스포츠 사회·윤리적 가치체계를 의미한다. 이러한 체계가 실효성 있게 작동되기 위해서는 경영자의 윤리적 (㉡)와 경영의 (㉢) 확보가 선행되어야 한다.

	㉠	㉡	㉢
①	기업윤리	공동체	투명성
②	윤리경영	실천의지	투명성
③	기업윤리	실천의지	공정성
④	윤리경영	공동체	공정성

16 체육의 공정성 확보와 체육인의 인권보호를 위해 설립된 스포츠윤리센터의 역할로 옳지 않은 것은? 기출 21, 23

① 스포츠비리 및 체육계 인권침해에 대한 실태조사

② 스포츠비리 및 체육계 인권침해 방지를 위한 예방교육

③ 신고자 및 가해자에 대한 치료와 상담, 법률 지원, 임시보호 연계

④ 체육계 인권침해 및 스포츠비리 등에 대한 신고 접수와 조사

17 〈보기〉의 내용과 관련 있는 용어로 옳은 것은? 기출 15, 16, 17, 18, 19, 21, 23

> • 상대 존중, 최선, 공정성 등을 포함
> • 경쟁이 갖는 잠재적 부도덕성의 제어
> • 스포츠 참가자가 마땅히 따라야 할 준칙과 태도
> • 스포츠의 긍정적 가치를 유지하려는 도덕적 기제

① 테크네(Techne)

② 젠틀맨십(Gentlemanship)

③ 스포츠맨십(Sportsmanship)

④ 리더십(Leadership)

18 〈보기〉의 대화에서 나타나는 스포츠 차별로 옳은 것은?

기출 15, 18, 19, 20, 21, 23

> 영은 : 저 백인 선수는 성공하기 위해서 얼마나 많은 노력과 땀을 흘렸을까.
> 상현 : 자기를 희생하면서도 끝없는 자기관리와 투지의 결과일 거야.
> 영은 : 그에 비해 저 흑인 선수가 구사하는 기술은 누구도 가르칠 수 없는 묘기이지.
> 상현 : 아마도 타고나지 않으면 할 수 없는 거지. 천부적인 재능이야.

① 성차별
② 스포츠 종목 차별
③ 인종차별
④ 장애차별

20 〈보기〉에서 스포츠 인권에 대한 내용으로 옳은 것을 모두 고른 것은? 기출 16, 18, 19

> ㉠ 모든 사람은 평등하게 스포츠와 신체활동에 참여할 권리를 가진다.
> ㉡ 국가 차원에서 체계적인 스포츠 인권 정책을 마련해야 한다.
> ㉢ 스포츠의 종목이나 대상에 따라 권리가 상대적으로 보장되어야 한다.
> ㉣ 국가는 장애인이 스포츠 활동 참여의 권리를 동등하게 보장받도록 노력해야 한다.

① ㉠, ㉢
② ㉠, ㉣
③ ㉠, ㉡, ㉢
④ ㉠, ㉡, ㉣

19 〈보기〉의 설명과 관련 있는 제도로 옳은 것은?

기출 15, 19

> 학생선수가 일정 수준의 학력기준에 도달하지 못한 경우에는 별도의 기초학력보장 프로그램을 운영한다. 학교의 장은 필요한 경우 학생선수의 경기대회 출전을 제한할 수 있다.

① 최저학력제
② 체육특기자 제도
③ 운동부의 인권보장제
④ 학생선수의 생활권 보장제도

2021 선택과목 기출문제

▶ 정답과 해설 529p

01 스포츠사회학

01 스포츠사회학에 관한 설명으로 옳지 않은 것은?

기출 15, 16, 17, 19

① 스포츠 현장의 사회구조와 사회과정을 설명하는 학문이다.
② 운동참여자의 운동수행능력과 관련된 직접적인 원인을 설명한다.
③ 사회학의 하위분야로 스포츠현장의 인간행동을 예측하고 이해한다.
④ 스포츠는 사회영역과 밀접한 관계를 맺고 있어 통찰과 분석이 필요하다.

02 〈보기〉에서 설명하는 스포츠의 국제 정치적 사건으로 옳은 것은? 기출 20

- 온두라스와 엘살바도르 간의 갈등 심화
- 1969년 중남미 월드컵 지역 예선 경기에서 발생

① 축구전쟁
② 헤이젤 참사
③ 검은 구월단
④ 핑퐁외교

03 파슨즈(T. Parsons)의 AGIL 모형에 근거한 스포츠의 사회적 기능으로 옳지 않은 것은?

① 적 응
② 통 합
③ 목표성취
④ 상업주의

04 훌리한(B. Houlihan)이 제시한 정부(정치)가 스포츠에 개입하는 목적으로 옳지 않은 것은?

① 시민들의 건강 및 체력유지를 위해 반도핑 기구에 재원을 지원한다.
② 스포츠 현장에서 인종차별을 해소하기 위해 Title IX 법안을 제정했다.
③ 게르만족의 우월성을 강조하기 위해 1936년 베를린 올림픽을 개최하였다.
④ 공공질서를 보호하기 위해 공원에서 스케이트보드 금지, 헬멧 착용 등의 도시조례가 제정되었다.

05 〈보기〉에서 프로스포츠의 순기능으로 옳은 것을 모두 고른 것은? 기출 16, 23

> ㉠ 스포츠의 대중화
> ㉡ 생활의 활력소 역할
> ㉢ 지역사회 연대감 증대
> ㉣ 아마추어 스포츠의 활성화

① ㉠
② ㉠, ㉡
③ ㉠, ㉡, ㉢
④ ㉠, ㉡, ㉢, ㉣

06 〈보기〉에서 스포츠 상업화에 따른 변화로 옳은 것을 모두 고른 것은? 기출 15, 17, 18, 19, 22, 23

> ㉠ 프로페셔널리즘 추구
> ㉡ 심미적 가치의 경시
> ㉢ 직업선수의 등장
> ㉣ 아마추어리즘의 강조
> ㉤ 스포츠조직의 세계화
> ㉥ 농구 쿼터제 도입

① ㉠, ㉡, ㉢, ㉥
② ㉠, ㉢, ㉤, ㉥
③ ㉡, ㉢, ㉣, ㉤
④ ㉡, ㉣, ㉤, ㉥

07 〈보기〉에서 투민(M. Tumin)의 스포츠계층 형성과정의 서열화에 관한 설명 중 옳은 것을 모두 고른 것은?
기출 18, 20, 22, 23

> ㉠ 특정 선수를 선망의 대상으로 생각하거나 팬으로서 특정 선수를 좋아한다.
> ㉡ 스포츠 팀 구성원으로 자신의 능력이 팀의 승리에 미치는 영향력이 커야 한다.
> ㉢ 뛰어난 운동신경과 능력뿐만 아니라 탁월한 개인적 특성을 갖추고 있어야 한다.
> ㉣ 특정 스포츠 영역에서 요구되는 운동기술이 특출한 기량을 발휘해야 한다.

① ㉠, ㉡
② ㉠, ㉢
③ ㉠, ㉡, ㉢
④ ㉡, ㉢, ㉣

08 로이(J. Loy)와 레오나르드(G. Leonard)가 제시한 사회이동 기제로서 스포츠 역할의 근거로 옳지 않은 것은?

① 프로스포츠 선수들은 다양한 형태의 후원 및 광고출연의 기회가 있다.
② 조직적인 스포츠 참가는 직·간접적으로 교육적 성취도를 향상시킨다.
③ 스포츠의 참가 기회 및 결과는 공정하기 때문에 상승이동에 기여한다.
④ 사회생활을 하는 데 가치 있다고 여겨지는 태도 및 행동 양식을 학습시킨다.

09 스포츠 미디어 이론에 관한 설명으로 옳지 않은 것은?
기출 19, 22, 23

① 문화규범이론 – 문화적 차이에 의해 핫 미디어와 쿨 미디어로 나누어진다.
② 사회범주이론 – 미디어의 영향력은 성, 연령, 계층 등에 따라 다르게 반영된다.
③ 개인차 이론 – 대중들은 능동적 수용자로서 심리적 욕구를 만족하기 위해 매스미디어를 활용한다.
④ 사회관계이론 – 미디어를 통한 개인의 스포츠 소비 형태는 중요타자의 가치와 소비행동에 의해 영향을 받는다.

10 〈보기〉의 ⑦~②에 해당하는 머튼(R. Merton)의 아노미 이론에서 제시한 일탈행동 유형으로 옳은 것은? `기출 18, 22`

> ⑦ 벤 존슨은 불법약물복용으로 올림픽 금메달을 박탈당했다.
> ⑥ 승리에 대한 집념보다는 규칙을 지키며 최선을 다해 경기에 참여한다.
> ⑥ 스스로 실력의 한계를 느끼고 운동부에서 탈퇴한다.
> ② 학생선수의 학습권을 보장하기 위해 최저학력제를 도입하였다.

	⑦	⑥	⑥	②
①	혁신주의	반역주의	도피주의	의례주의
②	반역주의	혁신주의	의례주의	도피주의
③	혁신주의	의례주의	도피주의	반역주의
④	의례주의	반역주의	혁신주의	도피주의

11 〈보기〉의 ⑦~②에 해당하는 집합행동 이론으로 옳은 것은? `기출 20, 23`

> ⑦ 군중은 피암시성, 순환적 반작용에 의해 폭력적 집단행동이 나타난다.
> ⑥ 군중들의 반사회적 성향이 익명성, 몰개성화에 의해 집합행동으로 나타난다.
> ⑥ 특정 사회적 상황에서의 공유의식은 구성원의 감정과 정숙 정도, 수용성 등에 영향을 준다.
> ② 선행적 사회구조적·문화적 요인으로 인한 단계적 절차는 집합행동을 생성, 발전 및 소멸시킨다.

	⑦	⑥	⑥	②
①	전염이론	수렴이론	규범생성이론	부가가치이론
②	수렴이론	전염이론	부가가치이론	규범생성이론
③	규범생성이론	부가가치이론	수렴이론	전염이론
④	부가가치이론	규범생성이론	전염이론	수렴이론

12 〈보기〉는 코클리(J. Coakley)가 제시한 일탈적 과잉동조를 유발하는 스포츠 윤리규범의 유형과 특징에 관한 설명이다. ⑦~⑥에 들어갈 내용으로 옳은 것은? `기출 19, 22, 23`

> (⑦) – 운동선수는 위험을 받아들이고 고통 속에서도 경기에 참여해야 한다.
> (⑥) – 운동선수는 장애물을 극복하고 역경을 헤쳐 나가는 노력을 해야 한다.
> (⑥) – 운동선수는 경기에 헌신해야 하며 이를 그들의 삶에서 우선순위에 두어야 한다.
> 구분짓기규범 – 다른 선수와의 차별성을 강조하며, 운동선수는 경기에서 탁월함을 추구해야 한다.

	⑦	⑥	⑥
①	몰입규범	도전규범	인내규범
②	몰입규범	인내규범	도전규범
③	인내규범	도전규범	몰입규범
④	인내규범	몰입규범	도전규범

13 〈보기〉에서 매기(J. Magee)와 서덴(J. Sugden)이 제시한 스포츠의 노동이주 유형으로 옳은 것은? `기출 23`

> • 종목의 특성으로 인해 국가 간 이동이 발생한다.
> • 개인의 취향에 의해 선택하는 경우도 발생한다.
> • 흥미로운 장소를 돌면서 스포츠를 즐기는 유형이다.

① 유목민형
② 정착민형
③ 개척자형
④ 귀향민형

14 〈보기〉에서 설명하는 스포츠일탈이론의 관점으로 옳은 것은? 기출 20, 22, 23

> • 동일한 행위도 상황에 따라 일탈로 규정되거나 그렇지 않을 수 있다.
> • 경기장에도 다양한 일탈 행동으로 낙인 찍힌 선수들이 있다.

① 갈등론적 관점
② 구조기능주의 관점
③ 상징적 상호작용론적 관점
④ 비판론적 관점

15 〈보기〉의 ㉠~㉢에 해당하는 스포츠사회화 과정으로 옳은 것은? 기출 15, 18, 19, 20, 22, 23

> (㉠) – 테니스 지도자가 되어 초등학교에서 테니스를 가르치게 되었다.
> (㉡) – 부모님의 권유로 테니스를 배우게 되었다.
> (㉢) – 테니스참여를 통해 사회성, 준법정신이 강한 선수가 되었다.
> 스포츠 탈사회화 – 무릎인대 손상으로 테니스선수생활을 그만두었다.

	㉠	㉡	㉢
①	스포츠 재사회화	스포츠를 통한 사회화	스포츠로의 사회화
②	스포츠로의 사회화	스포츠 재사회화	스포츠를 통한 사회화
③	스포츠를 통한 사회화	스포츠로의 사회화	스포츠 재사회화
④	스포츠 재사회화	스포츠로의 사회화	스포츠를 통한 사회화

16 〈보기〉에서 신자유주의 시대 스포츠세계화의 특징에 해당하는 것 중 옳은 것을 모두 고른 것은? 기출 16, 19, 22

> ㉠ 스포츠 시장의 경계가 국경을 초월해 전 세계로 확대되었다.
> ㉡ 프로스포츠의 이윤 극대화로 인해 빈익빈 부익부 현상이 해소되었다.
> ㉢ 세계인들에게 표준화된 스포츠 상품과 스포츠 문화를 소비하게 만들었다.
> ㉣ 각 나라의 전통스포츠가 전 세계로 보급되어 새로운 스포츠 시장을 개척할 수 있게 되었다.

① ㉠, ㉡
② ㉠, ㉢
③ ㉡, ㉢
④ ㉡, ㉣

17 〈보기〉의 ㉠, ㉡에 해당하는 용어로 옳은 것은? 기출 18

> • 미디어는 스포츠 중계를 통해 시청자들의 상품 소비를 촉진시키는 (㉠) 이데올로기를 생산한다.
> • 미디어는 남성스포츠 경기를 역사적 중요성을 갖고 있는 것처럼 묘사하며, 여성스포츠를 실력보다 외모를 부각시키는 (㉡) 이데올로기를 생산한다.

	㉠	㉡
①	합리주의	젠 더
②	자본주의	젠 더
③	합리주의	성 공
④	자본주의	성 공

18 교육현장에서 스포츠의 역기능에 관한 설명으로 옳지 않은 것은? 기출 16, 17, 19, 20

① 비과학적 훈련 방법은 학생선수를 혹사시킨다.
② 승리지상주의 심화로 인해 교육목표를 결핍시킨다.
③ 참여기회의 제한으로 장애인의 적응력을 배양시킨다.
④ 학교와 팀의 성공을 위해 학생선수의 의도적 유급, 성적 위조 등을 조장한다.

20 미래 스포츠의 변화와 전망에 관한 설명으로 옳지 않은 것은? 기출 16

① 정보통신기술의 발달로 스포츠 관람형태가 다양해진다.
② '기술도핑(Technical Doping)'은 스포츠의 공정성을 훼손한다.
③ 다양한 신소재의 개발은 스포츠의 용품 및 장비 개발에 활용된다.
④ 통신 및 전자매체의 발달로 스포츠에서 미디어의 영향력이 감소된다.

19 〈보기〉에서 설명하는 스포츠사회화 이론으로 옳은 것은? 기출 17, 19, 22, 23

> • 상과 벌을 통해 행동의 변화가 일어난다.
> • 사회화 주관자의 가르침을 통해 행동이 변화한다.
> • 다른 사람의 행동을 관찰하여 모방이 일어난다.

① 사회학습 이론
② 역할 이론
③ 준거집단 이론
④ 문화규범 이론

01 시덴탑(D. Siedentop)이 제시한 스포츠교육 모형의 6가지 핵심적인 특성으로 옳지 않은 것은? 기출 16, 20

① 축제화(Festivity)
② 팀 소속(Affiliation)
③ 유도연습(Guided Practice)
④ 공식경기(Formal Competition)

02 〈보기〉의 방과 후 학교 체육활동 프로그램 개발 시 고려사항에 관한 설명 중 옳은 것으로만 묶인 것은? 기출 17

> ㉠ 학습자의 적성과 흥미를 고려한다.
> ㉡ 구체적인 목표와 미래 지향적 방향을 설정한다.
> ㉢ 교육과정과의 연계보다 프로그램의 특성을 고려한다.
> ㉣ 학교체육시설, 지도 인력, 예산 등은 제약 없이 사용이 가능하므로 이를 반영한다

① ㉠, ㉡
② ㉠, ㉢
③ ㉡, ㉢
④ ㉡, ㉣

03 〈보기〉의 ㉠, ㉡에 해당하는 용어로 옳은 것은? 기출 16

> 1960년대 중반 미국을 중심으로 전개된 (㉠)은 스포츠교육학이 체육학의 하위학문 분야로 성장하는데 촉매제 역할을 하였다. 결국 신체 활동을 지도할 때 학문을 기반으로 한 (㉡) 지식을 스포츠 참여자에게 가르쳐야 한다는 주장이 본격적으로 제기되기 시작했다.

	㉠	㉡
①	체육 학문화 운동	이론적
②	체육 학문화 운동	경험적
③	체육 과학화 운동	경험적
④	체육 과학화 운동	이론적

04 체육활동에서 안전한 학습환경 유지에 관한 설명으로 옳지 않은 것은? 기출 22

① 활동 전에 안전 문제를 예측하고 교구를 배치한다.
② 위험한 상황이 예측되더라도 시작한 과제는 끝까지 수행한다.
③ 안전한 수업운영에 필요한 절차를 학습자들에게 명확히 전달한다.
④ 새로운 연습과제나 게임을 시작할 때 지도자는 지속적으로 학습자를 감독한다.

05 〈보기〉의 성장단계별 스포츠 프로그램의 목적 중 옳은 것을 모두 고른 것은?

> ㉠ 유소년스포츠 – 유아와 아동의 신체적·인지적 발달 도모, 기본적인 사회관계 형성
> ㉡ 청소년스포츠 – 운동기능 습득, 삶의 즐거움과 활력 찾기, 또래친구와의 여가활동 참여
> ㉢ 성인스포츠 – 신체적 건강 유지, 사교, 흥미확대, 사회적 안정 추구

① ㉠
② ㉠, ㉡
③ ㉡, ㉢
④ ㉠, ㉡, ㉢

06 〈보기〉에서 설명하는 스포츠지도자가 고려해야 할 학습자 특성으로 옳은 것은? 기출 19

> 학습자의 성별, 연령, 환경적 요인 등 학습자의 개인차를 고려해서 학습 단계를 결정하는 것이 중요하다.

① 감정 조절
② 발달 수준
③ 공감 능력
④ 동기유발 상태

07 스포츠지도자의 자질과 지도방법에 관한 내용으로 옳지 않은 것은? 기출 16

① 지도자는 높은 성품 수준을 유지하며 모범을 보여야 한다.

② 선수가 수단과 방법을 가리지 않고 승리할 수 있도록 지도한다.

③ 지도자는 재능의 차원과 인성적 차원의 자질을 고루 갖추어야 한다.

④ 선수가 올바른 도덕적 의식을 가지고 자율적으로 실천하도록 지도한다.

08 〈보기〉에서 설명하는 수업 주도성 프로파일의 특성을 나타내는 체육수업 모형으로 옳은 것은? 기출 16, 17, 18, 23

- 학습자는 각 과제의 수행 기준에 도달할 책임이 있다.
- 학습자는 많은 피드백과 높은 수준의 언어적 상호작용의 기회를 갖는다.
- 지도자는 내용선정과 과제제시를 주도하고, 학습자는 수업 진도를 결정한다.

① 전술게임 모형

② 협동학습 모형

③ 개별화지도 모형

④ 개인적 · 사회적책임감 지도 모형

09 〈보기〉에서 스포츠 활동 참여자의 행동 수정 전략을 잘못 이해하고 있는 지도자들로만 묶인 것은? 기출 17

송 코치 – 저는 지도자가 일관성 있게 지도하는 것이 중요하다고 생각해요.

이 코치 – 학습자의 행동 수정에도 그 단계를 설정할 필요가 있는 것 같아요.

김 코치 – 과거의 행동 수준부터 한 번에 많은 변화가 있도록 지도해야 해요.

박 코치 – 목표행동은 간단히 진술하고 그에 따른 결과는 고려하지 않아도 되요.

① 송 코치, 이 코치 　② 이 코치, 김 코치

③ 박 코치, 송 코치 　④ 김 코치, 박 코치

10 다음 〈보기〉에 적힌 박 코치의 수업 일지 내용 중 ㉠, ㉡에 해당하는 용어로 옳은 것은? 기출 18, 22

골프 수업에 참여한 학습자들이 골프 규칙을 비롯해, 골프와 유사한 스포츠의 개념적 특징을 비교 · 분석할 수 있도록 (㉠) 목표를 제시하였다. … (중략) … 또한 각 팀의 1등은 다른 팀의 1등끼리, 2등은 다른 팀의 2등끼리 점수를 비교하여 같은 등수에서 높은 점수를 얻은 학습자에게 정해진 상점을 부여했다. 이와 같이 협동학습 모형의 과제구조 중 (㉡)전략을 사용하였다.

	㉠	㉡
①	정의적	직소(Jigsaw)
②	정의적	팀-보조 수업 (Team-Assisted Instruction)
③	인지적	팀 게임 토너먼트 (Team Games Tournament)
④	인지적	학생 팀-성취 배분 (Student Teams-Achievement Division)

11 학교체육진흥법(2020. 10. 20, 일부 개정)의 제12조에서 규정하고 있는 내용으로 옳지 않은 것은? 기출 16, 17, 18, 19, 20, 22, 23

① 교육감은 학교운동부지도자의 자질 향상 및 전문성 강화를 위하여 연수교육계획을 수립하고, 이를 실시하여야 한다.

② 학교의 장은 학교운동부지도자가 학생선수의 학습권을 박탈하거나 폭력, 금품 · 향응 수수 등의 부적절한 행위를 하였을 경우 학교운영위원회의 심의를 거쳐 계약을 해지할 수 있다.

③ 국가 및 지방자치단체는 학교운동부지도자의 급여에 필요한 경비를 지원하도록 노력해야 한다.

④ 학교운동부지도자의 자격기준, 임용, 급여, 신분, 직무 등에 필요한 사항은 대통령령으로 정한다.

12 〈보기〉의 국민체육진흥법(2020. 8. 18, 일부개정) 제12조의3의 내용 중 ㉠, ㉡에 해당하는 용어로 옳은 것은? 기출 23

> 문화체육관광부장관은 체육지도자 및 체육단체의 책임이 있는 자가 체육계 인권침해 및 (㉠)와/과 관련하여 (㉡)이/가 확정되는 경우에는 운영위원회의 심의·의결을 거쳐 그 인적사항 및 비위 사실 등을 공개할 수 있다.

	㉠	㉡
①	폭 행	자격정지
②	스포츠비리	유죄판결
③	폭 행	행정처분
④	스포츠비리	자격취소

13 〈보기〉의 ㉠~㉡ 중 모스턴(M. Mosston)의 '자기점검형(Self-check Style)' 교수 스타일 특징으로 옳은 것은? 기출 16, 18, 19, 20, 23

> ㉠ 지도자는 감환과정의 준거를 제시한다.
> ㉡ 지도자는 학습자의 능력과 독립성을 존중한다.
> ㉢ 지도자는 학습자가 활용할 평가 기준을 마련한다.
> ㉣ 학습자는 과제활동 전 결정군에서 내용을 정한다.
> ㉤ 학습자는 스스로 자신의 과제를 확인하고 교정한다.
> ㉥ 학습자는 동료와 피드백을 주고받으며 연습하는 데 중점을 둔다.

① ㉠, ㉢, ㉥
② ㉡, ㉢, ㉤
③ ㉠, ㉣, ㉤
④ ㉡, ㉤, ㉥

14 〈보기〉에서 설명하는 알몬드(L. Almond)의 게임 유형으로 옳은 것은? 기출 16, 22

> • 야구, 티볼, 크리켓, 소프트볼 등 팀 구성원 모두가 공격과 수비에 번갈아 참여한다.
> • 개인의 역할 수행이 경기에 중요한 영향을 미치므로, 자신의 역할에 대한 이해와 책임감이 강조된다.

① 영역(침범)형
② 네트형
③ 필드형
④ 표적형

15 체육 수행평가에 관한 설명으로 옳은 것은? 기출 16

① 학습의 과정보다 결과를 중시한다.
② 일시적이며 단편적인 관찰에 의존한다.
③ 개인보다 집단에 대한 평가를 강조한다.
④ 아는 것과 실제 적용 능력을 모두 강조한다.

16 메츨러(M. Metzler)의 스포츠 지도를 위한 교수·학습 과정안(지도계획안) 작성요소와 방법으로 옳은 것은? 기출 22, 23

	작성 요소	작성 방법
①	학습목표	학습목표는 추상적으로 작성
②	수업정리	과제의 내용을 구조화하고, 제시 방법을 기술
③	학습평가	평가 시기, 평가의 관리 및 절차상의 고려사항을 제시
④	수업맥락 기술	과제의 중요도에 따라 학습활동 목록을 작성

17 〈보기〉에서 세 명의 축구 지도자가 활용한 질문 유형으로 옳은 것은? `기출 15, 19`

> 이 코치 – 지난 회의에서 설명했던 오프사이드 규칙 기억나니?
> 윤 코치 – (작전판에 그림을 그리면서) 상대 팀 선수가 중앙으로 드리블해서 돌파하고자 할 때, 수비하는 방법들은 무엇이 있을까?
> 정 코치 – 상대 선수가 너에게 반칙을 하지 않았는데 심판이 상대 선수에게 반칙 판정을 했어. 너는 이런 상황에서 어떻게 하겠니?

	이 코치	윤 코치	정 코치
①	회상형 (회고형)	확산형 (분산형)	가치형
②	회상형 (회고형)	수렴형 (집중형)	가치형
③	가치형	수렴형 (집중형)	회상형 (회고형)
④	가치형	확산형 (분산형)	회상형 (회고형)

18 〈보기〉에 해당하는 링크(J. Rink)의 내용 발달 과제로 옳은 것은? `기출 15, 19, 22, 23`

> • 과제의 난이도와 복잡성에 따른 점진적 발달에 관심을 갖는다.
> • 복잡한 기술을 가르치기 전에 기능을 세분화한다.

① 세련과제
② 정보(시작)과제
③ 적용(평가)과제
④ 확대(확장)과제

19 〈보기〉에서 설명하는 슐만(L. Shulman)의 교사 지식으로 옳은 것은? `기출 16, 17, 18`

> • 노인의 신체적·정신적 변화 등에 관한 지식
> • 장애 유형에 따른 운동방법 등에 관한 지식
> • 유소년의 행동양식, 신체발달 등에 관한 지식

① 교육과정(Curriculum) 지식
② 교육환경(Educational Context) 지식
③ 지도방법(General Pedagogical) 지식
④ 학습자와 학습자특성(Learners and their Characteristics) 지식

20 〈보기〉에서 두 명의 수영 지도자가 활용한 평가 유형으로 옳은 것은? `기출 20`

> 박 코치 – 우리반은 초급이라서 25m 완주를 목표한다고 공지했어요. 완주한 회원들에게는 수영모를 드렸어요.
> 김 코치 – 저는 우리 클럽의 특성을 고려해서 모든 회원의 50m 평영 기록을 측정했습니다. 그리고 상위 15%에 해당하는 회원들께 '박태환' 스티커를 드렸습니다.

	박 코치	김 코치
①	절대평가	상대평가
②	상대평가	절대평가
③	동료평가	자기평가
④	자기평가	동료평가

01 스포츠와 운동의 참여가 개인의 심리적 발달에 미치는 영향에 관한 연구주제로 옳지 않은 것은?

① 달리기는 우울증을 조절하는가?
② 스포츠클럽 활동은 사회성과 집중력을 높이는가?
③ 태권도 수련은 아동의 인성 발달에 도움이 되는가?
④ 수영에 대한 자신감이 수영 학습에 어떤 영향을 주는가?

02 보강적 피드백(Augmented Feedback)의 유형에 해당하는 것으로 옳은 것은? 기출 16, 18, 20, 23

① 시각(Visual)
② 촉각(Tactile)
③ 청각(Auditory)
④ 결과지식(Knowledge of Result)

03 나이데퍼(R. Nideffer)의 주의초점모형을 근거로, 〈보기〉의 내용에 해당하는 주의의 폭과 방향으로 옳은 것은? 기출 17, 18

> 배구 선수가 서브를 준비하면서 상대 진영을 살핀 후, 빈곳을 확인하여 그곳으로 공을 서브하였다.

① 광의 외적에서 협의 외적으로
② 광의 내적에서 광의 외적으로
③ 협의 내적에서 광의 외적으로
④ 협의 외적에서 협의 외적으로

04 아이젠(I. Ajzen)의 계획된 행동이론(Theory of Planned Behavior)의 구성요인으로 옳은 것은? 기출 17

① 태도(Attitude), 의도(Intention), 주관적 규범(Subjective Norm), 동기(Motivation)
② 태도(Attitude), 의도(Intention), 주관적 규범(Subjective Norm), 행동통제 인식(Perceived Behavioral Control)
③ 주관적 규범(Subjective Norm), 자신감(Confidence), 의도(Intention), 태도(Attitude)
④ 행동통제 인식(Perceived Behavioral Control), 자신감(Confidence), 태도(Attitude), 동기(Motivation)

05 스포츠심리기술 훈련에 관한 설명으로 옳지 않은 것은? 기출 19, 20, 22

① 경기력 향상에 즉각적 효과를 줄 수 있다.
② 평소 연습과 통합되어 지속적으로 진행되어야 한다.
③ 심상, 루틴, 사고조절 등의 심리기법이 활용된다.
④ 연령, 성별, 경기수준과 관계없이 모든 선수들에게 적용될 수 있다.

06 캐런(A.V. Carron)의 팀 응집력 모형에서 응집력의 결정요인으로 옳은 것은? 기출 15, 16, 17, 19

① 리더십 요인(Leadership Factor), 발달 요인(Development Factor), 환경 요인(Environment Factor), 팀 요인(Team Factor)
② 리더십 요인(Leadership Factor), 팀 요인(Team Factor), 개인 요인(Personal Factor), 발달 요인(Development Factor)
③ 팀 요인(Team Factor), 리더십 요인(Leadership Factor), 환경 요인(Environment Factor), 개인 요인(Personal Factor)
④ 팀 요인(Team Factor), 발달 요인(Development Factor), 환경 요인(Environment Factor), 개인 요인(Personal Factor)

07 인지평가이론(Cognitive Evaluation Theory)에서 내적 동기를 높일 수 있는 방법으로 옳지 않은 것은? 기출 18

① 타인과의 관계성을 높여준다.
② 자신의 능력에 대해 유능감을 높여준다.
③ 행동을 결정하는 데 있어 자율성을 갖게 한다.
④ 행동결과에 대한 보상의 연관성을 강조한다.

08 〈보기〉의 정보처리 과정과 반응시간의 관계에서 ㉠~㉢에 들어갈 단계로 옳은 것은? 기출 16, 19, 20

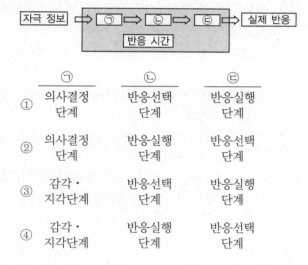

	㉠	㉡	㉢
①	의사결정 단계	반응선택 단계	반응실행 단계
②	의사결정 단계	반응실행 단계	반응선택 단계
③	감각·지각단계	반응선택 단계	반응실행 단계
④	감각·지각단계	반응실행 단계	반응선택 단계

09 운동실천을 위한 행동수정 중재전략으로 옳지 않은 것은? 기출 15, 17

① 운동화를 눈에 잘 띄는 곳에 둔다.
② 구체적이고 실현 가능한 목표를 설정한다.
③ 지각이나 결석이 없는 회원에게 보상을 제공한다.
④ 출석상황과 운동수행 정도를 공공장소에 게시한다.

10 〈보기〉의 사례와 관련 있는 데시(E.L. Deci)와 라이언(R.M. Ryan)의 자결성이론(Self-determination Theory)의 구성요인으로 옳은 것은? 기출 16, 19

> ㉠ 현우는 뛰는 것을 그다지 좋아하지는 않지만, 체중조절과 건강증진을 위해서 매일 1시간씩 조깅을 한다.
> ㉡ 승아는 필라테스를 그다지 좋아하지는 않지만, 개인강습비를 지원해준 부모님에 대한 죄책감 때문에 학원에 다닌다.

	㉠	㉡
①	확인규제	의무감규제
②	외적규제	의무감규제
③	내적규제	확인규제
④	의무감규제	확인규제

11 〈보기〉는 성취목표성향 이론에서 자기목표성향(Ego-goal Orientation)과 과제목표성향(Task-goal Orientation)에 관한 예시이다. 이에 대한 해석이 옳은 것은? 기출 19

> 인호와 영찬이는 수업에서 테니스를 배운다. 이 둘은 실력이 비슷하다. 하지만 수업에서 인호는 테니스 기술을 배우는 것보다 다른 친구와 테니스 게임을 하여 이기는 것을 좋아한다. 반면에 영찬이는 테니스 기술에 중점을 두며 테니스 기술을 연마할 때마다 뿌듯해 한다.

① 영찬이는 실현 불가능한 과제를 자주 선택할 것이다.
② 인호는 자신의 기술향상을 위하여 개인 노력을 중시한다.
③ 인호는 영찬이를 이겼을 때 자신이 잘해서 승리하였다고 생각한다.
④ 인호는 학습의 증진과 연관된 자기-참고적(Self-reference)인 목표를 가진 학생이다.

12 〈보기〉에서 설명하는 운동기능 연습법 내용으로 옳은 것은? 기출 16, 18, 20

> 각 부분을 따로 연습한 후 전체 기술을 종합적으로 연습하는 순수 분습법(Pure-part Practice)과 전체 운동기술 중에 첫 번째와 두 번째 요소를 각각 연습한 후 그 두 요소를 결합하고 이후 다음 요소를 다시 연습하는 과정을 거쳐 전체 기술을 습득해가는 점진적 분습법(Progressive-part Practice)으로 구분된다.

① 분절화
② 부분화
③ 분산연습
④ 집중연습

13 특성불안을 측정하는 검사지로 옳은 것은?

① SCQ(Sport Cohesion Questionnaire)
② SCAT(Sport Competitive Anxiety Test)
③ CSAI-2(Competitive State Anxiety Inventory-2)
④ 16PF(Cattell's Sixteen Personality Factor Questionnaire)

14 〈보기〉의 ㉠~㉢에 들어갈 운동발달의 단계를 나열한 것으로 옳은 것은? 기출 16, 17, 19

> 반사운동단계 → (㉠) → (㉡) → 스포츠기술단계 → (㉢) → 최고수행단계 → 퇴보단계

	㉠	㉡	㉢
①	초기움직임 단계	성장과 세련단계	기본움직임 단계
②	초기움직임 단계	기본 움직임단계	성장과 세련단계
③	기본움직임 단계	성장과 세련단계	초기움직임 단계
④	기본움직임 단계	초기움직임 단계	성장과 세련단계

15 와인버그(R. S. Weinberg)와 굴드(D. Gould)의 바람직한 처벌 행동 지침에 관한 내용으로 옳지 않은 것은?

① 사람이 아니라 행동을 처벌한다.
② 동일한 규칙위반에 대해서는 동일하게 처벌한다.
③ 연습 중에 실수한 것에 대해서는 가볍게 처벌한다.
④ 규칙위반에 관한 처벌규정을 만들 때 선수의 의견을 반영한다.

16 스포츠심리상담에서 상담자가 활용할 수 있는 기법에 관한 설명으로 옳지 않은 것은? 기출 15, 17, 19, 20, 22

① 적극적 경청 – 내담자의 말에 적절하게 행동으로 반응한다.
② 관심집중 – 내담자의 말이 끝날 때까지 내담자를 계속 관찰한다.
③ 신뢰형성 – 내담자 개인의 정신적 고민이나 감정적 호소에 귀 기울인다.
④ 공감적 이해 – 내담자에게는 생각할 시간을 충분히 주고, 상담자는 반응을 짧게한다.

17 운동발달에 관한 설명으로 옳지 않은 것은?
기출 15, 16, 17, 18, 23

① 운동발달에는 개인차가 존재한다.
② 운동발달 과정에는 민감기(Sensitive Period)가 있다.
③ 운동발달은 운동행동이 연속적으로 변화하는 과정이다.
④ 운동발달 상황에서 공통적으로 나타나는 행동을 개체발생적 운동행동이라고 한다.

18 신체활동은 일련의 단계를 거쳐 변화한다는 것을 기본적인 전제로 하는 운동행동이론으로 옳은 것은? 기출 15, 18, 20, 22, 23

① 계획행동이론(Theory of Planned Behavior)
② 건강신념모형(Health Belief Model)
③ 변화단계이론(Transtheoretical Model)
④ 합리적 행동이론(Theory of Reasoned Action)

19 〈보기〉의 내용과 관련 있는 불안이론으로 옳은 것은? 기출 15, 16, 18, 19, 22

A선수	최고수행		
B선수		최고수행	
C선수			최고수행

30　　　　40　　　　50　　　　60
상태불안 수준

① 적정수준이론(Optimal Level Theory)
② 전환이론(Reversal Theory)
③ 다차원불안이론(Multidimensional Anxiety Model)
④ 최적수행지역이론(Zone of Optimal Functioning Theory)

20 사회적 태만(Social Loafing) 현상을 극복하기 위한 지도전략으로 옳지 않은 것은? 기출 16, 17, 18

① 사회적 태만 허용상황을 미리 설정하지 않게 한다.
② 대집단보다는 소집단(포지션별)을 구성하여 훈련한다.
③ 지도자는 선수 개개인의 노력을 확인하고 이를 인정한다.
④ 선수들이 자신의 포지션뿐만 아니라 다른 역할도 경험하게 한다.

01 한국체육사의 시대구분에 관한 내용으로 옳지 않은 것은? 기출 20

① 고대체육은 부족국가 및 삼국시대로 구분할 수 있다.
② 광복을 전후로 고대체육과 전통체육으로 구분할 수 있다.
③ 갑오경장을 전후로 전통체육과 근대체육으로 구분할 수 있다.
④ 고대체육, 중세체육, 근대체육, 전통체육으로 구분할 수 있다.

02 체육 관련 사료 중 문헌사료로 옳지 않은 것은? 기출 19, 22, 23

① 고구려 무용총 수렵도(狩獵圖)
② 무예도보통지(武藝圖譜通志)
③ 조선체육계(朝鮮體育界)
④ 손기정 회고록(回顧錄)

03 부족국가시대의 저포(樗蒲)에 관한 설명으로 옳은 것은? 기출 16, 18, 23

① 위기(圍棋)라는 용어로 불리기도 하였다.
② 제천의식과 관련된 대표적인 민속놀이였다.
③ 두 사람이 서로 맞잡고 힘을 겨루는 경기였다.
④ 달리는 말 위에서 여러 가지 동작을 행하는 경기였다.

04 화랑도의 교육방법에 관한 설명으로 옳지 않은 것은? 기출 15, 16, 17, 18, 20, 22, 23

① 입산수행은 화랑도 교육활동의 하나였다.
② 심신일체론적 사상을 바탕으로 전인 교육을 지향하였다.
③ 편력(遍歷)은 명산대천을 돌아다니며 수련하는 야외활동이었다.
④ 삼강오륜(三綱五倫)의 붕우유신(朋友有信)을 바탕으로 도의 교육을 실시하였다.

05 삼국시대 민속놀이의 명칭으로 옳은 것은? 기출 17, 19, 20, 23

① 석전(石戰) – 제기차기
② 마상재(馬上才) – 널뛰기
③ 방응(放鷹) – 매사냥
④ 수박(手搏) – 장기

06 〈보기〉의 빈칸 안에 들어갈 용어로 옳은 것은? 기출 16, 22

> 고려시대 최고의 교육기관인 국자감에는 7재(七齋)를 두었는데, 그 중 무학을 공부하는 ( )가 있었다. 이를 통해 고려의 관학에서는 무예교육이 중시되었음을 알 수 있다.

① 강예재(講藝齋)
② 대빙재(待聘齋)
③ 경덕재(經德齋)
④ 양정재(養正齋)

07 〈보기〉의 고려시대 격구(擊毬)에 관한 설명 중 옳은 것으로만 묶인 것은? 기출 18, 19, 20, 23

⊙ 왕, 귀족, 무인들의 오락이나 스포츠로 발달했다.
ⓒ 가죽주머니로 만든 공을 발로 차는 형식의 무예이다.
ⓒ 말타기 능력의 향상 및 군사훈련을 위한 수단으로 활용되었다.
ⓔ 서민들의 오락적 신체 활동으로 급속히 확산되었다.
---

① ⊙, ⓒ   ② ⊙, ⓒ
③ ⓒ, ⓔ   ④ ⓒ, ⓔ

08 〈보기〉의 ⊙, ⓒ에 해당하는 고려시대 무예의 명칭으로 옳은 것은? 기출 18, 19, 20, 22, 23

• (⊙)은/는 고려시대 무인들에게 적극 권장되었으며, 명종(明宗, 1170~1197) 때에는 이 무예를 겨루게 하여 승자에게 벼슬을 주었다.
• (ⓒ)은/는 유교를 치국의 도(道)로 삼았던 고려시대에도 6예의 어(御)에 속하는 것으로 군자의 중요한 덕목 중 하나였다.

	⊙	ⓒ
①	격구(擊毬)	수박(手搏)
②	수박(手搏)	마술(馬術)
③	마술(馬術)	궁술(弓術)
④	궁술(弓術)	방응(放鷹)

09 조선시대 사정(射亭)에 관한 설명으로 옳지 않은 것은? 기출 15, 17, 19

① 전국에 사정(射亭)을 설치하고 습사(習射)를 장려하였다.
② 관설사정(官設射亭)과 민간사정(民間射亭)이 있었다.
③ 병서(兵書) 강습과 마상(馬上) 무예 훈련을 주로 하였다.
④ 민간사정(民間射亭)으로 오운정(五雲亭), 등룡정(登龍亭) 등이 있었다.

10 조선시대 줄다리기에 관한 설명으로 옳은 것은? 기출 17, 19

① 동채싸움으로도 불리며, 동네별로 승부를 겨루는 경기였다.
② 상박(相搏)으로도 불리며, 궁정과 귀족사회의 유희 중 하나였다.
③ 추천(鞦韆)으로도 불리며, 단오절에 많이 행해진 서민들의 민속놀이였다.
④ 삭전(索戰), 갈전(葛戰)으로도 불리며, 촌락공동체의 의례적 연중행사로 성행했다.

11 개화기 이화학당에 관한 설명으로 옳은 것은? 기출 16, 19, 23

① 스크랜턴(M. Scranton)이 설립한 학교로 체조를 교과목으로 편성했다.
② 아펜젤러(H. Appenzeller)가 설립한 학교로 각종 서구 스포츠를 도입했다.
③ 이승훈이 설립한 학교로 민족정신의 고취와 체력단련을 위해 체육을 강조했다.
④ 개화파 관리들이 중심이 되어 설립한 학교로 무사양성을 위한 무예반을 설치했다.

12 〈보기〉의 ⊙, ⓒ에 들어갈 용어로 옳은 것은? 기출 16, 18, 19, 20, 22, 23

(⊙)은/는 1903년 10월 18일에 발족되었으며, 1906년 운동부를 개설하여 개화기에 가장 활발하게 체육활동을 전개한 체육단체 중 하나였다. 이 단체의 총무였던 (ⓒ)은/는 야구, 농구 등의 다양한 근대스포츠 문화를 우리나라에 소개하고 확산시키는 노력을 하였다.

	⊙	ⓒ
①	회동구락부	언더우드(H. Underwood)
②	대동체육부	노백린
③	무도기계체육부	윤치호
④	황성기독교청년회	질레트(P. Gillett)

13 개화기에 설립된 체육단체로 옳지 않은 것은?

기출 16, 18, 19, 22, 23

① 조선체육협회
② 대한체육구락부
③ 대한국민체육회
④ 대한흥학회운동부

14 〈보기〉에서 설명하는 인물로 옳은 것은? 기출 17, 20

> • 조선체력증진법연구회를 설립하고, 전국의 역도 보급에 앞장섰다.
> • 1926년 휘문고등학교 체육교사로 부임해 역도부를 조직하고 지도했다.
> • 대한체조협회 회장, 대한씨름협회 회장을 역임하며 한국 스포츠 발전에 공헌을 했다.

① 서상천
② 백용기
③ 이원용
④ 유억겸

15 일제강점기에 발생한 체육사적 사실로 옳지 않은 것은? 기출 17, 20, 23

① 경성운동장이 설립되어 각종 스포츠대회가 개최되었다.
② 덴마크의 닐스 북(Neils Bukh)이 체조강습회를 개최했다.
③ 남승룡이 베를린 올림픽경기대회에서 동메달을 획득했다.
④ 영어학교에서 한국 최초의 운동회인 화류회가 개최되었다.

16 〈보기〉에 해당하는 체육단체에 관한 설명으로 옳지 않은 것은? 기출 16, 19, 23

> • 고려구락부를 모체로 설립된 단체이다.
> • 1920년 7월 동아일보사의 후원으로 일본유학생과 국내체육인들이 조선인의 체육을 장려할 목적으로 설립하였다.

① 1920년 전조선야구대회를 개최했다.
② 스포츠 보급의 일환으로 운동구점을 설치하고 운영하였다.
③ 1925년 경성운동장 개장을 기념하기 위해 조선신궁경기대회를 개최했다.
④ 육상경기의 연구를 위한 육상경기위원회 조직과 육상경기규칙을 편찬했다.

17 〈보기〉의 ㉠, ㉡에 해당하는 국제대회로 옳은 것은? 기출 18, 23

> 1990년 남북체육장관회담의 결과, 1991년 사상 첫 남북 스포츠 단일팀이 구성되었다. (㉠)에 남북단일팀으로 참가한 코리아 팀은 여자단체전에서 세계를 제패했으며, (㉡)에도 청소년대표팀이 남북단일팀으로 참가하여 8강 진출이라는 위업을 달성했다.

	㉠	㉡
①	제41회 지바 세계탁구선수권 대회	제4회 멕시코 세계청소년축구대회
②	제32회 사라예보 세계탁구선수권 대회	제6회 포르투갈 세계청소년축구대회
③	제32회 사라예보 세계탁구선수권 대회	제4회 멕시코 세계청소년축구대회
④	제41회 지바 세계탁구선수권 대회	제6회 포르투갈 세계청소년축구대회

18 〈보기〉의 ⊙~⊜을 연대순으로 연결한 것으로 옳은 것은? 기출 17, 18, 19

> ⊙ 한국은 동계올림픽경기대회에 최초로 태극기를 단 선수단을 파견하였다.
> ⓒ 한국은 최초로 하계올림픽경기대회를 개최하였고 종합 4위의 성적을 거두었다.
> ⓒ 남한과 북한의 선수가 최초로 하계올림픽경기대회에서 동시 입장을 하였다.
> ⓔ 한국은 광복 후 하계올림픽경기대회에서 최초로 금메달을 획득하였다.

① ⊙ → ⓒ → ⓒ → ⓔ
② ⊙ → ⓒ → ⓔ → ⓒ
③ ⊙ → ⓔ → ⓒ → ⓒ
④ ⓔ → ⊙ → ⓒ → ⓒ

19 〈보기〉에서 설명하는 올림픽경기대회로 옳은 것은?
기출 16, 17, 18, 19, 20, 22, 23

> • 1936년에 개최된 하계올림픽경기대회였다.
> • 마라톤경기에서 손기정 선수가 금메달을 획득했다.
> • 일장기 말소사건은 국권회복과 민족의식을 일깨워주는 계기가 되었다.

① 제9회 암스테르담 올림픽경기대회
② 제11회 베를린 올림픽경기대회
③ 제14회 런던 올림픽경기대회
④ 제17회 로마 올림픽경기대회

20 〈보기〉의 내용을 실시한 정권의 스포츠 정책으로 옳지 않은 것은? 기출 20, 22, 23

> 1982년 중앙정부행정조직에 체육부를 신설하고, 아시안게임과 올림픽경기대회의 준비, 우수선수육성 및 지도자의 양성 등 스포츠 진흥운동을 전개했다.

① 프로축구의 출범
② 프로야구의 출범
③ 태릉선수촌의 건립
④ 국군체육부대의 창설

01 〈보기〉의 ㉠~㉣에 해당하는 용어로 옳은 것은?
기출 16, 17, 18, 19, 23

> • 골격근은 (㉠)신경계의 조절에 의해 (㉡)으로 수축한다.
> • 걷기와 같은 저강도 운동 중에는 (㉢) 섬유가 주로 동원되고 전력 질주와 같은 고강도 운동 중에는 (㉣) 섬유가 주로 동원된다.

	㉠	㉡	㉢	㉣
①	자 율	수의적	Type I	Type II
②	체 성	불수의적	Type II	Type I
③	자 율	불수의적	Type II	Type I
④	체 성	수의적	Type I	Type II

02 안정 시와 운동 중 에너지 소비량 측정 및 추정에 관한 설명으로 옳지 않은 것은? 기출 18, 19

① 직접 열량 측정법은 열 생산을 측정함으로써 에너지 소비량을 측정한다.
② 간접 열량 측정법은 산소 소비량과 이산화탄소 배출량을 이용하여 에너지소비량을 추정한다.
③ 호흡교환율은 질소 배출량과 산소 소비량의 비율을 의미하며, 체내 지방과 단백질의 대사 이용 비율을 추정한다.
④ 이중표식수(Doubly Labeled Water) 검사법은 동위원소 기법을 사용해 에너지소비량을 추정한다.

03 운동 중 심근(Myocardium)으로 혈액을 공급하는 동맥으로 옳은 것은?

① 관상동맥
② 폐동맥
③ 하대동맥
④ 상대동맥

04 해수면과 비교하여 고지 환경에서 운동 시 생리적 반응으로 옳지 않은 것은? 기출 16, 18, 19, 23

① 최대하 운동 시 폐환기량이 증가한다.
② 최대하 운동 시 심박수와 심박출량은 감소한다.
③ 최대하 운동 시 동맥혈 산화헤모글로빈 포화도는 감소한다.
④ 무산소 운동능력보다 유산소 운동능력이 더 감소한다.

05 유산소 트레이닝에 의한 골격근의 적응 현상으로 옳지 않은 것은? 기출 20, 23

① 모세혈관의 밀도 증가
② Type II 섬유의 현저한 크기 증가
③ 마이오글로빈의 함유량 증가
④ 미토콘드리아의 수와 크기 증가

06 〈보기〉에서 운동 중 호흡계 전도영역의 기능으로 옳은 것은?

> ㉠ 호흡하는 공기에 습기를 제공한다.
> ㉡ 폐포의 표면장력을 감소시키는 표면활성제(Surfactant)를 제공한다.
> ㉢ 공기를 여과하는 역할을 한다.
> ㉣ 호흡가스 확산을 증가시킨다.

① ㉠, ㉡
② ㉠, ㉢
③ ㉡, ㉢
④ ㉢, ㉣

07 〈보기〉의 내용 중 옳은 것으로만 묶인 것은?

기출 16, 18, 19

> ㉠ 유산소 시스템 : 장시간의 운동 시 글루코스 외에도 유리지방산을 이용하여 ATP 합성
> ㉡ 유산소 시스템 : 세포질에서 크렙스회로와 전자전달계를 통해 ATP 합성
> ㉢ 무산소 해당 시스템 : 혈액 혹은 글리코겐으로부터 얻어진 포도당을 피루브산으로 분해
> ㉣ 무산소 해당 시스템 : 산화적 인산화를 통해 피루브산을 젖산으로 분해
> ㉤ ATP-PCr 시스템 : 세포 내 ADP 또는 Pi의 농도가 증가할 때 포스포프록토키나아제(PFK)를 활성화시켜 ATP 합성
> ㉥ ATP-PCr 시스템 : 단시간의 폭발적인 힘을 발휘하는 운동 시 PCr이 분해되며 발생한 에너지를 이용하여 ATP 합성

① ㉠, ㉢, ㉥
② ㉠, ㉣, ㉤
③ ㉡, ㉢, ㉥
④ ㉡, ㉣, ㉤

08 〈보기〉의 ㉠, ㉡에 들어갈 호르몬으로 옳은 것은?

> 규칙적인 신체활동을 통해 골형성을 자극하거나 활동부족으로 골손실을 자극하는 칼슘(Ca^{2+}) 조절 호르몬의 역할에 대한 설명이다.
> • (㉠)은 혈중 칼슘 농도가 증가하면 뼈의 칼슘 방출을 감소시킨다.
> • (㉡)은 혈중 칼슘 농도가 감소하면 뼈의 칼슘 방출을 증가시킨다.

	㉠	㉡
①	인슐린	부갑상선호르몬
②	안드로겐	티록신
③	칼시토닌	부갑상선호르몬
④	글루카곤	티록신

09 근섬유(Muscle Fiber) 및 근원섬유(Myofibril)에 관한 설명으로 옳은 것은? 기출 16

① 근섬유는 여러 개의 핵을 가진 다른 세포들과 다르게 단핵세포로 구성된다.
② 근섬유는 결합조직인 근내막(Endomysium)으로 싸여 있다.
③ 근원섬유는 근세포라 불리며, 가는 세사와 굵은 세사로 구성된다.
④ 근원섬유의 막 주위에는 위성세포(Satellite Cells)가 존재한다.

10 골격근의 수축형태와 기능에 관한 설명으로 옳은 것은? 기출 18, 20, 22

① 단축성 수축은 동적 수축이며 속도가 빠를수록 더 큰 힘이 생성된다.
② 단축성 수축은 근절의 길이가 짧아지는 수축이며 근절의 길이가 최소일 때 최대 힘이 생성된다.
③ 신장성 수축은 정적 수축이며 속도가 0일 때 최대 힘이 생성된다.
④ 동일 근육에서의 신장성 수축은 단축성 수축에 비해 같은 속도에서 더 큰 힘이 생성된다.

11 〈보기〉의 심전도(ECG)에 관한 설명 중 옳은 것은?

> ㉠ 심방을 통한 전도속도가 감소하면 P파는 넓어진다.
> ㉡ PR간격은 심방의 탈분극부터 심실의 탈분극 전까지 걸리는 시간이다.
> ㉢ QRS복합파를 이용해서 심박수를 측정할 수 없다.
> ㉣ QRS복합파는 심실에서의 탈분극을 일컫는다.
> ㉤ ST분절은 심실 재분극에 소요되는 총 시간이다.

① ㉠, ㉡, ㉣　　　　② ㉠, ㉡, ㉤
③ ㉡, ㉢, ㉣　　　　④ ㉢, ㉣, ㉤

12 운동 시 호르몬이 분비되는 내분비선과 주요기능에 관한 설명으로 옳지 않은 것은? 기출 17, 18, 19, 20, 22

① 알도스테론은 주로 부신피질에서 분비되고, 주요기능은 나트륨(Na^+) 흡수, 수분 손실 억제 등이 있다.
② 코티졸은 주로 부신피질에서 분비되고, 주요기능은 당신생, 유리지방산 동원 증가 등이 있다.
③ 에피네프린은 주로 부신수질에서 분비되고, 주요기능은 근육과 간 글리코겐 분해, 유리지방산 동원 증가 등이 있다.
④ 성장호르몬은 주로 뇌하수체 후엽에서 분비되고, 주요기능은 단백질 합성 증가, 유리지방산 동원 증가 등이 있다.

13 유산소 운동 중 호흡계의 환기량 증가 요인에 관한 설명으로 옳지 않은 것은? 기출 18, 23

① 중추 화학적 수용체인 경동맥체와 대동맥체는 동맥의 산소 분압 증가에 따라 환기량 증가를 자극한다.
② 근육 내 화학적 수용체는 칼륨(K^+)과 수소(H^+)의 농도 증가에 따라 환기량 증가를 자극한다.
③ 근방추나 골지힘줄기관의 구심성 신경자극 증가는 환기량 증가를 자극한다.
④ 사용된 근육의 운동단위 증가는 환기량 증가를 자극한다.

14 〈보기〉에서 설명하는 신경세포 활동전위의 단계로 옳은 것은? 기출 17, 18

> • 칼륨(K^+) 채널이 열려있고, 칼륨이 세포 외로 이동하면서 세포 내는 음전하를 띄게되는 단계
> • 이 단계 이후 칼륨 채널이 닫히고, 칼륨의 세포 외 유출이 적어짐에 따라 안정막전위로 복귀

① 과분극　　　　② 탈분극
③ 재분극　　　　④ 불응기

15 〈보기〉에서 설명하는 용어로 옳은 것은? 기출 20

> • 운동뉴런의 말단과 근섬유가 접합되어 있는 기능적 연결부위
> • 신경전달물질이 분비되는 공간
> • 시냅스 전 축삭말단, 시냅스 간극, 근섬유 원형질막의 운동종판으로 구성

① 시냅스(Synapse, 연접)
② 운동단위(Motor Unit)
③ 랑비에르 결절(Node of Ranvier)
④ 신경근 접합부(Neuromuscular Junction)

16 〈보기〉에서 설명하는 열손실 기전으로 옳은 것은?

기출 17

> • 피부의 땀이나 호흡을 통하여 체열을 손실시킨다.
> • 실내 트레드밀 달리기 중 열손실의 가장 주된 기전이다.
> • 대기조건(습도, 온도)과 노출된 피부 표면적의 영향을 받는다.

① 복 사
② 대 류
③ 증 발
④ 전 도

17 〈보기〉에서 설명하는 것으로 옳은 것은?

> • 고온환경의 운동 중 극도의 피로, 혼란, 혼미, 현기증, 구토
> • 심한 탈수 현상으로 심혈관계가 인체의 요구에 적절히 대처하지 못함
> • 심부체온 40℃ 미만

① 열사병   ② 열탈진
③ 열순응   ④ 저나트륨혈증

18 〈보기〉에 제시된 감각－운동 신경계의 인체 운동 반응 조절 과정을 단계별로 바르게 나열한 것은?

> ㉠ 자극이 감각 뉴런을 통해 중추신경계로 전달된다.
> ㉡ 운동 자극이 중추신경계에서 운동 뉴런으로 전달된다.
> ㉢ 운동 자극이 근섬유에 전달되면 운동 반응이 일어난다.
> ㉣ 중추신경계가 정보를 해석하고 운동 반응을 결정한다.
> ㉤ 감각 수용기가 감각 자극을 받아들인다.

① ㉠ → ㉤ → ㉡ → ㉢ → ㉣
② ㉠ → ㉤ → ㉣ → ㉢ → ㉡
③ ㉤ → ㉠ → ㉡ → ㉢ → ㉣
④ ㉤ → ㉠ → ㉣ → ㉡ → ㉢

19 저항성 트레이닝에 의한 근력 향상의 요인으로 옳지 않은 것은? 기출 20

① Type I 섬유 수의 증가
② Type II 섬유 크기의 증가
③ 동원되는 운동단위 수의 증가
④ 동원되는 십자형교(Cross－bridge) 수의 증가

20 고강도 운동 시 심박출량 증가 요인으로 옳지 않은 것은?

기출 17, 20, 23

① 혈중 에피네프린 증가에 따른 심박수 증가
② 활동근의 근육펌프 작용에 따른 정맥회귀량 증가
③ 교감신경계의 활성에 따른 심실수축력 증가
④ 부교감신경계의 활성에 따른 심박수 증가

01 운동역학의 연구목적으로 옳지 않은 것은?

기출 15, 16, 17, 18, 19, 22, 23

① 운동기술 향상　　② 운동불안 완화
③ 운동장비 개발　　④ 스포츠 손상 예방

02 해부학적 자세에서 몸의 중심을 기준으로 한 방향용어의 사용이 옳지 않은 것은? 기출 16, 18, 19

① 복장뼈(흉골 : Sternum)는 어깨의 가쪽(외측 : Lateral)에 있다.
② 손목관절은 팔꿈치관절보다 먼쪽(원위 : Distal)에 있다.
③ 엉덩이는 무릎보다 몸쪽(근위 : Proximal)에 있다.
④ 머리는 발보다 위(상 : Superior)에 있다.

03 운동의 종류에 관한 설명으로 옳은 것은? 기출 19, 20

① 병진운동에는 직선운동만 있다.
② 곡선운동은 회전운동에 포함되는 운동이다.
③ 복합운동은 병진운동과 회전운동이 혼합된 운동이다.
④ 병진운동은 한 개의 고정된 축을 중심으로 물체가 회전하는 운동이다.

04 인체의 물리량과 물리적 특성에 관한 설명으로 옳은 것은? 기출 17, 20

① kg은 무게의 단위이다.
② 질량은 스칼라(Scalar)이고, 무게는 벡터(Vector)이다.
③ 무게중심의 위치는 자세와 상관없이 항상 인체 내부에 있다.
④ 질량은 인체가 가지고 있는 관성의 척도로 장소에 따라 크기가 변한다.

05 인체의 안정성에 관한 설명으로 옳지 않은 것은?

기출 15, 16, 17, 19, 20, 22, 23

① 기저면의 크기는 안정성에 영향을 미친다.
② 기저면의 형태는 안정성에 영향을 미친다.
③ 무게중심의 높이는 안정성에 영향을 미치지 않는다.
④ 무게중심을 통과하는 수직선(중심선)이 기저면의 중앙에 가까울수록 안정성은 높아진다.

06 인체 지레에 관한 설명으로 옳은 것은?

기출 15, 17, 18, 19, 20, 22, 23

① 1종 지레는 힘점이 받침점과 작용점 사이에 있다.
② 2종 지레는 작용점이 힘점과 받침점 사이에 있다.
③ 3종 지레는 받침점이 힘점과 작용점 사이에 있다.
④ 인체 지레의 대부분은 2종 지레에 해당되어 힘에서 이득을 본다.

07 〈그림〉의 야구 투구에서 공의 회전방향과 마그누스 힘(Magnus Force)의 방향으로 옳은 것은? 기출 18, 22, 23

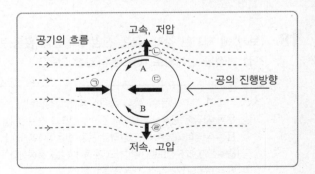

	공의 회전방향	마그누스 힘의 방향
①	A	㉠
②	B	㉡
③	A	㉢
④	B	㉣

08 〈보기〉는 200m 달리기 경기에서 경과시간에 따른 평균 속도 변화이다. 이에 관한 설명으로 옳지 않은 것은? 기출 17, 20

경과시간(초)	평균속도(m/s)
0	0
1	2.4
3	8.4
5	10
7	10
9	9.6
11	9.5
13	8.9
15	8.7
17	8.6
19	8.5
21	8.4
23	8.3

① 평균가속도가 0인 구간이 존재한다.
② 처음 1초 동안 2.4m를 이동하였다.
③ 후반부의 평균속도는 감속되고 있다.
④ 최대 평균가속도는 5초와 7초 사이에 나타난다.

09 길이 50m 수영장에서 자유형 100m 경기기록이 100초 였을 때 평균속력과 평균속도로 옳은 것은?(단, 출발과 도착 지점이 동일하다고 가정) 기출 15, 19

① 평균속력 – 1m/s, 평균속도 – 1m/s
② 평균속력 – 0m/s, 평균속도 – 0m/s
③ 평균속력 – 1m/s, 평균속도 – 0m/s
④ 평균속력 – 0m/s, 평균속도 – 1m/s

10 〈보기〉의 ㉠~㉢에 들어갈 용어로 옳은 것은? 기출 19, 23

(㉠)에서는 주동근에 의해 발휘되는 (㉡)가 (㉢)보다 커서 근육의 길이가 짧아진다.

	㉠	㉡	㉢
①	단축성 수축	저항모멘트	힘모멘트
②	단축성 수축	힘모멘트	저항모멘트
③	신장성 수축	저항모멘트	힘모멘트
④	신장성 수축	힘모멘트	저항모멘트

11 마찰력에 관한 설명으로 옳지 않은 것은? 기출 18, 19, 22

① 마찰력은 추진력으로 작용될 수 없다.
② 최대정지마찰력은 운동마찰력보다 크다.
③ 마찰계수는 접촉면의 형태에 영향을 받는다.
④ 마찰력은 마찰계수와 접촉면에 수직으로 작용한 힘의 곱으로 구한다.

12 〈보기〉에서 설명하는 운동법칙으로 옳은 것은? 기출 15, 18

물체에 작용하는 힘의 크기가 일정할 때, 물체의 질량이 증가하면 가속도는 감소하게 된다.

① 뉴턴의 제1법칙
② 뉴턴의 제2법칙
③ 뉴턴의 제3법칙
④ 질량 보존의 법칙

13 〈그림〉은 A 선수와 B 선수가 제자리에서 수직점프 후 착지할 때 착지구간에서 시간에 따른 수직 힘의 변화를 나타내는 그래프이다. 이에 관한 설명으로 옳은 것은?(단, 가와 나의 면적은 동일) 기출 19, 22, 23

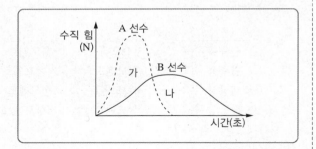

① A 선수와 B 선수의 수직 충격량은 동일하다.
② A 선수와 B 선수에서 수직 운동량의 변화량은 다르다.
③ A 선수와 B 선수의 수직 충격력이 다르기 때문에 수직 충격량이 다르다.
④ A 선수와 B 선수의 수직 힘의 작용시간이 다르기 때문에 수직 충격량이 다르다.

14 다이빙선수의 공중동작에서 발생할 수 있는 회전운동에 관한 설명으로 옳은 것은? 기출 16, 18, 19, 22

① 질량분포가 회전축에서 멀수록 관성모멘트는 작아진다.
② 관성모멘트는 각운동량에 비례하고 각속도에 반비례한다.
③ 회전반경의 길이는 관성모멘트의 크기에 영향을 주지 않는다.
④ 공중자세에서 관성모멘트가 달라져도 각속도는 변하지 않는다.

15 1N의 힘으로 1m 거리를 움직였을 때 수행한 일(Work)로 옳은 것은?(단, 힘의 작용방향과 이동방향은 일치함)
기출 19, 23

① 1J(Joule)　　　② 1N(Newton)
③ 1m³(Cubic meter)　　④ 1J/s(Joule/sec)

16 어떤 물체에 200N의 힘을 가해 물체를 10초 동안 5m 이동시켰을 때 일률(Power)로 옳은 것은?(단, 힘의 작용방향과 이동방향은 일치함) 기출 17, 18, 23

① 100Watt
② 400Watt
③ 1,000Watt
④ 10,000Watt

17 에너지에 관한 설명으로 옳지 않은 것은? 기출 19

① 에너지의 단위는 Joule이다.
② 일을 수행할 수 있는 능력이다.
③ 운동에너지는 물체의 속도뿐만 아니라 질량과도 관계가 있다.
④ 위치에너지는 물체의 질량과는 관계가 있으나 높이와는 관계가 없다.

18 다음 중 가장 큰 역학적 에너지는? 기출 16, 17, 18, 20, 23

① 7m/s로 평지를 달리고 있는 질량 90kg인 럭비선수의 운동에너지
② 8m/s로 평지를 달리고 있는 질량 100kg인 럭비선수의 운동에너지
③ 5m 높이에 서 있는 질량 50kg인 다이빙선수의 위치에너지
④ 4m 높이에 서 있는 질량 60kg인 다이빙선수의 위치에너지

19 〈보기〉에서 운동학적(Kinematics) 분석방법으로 옳은 것은? 기출 16, 17, 18, 20

┌─────────────────────────────────┐
│ ㉠ 영상분석   │
│ ㉡ 고니오미터(Goniometer) 각도 분석 │
│ ㉢ 스트레인 게이지 힘 분석   │
│ ㉣ 지면반력 분석   │
└─────────────────────────────────┘

① ㉠, ㉡   ② ㉠, ㉢

③ ㉡, ㉣   ④ ㉢, ㉣

20 근전도(EMG ; Electromyogram) 분석을 통하여 얻을 수 있는 정보로 옳지 않은 것은? 기출 15, 18, 19, 20

① 제자리멀리뛰기에서 장딴지근(비복근)의 최대 수축 시점

② 스쿼트에서 넙다리곧은근(대퇴직근)의 근피로도

③ 제자리높이뛰기에서 무게중심의 3차원 위치좌표

④ 팔굽혀펴기에서 위팔세갈래근(상완삼두근)의 근활성도

07 스포츠윤리

01 스포츠윤리의 목적으로 옳지 않은 것은? 기출 15, 19, 20, 23

① 스포츠 행위의 공정한 조건을 제시한다.

② 의도적 반칙에 대한 정당화의 근거를 제시한다.

③ 스포츠를 통한 도덕적 자질과 인격 함양을 추구한다.

④ 스포츠맨십, 페어플레이 등 스포츠윤리 규범을 통한 바람직한 공동체의 모습을 제시한다.

02 〈보기〉에서 ㉠, ㉡에 들어갈 용어로 옳은 것은? 기출 16, 17, 18, 20, 22

┌─────────────────────────────────┐
│ 스포츠에서 일어나는 사건이나 현상에 대한 사유작용을 판 │
│ 단이라고 한다. 판단은 크게 사실판단과 가치판단으로 구 │
│ 분된다. 사실판단은 실제 스포츠에서 일어난 사건과 현상 │
│ 에 대한 진술을 말한다. 따라서 (㉠)을/를 가릴 수 있다. │
│ 이에 비해 가치판단은 옳고 그름 혹은 바람직하거나 그렇 │
│ 지 못한 것 등 가치에 대한 진술로 이루어진다. 가치판단은 │
│ 주로 (㉡)에 근거한다.   │
└─────────────────────────────────┘

	㉠	㉡
①	진 위	당 위
②	진 위	허 위
③	진 리	상 상
④	진 리	선 택

03 〈보기〉에서 설명하는 스포츠윤리 규범으로 옳은 것은? 기출 15, 17, 18, 19, 22

┌─────────────────────────────────┐
│ 스포츠의 규범은 근대스포츠의 탄생과 밀접한 연관을 갖는 │
│ 다. 규칙의 준수가 근대 시민 계급의 도덕성 함양에 기여할 │
│ 수 있다고 여겨지면서 하나의 윤리규범으로 정착하였다. │
│ 특히 진실과 성실의 정신(Spirit of Truth and Honesty)을 │
│ 바탕으로 경기에 임하는 도덕적 태도와 같은 의미로 쓰이 │
│ 면서 오늘날 스포츠의 보편적인 윤리 규범이 되었다. │
└─────────────────────────────────┘

① 유틸리티(Utility)

② 테크네(Techne)

③ 젠틀맨십(Gentlemanship)

④ 페어플레이(Fairplay)

04 〈보기〉에서 빈칸 안에 들어갈 용어로 옳은 것은?

기출 15, 16, 17, 18, 20, 22

> 운동선수로서 아무리 뛰어난 능력을 갖추었더라도 인간의 본질인 도덕성(덕)이 부족하면 훌륭한 선수가 될 수 없다. 이런 까닭에 운동선수에게는 두 가지 ( )이/가 동시에 요구된다. 즉 신체적 탁월성과 도덕적 탁월성을 겸비하였을 때 비로소 훌륭한 선수가 되는 것이다.

① 아곤(Agon)

② 퓌시스(Physis)

③ 로고스(Logos)

④ 아레테(Arete)

05 〈보기〉의 빈칸 안에 들어갈 용어와 대표적인 사상가로 옳은 것은? 기출 16, 17, 18, 19, 20, 23

> 스포츠에서 도덕법칙은 "승리를 원한다면 열심히 훈련하라.", "위대한 선수가 되기 위해서는 스포츠맨십에 충실하라." 등과 같이 가언적으로 주어지지 않고, 어떠한 경우에도 선수의 의무로서 반드시 행하라는 (   ) 명령의 형태로 존재한다.

① 공리적 – 칸트(I. Kant)

② 공리적 – 벤덤(J. Bentham)

③ 정언적 – 칸트(I. Kant)

④ 정언적 – 벤덤(J. Bentham)

06 〈보기〉에서 설명하는 윤리 이론으로 옳은 것은?

기출 19, 23

> • 윤리적 가치의 근거를 페미니즘에서 찾음
> • 이성의 윤리가 아닌 감성의 윤리
> • 경기에 처음 출전하는 후배를 격려하는 선배의 친절
> • 근육 경련을 일으킨 상대 선수를 걱정하고 보살피는 행위
> • 타자의 요구와 정서에 공감하고 대응하는 것이 도덕의 출발임

① 공리주의   ② 의무주의

③ 배려윤리   ④ 대지윤리

07 〈보기〉의 ㉠, ㉡에 해당하는 정의의 유형으로 옳은 것은? 기출 17, 18, 20, 22

> 라우 : 스포츠는 ㉠ 동등한 조건의 참가와 동일한 규칙의 적용이 이루어져야 해. 그렇지 않으면 정의의 원칙에 어긋나게 되거든.
> 형린 : 그런데 모든 것이 동등하지는 않아. 피겨스케이팅과 다이빙에서 ㉡ 높은 난이도의 연기를 펼친 선수는 그렇지 않은 선수보다 더 높은 점수를 받아야 해. 이것도 정의의 원칙이라고 할 수 있어.

	㉠	㉡
①	분배적	절차적
②	평균적	분배적
③	평균적	절차적
④	분배적	평균적

08 스포츠에서 발생하는 인종차별로 옳은 것은?

기출 15, 18, 19, 20, 22, 23

① 생물학적 환원주의

② 지속가능한 발전

③ 게발트(Gewalt)

④ 아파르트헤이트(Apartheid)

09 〈보기〉의 폭력에 관한 설명과 관계 깊은 사상가로 옳은 것은? 기출 18, 20, 22

- 학교 스포츠에서 선수에게 폭력을 가하는 감독도 한 가정의 평범한 가장이다.
- 운동 중 체벌을 가하는 것은 좋은 성적을 거두어야 하는 감독의 직업적 행동이다.
- 후배들에게 체벌을 가한 것은 감독의 지시에 따른 행동으로 나의 책임이 아니다.
- 폭력은 괴물이나 악마처럼 괴이한 존재가 아니라 평범한 일상 속에 함께 있다.
- 악(폭력)을 멈추게 할 유일한 방법은 생각과 반성이다.

① 뒤르켐(E. Durkheim)
② 홉스(T. Hobbes)
③ 지라르(R. Girard)
④ 아렌트(H. Arendt)

10 〈보기〉의 내용에 해당하는 반칙으로 옳은 것은? 기출 17, 18, 19, 20

A팀과 B팀의 농구 경기는 종료까지 12초가 남았다. A팀은 4점 차로 지고 있고 팀 파울에 걸렸다. B팀이 공을 잡자 A팀의 한 선수가 B팀 선수에게 반칙을 해서 자유투를 유도한 후, 공격권을 가져오려고 한다.

① 의도적 구성 반칙
② 비의도적 구성 반칙
③ 의도적 규제 반칙
④ 비의도적 규제 반칙

11 〈보기〉의 ㉠, ㉡에 해당하는 유교 사상으로 옳은 것은?

㉠	공자는 "내가 원하지 않는 일을 남에게 하지 말라(己所不欲 勿施於人)"는 원리를 인간관계의 기본적인 행위 준칙으로 보았다. 내가 원하지 않는 것은 타인도 원하지 않을 것이라는 동등고려(Equal Consideration)의 원리는 스포츠맨십의 바탕이기도 하다. 스포츠맨십은 하지 말아야 할 행위를 하지 않는 것이 아니라 스스로 원하지 않는 것을 상대 선수에게 행하지 않는 원리를 실천하는 것이다.
㉡	사회구성원의 모든 행위가 그 이름(역할)에 적합하도록 행해야 한다는 도덕적 요구를 말한다. "임금은 임금답고 신하는 신하다우며, 아버지는 아버지답고 자식은 자식다워야 한다(君君臣臣 父父子子)"는 주문으로 각자에게 주어진 이름과 역할에 걸맞게 행동하라는 도덕적 명령이다. 스포츠인을 스포츠인답게 만드는 것이 곧 스포츠맨십이다.

	㉠	㉡
①	충(忠)	예시예종(禮始禮終)
②	서(恕)	정명(正名)
③	충(忠)	절차탁마(切磋琢磨)
④	서(恕)	극기복례(克己復禮)

12 국민체육진흥법 제18조의3(2020. 8. 18, 일부개정)에 의거하여 체육의 공정성 확보와 체육인의 인권보호를 위해 설립된 단체로 옳은 것은? 기출 22, 23

① 스포츠윤리센터
② 클린스포츠센터
③ 스포츠인권센터
④ 선수고충처리센터

13 〈보기〉의 ㉠에 해당하는 레스트(J. Rest)의 도덕성 구성 요소로 옳은 것은? 기출 19, 22

> 상빈 : 직업 선수에게 가장 중요한 것은 무엇이라고 생각해
> 미라 : 연봉이지! 직업 선수의 연봉이 그 선수의 능력을 나타내는 것이라고 생각해. 나는 작년 성적이 좋아서 올해 연봉이 200% 인상되었어.
> 은숙 : 연봉은 매우 중요하지. 하지만 ㉠ 나는 연봉, 명예 등의 가치보다 스포츠인으로서 스포츠맨십과 페어 플레이가 가장 중요한 가치라고 생각해.

① 도덕적 감수성(Moral Sensitivity)
② 도덕적 판단력(Moral Judgement)
③ 도덕적 동기화(Moral Motivation)
④ 도덕적 품성화(Moral Character)

14 사상가와 스포츠를 통한 도덕교육 방법으로 옳지 않은 것은?

① 루소(J. Rousseau) – 어린 시절부터 다양한 신체활동을 통해 성평등, 동료애, 공동체에서의 협력과 책임을 지는 습관을 길러준다.
② 베닛(W. Benneitt) – 스포츠 상황에서 발생하는 다양한 사건에 대한 논리적 추론과 가치명료화 등을 통해 도덕적 판단 능력을 길러준다.
③ 위인(E. Wynne) – 스포츠 경기의 전통을 이해하고, 규칙 준수 등의 바람직한 행동을 습관화할 수 있도록 가르친다.
④ 콜버그(L. Kohlberg) – 스포츠에서 발생하는 도덕적 딜레마에 대한 토론을 통해 도덕적 갈등상황을 이해하고, 자율적으로 대처할 수 있도록 가르친다.

15 〈보기〉의 빈칸 안에 들어갈 사상가로 옳은 것은?

> (　　　)은/는 "도덕적 가치들은 중요한 타자들(Significant Others)이 어떻게 행동하고 있는가를 관찰하는 것에 의하여 학습된다."고 하였다. 스포츠도덕교육에서 스포츠지도자는 중요한 타자에 해당된다. 스포츠의 도덕적 가치는 스포츠지도자의 도덕적 모범에 의해 학습되어지며, 참여자는 스포츠지도자를 통해 관찰학습과 사회적 모델링을 하게 된다.

① 맥페일(P. McPhail)　　② 피아제(J. Piajet)
③ 피터스(R. Peters)　　④ 콜버그(L. Kohlberg)

16 장애차별 없는 스포츠의 조건으로 옳지 않은 것은?
기출 16, 17, 18, 20, 23

① 장애인이 원하는 장소와 시간을 확보해야 한다.
② 대회의 참여와 종목의 선택은 감독에게 맡긴다.
③ 활동에 필요한 장비 및 기구의 재정적인 지원이 확보되어야 한다.
④ 다양한 사람과의 관계를 통해 사회성 함양의 기회를 주어야 한다.

17 〈보기〉의 ㉠, ㉡에 해당하는 도덕 원리의 검토 방법으로 옳은 것은?

> ㉠ '나 혼자 의도적 파울을 하는 것은 괜찮겠지'라는 판단은 '모든 선수가 의도적 파울을 한다면'이라는 원리에 비추어 검토한다.
> ㉡ '부상당한 선수를 무시하고 경기를 진행하라'는 주장의 지시에 '자신이 부상당한 경우를 가정하여 판단해보라'고 이야기한다.

	㉠	㉡
①	포섭검토	보편화 결과의 검토
②	반증 사례의 검토	포섭검토
③	역할 교환의 검토	반증 사례의 검토
④	보편화 결과의 검토	역할 교환의 검토

18 스포츠에서 공격이 윤리적이어야 하는 이유의 근거로 옳지 않은 것은?

① 타인의 탁월성 발휘를 침해하지 않아야 하기 때문이다.

② 파괴적인 것이 아니라 합리적인 방법과 전술의 개발 등 생산적이어야 하기 때문이다.

③ 공격 당사자의 본능, 감정, 의지를 폭력적인 수단에 의해 관철해야 하기 때문이다.

④ 규칙의 범위 내에서 공격과 방어의 교환이라는 소통의 구조를 가져야 하기 때문이다.

19 스포츠에 도입된 과학기술의 긍정적인 효과로 옳지 않은 것은? `기출 22`

① 운동선수의 인격 형성에 기여한다.

② 기록의 객관성과 신뢰성을 높인다.

③ 운동선수의 안전과 부상 방지에 도움을 준다.

④ 오심과 편파판정을 최소화하여 경기의 공정성을 향상시킨다.

20 스포츠 규칙의 원리로 옳지 않은 것은?

① 편파성

② 임의성(가변성)

③ 제도화

④ 공평성

01 스포츠사회학

01	①	02	②	03	①	04	②,③,④	05	③
06	①	07	④	08	②	09	②	10	③
11	②	12	①	13	②	14	③	15	①
16	④	17	④	18	③	19	④	20	①,②,③,④

01 ㉠ 학교와 지역사회의 통합, ㉡ 평생체육의 연계, ㉢ 학업활동의 격려는 스포츠의 교육적 순기능에 해당된다. 그러나 ㉣ 스포츠의 상업화, ㉤ 참여기회의 제한, ㉥ 승리지상주의는 스포츠의 교육적 역기능에 해당되는 내용이다.

02 ㉡ 스포츠 구조의 변화 : 결승전 경기시간 조정, 광고시간 삽입, 경기팀 조정, 규칙개정, 도박심리 유도, 지명타자 제도 등 스포츠의 규칙이 변화된다.
㉣ 스포츠 내용의 변화 : 스포츠의 비본질적 요소를 중시하여 득점과 승리만을 추구한다. 전시효과를 추구한다. 심미적 가치보다 영웅적 가치가 선호받고 있다.

03 제국주의 시대 스포츠를 통한 동화정책은 식민지 체제의 지배를 정당화하고, 결과적으로 피식민지 주민의 민족주의적 감정을 유발한다.

04 ③ 정의적 참가 : 실제 스포츠 상황에 참가하지는 않지만 간접적으로 특정 선수나 팀 또는 경기상황에 대해 감성적 성향을 표출하는 행동을 의미한다.
① 일탈적 참가 : 자기 직업을 등한시하고 시간 대부분을 스포츠 참가에 할애하거나, 경기 결과에 거액의 돈을 걸고 스포츠를 관람하는 것을 의미한다.
② 행동적 참가 : 스포츠에 실질적으로 참가하는 형태를 의미한다.
④ 인지적 참가 : 학교, 사회기관, 미디어 등을 통해 스포츠에 관한 일정 정보를 수용함으로써 이루어지는 참가를 의미한다.

05 ㉠ 보편주의, 원칙과 통제의 표준화, 효율성을 촉진한다는 점에서 관료화이다. ㉡ 높은 수준의 운동수행을 위해서는 전문화가 필요하고, 전문화를 통해서 스포츠의 프로화가 추진되었다.

추가해설
- 평등성 : 근대스포츠에서 강조되고 있는 평등의 원칙은 게임규칙 및 경쟁조건의 평준화에도 적용되었다. 이를 통해서 모든 경쟁자는 똑같은 조건에서 차별없이 스포츠에 참가하게 되었다.
- 합리화 : 근대스포츠에서는 명시된 규칙이 규제와 경쟁을 지배하는데, 이때 목적과 수단 사이에는 합리성과 관련이 있다.

06 스나이더(E. Snyder)가 제시한 스포츠 사회화의 전이 조건
② 참가의 정도 : 빈도, 기간, 강도가 클수록 전이가 잘 발생한다.
③ 참가의 자발성 여부 : 스스로 스포츠에 참여한 경우 전이가 잘 발생한다.
④ 사회화 주관자의 위신과 위력 : 주관자의 위상과 영향력이 클수록 전이가 잘 발생한다.

추가해설
- 스포츠 조직 내의 사회적 관계 : 스포츠 조직원들이 서로 친밀한 관계의 경우 전이가 잘 발생한다.
- 참가자의 개인·사회적 특성 : 개인의 다양한 특성도 전이에 영향을 미친다.

07 ㉠ 인지적 욕구 : 스포츠, 팀, 경기 결과에 대한 지식을 원하는 욕구
㉡ 정의적 욕구 : 스포츠로 인해 발생하는 흥분과 즐거움에 대한 욕구
㉢ 통합적 욕구 : 다른 사회집단과 친화 그리고 경험을 공유하고 싶은 욕구

08 - 보편적 접근권 : 국민의 관심이 높은 스포츠 경기를 무료 혹은 저렴한 비용으로 시청할 수 있는 권리를 말한다.
- 옐로 저널리즘 : 스포츠 저널리스트가 특정 선수나 코치의 개인 사생활을 의도적으로 파헤치거나 선수나 스포츠 관계자를 웃음거리로 만드는 기사를 보도하는 관행을 말한다.
- 독점 중계권 : 스포츠 중계에 대한 방송권을 한 방송사에서 독점하여 진행하는 중계 방송을 말한다.
- 뉴 저널리즘 : 기존 속보성, 객관성의 관념을 거부하고 소설의 기법을 적용하여 사건과 상황에 대한 표현을 독자에게 실감나게 전달하는 것을 말한다.

09 ② 웨이버 조항(Waiver Rule) : 구단이 시즌 중 소속 선수와의 선수 계약을 해지하거나 포기하고자 하는 경우 다른 구단에게 당해 선수 계약을 양수할 수 있는 기회를 주는 제도를 말한다.

추가해설
① 보류 조항(Reserve Clause) : 계약기간 동안 구단이 소속팀 선수를 계약 우선권을 가지는 제도를 말한다.
③ 선수대리인(Agent) : 계약상에서 공식적으로 선수를 대리하는 일을 하는 대리인을 뜻한다. 주된 업무는 운동선수가 운동에 전념할 수 있도록 연봉협상, 이적 문제 등 선수의 계약권을 대행하는 일을 한다.
④ 자유계약(Free Agent) : 계약기간이 끝난 선수가 자유롭게 다른 구단과 계약할 수 있는 제도를 말한다.

10 ③ 스포츠 일탈의 역기능에 해당되는 내용이다. 스포츠 일탈 행동(약물 복용, 폭력, 공격, 규칙위반)은 부정적 행동 습득의 내면화로 스포츠 참가자의 사회화에 부정적 영향을 초래한다.

11 ㉠ 국위선양 : 운동선수와 국가 간의 동일시는 특정 국가로 하여금 세계의 매스컴에 자연스럽게 명성을 떨칠 수 있는 기회를 제공한다.
㉡ 외교적 항의 : 특정 국가가 자국의 이익에 위배되는 행동을 하거나 위협을 가한 국가에 대하여 외교적으로 항의할 경우 극심한 외교적, 통상적, 정치적 피해를 입게 된다. 그러나 스포츠를 통하여 이와 같은 항의를 전달할 경우, 직접적인 피해나 손해를 입지 않고도 외교적 목적을 달성할 수 있다.
㉢ 정치이념 선전 : 국제 경기에서의 승리는 특정 정치 체제의 우월성을 입증하는 증거가 된다. 따라서 정치적 적대국 간의 스포츠 경기는 특정 정치체제를 대표하는 신체적 기량의 공개심판대를 제공한다고 말할 수 있다.

12 ① 체화된(Embodied) 문화자본 : 지식, 교양, 취미 등을 문화자본으로 정의한다.
② 객체화된(Objectified) 문화자본 : 책, 그림, 골동품 등을 문화자본으로 정의한다.
③ 제도화된(Institutionalized) 문화자본 : 학위 또는 자격증 등을 문화자본으로 정의한다.

13 투민(M. Tumin)이 제시한 스포츠계층의 특성
• 보편성 : 스포츠계층은 모든 국가와 사회에 존재하는 보편적 사회문화 현상
• 사회성 : 스포츠계층은 사회계층을 반영함
• 고래성 : 스포츠계층은 역사발전과 과정을 거치며 변천함
• 다양성 : 스포츠계층은 다양한 형태로 나타남
• 영향성 : 스포츠계층은 생활기회와 생활양식의 변화에 영향을 받음

14 ㉠ 전염이론 : 군중심리로 개인의 행동이 타인에 영향을 주어 동조하게 만들고, 폭력적 성향이 전염되어 집단적 폭력행위로 이어진다는 이론이다.
㉡ 부가가치이론 : 집단행동을 야기하는 요인들이 연속적 행동을 한계화·특성화한다고 보는 이론으로, 지역대립, 만원관중, 좌절, 갈등, 선수 간 충돌, 관중난입, 심판의 판정, 사회적 통제 등은 가치의 부가과정을 거친다고 본다.

추가해설
수렴이론 : 군중 속 개인의 잠재적 본성이 익명성을 바탕으로 표출된다는 이론으로 비사회적, 반사회적 기질이 표출된다.
규범생성이론 : 군중 속에서 개인의 차이와 군중의 이질성을 인정하는 것이다. 군중폭력 행위의 전염성과 모방성을 동조하지 않고 이성적으로 판단할 수 있다는 이론이다.

15 ① 개척자형 : 금전적인 보상이 최고의 가치가 아니다. 이주한 국가와 친밀한 관계를 형성한다.

추가해설
용병형 : 경제적 보상이 최고의 이주 결정요인으로, 더 나은 경제적 보상을 위해 다시 이주할 수 있다.

16 ㉠ 상대론적 관점(구성주의적 접근) : 인간관계의 상호작용에 의한 기준(유동적), 규범의 수용정도에 따라 과소동조와 과잉동조로 구분
㉡ 과잉동조 : 규범을 무비판적으로 수용하는 태도로 집단에서 설정된 규칙이나 목표를 무조건으로 따르는 행동, 과잉동조는 헌신, 전념, 자기희생 등을 강요

추가해설
• 절대론적 관점 : 사회구성원 간의 합의를 통한 기준을 벗어나는 행위(일탈)
• 과소동조 : 규범을 무시하거나 거부하는 유형으로 스포츠 경기에서 폭력이나 승부조작, 음주 등과 같이 규칙이나 규범을 위반하는 행위

17 사회학습이론은 코칭, 강화, 관찰학습을 통해 사회화가 이루어진다고 본다. 사회화 과정의 3요소(개인적 특성, 주요 타자, 사회화 상황)는 역할학습과 관련이 있다.

추가해설
역할이론 : 개인이 사회구조 속에 처한 상황을 인식하여 자기 역할을 완전하게 수행하려고 시도하면서 사회화가 이루어진다는 이론이다. 개인의 사회화 과정을 통해 집단에 소속되어 구성원으로 적응해가는 사실을 설명한다.

18 ① 보수성 : 스포츠의 제도적 특성은 보수적인 질서를 유지하고, 스포츠 경기에 수반되는 애국심은 정치체계를 강화하는 역할을 한다.
② 긴장관계 : 긴장관계는 스포츠의 정치적 속성이 아니라 스포츠의 정치적 역기능에 해당된다.
④ 상호의존성 : 프로스포츠 구단 창단 시 조세 감면을 받는 등, 정부 기관의 관여로 일반기업이 혜택을 받는 경우가 발생한다.

19 ④ 사회관계 이론 : 비공식적 사회관계는 개인이 대중매체의 메시지에 대해 반응하는 태도를 수정하게 하는 데 중요한 역할을 한다. 개인의 대중매체 스포츠 소비 유형은 다른 사람의 가치와 행동에 의해 다양하게 영향을 받는다.
① 개인차 이론 : 대중매체가 관람자의 개인적 특성에 호소하는 메시지를 제공하여 개인의 욕구 충족을 제공한다.
② 사회범주 이론 : 미디어의 영향력이 서로 다른 하위집단의 구성원에게 획일적으로 미치지 않을 수 있다는 것을 가정하는 이론이다.
③ 문화규범 이론 : 대중매체는 현존하는 사상이나 가치를 선택적으로 제시하며 강조한다.

20 ① 갈등이론 : 스포츠는 자본주의 사회에서 일부 지배집단의 의해 조작되고 그들의 이익을 증진시키는 데 이용된다.
② 구조기능이론 : 스포츠 집단을 유기체에 비유하면서 스포츠 집단은 본질적으로 상호 관련되어 있다고 보는 기능론적 관점에 해당한다.
③ 비판이론 : 이데올로기가 스포츠 사회를 어떻게 재생산하거나 변화시키는가에 초점을 두기 때문에 지배 이데올로기를 형성하는 문화를 비판함으로써 이데올로기의 전복을 시도했다.
※ 〈보기〉의 내용이 유한계급론에 대한 설명이기 때문에 전항 정답 처리되었습니다.

01	①	02	③	03	①	04	④	05	④
06	②	07	③	08	②	09	①	10	②
11	③	12	①	13	④	14	④	15	①
16	②	17	③	18	②	19	④	20	③

01 ② 동형 검사 : 연구자가 개발한 검사와 가능한 여러 면(내용, 반응과정, 통계적 특성 등)에서 동일한 다른 검사를 개발하고, 두 검사점수 간의 상관계수를 구해서 검사의 신뢰도를 알아보는 방법이다.
③ 반분 신뢰도 검사 : 검사를 한 집단에게 실시하고 전체 검사문항들을 반으로 나누어 하위검사 1, 2로 만든 다음, 모든 사람들이 두 하위검사에서 얻은 점수 사이의 상관계수를 구하는 방법이다.
④ 내적 일관성 검사 : 한 검사 내 모든 단일 문항 간 평균의 상관계수를 구하는 방법이다. 내적 일관성에 대한 가장 대중적인 검사 방법은 Cronbach's α 계수이다.

02 **모스턴(M. Mosston)의 교수 스타일 중 탐구수업모형**
탐구수업모형 지도 계획 시 주안점에 대해 살펴보면, 내용 전개는 학습자가 높은 수준의 신체적, 인지적 수행을 보일 때 행해야 한다. 교사는 질문하되 가능한 한 답하지 말고, 학습자가 스스로 답을 찾도록 지도해야 한다. 교사는 많은 시간을 들여 질문을 작성하고 수업 계획을 구성해야 한다.

03 ① 지도자의 경력은 로젠샤인(B. Rosenshine)과 퍼스트(N. Furst)가 제시한 학습성취와 관련된 지도자 변인에 해당하지 않는다. 로젠샤인(B. Rosenshine)과 퍼스트(N. Furst)는 과정-산출에 대한 연구를 검토하고 다음과 같은 행동 유목이 학생의 학업성취와 관계가 있음을 규명했다. 그 행동 유목은 내용제시의 명확성, 수업활동의 다양성, 지도자의 열성, 과제 지향성, 학생의 학습기회, 지도자의 비지시성, 학생의 아이디어 이용, 비판, 구조적 논평의 사용, 질문의 형태, 학생의 반응검토이다.

04 ④ 스테이션 교수(Station Teaching) : 둘 이상의 과제를 동시에 진행하기 위한 교수방법으로서, 학습환경을 나누어 학생들이 스테이션을 이동하면서 학습하게 하는 방법이다.
① 자기 교수(Self Teaching) : 혼자 거울을 보거나 동영상 녹화를 이용하는 방법이다.
② 팀 티칭(Team Teaching) : 동료끼리 모의로 수업을 만들어 교수기능을 연습하는 방법이다.
③ 상호 교수(Interactive Teaching) : 학생과 교사 간의 상호작용 및 의사소통을 중시하는 방법이다.

05 스포츠윤리센터의 설립(국민체육진흥법 제18조의3)

체육의 공정성 확보와 체육인의 인권보호를 위하여 스포츠윤리센터를 설립한다.

추가해설

재단법인 스포츠윤리센터는 체육계 비리 및 인권침해를 조사하고 가해자 처벌 현실화, 피해자의 회복을 돕기 위한 심리·정서·법률 등 종합적 지원을 하며, 예방교육과 국내·외 정보공유를 통해 체육계 악습의 고리를 끊고 "체육의 공정성 확보와 체육인의 인권 보호"에 기여한다. 주요사업으로는 체육계 비리 및 인권침해에 대한 신고접수 및 조사와 피해자 지원, 체육계 비리 및 인권침해에 대한 실태조사 및 제도 개선, 체육계 비리 및 인권침해 예방교육 및 홍보 활동, 체육계 인권침해 재발 방지를 위한 징계정보시스템 운영, 그 밖의 체육의 공정성 확보 및 체육인의 인권보호를 위해 필요한 사업 등이다.

06 ② 효율성의 원리는 스포츠 교육 프로그램의 지도 원리에 포함되지 않는다.

① 개별성의 원리 : 학습자의 다양성을 고려하는 교수학습 방법의 방향, 운동하는 사람의 연령, 성별, 체력, 건강 상태에 맞는 운동 종목, 운동 강도 등을 설정해서 운동해야 한다는 것이다.

③ 적합성의 원리 : 학생의 능력을 고려하여 3가지 학습 영역의 다양한 목표를 효율적으로 가르치기 위해 지도자는 다양한 교수학습 방법을 알고 활용하는 것이다.

④ 통합성의 원리 : 체육과 교수학습 내용의 다양화를 지향하는 것이다.

07 직접교수모형

• 학습자는 지도자의 지시에 따르며, 지도자의 질문에 적극적으로 대답한다.

• 학습자로 하여금 연습과제와 기능연습에 높은 비율로 참여하도록 안내한다.

• 지도자는 학습자가 연습하는 것을 관찰하고, 학습자에게 교정적 피드백을 제공한다.

08 ② 스포츠 대회 참가 목적을 국위선양에 두어 지원하는 것은 아니다.

추가해설

스포츠 정책 수립·시행의 기본원칙(스포츠기본법 제7조)

• 스포츠권을 보장할 것

• 스포츠 활동을 존중하고 사회전반에 확산되도록 할 것

• 국민과 국가의 스포츠 역량을 높이기 위한 여건을 조성하고 지원할 것

• 스포츠 활동 참여와 스포츠 교육의 기회가 확대되도록 할 것

• 스포츠의 가치를 존중하고 스포츠의 역동성을 높일 수 있을 것

• 스포츠 활동과 관련한 안전사고를 방지할 것

• 스포츠의 국제 교류·협력을 증진할 것

09 ① 지도자는 발견 역치(Discovery Threshold)를 넘어 창조의 단계로 학습자를 유도해서는 안 된다. 다양한 기술 수준에 있는 학습자가 자신들이 수행할 수 있는 난이도를 선택하면서 동일한 과제에 참여해야 한다는 것이다.

10 ② 역순 연쇄 : 과제를 발생순서에 반대되는 순서에 따라 가르치는 지도 방법을 말한다. 운동기능의 지도에서 역순연쇄 지도법을 동원하는 이유는 두려움이 운동기능의 학습을 어렵게 할 때, 그 기능을 역순으로 학습함으로써 불안을 조성하는 상황을 즉각 해결하고 이어지는 동작들을 보다 쉽게 학습할 수 있는 상황을 만들 수 있기 때문이다. 또한, 운동기능을 역순연쇄 지도법으로 가르치는 것이 매우 실제적이고 능률적일 수 있기 때문이다.

11 쿠닌(J. Kounin)의 교수 기능

• 상황파악 : 학생들이 무엇을 하고 있는지 교사가 항상 인지하고 있다는 사실을 학생들에게 전달

• 동시적 처리 : 두 가지 일을 동시에 처리하는 것

• 유연한 수업 전개 : 수업 활동의 흐름을 중단하지 않고 부드럽게 이끌어 가는 것

• 여세 유지 : 수업 진행을 늦추거나 학생의 학습활동을 중단시키지 않고 계속해서 활력 있게 수업을 전개해 나가는 것

• 집단 경각 : 모든 학생을 과제에 몰두하도록 지도하는 것

• 학생의 책무성 : 과제수행에 대한 책임감을 부여하는 것

12 ① 사건 기록법(Event Recording) : 행동이 발생할 때마다 횟수를 체크하는 방식으로 기록하는 방법, 행동의 발생 횟수를 가장 직접적으로 정확하게 기록하는 방법이나, 시간을 기록하지 못한다.

② 평정 척도법(Rating Scale) : 각 지도자의 자질에 해당하는 요소를 5가지 항목(매우 만족, 만족, 보통, 불만족, 매우 불만족)의 표로 만들어 평가하는 것은 상대적 가치에 따라 평가하는 리커트 형식의 평정척도에 해당한다.

③ 일화 기록법(Anecdotal Recording) : 일화의 일반적 느낌을 전부 기록, 단편적인 정보기록이 교수학습 활동을 정확성 있게 지각한다고 볼 수 없다.

④ 지속시간 기록법(Duration Recording) : 행동의 횟수가 아닌 행동의 시간을 기록하는 방법, 얼마나 오래 또는 얼마나 짧게 그 행동이 발생했는가에 대한 기록이다.

13 ④ 배구 수업에서 운동기능이 낮은 학습자가 정식 게임으로 수업이 진행된다면 자기효능감이 낮아져 동기 저하로 인해 지속적 참여 의도를 이끌어낼 수 없다.

학습자의 상태는 효율적인 학습을 위해 매우 중요하다. 학습자의 내적 요인으로는 기능수준, 체격 및 체력, 동기유발 수준, 인지능력 및 감정코칭 능력, 발달수준 등을 들 수 있다. 예를들어, 김코치는 중학교 여학생을 대상으로 리듬체조를 지도할 때, 초보자에게는 기초기술을 숙련자에게는 응용기술을 가르쳤다.

14 ④ 목표 달성이 불가능할 경우의 대처방안은 메이거(R. Mager)가 제시한 학습 목표 설정의 요소가 아니다. 메이거(R. Mager)가 제시한 학습 목표설정은 학생이 학습성취 행동을 보일 때, 어떤 행동을 보일 것인지 그리고 교사가 그것을 어떻게 알 수 있을지를 반드시 기술해야 한다는 것이다.

추가해설

메이거가 제시한 좋은 목표의 조건
• 의도하고 있는 학생 행동의 변화를 제시해야 한다.
• 그 행동의 수행에 따르는 조건을 제시해야 한다.
• 성취기준을 제시해야 한다.

15 메츨러(M. Metzler)의 탐구수업모형
학습 영역의 우선 순위는 인지적, 심동적, 정의적 순이다.
지도자는 질문하되 가능한 한 답하지 말고, 학습자가 스스로 답을 찾도록 지도해야 한다.

16 심동적 영역은 근육의 발달과 사용, 그리고 신체의 운동을 조절하는 신체능력에 관한 인간행동을 포함하는 영역이다.

추가해설

정의적 영역 : 감정이나 가치, 태도, 인성 등의 보이지 않는 것들이 포함된 영역 예 몰입, 협동심
인지적 영역 : 논리, 지식, 개념, 이론적 원리 등을 포함하는 영역 예 경기규칙 이해

17 ③ 과제 간 전이 : 한 가지 기능이나 과제의 학습이 다른 기능이나 과제로 전이되는 것
① 대칭적 전이 : 어느 한쪽을 먼저 학습하는 것과는 상관없이 양쪽에 대한 전이효과가 유사하게 발생하는 것
② 과제 내 전이 : 한 가지 조건에서 학습한 기능이 다른 조건으로 전이되는 것
④ 일상으로의 전이 : 한 가지 기능이나 과제의 학습이 일상생활에 영향을 미치는 것

18 스포츠 교육 프로그램의 구성요소 중 내용적 측면은 수업 목표와 직접 관련 있는 활동을 선정하고, 참여자의 운동능력과 경험 수준에 적합한 활동을 선정한다.

19 ① 직접교수모형에 해당된다.
② 동료교수모형에 해당된다.
③ 스포츠교육모형에 해당된다.
④ 개별화지도모형에 해당된다.

추가해설

개별화지도모형
수업 진도는 학습자가 결정하며, 학습자는 학습 과제를 계열성에 따라 자신에게 맞는 속도로 배우게 된다. 학습 과제는 전체 단원의 내용 목록을 결정할 때 이루어지며, 가르칠 기능 및 지식 영역에 대한 과제 분석을 통해 이루어진다. 학습자에게 주어지는 학습 과제 모듈은 과제제시, 과제구조, 오류분석, 수행기준에 대한 정보를 포함한다. 학습 영역의 우선순위는 심동적, 인지적, 정의적 영역 순이다.

20 학교운동부지도자의 자격기준 등(학교체육진흥법 시행령 제3조)
• 직무수행 실적
  – 학생선수에 대한 훈련계획 작성, 지도 및 관리
  – 학생선수의 각종 대회 출전 지원 및 인솔
  – 훈련 및 각종 대회 출전 시 학생선수의 안전관리
  – 경기력 분석 및 훈련일지 작성
  – 훈련장의 안전관리
• 복무 태도
• 학교운동부 운영 성과
• 학생선수의 학습권 및 인권 침해 여부

03 스포츠심리학

01	③	02	①	03	④	04	④	05	④
06	③	07	④	08	②	09	②	10	①
11	②	12	③	13	②	14	①	15	③
16	①	17	②	18	④	19	①	20	④

01 스포츠심리학은 스포츠 상황에서 일어나는 인간행동과 정신과정에 대한 해답을 추구하는 심리학적 원리를 적용한 스포츠과학의 한 분야이다. 생리학적 항상성에 관한 연구는 운동생리학 분야이다. 운동생리학은 일정기간 동안 운동 형태로 가해진 자극에 대해 인체가 적절하게 반응하고 적응하는 과정속에서 나타나는 생리학적 현상을 연구하는 학문 분야이다.

02 자기결정이론(Self-determination Theory) 이론은 내적동기, 외적동기, 무동기의 3가지 형태에 따라 인간의 성취행동이 달라진다고 본다.

추가해설

외적동기는 확인규제, 의무감규제, 외적규제로 분류된다.
확인규제 : 운동 자체의 목표가 아닌 건강 증진이나 다이어트 같은 자기가 설정한 목표 달성을 위해 스포츠활동에 참여한다.
의무감규제 : 외적동기 요인이 내면화되어 죄책감과 불안 같은 압력으로 스포츠활동에 참여한다.
외적규제 : 외적보상을 받으려는 욕구가 활동의 원동력이며, 외적보상을 얻기 위해 스포츠활동에 참여한다.

03 ① 스트룹 효과(Stroop Effect) : 단어의 의미와 색상이 일치하지 않는 자극을 보고 그 자극의 색상을 명명할 때, 일치하는 자극을 보고 명명할 때보다 반응 시간이 더 증가하는 현상을 말한다.
② 지각협소화(Perceptual Narrowing) : 각성 수준이 증가함에 따라 주의를 기울일 수 있는 폭이 점차 좁아지는 현상을 말한다.
③ 무주의 맹시(Inattention Blindness) : 대상이 시야 속에 들어 있지만, 주의가 기울어져 있지 않기 때문에 사물을 간과해버리는 현상을 말한다.

04 날아오는 공의 궤적이나 회전과 같이 운동수행에 영향을 주는 환경적 조건을 조절 조건이라 하고, 공의 색깔이나 주변 배경의 상태 등과 같이 운동수행에 영향을 주지 않는 환경 조건을 비조절 조건이라 한다. 학습자는 이러한 환경 조건을 구분하여 필요한 정보는 받아들이고, 그렇지 않은 정보는 무시할 수 있는 능력을 학습하게 된다.
환경의 변화를 예측할 수 있는 폐쇄운동기술인 경우 운동기술 수행의 고정화를 필요로 하며, 이전 단계에서 획득한 운동기술의 움직임 자체에 대한 기술 향상에 중점을 두고 연습하게 된다. 환경의 변화를 예측할 수 없는 개방운동기술에서는 운동기술 수행의 다양화가 필요하며, 다양하게 변하는 환경과 동작의 요구에 맞도록 움직임을 적응시키는 것에 중점을 두고 연습해야 한다.

05 뉴웰(K. Newell)이 제시한 움직임 제한(Constraints) 요소의 유형은 개인 제한 요소, 환경 제한 요소, 과제 제한 요소로 분류되며, 이러한 3가지 요소가 서로 상호작용하는 과정에서 운동행동이 이루어진다는 이론이다.
개인 제한 요소 : 체격, 체력, 형태, 심리적 요인 등
환경 제한 요소 : 물리환경적 요소(온도, 습도 등), 사회문화적 요소(성별, 인종 등)
과제 제한 요소 : 운동과제(과제의 구조와 유형, 목표, 규칙, 장비) 자체의 특성에 의해서 발생하는 제한 요소

06 ③ 개체발생적 발달 원리(Ontogenetic Development Principle) : 학습에 의한 운동행동 또는 연습과 경험을 필요로 하는 스포츠 기술과 관련된다. 게셀(A. Gesell)에 의하면 개체발생은 단일성의 원리와 이원성의 원리의 공존에 기초한 성장과정을 보여준다고 하였다. 또한, 통합과 분화의 이중 운동이 이 구조적이고 기능적인 조직을 구성하고, 점진적이고 개체화하는 성숙은 반응들과 태도들의 전반적 통일성의 내부에서 점점 더 분리되고 점점 더 정밀한 도식들을 재단해낸다.

07 ④ 격한 상황에서 자신의 감정을 공격적으로 표출하도록 격려하는 것은 오히려 공격성을 더 부추겨 일탈행동으로 이어질 수 있기 때문에 인성 발달 전략으로 적절하지 않다.

08 수행목표 : 수행자의 예전 수행과 비교하여 설정하는 목표설정 방법
예 서브에서 팔꿈치를 완전히 펴서 스윙
결과목표 : 수행 혹은 동작의 마지막 결과에 초점을 두는 목표설정 방법
예 한국시리즈 우승, 올림픽 메달 획득
과정목표 : 움직임 발생의 질적인 면에 초점을 맞춘 목표설정 방법
예 상대방 공격 시 공에 집중하기, 축구 드리블 시 주위 살피기

09 유소년 지도자 훈련 프로그램인 CET(Coach Effectiveness Training)의 핵심 원칙은 자기관찰, 상호지원, 발달모델이다. 운동도식은 폐쇄회로이론의 피드백과 개방회로이론의 운동프로그램의 개념을 통합하여 운동행동의 원리를 규명하는 것이다. 회상도식은 피드백 정보가 없는 빠른 운동을 조절하는 역할을 하고, 재인도식은 피드백 정보를 통하여 잘못된 동작을 수정하는 역할을 한다.

10 ① 소뇌(Cerebellum) : 소뇌는 우리 몸의 운동기능의 조절에 관여하는 중요한 기관으로 체운동기능(somatic motor function)을 자동적으로 조정하며, 근육의 긴장도(muscle tone)를 조절하고 평형을 유지하는 역할을 한다. 소뇌는 뇌간(Brain Stem)의 뒤쪽에 붙어 있으며, 이 부위는 우리의 자세를 제대로 취할 수 있게 해줄 뿐 아니라 조화로운 근육운동을 조절한다.

11 ② 파지검사(Retention Test) : 연습으로 향상된 수행력을 얼마나 오랫동안 지속시킬 수 있는가를 측정한다.
③ 전이검사(Transfer Test) : 학습한 내용을 다른 새로운 상황이나 기술에 얼마나 활용할 수 있는가를 평가한다.

12 ③ 상대적 타이밍(Relative Timing) : 상대 타이밍은 동작 속도 또는 동작 거리와 관계없는 기본적인 시간 구조 또는 동작 유형의 리듬을 말함, 상대 타이밍은 하나의 운동 기능이 다양한 하위 부분으로 구성되어 있다고 가정할 때, 각 하위 부분이 시간적으로 정확하게 조화를 이룰 수 있도록 규칙화할 수 있는 능력을 말한다.
① 어트랙터(Attractor) : 매우 안정된 동작 상태, 협응의 가변성이 최소한으로 나타나 안정성 유지, 에너지를 가장 효율적으로 사용하는 상태이다.
② 동작유도성(Affordance) : 어떤 운동 행위와 연결 지을 수 있는 다양한 환경과 상황을 종합적이고 객관적으로 관찰해 나가는 태도를 의미한다.
④ 절대적 타이밍(Absolute Timing) : 전체 동작을 이루는 부분 동작의 절대적인 시간의 길이를 뜻하며, 템포와 관련되어 있다.

13 ㉠ 최대의 확실성(Maximum Certainty) : 움직임의 목표 또는 마지막 결과에 이를 수 있다.
㉢ 최소의 움직임 시간(Minimum Movement Time) : 좋은 기술은 움직임의 속도를 빠르게 할 수 있다. 대부분의 스포츠에서는 느리게 움직이는 것보다는 빠르게 움직이는 것이 더 잘한다는 평가를 받는다.
㉣ 최소의 에너지 소비(Minimum Energy Expenditure) : 몸을 움직이는 데 필요한 에너지 소비를 최소화한다. 최소 에너지의 개념은 기술을 가진 사람이 움직임에 요구되는 정신적인 요구를 줄이는 방법으로 행동을 조직할 수 있다는 것을 의미한다.

14 ㉠ 사회학습이론은 환경에서 관찰과 강화로 공격행위를 학습한다.
㉡ 본능이론은 인간의 내부에는 공격성을 유발하는 에너지가 존재한다.
㉢ 좌절-공격 가설은 좌절(예 목표를 추구하는 행위가 방해받는 경험)이 공격행동을 유발한다.
㉣ 수정된 좌절-공격 가설은 좌절이 무조건 공격행동을 유발하지 않고, 공격행동이 적절하다는 외부적 단서가 있을 때 나타난다.

15 하터(S. Harter)의 유능성 동기이론 모형은 동기지향성과 지각된 유능성 및 통제감의 3가지 심리적 변인과 관련된 다차원 동기를 의미한다. 숙달과정에서 성공적인 수행은 자기효능감과 긍정적 정서를 생기게 하여 높은 유능성 동기를 부여한다.

16 번스타인(N. Bernstein)은 여분의 자유도가 활용되는 정도가 운동기술의 수행 수준을 결정짓는다고 생각하여 자유도의 활용 정도와 움직임의 역동적, 질적 변화에 초점을 맞춰 운동학습의 단계를 자유도의 고정, 자유도의 풀림, 반작용의 활용 단계로 구분하였다. 자유도 풀림 단계에서 동작의 역학적 요인, 근육의 공동작용, 관절의 상호움직임의 변화가 나타나며, 환경의 다양한 요구에 보다 쉽게 적응할 수 있다.

추가해설

② 상변이(Phase Transition) : 제한 요소의 변화에 따라서 운동의 형태가 갑작스럽게 전환되는 현상을 말한다.
③ 임계요동(Critical Fluctuation) : 요동의 증폭이 변이가 일어나는 임계점 직전에 가장 커지는 현상을 말한다.
④ 속도-정확성 상쇄 현상(Speed-accuracy Trade-off) : 운동 속도가 빨라지면 정확성이 감소한다.

17 ㉡ 학습자에게 어려운 목표를 설정하도록 조언해서는 안 된다. 어려운 목표보다는 객관적이고 실현가능한 현실적인 목표를 설정하는 것이 좋다.
㉣ 구체적이고 도전적인 목표를 향해 전념하도록 격려하는 것은 운동의 수행과 학습의 효과를 증가시킨다.

18 ③ 보강 피드백(Augmented Feedback) : 외부로부터 제공되는 정보를 의미하며, 학습자의 기술수행을 위한 동기를 유발시키는 것에 목표를 둔다.
① 내적 피드백(Intrinsic Feedback) : 운동수행자 자체에 내재하는 정보로서, 반응 후에 스스로의 감각자극에서 피드백의 정보가 생긴다.
② 부적 피드백(Negative Feedback) : 원래의 자극에 반대(음성)로 작동하는 조절체계의 반응을 수반한다.
④ 부적합 피드백(Incongruent Feedback) : 운동수행자가 자극의 최초 반응 결과에 대해 적합한 단서에 대한 피드백을 제공하는 적합성 피드백의 반대되는 개념이다.

19 ㉠ 기술과 ㉡ 도전이 균형을 이루는 상황에서 운동 수행에 완벽히 집중하는 것을 몰입(Flow)이라 한다. 도전이 높고 기술이 낮으면 ㉢ 불안을 느낀다. 도전이 낮고, 기술이 높으면 ㉣ 이완을 느낀다. 여기서 기술이란 자신의 능력이고, 도전이란 과제의 난이도이다.

20 기능적 귀인 전략으로 실패의 원인을 통제 가능한 요인과 불안정 요인에서 찾는다. 즉, 노력 부족이나 잘못된 작전과 같은 내적이고, 불안정 요인에의 귀인 방법이 적합하다. 신체기능을 숙달하고 자기방어적 귀인이나 자기고양적 귀인을 취하지 않고 냉철하게 스스로를 분석하는 논리적 귀인을 취하는 것이 바람직하다.

04 한국체육사

01	④	02	①	03	③	04	④	05	②
06	②	07	②	08	③	09	①	10	③
11	①	12	④	13	③	14	②,③	15	①
16	④	17	③	18	②,④	19	④	20	①

01 ④ 과거 체육과 관련된 사실을 담고 있는 역사 자료는 사료에 해당된다.

추가해설

체육사 연구에서의 사료(史料)
• 유물, 유적 등의 유산 : 물적 사료
• 공문서, 사문서, 출판물 등 : 문헌 사료
• 과거의 기억에 대한 증언 등 : 구술 사료
• 각종 트로피, 우승기, 메달, 경기 복장 등 : 물적 사료에 포함

02 갑오경장 이전 : 생활의 유지와 종족보존을 위해 국방의 필요성에 의한 무예중심의 체육이었고 레크리에이션요소로서 고유의 민속놀이가 성행하였다.
갑오경장 이후 : 근대교육이 되면서 현대체육으로써 변모를 갖추게 되었다. 즉 학교체육과 사회체육을 포함한 과학적인 체육, 스포츠의 발달이 시작되었다.

03 ③ 윷놀이 : '윷'의 유래와 역사를 살펴보면 삼국시대와 고려시대 문헌에서는 윷을 직접적으로 나타내는 용어를 발견하지 못하였으나, 윷을 '저포(樗蒲)'와 동일한 것으로 보기도 하고 혼용하여 지칭하기도 하였다. 이후 조선시대 초기에는 윷놀이에 해당하는 '사희(柶戲)'라는 용어가 나타났고, 조선시대 중·후기에는 '척사(擲柶)'라는 용어가 나타나 일제강점기와 현대에까지 널리 사용되는 용어가 되었다.

04 귀족 자제들만 참여하여 국가(신라)의 관료를 등용하던 교육제도이다. 신체적 단련을 통한 강한 청소년 양성을 목적으로 하였다. 원광의 세속오계를 바탕으로 충성 보국할 수 있는 문무겸비의 인재를 양성하였다.

05 ② 축국(蹴鞠) : 가죽 주머니로 공을 만들어 발로 차던 놀이이다. 흡사 오늘날의 축구 또는 제기차기와 유사한 형태의 놀이라고 할 수 있다.
① 석전(石戰) : 변전, 편전, 편쌈이라고도 한다. 변은 이 변, 저 변의 의미이고, 편은 이 편, 저 편는 양 편을 의미한다. 석전은 마을의 돌팔매겨루기로 전쟁에 대비하는 전투적 유희라고 할 수 있다.
③ 각저(角抵) : 두 사람이 띠나 샅바를 서로 잡고 힘과 재주를 부려 먼저 넘어뜨리는 것으로 승부를 겨루는 우리 고유의 운동이다.
④ 도판희(跳板戲) : 널뛰기로 정초에 젊은 부녀자들이 즐겨 노는 우리의 풍속으로, 설날을 전후하여 가장 많이 하며 단오나 한가위 때도 즐기는 민속놀이다.

06 ㉠ 풍연(風鳶) : 연날리기 – 서민
㉡ 격구(擊毬) : 서양의 폴로 경기와 유사하며, 말을 타고 채를 사용하여 공을 치는 경기 – 왕, 귀족
㉢ 방응(放鷹) : 매를 놓아 사냥하는 것 – 왕, 귀족
㉣ 추천(鞦韆) : 그네뛰기 – 서민

07 수박(手搏) : 맨손과 발을 이용한 격투 기술이다. 외세의 잦은 침략으로 인해 무신정권의 장기집권 시기에 관리 채용과 출세를 위한 방법으로 수박희라는 형태의 무예 기술이 발달하였다. 응방도감(鷹坊都監)은 고려 시대와 조선 시대에 매의 사육과 매 사냥을 맡은 관청이다.

08 조선시대 훈련원은 공식 교육기관으로 무예를 시험하고, 훈련과 병서를 강습하였다. 성균관, 향교, 서당, 서원 등에서 성리학적 소양을 지닌 사대부의 양성을 목표로 유교 경전 중심의 수업이 이루어졌다.

09 조선시대에는 유교가 추구하는 이상적 인간상을 구현해야 한다는 인식에서 유교의 기본적 교양인 예(禮)·악(樂)·사(射)·어(御)·서(書)·수(數)의 육예(六藝)가 중시되었다. 신체적인 면에서도 유교가 추구하는 이상적 인간상을 갖추어야 했기 때문에 악·사·어가 교육될 수 있었다. 이 중 사(射)는 궁술(弓術), 어(御)는 마술(馬術)이다. 특히 궁술은 유교적 교육의 일환으로 장려되었는데, 궁술을 위주로 한 성균관(成均館)의 대사례(大射禮)와 향교(鄕校) 등의 향사례(鄕射禮)는 주요한 행사로 자리 잡고 있었다.

10 ③ 무예도보통지(武藝圖譜通志) : 정조 때 만들어진 무예서로서, 24가지 무예에 관한 기예를 그림으로 설명한 종합 무예서이다.
① 무예제보(武藝諸譜) : 선조 때 한교가 명나라 무예서 '기효신서'를 참고하여 펴낸 무예서이다.
② 무예신보(武藝新譜) : 영조 때 사도세자가 '무예제보'를 보완하여 펴낸 무예서이다.
④ 무예제보번역속집(武藝諸譜翻譯續集) : 광해군 2년인 1610년에 훈련도감의 도청이었던 최기남(崔起南)이 한글로 편찬한 무예서이다.

11 ② 대성학교 : 1907년 국권회복운동의 일환으로 안창호가 설립, 일반 체조를 포함한 군대식 조련 실시
③ 원산학사 : 1883년 설립된 최초의 근대학교, 교과과정에 전통무예 포함, 문사양성을 위한 문예반 50명, 무사양성을 위한 무예반 200명
④ 숭실학교 : 1897년 미국 북 장로교 선교사 베어드(Baird)가 평양에 설립한 중·고등 교육기관

12 ① 원산학사는 문예반 50명, 무예반 200명을 선발하였다.
② 개화기 최초의 운동회는 영국인 교사 허치슨(Hutchison)과 핼리팩스(Hallfax)가 주관한 화류회(花柳會)였다.
③ 미국 선교사들이 주도하여 배재학당, 이화학당, 경신학당 등 미션스쿨을 설립하였다.

13 ① 청강체육부 : 중등학교 재학생인 최성희 등에 의해 1910년 조직된 단체로서, 교내 체육활동의 성격을 띤 우리나라 최초의 학교체육부라고 할 수 있다.
② 회동구락부 : 우리나라에서 연식 정구를 제일 먼저 행단 단체로 알려져 있다.
④ 대동체육구락부 : 1908년 권서연, 조상호, 이기환 등이 결성한 사회 체육단체로서, 사회진화론적 자강론으로 체육 계몽운동을 펼쳤다.

14 ② 조선체육회에 해당되는 내용이다. 조선체육협회는 조선 강제병합 이후, 일제는 조선 내 근대 스포츠를 보급하고 이를 관리하고자 하였는데, 이는 재조선 일본인들이 만든 체육단체를 중심으로 이루어졌으며, 1919년 2월 18일 설립되었다.
③ 서상천은 일본체육회 체조학교를 졸업 후 휘문고등 보통학교에서 교편을 잡았다.
※ ②·③ 모두 옳은 선지로 중복 정답 처리되었습니다.

15 ② 대한체육구락부 : 1906년 3월 김기정, 현양운 등 30여명에 의해 발족, 우리나라 최초의 근대적 체육단체이다.
③ 조선체육회 : 1920년 조선의 체육을 지도하고 장려하는 것을 목적으로, 동아일보사의 후원하에 현 대한체육회의 전신인 조선체육회가 창립되었다.
④ 조선체육협회 : 조선 강제병합 이후, 일제는 조선 내 근대 스포츠를 보급하고 이를 관리하고자 하였는데, 이는 재조선 일본인들이 만든 체육단체를 중심으로 이루어졌으며, 1919년 2월 18일 설립된 체육단체이다.

16 체력장 제도
• 1969년 시안을 마련하고 1971년부터 실시
• 국제체력검사표준위원회에서 정한 기준과 종목을 대상으로 초·중·고교 99개 학교 학생들을 표집·실시, 그 결과를 통해 토대 제작
• 1972년 5월 1일 「문교부령」제294호에 의해 「학교신체검사규정」이 개정 발표되었고, 1973년부터 「대학입학예비고사령」제12조에 의해 대학입시 내신을 위한 체력장제도를 실시
• 1979년부터 일부종목을 변경하거나 취소해 100m달리기, 제자리 멀리 뛰기, 팔 굽혀 매달리기(남자는 턱걸이), 윗몸 일으키기, 던지기 등의 5종목으로 축소 및 평가방법도 상대평가로 전환
• 점수 및 등급부분은 5개 종목의 측정치를 종목별로 구분해 20점 만점의 절대기준 평가를 실시하고 5개 종목 전체를 합해 100점 만점에 80점 이상이 특급, 70~79점이 1급, 60~69점이 2급, 50~59점이 3급, 40~49점이 4급, 39점 이하가 5급 등 6개 등급으로 구분해서 등급별로 점수가 가산됨

17 1988년 서울올림픽에서 태권도가 시범종목으로 채택되어 태권도의 세계화를 위한 기틀을 마련하였으며, 2000년 시드니올림픽 정식종목으로 확정되어 한국어가 영어, 프랑스어, 일본어와 함께 올림픽경기의 공식용어로 사용되고 있다. 현재 태권도는 올림픽 스포츠로서 뿐만 아니라 건강운동과 인성교육의 차원에서 203개국 8,000만이 수련하는 세계적인 무예 스포츠로 발전하였다.

18 1948년 제5회 동계 올림픽의 참가국은 28개국, 참가 선수는 669명이다. 독일과 일본은 제2차 세계 대전을 이유로 참가가 거부되었다. 칠레, 덴마크, 아이슬란드, 대한민국, 레바논 5개국이 처음으로 동계 올림픽에 참가했다. 대한민국은 이전까지 일장기를 달고 출전하다가 최초로 태극기와 대한민국 유니폼을 갖추고 출전하였다.

19 2018년 동계 올림픽은 2018년 2월 9일부터 2월 25일까지 대한민국 강원도 평창군 등에서 개최된 제23회 동계 올림픽이다. 대한민국에서는 최초로 개최된 동계 올림픽이며 1988년 하계 올림픽 이후 30년 만에 대한민국에서 개최된 올림픽이다. 참가국 92개국, 참가 선수 2,920명으로 대한민국은 금메달 5개, 은메달 8개, 동메달 4개로 총 17개의 메달을 획득하여 종합순위 7위를 차지하였다.

20 1991년 4월 24일 일본 지바에서 제41회 세계탁구선수권대회가 개막됐다. 남북한은 남북분단 46년 만에 처음으로 남북단일팀인 '코리아' 팀으로 출전했다. 4월 29일에 치러진 여자단체전 결승에서 코리아 팀은 중국을 3대 2로 꺾고 세계를 제패했다. 우승의 주역인 홍차옥, 유순복, 현정화, 이분희를 비롯해 우리 동포들은 경기장에 한반도 지도가 그려진 단일기가 오르고 단일팀가인 아리랑이 울려 퍼지는 순간 남북의 7천만 동포는 그야말로 하나라는 것을 실감했다.

05 운동생리학

01	②	02	①	03	④	04	①	05	③
06	④	07	④	08	①	09	②	10	③
11	③	12	①	13	②	14	②	15	③
16	③	17	②	18	①	19	④	20	④

01 ATP 합성의 종류
- 크레아틴인산(Creatine Phosphate; CP)에 의한 결합(인원질과정 ATP-PCr)
- 포도당(글루코스)을 이용하는 해당작용(Glycolysis), 무산소성 해당과정 예 젖산시스템
- 산화적 인산화(Oxidative Phosphorylation)(단백질, 지방의 경로)

02 근형질세망은 Ca^{2+}(칼슘 이온)의 저장소 역할을 한다. 골격근 수축기전에서 근형질세망에 있던 Ca^{2+}이 밖으로 나와 세포질액을 채우고, 세포 내 Ca^{2+}농도는 올라간다.

03 초과산소섭취량(산소부채)
- 운동 후에 발생하는 산소섭취량으로서 운동의 기간과 운동 강도에 비례하여 나타남.
- 빠른단계의 비젖산성 산소부채와 느린단계의 젖산성 산소부채로 나뉨
- 운동 후 초과 산소 섭취량(EPOC)의 빠른단계는 ATP-PCr을 다시 합성하는 데에 이용되고 느린 단계는 젖산 제거, 카텔콜아민 등의 호르몬 제거, 상승한 체온 저하 등에 이용됨
- 일반적으로 운동 후에도 일정 시간 동안 휴식보다 더 많은 양의 산소가 소비됨
- 운동 중 피로 관련 물질인 젖산, 무기인산 및 암모니아는 근육에서 발현되고 운동 중과 운동 후에 증가함

추가해설
- 크레아틴의 대사작용은 근육형성과 ATP에너지 대사에 사용됨.
- 카테콜아민(Catecholamine)은 부신수질에서 분비되는 신경전달물질이자 호르몬으로, 에피네프린(epinephrine), 노르에피네프린(norepinephrine), 도파민(dopamine) 등이 포함됨
- 에피네프린/ 노르에피네프린 호르몬은 우리 몸을 즉각적인 행동을 할 수 있는 상태로 만듦
  - 운동 시 또는 강한 감정적 자극에 반응함
  - 심장이 두근거림
  - 눈이 커짐
  - 근육이 긴장함
  - 모든 감각이 예민해짐
  - 지방을 분해하여 에너지 연료로 사용할 준비를 함

04 ② 체지방이 많은 사람은 적은 사람보다 추위에 이점이 있다. ③ 운동 중 열생성은 근수축에 의해 나타나고, 운동강도와 비례한다. ④ 수중 운동의 시원한 물과 공기 노출은 운동성 열상해를 예방할 수 있으나 저온은 저체온증을 유발할 수 있어 주의해야 한다.

05 지근 Type I : 느린 근수축, 유산소운동
속근 Type IIa : 빠른 근수축, 무산소성운동, 짧은근력운동(보디빌딩)
속근 Type IIx : 매우 빠른 근수축, 무산소성운동, 최대근력운동(100m 달리기)

06 유산소 운동의 순환계 신체기능 변화
- 심장크기와 용적증가
- 최대운동시 심박수 감소
- 최대산소섭취량 증가
- 안정 시 심박수 감소
- 혈류량과 총 헤모글로빈 증가

07
- 음성 항상성 피드백 : 특정 원인이 결과를 초래하고, 그 결과가 원인에 작용하여 결론적으로 결과를 억제하는 피드백(신체의 정상범위를 이탈하면 자동으로 발생) 예 체내환경 유지를 위한 혈당조절·삼투압 현상, 체온상승에 따른 땀 분비, 근육경련으로 인한 열 발생
- 양성 항상성 피드백 : 특정 상황에서 결과가 원인에 작용하여 그 결과를 더욱 촉진시키는 피드백 예 출혈 발생 시. 혈액응고인자가 촉진되어 과다출혈이나 과다응고를 예방

08
- 1회 박출량은 심장박동 1회에 방출되는 피의 양
- 심박출량 = 1회 박출량 × 심박수
- 운동초기에는 심장박동을 빠르게 하는 교감신경계의 조절영향으로 1회 박출량이 증가함
- 운동 시 1회 박출량은 심실이완기말 혈액량, 평균동맥압, 심근수축력에 의해 결정됨
- 운동 시 심장으로 돌아오는 혈액의 양을 결정하는 정맥회귀가 증가하는 이유는 정맥수축, 근육펌프, 호흡펌프 때문이다.

09 운동강도에 따른 근육 연료 사용
- 운동강도 25% : ㉠ 혈중유리지방산 → 근중성지방 → 혈중포도당 → 근글리코겐
- 운동강도 65% : 근육당원 → 혈중유리지방산 → 근중성지방 → 혈중포도당
- 운동강도 85% : ㉡ 근글리코겐 → 혈중포도당 → 혈중유리지방산 → 근중성지방

10
- 소뇌는 감각 인지의 통합과 근육의 조정과 제어에서 중요한 역할을 담당
- 소뇌의 운동기능은 운동 신호를 직접 내려주는 중추가 아닌, 척추를 통해 이루어짐
- 척추를 통해 들어온 감각 정보와 기타 뇌 영역의 신호들을 종합하여 정밀한 운동기능을 수행하거나 협응함

11 환 기
- 운동 시작 전, 대뇌피질은 운동에 대한 생각으로 자극 뇌간의 연수에 호흡중추를 흥분시켜 환기량을 증가시킴
- 운동초기는 환기량이 급격히 증가하며, 활동 근의 운동결과와 관절의 자극이 관련됨
- 운동강도가 증가하면 분당 환기량, 1회 호흡량, 특히 호흡수가 많이 증가함
- 운동 종료 직후에 환기량이 급격히 감소하며, 회복기 환기량은 폐 내 산소와 이산화탄소 농도변화와 관련됨

12 유산소성 ATP 계산

대사적 과정	고에너지 생산	산화적 인산화를 통한 ATP의 형성	ATP 소계
해당 과정	2ATP$^+$	–	2(무산소성 일 때)
	2NADH$^+$	5	7(유산소성 일 때)
피루브산이 아세틸조효소A가 될 때의 크랩스 사이클	2NADH	5	12
	2GTP	–	14
	6NADH	15	29
	2FADH$_2$	3	32

총계 : 32ATP

13 MET = 1분간 소비되는 단위 체중당 에너지소비량
1MET = 안정 시 산소섭취량, 1kg당 1분에 3.5㎖ 산소 섭취
산소 1L당 에너지 생산량 = 5kcal
∴ 10METS × (3.5 × 80 × 10) = 28,000ml
28L × 5 = 140Kcal

14 세포 내에는 K$^+$이온의 농도가 높고 세포 외에는 Na$^+$이온의 농도가 높다. 이온의 차이는 곧 투과성의 차이이며, K$^+$이온은 투과성이 매우 높아 쉽게 세포 내외로 드나들 수 있으나, Na$^+$이온은 상대적 투과성이 낮다. Na$^+$/K$^+$ pump가 ATP를 사용하여 K$^+$ 2개를 세포내액으로 보내고 Na$^+$

3개를 세포외액에서 전기적 농도 차로 붙잡아두려는 힘이 균형을 맞추게 되는 상태가 안정막 전위 상태인데, 이 때의 전압은 –70mV이다.

15
- 최대산소섭취량 = 최대 심박출량 × 최대동정맥산소차
- 지구성 훈련 : 최대심박수 감소, 1회 박출량, 심박출량, 동정맥산소차 증가

16 심폐지구성 훈련은 최대산소섭취량(VO2MAX)을 증가시키고, 1회 박출량의 변화가 커서 동정맥산소차도 증가된다. 또한 혈액으로 산소를 공급받는 모세혈관의 밀도가 증가한다.
모세혈관의 밀도증가는 운동 중 혈류량을 증가시켜 미토콘드리아에서 산소확산이 단축되고, 세포 내 산소확산을 통해 혈류가 느려지는 현상이 발생한다.

[추가해설]
- 유연성 : 관절과 근육을 부드럽게 움직일 수 있는 능력
- 근력 : 근육이 한 번에 발휘할 수 있는 최대 힘
- 심폐지구력 : 심장과 폐가 지치지 않고 오래 운동할 수 있는 능력
- 근지구력 : 근육을 반복해서 오랫동안 수축시킬 수 있는 능력

17
- 120분 이내의 중강도 운동 시 필요 포도당 생산의 중요한 역할을 하는 것은 인슐린 분비 감소와 글루카곤 분비의 증가
- 인슐린 분비의 감소는 간의 글리코겐 분해를 위해 반드시 필요하고, 글루카곤의 증가는 간의 글리코겐 분해와 포도당 신합성 증가에 모두 관여하기 때문
- 120분 이상 장시간 운동 시에는 에피네프린의 증가가 혈중포도당 증가에 중요한 역할을 하는데, 이때는 에피네프린이 포도당 신합성에 필요한 젖산을 말초조직에서 간으로 활발히 이동시키기 때문

18
- 고유수용기(Proprioception) : 인체의 움직임과 방향, 근육의 길이, 관절의 위치, 근장력의 변화 등 신체 내부의 고유감각
- 근방추 : 근육에 위치하며 근육의 길이 변화 감지, 근섬유가 신장되면 근방추가 감지해 중추신경으로 전달하여 뇌척수에 근수축의 신호를 보냄
- 골지건기관 : 힘줄에 위치하며 근육의 긴장 및 수축에 반응(압력)함
- 관절수용체 : 하나로 정의된 기관이 아닌 분포 위치, 유형, 골기종말, 파치니소체, 자유신경종말, 기능에 따라 다양하게 분류되는 기관들의 집합체이며 관절의 각도·속도·위치변화를 감지함

19 근력의 결정요인

- 근 단면적
  - 근력에 작용하는 근육의 단면적과 근육이 발휘하는 힘 사이에 상관관계 존재
  - 근원섬유 비대는 액틴과 마이오신 양이 증가하여 근력이 증가할 뿐 아니라 근육의 사이즈도 증가
  - 근형질 비대는 근섬유 내에 근형질 유체가 증가하는 것으로 근력의 증가는 수반하지 않음
- 근섬유의 종류 : 속근섬유(Fast-twitch)는 지근섬유(Slow-twitch)보다 시간당 에너지 생산량이 높다. 따라서 속근섬유의 면적이 큰 사람이 보다 큰 힘을 낼 수 있고, 훈련을 통해 속근섬유의 부피를 증가시키는 것이 근력을 증가시키는 중요한 요인이 될 수 있다.
- 관절의 각도 : 근육이 붙어 있는 뼈와 뼈 사이에는 최대의 힘을 발휘할 수 있는 최적의 각도가 존재하는데, 이는 근수축 시 근력을 결정하는 중요한 요인이 된다.
- 근의 길이 : 근육의 와인드업(Wind-up)은 근육이 늘어나면서 안에 저장되어 있던 에너지가 수축 초반에 즉각적으로 방출될 수 있기 때문에 근력 발휘에 도움이 된다.
- 근의 온도 : 워밍업을 통해 신체온도를 상승시켜 근육수축 속도를 늘리고, 건과 인대의 탄력성을 증대시킬 수 있다.

20
- 등장성(동적) 수축(Isotonic) : 관절을 움직이면서 하는 운동으로 대부분의 운동이 속함
  - 단축성 수축 (Eccentric Contraction) : 근육의 부착점들이 가까워짐
  - 신장성 수축 (Concentric Contraction) : 근육의 부착점들이 멀어짐
- 등척성(정적) 수축(Isometric) : 등장성의 반대 개념으로 정지상태에서 관절을 움직이지 않고 근육에만 힘을 주는 운동
  - 길이 변화 없이 근장력 증가
- 등속성(Isokinetic training) : 일정한 속도로 힘을 쓰는 운동
  - 근육의 나가는 힘과 들어오는 힘이 같음

01	④	02	②	03	①	04	④	05	①
06	④	07	②	08	③	09	④	10	①
11	①	12	③	13	①	14	③	15	②
16	④	17	②	18	③	19	②	20	③

01 운동역학은 스포츠 현장에서 나타나는 인체 운동을 관찰하여 움직임을 설명하고, 원인을 규명하는 학문이다. 운동역학은 스포츠과학의 주요 학문으로서 인체 움직임의 원리를 이해하고 실기 지도의 효율성을 높일 수 있다는 점에서 의의가 있다.

02 신장(원심)성 수축은 근육의 힘 생성을 초과하는 부하를 조절하기 위해 근육이 길이가 길어지면서 장력을 발생시키는 것이다. 따라서 관절의 움직임에 변화가 있고 근육의 길이가 길어지는 수축이다. ② 팔굽혀펴기의 팔을 펴는 동작에서 위팔세갈래근은 근육의 길이가 짧아지면서 근력을 발휘하는 단축(구심)성 수축을 하게된다.

03 ② 거리(Distance) : 물체의 처음 위치부터 마지막 위치까지의 운동경로에 따른 길이의 측정치
③ 가속도(Acceleration) : 단위 시간에 따른 속도의 변화율
④ 각속도(Angular Velocity) : 회전 운동을 하는 물체가 단위 시간당 움직이는 각도

04 지면반력기는 달리기 동작의 체공기(Non-supporting Phase)에서 발에 작용하는 힘의 크기는 측정할 수 없고, 인체가 지면에 가한 힘에 대한 반작용을 측정한다. 전후, 좌우, 상하 세 방향의 힘과 압력 중심점, 토크, 모멘트 등을 산출할 수 있다.

05 인체의 시상(전후)면(Sagittal Plane)에서 수행되는 움직임은 인체를 전방에서 후방으로 통과하면서 몸을 좌우로 나누는 면에 해당된다. ① 인체의 수직축(종축)을 중심으로 회전하는 피겨스케이팅 선수의 몸통 분절 움직임은 횡단면(Transverse Plane)에 해당된다.

06 대부분의 스포츠 현장에서의 운동은 병진운동과 회전운동이 혼합된 복합운동에 해당된다. 예 야구에서 투수가 던진 커브볼은 볼 자체적으로 회전운동을 하지만 볼의 중심은 선 운동 또는 곡선운동을 하게 된다.

07 ① 무게중심은 인체 외부에 위치하기도 한다.
③ 지면에 선 상태로 팔을 위로 올리면 무게중심은 위로 이동한다.
④ 인체를 포함한 모든 물체는 중력의 영향을 받으며, 무게중심이란 이러한 중력에 의해 작용하는 회전력(토크)의 합이 0이 되는 지점이다. 따라서 무게중심은 중력에 따라 아래로 이동한다.

08 ① 농구공의 수직속도는 일정하지 않으며, 중력의 영향으로 속도가 일정하게 증가하는 등가속도 운동을 한다.
② 최고 높이에서 수직속도가 0m/s이다.
③ · ④ 수평 방향은 등속도 운동이고, 수직 방향은 등가속도 운동이다. 포물선 운동 공식에서 수평 방향은 외력이 없으므로 가속도가 0인 등속도 운동이며, 수직방향은 중력이 외력으로 작용하기 때문에 가속도가 중력가속도(g)인 등가속도 운동이다.

09 리바운드 동작
• 충돌 후 공의 수평속도, 절대속도, 반사각은 스핀이 없을 때에 비하여 백스핀은 작으며 톱스핀은 크다.
• 스핀에 관계없이 충돌 후 공이 리바운드 되는 높이는 일정하다.
• 고정 면에 충돌 시, 고정 면이 수평면인 경우와 수직면인 경우에 스핀의 효과는 정반대이다.

10 N · s = 60kg × 2m/s = 120N · s : 착지 시 면적, 내려가는 추진력
B영역 = 20N · s : 수평방향 추진력
120 + 반동력 = 20
반동력 = 100N · s
N · s = 60kg × x m/s : 이지 시 올라가는 추진력 = 60 · x
A영역 = 옮기는 추진력 : 80N · s
60 · x - 반동력 = 80N · s
60 · x - 100 = 80
60 · x = 180
x = 3m/s

11 농구에서 패스된 공을 안전하게 받기 위해서는 양손을 앞으로 뻗은 후 팔을 몸쪽으로 당기면서 받아야 한다. 충격량은 힘(F, 충격력)과 작용시간(t, 충돌하는 데 걸린 시간)의 곱으로 나타낼 수 있다. 따라서 패스된 공의 충격량이 일정하다고 할 때, 작용 시간의 값을 크게 하면 충격력이 작아진다. 즉, 공을 몸쪽으로 당기면서 잡으면 접촉 시간이 증가해 충격력이 줄어들면서 공을 안정적으로 잡을 수 있다.

12 역학적 일은 힘이 물체에 작용하여 힘의 방향으로 위치가 변하거나 가속, 감속되는 경우이다. 역학적 일을 구하는 공식은 작용한 힘 × 변위이다. 예 농구선수가 20N의 힘으로 농구공을 수직으로 2m 들어 올렸을 때 역학적 일의 크기는 40N · m(J)이다.

13 마그누스 효과(Magnus Effect)
• 유체 속에서 회전하는 물체가 흐름이 가속되는 쪽에서 유속과 회전축에 모두 수직인 힘의 작용을 받는 현상
• 회전하는 원주 모양의 물체에 흐름이 직각으로 부딪히면, 그 물체는 흐름에 직각방향의 힘을 받음
① 경로가 휘어지는 현상은 레인 오일존의 기름양에 따라 회전이 달라지는 현상이다.

14 운동에너지는 질량이 크고 속도가 빠른 물체일수록 더 큰 에너지를 갖는다. 물체가 다른 물체에 부딪힐 때 부딪히는 힘은 물체의 운동에너지의 영향을 받는다. 운동 중인 물체가 충돌할 때의 힘은 운동에너지에 비례하고, 힘이 작용한 거리에 반비례한다.
① · ② · ④ 스키점프 동작에서 역학적 에너지는 착지 직전까지 보존되고, 운동에너지는 착지 직전이 가장 크다. 위치에너지는 수직 최고점에서 가장 크다.

15 y축을 중심으로 팔꿈치 각도가 커지면 커질수록 회전력은 감소하고, 팔꿈치 각도가 작아지면 작아질수록 회전력은 증가한다.

16 • 1종 지레(힘점-받침점-작용점) : 축(받침점)이 힘점과 작용점(저항점) 사이에 위치한다. 예 목관절 신전
• 2종 지레(받침점-작용점-힘점) : 축(받침점)이 있고 그 다음에 작용점(저항점)과 힘점이 위치한다. 예 발뒤꿈치 들고 서기
• 3종 지레(받침점-힘점-작용점) : 축(받침점), 힘점, 작용점(저항점)의 순으로 위치하며, 운동의 범위와 속도 면에서 유리하다. 예 팔꿈치 굴곡

17 다이빙 선수가 전방으로 공중 회전하는 동작에서는 사지를 쭉 편 레이아웃 자세보다 사지를 웅크린 턱 자세가 회전수를 증가시킨다. 레이아웃 자세는 신체 질량이 회전축으로부터 멀리 분포되어 있어 회전반경과 관성모멘트가 커진다.
• 공중 동작 시 : 관성모멘트는 감소, 각속도는 증가시켜야 한다.
• 입수 시 : 관성모멘트는 증가, 각속도는 감소시켜야 한다.

18 속도는 단위시간 동안 움직인 변위를 나타내는 벡터량이다.

$$\vec{v} = \frac{\Delta \vec{r}}{\Delta t}, \; 30 = \frac{\Delta \vec{r}}{2} \; \therefore r = 60$$

19 일률은 단위 시간당 수행한 일의 양으로, 단위는 N·m/s, Joule/s, Watt이다.

20 안정성에 영향을 주는 요인은 기저면의 높이, 중심의 높이, 수직중심선의 위치이다. 안정성을 높이려면 기저면을 넓히고, 무게중심을 낮추어야한다. 그리고 수직중심선이 기저면의 중앙에 가까울수록 안정성이 높지만, 기저면 바깥으로 나갈수록 안정성은 떨어진다. 또한, 인체에 중력을 제외한 외력이 작용할 경우, 수직중심선이 외력이 작용하는 쪽으로 치우치면 안정성이 커지고 그 반대로 치우치면 안정성이 작아진다.

07 스포츠윤리

01	①	02	③	03	①	04	③	05	②
06	②	07	④	08	④	09	①	10	①
11	③	12	②	13	④	14	③	15	①
16	②	17	②	18	③	19	④	20	④

01 스포츠맨십
- 경기규칙의 준수와 더불어 스포츠참가자가 지녀야 할 일종의 매너
- 스포츠에서의 규칙은 선수가 반드시 지켜야 할 의무와 책임이며, 스포츠맨십은 개인의 자발성에 의한 선택이 요구됨

02 결과론적 윤리관은 행위의 결과를 중심으로 윤리적 옳음을 판단하기 때문에 동기나 행위 자체는 고려대상이 아니다.

03 ① 외국 선수의 귀화는 인종차별의 사례로 보기 어렵다.

04 ③ 덕윤리는 인간의 도덕성을 행위의 문제가 아니라 내면과 도덕성의 문제로 보았다. '무엇이 올바른 행위인지' 판단하는 것은 의무론적 윤리체계이며, 덕윤리는 습관에 의한 개인의 자발적 도덕행위 실천을 강조한다.

05 스포츠윤리의 역할은 스포츠참여자의 도덕적 가치들의 선택과 판단을 설명하고, 스포츠 상황에서 행동의 도덕적 원리와 덕목을 고찰하는 것이다.

06 선의지
- 옳은 행위를 오로지 그것이 옳다는 이유로 마땅히 해야 할 의무로 받아들이고 이를 따르려는 의지
- 칸트의 의무론적 윤리이론
  - 도덕적으로 올바른 방식으로 행동하기 위해서는 사람들이 의무에 따라 행동해야 한다고 주장
  - 행동의 결과가 옳고 그름을 결정하는 것이 아니라 올바른 동기에 의해 올바른 행동이 나온다고 봄
  ③ 가언명령 : 칸트 철학에서 어떠한 목적을 달성하기 위한 수단으로 내리는 조건부 명령으로, 정언명령과 대조됨. 예 A를 원한다면 B를 하라.

07 유전자 도핑은 선수의 운동 수행능력 향상을 위한 위험한 도핑으로, 비윤리적인 행위이다. 스포츠의 윤리적 가치, 선수의 존엄성을 훼손하고 생명을 위협하며 도핑을 하지 않은 선수들과의 갈등을 유발한다고 본다.

08 아리스토텔레스의 정의
- 평균적 정의 : 형식적, 절대적 평등 – 인권과 사회정의의 법으로 보장
- 배분적 정의 : 실질적, 상대적 평등 – 같은 것은 같게(예 남녀평등, 범죄형별), 다른 것은 다르게 예 남녀의 생물학적 차이, 세금

09 의무론적 윤리이론
- 목적에 의한 수단의 정당화를 거부하며 도덕적 보편성을 추구
- 한계점은 도덕규칙이 서로 상출될 때 문제해결이 어렵고, 현실적 인간행동의 구체적 지침을 제시하지 못하며, 전체의 이익이 고려되지 못할 수 있음

10 합법적 폭력
시합의 규칙안에서 행해지는 고도의 경쟁적 행동으로, 상대를 상해할 의도 없이 목적 달성을 위해 행해지는 폭력

11 〈보기〉는 최첨단 수영복을 개인의 스포츠 능력이 아닌 장비를 활용한 기술 도핑으로 봄에 따라 수영복이 시합의 공정성을 훼손했다고 보았다.

12 공정시합(페어플레이)의 2가지 견해
- 형식주의 : 규칙의 조문을 충실히 따르는 것에 의해 실현되나, 규칙의 범위를 벗어난 비윤리적 행위에 대한 제재가 어려움 예 월드컵 축구의 마라도나의 핸드볼 골인은 공정한 시합인가?
- 비형식주의 : 공유되는 관습(Shared Ethos)으로, 규정에는 없지만 좋은 경기를 위하여 권장행위와 비난행위를 판단할 수 있는 준거·기준을 정립하며 난점으로는 공정행위, 공정시합에 대한 명확한 판정기준을 제공하기 어려움

13 맹자의 사단(四端) : 사람의 본성은 인의예지(仁義禮智)로 구성되며 그 증거가 사단
- 측은지심(惻隱之心) : 측은하게 여기는 마음
- 수오지심(羞惡之心) : 나의 잘못을 부끄럽게 여기는 마음과 남의 잘못을 미워하는 마음
- 사양지심(辭讓之心) : 겸손하게 사양하는 마음
- 시비지심(是非之心) : 옳고 그름을 판단하는 마음

14 장애차별 없는 스포츠의 조건
- 장애인의 스포츠참여기회 확대
- 장애인스포츠 인식 개선 : 장애인과 비장애인 통합수업을 통해 편견 해소 및 동등한 스포츠권을 지닌 사람임을 인식
- 장애인스포츠 조직과 법안의 정비
- 장애인스포츠 전문인력 양성과 프로그램 개발 보급

15 지속가능한 발전을 위한 연계 스포츠
- 체육시설을 통한 건강하고 안전한 화합의 녹지공간 구성
- 지속적인 스포츠와 레크리에이션 활동공간 제공
- 지역 내 스포츠를 통한 사회통합 및 지역사회 정착 기능

16
- 스포츠맨십 : 스포츠인이 지켜야 하는 윤리의 실천, 행동지침
- 페어플레이 : 공정한 경쟁과 규정의 존중을 바탕으로 함
- 규칙 : 스포츠인이 반드시 지켜야하는 의무와 책임

17 스포츠윤리센터의 설립(국민체육진흥법 제18조의3)
- 체육의 공정성 확보와 체육인의 인권보호를 위하여 스포츠윤리센터를 설립한다.
- 스포츠윤리센터의 운영, 이사회의 구성 및 권한, 임원의 선임, 감독 등 스포츠윤리센터의 정관에 기재할 사항은 대통령령으로 정한다.
- 스포츠윤리센터의 장은 업무 수행에 필요하다고 인정될 때에는 문화체육관광부장관의 승인을 받아 관계 행정기관 소속 공무원이나 관계 기관·단체 소속 임직원의 스포츠윤리센터 파견 또는 지원을 요청할 수 있다.

- 스포츠윤리센터가 아닌 자는 스포츠윤리센터 또는 이와 비슷한 명칭을 사용하지 못한다.
- 스포츠윤리센터는 문화체육관광부장관이 감독한다.

18 스포츠중재재판소(CAS)는 의족 스프린터가 사용하는 의족은 기술적으로 경기력 향상에 도움을 주어, 의족을 사용하지 않는 다른 선수들을 고려했을 때 공정한 경쟁이라고 보기 어렵다고 판단해 올림픽과 세계육상연맹이 주관하는 대회에 출전할 수 없다는 판결을 하였다.

19 ④ 스포츠의 남성중심적 이미지를 개선과 스포츠에서 여성의 권리와 여성 스포츠의 인식 개선이 필요함

20 심판의 윤리적 책임과 의무
- 공정성 : 의무론적 윤리에 의거 공정하고 정직하게 임무를 수행해야 함
- 청렴성 : 심판은 직무수행 시 어떠한 청탁도 받아서는 안 됨
- 독립성 : 심판은 어떤 상황에서도 스스로 판단하고 결정할 수 있는 독립성을 확보해야 함
- 협동성 : 심판은 선수뿐 아니라 코치, 관중, 관계자 등과 상호신뢰를 바탕으로 협동해야 함

01 스포츠사회학

01	①	02	④	03	①	04	③	05	②
06	③	07	③	08	④	09	①	10	①
11	②	12	①	13	②	14	④	15	③
16	④	17	②	18	④	19	③	20	②

01 파슨즈(T. Parsons)의 AGIL 조직 유형은 적응, 목표성취, 통합, 체제유지로 분류할 수 있다.
② 목표성취는 사회적 목표와 가치를 결정하고, 사회자원을 동원하여 목표를 달성하는 역할을 수행하는 조직이다.
③ 통합은 일탈을 규제하고 통합상태를 유지하며, 사회구성원들의 갈등을 해소하는 역할을 수행하는 조직이다.
④ 체제유지는 문화와 가치를 보존하고 전승하며, 사회의 규범을 구성원들에게 내면화시키는 기능을 수행하는 조직이다.

02 ① 보수성 : 스포츠의 제도적 특성은 보수적인 질서를 유지하고, 스포츠 경기에 수반되는 애국심은 정치체계를 강화하는 역할을 한다.
② 대표성 : 올림픽이나 국제경기에서의 성적은 정치, 경제, 문화, 군사 등 각 나라의 우월성을 표출하는 수단이다.
③ 권력투쟁 : 스포츠 조직에서는 불평등하게 배분된 권력으로 인해 권력투쟁이 발생한다.
④ 스포츠의 정치적 속성으로 상호배타성이 아니라 스포츠 경기와 정치적 상황의 상호작용이 발생한다.

03 사회학습이론에 의하면 코칭, 강화, 관찰학습을 통해 사회화가 이루어진다고 본다. 강화는 상과 벌 같은 외적 보상으로 사회적 역할을 습득하는 것이고, 코칭은 사회화 주관자에 의하여 새로운 지식과 기능을 학습하는 것이다. 관찰학습은 타인의 행동을 관찰하여 개인의 과제를 학습하고 수행을 진행하는 것이다.

04 스포츠사회화 과정은 '스포츠로의 사회화(스포츠 참가) → 스포츠를 통한 사회화(스포츠 참가 결과) → 스포츠 탈사회화(스포츠 참가 중단) → 스포츠로의 재사회화(스포츠 재참가)' 순서로 이루어진다.
㉠ 골프선수를 그만두게 된 것은 스포츠 참가를 중단한 것으로 스포츠 탈사회화에 해당한다.
㉡ 골프선수가 되어 사회성 등이 함양된 것은 스포츠 참가에 의한 결과로 스포츠를 통한 사회화에 해당한다.
㉢ 골프를 배우기 시작한 것은 스포츠에 참가하는 것으로 스포츠로의 사회화에 해당한다.
㉣ 선수 은퇴 후 골프아카데미 원장으로 부임한 것은 스포츠에 다시 참가하는 것으로 스포츠로의 재사회화에 해당한다.

05 학교의 자원 및 교육시설을 독점하는 것은 학원엘리트스포츠의 역기능으로 일반 학생의 스포츠 참가 기회가 제한되어 엘리트 의식을 조장하는 역할을 한다.

06 상징적 상호작용론은 구조보다 행위자 개인의 역량을 높이 평가한다. 상호작용론에서 인간은 대상과 상황을 주관적으로 해석하고, 거기에 의미를 부여하며, 그것에 따라 자신의 행위를 능동적으로 구성해 나가는 존재이다. 즉, 스포츠참여 경험이 개인에게 사회를 미리 학습하고 사회 내에서 자신의 위치를 성찰할 수 있는 기회를 제공한다고 본다.

추가해설
① 갈등이론 : 스포츠는 자본주의 사회에서 일부 지배집단에 의해 조작되고 그들의 이익을 증진시키는 데 이용된다. 대중을 스포츠 소비자로 전락시키고 운동선수의 재능과 능력의 착취를 통하여 권력과 이익을 보존하는 수단으로 활용한다.
② 교환이론 : 개인 간의 상호작용과 집단, 조직, 사회 차원의 상호작용 간의 연결성을 설명하는 사회심리학 이론으로, 사회적 상호작용의 교환에 초점을 둔다. 타인과의 상호작용에서 보상을 최대화하고 비용을 최소화하여 가능한 많은 이익을 얻을 수 있는 대안을 선택한다는 기본 전제에서 출발한다.
③ 구조기능이론 : 사회를 유기체에 비유하면서 사회는 본질적으로 상호 관련되어 있다고 본다. 사회, 지역, 학교, 가정, 스포츠와 같은 사회체계의 각 부분의 체계의 전체적 활동에 어떻게 기여하는가에 가장 큰 관심을 가진다.

07 스포츠를 정치에 이용하는 방식으로는 상징, 동일화, 조작 등이 있다.
- 상징 : 스포츠 경기에서의 승리가 개인의 성취보다 성, 인종, 지역, 민족, 국가의 영광으로 해석되는 것이다. 경기의 결과가 국가들 간의 경쟁으로 의미가 확장된다.
- 동일화 : 대중이 선수 개인이나 대표 팀을 자신과 일체화하는 태도이다.
- 조작 : 상징과 동일화의 효과를 극대화하기 위해 정치권력이 인위적으로 개입하는 행위이다.

08 투민(M. Tumin)의 스포츠계층 형성 과정은 '지위의 분화 → 지위의 서열화 → 평가 → 보수 부여' 순으로 이루어진다.
- 지위의 분화 : 사회적 지위에 따라 특정한 역할이 주어짐으로써 타 지위와 구별되는 과정이다.
- 지위의 서열화 : 역할의 분화에 의한 지위의 상호비교가 가능하다. 신체적 능력과 개인적 특성을 갖춤으로 지위의 서열화가 가능하다.
- 평가 : 가치 유용성 정도에 따라 상이한 각 위치에 지위를 적절하게 배열한다.
- 보수 부여 : 서열화된 각 지위에 대해서 사회적 희소가치의 자원이 차별적으로 배분되는 과정이다.

09 세방화(Glocalization)는 세계화와 지방화의 합성어로 세계화에 대한 지역의 반응으로 해석된다. 세계화와 지역화는 반대 개념이지만 동시에 진행되고 있다. 교통, 통신의 발달이라는 세계화 현상을 지역의 독특한 특징과 효과적으로 연결시키는 것이 필요하고 또한 중요한 일이 되었다.

10 ① 1968년 멕시코시티올림픽에서는 아프리카국가들이 남아프리카공화국과 로디지아의 인종차별정책에 반대하여 대회 불참의사를 보이자 IOC에서 두 국가의 대회 참가를 거부하였다.
  ② 1984년 LA올림픽에서는 소련과 소련의 보이콧 주장에 동조한 공산진영 13개국 올림픽 불참하였다.
  ③ 2018년 평창동계올림픽에서는 여자아이스하키팀의 메달 획득이 목적이 아니라, 남북 화해 분위기를 조성하기 위한 정치적 목적으로 여자아이스하키 남북 단일팀이 결성되었다.
  ④ 1936년 베를린올림픽은 히틀러 정권이 나치 선전의 장으로 이용한 올림픽이다. 1972년 뮌헨올림픽에서 검은 9월단 사건이 발생하였다.

11 ⊙ 의례주의 : 경기의 승패보다 규칙을 지키는 것이 중요하다고 생각한다.
  ⓒ 혁신주의 : 승리하기 위해서 수단과 방법을 가리지 않는다.
  ⓒ 동조주의 : 스포츠 규칙을 준수하면서 이기는 것이 중요하다고 생각한다.

12 기든스(A. Giddens)의 사회계층 이동 준거와 유형
- 수직 이동과 수평 이동 : 수직 이동은 계층구조 내에서 집단 또는 개인이 지녔던 종전의 지위가 변화한다. 수평이동은 계층적 지위의 변화가 없는 이동이다.
- 세대 간 이동과 세대 내 이동 : 세대 간 이동은 같은 가족 내에서 한 세대로부터 다음 세대로 이어지는 과정에서 발생하는 사회·경제적 지위의 변화이다. 세대 내 이동은 한 개인의 생애주기 가운데 발생하는 사회·경제적 지위의 변화이다.
- 개인 이동과 집단 이동 : 개인 이동은 개인의 능력과 노력에 의하여 사회적 상승의 기회가 실현되는 경우이다. 집단이동은 유사한 조건을 갖추고 있는 집단이 어떤 촉매적 계기를 통하여 집단적으로 이동하는 현상이다.

13 개인차 이론은 대중매체가 관람자의 개인적 특성에 호소하는 메시지를 제공하여 개인의 욕구 충족을 제공한다.

추가해설
① 사회범주이론 : 미디어의 영향력이 서로 다른 하위집단의 구성원에게 획일적으로 미치지 않을 수 있다는 것을 가정한다.
③ 사회관계이론 : 비공식적 사회관계는 개인이 대중매체의 메시지에 대해 반응하는 태도를 수정하게 하는 데 중요한 역할을 한다.
④ 문화규범이론 : 대중매체는 현존하는 사상이나 가치를 선택적으로 제시하며 강조한다.

14 코클리(J. Coakley)가 제시한 상업주의에 의한 스포츠의 변화는 스포츠 제도 변화, 스포츠 규칙 변화, 아마추어리즘 퇴조, 프로페셔널리즘 추구, 스포츠 조직의 세계화, 직업선수의 등장 등이 있다. 이 중 스포츠 규칙 변화의 충족 조건은 경기의 속도감 향상, 관중의 흥미 극대화, 상업적인 광고 시간 할애 등이 있다. 득점 방법 또한 변경되고 다양해지고 있다.

15 ① FA(Free Agent) : 자유계약선수제도로 보류조항이 존재하는 스포츠 리그에서 선수가 자율적으로 팀과 계약할 수 있는 제도이다.
  ② 샐러리 캡(Salary Cap) : 한 팀 선수들의 연봉 총액이 일정액을 넘지 못하도록 제한하는 제도이다.
  ④ 최저연봉(Minimum Salary) : 선수들의 기본적인 생활권을 위하여 선수의 연봉에 하한선을 둔 것으로 선수를 보호하기 위한 제도이다.

16 대중매체의 기술이 발전하고, 미디어 콘텐츠를 제공하는 것은 스포츠가 대중매체에 미치는 영향에 해당된다. 대중매체가 스포츠에 미치는 영향은 스포츠에 대한 관심과 인기 증대로 스포츠 인구가 증가하고, 새로운 스포츠 종목이 창출되며, 경기규칙과 경기 일정이 변경되는 것이다. 그리고 스포츠 용구가 변화하고 스포츠 기술의 향상을 가져오기도 한다.

17 스포츠의 교육적 순기능으로 학교 내 통합과 학교와 지역사회 통합은 사회통합 기능과 관련이 있다. 사회선도 기능은 사회 진출기회를 통한 여권 신장, 장애인의 삶의 질 향상, 평생 체육의 기반 조성이다.

18 코클리(J. Coakley)가 제시한 일탈적 과잉동조를 유발하는 스포츠 윤리규범의 유형과 특징
• 구분짓기규범 : 운동선수는 다른 선수들보다 뛰어난 모습을 보이기 위하여 노력해야 한다는 규범이다.
• 인내규범 : 운동선수는 스포츠상황에서 발생하는 다양한 위험과 고통을 감내하고 경기에 임해야 한다는 규범이다.
• 몰입규범 : 운동선수는 경기에 헌신하여야 한다는 규범이다.
• 도전규범(가능성규범) : 운동선수는 불가능은 없다는 긍정적인 마음가짐으로, 역경과 장애물을 극복하기 위해 도전해야 한다는 규범이다.

19 • 핫(Hot) 미디어는 수용자의 낮은 감각 참여와 낮은 감각 몰입성으로 수용되는 매체이다. 핫 미디어 스포츠는 정적인 스포츠이며, 선수의 행동반경이 좁다. 경기의 정의도가 높으며, 수비와 공격의 구분이 쉽다. 낮은 몰입 수준을 요구한다.
• 쿨(Cool) 미디어는 수용자의 높은 감각 참여와 높은 감각 몰입성으로 수용되는 매체이다. 쿨 미디어 스포츠는 동적인 스포츠이며, 선수의 행동반경이 넓다. 경기의 정의도가 낮으며, 수비와 공격의 구분이 어렵다. 높은 몰입 수준을 요구한다.

20 스포츠 세계화로 인해 모든 나라의 전통스포츠(Folk Sports)가 세계적으로 확대된 것이 아니라 세계인들에게 표준화된 스포츠 상품을 소비하도록 만들었다. 국제스포츠에서 배분의 불평등은 과거에 비해 많이 개선되었지만 여전히 존재하며, 자칫하면 서구스포츠가 전 세계적 스포츠문화 영역으로 확대될 가능성도 있다.

02 스포츠교육학

01	①	02	③	03	③	04	④	05	③
06	④	07	④	08	①	09	②	10	②
11	②	12	①	13	①,④	14	④	15	③
16	④	17	②	18	②	19	③	20	①

01 '학교스포츠'란 학교(「유아교육법」 제2조 제2호에 따른 유치원, 「초·중등교육법」 제2조 및 「고등교육법」 제2조에 따른 학교를 말한다)에서 이루어지는 스포츠 활동(학교과정 외의 스포츠 활동과 「국민체육진흥법」 제2조 제8호에 따른 운동경기부의 스포츠 활동을 포함한다)을 말한다.

02 • 여성체육활동 지원 : 스포츠 체험 기회가 비교적 적은 여성을 대상으로 다양하고 특성화된 생활체육 프로그램을 제공하고, 강습과 체험 기회를 제공한다. 또한 스포츠클럽을 육성하고 생활체육 프로그램을 운영하여 생활체육의 장을 마련한다.
• 국민체력100 : 국민의 체력 및 건강 증진에 목적을 두고 체력상태를 과학적 방법에 의해 측정·평가를 하여 운동 상담 및 처방을 해주는 대국민 스포츠 복지 서비스이다. 국민체력100에 참가한 모든 국민들에게는 체력 수준 맞춤형 운동 프로그램을 제공하고 운동에 꾸준히 참가할 수 있도록 체계적으로 관리하며, 체력수준에 따라 국가 공인 인증서를 발급한다.

03 〈보기〉의 발달특성은 청소년기에 해당한다. 청소년기는 다양한 체육활동을 골고루 할 수 있는 시기이며, 학교체육활동만으로는 성장단계에 필요한 신체활동의 양이 부족하므로 학교체육을 기초로 하여 수영, 등산, 야영 등 야외활동을 병행하는 것이 바람직하다.

04 생활스포츠 프로그램의 교육목표는 프로그램 전개 시 일관된 지침 역할을 하도록 설정하고, 프로그램 시행 후 목표 달성 여부를 검토할 수 있도록 기술한다. 그리고 프로그램을 통해 달성하고자 하는 상태 및 운동능력을 명시하고 프로그램을 구성하는 스포츠 활동의 내용을 구체적으로 기술해야 한다.

05 ① 직접 교수 모형 : 교사 중심의 의사결정이 이루어지고, 교사가 주도하는 참여 형태를 보인다.
② 개별화 지도 모형 : 학습자는 학습 과제를 계열성에 따라 자신에게 맞는 속도로 배운다. 학습 과제는 전체 단원의 내용 목록을 결정할 때 이루어지며, 가르칠 기능 및 지식 영역에 대한 과제 분석을 통해 이루어진다.
④ 전술게임 모형 : 기술발달과 게임 수행에 필요한 전술 지식을 학습하기 위해 게임 구조에 대한 흥미를 활용한다. 모의활동은 반드시 정식 게임을 대표할 수 있어야 하며, 실제 게임을 수행하기 전에 전술 기능 개발에 초점을 둘 수 있도록 상황이 과장되어야 한다.

06 과제 제시와 과제 구조는 진행할 학습 과제, 각 과제에 배정한 시간 등을 포함, 과제 전달 방법 및 과제 수행 조건, 교수 단서 등을 포함해야 한다. 학습자들이 학습과제를 계획보다 빨리 성취했을 때를 대비해서 추가 학습계획을 수립해두어야 하고, 학습과정에 돌발적인 사태가 발생했을 때를 대비해서 대안계획을 수립해두어야 한다.

07 학습 활동 시 위험한 상황이 예측되면 즉시 과제를 중단하고 다른 대안을 모색해야 한다.

08 헬리슨(D. Hellison)이 제시한 개인적·사회적 책임감 수준 단계
· 1단계(타인의 권리와 감정 존중) : 타인을 고려하면서 참여하고 타인을 방해하지 않는다.
· 2단계(참여와 노력) : 의무감이 없는 자발적 참여로 자기 동기 부여가 이루어진다.
· 3단계(자기방향 설정) : 교사 없이 과제를 완수할 수 있고 자기 목표 설정 및 자기 평가가 가능하다.
· 4단계(돌봄과 배려) : 먼저 모범을 보이며 경청·대응하고, 다른 사람의 요구와 감정을 인정한다.
· 5단계(전이) : 같은 상황에 처한 다른 사람에게 피드백을 제공하고 훌륭한 역할 본보기가 된다.

09 · 진단평가 : 수업 시작 전 학생들의 출발점 행동을 파악하기 위한 평가 활동으로 평가결과는 교사의 교수계획을 수립하는 데 중요한 정보를 제공한다.
· 총괄평가 : 주어진 일정한 기간 동안 학습과정을 끝마치고 학습목표의 달성도를 개인별 또는 집단별로 평가하여 학생들의 성적을 작성, 기능과 능력의 점검, 다음 학습과정에서의 성공 예측, 다음 학습 교수 활동의 출발점 결정, 완전 학습을 위한 학습의 피드백 유도, 그리고 개인의 집단 내 위치를 확인하는 평가를 말한다.
· 형성평가 : 수업과정에서 학생들의 수업 진행 상황을 파악하기 위한 평가활동으로 평가결과는 교사들이 자신의 교수 활동을 수정하기 위한 기초 자료로서 활용된다. 형성평가는 학습이 진행되는 동안 수시로 학생들의 학습·미학습의 정도 또는 그것에 관련된 오류 등을 발견하여 시정할 수 있게 한다.

10 체크리스트 평가기법에 해당된다. 체크리스트 평가기법은 준거나 관점의 단순 목록, '준거가 충족되었는가?'에 초점을 둔다. 또한 자기 동작을 확인하기 위한 자기 평가를 한다.

11 학교의 장은 학교스포츠클럽을 운영하는 경우 학교스포츠클럽 전담교사를 지정해야 한다. 학교스포츠클럽 전담교사에게는 학교 예산 범위에서 소정의 지도 수당을 지급한다.

12 체육시설법 시행규칙 별표5(체육지도자 배치기준)에 의하면 체력단련장업은 운동전용면적이 300m² 이하일 경우 1명 이상, 운동전용면적이 300m² 초과일 경우 2명 이상의 「국민체육진흥법」제11조에 따른 체육지도자를 배치하여야 한다.

13 ① 국민체육진흥법 시행령 제8조(체육지도자의 양성과 자질향상) 제2항에 따르면, 체육지도자의 자격은 18세 이상인 사람에게 부여한다.
④ 국민체육진흥법 시행령 제9조(스포츠지도사) 제5항에 따르면, 1급 생활스포츠지도사는 해당 자격 종목의 2급 생활스포츠지도사 자격을 취득한 후 3년 이상 해당 자격 종목의 지도경력이 있는 사람으로서 동일 자격 종목에 대하여 1급 생활스포츠지도사 자격을 취득하기 위한 자격검정에 합격하고, 연수과정을 이수한 사람으로 한다.

14 마튼스(R. Martens)가 제시한 전문체육 프로그램 개발 6단계는 선수에게 필요한 기술 파악, 선수 이해, 상황 분석, 우선순위 결정 및 목표 설정, 지도 방법 선택, 연습계획 수립이다.

15 ㉠ 개인교사 : 수업 도중 교사의 역할을 담당하는 학습자이다. 동료교수모형의 특징은 주기적으로 개인교사와 학습자의 역할이 바뀌는 것이다.

㉡ 교정적 피드백 : 학습자가 역할 수행 과정에서 필요한 행동의 변화를 이끌어낼 수 있는 피드백으로 학습자를 위한 교정적 대응으로 기대치나 대안을 포함한다. 즉, 긍정 또는 부정에 대한 가치 판단이 아닌 동작의 수정에 관련된 피드백이다. 이 피드백은 잘못이 분명히 드러나고 학생의 반응이 정확하지 않을 때 사용한다.

16 이해중심 게임수업모형에서 변형게임 활동은 반드시 정식 게임을 대표할 수 있어야 하며, 실제 게임을 수행하기 전에 전술 기능 개발에 초점을 둘 수 있도록 상황이 과장되어야 한다.

17 ㉠ 개방기술 : 환경의 변화나 상태에 의해 변화되는 기술로 스포츠 종목으로는 팀 스포츠가 해당된다.

㉡ 폐쇄기술 : 대적으로 환경적 조건이 안정적이며 외부 조건이 대부분 변하지 않는 속성으로 양궁, 사격, 볼링 등이 해당된다.

18 게임전술의 전이 가능성에 따라 영역형, 네트형, 필드형, 표적형으로 분류된다.
- 영역형 : 상태팀 영역을 침범하여 득점하거나 상대방 공격을 막아내는 경기이다.
- 네트형 : 네트를 사이에 두고 공격 또는 수비를 하는 경기이다.
- 필드형 : 넓은 공간에서 치고 달리기, 던지고 받기 등을 하면서 목표 지점을 많이 돌아오는가를 겨루는 경기이다.
- 표적형 : 표적을 맞추는 걸 중점으로 두는 스포츠로 경기 성적에서 정확도가 가장 중요한 스포츠이다.

19 중립적 피드백은 행동 모니터링을 위해 판단을 유보한 피드백으로 주관적 판단이 결여된 사실적인 규명이다. 이 형태의 피드백은 수정이 없고 기술적이며 사실 그 자체이다. 단점으로는 이탈의 원인이 되기도 한다. 중립적 피드백의 예시로는 '그래, 가능한 움직임 구성이다.', '너는 모든 스테이션 과제를 완수했구나' 등이 있다.

20 **링크(J. Rink)의 내용발달 단계**
- 시작과제 : 기초적인 단계의 학습과제이다.
- 확대과제 : 난이도와 복잡성이 추가된 과제이다.
- 세련과제 : 기능의 질적 측면에 집중된 과제이다.
- 적용과제 : 학습한 운동기능을 실제 상황에 활용할 수 있도록 제작한 학습과제이다.

03 스포츠심리학

01	①	02	③	03	③	04	④	05	①
06	③	07	①	08	③	09	④	10	④
11	①	12	②	13	④	14	④	15	②
16	②	17	①	18	②	19	③	20	④

01 레빈(K. Lewin, 1935)은 인간의 행동(B)은 그 사람이 가진 자질 즉 개체(P)와 심리적 환경(E)과의 상호함수관계에 있다고 하였다. 이를 공식으로 나타내면 다음과 같다.

$$B = f(P \times E)$$

B(Behavior) : 인간의 행동
f(Function) : 함수관계
P(Person) : 사람이 가진 자질
E(Environment) : 심리적 환경

02 평가장소에 도착하면 환경에 대한 탐색 시간을 주고, 아동과 공감대를 형성하여 심리적 안정감을 줘야 한다. 또한, 평가라는 단어의 강조는 분법적이고 경직된 상황으로 이어질 수 있기 때문에 라포 형성을 위해 최대한 자연스러운 의사소통이 중요하다.

03 일반화된 운동프로그램(Generalized Motor Program ; GMP)은 개방회로이론을 구체화한 것으로 두 개의 매개변수에 의해 운동프로그램이 바뀌게 된다. 불변매개변수는 프로그램 내에 변하지 않는 상태로 존재하며 가변매개변수의 조합에 의해서 다양한 동작을 생성할 수 있다. 따라서 가변매개변수의 값을 최적화하면 효율적인 운동 기술 동작이 나타날 수 있다. ㉠은 다이나믹 시스템 이론, ㉣은 생태학적 이론에 대한 설명이다.

04 힉스의 법칙(Hick's Law)이란 주어진 선택지의 숫자에 따라 사용자가 결정하는 데 소요되는 시간이 결정된다는 법칙이다. 선택지의 수(옵션)가 늘어나면 선택을 하는 데 걸리는 시간도 늘어난다.

05 번스타인(N. Bernstein)은 '자유도 고정 → 자유도 풀림 → 반작용 활용' 단계를 통해 변화하는 환경에 적응한다고 보았다.
- ㉠ 자유도 풀림 : 폼의 형성, 사용 가능한 자유도의 수를 늘려 하나의 기능적인 단위를 형성한다.
- ㉡ 반작용 활용 : 자동화・다양화, 수행자와 환경과의 상호작용이 이루어진다.
- ㉢ 자유도 고정 : 자유도 수 줄이기, 모든 관절의 각도를 일정하게 유지한다.

06 운동선수 탈진과 경쟁상태불안의 심리 요인은 상관관계가 낮다. 경쟁상태불안은 스포츠 경기상황에서 경쟁과정에 수반하여 나타나는 불안의 한 형태로서 인지적 상태불안과 신체적 상태불안으로 분류된다.

07 스포츠 재미는 즐거움이나 좋아함 또는 재미와 같은 일반적인 느낌을 나타내는 스포츠 경험에 대한 긍정적인 정서반응이기 때문에 인지능력은 스포츠 재미의 영향 요인에 해당하지 않는다.

08 도식이론(Schema Theory)은 폐쇄회로 이론의 피드백과 개방회로 이론의 운동프로그램의 개념을 통합하여 운동행동의 원리를 설명하는 이론이다. 일반화된 운동계획의 개념을 운동기능에 확장시켜 운동기능의 학습과 수행에 관여하는 두 독립된 매커니즘을 가정한다.
- 회상도식 : 현재 수행하고자 하는 운동과 유사한 과거의 운동결과를 근거로 새로운 운동을 계획할 수 있다. 피드백 정보가 없는 빠른 운동을 조절하는 역할을 한다.
- 재인도식 : 피드백 정보를 통하여 잘못된 동작을 평가하고 수정한다. 과거의 실제결과, 감각귀결, 초기조건의 관계를 바탕으로 형성된다.

09 ㉠ 먼저 제시된 자극에 대한 반응을 수행하고 있을 때 또 다른 자극을 제시할 경우, 두 번째 자극에 대한 반응시간이 느려지는 현상을 심리적 불응기라고 한다.
- ㉣ 자극 간 시간차가 40ms 이하로 매우 짧은 경우에는 첫 번째 자극과 두 번째 자극을 하나의 자극으로 간주하게 되어 심리적 불응기 현상이 나타나지 않는데 이러한 현상을 집단화라고 한다.

10 인간 발달의 특징은 일정한 순서와 방향, 모든 영역의 발달 간 상호 연관성, 분화와 통합의 과정, 연속성, 개인차 혹은 속도 차이, 점성원리, 결정적 시기로 이해하고 분석될 수 있다.
- ④ 인간 발달의 질적인 변화는 성숙을 의미하며 본질, 구조 또는 조직상의 변화를 포함한다. 현재 나타나고 있는 움직임 양식이 과거 움직임의 경험이 축적되어 나타나는 것은 인간 발달의 종합적 측면이다.

11 지각의 협소화는 각성 수준이 증가함에 따라 주의를 집중할 수 있는 폭이 점차 좁아지는 현상으로 심리적 상태와 상관관계가 높다고 할 수 있으며, 안구 움직임의 형태와는 관련이 없다.

12 ① 역U가설(Inverted-U Hypothesis) : 불안이 증가할수록 운동수행이 증진되다가 적정 수준의 각성상태에서 운동수행이 극대화되고, 각성수준이 더욱 증가하여 과각성상태가 되면 운동수행이 저하된다는 이론이다.
- ③ 격변이론(Catastrophe Theory) : 신체적 불안과 운동수행의 관계가 인지적 불안이 낮을 경우에만 역U자 형태를 이룬다고 본다. 인지적 불안 수준이 높을 경우, 신체적 불안이 일정 수준에 이르면 운동수행이 급격한 추락현상이 초래된다.
- ④ 적정기능지역이론(Zone of Optimal Functioning Theory) : 운동선수들의 상태불안 수준의 개인차가 매우 크며, 최고의 수행을 발휘하는 데 있어서 특정한 불안 수준이 필요한 것이 아니라 자신만의 고유한 불안 수준이 있다는 이론이다.

13 ㉠ 자생훈련 : 신체부위의 따뜻함과 무거움을 느끼게 해주는 일련의 동작으로, 근육에 대조되는 두 느낌을 느낀다는 점에서 점진적 이완과 유사하다.
- ㉡ 체계적 둔감화 : 불안이나 스트레스를 유발하는 자극에 노출될 때 불안반응 대신 이완반응을 보임으로써 불안이나 스트레스에 대해 점차 둔감하게 되는 훈련법이다.

추가해설
- 바이오피드백 : 신체 내에서 일어나는 각종 생리적 변화를 측정하여 특정 부위의 반응을 학습에 의해 조절하는 과정을 의미한다. 감지장치를 이용하여 인체의 자율신경계의 반응을 조절하는 기법으로 근육의 활동, 피부온도, 심박수, 호흡수, 뇌파 등을 이용한다.
- 점진적 이완 : 몸 전체의 근육을 한 근육씩 순서대로 이완시키는 절차로 신체 모든 부위를 인위적으로 긴장시키고 긴장 상태에서 이완시키는 과정을 통해 근육의 수축과 이완의 느낌을 체험하게 하는 기법이다.

14 와이너(B. Weiner)의 귀인모형은 승리와 패배의 원인을 안정성, 내외 인과성, 통제성 차원으로 분석한다. 과제난이도는 안정성 차원에서 안 정적이고, 내외 인과성 차원에서 외적이며, 통제성 차원에서 통제 불가 능한 요인이다.

15 기억 속에 있는 감각 경험을 회상하며, 외적 자극 없이 내적으로 운동수 행을 하는 과정을 상상하는 것을 심상이라고 한다.
　㉠ 심리신경근 이론에 따르면 심상을 하는 동안에 실제 동작에서 발생 하는 근육의 전기 반응과 유사한 전기 반응이 근육에서 발생한다.
　㉡ 상징학습 이론에 따르면 인지적 요소가 거의 없는 운동 과제보다 인지적 요소가 많은 인지 과제를 대상으로 할 때 더욱 효과적이다.
　㉢ 생물정보 이론에 따르면 심상은 상상해야 할 상황 조건인 자극전제 와 심상의 결과로 일어나는 반응 전제로 구성된다.
　㉣ 생물정보 이론에서는 생리적 반응과 심리 반응을 함께하면 심상의 효과가 높아진다고 보았다.

16 ㉡ 규정 행동은 특정 상황에서 코치나 감독에게 요구되는 행동이다.
　㉢ 선호 행동은 선수들이 선호하는 행동이다.
　㉣ 리더의 실제 행동과 선수의 선호 행동 그리고 규정 행동이 모두 일치 할 때 리더십의 효율성이 극대화되고 만족도가 높아진다.

17 ② 합리적행동이론(Theory of Reasoned Action) : 의도는 행동을 예 측하는 단 하나의 변인으로, 행동에 대한 태도는 특정 행동의 실천 결과에 대한 신념과 결과에 대한 평가에 영향을 받는다는 이론이다.
③ 자기효능감이론(Self-efficacy Theory) : 성공적 수행, 대리경험, 언어적 설득, 정서적 각성을 통하여 특별한 과제에서 경쟁하여 성공 할 수 있다는 믿음이 중요하다는 이론이다.
④ 자결성이론(Self-determination Theory) : 동기를 외적인 유인가 의 유무가 아닌 자기결정성에 대한 주관적 지각으로 정의한다.

18 변화단계 이론은 운동행동의 변화가 마음먹은 순간, 단번에 이루어지 는 것이 아니라 여러 단계를 거치면서 점진적으로 변화한다고 본다. 무 관심, 관심, 준비, 실천, 유지의 5단계가 있다.
① 자기효능감은 행동을 변화시키는 요인 중 하나이며 다른 요인들은 의사결정균형, 변화과정 등이 있다.
③ 변화단계가 높아짐에 따라 운동에 대해 기대할 수 있는 혜택은 점차 증가한다.
④ 무관심 단계는 현재 운동을 하지 않으며, 6개월 이내에 운동을 시작 할 의도가 없는 단계이다.

19 스포츠심리상담사는 상담에 참여한 사람으로부터 좋은 평가나 소감을 절대 요구해서는 안 되며 상담 시 내담자에게 비밀보장을 약속해야 하 고, 약속된 비밀은 반드시 지켜야 한다.

20 신체적 자기개념은 자기개념의 다차원 위계 구조를 구성하는 중요한 하위 영역 중 하나이다. 이러한 신체적 자기개념은 문화, 연령, 성을 불문하고 총체적 자기개념을 형성하는 데 있어 가장 중요한 역할을 한 다. 신체적 컨디션은 신체적인 건강 상태를 의미하며, 전반적 자기존중 감은 신체적 자기가치의 상위영역에 속한다.

04　한국체육사

01	④	02	③	03	②	04	④	05	②
06	①	07	④	08	④	09	③	10	③
11	①	12	①	13	②	14	①	15	②
16	①	17	④	18	②	19	③	20	③

01 체육사는 고대에서부터 오늘날까지 체육의 변천 모습을 살펴보고, 각 시대의 체육관이나 그 방법 등에 관련된 시대적·사회적 배경 등을 역 사적으로 연구하는 분야이다. 체육과 스포츠의 도덕적 가치판단에 대 한 근거를 탐구하는 것은 스포츠윤리학에 해당된다.

02 기록 사료 중 민요, 전설, 시가, 회고담 등은 구전 사료이다. 공문서, 사문서, 출판물 등이 문헌 사료에 해당한다. 또한, 과거의 기억에 대한 증언 등은 구술 사료에 해당한다.

03 제천행사는 파종과 수확을 할 때에 모든 사람들이 하늘에 지내는 제사 를 말하며 애니미즘에 대한 믿음을 바탕으로 시행되었다. 제천행사의 종류로는 고구려의 동맹, 부여의 영고, 동예의 무천, 신라의 가배 등이 있다.

04 신라는 유능한 청년을 양성하기 위하여, 진흥왕 때 종래 화랑도 제도를 개편하고 많은 인재를 양성하였다. 화랑과 낭도로 구성된 화랑도는, 평 시에는 명산 대천을 찾아 도의를 닦고 무술을 익혔다가, 전쟁 시에는 나라를 위하여 목숨을 바쳐 싸웠다. 화랑도는 세속오계 등의 가르침을 따라 심신을 단련하였는데, 훌륭한 재상과 명장이 화랑도에서 많이 배 출되었다. 이들 화랑도는 신라의 삼국 통일에 크게 공헌하였다.

05 ① 태학 : 고구려 때 국가에서 세운 유학 교육기관이다.
③ 향교 : 고려와 조선시대의 지방에서 유학을 교육하기 위하여 설립된 관학 교육기관이다.
④ 학당 : 고려 말 중등교육기관인 동서 학당을 설치하였다.

06 국자감은 고려시대의 대표적인 국립교육기관이다. 귀족의 자제를 대상으로 문무를 겸비한 인재를 양성하는 것이 목적이었다. 문학과 무학을 구분하여 교육하였으며, 7재 중 강예재에서 무학을 공부하였다.

07 고려시대는 유교사상의 도입과 시대적 상황과 맞물려, 삼국시대에 비해 무예가 천시되었다. 이러한 숭문천무 사상은 무신의 난의 빌미가 되기도 하였다.
㉠ 격구는 말을 타고 막대기로 공을 치는 놀이로 현재의 폴로와 유사하다.
㉡ 수박희는 두 사람이 주로 손을 써서 대결하는 무술로 현재의 택견과 유사하다. 고려시대에는 무신 선발 방법으로도 사용되었다.
㉢ 마술은 육예 중 하나로 군자가 되려면 육예를 모두 교육받아야 하였다.
㉣ 문무를 겸비한 인재의 양성 목적으로, 국가에서도 병사나 관료들에게 궁술을 익히도록 장려하였다.

08 과거 시험은 3년에 1번씩 치르는 것이 원칙으로 이를 식년시라고 하였다. 그러나 실제로는 식년시 외에도 부정기적인 과거 시험인 별시가 있었으며, 16세기 이후 별시가 점차 증가하였다. 문과의 경우 식년시 합격 정원은 33명이었고, 무과는 28명이었으며, 진사와 생원은 초시와 복시, 두 번의 시험을 거쳐 각각 100명씩 선발하였다. 과거 응시 자격은 원칙적으로는 양인 이상의 신분이면 가능하였으나, 일반 양인이 시험에 응시하기는 대단히 어려웠다.

09 ① 투호 : 화살과 비슷한 모양의 긴 막대기를 일정 거리에 있는 항아리 속에 던져 넣는 오락이다.
② 저포 : 나무로 만든 주사위를 던져서 그 사위로 승부를 다투는 민속놀이이다.
④ 위기 : 신라시대 처음 등장한 것으로 보이는 놀이로 현대의 바둑과 유사하다.

10 ㉠ 조선시대는 유교의 영향으로 인해 숭문천무 사상이 만연하였다.
㉡ 성균관에서는 교육목표 중 덕의 함양을 위해 활쏘기를 실시하는 등 학사사상이 강조되었다.
㉢ 정조는 문무겸전 사상이 국가를 부강하게 한다고 생각하였다.
㉣ 불국토사상은 신라시대 화랑도의 정신 중 하나였다.

11 대한국민체육회는 1907년 10월에 발족되어, 체육을 질적으로 보급 및 향상시키기 위해 노력한 단체이다. 설립자 노백린은 근대체육의 선구자로, 덕육 및 지육에 치우친 교육의 문제점과 병식체조 일부에 국한된 학교 체육을 비판하고, 올바른 국민교육의 일환으로 체육의 중요성을 역설하였다.

12 ㉠ 박신자 : 1967년 체코슬로바키아에서 열린 FIBA 세계선수권대회에 출전하여 우리나라를 준우승으로 이끌었고 대회최우수선수로 선정되었다.
㉡ 김연아 : 피겨스케이팅 종목에서 2010년 밴쿠버동계올림픽 금메달, 2014년 소치동계올림픽 은메달을 획득하였다.

13 우리나라는 1986년 서울아시아경기대회, 2002년 부산아시아경기대회, 2014년 인천아시아경기대회를 성공적으로 개최하였다.

14 조오련(1952~2009)
• 제6회, 제7회 아시아경기대회에서 수영 종목 400m, 1,500m 2관왕 2연패
• 1978년 수영 부문 한국신기록 50회 수립
• 1980년 대한해협 횡단
• 2008년 독도 33바퀴 회영
• 2020년 스포츠영웅으로 선정되어 2021년 국립묘지에 안장

15 개화기에 도입된 근대스포츠 종목은 체조, 육상, 수영, 축구, 야구, 농구, 테니스, 검도, 씨름, 유도, 사이클, 빙상 등이 있다. 역도는 서상천에 의해 일제강점기에 도입되었다.

16 조선체육회는 일본인 중심의 체육단체인 조선체육협회에 대응하기 위해 만들어진 단체로 조선체육협회보다 늦게 창립되었다

추가해설

조선체육협회
조선 강제병합 이후, 일제는 조선 내 근대스포츠를 보급하고 이를 관리하고자 하였는데, 이는 재조선 일본인들이 만든 체육단체를 중심으로 이루어졌다. 그중 1918년 조선에 있는 정구단이 모여 만들어진 "경성정구회"와 1919년 1월 만들어진 "경성야구협회"가 1919년 2월 18일 통합하여 조선체육협회를 만들었다.

17 1936년 개최된 제11회 베를린올림픽경기대회에서 마라톤의 손기정이 금메달, 남승룡이 동메달을 획득하였으나 일장기를 달고 출전하였다. 이를 계기로 동아일보에 의해 일장기 말소사건이 발생하였다.

18 ㉠ 1984년 로스앤젤레스올림픽 : 공산주의 진영 국가들이 불참한 대회로 우리나라는 금메달 6개를 획득하여 공동 10위를 달성하였다. 서향순 선수가 양궁 개인전에서 우리나라 여성 최초로 금메달을 획득했다.

㉡ 1992년 바르셀로나올림픽 : 1976년 몬트리올올림픽에서부터 시작된 보이콧이 종식된 대회로 동서 양 진영간 대립 없이 치러진 대회이다. 우리나라는 금메달 12개를 획득하여 종합 7위를 달성하였으며 황영조 선수가 마라톤 종목에서 금메달을 획득하였다.

19 1988년 서울올림픽경기대회와 1991년 지바 세계탁구선수권대회를 치른 정권은 1988년부터 1993년까지 지속된 노태우 정권이다.

추가해설

노태우 정권에서는 국민 모두가 참여하는 생활체육 정책기반을 마련하고, 아울러 근로청소년·유아·여성·노인·장애인 및 소외집단을 포함한 각계각층에 적합한 생활체육프로그램, 국민체력 기준치, 건강생활체조를 개발해 전국에 보급하였다. 1988년 12월에는 처음으로 국민여가활동 참여 실태를 조사하고, 1989년 이후 3년마다 국민생활체육 참여실태를 조사하여 국민체육진흥정책 수립의 기초자료로 활용되었다.

20 2002년 제17회 한·일월드컵축구대회는 역대 월드컵은 물론 주요 국제 스포츠 대회 중 두 개의 나라에서 처음으로 공동 개최한 대회이며 21세기에 열린 첫 번째 월드컵이자 아시아에서 열린 첫 번째 월드컵이다. 국내 최초로 HD로 생중계된 월드컵이기도 하다. 2002년 한·일월드컵은 대한민국 단독 팀으로 출전하여 스페인을 꺾고 준결승전까지 진출하였다. 이 당시 붉은악마로 대표되는 길거리 응원은 주요 외신에서 보도할 정도로 대단한 열기를 자랑하였다.

01	①	02	④	03	③	04	③	05	④
06	①	07	②	08	③	09	②	10	④
11	③	12	②	13	④	14	①	15	②
16	①	17	①	18	③	19	④	20	②

01 '특이성의 원리'란 운동의 효과는 운동 중에 사용된 근육이나 신체기관에 특정하게 나타난다는 것이다. 예를 들어 심폐기능을 증진시키려면 달리기 등 유산소 운동을 해야한다. 또한 마라톤을 위한 트레이닝 프로그램은 단거리 달리기에는 효과가 없다.

② 가역성의 원리 : 운동선수가 규칙적인 훈련을 하지 않는다면 몸에 가해지는 부하가 없게 되고, 따라서 우리 몸은 자극에 적응해야하는 필요성을 느끼지 못하여 운동 전의 상태로 돌아가는 것을 뜻한다. 또한 훈련의 부하 강도가 운동선수의 체력 수준과 너무 차이가 많이 나면 원래의 체력 상태로 되돌아가고, 또 너무 미미한 강도의 부하를 이용하면 체력 향상이 거의 없다.

③ 과부하의 원리 : 피로, 회복, 적응의 과정을 유도하는 '과부하'는 우리 몸에 과잉보상을 하고, 더 높은 수준의 체력 상태에 도달하도록 한다. 만일 훈련의 부하가 적다면 과잉보상의 효과는 부족하거나 없을 것이다. 너무 큰 부하는 운동선수의 회복에 문제가 생기거나 원래 수준의 체력상태로 돌아가지 못하는 문제를 초래한다.

④ 다양성의 원리 : 훌륭한 지도자는 운동선수가 흥미와 동기를 유지할 수 있도록 다양한 훈련 프로그램을 계획해야 하며, 운동 경기의 훈련에서는 휴식보다 변화를 주는 것이 효과적이다. 이러한 변화를 통해 운동의 특징, 환경, 특정 시간, 훈련 단체의 특징에 다양성을 가져올 수 있다

02 체온 저하 시 골격근의 활동이 활발해져서 근육이 떨리고, 이는 대사를 증진시켜 체열을 생성한다. 또한 피부혈관에서 혈관수축이 일어나서 열손실이 최소화되며 땀샘이 닫혀 땀이 분비되지 않는다. 저체온은 심장박동의 조절장치인 동방결절에 영향을 미쳐서 심장조직의 냉각은 심부온도 저하와 심박수 감소 및 심박출량의 급격한 감소를 초래한다.

03 최대 동-정맥 산소차 증가는 모세혈관의 밀도, 근육조직 내 미토콘드리아의 수와 크기, 1회 심박출량, 마이오글로빈 함량이 증가할 때 이루어진다.

04 운동유발성 근육경직은 탈수, 전해질불균형, 고온다습한 환경 등으로 인해 특정 근육의 피로도가 쌓인 경우 근육이 수축·이완을 반복하지 못하고 수축한 상태를 유지하는 것이다. 이를 방지하기 위한 방법으로는 스트레칭, 운동강도 조절, 수분과 전해질 섭취, 탄수화물 저장량 유지 등이 있다.

05 1회 박출량은 심장이 1회 수축하면서 내뿜는 혈액의 양으로 확장기말 용적에서 수축기말 용적을 뺀 값이다. 1회 박출량을 결정하는 요인으로는 정맥환류량(심장으로 돌아오는 정맥혈의 양), 심장의 수축력, 대동맥 및 허파동맥혈압 등이 있다.

[추가해설]
확장기말 용적(End-diastolic Volume)
확장기가 끝날 때부터 수축기 시작 직전까지의 심실 용적을 가리킨다. 심장 주기로 봤을 때 대략 심실이완기(Ventricular Relaxation) 끝부분부터 등용적성심실수축기(Ssovolumetric Ventricular Contraction)까지의 용적이며, 심장 주기 동안 심실의 최대 용적이 된다.

06 간뇌는 대뇌와 중뇌 사이에 위치하여 사이뇌라고도 하며, 시상(Thalamus)과 시상하부(Hypothalamus)로 구성된다. 시상은 중요한 감각 통합조절 중추로서 모든 감각정보와 운동정보가 대뇌에 도달하는 것을 인지하고, 중계하는 매우 중요한 부위이다. 시상하부는 많은 신경과 신경섬유들이 존재하며, 항상성 유지의 충추로 자율신경계·내분비계·변연계에 관여한다. 시상하부에서는 뇌하수체 전·후엽 호르몬을 분비하여 다른 내분비샘의 기능을 조절한다.

07 운동 시 산소확산 능력이 증가하는 이유는 심박출량 증가로 혈압이 올라가 폐의 전체적인 혈류량이 많아지기 때문이다. 이로 인해 폐의 표면적이 늘어나 산소확산 능력이 증가한다.

08 건강체력은 신체 건강유지·증진과 밀접한 체력요소로 근력 및 근지구력, 심폐지구력, 유연성, 신체조성 등이며, 운동체력은 스포츠 경기에서 발휘하는 운동기능 수행과 관련 있는 체력요소로 순발력, 민첩성, 평형성, 협응성, 반응시간 등이 있다. 배근력 측정은 근력 측정이지만, 제자리높이뛰기 측정은 순발력 측정에 해당한다.
- 건강체력 : 근력(배근력, 악력 등) 및 근지구력(윗몸일으키기, 팔굽혀펴기, 버피), 심폐지구력(20m 왕복달리기), 유연성(브릿지, 앉아윗몸앞으로굽히기)
- 운동체력 : 순발력(제자리멀리뛰기), 민첩성(사이드스텝), 평형성(눈감고 한발서기), 협응성(8자 달리기, 지그재그드리블)

09 내인성 조절은 신경계나 호르몬 작용 없이 혈류량을 조절하는 것이다. 카테콜아민은 부신수질에서 분비되는 호르몬으로 자율신경계와 내분비계를 통해 혈류량을 조절하는 외인성 조절에 해당한다.

10
- 근소포체(Sarcoplasmic Reticulum)는 근섬유 내에 근원섬유를 둘러싸고 있는 세포 소기관으로써 칼슘이온(Ca^{2+})을 저장한다. 전기적 신호를 받으면, 세포 내의 칼슘이온의 농도를 제어하는 기능을 가지며, 칼슘이온을 방출하여 근원섬유의 수축을 일으킨다. 자극이 없어지게 되면 칼슘이온은 트로포닌으로부터 떨어져 다시 근소포체로 흡수되기 때문에 근원섬유가 이완된다.
- 트로포닌(Troponin)은 트로포마이오신 일정 부위와 액틴 위에 있는 단백질복합체로 칼슘이온(Ca^{2+})에 의해 근육의 수축·이완을 제어하는 기능을 가진다. 트로포닌은 근소포체에서 방출된 칼슘이온(Ca^{2+})과 결합을 하고, 마이오신과 액틴이 결합할 수 있도록 도와준다.

11 ㉠ 총폐용량, ㉡ 1회 호흡량, ㉢ 기능적잔기량, ㉣ 잔기량에 해당한다. 운동 시 ㉠ 총폐용량과 폐활량이 약간 감소하는데, 이는 폐 내 혈류량의 증가와 관계가 있다. 폐 내 혈류량의 증가는 폐 내 모세혈관의 혈액량 증가로 인해 이용할 수 있는 기체 용적 공간을 감소시키며, 운동 중에는 ㉣ 잔기량과 ㉢ 기능적잔기량이 다소 증가한다.

12 저항성 트레이닝은 근육의 크기와 근력을 증가시키며 인체가 과부하를 받는 것이다. 저항성 트레이닝을 통한 근력 향상으로 근단백질(액틴과 마이오신)이 증가되고, 적당한 저항 트레이닝은 뼈를 자극하여 골 생성율과 골 무기질 함량을 증가시켜 골다공증 치료에 도움을 준다.

13 1회 박출량은 심장이 1회 수축하면서 내뿜는 혈액의 양으로 확장기말 용적에서 수축기말 용적을 뺀 값이다. 따라서 확장기말 용적이 증가하고 수축기말 용적이 감소해야 1회 박출량이 증가한다. 1회 박출량 증가 기전은 심박수 감소, 이완기 시간연장(심장혈류 유입시간 연장), 최대하운동 시, 심장수축력 증대, 심장용적 증대 등이 있다.

14 신장성 수축은 수축 속도가 빠를수록 근력이 증가하고, 단축성 수축은 수축 속도가 빠를수록 근력이 감소한다. 동일한 조건에서 최대신장성 수축은 최대단축성 수축보다 더 많은 힘을 생성한다. 즉, 들어올릴 때보다 내릴 때 더 큰 부하를 움직일 수 있다.

15 세동맥은 대동맥에서 갈라져 나온 동맥이 온몸에 이르러 다시 가느다랗게 갈라진 동맥으로, 모세혈관과 대동맥을 이어준다. 대동맥에서 세동맥으로 이어지는 구간에서 혈관 굵기가 급격하게 감소하면서 혈압이 가장 크게 감소한다. 모세혈관은 총단면적이 가장 넓어 혈류속도가 가장 느리다.

16 스프린트 트레이닝 즉 무산소 트레이닝은 무산소적 대사능력이 좋은 속근 섬유를 주로 사용하며, 무산소 시스템(ATP-PCr 시스템과 해당과정 시스템)을 강화시킨다. ATP(아데노신삼인산)를 생산하기 위해 혈중 포도당이나 근육과 간에 저장된 글리코겐을 분해하는 것을 해당과정이라고 한다. 무산소성 해당과정에서 1분자의 포도당은 2분자의 피루브산으로 전환되면서 2분자의 ATP를 생산하게 된다.

17 지방의 베타 산화(β Oxidation)는 미토콘드리아에서 지방산이 분해(유리지방산)되어 아세틸 조효소-A와 NADH, FADH₂를 생산하는 과정으로 지방산의 이화작용 중 첫 번째 과정이다. 아세틸 조효소-A는 시트르산 회로에 들어가며 NADH와 FADH₂는 전자전달계에 사용된다. 이후 지방산 이화작용의 두 번째 단계에서는 아세틸 조효소-A를 산화하고 이산화탄소가 부산물로 생산되고, 마지막으로 전자가 전자운반체에서 전자전달계로 이동한다.

18 휴식 시 각 기관에 분포된 혈류량은 내장기관이 20~25%, 심장이 4~5%, 신장이 20%, 골격근이 15~20%이다. 반대로 운동 시에는 심박출량이 증가하여 각 기관의 혈류는 거의 대부분 감소하고, 골격근의 혈류량이 최대 85%까지 올라간다.

19 ㉠ 인슐린은 췌장의 베타세포에서 분비되는 호르몬으로 몸 속 혈당을 일정하게 조절하는 역할을 한다. 혈당이 높아지면 인슐린이 분비되어 혈액 내 포도당을 세포로 유입시켜 혈당을 낮춘다.
㉡ 성장호르몬은 세포 간 아미노산을 이동시키고 세포로 하여금 아미노산을 합성하는 데 도움을 준다.
㉢ 에리트로포이에틴은 당단백질 호르몬으로 적혈구 생성에 관여한다.
㉣ 항이뇨호르몬은 신장이 흡수하는 물의 양을 조절하여 체내에 수분 균형을 조절하는 데 도움을 준다.

20 ㉠ 휴지전위 : 세포 내부는 칼륨이온으로 차있고, 막 외부는 나트륨이온으로 가득찬 상태이다.
㉡ 탈분극 : 막 외부의 나트륨이온이 세포 내부로 들어와 전위차가 갑자기 +30mV가 되는 현상이다.
㉢ 재분극 : 극성역전이 원상복구되고 막전위가 휴지전위로 회복되는 과정이다.
㉣ 과분극 : 막전위가 휴지전위보다 더 아래로 내려가는 현상이다.

06 운동역학

01	④	02	③	03	②	04	③	05	③
06	④	07	②	08	①	09	③	10	①
11	②	12	①	13	④	14	②	15	②
16	④	17	④	18	④	19	③	20	③

01 운동 유전자 검사는 유전체학으로 기능 유전체학, 비교 유전체학, 개인 유전체학 등 생물학 및 의학에서 다루는 분야이며 운동역학 연구와는 관련이 없다.

02 벌림(외전, Abduction)은 몸의 중심에서 사지가 멀어지는 동작으로 팔이나 대퇴부를 바깥쪽으로 들어 올리는 동작이다.

03 인체의 무게중심은 인체 외부에 위치하기도 한다. 주로 몸을 휜 움직임일 경우 무게중심이 인체 외부에 위치한다.

04 '발뒤꿈치 들고 서기'는 2종 지레에 해당된다. 2종 지레는 받침점(축)-작용점(저항점)-힘점 순으로 위치한 지레로 그림에서는 ㉠ 받침점, ㉡ 작용점, ㉢ 힘점이다. 2종 지레는 힘팔이 저항팔보다 항상 길다.

05 힘(Force)은 물체의 속도와 방향을 변화시켜서, 물체의 운동 상태를 변화시키는 원인으로 벡터 물리량이다. 힘의 3요소는 크기, 방향, 작용점이며, 힘의 단위는 N으로 표시한다.

06 시계 방향으로 회전된 각변위(Angular Displacement)는 음(-)의 값으로 나타내고, 반시계 방향으로 회전된 각변위는 양(+)의 값으로 나타낸다.

07 ① 수직방향은 중력이 외력으로 작용하므로 가속도가 중력가속도(g)인 등가속도 운동이다.
③ 투사체의 수직속도는 최고점에서 '0'이 되고 수평속도는 일정하다.
④ 투사 높이와 착지 높이가 같은 경우 투사체 운동은 45°로 던질 때 최대 거리를 얻는다. 투사 높이가 착지 높이보다 낮은 경우에는 45°보다 다소 큰 각도로, 투사 높이가 착지 높이보다 높은 경우에는 45°보다 다소 작은 각도로 던져야 최대 거리를 얻는다.

08 스윙 탑에서부터 어깨관절을 축으로 회전반지름을 최대한 크게 하게 되면 각속도가 일정할 때 선속도는 회전반경에 비례하고, 선속도가 일정할 때 각속도는 회전반경에 반비례한다. 즉, 스윙 궤도에서 점의 속도는 '각속도 × 회전반경'이고 방향은 접선 방향이기 때문에 선속도는 감소한다고 볼 수 있다.

09 힘은 질량과 가속도에 비례한다. 즉, 힘이 작용한 방향으로 가속도가 발생한다. 자전거를 타고 페달을 강하게 밟을수록 자전거는 외력이 커져 가속되면서 앞으로 간다.

10 압력은 물체가 누르는 힘으로 중력에 비례하고 접촉면적에 반비례한다. 낙법으로 신체가 지면에 닿는 면적을 늘리면 압력은 감소한다.
② 권투에서 주먹을 비켜 맞을 경우 접촉면적이 줄어들어 압력이 감소한다.
③ 충격량은 운동량의 변화량과 같으며, 힘의 크기(충격력)와 그 힘이 작용하는 시간(충돌시간)을 곱한 것이다. 높은 곳에서 뛰어내렸을 때 충격량이 동일하다면 무릎관절을 굽혀 충돌시간을 늘릴 경우 충격력은 감소한다.
④ 충격력이 동일하다면 충돌시간을 늘릴 경우 충격량이 증가한다.

11 ① 마찰계수는 접촉면의 형태와 성분에 따라 달라진다. 즉, 마찰계수는 미끄럼 운동보다 구름 운동일 때 더 작다.
③ 최대정지마찰력은 정지되어 있던 물체가 움직이기 시작하는 순간의 마찰력으로 운동마찰력보다 항상 크다.
④ 마찰력은 물질이 움직이는 평면과 평행하게 작용하며, 물체의 운동 반대 방향으로 작용한다. 마찰력의 크기는 접촉면에 가한 수직 힘의 크기에 비례한다.

12 물체가 이동하는 방향의 반대 방향이 아니라 유체의 흐름 방향에 수직으로 작용하는 힘이 양력이다.

13 복원계수를 구하는 공식은 다음과 같다.

$$복원계수 = \sqrt{\frac{H_{up}}{H_{down}}}$$

$(H_{up}$ = 튀어오른 높이, H_{down} = 자유낙하시킨 높이)

따라서 농구공을 1m 높이에 떨어트려 지면으로부터 64cm가 튀어 올랐을 경우 복원계수는 $\sqrt{\frac{64}{100}}$ = 0.8이다.

14 다이빙 선수가 전방으로 공중회전하는 동작에서 사지를 쭉 편 레이아웃 자세보다 사지를 웅크린 턱 자세가 회전수를 증가시킨다. 레이아웃 자세는 신체 질량이 회전축으로부터 멀리 분포되어 있어 회전반경과 관성모멘트가 커진다.

15 일률은 단위 시간당 수행한 일의 양으로 '작용하는 힘 × 힘 방향의 속도'로 구한다. 짧은 시간에 폭발적으로 발현하는 힘을 말하며 단위는 W(Watt)이다.

16 (가) 운동에너지 : 질량이 크고 속도가 빠른 물체일수록 더 큰 운동에너지를 갖게 된다.
(나) 탄성에너지 : 신축성 있는 물체인 근육, 스프링 등의 안에서 원상태로 돌아가기 위해 저장해 놓은 에너지이다.
(다) 위치에너지 : 물체의 중력으로 인한 높이에 따라 정해진 에너지이며, 위치에너지 크기는 질량과 높이에 비례한다.

17 정량적 분석은 다양한 장비를 활용하여 동작 및 힘 정보를 수치화하고 분석하는 방법이다. 정량적 분석을 통해 객관적이고 정확한 정보를 획득할 수 있으며, 주관적인 판단을 배제할 수 있다. 정성적 분석은 물질의 성분이나 성질(질량, 길이 등)에 관한 것이므로 '비수치적인 언어'로 표현하고 기록한다.

18 ㉠ 근전도분석기 : 근육의 수축을 유발하는 전기적 신호를 측정하는 기기이다.
㉡ 지면반력기 : 인체가 지면에 가한 힘에 대한 반작용을 측정한다. 전후·좌우·상하 세 방향의 힘과 압력 중심점, 토크, 모멘트 등을 산출한다.
㉢ 동작분석기 : 인간의 움직임을 해부학적 관점에서 물리학에 적용시켜 정량적으로 분석한다.

19 ① 지면반력기는 전후·좌우·수직방향의 힘을 모두 측정할 수 있다.
② 지면반력기에서 산출된 힘은 발이 지면에 가하는 족압력에 대한 지면의 반발력이다.
④ 보행 분석에서 제동력은 뒤꿈치가 땅에 닿았을 때 발생하는 힘이며, 추진력은 발끝으로 땅을 밀 때의 힘이다.

20 〈그림〉에서 축(받침점)은 팔꿈치(E_J), 힘점은 위팔두갈래근(F_B), 작용점(저항점)은 쇠공(C_G)이다.
축에서 작용점까지의 거리는 20cm이기 때문에 전체 힘의 크기는 50N × 20cm = 1,000N이다.
따라서 위팔두갈래근이 발생시켜야 하는 힘의 크기(x)는 다음과 같이 구할 수 있다.
$x \times 2cm = 1,000N$
$x = 500N$

07 스포츠윤리

01	④	02	③	03	①,②,③	04	①	05	②
06	②	07	①	08	③,④	09	①	10	④
11	①	12	②	13	②	14	④	15	②
16	③	17	①	18	③	19	①	20	④

01 도덕은 사회에서 일반적으로 받아들이는 행동관습의 기준이고 선은 덕성(Arete) 개념과 인간 행위의 훌륭함을 나타낸다. ①, ②, ③에서 '좋은'은 기술적인 훌륭함을 뜻하지만 ④의 '좋은'은 도덕적인 훌륭함을 뜻한다.

02 롤스(J. Rawls)는 재능과 능력의 다양성과 탁월성(Excellency)을 인정하는 교육을 지지하는 입장이다. 그는 탁월성은 인간 발전의 조건이며 모든 이의 관점에서 선이 된다고 하였다. 그의 입장에서 스포츠는 신체적 불평등을 훈련과 노력으로 극복하여 탁월성을 개발할 기회를 마련해주는 것이다.

03 사실판단은 대상의 참·거짓을 객관적으로 구분할 수 있는 판단이고, 가치판단은 개인의 가치관에 따라 판단의 결과가 달라질 수 있다. ㉠, ㉡, ㉢은 개인의 가치관이 들어간 판단이지만 ㉣은 사실만을 기술해놓은 것으로 참과 거짓의 구분을 명확하게 할 수 있다.
※ ㉠·㉡·㉢이 모두 옳은 보기이므로 복수정답 처리되었습니다.

04 결과론적 윤리체계는 도덕적 강조점을 행위의 결과에 중점을 두는 것으로, 행위의 결과가 유익하면 그 행위는 도덕적으로 옳다고 본다. 공리주의는 결과론적 윤리체계에 포함되는데 '최대 다수의 최대 행복'으로 표현되기도 한다.

05 아곤(Agon)은 경쟁을 통해 능력을 과시하고 타인보다 뛰어나려는 열망을 의미한다. 이에 비해 아레테(Arete)는 노력, 과정, 탁월함을 중시하며 덕과 탁월성을 의미한다. 아곤이 스포츠에서 경쟁의 승리에 초점을 맞춘 개념이라면, 아레테는 경쟁의 개념을 포함하면서 스포츠에서 탁월성을 추구하는 것을 의미한다.

06 압축배트, 전신수영복 등 과학기술을 과도하게 사용하는 것은 경쟁 선수와의 형평성에 문제가 있다. 형평성은 공정성을 전제로 성립되는 페어플레이의 구성요소이다.

07 호네트(A. Honneth)의 인정투쟁은 '사람은 혼자서 살 수 없다'는 인식에 바탕을 두고 있다. 그는 인간은 타인의 인정 없이는 살아갈 수 없으며, 인간들 사이의 모든 갈등은 인정받고자 하는 욕망에서 비롯된다고 주장하였다.

08 의무론적 도덕 추론(정언적 도덕 추론)은 행위의 옳고 그름의 기준은 결과가 아니라, 행위의 도덕규칙을 준수하는지에 달렸다고 본다. 반드시 지켜야 할 도덕법칙이 행위의 옳고 그름을 결정하며, 도덕적 의도로 행동하였다면 행위의 결과와 상관없이 도덕적이라고 할 수 있다는 입장이다.
※ ㉡·㉢·㉣·㉤이 모두 옳은 보기이므로 복수정답 처리되었습니다.

09 ㉠ 평균적 정의 : 인간으로서 존엄성과 인격적 가치에 있어 동등한 대우를 받아야 한다는 것이다. 절대적, 산술적, 형식적 평등을 주장한다.
㉡ 절차적 정의 : 공정한 절차가 있어서 그 절차만 제대로 따르면 내용에 상관없이 그 결과도 공정한 것으로 간주한다.
㉢ 분배적 정의 : 개인은 서로 다른 능력과 가치를 지녔으므로 집단에 기여하는 공헌도와 능력에 맞게 대우해야 한다는 실질적 평등이론이다.

10 셸러(M. Scheler)는 가치들 사이에는 서열이 있다고 주장하였는데, 그의 주장에 따르면 많은 사람에게 분할하지 않고 향유할 수 있는 가치가 그렇지 않은 가치보다 더 서열이 높다. 따라서 상위 팀이 상금을 독점하는 것이 그의 입장에서는 더 높은 가치이다.

> **추가해설**
> **셸러(M. Scheler)의 가치윤리**
> 가치를 어떻게 인식하는가에 대해 정서주의 관점으로 보며, 가치감정은 위계질서를 가지고 있어 저급 감정은 지속적이지 못하고 깊은 만족을 주지 못하는데 반해, 고급 감정은 인간의 내적인 삶을 통해 경험하는 만족의 정도가 높다고 주장하였다.

11 레스트(J. Rest)의 도덕성 4구성요소는 도덕적 민감성, 판단력, 동기, 품성이며 레스트는 4가지 요인이 상호 밀접하게 연계된다고 주장하였다.
• 도덕적 민감성(감수성) : 자신이 처해 있는 상황을 도덕적으로 지각하는 능력이다.
• 도덕적 판단력 : 특정 상황에서 내가 할 수 있는 도덕적 행위는 무엇인지를 판단할 수 있는 능력이다.
• 도덕적 동기화 : 행위를 하는 순간은 다른 가치보다 도덕적으로 우선해야 하는지, 도덕적 행위를 왜 해야하는지 동기화하는 것이다.
• 도덕적 품성화 : 도덕적 실천을 할 수 있는 강한 의지, 인내, 용기와 같은 품성을 가지는 것이다.

12 테일러(P. Taylor)는 모든 생명체는 자신의 생존, 성장, 발전, 번식을 위한 목적론적 삶을 지향한다고 주장하였다. 모든 생명체는 의식 유무와 상관없이 고유한 가치를 지니며, 인간은 생명체를 도덕적으로 고려해야 할 의무를 가진다고 하였다.

13 아파르트헤이트(Apartheid)는 아프리칸스어로 분리·격리를 뜻하는 말로 과거 남아프리카공화국에서 시행되었던 인종차별 정책이다. 〈보기〉의 사건들은 관중 폭력에서 비롯된 사건들로 인종차별과는 관련이 없다.

14 ① 푸코(M. Foucault)는 인간 폭력의 기저를 권력 관계로 보았다.
② 아리스토텔레스(Aristotle)는 인간의 감정에 관한 노여움과 분노에 폭력이 기인한다고 하였다.
③ 홉스(T. Hobbes)는 인간의 자기보존 본능과 권력욕이 적절한 수준에서 통제되지 않아 혼란과 폭력이 발생한다고 보았다.

15 윤리경영은 기업의 가치경영을 넘어 조직과 개인의 가치판단의 정성적 규범기준을 말한다. 성공적인 경영자에게는 기업윤리의 준수를 위해서 윤리적 실천의지와 투명성이 요구된다.

16 신고자 및 피해자에 대한 치료 및 상담, 법률 지원, 임시보호 및 연계를 지원하며 가해자에 대한 치료와 상담은 진행하지 않는다.

[추가해설]
스포츠윤리센터는 체육계 비리·인권침해에 대한 조사뿐만 아니라 피해자의 일상회복을 돕기 위한 심리·정서·법률·임시주거지원과 예방교육, 국내외 스포츠 윤리 관련 정보 공유 등을 통해 '체육의 공정성 확보와 체육인의 인권보호'를 위한 종합적인 업무를 수행한다. 하지만 스포츠윤리센터가 갖고 있는 조사권에는 강제성이 없는 맹점이 있다.

17 스포츠맨십(Sportsmanship)은 스포츠맨이 지녀야 하는 바람직한 태도, 페어플레이, 상대선수 존중 등 스포츠 활동 시 지켜야 할 행동준칙 및 규범도덕이다. 공정하게 경기에 임하고, 불의한 일을 행하지 않으며, 항상 상대편을 향해 예의를 지키는 것이다.

18 〈보기〉의 대화는 스포츠현장에서 경기자를 평가할 때 흑인의 경기력은 발생학적 운동능력이라는 논리를 펴고, 흑인 선수의 노력을 폄훼하는 인종차별이다.

19 〈보기〉는 최저학력제로 학생선수의 학습권 보장을 위하여 학교체육진흥법을 통해 도입되었다. 운동하는 일반학생과 공부하는 학생선수를 지향하며, 학교체육의 진흥을 담당할 수 있는 법적근거이다.

20 스포츠 인권은 스포츠 활동에서 누구나 누릴 수 있는 권리로서, 차별 없이 인간으로서의 존엄과 가치, 자유와 권리를 누리며 스포츠 활동을 할 권리를 의미한다. 누구나 누릴 수 있는 권리이기에 상대적으로 보장되는 것이 아닌 절대적으로 보장되어야 한다.

01 스포츠사회학

01	②	02	①	03	④	04	②	05	④
06	②	07	④	08	③	09	①	10	③
11	①	12	③	13	①	14	③	15	④
16	②	17	②	18	③	19	①	20	④

01 스포츠사회학은 스포츠와 사회학의 관련성에 초점을 둔 사회학의 하위 학문이다. 따라서 스포츠 현상에 사회학 이론과 연구방법을 적용하여 연구하는 학문이다.
② 일시적이거나 반복적인 운동으로 야기되는 인체기관계의 반응과 적응 현상, 생리기능 변화와 그 변화의 원인을 연구하는 학문인 운동 생리학의 정의와, 스포츠 현장에서 나타나는 인체 운동을 관찰하여 그 움직임을 설명하고, 그 원인을 규명하는 학문인 운동역학의 정의에 해당한다.

02 ② 헤이젤 참사 : 1985년 5월 29일 유러피언컵 결승전이 열린 벨기에 브뤼셀의 헤이젤 경기장에서 이탈리아의 유벤투스 FC와 잉글랜드 리버풀 FC 서포터 사이에 벌어진 싸움으로 인해 39명이 사망하고 454명이 부상당한 사건이다.
③ 검은 구월단 : 1972년 뮌헨올림픽에서 팔레스타인의 과격단체 검은 구월단 소속 테러리스트 8명이 이스라엘 선수단 숙소를 습격해 선수 2명을 살해하고 9명을 인질로 잡은 사건이다. 이후 진압과정에서 테러리스트 5명과 인질 전원이 사망하였다.
④ 핑퐁외교 : 1971년 4월 6일에 열린 제31회 나고야 세계탁구선수권대회에 출전한 탁구 선수를 비롯한 미국 선수단 15명과 기자 4명이 같은 해 4월 10일부터 4월 17일까지 중화인민공화국을 방문, 저우언라이 총리와 면담을 가진 데 이어서 베이징, 상하이, 광저우 등을 순방하면서 중화인민공화국 건국 이후 20년 이상 막혔던 교류의 징검다리를 놓은 사건을 말한다.

03 파슨즈(T. Parsons)는 모든 체계들을 위해 필요한 네 가지 기능적인 필수요건들을 제시하였다. AGIL 도식이라고도 하는 이 요건들은 하버마스의 의사소통행위이론에서 중요하게 다룬다.
- 적응(Adaption) : 체계는 외부 상황의 절박한 요구들에 대처하기 위해, 구체적으로 환경에 적응해야 하고 그 환경을 체계의 요구에 적응시켜야 한다.
- 목표 성취(Goal-attainment) : 체계의 주된 목표들을 정의하고 성취해야 한다.
- 통합(Integration) : 체계의 구성 요소 간의 관계에 대한 통제와 다른 세 가지 기능적 요건들 간의 관계에 대한 관리한다.
- 잠재성(Latent Pattern and Tension Management) : 개인들의 동기와 그 동기를 유발하고 지속시키는 문화 유형을 제공 · 유지 · 갱신한다.

04 1972년 발효된 미국의 Title IX은 미국의 민권법 제9장으로, 모든 학교 체육에서 여성이 남성과 동등한 권리를 갖도록 보장함으로써 많은 여성들의 스포츠 참여기회를 확대하는데 기여했다. 이 조항은 스포츠에 참여하기 원하는 여성들이 기회가 없어 좌절하게 되는 일이 발생하지 않도록 하였다.

05 프로스포츠의 순기능으로는 ㉠ 스포츠의 대중화, ㉡ 생활의 활력소 역할, ㉢ 지역사회 연대감 증대, ㉣ 아마추어 스포츠의 활성화 등 모두 해당된다. 이 밖에도 프로스포츠의 순기능은 스트레스 해소, 경제 활성화, 진로개척 등이 있다.

06 스포츠 상업화로 인해 감정이나 가치, 태도, 인성 등의 보이지 않는 것들을 포함하는 정의적 가치가 경시될 수 있다. 그 밖에 스포츠 조직의 변화, 스포츠 제도의 변화, 스포츠 규칙의 변화, 아마추어리즘 퇴조 등이 스포츠 상업화로 야기될 수 있는 것들에 해당된다.

07 권위, 호감, 인기 등은 스포츠계층 형성과정 중 '평가'에 해당한다.

추가해설

투민(M. Tumin)의 스포츠계층 형성과정

지위의 분화	사회적 지위에 따라 특정한 역할이 주어짐으로써 타 지위와 구별되는 과정을 의미한다.
지위의 서열화	서열화의 중요한 목적은 각 지위를 적재적소에 배치하는 것으로, 서열화는 개인적 특성, 개인의 기능이나 능력, 역할의 사회적 기능에 의해 이루어진다.
평 가	가치 유용성 정도에 따라 상이한 각 위치에 지위를 적절하게 배열하는 것을 의미하며, 평가 요소에는 권위, 호감, 인기 등이 있다.
보수의 부여	서열화된 각 지위에 대해서 사회적 희소가치의 자원이 차별적으로 배분되는 과정이다.

08 로이(J. Loy)와 레오나르드(G. Leonard)는 스포츠의 참가가 사회이동에 있어 상승 이동을 할 수 있는 수단이 될 수 있다는 일반적 믿음과 달리 지극히 드물게 이동의 기회가 존재한다고 했다. 즉, 선수들에게 있어서 참가 기회 및 결과가 공정한 것이 아니라 매우 한정적이고 일시적이라고 주장했다.

09 문화규범이론 : 대중매체는 현존하는 사상이나 가치를 선택적으로 제시하며 강조한다. 개인의 대중매체 스포츠 소비 유형은 스포츠 취급 양태에 따라서 다양하게 영향을 받는다.

추가해설

맥루한(McLuhan)의 매체 이론
맥루한은 매체 그 자체의 정의성과 수용자의 감각 참여성, 감각 몰입성을 기준으로 하여 매체를 핫 매체와 쿨 매체로 구분하였다.

10 머튼(R. Merton)의 아노미이론
- 혁신주의 : 목표는 수용하지만 수단은 거부하는 행위로 승리하기 위해서 수단과 방법을 가리지 않는다.
- 의례주의 : 목표는 거부하지만 수단은 수용하는 행위로 경기의 승패보다 규칙을 지키는 것이 중요하다고 생각한다.
- 도피주의 : 목표와 수단을 모두 거부하는 행위로 스포츠 참가 중단 또는 포기를 한다.
- 반역주의 : 목표와 수단을 모두 거부하고 새로운 목표와 방법을 모색하는 행위로 기존 스포츠를 거부하고 새로운 스포츠를 개발해야 한다고 생각한다.

11 집합행동은 스포츠와 관련된 특정 상황에 처한 다수의 관중이나 선수 또는 일반 대중이 공통의 자극에 충동적으로 반응할 때 발생한다.

- 전염이론 : 군중심리로 개인의 행동이 타인에 영향을 주어 동조하게 만들고 폭력적 성향이 전염되어 집단적 폭력행위로 이어진다는 이론이다.
- 수렴이론 : 군중 속 개인의 잠재적 본성이 익명성을 바탕으로 표출된다는 이론이며 비사회적·반사회적 기질이 표출된다.
- 규범생성이론 : 군중 속에서 개인의 차이와 군중의 이질성을 인정하는 것이다. 군중폭력 행위의 전염성과 모방성에 동조하지 않고 이성적으로 판단할 수 있다는 이론이다.
- 부가가치이론 : 집합행동이 발생한 장소와 시간 및 양식에 대하여 설명하려는 이론이다. 부가가치이론의 기본적 전제는 집합행동이 일어난 사회적 상황과 관련된 많은 발생요인들이 사건의 발생 이전에 나타나야 한다는 것이다.

12 코클리(J. Coakley)의 일탈적 과잉동조를 유발하는 스포츠 윤리규범 유형
- 인내규범 : 운동선수는 스포츠상황에서 발생하는 다양한 위험과 고통을 감내하고 경기에 임해야 한다.
- 도전규범(가능성규범) : 운동선수는 불가능은 없다는 긍정적인 마음가짐으로, 역경과 장애물을 극복하기 위해 도전해야 한다.
- 몰입규범 : 운동선수는 경기에 헌신하여야 한다.
- 구분짓기규범 : 운동선수는 다른 선수들보다 뛰어난 모습을 보이기 위하여 노력해야 한다.

추가해설

과잉동조란 규범의 무비판적 수용을 말한다. 과잉동조를 중단하는 것은 자신의 존재가치를 약화시키고 집단에서 낙오되는 결과를 초래한다. 한편으로 과잉동조는 지나친 경쟁상황을 무비판적으로 수용하고 동조하는 경향으로 발전되어 범죄행위로 이어질 수도 있다. 코클리(J. Coakley)가 제시한 일탈적 과잉동조를 유발하는 스포츠 윤리규범의 유형으로 인내규범, 도전규범, 몰입규범, 구분짓기규범이 있다.

13 〈보기〉는 스포츠의 노동이주 유형 중 유목민형에 해당된다. 최근 해외리그로 진출하는 한국선수는 해마다 증가하고 있으며 프로스포츠구단들은 전력증강의 수단으로 외국인선수 영입에 적극적인 자세를 보이고 있다. 그리고 현역선수뿐만 아니라 스포츠지도자들 역시 자신의 노동력을 상품화 할 수 있는 해외시장으로의 이적에 적극적으로 동참하고 있다. 이러한 현상은 스포츠세계화가 전 지구적 경제체제에 기반하고 있으며 이로 인해 국제스포츠 노동시장이 점점 유연해지고 있다는 것을 보여주고 있다.

14 상징적 상호작용론에서는 구조보다 행위자 개인의 역량을 높이 평가한다. 인간은 대상과 상황을 주관적으로 해석하고, 거기에 의미를 부여한다고 주장한다. 상징적 상호작용론의 한계점은 개인들의 일상적 상호작용에서부터 출발해서 사회를 설명하려고 하지만 전체 사회구조의 문제를 다루는 데까지는 나아가지 못했다.

15 스포츠사회화의 과정
- 스포츠로의 사회화 : 참가 그 자체를 뜻한다.
- 스포츠를 통한 사회화 : 스포츠 장면에서 학습된 기능, 특성, 가치, 태도, 지식, 성향 등이 다른 사회현상으로 전이 또는 일반화되는 과정이다.
- 스포츠로부터의 탈사회화 : 선수 은퇴를 의미한다.
- 스포츠 재사회화 : 스포츠 참가를 중단하고 스포츠의 장으로부터 이탈해 있던 비참가자가 새롭게 흥미를 느끼는 종목이나 포지션 및 타 지역에서 다시 스포츠 활동을 재개하게 되는 경우를 의미한다.

16 신자유주의 시대는 규칙에 기초한 자유 경쟁을 주장하며 자유 시장의 건전한 발전을 위해 법적 인프라, 게임의 규칙을 정비하는 데 중요성을 둔다. 프로스포츠의 이윤 극대화로 인해 빈익빈 부익부 현상이 증대되었으며, 서구스포츠가 전 세계적 스포츠문화 영역으로 확대될 가능성이 존재한다.

17
- 자본주의 이데올로기 : 경제적 가치를 중시하여 스포츠의 소비를 유도하는 보도를 한다.
- 젠더 이데올로기 : 여성선수의 외모를 더 부각시켜 성차별 이데올로기를 조장한다.

18 교육현장에서 스포츠의 역기능 중 하나로 일반학생의 참가기회 제한으로 엘리트 의식을 조장하는 것이 있다.

[추가해설]
스포츠의 교육적 순기능으로는 자기 가치와 개인 발달의 기회를 제공하고 긍정적 사회화 경험을 제공하는 것 등이 있다. 역기능으로는 지나친 경쟁심 조장으로 인한 정서불안과 스포츠 선수들의 수업 결손으로 인한 학업부진 등이 있다.

19 사회학습 이론은 코칭, 강화, 관찰 학습을 통해 사회화가 이루어진다고 본다.
- 역할 이론 : 개인이 사회구조 속에 처한 상황을 인식하여 자기 역할을 완전하게 수행하려고 시도하면서 사회화가 이루어진다.
- 준거집단 이론 : 타인이나 어떤 준거가 되는 집단의 행동, 감정, 태도 등을 자신의 준거 척도로 삼는다.
- 문화규범 이론 : 미디어가 스포츠를 보도하는 형태에 따라서 스포츠에 대한 태도가 바뀐다.

20 통신 및 전자매체의 발달로 인한 스포츠에서 미디어의 영향력
- 미디어는 스포츠과학 분야의 발전을 가속화시킨다.
- 미디어를 통한 운동기술 분석의 발달로 운동선수들의 전체적인 평균 기량이 향상된다.
- 미디어 기술과 스포츠 중계의 편집 기법 발달로 인하여 스포츠의 인기와 위상이 올라간다.

---

02 스포츠교육학

01	③	02	①	03	①	04	②	05	④
06	②	07	②	08	③	09	④	10	③
11	①	12	①	13	②	14	③	15	④
16	③	17	①	18	④	19	④	20	①

---

01 시덴탑(D. Siedentop)이 제시한 스포츠교육 모형의 6가지 핵심적인 특성
- 시즌 : 연습 기간, 시즌 전 시간, 정규시즌 기간, 최종경기를 포함한다.
- 팀 소속 : 시즌 동안 한 팀의 일원으로 참여한다.
- 공식경기 : 경기의 공정성과 더 나은 경기 참여를 위해 시즌을 조직하고 의사결정에 참여한다.
- 결승전 행사 : 시즌은 팀 경쟁, 개인 경쟁 등 다양한 형태로 마무리한다.
- 기록보존 : 경기수행에 대해 기록하고 분석한다.
- 축제화 : 결승전 행사 때 축제 분위기로 마무리한다.

02 ⓒ 교육과정과 연계하여 프로그램을 계획하고 개발한다.
ⓔ 학교체육시설, 지도 인력, 예산 등을 필수적으로 고려하여야 한다.

03 스포츠교육학의 태동에 관한 설명이다. 프랭클린 헨리를 필두로 체육학자들이 체육학을 연구하였고, 체육 학문화 운동을 통해 1964년 체육학이 독립된 학문으로 인정을 받았다.

04 위험한 상황이 예측되면 시작한 과제는 즉시 중단하고 안전성이 확보된 다음 체육활동이 진행되어야 한다.

05 **성장단계별 스포츠 프로그램의 목적**
- 유소년스포츠 : 유아와 아동의 신체적·인지적 발달 도모, 기본적인 사회관계 형성
- 청소년스포츠 : 운동기능 습득, 삶의 즐거움과 활력 찾기, 또래친구와의 여가활동 참여
- 성인스포츠 : 신체적 건강 유지, 사교, 흥미확대, 사회적 안정 추구

06 학습자의 성별, 연령, 환경적 요인 등 학습자의 개인차를 고려해서 학습단계를 결정하는 것은 발달 수준을 고려한 것이다.

추가해설
스포츠교육에서 학습자의 상태
학습자의 상태는 효율적인 학습을 위해 매우 중요하다. 학습자의 내적 요인으로는 기능수준, 체격 및 체력, 동기유발 수준, 감정 조절, 인지 능력 및 공감 능력 등을 들 수 있다.

07 선수가 수단과 방법을 가리지 않고 승리할 수 있도록 지도한다면 많은 문제점이 야기된다. 승리지상주의가 만연하고 일탈행동으로 인한 폭력행위, 약물복용, 부정행위, 범죄행위 등 다양한 부정적 일탈이 발생한다.

08 개별화지도 모형의 기본적인 설계는 각 학생들에게 수업 관리 정보, 과제 제시, 과제 구조, 수행기준과 오류분석이 포함된 학습활동 및 평가를 하나의 묶음으로 구성하여 수업자료들을 제공하는 것이다. 학습자들은 학습활동의 계열에 따라 각 단계에서 정해진 수행기준을 충족하면 다음 단계로 넘어가게 된다.

09 스포츠 지도를 위한 교수기법으로 학습자 관리 기술의 행동 수정 전략에 대한 설명이다.

행동 수정 전략
- 현재 수준에서 출발한다.
- 학습자 행동을 조금씩 변화시킨다.
- 학습자 행동을 단계적으로 변화시킨다.
- 적절한 행동에 대한 보상체계를 마련한다.
- 일관성을 유지한다.
- 수반되는 행동 수정의 결과를 명시한다.

10 **스포츠교육의 영역**
- 정의적 영역 : 감정이나 가치, 태도, 인성 등의 보이지 않는 것들이 포함된 영역이다.
- 인지적 영역 : 논리, 지식, 개념, 이론적 원리 등을 포함하는 영역이다.
- 심동적 영역 : 근육의 발달과 사용 그리고 신체의 운동을 조절하는 신체능력에 관한 인간행동을 포함하는 영역이다.

팀 게임 토너먼트(TGT)
- 1차 연습 후 팀별로 시험을 봐서 높은 점수 순으로 등수를 매긴다.
- 다른 팀에서 같은 등수인 학생의 점수와 비교하여 높은 점수를 얻은 학생에게 일정한 상점을 부여한다.
- 운동 기능이 낮은 학생도 자기 팀을 위해 무엇인가를 공헌할 수 있다는 자신감을 가질 수 있다.

추가해설
학생 팀 성취-배분(STAD)
- 모든 팀에게 동일한 학습 과제와 필요한 자원이 제공된다.
- 팀별로 연습한 후 평가를 통해 모든 팀원들의 점수가 합쳐져 팀 점수가 된다(1차 평가).
- 팀은 동일한 과제를 연습하는 2차 연습시간을 가지고, 2차 평가에서의 향상 점수에 따라 팀 점수가 부여된다.
- 모든 팀원들과 팀 점수는 1차 시험 때보다 높아야 한다.
- 개인별 점수는 발표되지 않고 팀 점수만 발표되므로, 팀 내 협동을 유발한다.

팀-보조 수업(TAI)
- 팀 선정 후 학생에게 수행기준과 학습과제가 제시된 목록을 제공한다.
- 팀원들은 혼자 또는 다른 팀원들의 도움을 받으면서 그 과제들을 연습하고, 학생이 수행기준에 따라 과제를 완수하면 다른 팀원이 과제 수행 여부를 체크한다.
- 팀 성적은 매주 각 팀들이 수행한 과제 수를 점수로 환산하거나, 개인별로 시험을 본 후 개인 점수를 합산하여 계산한다.

직소(Jigsaw)
- 자신의 팀에 할당된 과제를 익힌 후, 교사가 되어 다른 팀에게 그 내용을 가르쳐 준다.
- 각 팀에서 동일한 주제나 기술을 학습한 학생끼리 모여 전문가 집단을 구성하고, 자신들이 배운 내용을 공유한 후 원래 자신의 집단으로 돌아와 배운 것을 팀원에게 가르쳐 준다.

집단연구(GI)
- 팀이 학습 과정에 협동하고 학습 결과를 공유하는 데 사용된다.
- 팀은 3주안에 여러 가지 매체를 이용하여 과제를 완성해야 하고, 발표는 단체 프로젝트 형식으로 이루어진다.
- 집단연구가 시작되고 각 팀에게 단일점수가 주어지기 전에 루브릭 점수를 학생에게 제시하여 평가가 이루어진다.

11 **학교운동부지도자(「학교체육진흥법」 제12조 제2항)**
국가는 학교운동부지도자의 자질 향상 및 전문성 강화를 위하여 연수 교육 계획을 수립하고, 이를 실시하여야 한다. 이 경우 연수교육을 관련 단체에 위탁할 수 있다.

12 체육계 인권침해 및 스포츠비리 관련 명단 공개(「국민체육진흥법」 제12조의3 제1항)

문화체육관광부장관은 체육지도자 및 체육단체의 책임이 있는 자가 체육계 인권침해 및 스포츠비리와 관련하여 유죄판결이 확정되는 경우에는 운영위원회의 심의·의결을 거쳐 그 인적사항 및 비위 사실 등을 공개할 수 있다.

13 자기점검형 스타일은 학습자가 과제를 수행하고 스스로 평가한다는 특징이 있다. 교사는 교과내용, 평가기준, 수업 운영절차 등을 결정하며, 학습자는 과제를 독립적으로 수행하고 교사가 마련한 평가기준에 따라 자신의 과제수행을 점검하는 역할을 수행한다. 본 스타일의 의사결정에서 학습자는 많은 책임감을 갖게 되고 개인연습과 자기평가라는 두 측면을 강조한다.

14 전술게임모형에 따른 스포츠의 유형
- 필드형 : 넓은 공간에서 치고 달리기, 던지고 받기 등을 하면서 목표 지점으로 많이 돌아오는 횟수를 겨루는 경기이다(예 야구, 소프트볼, 티볼 등).
- 영역형 : 상대팀 영역을 침범하여 득점하거나 상대방 공격을 막아내는 경기이다(예 축구, 농구, 핸드볼 등).
- 네트형 : 네트를 사이에 두고 공격 또는 수비를 하는 경기이다(예 배드민턴, 테니스, 탁구 등).
- 표적형 : 표적을 맞추는 걸 중점으로 두는 스포츠로 경기 성적에서 정확도가 가장 중요한 스포츠이다(예 골프, 당구, 볼링 등).

15 수행평가는 실제 상황에서 요구되는 과제의 수행을 통해 학습자들의 능력을 측정하는 평가를 말한다. 학생들로 하여금 학습과제를 수행하도록 요구하고 그 과정과 결과를 통하여 보여 주는 지식, 기능, 태도를 관찰하고 판단하는 평가방식이다.

16 ① 교사와 학습자 모두 학습목표를 명확하게 인식하고 있어야 학습 효과가 높아지므로 학습목표는 구체적이고 분명하게 작성한다.
② 수업정리 단계에서는 학습한 내용을 요약, 정리하고 강화시킨다.
④ 과제의 내용, 단원의 맥락에 맞게 작성한다. 학습자가 부분적으로 이해하는 학습 내용을 전체적인 맥락에서 이해시킬 수 있게 한다.

17 과제전달을 위한 질문유형
- 회상형(회고형 질문) : 기억 수준의 질문이다.
- 확산형(분산형 질문) : 경험한 적 없는 문제 상황을 해결하는 데 필요한 질문이다.
- 가치형(가치적 질문) : 가치판단에 따른 선택, 태도 및 의견을 표현하는 질문이다.
- 수렴형(집중형 질문) : 경험했던 내용을 분석하고 통합하는 데 필요한 질문이다.

18 링크(J. Rink)의 학습과제 발달 단계
시작형 - 확장형 - 세련형 - 적용형 순서로 전개된다.

시작형(전달) 과제	기초적인 단계의 학습과제
확대형(확장) 과제	난이도와 복잡성이 추가된 학습과제
세련형(세련) 과제	기능의 질적 측면에 집중된 학습과제
적용형(응용) 과제	학습한 운동기능을 실제 상황에 활용할 수 있도록 제작한 학습과제

19 슐만(L. Shulman)의 7가지 교사 지식

내용 지식	교과 내용에 관한 지식
지도방법 지식	지도방법에 관한 지식
수업방법 지식 (내용교수법 지식)	특정 학생에게 특정 상황에서 특정 주제에 대한 지도 방법 지식
교육환경 지식	발달단계에 따른 내용 및 프로그램에 관한 지식
교육과정 지식	학급 규모와 같은 수업 환경에 영향을 미치는 지식
학습자 및 학습자특성 지식	학습자의 특성 및 개인차 등 수업에 영향을 미치는 학습자에 관한 지식
교육목적 지식	교육시스템 및 구조에 관한 지식

20 평가 기준
- 절대평가(준거지향평가) : 학생들의 교과별 학업성취도를 평가할 때 집단 내의 다른 학생들의 성취 정도와 비교하여 평가하는 것이 아니라 사전에 설정된 교수학습목표를 준거로 하여 그 목표의 달성도를 평가하는 방식이다.
- 상대평가(규준지향평가) : 교육성취도를 평가할 때 집단 내의 상대적인 서열을 중심으로 이루어지는 평가 방식으로서 선발, 분류, 배치 상황에서 유용하게 사용된다.
- 자기지향평가 : 개인이 자기 자신의 행동을 평가한다.

01	④	02	④	03	①	04	②	05	①
06	③	07	④	08	③	09	②	10	①
11	③	12	①	13	②	14	②	15	③
16	②	17	④	18	③	19	④	20	①

01 달리기, 스포츠클럽 활동, 태권도 수련은 스포츠와 운동의 참여에 해당한다. 그러나 수영에 대한 자신감은 스포츠와 운동의 참여에 해당되는 것이 아니라 내적 심리적 요인이고, 수영 학습은 개인의 심리적 발달이 아니라 기능적인 측면에 해당된다.

02 보강적 피드백
외부로부터 제공되는 정보를 의미하며, 학습자의 기술수행을 위한 동기를 유발시키는 것에 목표를 둔다. 보강적 피드백 중 결과지식은 동작의 결과에 대한 정보를 학습자에게 제공하는 것이며 수행지식은 동작의 유형에 대한 정보를 학습자에게 제공하는 것이다.

03 주의 유형은 폭과 방향으로 구성된다. 나이데퍼(R. Nideffer)는 주의 유형을 광의-외적, 광의-내적, 협의-내적, 협의-외적의 4가지 유형으로 설명했다.

광의-외적 유형	상황을 재빠르게 평가함
광의-내적 유형	분석하고 계획함
협의-내적 유형	수행에 대한 정신적 연습 및 정서를 조절함
협의-외적 유형	하나 또는 두 개의 단서에 전적으로 주의 집중함

04 아이젠(I. Ajzen)의 계획된 행동이론(Theory of Planned Behavior)
• 의도는 행동을 예측하는 변인이다.
• 행동에 대한 태도는 의도에 영향을 미친다.
• 주관적 규범은 의도에 영향을 미친다.
• 행동통제 인식은 운동을 하겠다는 의도에 영향을 주기도 하지만 행동의 실천 여부에 직접 영향을 준다.

05 매일 규칙적인 훈련과 운동 기술 습득이 누적되어야만 기능이 향상되듯이 스포츠심리기술 훈련 또한 단시간에 즉각적 효과를 볼 수 있는 있는 것이 아니라 장기간에 걸친 체계적 훈련이 뒷받침 되어야 한다.

06 캐런(A. V. Carron)의 팀 응집력 결정요인

개인의 요인	개인의 성향, 만족, 개인차
리더십 요인	지도자 행동, 리더십 유형, 코치-선수 대인관계, 코치-팀 관계
환경적 요인	계약 책임, 조직의 성향
팀 요인	집단과제, 집단의 성과규범, 성취욕망, 팀의 능력, 집단의 지향성, 팀의 안정성

07 인지평가이론은 인간이 유능성과 자결성을 느끼려는 본능적인 욕구를 갖고 있다고 전제한다. 개인의 유능성과 자결성을 높여주는 활동이나 사건이 개인의 내적동기를 증가시킨다고 보는 것이다. 이러한 내적동기에 영향을 미치는 것으로 유능성 요구, 자율성 요구, 관계성 요구가 있는데 이 세 가지 요구가 충족되면 내적 동기가 높아진다.

추가해설
• 유능성 요구 : 환경에서 효과적으로 기능을 발휘하려는 능력에 대한 요구
• 자율성 요구 : 자신의 소망에 따라 독립적으로 행위를 결정하려는 요구
• 관계성 요구 : 다른 사람과 긴밀한 정서적 유대와 애착을 형성하고 그에 따라 사랑과 존중을 받으려는 요구

08 정보처리 단계
• 감각, 지각 단계 : 정보 자극을 받아들여 그 정보의 내용을 분석하고 의미를 부여하는 과정이다.
• 반응선택 단계 : 자극에 대한 확인이 완료된 후 자극에 대하여 어떻게 반응할지 결정하는 단계이다.
• 반응실행 단계 : 실제로 움직임을 생성하기 위하여 운동 체계를 조직하는 단계이다.

09 구체적이고 실현 가능한 목표를 설정하는 것은 행동수정 중재전략이 아니라 인지전략에 해당한다.

인지 전략
- 목표 설정 : 구체적이고 측정가능하며 현실적이고 약간 어려운 목표를 설정한다는 원칙을 지켜야 한다.
- 내적 집중과 외적 집중 : 운동 중에 몸에서 나타나는 반응보다는 외부의 환경에 신경 쓰는 것이 피로감을 줄이는 데 더욱 효과적이다.
  - 내적 집중 : 근육, 심장, 호흡 등 신체 내부로부터의 피드백 정보에 주의를 기울임
  - 외적 집중 : 외부환경의 정보, 주변 경관을 구경하거나 음악을 듣는 것처럼 외부환경에 주의를 기울임

10 **자기결정성 이론 – 외적동기**

확인규제	운동 자체가 목표가 아닌 건강 증진이나 다이어트 같은 자기가 설정한 목표 달성을 위해 스포츠 활동에 참여
의무감 규제	외적동기요인이 내면화되어 죄책감, 불안 같은 압력으로 스포츠 활동에 참여
외적규제	외적보상을 받으려는 욕구가 활동의 원동력이며, 외적 보상을 얻기 위해 스포츠 활동에 참여

11 **성취목표성향 이론**
- 자기목표성향 : 비교의 준거가 타인이 되는 것이다. 즉, 능력 우월감이나 성취감을 느끼기 위해서는 남보다 더 잘해야 하며, 동일하게 잘했을 경우는 남보다 노력을 덜해야 한다는 의미이다.
- 과제목표성향 : 비교의 준거가 자신이 되는 것으로, 기술의 향상되었거나 노력을 많이 했으면 유능한 느낌이 들고 성공했다고 생각한다.

12 ② 부분화 : 운동 과제에 포함되는 하위 요소를 하나 또는 둘 이상으로 분리하여 각각 연습하는 방법이다.
③ 분산연습 : 휴식시간이 연습시간보다 상대적으로 긴 경우를 말한다.
④ 집중연습 : 연습시간이 휴식시간보다 상대적으로 긴 경우를 말한다.

13 ① SCQ(Sport Cohesion Questionnaire) : 스포츠 응집력 검사지
③ CSAI-2(Competitive State Anxiety Inventory-2) : 경쟁상태불안 검사지
④ 16PF(Cattell's Sixteen Personality Factor Questionnaire) : 성격요인 검사지

14 **운동발달의 단계**
반사운동 단계 → (초기움직임 단계) → (기본움직임 단계) → 스포츠 기술 단계 → (성장과 세련 단계) → 최고수행 단계 → 퇴보 단계

15 **와인버그(R. S. Weinberg)와 굴드(D. Gould)의 바람직한 처벌 행동 지침**
- 사람이 아니라 행동을 처벌한다.
- 동일한 규칙위반에 대해 누구에게나 동일하게 처벌한다.
- 규칙 위반에 관한 처벌 규정을 만들 때 선수의 의견을 반영한다.
- 신체활동을 처벌로 이용하지 않는다.
- 개인적인 감정으로 처벌하지 않는다.
- 전체 선수나 학생 앞에서 개인 선수에게 창피를 주지 않는다.
- 처벌이 필요할 때에는 단호함을 보여야 한다.

16 관심집중(관심 보여주기) : 내담자를 계속 관찰하는 것은 오히려 신뢰감을 떨어뜨리고 불쾌감을 줄 수 있다. 관심집중을 위해서는 내담자 향해 앉기, 개방적 자세, 적절한 눈 맞춤, 편안한 몸짓과 표정 등이 필요하다.

스포츠심리상담 기법
- 라포 : 내담자와 상담자 사이의 공감적(상호신뢰) 관계
- 경청 : 상담자가 내담자의 언어적·비언어적 메시지를 듣는 과정
- 관심 보여주기 : 내담자 향해 앉기, 개방적 자세, 적절한 눈 맞춤, 편안한 몸짓과 표정 등
- 신뢰 형성 기술 : 적절한 고개 끄덕임, 적절한 반응, 관심어린 질문 등

17 운동발달 상황에서 공통적으로 나타나는 행동은 계통발생적 운동행동이라고 한다.

- 계통발생적 행동 : 예측가능한 경향으로 자동적으로 이루어지는 것으로 다양한 요인과의 상호작용 결과를 발생하는 운동행동이다.
- 개체발생적 행동 : 환경적 요인에 영향을 받아 학습 과정을 통해 획득되는 운동행동이다.

18 무관심, 관심, 준비, 실천, 유지의 5단계로 이루어지는 변화단계이론에 대한 설명이다.

추가해설

운동행동이론

- **계획행동이론** : 행동에 대한 태도와 주관적 규범은 행동에 간접적인 영향을 주지만, 행동통제 인식은 의도뿐만 아니라 행동에 직접 영향을 준다. 운동 방해 요인을 극복하고 계획한 운동을 통제할 수 있다는 생각은 운동의 지속적 실천에 꼭 필요하다.
- **건강신념모형** : 가장 널리 사용되어 온 건강행위의 개념적 모델 중의 하나로, 건강행위의 변화와 유지를 설명하고 건강행위에 개입하기 위한 틀로서 이용된다. 예방목적의 건강행동의 실천 여부는 누구나 질병에 걸릴 수 있고 한 번 걸리면 위험하다는 인식에 의해 결정된다. 또한 건강행동을 실천했을 때 예상되는 긍정적인 혜택이 어느 정도인가에 대한 생각도 영향을 미친다.
- **합리적 행동이론** : 행동에 대한 태도는 특정 행동의 실천 결과에 대한 신념과 결과에 대한 평가에 영향을 받는다. 주관적 규범은 타인의 기대에 대한 인식과 기대에 부응하려는 동기에 영향을 받는다.

19 최적수행지역이론

선수들의 상태불안 수준의 개인차가 매우 크며, 최고의 수행을 발휘하는 데 있어서 특정한 불안 수준이 필요한 것이 아니라 자신만의 고유한 불안 수준이 있다는 이론이다. 최고 수행은 한 점이 아닌 범위로 표시된다.

20 사회적 태만은 혼자일 때보다 집단에 속해 있을 때 더 게을러지는 현상이다. 사회적 태만을 방지하는 방법으로 누가 얼마나 노력했는지를 확인할 수 있도록 해야 한다. 그리고 팀 내의 상호작용을 촉진시켜 개인의 책임감을 높여야 한다. 또한, 목표설정을 할 때 집단 목표와 개인 목표를 모두 설정한다.

04 한국체육사

01	②	02	①	03	②	04	④	05	③
06	①	07	②	08	②	09	③	10	④
11	①	12	④	13	①	14	①	15	④
16	③	17	④	18	③	19	②	20	③

01 ② 전통체육은 갑오개혁(갑오경장) 이전의 체육을 말한다. 고대체육은 부족국가·삼국시대의 체육을 말한다.
③ 나현성은 『한국체육사』에서 우리 체육의 전 과정을 갑오개혁(갑오경장) 이전과 이후로 구분하였다. 전통체육은 갑오개혁 이전의 무예를 중심으로 하는 체육을 말한다. 갑오개혁 이후는 교육입국조서를 중심으로 하는 근대체육이라 칭했다.

02 일반적으로 사료란 문헌에 나온 기록을 의미한다. 고구려 무용총 수렵도는 고구려인들의 역동적인 사냥의 모습을 묘사한 벽화이다. 여기저기 뛰어 다니는 사슴과 호랑이, 말달리며 이를 맞히려는 고구려 사람들의 모습이 인상적이고, 특히 산의 역동적인 묘사라든지 호랑이가 사슴보다 작게 그려진 모습이 특이하다.

03 저포는 여러 사람이 모여 즐기던 놀이 중 하나로 윷놀이의 형태로 지금까지 행해진다. 나무로 만든 막대기를 던져서 승부를 겨루는 놀이로 제천의식과 관련된 대표적인 민속놀이였다.

04 화랑도는 원광의 '세속오계'를 바탕으로 충성하고 보국할 수 있는 문무겸비의 인재를 양성하였다.

추가해설

세속오계

사군이충	충성으로 임금을 섬김
사친이효	효심으로 부모를 섬김
교우이신	신의를 바탕으로 벗을 사귐
임전무퇴	전쟁에 임할 때는 후퇴를 삼가함
살생유택	생명체를 함부로 죽이지 않음

05 ① 석전(石戰) : 변전, 편전, 편쌈이라고도 한다. 마을의 돌팔매겨루기로 전쟁에 대비하는 전투적 유희라고 할 수 있다.
② 마상재(馬上才) : 말 위에서 여러 동작을 보이는 것으로 곡마, 말놀음, 말광대라고도 하였다.
④ 수박(手搏) : 맨손과 발을 이용한 격투 기술이다.

06 ② 대빙재 : 국자감에 설치한 7재 중 하나로 상서를 가르치던 곳이다.
③ 경덕재 : 국자감에 설치한 7재 중 하나로 모시를 가르치던 곳이다.
④ 양정재 : 국자감에 설치한 7재 중 하나로 춘추를 가르치던 곳이다.

추가해설

국자감

고려시대 국립교육기관으로 7재 즉, 7개의 전문 강좌를 설치하였다. 7재는 주역을 공부하는 여택재, 상서를 공부하는 대빙재, 모시를 공부하는 경덕재, 주례를 공부하는 구인재, 대례를 공부하는 복응재, 춘추를 공부하는 영정재, 무학을 공부하는 강예재로 구성되었다. 고려시대에는 무과가 없었기 때문에 무학을 따로 교육하는 강예재가 있다는 점이 특이사항이다.

07 고려시대의 격구는 서양의 폴로 경기와 유사하며, 말을 타고 채를 이용하여 공을 치는 경기이다. 귀족들 사이에서 성행한 대표적인 귀족사회의 오락 및 여가활동으로써 군사훈련의 수단으로도 사용되었다.

08 • 격구 : 말을 탄 채 숟가락처럼 생긴 막대기로 공을 쳐서 상대방 문에 넣는 놀이이다.
• 궁술 : 활을 사용하여 화살로 목표물을 맞히는 기술 또는 무술을 통칭하여 부르는 말이다.
• 방응 : 매사냥을 뜻한다.

09 사정은 무예교육기관이다. 훈련원이 공식기관이라면 사정은 비공식적 교육기관이다. 각 지역에서 무사 양성 기능을 담당하였고, 병장기 사용법, 기마술, 궁술 등 교육을 실시하였다. 병서 강습은 훈련원에서 진행하였다. 훈련원은 공식적인 교육기관으로 군사의 무재를 시험하고 무예를 훈련시켰다. 또한 병요, 무경칠서, 통감, 박의진법 등 병서를 강습하였다.

10 조선시대 줄다리기는 대보름날에 많은 사람이 두 편으로 나뉘어 줄을 마주 잡아당겨 승부를 겨루는 성인남녀놀이이자 경기놀이였다. 삭전(索戰)·조리지희(照里之戱)·갈전(葛戰)이라고도 하며, 조선시대 민속스포츠로 단결력을 강조하는 형태의 놀이였다.

11 이화학당은 선교단체 교육기관으로 여성들을 위한 최초의 근대식 학교이며, 메리 스크랜턴이 설립하였다.
• 배제학당 : 아펜젤러(H. Appenzeller)가 설립한 학교로 각종 서구 스포츠를 도입했다.
• 오산학교 : 이승훈이 설립한 학교로 민족정신의 고취와 체력단련을 위해 체육을 강조했다.
• 원산학사 : 최초의 근대 학교로 교과과정에 전통무예를 포함시켰고, 무사 양성을 위한 무예반을 개설했다.

12 필립 질레트(P. Gillett)
미국인 선교사로 1903년 황성기독교청년회의 초대 총무를 역임하였다. 우리나라에 최초로 야구와 농구를 소개하였다. 개화기 YMCA를 통해서 우리나라 근대스포츠의 발달에 큰 역할을 담당했다.

13 ① 조선체육협회 : 일제강점기 시대인 1919년에 일본인이 만든 체육단체이다.
② 대한체육구락부 : 우리나라 근대적 체육단체로, 삼선평 등에서 축구 등 근대 스포츠를 보급하고 지도했다.
③ 대한국민체육회 : 근대체육의 선구자 노백린이 설립한 단체로 덕육

및 지육에 치우친 교육의 문제점과 병식체조 일부에 국한된 학교체육 비판하고 올바른 국민교육의 일환으로 체육의 중요성 역설했다.
④ 대한흥학회운동부 : 일본 유학생 단체를 모태로 1909년 도쿄에서 결정된 단체로 모국에 새로운 스포츠를 보급하고 체육계를 계몽하는 데 힘썼다.

14 ① 서상천은 조선체력증진법연구회를 설립하고, 전국의 역도 보급에 앞장섰다.
② 백용기는 조선 말 관료로, 빈민 구제에 앞장 선 인물이다.
③ 이원용은 오성학교와 중앙기독청년회 영어반 출신의 야구선수로서 활약하였으며 일제강점기 조선체육회 초대이사, 전조선야구대회 심판으로 활동한 체육인이다.
④ 유억겸은 일제강점기 시대에 연희전문학교 교수, 조선체육회 회장 등을 역임한 인물이다.

15 한국 최초의 운동회인 화류회는 1896년 5월 2일 삼선평에서 영어학교가 개최하였다. 일제강점기는 1910년 8월부터 1945년 8월 15일 광복까지의 시기를 일컫는 말이다.

16 1925년 경성운동장 개장을 기념하기 위해 조선신궁경기대회를 개최한 단체는 조선체육협회이다. 〈보기〉에서 설명하는 단체는 조선체육회이다.

추가해설

조선체육회
1920년 조선의 체육을 지도, 장려하는 것을 목적으로 현 대한체육회의 전신인 조선체육회가 창립되었다. 민족주의 사상을 토대로 일본의 조선체육협회에 대응하기 위해 설립되었으며 첫 사업으로 제1회 전조선야구대회를 개최했다. 운동경기에 관한 연구 활동에 더불어 스포츠 보급의 일환으로 운동구점을 설치 및 운영하기도 했다. 1938년 일제에 의해 강제 해산되어 조선체육협회로 통합되었다가 광복 후 대한체육회로 부활했다.

17 광복 이후 남북의 체육 교류
• 남북통일축구대회(1990)
• 지바 세계탁구선수권대회, 포르투갈 세계청소년축구선수권대회에서 남북 단일팀 구성(1991)
• 남북통일농구대회, 남북노동자축구대회(1999)
• 남북통일탁구대회, 시드니 올림픽 공동 입장(2000)
• 아테네 올림픽 공동 입장(2004)
• 평창 동계올림픽 남북 공동 입장 및 여자아이스 하키 남북 단일팀 구성(2018)

18 ⊙ 제5회 생모리츠 동계올림픽(1948)
ⓒ 제24회 서울 하계올림픽(1988)
ⓒ 제27회 시드니 하계올림픽(2000)
② 제21회 몬트리올 하계올림픽에서 양정모(레슬링)가 우리나라 첫 올림픽 금메달 획득(1976)

19 손기정 선수는 1936년 제11회 독일 베를린 올림픽 마라톤 경기에서 2시간 29분 19초 2의 세계 신기록을 수립하며 우승했다. 하지만 일본 국적으로 대회에 출전했기에 일장기를 달고 기념사진을 찍었고 이후 동아일보 이길용 기자에 의해 일장기 말소사건이 발생했다.

20 〈보기〉의 내용은 전두환 정권의 스포츠 정책에 해당한다. 태릉선수촌은 박정희 정권 때 건립되었다. 1964년 제18회 도쿄 올림픽 이후 대한체육회는 우수선수의 지속적인 강화훈련을 위해 서울 공릉동에 건물을 짓고 1966년에 태릉선수촌 준공식을 가졌다.

05 운동생리학

01	④	02	③	03	①	04	②	05	②
06	②	07	①	08	③	09	②	10	④
11	①	12	④	13	①	14	①	15	④
16	③	17	②	18	④	19	①	20	④

01 ⊙ · ⓒ 체성신경제는 대뇌의 지시를 받아 의식적인(수의적) 운동을 하는 운동신경계와 외부 자극 등을 받아들이는 감각신경계로 이루어져 있다. 운동신경계는 원심성의 신경계이고, 감각신경은 구심성의 신경계이다.
ⓒ · ② 걷기와 같은 저강도 운동 중에는 주로 유산소성 대사 능력이 높은 지근섬유(Type I)가 동원되며, 전력 질주와 같은 고강도 운동 중에는 주로 무산소성 대사 능력이 높은 속근섬유(Type II)가 동원된다.

02 호흡교환율(RER)은 분당 소비된 산소량에 대해 분당 배출된 이산화탄소량의 비율을 의미한다.

[추가해설]

• 직접 열량 측정법 : 열 생산을 측정해 사람의 대사율을 측정한다(열발생량 + 열손실량).
• 간접 열량 측정법 : 섭취한 산소와 배출한 이산화탄소를 측정하여 에너지소비량을 추정한다.

03 관상동맥은 대동맥에서 분지하여 심장근육에 혈액을 공급하는 혈관이다. 대동맥 반월판 위에서 분지하여 여러 소동맥으로 갈라져서 심장근육을 감싸고 있다.

04 ① 고지대에서는 혈중 CO_2 농도와, 폐환기량, 호흡교환율이 증가한다.
② 고지에서 최대 운동 시 1회 심박출량은 변화하지 않는다. 반면 최대 심박출량은 감소하며, 최대산소섭취량 또한 감소한다.
③ 산소분압은 대기압력과 공기 속의 산소의 농도에 좌우된다. 고지대에서는 폐포의 산소분압이 내려가므로 폐를 지나가는 헤모글로빈은 감소한다.
④ 고지에서는 공기의 밀도와 저항이 감소하기 때문에 무산소 운동능력은 증가하고, 유산소 운동능력이 감소한다.

05 유산소 트레이닝 시 사용되는 근육은 지근섬유(Type I)이다. 따라서 지근섬유의 크기가 증가한다.

06 호흡기의 전도영역은 상기도부터 종말세기관지까지로, 공기의 통로역할만을 하며 가스교환은 일어나지 않는다. 호흡기의 호흡영역은 폐와 폐를 구성하는 폐포를 말한다. 과립 폐포 세포에서는 표면활성제(Surfactant)가 분비되어 폐포의 표면장력을 감소시키며 폐포의 붕괴를 방지한다. 또한 폐포는 호흡가스의 확산을 증가시켜 폐에서의 가스교환이 원활히 일어나도록 한다.

[추가해설]

비 강	흡식 공기를 따뜻하고 습기가 풍부하게 하며, 이물질 제거의 기능을 함
인 두	호흡기계와 소화기계의 공동통로
후 두	음식이나 삼킨 이물질이 호흡기 내로 유입되는 것을 방지
기 관	기침과 함께 폐에 불순물이나 흡입된 먼지를 내보내는 청소기능

07 ⓒ 유산소 시스템 : 미토콘드리아 내에서 크렙스회로와 전자전달계를 통해 ATP를 합성한다.

ⓔ 무산소 해당 시스템 : 산소가 불충분할 때 수소이온(H^+)과 피루브산(Pyruvate)이 결합하여 젖산을 형성한다.

ⓜ ATP-PCr 시스템 : 세포 내 ADP 또는 Pi의 농도가 증가할 때 크레아틴키나아제(CK)를 활성화시켜 ATP를 합성한다.

추가해설

무산소(Anaerobic) 과정		유산소 (Aerobic) 과정
ATP-PCr 시스템(인원질 과정)	무산소 해당 시스템(젖산 시스템)	유산소 시스템
• 크레아틴 인산(PC)으로 인한 ATP 생산 • 에너지는 빠르게 끌어나는 반면, 소모시간이 짧음 • 10초 이내의 ATP 에너지를 생산 예 역도, 100m 달리기, 투포환, 멀리 뛰기	• 글리코겐(탄수화물) 또는 글루코스 분해로 인한 ATP 생산 • 근육 사용이 10초가 넘어가게 되면 젖산 시스템으로 ATP에너지를 생산 예 400m·800m 중거리 달리기, 50m 수영	• 혈액으로부터 활동 근육의 산소를 공급받아 ATP 생산 • 운동이 약 40~60초 이상 지속될 때 ATP 에너지를 생산 • 글리코겐과 지방을 에너지원으로 삼아 운동 시간제한이 없고, ATP를 무한적 생산해 낼 수 있는 시스템 예 800m 수영, 마라톤

08 혈중 칼슘조절호르몬은 칼시토닌과 부갑상선호르몬이다. 칼시토닌은 갑상선 세포에서 생성되며, 뼈 파괴를 늦춰 혈중 칼슘 수치를 낮춘다. 부갑상선호르몬은 뼈에서 혈중으로 칼슘이 배출되도록 자극한다.

09 ① 근섬유는 하나의 세포 안에 여러 개의 핵이 들어있는 다핵성세포로 구성된다.

③ 근섬유는 근세포라 불리며, 수많은 근원섬유로 이루어져 있다.

④ 근섬유와 기저막 사이에 위성세포가 존재한다.

10 ① 단축성 수축은 동적 수축이며, 수축 속도가 빠를수록 최대파워(근력)는 감소한다. 이는 근육이 급격하게 짧아지면서 근육 내부에서 큰 점성저항이 발생하여 힘의 일부가 상쇄되기 때문이다.

② 단축성 수축은 근절의 길이가 짧아지는 수축이며, 근절의 길이가 최소일 때 최대 힘은 감소한다.

③ 신장성 수축은 동적 수축이며, 수축 속도가 빠를수록 최대 힘이 생성된다.

추가해설

근육의 수축 형태

정적 수축	등척성 수축	근섬유의 길이 변화·관절각의 변화 없이 힘이 발생함
동적 수축	등장성 수축	신장성 수축(원심성 수축) : 근육이 늘어나 외부 힘의 작용에 저항하는 수축. 물건을 내려놓는 경우와 같이 근육을 잡아당기면서 장력을 냄
		단축성 수축(구심성 수축) : 근육이 부하보다 큰 장력을 일으켜 근육이 수축하면서 짧아짐. 장력이 발생하는 방향과 같은 방향으로 근수축됨
	등속성 수축	속도가 일정한 상태에서 최대의 장력을 발휘. 재활치료에 효과적임

11 ㉠ P파의 지속시간은 심방을 통한 전도속도와 관련이 있는데, 전도속도가 감소하면 P파는 넓어진다.

ⓒ QRS복합파는 심실의 수축(탈분극)을 의미하는데 QRS복합파의 숫자를 합하여 심박수를 측정할 수 있다.

ⓜ ST분절은 QRS파장과 T파장 사이에 위치하며, 심실의 수축(탈분극) 종료부터 심근 휴지기(재분극)의 시작을 의미한다.

12 성장호르몬은 뇌하수체 전엽에서 만들어진다.

13 산소 분압이 증가하였다는 의미는 산소의 양이 많다는 의미이므로 환기량을 증가시킬 필요가 없다. 경동맥체와 대동맥체는 동맥의 산소 분압을 감지하여 산소 분압이 감소한 경우 이를 호흡중추로 전달하여 환기량을 증가시킨다.

14 ② 탈분극 : Na^+이 세포 밖에서 안으로 유입되면서 양전하가 세포 내에서 증가하는 현상

③ 재분극 : 활동 전위 형성 부분의 나트륨 이온 통로가 닫히고, 칼륨 이온 통로가 열려 안정 시 막전위를 회복하는 과정

15 신경근 접합부(Neuromuscular Junction)
운동신경 말단에서 골격근섬유에 접속하고, 신경의 흥분을 근섬유의 막으로 전달하기 위한 특수한 구조를 말하는 시냅스의 일종이다. 흥분된 신경섬유의 축삭말단(Axon Terminals)에서 시냅스간극(Synaptic Cleft)을 통과하여 운동종판에 있는 수용체(Receptors)와 결합한다. 이 결합이 운동종판의 전위변동을 일으켜 활동전위가 전파되며, 이것이 근육섬유의 수축을 일으킨다.

16 ① 복사(Radiation) : 신체와 그 주위에 있는 물체 사이에서 서로 적외선의 형태로 열을 주고받는 현상을 뜻한다. 체표면과 어떤 물체가 접하지 않고도 체열이 손실되며 전체 체열 손실의 50~60%를 차지한다.
② 대류(Convection) : 공기나 액체분자의 운동에 의해 열이 이동하는 것이다.
③ 증발(Evaporation) : 열손실의 기전 중 땀이나 호흡을 통하여 체열을 손실시키는 기전은 증발(수분의 기화에 따른 열흡수)이다. 증발은 대기조건과 노출된 피부 표면적의 영향을 받는다. 물 1g이 증발할 때는 기화열로서 0.58kcal의 열이 방출된다.
④ 전도(Conduction) : 신체표면과 접촉된 물체 사이에서 열이 이동하는 것을 뜻한다.

17 ① 열사병 : 지나친 체온 증가에 의해 체온조절 기전이 작동하지 못하는 상태를 뜻한다.
② 열탈진 : 운동 중 수분 상실과 무기질 상실로 혈액량이 감소할 경우 발생한다. 일사병이라고도 하며 방치할 경우 열사병으로 진행된다.
③ 열순응 : 열에 대한 내성이 증가하는 생리적 적응 현상을 뜻한다.
④ 저나트륨혈증 : 혈액의 나트륨 농도가 낮아진 경우로 몸에 수분이 과다할 경우 발생한다.

18 ⑩(수용기) → ㉠(구심신경·감각신경) → ㉣(중추신경계) → ㉡(원심신경·운동신경) → ㉢(근육)

19 Type Ⅰ 근섬유는 유산소 트레이닝을 할 경우 증가한다.

20 부교감신경계가 활성화 될 경우 심박수가 감소한다. 교감신경계가 활성화되어야 심박수가 증가한다.

---

06 운동역학

01	②	02	①	03	③	04	②	05	③
06	②	07	②	08	④	09	③	10	②
11	①	12	②	13	①	14	②	15	①
16	①	17	④	18	②	19	①	20	③

01 운동불안 완화는 스포츠심리학에서 다루는 영역이다. 운동역학의 연구 목적은 동작의 효율적 수행을 통하여 운동 기술을 향상시키고, 동작 수행 시 상해의 원인을 규명하고 예방하여 안전성 향상을 도모하는 것이다. 또한 위의 두 가지를 고려하여 과학적인 스포츠 장비를 개발한다.

02 복장뼈(Sternum)는 척추(Spine)보다 앞쪽(Anterior)에 있다.

03 복합운동은 병진운동과 회전운동이 혼합된 운동이다.
• 병진운동 : 질점계의 모든 질점이 똑같은 변위로 평행 이동하는 운동이다. 직선운동과 곡선운동으로 구분된다.
• 회전운동 : 물체가 하나의 축을 중심으로 원을 그리면서 회전하는 운동이다. 회전축을 벗어나 작용한 힘은 회전력을 발생시키고 이 회전력은 회전운동을 일으킨다. 인체 운동에서 대부분의 관절운동은 이러한 회전운동으로 이루어진다.

04 ① kg은 질량의 단위이다.
③ 무게중심이란 이러한 중력에 의해 작용하는 회전력의 합이 0이 되는 지점을 말한다. 무게중심은 인체 외부에 위치하기도 하는데 주로 몸을 휘게 하는 움직임일 경우 그러하다.
④ 질량은 인체뿐만이 아니라 모든 물체에 존재하고 있는 불변의 물리량이다.

05 ① 안정성에 영향을 주는 요인으로는 기저면의 크기, 중심의 높이, 수직중심선의 위치 등이 있다.
③ 안정성은 인체나 물체의 무게 중심 높이와 반비례한다. 무게중심이 높으면 안정성이 떨어지고 무게중심이 낮으면 안정성이 높아진다.

06 지레의 종류
- 1종 지레(힘점-받침점-작용점) : 축(받침점)이 힘점과 작용점(저항점) 사이에 위치한다(예 목관절 신전).
- 2종 지레(받침점-작용점-힘점) : 축(받침점)이 있고 그 다음에 작용점(저항점)과 힘점이 위치한다(예 발뒤꿈치 들고 서기).
- 3종 지레(받침점-힘점-작용점) : 축(받침점), 힘점, 작용점(저항점)의 순으로 위치하며, 운동의 범위와 속도 면에서 유리하다(예 팔꿈치 굴곡).

07 마그누스 효과는 유체 속을 회전하며 움직이는 공이 운동 방향의 수직으로 힘을 받아서 경로가 휘는 현상을 말한다. 마그누스 효과가 생기는 이유는 공기의 흐름 때문이다. 시계 방향으로 회전하는 공이 오른쪽으로 날아가는 경우, 움직이는 공과 공기의 충돌에 의해서 공의 이동 방향과 반대되는 방향인 왼쪽에서 공기의 흐름이 생기게 된다. 이때 공이 회전하기 때문에 공의 표면에 아주 가까이 있는 공기는 공과 같은 시계 방향으로 움직이게 되는데, 공의 위쪽에서는 공에 가까운 공기와 주변의 기류가 서로 반대 방향으로 이동하게 된다. 그래서 위쪽의 공기는 상대적으로 느린 공기를 갖게 된다. 반대로 아래쪽에서는 공에 가까운 공기와 주변의 기류가 서로 같은 방향으로 이동하므로 상대적으로 빠른 이동 속도를 갖게 된다. 여기에서 베이누스의 법칙이 적용된다. 베이누스의 법칙에 의하면, 유체(액체 혹은 기체)에서 물체의 속도가 증가하면 그 물체가 유체로 받는 압력이 감소하고, 반대로 물체의 속도가 감소하면 그 압력이 증가한다. 이 원리에 의해서 상대적으로 빠른 속도를 갖게 된 공의 아래쪽 부분의 압력은 감소하고, 상대적으로 느린 속도를 갖게 된 공의 위쪽 압력은 증가하게 된다. 이러한 공의 위쪽과 아래쪽의 압력 차이가 양력을 발생시켜서 공을 압력이 높은 곳에서 낮은 곳으로 이동시키고, 이 때 발생하는 힘을 마그누스 힘이라고 한다. 그래서 이 경우에는 공이 회전 방향인 아래쪽으로 휘게 된다. 이러한 마그누스 효과는 물체의 회전 방향에 따라서 어느 방향으로도 작용할 수 있다.

08 최대 평균가속도는 1초와 3초 사이에 나타난다.

(추가해설)
평균가속도
- 평균가속도 = $\dfrac{\text{최종속도} - \text{처음속도}}{\text{운동시간}}$
- 물체의 최종속도와 처음속도의 차이를 운동시간으로 나눈 값이다.
- 구간 벡터로서 방향과 크기를 가진다.

09
- 평균속력은 이동한 거리의 $\triangle d$를 시간 변화량 $\triangle t$으로 나눈 값이다. 이동한 거리는 100m, 시간 변화량은 100초이므로 평균속력은 100m ÷ 100초 = 1m/s이다.
- 평균속도는 점 P(t)에서 점 P(t + $\triangle t$)로 움직인 변위의 변화율을 시간 변화량 $\triangle t$으로 나눈 값이다. 변위의 변화율은 0, 시간 변화량은 100초이므로 0m ÷ 100초 = 0m/s이다.

10 단축성 수축은 길이가 짧아짐에 따라 능동적으로 장력이 발생하는 것을 의미하며, 이 수축은 근육의 저항을 극복하기에 충분한 힘이 있을 때 발생한다. 단축성 수축은 중력 또는 저항에 반하는 움직임을 야기시키는 것으로 능동적 수축으로 설명할 수 있다. 근육에 의하여 발생된 힘은 저항보다 크다. 이는 근육의 힘의 방향으로 관절각이 변화되는 결과를 낳으며 신체가 중력 또는 외부의 힘에 반대로 움직이도록 한다. 단축성 수축은 신체 일부분의 움직임을 낮은 속도에서 높은 속도로 가속하도록 하는 데 이용된다.

11 마찰력은 물체가 다른 물체에 접촉하면서 운동을 할 때, 접촉면에 생기는 운동을 방해하는 반대방향의 힘이다. 마찰력은 저항력 또는 추진력으로 작용할 수 있다.

12 〈보기〉에서 설명하는 것은 뉴턴의 제2법칙으로 가속도의 법칙이다. 물체가 외부로부터 힘을 받으면 물체는 힘의 방향으로 가속되며, 이때 가속도의 크기는 힘에 비례하고 질량에 반비례한다.
예 자전거를 타고 페달을 강하게 밟을수록 자전거는 외력이 커져 가속되면서 앞으로 간다.

(추가해설)
- 뉴턴의 제1법칙(관성의 법칙) : 물체가 외부로부터 받는 힘의 합이 0이면 현재 상태를 그대로 유지한다.
- 뉴턴의 제3법칙(작용과 반작용의 법칙) : 물체에 힘이 작용하면 언제나 크기가 같고 방향은 정반대인 반작용의 힘이 동시에 작용한다.
- 질량 보존의 법칙 : 어떠한 화학반응을 거쳐도 반응물질의 전체 질량과 생성물질의 전체 질량은 같다.

13 그래프의 면적은 힘 × 시간 = 충격량을 의미한다. 가와 나의 면적이 동일하다고 하였으므로 A 선수와 B 선수의 수직 충격량은 동일하다.

14 ① 관성모멘트의 크기는 물체의 질량이 회전축으로부터 멀리 분포될수록 증가한다.
③ 회전반경이 클수록 관성모멘트는 증가한다.
④ 외부에서 힘이 작용하지 않는다면 관성모멘트가 클수록 각속도는 작아진다.

(추가해설)
다이빙 선수가 전방으로 공중 회전하는 동작 중 사지를 쭉 편 레이아웃 자세보다 사지를 웅크린 턱 자세에서 회전수가 증가한다. 레이아웃 자세는 신체 질량이 회전축으로부터 멀리 분포되어 있어 회전반경과 관성모멘트가 커진다.

15 힘의 작용방향과 이동방향이 일치하기 때문에 힘과 거리를 곱한 값이 일의 단위가 된다. 1N × 1m = 1Joule

16 일률(Power)은 얼마나 빠르게 일을 수행하였는지를 의미한다. 단위시간에 수행한 일의 양을 Power 또는 일률이라고 한다. 스포츠에서는 순발력이라는 용어로 사용된다. 스포츠에서의 순발력은 짧은 시간에 폭발적으로 발현하는 힘을 말한다. 일률을 구하는 공식은 $P = \dfrac{F \times d}{t}$ (F는 힘, d는 거리, t는 시간)이므로

$$P = \frac{200N \times 5m}{10s} = 100 \ Watt$$

17 높은 곳에 있는 물체가 높이에 따라 갖게 되는 에너지를 위치에너지라고 한다. 위치에너지의 크기는 질량과 높이에 비례한다.

18 운동에너지와 위치에너지를 합하여 역학적 에너지라고 한다.
- 운동에너지 = $\dfrac{1}{2}mv^2$ (m = 질량, v = 속도)
- 위치에너지 = mgh(m = 질량, g = 중력가속도 ≒ 9.8m/s², h = 높이)
∴ ① = 2205J, ② = 3200J, ③ ≒ 2451J, ④ ≒ 2353J

19 ㉠ 영상분석, ㉡ 고니오미터(Goniometer) 각도 분석이 운동학적 분석 방법에 해당된다.
㉢ 스트레인 게이지 힘 분석, ㉣ 지면반력 분석은 운동역학적 분석방법에 해당된다.

20 제자리높이뛰기에서 무게중심의 3차원 위치좌표는 동작 분석의 방법으로 3차원 영상 분석을 통해 측정이 가능하다.

> **추가해설**
> 근전도의 측정은 전극이라는 전도체를 통해 이루어지며, 큰 근육이나 근육군의 활동을 분석하는 데 적절하며 운동역학의 연구 분야에서 많이 사용되고 있다. 근육의 활동 여부는 근전도의 관찰을 통한 정성적 분석과 신호의 역치 수준에 도달한 여부에 이용하는 정량적 분석으로 구분할 수 있다.

07 스포츠윤리

01	②	02	①	03	④	04	④	05	③
06	③	07	②	08	④	09	④	10	③
11	②	12	①	13	③	14	②	15	①
16	②	17	④	18	③	19	①	20	①

01 스포츠윤리의 목적은 스포츠인들의 도덕적 자율성을 함양시켜 스포츠에서 발생되는 도덕적 상황에 적용하는 것이다. 의도적 반칙을 행하지 않고 승리하는 것이 명예롭고 스포츠윤리적인 승리이다.

02 사실판단은 실제 사건과 현상에 대한 진술로 측정과 객관적 증거를 통하여 진위(참과 거짓)를 파악할 수 있는 것이다. 가치판단은 마땅히 그렇게 되어야 할 것을 지시하거나 어떤 기준·규범에 따르는 것으로 개인의 가치관에 따른 주관적 가치기준에 의해 내리는 판단이다.

03 페어플레이(Fairplay)
- 페어플레이는 보편적이며 고정적인 스포츠윤리이다.
- 규칙 준수, 상대 존중 등 근대적 시민의 도덕규범과 일치한다.
- 규칙의 준수로서 페어플레이는 행위에 대한 요구와 제재를 의미한다.
- 패자 앞에서 과도한 승리 세리모니를 하는 것은 규범으로서의 페어플레이를 위반한 것이다.
- 형식적 페어플레이는 문서로 명시되는 등 명확하게 제시된 규칙을 지키는 것이고 비형식적 페어플레이는 선수들 간의 상호존중, 공정한 가치태도 등을 말한다.

04 아레테(Arete)
- 사람이나 사물이 가지고 있는 본질적 탁월성을 의미한다.
- 노력, 과정, 탁월함을 중시하며 덕과 탁월성을 의미한다.
- 스포츠에서 아레테는 기능적 상태와 인격적 차원의 높은 수준을 추구하는 것이다.

> **추가해설**
> **아곤(Agon)과 아레테(Arete)의 차이점**
> - 아곤은 스포츠에서 목적달성, 경쟁의 승리 같은 결과에 초점을 맞춘 개념이다.
> - 아레테는 경쟁의 개념을 포함하면서, 스포츠에서 탁월성을 추구하는 것을 의미한다.
> - 스포츠에서 경쟁의 목적은 아곤적 요소와 아레테적 요소가 모두 내재되어 있지만, 아곤(승리 추구)보다는 아레테(탁월성 추구)를 더 고려해야 할 필요가 있다.

05 칸트의 의무론적 윤리설
- 칸트는 인간에게는 가장 세련된 권위인 실천이성(양심)이 존재한다고 주장했다.
- 정언명령은 인간이 지켜야 할 도덕 법칙이며 무조건 따라야 하는 명령을 말한다.
- 의무론적 도덕은 권위를 지니고 반드시 순종해야 한다.

06 배려윤리
여성의 도덕적 성향을 바탕으로 다른 사람에 대한 배려와 보살핌을 지향하는 윤리적 관점을 말한다. 배려윤리는 권리·의무·정의를 실현하는 것보다 다른 사람의 감정을 이해하고 공감하고 돕는 것이 도덕적으로 더 중요하다고 본다.

07
- 평균적 정의 : 같은 것을 같게 취급하는 정의이다. 사람은 누구나 인간으로서의 존엄성과 인격적 가치에 있어서 동등한 대우를 받아야 하는 것을 말한다.
- 분배적 정의 : 다른 것을 다르게 대우하는 정의로서 각자의 정당한 몫을 누릴 수 있고, 아무도 불만을 제기하지 않는 방식으로 분배함으로써 정의를 실현하는 것이다. 실현하기 위한 기준에는 절대적 평등, 업적, 능력, 필요 등이 있다.

08 아파르트헤이트(Apartheid)
아프리칸스어로 '분리'를 뜻하는 아파르트헤이트(Apartheid)는 남아프리카공화국의 소수 백인과 다수 유색인종의 관계를 지배했던 정책이다.

추가해설
① 생물학적 환원주의 : 남성은 여성에 비해 선천적으로 우월한 신체 능력을 갖고 태어나기 때문에 신체 능력에 크게 의존하는 스포츠에서 남녀차별은 불가피하다는 견해이다.
② 지속가능한 발전 : 미래 세대의 필요충족 능력을 해치지 않으면서 현 세대의 필요성을 충족시킬 수 있는 발전을 말한다.
③ 게발트 : 독일어로 '폭력'을 의미한다.

09 악의 평범성(Banality of Evil)
1963년 독일의 정치철학자 한나 아렌트(H. Arendt)가 제시한 개념으로 악행은 광신자나 반사회성 인격장애자들이 아니라 국가에 순응하며 평범한 사람들에 의해 행해진다고 주장하였다.

10
- 의도적 반칙 : 스포츠 경기 중 자유의지에 의한 계획을 가지고 행하는 규칙위반을 의미한다. 전술적 수단으로 사용되기도 한다.
- 규제적 규칙 : 개별 행위에 적용되는 세밀한 규칙이며, 구체적·강제적이고 각 종목의 특성에 따라 만들어진 규칙으로 개인의 행동을 규제하는 것이다.

추가해설
구성적 규칙
스포츠의 일반적인 규칙과 경기 진행방식을 서술하는 것으로, 구성적 규칙이 위반될 경우 스포츠가 성립하지 않는다.
예 축구경기에서 한 팀은 11명이다.

11
- 서(恕) : 타인이 원하지 않는 것을 타인에게 행하지 않는 것을 의미한다.
- 정명(正名) : 자신의 신분에 따라 맡은 바 역할을 다하여야 한다는 것을 의미한다.

12 스포츠윤리센터의 설립(「국민체육진흥법」 제18조의3 제1항)
체육의 공정성 확보와 체육인의 인권보호를 위하여 스포츠윤리센터를 설립한다.

추가해설
스포츠윤리센터
체육계 비리 및 인권침해를 조사하고 가해자 처벌 현실화, 피해자의 회복을 돕기 위한 심리·정서·법률 등 종합적 지원을 하며, 예방교육과 국내·외 정보공유를 통해 체육계 악습의 고리를 끊고 "체육의 공정성 확보와 체육인의 인권 보호"에 기여하는 것을 목적으로 설립되었다.

13 레스트의 도덕성 4구성요소 이론
- 도덕적 감수성 : 도덕적 행동으로 이어지기 위해서는 상황적인 정보에 민감해야 하고 가능한 다양한 행동 대안을 구성적으로 상상할 수 있어야 한다.
- 도덕적 판단력 : 어떤 행동이 도덕적으로 옳은 일인지 그른 일인지를 판단하는 일이다.
- 도덕적 동기화 : 다른 가치 대신 도덕적 가치를 우선시하고 도덕적 가치를 실행하고자 하는 것을 필요로 한다.
- 도덕적 품성 : 행위의 실행은 내적인 힘과 결단력, 자신의 목표를 지켜내려는 의지를 필요로 한다.

14 베닛(William Bennett)
- 인지발달적 도덕교육과 가치명료화 접근을 비판하고 도덕적 사회화 접근을 주장했다.
- 도덕교육의 내용으로서 구체적인 덕을 강조했다.
- 도덕적 문해력(Moral Literacy) 즉, 도덕적이라는 것이 무엇인지 알고, 그것을 행할 수 있는 능력을 중요하게 생각했다.
- 도덕교육 방법으로 사회의 전통적 가치(위인에 대한 존중, 애국심, 희생, 용기, 정직, 신뢰와 같은 가치)에 확신을 가지고 제시해야한다고 주장했다.

15 맥페일의 이론은 인본주의를 주축으로 약간의 행동주의를 결합한 것이다. 그는 도덕적 가치들은 중요한 타인들이 어떻게 행동하는가를 관찰하는 것에 의해 학습되어진다고 주장했다. 그러므로 그의 이론에서는 관찰학습과 사회적 모델링이 매우 중요한 위치를 차지한다.

16 장애차별 없는 스포츠를 위해서는 장애인 스포츠참여기회를 확대하고, 장애인 스포츠에 대한 인식을 개선해야 한다. 또한 장애인 스포츠조직과 법안을 정비하여 장애인스포츠 보급하고 스포츠 조직을 정비해야 하고 장애인 스포츠전문인력과 프로그램의 보급이 필요하다. 대회 참여와 종목의 선택은 장애인선수 본인에게 맡겨야 한다.

17 **도덕 원리 검토 방법**
- 포섭 검사 : 어떤 도덕 원리가 넓은 범위의 상위 원리에 포함되는지 검사하는 것이다.
- 반증 사례의 검토 : 상대방이 제시한 원리 근거가 부적절함을 지적하기위해 그 원리근거가 맞지 않는 새로운 사례를 들어 반박하는 것이다.
- 역할 교환의 검토 : 도덕 원리가 다른 사람에게 적용되면 그것에 동의할 수 있는지 검사하는 것이다. 다른말로 '역지사지'라고도 한다.
- 보편화 결과의 검토 : 도덕 원리가 모두에게 적용되면 어떻게 될지 생각하는 것이다.

18 공격 당사자의 본능, 감정, 의지는 스포츠에서 허용하는 수단에 의해 관철해야 한다.

[추가해설]

공격행위의 종류
- 적대적 공격행위 : 해를 입힐 의도로 목적과 분노가 있다.
- 수단적 공격행동 : 해를 입힐 의도는 없지만 승리할 목적으로 행한다. 분노가 없으며 도구적 수단이다.
- 단정적 행위 : 해를 입힐 의도가 없으며 합법적 행위이다.

19 스포츠에서 과학기술의 효과는 안전을 위한 기술(부상방지), 감시를 위한 기술(도핑), 운동수행 효율을 위한 기술(소재, 장비) 등이 있다.

20 스포츠규칙의 기본적인 도덕 기능으로는 모두를 평등하게 대하고, 기회의 균등을 보장하는 것이 있다.

[추가해설]
- 스포츠 규칙의 형식적 측면 : 명시적 구성요소(시간, 공간, 장비 등), 성문화된 규칙
- 스포츠 규칙의 도덕·윤리적 측면 : 페어플레이, 묵시적 스포츠 정신

인생이란 결코 공평하지 않다. 이 사실에 익숙해져라.

－빌 게이츠－

작은 기회로부터 종종 위대한 업적이 시작된다.

- 데모스테네스-

2024 SD에듀 스포츠지도사 2급 필기 한권으로 끝내기

개정9판1쇄 발행	2023년 10월 10일 (인쇄 2023년 08월 24일)
초 판 발 행	2015년 03월 05일 (인쇄 2015년 01월 22일)
발 행 인	박영일
책 임 편 집	이해욱
편 저	배성우 · 정상훈
편 집 진 행	김은영 · 김신희
표지디자인	하연주
편집디자인	차성미 · 채현주
발 행 처	(주)시대고시기획
출 판 등 록	제10-1521호
주 소	서울시 마포구 큰우물로 75 [도화동 538 성지 B/D] 9F
전 화	1600-3600
팩 스	02-701-8823
홈 페 이 지	www.sdedu.co.kr

I S B N	979-11-383-5542-1 (13690)
정 가	30,000원

12년간 19만 독자의 선택!

SD에듀와 함께 합격으로 가는 길, **스포츠지도사 시리즈**

2024 SD에듀 스포츠지도사 2급 필기 20일 합격

- 20일만에 완성하는 필기시험 핵심요약집
- 2급 전문 + 2급 생활 스포츠지도사 대비
- 선택과목(7) 핵심이론 + 챕터별 · 과목별 출제예상문제
- 최신 3개년 기출문제(2021~2023) + 상세한 해설
- 무료 기출해설 강의 제공(최신기출 1회분)
- 전문 교수진의 유료 온라인 동영상 강의교재

2024 SD에듀 스포츠지도사 2급 필기 한권으로 끝내기

- 합격을 보장하는 필기시험 완벽대비 종합본
- 2급(전문 · 생활 · 장애인) + 유소년 + 노인 스포츠지도사
- 선택(7) + 필수(3) 전과목 핵심이론 + 과목별 출제예상문제
- 최신 3개년 기출문제(2021~2023) + 상세한 해설
- 무료 기출해설 강의 제공(최신기출 1회분)
- 전문 교수진의 유료 온라인 동영상 강의교재
- 시험장에서 완벽 마무리 가능한 기출족보 소책자 제공

2024 SD에듀 스포츠지도사 2급 필기 기출문제집

- 전과목 기출경향 파악 가능한 6개년 기출문제집
- 선택(7) + 필수(3) 전과목 기출문제 + 상세한 보충해설
- 신경향 기출유형 반영한 최종모의고사 2회분 수록
- 무료 기출해설 강의 제공(최신기출 1회분)
- 마지막까지 완벽하게! 시험장에서 보는 2023 기출키워드 소책자 제공

❖ 도서의 이미지 및 구성은 변경될 수 있으며, 더 많은 SD에듀 스포츠지도사 필기 · 실기 시리즈 도서 중 일부만 소개하였습니다.

완벽한 마무리! 실력점검은 기출문제집

스포츠지도사 2급 필기

기출문제집 + 모의고사 2회

핵심이론을 담은 추가 해설로 개념을 완벽하게 이해할 수 있습니다.

01 SPORTS

2급 전문·생활 스포츠지도사
2022 선택과목 기출문제

1 과목 | 스포츠사회학

01 〈보기〉에서 스포츠의 사회적 기능을 설명한 파슨즈(T. Parsons) AGIL모형의 구성요소로 옳은 것은?

보 기
- 스포츠는 사회구성원에게 현실에 적합한 사고, 감정, 행동양식 등을 학습할 수 있는 장을 마련해준다.
- 스포츠는 개인의 체력 및 건강증진을 도모하여 효율적으로 사회활동에 참여할 수 있게 한다.

① 적 응
② 목표성취
③ 사회통합
④ 체제유지 및 관리

추가해설 ➕

파슨즈의 AGIL모형 구성요소
- **적응(Adaptation) :** 스포츠가 사회구성원에게 현실에 적합한 사고, 감정, 행동양식 기회를 제공, 생산조직(민간기업)에 초점을 맞춘다.
- **목표성취(Goal Attainment) :** 스포츠는 대중에게 사회의 일반화된 목표와 가치를 내면화 시킴, 정치조직(정부, 정당 등)에 초점을 맞춘다.
- **통합(Integration) :** 스포츠를 통해 사회구성원들을 결속시키고 갈등을 해소, 통합조직(법원, 경찰 등)에 초점을 맞춘다.
- **체제유지(Latency) :** 스포츠는 사회의 문화와 가치를 보존하고 전승함, 유형유지조직(교육기관, 문화단체 등)에 초점을 맞춘다.

정답 01 ①

기출문제집 + 모의고사 2회

출제 동향을 완벽히 파악하여 6개년의 기출문제를 실제 시험과 동일한 형식으로 구성하였습니다.
출제 신경향을 반영한 SD에듀의 자체 최종모의고사 2회분으로 완벽하게 실력을 점검할 수 있습니다.
시험장에서도 마지막까지 완벽하게! 핵심만 기억할 수 있도록 기출키워드 소책자를 수록하였습니다.

---

16 체육의 공정성 확보와 체육인의 인권보호를 위해 설립된 스포츠윤리센터의 역할로 옳지 않은 것은?

기출 21

① 스포츠비리 및 체육계 인권침해에 대한 실태조사
② 스포츠비리 및 체육계 인권침해 방지를 위한 예방교육
③ 신고자 및 가해자에 대한 치료와 상담, 법률 지원, 임시보호 연계
④ 체육계 인권침해 및 스포츠비리 등에 대한 신고 접수와 조사

해설

스포츠윤리센터는 국민체육진흥법 제18조의3에 따라 체육인의 인권보호와 스포츠 비리 근절을 위해 설립된 문화체육
관광부 산하 독립 법인이다. 스포츠윤리센터의 역할은 다음과 같다.
• 체육계 인권침해 및 스포츠비리 등에 대한 신고 접수와 조사
• 신고자 및 피해자에 대한 치료 및 상담, 법률 지원, 임시보호 및 연계
• 긴급보호가 필요한 신고자 및 피해자를 위한 임시보호시설 운영
• 체육계 현장의 인권침해 조사 · 조치 상황 등을 상시 점검할 수 있는 인권감시관 운영
• 스포츠비리 및 체육계 인권침해에 대한 예방을 위한 연구
• 스포츠비리 및 체육계 인권침해 방지를 위한 예방교육
• 그 밖에 체육의 공정성 확보 및 체육인의 인권보호를 위하여 필요한 사업

기출 15 16 17 18 19 21

17 〈보기〉의 내용과 관련 있는 용어로 옳은 것은?

┌─ 보 기 ─
• 상대 존중, 최선, 공정성 등을 포함
• 경쟁이 갖는 잠재적 부도덕성의 제어
• 스포츠 참가자가 마땅히 따라야 할 준칙과 태도
• 스포츠의 긍정적 가치를 유지하려는 도덕적 기제

① 테크네(Techne)
② 젠틀맨십(Gentlemanship)
③ 스포츠맨십(Sportsmanship)
④ 리더십(Leadership)

해설

스포츠맨십은 스포츠인이 지켜야 할 준칙과 실천해야 할 행동지침으로 스포츠를 즐기는 사람들 상호간에 입장을 존중
하고 규칙을 준수하는 가장 포괄적인 도덕규범이다. 이상적인 신사의 인간상이 스포츠에 적용되면서 만들어졌다.
• 테크네 : 유용성과 효율성을 지향하는 기술 · 능숙함이다.

상세한 과년도 기출 표시를 통해
자연스럽게 기출 동향을 파악할
수 있습니다.

❖ 도서의 이미지 및 구성은 변경될 수 있습니다.

나는 이렇게 합격했다

여러분의 힘든 노력이 기억될 수 있도록
당신의 합격 스토리를 들려주세요.

합격생 인터뷰
상품권 증정

추첨을 통해
선물 증정

베스트 리뷰자 1등
갤럭시탭 S8 증정

베스트 리뷰자 2등
갤럭시 버즈2 증정

SD에듀 합격생이 전하는 합격 노하우

"기초 없는 저도 합격했어요
여러분도 가능해요."

검정고시 합격생 이*주

"불안하시다고요?
시대에듀와 나 자신을 믿으세요."

소방직 합격생 이*화

"강의를 듣다 보니
자연스럽게 합격했어요."

사회복지직 합격생 곽*수

"선생님 감사합니다.
제 인생의 최고의 선생님입니다."

G-TELP 합격생 김*진

"시험에 꼭 필요한 것만 딱딱!
시대에듀 인강 추천합니다."

물류관리사 합격생 이*환

"시작과 끝은 시대에듀와 함께!
시대에듀를 선택한 건 최고의 선택 "

경비지도사 합격생 박*익

합격을 **진심**으로 **축하**드립니다!

합격수기 작성 / 인터뷰 신청

QR코드 스캔하고 ▷ ▷ ▶
이벤트 참여하여 푸짐한 경품받자!

합격의 공식
SD에듀

2024 최신개정판

12년간 19만 독자가 선택한 원조 스포츠지도사

스포츠지도사

2급 필기

배성우 · 정상훈 | 편저

2급 장애인 + 유소년 + 노인

필수과목

SPORT

SD에듀
(주)시대고시기획

2024 SD에듀

스포츠지도사
2급 필기 한권으로 끝내기

SD에듀
㈜시대고시기획

체육지도자란 무엇인가요?

 체육지도자란 학교·직장·지역사회 또는 체육단체 등에서 체육을 지도할 수 있도록 「국민체육진흥법」에 따라 해당 자격을 취득한 사람을 말합니다.

 스포츠지도사 자격증의 분류는 어떻게 되나요?

 자격증의 특성에 따라서 전문 스포츠지도사, 생활 스포츠지도사, 유소년 스포츠지도사, 노인 스포츠지도사, 장애인 스포츠지도사로 나뉘며, 전문/생활/장애인 스포츠지도사는 1급과 2급으로 세분화 됩니다.

 시험일정은 어떻게 되나요?

 필기시험은 특별한 이유가 없는 한 매년 5월경에 치러집니다. 원서접수는 시행공고가 올라온 날짜로부터 대략 일주일 정도 후에 진행되고, 고사장은 선착순으로 접수되므로 최대한 빠르게 접수하는 것이 좋습니다. 시험일로부터 한 달 후 합격자가 발표되고 직후에 바로 실기·구술시험 접수가 시작됩니다. 실기·구술시험 또한 고사장별 선착순으로 접수됩니다. 실기·구술시험까지 합격하였다면 이후 연수 과정을 거쳐 스포츠지도사 자격증을 취득할 수 있습니다.

 필기시험에 대해 말해주세요.

 필기시험은 객관식이며 과목당 20문항이 출제됩니다. 과목선택은 필기시험 검정일에 OMR카드에 원하는 과목을 선택하면 됩니다. 시험시간은 1급류 80분, 2급류(노인, 유소년, 장애인) 100분입니다. 시험은 연 1회 시행되며 일정은 국민체육진흥공단 체육지도자 홈페이지에 공고됩니다. 시험 응시료는 18,000원입니다.

시험과목은 어떻게 되나요?

 선택과목은 2급 전문/2급 생활/2급 장애인/노인/유소년 스포츠지도사 모두 동일하게 '스포츠심리학, 운동생리학, 스포츠사회학, 운동역학, 스포츠교육학, 스포츠윤리, 한국체육사'로 7과목입니다. 2급 전문/2급 생활 스포츠지도사는 선택과목에서 다섯 과목을 선택하며, 노인/유소년/2급 장애인 스포츠지도사는 개별 필수과목 한 과목에 선택과목 네 과목을 포함한 다섯 과목으로 시험이 치러집니다.

 스포츠지도사 필기시험의 합격조건은 어떻게 되나요?

 과목마다 만점의 40% 이상 득점하고, 전 과목 평균 60% 이상 득점해야 합니다.

 스포츠지도사 합격자 수는 얼마나 되나요?

구 분	2급 전문 스포츠지도사	2급 생활 스포츠지도사	유소년 스포츠지도사	노인 스포츠지도사	2급 장애인 스포츠지도사
2022년	2,083	13,261	1,700	2,449	1,060
2021년	4,005	16,535	2,047	3,148	1,940
2020년	2,305	14,750	196	1,111	1,666
2019년	1,296	12,638	231	874	837
2018년	1,337	13,013	269	813	866

8과목 특수체육론

⚙ 최근 기출 분석(2023년 기출)

특수체육론은 매년 특수체육의 개념 및 정의와 세계보건기구의 '국제 기능 · 장애 · 건강에 대한 분류'에 대한 내용이 출제되었다. 2023년에도 타 과목과 유사하게 학자들이 제시한 이론적 내용들을 다루는 문제들이 다수 출제되었고, 특수체육 지도전략에서 개별화교육계획(IEP) 작성에 관한 문제는 매년 출제 빈도가 높으므로 완벽하게 학습해두어야 한다. 또한, 장애인 대상 검사도구 (TGMD-2, BPFT, PAPS-D, PDMS-2)도 1~2문제씩 꾸준히 출제가 되고 있으므로 반드시 숙지하고 있어야 한다. 매년 출제 경향이 [장애유형별 스포츠 지도전략]에 편중되어 있으므로 고득점을 위한 전략으로 지적장애, 정서행동 장애, 자폐성 장애, 시각 장애, 청각장애, 지체장애 및 뇌병변 장애 등의 정의와 상황별 스포츠 지도전략을 집중적으로 학습하는 것이 좋다.

⚙ 출제비율(2018~2023년) ※ 출제비중은 소수점 첫째자리에서 반올림 하였습니다.

- ■ 특수체육의 개요
- ■ 특수체육 지도전략
- ■ 장애유형별 스포츠 지도전략

단위 : %

⚙ 출제빈도표(2018~2023년)

구 분	2023	2022	2021	2020	2019	2018	합 계
특수체육의 개요	3	1	3	3	4	2	16
특수체육 지도전략	11	9	8	6	5	9	48
장애유형별 스포츠 지도전략	6	10	9	11	11	9	56

9과목 유아체육론

최근 기출 분석(2023년 기출)

유아체육론은 '영유아기 발달 특징'과 '유아체육 프로그램 구성', '유아의 기본움직임 기술 및 발달단계', 그리고 '유아의 발달이론'이 매년 출제가 되고있어 이 부분을 중점적으로 학습해야 한다. 2023년 시험은 모든 파트에서 균형 있게 출제가 되었고, '에릭슨 (E. Erikson)이 제시한 심리사회발달 단계'는 출제 빈도가 매우 높아 필수적으로 학습을 해두어야 한다. '피아제(J. Piaget)의 인지발달이론'과 '갤라휴(Gallahue)의 운동발달단계'도 역시 다시 출제될 확률이 높으므로 완벽히 학습해두어야 한다. 유아체육은 일반 성인과 비교했을 때 체육 프로그램과 지도원리가 다르기 때문에 유아기의 특성을 고려한 문제가 출제될 가능성이 높다.

출제비율(2018~2023년) ※ 출제비중은 소수점 첫째자리에서 반올림 하였습니다.

■ 유아체육의 이해   ■ 유아체육프로그램 교수학습법
■ 유아기 운동발달 프로그램

단위 : %

27
31
43

출제빈도표(2018~2023년)

구 분	2023	2022	2021	2020	2019	2018	합 계
유아체육의 이해	3	8	5	7	5	4	32
유아기 운동발달 프로그램	12	6	8	8	10	7	51
유아체육프로그램 교수학습법	5	6	7	5	5	9	37

출제경향분석

10과목 노인체육론

✿ 최근 기출 분석(2023년 기출)

노인체육론은 '노화에 따른 신체적 · 심리적 · 사회적 변화'에 대한 문제가 매년 출제가 되어 가장 중점적으로 학습해야 한다. 2023년 시험에는 '국민체력 100'에서 제시한 '노인 체력에 대한 측정 방법과 운동 방법'이 출제가 되어 체력 측정 방법과 운동 방법을 연관지어 학습해두어야 한다. 이와 관련하여 '미국스포츠의학회(ACSM)에서 제시한 노인 운동지침', '운동부하검사', '각종 질환의 위험인자', '신체활동 프로그램', '운동권장사항' 등이 출제 빈도가 매우 높다. 따라서 ACSM에서 제시한 노인과 관련된 내용들을 반드시 숙지해야 한다. 마지막으로 '노인 운동프로그램의 원리'와 관련해서도 출제비율이 높기 때문에 기능관련성, 난이도, 수용, 과부하, 특수성 등의 원리를 학습해두어야 하고, '노인체력검사(SFT)'는 출제 빈도가 상당히 높기 때문에 이와 관련된 내용들을 반드시 학습해야 한다.

✿ 출제비율(2018~2023년) ※ 출제비중은 소수점 첫째자리에서 반올림 하였습니다.

■ 노인과 노화의 특성
■ 노인운동의 효과
■ 노인운동프로그램의 설계
■ 질환별 프로그램 설계
■ 지도자의 효과적인 지도

단위 : %

✿ 출제빈도표(2018~2023년)

구 분	2023	2022	2021	2020	2019	2018	합 계
노인과 노화의 특성	6	6	7	5	3	3	30
노인운동의 효과	3	5	3	4	3	4	22
노인운동프로그램의 설계	4	4	5	5	7	4	29
질환별 프로그램 설계	3	2	2	2	4	4	17
지도자의 효과적인 지도	4	3	3	4	3	5	22

편집자의 팁

1 학습은 선택과 집중!

시간이 여유롭다면 전체 과목을 대비하는 것도 좋은 방안이 될 수 있지만, 부족한 시간을 쪼개어 학습하는 수험생들에게 이는 매우 비효율적인 방법입니다. 자신이 고득점을 획득할 수 있는 과목을 선정하여 더 많은 시간을 투자하고, 자신이 부족한 과목은 과락을 면할 수 있도록 준비해야 합니다. 만점을 받는 시험이 아니라 기준점을 넘기기 위한 시험이라는 점을 숙지하여야 합니다.

2 커뮤니티를 활용하자!

일반적인 시험은 상대평가이기에 다른 수험생들을 경쟁자로 여기고 경계하기도 합니다. 하지만 스포츠지도사 시험은 절대평가이며, 서로의 정보를 공유하는 것이 좋은 학습 방법이 될 수 있습니다. 이를 통해 떨어진 학습 동기를 고취시킬 수도 있고, 자신이 미처 몰랐던 사실을 확인할 수도 있습니다. 특히, 전문자격 학습 카페 시대로(cafe.naver.com/sdwssd)를 이용하시면 정확하고 빠른 답변을 받으실 수 있습니다.

3 기계적인 암기는 피해라!

자격증 시험을 준비하는 대부분의 수험생들이 도서의 내용을 기계적으로 암기합니다. 하지만 실제 문제는 암기한 내용을 비틀거나 응용해서 출제되기 때문에 단순 암기만으로는 한계가 있습니다. 각 이론의 원리를 파악하고, 왜 그렇게 되는지 고민해보는 시간이 반드시 필요합니다. 이 과정을 통해 각종 응용문제뿐 아니라, 새로이 출제되는 개념까지도 추론하여 해결할 수 있을 것입니다.

4 자신의 페이스를 찾자!

스포츠지도사의 경우 준비 기간이 한 달에서 수개월에 이르기까지 다양합니다. 심지어 기존에 학습한 부분이 있는 전공자의 경우 며칠 만에 합격하기도 합니다. 하지만 '다른 사람은 일주일 만에 붙었는데..' 와 같은 생각으로 스스로를 깎아내릴 필요는 전혀 없습니다. 공부도 운동과 같이 배우고 숙달하는 데 걸리는 시간에 개인차가 있습니다. 중요한 것은 빠른 합격이 아닌, 정확하고 확실한 합격입니다. 이를 위해서는 자신의 실력과 학습 속도, 현재 배경지식의 수준을 생각해서 자신에게 맞는 학습전략과 학습계획을 세우는 것이 중요합니다.

5 절대 자신감을 잃지 말자!

늘 할 수 있다는 마음으로 하루하루 꾸준히 공부하는 것이 중요합니다. 결코 쉽지 않은 시험이지만, 자신을 믿는다면 반드시 합격할 수 있을 것입니다. 매일의 노력들은 결국 합격이라는 달콤한 열매가 되어 돌아올 것입니다. 우리 모두는 할 수 있습니다!

필수과목

출제빈도표(2018~2023년)

(단위 : 개)

구 분	2023	2022	2021	2020	2019	2018	합 계
특수체육의 개요	3	1	3	3	4	2	16
특수체육 지도전략	11	9	8	6	5	9	48
장애유형별 스포츠 지도전략	6	10	9	11	11	9	56

※ 출제비중 및 출제빈도는 문제 분석에 따라 달라질 수 있습니다.

최근 기출 분석(2023년 기출)

특수체육론은 매년 특수체육의 개념 및 정의와 세계보건기구의 '국제 기능·장애·건강에 대한 분류'에 대한 내용이 출제되었다. 2023년에도 타 과목과 유사하게 학자들이 제시한 이론적 내용들을 다루는 문제들이 다수 출제되었고, 특수체육 지도전략에서 개별화교육계획(IEP) 작성에 관한 문제는 매년 출제 빈도가 높으므로 완벽하게 학습해두어야 한다. 또한, 장애인 대상 검사도구(TGMD-2, BPFT, PAPS-D, PDMS-2)도 1~2문제씩 꾸준히 출제가 되고 있으므로 반드시 숙지하고 있어야 한다. 매년 출제경향이 [장애유형별 스포츠 지도전략]에 편중되어 있으므로 고득점을 위한 전략으로 지적장애, 정서행동 장애, 자폐성 장애, 시각장애, 청각장애, 지체장애 및 뇌병변 장애 등의 정의와 상황별 스포츠 지도전략을 집중적으로 학습하는 것이 좋다.

8과목

특수체육론

01 특수체육의 개요

기출 POINT

특수체육의 정의 15 21
• 독특한 요구를 충족시키기 위해 시행되는 다양한 신체활동을 포함
• 심동적, 인지적, 정의적 가치를 추구
• 특수체육의 용어에서 특수는 영문으로 Adapted 라는 용어를 사용

특수체육의 교육목표 영역
16 19 23
• 인지적 영역 : 새로운 것을 시도하고 적절한 게임 전략을 고안
• 심동적 영역 : 게임, 스포츠, 댄스, 수영에 필요한 운동기술을 숙달
• 정의적 영역 : 건강하고 사회적으로 받아들여지는 방법으로 긴장을 이완시키는 것을 배움

세계보건기구의 '기능, 장애, 건강에 대한 국제 분류' 20 21 23
장애는 신체 기능과 구조, 활동, 참여의 세 가지 영역 모두 또는 어느 한 가지 영역에서 겪게 되는 어려움으로 발생하며, 개인적·환경적 요인들에 의해서도 영향을 받는다.

OX문제

특수체육의 교육목표 영역 중 새로운 것을 시도하고 적절한 게임 전략을 고안하는 것은 심동적 영역에 해당한다. (O, ×)

정답 ×

KeyPoint

• 특수체육의 개념과 정의, 역사에 대해 설명할 수 있다.
• 사정 및 측정의 의미와 그 가치에 대해 설명할 수 있다.
• 특수체육에서 사용하는 측정 도구의 종류와 각각의 특성에 대해 설명할 수 있다.

01 특수체육의 의미

(1) 특수체육의 개념 및 정의

① 정의

㉠ 특수체육에 대한 정의는 다양하지만 가장 오래된 것은 미국체육학회 특수체육위원회가 1952년에 'Adapted Physical Education'을 정의한 것이다.

㉡ 특수체육은 장애학생들이 일반체육의 활발한 활동 프로그램을 안전하고 성공적으로 참여할 수 있도록 장애학생들의 흥미·능력·장애한계에 적합하도록 계획된 발달활동과 게임, 스포츠, 무용 등의 다양한 프로그램을 말한다.

㉢ 특수체육은 정의적, 심동적, 인지적 목표를 추구한다.

② '특수체육'이라는 용어의 쓰임

㉠ 오늘날 '특수체육'이라는 용어는 미국 저서 Special Physical Education(Fait & Hillman, 1966)에서 사용하기 시작했다.

㉡ 특수체육은 Special Education(특수교육)의 Special(특수)과 Physical Education(체육)이 합쳐져서 만들어진 합성어이다.

> 특수체육 = 특수 + 체육

㉢ '특수체육'에서 '특수'는 체육을 수식하는 말로 체육의 대상자를 일컫는다. 즉 체육의 대상인 장애인을 의미하며 학교에서는 특수교육대상자를 말한다.

㉣ 우리나라에서 특수체육이라는 용어는 일반적으로 장애가 있는 사람들의 체육(스포츠)활동과 관련된 교육, 지도, 연구 등의 분야에서 사용되고 있다.

예 특수체육교육과, 특수체육학과, 특수체육지도자, 한국특수체육학회 등

③ 장애인체육

　ㄱ '장애인체육'은 장애가 있는 사람들의 체육활동을 의미하는 전문용어로서 활동의 대상이 되는 장애인과 활동의 내용인 체육이 결합된 용어이다.

　ㄴ 일반적으로 장애가 있는 사람과 관련된 능동적 체육과 수동적 체육의 모든 활동을 말하며, 장애인을 대상으로 실시하는 전반적인 체육활동을 의미한다.

> 장애인체육 = 장애인 + 체육

(2) 특수체육의 시대별 변화

① 제1시대(선사시대~B.C. 500) : 장애인들의 운동과 신체기술을 발달시키거나 회복시키려는 노력이 없었던 시대

② 제2시대(B.C. 500~A.D. 1500) : 그리스와 로마시대로 운동의 역할이 강조되었으며, 여러 질병의 치료에 운동이 사용된 시기

③ 제3시대(1500~1800) : 운동의 치료적 가치에 대한 새롭고 지속적인 관심이 증가된 시대로 질병 치료에 운동의 중요성이 강조되면서 운동으로 처방을 함

④ 근대 이후(1800~) : 오늘날 특수체육의 기초가 이루어지기 시작한 시대로, 교정체조를 개발하여 활용하고 전상 장애인의 재활을 위한 수단으로 스포츠가 보급되고 발달됨

⑤ 특수학교 체육의 시작

　ㄱ 장애가 있는 사람들이 체육활동을 시작한 시기는 일제 강점기 조선총독부가 1912년 '조선총독부 제생원 관제'를 제정·공포하고, 우리나라 최초의 공립 특수교육기관인 제생원맹아부를 설치하여 교육과정 내용에 체조 교과목을 포함하면서부터이다.

　ㄴ 이때의 체육활동은 체조, 수영, 빙상 등이었으며 일제 강점기를 거치면서 검도와 유도가 수업 내용에 추가되었다.

　ㄷ 이후 특수학교에서의 체육수업은 각 장애 특성에 따른 특수학교의 교육과정이 각각 제정되기 전까지 일반학교의 체육 교육과정에 의한 체육 교과서를 가지고 수업을 하고 체육활동을 실시하였다.

　ㄹ 1960년대 이르러서는 장애 학생 위주의 체육대회가 없었으므로 유도, 배구 등의 운동부 활동을 통해 경기 능력을 습득한 학생들이 일반 체육대회에 출전하여 입상하기도 하였다.

　ㅁ 1975년 한국소아마비협회가 정립회관을 건립하여 소아마비를 앓은 학생들의 체육활동을 지원하고 여러 종목의 체육대회를 실시하였는데, 이때 참여한 선수들이 1988년 서울 패럴림픽에서 큰 역할을 하였다.

　ㅂ 장애인 건강권 및 의료접근성 보장에 관한 법률이 제정되어 보건복지부장관은 의사의 처방에 따른 재활운동프로그램을 장애인 또는 손상이나 질병 발생 후 완전한 회복이 어려워 일정기간 내에 장애인이 될 것으로 예상되는 사람들에게 제공할 수 있도록 하였다.

사정(Assessment) 16

배치, 프로그램 계획 등에 관한 의사
결정을 목적으로 한 자료 수집과 해석
의 과정

특수체육의 측정평가 17

• 검사 도구나 방법을 선택할 때 타당
  도와 신뢰도를 고려
• 표준화검사에는 측정 순서, 형식, 대
  상자, 해석방법 등이 정해져 있음
• 규준지향검사는 운동수행능력을 시
  간, 횟수, 거리 등과 같은 객관적인
  수치로 나타냄

02 특수체육에서 사용하는 사정과 측정도구

(1) 사정의 개념과 유형

① **사 정**

㉠ 교육적 의사결정에 필요한 자료를 수집하는 과정이다. 사정을 통해 수집되는 자료
에는 양적 자료와 질적 자료가 있다.

㉡ 장애인스포츠 현장에서 지도자들은 장애인들의 요구를 파악하여 프로그램을 계획
하고, 진행된 프로그램의 성과를 확인하는 과정에서 사정이 필요하게 된다.

㉢ 사정은 프로그램 및 교육 활동 전반에 걸쳐 반복되는 매우 중요한 활동이라 할 수
있다.

② **공식적 사정과 비공식적 사정** : 사정 과정에서 수집되는 정보의 형태에 따른 분류

㉠ 공식적 사정은 특정 목적을 가지고 선택한 표준화된 검사 등을 사용하여 이루어지
는 것이다.

㉡ 비공식적 사정은 표준화된 절차보다는 행동 관찰 등을 포함하는 비표준화된 절차에
의한 것이다.

(2) 측정평가의 종류

① **표준화검사** : 개개인의 운동수행능력을 측정하기 위한 것으로 크게 규준지향검사와
준거지향검사로 구분할 수 있다.

② **규준지향검사와 준거지향검사**

㉠ 규준지향검사

• 대상자의 점수를 규준에 비교하는 것인데, 규준은 그 검사를 받은 동일집단의 점
수분포를 의미한다. 따라서 규준지향검사는 동일집단 내에서 대상자의 상대적 위
치를 알아보는 데 유용하다.

• 규준에는 국가단위규준이나 지역단위규준 등 여러 유형이 있으며 규준집단의 양
호성은 규준지향검사에서 매우 중요한 요인으로, 대표성, 크기, 적절성을 통해
평가할 수 있다.

㉡ 준거지향검사 : 대상자의 점수를 준거에 비교하는 것으로, 준거는 사전에 설정된
숙달수준(실패·성공, 우수·보통·미흡)을 의미한다. 즉, 특정 기술이나 체력 등의
수준을 알아보는 데 유용하다.

③ 장애인을 대상으로 표준화검사를 수정하여 실시할 때 주의할 점

   ⊙ 수정하여 실시하기 전에 일단 지침대로 검사를 완전히 실시한다. 이를 통해 대상자의 능력에 대한 정보뿐만 아니라 대상자가 필요로 하는 보조의 유형과 정도에 대한 정보도 얻을 수 있다.

   ⓛ 수정 전 지침서에 수정지침이 있는지 살펴보아야 한다. 이때 수정 후 검사결과의 타당성에 대한 증거도 함께 제시되어 있는지 확인한다. 만약 타당도에 대한 증거가 없다면 결과의 해석에 신중을 기해야 한다.

   ⓒ 지침서에 제시되어 있는 수정지침의 범위를 넘어선 수정을 사용하고자 할 때에는 결과보고서에 수정내용을 자세히 기술해야 하고 대체점수로 보고한다.

   ⓔ 지침서의 범위를 넘어선 수정을 사용한 경우에는 규준과 비교하여 검사 결과를 해석해서는 안 된다.

(3) 진단과 평가의 이해와 활용

① 원점수(획득 점수)

   ⊙ 피검자가 답한 문항에 부여된 배점을 단순히 합산한 점수로 정의된다.

   ⓛ 예를 들어, 모든 문항에 배점이 1점인 검사에서 15개 문항 중 12개 문항에 정답을 보였다면 원점수는 12점이 된다. 이러한 원점수는 피검자의 수행에 대해 의미 있는 해석과 판단을 할 수 없다.

   ⓒ 원점수를 해석하기 위해 다른 형태의 점수로 변환시키게 되는데 이를 변환점수라고 한다.

② 백분율점수

   ⊙ 총 문항 수에 대한 정답 문항수의 백분율 또는 총점에 대한 획득점수의 백분율이라고 할 수 있다.

   ⓛ 예를 들어, 총 15개 문항으로 구성된 시험에서 12개의 정답을 맞췄다면 백분율점수는 80%가 된다. 이러한 백분율점수는 준거지향검사에서 수행수준을 묘사할 때 유용하게 사용된다.

   ⓒ 그러나 백분율점수는 다른 점수와 비교할 수 없다는 제한점이 있고, 다음 시험과의 비교 또는 다른 과목과의 비교가 불가능하기 때문에 이러한 상대적 해석을 하기 위하여 원점수를 유도점수로 변환시켜야 한다.

③ 표준점수

   ⊙ 사전에 결정된 평균과 표준편차를 가지고 정규분포를 이루도록 변환된 점수들을 총칭하는 용어이다. 표준점수는 특정 원점수가 평균으로부터 그 이상 또는 그 이하로 얼마나 떨어져 있는가를 나타낸다.

   ⓛ 표준점수로는 Z점수, T점수, 능력점수, 척도점수 등이 있는데 이들은 동간성을 갖는다. Z점수는 평균 0, 표준편차 1을 가진 표준점수이다. 산출하는 공식은 다음과 같다.

$$Z점수 = (원점수 - 평균) ÷ 표준편차$$

ⓒ 예를 들어, 수학의 평균과 표준편차는 각각 40과 5이고, 체육의 평균과 표준편차는 각각 50과 6이다. 수학은 47점이고 체육은 48점인 학생이 있을 때 Z점수를 산출해 보면 수학의 Z점수는 $(47-40)/5 = 1.4$이고 체육의 Z점수는 $(48-50)/6 = -0.3$이다. 즉, 이 학생은 원점수는 체육이 더 높지만 수학을 상대적으로 더 잘한다는 것을 알 수 있다.

ⓔ 그러나 Z점수는 소수점과 음수가 나타나는 번거로움이 있으므로, 이때 주로 사용되는 것이 T점수이다.

$$T점수 = 10 \times Z점수 + 50$$

ⓜ 앞에 제시된 예를 다시 적용해보면, 수학의 T점수는 64이고 체육의 T점수는 47임을 알 수 있다. 능력점수는 일반적으로 평균 100, 표준편차 15를 가진 표준점수이다. 구분점수는 정규분포를 9개 범주로 분할한 점수이며, 1~9까지의 점수분포를 가진다.

④ **구분점수**

특정점수가 아닌 수행의 범위를 나타내기 때문에 표준점수보다 덜 정확한 정보를 제공하며 9개 범주 간에 동간성이 없다는 제한점이 있다. 그러나 점수 해석이 비교적 쉬워 비전문가와 검사결과에 대해 논의할 때 편리하다.

⑤ **신체활동 지도순환체계**

장애인에게 신체활동 및 스포츠를 지도하기 위해 효과적인 절차와 지도방법을 계획하고 시행하는 것은 매우 중요한 과정이다. 각각의 단계와 과정은 매우 유기적인 관계를 형성하고 있으며, 각 과정별 지도하는 절차가 반복되는 순환적인 과정이다. 이 가운데 사정은 학습자의 배치를 결정하고 세부 개별화교육 계획을 수립하는 데 기초자료가 되는 매우 중요한 과정이다.

㉠ 포괄적 계획 : 장애인과 함께 스포츠활동을 하기 전에 프로그램에 대한 전반적인 내용을 준비하는 과정이 선행되어야 한다. 프로그램의 목적과 목표, 추진 방향, 장소, 기구, 프로그램 시행 일정(기간, 빈도, 1회 프로그램 시간 등), 지도자 및 자원봉사자의 선정 및 교육, 재원 확보 방안, 보호자와의 협의 방법 등에 대한 내용을 설정해야 한다.

㉡ 사정과 배치 : 대상자의 수준을 파악하는 선별, 진단, 평가를 모두 포함하는 개념의 사정으로, 계획적이고 구체적인 지도를 위한 기본적인 전제 조건이라 할 수 있다. 장애인을 대상으로 스포츠를 지도할 때 측정과 검사를 통해 대부분의 사정이 이루어지고 일부는 상담 또는 관찰 등의 사정자료를 참고한다. 이러한 경우 가장 우선적으로 운동기술, 건강상태 및 체력과 관련된 현재의 수준을 파악하는 것이 중요하다. 이외에 사회성, 인지능력, 지역사회 적응수준 등을 폭넓게 사정할 수 있다. 배치는 의료시설부터 완전히 통합된 일반인 프로그램까지의 수준별 단계에 배치하는 것을 의미한다.

ⓒ **개별화교육 프로그램** : 각 학습자의 능력과 수준을 고려하여 적절한 교육목표와 방법을 선택한 후 교육을 시행하는 것이다. 개인교육(1:1 교육)이 아닌 개별화교육은 장애인의 개인차(신체기능, 학습능력 등)를 적절히 고려하여 학습계획을 세우는 것을 의미한다. 필요에 따라 언제든지 수정·보완할 수 있다.

ⓔ **지도와 상담** : 프로그램의 시행과 직접적으로 관련된 부분으로, 운동기술, 체력, 기타 신체활동 영역을 지도하는 것이다. 이때 지도 이외에 상담도 중요한데 장애인 본인 및 보호자에 대한 상담은 필수적인 과정이다. 면담 형식으로 학습자와 라포를 형성하면서 정보를 수집할 수 있고, 프로그램에 대한 설명의 기회가 될 수도 있으며, 필요한 경우에는 전문가와의 심층적인 상담을 통해 개인의 내적 어려움에 도움을 줄 수도 있다.

ⓜ **평가** : 프로그램의 효과와 학습자의 성취도를 판단하는 지속적인 과정, 교육에 의한 향상 또는 변화 정도를 파악하는 과정이라 할 수 있다. 즉, 사정은 교육적 중재가 이루어지기 전 특정 영역 또는 전반적 영역의 수준을 측정하여 배치 및 교육계획 수립에 활용하는 것이 목적이라면 이때의 평가는 지도 이후 의도된 변화 정도나 성취도를 파악하는 단계이다. 따라서 사정과 평가는 서로 동일한 경우가 많으나 사정 단계에서는 보다 광범위한 영역에 대해 검사를 하는 반면, 평가에서는 프로그램에서 목적으로 설정했던 영역의 검사에 초점을 두고 있다.

기출 POINT

개별화교육 프로그램 19 22 23
장애로 인한 발달상의 차이로 인해 단일 교육과정으로는 개인의 필요를 충족시키기 어렵기에 개인의 발달에 적합한 교육 프로그램을 계획하고 시행하는 것을 의미함

특수체육에서 시행하는 측정평가의 목적 15
• 수행하고자 하는 특정 프로그램의 타당성을 제공한다.
• 성장, 발달, 교과지도에 관한 기록을 만든다.
• 실행해야 할 교과내용과 보조자료를 파악한다.

03 장애인 대상 검사도구

(1) 특수체육에서의 검사대상 영역

① 운동기술 영역

장애인스포츠에서 검사대상은 운동기술 측면에서 인간의 발달단계에 해당하는 '감각·지각운동', '기본운동기술', '게임운동기술', '스포츠 및 전문 여가운동기술'을 포함한다. 장애유형과 수준 및 참여자의 욕구에 따라 검사대상이 되는 운동기술 영역이 선정되지만, 현장 분야에서는 기본 운동기술에 대한 영역이 중시된다.

② 체력 영역

장애인스포츠에서 검사대상은 체력의 향상과 유지 및 경기력 향상 측면에서 '건강체력', '기술체력'을 포함한다. 장애인 스포츠 분야에서 전문운동선수들의 경우는 경기력 향상 측면에서 종목 특성에 따른 기술체력이 강조되기도 한다.

기출 POINT

대근운동발달검사-II(TGMD-II) 18

- 조작운동기술 점수는 남녀의 발달 차이를 고려하여 각각 다른 규준을 적용
- 각 과제마다 2회를 시행하고 점수를 합산하여 항목별 점수를 산출
- 규준지향검사와 준거지향검사 방식을 모두 적용

갤럽(Gallop) 16

- 앞발을 내디딘 후 뒷발을 앞발 뒤꿈치에 가깝게 내딛음
- 어느 쪽 발로 시작해도 무방
- 두 발이 동시에 땅에서 떨어지는 순간이 있음
- 양팔을 구부려 허리 높이로 들어올림

BPFT 17

동일 체력요인을 장애유형에 따라 다른 검사로 측정할 수 있음

PAPS-D 15 17 21 23

국내에서 개발된 장애유형을 고려한 장애인 건강체력 검사도구

OX문제

대근운동발달검사-II에서 조작운동기술 점수는 남녀 발달 차이를 고려하여 각각 다른 규준을 적용한다. (O, ×)

정답 O

(2) 검사도구

① TGMD-2

 ㉠ 대근운동발달 중 기본운동기술에 해당하는 이동기술과 조작기술 검사 항목으로 구성되어 있다. 기본운동기술 영역은 적극적인 스포츠활동에 참여하는 데 기반이 된다는 점에서 중요한 가치를 갖는다.

 ㉡ 이동기술검사에는 달리기, **갤럽**, 홉, 립, 제자리멀리뛰기, 슬라이드 동작이 포함되어 있고, 조작기술검사에서 치기, 튀기기, 받기, 차기, 던지기, 굴리기 동작을 수행하게 된다.

② BPFT

 ㉠ 건강체력 요소에 해당하는 심폐능력, 근골격계 기능(근력, 근지구력, 유연성), 신체조성에 대하여 장애유형별 특성을 고려하여 총 27가지 항목으로 측정할 수 있다. 이는 일반인들의 표준화된 체력검사가 하나의 체력요인에 대해 단일 검사 항목으로 획일화하여 측정하는 것과 달리 장애인들의 능력과 기능에 맞추어 선택의 기회를 제공한다. 또한, BPFT는 체력 검사의 결과로 등급을 매기거나 순위를 표시하는 상대적 규준지향 방식이 아니라 연령대별로 요구되는 건강 수준의 적합성 여부를 판단하는 준거지향적 방식을 선택하고 있다. 즉 다른 이들과의 비교가 목적이 아니라 개개인의 건강 수준을 확인하고 그에 따른 건강체력 관리의 중요성을 강조한다.

 ㉡ BPFT의 경우는 단순히 장애인들에게만 적용할 수 있는 체력검사가 아니라 일반인에 대한 결과도 함께 확인할 수 있도록 결과 해석 자료를 제시함으로써 통합체육 상황에서도 유용하게 활용될 수 있다.

③ PAPS-D

 ㉠ 2013년 장애학생들의 건강체력 수준을 파악하고 관리하기 위해 우리나라에서 개발된 체력검사 도구이다. 학령기 장애인들에게 적용하기 위해 개발된 검사이기는 하지만, 다양한 장애유형에 걸쳐 건강관련 체력을 측정할 수 있는 항목과 방법이 제시되어 있기 때문에 장애인스포츠 현장에서도 유용하게 활용될 수 있다.

 ㉡ 2007년부터 일반학생들을 대상으로 시행된 PASS와 동일하게 건강관련 체력 요인 중심의 검사 항목을 포함하고 있으며, 6개 장애유형에 따라 기존의 일반적인 측정 방법을 수정하고 변형하였다.

④ 장애인 대상 검사도구 사용 시 주의사항

　　㉠ 장애인스포츠분야에서 활용할 수 있는 공식적인 검사도구들이 개발되어 있지만 모든 스포츠활동 영역에 적용할 수 있는 것은 아니다. 또한 이미 개발되어 있는 장애인 대상 검사도구들은 모든 장애인에게 적용할 수 있는 상황도 아니다.

　　㉡ 장애인들만의 특별한 검사도구들이 유용한 경우도 있지만, 지도자들은 상황에 따라 일반인들의 검사도구들을 적절히 수정하고 변형하여 활용할 수 있는 인식과 능력을 가져야 할 필요가 있다.

　　㉢ 지도하는 활동 내용과 대상자에 맞추어 새롭게 개발해야 할 필요성도 있다.

　　㉣ 장애인스포츠 분야에서의 검사는 최종적인 목표가 아니라 효과적으로 지도하기 위한 과정이며, 다른 이들과 상대적으로 비교하기 위한 것이 아니라 각 대상자의 성취 수준을 파악하기 위한 것이라는 것을 명심해야 한다.

개념 플러스

운동기술 및 자세 관련 검사도구

- 대근운동발달 검사(TGMD ; Test of Gross Motor Development)
- 피바디운동발달 검사(PDMC ; Peabody Developmental Motor Scale)
- 운동발달 체크리스트(MDC ; Motor Development Checklist)

04 　패럴림픽

(1) **패럴림픽의 개념**

① 국제장애인올림픽위원회(IPC)가 주최하여 4년 주기로 개최되는 신체장애인들의 국제 경기대회로, 올림픽이 열리는 해에 올림픽 개최국에서 열린다.

② 창설 당시 하반신 마비를 의미하는 'Paraplegia'와 'Olympic'를 합성하여 만든 용어였으나, 신체가 불편한 모든 장애인을 대상으로 범위가 확대되어 '신체장애인들의 올림픽'으로 발전하였다.

③ 현재에는 'Paralympic'을 비장애인과 장애인이 평등하다는 의미를 강조하기 위해서 동등하다는 의미의 'Parallel'과 'Olympic'의 합성어로 보기도 한다.

기출 POINT

스페셜올림픽 19

• 장애 정도에 무관하게 만 8세 이상
의 지적·자폐성장애인들이 참여
• 디비저닝 과정을 거쳐 그룹을 나누
며, 이를 통해 성별, 나이, 운동능력
이 비슷한 선수들이 한 팀에 모일 수
있도록 함
• 디비저닝에 비해 결승 기록이 기준
치 이상 향상되었을 경우 실격 처리
되지만, 결정은 감독관이 내림
• 1등부터 3등까지는 메달을 수여하
고, 4등부터는 리본을 수여

(2) 패럴림픽의 역사

① 패럴림픽의 정식 명칭은 '국제 스토크 맨더빌 경기 대회(International Stoke Mandeville Games for the Paralysed)'로, 1948년 휠체어 스포츠를 창시한 영국의 신체장애자 의료센터가 위치한 도시의 명칭에서 비롯되었다.

② 1952년에 네덜란드 양궁팀이 대회에 참가함으로써 국제경기대회로 발전하였다.

③ 그 후 절단자 및 장애인경기연맹, 뇌성마비인경기연맹, 시각장애인연맹 등 장애 유형별로 국제기구가 설립됐으며, 이를 총괄하는 장애인 스포츠기구 국제조정위원회(ICC)가 조직되었다.

④ 매년 7월 런던에서 대회를 개최해 오다가, 1960년 이탈리아 로마에서 제1회 공식대회가 시작되어 4년마다 개최되고 있다.

⑤ 1972년 제4회 하이델베르크대회 때는 참가범위가 모든 장애인으로 확대되었다.

⑥ 1976년에는 스웨덴 왼른셸스비크에서 제1회 동계장애인올림픽대회가 열렸으며, 이후 올림픽과 마찬가지로 2년마다 하계와 동계대회가 번갈아 개최되고 있다.

⑦ 1988년 서울올림픽 때부터는 올림픽이 폐막한 후 1달 정도 기간 내에 올림픽이 개최되었던 도시에서 패럴림픽대회가 개최되고 있다.

⑧ 올림픽은 그리스가 가장 먼저 입장하지만, 패럴림픽은 국가명의 알파벳 순서로 입장한다.

⑨ 우리나라는 1968년 제3회 텔아비브 대회에 처음으로 선수단을 파견했으며, 2018년 3월 9일부터 18일까지 강원도 평창에서 동계패럴림픽을 개최하였다.

(3) 패럴림픽 경기종목

① 하계 패럴림픽 경기종목(22개 종목) : 장애인 양궁, 장애인 육상, 장애인 배드민턴, 보치아(Boccia), 장애인 사이클, 장애인 승마, 시각 축구(Football 5-a-side), 장애인 골볼(Goal Ball), 장애인 유도, 장애인 카누, 파라트라이애슬론(Paratriathlon, 장애인 철인 3종 경기), 장애인 역도(파워리프팅), 장애인 조정, 장애인 사격, 장애인 수영, 장애인 탁구, 장애인 태권도, 장애인 배구, 휠체어 농구, 휠체어 펜싱, 휠체어 럭비, 휠체어 테니스

② 동계 패럴림픽 경기종목(6개 종목) : 장애인 알파인 스키, 장애인 크로스컨트리 스키, 장애인 바이애슬론, 장애인 스노보드, 장애인 아이스하키, 휠체어 컬링

OX문제

1. 제8회 서울패럴림픽 이후, 장애인
스포츠권에 대한 사회적 인식이 개
선되어 전국장애인체육대회가 처
음 개최되었다. (O, ×)

2. 스페셜올림픽의 '10% 법칙'은 모
든 경기에 반드시 적용되는 규칙
이다. (O, ×)

정답 1. (×), 2 (×)

02 특수체육 지도전략

KeyPoint

- 개별화교육 프로그램의 필요성을 이해하고, 그 적용 방식에 대해 설명할 수 있다.
- 장애인의 체육활동 시에 필요한 스포츠활동 규칙의 변화를 사례를 들어 설명할 수 있다.
- 장애인을 대상으로 한 체육지도 시 고려할 사항이 무엇인지 설명할 수 있다.

01 IEP의 이해

개별화교육 프로그램(IEP ; Individualized Education Program)은 학생이 지니는 개인 차와 장애로 인한 발달상의 차이로 인해 단일 교육과정으로는 이들의 필요를 충족시킬 수 없으므로, 교육을 계획하고 실시함에 있어 개인의 발달에 적절한 프로그램을 계획하고 시행하는 것을 의미한다. 개별화 교육은 교사와 학생이 일대일로 교수하는 상황에 국한되 지 않고 학생 개인의 참여 활동, 일과, 상호작용의 계획과 조정을 모두 포함하는 의미로 이해해야 한다.

(1) IEP의 필요성

장애 학생이 보이는 발달상의 특성은 성장에 따른 보편적이고 공통적인 발달 특성과 함께 개별적인 특성이 두드러진다는 것이다. 그러므로 이들에 대한 교육적인 계획을 세우기에 앞서 장애 학생이 보이는 발달상의 특성을 이해하고 이에 따른 적절한 교육계획을 수립하여 야 한다. 장애아의 개별적인 특성을 파악하고 개별적이고 발달적으로 적합한 교육을 실현시 키기 위해서는 다음의 측면을 고려하여야 한다.

① 발달 영역(대·소근육운동, 언어 및 의사소통, 신변처리, 사회성, 인지능력) 상의 지체 된 특성을 파악하여 영역간의 불균형을 이루는 점과 지체되는 부분을 이해

② 현재 표현되는 성취능력과 잠재적인 능력 사이에 많은 차이가 있음을 인정

(2) IEP의 주요 기능

IEP의 주요 기능은 크게 세 가지 측면에서 살펴볼 수 있다.

① 개별 학생이 필요로 하는 적절한 교육과 관련 서비스를 받도록 관리하는 기능

② 장애 학생의 진보 상황을 알게 하는 기능

③ 개별적인 교육의 필요성과 서비스에 관한 교사 간, 교사 – 부모 간 의사소통을 가능하 게 하는 기능

OX문제

개별화교육계획에서 학기말 평가 시 에는 표준화 검사를 이용하여 규준과 비교해야 한다. (O, ×)

정답 ×

기출 POINT

또래 교수 [20]
• 또래로 하여금 다른 아동의 학습이
나 참여를 촉진하게 하는 학습 전략
• 경험 많은 참여자가 보조지도자로
서 신규 참여자를 지도
• 보조지도와 참여자가 역할을 번
갈아 함으로써 사회적 기술 향상
• 교사는 신속하고 구체적인 피드백
제공

(3) IEP의 계획 시 포함되는 구성요소

① **학생의 현행 수준 평가** : 장애 학생에 대한 IEP의 개발은 개별 학생에 대한 정보를 수집하는 과정으로부터 시작된다. 이러한 정보 수집은 장애 학생의 현재 발달 수준을 평가하는 것이 일차적인 목적이지만, 궁극적으로는 개별 학생에게 맞는 교육 프로그램을 제공하기 위한 것이다.

　예 표현 어휘가 부족하고 운동능력 발달에 지체가 심하다면 사회적-의사소통과 운동 영역이 평가의 주 영역으로 결정될 수 있다.

② **연간교육목표(장기목표), 단기교육목표**

　㉠ 교육진단을 통해 장애 학생의 현행 수준과 발달에 필요한 요구들이 평가되고 나면 평가된 현행 수준을 근거로 개별 교수 목표를 수립하게 된다. 이러한 개별 목표를 설정하는 과정에서 유의할 점은 가치 있는 기능적인 목표가 제대로 설정되는 것이다.

　㉡ 장・단기의 개별 교육목표를 선정하는 것은 개별 학생에게 가장 우선적인 필요와 요구를 선별하는 것으로, 장・단기 교육목표는 교사, 부모, 또래, 물리적 환경과의 상호작용 안에서 이루어져야 한다. 장기목표는 학생의 발달 영역마다 포괄적인 문장으로 서술되어야 하며, 단기목표는 장기목표를 지도하기 위해 중간단계들이 측정 가능한 문장으로 서술되어야 한다.

　　예 장기목표 : 깡충 뛰기를 연속적으로 실시할 수 있다.

　　예 단기목표 : 한 손을 교사가 잡아 준 상태에서 깡충 뛰기를 연속적으로 2회 이상 할 수 있다.

③ **학생이 필요로 하는 교육 서비스와 교재 및 교구** : 학생의 요구를 파악하여 다양한 치료서비스, 또래 교수, 부모상담, 교재 및 교구 지원 등을 연계한다.

④ **교육 시작 날짜와 교육기간** : 교육 시작 날짜와 교육을 마무리하는 종결 시기를 기록하며, 그 기간은 학생의 개별적 특성에 따라 단기간으로 설정될 수도 있고 1년 단위로 설정될 수도 있다.

⑤ **기타** : 교육 프로그램의 책임자, 목표달성 기준과 평가절차 등을 기록한다.

개념 플러스

체육 수업에서 IEP 계획 시 고려사항
• 다음에 무엇을 가르칠 것인가?
• 전체 동작을 수행할 때 어떤 세부 동작이 나타나는가?
• 전체 동작을 수행하기 위해 어떤 단계로 나누어 학습을 진행해야 하는가?
• 전체 동작을 수행하려면 어떤 부분에서 규칙을 변형해야 하는가?
• 목적 달성을 위한 구체적인 방안이 있는가?
• 전체 과제를 수행하기 위하여 전체 기술을 모두 시행해야 하는가?
• 장애로 인해 수행할 수 없는 행동은 어떻게 변형할 것인가?
• 어떤 조건에서 어떤 행동이 일어나는가?

(4) IEP의 실행

① 발달에 문제를 보이는 장애 학생에게 효율적이고 적합한 교육 프로그램을 계획하고 실시하기 위해서는, 학생의 발달과 학습 및 행동에서 어떤 문제가 있는지 먼저 파악하는 진단 평가를 실시한 뒤 이를 바탕으로 교수 계획을 작성해야 한다. 또한 수립된 교수 목표를 일상적인 학급 활동 내에서 실시하면서 학생의 진도를 지속적으로 모니터하는 평가를 시행해야 한다.

② 장애 학생을 위한 양질의 프로그램은 이와 같이 수시로 이루어지는 진도의 점검 결과를 바탕으로 교육 계획을 수정하거나 보완해서 시행하는 순환적인 과정을 반복하면서 이루어진다. 그러므로 IEP는 학생과 학생의 환경에 대한 관련 정보를 수집하는 진단 및 평가의 단계부터 시작하여 학생의 현행 수준에 근거한 장·단기 교육목표를 포함하여 교수방법 및 진도 점검의 방법까지 모두 포함하는 포괄적인 교육 계획이어야 한다.

개념 플러스

IEP의 실행과정

진단평가
교육진단 : 평가도구 활용 / 행동 관찰, 일과 적응도 평가 등
교사, 부모 면담 / 가족 관련 정보 수집(가정 방문)

현행 수준에 근거한 장·단기 교육목표의 우선순위 결정
가족의 요구와 자원 반영

조작적인 목표설정
목표행동 구체화, 교수 계획, 성취 기준의 구체화

개별적인 목표의 일과 내 삽입 교수
신변처리, 인지, 언어, 대/소근육 기술, 정서 및 사회적 행동

평 가
진보 평가, 자원 조정, 목표 수정

기출 POINT

운동발달 단계 16
반사·반응 행동 → 감각운동반응 →
운동양식 → 운동기술

운동발달의 원리 15 23
• 머리 → 발 방향 발달
• 근위 → 원위 협응 발달
• 발달단계의 동일성
• 대근육 → 소근육 방향 발달

02 IEP의 실제

IEP를 적용하기 위한 과정에서 발달 영역별로 구체적인 실행 절차가 요구된다. 개별화 교육 프로그램의 주요 영역은 독립성을 기르기 위한 신변처리 기술 영역, 사회적 존재로서의 발달에 필수적인 의사소통과 사회성, 기능적 인지 기술 영역 그리고 대근육과 소근육 관련 운동기술, 지역사회 적응 기술 등이 있다. 이 중에서 운동기술 영역에 대해 살펴보면 다음과 같다.

(1) 운동기술의 중요성

① 개인이 성장하고 발달함에 따라 서고, 걷고, 뛰는 행동을 하며 점차 독립적인 활동들이 증가하게 된다. 움직임을 기본으로 하여 행동을 수행하는 것은 개인의 독립성과 밀접한 관계가 있으며, 다른 모든 활동을 함에 있어 기본이 되는 영역이라고도 할 수 있다.

② 운동성에 주요한 기술을 일반적으로 대근육(Gross Motor)과 소근육(Fine Motor)의 두 가지로 범주화하고 있다. 대근육은 큰 근육 활동 즉 목, 몸통, 팔, 다리 등을 이용해서 하는 활동을 포함하며, 소근육 활동은 그보다 세밀한 활동으로 작은 근육들 특히 눈, 말 표현과 관련된 근육, 손, 손가락, 발가락 등을 사용하는 기술이다.

(2) 운동발달의 위계

대부분의 운동 발달은 일정한 순서에 따라 발달한다. 그러나 장애 학생은 이러한 순서와 비율에서 일탈을 보이는 경우가 많다.

[운동발달의 위계]

발달 위계	예 시
위에서 아래로 (머리에서 발쪽으로)	신생아들은 몸의 사용에 있어 다리의 사용보다 목가누기를 먼저 습득한다.
중심에서 말초로	어깨를 먼저 그 다음에 팔꿈치, 팔목, 손가락 순서로 발달한다.
미분화된 움직임에서 분화된 움직임으로	새로운 기술을 학습할 때 처음에는 행동이나 움직임이 서투르나 점차 분화된 신체 움직임을 보인다.
대근육에서 소근육으로	아동이 근육사용에 있어 우선 대근육 활동을 먼저 습득한 후 점차 세분화된 소근육 활동들도 정교화된다.
근육 사용이 효율적으로	초기에는 활동을 하는 데 많은 에너지를 필요로 하나, 점차 에너지 및 근육사용이 효율적으로 이루어져 처음보다 적은 에너지로 많은 활동을 할 수 있다.
대칭에서 비대칭으로	신체의 양쪽을 점차 서로 다르게 사용할 수 있다.

(3) IEP 계획서 작성 예시 : 장애학생의 현재 수행능력 수준 검사항목

1. 운동/움직임 기능	기록(예, 아니오, 간혹)
• 소리/활동/터치에 대한 반응	
• 도움 받아/도움 없이 서기	
• 계단 오르기/내리기	
• 점프하기	
• 한 발로 5초 동안 서기	
2. 인지적 발달	**기록(예, 아니오, 간혹)**
• 시각 및 청각 정보를 기억할 수 있는가?	
• 원인과 결과를 이해할 수 있는가?	
• 직접 따라할 수 있는가?	
3. 정의적 발달	**기록(예, 아니오, 간혹)**
• 혼자 노는 것을 좋아하는가?	
• 충동적 경향이 있는가?	
• 주의력이 짧은가?	
4. 운동기능 및 체력	**기록(예, 아니오, 간혹)**
• 30초 동안 윗몸일으키기를 3~5회 할 수 있는가?	
• 저체중으로 보이는가?	
• 과체중으로 보이는가?	
5. 이동기능(비이동)	**기록(예, 아니오, 간혹)**
• 휠체어를 안쪽과 바깥쪽으로 전환할 수 있는가?	
• 문을 열 수 있는가?	
• 경사로를 밀고 올라갈 수 있는가?	
• 브레이크를 사용할 수 있는가?	

(4) 전문가의 진단이 필요한 아동의 특성

① 연령에 따른 발달 이정표에서 아동의 발달이 매우 지체되는 경우
② 휴식이나 활동을 할 때 팔이나 다리의 자세가 비정상적인 경우
③ 활동 시 손이나 팔의 떨림이 있는 경우
④ 오른쪽과 왼쪽의 팔, 다리의 사용이 현저한 차이를 보이는 경우
⑤ 13개월 이전에 우세손이 결정되는 경우
⑥ 균형감과 평형감이 부족한 경우
⑦ 눈의 초점을 맞추는 것이 어려운 경우
⑧ 대·소근육 활동이 부적절한 조화를 이루는 경우
⑨ 혀나 입술 또는 구강 근육의 부적절한 조절력이 있는 경우(예 침 흘리기)
⑩ 반사운동, 모방, 손 만지작거리는 행동이 부적절한 경우
⑪ 그리기에서 시각능력 통합사용에 어려움이 있는 경우
⑫ 움직이는 활동 시 피로감이 많은 경우

기출 POINT

증거기반 교수(Evidence-based Practices) 18
특수체육 지도의 효과를 증진시키기 위해 임상적 또는 학문적으로 검증된 프로그램이나 지도 전략을 적용하는 방법

스테이션 교수(Station Teaching) 18 23
• 2가지 이상의 과제가 각기 다른 장소에서 동시에 진행되도록 학습 환경을 조성
• 학습자들을 소집단으로 나누어 협동학습을 진행
• 실제학습시간(Academic Learning Time ; ALT)이 증가
• 운동기능이 낮은 학습자가 지도자와 효과적으로 상호작용할 수 있는 환경을 만들 수 있음

발달적 접근법(Developmental Approach)의 적용사례 18
축구를 지도하기 위해 '기초 기능 → 응용 기능 → 수비·공격 전술 → 간이 게임' 순서로 지도

(5) 장애 학생 대상 효과적인 운동기술 지도방법

① 운동 발달에 적합한 환경 준비
   ㉠ 환경은 개인의 행동과 기술의 습득을 촉진하고 습득된 기술을 일반화하는 데 중요한 영향을 미친다. 그러므로 장애 학생이 독립적으로 행동하고 적절한 자극을 받을 수 있는 환경을 마련해 주는 것이 매우 중요하다.
   ㉡ 일상에서 쉽게 생각할 수 있는 예로, 아동이 처음에 자전거 타기를 배울 때는 네 발 자전거에서부터 시작하여 점차 보조바퀴가 있는 자전거, 두 발 자전거로 옮겨가며 아동의 발달에 맞추어 제시할 수 있다. 학생의 발달 수준에 적절한 환경 제시가 이루어지지 않을 경우 이들의 동기유발이 어렵다.

② 발달에 적절한 지도
   ㉠ 일반적인 운동 발달의 단계에 대한 충분한 지식이 있으면 현재 장애 학생이 어떠한 발달 단계에 있으며, 무엇을 가르쳐야 하는지를 알 수 있어 보다 효과적인 지도가 이루어질 수 있다.
   ㉡ 예를 들어, 소근육이 덜 발달되어 있는 경우 손으로 특정 물체를 집거나 만드는 활동에 주안점을 두고 지도할 수 있으며, 대근육이 덜 발달되어 있는 경우 줄넘기, 춤추기 등 신체 전체를 활용하여 크게 움직이는 활동의 비중을 높여 지도할 수 있다.

③ 다른 영역과의 통합적 접근을 통한 지도
   ㉠ 운동기술 영역의 활동을 지도함에 있어 이 영역만을 분리하여 집중적으로 지도하는 것이 아니라 다른 영역의 활동과 함께 지도할 때 보다 효과적인 지도가 이루어질 수 있다.
   ㉡ 예를 들어, 장애 학생에게 자전거 페달을 연속적으로 밟는 것을 지도하기 위해 자전거 타고 반환점 돌아오기 게임을 할 경우 자전거를 타는 방법도 지도하지만, 이와 동시에 자신의 순서를 기다리는 사회적 개념과 자신의 반환점을 변별할 수 있는 인지적 개념도 함께 지도할 수 있다.
   ㉢ 운동기술 활동 시 음악과 함께 활동을 하면 그 리듬에 맞추어 보다 자연스러운 활동으로 이어질 수 있다. 다양한 율동을 하는 경우 음악에 맞추어 율동을 모방하거나 만드는 활동들을 통해 더욱 즐겁게 대·소근육 활동을 할 수 있다. 음악에 맞추어 속도를 조절한 박수치기 활동들을 통해 대·소근육의 협응과 리듬 맞추기 활동을 자연스럽게 할 수 있다.

④ 보조도구의 사용 또는 도구의 수정

  ㉠ 대·소근육 사용에 있어 기능적인 어려움이 있는 경우 보조도구 또는 도구의 수정을 통해 장애 학생의 독립성을 촉진시키므로, 일상에서 진행되는 활동 또는 또래들과의 관계에서 참여를 증진시킬 수 있다.

  ㉡ 지체장애 학생의 경우 다른 유형의 장애보다 또래 또는 교사의 신체적 지원을 받을 경우가 많지만, 무조건 신체적 지원을 먼저 제시하기 전에 스스로 독립적으로 수행할 수 있는 물리적 환경 구성 및 특수 기자재 지원을 생각해 보아야 한다. 예를 들어, 휠체어를 사용하는 지체장애 아동이 있을 경우 교실의 문턱을 없애 아동 스스로 독립적인 교실로의 이동을 도울 수 있도록 한다.

03 체육활동의 변형

우리나라의 체육 현실은 장애학생이 체육활동을 하기에 시설이나 용기구 등이 매우 부족하고 다양하지 못하다. 따라서 장애학생의 성공적인 체육활동을 위해서는 다음과 같은 사항이 필요하다.

(1) 체육 환경

안전한 체육시설이 확보되어야 장애학생의 다양한 활동을 보장하고, 효과적인 신체 활동이 이루어질 수 있다. 체육공간이 기본적으로 갖추어야 할 기본 조건은 다음과 같다.

① 접근성 : 거리상으로 장애학생들의 접근성을 확보하는 것이 스포츠센터나 공공기관을 신축할 때 최우선 과제

② 안전성 : 넘어지거나 부딪혔을 때 안전하도록 부드러운 재질의 벽과 바닥, 안전장치가 설치된 출입문, 미끄럽지 않은 이동통로, 긴급사태를 알릴 수 있는 불빛 경로벨 등

③ 흥미성 : 장애학생들의 흥미를 유발할 수 있는 사물을 배치하거나 창문, 벽색깔을 화사한 색으로 꾸미는 것 등

④ 효율성 : 음향시설, 촬영기기, 냉난방 시설, 활동 공간의 크기 등을 적절히 고려

(2) 운동 용기구 및 기구의 변형

체육활동에서 사용되는 용기구 및 기구는 활동유형에 따라 다양하게 변형하여 사용할 수 있다. 체육활동을 진행하는 교사는 체육활동의 목표와 내용에 맞게 다양한 용기구 및 기구를 변형하여 사용함으로써 학생을 학습에 참여시킬 수 있다. 따라서 교사는 어떤 용기구 및 기구를 선택할 것인지에 대해 신중하게 고려해야 한다.

기출 POINT

특수체육 지도의 효과적인 보조를 제공하기 위해 고려할 내용 15
• 개인 및 장애특성에 대한 충분한 이해
• 보조보다는 활동과제에 집중하도록 유도
• 언어보조, 시각보조, 신체보조의 적절한 연계

장애인에게 적용되는 활동 및 용기구 변형 – 소프트볼 사례 15
• 시각장애인 : 소리나는 공과 베이스를 사용
• 지적장애인 : 활동에 필요한 규칙을 단순화
• 근력이 부족한 장애인 : 가벼운 배트나 공을 사용

**촉각적 추구성향을 보이는 발달
장애인의 행동 특성** 17

• 부드럽고 편안한 촉각적 경험을 좋
 아함
• 손톱을 물어뜯거나 극단적으로 매
 운 음식을 찾음
• 허리띠나 넥타이를 꽉 조여 맴

규칙의 변형 최소화 18

장애인의 신체활동 참여를 촉진하는
변형전략으로, 규칙의 변형을 최소화
하여 활동에 적응하게 하는 것

**위닉의 5단계 스포츠 통합 연속체
계** 19 20 22

• 일반 스포츠 : 규칙의 변형이나 보조
 도구의 사용 없이, 장애인 선수가 일
 반 스포츠에 통합적으로 참여하는
 단계
• 편의를 제공한 일반 스포츠 : 장애인
 을 위한 보조 도구가 약간 필요하지
 만, 장애인 선수가 일반 스포츠에 규
 칙 변형 없이 통합적으로 참여하는
 단계
• 일반 스포츠와 장애인 스포츠 : 장애
 인 선수가 비장애인 선수와 협동하
 거나 경쟁하는 단계
• 통합 환경의 장애인 스포츠 : 규칙의
 변형과 용기구의 사용을 통해 장애
 인과 비장애인이 함께 참여할 수 있
 는 단계
• 분리 환경의 장애인 스포츠 : 장애인
 이 비장애인과 완전히 분리되어 스
 포츠에 참여하는 단계

OX문제

위닉의 5단계 스포츠 통합 연속체계
에서 제한 정도가 가장 약한 것은 '분
리 환경의 장애인 스포츠' 단계이다.
(○, ×)

정답 ×

① 활동 유형별 활용 가능한 기구

운동 유형	운동 용기구 및 기구
감각 운동	콩/모래주머니, 구슬, 평균대, 도형, 비누, 거울, 리본 등
이완 운동	다양한 종류의 음악과 리듬
체력 운동	줄넘기, 훌라후프, 튜브, 철봉, 고정 자전거 등
리듬 및 표현 운동	리본, 곤봉, 고무볼, 훌라후프, 음악 테이프 등
수중 운동	튜브, 수구, 스틱, 킥판 등
야외활동 및 게임	줄다리기 줄, 풍선, 자전거, 시소, 썰매, 여러 형태의 공 등

② 장애인의 야구 활동 시 용기구 및 기구의 변형

• 소리나는 공
• 촉각효과 공
• 베이스 위 종
• 팬
• 평평한 베이스

• 청각효과 공
• 너프 볼(Nurf Ball)
• 베이스 위 부저
• 배팅 티
• 큰 베이스

• 밝은 색 공
• 위플 볼(Wiffle Ball)
• 라디오
• 가벼운 배트
• 안전한 베이스

(3) 규칙의 변형

장애학생의 체육활동이 성공적으로 이루어지기 위해서는 이들의 특성을 정확히 파악한
후 개별 학생에게 적절한 체육 프로그램을 제공해 주는 것이 중요하다. 체육 활동과 관련
된 규칙의 변형은 좋은 수업을 결정짓는 필수 요소라고 할 수 있다. 체육활동과 관련된
규칙을 변형할 때는 체육환경, 경기장, 용기구 및 기구, 참여인원, 활동유형, 교수유형,
기타 사항들을 수정 및 보완하여 사용하는 것이 바람직하다.

① **체육 환경** : 장애학생들이 마음껏 활동할 수 있는 안전하고 쾌적한 환경을 찾아 체육활
 동을 실시해야 한다. 교사들은 장애 학생들을 위해 이러한 환경에 대해 민감성을 가지
 고 있어야 한다. 예를 들어, 뇌성마비 학생이 서 있는 곳에는 매트나 쿠션을 배치하여
 학생이 넘어질 경우를 대비해야 한다.

② **용기구 및 기구** : 장애학생들이 여러 종류의 용기구 및 기구를 사용할 때는 돌발 상황이
 발생할 수 있기 때문에 우선적으로 안전 교육을 실시해야 한다. 그 후 개별 학생의 신체
 적·정신적 특성에 맞게 최적의 용기구 및 기구를 제공하는 것이 중요하다.

③ **참여 인원** : 참여인원은 축구 11명, 배구 6명과 같이 정해진 인원을 염두에 두고 실시하
 기보다 장애 학생의 특성과 상황에 맞게 인원수를 다르게 하여 탄력적으로 운영하는
 것이 바람직하다. 예를 들어, 자폐성 장애학생과 같이 대집단에서 학습하는 데 어려움
 이 있는 학생은 소집단에 배치하는 것이 좋으며, 정신지체 학생들은 상대편보다 더
 많은 선수로 구성하여 운동 활동을 하도록 한다.

④ **활동 유형** : 활동 유형은 개인운동, 단체운동 또는 참여형 운동, 관람형 운동 등으로 분류할 수 있으며, 이러한 분류는 체육 교사의 판단에 의해 장애학생의 만족도를 높일 수 있는 방향으로 운영한다.

⑤ **교수 유형** : 체육활동이 성공적으로 이루어지기 위해서는 학생 특성에 맞는 개별화 교수법이 중요하다. 체육 교사는 다양한 교수법을 습득하여 개별 장애학생에게 적합한 교수법을 제공해야 한다. 대표적인 교수 유형에는 또래지도, 언어적 격려, 문제해결방식, 피드백, 수신호, 강의식 수업 등이 있다.

04 체육활동 지도 시 고려사항

장애학생을 대상으로 체육활동을 지도할 때는 다음과 같은 사항을 고려해야 한다.

(1) 언어적 지도

언어적 지도는 학습정보를 학생들에게 전달하기 위해 사용되는 언어적 지시, 복잡성 등을 의미한다. 언어적 지시를 이해할 수 없는 시각장애 학생이나 복잡한 지식을 이해할 수 없는 정신지체 학생들은 수정된 지도방법으로 도움을 받을 수 있다.

① 간단명료한 단어 사용
② 한 단어에 한 가지 의미의 단어만 사용
③ 한 번에 한 가지 지시만 하기
④ 학생이 지시를 수행하기 전에 반복하게 하기
⑤ 구두지시 후 과제 시범 보이기 또는 신체적으로 보조하기

(2) 시 범

교사는 장애학생에게 자세하게 시범을 보임으로써 기술이나 활동을 쉽게 이해할 수 있도록 돕는다. 정신지체 학생들은 이해하는 것에 어려움을 겪을 수 있기 때문에 이들을 대상으로 할 때는 중요한 부분을 특별히 강조하며, 정확하고 반복적으로 시범을 보일 필요가 있다.

(3) 주의산만 요소의 제거

주의산만 요소가 없는 교육환경을 만들어야 학생들이 교사의 지도에 집중할 수 있다. 주의력 집중 과잉행동 장애학생이나 정신지체학생은 쉽게 산만해져 집중을 하는 데 많은 어려움을 겪는다. 따라서 이들에게는 주의집중을 할 수 있는 교육환경을 만들어 주는 것이 중요하다.

기출 POINT

장애인을 위한 스포츠 지도전략 18

• 증 상
 - 신체적 자기개념과 활동참여 동기의 부족
 - 산만함과 과잉행동, 공격성, 의사소통의 어려움
 - 변화에 대한 거부, 반복적인 동작, 독특한 감각반응
• 지도전략
 - 불필요한 자극의 최소화
 - 지도 환경을 구조화하고 일관성 유지
 - 대상자의 감각·지각 운동 양식을 파악

장애인을 위한 체력 운동의 일반적인 원칙 18

• 규칙적으로 반복하여 실시
• 개인의 특성과 능력에 맞게 구성
• 흥미를 잃지 않도록 운동과 휴식을 조화롭게 구성

최소제한환경(LRE) 17 22

장애인의 개인적 요구에 따라 서비스를 제공하는 것으로, 점진적·단계적 통합교육을 제공

OX문제

1. 최소제한환경은 완전통합의 개념을 포함한다. (O, ×)
2. 장애학생을 지도할 때는 구두지시보다는 바로 시범을 보여주는 것이 효과적이다. (O, ×)

정답 1. (×), 2 (×)

① 주의를 분산시키는 물건이나 요소를 학생의 뒤에 배치시킨다.
② 교사는 실제로 용기구 및 기구를 사용하기 전까지는 용기구 및 기구를 설치하지 않는다.
③ 체육 활동을 할 때는 환경 내의 외부소음과 물체를 제거하고, 외부인의 통행을 금지한다.
④ 교사는 학생에게 충분한 촉진신호와 강화를 제공하고 수업을 재미있게 진행하여 학생이 수행해야 할 활동에 집중할 수 있도록 한다.

(4) 난이도 수준

장애학생의 운동능력은 수준 차가 크기 때문에 교사는 난이도를 달리 적용하여 체육 활동을 진행해야 한다. 예를 들어, 축구 경기를 할 때 일반학생에게는 굴러오는 공을 차게 하지만, 장애학생에게는 멈춰져 있는 공을 차게 할 수 있다.

(5) 동기유발 수준

장애학생들을 체육 활동에 적극적으로 참여시키기 위해서 교사는 칭찬, 자유놀이, 강화와 같은 방법을 사용해야 한다. 예를 들어, 장애 학생이 체육활동에 열심히 참여할 경우 그 학생이 원하는 운동을 하게 하거나 강화물을 제공하여 추후 활동에 열심히 참여하도록 독려한다.

(6) 응급처치

① 장애학생의 체육 활동은 일반학생에 비해 안전사고가 발생할 확률이 높으므로, 교사는 위험 요소를 사전에 방지하여 안전사고를 예방하는 것이 중요하다.
② RICE 절차
  ㉠ Rest(안정) : 부상 부위의 움직임을 최소화한다.
  ㉡ Ice(얼음찜질) : 부상 부위를 얼음팩으로 찜질한다.
  ㉢ Compression(압박) : 탄력붕대를 이용하여 부상 부위를 압박한다.
  ㉣ Elevation(환부 높임) : 부상 부위를 심장보다 높은 곳에 위치시킨다.

05 특수체육 지도 시 행동관리

장애인스포츠지도자는 주어진 상황 속에서 장애학생에게 제공할 수 있는 가장 효과적이고 실용적인 행동관리 방법이 무엇인지를 알고 이를 적재적소에 적용할 수 있어야 한다.

(1) 행동수정

행동수정은 일상생활에서 나타나는 부적응행동을 감소시켜 적응행동을 향상시키는 데 목적이 있다.

(2) 행동관리의 주요이론

① **행동주의의 개념** : 행동주의는 관찰 가능한 행동과 그 행동이 환경 속에 있는 자극으로 부터 영향을 받는 방법을 이용하여 학습을 설명하는 이론을 의미한다. 즉 행동주의 이론은 자극과 반응 간의 관계, 그리고 관계로 구성되는 체계에 초점을 맞추고 있다.

② **고전적 조건화** : 어떤 사람이 본능적 또는 반사적인 반응과 비슷한 불수의적 정서반응 또는 생리적 반응을 일으키도록 하는 학습의 한 유형을 말한다.

③ **조작적 조건화** : 관찰 가능한 반응이 행동한 뒤에 따라오는 결과에 의해 빈도나 지속시 간이 변화하는 것을 의미한다. 조작적 조건형성 기법은 장애인 스포츠 상황에서 참여자 의 행동을 관리하기 위해 직접적으로 적용된다.

기출 POINT

문제행동 관리 절차 [20]
• 문제행동이 무엇인지 파악
• 문제행동이 발생하는 빈도, 기간 등을 파악
• 적절한 행동관리법 선정
• 효과적인 강화물 조사·선정

개념 플러스

고전적 조건화와 조작적 조건화의 비교

구 분	고전적 조건화	조작적 조건화
행 동	불수의적 (사람이 행동을 통제하지 않는다)	자발적(사람이 행동을 통제한다)
	정서적	
	생리적	
순 서	행동은 자극 뒤에 온다.	행동은 자극(결과)에 앞선다.
예 시	학습자는 체육활동이 교사의 따뜻함과 연합 하면 체육활동에서 긍정적인 정서를 경험할 수 있다.	학습자가 질문에 답하여 칭찬이 주어지면 답을 하려는 시도는 증가한다.
주요 학자	파블로프(Pavlov)	스키너(Skinner)

(3) 행동수정 기법

행동수정이란 행동조건화의 원리에 입각한 응용행동분석 연구를 의미한다. 장애학생들에게 결손행동을 가르치기 위하여 자주 사용되는 행동수정의 기법은 다음과 같다.

① **행동연쇄**

㉠ 행동연쇄란 보다 복잡한 행동을 가르치기 위하여 이미 학생들이 소유하고 있는 단 순한 하위동작들을 과제의 순서에 따라 배열한 다음, 하나씩 추가적으로 연결하여 강화하는 것을 의미한다.

㉡ 목표행동을 작은 단위동작으로 세분한 다음, 과제의 순서에 따라 앞에서부터 혹은 뒤로부터 하나씩 연결하여 점차적으로 강화하는 방법이다.

용암법(Fading) 17

처음에는 두 손으로 보조를 하다가 한 손으로 보조를 하거나, 언어적 보조를 하다가 언어적 보조를 점차적으로 제거함

강화와 처벌 22

• 정적강화 : 바람직한 행동을 하였을 때 후속자극을 제시
• 부적강화 : 바람직한 행동을 하였을 때 후속자극을 제거
• 정적처벌 : 바람직하지 않은 행동을 하였을 때 후속자극을 제시
• 부적처벌 : 바람직하지 않은 행동을 하였을 때 후속자극을 제거

프리맥 원리(Premack Principle)의 사례 16

장애인스포츠지도사인 김 선생님은 인라인스케이트를 좋아하는 철수에게 줄넘기를 지도하고 있다. 줄넘기에 흥미가 없는 철수에게 김 선생님은 줄넘기를 10분간 연습하면 인라인스케이트를 20분 탈 수 있다고 약속하였다.

ⓒ 행동연쇄는 전진형과 후진형으로 나누어지는데, 일반적으로 장애학생의 훈련에 있어서는 후진형이 많이 사용된다.

그 이유는 매 훈련 시 피훈련자는 표적행동을 완성하는 성공감을 맛볼 수 있고, 바로 전단계 동작의 완성이 곧 다음 단계 동작의 식별단서가 되기 때문에 이미 학습한 동작을 쉽게 유도할 수 있어 복습효과가 높기 때문이다.

② 행동형성

행동형성이란 장애학생에게 어떤 새로운 행동을 가르칠 때 사용되는 방법이다. 즉 결손행동의 훈련과 학습에 효과적으로 응용될 수 있는 기법이다. 먼저 최종목표 행동과 시발점 행동을 확인한 후, 시발점으로부터 목표에 쉽게 이를 수 있는 작은 단계들을 만들고, 한 단계씩 강화함으로써 목표행동에 점진적으로 접근시키는 과정을 말한다. 행동형성의 절차는 다음과 같다.

㉠ 도달점 행동을 선정한다.
㉡ 시발점 행동을 확인한다.
㉢ 시발점으로부터 도달점에 점진적으로 접근할 수 있는 단계를 정한다.
㉣ 강력한 강화자극을 선정한다.
㉤ 도달점 행동에 접근하는 행동이 발생할 때마다 강화한다.

③ 촉구법과 용암법

㉠ 촉구법 : 결손행동을 처음으로 학습할 경우 발달지체 학생들은 무엇을 어떻게 해야 하는지 잘 모른다. 따라서 요구되는 표적행동이 외현적으로 나타날 수 있도록 하기 위해서는 특별한 도움이 필요하다. 지도자는 학생으로 하여금 정해진 어떤 반응을 외현적으로 할 수 있도록 유도하기 위하여 언어적으로 또는 물리적으로 도움을 줄 필요가 있다. 이러한 도움을 촉구법이라 한다.

㉡ 용암법 : 어떤 행동이 다른 새로운 사태에서도 발생할 수 있도록 절차적으로 조건을 변경해 가는 과정, 또는 반응을 유도하는 어떤 식별자극이나 촉구를 점진적으로 감소하는 것을 말한다. 새로운 행동의 학습에 있어서, 장애학생은 초기단계에서 많은 촉구를 필요로 한다. 아직 서툴고 능숙하지 못하기 때문이다. 그러나 점차 훈련 단계가 높아질수록 이러한 도움의 양을 줄이면서 학생 스스로 해야 할 행동의 양을 체계적으로 증가시킬 필요가 있다.

④ 정적강화

정적강화란 어떤 행동에 후속되어 그 행동의 발생빈도를 증가시킬 수 있는 자극을 말하며, 보상이라고도 한다. 강화는 행동의 학습에 반드시 필요한 조건이다. 외현적 행동이 발생하였다 하더라도 보상이 따르지 않으면 학습은 일어날 수 없기 때문이다.

⑤ 프리맥의 원리

빈도가 높은 행동은 낮은 행동에 대하여 강화력을 갖는다는 원리이다.

⑥ 타임아웃

문제행동이 발생했을 때 정적 강화를 받지 못하도록 일정시간 동안 분리시키는 것이다. 즉 물리적 행동의 제재 없이 제외 또는 고립하거나 차단하여 문제 행동을 수정하는 방법이다.

⑦ 소거와 벌

소거는 문제행동의 강화 원인을 알고 그 강화를 제거하는 것이며, 벌은 고통과 자극을 주는 방법이다.

⑧ 체계적 둔감법

두려움을 적게 느끼는 상황부터 두려움을 많이 느끼는 상황의 단계를 개발한 후 각각의 단계에서 두려움을 극복하도록 유도하여 결국 가장 두려움을 가장 많이 느끼는 상황을 극복하도록 독려하는 방법이다.

⑨ 과교정(Over Correction)

문제행동을 일으킨 경우에 강제적으로 반복하여 책임지게 하여 원래대로 되돌려놓도록 하는 방법이다.

(4) 기타 이론

① **교육심리적 접근법** : 장애인스포츠 참여자의 자아존중감(Self-esteem)과 지도자와의 관계를 강화하는 데 중점을 두고 접근한다.

② **정신분석학적 접근법** : 장애인스포츠 참여자의 심리적 기능장애(Psychological Dysfunction)의 원인에 초점을 두고 접근하며 가족치료, 놀이치료, 그룹요법 등의 심리 치료적 기법이 포함된다.

③ **생태학적 접근법** : 장애인스포츠 환경 또는 생태계의 부조화가 문제행동을 야기한다는 가정에서 출발하여 접근하며, 생태학적 접근법의 목표는 부적절한 행동을 단순히 멈추게 하는 것이 아니라 환경을 변화시킴으로써 중재를 시도한다.

④ **생물기원학적 접근법** : 신경생리학적 기능 이상에 중점을 두고 접근하며, 생물기원학적 접근법과 관련된 주된 전략은 약물요법이다.

⑤ **인본주의적 접근법** : 매슬로(Maslow)의 연구를 기초로 하는 인본주의적 접근법은 자아실현(Self-actualizaion) 이론에 중심을 두고 접근하며, 매슬로(Maslow)의 욕구 5단계는 낮은 단계의 욕구에서부터 점차 높은 단계의 욕구로 발생한다고 보았다.

개념 플러스

매슬로 욕구 5단계

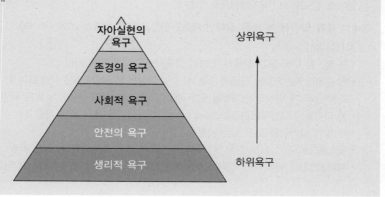

기출 POINT

과교정 18 21

셔틀콕을 계속 바닥에 던지는 학생에게 자신이 던진 셔틀콕을 반복적으로 가져오게 하거나 친구들이 사용한 셔틀콕까지 정리하게 함

쉐릴(C. Sherrill)이 제시한 적응 이론 16

• 과제·환경·사람 변인 간의 상호 작용을 강조하는 생태학적 과제 분석과 밀접한 관련성이 있음
• 적응 과정은 지도자 주도의 직접 지도 과정
• 적응은 개인의 요구에 따라 다양한 변인을 조정하고 변경하는 것을 의미하므로 개별화의 과정

생태학적 과제분석
19 20 21 22

• 학생의 특성이나 선호도를 고려하면서, 동시에 운동기술이나 움직임 수행에 영향을 줄 수 있는 환경 요소를 함께 고려
• 대상학생을 중심으로 체육현장에서 실제적으로 평가하는 방법
• 인지적, 정의적, 심동적 발달을 위해 과제를 세분화
• '과제 목표 → 변인 선택 → 관련 변인 조작 → 지도' 순으로 실행

03 장애유형별 스포츠 지도전략

KeyPoint
- 장애인복지법과 그 시행규칙에서 정의하고 있는 장애의 판별기준에 대해 설명할 수 있다.
- 각 장애가 가진 고유의 특성을 이해하고, 설명할 수 있다.
- 장애유형 별 체육지도 전략을 사례를 들어 설명할 수 있다.

기출 POINT

장애유형별 스포츠 지도전략
19 23
- 척수장애인은 신경손상으로 인한 이상 반응에 대비해야 함
- 저시력 장애인이 잔존시력을 효과적으로 활용하도록 밝은 곳에서 지도
- 청각장애인은 수영할 때 보청기를 빼도록 지도
- 지적장애인에게는 단순한 과제에서 복잡한 과제의 순서로 제시

01 지적장애

(1) 지적장애의 정의

지적장애는 과거에 '정신박약'으로 불리다가 '정신지체'로 개정되었으며, 최근 '지적장애'라는 용어로 개정되었다.

① 우리나라 장애인복지법의 정의

장애인복지법 시행령(시행 2023.6.5, 별표 1)의 '장애인의 종류 및 기준'에 따르면, 지적장애인은 정신 발육이 항구적으로 지체되어 지적 능력의 발달이 불충분하거나 불완전하고 자신의 일을 처리하는 것과 사회생활에 적응이 상당히 곤란한 사람으로 정의하고 있다.

개념 플러스

장애인복지법 시행령(시행 2023. 6. 5)

장애의 종류 및 기준(제2조)
① 「장애인복지법」 제2조 제2항 각 호 외의 부분에서 "대통령령으로 정하는 장애의 종류 및 기준에 해당하는 자"란 별표 1에서 정한 사람을 말한다.
② 장애의 정도는 보건복지부령으로 정한다.

장애의 종류 및 기준에 따른 장애인(제2조 관련, 별표 1)〈개정 2021. 4. 13〉
① 지체장애인
- 한 팔, 한 다리 또는 몸통의 기능에 영속적인 장애가 있는 사람
- 한 손의 엄지손가락을 지골(손가락 뼈) 관절 이상의 부위에서 잃은 사람 또는 한 손의 둘째손가락을 포함한 두 개 이상의 손가락을 모두 제1지골 관절 이상의 부위에서 잃은 사람
- 한 다리를 가로발목뼈관절(Lisfranc Joint) 이상의 부위에서 잃은 사람
- 두 발의 발가락을 모두 잃은 사람
- 왜소증으로 키가 심하게 작거나 척추에 현저한 변형 또는 기형이 있는 사람
- 지체(肢體)에 위의 어느 하나에 해당하는 장애정도 이상의 장애가 있다고 인정되는 사람

OX문제

「장애인복지법」에서 규정한 정신적 장애에는 발달장애 또는 정신 질환으로 발생하는 장애가 있다. (O, ×)

정답 O

② 뇌병변장애인

뇌성마비, 외상성 뇌손상, 뇌졸중 등 뇌의 기질적 병변으로 인하여 발생한 신체적 장애로 보행이나 일상생활의 동작 등에 상당한 제약을 받는 사람

③ 시각장애인

- 나쁜 눈의 시력(공인된 시력표에 따라 측정된 교정시력을 말한다)이 0.02 이하인 사람
- 좋은 눈의 시력이 0.2 이하인 사람
- 두 눈의 시야가 각각 주시점에서 10도 이하로 남은 사람
- 두 눈의 시야 2분의 1 이상을 잃은 사람
- 두 눈의 중심 시야에서 20도 이내에 겹보임(복시)이 있는 사람

④ 청각장애인

- 두 귀의 청력 손실이 각각 60데시벨(dB) 이상인 사람
- 한 귀의 청력 손실이 80데시벨 이상, 다른 귀의 청력 손실이 40데시벨 이상인 사람
- 두 귀에 들리는 보통 말소리의 명료도가 50% 이하인 사람
- 평형 기능에 상당한 장애가 있는 사람

⑤ 언어장애인

음성 기능이나 언어 기능에 영속적으로 상당한 장애가 있는 사람

⑥ 지적장애인

정신 발육이 항구적으로 지체되어 지적 능력의 발달이 불충분하거나 불완전하고 자신의 일을 처리하는 것과 사회생활에 적응하는 것이 상당히 곤란한 사람

⑦ 자폐성장애인

소아기 자폐증, 비전형적 자폐증에 따른 언어·신체표현·자기조절·사회적응 기능 및 능력의 장애로 인하여 일상생활이나 사회생활에 상당한 제약을 받아 다른 사람의 도움이 필요한 사람

⑧ 정신장애인

다음의 장애·질환에 따른 감정조절·행동·사고 기능 및 능력의 장애로 일상생활이나 사회생활에 상당한 제약을 받아 다른 사람의 도움이 필요한 사람

- 지속적인 양극성 정동장애(여러 현실 상황에서 부적절한 정서 반응을 보이는 장애), 조현병, 조현정동장애 및 재발성 우울장애
- 지속적인 치료에도 호전되지 않는 강박장애, 뇌의 신경학적 손상으로 인한 기질성 정신장애, 투렛장애(Tourette's Disorder) 및 기면증

⑨ 신장장애인

신장의 기능장애로 인하여 혈액투석이나 복막투석을 지속적으로 받아야 하거나, 신장 기능의 영속적인 장애로 인하여 일상생활에 상당한 제약을 받는 사람

⑩ 심장장애인

심장의 기능부전으로 인한 호흡곤란 등의 장애로 일상생활에 상당한 제약을 받는 사람

⑪ 호흡기장애인

폐나 기관지 등 호흡기관의 만성적 기능부전으로 인한 호흡기능의 장애로 일상생활에 상당한 제약을 받는 사람

⑫ 간장애인

간의 만성적 기능부전과 그에 따른 합병증 등으로 인한 간기능의 장애로 일상생활에 상당한 제약을 받는 사람

⑬ 안면장애인

안면 부위의 변형이나 기형으로 사회생활에 상당한 제약을 받는 사람

• 미국지적장애학회(AAMR)
  – 지적기능과 개념적·사회적·실질적 적응기술에서 상당한 제한
  – 18세 이전에 시작
• 미국지적장애 및 발달장애협회(AAIDD)
  – 마이너스 2 표준편차 이하의 지적 기능
  – 개념적·사회적·실제적 영역에서 적응 행동의 제한
  – 18세 이전에 시작

⑭ 장루·요루장애인
배변기능이나 배뇨기능의 장애로 인하여 장루 또는 요루를 시술하여 일상생활에 상당한 제약을 받는 사람
⑮ 뇌전증장애인
뇌전증에 의한 뇌신경세포의 장애로 인하여 일상생활이나 사회생활에 상당한 제약을 받아 다른 사람의 도움이 필요한 사람

② 미국지적장애학회(AAMR)의 정의
  ㉠ 미국지적장애협회에서 제안한 지적장애 정의에 따르면, 지적장애란 지적 기능과 개념적·사회적·실질적 적응기술에서 상당한 제한이 나타나는 장애이며, 이는 18세 이전에 시작된다. 이 새로운 정의를 적용하기 위하여 미국지적장애협회는 다음과 같은 5가지 필수적인 가정을 제시하였다.
    • 현재 기능상의 제한은 반드시 개인의 또래 연령집단과 개인이 속한 문화적 배경을 포함한 지역사회 환경의 맥락 안에서 고려되어야 한다.
    • 타당한 평가는 문화적·언어적 다양성뿐 아니라 의사소통, 감각, 운동, 행동상의 차이점도 고려하여야 한다.
    • 개인이 지닌 제한점은 흔히 강점과 함께 나타난다.
    • 개인이 지닌 제한점을 묘사하는 목적은 필요한 지원의 프로파일을 개발하기 위함이다.
    • 적절한 개별적 지원을 지속적으로 제공하면 지적장애인의 삶의 기능이 전반적으로 향상될 것이다.
  ㉡ 미국지적장애협회에서는 이와 같은 필수 가정을 더 세분화하여 차원 I (지적 능력), 차원 II (적응행동 – 개념적, 실질적, 사회적), 차원 III (참여, 상호작용 사회적 역할), 차원 IV (건강 – 신체적 건강, 정신건강, 원인론), 차원 V (주변상황 – 환경, 문화, 기회)와 같은 5가지 차원을 제시하였다. 또한 미국지적장애협회는 이러한 정의를 실시하는 데 있어서 진단, 분류, 지원계획 체제의 3가지 측면을 강조하였다.
    • 진단, 분류, 지원계획의 3가지 주요 기능이 있다.
    • 각 기능은 여러 가지 목적을 지니는데, 서비스 받을 사람을 찾는 것부터 시작하여, 정보를 체계화하고 각 개인에게 필요한 지원계획을 개발하는 것까지 다양하다.
    • 가장 적절한 분류 또는 측정체계는 진단, 분류, 지원계획 등의 3가지 기능과 각 기능을 실행하는 구체적인 목적에 달려 있다.
③ 미국 관보(Federal Register)의 정의
  ㉠ 전(全)장애아동교육법(Education for All Handicapped Children Act ; EHA)
    • 1975년 공포된 공법 94-142 전장애아동교육법의 특수교육 조항에 체육의 정의를 포함시켰다.
    • 학교에서 배우고 있는 여러 교과목 중에서 유일하게 체육에 대해서만 법으로 정의하고 있으며 미국의 학교 교육에서의 체육은 이 정의를 바탕으로 전개되고 있다.
      – 체육이란 건강과 운동 체력, 기본운동기술과 양식, 그리고 수상스포츠, 무용, 개인 및 단체 스포츠 등의 기술 발달을 의미한다.

- 체육은 특수체육, 움직임 교육, 운동발달 등을 포함하는 용어이다.
- 체육을 포함한 특수교육은 장애가 있는 아동들에게 유용해야 하며, 특수교육은 필요하다면 장애가 있는 아동의 독특한 요구를 충족시키기 위해 특별히 계획된 체육을 포함하여야 한다.

④ 세계보건기구(WHO)의 정의

세계보건기구(World Health Organization)에서는 지적장애는 정신발달이 정지된 또는 불완전한 상태로서 특히 발달기에 나타나는 지능의 장애로 특정된다. 이는 기능 수행의 수준만이 낮을 때에는 지적장애로 보지 않으며, 지적 기능 수행의 수준이 낮아 정상적인 사회 환경에서 적응하는 능력에 한계가 있을 경우에만 지적장애라 한다.

(2) 지적장애의 발생원인

지적장애의 원인은 출생 전·중·후로 나누어서 원인을 찾아볼 수 있다. 지적장애의 원인은 시기에 따라 다양하게 나타나며, 후천적 원인보다는 선천적 원인으로 인해 지적장애가 있는 경우가 많다. 또한, **다운증후군** 등 병인학적인 원인으로 인해 지적장애가 나타나기도 한다.

① 출생 전·중·후의 시기별 원인

구 분	원 인
출생 전	• 염색체 이상 예 다운증후군 • 수두증, 소두증 • 대사 이상 예 페닐케톤뇨증 • 산모의 질병 예 풍진 • 부모의 혈액형 부적합 예 Rh 인자 • 산모의 중독 예 흡연, 알코올 중독, 기타 약물중독 • 대사 장애 예 갈락토스혈증
출생 시	• 미숙아, 조숙아 • 저체중아 • 난 산
출생 후	• 질병 예 뇌수막염, 뇌염 • 발달상의 지체, 환경박탈 • 중독 예 납 함유된 페인트 노출
복합적 발생 (출생 전·중·후)	• 사 고 • 대뇌 산소결핍 • 종 양 • 매 독 • 특발성 증상

기출 POINT

다운증후군 지적장애인의 신체적 특징 17 18 20

• 환축추 불안정(Atlantoaxial Instability)
• 새가슴이나 내반족
• 척추가 휘어 있거나 고관절 탈구가 많음
• 고관절 과신전에 의한 부상 주의

OX문제

1. 다운증후군 지적장애인은 과도한 신전반사가 빈번히 나타난다. (O, X)

2. 다운증후군 지적장애인에게 신체활동을 지도할 때는 고관절의 과신전에 의한 부상에 주의해야 한다. (O, X)

정답 1 (X), 2 (O)

기출 POINT

지적장애인의 스포츠 지도전략
17

• 지적장애인의 개인별 선호도와 선택권을 존중
• 장애 정도에 따라 규칙이나 기술을 변형
• 지도자의 설명을 이해하지 못하면 시범을 보이며 설명

지적장애인 대상 스포츠지도
16 18 19 20 21

• 문제 행동 예방을 위해 주의집중에 방해가 되는 장애물 미리 제거
• 활동을 단순화시키고 정적 강화를 제공
• 성공 가능성이 높은 단순한 활동을 반복
• 익숙한 과제에서 새로운 과제의 순서로 지도
• 간단 명료한 어휘를 사용하여 지도
• 학습한 기술을 다양한 환경에서 독립적으로 경험하게 함
• 학습 동기가 감소할 경우 활동 내용에 변화를 줌

② 병인학적 원인

구 분	내 용
다운증후군 (Down Syndrome)	지적장애의 가장 큰 원인 중 하나로, 정상적인 46개의 염색체보다 1개가 많은 47개의 염색체를 가진 염색체 이상으로 발생
페닐케톤뇨증 (Phenylketonuria, PKU)	유전자에 의한 단백질 대사 이상으로 선천성 대사 장애가 원인
약체 X 증후군 (Fragile X Syndrome)	다운증후군만큼 많은 지적장애의 주요 원인 중 하나로 X 염색체에서 발견되는 1개 이상의 유전자가 관여되어 발생
프라더-윌리증후군 (Prader-Will Syndrome)	아버지로부터 원인이 되는 유전적 결함으로 인해 15번 염색체의 일부가 소실되는 이유로 발생

(3) 지적장애의 특성

① 인지행동적 특성 : 지적장애는 인지행동적 측면에서 일반인과 차이가 나타난다. 지적장애는 개인적 차이가 있지만 주의력 및 기억력 결함을 가지고 있으며, 동기유발이 잘 되지 않아 문제가 되는 경우가 많다. 지적장애인은 학습속도가 느리고, 구체적인 자료를 사용할 때 효과적으로 학습한다.

② 사회적·감정적 특성 : 지적장애인들은 상황을 잘못 받아들여 부적절하게 반응하거나 타인과 어떻게 상호작용을 해야 하는지 몰라서 사회성이 결여되는 경우가 많다. 따라서 지적장애인을 대상으로 하는 교육 프로그램은 일상생활에 대처하는 적절한 방식과 감정 반응을 결정하도록 돕는 내용이 포함되어야 한다.

③ 신체적 특성 : 지적장애인은 근력, 지구력, 민첩성, 평형성, 스피드, 유연성, 반응시간 측정에서 일반인보다 낮은 점수를 받는다. 또한 이들은 저긴장성 근조직과 과체중을 보인다. 따라서 보다 높은 수준의 기술을 수행하기 위해서는 적절한 영양섭취와 신체활동이 필요하다.

(4) 지적장애인의 체육지도전략-지도방법

① 구체적이고 다감각적 경험

㉠ 지적장애학생들은 인지발달이 느리기 때문에 이들의 정신 작용은 구체적인 대상 및 사건에 한정될 수 있다. 이로 인해 구체적인 과제 및 정보가 추상적인 것보다 더욱 쉽게 학습되거나 이용될 수 있다. 따라서 지도는 구체적이어야 하며 가장 중요한 과제 단서를 강조해야 한다.

㉡ 언어는 추상적이기 때문에 시범이나 모델링, 신체보조, 신체일부를 조작하면서 언어적 지도를 하는 것이 좋다. 시범과 모델링은 학생들이 부정확한 수행 방법을 따라하지 않도록 정확하게 이루어지는 것이 중요하다. 그리고 언어적 지도 및 단서는 짧고 간단해야 하며, 동작을 나타내는 단어를 강조해야 한다. 단지 "가라"라고 말하는 대신에 "뛰어라", "걸어라", "뛰어 넘어라"와 같이 좀 더 구체적으로 명확하게 말하는 것이 좋다.

② 생태학적 과제 분석
　　㉠ 지적장애아동은 일반적으로 일반아동만큼 정보나 과제 단서에 주의를 기울일 수 없기 때문에 지도자는 지적장애아동과 함께 활동할 때 순차적 과제 – 시간의 순서 또는 간단한 것으로부터 복잡한 요소로 기술을 세분화해야 한다.
　　㉡ 이 생태학적 과제 분석은 과제나 기술의 수행에 영향을 미칠 수 있는 환경 요인들(예 공의 크기, 공의 속도, 배트의 길이, 표적과의 거리)뿐 아니라 아동의 한계나 제한점(예 지적장애, 낮은 수준의 유연성)도 다루어야 한다.

③ 행동관리
　　㉠ 단서제공, 강화, 수정과 같은 행동관리 원칙을 적용하는 것은 성공적인 과제 분석 기술과 학생들이 기술을 학습하거나 수행할 수 있게 하는 세부적인 행동들을 지도함에 있어 매우 중요하다.
　　㉡ 행동의 원칙들은 체계적으로 활용 및 조정되어야 한다. 또한 영향을 받을 수 있는 행동들은 정확해야 하며, 확인된 행동에 변화를 촉진할 수 있도록 설계되어야 한다.
　　㉢ 현장의 많은 사례들은 학생의 수행과 피드백 사이에 시간이 짧으면 짧을수록 학습은 더 잘 이루어지고, 특히 확장적 또는 전반적 지원이 필요한 지적장애인에게 효과적임을 보여주고 있다.

④ 익숙한 과제에서 새로운 과제로 접근하기
　　㉠ 지적장애학생들은 과거의 경험과 학습한 정보를 유사한 과제라 할지라도 새롭게 적용시키는데 어려움이 있기 때문에 각각의 새로운 과제를 낯선 과제로 보기 쉽다.
　　㉡ 익숙한 과제에서 새로운 과제로 발전하는 것은 점증적으로 이루어져야 하며, 필요에 따라 집중적으로 강화되어야 할 필요가 있다. 따라서 교사는 학생들의 기술 및 이해 범위 내에서 지도하기 시작해야 한다.
　　㉢ 학습해야 할 과제는 작고 의미 있는 단위로 세분화하여 제시하고, 가능한 순서의 변화 없이 연속적·전체적으로 연습하도록 한다.

⑤ 활동변형
　복잡하고 도전적인 기술도 필요에 따라 변형될 수 있다면, 지적장애학생이 일반학생과 더불어 체육 및 스포츠활동에 성공적으로 참여할 수 있을 것이다. 특히 건강손상 및 신체장애를 갖고 있거나 확장적 또는 전반적 지원이 필요한 지적장애학생에게는 더욱 그러하다. 이런 방식의 활동들은 주로 다음과 같이 변형될 수 있다.
　　㉠ 높은 수준의 스포츠 기술을 기본운동기술 및 패턴으로 대체
　　㉡ 앉기, 바잡기 또는 지지를 위해 또래의 손잡기 허용
　　㉢ 치기와 받기에서 더 부드럽고 가볍고, 느린 공 사용
　　㉣ 차기와 치기에서 더 큰 공 사용
　　㉤ 더 짧고 가벼우며 면이 넓은 치기 도구로 대체
　　㉥ 움직이는 공 대신 고정되거나 매달려 흔들리는 공으로 대체
　　㉦ 표적과 활동 영역 확대
　　㉧ 활동에 참여하는 사람의 수 감소
　　㉨ 활동 공간의 폭 좁히기와 크기 줄이기
　　㉩ 활동 공간 내에 안전 영역이나 특별 영역 선정하여 활동하기

기출 POINT

지적장애인을 위한 활동변형
19 22

• 높은 수준의 기술을 기본운동 기술로 대체
• 바(Bar) 잡기 또는 손잡기 허용
• 구기종목에서는 가볍고 큰 공으로 변형
• 활동에 참여하는 사람과 활동 공간 줄이기

OX문제

1. 지적장애인의 스포츠지도 시, 강화제를 즉시 주기 어렵다면 토큰을 주고 나중에 원하는 강화제와 교환하는 토큰경제법이 유용하다. (O, ×)

2. 지적장애인에게 운동기술을 지도할 때는 되도록 익숙한 과제에서 새로운 과제의 순서로 지도하는 것이 좋다. (O, ×)

정답 1 (O), 2 (O)

기출 POINT

정서장애인의 개념 15
• 장기간에 걸쳐 학습상의 어려움을
겪기 때문에 특별한 교육적 조치가
필요한 사람
• 개인 문제에 관련된 신체적인 통증
이나 공포를 나타내는 사람
• 일반적인 상황에서 부적절한 행동
이나 감정을 나타내는 사람
• 전반적인 불행감이나 우울증을 나
타내는 사람

02 정서·행동장애

(1) 정서·행동장애의 정의

정서·행동장애는 현재까지 공식적으로 사용되는 용어가 매우 다양한 장애 영역이다. 현재 우리나라의 장애인 등에 대한 특수교육법 시행령에서는 '정서·행동장애'라는 용어를 사용하고 있으며, 미국장애인교육법(Individuals with Disability Education Act)에서는 '심한 정서장애(Seriously Emotionally Disturbed)'라는 용어를 채택하고 있다. 우리나라 「장애인 등에 대한 특수교육법 시행령」 별표 제5호에서 장기간에 걸쳐 다음의 어느 하나에 해당하여, 특별한 교육적 조치가 필요한 사람을 정서 및 행동장애라고 보고 있다.

① 지적·감각적·건강상의 이유로 설명할 수 없는 학습상의 어려움을 지닌 사람
② 또래나 교사와의 대인관계에 어려움이 있어 학습에 어려움을 겪는 사람
③ 일반적인 상황에서 부적절한 행동이나 감정을 나타내어 학습에 어려움이 있는 사람
④ 전반적인 불행감이나 우울증을 나타내어 학습에 어려움이 있는 사람
⑤ 학교나 개인 문제에 관련된 신체적인 통증이나 공포를 나타내어 학습에 어려움이 있는 사람

(2) 정서·행동장애의 발생원인

정서·행동장애의 원인으로 다양한 요인들이 언급되고 있지만, 크게 생물학적인 요인과 심리–사회적 요인을 주요 요인이라 할 수 있다.

① **생물학적 요인** : 개인의 정서는 유전적·신경학적·생리학적 요인들에 의해 영향을 받을 수 있다. 전문가들은 유전이나 출산 전의 상태와 같은 체질상의 요인들이 특정한 행동 패턴을 발달시킨다는 사실에 동의하고 있으며, 생의 초기 단계에서부터 난 기질을 보이는 사람들이 정서·행동장애를 일으킬 성향이 높다고 판단한다. 기질 이외에도 질병, 출산 합병증이나 사고에 의한 뇌 손상, 영양 부족, 중독 물질에의 노출과 같은 생물학적인 요인들이 정서·행동장애를 발생시킨다.

② **심리–사회적 요인**

㉠ 가족 요인 : 부모–자녀 간의 부정적인 상호작용은 정서·행동장애를 일으키는 주요 인이다. 전문가들은 훈육은 거의 하지 않으면서 적대적이고 거부적이며, 잔인하고 일관적이지 못한 태도로 양육하는 부모 밑에서는 공격적이고 비행을 저지르는 아동이 많이 생겨나게 됨을 밝히고 있다. 또한 가족 구성원의 낮은 사회–경제적인 지위, 가족 외부로부터의 지원 부족과 같은 요인도 정서·행동장애를 일으키는 위험 요인이 될 수 있다고 본다.

ⓛ 학교 요인 : 가족 요인과 마찬가지로 학교에서의 부정적인 경험도 정서·행동장애 문제를 일으킬 수 있다. 정서 및 행동문제를 일으키는데 기여하는 학교 관련 특정 요인들은 다음과 같다.
- 학생의 개별적 특성에 대한 교사의 무감각
- 학생의 성취나 품행에 대한 교사의 너무 높거나 낮은 부적절한 기대
- 너무 방임적이거나, 완고하거나, 일관적이지 못한 학교 훈육방법
- 비기능적이거나 무관한 교수 기법
- 잘못된 행동은 관심을 받고, 바람직한 행동은 무시하는 학교환경
- 교사나 또래의 잘못된 행동을 모방할 수 있는 기회

(3) 정서·행동장애의 특성

① **지능 및 학업 성취** : 정신병(Psychoses)을 지니는 것으로 진단된 학생을 제외한 정서·행동장애 학생들의 평균적인 IQ는 낮은 정상 범주라고 할 수 있는 90~95 정도이나, 실제적인 학업 수행력은 이러한 지능 검사 결과로부터 예상해 볼 수 있는 기대치에 훨씬 못 미친다. 대부분의 정서·행동장애 학생들은 읽기를 잘 못하고, 수학 문제 등을 푸는데 있어서도 어려움을 나타낼 뿐만 아니라, 기타 과목의 학습에 있어서도 많은 문제를 보인다.

② **적응행동** : 정서·행동장애 학생들은 가정, 학교, 지역사회 환경에 적응하는데 있어서 다양한 문제를 나타낸다. 가장 보편적인 문제는 싸우기, 때리기, 반항하기, 울기 등의 품행장애(Conduct Disorder)를 들 수 있다. 사회적으로 미성숙하고 위축된 행동을 보이는 정서·행동장애 학생들은 정상적인 발달의 특성인 만족스러운 인간관계를 발달시키지 못하기 때문에 사회적으로 고립되어 친구가 거의 없거나 아무런 이유 없이 우울 증세를 보이기도 한다.

③ **과잉행동, 충동성, 산만성** : 정서·행동장애 학생들이 학교 상황에서 보편적으로 나타내는 행동 특성으로는 과잉행동, 충동성, 산만성이 있다.
  ㉠ 과잉행동 : 활동의 양이 연령이나 주어진 과제에 비해 지나치게 과도하게 나타날 때 사용되는 용어
  ㉡ 충동성 : 아무런 생각이나 목적 없이 행동하는 경향성을 의미하는 용어
  ㉢ 산만성 : 과제에 대한 집중력과 관련된 용어로, 학교 활동을 함에 있어서 주변 자극으로부터 쉽게 방해를 받거나 특정 과제에 주의를 기울일 수 없는 경우를 일컫는 용어

기출 POINT

주의력결핍 과잉행동장애(ADHD)의 일반적인 특징 18
- 동작이 서투르고 운동발달이 느림
- 정확한 운동 조절과 타이밍에 결함이 나타남
- 뇌 전두엽 및 그 연결망의 이상으로 억제력, 작업기억, 실행기능 등에 어려움을 보임

OX문제

1. 주의력결핍 과잉행동장애는 낮은 지능과 미숙한 적응행동으로 인해 지적장애로 분류된다. (O, ×)
2. 언어 표현 능력이 인지능력에 비하여 현저하게 부족한 사람은 정서장애로 분류된다. (O, ×)

정답 1 (×), 2 (×)

(4) 정서·행동장애인의 체육지도전략–지도방법

① 정서·행동장애인들에게 적절한 강화를 제공하고, 이러한 강화가 포함된 놀이, 게임, 체력 운동 및 사회성 기술을 발달시키는 데 중점을 둔 활동들을 제공해야 한다. 활동에 참여하기 싫어하는 참가자들에게는 경쟁 스포츠를 강요하는 것이 바람직하지 않으며, 처음에는 직접 참여하는 활동보다는 다른 사람들이 활동하는 모습을 참관하게 하고, 일정시간이 지난 후 비경쟁적인 자기향상 활동에 참여하도록 유도한다.

② 체계적인 체육프로그램은 보다 정상적인 생리적 반응을 자극시키고 격양된 감정을 적절히 분출시켜 줄 수 있다. 모든 환경자극은 구조화된 환경 내에서 지도자의 통제 하에 이루어져야 한다. 적절한 자극을 활용하고, 주의를 분산시키는 자극을 줄이거나 제거하여야 한다.

③ 활동 시 기다리는 시간을 최소화시키고 흥분을 가라앉히며 인내심을 가지게 한다. 문제행동을 보이는 경우 잠시 타임–아웃을 활용할 수 있다. 동적인 활동과 차분하고 정적인 활동을 모두 제공하는 것이 바람직하며, 참가자가 흥분할 때의 상황을 예견하고 미리 완화시키는 방안을 숙지하도록 한다. 과잉행동을 보이는 참가자는 이완 및 비경쟁활동이 적합하며, 활동이 매우 저하된 상태의 참가자는 적극적인 놀이와 게임이 적합하다.

03 자폐성 장애

(1) 자폐성 장애의 정의

① 자폐성 장애(Autistic Disorder)란 그리스어의 '자기(Self)'라는 의미를 가진 'Auto'라는 어근에서 따온 용어로서, Bleuler(1911)가 정신분열증을 보이는 일련의 사고 장애를 기술하기 위해 처음으로 의학계에 등장시킨 용어이다.

② 장애인 등에 대한 특수교육법 시행령(제10조 관련, 별표)
우리나라 장애인 등에 대한 특수교육법 시행령 별표 제6호에서 자폐성장애를 지닌 특수교육대상자를 '사회적 상호작용과 의사소통에 결함이 있고, 제한적이고 반복적인 관심과 활동을 보임으로써 교육적 성취 및 일상생활 적응에 도움이 필요한 사람'이라고 규정하고 있다.

(2) 자폐성 장애의 발생원인

① 자폐성 장애의 원인에 대한 학자들의 견해는 매우 다양하지만 일반적으로는 뇌간의 손상, 전두엽의 기능부전 등 두뇌구조나 기능상의 문제에 의한 것으로 보는 견해가 지배적이다.

② 환경적인 독소들(예 수은 등의 중금속)이 과거보다 증가하면서 자폐성 장애의 발생 가능성을 증가시키는 요인이 되고 있다는 연구 결과가 제시되고 있다.

③ 자폐성 장애는 이러한 환경적 노출에 취약해서 신진대사를 원활히 하거나 독소를 치료해내는 능력이 낮은 편이다.

(3) 자폐성 장애의 특성

① **인지적 특성** : 자폐성 장애인의 인지적인 양상은 일관되게 나타난다기보다 하위 유형이나 전반적 기능 수준에 따라 가변적인 양상을 보인다.

② **의사소통 특성** : 자폐성 장애로 진단받은 아동의 절반 정도는 기능적인 언어의 발달을 이루지 못하는 것으로 알려져 있다. 1인칭 대명사 대신 2인칭 대명사를 사용하는 대명사 전도 현상, 은유적인 언어, 특이한 억양 및 말투, 심한 축어적 표현 등이 자폐성 장애인에게서 관찰되는 언어의 대표적인 예다.

③ **사회적 상호작용 특성** : 자폐성 장애인의 대부분은 다른 사람과의 눈맞춤 결여, 주위 사람들과의 빈약한 애착 형성, 하루의 대부분을 혼자서 보내기, 특정한 사물에 대한 강한 집착, 상처를 입거나 기분이 상해도 다른 사람으로부터 위안을 받으려 하지 않는 등의 사회적 상호작용에 많은 문제가 나타난다.

④ **행동 특성** : 자폐성 장애인에게 나타나는 대표적인 문제 행동은 상동행동, 자해행동, 공격행동이 있다.

　㉠ **상동행동** : 몸 앞뒤로 흔들기, 눈앞에 손가락이나 막대 대고 흔들기, 물건 빙빙 돌리기 등 반복적이고 부적절하게 나타나는 행동을 의미

　㉡ **자해행동** : 머리 들이박기, 깨물기, 할퀴기 등의 자해행동을 보임. 심한 경우에는 영구적인 자기 손상을 입게 되거나 목숨을 잃기도 함

　㉢ **공격행동** : 자해행동과 달리 그 대상이 자신이 아닌 남이 되는 특성을 지니는 행동을 의미

⑤ **환경 요인 특성** : 자폐성 장애인은 환경의 변화에 상당히 민감한 반응을 보인다. 예견가능하게 구조화된 환경이라도 일정의 변경이나 방학, 텔레비전 스케줄의 변경, 반의 이동 등에 의해 무너지게 되는 경우 상당한 불안감을 보인다.

(4) 자폐성 장애인의 체육지도전략-지도방법

① 그림과 의사소통 보드

자폐성 장애 아동 교육에서 가장 성공적이고 많이 쓰이는 방법 중 하나는 그림과 의사소통 보드의 활용이다. 그림의 유형은 사진, 실물과 똑같은 그림, 그리고 상징적 그림 등이다. 그림 하나에 한 항목만 포함하는 게 최상의 효과를 낼 수 있다. 이는 자폐성 장애 아동들은 관련 없는 정보를 배제할 수 있는 능력이 결여되어 자칫 과잉 선택할 수 있는 경향이 있기 때문이다. 또한, 보드메이커라는 프로그램은 사건이나 행동 등을 나타내는데 있어서 보편적으로 받아들여지는 상징들을 구성하는데 도움을 주는 소프트웨어이다.

기출 POINT

상동행동 [16]
자폐성 장애인이 특정 행동이나 동작을 습관적으로 반복하는 행동

자폐성 장애인의 스포츠 지도전략
[17] [20] [21]
• 언어적 지도와 비언어적 지도를 병행
• 지도자가 학습자의 행동을 말로 표현
• 사회적 관계형성을 익히도록 함
• 시각적 단서를 제공

기출 POINT

과제분석 16
특정 과제를 지도하기 위해 과제를 세부적으로 나누는 활동

과제분석의 적용사례 18 20
• 유사활동 중심 프로그램
• 상지의 근력 및 근지구력 향상을 위한 프로그램
 – 1과제 : 누워서 양팔 굽혔다 펴기
 – 2과제 : 누워서 양손으로 큰 공 잡고 굽혔다 펴기
 – 3과제 : 서서 양손 벽에 대고 팔 굽혔다 펴기
 – 4과제 : 서서 양손으로 아령 들고 올렸다 내리기
 – 5과제 : 바닥에 무릎 대고 팔 굽혔다 펴기

② 규칙적인 일상과 구조

자폐성장애 아동들은 새롭거나 기존 환경과 일치하지 않는 정보가 무작위로 또는 무계획적으로 제공될 때 부적절한 행동으로 반응하기도 한다. 시작부터 끝까지 일상적 과제를 수행하는 것은 과제에 대한 기대치를 향상시킬 수 있다. 또한, 유사성이 있는 일부 정보를 통해 점진적으로 새로운 정보를 소개할 수 있으며, 학생들이 적절한 반응을 나타낼 수 있기 때문에 새로운 정보나 행동을 소개하고자 할 때 유용하다.

③ 자연스러운 환경 단서와 과제분석

㉠ 체육수업시 교사는 공간을 구조화하여 예측 가능한 환경을 만들어 자연스럽게 환경 단서를 제공하도록 한다.

• 지도교사는 수업이 이루어지는 수업 환경이 아동들에게 익숙하게 느껴지도록 체육관이나 야외운동장, 매트, 사물의 위치, 심지어 공간의 변화까지도 이전의 환경과 유사하게 만들어 줄 필요가 있다.

• 지도교사는 확실한 영역을 만들어 줄 필요가 있다. 체육수업의 종결은 아동이 해당 학급으로 돌아가도록 체육교사가 항상 같은 단서를 주어야 한다.

㉡ 과제분석은 과제의 조직적인 요인별 세분화를 통해 성공적인 과제수행을 도모한다. 예를 들어 축구 골대를 향해 슛을 할 때, 다음의 단계별로 나누어서 과제를 수행할 수 있다.

• 슈팅라인에 서기
• 슈팅라인에 공을 올려놓기
• 신호를 듣고 슛하기

㉢ 과제수행에 필요한 기술들은 다시 더 세분화될 수 있는데, 과제분석 세분화 정도는 과제의 종류나 수행자의 기술 수준에 따라 결정된다.

④ 교정시점으로 되돌리기

이 방법은 정확하게 기술을 수행한 마지막 단계로 아동을 되돌려 보내는 것이다. 야구를 예로 들어 살펴보면, 교사는 적절한 타격 거리를 유지하고, 올바른 스윙을 하도록 지시하지만, 아동은 배트를 들고 1루로 달려 나가는 경우가 많다. 교정시점으로 되돌리기 전략에 따르면, 지도교사는 아동이 스윙을 반복하고, 1루로 달려 나가기 전에 바닥에 배트를 내려놓도록 신체적 보조를 제공하며, 아동이 부적절한 행동을 나타내기 전에 마지막으로 정확한 반응을 나타낸 단계로 되돌려 보내는 것이다.

⑤ 학습방식

학습의 방식은 청각, 운동감각, 시각의 세 범주로 나눌 수 있다. 이 중 시각적 학습자는 관전하거나 그림 또는 사진을 봄으로써 지식이나 기술을 효과적으로 습득하는 경향이 있고, 주변의 다른 활동이나 소음에 쉽게 영향을 받는다. 자폐성장애 아동들은 시각적 학습자의 경향이 두드러진다.

04 시각장애

(1) 시각장애의 정의

시각장애에 대한 정의는 시대나 사회에 따라 다르다. 전문가 또는 전문 분야에 따라서도 다르며, 교육이나 복지처럼 제공되는 서비스의 종류에 따라서도 다르다. 정의는 크게 의학적 정의와 법적 정의로 분류된다.

① 의학적 정의 : 시각장애의 의학적 정의는 일반적으로 시력과 시야에 의해 결정된다. 시력(Visual Acuity)은 사람이 볼 수 있는 명료도를 의미하며, 시야(Visual Field)는 눈으로 정면의 한 점을 주시하고 있을 때 그 눈에 보이는 외계의 범위를 의미한다. 시력(중심시력)은 시시력표(Test Chart)로 측정한다. 시시력표는 시력을 측정할 수 있도록 여러 단계로 배열된 시표를 의미하는데, 시표에는 란돌트환시표(Landolt's ring), 스넬렌(Snellen) 시표, 아라비아숫자 시표, 자기 나라 문자를 사용한 시표, 소아용 도형시표 등 여러 가지가 있다. 예를 들어 세계적으로 많이 쓰이는 스넬렌 시표로 시력을 측정할 경우, 가장 큰 글자를 200으로 정하고 가장 작은 글자를 20으로 볼 때, 20피트 거리에서 200에 해당하는 글자를 읽을 수 있으면 0.1이고, 가장 작은 20에 해당하는 글자를 읽을 수 있으면 그 시력은 1.0이다.

② 법적 정의 : 우리나라에서 법으로 규정하고 있는 시각장애의 정의는 다음과 같다.

ⓒ 시각장애인의 장애 정도(「장애인복지법 시행규칙」 별표 1, 2022. 9. 6. 개정)

- 장애의 정도가 심한 장애인
  - 좋은 눈의 시력(공인된 시력표로 측정한 것을 말하며, 굴절이상이 있는 사람은 최대 교정시력을 기준으로 한다. 이하 같다)이 0.06 이하인 사람
  - 두 눈의 시야가 각각 모든 방향에서 5도 이하로 남은 사람
- 장애의 정도가 심하지 않은 장애인
  - 좋은 눈의 시력이 0.2 이하인 사람
  - 두 눈의 시야가 각각 모든 방향에서 10도 이하로 남은 사람
  - 두 눈의 시야가 각각 정상시야의 50퍼센트 이상 감소한 사람
  - 나쁜 눈의 시력이 0.02 이하인 사람
  - 두 눈의 중심 시야에서 20도 이내에 겹보임이 있는 사람

ⓛ 장애인 등에 대한 특수교육법 시행령(제10조 관련, 별표)

시각계의 손상이 심하여 시각기능을 전혀 이용하지 못하거나 보조공학기기의 지원을 받아야 시각적 과제를 수행할 수 있는 사람으로서, 시각에 의한 학습이 곤란하여 특정의 광학기구·학습매체 등을 통하여 학습하거나 촉각 또는 청각을 학습의 주요 수단으로 사용하는 사람

기출 POINT

스포츠활동을 목적으로 한 시각 장애인의 세 가지 등급 15

- B1 : 어느 쪽으로도 빛을 감지하지 못하는 경우
- B2 : 시력이 2m/60m 이하 또는 시야 5도 이하로 물체나 그 윤곽을 인식하는 경우
- B3 : 시력이 2m/60m~6m/60m 또는 시야 5도~20도 사이인 경우

(2) 시각장애의 발생원인

시각장애를 초래하는 원인 질환에는 여러 가지가 있으며, 그 사회의 생활수준, 처해있는 환경, 시대 변천에 따른 변화 등에 따라 나타나는 양상은 조금씩 다를 수 있다. 시각장애 질환은 크게 선천성과 후천성으로 나눌 수 있다. 실명과 관련된 대표적인 몇 가지 중요한 질환의 원인은 다양하며, 확실히 구별할 수 없는 불분명한 경우도 있어 그 원인이 어디에 있는지 명확하게 정의내릴 수는 없다.

① **백내장** : 수정체에 어떤 원인으로 인하여 혼탁이 생겨 투명성을 소실하게 되면 광선이 눈 속으로 들어오는 것을 방해하여 시력 저하를 초래하게 된다. 이와 같이 수정체가 투명도를 잃고 혼탁된 상태를 백내장이라고 하며, 실명의 원인 중 매우 큰 비중을 차지하고 있다.

② **녹내장** : 우리 몸에 혈압이 있듯 눈에도 압력이 있는데 이를 안압이라 한다. 안압이 일정 수준 이상으로 높아져 시신경에 손상을 주고 시야가 좁아진 상태를 녹내장이라 하고, 안압이 조절되지 않은 상태로 방치하면 결국 시력을 잃게 된다. 녹내장은 방수의 생산과 배출에 평형이 깨져 발생하며, 대부분의 경우 방수의 배출 경로에 이상이 생겨 방수가 잘 빠져나가지 못하게 되면 안압이 상승하게 된다.

③ **신생아 농루안** : 갓 태어난 신생아가 산모의 산도를 통해 나올 때 모체의 산도에 있던 임질균이 신생아 눈으로 들어가 감염되어 생긴다. 임균에 감염된 신생아의 눈에는 처음 2~5일 후에 양쪽 눈까풀과 결막에 심한 부종과 충혈, 더 나아가 결막출혈이 나타나고 고름 같은 농성 분비물이 계속해서 분비된다. 처음 결막에 침범된 임균을 적절히 처치하지 못하면 점차 각막이 침범되어 각막궤양을 일으키고 종내에는 각막천공으로 진행되어 실명된다.

④ **시신경 위축** : 시신경은 뇌 중추신경 중에서 두 번째에 해당되는 중요한 신경조직이다. 시신경 자체의 손상뿐만 아니라 각종 뇌질환의 영향을 받아 변화를 일으키기도 하고 여러 가지 전신질환이나 약물중독에 의해서도 손상을 받아 위축되면 실명된다.

⑤ **무안구증** : 무안구증은 안구가 없는 상태로 눈꺼풀과 눈썹으로 정상적으로 형성되어 있으나, 안구가 없는 상태여서 닫혀져 있거나 약간 벌어져 있는 상태로 있다. 대개 안구가 없는 관계로 눈이 안쪽으로 쑥 들어간 상태가 된다.

⑥ **고혈압성 망막증** : 고혈압은 그 원인이 무엇이든 혈압이 높게 지속되면 혈압의 정도나 지속 시간에 따라 여러 가지 형태와 정도의 망막증이 생기게 된다. 고혈압이 적절히 치료되지 않으면 눈에는 돌이킬 수 없는 각종 망막 변화가 생기고 종내에는 눈의 중심부인 황반부에 변성으로 시신경까지 위축되어 실명에 이르게 된다.

⑦ **당뇨병성 망막증** : 사회가 점차 다양해지고 식생활의 변화 등 여러 요인들에 의한 결과로 현대병이라 할 수 있는 당뇨병 환자가 점차 늘어가는 추세에 있다. 당뇨병도 고혈압의 경우와 마찬가지로 적절히 치료를 하지 않으면 망막에 출혈이나 삼출물 등의 여러 가지 변화를 일으켜 결국 실명을 초래하게 된다.

⑧ **미숙아 망막증** : 미숙아 망막증은 미숙아에서 아직 성숙되지 않고 불완전하게 혈관 형성이 된 망막에 비정상적으로 신생 혈관이 형성되어 실명에까지 이르는 질환이다. 전 세계적으로 소아 실명의 주요 원인으로 대두되고 있다.

(3) 시각장애의 특성

① **인지적 특성** : 피아제(Piaget)의 인지발달 단계를 기초로 하여 시각장애 아동의 인지능력 발달을 살펴보면, 시각장애 아동은 감각운동기에서 구체적 조작기까지 인지적 능력을 발달시키는 데 일반 아동에 비해 다소 느린 발달 수준을 보이다가 형식적 조작기에 들어 발달지연의 폭이 좁아져서 일반 아동의 인지발달과 동일한 수준의 인지능력을 가지고 있는 것으로 나타났다.

② **학습적 특성** : 시각장애로 인한 정보 습득이 어렵고 교수 절차의 구체성 부족으로 인하여 학습지체 현상을 보이기도 한다. 그러나 최근 특수교육 공학기기의 발달로 인하여 글자를 확대하거나 점자 자료를 사용할 수 있는 방법이 활용되고 있다.

③ **신체적 · 행동적 특성** : 시각적 자극의 제한으로 인하여 운동 기회와 경험이 제한되어 운동능력이 떨어지는 경우가 많다. 특히 앉기나 서기와 같은 정적인 운동 기능에 대해서는 문제가 없으나, 달리기와 멀리뛰기와 같은 동적인 운동 기능에 대해서는 일반인에 비해 지체 현상을 보인다.

④ **사회적 특성** : 시각장애인들은 시각적 제약으로 인해 동료와 어울린다거나 주변환경에 능동적으로 참여하는 데 어려움을 가지고 있다. 이로 인해 사회적 관계나 사회성 발달에 어려움을 겪게 된다.

(4) 시각장애인의 체육지도전략 – 지도방법

① 학생의 현재 수행능력을 판단하고, 자립심을 키우는 방법을 사용한다.
　㉠ 모든 학생에 대하여 긍정적인 태도를 유지 · 향상시킨다.
　㉡ 신체활동에 참여하는 모든 학생들을 격려한다.
　㉢ 학부모를 자원으로 활용한다.
　㉣ 시각장애 학생이 도전하여 성공할 수 있도록 한다.
　㉤ 신체활동 시 가능한 스스로 움직일 수 있도록 지도한다.

② 시각장애 아동들이 움직임을 자연스럽게 익힐 수 있는 종목들은 다음과 같다. 소리 나는 풍선 차기, 낙하산 좌우로 흔들기, 경사면 구르기, 스쿠터 당기기, 치료용 공 밀기, 하늘로 뛰기, 움직임 탐험, 줄넘기 놀이 등이 있다.

③ 시각장애 아동에게 활동을 지도할 때마다 선택의 기회를 제공하는 것이 중요하다. 신체 활동에서 선택은 물체의 크기, 소리, 색, 재질감 등을 바탕으로 다양한 환경, 기구 등의 경우에 적용할 수 있다.

기출 POINT

시각장애인의 심동적 특성 18
- 상황이 수시로 변하는 운동 과제의 수행에 어려움을 보임
- 발을 땅에 끌며 걷거나 구부정하고 경직된 자세를 보임
- 불필요한 동작을 하게 되어 더 많은 에너지를 소비

시각장애인의 운동 특성 15
- 비정상적인 자세를 가지고 있는 경우가 많음
- 비장애인보다 감각운동과 협응력이 떨어지는 편
- 상동행동이 나타날 수 있음

시각장애인의 스포츠 활동방법 16
- 레슬링 : 서로 떨어지지 않고 상대 선수를 붙잡은 상태로 경기
- 볼링 : 핸드 가이드 레일을 이용
- 양궁 : 음향신호, 점자 방향 지시기, 발 위치 표시기 등을 사용

시각장애인을 위해 고안된 종목 19
- 쇼다운
- 골 볼
- 텐덤사이클

기출 POINT

시각장애인을 위한 스포츠지도 전략 19 20 21

- 저시력일 경우에는 청각과 촉각에 시각 정보를 함께 활용하도록 지도한다.
- 지도자와 성별이 다른 경우에는 신체 접촉에 대해 주의함
- 시각장애인이 놀라지 않도록 신체적 가이던스(Physical Guidance)를 제공하기 전에 미리 알려줌
- 전맹일 경우에는 시범을 보이는 지도자의 자세를 자신의 손으로 확인시킴

시각장애인 대상 축구 지도 19

- 구슬이 들어간 공과 소리가 나는 골대를 설치하고, 주변 소음을 차단
- 오프사이드를 없애는 등의 적절한 규칙변형을 통해 지도
- 체력과 안전상의 문제를 예방하기 위해서 축구 경기장을 축소
- 경기력 향상보다는 장애인의 안전과 스포츠 체험 경험 자체를 중시해야 함

④ 언어적 설명, 교사 또는 동료에 의한 시범, 교사 또는 동료로부터의 신체 보조, 교사 또는 동료시범을 촉각으로 학습하기, 소리 나는 기구 사용 등의 방법을 이용한다. 대부분의 시각장애인은 경미한 시력이 남아있기 때문에 필요한 시각적 단서와 함께 단서의 강조 방법에 대해 살펴보아야 한다. 이 때 색깔, 명암, 밝기는 중요한 요소이다. 학생에게 시력에 도움이 되는 것이 무엇인지 질문하여 확인하여야 한다. 예를 들어, 한 학생은 파란 앞치마와 빨간 앞치마를 구별하지 못할 수도 있으나 노란색 앞치마를 선명하게 볼 수도 있다. 또한, 높이뛰기대 또는 평균대 가장자리와 같은 곳에 장비 색상과 대비되는 색상의 테이프를 사용해야 한다. 그리고 구분이 용이하도록 밝고 색깔이 있는 공, 매트, 운동장 표시, 골대를 사용해야 한다. 백색증과 녹내장 질환이 있는 시각장애인에게는 눈부시지 않은 환경에서 단색 도구가 유용하다. 체육관 내 조명을 밝게 해야 한다. 그러나 밝은 불빛에 자기자극을 보이거나 반짝거림에 힘들어하는 학생들에게는 실내조명을 더 어둡게 조정해야 한다.

05 청각장애

(1) 청각장애의 정의

청각을 통한 소리의 전달과 인식 경로를 보면, 공기 중의 음파가 외이도를 지나 고막을 진동시키고, 이 진동은 고막 뒤에 있는 이소골을 지나면서 증폭되어 난원창을 통하여 내이에 들어가 외우내의 림프액에 진동을 일으키며, 이 진동은 코르티기관에서 전기적 에너지로 변환되어 청신경을 통하여 대뇌에 이르게 되어 소리를 느끼게 된다. 이러한 청각 경로의 어느 부분에라도 이상이 있으면 듣기에 어려움을 겪게 되는데 이러한 현상을 청각장애라고 한다. 다음과 같이 분류한다.

① 청력 수준에 따른 분류

교육적인 관점과 복지 차원의 정의는 법적으로 규정하게 되는데, 「장애인 등에 대한 특수교육법 시행령」〈별표〉에서는 '청력 손실이 심하여 보청기를 착용해도 청각을 통한 의사소통이 불가능 또는 곤란한 상태이거나, 청력이 남아 있어도 보청기를 착용해야 청각을 통한 의사소통이 가능하여 청각에 의한 교육적 성취가 어려운 사람'을 청각장애를 지닌 특수교육 대상자로 규정하고 있다. 「장애인복지법 시행규칙」에서는 청각장애인 범주를 청력이 손실된 사람과 평형 기능에 장애가 있는 사람으로 분류하였으며, 청력 손실자의 장애등급을 다음과 같이 규정하고 있다.

⊙ 청력을 잃은 사람
- 장애의 정도가 심한 장애인 : 두 귀의 청력을 각각 80데시벨 이상 잃은 사람(귀에 입을 대고 큰소리로 말을 해도 듣지 못하는 사람)
- 장애의 정도가 심하지 않은 장애인
  - 두 귀에 들리는 보통 말소리의 최대의 명료도가 50퍼센트 이하인 사람
  - 두 귀의 청력을 각각 60데시벨 이상 잃은 사람(40센티미터 이상의 거리에서 발성된 말소리를 듣지 못하는 사람)
  - 한 귀의 청력을 80데시벨 이상 잃고, 다른 귀의 청력을 40데시벨 이상 잃은 사람
ⓛ 평형기능에 장애가 있는 사람
- 장애의 정도가 심한 장애인 : 양측 평형기능의 소실로 두 눈을 뜨고 직선으로 10미터 이상을 지속적으로 걸을 수 없는 사람
- 장애의 정도가 심하지 않은 장애인 : 평형기능의 감소로 두 눈을 뜨고 10미터 거리를 직선으로 걸을 때 중앙에서 60센티미터 이상 벗어나고, 복합적인 신체운동이 어려운 사람

② 청력 손실 시기에 따른 분류
⊙ 언어 전 청력 손실 : 말을 하고 언어를 이해하는 학습을 하기 이전(3~5세)에 청력 손실이 생긴 경우이다. 태어날 때부터 청각장애였거나 유아기에 청력을 손실한 청각장애의 약 95%가 한쪽이나 양쪽의 농 부모를 가지고 있어 자발적인 언어 획득이 힘들고, 다른 사람들과의 의미 있는 의사소통이 어렵다.
ⓛ 언어 후 청력 손실 : 말을 하고 언어를 이해하는 학습을 한 후에 청력 손실이 있는 경우이다. 대부분의 사람은 말을 사용하고 구두로 의사소통하는 능력을 가지고 있다. 언어수용능력은 열악하지만, 언어표현능력은 대체로 유지한다.

③ 청각기관의 손상 부위에 따른 분류
⊙ 전음성 난청 : 기도 청력에 관여하는 부분 중에서 외이 또는 중이 부분에 장애가 있어 소리가 전달되지 못하는 일반적인 청력 손실을 말한다.
ⓛ 감음신경성 난청 : 소리를 분석하여 뇌로 전달해 주는 달팽이관 또는 청신경에 장애가 있는 것으로, 저주파수대역보다 고주파수대역 손실이 더 크다.
ⓒ 혼합성 난청 : 전음성과 감음신경성이 혼합되어 나타나는 유형이다.

(2) 청각장애의 원인
① 선천적 요인
⊙ 유전성 요인 : 선천적 청각장애의 약 50% 정도는 유전이상의 원인이다. 유전적 청각장애는 부모 중 한 명이 청각장애 우성 유전자를 보유하고 있고, 청각장애일 경우에 약 50%의 확률로 자녀가 청각장애가 될 수 있다. 이 가능성은 양친이 모두 우성 유전자를 보유하든지 가계의 한쪽 조부모 모두가 청각장애가 있다면 유전적 요인 때문에 청각장애가 될 확률이 높아진다.

기출 POINT

전음성 난청 18 23
- 소리의 왜곡은 없지만 희미하게 들림
- 후천성인 경우가 많아 수화보다는 구화나 보청기를 주로 사용
- 청각신경 손상보다는 소리를 외이에서 내이로 전달하는 과정의 문제로 발생
- 청력 손실이 60~70dB를 넘지 않음
- 소리를 외이에서 내이로 전달하는 과정에서 문제가 생김
- 중이염, 고막 손상, 외이도 염증 등에 의해서 발생하기도 함
- 후천적인 원인에 의해 발생하는 경우가 많으며, 보청기 착용의 효과가 좋음

OX문제

전음성 청각장애란 소리의 왜곡은 없지만 희미하게 들리는 형태의 청각장애로, 후천성인 경우가 많다. (O, ×)

정답 O

기출 POINT

스포츠와 관련 있는 수어의 의미
`19` `22` `23`

- 체육 : 두 주먹을 양어깨 앞에서 위로 올렸다 내린다.
- 경기 : 두 주먹의 엄지를 펴서 그 끝이 위를 향하게 하여 약 5cm의 간격을 두고 서로 어긋나게 전후로 움직인다.
- 볼링 : 1·4지를 편 오른 주먹을 밖으로 내밀어 편다. (볼링공을 잡고 굴리는 모습을 연상)
- 축구 : 왼손바닥 위에 오른주먹의 손등이 위로 향하게 올려놓고 오른손 검지를 팅기며 편다. (땅 위의 공을 발로 차는 모습을 연상)
- 농구 : 왼손을 반쯤 구부려 손끝이 오른쪽으로 향하게 하여 가슴 앞에 놓은 다음, 손등이 밖으로 향하게 쥔 오른 주먹을 왼손의 1·2·3·4지와 5지 사이로 내린다. (농구공이 골대에 들어가는 모습을 연상)
- 반갑습니다 : 두 손을 약간 구부려 손끝을 양쪽 가슴에 대고 상하로 엇갈리게 두 번 움직인다.
- 고맙습니다 : 손끝이 밖으로 향하게 펴서 모로 세운 오른손으로 손바닥이 아래로 향하게 편 왼 손등을 두 번 두드린다.

ⓛ 비유전성 요인 : 비유전성 선천성 청각장애는 그 원인이 가해진 시기에 따라 출생 전 또는 출생 시 원인으로 나눌 수 있다. 출생 전에 외부에서 가해지는 원인(풍진, 매독 등 모체의 감염이나 모체에 투여된 약물에 의한 것)에 의해 주로 내이 형성에 장애를 일으켜 나타나는 청각장애와 출산 시 발생되는 문제(조산, 미숙아, 외상 등)의 원인으로 나타나는 청각장애를 들 수 있다.

② 후천적 원인

ⓐ 중이염에 의한 난청 : 급성 중이염은 고막 안에 염증이 생기는 것으로, 주로 코와 귀를 연결하는 통로인 이관의 기능장애로 코 안의 염증이 귀로 전파되어 생기는 것을 말한다. 만성 중이염은 중이강 내에 만성적으로 염증이 있는 상태를 말하며 반복적인 이루와 청력장애를 특징으로 한다.

ⓑ 음향에 의한 난청 : 시끄러운 음악 소리, 총 소리, 비행기 소리, 그리고 공장 소음과 같은 큰 소리에 반복적으로 노출되는 소음 공해가 청력 손실의 원인으로 인식되고 있다.

ⓒ 메니에르병과 돌발성 난청 : 메니에르병은 내이출혈에 의한 현기증으로 이명·난청 등과 합병하여 발작적으로 일어나는 경우를 말한다. 돌발성 난청은 아무런 이유 없이 돌연히 한쪽 귀가 들리지 않게 되는 경우를 말한다. 이 현상은 장년기에 많고 소아나 고령자에게는 비교적 적은 편이다. 특히 30~59세 사이의 예가 거의 3/4을 차지하며, 성별 차이는 없는 것으로 나타났다.

ⓓ 노인성 난청과 원인 불명의 감음성 난청 : 고령화가 원인으로 생각되는 상황하에서 생기는 난청을 노인성 난청이라고 한다. 노인성 난청은 이렇다 할 특징이 없기 때문에 그 원인이 될 요인을 찾아볼 수 없는 감음성 난청으로 인식하고 있다. 다시 말해, 고령자에게서 나타나는 원인 불명의 감음성 난청이라고 할 수 있다.

(3) 청각장애의 특성

① **언어발달** : 자신이 만든 소리를 듣지 못해 적절한 피드백을 받지 못하고, 성인으로부터 적절한 언어적 강화를 받지 못한다. 또한, 성인의 언어 모델을 들을 수 없기 때문에 언어를 획득하기가 상당히 어렵다.

② **인지발달** : 농 아동의 지적 능력은 20세기 전반에 이루어진 연구들로부터 건청 아동의 지적 능력보다 열등하다는 결론이다. 그리고 농 아동들이 양적인 면에서는 건청 아동들과 차이가 없지만, 질적인 면에서는 차이가 난다.

③ **학업성취** : 청력 손실이 있는 대부분의 아동은 학업성취, 특히 읽기와 수학에서 어려움을 보인다. 청력 손실을 입은 학생의 교과 학업성취도를 사정한 연구들은 그들이 또래 건청 아동들보다 훨씬 많이 뒤처져 있으며, 이 차이는 학년이 올라갈수록 심해졌다는 것을 발견하였다. 그러나 청력 손실이 개인의 인지능력들을 제한하지 않으며, 몇몇 농 아동은 유창하게 읽고 학문적으로 뛰어나기도 하다.

농 아동 학생들이 학교 적응 중 경험하는 문제들은 그들의 지각능력과 구어 및 문어의 요구들 사이의 부적합에서 기인한다.

④ 사회·정서적 발달 : 손상된 청력은 아동의 행동과 사회·정서적 발달에도 영향을 미칠 수 있다. 심한 청각장애를 가진 사람은 자주 우울, 위축, 고립감을 호소한다. 또한 고도에서 중도 청각장애인보다 경도와 중등도의 청각장애인이 더 자주 이런 감정을 느낀다. 또한, 학교환경이 통합된 환경이냐 분리된 환경이냐에 따라서도 농 아동 학생의 심리적 경험은 다를 수 있다.

(4) 청각장애의 체육지도 전략-지도방법

① 대부분의 청각장애인들은 체육수업 참여의 제한이 없다. 다만 귀가 감염되기 쉬운 학생의 경우에는 수영할 때 방수를 위하여 귀에 튜브를 착용해야 한다. 모든 청각장애 학생들이 평형감각이 부족한 것은 아니다. 그러나 만약 평형감각에 문제가 있다면, 평형감각을 향상시키는 활동을 해야 한다. 청각장애 학생은 통역사의 도움을 받을 수 있다. 통역사는 교육 현장에서 청각장애 또는 난청인 사람들이 교사, 서비스 제공자, 동료들과 원활하게 의사소통할 수 있도록 도와주는 역할을 담당한다.

② 통역사는 교사의 옆에 서도록 한다. 수업이 시작되기 며칠 전에 수업계획을 제공하여 통역사와 청각장애 학생이 수업에 대하여 미리 이해할 수 있도록 한다. 그리고 학생들을 지도할 때 통역사가 아닌 청각장애 학생을 바라본다. 수업을 시작하기 전에 통역사를 만나 스포츠에서 사용하는 여러 가지 전문용어나 단서, 고유용어를 명확하게 설명한다.

③ 새로운 단원이 시작되기 전에 특정 스포츠와 관련된 수신호를 지도한다. 그리고 통역사가 아닌 일반학생과 짝을 지어준다. 또한, 청각장애 학생과의 의사소통은 통역사를 통하여 한다. 말하기가 쉽지 않다면 굳이 말할 것을 강요하지 말고 통역사를 통해 의사소통을 시도한다. 통역사는 학생을 질책하는 역할, 다른 학생들과 함께 작업하는 역할 혹은 작은 일에 도움을 주는 역할이 아니라는 것을 이해해야 하고, 교사의 보조자가 아니므로 수업 준비 및 정리를 도와줄 것이라고 기대해서는 안 된다.

④ 청각장애 또는 난청이 있는 학생을 통합 또는 분리된 환경에서 지도할 때 일반적인 고려사항은 다음과 같다.

　㉠ 활동에 대한 설명을 쉽게 이해할 수 있도록 시각적인 지도 방법을 사용한다.

　㉡ 팔 들기, 깃발 이용하기, 불빛 사용하기 혹은 수신호 보내기와 같은 활동의 시작과 정지에 대한 명확한 신호를 보낸다.

　㉢ 게임을 할 때는 점수판이나 시각적인 타이머를 이용한다.

　㉣ 볼을 패스하기 전에는 반드시 학생과 눈 맞춤해야 한다.

　㉤ 실내에서 수업할 때, 학생의 앞쪽보다는 뒤쪽에서 빛을 밝게 한다. 그리고 실외에서 수업할 때, 학생이 햇볕을 바라보지 않도록 한다.

기출 POINT

지체장애 15
• 관절장애, 척수손상, 절단장애 등을 포함
• 척수장애인의 장애정도는 척수 손상 위치에 따라 다름

지체장애의 유형별 특징 18 21
• 다발성경화증 : 몸의 여러 곳에 동시 다발적으로 염증이 발생하여 근육이 굳어지며 전반적인 무력감이 나타남
• 근이영양증 : 여러 근육군의 퇴화가 서서히 진행되는 유전성 질환으로 호흡장애와 심장질환 등의 합병증을 유발
• 절단장애 : 사지의 일부 혹은 전체가 상실된 상태로 선천성과 후천성으로 구분됨
• 회백수염 : 바이러스 감염에 의한 마비로 척수의 운동 세포에 영향을 미쳐 뼈의 변형이나 보행에 문제를 일으킴

ⓗ 학생의 이해수준을 점검한다. 활동을 시작하기 전에 다시 한 번 학생들에게 이해한 것을 물어본다. 만약 청각장애 학생이 경기 규칙을 이해하지 못하여 경기에 참가하지 못할 때에는 일반학생들이 이들을 돕도록 한다.

ⓢ 청각장애 학생이 팀의 주장이나 그룹의 리더 또는 심판 역할을 담당하도록 권장한다. 또한 이들 학생들에게 시범을 보이게 하고, 시설을 설치하거나 제거하도록 하거나 리더십을 향상시키기 위하여 반장이 되게 한다.

06 지체장애 및 뇌병변장애

(1) 지체장애 및 뇌병변장애의 장애 정도(「장애인복지법 시행규칙」 별표 1, 2022. 9. 6. 개정)

① **지체장애인**

㉠ 신체의 일부를 잃은 사람
  • 장애의 정도가 심한 장애인
    – 두 손의 엄지손가락과 둘째손가락을 잃은 사람
    – 한 손의 모든 손가락을 잃은 사람
    – 두 다리를 가로발목뼈관절(Chopart's Joint) 이상의 부위에서 잃은 사람
    – 한 다리를 무릎관절 이상의 부위에서 잃은 사람
  • 장애의 정도가 심하지 않은 장애인
    – 한 손의 엄지손가락을 잃은 사람
    – 한 손의 둘째손가락을 포함하여 두 손가락을 잃은 사람
    – 한 손의 셋째손가락, 넷째손가락 및 다섯째손가락을 모두 잃은 사람
    – 한 다리를 발목발허리관절(Lisfranc Joint) 이상의 부위에서 잃은 사람
    – 두 발의 발가락을 모두 잃은 사람

㉡ 관절장애가 있는 사람
  • 장애의 정도가 심한 장애인
    – 두 팔의 어깨관절, 팔꿈치관절, 손목관절 중 2개 관절기능에 상당한 장애가 있는 사람
    – 두 팔의 어깨관절, 팔꿈치관절, 손목관절 모두의 기능에 장애가 있는 사람
    – 두 손의 엄지손가락과 둘째손가락의 관절기능에 현저한 장애가 있는 사람
    – 한 손의 모든 손가락의 관절기능에 현저한 장애가 있는 사람
    – 한 팔의 어깨관절, 팔꿈치관절, 손목관절 중 2개 관절기능에 현저한 장애가 있는 사람
    – 한 팔의 어깨관절, 팔꿈치관절, 손목관절 모두의 기능에 상당한 장애가 있는 사람

- 두 다리의 엉덩관절, 무릎관절, 발목관절 중 2개 관절기능에 현저한 장애가 있는 사람
- 두 다리의 엉덩관절, 무릎관절, 발목관절 모두의 기능에 상당한 장애가 있는 사람
- 한 다리의 엉덩관절, 무릎관절, 발목관절 모두의 기능에 현저한 장애가 있는 사람
- 장애의 정도가 심하지 않은 장애인
  - 한 손의 둘째손가락을 포함하여 3개 손가락의 관절기능에 상당한 장애가 있는 사람
  - 한 손의 엄지손가락의 관절기능에 상당한 장애가 있는 사람
  - 한 손의 둘째손가락을 포함하여 2개 손가락의 관절기능에 현저한 장애가 있는 사람
  - 한 손의 셋째손가락, 넷째손가락, 다섯째손가락 모두의 관절기능에 현저한 장애가 있는 사람
  - 한 팔의 어깨관절, 팔꿈치관절, 손목관절 모두의 기능에 장애가 있는 사람
  - 한 팔의 어깨관절, 팔꿈치관절 또는 손목관절 중 하나의 기능에 상당한 장애가 있는 사람
  - 두 발의 모든 발가락의 관절기능에 현저한 장애가 있는 사람
  - 한 다리의 엉덩관절, 무릎관절, 발목관절 모두의 기능에 장애가 있는 사람
  - 한 다리의 엉덩관절 또는 무릎관절의 기능에 상당한 장애가 있는 사람
  - 한 다리의 발목관절의 기능에 현저한 장애가 있는 사람
ⓒ 지체기능장애가 있는 사람
  - 장애의 정도가 심한 장애인
    - 두 팔의 기능에 상당한 장애가 있는 사람
    - 두 손의 엄지손가락 및 둘째손가락의 기능을 잃은 사람
    - 한 손의 모든 손가락의 기능을 잃은 사람
    - 한 팔의 기능에 현저한 장애가 있는 사람
    - 한 다리의 기능을 잃은 사람
    - 두 다리의 기능에 현저한 장애가 있는 사람
  - 장애의 정도가 심하지 않은 장애인
    - 한 팔의 기능에 상당한 장애가 있는 사람
    - 한 손의 둘째손가락을 포함하여 세 손가락의 기능에 상당한 장애가 있는 사람
    - 한 손의 엄지손가락의 기능에 상당한 장애가 있는 사람
    - 한 손의 둘째손가락을 포함하여 두 손가락의 기능을 잃은 사람
    - 한 손의 셋째손가락, 넷째손가락 및 다섯째손가락 모두의 기능을 잃은 사람
    - 두 발의 모든 발가락의 기능을 잃은 사람
    - 한 다리의 기능에 상당한 장애가 있는 사람

기출 POINT

뇌병변장애인 19

- 외상성뇌손상 장애인은 몸의 균형 및 협응에 문제를 보임
- 뇌성마비 장애인은 원시반사로 인해 효율적인 움직임이 어려움
- 뇌졸중 장애인은 감각 및 운동기능 손상, 시야 결손, 의사소통의 어려움이 있음
- 뇌병변장애인은 보행의 어려움과 과도한 근 긴장으로 운동에 어려움을 겪으므로 수중운동이 효과적

ⓔ 척추장애가 있는 사람

- 장애의 정도가 심한 장애인
  - 목뼈 또는 등·허리뼈의 기능을 잃은 사람
- 장애의 정도가 심하지 않은 장애인
  - 목뼈 또는 등·허리뼈의 기능이 저하된 사람

ⓜ 신체에 변형 등의 장애가 있는 사람(장애의 정도가 심하지 않은 장애인에 해당함)

- 한 다리가 건강한 다리보다 5센티미터 이상 짧거나 건강한 다리 길이의 15분의 1 이상 짧은 사람
- 척추옆굽음증(척추측만증)이 있으며, 굽은각도가 40도 이상인 사람
- 척추뒤굽음증(척추후만증)이 있으며, 굽은각도가 60도 이상인 사람
- 성장이 멈춘 만 18세 이상의 남성으로서 신장이 145센티미터 이하인 사람
- 성장이 멈춘 만 16세 이상의 여성으로서 신장이 140센티미터 이하인 사람
- 연골무형성증으로 왜소증에 대한 증상이 뚜렷한 사람

② **뇌병변장애인**

ㄱ 장애의 정도가 심한 장애인

- 보행 또는 일상생활동작이 상당히 제한된 사람
- 보행이 경미하게 제한되고 섬세한 일상생활동작이 현저히 제한된 사람

ㄴ 장애의 정도가 심하지 않은 장애인 : 보행 시 절뚝거림을 보이거나 섬세한 일상생활동작이 경미하게 제한된 사람

(2) 지체장애의 분류

① 정형외과적(근골격) 이상으로 인한 지체장애

ㄱ 내반족 : 발바닥이 안쪽으로 향한 위치에서 구축이 된 상태이다. 가장 대표적인 것으로는 선천성 내반족이 있다. 이는 내반 이외에 첨족위(발가락 관절이 밑쪽으로 굽어져 고정된 상태), 내전위(발끝이 안쪽으로 굽은 것), 요족위(발바닥의 중앙이 비정상적으로 높은 것)로 언급되고 있다. 마비성 내반족(척수성 소아마비)에서는 순수한 내반족이 일어난다.

ㄴ 고관절 탈구 : 태어날 때부터 엉덩이뼈와 다리뼈가 연결되는 고관절 부위가 어긋나 있는 것을 말한다. 정확한 원인은 불분명하지만 유전적, 호르몬 및 기계적 소인 등을 원인으로 들기도 하며, 태생기 자궁 내에서의 고관절 발달에 영향을 끼치는 기형 형성 요인을 들기도 한다.

ㄷ 소아 류머티스 관절염 : 인체 내 관절의 활막에 6주 이상 지속되는 만성 염증을 의미한다. 류머티스 관절염이 시작되면, 활막 조직의 혈액으로부터 여러 가지 염증세포들로 이루어진 '판누스(Pannus)'라는 덩어리를 형성하고 이것이 연골을 파괴하고 관절의 변형을 가져오며 관절 주위에 있는 뼈도 약하게 만든다.

ⓔ 골형성 부전증 : 선천적인 골 결함으로 인하여 골 결핍과 골이 쉽게 부러지는 특징을 갖는 질환으로, 대부분 인체 내의 콜라겐 생성에 관여하는 유전자의 결손에 기인한 유전성 질환이다.

ⓜ 진행성 근이영양증 : 중추신경계나 말초신경계의 신경에는 손상이 없는 상태에서 근육 자체에 문제가 발생하는 질병이다. 이 질환은 몸의 근육을 만들어 주는 단백질이 제대로 형성되지 못해 근육이 조금씩 약해진다. 초기에는 자주 넘어지는 현상을 보이다가 점차 뛰고 걷기가 어려워지고, 나중에는 앉아 있기조차 힘들어지다가 끝내는 눕게 된다. 간혹 호흡마저 힘들어지는 경우도 있다.

② 중추신경계 이상으로 인한 지체장애

ⓖ 뇌성마비

- 뇌성마비는 임신 중 또는 출생 후 발달 과정 중 뇌의 손상으로 인하여 나타나는 것으로 단일 질환이 아니라 몇 가지 공통적인 특성을 가진 상태이다. 뇌병변에 의한 뇌성마비는 뇌에 활성적인 병변이 없는 상태지만 손상된 뇌 기능의 문제로 인해 운동 영역에 몇 가지 증세가 나타나고, 신체 각 부위의 변형이 자라면서 점점 진행하고 변화한다.

- 뇌의 손상으로 인하여 생기는 첫 번째 증세는 운동 기능이 마비되고 약해지는 것이며, 이로 인해 일상생활을 할 때 필요한 조화로운 운동을 하는 데 어려움을 겪게 된다.

- 근육의 경직성이 증가되고 시간이 지나면서 근육은 짧아지며 이차적으로 관절의 변형이 발생한다. 또한 이러한 변형과 함께 감각 기능, 지능, 및 정서 등 여러 가지 중추신경 기능의 이상이 동시에 생길 수 있다. 발생률은 1,000명 출생당 0.6~7.0명까지 다양한 것으로 알려져 있다.

- 뇌의 손상 부위에 따른 증세의 차이에 따라 경직형, 무정위운동형, 운동실조형, 혼합형 등으로 나눌 수 있으며, 신체의 이환 부위에 따라서 단마비, 편마비, 양측마비, 사지마비 등으로 나뉜다.

ⓛ 이분척추 : 추골궁이 완전히 닫히지 못하는 기형으로 후신경공의 폐쇄결함에 의해 발생한다. 결손은 거의 대부분 척추의 뒤쪽에 있으며, 하위 요부와 천골부에서 가장 흔히 볼 수 있다. 척수에 동반된 기형의 종류와 위치, 범위에 따라 신경학적인 손상의 정도는 다르다. 동반되는 수막과 척수의 이상에 따라 수막류, 척수 수막류와 같이 낭종성 돌출이 있는 낭상 이분척추와 그렇지 않은 잠재적 이분척추로 분류한다.

ⓒ 소아마비 : 폴리오 바이러스에 의한 신경계의 감염으로 발생하며 회백수염(척수성 소아마비)의 형태로 발병한다. 예방접종이 효과적으로 시행되면서 발병률이 감소하여, 2000년 WHO는 우리나라를 소아마비 박멸 국가로 선언하였다. 골격 기형 및 다른 합병증을 최소한으로 줄이는 것이 목적이며 발병 후 2주간은 절대 안정을 취해야 한다. 예방접종이 시행되기 이전에 사망률은 5~7%였으며, 대부분 발병 후 2주 이내에 사망하는 것으로 알려졌다. 발병 후 10일 이내에 마비 정도가 심할수록 최종 장애 정도가 심해진다.

기출 POINT

무정위형 뇌성마비(Athetosis Cerebral Palsy) [17]
'대뇌 기저핵'의 손상으로 인해 발생하며 사지의 '불수의적' 움직임을 나타냄

척수장애인의 체육활동 고려요인
[16] [20] [22]
- 자세를 자주 바꾸고 수분 흡수가 가능한 의복을 착용하게 하여 욕창에 대처
- 너무 춥거나 더운 환경에서 운동을 하지 않도록 온도변화에 대처
- 손가락 테이핑이나 보호용 커버를 사용(휠체어 사용자)하게 하여 물집에 대처
- 저혈압 위험을 줄이기 위해 준비운동
- 자율신경 반사 이상 위험을 낮추기 위해 운동 전 장과 방광을 비움

OX문제

1. 회백수염은 콜라겐 섬유 단백질의 결핍으로 뼈가 불완전하게 형성되어 쉽게 부서지는 유전성 질환이다. (O, ×)

2. 교통사고로 척수손상에 의한 지체장애 판정을 받은 환자의 경우 사지를 사용할 수 없기 때문에 보치아에 참여시키는 것이 적절하다. (O, ×)

정답 1 (×), 2 (×)

ⓔ 다발성 경화증 : 신경섬유를 싸고 있는 수초층이 점점 파괴되어 신경전달이 일시적으로 중단되거나 잘못 전달되는 질환이다. 특히 시각·감각·팔다리의 움직임과 관련된 신경전달에 이상이 생길 수 있으며, 수초층이 떨어져 나간 신경조직 때문에 신경전달이 안되어 영구적인 마비가 올 수 있다. 처음에는 팔다리나 손발을 쓸 때 떨리거나 힘이 없고, 눈이 몽롱해지거나 시력이 떨어지며, 감각이 이상해지고 걸음걸이가 불안정하며 어지럽고 물체가 2개로 보이고 소변을 못 참는 등의 증상이 일시적으로 나타난다. 이후 재발하면서 점점 더 심해지고 몇몇 증상은 지속되며, 결국은 운동신경장애로 완전한 마비를 일으킨다.

③ 사고 및 질병으로 인한 외상성 지체장애

ⓒ 사고 후 신경장애(뇌졸중 등)
• 뇌졸중은 크게 분류하면 뇌출혈과 뇌경색으로 구분된다. 최근에는 뇌졸중에 의한 사망률은 점차 줄어들고 있으나 발병률은 여전히 높으며, 뇌경색의 발생이 증가하는 추세이다. 뇌경색은 뇌혈관이 막혀서 영양분과 산소를 공급하는 피가 뇌에 통하지 않는 상태이고, 뇌출혈은 뇌혈관이 터져서 오는 질병으로 크게 뇌내 출혈과 거미막밑 출혈로 나눈다.
• 뇌내 출혈은 뇌혈관이 터지면서 뇌 안에 피가 고이는 병이고, 거미막밑 출혈은 동맥류가 터지면서 뇌를 싸고 있는 거미막 밑에 피가 고이는 것이다. 심한 두통과 구토가 특징이며 대개 반신마비가 없다.
• 일과성 뇌허혈 발작 : 심하게 좁아진 뇌혈관으로 피가 흐르지 못하다가 다시 흐르거나 뇌혈관이 응고되어 막혔다가 다시 뚫린 것으로 잠시 뇌졸중 증상이 왔다가 수 분에서 수 시간 내에 곧 좋아지는 현상이다. 증상이 곧 사라지기 때문에 대부분의 경우 고령, 피로 등의 원인으로 발생했다고 여기고 간과하기 쉽다.

ⓛ 사고 후 골절
• 골절은 뼈의 연속성이 완전 혹은 불완전하게 소실된 상태로 뼈에 금이 가거나 부러지는 것을 말한다. 부서진 뼈에 의해 신경이나 혈관 등이 손상 받을 수 있으며, 더욱 위급한 상황을 일으킬 수도 있다. 따라서 가벼운 골절의 경우라 하더라도 반드시 전문의의 진단을 받아 치료하여야 한다.
• 인공관절 치환술은 관절을 이루고 있는 연골이 심하게 손상되어 투약, 물리치료, 그 이외의 방법으로 동통 및 관절운동 제한을 호전시킬 수 없고 일상생활에서 불편함 등을 초래하여 동통 없이 움직일 수 있도록 손상된 관절을 합금과 폴리에틸렌 등으로 만들어진 인공관절로 바꾸어 주는 수술이다. 현재는 무릎의 관절염으로 인한 슬관절 치환술이 가장 널리 사용되고 있으며 그 외 골반관절(고관절), 어깨(견관절) 등에도 많이 시술되고 있다.

ⓒ 외상성 뇌손상

- 외상으로 뇌 조직이 손상을 입은 것으로 사회가 발전하면서 교통사고, 산업재해, 스포츠 손상 등 각종 사고가 증가함에 따라 외상성 뇌손상 환자가 증가하고 있다. 미국의 경우 병원에 입원을 요하는 외상성 뇌손상이 10만 명당 200~225명으로 매년 50만 명이 발생하고 있다. 연령분포를 보면 15~24세 사이의 성인층과 65~75세 사이의 노인층에서 발생률이 증가하는데, 특히 노인층에서는 병의 회복 기간이 길고 예후가 좋지 않다.
- 주 원인은 교통사고이고 총상과 추락으로도 발생할 수 있다. 특히 추락사고는 어린이나 노인층에서 많이 나타나고, 저산소증, 중독, 감염과 같은 다른 뇌손상도 외상성 뇌손상과 비슷한 증상을 일으킨다. 크게 직접 손상과 이차적인 간접 손상으로 구분된다. 이차적인 간접 손상은 외상 후 부종이나 감염, 전신 질환, 경기 등으로 인해 뇌 조직의 손상이 생기는 것으로 외상 후 이런 손상을 최소화할 수 있는 적절한 치료가 필요하다.

(3) 지체장애 및 뇌병변장애의 특성

지체장애 학생 중 가장 많은 비중을 차지하고 있는 영역은 뇌성마비이다. 따라서 뇌성마비 학생을 포함한 지체장애 학생들이 지닌 특성을 살펴보면 다음과 같다.

① **인지능력 및 학업성취** : 뇌성마비 학생이 중복장애(시각, 청각, 또는 정신지체)를 동반할 경우 정보를 받아들이고 처리하는 데 어려움을 겪게 되므로 뇌성마비 학생들의 학업성취에 대해 일반화하기는 어렵다. 하지만 뇌성마비 학생들의 경우 물리치료나 정형외과적인 수술 등을 위해 병원 입원을 하기 때문에 결석이 잦아, 지능이 정상적이고 학습동기는 높더라도 학업성취도가 낮은 경우가 많다.

또한 신경 계통의 장애가 있는 경우에는 인지 및 지각능력에 동시 결함을 가짐으로써 같은 또래 학생들보다 학업성취가 낮을 가능성이 높은 편이다. 따라서 학생들이 환경을 보다 독립적으로 이용하고 효율적으로 문제를 해결할 수 있도록 하는 프로그램의 제공이 중요하다.

② **운동 특성** : 뇌성마비 학생들은 근육을 조화롭게 협응하여 움직이는 데 어려움이 있어 비정상적인 운동패턴을 보이기도 한다. 특정 근육의 마비 또는 신체 일부의 기능을 상실하여 이동이나 사물 조작 등의 문제를 발생시키는 원인이 되기도 한다. 이러한 이유로 뇌성마비 학생의 경우 어린 나이에 물리치료를 시작하는 것이 중요하고, 학령기 아동들의 경우 학교에서의 적절한 관리와 가정-학교-치료기관의 연계성 있는 서비스 지원과 관리가 무엇보다 중요하다.

근지구력이 약한 지체장애인에게 휠체어농구를 지도하기 위한 전략 [17]

• 인터벌 트레이닝으로 근지구력을 향상
• 휴식시간을 자주 줌
• 체력소모를 줄이기 위해 농구 코트의 크기를 작게 함

좌측 발목 절단 장애인을 위한 스포츠 지도전략 [17]

• 상하지의 균형적 발달을 위한 활동
• 좌측 다리의 근육을 강화시켜 우측 다리와 균형을 이룸
• 비만 예방을 위한 스포츠 프로그램에 규칙적으로 참여시킴

환상통증 [22]

몸의 한 부위나 장기가 물리적으로 없는 상태임에도 있는 것처럼 느끼고 통증을 경험하는 것

통 합 [16]

• 통합은 장애인과 비장애인의 상호 이해의 계기를 제공
• 통합은 법적 강제 사안은 아님
• 통합 환경에서 비장애인의 올바른 운동기술 수행은 장애인에게 훌륭한 모델이 될 수 있음

③ 의사소통 특성 : 뇌성마비 학생의 경우 80~90%가 발성, 발화에 필요한 구강 주변의 여러 근육들의 조절과 협응의 문제로 인한 호흡 문제, 언어 장애, 발음기관의 운동 조절 부족으로 인한 발음장애, 리듬장애, 언어 발달지체의 문제를 보이기도 한다. 의사소통 능력을 향상시키기 위해 물리적인 지원(책을 읽을 기회 제공, 책을 읽을 수 있도록 독서대나 자동 책 넘김 장치와 같은 보조공학기기의 적용)은 물론, 독해력을 향상시키기 위한 교수 전략 제공, 학생 수준에 맞는 읽기 교재 제공에 대한 다각적인 노력이 필요하다.

④ 심리·정서적 특성 : 뇌성마비 학생들은 늘 타인에게 의존해야 하므로 열등감, 과보호 반응, 경험 부족, 학습된 무기력 등으로 인하여 수동적 양상을 보이는 경우가 많다. 또한 장애에 대한 본인 수용 정도에 따라 자신의 신체상에 대한 부정적 이미지와 타인이 자신에게 호감을 갖지 않을 것이라는 생각으로 우울, 공격성, 위축, 고집성, 자기방어적 성격 등과 같은 특성을 보일 수 있다. 뇌성마비 등의 지체장애 학생들은 독특한 신체적 외모, 간질, 침 흘림, 보장구 등의 사용으로 인해 사회적 관계를 맺는 데 많은 어려움을 겪는다.

(4) 지체장애 및 뇌병변장애의 체육지도 전략－지도방법

① 절단장애의 대부분은 보조기구를 사용하여 체육에 참여한다. 편측 하지 절단장애인은 축구, 농구, 배구, 기타 여가 활동에 참여하기 위해 보조기구를 사용할 수 있다. 일반학생이 장거리 달리기를 할 경우 하지절단장애 학생은 고정자전거를 사용하도록 할 수 있으며, 왜소증 학생은 짧은 사지에 적합한 크기로 도구를 변형시킴으로써 일반 체육수업에 통합될 수 있다.

② 가동 범위의 제한, 비만, 관절의 손상은 탈구와 관절의 외상을 쉽게 유발한다. 이러한 현상은 연골무형성증 장애인에게 많이 나타나는데, 팔꿈치 관절의 유연성을 유지시킴으로써 예방할 수 있다. 무리 관절 운동은 피하거나 제한적으로 적용해야 한다.

③ 근이영양증, 중증근무력증, 프리드리히 운동실조증과 같이 근력과 유산소 능력이 부족한 장애학생은 활동을 변형시키거나 선택적으로 제공함으로써 일반 체육수업에 통합시킬 수 있다. 예를 들어, 팔과 어깨 근육을 강화시키기 위한 활동을 계획할 때, 장애학생은 무릎을 바닥에 댄 자세의 팔굽혀펴기 혹은 바닥에 발을 대고 비껴 누운 자세에서의 턱걸이를 변형하여 실시하고, 일반학생은 기본자세 그대로 실시하도록 하여 통합할 수 있다.

④ 소아 류머티스 관절염, 연골무형성증, 골형성부전증과 같은 관절이 제한되어 있거나 결손된 학생은 일반 체육수업을 통해 이점을 얻을 수 있다. 예를 들어, 유산소 능력을 향상시키기 위한 활동을 계획할 때, 이 학생들은 수영이나 저강도 유산소 운동에 참여할 수 있는 반면, 일반학생은 줄넘기, 장거리 조깅이나 달리기, 벤치 스텝 등의 더욱 전통적인 활동에 참여해야 한다.

⑤ 척수장애인은 흔히 근육 불균형과 경축으로 인한 나쁜 신체역학을 갖고 있다. 그렇기 때문에 신체자각과 교정에 도움이 되는 운동과 활동이 강조되어야 한다. 다양한 부목과 브레이스, 플라스틱 보조기구, 다리 보조기, 지팡이와 보행기 등의 다양한 보조기구를 사용한다.

⑥ 어린 뇌성마비 아동들은 최대운동 강도의 약 70% 정도인 중간 강도의 신체활동을 15분간 지속하는 것이 일반적인 유산소성 능력의 기준이 된다. 뇌성마비인들은 일반 또래와 비교했을 때 50% 정도 낮은 신체적 능률 수준을 보이기 때문에 추가적인 에너지 소모는 보다 높은 수준의 지구력을 요구하므로 신체활동 지속 시간을 단축해야 한다.

⑦ 근력이 불균형적인 부위가 있는 뇌성마비인들은 손으로 잡는 중량기구를 이용하거나 유연한 튜브를 이용하여 특정 부위에 적절한 저항력을 가하는 운동이 적합하다. 또한 빠른 운동보다는 중간정도의 속도로 근력강화 운동을 실시해야 한다.

⑧ 중량운동과 유연성운동은 물리치료 및 작업치료에서 강조하는 영역으로서 회복기에 있는 외상성 뇌손상 및 뇌졸중 환자들에게 많이 시행된다. 중량 기계들은 대부분 양팔 또는 양다리를 동시에 사용해야 하므로 신체 한 쪽의 근력이 불균형적으로 약한 경우에는 사용에 어려움이 있다. 이러한 경우에는 프리 웨이트를 실시하는 것이 바람직하다.

⑨ 심각한 뇌손상을 당한 사람들은 대부분 앉아서 생활해야 하므로 심폐순환계의 발달을 위해 유산소성 운동을 규칙적으로 실시해야 한다. 보행이 가능한 사람에게는 낮은 강도의 유산소성 운동을 실시하며, 휠체어를 이용하는 사람은 앉은 자세로 하는 유산소성 운동을 실시한다. 서서 활동할 수 있으나 지구력에 한계가 있는 사람들의 휴식과 보조를 위해 필요한 경우에는 고정된 물체를 이용할 수 있어야 한다. 또한, 수중활동은 특히 이들의 체력발달에 효과적이다. 결론적으로 모든 영역의 체력활동을 다루는 종합적인 체육프로그램에 참가하는 것을 권장하고 있다.

기출 POINT

지체장애인에게 스포츠활동 지도 시 고려 사항 [18] [20] [21]

• 욕창 예방을 위해 30분 운동 후 1분 정도 휠체어 좌석에서 엉덩이를 들어 올려 피부 압박을 줄여줌
• 척추측만증과 같은 자세 결함을 교정하기 위해 근력 운동이나 스트레칭 운동을 실시
• 제6번 등뼈(흉추 : T6) 이상의 손상자는 자율신경반사부전증(Autonomic Dysreflexia) 발생 가능성이 높아 운동 전에 장과 방광, 혈압의 상태를 점검

하지절단 장애인의 균형유지 방법 [19] [22]

• 축구에서 클러치를 사용
• 스키에서 아웃리거를 사용
• 탁구에서 탁구대에 몸을 지지

08 출제예상문제

01 패럴림픽(Paralympic)에 대한 설명으로 옳지 않은 것은?

① 하계 패럴림픽대회는 1960년 제1회 로마패럴림픽이 개최된 이후 4년마다 열린다.
② 장애의 정도를 기능에 따라 구분하는 등급분류 과정을 거쳐야 참가할 수 있다.
③ 지적장애가 있는 사람들의 운동경기를 지원하고 제공하기 위하여 미국의 케네디 재단이 창설하였다.
④ 참가할 수 있는 장애의 유형은 지체장애, 뇌병변장애, 시각장애, 지적장애 등이 10가지의 등급분류가 있다.

해설
③ 스페셜올림픽대회이며, 패럴림픽은 디비전이라고 하는 선수 분류 단계에서 성별, 연령대별, 운동능력별로 개인별 스포츠 기술 검사를 거쳐야 한다.

02 특수체육과 유사한 개념으로 쓰이고 있지 않은 것은?

① 장애인체육
② 장애인스포츠
③ 재활체육
④ 교정체육

해설
특수체육, 장애인체육, 장애인스포츠, 재활체육 등과 같은 용어들은 때때로 구분 없이 섞여 쓰이는 경우가 많으나 그 의미와 단어가 만들어지는 과정에는 차이가 있다.
교정체육은 자세의 결함 및 미세한 정형외과적 이상을 교정하는 체육 프로그램이다.

03 특수체육의 정의로 옳지 않은 것은?

① 일반체육의 활발한 활동 프로그램에 안전하게 성공적으로 참여할 수 있도록 장애학생들의 흥미, 능력, 그리고 한계에 적합하도록 계획된 발달활동, 게임, 스포츠, 무용 등의 다양한 프로그램이다.
② 장애인이 일반체육 프로그램에 참여할 때에 안전하게 참여하여 성공적으로 수행할 수 있도록 도구, 방법, 규칙 등을 변형하여 실시하는 프로그램이다.
③ 장애의 정도에 관계없이 장애가 있는 모든 사람을 장애가 없는 사람들이 하는 체육활동에 참여할 수 있도록 하는 것을 의미한다.
④ 장애인이 체육활동에 참여하는 목표와 목적은 일반체육 프로그램의 목표와 목적과는 차이가 있다.

해설
장애인이 체육활동에 참여하는 목표와 목적은 일반체육 프로그램의 목표 및 목적과 같다.

04 BPFT 검사 요인별 항목의 측정 요인에 해당되지 않는 것은?

① 심폐지구력
② 신체조성
③ 유연성
④ 감각, 지각기능

해설
BPFT 검사는 심폐지구력 4종목, 신체조성 2종목, 유연성 5종목, 근력 및 근지구력 16종목을 측정한다.

01 ③ 02 ④ 03 ④ 04 ④ **정답**

05 다음 보기의 내용이 설명하고 있는 것은 무엇인가?

> 교육적 의사결정에 필요한 자료를 수집하는 과정이다. 장애인스포츠 현장에서 지도자들은 장애인들의 요구를 알아내고 이들이 지닌 강점을 파악하며 이들의 요구를 충족시킬 수 있는 프로그램을 계획하고, 진행된 프로그램의 성과를 확인하는 등 다양한 측면에서 필요로 하게 된다. 따라서 프로그램 및 교육 활동 전반에 걸쳐 끊임없이 반복되는 매우 중요한 활동이다.

① 사 정
② 평 가
③ 측 정
④ 검 사

해설

사정은 평가와 측정의 중간개념으로서, 체계적인 가치판단에 관심을 두기보다는 측정활동을 통하여 특정목적을 달성하기 위한 근거자료를 수집하는 과정에 중점을 두는 활동이다.

06 준거지향검사에 대한 설명으로 옳지 않은 것은?

① 사전에 설정된 숙달기준인 준거에 대상자의 점수를 비교한다.
② 특정 영역에서의 대상자의 수준에 대한 정보를 제공한다.
③ 동일 집단 내 대상자의 상대적 위치에 대한 정보를 제공한다.
④ 예를 들어, 40대 남성의 적정 체지방률과 비교하여 비만 여부를 판단하는 것이다.

해설

③ 규준지향검사이며, 규준지향검사는 그 검사를 받는 동일한 특성을 가진 사람들의 점수 분포인 규준에 검사 대상자의 점수를 비교함으로써 동일 집단 내 대상자의 상대적 위치에 대한 정보를 제공하는 검사이다.

07 다음 보기에서 설명하고 있는 검사 도구는?

> 만 3~10세 아동의 대근운동발달 수준을 검사하는 표준화된 검사도구로 기본운동기술 능력을 확인할 수 있다. 1985년 개발되었고 현재는 개정판이 사용되고 있다. 장애인들만을 대상으로 한 표준화된 검사 도구는 아니지만, 개발 시 장애아동을 모집단에 포함시켜 데이터를 확보하였다는 점과 낮은 발달단계 운동기술의 수준을 확인할 수 있다는 점에서 유용성을 갖는다.

① BPFT
② TGMD
③ PAPS
④ K-BIS

해설

① BPFT는 준거지향 체력검사 도구로 10~17세의 일반·장애 아동에게 적합한 검사이다.
③ PAPS는 학생건강체력평가제도로 기존 초·중·고등학교 학생체력장제도를 개정한 체력평가 시스템이다.
④ K-BIS는 한국형 신체통찰력척도로 신체자각을 측정하는 도구이다.

08 개별화교육에 대한 설명으로 옳지 않은 것은?

① 학생의 특성에 따른 교육을 보장하기 위해서는 학습내용이나 지도목표 등이 개별 학생에 따라 특별히 설계된 IEP가 필연적으로 요구된다.
② 학교 및 가정의 역할과 연대를 위해 필요하다.
③ 부모와 학교 간의 의사소통 매개수단이 된다.
④ 개별화교육 과정에서는 상담과정 없이 운동기술, 체력, 기타 신체활동 등의 지도가 이루어진다.

해설

개별화교육 과정에서는 운동기술, 체력, 기타 신체활동 등의 지도 이외에 상담도 중요하다. 장애인 본인 및 보호자에 대한 상담은 필수적인 과정이다.

09 개별화 지도 전략으로 옳지 않은 것은?

① 과제카드
② 또래교수
③ 팀 티칭
④ 다면적 접근

개별화 지도 전략에는 과제카드, 또래교수, 팀 티칭, 스테이션 교수, 활동 변형과 촉구가 있다.

11 특수체육에서 시행하는 측정평가의 목적으로 옳지 않은 것은?

① 수행하고자 하는 특정 프로그램의 타당성을 제공한다.
② 성장, 발달, 교과지도에 관한 기록을 만든다.
③ 실행해야 할 교과내용과 보조자료를 파악한다.
④ 교육적 중재가 이루어지기 전 특정 영역 또는 전반적 영역의 수준을 측정한다.

교육적 중재가 이루어지기 전 특정 영역 또는 전반적 영역의 수준을 측정하여 배치 및 교육계획 수립에 활용하는 것은, 측정평가의 목적이 아닌 사정의 목적이다.

10 특수체육의 측정평가에 대한 내용으로 옳은 것은?

① 검사 도구나 방법을 선택할 때 효율성을 고려한다.
② 표준화검사에는 측정 순서, 형식, 대상자, 해석방법 등이 정해져 있다.
③ 규준지향검사에서 운동수행능력은 지도자의 주관에 따라 기준이 달라질 수 있다.
④ 보다 광범위한 영역에 대한 검사를 진행한다.

① 검사 도구나 방법을 선택할 때 타당도와 신뢰도를 고려한다.
③ 규준지향검사는 운동수행능력을 시간, 횟수, 거리 등과 같은 객관적인 수치로 나타낸다.
④ 보다 광범위한 영역에 대한 검사를 진행하는 것은 사정단계이다. 평가단계에서는 프로그램에서 목적으로 설정했던 영역의 검사에 초점을 두고 있다.

12 개별화교육 프로그램(IEP)을 올바르게 이해한 내용이 아닌 것은?

① 개별화교육은 학생 개인의 참여 활동, 일과, 상호작용의 계획과 조정을 모두 포함한다.
② 장애학생이 보이는 발달상의 특성을 이해하고 이에 따른 적절한 교육계획을 수립하여야 한다.
③ 언어 및 의사소통, 신변처리, 사회성 등 장애학생의 지체된 특성을 파악한다.
④ 장애학생의 현재 능력과 잠재적인 능력 사이에는 별다른 차이가 없음을 전제로 계획을 수립한다.

개별화교육 프로그램의 계획 수립에 있어서, 장애학생의 현재 표현되는 성취능력과 잠재적인 능력 사이에 많은 차이가 있음을 인정한다.

13 다음 중 특수체육이 추구하는 목표로 옳지 않은 것은?

① 교정적 목표
② 정의적 목표
③ 심동적 목표
④ 인지적 목표

해설

특수체육은 정의적, 심동적, 인지적 목표를 추구한다.

14 IEP의 실행과정 순서가 올바르게 짝지어진 것은?

① 진단평가 → 우선순위 결정 → 목표설정 → 개별적인
   목표의 교수 → 평가
② 목표 설정 → 개별적인 목표의 교수 → 진단평가 →
   평가 → 우선순위 결정
③ 우선순위 결정 → 진단평가 → 목표설정 → 평가 →
   개별적인 목표의 교수
④ 진단평가 → 평가 → 목표 설정 → 개별적인 목표의
   교수 → 우선순위 결정

해설

IEP의 실행과정의 올바른 순서는 '진단평가 → 현행 수준에 근거한
장·단기 교육 목표의 우선순위 결정 → 조작적인 목표 설정 → 개별
적인 목표의 일과 내 삽입교수 → 평가'이다.
• 진단평가 : 교육진단(행동 관찰, 일과 적응도 평가 등), 부모 면담,
  가정 방문
• 현행 수준에 근거한 장·단기 교육 목표의 우선순위 결정 : 가족의
  요구와 자원 반영
• 조작적인 목표설정 : 목표행동 구체화, 교수 계획, 성취 기준의 구체화
• 개별적인 목표의 일과 내 삽입교수 : 신변처리, 인지, 언어, 대·소근
  육 기술, 정서 및 사회적 행동
• 평가 : 진보 평가, 자원 조정, 목표 수정

15 행동수정 기법 중 '빈도가 높은 행동은 낮은 행동에 대하
여 강화력을 갖는다는 원리'는?

① 타임아웃
② 프리맥의 원리
③ 소거와 벌
④ 체계적 둔감법

해설

행동수정 기법 중 프리맥의 원리는 빈도가 높은 행동은 낮은 행동에
대하여 강화력을 갖는다는 원리다.

16 행동관리 기법 중 연속적인 시도를 통하여 반응을 통제하
는 자극을 점진적으로 변화시키는 것은?

① 소거(Extinction)
② 벌(Punishment)
③ 포화(Saturation)
④ 용암법(Fading)

해설

용암법(Fading)은 연속적인 시도를 통하여 반응을 통제하는 자극을
점진적으로 변화시키는 것이다. 즉, 처음에는 두 손으로 보조를 하다
가 한 손으로 보조를 한다거나, 언어적 보조를 하다가 언어적 보조를
점차로 제거하는 것이다.

17 지적장애의 시기에 따른 원인으로 바르게 연결된 것은?

① 출생 전 – 염색체 이상
② 출생 전 – 뇌수막염
③ 출생 시 – 산모의 중독
④ 출생 후 – 미숙아, 조숙아

해설
지적장애의 원인은 시기에 따라 매우 다양하게 나타나지만, 후천적 원인보다는 선천적 원인으로 인해 지적장애가 있는 경우가 더 많다.

18 정서 · 행동장애의 행동 특성으로 옳은 것은?

① 과잉행동
② 상동행동
③ 전반적 발달 장애
④ 소아기 붕괴성 장애

해설
정서 · 행동장애의 행동 특성으로 품행장애, 사회화된 공격, 주의력 문제-미성숙, 불안-회피, 정신병적 행동, 과잉행동 등으로 분류할 수 있다.

19 다운증후군에 대한 설명으로 옳지 않은 것은?

① 지적장애의 가장 큰 원인 중 하나로 염색체 이상에서 기인한다.
② 유전자에 의한 단백질 대사 이상으로 선천성 대사 장애가 원인이다.
③ 정상적인 46개의 염색체보다 1개가 많은 47개의 염색체를 가진 염색체 이상으로 발생하는 경우이다.
④ 신체적, 발달적 특성은 손상의 정도나 외모에서 다양하게 나타난다.

해설
② 페닐케톤뇨증에 대한 설명으로, 특정 대사효소가 부족하여 발생하고 신체의 조직을 손상시키는 산을 형성하는 원인이 된다.

20 자폐성장애의 원인에 대한 설명으로 옳은 것은?

① 뇌간의 손상, 전두엽의 기능부전 등
② 부모-자녀 간의 부정적인 상호작용
③ 뇌척수액이 정상적으로 제거되지 못하고 과도하게 생산되어 머리 내부를 폐색하는 증상
④ 유전적 결함으로 인하여 15번 염색체의 일부가 소실

해설
② 정서장애의 원인
③ 지적장애의 원인
④ 지적장애(프라더-윌리증후군)의 원인

21 다음 보기의 내용이 설명하는 자폐성장애의 행동 특성으로 옳은 것은?

> 몸 앞뒤로 흔들기, 눈앞에 손가락이나 막대 대고 흔들기, 물건 빙빙 돌리기 등 반복적이고 부적절하게 나타나는 행동을 의미한다.

① 자해행동
② 공격행동
③ 방어행동
④ 상동행동

해설

보기는 자폐성장애에게 나타나는 대표적인 문제 행동인 상동행동에 대한 설명이다. 상동행동은 자폐성장애인이 특정 행동이나 동작을 습관적으로 반복하는 행동을 의미한다.

22 자폐성장애인의 체육지도전략 중 올바른 지도방법이 아닌 것은?

① 그림과 의사소통 보드 활용
② 자연스러운 환경 단서와 과제분석 제시
③ 교정시점으로 되돌리기
④ 자유로운 일상과 무작위적인 구조 제시

해설

자폐성장애인의 체육지도방법에는 규칙적인 일상과 구조, 그림과 의사소통 보드, 자연스러운 환경 단서와 과제분석, 교정시점으로 되돌리기 등이 있다.

23 다음 중 장애인복지법 시행규칙에서 규정하고 있는 시각장애의 기준에서 '장애의 정도가 심한 장애인'에 해당하는 것은?

① 좋은 눈의 시력이 0.2 이하인 사람
② 두 눈의 시야가 각각 모든 방향에서 10도 이하로 남은 사람
③ 좋은 눈의 시력이 0.06 이하이고, 두 눈의 시야가 각각 모든 방향에서 5도 이하로 남은 사람
④ 나쁜 눈의 시력이 0.02 이하이고, 두 눈의 시야가 각각 정상시야의 50퍼센트 이상 감소한 사람

해설

장애의 정도가 심한 시각장애인
- 좋은 눈의 시력(공인된 시력표로 측정한 것을 말하며, 굴절이상이 있는 사람은 최대 교정시력을 기준으로 한다. 이하 같다)이 0.06 이하인 사람
- 두 눈의 시야가 각각 모든 방향에서 5도 이하로 남은 사람

24 시각장애인의 체육지도전략 중 자립심을 키우는 지도방법이 아닌 것은?

① 모든 학생에 대하여 긍정적인 태도를 유지·향상시킨다.
② 신체활동에 참여하는 모든 학생들을 격려한다.
③ 학부모를 자원으로 활용하고, 학생의 도전성을 고취시킨다.
④ 안전을 위해 의존적인 행동양식과 올바른 커뮤니케이션 양식을 습득한다.

해설

시각장애인의 현재 수행능력을 판단하고, 자립심을 키우는 방법은 다음과 같다.
- 모든 학생에 대하여 긍정적인 태도를 유지·향상시킨다.
- 신체활동에 참여하는 모든 학생들을 격려한다.
- 학부모를 자원으로 활용한다.
- 시각장애학생이 도전하여 성공할 수 있도록 한다.
- 신체활동 시 가능한 스스로 움직일 수 있도록 지도한다.

25 청각장애의 유형에 대한 설명으로 옳지 않은 것은?

① 전음성 난청 – 소리가 전달되지 못하는 일반적인 청력 손실
② 감음신경성 난청 – 저주파수대역보다 고주파수대역의 청력 손실이 큼
③ 혼합성 난청 – 전음성과 감음신경성이 혼합되어 나타나는 유형
④ 기도청력 난청 – 외이를 통하여 중이의 고막에 소리를 직접 전달하지 못함

해설
기도청력 난청은 난청의 종류에 해당하지 않는다.

청각기관의 손상 부위에 따른 분류
• 전음성 난청 : 외이 또는 중이 부분에 장애가 있는 일반적인 청력 손실
• 감음신경성 난청 : 달팽이관 또는 청신경에 장애가 있어 고주파수대역 손실이 큰 난청
• 혼합성 난청 : 전음성·감음신경성 난청이 혼합되어 나타나는 유형

26 청각장애 또는 난청이 있는 학생을 통합 또는 분리된 환경에서 지도할 때의 일반적인 고려사항으로 옳지 않은 것은?

① 활동에 대한 설명을 쉽게 이해할 수 있도록 시각적인 지도 방법을 사용한다.
② 팔 들기, 깃발 이용하기, 불빛 사용하기 혹은 수신호 보내기와 같은 활동의 시작과 정지에 대한 명확한 신호를 보낸다.
③ 언어적 설명, 교사 또는 동료에 의한 시범, 교사 또는 동료로부터의 신체 보조, 교사 또는 동료시범을 촉각으로 학습하기 등의 방법을 이용한다.
④ 게임을 할 때는 점수판이나 시각적인 타이머를 이용한다.

해설
③ 시각장애가 있는 학생을 지도하는 경우에 해당한다.

27 다음 보기의 내용이 설명하는 기타장애에 대한 유형으로 옳은 것은?

> 뼈가 잘 부서지는 질병으로 뼈가 불완전하게 형성된 상태이며, 유전성 질환이다. 원인은 콜라겐 섬유 단백질의 결핍으로 인한 것으로 알려져 있다. 이러한 결핍은 뼈의 주 구성 원인인 칼슘과 인의 양을 줄어들게 하고, 뼈 구조를 약화시켜 쉽게 부서지게 하는데, 이 질환이 완치된 후에는 뼈가 짧아지거나 굽은 형태를 띠게 된다.

① 소아 류머티스 관절염
② 골형성부전증
③ 관절만곡증
④ 다발성경화증

해설
골형성부전증에 대한 설명으로, 뼈가 약해 골절·기형 등으로 인해 신장이 작고 폐가 발달하지 않기도 한다. 콜라겐 섬유가 부적절하게 형성되어 발생한다.

28 다음 중 지체장애 및 뇌병변장애의 체육지도 방법에 대한 설명으로 옳지 않은 것은?

① 무리한 관절 운동은 피하거나 제한적으로 적용해야 한다.
② 신체자각과 교정에 도움이 되는 운동과 활동을 강조한다.
③ 근력이 부족한 뇌성마비장애인들을 위해서 중간정도의 속도보다는 빠른 운동을 통해 근력강화 운동을 실시해야 한다.
④ 심각한 뇌손상을 당한 사람들은 대부분 앉아서 생활해야 하므로, 심폐순환계의 발달을 위해 유산소성 운동을 규칙적으로 실시해야 한다.

해설
근력이 불균형적인 부위가 있는 뇌성마비인들은 손으로 잡는 중량기구를 이용하거나 유연한 튜브를 이용하여 특정 부위에 적절한 저항력을 가하는 운동이 적합하며, 빠른 운동보다는 중간 정도의 속도로 근력강화 운동을 실시해야 한다.

29 뇌병변장애인들에게 일반인들이 사용하는 지도방법을 적용할 경우 뇌병변장애인들은 잘 수행할 수 없다. 뇌병변장애인을 지도하는 유형으로 옳지 않은 것은?

① 성공과 도전에 대한 적절한 균형을 찾는 것은 쉽지 않지만 뇌병변장애인들에게는 중요하기 때문에 체육활동이 뇌병변장애인들에게 적당한 수준으로 제공되어야 한다.

② 안전에 위협이 되지 않으면서 모든 사람이 체육활동에 참여할 수 있는 지도방법을 찾아야 한다.

③ 상향식 지도방법보다는 하향식 지도방법을 사용하는 것이 유리하다.

④ 스포츠지도자는 뇌병변장애인에게 체육활동을 지도할 때 부담을 느끼지 않도록 적절한 중재방법을 사용하여 지도하는 것이 바람직하다.

해설
뇌병변장애인의 지도는 운동상황에 맞게 상향식 지도방법을 사용할 때 더 유리하다.

30 지체장애 및 뇌병변장애인의 체육지도전략 중 올바른 지도방법이 아닌 것은?

① 수중활동보다는 유산소성 육상운동 위주로 지도하며, 필요 시 기구를 활용한다.

② 절단장애의 경우 보조기구를 사용하여 체육활동에 참여하도록 한다.

③ 유산소 능력이 부족한 장애학생은 활동을 변형시키거나 선택적으로 제공한다.

④ 어린 뇌성마비 아동들은 최대운동 강도의 약 70% 정도로 지도한다.

해설
심각한 뇌손상을 당한 지체장애 및 뇌병변장애인에게는 수중활동이 체력발달에 효과적이다. 예 아쿠아로빅스

출제빈도표(2018~2023년)

(단위 : 개)

구 분	2023	2022	2021	2020	2019	2018	합 계
유아체육의 이해	3	8	5	7	5	4	32
유아기 운동발달 프로그램	12	6	8	8	10	7	51
유아체육프로그램 교수학습법	5	6	7	5	5	9	37

※ 출제비중 및 출제빈도는 문제 분석에 따라 달라질 수 있습니다.

최근 기출 분석(2023년 기출)

유아체육론은 '영유아기 발달 특징'과 '유아체육 프로그램 구성', '유아의 기본움직임 기술 및 발달단계', 그리고 '유아의 발달이론'이 매년 출제가 되고있어 이 부분을 중점적으로 학습해야 한다. 2023년 시험은 모든 파트에서 균형 있게 출제가 되었고, '에릭슨(E. Erikson)이 제시한 심리사회발달 단계'는 출제 빈도가 매우 높아 필수적으로 학습을 해두어야 한다. '피아제(J. Piaget)의 인지발달이론'과 '갤라휴(Gallahue)의 운동발달단계'도 역시 다시 출제될 확률이 높으므로 완벽히 학습해두어야 한다. 유아체육은 일반 성인과 비교했을 때 체육 프로그램과 지도원리가 다르기 때문에 유아기의 특성을 고려한 문제가 출제될 가능성이 높다.

9과목

유아체육론

01 유아체육의 이해

기출 POINT

용어 정의 [17] [18] [22]
- 영유아 : 6세 미만의 취학 전 아동 (영유아보육법)
- 유소년 : 만3세~중학교 취학 전(국민체육진흥법)
- 유소년스포츠지도사 : 유소년의 행동양식, 신체발달 등에 대한 지식을 갖추고 유소년을 대상으로 체육을 지도하는 사람

유아체육 프로그램의 목표 [17] [22]
- 다양한 신체활동을 통해 기본 운동기술 이해
- 자신의 감정을 표현할 수 있는 기회 제공
- 지각과 동작 간 협응 과정을 통해 지각운동기술 발전

유아체육을 통해 형성되는 심리적 특성 '사회화' [17]
- 팀원 간의 관계를 형성하는 역동적인 과정
- 팀에서 자신에게 부여된 역할과 팀의 규범에 부합하는 가치관을 내재화하는 과정

OX문제

1. '신체 움직임의 개념을 학습할 수 있다'는 유아체육 프로그램의 인지적 목표에 해당한다. (O, ×)

2. 유아기의 운동 효과에는 운동기능 발달, 사회성 촉진, 정서 발달이 있다. (O, ×)

정답 1 (O), 2 (O)

KeyPoint
- 유아기의 신체적·인지적·정서적·사회적 발달을 설명할 수 있다.
- 유아기의 운동발달을 단계별로 나누어 그 특징을 설명할 수 있다.
- 운동이 유아기의 건강과 발달에 미치는 영향에 대해 설명할 수 있다.

01 유아체육의 이해

(1) 유아체육의 개념

신체활동을 통해 균형 있는 신체발달은 물론 인지적·정서적·사회적 발달을 도와 유아들이 전인적 인간으로 성장하게 하는 교육이다. 국민체육진흥법 시행령 제2조에서는 유소년에 해당하는 시기를 만 3세부터 중학교 취학 전까지로 본다.

(2) 유아체육의 목표

① 신체발달 : 키 성장, 대근육 및 소근육 발달, 체력 증진
② 건강증진 : 규칙적인 신체활동으로 건강한 생활습관
③ 안전생활 : 놀이기구·도구, 위험한 일이나 장소에 따른 안전교육
④ 운동능력 발달 : 기본운동기술 및 발달 단계에 따른 운동기술 습득, 감각과 신체 부분 간 협응력 발달, 순발력·근력·유연성 등 운동능력 발달
⑤ 사회성 발달 : 집단활동 중 관계 형성과 강화, 소속감과 협동심 및 리더십 습득
⑥ 정서발달 : 규칙준수 훈련을 통한 자기 통제력, 표현 활동을 통한 내적 욕구 충족, 스트레스 해소로 긍정적인 정서 형성
⑦ 인지능력 발달 : 도구운동을 통한 두뇌 발달, 다양한 신체활동 개념·전략·규칙 등을 인지하는 능력 발달

02 유아기의 발달 특징

유아의 성장과 발달과정에서 가장 뚜렷한 특징은 지적 능력이나 정서적 능력보다 주로 운동기능이 발달한다.

(1) 신체적 발달

① 신생아 및 영아기 : 신생아 및 영아기 특징은 반사(Reflex)이다. 반사는 아기의 의지와 관계없는 불수의적 움직임이다.

  ㉠ 신생아기(출생~4주 전후) : 머리가 신체 길이의 1/4을 차지하고 미성숙한 단계

  ㉡ 영아기(4주~2세)

   • 신체 길이가 빠르게 성장하고 피하조직이 크게 증가

   • 생후 1년쯤 걷기 시작하면서 활동 반경 확대

   • 사물을 조작·탐색하며 새로운 활동 시도

② 유아기(초기 아동기, 3~6세)

  ㉠ 성장 속도는 줄어들지만, 다양한 신체활동 과제를 발달시킬 수 있는 적절한 시기

  ㉡ 3~4세 유아

   • 대근육 운동조절 능력 증진 : 달리기, 계단오르기, 세발자전거 타기 등

   • 소근육 활동이 세련되지 못하지만 조절 가능 : 기초적인 가위질과 그림 그리기 등

   • 감각기관의 협응 및 눈과 기타 신체기능의 협응력이 필요한 활동이 가능

   • 신체운동 기술이 발달하여 독립적이고 활동적인 운동 증가

  ㉢ 5~6세 유아

   • 근육 발달 : 빨리 달리기, 멀리뛰기, 제자리뛰기 등

   • 균형감각을 요구하는 동작 가능 : 두발자전거 타기 등

   • 신체와 운동기능 간의 협응력과 소근육 발달 : 머리 손질 및 머리 감기 등

③ 아동기(후기 아동기, 7~12세)

  ㉠ 신장과 체중이 지속적으로 천천히 증가하는 특징

  ㉡ 일반적으로 여아가 남아보다 1년 정도 앞서 발달

  ㉢ 신체 부위 간의 협응력, 운동기능 간의 협응력, 대근육과 소근육을 동시 활용하는 전신운동 가능

  ㉣ 운동신경과 운동기술이 현저히 발달

  ㉤ 구기운동을 즐기며 기타 스포츠활동 가능

기출 POINT

영유아기 [15]
• 영아기는 생후 4주~2세까지
• 신체 길이가 빠르게 성장하고 피하조직이 크게 증가
• 생후 약 12개월이면 걸음마를 시작할 정도로 발달

생후 12개월 전후의 특징 [17]
• 균형을 쉽게 잃는다.
• 보폭이 짧다.
• 발바닥 전체로 바닥과 접촉하며 걷는다.

유아기 건강체력 발달 [19] [22]
• 최대 심박수는 성인기에 비해 높다.
• 유아기 1회박출량은 성인기에 비해 낮다.
• 유아기 안정 시 호흡수는 성인기에 비해 높다.
• 성장함에 따라 근력이 증가하고 근섬유도 굵어진다.

아동청소년기 신체적 발달의 특징 [18]
• 안정 시 분당 호흡수는 출생 후 점차 줄어든다.
• 남성의 유연성은 사춘기 전후에 여성보다 빠르게 감소한다.
• 안정 시 분당 심박수는 평균적으로 신생아가 4~5세 아동들보다 높다.

기출 POINT

유아기 신체발달의 방향성
16 17 21 22 23

- 머리 → 발가락
- 중심 → 말초
- 대근육 → 소근육

탐색과 놀이의 차이 20

구 분	탐 색	놀 이
맥 락	새로운 물체	익숙한 물체
목 적	정보 획득	자극 생성
행 동	정형화됨	다양함
기 분	심각함	행복함
심장 박동 변화	낮은 변화성	높은 변화성

④ 신체발달의 특성
　㉠ **신체발달의 방향성** : 일정한 순서와 방향성을 갖고 발달한다.
　　• 머리 부분에서 하체 방향으로 발달
　　• 몸 안쪽(중심부)에서 바깥쪽(말초신경) 방향으로 발달
　　• 대근육에서 소근육 방향으로 발달
　㉡ 발달 속도는 일정하지 않음 : 신장은 출생부터 1년 간 급속도로 성장하지만, 후기 아동기에 들어서면 성장속도가 떨어진다.
　㉢ 개인 차이가 존재한다.
　㉣ 안정 시 분당 호흡수는 출생 후 점차 줄어들고, 안정 시 분당 심박수는 신생아가 아동들보다 높은 특징이 있다.

(2) 인지적 발달

① 신생아 및 영아기
　㉠ 만 1세 미만
　　• 눈으로 사물을 추적하고 소리 나는 방향으로 몸 돌리기
　　• 단순한 움직임 모방하기
　　• 음악과 소리에 몸으로 반응하기
　　• 흔들기, 두드리기, 던지기 등으로 사물 탐색하기
　㉡ 만 1세 이상~2세 미만
　　• 비슷한 사물끼리 짝을 지을 수 있음
　　• 구체적 사물과의 상호작용을 통해 개념 이해

② 유아기(초기 아동기, 3~6세)
　㉠ 인과관계를 이해하고 결과 예측
　㉡ 주의집중시간이 짧고 실제와 상상을 구별하지 못함
　㉢ 구체적・감각적인 사고
　㉣ 언어 표현 능력이 현저히 발달
　㉤ 사물을 유사점・차이점으로 분류 가능

③ 아동기(후기 아동기, 7~12세)
　㉠ 기억력・사고력 현저히 발달 : 추리・논리・비판・창의적 사고 발달
　㉡ 분류 정교화 : 사물의 속성, 기능의 유사점・차이점, 사물의 관계 규칙 등으로 분류 가능
　㉢ 다른 사람의 관점 이해
　㉣ 보존개념 획득 : 사물의 겉모양이 변해도 길이, 양, 무게, 면적, 부피 등은 변하지 않는다는 개념
　㉤ 조합 능력 : 수 개념을 이해하고 조작하는 능력 발달

OX문제

유아기 운동발달은 중심에서 말초로, 위에서 아래 순서로 이루어진다.
(○, ×)

정답 ○

④ 인지적 놀이 발달이론
  ㉠ 피아제(J. Piaget)의 인지발달 4단계
  유아는 인지발달 정도에 따라 자기 능력에 맞는 놀이에 참여한다. 즉, 유아의 인지
  발달단계에 따라 놀이도 감각적인 연습놀이 수준에서 점차 상징놀이·역할놀이 시
  기를 거쳐 규칙 있는 게임 수준으로 변화한다.
  • 감각운동기(0~2세) : 감각을 사용하여 주변을 탐색하고 새로운 경험을 찾기 위한
    신체활동을 한다(연습놀이).
  • 전조작기(2~7세) : 지각운동시기로 자기중심적이어서 다른 사람 관점에서 사물
    을 이해할 수 없다(상징놀이).
  • 구체적 조작기(7~11세) : 탈중심적 사고에 들어서고 사회지향적인 특징을 보인다.
    구체적인 문제에 대한 논리적 사고가 가능하다(규칙이 있는 게임).
  • 형식적 조작기(청소년~성인) : 가설적·연역적 사고가 가능하고, 논리적 사고에
    의해서 문제를 해결한다.

  ㉡ 스밀란스키(Smilansky)의 인지적 놀이 발달이론
  • 기능놀이 : 감각운동기 유아가 신체활동의 기능적 즐거움으로 되풀이하는 놀이행
    동, 놀잇감 혹은 놀잇감 없이 단순한 움직임을 반복
  • 구성놀이 : 블록, 모래, 점토 등 놀잇감으로 새로운 것을 만들어보는 창조적 놀이
    활동
  • 상징놀이 : 상상놀이, 가상놀이, 역할놀이 등 아동의 인지 수준에 따라 발달
  • 사회극놀이 : 두 명 이상 유아가 의사소통으로 상호작용하는 놀이(가장 수준 높은
    상징놀이)
  • 규칙이 있는 게임 : 구체적 조작기 아동이 규칙의 의미를 이해하고 게임을 즐김

(3) **사회성 및 정서 발달**

① 신생아 및 영아기
  ㉠ 사람의 얼굴에 관심을 보이고 목소리에 반응(까꿍 놀이)
  ㉡ 주변 자극에 흥미와 호기심
  ㉢ 자기중심적·비사회화

상호작용 이론 17
- 환경에 능동적으로 대응하며 운동 기능을 발달시킨다.
- 지도사, 부모, 또래집단은 운동발달에 영향을 미친다.
- 집단 활동의 구성은 운동발달의 효과적인 교수법이다.

사회학습 이론의 사례 18 22
- 아동은 주변 친구들의 운동기술을 관찰하여 자신의 운동기술을 개발한다.
- TV 속 정현의 포핸드스트로크 모습을 보고 흉내내며 치기(Striking) 기술을 향상시킨다.

에릭슨(Erikson)의 심리사회발달 이론 20 21 23
- 1단계 : 신뢰 대 불신 (Trust vs Mistrust)
- 2단계 : 자율성 대 수치 (Autonomy vs Shame)
- 3단계 : 주도성 대 죄의식 (Initiative vs Guilt)
- 4단계 : 근면 대 열등감 (Industry vs Inferiority)

② 유아기(초기 아동기, 3~6세)
　㉠ 자율성 증가, 지적 호기심 왕성
　㉡ 자기중심적 사고 : 혼자놀이에 익숙하고 양보능력이 떨어짐
　㉢ 4~5세에 사회적 인식 생성 : 집단놀이를 통해 규칙, 협동, 배려, 리더십 등 학습

③ 아동기(후기 아동기, 7~12세)
　㉠ 자기중심적이며 대집단활동보다 소집단활동을 선호
　㉡ 남녀 관심사가 비슷하다가 점점 달라지기 시작
　㉢ 때때로 공격적이거나 자아비판적이며 과잉반응을 보임
　㉣ 자기개념이 확고하게 자리잡음
　㉤ 모험심이 강해서 위험하거나 은밀한 활동에 참여하려는 욕구를 보임

④ 파튼(Parten)의 사회성 놀이 발달단계
파튼은 유아가 다른 사람과 어느 정도 상호작용하느냐에 따라 발달단계를 분류한다.
　㉠ 비참여 행동 : 놀이를 하지 않고 일시적 관심과 흥미를 따라다닌다. 자기 몸에 전념하거나 가만히 앉아 있기도 한다.
　㉡ 지켜보기 : 다른 아이들이 노는 것을 지켜보며 시간을 보낸다. 가끔 말을 걸기도 하지만 직접 참여하지는 않는다.
　㉢ 단독놀이(혼자놀이) : 자기중심적 사고를 하는 2~3세 유아들이 독자적으로 자기놀이에 몰두한다. 다른 아이들과 가까이 있어도 대화가 거의 없다.
　㉣ 평행놀이(병행놀이) : 친구 옆에서 친구와 비슷한 놀이를 하면서도 상호작용은 거의 없다. 즉, 나란히 놀이를 하면서 함께 놀지는 않는다.
　㉤ 연합놀이 : 두 명 이상 유아들이 대화를 하고 놀잇감을 주고받는 등 상호작용을 하면서 논다. 하지만 역할을 분담하거나 놀이 내용을 체계적으로 조직하지는 못한다.
　㉥ 협동놀이 : 5세 이후 유아들이 집단을 이루어 놀이주제를 정한 다음 조직적인 놀이를 한다. 놀이의 리더가 생기고 역할을 분담하여 놀이가 진행된다.

(4) 발달이론

① 비고츠키(Vygotsky)의 상호작용 이론 : 인간의 발달은 사회적·문화적 환경의 영향을 받는다는 이론이다.
② 반두라(Bandura)의 사회학습 이론 : 인간은 다른 사람의 행동을 관찰·모방하면서 발달한다면서 관찰학습의 과정을 강조하는 이론이다.
③ 프로이드(Freud)의 정신분석 이론 : 인간의 사고·감정·행동은 심리적 원인에 의해 결정된다는 이론이다.
④ 에릭슨(Erikson)의 심리사회발달 이론 : 인간의 발달은 내적 본능(자아)과 사회·문화적 요구가 서로 상호작용한 결과라고 설명한다.

⑤ 브루너(Bruner)의 인지발달 이론 : 아동의 인지발달을 단계에 따라 활동적 표현, 영상적 표현, 상징적 표현 순으로 구분하여 설명한다.

⑥ 정보처리 이론 : 외부 정보가 감각기관을 통해 인지되면 뇌는 정보를 저장·전환하며 행동으로 나타내는 산출과정을 거친다는 이론이다.

⑦ 스키너(Skinner)의 행동주의 이론 : 발달을 위해서는 환경을 변화시켜 바람직한 행동을 형성하고, 피드백을 통해 바람직한 행동을 촉진시켜야 한다는 이론이다.

03 유아기 운동발달

(1) 유아기 운동발달의 특성

① 운동발달은 유아기 신체발달 단계와 관련 있다.

　㉠ 뇌와 가까운 부분부터 발달한다. 눈 운동, 머리 운동, 눈과 손의 협응운동 등이 먼저 발달하고, 다리 운동이 나중에 발달한다.

　㉡ 몸 중심부에서 말초부분으로 발달한다. 몸통 운동이 먼저 이루어지고, 손과 손가락을 움직이는 세밀한 동작이 나중에 발달한다.

　㉢ 대근육이 먼저 발달한 후에 소근육이 발달한다. 달리기, 제자리 뛰기 등 대근육 활동이 먼저 발달하고, 손으로 조작하는 소근육 활동이 나중에 발달한다.

② 운동기능은 양방에서 일방으로 발달하며, 양쪽 손발을 모두 사용하다가 점차 한쪽을 선택하여 발달하게 된다. 수평 동작에서 수직 동작으로 발달하는데 걷거나 달리는 수평 동작을 학습한 후, 수직으로 뛰어오르는 동작을 학습한다. 또한 영아기에는 원시적 반사행동을 보인다.

(2) 갤라휴(Gallahue)의 운동발달 단계

① 반사운동 단계(반사 움직임 단계)

　㉠ 태아~1세 : 정보부호화 단계, 4개월~1세 : 정보해독 단계

　㉡ 태아와 신생아에 나타나는 최초의 운동발달 특징

　㉢ 정보를 받아들이는 정보수용단계, 수용된 정보를 처리하며 초기 자발적 움직임이 일어나는 정보처리 단계

　㉣ 빨기 반사, 방향 반사, 잡기 반사, 모로 반사 등 외적 자극에 무의식적으로 신체 반응

② 초보운동 단계(초보 움직임 단계)

　㉠ 출생~1세 : 반사억제 단계, 1~2세 : 전제어 단계

　㉡ 의도적 신체운동이 시작되는 중요한 시점, 반사적 행동이 감소되며 불완전한 기본 움직임이 나타남(기어가기, 걷기, 앉고서기 등)

기출 POINT

영아기 원시 반사 18 20 23
• 반사는 운동발달의 기초가 된다.
• 영아의 중추신경계 장애의 진단이 가능하다.
• 반사는 영아의 생존을 위한 활동이다.

갤라휴의 운동발달 단계 16 20 22 23
• 반사운동 단계 : 정보를 받아들이는 정보수용단계, 수용된 정보를 처리하며 초기 자발적 움직임이 일어나는 정보처리 단계
• 초보운동 단계 : 반사행동이 줄어들고 기본 움직임이 시작되는 단계
• 기초운동 단계 : 연령에 따라 점차 새로운 운동 기능이 나타나 성숙되어가는 단계
• 전문운동 단계 : 운동동작을 서로 연관시켜 하나의 일관된 동작을 완성하는 단계

모로 반사(Moro Reflex) 17 22 23
• 아기 머리의 갑작스런 위치 변화나 강한 소리와 빛에 반응하여 무엇을 껴안으려고 한다.
• 출생 시 나타나지 않으면 중추신경계의 문제가 있을 수 있다.

기출 POINT

기초운동 단계 22
• 입문(시작) 단계 : 기본적인 움직임을 보이지만 매끄럽지 못함
• 초보 단계 : 기본 움직임에 대한 제어와 협응이 가능하지만 비효율적
• 성숙 단계 : 움직임의 수행이 효율성을 갖게 됨

③ 기초운동 단계(기본 움직임 단계)
  ㉠ 2~3세 : 입문 단계, 4~5세 : 초보 단계, 6~7세 : 성숙 단계
  ㉡ 유아는 다양한 기본동작을 수행하는 단계로 발전, 그러나 세분화되고 기술적인 움직임 발달은 미흡
④ 전문운동 단계(전문화된 움직임 단계)
  ㉠ 스포츠기술 단계 : 7~10세는 전환 단계, 11~13세는 적용 단계, 14세 이상은 전 생애에 걸친 사용 단계로 구분
  ㉡ 운동능력이 세분화되며 복합된 동작기술이 나타남
  ㉢ 운동동작을 서로 연관시켜 하나의 일관된 동작으로 완성하는 단계

04 유아기의 건강과 운동

(1) 유아기의 건강
① 정 의
  ㉠ 외부로부터의 장애를 받지 않고 바람직한 발육발달이 이루어지는 상태
  ㉡ 유아의 심신이 조화롭게 발달하는 것
② 건강의 3요인
  ㉠ 영 양
    • 신체와 정신발달에도 영향
    • 스스로 균형 있는 영양 섭취가 어렵기에 부모의 지도가 필수
    • 편식 습관을 들이지 않도록 주의
    • 유아는 한꺼번에 섭취할 수 있는 음식량이 적기 때문에 자주 섭취해야 함
    • 남아가 여아보다 기초대사량이 높음
  ㉡ 수 면
    • 원초적인 생리 현상
    • 수면은 건강과 밀접한 관계
    • 유아의 수면부족은 울음, 짜증, 영양공급 거부증세로 나타남
    • 최소 6시간의 수면이 확보되어야 성장에 장애가 없음
    • 성장호르몬이 가장 많이 분비되는 시간은 밤 10시~새벽 2시 사이임
    • 연령별 수면시간 : 영아는 오전·오후 2회, 유아는 1회 정도 낮잠이 필요

연 령	수면시간	연 령	수면시간
0~2개월	18~20시간	1~2세	12~14시간
2~6개월	16~18시간	2~5세	10~12시간
6~12개월	14~16시간	5~10세	10시간 정도

ⓒ 운 동

- 유아기는 신체활동의 욕구가 어느 시기보다 큼
- 유아기의 운동이 중요한 이유
  - 충분한 신체의 움직임으로 깊은 잠을 잘 수 있게 함
  - 에너지와 감정을 발산하여 정신적 건강에 도움을 줌
  - 옥외의 신체활동으로 햇빛을 통해 피부저항력을 기름

(2) 유아기 운동기능의 발달

① 남·여의 차이가 있음
② 영아의 출생 후 움직임 : 반사운동
③ 1년 3개월~2년 : 운동기능 습득 과정 예 걷기, 구르기, 기어가기 등
④ 2~5년 : 단순 운동기능 습득 예 던지기, 맞추기, 흔들기, 헤엄치기, 미끄러지기, 매달리기, 술래잡기, 달리기 등
⑤ 5년 이상 : 스포츠와 기본 운동기능 습득 예 수영, 놀이, 배구, 릴레이, 축구, 발야구 등
⑥ 5세부터 체력과 운동능력을 측정할 수 있음

(3) 유아운동 권장지침

① 유아기 건강지도의 3대 중심 지침
   ㉠ 건강한 생활에 필요한 습관과 태도
   ㉡ 여러 가지 운동에 흥미를 갖고 진행
   ㉢ 안전한 생활에 필요한 습관과 태도 습득
② 미국스포츠교육협회의 유아 신체활동 지침
   ㉠ 하루에 최소 1시간 정도의 구조화된 신체활동을 해야 함
   ㉡ 하루에 최소 1시간 이상 비구조화된 신체활동을 해야 하고, 수면을 제외하고 60분 이상 앉아있지 않게 해야 함
   ㉢ 블록 쌓기 등을 통해 복잡한 운동기술을 발달시켜야 함
   ㉣ 대근육활동을 위해 권장 안전기준의 적합한 실내공간과 실외공간이 있어야 함
   ㉤ 개개인의 신체활동에 대한 중요성을 인식하고 유아의 운동기술을 용이하게 할 것
③ 국립중앙의료원의 어린이·청소년 신체활동 권장지침
   ㉠ 하루 1시간 이상 운동을 해야 함
   ㉡ 일주일에 3일 이상 유산소·근육 강화·뼈 강화 운동을 해야 함

기출 POINT

유아기 운동의 효과 16 19

- 체지방률 감소
- 심폐지구력 발달
- 운동기능 발달
- 사회성 촉진
- 정서 발달

유아운동 권장지침 15 20

- 간접적·직접적 상황에서 대근육 활동 기회의 지속적 제공
- 물체의 조작과 눈과 손의 협응이 자연스럽도록 프로그램 구성
- 지각운동 기능이 향상될 수 있도록 특별한 활동 포함

세계보건기구(WHO)가 권장한 유아·청소년기 신체활동 지침 18 21

- 1~2세 : 매일 대·중간 강도 이상으로 180분 이상의 신체활동
- 3~4세 : 매일 180분 이상의 신체활동
- 5~17세 : 매일 중간강도 내지 격렬한 강도로 60분 이상의 신체활동

OX문제

2012년 WHO에서 제시하는 아동의 신체활동 지침에는 유산소성 신체활동을 주로 할 것이 포함되어 있다. (O, X)

정답 O

02 유아기 운동발달 프로그램

기출 POINT

유아체육프로그램 구성의 기본 원리 [17]
적합성의 원리, 방향성의 원리, 특이성의 원리, 다양성의 원리, 안전성의 원리, 연계성의 원리

적합성의 원리 [16] [20] [21]
• 유아체육프로그램은 유아들을 위한 발달지향적이고 적절한 신체활동들을 고려해서 구성한다.
• 유아의 발달 상태와 신체활동에 대한 경험, 기술, 수준, 체력, 연령 등을 고려해야 한다.

결정적 시기(민감기) [22]
• 특정 능력이나 행동의 발달에 최적인 시기
• 유아의 발달은 특정 시기에 도달해야 할 발달과업을 가지며, 이 시기를 놓치면 성장이 저해됨

KeyPoint
• 유아기 운동발달 프로그램의 기본원리에 대해 설명할 수 있다.
• 유아기 운동발달 모형에 대해 설명할 수 있다.
• 유아 운동프로그램을 구성하는 요소에 대해 사례를 들어 설명할 수 있다.

01 유아체육프로그램의 계획

(1) 유아체육프로그램의 기본원리

① 적합성의 원리
ㄱ 결정적 시기(민감기)를 고려하여 적합한 운동을 하도록 프로그램을 구성한다.
• 만 1세 : 걷기
• 만 2.5~4세 : 협응력과 자기조절능력
• 만 3~4세 : 자기표현력과 창의력
ㄴ 같은 연령의 유아라도 신체발달, 체력, 운동기술 수준 등을 고려하여 프로그램을 적용한다.
ㄷ 연령에 맞는 프로그램의 기초
• 영아 : 환경자극, 엄마와의 접촉이 필수요건
• 2~3세 : 엄마와 함께 사지 발달을 위한 운동프로그램
• 3~4세 : 혼자하면서 자립심을 키울 수 있는 운동프로그램
• 5~6세 : 놀이를 이용한 또래와의 사교 및 학습능력에 도움을 줄 수 있는 운동프로그램

② 방향성의 원리
ㄱ 신체발달 방향성을 고려하여 적절한 운동을 하도록 프로그램을 구성한다.
• 머리(상체) → 발가락(하체)
• 몸 중심부 → 말초신경부분
• 대근육 활동 → 소근육 활동
• 수평동작 → 수직동작
ㄴ 신체발달 방향성은 전반적으로 지켜지지만 개인차가 존재한다.

③ 특이성의 원리

  ㉠ 일반적인 발달 특성뿐만 아니라 개개인의 유전과 환경요인에 따른 개인차를 고려하여 프로그램을 구성한다.

  ㉡ 어린이의 운동능력은 개인차가 현저하여 동일 연령이라도 운동수행능력의 차이가 크다.

④ 다양성의 원리

  ㉠ 유아기는 골격이 형성·발달하는 시기이므로 일정 부위에 집중적인 운동보다 전체적인 신체발달을 돕는 다양한 프로그램을 구성한다.

  ㉡ 유아는 집중력이 떨어지고 한 가지 운동에 싫증을 빨리 느끼므로 다양한 프로그램을 구성하여 다양한 경험이 이루어지도록 한다.

⑤ 안전성의 원리

  ㉠ 유아는 신체조정력과 판단력이 부족하므로 안전을 먼저 고려하여 프로그램을 구성한다.

  ㉡ 일상생활과 관련하여 안전에 관한 사항들을 이해하고 예방하도록 한다.

⑥ 연계성의 원리

  ㉠ 기초부터 향상된 운동까지 조직된 프로그램을 제공해야 한다(순서와 변화에 따른 조직적 연계).

  ㉡ 운동발달, 인지발달, 사회성 및 정서발달의 상호작용을 통한 발달이 이루어질 수 있도록 프로그램을 연계해야 한다.

(2) 유아체육프로그램 구성 시 고려사항

① 운동단계별 고려사항

  ㉠ 운동 전

   • 신체상태 점검 : 발열, 설사, 부상 등 신체상태를 점검

   • 준비운동 : 운동에 적합한 상태로 호흡계, 순환계, 근육, 관절 준비운동

   • 복장 : 운동 강도와 날씨, 일조량에 따른 적절한 복장

   • 식후 경과시간 : 식후 1시간 경과 후에 운동을 하는 것이 좋음

  ㉡ 운동 중

   • 갑작스런 운동으로 통증 유발 시 휴식을 취한 후 가벼운 운동 실시

   • 운동 중 응급상황 : 응급상황을 인지하였을 경우 도움이 필요한지 결정하고 구급차를 호출한 다음 부상부위를 진단하고 응급처치를 실시

개념 플러스

유아 발목부상의 처치과정

• 휴식 : 부상부위를 고정하고 안정을 취한다.

• 얼음찜질 : 부상부위에 얼음주머니를 대고 붕대를 감는다.

• 압박 : 탄성붕대를 이용하여 압박한다.

기출 POINT

특이성의 원리 15 17 20 23

• 유아의 유전과 환경요인을 고려한 개인차 반영

• 유아의 자발성이나 창의성 고려

안전성의 원리 19 21

• 신체조정능력과 판단력이 완전히 발달되지 않은 유아에게 우선적으로 고려해야 할 원리이다.

• 자신의 능력을 과대평가하는 아동의 성향을 고려한 운동 환경을 마련한다.

• 우발적 사고에 대한 부모나 지도자의 올바른 인식이 중요하다.

연계성 원리 18

• 유아체육 프로그램 개발의 기본 원리이다.

• 신체적, 사회적, 정서적 발달을 함께 고려한다.

• 발육발달과 운동기술발달의 수준을 동시에 고려한다.

• 쉬운 과제에서 어려운 과제의 순서로 구성한다.

유아체육프로그램의 기타 기본 원리 18

• 표현성 원리 : 음악의 리듬에 맞추어 효과적인 표현 지도

• 사회화 원리 : 소규모 집단으로 구성하여 지도

• 흥미성 원리 : 흥미를 존중하여 학습 능력을 높이도록 지도

기출 POINT

유아체육프로그램의 구성 방법
`15` `17`

• 활동적인 유아를 위해 주 3~4회 운동 시간 편성
• 1회 수업 시 20~40분
• 흥미를 잃지 않도록 발달수준을 고려하여 구성
• 운동기능의 향상을 위해 점진적 방법 적용

유아체육프로그램의 구성 절차
`16`

자료 수집 → 적용대상 선정 → 프로그램 작성 → 프로그램 지도 → 프로그램 평가 → 피드백

2~3세 유아에 적합한 체육프로그램의 고려사항 `18` `21`

• 성별의 차이는 고려하지 않는다.
• 발육발달 상태를 평가한다.
• 놀이방법을 이해할 수 있는지를 확인한다.

ⓒ 운동 후
  • 정리운동 : 갑자기 운동을 중지하면 현기증 같은 증상이 유발될 수 있으므로 걷기, 체조 등으로 정리운동 실시
  • 샤워나 목욕 : 운동 후 피부 청결, 혈액순환 촉진, 피로회복
  • 운동 후 수면 : 수면은 피로회복의 가장 좋은 방법. 수면부족은 짜증과 울음 유발

② 유아체육프로그램 계획 시 고려사항
  ㉠ 연령에 따른 발달단계와 개인차를 고려
  ㉡ 신체적·정서적·사회적·인지적 균형발달을 위한 프로그램 고려
  ㉢ 적절한 시간 배분
  ㉣ 팀운동과 개인운동을 적절히 배합
  ㉤ 안전을 우선적으로 고려
  ㉥ 평가와 피드백을 실시
  ㉦ 활동적이고 흥미로운 놀이인지 고려

02 유아체육프로그램의 구성

(1) 유아체육 프로그램의 구성과 특색

① 유아체육프로그램 수립 시 운동 빈도, 운동 강도, 운동 시간, 운동 형태의 4요소를 고려
② 연령별 특색 : 유아체육프로그램은 유아의 연령별 특색을 고려해야 함
  ㉠ 1세 운동
    • 운동놀이의 시작 시기 : 생후 1년은 걷기 시작하고, 1년 6개월은 달릴 수 있음
    • 초기의 운동놀이는 기물을 끌고 밀고 다니는 행동
    • 옥외 활동을 좋아함 : 외부 세계에 대한 적응의 시도, 안전 보호 필요
  ㉡ 2세 운동
    • 신체적 독립기 : 운동기능 현저히 발달, 마음대로 돌아다니기를 좋아함
    • 운동놀이의 기회를 많이 부여하여 운동기능뿐 아니라 에너지 발산을 통한 기분 안정
    • 급정지는 할 수 없으나 달리기에 숙달되어 의욕적으로 달림
    • 계단 오르내림이 숙달
    • 평형감각 발달 : 평균대 위를 한걸음씩 건널 수 있음
    • 공을 던지거나 철봉에 매달릴 수 있음
    • 구르기를 좋아함

ⓒ 3세 운동
- 획기적 성장, 일종의 완성기 : 1~2세에 비해 생활습관과 운동기능이 위태로운 단계를 넘어섬
- 사회성의 발달 : 집단놀이 및 친구와 노는 놀이활동을 좋아함
- 주요 운동놀이 용기구 : 삼륜차, 그네, 시소, 평균대, 공, 고리 등

ⓔ 4세 운동
- 유아기 중 가장 발달이 왕성한 시기
- 성인의 약 80%의 대뇌 발달, 지능의 발달과 신체적 기능의 발달 촉진
- 모든 운동의 기초가 되는 걷기운동이 가능해지며 성인과 거의 동일한 걸음걸이를 갖춤
- 신체활동 원활 : 달리기, 뛰어오르기, 율동적 동작 등
- 기능적 운동을 즐김 : 공던지기, 미끄럼타기, 철봉, 그네타기 등
- 이 시기의 운동부족으로 인하여 초등학교 입학 후 단련된 어린이와 운동능력 차이 발생

ⓜ 5세 운동
- 심신 발달이 안정되는 시기 : 유아기 발달 마무리 단계
- 급격한 정신적 발달
- 운동놀이에 매우 의욕적이며 운동이 숙달되는 시기
- 이 시기에 충분한 운동놀이의 기회를 갖지 못하면 운동을 싫어하거나 동작이 서투르게 됨

(2) 유아체육프로그램 구성요소

① 기본운동 발달 구성요소

ⓐ 안정성 운동 : 이동하지 않고 서거나 앉아서 균형감각을 기르는 운동
- 축을 중심으로 하는 안정성 운동 : 몸 가운데를 축으로 하는 좌우 움직임이나 어깨 또는 고관절을 축으로 하는 움직임
  - 굽히기 : 팔굽, 무릎, 허리 등 관절을 구부리는 움직임
  - 늘리기 : 몸을 쭉 펴서 늘리는 움직임
  - 비틀기 : 몸의 한 부분을 축으로 하여 비트는 움직임
  - 돌기 : 몸 가운데를 축으로 하여 제자리 돌기 움직임
  - 흔들기 : 팔을 앞뒤·양옆으로 흔들기, 다리를 앞뒤·양옆으로 흔들기, 몸을 앞뒤로 흔들기 등
- 정적·동적 안정성 운동
  - 정적 안정성 운동 : 직립 균형, 거꾸로 균형(물구나무 서기) 등 움직이지 않고 균형잡는 운동
  - 동적 안정성 운동 : 구르기, 멈추기, 재빨리 피하기 등 움직이면서 균형 잡는 운동

기출 POINT

3~5세 연령별 누리과정의 지도 원리(신체운동·건강영역)의 내용 16 20 21
- 신체 인식하고 움직이기
- 신체 움직임 조절하기
- 기초적인 운동
- 신체활동 자발적 참여
- 건강하게 생활하기
- 안전하게 생활하기

누리과정 중 신체조절능력을 향상 시키기 위한 프로그램(3세 유아) 16 18
- 신체균형 유지
- 공간, 힘, 시간 등의 움직임 요소 경험
- 신체 각 부분의 움직임 조절

안정성 운동능력 15 16 18 20 21 22
- 축성 평형성 : 굽히기, 늘리기, 비틀기, 몸 돌리기 등과 같은 정적 자세 유지 능력
- 동적 평형성 : 무게중심이 이동할 때 평형을 유지하는 능력
- 정적 평형성 : 무게중심이 고정되어 있을 때 평형을 유지하는 능력

OX문제

1. 유아기 이동기술 중 복합기술에는 호핑, 달리기 등이 있다. (O, X)
2. 기본운동발달 중 안정성 향상 프로그램에는 굽히기, 슬라이딩, 늘리기 등이 있다. (O, X)

정답 1 (X), 2 (X)

ⓛ 이동 운동 : 위치를 이동하는 운동
- 단일요소 이동 운동 : 한 가지 움직임
  예 걷기, 달리기, **립핑**, 홉핑, 점핑 등
- 복합요소 이동 운동 : 걷기나 뛰기 등 요소가 복합적으로 이루어진 움직임 예 기어오르기, 갤로핑, 슬라이딩, **스키핑** 등

ⓒ **조작 운동** : 기구를 다루는 능력을 기르는 운동
- 추진 조작 운동 : 기구를 몸 안쪽에서 바깥쪽으로 내보내는 움직임
  예 굴리기, 던지기, 치기, 차기, 튀기기, 펀칭, 맞추기, 되받아치기 등
- 흡수 조작 운동 : 외부에서 몸을 향해 들어오는 기구를 받는 움직임
  예 잡기, 볼 멈추기 등

② 지각운동발달 구성요소
ㄱ 신체지각 : 가장 먼저 발달하는 지각능력으로 1세 전후에 발생, 몸으로 무엇을 할 수 있는가의 지각
- 신체 각 부분의 정의
- 신체 모양과 위치
- 신체움직임에 대한 자각
- 신체를 통한 느낌 표현

ⓛ **공간지각** : 위치와 거리 등을 정확하게 파악하고 몸의 움직임을 이해하는 것
- 일상에서 유아의 안전에 대한 의식으로 중요한 지각
- 물체와 관계의 지각이라고 함
- 자기공간과 타인 공간의 인식
- 안전한 공간의 인식
- 높이의 이해, 안과 밖, 위와 아래, 깊이, 크기, 거리의 이해

ⓒ 방향지각 : 양측성과 방향성으로 구분
- 양측성 : 전·후, 좌·우, 상·하에 대한 지각
- 방향성 : 양측성 발달 중 자기 신체 좌우 변별, 자기 신체를 중심으로 앞뒤와 좌우 변별, 두 물체 간의 좌우 변별 등 위치 관계 이해
- 서로 다른 방향의 인지·전환 익히기 : 전·후, 좌·우, 상·하
- 지나가는 방법 이해 : 지그재그, 똑바로 걷기, 커브

ⓔ **시간지각** : 속도, 리듬과 관련된 지각
- 청각적인 다양한 리듬정보가 시간지각을 발달시킴
- 과거, 현재, 미래
- 오전, 오후, 아침, 점심, 저녁
- 속도(빠른 리듬, 느린 리듬), 리듬에 맞춘 동작의 발달

ⓜ 관계지각 : 자기 자신의 신체관계, 사물이나 다른 사람과의 관계, 처할 수 있는 위치 등을 포함하고 사람들 간의 관계에서 혼자 또한 여럿이서 어떤 관계를 가지는 것에 대한 이행
- 신체부분 : 둥글게, 좁게/넓게, 대칭/비대칭
- 사물과 타인의 관계 : 위/아래, 앞/뒤, 가까이/멀리
- 사람들 간의 관계 : 일치/대비, 혼자/짝지어서, 이끌고/따라가고

③ 체력운동발달 구성요소
ㄱ 건강 관련 체력요소 : 건강하기 위한 기본 체력요소
- 유연성 : 우리 몸의 부드러운 정도, 즉 근육의 탄성과 관절의 가동범위 정도
  예 다리뻗고 앉아 허리 굽히기, 스트레칭, 훌라후프 돌리기, 손목과 발목 돌리기 등
- 근력 : 근육 수축으로 생기는 힘
  예 밀기, 윗몸일으키기, 턱걸이, 팔씨름 등
- 근지구력 : 오래달리거나 근육을 오래 움직일 수 있는 능력
  예 잡아당기기, 매달리기 등
- 심폐(전신)지구력 : 전신운동을 일정한 강도로 오래 지속할 수 있는 능력
  예 오래달리기, 연속 뛰기, 계단 오르기, 자전거 타기, 줄넘기, 수영 등
ㄴ **수행 관련 체력요소** : 신체의 효율적 움직임을 위한 요소
- 속도 : 움직이는 물체의 빠른 정도
- 민첩성 : 자극에 대해 신체를 빠르게 움직이는 능력
  예 왕복 달리기, 신호 따라 방향바꾸기, 장애물 빠져나가 달리기 등
- 순발력 : 순간적으로 강한 힘을 발휘하는 능력
  예 높이뛰기, 제자리멀리뛰기, 단거리 빨리 달리기, 공던지기 등
- 협응성 : 근육·신경기관·운동기관 등 움직임의 상호조정 능력
- 평형성 : 신체의 균형을 유지하는 능력
  예 평균대 걷기, 한 발로 서기, 줄 따라 걷기, 회전 후 중심 잡기 등

03 유아체육프로그램 교수학습법

기출 POINT

유아운동프로그램 구성 시 교사의 고려사항 15 18 21

- 과제를 위한 시간 분배를 가지고 진행을 예측
- 학습자가 과제를 인식할 수 있도록 어떤 신호나 자극을 줌
- 과제를 설명할 때 학습자와 의사소통이 될 수 있도록 함
- 체육수업 중 장비와 기구를 충분히 제공하면, 유아의 실제 과제참여 시간을 증가시킬 수 있음

직접-교사 주도적 교수방법 17 20

- 대 그룹 활동을 지도할 때 효과적
- 지시적 방법 : 교사의 시범과 설명이 주로 이루어짐
- 과제제시 방법 : 유아의 의사결정이 일부 허용됨

KeyPoint

- 유아 체육 지도 방법을 주도성에 따라 분류하고 설명할 수 있다.
- 유아 운동발달 단계에 알맞은 프로그램을 계획하고 지도할 수 있다.
- 안전한 유아 운동프로그램 지도를 위한 환경 조성에 대해 설명할 수 있다.

01 유아체육지도 방법

(1) 유아체육 교수방법

① 직접 – 교사 주도적 교수방법
  ㉠ 유아가 무엇을, 언제, 어떻게 할 것인지를 교사가 모두 결정하는 교수법
  ㉡ 지시적 방법
    • 시범보이기, 연습해보기, 유아활동에 대한 언급
    • 체육활동의 주체자는 교사임
  ㉢ 과제제시 방법
    • 유아의 활동은 교사가 정하지만 일부 유아의 의사결정이 허용됨
    • 활동수준이 여러 가지 있음을 설명하고 시범 보이기, 유아 자신이 수준을 선택하여 과제 연습하기
    • 과제수행 유아는 높은 수준의 체육활동 참여하기
    • 유아의 개별적 선택기회를 부여함

② 유아 주도적 교수방법
  ㉠ 유아에게 주도권을 부여하는 것에 초점을 두는 방식
  ㉡ 체육활동이나 운동선택의 기회를 유아에게 제공
  ㉢ 운동기구와 소도구를 자유롭게 이용
  ㉣ 개개인의 능력의 차이와 흥미의 차이를 인정
  ㉤ 탐색적 방법
    • 시범이나 언어적 설명이 없이 유아가 자신에게 적합하다고 생각하는 활동과제를 수행
    • 학습의 결과보다 과정에 중점을 둠
    • 교사는 의미있는 운동과제를 제공하여 유아 스스로 신체동작의 가능성을 탐색하게 할 수 있음

ⓑ 안내-발견적 방법
- 유아는 또래나 교사의 동작을 관찰함으로써 과제수행의 방법을 이해함
- 구체적인 동작경험을 할 수 있도록 교사의 활동을 관찰할 기회를 줌

③ 유아 – 교사 상호주도적·통합적 교수방법
ⓐ 유아의 흥미와 교사 주도의 체계적 접근의 균형적 통합 교수방법
ⓑ 유아에게 적절한 과제를 주고, 교사에게 안내를 받으면서 연습할 기회를 제공
ⓒ 4단계 모형 : 도입단계, 동작습득단계(안내-발견적 교수방법), 창의적 표현 단계, 평가단계

(2) 유아체육프로그램 지도방법

① 영아기 신체활동을 위한 운동프로그램 지도방법
ⓐ 신체의 고른 발달 도모
ⓑ 신체의 구조와 기능 학습
ⓒ 엄마에 대한 친밀감을 갖게 함

② 기초체력 향상을 위한 운동프로그램 지도방법
ⓐ 근지구력 : 한발로 오래 뛰기
ⓑ 유연성 : 다리 뻗고 앉아서 앞으로 굽히기
ⓒ 평형성 : 눈감고 한발로 서기
ⓓ 협응력 : 제자리멀리뛰기

③ 지각발달을 위한 운동프로그램 지도방법
ⓐ 신체지각
- 신체의 각 부위 위치 알기
- 신체의 각 부위 명칭 알기
- 신체부위의 중요성 알기
- 신체의 기본 움직임 학습
ⓑ 공간지각
- 신체가 공간에서 차지하는 비중을 학습함
- 신체를 외부공간으로 표현하는 능력을 향상시킴
- 거리 판단 능력
- 깊이와 높이 판단 능력
ⓒ 방향지각
- 기초적인 운동능력을 향상시킴
- 그림자 만들기, 미로보행, 줄 따라 걷기, 짝 맞추어 들어가기 등
ⓓ 감각지각
- 형태를 재생하고 인식, 분별하는 능력
- 청각을 통한 명령에 적절한 반응
- 유사한 소리를 구별할 수 있는 능력

기출 POINT

실제학습시간을 증가시키는 전략
20
- 설명은 간결하고 명확하게
- 주의집중을 위해 상호간에 약속된 신호 생성
- 교구를 효율적으로 배치

OX문제

유아체육 프로그램의 목표 중 하나는 원시반사를 소멸시키는 기회를 제공하는 것이다. (O, ×)

정답 ×

기출 POINT

통합의 원리 ☐19

• 대근육 운동능력 중 안정과 이동의 기초운동기술, 협응과 균형의 운동능력, 공간과 방향의 지각-운동능력 발달이 이루어지도록 한다.
• 과거 경험, 현재 흥미의 고려는 물론 다양한 문화적 경험을 할 수 있도록 한다.

유아체육지도자의 역할 ☐19

• 호기심을 자극하고, 반응에 관심을 보이며 지도한다.
• 승부지상주의에서 벗어난 즐거운 활동이 될 수 있도록 지도한다.
• 주제와 장소를 고려하여 적절한 장비를 선택하며 지도한다.
• "해보자!", "해보지 않겠니?" 등의 권유형 언어를 사용하여 지도한다.

유아의 흥미를 고려한 지도방법 ☐17

음악이나 도구를 활용하여 다양한 프로그램을 구성

④ 사회학습능력 향상 운동프로그램 지도방법
　　㉠ 부모가 하고 있는 여러 가지 일에 대한 이해
　　㉡ 바람직한 집단생활 태도를 배움
　　㉢ 여러 가지 직업을 이해
　　㉣ 자기표현력 향상

(3) **유아체육의 지도원리**

① **놀이 중심의 원리** : 흥미를 고려하여 다양한 운동도구를 활용한 지속적 운동참여 유도
② **생활 중심의 원리** : 일상생활과 연결된 체험을 통해 체육활동 학습
③ **개별화의 원리** : 유아 개개인의 운동능력과 발달속도의 차이를 고려한 체육활동
④ **탐구 학습의 원리** : 유아가 스스로 움직임의 개념을 탐색하고 발견하도록 학습시킴
⑤ **반복 학습의 원리** : 안정, 이동, 조작운동의 3가지 기초운동을 반복 학습시킴
⑥ **융통성의 원리** : 신체활동 시 유아 스스로 시간을 결정할 수 있도록 함
⑦ **통합의 원리** : 기초운동, 운동능력, 지각-운동능력의 통합적 발달이 이루어지도록 함

(4) **유아체육지도자의 역할과 유의점**

① **유아체육지도자의 역할**
　　㉠ 활발한 신체활동을 포함한 놀이를 다양한 형태로 경험하도록 지도
　　㉡ 유아의 신체활동을 요구하는 놀이를 통해 신체발달을 촉진하도록 지도
　　㉢ 유아 신체활동을 통해 지적발달과 정신적 건전성, 정서적 안정성을 기를 수 있음
　　㉣ 놀이를 전개하는 과정에서 사회성의 발달을 꾀함
② **유아체육지도자의 유의점**
　　㉠ 안전사고에 대한 사전준비와 예방책 마련
　　㉡ 유아의 생리적·심리적·사회적 특성을 충분히 고려하여 운동지도
　　㉢ 유아의 발달수준에 적절한 내용을 단계적으로 계획하여 지도
　　㉣ 수업에 임하는 집단의 크기 고려
　　㉤ **유아의 흥미**나 능력에 맞는 활동이나 자료를 제공

(5) **유아체육지도자의 자세 및 자질**

① **인성적 측면** : 유아에 대한 사랑과 이해, 성실성, 봉사정신, 배려, 자발성, 도덕적 품성, 원만한 인간관계, 인내심, 공평성 등
② **건강적 측면** : 신체적 건강, 정신적 건강, 긍정적 자아개념, 유창한 언어기술 등
③ **전문적 자질** : 유아에 대한 전문적 지식, 일반 교양지식, 유치원 교육과정에 대한 지식, 교수방법 및 평가에 대한 지식 등

(6) 유아체육 지도원칙

① 가정과 긴밀한 연락
  ㉠ 개인차가 심한 유아에 대한 개인 교육의 배려가 각별히 필요
  ㉡ 가정과의 연락을 통해 서로 보조가 이루어져야 교육적 효과를 얻을 수 있음
  ㉢ 특히 활발한 신체운동이 수반된 운동놀이를 지도하는 경우에는 가정에서 경험하고
     있는 운동의 내용이나 건강상태의 파악이 중요함

② 발달단계에 적합한 지도
  ㉠ 지도자는 발달단계를 이해하고 지도하여야 함
  ㉡ 유아 개인의 특성이나 생활환경 등을 관찰하여 행동이나 태도의 지도 적용
  ㉢ 유아의 발육발달에 대한 현상과 생활경험을 파악하여 지도에 적용
  ㉣ 발달수준에 따른 적절한 내용을 단계적으로 계획하여 운동기술 수준에 맞는 도전적
     인 프로그램의 제공

③ 다른 영역과의 관련
  ㉠ 운동프로그램 시 유아의 지적·정서적·사회적·신체적 모든 능력이 혼연일체가
     되어 전개됨
  ㉡ 신체적 기능뿐 아니라 궁극적 유아교육의 목표를 염두에 두어야 함

④ 창의성 촉진
  여러 가지 신체활동을 통해 상상력과 창의성을 길러주는 것이 바람직함

기출 POINT

창의적 동작표현력을 향상시키기 위한 동작교수법 [16]

신체적 접근방법, 리듬적 접근방법, 통합적 접근방법

아동의 신체적 유능감 향상을 위한 지도전략 [18] [21]

• 운동기술 수준에 맞는 도전적인 프로그램을 제공한다.
• 무조건적인 칭찬이 아닌 노력에 연계된 격려를 제공한다.
• 개개인의 발달 수준을 고려한 개별화 프로그램을 제공한다.

OX문제

아동의 신체적 유능감 향상을 위해서는 운동기술 수준에 적합한 도전적인 프로그램을 제공하는 것이 좋다.
(○, ×)

정답 ○

기출 POINT

유아체육활동 안전지도
`15` `17` `21`

• 수업 교구 사용법이나 운동방법을 먼저 설명해준다.
• 체육활동 후 운동기구 정리를 함께 한다.
• 놀이시설의 위험성을 미리 설명한다.
• 신체활동을 위한 넓은 공간을 확보한다.
• 발달 수준에 적합한 운동 기구를 선택하게 한다.
• 운동 전·후에 올바른 준비운동·정리운동을 실시한다.

유아체육프로그램의 운영지침
`17`

• 일상생활과 관련된 체육활동프로그램 개발·운영
• 실제 신체활동 참여시간 증대
• 기초운동기술 발달뿐 아니라 인지·정서 영역을 고려한 통합적 프로그램 운영

⑤ 건강관리
  ㉠ 유아는 급격한 발육상태를 보이므로 건강관리에 각별한 배려가 필요
  ㉡ 개인차에 따른 적절한 운동 강도 결정
  ㉢ 가정과 긴밀한 연락을 통한 건강상태 파악 후 지도
  ㉣ 평소의 안색이나 눈빛, 거동상태 등을 파악하며 운동의 부하량을 가감하여 지도
⑥ 안전관리
  ㉠ 운동장, 놀이시설 등을 항상 점검하고 정비하여야 함
  ㉡ 놀잇감, 도구 사용방법을 바르게 알고 사용하도록 지도

(7) 유아체육프로그램 진행 중 안전지도

① 유아체육 안전지도의 개념
  ㉠ 유아체육을 통해서 진행되는 안전지도는 유아의 발달과 행복에 직결
  ㉡ 유아체육 활동 중 안전사고를 예방하기 위한 총체적 활동이 바로 안전지도
  ㉢ 안전지도는 유아의 전체적 삶의 안전에도 영향을 줌
② 유아체육 안전지도의 목적
  ㉠ 궁극적 목적은 유아의 행복증진으로 이를 위해 유아체육 안전지도는 필수적
  ㉡ 안전지도는 매 활동 전에 진행하고, 활동 중간에 그 약속을 지키지 않으면 다시 진행함
③ 유아체육 안전지도의 원리
  ㉠ 동작, 언어, 표정 활동을 총동원하여 구체적으로 진행
  ㉡ 안전규칙을 지키지 않으면 어떻게 되는지 그 결과를 동작, 언어, 표정을 총동원해 구체적으로 표현
  ㉢ 유아의 숙지여부를 확인

(8) 유아체육의 수업운영지침

① 유아의 일상생활과 밀접한 관련을 가진 체육활동프로그램을 개발하고 운영함
② 체육능력 발달을 위한 기초운동기술과 질서놀이를 통해 규칙을 먼저 가르침
③ 체육수업 시 정신적·육체적으로 준비활동을 함
④ 체육수업 시 체육기능뿐 아니라 인지영역, 정서영역 등을 고려한 통합적 목적을 가짐
⑤ 이전 체육활동과 연계하여 숙달되게 함
⑥ 운동기능 미숙아는 개별적으로 연습과 지도를 하며, 집단활동을 병행함
⑦ 교사는 모든 유아가 필요로 하는 도움을 즉각 알아차려야 함
⑧ 체육활동 시 혼자 또는 짝 놀이, 소집단, 대집단의 집단별 등 다양한 체육활동을 진행함

(1) 안전한 운동프로그램의 환경 조성

① 유아들의 인지적·정서적·사회적·기억적·언어적·신체적 발달을 고려한 안전대비
② 실내 환경의 전체적 분위기는 즐겁고 경쾌한 환경으로 조성
③ 바닥에는 무릎관절을 보호할 수 있는 바닥매트 준비
④ 발달심리에 적합한 교구와 교재 준비
⑤ 유아 놀이기구의 안전점검
　　㉠ 움직이는 놀이기구(예 그네, 회전탑, 시소) : 표지판, 색으로 표시
　　㉡ 고정시설(예 철봉, 종합장애물) : 항상 사전점검
　　㉢ 한 놀이기구에 집단이 몰릴 때 : 놀이를 중단하고 분산
　　㉣ 공놀이 등의 활동 : 서로 부딪히지 않게 유도

(2) 운동프로그램 공간 구성

① 실내놀이 환경
　　㉠ 흥미영역은 수시로 변경할 수 있으며, 전체적으로는 1년을 단위로 4~5번 정도 위치를 바꿔줌
　　㉡ 흥미영역으로는 미술영역, 언어영역, 수·조작영역, 쌓기놀이 영역, 과학영역, 역할놀이 영역, 음률영역 등이 있음
　　㉢ 흥미영역을 배치할 때는 보육실 내의 공간 구조를 고려하여 소음이 많은 쌓기놀이 영역이나 역할놀이 영역, 음률영역 등은 인접하여 배치하고, 언어영역이나 과학영역, 수·조작영역 등 소리가 많이 나지 않는 영역은 조용한 곳으로 배치
② 실외놀이 환경
　　㉠ 유아들의 놀이를 도와주기 위해 실외놀이 공간은 다양한 재료로 바닥을 구성하고, 햇볕이 드는 공간과 그늘진 공간을 확보하며 안전하게 구성해야 함
　　㉡ 실외놀이 영역의 환경을 구성할 때에는 실내놀이실과 연결되도록 하여 유아가 이동을 쉽게 할 수 있도록 함
　　㉢ 대근육 활동을 위한 운동놀이 영역은 물·모래놀이 영역, 동·식물 기르기 영역, 정적 영역 등 흥미영역으로 구성하는 것이 바람직함
　　㉣ 실외활동면적 중 1/3은 조용한 활동공간으로 활용하고, 나머지 2/3는 활동적인 놀이공간으로 활용
　　㉤ 실외놀이터의 바닥 재료는 잔디, 시멘트, 자갈, 모래, 흙 등 다양하게 구성되어 있으면 좋으나, 오르기 시설물이 있는 바닥은 유아의 안전을 위하여 탄력성이 있는 바닥재를 설치하는 것이 적합
　　㉥ 실외놀이터에는 외부의 차량이나 사람들로부터 보호하고 유아가 혼자 밖으로 나가지 않도록 울타리 설치. 울타리는 유아가 기어오르거나 머리 등의 신체 일부분이 끼지 않을 자재를 사용해야 함

기출 POINT

유아체육 수업의 환경 구성
18 21 23

• 흥미유발을 위해 다양한 교구를 사용한다.
• 대근육운동 시 충격 흡수를 위해 안전매트를 깔아준다.
• 필요한 경우에는 음향시설을 활용할 수 있다.
• 자유로운 활동을 위해 충분한 공간을 확보한다.

OX문제

1. 안전한 유아체육활동을 위해서는 신체활동을 위한 넓은 공간을 확보해야 한다. (O, X)
2. 유아를 위한 놀이 환경을 구성할 때는 발달과 학습을 유도할 수 있는 환경을 의도적으로 구성해야 한다. (O, X)

정답 1 (O), 2 (O)

(3) 유아운동시설과 교구 · 기구 배치원리

① 영역별 배치원리

ⓗ 대근육 활동을 위한 영역

- 대근육 활동을 위한 영역에는 그네, 미끄럼틀, 시소, 오르기 등의 고정 놀이기구들을 배치
- 고정 놀이기구의 바닥에는 모래나 쿠션이 있는 재료를 깔아서 유아가 넘어지거나 떨어졌을 경우에도 큰 상처를 입지 않도록 안전을 고려하여 설치
- 나무상자, 널빤지, 플라스틱 용기, 로프, 속이 빈 블록 등의 도구를 주어, 뛰고 달리고 하는 움직임 이외에 다양한 형태의 움직임을 경험할 수 있도록 유도
- 공, 줄, 자전거 등으로 신체조절 능력, 평형감각, 리듬감각 등을 길러줄 수 있도록 함

ⓛ 물 · 모래놀이 영역

- 물과 모래는 특정한 결과물을 요구하지 않기 때문에 유아에게 실패나 좌절의 감정을 주지 않고 내적인 불만이나 긴장 등을 발산하거나 해소시켜 줄 수 있음
- 모래놀이 영역은 일반적으로 복합놀이기구 밑에 위치
- 모래놀이를 위한 독립된 영역을 제시해주는 경우에는 햇볕을 가릴 수 있도록 가리개를 해주는 것이 좋음
- 모래놀이 영역과 인접하여 물놀이 영역을 설치하면 놀이가 확장될 수 있음
- 물과 모래 자체를 만지고 놀면서 다양한 방법으로 탐색할 수 있도록 하고 이후에는 여러 가지 소품을 제공해주어 놀이가 확장될 수 있도록 함
- 모래놀이를 하는 동안에는 모래가 눈에 들어가거나 삽 등의 도구로 상처를 입지 않도록 안전에 유의하며 놀이할 수 있도록 유도
- 물 · 모래놀이 시설은 오랫동안 유아가 앉아서 놀게 되므로 그늘을 만들어 줘야 함

ⓒ 동 · 식물 기르기 영역

- 유아들이 꽃과 나무나 풀을 탐색하고 토끼나 개, 닭, 오리 같은 동물들을 관찰할 수 있도록 함
- 식물은 실외환경 전반에 걸쳐 작은 꽃과 풀에서부터 큰 나무에 이르기까지 조화롭게 조성되어야 하지만 독성이 있거나 가시가 있는 식물은 제외함
- 꽃과 나무를 교사가 미리 심어놓을 수도 있지만 계절에 따라 유아들이 직접 씨를 뿌리고 재배하는 경험을 하게 할 수도 있음
- 지역에 따라서 직접 야채를 재배하는 경험을 해보게 함
- 동물은 사육장을 만들어 청결하게 관리하되, 유아들이 너무 다가가지 않도록 안전 울타리를 설치해야 함

ⓔ 조용한 영역
- 유아들이 실외에서 장시간 활동을 하면 쉽게 지쳐버리기 때문에 놀이 중에 언제라도 휴식할 수 있는 장소를 제공해야 함
- 날씨가 좋으면 그리기, 책 보기, 동화 들려주기, 조형활동과 같이 실내에서 하던 조용한 활동을 실외에서도 할 수 있고, 간식을 밖에서 먹을 수도 있음
- 공간이 허락한다면 그늘이 드리워지도록 등나무를 올리거나 지붕이 있는 정자를 설치하고 그 아래에 모여 앉을 수 있는 평상이나 의자를 둘 수도 있음
- 조용한 영역을 위한 공간이 충분하지 않다면 의자나 돗자리 등을 준비하여 주고 움직임이 많은 영역에서 떨어진 곳에 배치하여 유아가 놀이에 집중할 수 있도록 배려하고, 텐트를 설치해주거나 놀이집을 내어주는 것도 좋은 방법이 됨

ⓜ 창고 및 통로
- 창고나 보관함은 유아들이 실외 놀이기구를 쉽게 꺼내 쓰고 정리정돈할 수 있도록 배치하고, 정리가 끝난 후에는 유아가 안에 들어가지 않도록 잠금장치를 하여 교직원이 관리할 수 있도록 함
- 통로는 다른 영역으로 가는 전이 공간이자 자전거 등과 같은 탈것이 다니는 길이면서 잡기 놀이, 각 놀이영역을 탐색하기 위한 공간 등으로 사용되므로 중요함
- 통로는 각 영역별 특성을 고려하여 시멘트, 보도블록, 흙, 잔디와 같이 바닥 표면을 다르게 구성

② 교재교구 배치원리
- ⓐ 벽에 붙이는 모든 부착물은 유아의 눈높이를 고려하여 낮게 붙이고, 유리가 있는 시계나 액자 등은 겉면을 투명비닐로 싸거나 플라스틱으로 된 제품으로 교체하여 떨어지지 않도록 고정함
- ⓑ 교재교구는 유아가 쉽게 선택할 수 있도록 잘 보이게 전시하고 꺼내기 쉽게 낮아야 함. 또한 유아가 놀고 나서 다시 정리할 때에도 쉽게 제자리를 찾을 수 있도록 그림이나 사진 등으로 자리 표시를 함
- ⓒ 기본적으로 매번 사용되는 교구교재나 자료 등은 항상 비치해야 하나, 대부분 주제나 계절에 따라 주기적으로 교체함

③ 운동기구 배치유형
- ⓐ 병렬식 배치 : 병렬식 배치를 하면 유아들이 운동기구에 익숙해질 수 있음
- ⓑ 순환식 배치 : 기구들을 순환식으로 배치하여 여러 운동기구를 한꺼번에 접할 수 있도록 하여 흥미와 만족을 줌
- ⓒ 시각적 효과의 배치 : 유아교육기관의 물품을 활용하여 기구를 배치하면 시각적 효과와 보다 많은 프로그램으로 유아의 만족감을 증대시킬 수 있음
- ⓓ 운동기구 관리 : 운동기구는 보관 및 사용 중에 유지 및 관리를 철저히 하여 안전사고를 예방할 수 있도록 함

기출 POINT

교재·교구 선정 원칙 16
안전성, 적합성, 확장성

운동기구 배치유형 15 22 23
- 병렬식 배치로 기구 사용을 반복하게 하여 자신감을 갖도록 유도
- 순환식 배치로 여러 운동기구를 한꺼번에 접하게 하여 실제 학습시간을 늘림
- 시각적 효과를 높인 배치로 유아의 만족감을 증대시킴
- 공간 활용성을 높인 배치로 안전사고를 예방

OX문제

벽에 붙이는 교구의 경우 안전상의 이유로 인해 유아의 손이 닿지 않는 높은 곳에 붙여야 한다. (O, ×)

정답 ×

01 다음 중 유아의 신체적 발달에 대한 내용으로 옳지 않은 것은?

① 유아기의 발달은 청년 초기보다 성장이 빠르다.
② 몸 중심부에서 말초신경 방향으로 발달한다.
③ 일정한 순서와 방향성을 갖고 발달한다.
④ 일정한 발달 속도를 유지한다.

해설
발달 속도는 일정하지 않다. 신장은 출생부터 1년 간 급속도로 성장하지만, 후기아동기에 들어서면 발달 속도가 떨어진다.

02 다음 중 유아체육프로그램의 목표에 대한 설명으로 옳지 않은 것은?

① 긍정적인 정서를 형성할 수 있다.
② 협동 기술을 습득할 수 있다.
③ 도구운동을 통해 두뇌 발달을 촉진시킨다.
④ 연령별 달성 목표에 준하는 운동기술 습득이 이루어져야 한다.

해설
연령이 같더라도 개인차가 있기 때문에, 발달 단계와 개인차에 따른 운동기술 습득이 이루어져야 한다.

03 다음 중 피아제(J. Piaget)의 인지발달 단계에 대한 설명으로 옳은 것은?

① 전조작기 – 7~11세, 지각운동 시기로 자기중심적 사고를 한다.
② 구체적 조작기 – 2~7세, 구체적인 문제에 대한 논리적 사고가 가능하다.
③ 감각운동기 – 0~2세, 감각을 사용하여 주변을 탐색한다.
④ 형식적 조작기 – 7~11세, 탈중심적 사고에 들어서고 사회지향적 특징을 보인다.

해설
① 전조작기 : 2~7세, 지각운동 시기로 자기중심적이어서 다른 사람 관점에서 사물을 이해할 수 없다.
② 구체적 조작기 : 7~11세, 구체적인 문제에 대한 논리적 사고가 가능하다. 탈중심적 사고에 들어서고 사회지향적인 특징을 보인다.
④ 형식적 조작기 : 청소년~성인, 가설적·연역적 사고가 가능하고, 논리적 사고에 의해서 문제를 해결한다.

04 다음 중 후기아동기(7~12세)에 대한 설명으로 옳지 않은 것은?

① 자기중심적이며 대집단활동보다 소집단활동을 선호함
② 자기개념이 확고하게 자리 잡음
③ 남녀 관심사가 비슷하다가 점점 달라지기 시작함
④ 주의집중시간이 짧고 실제와 상상을 구별하지 못함

해설
④ 초기 아동기(3~6세, 유아기)에 대한 설명이다. 후기 아동기에는 실제와 상상을 구별할 줄 알고, 추리·논리·창의적 사고가 발달한다.

01 ④ 02 ④ 03 ③ 04 ④ 정답

05 다음 중 안정성 운동에 대한 설명으로 옳지 않은 것은?

① 축 중심 안정성 운동 – 굽히기, 비틀기, 돌기, 흔들기 등
② 정적 안정성 운동 – 움직이지 않고 균형 잡는 운동
③ 축 중심 안정성 운동 – 기구를 몸 안쪽에서 바깥쪽으로 내보내는 운동
④ 동적 안정성 운동 – 구르기, 멈추기, 재빨리 피하기 등

해설
③ 추진 조작 운동에 대한 설명이다. 축 중심 안정성 운동은 몸 가운데를 축으로 하는 좌우 움직임이나 어깨 또는 고관절을 축으로 하는 운동으로, 굽히기, 늘리기, 비틀기, 돌기, 흔들기 등이 있다.

06 다음 보기의 유아기 이동 운동 중 복합기술에 해당하는 것을 모두 고른 것은?

㉠ 점 핑　　　　㉡ 갤로핑
㉢ 슬라이딩　　　㉣ 스키핑
㉤ 홉 핑　　　　㉥ 립 핑

---

① ㉡, ㉢, ㉣, ㉤, ㉥
② ㉡, ㉢, ㉣, ㉥
③ ㉡, ㉢, ㉣
④ ㉡, ㉣

해설
이동 운동은 위치를 이동하는 운동으로서 단일기술과 복합기술로 구분된다.
• 단일기술 : 한 가지 움직임. 걷기, 달리기, 립핑, 홉핑, 점핑 등
• 복합기술 : 걷기나 뛰기 등 요소가 복합적으로 이루어진 움직임. 기어오르기, 갤로핑, 슬라이딩, 스키핑 등

07 다음 중 유아체육의 지도원리로 옳지 않은 것은?

① 반복의 원리　　　② 개별화의 원리
③ 탐구의 원리　　　④ 훈련 중심의 원리

해설
유아체육의 지도원리는 반복의 원리, 개별화의 원리, 탐구의 원리, 놀이 중심의 원리, 통합의 원리, 생활 중심의 원리, 융통성의 원리이다.

08 다음 중 유아체육프로그램 계획 시 고려사항으로 옳지 않은 것은?

① 연령에 따른 발달 단계와 개인차를 고려한다.
② 신체적·정서적·사회적·인지적 발달의 균형을 고려한다.
③ 운동기술 향상을 위해 1시간 이상 운동시간을 확보한다.
④ 유아가 흥미로워하는 놀이인지 고려한다.

해설
유아의 운동시간은 1회 수업 시 20~40분이 적합하다.

09 다음 중 유아 – 교사 상호주도적·통합적 교수방법에 대한 설명으로 옳은 것은?

① 교사가 유아의 활동을 정하고, 유아가 활동 선택의 기회를 갖는다.
② 유아가 주도적으로 체육활동이나 운동을 선택한다.
③ 학습의 결과보다 과정에 중점을 둔다.
④ 유아의 흥미와 교사 주도의 체계적으로 접근하는 균형적 통합 교수방법이다.

해설
① 직접–교사 주도적 교수방법에 대한 설명이다.
②·③ 유아 주도적 교수방법에 대한 설명이다.

10 다음 중 유아의 사회발달 특성으로 옳지 않은 것은?

① 유아의 사회관계집단은 가족, 또래집단 등이 있다.
② 놀이가 가족 집단의 중심적 위치를 점유한다.
③ 유아집단은 대부분 유희집단이다.
④ 놀이는 감정표출, 경쟁 등 사회적 행동의 기초이다.

해설
유아의 사회발달 특성
• 유아의 사회관계 집단은 가족집단, 또래집단, 학교집단으로 구성
• 유아/아동의 또래집단은 놀이가 중심적 위치를 점유
• 유아의 집단은 대부분 유희집단
• 놀이의 의의는 감정표출, 분쟁 및 협력, 협동, 타인의견 존중, 경쟁
  의식 등 사회적 행동의 기초를 학습

11 다음 중 조작운동에 대한 설명으로 옳은 것은?

① 추진조작운동 – 굴리기, 던지기, 치기, 차기
② 추진조작운동 – 몸으로 들어오는 기구를 받아 치는
  움직임
③ 흡수조작운동 – 기구를 몸 안쪽에서 바깥쪽으로 내보
  내는 움직임
④ 흡수조작운동 – 튀기기, 맞추기, 잡기

해설
② 추진조작운동 : 기구를 몸 안쪽에서 바깥쪽으로 내보내는 움직임
③ 흡수조작운동 : 외부에서 몸으로 들어오는 기구를 받는 움직임
④ 흡수조작운동 : 잡기, 볼 멈추기

12 다음 중 유아 운동능력의 발달 경향으로 옳지 않은 것은?

① 뇌에서 가까운 부분부터 발달한다.
② 중심부분에서 말초부분으로 발달한다.
③ 일방에서 양방으로 발달한다.
④ 수평적 동작에서 수직적 동작으로 발달한다.

해설
유아의 운동능력은 양방에서 일방으로 발달한다(양손잡이에서 오른
손잡이로).

13 다음 중 유아기의 건강 3요소로 옳지 않은 것은?

① 영 양   ② 수 면
③ 운 동   ④ 심 리

해설
유아기 건강 3요소 : 영양, 수면, 운동

14 다음 중 유아기 영양과 거리가 먼 것은?

① 신체와 정신발달에 영향
② 부모의 지도가 필수
③ 편식습관 주의
④ 운동 전 음식 다량 섭취

해설
유아기의 영양은 신체와 정신발달에 영향을 미치고, 스스로 균형 있
는 영양 섭취가 어렵기 때문에 부모의 지도가 필요하며, 편식 습관을
들이지 않도록 주의해야 한다.

10 ② 11 ① 12 ③ 13 ④ 14 ④ [정답]

15 다음 중 유아기의 기본 움직임 기술로 옳지 않은 것은?

① 이동운동   ② 추진운동
③ 조작운동   ④ 안정성운동

[해설]
유아기 기본운동 기술에는 이동운동, 조작운동, 안정성 운동이 있다.

16 다음 중 유아운동 기능 발달에 대한 설명으로 거리가 먼 것은?

① 남녀의 차이가 없음
② 반사운동은 신생아 시기에 이루어진다.
③ 걷기, 구르기, 기어가기의 운동기능 습득은 생후 1~2년이다.
④ 5세부터 체력과 운동능력을 측정할 수 있음

[해설]
유아운동의 기능 발달은 남녀의 차이가 존재한다.

17 다음 중 유아운동 권장지침으로 옳지 않은 것은?

① 건강한 생활에 필요한 습관과 태도
② 여러 가지 운동에 흥미를 가지고 진행
③ 안전한 생활에 필요한 습관과 태도 습득
④ 부모와 함께 운동지도

[해설]
유아운동 권장지침 : 건강한 생활에 필요한 습관과 태도, 여러 가지 운동에 흥미를 가지고 진행, 안전한 생활에 필요한 습관과 태도 습득, 간접적·직접적으로 대근육 활동을 할 수 있는 기회의 지속적 제공, 물체의 조작과 눈과 손의 협응이 자연스러운 프로그램 구성 등

18 다음 중 유아체육프로그램 구성의 기본원리로 옳지 않은 것은?

① 적합성의 원리
② 방향성의 원리
③ 단순성의 원리
④ 안전성의 원리

[해설]
유아체육프로그램 구성의 기본원리는 적합성의 원리, 방향성의 원리, 다양성의 원리, 안전성의 원리, 특이성의 원리, 연계성의 원리이다.

19 다음 중 유아체육프로그램의 구성요소로 옳지 않은 것은?

① 운동 빈도   ② 운동 강도
③ 운동 시간   ④ 운동 경험

[해설]
유아체육프로그램 구성의 4요소 : 운동 빈도, 운동 강도, 운동 시간, 운동 형태

20 다음 중 영아기 신체활동프로그램 지도방법으로 옳지 않은 것은?

① 신체의 고른 발달을 도모한다.
② 신체의 구조와 기능을 학습한다.
③ 엄마와 친밀감을 갖게 한다.
④ 신체 각 부위의 정확한 명칭을 안다.

[해설]
영아기 신체활동운용프로그램 지도방법 : 신체의 고른 발달을 도모, 신체의 구조와 기능 학습, 엄마와 친밀감 형성

[정답] 15 ② 16 ① 17 ④ 18 ③ 19 ④ 20 ④

21 다음 중 유아 기초체력 향상을 위한 운동프로그램으로 옳지 않은 것은?

① 순발력 – 한 발로 오래 뛰기
② 유연성 – 다리 뻗고 앉아서 앞으로 굽히기
③ 평형성 – 눈 감고 한발서기
④ 협응력 – 제자리멀리뛰기

해설
① 한 발로 오래 뛰기는 근지구력 향상을 위한 운동프로그램이다.

22 다음 중 지각발달을 위한 운동프로그램 지도방법으로 옳지 않은 것은?

① 신체 각 부위 위치 알기
② 그림자 만들기
③ 짝 맞추어 들어가기
④ 훌라후프 돌리기

해설
훌라후프 돌리기는 체력운동 발달을 위한 운동프로그램으로 유연성을 기를 수 있다.

23 다음 중 유아체육 수업운영지침으로 옳지 않은 것은?

① 일상생활과 관련된 체육활동프로그램 개발·운영
② 인지·정서 영역을 고려한 통합적 프로그램 운영
③ 질서놀이를 통해 규칙을 먼저 가르침
④ 이전 체육활동과 다른 새로운 체육활동을 끊임없이 시도하고 운영

해설
이전 체육활동과 연계하여 숙달되도록 한다.

24 다음 중 3~5세 연령별 누리과정의 신체운동·건강영역 지도원리 내용으로 옳지 않은 것은?

① 질서와 규칙 지키기
② 신체조절과 기본운동하기
③ 안전하게 생활하기
④ 신체 인식하기

해설
3~5세 연령별 누리과정의 신체운동·건강영역 지도원리
• 신체 인식하기
• 신체조절과 기본운동하기
• 신체활동에 참여하기
• 건강하게 생활하기
• 안전하게 생활하기

25 다음 중 유아체육지도자가 유의할 점으로 옳지 않은 것은?

① 안전사고에 대한 사전준비와 예방책 마련
② 유아의 생리적·심리적·사회적 특성을 충분히 고려하여 운동지도
③ 유아의 발달수준에 적절한 내용으로 단계적으로 계획하여 지도
④ 유아의 신체 활동보다 높은 수준의 놀이를 통해 신체발달을 촉진하도록 지도

해설
유소년스포츠지도자의 역할은 유아의 발달수준과 신체 활동에 맞는 놀이를 통해 신체발달을 촉진하도록 지도하는 것이다.

21 ① 22 ④ 23 ④ 24 ① 25 ④ 정답

26 다음 중 유아체육지도자의 자질로서 인성적 측면과 관계가 깊은 것은?

① 신체적 건강
② 정신적 건강
③ 유창한 언어기술
④ 도덕적으로 건전한 품성

해설
유아체육지도자의 자질 중 인성적 측면은 도덕적으로 건전한 품성, 원만한 대인관계, 인내심, 공평성 등이 있다. ① · ② · ③은 유아체육지도자의 자질 중 건강적 측면에 해당한다.

27 다음 중 유아체육지도자의 전문적 자질과 거리가 먼 것은?

① 유아에 대한 전문적 지식
② 일반 교양지식
③ 유치원 교육과정에 대한 지식
④ 긍정적 자아개념

해설
• 유소년스포츠지도자의 전문적 자질 : 유아에 대한 전문적 지식, 일반 교양지식, 유치원 교육과정에 대한 지식, 교수방법 및 평가에 대한 지식
• 긍정적 자아개념은 건강적인 측면에 해당한다.

28 유아체육 안전지도에 대한 설명으로 옳지 않은 것은?

① 유아체육을 통해서 진행되는 안전지도는 유아의 발달과 행복에 직결됨을 인식한다.
② 동작과 표정으로 시범을 보이고, 구체적으로 설명한다.
③ 안전규칙을 설명한 후 유아들의 숙지 여부를 확인한다.
④ 놀잇감이나 도구를 자유롭게 먼저 경험해보도록 한다.

해설
놀잇감이나 도구의 사용방법을 바르게 알고 사용하도록 미리 설명한다.

29 다음 중 유아의 대근육 활동을 위한 영역에 해당하지 않은 것은?

① 그 네
② 미끄럼틀
③ 시 소
④ 그리기

해설
그리기는 조용한 영역의 활동에 해당한다.

30 다음 중 유아 운동기구 배치에 대한 설명으로 옳지 않은 것은?

① 유아가 운동기구에 익숙해질 때까지 팀을 나누어 병렬식 배치를 한다.
② 다양한 운동기구를 순환식으로 배치하여 유아의 흥미 · 재미를 충족시킨다.
③ 유아가 운동기구에 능숙해지도록 훈련한 후 다른 기구로 옮기도록 직렬식 배치를 한다.
④ 유아교육기관의 물품을 활용하여 유아에게 시각적 효과와 만족감을 준다.

해설
유아가 운동기구에 능숙해지도록 훈련을 시키는 것은, 체육활동에 대한 유아의 흥미를 잃게 만든다.

출제빈도표(2018~2023년)

(단위 : 개)

구 분	2023	2022	2021	2020	2019	2018	합 계
노인과 노화의 특성	6	6	7	5	3	3	30
노인운동의 효과	3	5	3	4	3	4	22
노인운동프로그램의 설계	4	4	5	5	7	4	29
질환별 프로그램 설계	3	2	2	2	4	4	17
지도자의 효과적인 지도	4	3	3	4	3	5	22

※ 출제비중 및 출제빈도는 문제 분석에 따라 달라질 수 있습니다.

최근 기출 분석(2023년 기출)

노인체육론은 '노화에 따른 신체적·심리적·사회적 변화'에 대한 문제가 매년 출제가 되어 가장 중점적으로 학습해야 한다. 2023년 시험에는 '국민체력 100'에서 제시한 '노인 체력에 대한 측정 방법과 운동 방법'이 출제가 되어 체력 측정 방법과 운동 방법을 연관지어 학습해두어야 한다. 이와 관련하여 '미국스포츠의학회(ACSM)에서 제시한 노인 운동지침', '운동부하검사', '각종 질환의 위험인자', '신체활동 프로그램', '운동권장사항' 등이 출제 빈도가 매우 높다. 따라서 ACSM에서 제시한 노인과 관련된 내용들을 반드시 숙지해야 한다. 마지막으로 '노인 운동프로그램의 원리'와 관련해서도 출제비율이 높기 때문에 기능관련성, 난이도, 수용, 과부하, 특수성 등의 원리를 학습해두어야 하고, '노인체력검사(SFT)'는 출제 빈도가 상당히 높기 때문에 이와 관련된 내용들을 반드시 학습해야 한다.

01 노인과 노화의 특성

연대기적 연령(Chronological Age) [18]

- 가장 보편적인 지표로 출생 이후 살아온 시간의 길이를 의미한다.
- 노인의 경우, 연소 노인(Young-old : 65~74세), 중고령 노인(Middle-old : 75~84세), 고령노인(Old-old : 85~99세), 초고령 노인(Oldest-old : 100세 이상)으로 구분한다.

기능적 연령 [16]

신체적 나이, 사회적 나이, 심리적 나이

노인인구 증가에 따른 사회 변화 [16] [20] [22]

- 노인 부양비와 의료비 증가로 사회적 문제가 발생한다.
- 우리나라 고령화 속도는 다른 선진국에 비해 빠르다.
- 노인 인구 증가로 실버산업의 성장이 가속화된다.

OX문제

1. 노화는 누구나 겪는 과정으로, 개인차가 존재하지 않는다. (O, ×)

2. 우리나라는 저출산으로 인해 초고령 사회로 진입했다. (O, ×)

정답 1 (×), 2 (×)

KeyPoint

- 노화의 개념에 대해 설명할 수 있다.
- 노화의 원인을 다양한 이론으로 설명할 수 있다.
- 노화에 따른 변화를 신체적·심리적·사회적 특성으로 분류할 수 있다.

01 노화의 개념

(1) 노화에 대한 정의

생물학적 자연현상으로 시간이 지남에 따라 신체가 겪게 되는 육체적·심리적·사회적 변화를 포괄하는 개념을 의미한다.

(2) 노화의 구분

① 노화과정은 연대기적 나이(Chronological Age)와 기능적 나이(Functional Age)로 나눌 수 있음

② **연대기적 나이** : 잉태, 성장, 사춘기를 지나 성년기를 거쳐 생리적으로 노화되어 사망에 이르기까지의 노화과정

③ **기능적 나이** : 연령이 증가하면서 신체의 생리적 기능(시각, 청각, 운동능력, 심리적 동기, 건강상태 등)이 저하되어가는 과정

(3) 노인인구에 따른 사회 분류

빠른 고령화로 인해 노인 부양비와 의료비 등의 증가가 사회문제로 대두되고 있으므로 노후 대비를 위한 다양한 정책 방안의 마련이 필요한 상황이다.

① **고령화사회** : 65세 이상 인구 비율이 7% 이상 14% 미만인 사회

② **고령사회** : 65세 이상 인구 비율이 14% 이상 20% 미만인 사회

③ **초고령사회** : 65세 이상 인구 비율이 20% 이상인 사회

(4) 건강수명과 기대수명

① **건강수명**

㉠ 심각한 질병이나 신체적 장애 없이 생존한 삶의 기간

ⓒ 신체적·정서적·인지적으로 활력과 기능적 웰빙을 유지하는 삶의 기간

ⓔ 2018년 기준 우리나라 건강수명 평균은 64.4세

② **기대수명**

㉠ 앞으로 몇 년을 더 살아갈지의 통계적 추정치

ⓒ 평균수명이라고도 함

ⓔ 2020년 기준 우리나라 기대수명 평균은 남성 80.3세, 여성 86.1세

③ 건강수명과 기대수명의 차이 기간은 약 10년 이상으로, 노인체육지도사의 역할로서 건강수명의 기간을 최대화하는 것이 중요함

02 노화와 관련된 이론

(1) 노화의 생물학적 이론

① **유전적 이론**

㉠ 수천 개의 유전인자가 질병발병에 유의미한 역할을 한다는 이론

ⓒ 생체의 노화속도를 결정하는 유전적 역할에 초점을 맞춤

ⓔ 인간의 세포는 제한된 횟수만큼을 분열할 수 있으며, 유전학적으로 계획되어있다는 주장

② **손상 이론**

㉠ 세포 손상의 누적이 세포의 기능장애와 괴사를 결정한다는 이론

ⓒ 자유기 이론 : 활성산소에 의한 세포손상의 누적으로 각종 질병위험 증가(활성산소 (자유기), 방사선, 유해물질 등)

ⓔ **교차결합(DNA 손상) 이론** : 결합조직의 커다란 분자에 교차결합이 일어나면서 폐, 신장, 혈관, 소화계, 근육, 인대, 건의 탄력성 감소, 즉 단백질 콜라겐 분자가 교차 및 결합함으로써 피부·혈관 등이 탄력성을 잃게 되는 것

③ **점진적 불균형 이론**

㉠ 생물적 기능 노화에 따른 중추신경계와 내분비계의 불균형 초래

ⓒ 호르몬 불균형 및 부족으로 생리적·대사적 불균형 초래

(2) 노화의 심리학적 이론

① **매슬로(Maslow) 욕구 이론**

㉠ 인간의 욕구 5단계 : 생리적 욕구 → 안전의 욕구 → 사회적 욕구 → 존경의 욕구 → 자아실현의 욕구

ⓒ 기본 욕구 충족은 성공적 노화의 기본 조건

ⓔ 낮은 수준의 욕구는 그 다음 수준의 욕구 전에 충족되어야 함

ⓖ 기본욕구충족과 자아실현(Self-actualization), 초월(Transcendent) 시 성공적 노화가 이루어짐

기출 POINT

손상 이론 17 21
• 자유기(free radical)에 의한 세포훼손이 일어난다.
• 결합조직의 엘라스틴과 콜라겐의 교차결합(cross linkage)이 폐, 신장, 혈관, 소화계, 근육 등의 탄력성을 감소시킨다.

교차결합이론 19
분자들이 서로 엉켜서 조직이 탄력성을 잃고 세포 내·외부로의 영양소와 화학적 전달물질 교환을 방해하면서 노화가 일어난다는 이론이다.

OX문제

1. 신체기관도 기계처럼 오래 사용하면 기능이 약화되고 정지되어 노화가 일어난다고 보는 이론은 사용마모이론이다. (O, X)

2. 손상이론에서는 노화를 자유기에 의한 세포훼손으로 인한 것이라 주장한다. (O, X)

정답 1 (O), 2 (O)

에릭슨의 연령대별 발달과업

16 17 21 22

연령대	발달과업
0~1세	신뢰 – 불신
1~3세	자율성 – 수치심
3~5세	주도성 – 죄책감
6~12세	역량(근면성) – 열등감
13~18세	정체성 – 역할혼돈
청년기	친분(친밀감) – 고독(고립감)
장년기	생산성 – 침체성
노년기	자아주체성(통합) – 절망

하비거스트의 발달과업 7단계

20

- 영·유아기-아동기-청년기-장년기-중년기-노년기
- 노년기 : 근력 감소와 건강 약화에 대한 적응, 은퇴와 수입 감소에 대한 적응, 배우자의 사망에 대한 적응, 동년배와 친밀한 관계 유지

OX문제

하비거스트(R. Havighurst)는 노년기의 과업으로 직업 경력에 만족할만한 성과 성취 및 유지를 들었다. (O, ×)

정답 ×

② 에릭슨(Erikson)의 인간발달 이론

에릭슨은 인간의 발달을 8단계로 나누고, 각 단계별로 극복해야 할 심리사회적 위기와 발달 과업을 제시하였다. 각 단계에서 위기를 잘 극복하면 긍정적인 성격발달을 이루고, 그렇지 못하면 부정적인 성격발달을 이룬다고 본다.

㉠ 1단계(신뢰 대 불신 단계) : 영아기(0~1세)
  - 긍정적 결과 : 영아는 사람들에게 신뢰를 갖게 되며, 자신의 요구를 해결해줄 것으로 믿는다.
  - 부정적 결과 : 영아는 다른 사람들을 믿을 수 없으며, 자신의 요구는 충족되지 않을 것을 믿는다.

㉡ 2단계(자율성 대 수치와 회의 단계) : 영아기(1~3세)
  - 긍정적 결과 : 영아는 기본적인 일들을 독자적으로 수행하는 자신의 능력에 자신감을 갖는다.
  - 부정적 결과 : 영아의 자신감이 결여된다.

㉢ 3단계(주도성 대 죄책감 단계) : 유아기(3~5세)
  - 긍정적 결과 : 유아는 새로운 것을 시도해도 좋다고 느낀다.
  - 부정적 결과 : 유아는 새로운 것을 시도하는 것이 두려우며, 새로운 것을 시도할 때는 실패 또는 비난을 두려워한다.

㉣ 4단계(역량 대 열등감 단계) : 아동기(6~12세)
  - 긍정적 결과 : 어린이는 보편적으로 기대되는 작업을 수행할 수 있는 것에 대해 자부심을 갖는다.
  - 부정적 결과 : 다른 어린이들이 쉽게 하는 것을 자신이 할 수 없기 때문에 열등감을 느낀다.

㉤ 5단계(정체성 대 역할혼돈 단계) : 청소년기(13~18세)
  - 긍정적 결과 : 자신이 누구인지 그리고 어떻게 삶을 살기 원하는지에 대한 느낌을 발달시킨다.
  - 부정적 결과 : 독자성을 확립할 수 없거나(역할 혼돈) 또는 부정적인 독자성을 수용한다.

㉥ 6단계(친분 대 고독 단계) : 청년기(성인초기단계)
  - 긍정적 결과 : 친밀한 대인관계를 형성할 수 있다.
  - 부정적 결과 : 친밀한 관계를 형성하거나 유지하는 어려움이 있다.

㉦ 7단계(생산성 대 침체성 단계) : 장년기(중년기)
  - 긍정적 결과 : 가족의 부양 또는 어떤 형태의 일을 하는 등 생산적이다.
  - 부정적 결과 : 생산적이지 않다.

㉧ 8단계(자아통합 대 절망의 단계) : 노년기
  - 긍정적 결과 : 자부심과 만족을 느끼면서 자기 삶을 되돌아보며 죽음을 위엄 있게 받아들인다.
  - 부정적 결과 : 삶에서 달성해야 하는 것들을 달성하지 못했다고 느끼며, 삶의 종말이 다가오는 것에 대해 좌절감을 느낀다.

③ 발테스(Baltes)의 보상을 수반한 선택적 적정화 이론(SOC 이론)

　　㉠ 성공적 노화를 비롯한 인간의 전생애 발달이 선택(Selection), 적정화(Optimization), 보상(Compensation), 세 가지 전략과 관련된 과정이라고 설명한다.

　　　• 선택 : 연령 증가와 함께 기능의 감퇴가 일어나면서 개인이 수행할 수 있는 활동의 양·질 및 종류를 선택하여 수행한다.

　　　• 적정화 : 다양한 수단과 방법으로 개인이 선택한 목표와 영역 수행을 극대화시킨다.

　　　• 보상 : 생물학적·사회적·인지적 기능의 손실이 일어났을 때 특정 학습행동이나 다른 방법으로 발달적 쇠퇴를 보상하기 위해 사용하는 전략들을 의미한다.

　　㉡ 노화에 따른 손실이 있더라도 개인의 능력에 적합한 활동을 선택하고 최적화하며 손실한 것을 보상함으로써 성공적 노화에 이를 수 있다고 설명한다.

　　㉢ 수명, 생물학적 건강, 정신건강, 인지적 효능, 사회적 능력 및 생산성, 개인적 통제, 생활만족 등 7가지를 성공적 노화의 지표로 제시한다.

(3) 노화의 사회학적 이론

① **활동 이론** : 일생에 걸쳐 일상생활의 정신적·신체적 활동을 지속하는 사람은 건강하고 행복하게 늙는다는 이론이다.

② **연속성 이론** : 성공적으로 늙는 사람은 긍정적인 건강습관, 선택, 생활방식, 인간관계를 중년에서부터 노년까지 지속하는 사람이라는 이론, 즉 과거 자신의 역할과 비슷한 대체 역할을 유사한 수준으로 유지하려고 하는 경향을 통해 성공적 노화를 돕는다는 주장이다.

③ **분리이론** : 노인이 삶의 현장에서 벗어나 사회적 역할이 감소하고 사회로부터 자발적으로 물러나 사회적으로 분리되어 소극적인 노후생활을 만족하는 과정을 설명한다.

④ **하위문화 이론** : 노인이 가지고 있는 공통의 특성과 사회문화적인 요인 등에 의해서 노인만의 집단이 형성되어 그 집단 내부에서의 빈번한 상호작용을 통해 노인 특유의 하위문화가 형성된다는 이론이다.

03　노화에 따른 신체적·심리적·사회적 변화

(1) 노화에 따른 신체적 변화

① 관절상태 변화나 발바닥 변형으로 대퇴부의 길이가 줄면서 신장 감소

② 골반직경의 증가

기출 POINT

성공적 노화 [15] [21] [22]

신체적·인지적 기능뿐만 아니라 사회적 역할과 생산활동 등에 적극적으로 참여하는 것이다. 긍정적 건강습관, 올바른 생활방식, 좋은 인간 관계를 유지한다.

노화의 사회학적 이론 [15]

• 개인의 사회적 환경과 자연환경이 노화과정에 영향
• 부적합한 사회적 환경과 자연환경은 사망률과 질병 발병률 증가

활동 이론 [16] [22]

• 분리이론과 대립되는 이론이다.
• 지속적인 활동이 성공적인 노화의 핵심이다.
• 노인의 사회활동 참여정도가 높을수록 생활만족도가 높아진다.

하위문화 이론 [18]

공통된 특성을 가진 노인들이 집단을 형성하고 빈번한 상호작용을 통해 그들 특유의 행동양식을 만든다.

노화로 인한 신체·생리적 변화
[17] [18] [20] [21] [22] [23]

• 근육량과 근력 감소
• 체지방 비율 증가
• 관절 유연성 감소
• 골밀도 감소
• 최대산소섭취량 감소
• 혈관경직도 증가
• 수축기·이완기 혈압 증가
• 동정맥산소차 감소

노화의 특성 19 23

- 노화는 생물학적 노화, 심리적 노화, 사회적 노화의 과정을 포함한다.
- 생물학적 노화는 모든 사람에게 보편적으로 일어나는 것이다.
- 노화의 속도와 기능 저하의 정도는 개인차가 존재한다.
- 신체적, 심리적, 사회적인 발달의 양상이 변화하지만, 완전히 종료되는 것은 아니다.

노화로 인한 근골격계 변화
19 20 23

- 근육량의 변화로 근력과 근파워가 감소한다.
- 골대사의 변화로 뼈의 밀도와 질량이 감소한다.
- 관절 움직임의 제한으로 낙상 위험이 증가한다.
- 관절가동범위의 감소는 평형성과 안정성 상실을 초래한다.

③ 삼각근의 무게가 감소하면서 어깨넓이가 좁아짐
④ 피하지방 감소
⑤ 체지방량의 증가와 재분포
⑥ 각 장기의 중량 감소
⑦ 신체기능·대사기능의 저하
⑧ 탄수화물 대사율 증가로 인해 혈당량이 높아짐
⑨ 연골조직 퇴화로 인한 관절염 증가 및 운동능력 감퇴
⑩ 몸을 구성하는 세포 수 감소
⑪ 개별 세포의 활동력 쇠퇴로 신체수행력 감소
⑫ 미네랄양의 부족과 골밀도 감소로 골절상해의 위험도 증가
⑬ 골격근의 양과 근력 감소로 유연성, 민첩성, 속도 및 평형성 저하
⑭ 호르몬 역할 저하로 근육손실
⑮ 대뇌와 신경세포의 감소로 인지기능 저하

(2) 노화에 따른 심리적 변화

① 건강쇠퇴, 경제불안, 생활상의 부적응에서 오는 불안과 초조
② 개인의 자주성 상실로 인한 의존심 증대
③ 신체적 쾌락에 대한 흥미감소
④ 사회적 신분과 경제 능력의 상실로 인한 열등감 증대

(3) 노화에 따른 사회적 변화

① 사회적 지위와 권위의 하락
② 권력의 감퇴와 경제적 능력의 약화
③ 사별 등으로 인한 사회적 고독감 발생
④ 신체적으로 건강치 못한 노인은 여가생활에서 소외됨
⑤ 노인체육은 노인사회의 건강유지의 핵심

OX문제

1. 공통된 특성을 가진 노인들이 집단을 형성하고 빈번한 상호작용을 통해 그들 특유의 행동양식을 만든다는 것은 하위문화 이론이다. (O, X)

2. 노화가 일어나면 에너지 대사량의 감소로 인해 체지방량은 지속적으로 감소한다. (O, X)

정답 1 (O), 2 (×)

02 노인운동의 효과

- 운동의 신체적 효과에 대해 설명할 수 있다.
- 운동의 심리적 효과에 대해 설명할 수 있다.
- 운동의 사회적 효과에 대해 설명할 수 있다.

01 노인 운동의 개념과 역할

(1) 운동의 개념

① **운동** : 체력을 향상시키기 위해 수행되는 계획적·반복적 신체 움직임으로서, 에너지를 소모하는 골격근에 의해 이루어지며 건강과 삶의 질에 영향을 미친다(최대심박수 90% 또는 그 이상).

② **신체활동** : 일상생활에 이루어지는 활동으로서, 에너지를 소모하는 골격근에 의한 신체의 움직임이다(최대심박수 30% 정도의 활동).

③ **웰빙** : 육체적·정신적 건강의 조화를 통해 행복하고 아름다운 삶을 추구하는 삶의 유형이나 문화이다.

④ **건강** : 질병이나 손상이 없고 육체적·정신적·사회적으로 완전한 상태이다.

⑤ **체력** : 인간의 생존과 활동의 기초가 되는 신체적·정신적 능력이다.
   ㉠ 방어체력 : 생존 및 건강을 위협하는 요소(스트레스)에 대해 방어하는 체력
   ㉡ 행동체력 : 신체가 활동(운동)을 할 때 필요한 체력

(2) 노인 운동의 역할

① 노인의 스포츠활동은 성인, 청소년과 많이 다르다.
② 노인은 여가생활이 운동의 전부인 경우가 대부분이다.
③ 노인은 신체활동으로 삶의 보람을 가진다.
④ 생활의 활력소가 될 수 있다.
⑤ 육체적·정신적으로 매우 중요하다.
⑥ 운동이 수명에 영향을 미친다.
⑦ 노인의 체력증진은 사망률 감소에 중요한 역할을 한다.

기출 POINT

운 동 17 21

- 운동은 체력의 향상과 유지를 위한 계획적인 신체활동
- 운동프로그램은 심폐지구력, 근력, 유연성 운동 등 포함
- 운동은 에너지를 소모하는 골격근에 의해 이루어지며 건강과 삶의 질에 영향

OX문제

운동은 에너지를 소모하는 골격근에 의해 이루어지며, 건강과 삶의 질에 영향을 준다. (O, ×)

정답 O

노인 운동의 효과 15 23

• 저항운동 : 노인의 근력 유지에 도움
  이 된다.
• 무산소성운동 : 근육 회복과 관절의
  유연성에 영향을 미친다.
• 유산소성운동 : 심폐지구력 증진과
  심장·혈관을 건강하게 해준다.

노인에 대한 유산소성 운동의 효과
18 20 22 23

• 골격근의 모세혈관 밀도 증가
• 인슐린 민감도 증가
• 고밀도지단백콜레스테롤(HDL-C)
  증가

노인 운동프로그램의 장기적 효과
17

운동은 노화로 인해 중추신경계의 반
응속도가 느려지는 것을 지연시키는
데 도움이 된다.

**노인이 운동참여로 얻을 수 있는
신체적 이점** 15 19

• 안정 시 호흡빈도 감소와 폐활량
  증가
• 혈관 확장과 말초혈관 저항성의 감
  소로 인한 혈압 감소
• 반응시간의 단축과 협응력 향상
• 근육량과 뼈의 강도 증가
• 면역력 증가

OX문제

운동은 노화로 인해 중추신경계의 반
응속도가 느려지는 것을 지연시키는
데 도움이 된다. (O, ×)

정답 O

02 운동의 효과

(1) 노인 운동의 종류에 따른 효과

① 유산소 운동(지구력 운동)
- ㉠ 빠르게 걷기, 조깅, 자전거 타기, 댄스, 수영 등 신체의 대근육을 규칙적으로 움직여서 숨이 가빠지는 운동을 말한다.
- ㉡ 주 3~4회, 1회당 10분 이상 중강도 혹은 고강도로 수행한다.
- ㉢ 심장을 빨리 뛰게 하는 효과가 있어서, 심장과 혈관을 튼튼하게 만들어 준다.
- ㉣ 당뇨병 발병 위험을 감소시키고, 비만을 예방한다.

② 근력강화 운동
- ㉠ 덤벨 들기, 탄력 밴드 운동, 계단 오르기, 요가 등 근육을 많이 움직이는 운동을 말한다.
- ㉡ 주 2회 이상 운동을 수행하며 치료나 재활의 목적으로도 많이 한다.
- ㉢ 근육의 노화를 예방하고 약화된 근육을 회복시킨다.

③ 유연성 운동
- ㉠ 스트레칭처럼 모든 관절들을 가능한 모든 방향으로 움직이고 펴주는 운동을 말한다.
- ㉡ 각 근육별 스트레칭을 15~60초간 유지한다.
- ㉢ 관절 유연성을 회복하여 인대가 퇴화·경직되는 것을 저지할 수 있다.

④ 평형성 운동
- ㉠ 뒤로 걷기, 옆으로 걷기, 발끝으로 걷기, 앉았다 일어서기 등 활동을 할 때 균형을 잡는 운동을 말한다.
- ㉡ 주 2~3회, 하루에 20~30분 이상 운동을 수행한다.
- ㉢ 평형성 운동을 통해 균형 감각을 길러 낙상의 위험을 줄일 수 있다.

(2) 신체적 효과

① 조기사망률 감소 : 각종 질병으로 인한 사망률을 줄여준다.
② 건강체중 유지 : 과체중과 비만을 예방한다.
③ 면역기능 강화 : 면역력 증가로 질병 예방의 효과가 있다.
④ 뼈조직 노화 지연 : 골밀도 감소를 지연시키고, 고관절 골절의 위험이 감소한다.
⑤ 생활기능 향상 : 일상생활 활동에 필요한 능력을 향상시키고, 낙상을 예방한다.
⑥ 인지능력 향상 : 규칙적인 운동으로 기억력이 향상되고 치매를 예방한다.

(3) 심리적 효과

① 전반적인 삶의 만족으로 삶의 질 향상

② 운동은 노인의 정신건강에 긍정적 영향을 미침

③ 신체활동 참가자는 심리적 웰빙, 자아통찰력이 높아짐

④ **우울증 해소** : 노인은 상실감에 의해 우울감이 증대될 수 있는데, 운동은 기분상태를 증진시키고 우울증을 해소함

(4) 사회적 효과

① 사회적 통합의 향상 : 노인의 사회참여에 운동은 중요한 역할

② 운동 그룹을 통한 새로운 친구 맺기

③ 운동참여를 통해 사회문화적 네트워크 확장

④ 운동참여를 통한 역할의 유지 및 새로운 역할 습득

⑤ 운동참여를 통한 세대 간의 연결기회 제공

개념 플러스

운동의 전반적인 효과

기초체력 향상, 심혈관계의 활성화에 기여, 기초대사량 향상, 신체활동 증진, 노년기 관련 질환 예방, 노년기의 활동적인 삶을 영위

기출 POINT

노인 운동의 심리적 효과 19 22
- 전반적인 삶의 질 향상
- 정신건강에 긍정적 영향을 주어 우울증 해소에 도움
- 자아통찰력이 증진됨

노인의 운동참여로 얻을 수 있는 사회적 효과 15 16 18
- 집단 운동을 통한 새로운 우정과 교류를 촉진시킨다.
- 원만한 인간관계를 유지한다.
- 역할 유지와 새로운 역할을 맡는데 도움이 된다.
- 세대 간의 교류 기회를 확대시킨다.

OX문제

1. 노인은 운동에 참여하면서 새로운 운동기술을 습득하는 등의 사회적 효과를 얻을 수 있다. (O, X)

2. 노인이 운동을 통해 얻을 수 있는 심리적 효과에는 스트레스 및 불안의 감소, 긍정적인 기분전환, 우울증 감소 등이 있다. (O, X)

정답 1 (X), 2 (O)

03 노인운동프로그램의 설계

기출 POINT

노인운동프로그램의 구성요소
15 17
• 운동 강도 : 적절한 부하량으로 제공되어야 한다.
• 운동 시간 : 운동 강도에 따라 달라지며 강도가 높을수록 운동지속시간은 짧게 한다.
• 운동 빈도 : 저항성운동은 주 2~3회가 적당하다.
• 운동 형태(종류) : 유산소운동, 저항성운동, 유연성운동, 평형성운동 등을 포함한다.

KeyPoint
• 노인운동프로그램의 요소 네 가지를 설명할 수 있다.
• 노인을 지속적으로 운동에 참여하게 만들기 위한 동기 유발 방법에 대해 설명할 수 있다.
• 노인의 신체활동 권고 지침을 숙지하고, 이를 바탕으로 운동프로그램을 설계할 수 있다.

01 노인운동프로그램의 4요소

(1) 운동의 종류(Exercise Type)

고령자들은 심폐지구력, 근력, 유연성 등의 개선을 통해서 신체 활동능력을 향상시키는 것이 중요

① 근피로 제거와 관절 가동범위를 키우기 위한 운동
  ㉠ 연골, 인대 강화
  ㉡ 관절가동범위가 감소되면 운동이 제한되고, 근육의 부담 및 근피로 증가
  ㉢ 스트레칭을 통한 유연성 증대운동

② 근력강화를 위한 운동
  ㉠ 노인은 대퇴, 복부, 하체부의 근력 저하가 특징
  ㉡ 각각의 근력과 몸통근력은 신체지지에 중요한 역할
  ㉢ 노인이 중량운동이나 등척성 운동을 하는 것은 심박수와 혈압이 증가되기에 가급적 조심

③ 호흡순환 기능 향상을 위한 운동
  ㉠ 유산소 운동으로 신체 활동 수준을 높임
  ㉡ 개인차에 따라 운동을 결정, 과다체중이거나 퇴행성 질환의 경우 수영이나 자전거 타기 운동이 적절함
  ㉢ 운동 적응력이 떨어지는 노인의 경우 걷기, 등산, 맨손체조, 스트레칭, 요가, 계단오르기, 수영 등이 바람직함

(2) 운동 강도(Exercise Intensity)

① 저강도에서 점차 운동 강도 증가
② 최대 산소섭취량 기준으로 일반인의 50% 이상의 운동 강도 유효

③ 65세 고령자의 최대운동능력이 7METs 정도이므로, 2~3METs의 운동 강도(2~3mph 속도로 걷기)로 시작

④ 운동 강도의 표현방법 : 최대산소섭취량의 퍼센트, MET(metabolic equivalent), 심박수 그리고 운동자각도(RPE) 등을 이용하는 방법

(3) 운동 시간(Exercise Duration)

① 고령자는 생리적 자극의 적응 및 회복 능력이 낮기에 운동단위를 짧게 자주 반복

② 운동지속시간은 운동 강도에 따라 달라지며, 가벼운 운동은 30~45분, 조금 강한 운동은 20~30분, 강한 운동은 15~20분 정도가 적절

③ 규칙적인 운동은 한 번의 운동단위로 최소 30분

④ 건강한 고령자들은 운동의 강도를 낮추어 1시간 정도 운동 시간을 지속해야 효과적

(4) 운동 빈도(Exercise Frequency)

① 고령자는 운동량을 줄이고, 운동빈도를 늘리는 것이 효과적

② 하루의 활동량을 적절히 배분하는 것을 권장

③ 운동초기에는 근피로 회복, 뼈와 관절의 손상 방지를 위해 격일제 운동, 이후 일주일에 4~5일 정도의 운동 자극이 효과적

02 지속적 운동참여를 위한 동기유발 방법

(1) 건강증진의 이론적 모형

① 건강신념 모형(HBM)

㉠ '신념'이 건강을 추구하는 행동에 중요한 역할을 한다고 가정한다.

㉡ 질병에 대한 지각된 감수성과 심각성(위협)을 개인이 인식하고, 질병 예방을 위한 행동 가능성을 높이는 것을 목표로 한다.

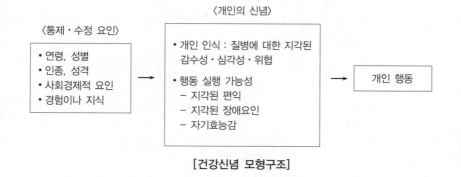

[건강신념 모형구조]

기출 POINT

운동자각도(Ratings of Perceived Exertion ; RPE) 18
노인이 자신의 주관적인 느낌을 통해 운동 강도를 설정할 수 있는 방법이다.

건강신념 모형 18 22
• 신체활동의 효과를 인식하고 이를 행동으로 옮길 수 있는 자기효능감은 행동 변화를 쉽게 유발할 수 있다.
• 지각된 개연성, 지각된 심각성, 지각된 이익, 지각된 장애, 행동의 계기, 자기효능감의 6가지 요소로 구성된다.

OX문제

1. 노인이 자신의 주관적인 느낌을 통해 운동 강도를 설정할 수 있는 방법은 운동자각도이다. (O, ×)

2. 노인의 심폐지구력 향상을 위한 운동 강도 설정 기준에는 최대산소섭취량, 운동자각도 등을 활용할 수 있다. (O, ×)

3. 노인 운동 프로그램의 구성 요소 중 운동량은 운동시간과 운동유형으로 결정된다. (O, ×)

정답 1 (O), 2 (O), 3 (×)

범이론적 모형 [17]
• 행동이 변화되는 과정과 전략 제시
• 개인의 행동변화를 고려 전, 고려,
  준비, 행동, 유지의 5단계로 구분
• 목표설정, 피드백, 보상시스템 같은
  행동전략 필요

자기효능감 이론 [21] [22]
• 개인이 과제를 성공적으로 수행할
  수 있을 것이라는 자신감, 자기 능력
  에 대한 확신
• 자기효능감이 낮으면 과제를 회피
  하고, 자기효능감이 높으면 과제를
  적극적으로 수행함

② 범이론적 모형(TTM, 변화단계 모형)
  ㉠ 개인의 행동변화는 5단계 과정을 거친다고 전제한다.
    • 계획이전단계 : 6개월 내 행동변화를 할 의사가 없는 단계
      – 변화 전략 : 행동변화의 필요성을 인식하도록 유도
    • 계획단계 : 6개월 내 행동변화를 할 의사가 있으나 구체적 계획은 없는 단계
      – 변화 전략 : 행동의 동기부여, 구체적 계획 세우기 격려
    • 준비단계 : 1개월 내 행동변화의 의사가 있고 계획이 있는 단계
      – 변화 전략 : 구체적 행동 계획 개발, 실천 교육
    • 행동단계 : 6개월 미만 동안 행동을 변화시킨 단계
      – 변화 전략 : 피드백, 문제해결책, 사회적 지지
    • 유지단계 : 6개월 이상 행동을 변화시킨 단계
      – 변화 전략 : 사회적 지지, 추후 관리
  ㉡ 각 단계는 순서대로 진행되는 것이 아니라, 이전 단계로 되돌아갈 수도 있고, 동일
    단계를 반복할 수도 있으며, 생략되는 단계도 있다.
③ 건강증진 모형(HPM)
  ㉠ 건강에 영향을 미치는 개인적·환경적 요인에 중점을 두고 관련 요인을 조사한다.
  ㉡ 인간행동에 대한 두 가지 이론(기대가치 이론, 사회인지 이론)에 근거한다.
    • 기대가치 이론 : 개인은 가치있다고 여기는 목표를 향해 행동한다.
    • 사회인지 이론 : 자신감(자기효능감)이 행동변화에 중요한 역할을 한다.
④ 계획된 행동 이론(PBT) : 합리적 행동 이론을 확장한 이론으로서, 신념과 행동의 관계
  를 연구한다. 즉 주관적 규범과 지각된 행동 통제와 행동에 대한 태도가 개인의 행동을
  형성한다는 이론이다.
  ㉠ 주관적 규범 : 중요한 타인(준거집단)의 기대를 따르려는 동기
  ㉡ 지각된 행동 통제 : 행동 수행의 용이성 및 장애에 대한 신념
  ㉢ 행동에 대한 태도 : 행동 결과에 대한 신념, 행동 결과에 대한 가치·평가
⑤ 반두라(A. Bandura)의 자기효능감 이론
  ㉠ 행동변화에 대한 기대, 결과에 대한 기대, 설득 등이 자기효능감을 발달시킨다는
    이론으로, 개인의 행동변화·동기유발과 관련이 있다.
  ㉡ 자기효능감에 영향을 주는 요인은 다음과 같다.
    • 성취경험(성공수행경험) : 목표 달성에 성공했던 경험과 실패했던 경험에 따라
      자기효능감이 달라질 수 있다.
    • 대리경험(간접경험) : 타인의 성공과 실패 경험을 목격하는 대리 경험에 의해 자
      기효능감이 달라질 수 있다.
    • 언어적 설득 : 타인으로부터 해낼 수 있다는 말을 얼마나 자주 듣느냐 따라 자기효
      능감이 달라질 수 있다.
    • 정서적 각성(정서적 상태) : 불안, 좌절 등과 같은 정서적 반응과 그것을 조절하는
      능력에 의해서 자기효능감이 달라진다.

ⓒ 자기효능감 이론을 근거로 한 운동참여 유도법
- 관련 책자나 자료집을 제공하여 간접경험을 하게 한다.
- 일상생활에서 접근이 쉬운 것부터 시작하게 한다.
- 과제의 성공적 수행을 통해 성취경험을 하게 한다.

(2) 동기유발과 목표설정

① 노인운동 동기유발 요소
ㄱ 건강 및 의료 : 질병 위험 감소, 건강 증진
ㄴ 정신적 건강 : 활력 증진, 스트레스와 불안 감소
ㄷ 외모 관련 : 외모유지 및 향상, 체중관리
ㄹ 사회적 요소 : 사회적인 접촉·교류, 가족과 친구의 격려
ㅁ 기타 : 활동이 주는 즐거움, 경쟁이나 개인적 도전

② 목표설정
ㄱ 측정 가능함 : 목표달성 여부를 판단할 수 있어야 함
ㄴ 구체적 : 운동 시간·강도 등을 구체적으로 명시
ㄷ 현실적 : 참가자 스스로 달성할 수 있다고 확신하는 목표
ㄹ 행동적 : 참가자는 결과지향적 목표보다 행동지향적 목표를 더욱 직접적으로 통제할 수 있음

③ 고령자 운동의 목표(규칙적인 운동프로그램의 기대효과)
ㄱ 근육층의 발달과 지방층의 감소
ㄴ 활력증가 및 원기왕성
ㄷ 성기능 향상
ㄹ 심장 및 각종 장기의 기능 향상
ㅁ 면역기능 향상
ㅂ 피부탄력성 향상
ㅅ 기억력 향상 및 치매발생의 억제
ㅇ 골격 및 관절 강화
ㅈ 청력과 시력 향상
ㅊ 수면상태 호전과 우울증의 호전
ㅋ 상처 치유속도 향상
ㅌ 콜레스테롤의 감소

• 하루 30분, 주 3일 이상 신체활동 참가 권장
• 근골격계 질환 발생 감소를 위한 근력운동 권장
• 질환이 있는 노인은 의학적 상황에 따라 운동의 강도와 빈도 조절

65세 이상 노인의 신체활동지침 18
• 2010년 세계보건기구(WHO)가 제시하였다.
• 주요 근육을 포함하는 근력강화활동을 주 2회 이상 실시한다.
• 1회 유산소 신체활동은 적어도 10분 이상 실시한다.
• 이동성이 떨어지는 노인은 낙상예방을 위한 신체활동을 주 2회 이상 실시한다.

수용(Accommodation)의 원리 15
자신의 능력에 최대한 맞게 운동하되, 무리하거나 통증을 발생하거나 스스로 안전하다고 생각하는 수준을 넘어서지 않게 운동하도록 지도해야 한다.

특수성(특정성) 원리의 적용사례 18 23
노인의 하체 근육을 강화시키기 위해서 걷기와 계단 오르기를 실시한다.

---

03 노인을 위한 운동권고 지침 및 운동방안

(1) 노인을 위한 운동지침

① 노인의 신체활동지침
 ㉠ 1998년 미국 스포츠의학회의 노인들을 위한 운동과 신체활동의 중요성에 관한 의견서
 ㉡ 규칙적인 신체활동과 운동이 노인의 기능상의 능력과 건강을 향상시키고, 독립성과 삶의 질을 높일 수 있다는 내용
 ㉢ 관절의 가동범위 향상을 위해 걷기와 유산소 운동, 스트레칭을 포함해야 함
 ㉣ 노인은 매일 중간 강도의 운동을 최소 30분 동안 할 것을 권고함
 ㉤ 운동프로그램을 시작하기 전에 건강검사를 권고함
② 65세 이상 노인의 신체활동 권장지침
 ㉠ 건강을 위한 세계보건기구 신체활동 권장지침의 초점은 인구 전체의 신체활동 수준 향상을 통한 비전염성질환의 일차예방에 있다.
 ㉡ 65세 이상의 노인에서 신체활동은 여가시간을 활용한 운동, 걷기나 사이클처럼 이동하면서 하는 활동, (일을 하는 경우) 직장일, 집안일, 놀이, 게임, 스포츠 또는 계획된 운동 등이 포함된다.
 ㉢ 심폐체력 및 근력, 뼈와 기능성 건강을 개선하고, 비전염성 질환, 우울증 및 인지 저하 위험을 감소시키기 위한 여러 가지 신체활동을 권장하고 있다.

(2) 노인에게 특별한 운동원리

① **기능관련성** : 일상생활에서 수행하는 동작들을 모방한 기능 활동에 초점을 둔다.
② **난이도** : 선별된 활동이나 운동들이 개인의 고유능력(근력, 인지, 감각운동 능력)에 난이도를 제공해야 하며, 운동의 난이도 수준은 과제 요구사항이나 환경 요구사항 또는 둘 다를 바꿈으로써 조절될 수 있다.
③ **수용** : 참가자들은 무리하거나 통증을 유발하거나 특정시간에 안전하다고 느끼는 범위를 넘어서지 않고, 자신의 능력에 최대한 맞게 운동을 수행하도록 장려해야 한다.
④ **과부하** : 어떤 신체기관의 기능향상을 위해 정상적으로 익숙해져 있지 않는 부하에 노출되어야 한다.
⑤ **특정성** : 운동에서 얻을 수 있는 훈련효과는 운동의 유형과 관계된 근육에만 특별히 적용되는 원리이다.

(3) 안정성 운동

노인들은 넘어지거나 낙상을 했을 경우 건강이 악화되기 쉬우므로, 안정성(평형성) 운동을 노인운동프로그램에 포함시켜야 한다. 즉 모든 운동의 준비운동과 정리운동 시 10~15분 동안 안정성 운동을 하도록 한다.

① 정적평형성을 위한 자세 전략

　　㉠ 발목 전략 : 몸이 흔들릴 때 발목을 사용하여 균형을 잡는다. 이때 발바닥이 땅에서 떨어지지 않아야 하고, 상체와 하체가 같은 방향으로 움직이는 특징이 있다.

　　㉡ 엉덩이 전략 : 몸이 흔들릴 때 엉덩이를 움직여서 균형을 잡는다. 상체와 하체가 반대방향으로 움직이는 특징이 있다.

　　㉢ 스텝 전략 : 몸이 흔들릴 때 몇 걸음을 움직여가며 균형을 잡는다.

② 동적평형성 훈련

　　㉠ 노인들이 길을 걷다 다른 사람과 부딪혀 넘어지거나 발을 헛디디는 것 같은 상황에 대한 저항력을 키워주는 훈련이다.

　　㉡ 앉아서, 서서, 움직이면서 훈련한다. 짐볼, 의자, 폼롤, 보수볼, 평균대 등을 활용하여 다양한 크기의 힘을 경험하며 난이도를 조절한다.

(1) 체력검사 단계

① 사전 동의 : 수행능력 검사나 운동프로그램 참여 이전에 참가자의 동의를 구해야 한다. 프로그램 전체 구성이나 절차를 명확하게 이해할 수 있도록 충분한 설명이 이루어져야 한다.

② 활동준비 질문지 : 운동프로그램을 시작하기 전에 참가자의 건강상태를 점검하는 절차이다.

③ 주치의동의서 : 특히 69세 이상 참가자들은 운동하기 전에 의사와 상의해야 하고, 의사는 참가자의 상태에 따라 참가 허가 또는 불허가를 명시해야 한다.

④ 건강과 활동에 관한 질문지 : 수행능력검사와 주치의동의서 등을 파악하여 운동프로그램 중에 발생할 수 있는 위험을 예측하고 제한한다. 질문지를 작성하며 참가자에게 구체적으로 질문할 수도 있다.

⑤ 피드백과 비밀 유지 : 수집된 정보를 참가자에게 알려주고, 특정 활동이 운동 목표 달성에 어떤 도움을 주는지 피드백하는 과정을 갖는다. 검사 과정에서 수집한 정보는 비밀을 유지해야 한다.

(2) 미국형 노인체력(SFT)검사

노인체력검사는 노인이 정상적인 생활을 하는 데 필요한 신체기능을 측정 · 평가하는 종합적인 검사이다.

① 의자에 앉았다 일어서기 테스트

　　㉠ 내용 : 계단 오르기, 걷기, 의자에 앉았다 일어서기, 차에서 내리기 같은 활동을 할 때 필요한 하체 근력을 측정한다.

　　㉡ 방법 : 양팔을 가슴 앞에 모은 상태로 의자에 앉아있다가 완전히 일어서는 동작을 반복한다. 30초 동안 완전히 일어선 횟수를 기록한다.

기출 POINT

낙상 위험 노인을 위한 일반적인 운동지침 19

• 사회적 지원, 자기효능감과 같은 행동전략을 활용한다.
• 발끝서기와 같은 자세유지 근육운동을 권장한다.
• 저강도 운동에서 고강도 운동으로 진행한다.
• 신경근운동과 함께 평형성 운동도 권장한다.

노인 운동 검사 전 의사에게 의뢰가 필요한 징후나 증상 18

• 가슴 통증이나 불편함
• 빠르고 불규칙한 심장박동
• 현기증이나 기절
• 통증을 동반한 발목의 부종

노인의 운동 참여 제한 18

• 심부전 징후가 나타날 경우
• 고온다습 또는 추운 환경인 경우
• 약물로 조절이 잘 되지 않는 고혈압인 경우

② 상완이두근 테스트

　㉠ 내용 : 장보기, 가방 나르기, 물건 들어올리기 같은 활동을 할 때 필요한 상체 근력을 측정한다.

　㉡ 방법 : 등을 곧게 펴고 의자에 앉아서 2.27kg 덤벨을 들어올리고 내리는 동작을 반복한다. 30초 동안 이두근 굽히기를 한 횟수를 기록한다.

③ 6분 걷기 또는 2분 제자리 걷기 테스트

　㉠ 내용 : 걷기, 계단 오르기, 쇼핑, 관광 같은 활동을 할 때 중요한 유산소 능력을 측정한다.

　㉡ 방 법

　　• 6분 걷기 : 45.7m 코스를 가능한 한 빨리 걷게 하여 6분 동안 이동한 거리(m)를 기록한다.

　　• 2분 제자리 걷기 : 2분 동안 제자리 걷기를 할 때 무릎을 90도 가까이 구부려 올린 횟수를 측정한다.

④ 의자에 앉아 유연성 테스트

　㉠ 내용 : 정상적인 걸음걸이 유지하기, 욕조나 차에 들어가고 나오기 같은 다양한 활동을 할 때 중요한 하체 유연성을 측정한다.

　㉡ 방법 : 의자 끝에 걸터앉은 후 다리를 쭉 펴고 양손을 발끝을 향해 뻗은 상태에서 쭉 뻗은 중지와 발끝 사이의 거리를 잰다.

⑤ 상지 유연성 테스트

　㉠ 내용 : 자기 머리 빗기, 머리 위로 옷 입기와 벗기, 안전벨트 매기 등 활동을 할 때 중요한 상체 유연성을 측정한다.

　㉡ 방법 : 한손은 어깨 위로 가져가고 다른 손은 등의 가운데로 뻗은 상태에서 가능한 한 두 손을 닿도록 한다. 이때 중지끼리의 거리를 측정하여 기록한다.

⑥ 2.44m 왕복걷기 테스트

　㉠ 내용 : 갑자기 버스 정거장에서 내리기, 일어서서 화장실 가기, 전화 받기 같은 빠른 동작을 할 때 필요한 민첩성과 평형성을 측정한다.

　㉡ 방법 : 앉은 자세에서 일어나 가능한 한 빨리 2.44m 지점을 걸어가서 돌아 다시 앉은 자세로 돌아가는 데 걸리는 시간을 측정·기록한다.

(3) **한국형 노인체력검사 − '국민체력 100'에 따른 항목**

① 상지 근기능 : 상대악력

② 하지 근기능 : 의자에 앉았다 일어서기(회/30초)

③ 심폐지구력 : 6분 걷기(m), 2분 제자리 걷기

④ 협응력 : 8자 보행(초)

⑤ 유연성 : 앉아서 윗몸 앞으로 굽히기(cm)

⑥ **평형성 : 의자에 앉아 있다 앞 3m 표적 돌아와 다시 앉기(초)**

(4) 노인운동프로그램의 설계

① 노화에 따른 체력감소를 줄이고 건강을 보다 증진시키기 위해 지속적인 운동이 필요하다. 고령자는 질환의 잠재가능성과 기능 저하, 그리고 체력이나 신체조건의 개인차가 크다는 점을 고려하여 운동 전 의학적 진단과 운동부하검사 및 체력진단을 통하여 운동의 안정성 여부를 점검하여야 한다.

② 고령자는 심폐지구력, 근력, 유연성 등의 개선을 통해 신체활동능력을 높이는 것이 중요하다.

③ 관절가동범위를 증가시키는 운동으로 유연성을 유지·회복시킨다.

④ 기능성과제

  ㉠ 유산소성지구력 훈련 : 일상생활걷기, 청소하기, 낙엽쓸기, 계단오르기

  ㉡ 신체 및 몸통 저항운동 : 선반에 짐 올리기, 식료품 나르기, 잡초 뽑기와 정원 가꾸기, 집안일 하기

  ㉢ 하체 저항운동 : 바닥에서 일어서기, 욕조에 들어가고 나오기, 계단 오르기

  ㉣ 상체유연성 훈련 : 등 긁기, 머리 빗기

  ㉤ 몸통유연성 훈련 : 신발 신기, 발 만지면서 살펴보기, 머리빗기

  ㉥ 평형성 및 기동성 훈련 : 산책하기, 잡초뽑기

(5) ACSM(American College of Sports Medicine)에서 제시한 노인의 신체활동 권고 지침

구 분	빈 도	강 도	시 간	유 형
유산소 운동	고강도 운동으로 일주일에 최소 3일 또는 중강도 운동으로 일주일에 최소 5일	RPE 10점 도구 중강도: 5~6 고강도: 7~8	중강도 운동 : 150~300분/주 고강도 운동 : 75~100분/주	골격계에 낮은 스트레스를 주는 활동
저항 운동	일주일에 최소 2회	RPE 10점 도구 중강도 : 5~6 고강도 : 7~8	8~10개 운동 각 10~15회 반복	주 근육을 사용하는 운동으로 계단 오르기 등
유연성 운동	일주일에 최소 2회	중강도 : 5~6	최소 10분	각 주 근육군의 지속적인 정적 스트레칭

기출 POINT

노인의 체력요소를 향상시키는 운동방법 [19]
• 심폐지구력 : 수영, 물속에서 걷기
• 유연성 : 가슴 스트레칭, 팔 교대로 올리기 등
• 협응성 : 의자 앉아 공 밀기, 발바닥 치기 등
• 평형성 : 균형 걷기, 한발 들기 등

운동부하검사 [16]
• 운동 중 심박수와 혈압을 주기적으로 확인한다.
• 검사 장비로 트레드밀보다는 자전거 에르고미터가 권장된다.
• 운동부하는 저강도부터 서서히 증가시킨다.

유산소운동 지도 시 고려사항 [17] [18]
• 체중부하 운동이 힘든 노인의 경우 고정식 자전거를 활용하도록 한다.
• 운동 강도는 운동자각도(RPE) 기준에서 '다소 힘들게' 정도로 설정한다.
• 운동은 한번에 장시간 지속하는 것보다 휴식과 함께 체력 수준에 따라 실시한다.
• 노인의 걷기 동작 중 시선은 정면을 주시하되 좌우를 살펴야 한다.
• 점진적 유산소 운동프로그램 참여 전 낙상, 무릎통증 등을 예방하기 위해 근력운동을 먼저 한다.

ACSM의 중강도활동 정의 [20]
3~6 METs의 범위, 비경쟁적으로 약 45분간 편안하게 유지될 수 있는 운동강도, 40~60% VO$_2$max 사이

04 질환별 프로그램 설계

KeyPoint

• 심혈관계 및 대사성 질환에 적합한 운동프로그램에 대해 설명할 수 있다.
• 호흡계 및 근골격계 질환에 적합한 운동프로그램에 대해 설명할 수 있다.
• 신경계 질환 또는 기타 노화성 질환에 적합한 운동프로그램에 대해 설명할 수 있다.

01 심혈관계 질환과 호흡·순환계 질환 운동프로그램

(1) 심혈관계 질환

① 관상동맥성 심장질환

㉠ 관상동맥 중 하나 이상이 죽상경화판이나 혈관경련으로 좁아진 상태를 말한다.

㉡ 65세 이상의 25% 정도가 증상을 보이고, 80세 이상 노인의 60%가 관상동맥성 심장질환을 가지고 있다.

㉢ 증상은 가슴통증, 현기증, 부정맥, 호흡곤란 등이 있다.

㉣ 운동프로그램

• 운동 형태 : 저강도의 실내자전거타기, 스트레칭, 요가 스트레칭
• 운동 강도 : 강도 낮은 운동으로 긴 시간 준비운동 이후 본 운동

② 고혈압

㉠ 혈관 속을 흐르는 혈액이 혈관에 부딪히는 압력으로 수축기 140mmHg, 이완기 90mmHg 이상인 상태를 말한다.

㉡ 스트레스, 운동 부족, 비만, 고당질·고지방·고염분 식생활 등으로 발병한다.

㉢ 약물치료를 해서 혈압을 낮춘 후 운동하는 것을 권장한다.

㉣ 운동프로그램

• 운동 강도 : 5~10분 준비운동과 정리운동 필요, 본 운동 최대산소섭취량의 40~60% 수준 강도
• 운동 시간 : 1회 30~60분
• 운동 빈도 : 주 3회 이상, 매일 운동 권장
• 운동 형태 : 심폐지구력 운동, 근력 운동(등척성 운동 제외), 유연성 운동

③ 뇌졸중

㉠ 뇌동맥이 혈압을 이기지 못하고 파열되어 뇌 기능에 심각한 손상을 주는 출혈성 뇌졸중과, 좁아진 혈관 때문에 뇌 일부가 산소와 영양을 공급받지 못해 뇌 조직이 손상되는 허혈성 뇌졸중이 있다.

ⓒ 만성스트레스, 고혈압, 동맥경화 등이 주요 발병 원인인데, 일상생활 가운데 의식적으로 위험 인자를 피한다면 뇌졸중을 미리 예방할 수 있다.

ⓒ 반신 마비, 반신 감각 장애, 언어 장애, 시력 장애, 연하 장애, 운동 실조, 치매, 두통·어지럼증, 의식 장애 등 증상을 동반한다.

② **운동 시 주의사항**
- 마비된 쪽과 건강한 쪽을 다같이 운동한다.
- 상지는 어깨관절부터 팔꿈치, 손목, 손가락 순으로, 하지는 허벅지, 무릎, 발 순으로 운동한다.
- 아침·저녁 운동을 반복하는데, 힘들면 짧게 여러 번 반복한다.

ⓜ 운동프로그램

구 분		운동 강도	운동 시간	운동 빈도	운동 형태
질병예방 운동		중고강도	30분 이상	주 3회 이상	유산소 운동
재활 운동	부축이동가능 단계	저강도	30~60분	매일 2회	보행 운동, 관절 운동
	보조기구사용 또는 부분독립보행 단계	저중강도	60분	매일 2회	보행 운동, 자전거 타기, 수중 운동
	완전독립보행 단계	중강도	60분	주 3회 이상	유산소 운동, 근력 운동

(2) 호흡계 질환

급성기관지염, 천식, 폐렴, 결핵, 만성폐쇄성 폐질환 등 호흡과 관련된 기관에 이상이 생긴 질환이다.

① **천 식**
- ㉠ 기도폐쇄, 기도의 염증, 다양한 자극에 대하여 기도의 반응성이 높아지는 호흡기 질병
- ㉡ 천식을 앓는 사람은 운동 후에 폐활량이 줄어듦(운동유발성 천식)
- ㉢ 천식발작을 유발할 수 있는 조건은 감기, 스트레스, 공기 오염 등
- ㉣ 운동프로그램과 약물투여시간의 조화가 중요
- ㉤ 낮은 강도의 준비운동은 천식발병의 위험을 줄이는 데 도움이 됨
- ㉥ 운동 지도 시 천식환자는 흡입기를 항상 휴대해야 함

② **만성폐쇄성 폐질환**
- ㉠ 기관지염(폐에 있는 기관지의 염증), 폐기종(산소와 이산화탄소가 교환되는 폐포의 파괴)등의 질환
- ㉡ 증상은 호흡곤란, 기침, 가래생성, 체중감소, 피로 등이 있음
- ㉢ 증상 개선에는 운동이 필수적임
- ㉣ 호흡의 효율을 개선, 운동지구력 증대를 위한 유산소성 지구력운동에 초점
- ㉤ 걷기, 스태핑 운동, 실내자전거 운동, 요가 권장
- ㉥ 피해야 하는 운동 : 미용체조, 댄스, 농구, 라켓운동

기출 POINT

뇌졸중 노인을 위한 운동지도의 사례 17
우측마비 노인의 경우, 언어지시보다 행동 시범을 보이는 것이 좋다.

OX문제

뇌졸중으로 인해 우측마비 증상을 보이는 노인의 경우, 언어지시보다 행동적 시범을 보이는 것이 좋다. (O, ×)

정답 O

- 심폐지구력과 함께 근력운동을 권장한다.
- 규칙적 유산소운동으로 체지방율을 감소시킨다.
- 관절이 약화되어 다치기 쉬우므로 체중부하운동보다는 비체중부하운동을 권장한다.
- 운동 강도 설정 방법으로 최대심박수(HRmax)보다는 운동자각도(RPE)를 권장한다.

당뇨병 노인의 운동 16
저항운동과 유산소운동을 병행·실시해야 한다.

고지혈증(이상지질혈증) 18 20
- 원인 : 과도한 열량섭취와 운동부족
- 운동법
 - 근력운동보다는 유산소운동이 더욱 효과적이다.
 - 운동과 식이제한을 병행할 경우 더욱 효과적이다.
 - 유산소운동은 대략 20분 이상 지속할 것을 권장한다.

골다공증 노인운동 지도시 고려사항 17 20
- 체중부하운동이 불가능한 경우 수중걷기, 수중부하운동을 권장한다.
- 근력수준에 적합한 체중부하운동과 저항성 근력 운동을 실시한다.
- 허리를 뒤로 젖혀서 과신전을 증가시키는 운동은 주의해야 한다.

OX문제

고지혈증 노인은 근력운동보다 유산소운동이 더욱 효과적이다. (O, ×)

정답 O

---

(3) 순환계 질환

① 비 만
- ㉠ 단순히 체중이 많이 나가는 과체중을 의미하는 것이 아니라, 몸 안에 체지방이 과다하게 축적된 상태를 말한다.
- ㉡ 보편적인 비만측정법으로 체질량지수(BMI) 계산법과 표준체중진단법이 있다.
 - 체질량지수(BMI) 계산법 : 체중을 신장으로 두 번 나눈 값으로 비만을 판정한다. 체질량지수가 높을수록 암 발생 확률이 높고 각종 질환에 노출되어 조기 사망 가능성이 높아진다.
 - 표준체중진단법 : 자기 신장에서 100을 뺀 후 0.9를 곱해 표준체중을 구한 후 실제체중과 비교하여 비만 정도를 판정한다.
- ㉢ 운동프로그램
 - 운동 강도 : 최대산소섭취량의 40~60% 수준
 - 운동 시간 : 1회 20분 이상
 - 운동 빈도 : 주 3~5회
 - 운동 형태 : 심폐지구력 운동, 근력 운동, 유연성 운동

② 당뇨병
- ㉠ 노인에게 흔한 질병으로, 체내 당분이 에너지로 사용되지 못하고 혈중에 남아 있는 대사성 질환이다.
- ㉡ 혈액순환과 신진대사가 원활하지 못하여 신체 기관의 저항력이 떨어지고, 관상동맥 질환, 고지혈증, 고혈압 등 합병증을 유발한다.
- ㉢ 운동프로그램
 - 운동 강도 : 저강도 운동에서 시작하여 중강도 운동으로 유지
 - 운동 시간 : 1회 20분~60분
 - 운동 빈도 : 주 3~5회
 - 운동 형태 : 심폐지구력 운동, 근력 운동, 유연성 운동

---

02 근골격계 질환과 신경계 질환

(1) 근골격계 질환

① 골다공증
- ㉠ 60세 이상 여성의 약 25%가 골다공증을 앓고 있으며, 자궁절제술을 받은 여성의 50%가 골다공증을 앓고 있다.
- ㉡ 골다공증 노인은 긴 시간 동안 근육 반복운동이 어려우므로, 짧은 시간 다양한 운동을 하는 서킷 트레이닝을 권장한다.
- ㉢ 유연성운동은 자세 교정에 도움을 준다.

② 관절염

ⓐ 관절을 오랫동안 빈번하게 사용하여 관절 연골이 마모된 퇴행성 관절염이 있고, 자기면역질환에 속하는 류머티스 관절염이 있다.

ⓑ 운동할 때 통증완화가 중요하다.

ⓒ 운동 전후 냉·온찜질을 실시하고, 수중운동 등 관절의 무리를 주지 않는 운동을 실시한다.

ⓓ 사지를 동시에 사용하는 운동기구를 사용한다.

ⓔ 운동프로그램
- 운동 강도 : 저중강도 운동
- 운동 시간 : 1회 운동시간을 짧게 하여 관절에 휴식을 주면서 하는 인터벌 운동
- 운동 빈도 : 주 2~3회
- 운동 형태 : 심폐지구력 운동, 근력 운동, 유연성 운동

(2) 신경계질환

① 파킨슨병

ⓐ 주로 근육의 강직, 떨림, 동작의 느려짐 등 운동장애를 보이는 진행형 신경퇴행성 질환이다.

ⓑ 재활운동프로그램
- 보행·자세 재활 : 신체의 중심이 조금만 흔들려도 넘어지기 쉽기 때문에, 보폭을 넓게 하고 의식하면서 걸음을 걷는다.
- 진전(Tremor)·서행증 재활 : 관절 운동과 스트레칭을 매일 한다.
- 강직 재활 : 근육 이완을 위한 회전 운동을 매일 한다.

② 알츠하이머병

ⓐ 가장 흔한 형태의 치매이며, 뇌 기능 손상으로 인해 지적 능력을 점차 잃어가는 질환이다. 기억력 혼란, 성격·행동 변화, 판단력·사고력 상실 등으로 일상생활이 어려워지고 자신을 통제하거나 보호할 수 없는 상태에 이른다.

ⓑ 운동 지도 시 흥미 유지를 위해 격려와 용기를 주어야 한다.

ⓒ 운동프로그램 : 걷기, 수영하기 등 규칙적인 유산소 운동으로 신체기능이 좋아지고 사고력·기억력이 향상될 수 있다.

③ 우울증

ⓐ 노년기에 가장 흔하게 발생할 수 있는 정신 질환 중 하나이다.

ⓑ 운동프로그램
- 운동 강도 : 저중강도
- 운동 시간 : 1회 30분 이상
- 운동 빈도 : 주 3회 이상
- 운동 형태 : 심폐지구력 운동, 근력 운동, 유연성 운동

기출 POINT

관절염 노인의 운동 19 22 23
- 운동 강도는 통증 정도를 고려하여 설정한다.
- 체중의 부하에 대한 부담을 감소시키는 수중운동을 추천할 수 있다.
- 저강도 유산소성 운동을 권장한다.

파킨슨병 16 17
- 노인에게 나타나는 퇴행성 신경장애
- 증세 : 근육경직, 자세 불안정, 운동완서(움직임 둔화), 휴식 시 진전, 균형감각 장애
- 근력운동을 통해 체형변화로 인한 부작용의 지연 가능
- 만성적 진행성 질환이기 때문에 규칙적인 운동 필요

알츠하이머병 노인 지도 시 유의점 15
- 병이 진행됨에 따라 보호자가 환자를 운동프로그램에 데려오고 싶지 않은 것에 대처한다.
- 노인환자가 운동프로그램이나 운동환경에 흥분할 수도 있는 행동의 변화를 고려한다.
- 노인환자의 신체 및 정신적 건강이 쇠퇴하면서 생기는 문제에 대처한다.

치매 노인의 신체활동 효과 및 운동지침 17 19 21
- 중증 치매 노인의 경우, 개별운동이 그룹운동보다 더 효과적이다.
- 복잡하고 새로운 운동보다는 단순하고 반복적인 운동을 권장한다.
- 뇌에 산소공급량을 증가시키고 신경세포 활성에 도움을 준다.
- 지도자나 보호자를 동반하여 운동을 실시한다.
- 불안과 초조함을 경감시킬 수 있도록 스트레칭을 지도한다.

05 지도자의 효과적인 지도

KeyPoint
• 노인을 상대로 하는 의사소통 방법에 대해 설명할 수 있다.
• 노인에 대한 올바른 과제 전달 방법을 설명할 수 있다.
• 노인운동 시 위험관리 방법에 대해 설명할 수 있다.

01 노인스포츠지도자의 지도 기법 및 요소

(1) 노인스포츠지도자의 지도 기법

① 수업장소에 일찍 도착하여 새 참여자 파악 등 상호교류를 유도해야 한다.
② 운동프로그램 시작 전 분위기를 조성하도록 한다.
③ 해야 할 운동의 명칭을 소개하여 언어적·시각적 단서를 제공한다.
④ 운동 목적을 설명하고 운동 동기를 증진시키는 데 도움을 준다.
⑤ 신체인식이 발달할 수 있도록 운동감각 능력을 향상시킨다.
⑥ 참가자 중심의 접근법을 선택한다.
⑦ 단어선택을 신중히 하고 칭찬한다.
⑧ 사교적 관계를 조성한다.
⑨ 편안하고 강압적이지 않은 분위기를 유지한다.
⑩ 우호적인 운동 환경을 유지하여 신체적·사회적·정신적·정서적 등 다양한 측면을 포함한 총체적인 웰빙을 강화해야 한다.

(2) 노인체육활동의 지도 원칙

① 자발성을 중시한다.
② 일상적인 생활에 준한다.
③ 지역성을 중시한다.
④ 통합적인 것이어야 한다.
⑤ 개인의 흥미를 중요시한다.

(3) 노인운동 지도 시 유의점

① 준비운동과 정리운동을 충분히 한다.
② 경쟁 운동이나 근육수축이 심한 운동을 피한다.

③ 생활습관과 조화를 이루면서 운동을 하도록 한다.

④ 참가자의 욕구, 건강상태, 장비와 시설 등을 고려한다.

⑤ 운동할 때와 운동 이후에도 물을 충분히 섭취하도록 한다.

⑥ 운동할 때 천천히 여유있게 하고 운동이 끝난 후 충분히 쉬도록 한다.

⑦ 사용하는 신체부위를 의식하면서 운동하도록 한다.

(4) 노인과의 의사소통

① 노인과의 의사소통 시 해야 할 것

   ㉠ 우선, 자신을 소개한다.

   ㉡ 노인에게 존칭을 사용한다. 예 선생님, 어르신

   ㉢ 천천히 이야기한다.

   ㉣ 노인의 말을 공감해주고 경청한다.

   ㉤ 스킨십을 적절히 이용한다.

② 노인과의 의사소통 시 하지 말아야 할 것

   ㉠ 어린아이 다루듯 하지 않는다.

   ㉡ 소리 지르듯 이야기하지 않는다.

   ㉢ 노인에 대한 선입관으로 미루어 짐작하지 않는다.

   ㉣ 접촉을 두려워하지 않는다.

③ 효율적 언어지도를 위한 주의사항

   ㉠ 수행방법에 대해서 두 가지 이하의 요점만 설명한다.

   ㉡ 모든 참여자가 이해할 수 있는 용어를 사용한다.

   ㉢ 잘 알려진 시각적 이미지를 떠올리게 하는 지시를 한다.

(5) 노인의 기능상태 결정

① 노인 운동참여자의 신체기능상태를 파악하여 프로그램을 제공하여야 한다.

② 노인 운동기능상태의 5가지 분류

   ㉠ 신체적 의존(결핍) 수준

      • 자립적 일상생활(옷입기, 목욕하기, 이동하기, 먹기, 걷기)을 수행할 수 없는 상태

      • 신체적 의존 수준의 노인운동프로그램

         – 기본적 일상생활, 수행의자에서 앉아서 하는 운동

         – 일대일 수중 운동(수중걷기, 수중근력운동)

         – 상·하체 저항 운동

         – 호흡법과 릴렉스 운동

         – 손 기능 강화 운동

기출 POINT

언어적 암시 16

• 언어적 암시는 하나의 단어 또는 짧고 간결한 어구를 사용하는 것을 의미한다.

• 언어적 암시는 기술의 결정적 측면이나 부분을 일깨워 주는 역할을 한다.

노인을 대상으로 한 의사소통 방법 19 21 22 23

• 노인의 말에 공감을 표현하여 경청하고 있음을 드러낸다.

• 분명하고 명확하게, 적절한 속도로 말한다.

• 노인은 인지능력이 저하되므로 한 번에 전달할 정보의 양이 과해지지 않도록 조심해야 한다.

• 이해하기 쉬운 시각적 도구를 활용하면 의사소통에 효과적이다.

스피르두소(W. Spirduso)의 노인의 신체기능 수준 분류 16

• 신체적 의존(결핍) 수준 : 일상생활을 자립적으로 할 수 없는 상태이다.

• 신체적 허약 수준 : 모든 생활을 자립적으로 하지 못하지만, 기본적인 생활은 가능하다.

• 신체적 자립 수준 : 질환의 증상이 있기도 하지만, 자립적 생활이 가능하다.

• 신체적 건강 수준 : 주 2회 운동이 가능하고, 취미생활과 규칙적인 운동이 가능하다.

• 신체적 엘리트 수준 : 매일 스포츠활동을 하고, 높은 수준의 체력을 요구하는 일과 여가활동이 가능하다.

노인의 수중운동 지도 시 유의점
15 21

- 충분한 준비운동을 한 후 물 속에 들어간다.
- 근력이 부족한 노인은 물속 걷기가 적합하다.
- 입수·퇴수를 용이하게 하고 안전에 만전을 기한다.
- 직립자세로 서서 운동하게 한다.

ⓛ 신체적 허약 수준
- 자립적 일상생활은 가능하나, 모든 생활을 혼자 자립적으로 생활하기 어려운 상태
- 신체적 허약 수준의 노인운동프로그램
  - 기본적·도구적 일상생활수행
  - 일대일 수중 운동(수중걷기, 수중근력운동)
  - 상·하체 저항 운동
  - 호흡법과 릴렉스 운동
  - 평형성과 조정력 연습
  - 근력, 관절가동범위, 평형성, 협응성 향상 수중운동

ⓒ 신체적 자립 수준
- 만성질환의 증상은 있으나 자립적 삶이 가능하며, 낮은 건강 여력과 낮은 체력 상태
- 신체적 자립 수준의 노인운동프로그램
  - 의자에서 하는 유산소운동
  - 낮은 강도 유산소운동
  - 수중운동
  - 걷기운동
  - 스트레칭
  - 저항성 운동

개념 플러스

스트레칭의 유형

고유수용성 신경근촉진 스트레칭	• 우리 몸의 신경근육계에 존재하는 고유 감각 특성을 활용한 스트레칭이다. • 주로 재활치료를 위한 목적으로 개발되어 보조자나 치료사의 도움으로 시행된다. • 유연성 증가와 신경근 촉진, 근력증가에 효과가 있어 스포츠에서도 활용된다.
동적 스트레칭	• 관절의 가동범위를 확장시킬 수 있다. • 워밍업 효과와 운동수행능력을 향상시켜 준다.
정적 스트레칭	• 근육의 한 부위씩 길게 늘이는 스트레칭이다. • 몸에 반동을 주지 않으며, 근육을 쭉 뻗은 후 10~30초간 유지하는 것을 특징으로 한다.
탄성 스트레칭	• 스트레칭 동작의 마지막 범위에서 탄성을 이용하여 동작에 반동을 주는 스트레칭 방법이다.

OX문제

탄성 스트레칭은 근골격계 손상 위험이 낮아 노인에게 권장할 만하다. (○, ×)

정답 ×

ⓔ 신체적 건강 수준
- 주 2회 건강을 위한 운동이 가능하며, 취미와 신체적 체력이 요구되는 규칙적 일이 가능한 상태
- 신체적 건강 수준의 노인운동프로그램
  - 낮은 강도의 유산소운동
  - 아쿠아로빅
  - 수영, 라인댄스, 포크댄스
  - 요가, 스트레칭
  - 각종 스포츠(게이트볼, 파크골프, 탁구, 배드민턴)
ⓜ 신체적 엘리트 수준
- 매일 스포츠에 참여하며, 높은 수준의 체력을 요구하는 일과 여가활동에 참여하는 상태
- 신체적 엘리트 수준의 노인운동프로그램
  - 걷기 경주
  - 낮은 강도 유산소 운동
  - 아쿠아로빅
  - 수영, 라인댄스, 포크댄스
  - 요가, 스트레칭
  - 각종 스포츠(게이트볼, 파크골프, 탁구, 배드민턴)
  - 특정 스포츠 시합을 위한 세부 훈련

기출 POINT

신체적 건강 수준 16
자기 동기부여가 강하고, 자발적이고 규칙적인 운동참여를 통해 운동의 중요성을 인식한다.

신체적 엘리트 수준의 스포츠 활동 18
신체적으로 아주 잘 단련된 수준(신체적 엘리트 수준)의 가능한 스포츠활동은 다음과 같다.
- 경쟁스포츠 예 축구, 농구 등
- 파워스포츠 예 역도, 원반던지기 등
- 모험스포츠 예 행글라이딩, 레프팅 등

- 척추 손상 : 척추를 바로잡아 이동시킬 경우 추가적인 손상이 있을 수 있으니 함부로 이동시켜서는 안 된다.
- 출혈 : 손상 부위를 심장보다 높게 하여 피를 말단 쪽으로 쏠리게 한다.
- 타박상으로 인한 부종 : 붓기가 빠질 때까지는 냉찜질을 우선 실시해야 한다. 이후 붓기가 빠지면 경과를 보고 온찜질을 실시한다.
- 골절 : 무리하게 움직이지 않고 안정시키고 손상부위를 고정한다.
- 저혈당 : 빨리 흡수되는 당분이 함유된 간식이나 음료를 섭취시킨다.
- 저체온증 : 따뜻한 곳으로 옮기고 서서히 체온을 올려준다.
- 심장질환 : 징후가 나타나면 즉시 운동을 중지하고 병원으로 이송한다.
- 심정지 : 의식이 없으면 즉각 심폐소생술을 실시한다. 자동제세동기를 사용할 수 있는 경우 사용한다.
- 완전기도폐쇄 : 복부밀쳐올리기를 실시한다.
- 급성 손상 : RICE 처치법을 실시한다.

02 노인운동 시 위험관리

(1) 노인스포츠지도자가 갖추어야 할 안전관리 요소

① 심폐소생술 자격증 소유
② 기초적인 응급처치의 실행방법 숙지
③ 회원의 건강기록을 파악, 건강문제 파악
④ 운동프로그램은 노인의 의사를 고려하여 상담
⑤ 특정 건강문제의 징후와 증상을 숙지
⑥ 응급요청을 위한 통신장비를 준비

(2) 노인 응급처치의 중요성

① 환자의 생명을 구하고 유지한다.
② 질병 악화를 방지한다.
③ 환자의 고통을 경감시킨다.
④ 환자의 치료기간이나, 입원기간을 단축시킨다.
⑤ 기타 불필요한 의료비의 지출 등을 절감시킬 수 있다.

(3) 노인 응급처치의 일반원칙

① 긴급한 상황이라도 구조자 자신의 안전에 주의한다.
② 신속하면서도, 침착하고 질서 있게 대처한다.
③ 긴급을 요하는 환자부터 우선하여 처치한다.
④ 부상 상태에 따라 의료기관에 연락하여 현재 상태(사고 경위, 환자 상태, 환자 발견장소 및 시간, 응급처치 내용 등)를 설명한다.
⑤ 손상여부를 재확인하고 적절한 운반법을 사용하는 등의 쇼크를 예방하는 조치를 취한다.

(4) 노인운동시설에 적용되는 ACSM 5가지 규범

① 모든 응급상황에 신속하게 대처하도록 스포츠지도자들은 정기적으로 응급대처 훈련을 받는다.
② 안전을 위해 프로그램을 시작하기 전에 참가자들을 선별해야 한다.
③ 모든 스포츠지도자는 응급처치 및 스포츠안전 관련 자격을 증명할 수 있어야 한다.
④ 운동시설과 장비 사용방법을 설명하고 예측 가능한 위험상황을 미리 알린다.
⑤ 모든 법률·규정과 규범을 준수해야 한다.

노인이 운동하다 척추가 손상된 것으로 의심될 경우 즉시 척추를 바로잡아 이동시켜야 한다. (O, ×)

정답 ×

01 고령사회에서 65세 이상 인구가 총인구에 차지하는 비율로 옳은 것은?

① 5% 이상 7% 미만
② 7% 이상 14% 미만
③ 14% 이상 20% 미만
④ 20% 이상

해설

• 고령화사회 : 7% 이상 14% 미만
• 고령사회 : 14% 이상 20% 미만
• 초고령사회 : 20% 이상

02 노년기의 신체적 특성이 아닌 것은?

① 대사기능 저하
② 골밀도 감소
③ 체지방량 감소
④ 연골조직의 약화

해설

고령화에 따라 대사기능이 저하되고, 골밀도 감소, 연골조직이 약화되며, 체지방량은 증가한다.

03 에릭슨(Erikson)의 인간발달이론에서 기술한 연령대별 발달과업이 올바르게 연결된 것은?

① 1~3세 : 신뢰 – 불신
② 6~12세 : 정체성 – 역할혼돈
③ 장년기 : 친분 – 고독
④ 노년기 : 자아통합 – 절망

해설

에릭슨의 심리학적 이론에서 기술한 연령대별 발달과업은 다음과 같다.

연령대	발달과업
0~1세	신뢰 – 불신
1~3세	자율성 – 수치심
3~5세	주도성 – 죄책감
6~12세	역량(근면성) – 열등감
13~18세	정체성 – 역할혼돈
청년기	친분(친밀감) – 고독(고립감)
장년기	생산성 – 침체성
노년기	자아주체성(통합) – 절망

04 노인의 심리적 특성을 모두 고른 것은?

㉠ 불안감과 초조감
㉡ 자기중심적 사고
㉢ 과거에 대한 집착
㉣ 학습적응의 곤란

① ㉠, ㉡
② ㉠, ㉡, ㉢
③ ㉠, ㉡, ㉣
④ ㉠, ㉡, ㉢, ㉣

해설

노인의 심리적 특성에는 불안감과 초조감, 자기중심적 사고, 과거에 대한 집착, 학습적응의 곤란, 자주성 상실, 열등감 증대 등이 있다.

정답 01 ③　02 ③　03 ④　04 ④

05 매슬로(Maslow)의 욕구이론에 대한 설명으로 옳은 것을 모두 고른 것은?

> ㉠ 인간의 단계를 생리적 욕구, 안전의 욕구, 사회적 욕구, 존경의 욕구, 자아실현의 욕구, 5단계로 분류한다.
> ㉡ 수명, 생물학적 건강, 정신건강, 인지적 효능, 사회적 능력 및 생산성, 개인적 통제, 생활만족, 7가지를 성공적 노화의 지표로 제시한다.
> ㉢ 기본적인 욕구 충족은 성공적 노화의 기본 조건이 된다.
> ㉣ 노화에 따른 손실이 있더라도 개인의 능력에 적합한 활동을 선택하고 최적화하며 손실한 것을 보상함으로써 성공적 노화에 이를 수 있다고 설명한다.

① ㉠, ㉢   ② ㉠, ㉡, ㉢
③ ㉡, ㉢, ㉣   ④ ㉠, ㉣

해설

㉡·㉣ 발테스의 '보상을 수반한 선택적 적정화 이론'에 대한 설명이다.

06 노화의 심리학적 이론이 아닌 것은?

① 매슬로(Maslow) 욕구이론
② 에릭슨(Erikson)의 인간발달이론
③ 발테스(Baltes)의 보상을 수반한 선택적 적정화이론
④ 손상이론

해설

• Maslow 욕구이론 : 기본욕구충족과 자아실현(Self-actualization), 초월(Transcendent) 시 성공적 노화 심리조건
• Erikson 인간발달이론 : 성격발달 8단계를 거쳐 일생에 만족감을 가지고 회상할 수 있는 능력이 성공적 노화의 심리조건
• Baltes 보상을 수반한 선택적 적정화이론 : 성공적 노화를 비롯한 인간의 전생애 발달이 선택, 적정화, 보상, 세 가지 전략과 관련된 과정이라는 이론
• 손상이론 : 생물학적이론으로 세포손상이 누적되어 각종 질병 위험이 증가하고, 기능장애와 괴사가 진행된다는 노화의 생물학적 이론

07 노년기의 사회심리적 특성이 아닌 것은?

① 우울증 경향의 증가
② 내향성과 조심성의 증가
③ 능동성의 증가
④ 의존성의 증가

해설

노년기의 사회심리적 특성에는 우울증 경향의 증가와 내향성과 조심성, 수동성 및 타인 의존성의 증가가 있다.

08 노인운동프로그램 구성요소에 반드시 고려해야 할 요소가 아닌 것은?

① 운동의 비용
② 운동의 강도
③ 운동의 빈도
④ 운동의 시간

해설

노인운동프로그램의 구성요소는 운동의 종류, 강도, 빈도, 시간이 있다.

09 노인 치매예방을 위한 필요 항목이 아닌 것은?

① 규칙적 운동
② 영양섭취
③ 지적활동
④ 수면축소

해설

치매예방 필요항목에는 지적활동, 친구, 행복감, 두뇌손상주의, 적극적 사고, 영양섭취, 금주, 규칙적 운동 등이 있다.

10 노인운동의 사회적 효과로 알맞은 것을 모두 고른 것은?

> ㉠ 집단운동을 통한 새로운 친구관계 형성
> ㉡ 운동 참여를 통한 역할유지 및 새로운 역할 습득
> ㉢ 운동 참여로 인지능력 증대 및 치매 예방
> ㉣ 운동 참여를 통한 기분 증진으로 우울증 해소
> ㉤ 운동 참여로 세대 간 연결기회 생성

① ㉠, ㉡
② ㉠, ㉡, ㉤
③ ㉠, ㉡, ㉣, ㉤
④ ㉠, ㉡, ㉢, ㉣, ㉤

해설
㉢ 노인운동의 신체적 효과에 대한 설명이고, ㉣ 노인운동의 심리적 효과에 대한 설명이다.

11 노인운동프로그램의 목표를 설정할 때 유의할 점으로 옳지 않은 것은?

① 목표가 달성되었는지를 판단할 수 있어야 한다.
② 운동하는 시간을 구체적으로 명시해야 한다.
③ 참가자 스스로가 달성할 수 있다고 확신하는 목표를 통해 자아효능감을 높여야 한다.
④ 참가자의 성취감을 위해 결과지향적 목표를 설정해야 한다.

해설
노인운동프로그램의 목표는 측정 가능하고 구체적이고 현실적이며, 결과지향적 목표보다는 행동지향적인 방향으로 설정하여야 한다.

12 노인 치매에 대한 설명과 거리가 먼 것은?

① 치료가 어렵고 노후 삶의 질을 저하시키는 질병이다.
② 가역성 치매는 알코올, 화학물질, 비타민결핍 등의 원인이 되어 생기는 2차적 치매이다.
③ 가역성 치매는 치료가 어렵다.
④ 비가역성 치매는 알츠하이머나 파킨슨병 등과 같이 뇌질환을 동반한 치매이다.

해설
알코올, 화학물질중독, 비타민·전해질 결핍 등의 2차적 원인으로 생기는 가역성 치매는 치료가 가능하다.

13 노인운동의 효과에 대한 설명으로 옳지 않은 것은?

① 근육감소가 만성질환에 직접적 영향을 주므로 근육운동이 중요하다.
② 유연성 운동으로 인대가 퇴화·경직되는 것을 저지할 수 있다.
③ 무산소성운동은 심폐지구력을 증진시키고 심장과 혈관을 건강하게 해준다.
④ 평형성 운동을 통해 균형 감각을 길러 낙상의 위험을 줄일 수 있다.

해설
빠르게 걷기, 조깅, 자전거 타기, 댄스, 수영 등 유산소성운동은 심폐지구력을 증진시키고 심장·혈관을 건강하게 해준다.

14 노인 운동의 운동원리를 잘못 설명한 것은?

① 기능관련성 – 일상생활의 기능활동에 초점을 둔다.
② 난이도 – 개인의 고유능력에 따라 난이도를 제공해야
한다.
③ 수용 – 자신의 능력에 최대한 맞게 운동을 수행한다.
④ 난이도 – 노인 특성에 맞는 특정한 운동을 권유한다.

해설
특정성 원리는 자극받은 곳의 근육만 발달한다는 원칙으로 ④ 난이도
가 아니라 특정성에 관한 설명이다.

15 노인운동 지도시 유의할 점으로 옳지 않은 것은?

① 참가자의 동기부여를 위해 경쟁 운동을 지향한다.
② 동기부여와 재미를 고려한 프로그램을 실시한다.
③ 운동할 때 천천히 여유있게 하고 운동이 끝난 후 충분
히 쉬도록 한다.
④ 운동 시 갈증을 느끼지 못하더라도 물을 충분히 섭취
하도록 한다.

해설
노인운동 지도 시 격렬한 경쟁이나 근육수축이 심한 운동은 피하며
참가자의 욕구, 건강상태, 장비와 시설 등을 고려한다.

16 파킨슨질환 노인의 운동 지도 시 주의할 점이 아닌 것은?

① 넘어지기 쉽기 때문에, 보폭을 넓게 하고 의식하면서
걷도록 한다.
② 진전과 서행증을 호전시키기 위해 인터벌 운동을 매
일 하도록 한다.
③ 근육 이완을 위한 회전 운동을 매일 하도록 한다.
④ 만성적 진행성 질환이기 때문에 규칙적인 운동을 매
일 하도록 한다.

해설
1회 운동시간을 짧게 하여 관절에 휴식을 주면서 하는 인터벌 운동은
관절염 환자에게 적합한 운동프로그램이다. 파킨슨질환 노인의 진전
과 서행증을 호전시키기 위해서는 저강도 관절 운동과 스트레칭을 매
일 하도록 한다.

17 고혈압질환 노인의 운동 지도 시 지도자가 숙지해야 할
내용으로 옳지 않은 것은?

① 비만으로 인한 고혈압환자의 경우 유산소 운동과 무
산소 운동을 병행해야 한다.
② 운동프로그램 계획 시 5~10분 정도 준비운동과 정리
운동을 포함해야 하다.
③ 고혈압은 혈압이 수축기 140mmHg 이완기 90mmHg
이상인 상태를 말한다.
④ 약물치료를 해서 혈압을 낮춘 후 운동하는 것을 권장
한다.

해설
무산소(등척성) 운동은 일시적으로 혈압을 상승시킬 수 있으므로 고
혈압환자는 지양해야 할 운동이다.

14 ④ 15 ① 16 ② 17 ① 정답

18 스피르두소(W. Spirduso)의 노인의 신체기능 수준 분류에 대한 설명으로 옳은 것은?

① 신체적 의존 수준 – 모든 생활을 자립적으로 하지 못하지만, 기본적인 생활은 가능하다.

② 신체적 결핍 수준 – 일상생활을 자립적으로 할 수 없는 상태이다.

③ 신체적 허약 수준 – 질환의 증상이 있기도 하지만, 자립적 생활이 가능하다.

④ 신체적 자립 수준 – 주 2회 운동이 가능하고, 취미생활과 규칙적인 운동이 가능하다.

해설

스피르두소(W. Spirduso)의 노인의 신체기능 수준 분류
• 신체적 의존(결핍) 수준 : 일상생활을 자립적으로 할 수 없는 상태이다.
• 신체적 허약 수준 : 모든 생활을 자립적으로 하지 못하지만, 기본적인 생활은 가능하다.
• 신체적 자립 수준 : 질환의 증상이 있기도 하지만, 자립적 생활이 가능하다.
• 신체적 건강 수준 : 주 2회 운동이 가능하고, 취미생활과 규칙적인 운동이 가능하다.
• 신체적 엘리트 수준 : 매일 스포츠활동을 하고, 높은 수준의 체력을 요구하는 일과 여가활동이 가능하다.

19 혈전이나 출혈로 인하여 뇌가 손상되어 사망과 장애의 주요 원인이 되는 노인성 질병은 무엇인가?

① 고혈압　　　　② 당뇨병
③ 뇌졸중　　　　④ 심장병

해설

뇌졸중은 혈전이나 출혈, 즉 뇌혈류 이상으로 인해 갑작스레 유발된 신경학적 결손 증상으로, 사망과 장애의 주요 원인이 되는 노인성 질병이다.

20 비만 노인의 운동 지도 시 지도자가 숙지해야 할 내용으로 옳은 것은?

① 운동프로그램 진행 시 언어지시보다 행동 시범을 보인다.

② 보편적인 비만측정법으로 체질량지수(BMI) 계산법과 표준체중진단법이 있다.

③ 약물치료와 병행하도록 운동프로그램을 계획한다.

④ 허리를 뒤로 젖혀서 과신전을 증가시키는 운동은 주의해야 한다.

해설

① 비만보다 우측마비 증세를 보이는 뇌졸중 노인을 위한 운동지도 방법이다.
③ 비만은 약물치료 없이 운동프로그램을 계획한다.
④ 골다공증을 앓는 노인의 운동 지도 시 유의해야 할 점이다.

21 알츠하이머병과 치매가 있는 참가자의 운동 시 안전 주의 사항으로 옳지 않은 것은?

① 기억상실 – 현재의 기술을 강화하는 운동을 한다.

② 과잉반응 – 목소리와 행동을 차분하고 안심되게 반복한다.

③ 의사소통의 어려움 – 눈을 맞추고, 말보다 몸짓 언어를 사용한다.

④ 근육약화 – 관절 염증을 예방하기 위해 운동 중 짧은 휴식시간을 갖는다.

해설

알츠하이머병과 치매는 기억상실, 과잉반응, 의사소통의 어려움이 있어 운동 지도 시 주의해야 한다.
④ 관절염 환자 운동 시 주의 사항이다.

22 관절염이 있는 노인 운동 참가자의 운동과 안전주의사항이 아닌 것은?

① 근육이 피로하면 관절통증이 증가할 수 있으므로 피한다.

② 체중을 줄여 관절변형을 감소시킬 수 있다.

③ 운동 수업을 짧게 자주 실시한다.

④ 합병증 증세에 주의한다.

> **해설**
> 당뇨병 노인의 주의사항으로 당뇨병 노인은 관상동맥질환, 고지혈증, 고혈압 등 합병증의 증세에 주의한다.

23 노인운동시설에 적용되는 ACSM 규범으로 옳지 않은 것은?

① 응급처치 및 안전관련 자격증이 없는 스포츠지도자들은 정기적으로 응급대처 훈련을 받는다.

② 안전을 위해 프로그램을 시작하기 전에 참가자들을 선별해야 한다.

③ 모든 스포츠지도자는 응급처치 및 스포츠안전 관련 자격을 증명할 수 있어야 한다.

④ 운동시설과 장비 사용방법을 설명하고, 예측 가능한 위험상황을 미리 알린다.

> **해설**
> 모든 응급상황에 신속하게 대처하도록 모든 스포츠지도자들은 정기적으로 응급대처 훈련을 받는다.

24 만성폐쇄성 폐질환이 있는 노인의 운동 지도 시 안전 주의사항은 무엇인가?

① 기침발작 – 참가자에게 운동하고 천천히 호흡하며 긴장을 풀게 한다.

② 감각소실 – 참가자 안전을 자각하도록 다친 손이나 발의 위치를 눈으로 확인한다.

③ 근육의 약화 – 관절 염증 예방을 위해 운동 중 짧은 휴식시간을 갖는다.

④ 에너지와 기분저하 – 운동이 기분을 상승시키고 우울증 감소에 도움이 될 수 있다.

> **해설**
> 만성폐쇄성 폐질환이 있는 경우에는 기침발작을 주의하여야 한다.

25 당뇨에 걸린 노인을 위한 운동프로그램으로 적절한 것은 무엇인가?

① 저항 운동과 유산소 운동을 병행·실시해야 한다.

② 고강도 운동을 매일 하는 것을 권장한다.

③ 수중걷기, 수중부하운동을 권장한다.

④ 허리를 뒤로 젖혀서 과신전을 증가시키는 운동은 주의해야 한다.

> **해설**
> ② 저강도 운동에서 시작하여 중강도 운동으로 유지하는 것이 바람직하다.
> ③·④ 골다공증 노인운동 지도 시 고려사항이다.

26 노인스포츠지도자의 운동수업을 성공으로 이끄는 방법과 거리가 먼 것은 무엇인가?

① 공동체의 재미 유발하기

② 그룹의 목표 추구하기

③ 친목과 교류 장려하기

④ 출석 점검하기

> **해설**
> 노인스포츠지도자의 운동수업을 성공으로 이끄는 방법에는 공동체의 재미 유발하기, 그룹의 목표 추구하기, 친목과 교류 장려하기 등이 있다.

기출문제

합격의 공식 SD에듀 www.sdedu.co.kr

01 특수체육론

01 국제 기능 · 장애 · 건강 분류(International Classification Functioning, Disability and Health: ICF)에 제시된 장애에 대한 개념적 특징이 아닌 것은? 기출 20, 21

① 환경적 요인에 의하여 누구나가 장애인이 될 수 있음을 강조한다.

② 유형과 정도가 같은 장애인들이 동일한 활동에 참여하도록 한다.

③ 기능과 장애는 건강 상태와 개인적 · 환경적 요인들의 상호작용이다.

④ 장애는 개인, 주변의 태도, 환경적 장벽 사이 상호작용의 결과이다.

02 〈보기〉에서 미국 관보(Federal Register, 1977)가 체육을 정의한 내용에 해당하는 것을 모두 고른 것은? 기출 20

> ㉠ 건강과 운동 체력의 발달
> ㉡ 특수체육, 적응체육, 움직임교육, 운동발달을 포함
> ㉢ 수중활동, 무용, 개인과 집단의 게임과 스포츠에서의 기술 발달
> ㉣ 기본운동기술과 양식(Fundamental Motor Skills and Patterns)의 발달

① ㉠, ㉡

② ㉡, ㉢

③ ㉠, ㉢, ㉣

④ ㉠, ㉡, ㉢, ㉣

03 블룸(B. Bloom)이 분류한 교육 목표 영역에 따라 장기목표를 제시하고자 한다. 〈보기〉의 요인과 교육 목표 영역이 바르게 연결된 것은? 기출 19

> ㉠ 긍정적 자아, 사회적 능력, 즐거움과 긴장 이완
> ㉡ 운동의 기술과 양식, 체력, 여가활동에 필요한 기술
> ㉢ 놀이와 게임 행동, 창조적 표현, 인지–운동기능과 감각통합

	㉠	㉡	㉢
①	인지적 영역	정의적 영역	심동적 영역
②	인지적 영역	심동적 영역	정의적 영역
③	정의적 영역	심동적 영역	인지적 영역
④	정의적 영역	인지적 영역	심동적 영역

04 개별화전환계획(Individualized Tansition Plan: ITP)에 관한 설명으로 적절하지 않은 것은?

① 장애학생과의 인터뷰를 통해 신체활동 선호도를 알아본다.

② 지역사회 체육시설을 활용하여 사회적응기술을 가르친다.

③ 장애학생을 위한 신체활동 프로그램이 지역사회에도 있는지를 확인한다.

④ 장애학생의 현재 및 미래의 기대치를 논하기보다는 과거의 활동에 주안점을 둔다.

05 〈보기〉에서 설명하는 장애학생건강체력평가(Physical Activity Promotion System for Student with Disabilities: PAPS-D)에 해당하는 것은? 기출 17, 19, 21

> 장애학생건강체력평가는 개인의 건강 체력이 동일 장애조건을 가진 사람들 중 어느 정도인지에 대한 정보를 제공한다.

① 비형식적 검사
② 비표준화 검사
③ 규준 참조 검사
④ 준거 참조 검사

06 〈보기〉는 피바디 운동 발달 검사-2(Peabody Development Motor Scales-2: PDMS-2)의 평가영역이다. ㉠에 해당하는 것은?

> ㉠ ( )　　　　㉡ 움켜쥐기
> ㉢ 시각-운동 통합　㉣ 비이동 운동
> ㉤ 이동 운동　　　㉥ 물체적 조작

① 반 사
② 손-발 협응
③ 달리기
④ 블록 쌓기

07 갤러휴(D. Gallahue)와 오즈먼(J. Ozmun)이 제시한 운동 발달의 단계가 아닌 것은?

① 지각운동
② 기본운동
③ 기초운동
④ 전문화된 운동

08 쉐릴(C. Sherrill)이 제시한 특수체육 서비스 전달체계의 실천요소에 대한 설명이 아닌 것은? 기출 22

① 계획 – 개인의 요구는 물론 학교와 지역사회의 철학에 따라 적절한 체육의 목적을 설정하는 것을 의미한다.
② 사정 – 개인과 환경에 대한 검사, 측정, 평가로 구성되는 과정이다.
③ 교수/상담/지도 – 최적의 운동 수행을 도모하기 위해 심리·운동적 요소들을 변화시키는 과정이다.
④ 평가 – 장애인의 학습 정도와 프로그램의 효과를 확인하는 비연속적인 과정이다.

09 개별화교육계획(Individualized Education Program: IEP)의 기능 중 〈보기〉의 설명에 해당하는 것은? 기출 19, 22

> 계획된 목표와 학생의 진보가 어느 정도 일치하고 있는가를 확인하기 위한 기능

① 의사소통 기능
② 통합 기능
③ 평가 기능
④ 관리 기능

10 〈보기〉의 ㉠~㉣을 블룸(B. Bloom)의 교육 목표 영역과 바르게 연결한 것은? 기출 19

> ㉠ 지각(Perception)
> ㉡ 가치화(Valuing)
> ㉢ 반사적 운동(Reflex Movement)
> ㉣ 적용(Application)

① 정의적 영역 – ㉡, ㉣
② 심동적 영역 – ㉠, ㉢
③ 인지적 영역 – ㉠, ㉡
④ 정의적 영역 – ㉢, ㉣

11 〈보기〉에서 설명하는 장애 유형은? 기출 17, 21

> ㉠ 또래 친구와 인사를 하거나 함께 놀지 않는다.
> ㉡ 출석을 불러도 반응하지 않거나 눈을 맞추지 않는다.
> ㉢ 비닐과 같은 특정 물건을 반복적으로 만지거나 냄새를 맡는 행동을 한다.
> ㉣ '공을 차'라고 지시했지만, 지시를 이해하지 못하고 '공을 차'라는 말만 반복한다.

① 청각장애
② 지적장애
③ 뇌병변장애
④ 자폐성장애

12 〈표〉에서 제시된 수업목표가 추구하는 지각운동 영역은?

프로그램	골볼 교실	장애 유형	시각장애	장애 정도	1급
내 용	참여를 위한 사전 교육				
목 표	• 자신의 포지션을 찾아갈 수 있다. • 팀 벤치 에어리어를 찾아갈 수 있다. • 상대 팀 골라인의 위치를 찾을 수 있다.				

① 신체상(Body Image)
② 방향정위(Orientation)
③ 신체 정렬(Physical Alignment)
④ 동측협응(Ipsilateral Coordination)

13 〈보기〉에서 설명하는 청각장애의 유형은? 기출 18

> ㉠ 청력 손실이 60~70dB을 넘지 않는다.
> ㉡ 소리를 외이에서 내이로 전달하는 과정에서 문제가 생긴다.
> ㉢ 중이염, 고막 손상, 외이도 염증 등에 의해서 발생하기도 한다.
> ㉣ 후천적인 원인에 의해 발생하는 경우가 많으며, 보청기 착용의 효과가 좋다.

① 혼합성 난청(Mixed Hearing Loss)
② 감소성 난청(Reductive Hearing Loss)
③ 전음성 난청(Conductive Hearing Loss)
④ 감각신경성 난청(Sensorineural Hearing Loss)

14 〈표〉는 피아제(J. Piaget)가 제시한 인지발달단계에 따른 지도 목표를 기술한 것이다. 지도 목표가 적절한 것을 모두 고른 것은?

프로그램	축구 교실	장애 유형	지적장애	장애 정도	1~3급
목 적	슛과 패스 기술 익히기				
인지발달단계	지도 목표				
감각운동기	㉠ 다양한 종류의 공을 다루면서 공에 대한 도식이 형성되도록 한다.				
전 조작기	㉡ 공을 세워놓고 차기 기술을 지도한다.				
구체적 조작기	㉢ 공 차기를 슛과 패스로 구분하여 지도한다.				
형식적 조작기	㉣ 전략과 전술을 지도한다.				

① ㉠
② ㉠, ㉡
③ ㉠, ㉡, ㉢
④ ㉠, ㉡, ㉢, ㉣

15 〈표〉는 동호회 야구선수를 관찰한 기록이다. 관찰내용에서 나타나는 장애 유형의 설명으로 옳지 않은 것은?

기출 18

이 름	홍길동		나 이	만42세	성 별	남
날 짜	2023년 4월 29일(토)		장 소		잠실야구장	
관찰 내용	손과 발을 가만히 두지 못하고 여기저기 돌아다닌다.					
	대기타석에서 안절부절못하며 뛰어다닌다.					
	옆 선수에게 끊임없이 말을 한다.					
	코치의 질문이 끝나기도 전에 불쑥 말을 한다.					
	자신의 타격순서를 기다리지 못한다.					
	다른 선수의 연습 스윙을 방해하거나 참견한다.					

① 장애인복지법에서는 지적장애로 분류된다.
② 다양한 상황에서도 동일한 문제행동이 나타난다.
③ 주의력 결핍, 과잉행동 또는 충동성이 7세 이전에 나타난다.
④ 주의력 결핍, 과잉행동 또는 충동성의 평가항목 중에서 6개 이상의 항목이 최소 6개월 이상 지속된다.

16 〈보기〉에서 설명하는 시각장애 발생의 원인은? 기출 20

> ㉠ 두통, 눈의 통증, 구토 등의 증상이 나타날 수 있다.
> ㉡ 시야가 좁아져서 주변 상황에 대한 정보 습득이 어렵다.
> ㉢ 안압이 높아지면서 시신경이 눌리거나, 혈액 공급이 원활하지 않아서 발생할 수 있다.

① 백내장
② 녹내장
③ 황내장
④ 황반변성

17 제시어와 〈보기〉의 수어 ㉠~㉢을 바르게 연결한 것은?

기출 19, 22

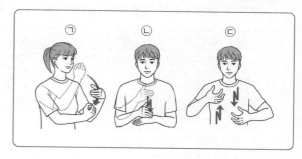

	반갑습니다	농 구	고맙습니다
①	㉡	㉠	㉢
②	㉡	㉢	㉠
③	㉢	㉠	㉡
④	㉠	㉢	㉡

18 〈표〉의 FITT 구분에 따른 운동 계획 중에서 틀린 것은?

프로그램	건강관리 교실	장애 유형	지체장애	장애 정도	3급
운동 참여 경험	최근 3개월 동안 주 3회, 회당 30분씩 운동했다.				
의료적 문제	최근 종합검진에서 심혈관질환을 비롯한 의료적 문제가 없다고 진단받았다.				

FITT 구분	운동 계획
① 빈도(Frequency)	운동을 주 3회(월, 수, 금) 실시한다.
② 강도(Intensity)	최대산소섭취량의 50% 수준으로 달리기 한다.
③ 시간(Time)	준비운동 10분, 본운동 20분, 정리운동 5분으로 구성한다.
④ 시도(Trial)	본운동을 5회 반복한다.

19 〈표〉는 척수손상 위치에 따라 휠체어농구 교실 참여가 가능한지를 결정한 내용이다. ㉠~㉣ 중에서 참여 가능 여부의 결정이 옳지 않은 것은? 기출 21, 22

프로그램	장애 유형	장애 정도	
휠체어농구 교실	척수장애	1~3급	
손상위치	잠재적 능력을 고려한 참여 가능 여부		
	가 능	불가능	
㉠ 흉추 1번~2번 사이		○	
㉡ 흉추 2번~3번 사이	○		
㉢ 흉추 11번~12번 사이	○		
㉣ 흉추 12번~13번 사이	○		

① ㉠
② ㉡
③ ㉢
④ ㉣

20 〈보기〉에서 보치아 경기규칙으로 옳은 것만을 모두 고른 것은?

> ㉠ 보치아의 세부 경기종목으로는 개인전, 2인조(페어), 단체전이 있다.
> ㉡ 공 1세트는 적색 구 6개, 청색 구 6개, 흰색 표적구 1개로 구성된다.
> ㉢ 경기에 참여하기 위해서는 반드시 휠체어를 사용해야 한다.
> ㉣ 보조자의 도움을 받아서 투구할 수 있다.

① ㉠
② ㉠, ㉡
③ ㉠, ㉡, ㉢
④ ㉠, ㉡, ㉢, ㉣

---

02 유아체육론

01 영유아기 뇌 발달에 대한 설명으로 옳지 않은 것은?

① 대뇌피질은 출생 이후에도 발달한다.
② 3세의 뇌 무게는 성인의 75% 정도이다.
③ 6세경 뇌 무게는 성인의 90% 정도에 도달한다.
④ 뇌는 영유아기까지 완만하게 발달하다 이후에는 급격히 발달한다.

02 영유아의 시지각(Visual Perception)에서 '형태(Form) 지각'에 대한 설명으로 옳지 않은 것은?

① 신생아는 형태를 지각할 수 있으며, 직선보다 곡선을 더 선호하는 것으로 알려졌다.
② 모양을 구별하고 여러 가지 양식들을 분간할 수 있는 능력이다.
③ 자신으로부터 대상이 떨어져 있는 거리를 판단하는 능력이다.
④ 생후 6개월경에 급속히 발달한 후에 정교해진다.

03 기본움직임기술(Fundamental Movement Skills: FMS)과 움직임 양식과의 연결이 옳지 않은 것은? 기출 17, 19, 20, 21

① 조작운동 – 굽히기(Bending), 늘리기(Stretching), 직립균형(Upright Balance)
② 조작운동 – 때리기(Striking), 튀기기(Bouncing), 되받아치기(Volleying)
③ 이동운동 – 걷기(Walking), 호핑(Hopping), 스키핑(Skipping)
④ 이동운동 – 점핑(Jumping), 갤로핑(Galloping), 슬라이딩(Sliding)

04 유아체육 지도환경 조성 원칙에 따른 내용이 옳지 않은 것은? 기출 21

원칙	내용
① 흥미성	호기심, 모험심 등을 표현할 수 있는 지도환경 조성
② 안전성	부드러운 마감재나 바닥 재질, 공간의 벽 등을 고려한 지도환경 조성
③ 필요성	음향시설, 냉난방시설, 활동공간의 크기 등을 고려한 지도환경 조성
④ 경제성	설비나 용구로 인한 건강 저해나 활동의 위험성이 없도록 지도환경 조성

05 전문화된(Specialized) 움직임 시기의 '적용(Application) 단계'에 대한 설명으로 옳지 않은 것은? 기출 22

① 특정 활동을 찾거나 기피하기 시작한다.
② 움직임 수행의 정확성과 더불어 양적 측면이 강조된다.
③ 다양한 과제, 개인, 환경 요인 등을 토대로 어떤 활동에 참여할 것인지를 결정한다.
④ 인지능력이 저하되고 경험 토대가 축소되면서 많은 것을 학습하기가 어려워진다.

06 〈보기〉에서 유소년 신체활동을 통한 자기개념(Self-concept) 발달에 대한 설명으로 옳은 것을 모두 고른 것은? 기출 21

> ⊙ 움직임은 긍정적인 자기개념을 촉진시킬 수 있는 최상의 방법이다.
> ⓒ 유소년에게 용기를 북돋아 주고, 생활에 모험활동이 포함되도록 한다.
> ⓒ 자신들의 한계 내에서 합리적인 수행목표를 세울 수 있도록 도와준다.
> ② 실패의 가능성을 높이고, 실패와 실패지향적 경험들을 많이 제공한다.

① ⊙　　　　　② ⊙, ②
③ ⓒ, ⓒ　　　④ ⓒ, ⓒ, ②

07 〈보기〉의 ⊙~ⓒ에 들어갈 용어를 옳게 나열한 것은?

> • 피카(R. Pica)는 동작요소를 (⊙), 형태, (ⓒ), 힘, 흐름, 리듬으로 구성된다고 하였다.
> • 퍼셀(M. Purcell)은 (⊙) 인식, 신체 인식, 노력, (ⓒ) 같은 동작요소에 대한 이해를 바탕으로 이를 응용영역에 적용시킬 수 있어야 한다고 하였다.

	⊙	ⓒ	ⓒ
①	공간	시간	관계
②	저항	속도	무게
③	공간	관계	시간
④	무게	속도	저항

08 〈표〉의 ⊙, ⓒ에 들어갈 기본움직임기술의 발달 단계를 바르게 제시한 것은? 기출 17, 19, 20, 21

단계	(⊙)	(ⓒ)
움직임 기술	물구나무서기	공 차기
설명	• 삼각지지를 통한 물구나무서기 가능 • 일정하지 않은 균형점을 보이고, 간헐적으로 자세를 오랫동안 유지함 • 감각적으로 사지의 위치를 살피려고 노력함	• 차기동작 동안 양팔 흔들기가 나타남 • 팔로우 스로우가 이루어지는 동안 몸통이 허리까지 굽혀짐 • 다리 스윙이 길어지고, 달리거나 껑충 뛰어서 공에 다가감

	⊙	ⓒ
①	시작	시작
②	시작	성숙
③	초보	초보
④	초보	성숙

09 에릭슨(E. Erikson)이 제시한 심리사회발달 단계에 대한 내용의 연결이 적절하지 않은 것은? 기출 20, 21

	단 계	내 용
①	신뢰감 대 불신감	정체감을 확립하지 못한 경우 자신감을 가지지 못함
②	자율성 대 수치·회의	근육 발달을 조절할 수 있으며 자기 주위를 탐색함
③	주도성 대 죄의식	목표나 계획을 세워 성공하고자 노력함
④	근면성 대 열등감	기초적인 인지 기술과 사회적 기술을 습득함

10 〈보기〉에서 동일한 유형의 반사(Reflex)나 반응(Reaction)인 것을 고른 것은? 기출 17, 18, 19, 21, 22

㉠ 모로(Moro)
㉡ 당김(Pull-up)
㉢ 목가누기(Neck Righting)
㉣ 바빈스키(Babinski)
㉤ 비대칭목경직(Asymmetrical Tonix Neck)
㉥ 낙하산(Parachute)
---

① ㉠, ㉡, ㉥
② ㉠, ㉣, ㉤
③ ㉡, ㉢, ㉣
④ ㉡, ㉢, ㉤

11 〈보기〉에서 '영유아 기도폐쇄' 응급처치에 관한 설명으로 옳은 것을 모두 고른 것은?

㉠ 1세 미만의 경우 등 두드리기 및 흉부압박이 권장된다.
㉡ 의식이 없는 경우 혀에 의한 기도폐쇄가 있는지 확인한다.
㉢ 등 두드리기를 할 때 머리를 가슴보다 낮게 하고, 안은 팔을 허벅지에 고정시킨다.
㉣ 흉부를 압박할 때 등을 받치고 머리를 가슴보다 낮게 하여, 안은 팔을 무릎 위에 놓는다.
---

① ㉠, ㉡
② ㉠, ㉢
③ ㉡, ㉢, ㉣
④ ㉠, ㉡, ㉢, ㉣

12 〈표〉에서 체력의 구분 및 요소, 검사방법의 연결이 옳은 것을 고른 것은? 기출 18, 19, 20, 21

	구 분	체력요소	검사방법
㉠	건강체력	순발력	모둠 발로 멀리뛰기
㉡	건강체력	심폐지구력	셔틀런(페이서, PACER)
㉢	운동체력	평형성	평균대 위에서 한발로 서기
㉣	건강체력	유연성	1분간 앉았다 일어나기

① ㉠, ㉢
② ㉠, ㉣
③ ㉡, ㉢
④ ㉡, ㉣

13 초등체육 교육과정의 3~4학년군 성취기준에 대한 내용으로 옳지 않은 것은?

① 체력운동이나 스포츠활동보다 신체를 인식하고 움직이는 기초적인 이동운동을 한다.
② 기본 체력운동의 방법과 절차를 익히며 자신의 수준에 맞는 운동을 시도한다.
③ 기본 움직임 기술의 의미와 종류를 이해하고 스포츠와의 관계를 파악한다.
④ 움직임의 심미적 표현에 대한 호기심과 감수성을 나타낸다.

14 스포츠 기술에 반영된 조작 운동과 지각운동 구성요소의 연결이 옳은 것은? 기출 17, 18, 19, 20, 21

	스포츠 기술	조작 운동	지각운동 구성요소
①	골프공 때리기, 축구공 차기	추 진	안 정
②	농구패스 잡기, 핸드볼패스 잡기	추 진	공 간
③	티볼 펀팅, 탁구공 되받아치기	흡 수	시 간
④	축구패스공 멈추기, 야구 공중볼 받기	흡 수	공 간

15 〈보기〉의 대화에서 ㉠, ㉡에 들어갈 유아체육 프로그램 기본원리와 교수방법은? 기출 17, 19, 20, 21

> A 지도자 : 저는 수업에서 유아 간에 체력이나 소질 같은 개인차가 발생하는 부분이 늘 고민이었어요. 운동프로그램 구성을 위한 원리 같은 것이 있을까요?
>
> B 지도자 : (㉠)의 원리 같은 경우가 적용될 수 있을 것 같아요. 이 원리는 일반화된 특성뿐만 아니라 유전과 환경요인 같은 개인차를 고려하는 것을 말해요.
>
> A 지도자 : 그렇다면 유아가 창의성 있게 자발적으로 참여하게 하는 지도방법은 어떤 것이 있을까요?
>
> B 지도자 : (㉡) 방법이 효과적일 것 같아요. 이 방법은 유아 스스로의 실험과 문제해결, 자기 발견을 통해 학습이 일어나는 과정을 강조하는 방법이예요.

	㉠	㉡
①	특이성	탐색적(Exploratory)
②	특이성	과제 중심 접근(Task-oriented)
③	연계성	탐색적(Exploratory)
④	연계성	과제 중심 접근(Task-oriented)

16 기본 움직임 기술에 대한 대근운동발달검사(TGMD)에서 검사항목과 수행기준이 적절하지 않은 것은? 기출 22

	기본움직임 기술	검사항목	수행기준
①	이동운동	달리기(15m)	팔꿈치를 구부리고 팔과 다리는 엇갈려 움직인다.
②	이동운동	제자리 멀리뛰기	던지는 팔의 반대쪽 발을 내딛으며 무게를 이동시킨다.
③	조작운동	던지기(Over-hand Throw)	엉덩이와 어깨를 목표지점을 향하여 회전시킨다.
④	조작운동	공 차기	디딤발로 외발 뛰기를 하면서 차는 발을 길게 뻗는다.

17 미국 질병통제예방센터(CDC)가 제시한 연령별 신체활동 가이드라인으로 옳지 않은 것은? 기출 18, 20, 21

① 미취학 아동에게 성장과 발달을 위해 일정 시간 이상의 신체활동이 권장된다.

② 미취학 아동의 보호자는 제한적인 활동유형의 소근육 위주 놀이를 장려해야 한다.

③ 어린이와 청소년에게 매일 60분 이상의 중강도 신체활동을 장려해야 한다.

④ 어린이와 청소년들에게 연령에 적합하며, 즐겁고 다양한 신체활동에 참여할 수 있는 기회와 격려의 제공이 권장된다.

18 유치원 체육수업에서 실제학습시간(ALT)을 증가시킬 수 있는 공간 구성 전략으로 옳지 않은 것은? 기출 20, 21

① 유아의 호기심 및 모험심 등을 표현할 수 있는 환경 조성을 추구한다.

② 유아의 주의 집중을 위해 체육시설이나 기구를 효율적으로 배치한다.

③ 운동이 익숙해지는 시기에는 순환식보다 병렬식 위주로 기구를 배치한다.

④ 수업 중인 신체활동과 관련 없는 놀잇감 배치를 지양한다.

19 〈표〉는 미국스포츠의학회(ACSM)의 '어린이와 청소년을 위한 FITT(빈도, 강도, 시간, 형태) 권고사항'이다. ㉠~㉢에 들어갈 용어를 바르게 연결한 것은?

구 분	(㉠) 운동	(㉡) 운동	(㉢) 운동
빈 도	고강도 운동을 최소 주3일 이상 포함되도록 함	주3일 이상	주3일 이상
강 도	중강도에서 고강도	체중 또는 8~15회 반복 가능한 무게	충격이나 기계적 부하와 같이 부하를 주는 신체활동이나 운동자극

	㉠	㉡	㉢
①	무산소	심폐체력	평형성
②	유산소	저 항	평형성
③	유산소	저 항	뼈 강화
④	유산소	뼈 강화	저 항

20 유소년 체육활동에서 체온조절과 관련된 내용으로 지도자가 고려해야 할 사항으로 옳지 않은 것은?

① 적당한 온도 및 습도가 유지된 환경을 조성해야 한다.
② 체온조절을 위해 가능한 더운 공간에서의 활동을 장려한다.
③ 더운 여름철의 체육 활동에는 적절한 수분 보충을 장려한다.
④ 유소년은 체육활동 시 성인에 비해 열을 빨리 획득하게 된다는 것을 인지한다.

03 노인체육론

01 기대수명(Life Expectancy)에 대한 설명으로 옳지 않은 것은? 기출 18, 22

① 나이가 증가함에 따라 변화한다.
② 기대수명과 평균수명은 동일한 개념이다.
③ 대부분의 나라에서 꾸준히 증가하고 있다.
④ 평균적으로 여성의 기대수명이 남성의 기대수명보다 높다.

02 무릎골관절염 노인의 운동을 지도할 때 고려사항으로 옳지 않은 것은? 기출 19

① 저항성 운동할 때 통증을 유발하는 운동은 등척성 운동으로 대체할 수 있다.
② 불편함을 느끼기 시작하는 강도보다 낮은 강도로 운동을 시작한다.
③ 수중운동의 경우 물의 온도는 약 29~32℃를 권장한다.
④ 무릎관절에 충격이 큰 체중부하 운동을 권장한다.

03 〈보기〉에서 설명하는 운동 원리는?

> 노인스포츠지도사는 일상적인 환경에서의 움직임과 연관된 동작을 포함하는 운동프로그램을 설계하고 실행해야 한다.

① 기능 관련성 원리
② 난이도 원리
③ 점진성 원리
④ 과부하 원리

04 〈보기〉에서 설명하는 것은? 기출 18

> - 노화와 관련한 대표적인 증상 또는 질환이다.
> - 근육 위축(Muscle Atrophy)으로도 알려져 있다.
> - 유산소 능력, 골밀도, 인슐린 민감성 및 신진대사율 감소를 유발할 수 있다.

① 근감소증(Sarcopenia)
② 근이영양증(Muscular Dystrophy)
③ 루게릭병(Amyotrophic Lateral Sclerosis)
④ 근육저긴장증(Muscle Hypotonia)

05 〈보기〉에서 체중부하운동을 모두 고른 것은?

> ㉠ 걷 기   ㉡ 등 산
> ㉢ 고정식 자전거   ㉣ 스케이트
> ㉤ 수 영

① ㉠, ㉢
② ㉠, ㉡, ㉣
③ ㉡, ㉢, ㉣
④ ㉡, ㉢, ㉣, ㉤

06 '국민체력 100'에서 제시한 노인 체력에 대한 측정 방법과 운동 방법의 연결이 옳지 않은 것은? 기출 17, 21

	체 력	측정 방법	운동 방법
①	동적 평형성	의자에 앉아 3m 표적 돌아오기	베개 등 다양한 지지면 위에서 균형 걷기
②	유연성	앉아 윗몸 앞으로 굽히기	스트레칭
③	하지 근기능	30초간 의자에 앉았다가 일어서기	밴드 잡고 앉아서 다리 밀기
④	심폐 지구력	8자 보행	고정식 자전거 타기

07 노인이 규칙적인 유산소운동을 통해 얻을 수 있는 효과로 옳지 않은 것은? 기출 18, 22

① 최대산소섭취량과 1회 박출량 증가
② 분당 환기량 증가와 안정 시 호흡수 감소
③ 말초혈관의 저항 감소와 혈관 탄력성 증가
④ 복부지방 감소와 안정 시 인슐린 분비의 증가

08 〈보기〉는 만성질환 노인의 운동 효과이다. ㉠~㉢에 들어갈 용어를 바르게 연결한 것은? 기출 18, 19, 20

> - 비만 노인의 체지방량이 (㉠)하고, 근육량은 유지 및 증가된다.
> - 당뇨 노인의 혈당량이 감소하고, 근육의 인슐린 민감성이 (㉡)된다.
> - 골다공증 노인의 골밀도 (㉢)가 개선되고, 낙상과 골절이 예방된다.

	㉠	㉡	㉢
①	감 소	증 가	감 소
②	증 가	증 가	감 소
③	감 소	증 가	증 가
④	증 가	감 소	증 가

09 운동프로그램의 원리 중 '특수성의 원리(Specificity Principle)'에 대한 설명으로 옳은 것은? 기출 18

① 훈련 자극 및 강도를 지속적으로 증가시켜야 한다.
② 신체의 기능 향상을 위해서는 더 강한 부하를 주어야 한다.
③ 운동의 효과는 운동 중 사용한 특정 근육 및 부위에서 나타난다.
④ 노인의 개인 특성과 운동능력 및 체력 수준을 고려하여 운동 형태를 결정해야 한다.

10 건강한 노인의 걷기운동을 지도할 때 주의사항으로 옳지 않은 것은? 기출 17

① 팔은 자연스럽게 앞뒤 교대로 흔들면서 걷게 한다.
② 안전한 보행을 위하여 앞꿈치, 발바닥, 뒤꿈치 지지순서로 걷게 한다.
③ 기립 안정성을 위해 배를 내밀지 않은 상태에서 허리를 바로 세우고 걷게 한다.
④ 발바닥 전체로 내딛거나 보폭을 너무 크게 하면 피로가 빨리 오고 발바닥에 통증이 발생하므로 주의시킨다.

11 〈보기〉에서 설명하는 노화와 관련된 유전인자는?

• 세포의 분열수명을 제어
• 조로증(Progeria)의 원인

① 마이오카인(Myokine)
② 사이토카인(Cytokine)
③ 글루코오스(Glucose)
④ 텔로미어(Telomere)

12 〈보기〉에서 설명하는 이론은? 기출 21, 22

85세의 마이클 조던은 노화로 인한 신체기능 저하로 더 이상 예전의 농구기량을 보여줄 수 없게 되었다. 농구를 계속하고 싶었던 마이클 조던은 다음과 같은 전략을 수립했다.
• 농구를 계속하기로 함
• 풀코트 대신 하프코트, 40분 정규시간 대신 20분만 뛰기로 함
• 동일한 연령대의 그룹과 경기하기로 함

① 반두라(A. Bandura)의 자기효능감 이론
② 로우(J. Rowe)와 칸(R. Kahn)의 성공적 노화 이론
③ 펙(R. Peck)의 발달과업 이론
④ 발테스와 발테스(M. Baltes & P. Baltes)의 보상이 수반된 선택적 적정화 이론

13 〈보기〉의 ㉠, ㉡에 들어갈 내용을 바르게 연결한 것은?

• 폐경으로 인한 (㉠) 감소로 골다공증 위험 증가
• 대사작용의 산물인 (㉡)의 증가가 여러 노화 관련 질환 유발

	㉠	㉡
①	테스토스테론	활성산소
②	테스토스테론	젖 산
③	에스트로겐	활성산소
④	에스트로겐	젖 산

14 〈보기〉에서 설명하는 행동 변화 이론 또는 모형은?

• 자신의 신념(Belief)과 행동(Behavior)을 연결하는 이론
• 구성 요인은 태도, 주관적 규범, 지각된 행동 통제, 의도, 행동통제인식

① 학습이론(Learning Theory)
② 건강신념모형(Health Belief Model)
③ 계획행동이론(Theory of Planned Behavior)
④ 행동변화단계모형(Behavior Change Model)

15 〈보기〉에서 노인과의 원활한 의사소통 방법으로 옳은 것을 모두 고른 것은? 기출 19, 21, 22

㉠ 참여자의 정면에 선다.
㉡ 시선을 한곳에 고정한다.
㉢ 적절한 눈맞춤을 한다.
㉣ 참여자를 향해 몸을 약간 기울인다.
㉤ 손은 계속 움직이며 손가락으로 지적한다.

① ㉠, ㉡
② ㉡, ㉤
③ ㉠, ㉢, ㉣
④ ㉠, ㉢, ㉣, ㉤

16 대사당량(METs)에 대한 설명으로 옳지 않은 것은?

① 안정시 MET값은 연령에 따라 다르다.
② 중강도의 신체활동 기준은 3.0~6.0METs이다.
③ 노인의 유산소 운동시 안전한 운동강도 설정 지표로 활용된다.
④ 1MET는 휴식상태에서 체중 1kg당 1분 동안 사용하는 산소량이다.

17 〈표〉는 노인이 운동할 때 응급상황에 대한 응급처치 방법과 목적을 제시한 것이다. ㉠~㉢에 들어갈 용어를 바르게 연결한 것은? 기출 17, 19

방 법	목 적
• (㉠)	• 추가적 손상 방지
• Rest(휴식)	• 심리적 안정
• Ice(냉찜질)	• (㉡)
• Compression(압박)	• 부종 감소
• Elevation(거상)	• 부종 감소
• Stabilization(고정)	• (㉢)

	㉠	㉡	㉢
①	Posture (자세)	근 경련 감소	마비 예방
②	Posture (자세)	통증, 부종, 염증 감소	마비 예방
③	Protection (보호)	통증, 부종, 염증 감소	근 경련 감소
④	Protection (보호)	마비 예방	근 경련 감소

18 노화로 인한 낙상의 원인으로 옳은 것은? 기출 20, 21

① 보행속도의 증가
② 자세 동요의 감소
③ 발목의 발등굽힘 증가
④ 보폭이 좁은 오리걸음 패턴

19 노화로 인한 체력 저하에 대한 설명으로 옳지 않은 것은? 기출 21, 22

① 근력은 20대에 최대치를 이루고 그 후 점차적으로 저하된다.
② 순발력은 10대에 최대치를 이루고 근력에 비해 빠르게 저하된다.
③ 평형성은 20대에 최대치를 이루고 그 후 급속히 저하된다.
④ 지구력은 근력, 순발력에 비해 느리게 저하된다.

20 생물학적 노화의 특징으로 옳지 않은 것은? 기출 17, 18, 19, 20, 21, 22

① 노화로 인한 변화는 점진적이다.
② 모든 사람에게 보편적으로 나타난다.
③ 발달과 쇠퇴를 모두 포함하는 변화이다.
④ 환경적 요인을 배제한 내재적 요인에 의해 발생한다.

01 특수체육론

01 축구 경기에서 발목을 삔 지적장애인에게 응급처치를 하였을 때, RICE 절차와 내용의 연결로 옳지 않은 것은?

기출 23

① 휴식(Rest) – 즉각적으로 부상 부위를 움직이지 않게 한다.
② 냉찜질(Ice) – 얼음으로 부상 부위를 차게 해준다.
③ 압박(Compression) – 붕대로 부상 부위를 감아서 혈액응고 및 부종을 예방한다.
④ 올림(Elevation) – 부상 부위를 잡아당겨서 고정한다.

02 절단장애인의 환상통증(Phantom Pain)에 대한 설명으로 옳지 않은 것은?

① 궤양과 같은 고통스러운 통증을 느낄 수 있다.
② 절단 후 남아 있는 부위에서는 근육 경련이 일어나지 않는다.
③ 절단된 부위가 아직 남아 있는 것처럼 생각하고 그 부위에서 통증을 느낀다.
④ 인공 의지(Prosthesis)나 보조기를 착용해도 통증을 느낄 수 있다.

03 척수장애인의 운동지도 지침으로 옳지 않은 것은?

기출 16, 17, 19, 20

① 자율신경 반사 이상의 위험을 줄이기 위해 운동 전에 장과 방광을 비우게 한다.
② 유산소성 운동 후 체온을 낮추어 주기 위해 시원한 압박붕대를 사용한다.
③ T6 이상에 손상을 입은 경우, 유산소성 훈련 효과를 극대화하기 위해 최대심박수를 150회/분까지 증가시킨다.
④ 심장으로 들어가는 혈액량의 감소로 인한 저혈압의 위험을 줄이기 위해, 충분한 준비운동을 하게 하고 운동부하를 점진적으로 증가시킨다.

04 〈보기〉에서 설명하는 장애유형으로 옳은 것은?

- 의사소통 – 유창한 말하기와 풍부한 어휘 능력을 가지고 있다.
- 사회적 상호작용 – 대화 중에 눈을 마주치거나 고개를 끄덕이는 행동을 어려워한다.
- 관심사와 특이행동 – 특정한 사물에 강한 관심을 나타내는 경향이 있다.
- 관계 형성 – 가족과의 애착이 형성될 수는 있으나 또래와의 관계형성은 어려울 수 있다.

① 아스퍼거증후군
② 뇌병변장애
③ 지체장애
④ 시각장애

05 〈보기〉에서 ㉠~㉢에 들어갈 장애인스포츠 프로그램 서비스 전달 단계로 옳은 것은?

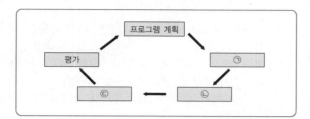

	㉠	㉡	㉢
①	사 정	개별화교육 계획	교수·코칭· 상담
②	개별화교육 계획	교수·코칭· 상담	사 정
③	개별화교육 계획	사 정	교수·코칭· 상담
④	교수·코칭· 상담	개별화교육 계획	사 정

06 〈보기〉에서 설명하는 장애인스키 장비로 옳은 것은?

기출 19

• 절단 등의 장애 때문에 균형 유지가 어려운 장애인이 사용한다.
• 스키 폴(Pole) 하단에 짧은 플레이트를 붙여서 만든 보조 장치이다.

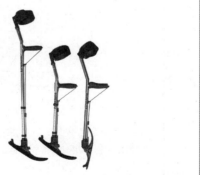

① 아웃리거(Outriggers)
② 듀얼리거(Dualriggers)
③ 바이리거(Biriggers)
④ 인리거(Inriggers)

07 장애인스포츠와 관련된 긍정적인 변화를 위한 사회적 노력으로 잔스마와 프랜치(P. Jansma & R. French, 1994)가 제시한 "4L"의 방법으로 옳지 않은 것은?

① 장애인스포츠와 관련된 지식의 창출과 보급(Literature)
② 장애인스포츠 관련 단체 등의 목표를 성취하기 위한 집단행동(Leverage)
③ 장애인스포츠에 대한 법률관계 확정을 위한 소송(Litigation)
④ 장애인스포츠에 대한 장애인의 학습(Learning)

08 위닉스(J. Winnick, 1987)의 장애인스포츠 통합 연속체에서 〈보기〉의 내용에 해당하는 단계로 옳은 것은?

기출 16, 19

• 시각장애 볼링선수가 가이드 레일(Guide Rail)의 도움을 받아 비장애선수와 함께 경쟁하였다.
• 희귀성 다리순환장애 골프선수가 카트를 타고 비장애선수와 함께 경쟁하였다.

① 일반스포츠(Regular Sport)
② 편의를 제공한 일반스포츠(Regular Sport with Accommodation)
③ 일반스포츠와 장애인스포츠(Regular Sport & Adapted Sport)
④ 분리된 장애인스포츠(Adapted Sport Segregated)

09 미국스포츠의학회(ACSM)의 '운동 참여 전 건강검진 알고리즘'을 적용할 때, 〈보기〉에서 의료적 허가가 필요하지 않은 시각장애인으로 옳은 것은?

대한장애인체육회에서는 생활체육 골볼교실에 참가하는 시각장애인에게 운동참여 전 건강 문진을 통해서 다음의 결과를 얻었다.

시각장애인 문항	㉠	㉡	㉢	㉣
현재 규칙적으로 운동에 참여하는가?	예	예	아니오	예
심혈관 질환, 대사 질환 또는 신장 질환이 있는가?	예	아니오	예	아니오
질병을 암시하는 징후 또는 증상이 있는가?	아니오	예	아니오	아니오
원하는 운동강도가 있는가?	고강도	중강도	고강도	고강도

① ㉠

② ㉡

③ ㉢

④ ㉣

10 미국 장애인교육법(Individuals with Disabilities Education Act ; IDEA, 2004)에서 명시한 통합교육과 관련된 용어로 옳은 것은? 기출 17

① 통합(Inclusion)

② 정상화(Nomalization)

③ 주류화(Mainstreaming)

④ 최소한으로 제한된 환경(Least Restrictive Envi-ironment)

11 〈보기〉에서 설명하는 모스톤과 애쉬워스(M. Mosston & S. Ashworth, 2002)의 교수 스타일로 옳은 것은?

• 장애인스포츠지도자가 수업 운영과 관련된 모든 사항을 결정한다.
• 지도자는 장애인에게 운동과제에 대한 설명과 시범을 보이고, 연습하게 하고 피드백을 제공한다.
• 수업에서 장애인의 안전을 확보하는 데 효과적인 교수 스타일이다.

① 지시형 스타일(Command Style)

② 연습형 스타일(Practice Style)

③ 상호학습형 스타일(Reciprocal Style)

④ 유도발견형 스타일(Guided Discovery Style)

12 〈보기〉의 수어가 나타내는 스포츠 종목으로 옳은 것은?

기출 19, 23

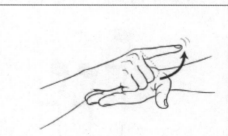

왼손바닥을 위로 향하게 펴고, 오른주먹의 손등이 위로 향하게 하여 왼손바닥 위에 올려놓고, 오른손의 검지를 튕기며 편다.

① 휠체어농구

② 권 투

③ 탁 구

④ 축 구

13 국제 뇌성마비 스포츠 레크리에이션 협회(Cerebral Palsy-International Sports and Recreation Association ; CPISRA)의 등급 분류 체계에 관한 설명으로 옳지 않은 것은? `기출 20`

① 5등급은 다시 5-A와 5-B로 세분화된다.
② 뇌성마비뿐만 아니라 뇌병변 장애인을 포함하고 있다.
③ 1~4등급은 보행이 가능한 등급이며, 5~8등급은 휠체어로 이동하는 등급이다.
④ 경기의 승패가 손상이 아니라 노력의 정도에 의해 결정되도록 하는 것을 목적으로 한다.

14 미국 지적 및 발달장애협회(AAIDD, 2010)의 지적장애 정의에 대한 설명 중 옳지 않은 것은? `기출 20, 23`

① 만 20세 이후에 시작된다.
② 적응행동에서의 명백한 제한이 나타난다.
③ 지능 지수가 평균에서 2 표준편차 이하이다.
④ 적응행동은 개념적, 사회적, 실제적 적응기술에서 명백한 제한이 나타난다.

15 데이비스와 버튼(W. Davis & A. Burton, 1991)이 제시한 생태학적 과제분석의 실행과정으로 옳은 것은? `기출 17, 19, 20, 21`

① 변인 선택 → 관련 변인 조작 → 과제 목표 → 지도
② 과제 목표 → 관련 변인 조작 → 변인 선택 → 지도
③ 변인 선택 → 과제 목표 → 관련 변인 조작 → 지도
④ 과제 목표 → 변인 선택 → 관련 변인 조작 → 지도

16 〈보기〉의 ㉠~㉣에 들어갈 개념으로 옳은 것은?

		절차의 형태	
		후속자극(Consequence) 제시	후속자극(Consequence) 제거
목표	바람직한 행동의 증가	㉠	㉡
	바람직하지 않은 행동의 감소	㉢	㉣

	㉠	㉡	㉢	㉣
①	정적강화	부적강화	정적처벌	부적처벌
②	부적강화	정적강화	부적처벌	정적처벌
③	정적강화	정적처벌	부적강화	부적처벌
④	부적강화	부적처벌	정적처벌	정적강화

17 척수장애의 장애정도가 가장 심한 것으로 옳은 것은? `기출 23`

① 목뼈(경추, Cervical Vertebrae) 1번과 2번 사이 손상
② 목뼈(경추, Cervical Vertebrae) 6번과 7번 사이 손상
③ 등뼈(흉추, Thoracic Vertebrae) 1번과 2번 사이 손상
④ 등뼈(흉추, Thoracic Vertebrae) 11번과 12번 사이 손상

18 개별화교육프로그램(IEP)의 목표 진술 3요소로 옳지 않은 것은? 기출 15, 19, 23

① 조건(Condition)
② 기준(Criterion)
③ 행동(Action)
④ 비용(Cost)

19 다음 〈보기〉 중 국민체육진흥법 시행령의 '장애인스포츠 지도사 2급 연수과정'으로 옳지 않은 것은? 기출 19

> ㉠ 스포츠 윤리   ㉡ 선수 관리
> ㉢ 지도역량   ㉣ 스포츠 매니지먼트
> ㉤ 장애특성 이해   ㉥ 코칭 실무

① ㉠, ㉤
② ㉢, ㉣
③ ㉡, ㉥
④ ㉤, ㉥

20 스포츠를 처음 배우는 중도(重度) 지적장애인을 위한 지도전략으로 옳지 않은 것은? 기출 19

① 배구에서 배구공을 가볍고 큰 공으로 변형한다.
② 기본운동기술을 높은 수준의 스포츠 기술로 변형한다.
③ 골프에서 골프공을 가볍고 큰 공으로 변형한다.
④ 평균대 위 걷기에서 안전바(Safety Bar)를 잡고 걷게 한다.

02 유아체육론

01 영·유아기의 발달에 대한 설명으로 옳지 않은 것은? 기출 16, 17, 19, 21, 23

① 말초신경이 먼저 발달한 다음 중추신경이 발달한다.
② 특정 능력이나 행동의 발달에 최적인 시기가 존재한다.
③ 발달은 일정한 순서로 이루어지지만, 발달속도에는 개인차가 있다.
④ 소근육 운동의 발달은 눈과 손이 협응하여 손기술을 정확하게 구사하는 능력으로, 중추신경계통의 성숙을 의미한다.

02 유아기의 운동프로그램 구성을 위해 고려해야 할 사항으로 옳지 않은 것은? 기출 16, 17, 18, 19, 20, 21

① 다양한 기본움직임 경험보다 복합적이고 정교한 동작 수행에 중점을 두어 구성한다.
② 협응성 운동 시, 속도나 민첩성의 요소가 연계되지 않도록 한다.
③ 운동수행의 성공 빈도를 높일 수 있도록 프로그램을 구성한다.
④ 간단한 움직임에서 복잡한 움직임으로 진행되도록 구성한다.

03 발달단계에 따른 유소년체육 프로그램 구성 시, 고려해야 할 사항으로 옳지 않은 것은? 기출 19, 23

① 대근육에서 소근육으로의 발달단계를 고려하여 구성한다.
② 기본움직임 단계에서는 다양한 안정성, 이동 및 조작 움직임을 습득하도록 구성한다.
③ 기본움직임 단계는 협응력이 발달되는 중요한 시기이므로, 다양한 움직임 경험을 갖도록 구성한다.
④ 기본움직임에서 전문화된 움직임으로의 전환(Transition) 단계에서는 움직임 수행의 형태, 기술, 정확성과 더불어 양적 측면을 강조하여 구성한다.

04 다음 ㉠, ㉡, ㉢에 들어갈 인지발달 이론의 요소로 옳은 것은? 기출 18, 21

> ㉠ - 새로운 경험과 자극이 유입되었을 때, 기존에 가지고 있는 도식을 사용하여 해석한다.
> ㉡ - 기존의 도식으로는 새로운 사물이나 사건을 이해할 수 없을 때, 새로운 사물이나 대상에 맞도록 기존의 도식을 변경한다.
> ㉢ - 현재의 조직들이 서로 상호작용하며 효율적인 체계로 결합하여 더 복잡한 수준의 지적 구조를 이루는 과정이다.

	㉠	㉡	㉢
①	조 절	동 화	적 응
②	적 응	조 절	조직화
③	동 화	조 절	조직화
④	동 화	조직화	적 응

05 〈보기〉에서 유소년의 전문화된 운동기술 연습 시, 인지단계(Cognitive Stage)의 지도전략에 해당하는 것으로 가장 옳은 것은?

> ㉠ 스스로 자신의 운동수행을 평가할 기회를 제공한다.
> ㉡ 복잡한 운동기술은 여러 단계로 구분하여 지도한다.
> ㉢ 운동의 목적과 요구되는 기술을 명확히 설명해준다.
> ㉣ 다양한 기술과 연계지어 동작의 형태를 바꾸는 전략을 찾게 한다.

① ㉡, ㉢
② ㉠, ㉣
③ ㉡, ㉣
④ ㉠, ㉢

06 다음 ㉠, ㉡, ㉢에 들어갈 유아의 기본움직임 발달단계로 옳은 것은? 기출 15, 16, 19, 23

> ㉠ - 기본적인 움직임을 보이지만, 협응이 원활하지 않아 움직임이 매끄럽지 못하다.
> ㉡ - 기본 움직임에 대한 제어와 협응이 향상되지만, 신체 사용이 비효율적이다.
> ㉢ - 움직임의 수행이 역학적으로 효율성을 갖게 되어 협응과 제어가 향상된다.

	㉠	㉡	㉢
①	시작 단계	전환 단계	전문화 단계
②	초보 단계	성숙 단계	전문화 단계
③	시작 단계	초보 단계	성숙 단계
④	초보 단계	적용 단계	성숙 단계

07 안정성(Stability) 운동기술 중 축성(Axial) 움직임으로 옳은 것은? 기출 18

① 구르기(Rolling), 늘리기(Stretching), 흔들기 (Swinging)

② 늘리기(Stretching), 비틀기(Twisting), 흔들기 (Swinging)

③ 구르기(Rolling), 비틀기(Twisting), 거꾸로 균형 (Inversed Balance)

④ 비틀기(Twisting), 흔들기(Swinging), 거꾸로 균형 (Inversed Balance)

08 운동발달에 대한 검사와 평가에 관한 설명으로 옳지 않은 것은?

① 운동발달 검사는 전반적인 운동발달 상황을 확인할 수 있는 유용하고 객관적인 지표를 제공한다.

② 평가는 내용에 따라 규준지향 평가와 준거지향 평가로 나뉘고, 기준에 따라 결과지향 평가와 과정지향 평가로 나뉜다.

③ 평가 결과는 특정 기술수행에서 결여된 부분을 확인하고 그 원인을 파악해 프로그램의 구체적인 목표를 설정할 수 있게 한다.

④ 대근운동발달검사(Test of Gross Motor Development)는 만 3~10세 아동을 대상으로 한 이동 및 조작 운동기술에 대한 검사도구이다.

09 국립중앙의료원(2010)이 제시한 어린이·청소년 신체활동 권장사항으로 옳지 않은 것은?

① 인터넷, TV, 게임 등을 위해 앉아서 보내는 시간은 하루 2시간 이내로 한다.

② 일주일에 3일 이상 유산소운동, 근육강화운동, 뼈 강화운동을 한다.

③ 운동강도 조절을 위해 놀이공간의 안전성은 고려하지 않는다.

④ 매일 1시간 이상 운동을 한다.

10 유아 운동프로그램의 지도 원리로 옳지 않은 것은? 기출 18, 19, 23

① 추상적인 것에서 시작하여 구체적인 것으로 운동을 지도한다.

② 유아 간 연령별 체력의 차이, 운동소질 및 적성의 차이를 고려하여 지도한다.

③ 기초체력, 기본운동기술과 지각운동의 발달이 통합적으로 이루어지도록 지도한다.

④ 다양한 감각을 통해 구체적 경험이 형성되도록 프로그램을 구성하여 지도한다.

11 유아운동 지도 시 교구배치 방법과 그 효과에 대한 설명으로 옳지 않은 것은? 기출 23

① 공간 활용성을 높인 교구배치로 안전사고를 예방한다.

② 시각적 효과를 높인 교구배치로 학습자의 시선을 분산한다.

③ 순환식 교구배치로 대기시간을 줄여 실제학습시간을 늘려준다.

④ 병렬식 교구배치로 교구 사용을 반복하여 자신감을 갖도록 유도한다.

12 다음 ⊙~ⓒ에 들어갈 발달이론으로 옳은 것은?

기출 15, 17, 18, 19, 20, 21, 23

구 분	발달이론
⊙	• 인간의 발달은 환경에 따른 훈련으로 이루어진다. • 학습에 의한 긍정적 행동의 촉진을 강조한다.
ⓒ	• 유아의 다양한 경험을 토대로 동화, 조절, 평형화의 과정을 통해 도식이 발달된다. • 조직화와 적응을 강조한다.
ⓒ	• 타인을 관찰하는 것만으로 새로운 행동을 획득할 수 있다. • 모방학습의 중요성을 강조한다.

	⊙	ⓒ	ⓒ
①	스키너의 행동주의 이론	게셀의 성숙주의 이론	에릭슨의 심리사회발달 이론
②	반두라의 사회학습 이론	피아제의 인지발달 이론	비고스키의 상호작용 이론
③	에릭슨의 심리사회발달 이론	게셀의 성숙주의 이론	반두라의 사회학습 이론
④	스키너의 행동주의 이론	피아제의 인지발달 이론	반두라의 사회학습 이론

13 성인체육과 비교 시 유아체육의 특징으로 옳지 않은 것은?

① 집중력 저하를 고려한 놀이 중심의 신체활동과 지적 활동을 병행한다.

② 신체활동에 의한 성장과 발달을 통해 전인적 인간 육성을 지향한다.

③ 스포츠 활동에 필요한 전문화된 기술 습득을 강조한다.

④ 발육과 발달에 중점을 둔다.

14 〈보기〉의 ⊙, ⓒ에 들어갈 용어로 옳은 것은?

기출 16, 17, 18, 19, 20, 21

• 유아교육 교사 : 유아는 다양한 기본움직임 기술이나 기초체력 향상에 관한 활동을 스스로 익히기 어렵습니다. 유아가 이와 같은 요소들을 자연스럽게 익히려면 어떻게 해야 할까요?

• 스포츠지도사 : 네. 유아는 징검다리 걷기, 네발로 걷기 등의 놀이중심 신체활동 프로그램을 통해 기본움직임기술과 기초체력 요소를 향상시킬 수 있어요.

구 분	징검다리 걷기	네발로 걷기
기본 움직임 기술 요소	(⊙) 운동	이동 운동
기초체력 요소	평형성	(ⓒ)

	⊙	ⓒ
①	안정성	민첩성
②	안정성	근력/근지구력
③	조 작	근력/근지구력
④	조 작	민첩성

15 〈보기〉에서 국민체육진흥법(2014)의 유소년스포츠지도사 자격제도에 관한 설명으로 옳은 것을 모두 고른 것은?

기출 18

⊙ 유소년은 만 3세부터 중학교 취학 전까지를 말한다.

ⓒ '유소년스포츠지도사'란 유소년을 대상으로 체육을 지도하는 사람을 말한다.

ⓒ 유소년스포츠지도사는 유소년의 행동양식, 신체발달 등에 대한 지식을 갖춘다.

① ⊙, ⓒ

② ⊙, ⓒ

③ ⓒ, ⓒ

④ ⊙, ⓒ, ⓒ

16 영아의 반사에 관한 설명으로 적절하지 않은 것은? `기출 17, 19, 21, 23`

① 비대칭목경직반사(Asymmetric Tonic Neck Reflex) 검사로 눈·손의 협응과 좌·우측 인식의 발달 수준을 추측할 수 있다.
② 신경적 장애 진단을 위한 반사의 출현과 소멸 간의 관계 검사는 전문가의 도움이 필요하다.
③ 걷기반사(Stepping Reflex) 검사로 불수의적 운동행동의 발달을 추측할 수 있다.
④ 모로반사(Moro Reflex) 검사로 신경적인 변이나 손상을 추측할 수 있다.

17 〈그림〉의 동작에서 성숙 단계로 발달하도록 지도하는 방법이 옳지 않은 것은? `기출 17, 20, 21, 23`

① 이마가 지면에 닿게 지도한다.
② 머리가 동작을 리드할 수 있도록 지도한다.
③ 구르는 힘을 생성할 수 있도록 양팔의 움직임을 지도한다.
④ 몸이 구르는 내내 압축된 C자 모양을 유지할 수 있도록 지도한다.

18 유아체육 지도 방법 중 '탐구적 방법'에 해당되는 내용으로 옳은 것은?

① 도입, 동작 습득, 창의적 표현, 평가의 단계별 활동 전개하기
② 학습환경에 자유와 융통성을 도입하여 더 많은 책임 부여하기
③ 시범 보이기, 연습해보기, 언급해주기, 보충 설명하기, 시범 다시 보이기
④ 동작 과제나 질문을 제시하고 유아들이 제안한 다양한 해결방법을 인정하고 받아들이기

19 고강도 운동 시 성인과 비교하여 유소년에게 나타나는 생리적 반응으로 옳지 않은 것은? `기출 19`

① 1회 박출량 – 성인에 비하여 낮음
② 호흡 수 – 성인에 비하여 높음
③ 수축기 혈압 – 성인에 비하여 낮음
④ 심박수 – 성인에 비하여 낮음

20 〈보기〉의 ㉠, ㉡에 들어갈 용어로 옳은 것은? `기출 23`

- 특정 능력이나 행동의 발달에 최적인 시기를 (㉠)라고 한다.
- 각 시기에 따른 유아의 발달은 특정 시기에 도달해야 할 (㉡)을 갖기 때문에 시기를 놓쳐버리면 올바른 성장이 저해될 수 있다.

	㉠	㉡
①	민감기	통합성
②	민감기	발달과업
③	감각운동기	발달과업
④	전조작기	병변현상

01 〈보기〉에서 설명하는 연령지표로 옳은 것은? 기출 16, 19

> • 연령적 노화라고 일컬어지는 출생 이후의 햇수인 역연령과 대비되는 개념이다.
> • 연령과 성을 기준으로 하는 기능적 체력과 관련이 있다.
> • 신체 연령이라고도 말한다.

① 기능적(Functional) 연령
② 주관적(Subjective) 연령
③ 심리적(Psychological) 연령
④ 연대기적(Chronological) 연령

02 건강수명에 대한 설명으로 옳지 않은 것은?

① 건강과 일상생활의 기능을 유지하는 기간을 뜻한다.
② 질병이나 신체장애 없이 생존한 삶의 기간을 뜻한다.
③ 성별·연령별로 몇 년을 더 살아갈 것인지 통계적으로 추정한 기대치로 생존 연수를 뜻한다.
④ 신체적·정서적·인지적 활력 또는 기능적 웰빙을 유지할 것으로 예상되는 삶의 기간을 뜻한다.

03 〈보기〉의 ㉠, ㉡에 해당하는 노화와 관련된 심리학적 이론으로 옳은 것은? 기출 21

㉠	• 자부심과 만족을 느끼면서 자신의 삶을 되돌아볼 수 있으며 죽음을 위엄있게 받아들인다. • 삶에서 달성해야 하는 것들을 달성하지 못했다고 느끼며, 삶의 종말이 다가오는 것에 대해 좌절감을 느낀다.
㉡	• 성공적 노화는 신체적·정신적·사회적 손실에 적응하는 노인의 능력과 관련이 있다. • 기능적 능력을 향상함으로써 노화로 인한 손실을 보완하도록 도움을 준다.

	㉠	㉡
①	하비거스트의 발달과업 이론	로우와 칸의 성공적 노화 이론
②	하비거스트의 발달과업 이론	펙의 발달과업 이론
③	에릭슨의 심리사회발달단계 이론	로우와 칸의 성공적 노화 이론
④	에릭슨의 심리사회발달단계 이론	발테스와 발테스의 보상이 수반된 선택적 적정화 이론

04 〈보기〉에서 설명하는 노화와 관련된 사회학적 이론으로 옳은 것은? 기출 16, 18, 23

- 노화와 관련된 사회학적 이론에서 가장 널리 인정되는 이론이다.
- 노인의 사회활동 참여 정도가 높을수록 생활만족도가 높아진다.
- 지속적인 활동이 성공적 노화의 핵심이다.

① 분리이론
② 활동이론
③ 현대화이론
④ 하위문화이론

05 〈보기〉의 ㉠, ㉡에 들어갈 용어로 옳은 것은?
기출 15, 16, 18, 21

- 노인은 사회적 역할의 상실 등으로 인하여 자신감을 잃기 쉬우며, 점점 고립되어 고독감을 느끼게 되기 때문에, 다른 사람이나 사회로부터의 보살핌, 존중, 도움을 받는 (㉠)이/가 필요하다.
- 노인은 일정 수준의 목표를 성취할 수 있다는 자신의 역량에 대한 믿음을 뜻하는 (㉡)을 가져야 한다.

	㉠	㉡
①	사회적 지지	자기효능감
②	사회적 설득	자기효능감
③	사회적 설득	자부심
④	사회적 지지	자부심

06 〈보기〉에서 운동이 노인에게 미치는 심리적 효과로 옳은 것을 모두 고른 것은? 기출 19

㉠ 운동 기술 습득
㉡ 우울증 감소
㉢ 심리적 웰빙 향상
㉣ 사회적 연결망 확장

① ㉠, ㉡
② ㉠, ㉢
③ ㉡, ㉢
④ ㉢, ㉣

07 노화와 관련된 신체적 변화로 옳지 않은 것은?
기출 18, 19, 20, 21

① 근 질량 감소
② 관절 유연성 감소
③ 폐 탄력성과 흉곽 경직성 증가
④ 수축기 혈압과 이완기 혈압 증가

08 〈보기〉에서 운동이 노인에게 미치는 생리적 효과로 옳은 것을 모두 고른 것은? 기출 15, 17, 18, 19, 20, 21, 23

㉠ 인슐린 내성 증가
㉡ 체지방 감소
㉢ 인슐린 감수성 증가
㉣ 안정 시 심박수 감소
㉤ 주어진 절대 강도에서 심박수 증가
㉥ 고밀도지단백콜레스테롤(HDL-C) 감소

① ㉠, ㉡, ㉥
② ㉡, ㉢, ㉣
③ ㉡, ㉢, ㉥
④ ㉣, ㉤, ㉥

09 체력요인에 따른 노인의 운동 방법과 효과로 옳지 않은 것은? 기출 17, 19

	체력요인	운동 방법	효 과
①	심폐지구력	고정식 자전거 타기	심혈관계 질환의 위험률 감소
②	근 력	덤벨 들고 앉았다 일어서기	근육 및 뼈 강화로 인한 일상생활 수행능력 향상
③	유연성	앉아서 윗몸 앞으로 굽히기	신체활동 시 기능적 제한 예방
④	평형성	의자 잡고 옆으로 한발 들기	신체 각 부위가 조화를 이루면서 원활히 움직일 수 있는 능력 향상

10 〈보기〉의 ㉠, ㉡에 들어갈 목표심박수 범위로 옳은 것은? 기출 20

- 나이 : 70세
- 성별 : 남성
- 안정 시 심박수 : 80회/분
- 최대심박수 : 150회/분
- 의사는 심폐지구력 운동 시 목표심박수 40~50% 강도를 권고
- 카보넨(Karvonen) 공식을 활용한 목표심박수의 범위는 (㉠)%HRR에서 (㉡)%HRR이다.

	㉠	㉡
①	108	115
②	115	122
③	122	129
④	129	136

11 노인운동 시의 위험 관리 항목과 방법으로 옳은 것은? 기출 16, 20

① 환경과 장소 안전 – 참가자 중 당뇨 환자가 있을 경우, 사탕이나 초콜릿을 준비해 둔다.
② 시설 안전 – 운동장비의 사용방법과 사용 시 주의사항을 적절한 장소에 게시해야 한다.
③ 환경과 장소 안전 – 운동 동선을 파악하여 시설과 장비를 배치한다.
④ 시설 안전 – 무덥고 다습한 곳은 피해야 한다.

12 〈보기〉에서 고혈압 질환이 있는 노인의 운동 지도 시 고려해야 할 사항으로 옳은 것을 고른 것은? 기출 16, 18

㉠ 등척성 운동을 권장한다.
㉡ 나트륨 섭취 제한, 체중조절, 유산소 운동을 권장한다.
㉢ 저항성 운동 시 발살바 메뉴버에 의한 혈압 상승에 주의한다.
㉣ 이뇨제, 칼슘채널차단제, 혈관확장제 등의 약물에 의한 운동 후 혈압 상승에 주의한다.

① ㉠, ㉡ ② ㉠, ㉢
③ ㉡, ㉢ ④ ㉢, ㉣

13 노인체력검사(Senior Fitness Test) 항목에서 2.4m 왕복 걷기와 관련된 활동으로 옳은 것은? 기출 16, 17, 19, 20, 21

① 자동차나 목욕탕에 들어가고 나오기
② 손자 안기, 식료품 가방 들기
③ 장거리 보행, 계단 오르기
④ 버스 빠르게 타고 내리기

14 〈보기〉에서 노화로 인한 평형성과 기동성(Balance and Mobility) 변화에 영향을 미치는 요인으로 옳은 것을 모두 고른 것은? 기출 21

> ⊙ 체성감각계   ⓒ 시각계
> ⓒ 전정계   ⓔ 운동계

① ⊙, ⓒ, ⓒ, ⓔ   ② ⓒ, ⓒ, ⓔ
③ ⓒ, ⓔ   ④ ⓔ

15 〈보기〉에서 근골격계 질환이 있는 노인에게 적합한 운동으로 옳은 것은?

> ⊙ 등 산   ⓒ 수 영
> ⓒ 테니스   ⓔ 수중 운동
> ⓜ 스케이팅   ⓑ 고정식 자전거 타기

① ⊙, ⓒ, ⓒ   ② ⓒ, ⓔ, ⓑ
③ ⓒ, ⓔ, ⓜ   ④ ⓔ, ⓜ, ⓑ

16 건강신념모형에서 건강신념행동을 구성하는 요소로 옳지 않은 것은? 기출 18

① 지각된 장애
② 지각된 이익
③ 지각된 심각성
④ 지각된 자기 인식

17 〈보기〉의 ⊙, ⓒ에 해당하는 노인운동 교육의 원리와 설명으로 옳은 것은? 기출 18, 19, 20

> ⊙ – 지적 능력, 학력, 흥미, 성격, 경험, 건강상태 등 개개인의 학습 욕구를 충족시켜줄 수 있는 방법을 모색한다.
> ⓒ – 지도자와 학습자 간의 동등한 관계에서 출발하여 교육활동 전반에서 상호 간의 합의를 이루도록 한다.

	⊙	ⓒ
①	다양화의 원리	사회화의 원리
②	개별화의 원리	사제동행의 원리
③	개별화의 원리	사회화의 원리
④	다양화의 원리	사제동행의 원리

18 〈보기〉에서 미국스포츠의학회(ACSM, 2018)의 노인을 위한 유산소운동 지침으로 옳은 것을 모두 고른 것은? 기출 16, 18, 19, 20, 21, 23

⊙	운동 빈도(F)	• 중강도 시 5일/주 • 고강도 시 3일/주
ⓒ	운동 강도(I)	• 중강도 시 5~6(RPE 10점 만점 도구 기준) • 고강도 시 7~8(RPE 10점 만점 도구 기준)
ⓒ	운동 시간(T)	• 중강도 시 150~300분/주 • 고강도 시 75~100분/주
ⓔ	운동 형태(T)	• 앉았다 일어서기(스쿼트), 스트레칭

① ⊙, ⓒ, ⓒ   ② ⊙, ⓒ, ⓔ
③ ⊙, ⓒ, ⓔ   ④ ⓒ, ⓒ, ⓔ

19 〈보기〉에 해당하는 대상자의 운동참여 동기유발을 위한 노인스포츠지도사의 상담 내용으로 옳지 않은 것은?

기출 20

> • 68세 어르신은 체중조절과 건강관리를 위한 운동에 관심이 있다.
> • 운동 참여 경험은 없지만, 지속적으로 운동에 참여하고 싶다.

① 가족, 친구들과 함께 운동하며, 사회적 교류 기회가 확대됨을 설명한다.

② 스트레스 해소와 활력감 증진에 도움이 됨을 설명한다.

③ 건강 및 체중 관리에 도움이 됨을 설명한다.

④ 질병치료에 대한 기대감을 갖도록 설명한다.

20 노인운동 지도 시 의사소통에 관한 설명으로 옳은 것은?

기출 15, 19, 20, 21, 23

① 어린아이를 다루듯 말한다.

② 스킨십은 사용하지 않는다.

③ 소리를 질러가며 말하지 않는다.

④ 대상자를 정면에서 쳐다보는 언어적 기술을 사용한다.

01 특수체육론

01 특수체육(Adapted Physical Activity)에 관한 설명 중 옳지 않은 것은? 기출 15, 16, 20

① 참여촉진의 수단으로 변형을 활용한다.
② 학교체육 및 평생체육을 포함한다.
③ 개인의 장애를 치료하는 데 주목적이 있다.
④ 정상화를 실현하기 위해 통합체육을 강조한다.

02 〈보기〉는 국제 기능 · 장애 · 건강분류(International Classification of Functioning, Disability, and Health ; ICF) 에서 어떤 영역에 해당하는가? 기출 20, 23

A는 스포츠에 독립적으로 참여하는 데 어려움이 있으나 적절한 지원을 받을 경우 문제없이 참여할 수 있다.

① 신체기능과 구조
② 참 여
③ 활 동
④ 장 애

03 지적장애인을 위한 체육활동의 변형 방법으로 옳은 것은? 기출 15, 16, 17, 18, 19, 20

① 축구 – 경기장의 크기를 확대한다.
② 배구 – 비치볼(Beach Ball)을 사용한다.
③ 농구 – 골대의 높이를 올린다.
④ 수영 – 레인의 폭을 축소한다.

04 용어의 시대적 변화를 순서대로 연결한 것으로 옳은 것은?

㉠ 특수체육(Adapted Physical Activity)
㉡ 교정체육(Corrective Physical Education)
㉢ 의료체조(Medical Gymnastics)
㉣ 특수체육(Adapted Physical Education)

① ㉢ → ㉡ → ㉣ → ㉠
② ㉢ → ㉣ → ㉠ → ㉡
③ ㉣ → ㉢ → ㉠ → ㉡
④ ㉣ → ㉢ → ㉡ → ㉠

05 생태학적 과제분석(Ecological Task Analysis)의 3대 구성요소로 옳지 않은 것은? 기출 17, 19, 20, 22

① 수행자
② 수행환경
③ 수행평가자
④ 수행과제

06 〈보기〉에서 기술하는 것과 장애유형이 올바르게 연결된 것은? 기출 16, 18, 20

• (㉠) : 운동기능에 손상이 있으나 손상이 진행적이지 않다.
• (㉡) : 호흡기 근육군의 퇴화가 올 수 있다.

	㉠	㉡
①	뇌성마비	근이영양증
②	근이영양증	다발성경화증
③	다발성경화증	뇌성마비
④	뇌성마비	다발성경화증

07 〈보기〉에서 설명하는 양호도로 옳은 것은? 기출 20

새롭게 개발된 대근 운동발달 수준 측정 도구의 타당도를 확보하기 위해 TGMD-2와 비교 검증하였다.

① 준거타당도(Criterion-referenced Validity)
② 구성타당도(Construct Validity)
③ 내용타당도(Content Validity)
④ 안면타당도(Face Validity)

08 평가도구와 목적을 연결한 것으로 옳은 것은?
기출 15, 17, 19, 23

① PDMS-2 : 성인기 대근 및 소근 운동 기능 평가
② TGMD-2 : 신체, 언어, 인지 기능 평가
③ BPFT : 운동수행력과 적응행동 평가
④ PAPS-D : 장애유형을 고려한 장애학생 체력 평가

09 〈보기〉에서 설명하는 것으로 옳은 것은? 기출 18

• 과학적으로 반복 검증된 프로그램을 사용한다.
• 프로그램 효과에 대한 예측을 가능하게 한다.
• 프로그램 표준화에 대한 기초자료가 된다.

① 근거기반 프로그램(Evidence-based Program)
② 사례기반 프로그램(Case-based Program)
③ 과제지향 프로그램(Task-oriented Program)
④ 위기관리 프로그램(Risk-management Program)

10 참여자에게 종목선택권을 부여하고 의사결정 참여 기회의 폭을 넓혀주는 것으로 옳은 것은? 기출 17

① 몰입(Flow)
② 임파워먼트(Empowerment)
③ 강화(Reinforcement)
④ 사회적 참여(Social Engagement)

11 〈보기〉는 미국장애인교육법에서 명시한 정의이다. 밑줄 친 '독특한 요구'를 충족시켜 주기 위한 지도방법으로 옳지 않은 것은? 기출 18, 20, 23

특수체육은 장애인의 '독특한 요구(Unique Needs)'를 충족시키기 위해 고안된 체력과 운동체력 ; 기본운동기술과 양식 ; 수중, 무용, 개인 및 집단 게임, 스포츠에서의 기술의 발달을 위한 개별화된 프로그램이다.

① 개인별 목표 성취를 위해 신체활동의 방법을 변형한다.
② 휠체어 사용자를 위해 체육시설의 접근성을 높인다.
③ 동선 상의 위험요인을 제거한다.
④ 변형을 위해 활동의 본질을 바꾼다.

12 척수손상 장애인의 자율신경 반사 이상(Autonomic Dysreflexia)에 관한 내용으로 옳지 않은 것은? 기출 18

① 자율신경 반사 이상은 예방할 수 없다.
② 운동 전 방광과 장을 비움으로써 예방할 수 있다.
③ 자율신경 이상이 증가하면 운동을 중단한다.
④ 경추 6번 및 윗 부위의 손상 장애인에게서 발생 가능성이 높다.

13 〈보기〉에서 시각장애인을 지도할 때 고려사항으로 옳은 것은? 기출 15, 16, 17, 19

㉠ 경기장을 미리 돌아보게 한다.
㉡ 장비의 모양, 크기, 재질 등을 알 수 있도록 한다.
㉢ 방향정위를 위해 목소리, 나무 방울 혹은 자동 방향 감지기 등을 사용한다.
㉣ 높이뛰기, 멀리뛰기와 같은 도약 경기에 참가하는 선수에게는 걸음걸이를 미리 세어보도록 한다.

① ㉢, ㉣
② ㉠, ㉡, ㉢
③ ㉠, ㉡, ㉣
④ ㉠, ㉡, ㉢, ㉣

14 장애인스포츠지도사의 지원강도에 관한 설명으로 옳지 않은 것은?

① 간헐적(Intermittent) 지원 – 일시적이고 단기간에 걸쳐 요구할 때 지원
② 제한적(Limited) 지원 – 제한된 시간 동안 신체활동에서 지원
③ 확장적(Extensive) 지원 – 지도자의 판단에 따른 일시적 지원
④ 전반적(Pervasive) 지원 – 지속적이고 신체활동 내 내 지원

15 〈보기〉에서 설명하는 행동수정기법으로 옳은 것은? 기출 16

> 체육 기구를 계속 던지면서 수업을 방해할 때마다 제자리에 돌려 놓도록 강제적이고 반복적으로 시켰다.

① 프리맥 원리　　② 과잉교정
③ 토큰강화　　　④ 타임아웃

16 자폐성 장애인의 특성을 고려한 지도전략으로 옳은 것은? 기출 17, 18, 20

① 자연스러운 단서보다 언어적 단서를 주로 사용한다.
② 그림카드를 활용하여 시각적 단서를 제공한다.
③ 환경의 비구조화를 통해 다양한 신체활동을 제공한다.
④ 신체활동 순서와 절차를 바꾸면서 흥미를 준다.

17 시각장애인의 신체활동 지도를 위해 사전에 알아야 할 정보로 옳지 않은 것은?

① 시력 상실의 원인　　② 시력 상실의 시기
③ 잔존시력 정도　　　④ 주거환경

18 청각장애인에 관한 설명으로 옳지 않은 것은? 기출 15, 16, 20

① 지필 대화를 할 수 있다.
② 부정확한 발음은 즉시 교정해 준다.
③ 눈을 마주 보고 대화를 한다.
④ 수어통역사가 있더라도 가능하면 직접 대화한다.

19 발작(Seizure)에 대한 지도자의 대처방법으로 옳지 않은 것은? 기출 15, 18

① 발작 동안 주변 사물과 충돌하지 않도록 조치한다.
② 발작 이후 즉시 심폐소생술을 실시한다.
③ 발작이 10분 이상 지속할 경우 응급상황으로 판단한다.
④ 발작 이후 호흡 상태 관찰과 필요시 회복자세를 취하도록 한다.

20 뇌성마비의 유형별 특징으로 옳지 않은 것은? 기출 16, 17, 20

① 경직성은 대뇌피질의 손상으로 근육의 저긴장 상태를 보인다.
② 운동실조성은 소뇌의 손상으로 균형과 협응에 어려움을 보인다.
③ 무정위운동성은 기저핵의 손상으로 불수의적인 움직임을 보인다.
④ 혼합형은 경직성과 무정위운동성이 혼재하며, 경직성 유형이 좀 더 두드러진다.

02 유아체육론

01 피아제(J. Piaget)의 도식(Schema) 형성과정으로 옳지 않은 것은? 기출 18, 22, 23

① 동화과정(Assimilation)
② 조절과정(Accommodation)
③ 평형과정(Equilibrium)
④ 가역과정(Reversibility)

02 〈보기〉의 영유아 신체 및 운동발달 특징 중 옳은 것은? 기출 16, 17, 19, 22, 23

┌─────────────────────────────────────┐
│ ㉠ 머리에서 다리 방향으로 발달한다. │
│ ㉡ 반사 및 반응 행동은 운동발달에 필수적인 단계이다. │
│ ㉢ 근육량의 증가로 안정 시 분당 심박수는 점차 증가한다. │
│ ㉣ 연령증가에 따라 상체와 하체의 비율은 변화하지 않는다. │
└─────────────────────────────────────┘

① ㉠, ㉡   ② ㉠, ㉢
③ ㉡, ㉢   ④ ㉢, ㉣

03 비대칭목경직반사(ATNR ; Asymmetric Tonic Neck Reflexes)에 관한 설명으로 옳지 않은 것은? 기출 22, 23

① 생후 6개월에 나타난다.
② 원시반사의 한 유형이다.
③ 눈과 손의 협응력 발달에 중요하다.
④ 머리를 오른쪽으로 돌리면 오른쪽 팔과 다리가 펴진다.

04 〈보기〉에서 설명하는 발달 이론으로 옳은 것은? 기출 15, 17, 18, 19, 20, 22, 23

┌─────────────────────────────────────┐
│ • 환경을 변화시켜 바람직한 행동을 형성한다. │
│ • 피드백을 통해 유아의 바람직한 행동을 촉진한다. │
└─────────────────────────────────────┘

① 게셀(A. Gesell)의 성숙주의 이론
② 피아제(J. Piaget)의 인지발달 이론
③ 스키너(B. Skinner)의 행동주의 이론
④ 프로이드(S. Freud)의 정신분석 이론

05 성숙단계 드리블동작(Dribbling)의 특징으로 옳은 것은? 기출 17, 20, 23

① 가슴 높이에서 공을 드리블한다.
② 한 발을 앞으로 내밀고 반대편 손으로 드리블한다.
③ 바운드되는 공의 높이가 일정하지 않게 드리블한다.
④ 손목 스냅을 이용하지 않고 손바닥으로 공을 때리면서 드리블한다.

06 안정성 운동기술에 관한 설명으로 옳지 않은 것은? 기출 16, 17, 18, 19, 20

① 정적, 동적, 축성 안정성으로 구분한다.
② 구르기(Rolling)는 동적 안정성과 관련이 있다.
③ 재빨리 피하기(Dodging)는 동적 안정성과 관련이 있다.
④ 몸통 앞으로 굽히기(Bending)는 정적 안정성과 관련이 있다.

07 에릭슨(E. Erikson)의 심리사회발달 단계 중 주도성 대 죄책감에 관한 설명으로 옳지 않은 것은? 기출 20, 23

① 자기개념 형성이 시작되는 시기이다.
② 놀이를 스스로 시도할 수 있는 시기이다.
③ 취학 전 연령기(만 3세~6세)에 해당 된다.
④ 놀이를 통한 성공경험은 주도성 형성에 도움이 된다.

08 〈보기〉의 ㉠~㉢에 해당하는 지각운동의 요소로 옳은 것은? 기출 16, 20, 23

요 소	활 동
㉠	몸을 구부려 훌라후프 통과하기
㉡	박수 소리에 맞추어 리듬감 있게 점프하기
㉢	신호에 따라 오른쪽으로 회전하기

	㉠	㉡	㉢
①	공 간	시 간	방 향
②	관 계	시 간	신 체
③	관 계	방 향	공 간
④	공 간	방 향	관 계

09 유아의 체력 요인과 검사 방법으로 옳은 것은?

기출 16, 18, 20

① 순발력 – 모둠발로 멀리 뛴 거리의 측정
② 근지구력 – 왕복달리기(2m) 시간의 측정
③ 평형성 – 1분 간 앉았다 일어나기 동작 횟수의 측정
④ 민첩성 – 평균대 위에서 한 발로 서있는 시간의 측정

10 〈그림〉의 동작이 성숙단계로 발달하도록 지도하는 방법으로 옳지 않은 것은? 기출 17, 20, 22, 23

수직점프(Vertical Jump)의 초보단계

① 도약과 착지 지점이 멀리 떨어지도록 지도한다.
② 두 팔을 동시에 위로 올리는 협응동작을 지도한다.
③ 두 발로 동시에 도약하고 착지할 수 있도록 지도한다.
④ 도약 후 공중에서 몸 전체를 뻗을 수 있도록 지도한다.

11 〈보기〉의 ㉠, ㉡에 들어갈 유아체육 프로그램의 구성원리로 옳은 것은? 기출 16, 17, 18, 19, 20, 23

㉠ – 자신의 운동능력을 과대평가하는 경우 안전에 주의하도록 한다.
㉡ – 동일 연령의 유아라도 발육발달의 개인차를 프로그램에 반영한다.

	㉠	㉡
①	안전성	다양성
②	안전성	적합성
③	적합성	다양성
④	적합성	주도성

12 〈보기〉에서 설명하는 유아의 기본운동기술 유형으로 옳은 것은? 기출 16, 17, 18, 19, 20, 22

> • 물체를 다루는 능력이다.
> • 추진운동 기술과 흡수운동 기술로 구분한다.
> • 예로는 치기(Striking)와 받기(Catching)가 있다.

① 안정성(Stability)　② 지각성(Perception)
③ 이동성(Locomotion)　④ 조작성(Manipulation)

13 유아 운동프로그램의 구성방법으로 옳지 않은 것은?
기출 17

① 체력을 고려한 신체활동으로 구성한다.
② 연령과 운동발달 수준을 고려한 신체활동으로 구성한다.
③ 눈과 손의 협응력 향상에 필요한 다양한 활동을 포함한다.
④ 남아와 여아의 흥미가 다르기 때문에 분리활동이 필요하다.

14 세계보건기구(WHO, 2020)가 권장한 유아·청소년기 신체활동 지침으로 옳은 것은? 기출 15, 17, 18, 20, 23

① 만 1세 이전 : 신체활동을 권장하지 않는다.
② 만 1~2세 : 하루 180분 이상의 저·중강도 신체활동을 권장한다.
③ 만 3~4세 : 최소 60분 이상의 중·고강도 신체활동을 포함한 하루 180분 이상의 신체활동을 권장한다.
④ 만 5~17세 : 최소 주 5회 이상의 고강도 근력 운동을 포함한 하루 60분 이상의 중·고강도 신체활동을 권장한다.

15 체육수업 중 유아의 신체활동 참여시간을 증가시키는 방법으로 옳지 않은 것은? 기출 16, 18, 20, 23

① 활동적 참여에 대해 정적 강화를 한다.
② 과제와 동작을 최대한 자세히 설명한다.
③ 수업 전에 교구를 배치하여 대기시간을 줄인다.
④ 일부 유아들이 어려워하는 활동이나 게임은 피한다.

16 유아의 신체적 자기개념(Self-concept)에 관한 설명으로 옳은 것은?

① 신체적 자기개념은 단일 개념이다.
② 신체적 자기개념은 자기효능감과는 관련이 없다.
③ 스포츠 참여를 통한 성공경험과 스포츠유능감 간의 관련성은 없다.
④ 스포츠 참여는 신체적 능력에 대한 개념을 형성하는 데 도움을 준다.

17 유아의 신체활동 참여 동기를 증진시키는 방법으로 옳지 않은 것은?

① 수행력 향상을 위해 역할모델을 활용한다.
② 쉬운 과제를 성취한 경우라도 칭찬해 준다.
③ 과제성취를 운에 의한 것으로 생각하도록 지도한다.
④ 성취경험의 빈도를 높이기 위해 과제 난이도를 조절한다.

18 유아대상의 운동 지도방법으로 옳지 않은 것은?
기출 17, 19

① 자세한 설명보다는 시범을 자주 보여준다.
② 게임 파트너를 교대하며 다양한 변화를 준다.
③ 미디어를 활용하여 운동참여에 대한 관심을 유도한다.
④ 어렵고 위험한 과제에도 신체적 가이던스(Physical Guidance)를 자제한다.

19 유아체육수업의 환경 조성에 관한 설명으로 옳지 않은 것은? 기출 18, 20, 23

① 유아가 선호하는 하나의 교구만을 배치한다.
② 다양한 감각 자극을 제공할 수 있는 환경을 조성한다.
③ 유아가 자유롭게 몸을 움직일 수 있도록 충분한 공간을 확보한다.
④ 적절한 교구 배치를 통해 효과적 지도가 가능한 환경을 조성한다.

20 누리과정(2019)에서 '신체운동·건강 영역'의 내용범주로 옳지 않은 것은? 기출 16, 18, 19, 20

① 신체활동 즐기기
② 건강하게 생활하기
③ 안전하게 생활하기
④ 창의적으로 표현하기

01 노화로 인한 생리적 변화로 옳지 않은 것은?
기출 18, 19, 20, 22

① 최대산소섭취량의 감소
② 폐의 탄력성과 호흡기 근력의 저하
③ 수축기 및 이완기 혈압수치의 감소
④ 동정맥산소차의 감소

02 〈보기〉의 ㉠~㉢에 해당하는 노화의 생물학적 이론으로 옳은 것은? 기출 16, 17, 19, 23

> ㉠ – 유전적 요인이 노화의 속도를 결정한다.
> ㉡ – 세포손상의 누적이 세포의 기능장애에 결정요소로 작용한다.
> ㉢ – 인체기관이 다른 속도로 노화하면서 신경내분비계에 불균형을 초래한다.

	㉠	㉡	㉢
①	유전적 이론	손상 이론	점진적 불균형 이론
②	성공적 노화이론	손상 이론	점진적 불균형 이론
③	손상 이론	점진적 불균형 이론	유전적 이론
④	지속성 이론	점진적 불균형 이론	손상 이론

03 에릭슨(E. Erikson)의 심리사회발달 단계에 관한 내용이 옳은 것은? 기출 16, 17, 23

① 연령 – 13~18세, 단계 – 역량 대 열등감, 긍정적 결과 – 어떻게 살기 원하는지에 대한 생각을 발달시킨다.

② 연령 – 젊은 성인, 단계 – 독자성 대 역할혼동, 긍정적 결과 – 타인과 밀접한 관계를 형성한다.

③ 연령 – 중년 성인, 단계 – 친분 대 고독, 긍정적 결과 – 가족의 부양 또는 어떤 형태의 일을 통해 생산적인 생활을 할 수 있다.

④ 연령 – 노년기, 단계 – 자아주체성 대 절망, 긍정적 결과 – 자부심과 만족을 느끼면서 삶을 되돌아볼 수 있다.

04 〈보기〉에서 설명하는 노화에 관한 심리학적 관점으로 옳은 것은? 기출 22, 23

- 성공적 노화는 신체적, 정신적, 사회적 손실에 대한 적응력과 관련이 있다.
- 기능적 능력의 향상을 통해 노화로 인한 손실을 보완하도록 도움을 준다.

① 성공적 노화 모델
② 분리이론
③ 자아통합 이론
④ 보상이 수반된 선택적 적정화 모델

05 노인체육 관련 용어의 의미가 옳지 않은 것은?

① 신체활동(Physical Activity) – 골격근에 의해 에너지 소비가 이루어지는 신체의 움직임
② 운동(Exercise) – 관찰 가능한 외현적인 움직임
③ 체력(Physical Fitness) – 신체활동을 수행할 수 있는 기능적 특성
④ 건강(Health) – 질병이 없거나 허약하지 않을 뿐만 아니라 신체적, 심리적, 사회적으로 안녕한 상태

06 〈보기〉의 대화에서 노인에게 나타날 수 있는 증상으로 옳지 않은 것은?

> A : 코로나19로 경로당 운영이 중단돼서 운동도 못하고, 친구들도 못 만나니 너무 두렵고 슬퍼. 예전에 친구들과 함께 운동하던 때가 그립구만……
> B : 나도 그래. 최근 옆집에 혼자 사는 최 씨가 안보여 찾아가보니 술로 잠을 자려고 하던데 정말 걱정이야. 밖으로 나가 운동도 하고 친구도 만나야 하는데……. 저러다 치매에 걸릴까 겁이 나네.

① 수면 장애　　　　② 불안감 고조
③ 고립감 약화　　　④ 사고력 약화

07 노인의 운동참여에서 불안과 두려움을 극복하기 위한 반두라(A. Bandura)의 자기효능감 이론의 변인과 증진전략으로 옳지 않은 것은? 기출 15, 16, 18, 22

	변 인	증진전략
①	성공 수행경험	운동참여에 대한 불안과 두려움을 극복하는 경험을 갖도록 지도한다.
②	간접 경험	운동에 함께 참여하는 동료 노인을 통해 간접경험을 갖게 한다.
③	언어적 설득	운동과 관련된 의사결정을 스스로 내리도록 한다.
④	정서적 상태	불안과 두려움을 조절할 수 있도록 인지적 훈련을 시킨다.

08 노인과의 올바른 의사소통 방법으로 옳지 않은 것은? 기출 15, 19, 20, 22, 23

① 노인이 원하는 존칭을 사용한다.
② 어린아이를 다루듯 말한다.
③ 분명하고 천천히 말한다.
④ 따뜻한 표정으로 비언어적 의사소통을 사용한다.

09 행동주의적 지도방법으로 옳지 않은 것은?

① 개별상담을 통해 운동의 중요성을 인식하게 한다.
② 체육관 복도에 출석률을 게시한다.
③ 성공적인 운동참여에 대해 긍정적 강화를 제공한다.
④ 런닝머신 걷기를 할 때만 좋아하는 연속극을 시청하게 한다.

10 〈보기〉의 ㉠, ㉡에 해당하는 노인체력검사(SFT) 항목으로 옳은 것은? 기출 16, 17, 19, 20, 22, 23

> ㉠ – 식료품 나르기와 손자 안아주기가 어렵다.
> ㉡ – 버스에서 신속하게 내리기가 어렵다.

	㉠	㉡
①	30초 아령 들기	등 뒤에서 양손 마주잡기
②	30초 아령 들기	2.4 m 왕복 걷기
③	등 뒤에서 양손 마주잡기	2분 제자리 걷기
④	2.4 m 왕복 걷기	2분 제자리 걷기

11 운동경험이 없는 노인이 장기간 저항성 운동을 했을 때 예상되는 변화로 옳은 것은? 기출 15, 17, 18, 19, 20, 22, 23

① 골밀도와 낙상 위험의 감소
② 20대의 근비대 수준으로 근력 회복
③ 근력과 제지방량의 증가
④ 혈관 경직도 증가

12 미국스포츠의학회(ACSM)가 제시한 노인을 대상으로 한 운동부하검사의 고려사항으로 옳지 않은 것은? 기출 16

① 시력 손상, 보행 실조, 발에 문제가 있는 경우 자전거 에르고미터 검사를 실시한다.
② 트레드밀 부하는 경사도보다는 속도를 증가시킨다.
③ 균형감과 근력이 낮고, 신경근 협응력이 저조하여 검사의 두려움이 있다면 트레드밀의 양측 손잡이를 잡고 검사를 실시한다.
④ 낮은 체력을 가진 노인은 초기 부하가 낮고(3 METs 이하), 부하 증가량도 작은(0.5~1.0 METs) 노턴 (Naughton) 트레드밀 프로토콜을 이용한다.

13 노인을 위한 수중운동 지도방법으로 옳지 않은 것은?

① 안전을 위해 처음 몇 회는 물속에서 자세를 취하는 방법을 가르친다.
② 물에 저항하여 움직이도록 지도하여 에너지 소비를 증가시킨다.
③ 관절염을 앓고 있는 노인은 아픈 관절이 물에 잠기게 한다.
④ 물이 몸통 근육의 역할을 하도록 직립자세로 서서 운동하게 한다.

14 요통을 예방하는 방법으로 옳은 것은?

① 등을 굽히고 선다.
② 등을 굽히고 걷는다.
③ 장시간 계속 서 있는 것을 피한다.
④ 등을 굽히고 앉는다.

15 〈보기〉의 특성을 보인 노인에게 미국스포츠의학회(ACSM)가 제시한 관상동맥질환의 위험인자로 옳은 것을 모두 고른 것은? 기출 20

> • 연령 : 71세, 성별 : 여자, 신장 : 158cm, 체중 : 54kg
> • 가족력 : 어머니는 54세에 심혈관 질환으로 돌아가셨다.
> • 허리둘레 : 79cm
> • 총콜레스테롤 : 200mg/dL
> • 고밀도지단백질 콜레스테롤 : 30mg/dL
> • 공복혈당 : 135mg/dL
> • 안정 시 혈압 : 190mmHg / 90mmHg
> • 10대 때 흡연(하루에 20개피 이상)
> • 평생 전업주부로 생활하고 현재 특별한 신체활동은 하지 않았다.

① 연령, 가족력, 허리둘레, 혈압, 흡연
② 비만, 공복혈당, 혈압, 흡연, 신체활동
③ 가족력, 총콜레스테롤, 고밀도지단백질 콜레스테롤, 혈압, 신체활동
④ 허리둘레, 총콜레스테롤, 고밀도지단백질 콜레스테롤, 공복혈당, 혈압

16 미국스포츠의학회(ACSM)가 제시한 노인 신체활동 프로그램으로 옳지 않은 것은? 기출 16, 18, 19, 20, 22

① 고강도로 주 3일 이상 또는 중강도로 주 5일 이상의 유산소운동
② 체중부하 유연체조와 계단 오르기를 제외한 근력강화운동
③ 근육의 긴장과 약간의 불편감이 느껴질 정도의 유연성 운동
④ 저·중강도로 주 2회 이상의 대근육군을 이용한 저항운동

17 노인을 위한 준비 및 정리운동의 생리적 효과에 관한 설명으로 옳지 않은 것은? 기출 16

① 준비운동은 혈중산소포화도를 증가시켜 근육의 산소 이용률을 증가시킨다.
② 준비운동은 폐 혈류의 저항을 증가시켜 폐의 혈액 순환을 향상시킨다.
③ 정리운동은 호흡, 체온, 심박수를 활동 전 수준으로 되돌리는 데 도움을 준다.
④ 정리운동은 혈중젖산농도를 낮추는 데 도움을 준다.

18 노인의 걷기 특성으로 옳지 않은 것은?

① 분당 보폭수(Cadence)의 증가
② 보행주기 중 양발 지지기(Double Support Time) 비율의 증가
③ 안정된 걷기를 위한 의식적 관여의 증가
④ 보폭(Step Length)의 증가와 활보장(Stride Length)의 감소

19 노인의 단기기억 문제를 고려한 지도방법으로 옳지 않은 것은? 기출 16

① 각자의 페이스로 동작을 수행하도록 한다.
② 동작을 단순화하여 반복적으로 시범을 보여준다.
③ 동작의 속도와 방향을 다양하게 한다.
④ 심상훈련을 활용한다.

20 노인의 균형감에 관한 설명으로 옳은 것은? 기출 22

① 의식적인 노력은 균형감 향상과 무관하다.
② 시력 약화는 균형감을 향상시킨다.
③ 전정계 기능의 저하는 균형감을 향상시킨다.
④ 체성감각 기능의 저하는 균형감을 떨어뜨린다.

01 특수체육론

01	①,②	02	④	03	③	04	④	05	③
06	①	07	①	08	④	09	③	10	②
11	④	12	②	13	③	14	④	15	①,③
16	②	17	③	18	④	19	①	20	②

01 ② 유형과 정도가 같은 장애인이라 할지라도 개별적 특성에 따라 개개인의 기능적인 상황을 고려한 활동에 참여하도록 해야 한다.

02 미국은 1975년 공포된 공법 94-142[전(全)장애아동교육법(Education for All Handicapped Children Act: EHA)]의 특수교육 조항에 체육의 정의를 포함시켰다. 학교에서 배우고 있는 여러 교과목 중에서 유일하게 체육(Physical Education)에 대해서만 법으로 정의하고 있다. 미국의 학교 교육에서의 체육은 이 정의를 바탕으로 전개되고 있다. 체육이란 건강과 운동 체력, 기본운동기술과 양식, 그리고 수상스포츠, 무용, 개인 및 단체 스포츠 등의 기술 발달을 의미한다. 또한, 체육은 특수체육(Special Physical Education, Adapted Physical Education), 움직임 교육(Movement Education), 운동발달(Motor Development) 등을 포함하는 용어이다. 장애인교육법에 의하면, 체육을 포함한 특수교육은 장애가 있는 아동들에게 유용해야 하며, 특수교육은 필요하다면 장애가 있는 아동의 독특한 요구를 충족시키기 위해 특별히 계획된 체육을 포함하여야 한다.

03 • 정의적 영역 : 어떤 사상에 대한 주의, 흥미, 동기, 태도, 가치, 신념 등의 형성과 변화와 관련된 것
• 심동적 영역 : 근육이나 운동 기능과 관련된 것
• 인지적 영역 : 지식과 지적 기능과 관련된 것 예 지식, 이해, 적용, 분석, 종합 평가

04 장애를 가진 학생들의 성인 사회로의 성공적인 적응을 준비하기 위해 장애인교육법(IDEA)에서는 16세가 되는 해의 IEP에 반드시 전환교육계획(ITP)을 첨부하도록 의무화하고 있다. 인터뷰는 미래에 적응하기 위한 다양한 기술과 경험을 교육 목표로 해야 한다. 즉 자립생활, 직장생활, 고등교육기회, 자기결정능력 등을 중심으로 학문분야 이외의 기능 중심교육과 지역사회에 나아가 직접 활동을 해보거나 직장에서 직접 일을 해보는 인턴쉽 같은 경험을 계획해야 한다. ITP의 가장 큰 책임은 ITP의 개발과 지도방안 내용을 결정하고 그것을 이행하고 평가하는 것뿐만 아니라 전환교육 활동이 성공적으로 이루어지는데 필요한 자료나 지원 서비스 등이 지역사회 내 어디에 있는지 파악하고 있어야 한다.

05 ③ 규준 참조 검사 : 2013년 장애학생들의 건강체력 수준을 파악하고 관리하기 위해 우리나라에서 개발된 체력검사 도구이다. 학령기 장애인들에게 적용하기 위해 개발된 검사이기는 하지만 다양한 장애유형에 걸쳐 건강관련 체력을 측정할 수 있는 항목과 방법이 제시되어 있기 때문에 장애인 스포츠 현장에서도 유용하게 활용될 수 있다.

06 PDMS-2 검사도구
• 취학 전의 아동을 대상으로 대근육과 소근육의 기능을 평가, 측정, 훈련하는 도구
• 소아의 반사 신경과 부동자세(자세유지 및 평형상태)의 유지 시간 및 기타 민감성 측정과 협응력 등을 측정·평가

07 갤러휴(D. Gallahue)와 오즈먼(J. Ozmun)이 제시한 운동 발달의 단계
• 1단계(반사적 동작) : 신생아에게서 나타나는 최초의 운동 발달 특징으로 외적인 자극에 무의식적으로 신체가 움직여지는 것
• 2단계(초보적 동작) : 출생 이후부터 2세까지 발달함, 반사적 행동이 점차 감소되면서 불완전해 보이는 기초 움직임이 나타나는데 의도적인 신체 운동이 발달하는 시기
• 3단계(기본적 동작) : 2세 이후부터 7세까지 지속됨, 초보적인 동작 단계에서 점차 다양한 기본동작을 성숙하게 수행할 수 있는 단계로 이동함
• 4단계(전문화된 동작) : 7세 이후 아동기를 거쳐 청년기까지 지속적으로 발달함, 일반적인 운동 능력이 발달하게 되며 여러 동작을 정확하게 구사함

08 쉐릴(C. Sherrill)은 평가 → 포괄적 계획 → 사정과 배치 → 세부 개별화 교육계획 → 지도 및 상담 → 평가의 순으로 순환 체계를 강조하였다.

09 평가는 프로그램의 효과와 학습자의 성취도를 판단하는 지속적인 과정이고 교육에 의한 향상 또는 변화 정도를 파악하는 과정이다. 평가에서는 프로그램에서 목적으로 설정했던 영역을 검사하는 것에 초점을 둔다.

10 심동적 영역은 신체적 기능의 숙달 정도, 신체운동을 조절하는 신체능력에 관한 행동 능력의 단계를 의미한다. 지각, 태세, 유도반응, 기계화, 복합외현반응, 적응, 독창성 순의 단계를 거친다.

11 ④ 자폐성장애 : 기능적인 언어의 발달을 이루지 못한다. 사회적 상호작용에 많은 문제가 나타난다. 상동행동, 자해행동, 공격행동을 보인다. 환경의 변화에 상당히 민감한 반응을 보인다. 스포츠 지도전략으로 지도자는 시각적 단서를 제공하고, 언어적 지도와 비언어적 지도를 병행해야 한다. 그리고 지도자가 학습자의 행동을 말로 표현을 하며, 사회적 관계 형성을 익히도록 해야 한다.

12 ② 방향정위(Orientation) : 시각장애아동이 처한 환경 속에서 의미가 있는 모든 대상들과 관계를 파악하고 자신의 위치를 결정하기 위해 자신이 보유하고 있는 잔존감각(잔존시각능력, 청각, 촉각, 후각, 미각, 근육감각)을 활용하는 과정이다. 시각장애학생은 우선적으로 자신이 속한 공간과 의미 있게 실제로 도움이 될 수 있는 방식을 관계를 수립하는 것이 중요하며, 이것을 통하여 환경을 조절하는 능력을 기르는 것이다.

13 ③ 전음성 난청(Conductive Hearing Loss) : 기도 청력에 관여하는 부분 중에서 외이 또는 중이 부분에 장애가 있어 소리가 전달되지 못하는 일반적인 청력 손실을 말한다.
① 혼합성 난청(Mixed Hearing Loss) : 전음성과 감음신경성이 혼합되어 나타나는 유형이다.
④ 감각신경성 난청(Sensorineural Hearing Loss) : 소리를 분석하여 뇌로 전달해 주는 달팽이관 또는 청신경에 장애가 있는 것으로 저주파수대역보다 고주파수대역 손실이 더 크다.

14 피아제(J. Piaget)가 제시한 인지발달단계
• 감각 운동기(0~2세, 전 언어시기) : 영아가 자신의 감각이나 손가락을 입에 넣고 빠는 등의 운동을 통해서 자신의 주변을 탐색함, 영아가 새로운 정보를 얻기 위해 자신의 감각을 사용하고 새로운 경험을 찾기 위해 운동능력을 사용하고자 애쓰는 시기
• 전 조작기(2~7세) : 이 시기 유아의 개념 획득에 가장 결정적인 요인은 다양한 언어활동과 신체활동을 통한 경험, 자기중심적, 다른 사람 관점에서 사물을 이해할 수 없음, 한 가지의 사실에만 기초하여 사물을 분류하며, 하나의 준거에 의해서 물체를 수집, 언어화되지 않는 모호한 인상이나 지각적인 판단에 의존, 상징적 매체, 언어가 개입되지 않은 직관에 의존함
• 구체적 조작기(7~11세) : 구체적인 문제에 대한 논리적 사고가 가능한 시기, 특성 사실에 따라 사물을 분류할 수 있으며, 양, 무게, 부피의 보전 개념을 확실하게 획득할 수 있음
• 형식적 조작기(11~15세) : 논리적 사고의 시기, 추상적인 사고가 가능, 도덕적, 정치적, 철학적인 생각과 가치문제 등을 이해하기 시작, 타인의 사고과정을 이해함

15 정서・행동장애 유형이다. 정서・행동장애는 다양한 양상의 문제행동을 보이는 것이다. 문제행동으로 인하여 학습하는데 방해가 되기 때문에 성취능력이 저하된다. 문제행동이 학생 개인에게는 성취능력 저하와 정서적・신체적인 피해를 주는가 하면, 타인에게는 혐오와 방해 행동으로 받아들여지고, 심지어는 신체적 손상을 주는 경우도 있다. 또한 문제행동으로 인해 주변 사람들이 아동에 대해 부정적인 태도를 가지게 되어 아동이 사회적으로 고립되는 경우도 있다.

16 ② 녹내장 : 안압이 일정 수준 이상으로 높아져 시신경에 손상을 주고 시야가 좁아진 상태를 녹내장이라 한다. 안압이 조절되지 않은 상태로 방치하면 결국 시력을 잃게 된다. 녹내장은 방수의 생산과 배출에 평형이 깨져 발생하며, 대부분의 경우 방수의 배출 경로에 이상이 생겨 방수가 잘 빠져나가지 못하게 되면 안압이 상승하게 된다.

17 • 농구 : 왼손을 반쯤 구부려 손끝이 오른쪽으로 향하게 하여 가슴 앞에 놓은 다음, 손등이 밖으로 향하게 쥔 오른 주먹을 왼손의 1・2・3・4지와 5지 사이로 내린다. (농구공이 골대에 들어가는 모습을 연상)
• 반갑습니다 : 두 손을 약간 구부려 손끝을 양쪽 가슴에 대고 상하로 엇갈리게 두 번 움직인다.
• 고맙습니다 : 손끝이 밖으로 향하게 펴서 모로 세운 오른손으로 손바닥이 아래로 향하게 편 왼 손등을 두 번 두드린다.

추가해설
청각장애인의 스포츠 활동 지도법
• 항상 시선을 맞추고 대화
• 필요한 경우 대화를 위해 필기도구를 준비
• 청각장애인이 명확히 이해하고 있는 수신호만을 이용
• 심한 소음이나 시각적 자극이 많은 곳은 가급적 피함
• 정확한 입 모양과 큰 소리로 상황을 설명

18 ④ 형태(Type) : 운동의 형태 즉, 어떤 운동을 선택을 할 것인지에 대해서 결정한다. 지체장애 유형에 적절한 운동의 형태를 선택한다. 심폐지구력 향상, 근력, 근지구력 향상, 유연성 향상 등 목적에 맞는 운동을 실시한다.

19 ① 흉추 1번~2번 사이의 손상은 휠체어농구 교실 참여가 가능하다.

추가해설

척수 손상이란 질병이나 사고로 인해 척수에 가해진 손상으로 정상적인 운동·감각·자율 신경계의 기능에 이상이 생긴 상태이다. 척수 손상은 손상 정도에 따라 증상이 다양하게 나타나고 가장 명확한 증상은 마비이며, 손상 부위에 따라 신체 활동의 제한이 있고, 심한 경우 이동에 제한을 받는다.

20 보치아 경기는 적색 구 6개, 청색 구 6개, 표적구 1개로 구성되며 개인전, 페어전, 단체전이 있다. 선수가 공을 투구하는 동안 경기보조자는 휠체어를 밀거나 포인터를 조정해 주는 등 선수의 투구를 돕는 직접적인 신체 접촉을 해서는 안 된다.

02 유아체육론

01	④	02	③	03	①	04	④	05	④
06	③	07	①	08	④	09	①	10	②
11	④	12	③	13	①	14	④	15	①
16	②	17	②	18	③	19	③	20	②

01 ④ 영유아의 뇌 성장발달속도는 급격히 빠르다. 태아기의 마지막 3개월과 생후 첫 2년은 뇌 성장급등(Brain Growth Spurt)시기라고 하며, 생후 1년 만에 1000g까지 발달한다.

02 ③ 공간지각 : 다른 형태와 사물의 공간적 관계에 대한 구분 가능

추가해설
• 시지각 : 시각 수용기를 통해 본 자극을 인식하여 행동반응의 과정으로 생각하고, 행동반응을 나타내는 과정
• 형태지각
  – 형태항상성 : 다양한 환경·위치·크기 변화에도 형태와 사물에 대한 인식 가능
  – 시각차단 : 보여지는 사물의 형태를 완전하게 인식
  – 전경배경 : 전경·배경 형태와 사물 사이에서도 구별 가능

03 기본움직임 기술
• 이동운동 : 위치를 변경하여 외적 공간으로 신체를 이동하는 것 예 기기, 걷기, 스키핑
• 비이동 운동 : 몸을 축으로 제자리에서 움직이는 동작 예 구부리기, 앉기, 꼬기, 뻗기, 회전
• 조작운동 : 사물의 조작적 활용을 포함하는 활동으로, 물체와 관련 사물에 힘을 주거나, 사물로부터 힘을 받는 운동 예 던지기, 굴리기, 납기, 밀기, 때리기, 되받아치기
① 비이동 운동에 해당함

04 ④ 안전성에 대한 지도환경 조성

추가해설
유아체육지도환경 조성 원칙
• 안정성 : 체육활동을 위해 설비나 용구가 유아의 건강을 해치거나 위험성이 배제된 환경이어야 함
• 흥미성 : 호기심·모험심을 표현할 수 있는 환경을 조성함으로써 체육활동의 흥미와 적극적 태도를 이끌어내야 함
• 필요성 : 유아의 신체발달에 필요한 기구와 설비로 판단되면 필요성을 인정하여 준비해야 함
• 경제성 : 안전성과 직결되는 문제로, 부실·불량으로 인한 안전사고를 배제하고 시간적·비용적 측면에서 경제력이 있는 선택이 중요함

05 전문화된 움직인 시기 : 기본움직임 단계로부터 파생
• 과도단계(7~8세) : 전문기술을 위한 기본움직임 정확하게 구사
• 적용단계(11~13세) : 인지능력이 정교해지고 학습경험·다양한 과제·개인·환경을 토대로 참여 확대를 결정, 움직임 수행의 정확성과 기술 등 양적 측면 강조됨
• 평생이용단계(14~성인) : .운동발달과정의 정점으로, 축적된 산물이며 평생 지속되는 단계

06 신체적 자기개념
• 자신의 신체에 대한 긍정 또는 부정적 평가로, 총체적 자기개념의 중요한 하위요인
• 일반적으로 신체적 자기개념은 지구력, 질병, 유연성, 신체적 힘, 비만, 유능감, 운동자신감, 외모 등의 요인으로 구성됨

07 퍼셀(T. Purcell)의 동작 구성요소
• 신체인식 : 전신의 움직임, 신체부분의 움직임, 신체모양
• 공간인식 : 개인·일반공간, 수준(높낮이), 방향, 경로, 범위(넓이)
• 노력 : 시간, 공간, 힘, 흐름
• 관계 : 신체부분, 파트너–집단, 물체(기구, 교수자료)

08
- 성숙움직임 : 더욱 정교한 움직임 기술을 만들기 위해서 다른 움직임과 결합하며, 이동움직임과 결합하여 더 복합적인 협응동작으로 발전하고 고도의 스포츠기술을 하기 위한 기본 운동기술이 된다. 예 물구나무서기, 굽히기, 펴기, 돌리기, 뻗기, 들어올리기
- 조작운동능력 : 대근운동 조작성은 물체에 대한 관계로 추진운동(던지기, 치기)과 흡수운동(받기, 트레핑)을 할 수 있는 능력이다. 두 가지 이상의 움직임의 결합이며, 다른 형태의 움직임과 사용된다. 예 차기, 잡기, 던지기, 받기, 치기

09
① 신뢰감 대 불신감 : 영유아와 엄마 간의 상호작용을 통해 영유아의 신뢰 형성

[추가해설]
정체감 대 역할 : 정체감을 확립하지 못한 경우 자신감을 가지지 못함

10
- 원초반사 : 빨기반사, 찾기반사, 모로반사, 파악반사, 하악반사, 목강직반사, 바빈스키반사
- 자세반사 : 직립반사, 목몸통자세 반사, 당김반사, 낙하산자세반사
- 이동반사 : 기기반사, 걷기반사, 수영반사

11 **이물질에 의한 기도폐쇄 처치법**
- 의식이 있을 때 : 호흡곤란, 기침 소리가 나지 않거나 약하고, 얼굴이 파래지거나 놀지 못하는 등의 증상이 있는 경우 즉시 등 두드리기와 흉부 밀어내기법 시행
- 의식이 없을 때
  - 즉시 119에 도움을 요청하고 단단한 바닥에 얼굴을 위로 향하게 눕힘
  - 심폐소생술 시작
  - 인공호흡 시마다 유아의 입을 열어 이물질이 나왔는지 확인하고 이물질이 보이면 제거
- 의식은 있는데 말을 못하고, 기침이나 호흡이 불가능할 때
  - 복부밀쳐올리기(하임리히법)을 시행
  - 유아가 의식을 잃게 되면 119에 도움을 요청하고 심폐소생술을 시행
  - 이물질이 배출되지 않는 경우 즉시 119 등에 도움을 요청

12 **체력의 구성요소**
- 건강체력 : 심폐지구력, 근력, 근지구력, 신체조성, 유연성
- 운동체력 : 스피드, 순발력, 민첩성, 평형성, 협응력

13
① 유아의 신체활동 영역이다.

14
기본운동동작능력은 안정동작, 이동동작, 조작동작으로 분류할 수 있다. 조작운동은 사물의 조작적 활용을 포함하는 동작으로, 손·발, 손·눈의 숙련된 협동을 요구하는 운동이다. 조작운동은 추진적 동작과 흡수적 동작으로 나뉘는데, 추진적 동작은 공굴리기, 차기, 던지기, 때리기 등이며 흡수적 동작은 공잡기가 대표적이다. 지각운동요소는 신체지각, 공간지각, 시간지각, 무게지각, 관계지각으로 분류되며, 야구공 공중볼 받기와 축구공패스 멈추기는 장소·높이·범위 요소를 활용하는 공간지각 운동능력이 발현되는 운동이다.

15 **탐색적 교수법의 특징**
- 유아가 스스로 신체의 잠재력을 실험하면서 운동능력과 기술을 발달시키고 성취감을 느끼며 창의적으로 자신의 신체를 표현
- 교사는 시범을 보이거나 모방을 격려하지 않고, 어떤 한 가지의 답을 요구하지 않아 유아마다 다양한 동작표현이 나타남
- '과제 설정하기 → 유아 스스로 실행해보기 → 관찰하고 평가하기 → 평가에서 알게 된 내용 재적용하기' 등의 과정으로 이어짐

[추가해설]
유아체육프로그램의 기본원리
- 적합성의 원리
- 방향성의 원리
- 특이성의 원리
- 안정성의 원리
- 연계성의 원리
- 다양성의 원리

16 **대근운동발달검사(TGMD) 검사항목**
- 이동운동 : 달리기, 멀리뛰기, 슬라이드
- 조작운동 : 치기, 튀기기, 받기, 차기, 던지기, 굴리기

17 **어린이 및 청소년 신체활동 지침**
- 유산소신체활동지침 : 어린이와 청소년은 중강도 이상의 유산소 신체활동을 매일 한 시간 이상 하고, 최소 주 3회 이상은 고강도 신체활동을 실시한다.
- 근력운동지침 : 근력운동은 일주일에 3일 이상 신체 각 부위를 고루 포함하여 수행, 근력운동을 한 신체 부위는 하루 이상 휴식을 취한다. 어린이 근력운동은 정글짐, 하늘사다리 등이다.
- 규칙적으로 신체활동을 하는 것은 몸을 건강하게 하고 체력을 키우며 다양한 만성질환을 예방한다.
- 신체활동은 가정이나 학교에서 스포츠활동 및 체육수업 등의 운동, 걷기 및 자전거 타기 등의 이동 등을 포함하며 전반적으로 활동적인 활동을 하는 것이 좋다.

- 권장 신체활동은 가장 기본적인 수준이므로 좀 더 건강에 도움이 되려면 신체활동의 강도를 높이거나 활동 횟수를 늘리는 것이 좋다.
- 움직이지 않고 보내는 여가시간(컴퓨터·스마트폰 사용, 비디오 게임, TV 시청 포함)을 하루 2시간 이내로 줄이는 것이 좋으며, 약간의 신체활동을 하는 것이 건강에 좋다.
- 청소년들이 즐겁고 다양한 신체활동에 참여하도록 적합한 신체활동을 제안하고 적극적인 활동을 격려하는 것이 매우 중요하다.

18 운동기구 배치의 유형
- 병렬식 : 유아들이 운동기구가 익숙해질 때까지 병렬식으로 배치
- 순환식 : 유아들이 운동기구에 자신감을 가지면 기구를 순환식으로 배치해 여러 가지를 한꺼번에 접할 수 있도록 함

19 어린이와 청소년 운동의 종류와 방법
6~17세의 어린이와 청소년은 나이에 맞게 즐길 수 있는 다양한 신체활동을 통해 매일 60분 이상 중등도 이상의 운동을 해야 한다.
- 유산소 운동 : 중등도 이상의 강도로 매일 60분 이상 신체활동을 해야 하며, 일주일에 3번 이상은 격렬한 신체활동을 해야 함
- 근력 강화 운동 : 매일 60분 이상 하는 운동의 일부로 근력운동이 주 3회 이상 포함
- 뼈 강화 운동 : 매일 60분 이상 하는 운동의 일부로 뼈 강화 운동이 주 3회 이상 포함

20 유소년 체육활동 시 지도자가 고려할 사항
- 유소년은 동일한 나이라도 성장이나 발달·신체적 특성에 따라 개인차가 크기 때문에 매우 심도있는 주의가 요구된다.
- 고온다습한 날씨에는 운동강도와 시간을 단축하고 휴식시간을 이용해 열을 방출하도록 한다.
- 휴식시간 등을 이용해서 물을 마시는 시간을 갖도록 하며, 되도록 시원한 환경과 공기에 노출되도록 한다.

03 노인체육론

01	②	02	④	03	①	04	①	05	②
06	④	07	④	08	①	09	③	10	②
11	④	12	④	13	③	14	③	15	③
16	①	17	③	18	④	19	③	20	③

01 ② 기대 수명은 특정 시기에 태어난 인구의 예상되는 수명이고, 평균 수명은 특정 시기에 사망한 인구의 수명을 말한다.

02 관절염 노인 운동지도
- 관절염 노인은 관절이 아프지 않은 범위 내에서 약간 숨이 찰 정도로 또는 약간의 땀이 날 정도의 운동이 적당하다.
- 운동시간은 통증이 있을 때는 정적(등척성)운동을 1~2분 정도 자주 실시, 지구성 활동은 20~40분 실시하는 것이 바람직하다.

03 운동처방의 원리
- 개별성의 원리
  - 대상자의 특성에 맞게 운동을 실시함으로써 보다 큰 효과
  - 성, 연령, 발육단계, 체형, 체력수준, 연령, 건강상태, 숙련도, 심리적 특성 고려
  - 개인의 특수성은 운동습관 조사나 정기적인 건강진단의 결과를 통해 확인 가능
  - 기능관련성 : 노인운동 처방의 목적은 기능적 능력을 향상시키기 위함으로 일상생활의 움직임과 연관된 동작을 포함하여 운동프로그램을 설계하고 실행
- 과부하의 원리
  - 일상생활 중에 받은 자극보다 더 강한 자극을 부여(중간 정도의 자극)
- 점진성 원리
  - 운동기간 중 운동의 양과 질을 점진적으로 증가하는 것
  - 신체기관의 발달 및 기능개선은 운동수행에 따라 서서히 이루어짐
  - 파상적 리듬으로 실시하는 것이 효과적
- 특이성의 원리
  - 특정에너지 시스템을 포함한 특정 근육집단의 개선은 과부하의 원칙에 의해 운동부하를 적용한 신체의 시스템에 한정되어 나타난다.
    예 유산소성 지속운동(호흡순환계 발달), 중량운동(근육계, 근신경계 발달)

04 근감소증
- 노화증상으로 근육량, 근력, 근 기능이 모두 감소하는 질환
- 근감소증의 주요원인 : 단백질 섭취 저하, 운동량 부족, 운동 방법의 저하
- 유산소운동과 저항운동은 근육량과 근력 증가에 효과가 있음

05 체중부하운동
- 노인은 뼈에 적당한 스트레스를 주고 전신을 사용하는 체중부하운동이 좋다.
- 강도가 낮은 체중부하운동 : 맨손체조, 빠르게 걷기, 제자리 달리기, 깊은 물에서 걷기, 등산, 스케이드 등

06 노인체력검사
- 상지 근 기능 : 악력
- 하지 근 기능 : 30초간 의자에 앉았다 일어서기
- 평형성 : 의자에 앉아서 3m 표적을 돌아오기
- 유연성 : 앉아서 윗몸 앞으로 굽히기
- 심폐지구력 : 6분 동안 걷기, 2분 동안 제자리 걷기
- 협응력 : 8자 보행

07 유산소운동
- 신체의 대근육군을 사용하여 몸 전체를 움직이는 운동으로, 오랫동안 지속적으로 산소를 섭취하는 운동 예 걷기, 자전거, 달리기 등
- 인슐린 저항성 저하에 효과적

08 노인의 만성질환은 고혈압, 당뇨병, 관절염, 비만, 낙상 등이다. 운동효과는 다음과 같다.
- 당뇨병 : 당 부하로 인한 혈당 상승이 감소하고 운동능력이 향상된다. 노인의 운동 시 인슐린의 민감도, 즉 인슐린의 효과가 높아지고, 인슐린 저항이 감소된다.
- 비만 : 근육량을 유지 및 증가시키고, 내장지방이 감소하여 특히 복부 비만이 감소한다.
- 골다공증 : 골의 양을 높이는 운동은 뼈에 자극을 줌으로써 골밀도를 높여준다. 이는 낙상과 골절을 감소시킨다.

09 특수성의 원리
특정에너지 시스템을 포함한 특정 근육집단의 개선은 과부하 원칙에 의해 운동 부하를 적용한 신체의 시스템에 한정되어 나타남 예 유산소성 지속운동(호흡순환계 발달), 중량운동(근육계, 근신경계 발달)

10 걷기운동
- 걷기운동 지지순서 : 발뒤꿈치 닿기(Heel Strike) → 발바닥 닿기(Foot Flat) → 발뒤꿈치 떼기(Heel Off)
- 팔굽혀짐은 적당한 팔의 각도로 유지
- 팔 스윙은 어깨로부터 추처럼 움직임
- 허리와 등을 곧게 펴고, 허벅지와 허리의 힘을 빼고 발목으로 걷기
- 배에 힘을 주고 걷기

11 텔로미어(Telomere/말단소립)
- 염색체의 끝부분에 있는 염색 소립으로, 세포의 수명을 결정짓는 역할을 하는 DNA의 조각
- 텔로미어의 길이가 짧아짐에 따라 세포분열을 막는 노화 현상을 유발할 수 있음

12 발테스(Baltes)의 선택적 적정화 이론
노년기에는 다양한 이유로 자원과 잠재능력을 상실하므로 노인은 특정 영역만 선택적으로 남겨두고 기능한다. 주로 못하는 것에 대해서 먼저 포기하고 체념하는 소극적 방법을 사용한다. 이때, 적절한 기술과 정보를 통해 주변 자원을 최대한 이용하여 자신의 능력을 최대로 발휘할 수 있도록 도와줄 수 있는 것이 선택적 적정화 이론의 장점이다. 노인은 자신이 하고 싶은 일을 선택하고, 정해진 목표를 달성하기 위해 적정화하고 수행한다.

[추가해설]
- 성공적 노화를 위한 선택, 적정화, 보완 3요소로 구성된 보안을 수반한 선택지의 적정화 모델을 제시
  - 선택(Selection) : 노화에 따라 잠재력의 상실이 많으므로, 개인·사회·환경·동기·기술·생리적 능력에 일치하는 특정영역에 선택적으로 집중하는 적응과업
  - 적정화(Optimization) : 잠재능력을 활성화시키고 자신의 효율성을 유지하기 위해 선택한 영역의 수행을 최대화하는 행동. 적절한 목표 도달을 위한 수단의 강화나 유지하는데 목표를 두는 것을 의미
  - 보완(Compensation) : 어떠한 기능이 요구되는 상황에서 능력이 수준이하로 손실되거나 상실했을 때 정신적 측면과 기술적 측면에 지속적 활용과 성장으로 만족의 작용하는 매커니즘

13 에스트로겐(Estrogen)
- 여성의 2차 성징 발현, 월경 주기 형성, 자궁내막 증식, 난포 성숙 및 배란 촉진, 골밀도 유지 역할을 하는 호르몬
- 에스트로겐 감소 시 골다공증이 생길 수 있음(에스트로겐 결핍으로 골 흡수 증가 → 부갑상선 호르몬 분비 감소 → 칼슘 흡수 저하)

활성산소(Free Radical)
- 불완전 연소로 인해 유발되는 유해산소로, 에너지 대사에 사용되지 않은 5% 정도가 산화작용을 일으켜 세포를 손상시킴
- 젖산이 쌓이면 활성산소가 증가해 노화를 일으킴

14 계획행동이론

- 개체 자신의 신념과 행동을 연결하는 이론으로, 태도(Attitude), 주제 규범들(Subject Norms) 및 인식된 행동 통제(Perceived Behavioral Control)가 함께 개인의 행동 의도와 행동을 형성한다고 봄
- 계획적 행동이론의 핵심 구성요소는 행동의도이며 행동의도는 행동이 기대되는 결과를 가져올 가능성에 대한 태도, 결과의 위험과 이익에 대한 주관적인 평가의 영향을 받는다고 봄

15 노인과 의사소통 방법

- 시선 맞추기
- 편안한 거리 유지
- 대상자 정면을 쳐다보기
- 노인에게 존칭 사용
- 저음으로 분명하고 천천히 말함
- 공감과 경청
- 신체적 언어에 주의
- 접촉을 적절히 사용

16 대사당량(METs)

1METs = 3.5ml/kg/min = 안정 시 산소섭취량으로, 노인의 유산소 운동시 안전한 운동강도 설정 지표로 활용된다. 안정상태에서 필요한 산소량을 1METs로, 각종 운동의 산소섭취량을 나타낸 값이다. 저강도 1.6~2.9, 중등강도 3~5.9, 고강도 6 이상으로 본다.

17

- 보호(Protection) : 환자가 더 부상당하지 않도록 환자 주변의 안전을 확보해야 한다.
- 안정·휴식(Rest) : 부상당했다면 활동을 멈추어야 한다. 그렇지 않으면 출혈이 많아지고 붓기도 심해진다. 다치지 않은 곳으로 부상당한 부위의 움직임을 최소화하고, 심리적 안정을 유지해야 한다.
- 냉찜질(Ice) : 부상 부위의 대사활동을 감소시키는 냉찜질은 부상 직후 해야 하며, 손상 후 1~2시간마다 한 번씩 15분 정도 얼음주머니를 사용하여 지속해야 한다.
- 압박(Compression) : 부상 부위의 적절한 압박은 출혈 및 부종을 감소시킨다. 압박은 냉찜질 전·후에 실시한다. 탄력붕대를 사용하여 압박붕대를 감을 때 통증이 있을 정도의 압박은 좋지 않고, 심장에서 먼 곳에서 가까운 쪽으로 감아주는 것이 좋다.
- 거상(Elevation) : 거상은 부상 부위를 심장 높이보다 높게 들어 올려주는 것으로, 부상 부위의 거상은 압력을 낮춰주어 붓기를 줄여준다.
- 고정(Stabilization) : 골격과 근육의 고정을 통해 근경련을 감소시킨다.

18 낙 상

낙상은 65세 이상 노인에게 있어 사고로 인한 직접적고 주요한 사망원인이다. 낙상은 이동성이나 균형을 손상시키는 신체 상태, 환경적 위험, 또는 잠재적인 위험 상황으로 인해 발생하며, 균형 또는 보행·시력·감각(특히 발 부위, 근력, 인지 기능, 혈압 또는 심장박동 등)의 감소라는 치명적인 문제를 야기한다.

19 노화로 인한 체력 저하

- 근력 : 근육량은 20~30대를 정점으로 매년 1~2%씩 줄어들어 70대가 되면 절반 수준까지 떨어짐
- 평형성 : 노화로 인한 평형성 저하는 서서히 진행되며, 낙상 위험률 증가와 관련이 깊음
- 심폐지구력 : 심폐 지구력은 30세 이후 10년마다 5~15%씩 감소하며 70세까지 절반 이상이 감소함

20 생물학적 노화

생물적 퇴화과정이 생물적 재생산과정을 능가하여 유기체 내에 퇴행적으로 변화하는 현상이다. 시간의 흐름, 나이에 따라 신체구조 및 신체 내부의 세포 조직, 장기 등이 전반적으로 퇴행적 발달하는 것이다.

01 특수체육론

01	④	02	②	03	③	04	①	05	①
06	①	07	④	08	②	09	④	10	④
11	①	12	④	13	③	14	①	15	④
16	①,②③,④	17	①	18	④	19	③	20	②

01 ④ 올림(Elevation) : 부상자가 가장 편한 자세를 취하게 하는 편이 좋다. 부상 부위를 심장보다 높은 위치에 놓는 것에 의해 혈액, 림프의 흐름을 억제하고 열, 부기를 통제하여 통증을 완화시킨다.
① 휴식(Rest) : 부상 직후 곧바로 안정을 유지한다. 즉각적으로 부상 부위를 움직이지 않게 한다.
② 냉찜질(Ice) : 부상 부위의 열이나 통증, 출혈 등을 억제하기 위해서 얼음으로 부상 부위를 차게 해준다.
③ 압박(Compression) : 붕대로 부상 부위를 감아서 혈액응고 및 부종을 예방한다.

02 **절단장애인의 환상통증**
• 절단으로 더 이상 존재하지 않는 부분 뿐만 아니라 남아있는 부위에서도 통증이 발생한다.
• 하지 절단 환자보다 상지 절단 환자에서 더 흔하게 나타난다.
• 다양한 부위(눈, 치아, 코, 장, 방광 등) 절단 후 통증이 보고되었지만 가장 흔한 부위는 사지이다.
• 선천적으로 사지가 없는 환자에서도 환상 통증이 보고된다.
• 스트레스, 불안, 우울증 등이 통증의 지속이나 악화에 기여할 가능성이 높다.

03 척수손상은 심혈관, 호흡기, 내분비, 배변 및 배뇨, 성기능, 욕창 등의 신체적 장애를 유발한다. T6 이상에 손상을 입은 경우, 기립대를 이용한 서기 동작, 보조기를 이용한 짧은 거리 보행 동작, 의자차로 보조턱 넘기 정도의 운동수행력을 보이기 때문에 최대심박수를 급격히 증가시켜서는 절대 안 된다.

04 아스퍼거증후군은 자폐 스펙트럼 장애의 여러 임상 양상 중 하나이다. 자폐 스펙트럼을 가진 다른 아이들처럼 비정상적인 사회적 상호작용 및 제한되고 반복적인 행동 문제를 보인다.

추가해설
② 뇌병변장애 : 외부신체기능 장애의 일종이다. 뇌의 기질적 손상으로 인한 장애로 보행 또는 일상 생활동작 등에 현저한 제약을 받는 중추신경장애를 총칭하며, 뇌성마비, 뇌졸중, 외상성 뇌손상 등이 이에 속한다.
③ 지체장애 : 질병 또는 사고 후유증 등으로 인해 신체적인 활동을 하는 데 제약을 받는 장애이다. 절단장애, 관절장애, 지체기능장애, 신체변형장애 등이 있다.
④ 시각장애 : 선천적 혹은 후천적 문제로 시력이 현저히 낮거나 완전히 보이지 않는 사람을 말한다.

05 장애인스포츠 프로그램 서비스 전달 단계는 '프로그램 계획 → 사정 → 개별화교육계획 → 교수·코칭·상담 → 평가' 순으로 이루어진다.
• 프로그램 계획 : 장애인과 함께 스포츠활동을 하기 전에 프로그램에 대한 전반적인 내용을 준비하는 과정이다.
• 사정 : 대상자의 수준을 파악하는 선별, 진단, 평가를 모두 포함하는 개념이다.
• 개별화교육계획 : 각 학습자의 능력과 수준을 고려하여 적절한 교육 목표와 방법을 선택하는 것이다.
• 교수·코칭·상담 : 프로그램의 시행과 직접적으로 관련된 부분으로, 운동기술, 체력, 기타 신체활동 영역을 지도하고 전문가와의 상담을 통해 개인의 내적 어려움을 파악하는 것이다.
• 평가 : 프로그램의 효과와 학습자의 성취도를 판단하는 지속적인 과정이다.

06 알파인스키경기의 종류는 척수장애인과 중증소아마비, 뇌성마비 장애인이 앉아서 탈 수 있는 좌식스키(Sit Ski), 보조스키인 아웃리거(Outrigger)를 사용하는 절단장애 및 지체장애인들의 쓰리트랙스키(3 Track Ski)와 포트랙 스키(4 Track Ski) 그리고 시각·청각·지적장애의 장애인스키 등이 있다.

07 우리 사회에서 장애인에 대한 인식을 긍정적으로 만들고 이와 더불어 특수체육의 발전을 도모하기 위해서는 잔스마와 프렌치[Jansma & French(1994)]가 언급한 4L을 생각할 필요가 있다. 4L은 영문의 머리 글자로 새로운 지식을 제공하는 문헌(Literature), 목표와 성취를 위한 행동력(Leverage), 권리의 주장을 위한 소송(Litigation), 실행을 보장 하는 입법(Legislation) 등을 의미한다.

08 • 일반 스포츠 : 규칙의 변형이나 보조 도구의 사용 없이, 장애인 선수가 일반 스포츠에 통합적으로 참여하는 단계이다.
• 편의를 제공한 일반 스포츠 : 장애인을 위한 보조 도구가 약간 필요하 지만, 장애인 선수가 일반 스포츠에 규칙 변형 없이 통합적으로 참여 하는 단계이다.
• 일반 스포츠와 장애인 스포츠 : 장애인 선수가 비장애인 선수와 협동 하며 한 팀을 이루어 출전하는 단계이다.
• 통합 환경의 장애인 스포츠 : 규칙의 변형과 용기구의 사용을 통해 장애인과 비장애인이 함께 참여할 수 있는 단계이다.
• 분리 환경의 장애인 스포츠 : 장애인이 비장애인과 완전히 분리되어 스포츠에 참여하는 단계이다.

09 의료적 허가가 필요하지 않은 시각장애인은 현재 규칙적으로 운동에 참여하고 있고, 심혈관 질환, 대사 질환 또는 신장 질환이 없으며, 질병 을 암시하는 징후 또는 증상이 없는 경우이다. 또한 자신이 원하는 운동 강도가 고강도일 때이다.

10 미국 장애인교육법(Individuals with Disabilities Education Act ; IDEA, 2004)에서 명시한 주요 원칙
• 교육적 배치에서 아동 배제 금지
• 평가 절차상의 보호(비차별적 판별과 평가)
• 무상의 적절한 공교육 제공
• 최소로 제한된 교육 환경에 배치
• 적법절차에 의한 장애 아동과 부모들의 권리 보호
• 교육프로그램 결정 시 부모의 참여로 공동 의사결정

11 지시형 스타일(Command Style)은 '정확한 수행'을 강조한다. 장애인 스포츠지도자의 역할은 과제활동 전・중・후의 모든 사항을 결정하는 것이며, 학습자의 역할은 장애인스포츠지도자가 내린 결정 사항들에 대하여 지시하는 대로 따르는 것이다.

12 수어는 음성 대신 손의 움직임을 포함한 신체적 신호를 이용하여 의사 를 전달하는 시각 언어로서 왼손바닥을 위로 향하게 펴고, 오른 주먹의 손등이 위로 향하게 하여 왼손바닥 위에 올려놓고, 오른손의 검지를 튕 기며 펴는 것은 축구에 해당된다.

추가해설
① 농구 : 왼손을 반쯤 구부려 손끝이 오른쪽으로 향하게 하여 가슴 앞에 놓은 다음, 손등이 밖으로 향하게 쥔 오른 주먹을 왼손의 1・2・3・4지와 5지 사이로 내린다.
② 권투 : 두 주먹을 가슴 앞으로 올려 번갈아 내지른다.
③ 탁구 : 손가락 끝을 모아 끝이 위로 향하게 쥔 왼손을 오른 손바닥으 로 쳐내는 동작을 한다.

13 1~4등급은 휠체어를 사용해야 하고, 5~8등급은 보행이 가능한 등급 이다.

추가해설

등급	기능적 능력
1	모든 사지의 심한 장애, 전동휠체어 사용이 필수적
2	상지 조절에 심한 문제, 팔이나 발로 천천히 휠체어 밀 수 있음
3	상지와 몸통 조절에 중간 정도 문제, 휠체어 사용
4	상지와 몸통 조절에 약간의 문제, 휠체어 사용
5	보행 가능
6	보조 도구 없이 보행 가능, 달리거나 던지기 시 평형 문제
7	절뚝거리며 달리기 가능
8	자유롭게 뛰고 점프, 평형성 좋으나 약간의 협응 문제

14 미국지적장애협회에서 제안한 지적장애 정의에 따르면 지적장애란 지 적 기능과 개념적・사회적・실질적 적응 기술에서 상당한 제한이 나타 나는 장애이며, 이는 18세 이전에 시작된다.

15 데이비스와 버튼(W. Davis & A. Burton, 1991)이 제시한 생태학적 과제분석의 실행과정은 '과제 목표 → 변인 선택 → 관련 변인 조작 → 지도' 순으로 이루어진다.

추가해설

생태학적 과제분석
- 학생의 특성이나 선호도를 고려하면서, 동시에 운동기술이나 움직임 수행에 영향을 줄 수 있는 환경 요소를 함께 고려한다.
- 대상 학생을 중심으로 체육현장에서 실제적으로 평가하는 방법이다.
- 인지적, 정의적, 심동적 발달을 위해 과제를 세분화한다.
- 과제수행을 정확히 수행하는 데 그 목적이 있다.
- 학생이 할 수 없는 운동기술과 움직임 구성요소 또는 학생이 할 수 있는 운동기술과 움직임의 구성요소를 명확히 제시하는 것이 중요하다.

16 ㉠ 정적강화 : 칭찬, 상, 표창, 금전적 보상 등과 같이 만족감을 주는 자극으로, 반응이나 행동발달을 촉진시킨다.
㉡ 부적강화 : 청소를 면제해주는 등 불쾌한 자극을 제거해주어 긍정적인 반응이나 행동의 빈도를 높인다.
㉢ 정적처벌 : 특정한 반응이나 행동이 일어날 확률을 줄이기 위하여 원치 않는 자극을 준다.
㉣ 부적처벌 : 특정한 반응이나 행동이 일어날 확률을 줄이기 위하여 원하는 자극을 제거한다.
※ 시험지 인쇄 오류로 인해 전항 정답처리 되었으나 실제 정답은 ① 입니다.

17 경추 1번과 2번 사이에는 연수가 위치하는데 연수는 자율신경계의 중추 역할을 한다. 따라서 경추 1번과 2번 사이의 손상은 전신마비로 이어질 수도 있는 심각한 손상이다.

18 **개별화교육프로그램 작성방법**
- 목표 진술에는 조건(Condition), 기준(Criterion), 행동(Action)이 포함되어야 한다.
- 현재의 운동수행 수준을 정확히 파악하기 위해서는 실제 상황에서의 평가가 유용하다.
- 지도에 필요한 용기구, 변형 방법, 관련 서비스, 보조 인력의 활용 등을 명시한다.
- 개인차를 고려하여 개인의 발달에 적합한 교육프로그램을 계획하고 시행한다.

19 국민체육진흥법 시행령의 '장애인스포츠지도사 2급 연수과정'은 다음과 같다.
- 스포츠 윤리 : 선수·지도자·심판 윤리, 선수와 인권, (성)폭력 방지, 공정 경쟁, 스포츠와 법, 도핑 방지
- 장애특성의 이해 : 인지, 정서 장애인 특성에 따른 스포츠 지도, 지체 장애인 특성에 따른 스포츠 지도, 시·청각 장애인 특성에 따른 스포츠 지도
- 지도역량 : 장애특성별 운동프로그램, 운동기술과 체력의 진단 및 평가, 통합체육 이해와 적용 방안, 스포츠 심리 및 트레이닝 실무, 체육 지도 방법
- 스포츠 매니지먼트 : 스포츠 지도를 위한 한국 수어, 스포츠시설 및 용품 관리, 생활체육 프로그램 운영 및 관리, 커뮤니케이션 및 상담기법, 스포츠 행정 실무
- 현장실습
- 그 밖에 문화체육관광부장관이 필요하다고 인정하여 고시하는 사항

20 기본운동기술을 높은 수준의 스포츠 기술로 변형하면 절대 안 된다. 학습한 운동 기술의 일반화 수준이 낮으므로 운동기술을 다양한 환경에서 독립적으로 경험하게 해야 한다. 또한, 사용할 수 있는 어휘가 한정되어 있으므로 간단명료한 단어를 사용하고, 익숙한 과제에서 새로운 과제의 순서로 지도해야 하며, 활동을 단순화시키고 정적 강화를 제공한다.

01	①	02	①	03	④	04	③	05	①
06	③	07	②	08	②	09	③	10	①
11	②	12	④	13	③	14	②	15	④
16	③	17	①	18	④	19	④	20	②

01 유아기 발달순서는 중심에서 외곽으로, 전체에서 특수부분으로(근말식의 법칙), 머리에서 다리로(두미법칙) 발달한다.

02 유아기 운동프로그램은 기본움직임을 경험한 후 점진적으로 복합적으로 구성한다.

03 전문화된 움직임 단계는 과도기 단계, 적용단계, 평생이용단계로 나뉘며 기본움직임과 전문화된 움직임의 전환단계는 과도기 단계이다. 움직임 수행의 양적 측면이 강조되는 것은 적용단계이다.

04 피아제의 인지발달이론은 칸트의 이성주의를 근간으로 구성된 유전적 인식론이다. 피아제는 아동의 사고는 '동화'와 '조절'의 과정을 통해 발달한다고 주장하였다.
- 동화 : 자신이 가지고 있는 사용 가능한 지식과 방식(선입개념)으로 외부의 대상(상황)을 해석하고 구성하는 것으로 간단히 인지구조를 통해서 환경에 반응하는 과정이다.
- 조절 : 기존 지식 방식으로 새로운 외부 대상이나 상황이 해석되지 않을 때 갈등이 발생하고 이를 해소하는 과정이다. 간단히 정보에 맞춰 기존의 인지구조를 변화시키는 인지구조의 발달변화이다.
- 균형 : 인간은 자신의 심리적 구조를 일관성 있고 안정된 행동양식으로 조직하려는 경향이 존재한다. 평형이란 개인의 정신적 활동과 환경 간의 균형 상태를 의미한다. 균형이 깨질 경우(동화 실패) 조절을 통해 평형화를 구축하고 평형화를 통한 심리 구조의 재구성으로 인지발달이 이루어진다.
- 조직화 : 개인이 지속적으로 환경에 반응하고 인지발달을 하려는 특성으로, 이 과정에서 인지구조는 계속 변화해야 한다(적응으로 해결).

05 운동학습의 단계 중 인지단계는 운동과제를 수행하는 방법을 배우는 단계로 운동의 목적과 필요한 기술을 배우고 복잡한 운동은 여러 단계로 구분하여 학습한다.
- ㉠ 스스로 자신의 운동수행을 평가할 기회를 제공하는 것은 연합단계에 해당한다.
- ㉣ 다양한 기술과 연계하여 동작의 형태를 바꾸는 전략을 찾게 하는 것은 자동화단계에 해당한다.

06 기본 움직임이 발달되는 시기는 시작단계, 초보단계, 성숙단계로 이루어진다.
- ㉠ 시작단계 : 유아의 신체 움직임 능력을 통해 탐구하는 시기로 협응이 되지 않는다(2세 이하).
- ㉡ 초보단계 : 기본 움직임의 제어와 협응이 향상되지만, 제한되며 과장된 형태를 띤다(3~4세).
- ㉢ 성숙단계 : 수행의 효율성과 협응·제어가 향상되고, 정교한 시각운동과 신체의 움직임이 이루어진다.

07 안정성운동은 동적평형성, 정적평형성, 축성평형성운동으로 나뉜다. 그 중 축성평형성은 몸의 중심을 축으로 동작할 때 몸을 유지하는 능력으로 축성 움직임은 굽히기, 펴기, 비틀기, 몸돌리기, 늘리기, 흔들기 등이 있다.

08 운동발달에 대한 평가는 준거(기준)에 따라 규준지향 평가와 준거지향 평가로 나뉜다.

09 국립중앙의료원은 2010년 제시한 어린이·청소년을 위한 신체활동 가이드라인에서 '성장기에 있는 어린이·청소년의 경우 큰 근육을 오래 사용하는 유산소운동과 팔굽혀펴기·윗몸 일으키기·역기들기·아령·철봉·평행봉·암벽 타기 등의 근육강화운동, 발바닥에 충격이 가해지는 줄넘기·점프·달리기·농구·배구·테니스 등의 뼈강화운동을 일주일에 3일 이상 하는 것이 필요하다'라고 하였다. 또한 '인터넷·TV나 비디오 시청·게임 등 앉아서 보내는 시간은 하루 2시간 이내로 제한하라'고 하였다.

[추가해설]

한국인을 위한 신체활동 가이드라인 2010(국립중앙의료원)
- 건강한 삶을 누리려면 최대한 많이 움직여야 한다.
- 운동량이 적었던 사람은 서서히 운동량을 늘려간다.
- 개인의 건강 상태에 따라 적절한 운동 목표를 세운다.
- 영유아는 운동량을 스스로 조절하므로 안전한 놀이 공간을 제공한다.
- 어린이·청소년은 매일 1시간 이상 운동을 권장한다.
- 성인은 매일 30분 이상의 유산소 운동과 매주 2회 이상 근력 운동을 한다.
- 고령자는 일상생활에서 운동량을 최대한 늘리며 유연성을 강화시키고 균형 감각을 유지하는 운동을 병행하는 것이 좋다.
- 임산부는 평상시처럼 운동하되 과격한 운동은 피한다.
- 장애우는 자신의 건강 정도에 따른 적당한 운동을 적극적으로 한다.
- 만성병 환자는 질병에 따라 적절한 운동법을 처방받아 실천한다.

10 유아 운동프로그램 지도 시 기본적·구체적인 것에서 시작하여 점차 추상적인 것을 지도해야 한다.

11 특정 기준에 따라 색, 크기, 모양, 질감이 대조적인 교구들을 번갈아 배열하게 되면, 교구의 바른 위치를 찾는 과정에서 유아들은 자조적인 (Self-help) 기술과 시각적 변별력을 형성하게 된다. 특정 기준에 따라 대조적인 교구를 배열하는 것과 무질서하게 두는 것은 다르다는 것을 인식할 수 있다.

12 **학자별 발달이론**
- 스키너(B. Skinner)의 행동주의 이론 : 반응-자극 학습원리로 유기체는 행동이 먼저 발생하고 그 결과로 자극이 따르게 된다는 행동주의에 강화의 개념 도입하였다.
- 피아제(J. Piaget)의 인지발달 이론 : 인간의 인지 발달을 유기체와 환경의 상호작용으로 파악하였다. 인간의 지적 능력은 타고난 것이되, 그것이 주어진 환경에 적응하는 것이 인지 발달이라고 주장하였다.
- 반두라(A. Bandura)의 사회학습 이론 : 학습은 '자극과 반응' 뿐 아니라, 오히려 사회적 맥락에서 일어나는 인지 과정이며, 학습은 행동을 관찰하고 행동의 결과를 관찰함으로써 발생한다고 하였다. 인간 행동 자체가 주위 사람들의 행동을 관찰, 모방, 학습하면서 이루어진다고 주장하였다.
- 게셀(A. Gesell)의 성숙주의 이론 : 인간 행동이 주로 타고난 내적인 힘과 예정된 계획에 의해서 변화되어 가는 과정을 성숙이라고 하며, 이 성숙의 개념이 아동의 운동발달 뿐 아니라 다른 영역의 발달에도 적용되며, 모든 아동양육은 아동 내부의 성숙적 요구에서부터 시작되어야 한다고 주장하였다.
- 에릭슨(E. Erickson)의 심리사회발달 이론 : 인간이 아기부터 성인까지 통과해야 하는 8단계를 식별하는 정신분석 이론이다.
- 비고스키(L. Vygotsky)의 상호작용 이론 : 인간의 인지적 기술 또는 사고방식은 타고난 지능이나 정신능력에 의해 생리적으로만 결정된 것이 아니라, 개인이 성장한 문화의 사회적 기관에서 수행된 활동들의 상호작용한 산물이라고 주장하였다.

13 성인체육이 스포츠 기술의 습득과 건강증진을 목표로 한다면, 유아체육은(만3~12세) 신체적, 정서적, 사회적, 인지적 발달에 중점을 두어야 한다.

14
- 안정성 운동 : 신체 부위의 평형성과 중력 중심을 유지하는 것으로 평균대 걷기, 징검다리걷기, 앞구르기 등이 있다.
- 이동성 운동 : 팔, 몸통, 다리 등의 근력/근지구력이 발달하였을 때 가능한 운동으로 엎드려돌진하기, 포복하기, 기기, 네발걷기 등이 있다.

15 국민체육진흥법 시행령 제2조 제9호에 의하면 "유소년스포츠지도사"란 유소년(만 3세부터 중학교 취학 전까지를 말한다)의 행동양식, 신체발달 등에 대한 지식을 갖추고 별표 1의 자격 종목에 대하여 유소년을 대상으로 체육을 지도하는 사람을 말한다.

16 불수의적 운동행동의 발달은 원초반사 검사를 통해 추측할 수 있는데 걷기반사 검사는 원초반사 검사가 아닌 이동반사 검사에 속한다.

추가해설
① 비대칭목경직반사 : 머리를 한쪽 방향으로 돌려놓으면 얼굴이 향하는 방향으로 팔을 뻗으며, 반대쪽 팔은 구부린다(눈과 손의 협응력).
③ 걷기반사 : 발이 닿으면 걷는 것처럼 교대로 다리를 움직이는 반응를 보인다.
④ 모로반사 : 소리가 나거나 머리가 떨어지듯 위치가 바뀌면 무언가를 껴안는 듯한 동작을 취한다.

17 구르기(Rolling) 동작의 성숙 단계에서는 이마가 아니라 뒤통수가 바닥에 닿게 지도해야 하는데, 이렇게 해야만 몸이 구르는 내내 압축된 C자 모양을 유지할 수 있다.

18 **유아체육 지도 방법**
- 지시적 방법 : 유아가 무엇을, 언제, 어떻게 할 것인지를 교사가 모두 결정하는 교수법으로 시범 보이기, 연습해보기, 일반적인 언급해주기, 보충설명과 시범 다시 보이기 등이 있다.
- 인내·발견적 방법 : 올바른 동작 방법을 제시하고 자유롭고 창의적으로 표현하게 한다.
- 과제제시 방법 : 지시적 방법과 같이 유아가 할 행동이나 활동하는 방법을 지도자가 정하지만 유아에게 의사결정을 허용한다. 유아의 수준에 맞추어 개별적으로 체육활동을 선택할 기회를 갖게 한다.
- 탐구적 방법 : 동작 과제나 질문을 제시하고 유아들이 제안한 다양한 해결방법을 인정하고 받아들인다.

19 유소년은 심박출량이 성인에 비해 적어서 심박수가 성인보다 상대적으로 높기에 처음부터 고강도훈련을 하는 것은 심장에 무리를 줄 수 있다.

20 ㉠ 민감기 : 능력이나 행동의 발달에 최적인 시기를 뜻하며 '결정적 시기'라고도 한다.
㉡ 발달과업(Developmant Tasks) : 어떤 시기에 일어나는 과업으로 과업의 성취와 실패가 장차의 과업에 영향을 초래한다. 민감기에 발달과업을 달성하지 못하거나 달성에 부정적인 영향을 받은 유아는 추후 결손이 초래될 수 있다.

01	①	02	③	03	④	04	②	05	①
06	③	07	③	08	②	09	④	10	①
11	②	12	③	13	④	14	①	15	②
16	④	17	②	18	①	19	④	20	③

01 기능적 연령은 물리적·사회적·환경적으로 잘 기능하는지를 의미하는 연령이다. '개인이 특정 업무나 일을 수행할 수 없을 정도로 기능이 저하된 경우'를 기능적 연령에 따른 노인이라고 정의한다. 역연령은 출생 이후 달력상의 나이에 따른 일정 연령을 뜻하며 우리나라는 노인복지법상 65세 이상, 고령자고용법상 55세 이상을 노인이라고 정의한다.

02 '건강수명'은 심각한 질병이나 신체적 장애 없이 신체적·정서적·인지적으로 활력과 기능적 웰빙을 유지하는 삶의 기간을 뜻하는 말이다. 성별·연령별로 몇 년을 더 살아갈 것인지 통계적으로 추정한 기대치로 생존 연수는 '기대수명'이다.

03 ㉠ 에릭슨(E. Erikson)의 심리사회발달단계 이론 중 8단계인 노년기에 해당한다. 노년기는 자아통합 대 절망의 단계로 이 기간 동안 생애를 돌이켜보고, 인생의 가치에 대해 생각하게 된다. 긍정적 결과는 자신의 삶에 자부심과 만족을 느끼면서 죽음을 수용하게 되는 것이고, 부정적 결과는 인생의 혐오와 죽음에 대한 두려움으로 인해 좌절감을 느끼는 것이다.
ㄴ 발테스와 발테스(M. Baltes & P. Baltes)의 보상이 수반된 선택적 적정화 이론(Selective Optimization with Compensation ; SOC)에서는 노화에 따른 손실이 있더라도 개인의 능력에 적합한 활동을 선택하고 최적화하며 손실한 것을 보상함으로써 성공적 노화에 이를 수 있다고 설명한다.

04 활동이론(Activity Throry)은 하비거스트(Havighurst)가 처음 주장한 이론으로 일생에 걸쳐 일상생활의 정신적·신체적 활동을 지속하는 사람은 건강하고 행복하게 늙는다는 이론이다. 그는 노년기의 변화 적응에 초점을 두고 노인 스스로 심리적 만족감과 생활만족도를 높이기 위한 사회적 활동을 지속해야 한다고 주장하였다.

05 ㉠ 사회적지지 : 사회적 지지는 정서적 지지, 물질적 지지, 정보적 지지 등이 있다. 사회적 지지가 높을수록 노인의 우울 수준이 낮아진다.
ㄴ 자기효능감 : 자신에게 주어진 과제를 잘 수행할 수 있을지에 대한 기대와 믿음을 지칭하는 개념이다.

06 노인 운동의 심리적 효과는 삶의 질 향상, 우울증 감소, 인지기능 향상 등이 있다. ㉠은 노인 운동의 신체적 효과에 대한 설명이고 ㉣은 노인 운동의 사회적 효과에 대한 설명이다.

07 **노화에 따른 신체적 특성**
• 폐 : 탄력성이 감소하고 흉곽의 경직성이 증가한다. 호흡기의 근력 및 호흡기 중추신경의 활동에 대한 민감성이 감소한다.
• 근육 : 근육량과 근력이 감소한다.
• 혈압 : 수축기 혈압과 이완기 혈압이 증가한다.
• 심장 : 수축기 혈압 증가로 인해 심장의 부하도 증가한다. 좌심실벽이 두꺼워진다.

08 ㉠·㉢ 인슐린 내성은 감소하고 감수성이 증가하여 당뇨병 고위험군의 대사상태를 개선시켜 당뇨병 발생률을 감소시킨다.
㉣·㉤ 최대산소섭취량과 1회 박출량이 증가하고 심박수는 감소한다.
㉥ 고밀도지단백콜레스테롤은 인체에 유해한 저밀도지단백콜레스테롤 입자를 제거하는 데 도움을 준다. 유산소운동을 할 경우 고밀도지단백콜레스테롤이 증가한다.

09 신체 각 부위가 조화를 이루면서 원활히 움직일 수 있는 능력은 협응력이다. 평형성은 신체의 균형을 유지하는 능력이다.

10 **카보넨(Karvonen) 공식을 이용한 목표심박수(Target HR)의 계산**

> 목표심박수 = (최대심박수 − 안정 시 심박수) × 운동강도 + 안정 시 심박수

• 운동강도가 40%인 경우 (150 − 80) × 0.4 + 80 = 108
• 운동강도가 50%인 경우 (150 − 80) × 0.5 + 80 = 115

11 노인운동 시 위험관리 항목

시설의 안전관리	환경과 장소의 안전관리	응급상황의 관리
• 응급상황에 신속하게 대응할 수 있도록 응급처치 계획을 세운 다음 그 내용을 눈에 잘 띄는 곳에 게시 • 노인 스포츠지도사들을 대상으로 응급처치 훈련을 정기적으로 실시 • 운동에 참여한 노인들 중 신체에 이상이 있는 사람은 없는지 운동 시작 전에 확인 • 노인들이 운동하는 동선을 파악하여 운동시설과 장비를 안전하게 배치 • 운동장비의 사용방법과 사용 시 주의사항을 적절한 장소에 게시	• 야외에서 운동할 때에는 운동하는 장소와 주위 환경이 안전한지 주의 • 운동하는 장소에 위험한 물건이나 건강에 해로운 물질이 없는지 확인 • 무덥고 다습한 환경이나 춥고 건조한 환경에서 운동하는 것은 피함 • 직사광선이 내려 쬐이는 곳은 피함	• 응급상황 발생 시 어떻게 대처할 것인지 미리 준비 • 운동을 시작하기 전에 반드시 참가자들의 건강상태를 체크 • 물어보지 않더라도 준비운동이나 스트레칭을 하면서 안색이나 거동을 확인 • 참가자 중에 심장병을 앓고 있거나 심장병을 앓은 병력이 있는 사람이 있으면 운동강도를 바꿀 때마다 상태를 확인 • 참가자 중에 당뇨환자가 있으면 사탕이나 초콜릿을 준비

12 ㉠ 중량운동이나 등척성 운동을 하는 것은 심박수와 혈압이 증가되기에 가급적 삼가야 한다.
㉣ 이뇨제, 칼슘채널차단제, 혈관확장제는 모두 혈압을 낮추는 역할을 한다. 따라서 갑작스러운 혈압 하강을 주의해야 한다.

13 2.4m 왕복걷기 검사(8-Foot Up and Go Test)는 민첩성과 동적평형성을 확인하기 위한 검사이다. 이와 관련된 일상 활동으로는 '버스 빠르게 타고 내리기, 일어서서 화장실 가기, 전화 받기' 등이 있다.
① 자동차나 목욕탕에 들어가고 나오는 것은 유연성과 관련이 있다.
② 손자 안기, 식료품 가방 들기는 상완이두근 근력과 관련이 있다.
③ 장거리 보행, 계단 오르기는 심폐지구력과 관련이 있다.

14 평형성은 정적이거나 동적인 지지면에 대한 신체의 질량중심(Center of Mass ; COM)을 조절하는 능력이고, 기동성은 한 지점에서 다른 지점으로 타인에게 의존하지 않고 안전하게 움직이는 능력이다. 평형기능은 여러 신경 영역들의 기능이 통합되면서 조절되며, 평형기능에 관여하는 신경계는 체성감각계, 운동신경계, 전정신경계, 시각신경계, 고유감각신경계 등 다양한 계통들이 있다.

15 근골격계 질환에 의한 통증에서 운동은 중요한 치료방법 중 하나이다. 근골격계 질환이 있는 경우 뼈에 가해지는 충격을 줄이기 위해 부하를 견딜 수 있는 기구를 사용하거나 수중에서 하는 운동이 적합하다.

추가해설

근골격계 질환
근골격계 질환이란 주로 단순 반복 작업으로 인한 기계적 스트레스가 신체에 누적되어 목, 어깨, 팔, 팔꿈치, 손목, 손 등의 신경, 건, 근육과 그 주변 조직에 통증을 주는 질환이다. 근골격계 질환의 종류는 다음과 같다.
• 근막통 증후군 : 목이나 어깨를 과도하게 사용하거나 굽혀서 발생
• 수완진동 증후군 : 진동공구를 오래 사용하여 발생
• 수근관 증후군 : 반복적이고 지속적인 손목 굽힘으로 인하여 발생
• 내상과염 · 외상과염 : 과다한 손목 및 손가락의 동작으로 인하여 발생
• 요 통

16 건강신념모형 또는 건강신념모델(HBM ; Health Belief Model)은 건강 서비스의 채택과 관련하여 건강 관련 행동을 설명하고 예측하기 위해 개발된 사회적 · 심리적 건강 행동 변화 모델이다. 건강신념모형에서 건강신념행동을 구성하는 요소는 다음과 같다.
• 지각된 감수성(민감성)
• 지각된 심각성
• 지각된 이익성
• 지각된 장애성
• 행동의 계기
• 자기효능감
• 기타 변인(인구통계적 · 사회심리적 · 구조적 변수)

17 ㉠ 개별화의 원리 : 노인들은 지적 능력, 학력, 흥미, 성격, 경험, 건강상태, 생활수준, 경제력 등의 차이가 개인별로 매우 커서, 다양한 개개인의 학습욕구를 충족시켜 줄 수 있도록 개별화 학습이 필요하다.

㉡ 사제동행의 원리 : 교사와 학생의 상호합의에 의해서 교육이 이루어지므로, 모든 교육활동을 학생과 교사가 동행해야 한다.

노인교육의 기본원리
- 자발성의 원리 : 노인 교육은 강압적·타율적으로 이루어져서는 안 되고, 노인의 특성과 흥미에 입각한 자발성을 기초로 이루어져야 한다.
- 경로의 원리 : 경로사상을 가지고 노인들을 대해야 한다.
- 생활화의 원리 : 노인들에게 가르치는 내용과 방법이 일상생활과 밀접한 관련이 있어야 한다.
- 다양화의 원리 : 노인들을 주입식으로 교육하려고 하면 안 되며, 다양한 체험을 제공해야 한다.
- 직관의 원리 : 노인들을 대상으로 교육할 때는 문자로 된 책보다는 비디오를 보거나 다른 감각기관을 통해서 직접적으로 느끼도록 하는 것이 효과적이다.
- 경험의 원리 : 노인의 과거 직업, 흥미, 관심, 학습동기 등을 살펴서 적합한 과제를 제시해야 학습효과가 좋아진다.
- 사회화의 원리 : 노인 교육은 급격한 사회적 환경에 적응할 수 있도록 돕는 것이다.

18 스쿼트 같은 골격계에 높은 스트레스를 주는 활동은 삼가야 한다.

미국스포츠의학회(ACSM)에서 제시한 노인의 신체활동 권고지침 중 유산소운동 지침
- 빈도 : 중강도 운동으로 일주일에 최소 5일, 고강도 운동으로 일주일에 최소 3일
- 강도 : RPE 10점 도구를 기준으로 중강도 운동은 5~6, 고강도 운동은 7~8
- 시간 : 중강도 운동은 일주일에 150~300분, 고강도 운동은 일주일에 75~100분
- 유형 : 골격계에 낮은 스트레스를 주는 활동

19 운동으로 인하여 질병이 치료되기보다는 질병이 발생할 위험을 감소시킬 수 있다고 상담하여야 한다. 그 밖에 스트레스 해소 등 정신적 건강에 도움이 되고, 가족이나 친구와 함께 운동하는 등 사회참여가 가능하며, 외모의 유지와 체중 관리도 가능하다고 말하는 것이 좋다.

20 대상자를 정면에서 쳐다보는 것은 비언어적 기술에 해당한다.

노인운동 지도 시 의사소통 방법

언어적 기술	비언어적 기술
- 일반적이지 않고, 어려운 단어를 사용하지 않는다. - 의학용어, 특수용어는 사용을 제한한다. - 명확하고 간결하게 표현한다.	- 정보를 시각적으로 제시한다. - 자주 눈 맞추기, 편안한 거리유지, 대상자를 정면 쳐다보기, 눈높이 맞추기 등의 기법을 활용한다.

01 특수체육론

01	③	02	②	03	②	04	①	05	③
06	①	07	①	08	④	09	①	10	②
11	④	12	①	13	④	14	①	15	②
16	②	17	④	18	②	19	②	20	①

01 특수체육은 개인의 장애를 치료하는 데 주목적이 있는 것이 아니라 장애학생들이 일반체육의 활발한 활동 프로그램을 안전하고 성공적으로 참여할 수 있도록 장애학생들의 흥미·능력·장애한계에 적합하도록 계획된 발달활동·게임·스포츠·무용 등의 다양한 프로그램을 말한다. 특수체육은 정의적, 심동적, 인지적 목표를 추구한다.

02 세계보건기구에 의하면 장애는 신체 기능과 구조, 활동, 참여의 세 가지 영역 모두 또는 어느 한 가지 영역에서 겪게 되는 어려움으로 발생하며, 개인적·환경적 요인들에 의해서도 영향을 받는다. 〈보기〉의 내용은 그 중 참여에 해당한다.

03 지적장애인을 위한 체육활동의 변형 방법으로는 치기와 받기에서 더 부드럽고 가볍고, 느린 공 사용, 또는 더 큰 공을 사용하는 것 등이 있다. 비치볼은 배구공보다 가볍고 받기 부드럽다.

04 특수체육 용어의 시대별 변화
- 1900년대 초 : 의료체조(Medical Gymnastics)
- 1930~1950년 : 교정체육(Corrective Physical Education)
- 1950~1970년 : 특수체육(Adapted Physical Education)
- 1970~현재 : 특수체육(Adapted Physical Activity)

05 수행평가자는 생태학적 과제분석의 구성요소가 아니다. 생태학적 과제분석은 학생의 특성이나 선호도를 고려하면서, 동시에 운동기술이나 움직임 수행에 영향을 줄 수 있는 환경 요소를 함께 고려하는 과제분석 방법이다. 대상 학생을 중심으로 체육현장에서 실제적으로 평가하고 인지적·정의적·심동적 발달을 위해 과제를 세분화한다. 따라서 3대 구성 요소는 수행자, 수행환경, 수행과제이다.

06
- 뇌성마비 : 운동기능에 손상이 있으나 손상이 진행적이지 않다. 뇌성마비 장애인은 원시반사로 인해 효율적인 움직임이 어렵다. 뇌의 손상으로 인하여 근육의 경직성이 증가되고 시간이 지나면서 근육은 짧아지며 이차적으로 관절의 변형이 발생한다. 또한 이러한 변형과 함께 감각 기능, 지능 및 정서 등 여러 가지 중추신경기능의 이상이 동시에 생길 수 있다.
- 근이영양증 : 호흡기 근육군의 퇴화가 올 수 있다. 중추신경계나 말초신경계의 신경에는 손상이 없는 상태에서 근육 자체에 문제가 발생하는 질병이다. 이 질환은 몸의 근육을 만들어 주는 단백질이 제대로 형성되지 못해 근육이 조금씩 약해진다. 초기에는 자주 넘어지는 현상을 보이다가 점차 뛰고 걷기가 어려워지고 나중에는 앉아 있기조차 힘들어지다가 끝내는 눕게 된다. 간혹 호흡마저 힘들어지는 경우도 있다.

07 준거지향검사는 대상자의 점수를 준거에 비교하는 것으로, 준거는 사전에 설정된 숙달수준을 의미한다. 특정 기술이나 체력 등의 수준을 알아보는 데 유용하다. 준거타당도는 그 검사를 통해 예측하고자 하는 준거와 어느 정도 관련성이 있는지를 의미한다. 종류에는 예언타당도(그 검사 점수로 다른 준거점수 얼마나 예측해 낼 수 있는지)와 동시타당도(해당 검사 점수와 준거점수 동시에 얻어 나온 상관계수)가 있다.

08 PAPS-D
장애유형을 고려한 장애학생 체력 평가로 다양한 장애유형에 걸쳐 건강관련 체력을 측정할 수 있다.

[추가해설]
① PDMS-2 : 아동의 운동발달을 평가하는 것으로 반사, 정적인 움직임, 이동, 물체조작, 쥐기, 시각-운동 등 총 6개의 하위 영역으로 구성되어 있다.
② TGMD-2 : 대근운동발달 중 기본운동기술에 해당하는 이동기술과 조작기술 검사 항목으로 구성되어 있다.
③ BPFT : 건강체력 요소에 해당하는 심폐능력, 근골격계 기능, 신체조성에 대하여 장애유형별 특성을 고려하여 총 27가지 항목으로 측정할 수 있다.

09 〈보기〉는 근거기반 프로그램에 대한 설명이다. 근거기반 프로그램은 교육내용 선정에 앞서 문제가 되는 이슈에 대한 개념의 문헌연구를 진행하며 이를 기반으로 대상자와 교육 제공자에게 프로그램에 대한 요구도를 조사한다. 그리고 개발된 프로그램에 대하여 시범 교육 후 변화된 대상자의 인식과 실천 현황의 변화 및 대상자와 제공자의 피드백을 확인하는 평가단계를 거친다. 마지막으로 프로그램에 평가 내용을 반영하여 수정·보완하는 과정을 거친다. 결과적으로, 프로그램의 설계 과정은 학습자의 요구 → 필요성 → 실태 조사 → 문헌 연구의 단계를 거친다. 근거기반 프로그램은 교수활동의 모든 요소를 하나의 유기적 통합체로 보아 최소의 시간·노력·경비로 설정된 학습목표를 달성할 수 있게 한다.

10 임파워먼트란 책임과 권한을 참여자에게 부여하여 참여자 스스로가 주인의식을 가지고 주어진 과업을 적극적으로 책임있게 수행하려는 심리적 믿음이다. 임파워먼트의 구성 요인으로는 자기결정권, 사회적 참여, 자기 효능감 등이 있다.

11 체육활동의 변형으로 체육환경과 운동 용기구 및 기구의 변형, 규칙의 변형은 필요하지만 체육활동의 본질이 바뀌어서는 안 된다.

> [추가해설]
> **체육 공간이 갖추어야 할 기본 조건**
> • 접근성 : 거리상으로 장애학생들의 접근성을 확보하는 것이 스포츠센터나 공공기관을 신축할 때 최우선 과제이다.
> • 안전성 : 넘어지거나 부딪혔을 대 안전하도록 부드러운 재질의 벽과 바닥, 안전장치가 설치된 출입문, 미끄럽지 않은 이동통로, 긴급사태를 알릴 수 있는 불빛 경보 벨 등이 설치되어야 한다.
> • 흥미성 : 장애학생들의 흥미를 유발할 수 있는 사물을 배치하거나 창문, 벽 색깔을 화사한 색으로 꾸미는 것 등이 필요하다.
> • 효율성 : 음향시설, 촬영기기, 냉난방 시설, 활동 공간의 크기 등을 적절히 고려해야 한다.

12 자율신경계 반사 이상은 척수손상 부위 하부 척수절의 신체 부위에서 발생된 유해 자극에 의해 비정상적인 교감신경활성으로 유발되는 급성 증후군이며, 주로 제6번 흉추(T6) 이상의 손상에서 발생한다. 자율신경 반사 이상은 예방이 가능하다.

> [추가해설]
> 척수 손상을 당하게 되면 부위에 따라 감각·운동신경 외에 방광과 대장기능을 조절하는 자율신경의 기능을 상실하게 되며 다양한 임상증상을 보이게 된다. 마비된 몸의 부분에 따른 분류로, 사지마비는 목 부분에서 척수가 손상되는 것으로 몸통과 사지의 운동 또는 감각기능이 소실될 뿐 아니라 방광, 대장 및 성 기능까지도 소실된다.

13 ㉠·㉡·㉢·㉣ 모두 고려사항으로 옳은 것이다. 시각장애 아동에게 활동을 지도할 때는 선택의 기회를 제공하는 것이 중요하다. 신체활동에서 선택은 물체의 크기, 소리, 색, 재질감 등을 바탕으로 다양한 환경, 기구 등의 경우에 적용할 수 있다. 저시력장애인의 경우에는 청각과 촉각에 시각 정보를 함께 활용하도록 지도한다. 전맹일 경우에는 시범을 보이는 지도자의 자세를 자신의 손으로 확인하도록 한다.

14 확장적(Extensive) 지원은 학교, 가정, 지역사회 등과 같은 특정 환경에서만 정규적으로 장기간 지원되는 경우를 의미한다.

15 〈보기〉의 내용은 과잉교정 행동수정기법에 해당된다. 과잉교정은 문제 행동을 일으킨 경우에 강제적으로 반복하여 책임지게 하여 원래대로 되돌려 놓도록 하는 방법이다.

> [추가해설]
> ① 프리맥 원리 : 빈도가 높은 행동은 낮은 행동에 대하여 강화력을 갖는다는 원리이다.
> ③ 토큰강화 : 작동적 조건형성이론에 근거하여 기대행동이 일어날 때 이를 강화하기 위해서 주어지는 강화자극의 일종이다. 어떤 일을 잘 했을 때 학습자에게 상처럼 주는 것으로 앞으로 더욱 적절한 행동을 이끌어내는 방법이다.
> ④ 타임아웃 : 문제행동이 발생했을 때 정적 강화를 받지 못하도록 일정 시간 동안 분리시키는 것이다. 즉, 물리적 행동의 제재 없이 제외 또는 고립하거나 차단하여 문제 행동을 수정하는 방법이다.

16 자폐성 장애 아동 교육에서 가장 성공적이고 많이 쓰이는 방법 중 하나는 그림과 의사소통 보드의 활용이다. 시작부터 끝까지 일상적 과제를 수행하는 것은 과제에 대한 기대치를 향상시킬 수 있다. 또한, 유사성이 있는 일부 정보를 통해 점진적으로 새로운 정보를 소개할 수 있다.

17 시각장애인의 신체활동 지도를 위해 사전에 인지적 특성, 학습적 특성, 신체적·행동적 특성, 사회적 특성 등을 알아야 한다. 또한, 시력 상실의 원인, 시기, 잔존시력의 정도를 숙지할 필요가 있다.

18 부정확한 발음은 즉시 교정해 주는 것은 청각장애인의 체육활동 지도법에 어긋난다. 청각장애인의 발음이 부정확하거나 말하기가 쉽지 않다면 굳이 말할 것을 강요하지 말고 통역사를 통해 의사소통을 시도한다.

[추가해설]

청각장애인 체육활동 지도법
• 대화할 때 항상 시선을 맞추고 대화한다.
• 필요하면 대화를 위해 필기도구를 준비한다.
• 청각장애인이 명확히 이해하고 있는 수신호만을 이용한다.

19 발작 이후 즉시 심폐소생술을 실시하면 심장에 무리가 가기 때문에 쇼크가 올 수 있어 위험하다.

[추가해설]

발작이 일어났을 경우 응급처치법
• 안정을 취하고, 진정하면서 발작 시간을 측정한다.
• 주변의 위험한 물체를 치우고, 억누르려하지는 않되 머리는 보호한다.
• 의식이 없으면 옆으로 돌려 뉘어서 기도를 확보하고 입에 어떤 것도 넣지 않는다.
• 미주신경자극기용 자석을 사용한다.
• 무슨 일이 일어나는지 기록한다.

20 경직성 뇌성마비는 전신의 근긴장도를 증가시킨다.

[추가해설]

뇌성마비는 출생 전·출생 시·출생 후 뇌가 미성숙한 시기에 뇌의 병변에 의해 발생하는 운동 기능 장애를 총칭한다. 뇌성마비는 단일 질병이 아니라 다양한 원인과 병변을 포함하는 임상 증후군이며, 비진행성이다. 뇌성마비 어린이는 성장하면서 근육의 긴장도가 증가하여 뼈의 성장 속도를 따라가지 못하기 때문에 관절 운동 범위가 심하게 제약된다.

---

02 유아체육론

01	④	02	①	03	①	04	③	05	②
06	④	07	①	08	①	09	①	10	①
11	②	12	④	13	④	14	③	15	②
16	④	17	③	18	④	19	①	20	④

01 도식(스키마, Schema)은 생각이나 행동의 조직된 패턴으로 선입견의 정신적 구조다. 새로운 정보를 지각하고 조직화하는 시스템으로서 작동하며, 자신의 도식에 맞는 정보를 선호하는 경향이 있다. 피아제의 도식 발달 과정은 동화과정(Assimilation) → 조절과정(Accommodation) → 평형과정(Equilibrium)이다.

02 ㉠ 영유아 발달순서는 머리에서 다리로(두미법칙), 중심에서 외곽으로(근말식 법칙)으로 발달한다.
㉡ 반사는 출생 후 나타나는 기본적인 불수의적 움직임으로 운동행동을 진단하는 역할을 한다.
㉢ 영유아의 안정 시 분당 심박수는 성인보다 높으며 성장하면서 점차 낮아진다.
㉣ 연령이 증가함에 따라 몸통과 다리가 길어지고 머리의 비율이 작아진다.

03 **비대칭목경직반사(Asymmetric Tonic Neck Reflex)**
• 누워 있는 상태에서 머리를 한쪽 방향으로 돌리는 자극에 의해 출현하는 원시반사로 생후 4개월까지 유지된다.
• 머리가 돌아간 방향과 같은 방향의 팔과 다리의 신전하고, 반대편 팔과 다리는 굽힘이 발생한다.
• 생후 6개월 후에도 나타나면 여러 기형적인 신체발달의 위험이 있다.

[추가해설]

대칭목경직반사(Symmetric Tonic Neck Reflex)
• 생후 6~7개월 사이에 나타난다.
• 목을 뒤로 젖히는 경우 팔이 신전되고 다리의 수축하며, 목을 앞으로 굽히는 경우 팔이 수축하고 다리의 신전된다.
• 반사가 지속적으로 나타나면 머리 제어와 관련된 여러 운동 능력의 발달이 저해된다.

04 **스키너(B. Skinner)의 행동주의 이론**
• 인간행동은 내적 충동에 의해 결정되기보다는 외적자극(환경)에 의해 동기화된다(환경의 결정력 강조).
• 인간은 보상과 처벌에 의해 유지되는 기계적 존재이다.
• 인간행동은 예측가능하고 통제가 가능하다.

05 **드리블동작**

시작단계	• 양 손으로 공을 잡고 양 팔로 공을 아래로 튕긴다. • 공이 튀는 높이가 일정하지 않다.
초보단계	• 한 손은 공의 윗부분, 다른 손은 공의 아랫부분을 잡는다. • 공을 아래로 튕기는 힘이 일정하지 않다. • 드리블 하는 동안 공에 대한 제어가 서투르다.
성숙단계	• 두 발을 좁게 선 다음 한 발을 앞으로 내밀고 반대편 손을 내밀어 드리블한다. • 드리블 하는 동안 공을 제어할 수 있다.

06
- 축성안정성 : 몸통 앞으로 굽히기, 몸 펴기·비틀기 등
- 동적평형성 : 앞구르기, 재빨리 피하기 등
- 정적평형성 : 혼자 힘으로 서기, 손잡아주기 않고 서기, 기초적인 물구나무 서기 등

07 에릭슨(E. Erikson)의 심리사회발달 단계 중 3단계(주도성 대 죄책감 단계)는 초기 아동기(만 3~6세)에 해당되며, 이 시기 유아는 새로운 것을 이소해도 좋다고 느끼지만 반면에 새로운 시도를 두려워하며 이에 대한 실패 또는 비난을 두려워한다. 또한 언어능력과 운동기능이 성숙하면서 호기심이 많아지는 시기이기도 하다. "주도하는가, 죄의식을 갖는가"가 쟁점이며 책임감이라 할 수 있는 주도성은 부모가 자녀의 목표를 지지할 때 발달되지만 부모가 너무 자기 억제를 요구하는 경우에 아동은 과도한 죄책감을 느낄 수 있다.

08 지각운동발달 구성요소

신체지각	• 신체 각 부분의 정의 • 신체 모양과 위치 • 신체움직임에 대한 자각 • 신체를 통한 느낌 표현
공간지각	• 물체와 관계의 지각 • 자기공간과 타인 공간의 인식 • 안전한 공간의 인식 • 높이의 이해, 안과 밖, 위와 아래, 깊이, 크기, 거리의 이해
시간지각	• 청각적인 다양한 리듬정보가 시간지각을 발달시킴 • 과거, 현재, 미래, 오전, 오후, 아침, 점심, 저녁 • 속도(빠른 리듬, 느린 리듬), 리듬에 맞춘 동작의 발달
방향지각	• 양측성 : 전·후, 좌·우, 상·하에 대한 지각 • 방향성 : 양측성 발달 중 자기 신체 좌우 변별, 자기 신체를 중심으로 앞뒤와 좌우 변별, 두 물체 간의 좌우 변별 등 위치 관계 이해 • 서로 다른 방향의 인지·전환 익히기 : 전·후, 좌·우, 상·하 • 지나가는 방법 이해 : 지그재그, 똑바로 걷기, 커브
관계지각	• 신체부분 : 둥글게, 좁게·넓게, 대칭·비대칭 • 사물과 타인의 관계 : 위·아래, 앞·뒤, 가까이·멀리 • 사람들 간의 관계 : 일치·대비, 혼자·짝지어서, 이끌고·따라가고

09 왕복달리기 시간의 측정은 민첩성, 1분 간 앉았다 일어나기 동작 횟수의 측정은 심폐지구력, 평균대 위에서 한 발로 서있는 시간의 측정은 평형성을 측정하기 위한 검사 방법이다.

추가해설

체력운동발달 구성요소

건강 관련 체력 요소	유연성	몸의 부드러운 정도 예 다리뻗고 앉아 허리 굽히기, 스트레칭
	근력	근육 수축으로 생기는 힘 예 윗몸일으키기, 턱걸이
	근지구력	근육을 오래 움직일 수 있는 능력 예 잡아당기기, 매달리기
	심폐지구력	전신운동을 일정한 강도로 지속할 수 있는 능력 예 오래달리기, 줄넘기
수행 관련 체력 요소	속도	움직이는 물체의 빠른 정도 예 50m 달리기
	민첩성	자극에 대해 신체를 빠르게 움직이는 능력 예 왕복달리기, 신호 따라 방향바꾸기
	순발력	순간적으로 강한 힘을 발휘하는 능력 예 높이뛰기, 제자리멀리뛰기
	협응성	근육·신경기관·운동기관 등 움직임의 상호 조정 능력 예 공 던지고 받기
	평형성	신체의 균형을 유지하는 능력 예 평균대 걷기, 한 발로 서기

10 뛰어오르기(수직점프) 성숙단계의 특징은 도약지점에서 매우 가까운 지점에 착지하는 것이다.

11 유아 운동발달 프로그램의 기본원리

적합성의 원리	아이에게는 영역별 발달이 활발하게 일어나는 시기가 있다. 이 시기에 아이들은 각 영역에 맞는 다양한 정보를 습득하고 조작하면서 배우고 익혀나가는데, 이를 '결정적 시기' 또는 '민감기'라고 한다. 민감기는 6세까지의 시기에 대부분 진행되며, 적절한 자극을 주면 아이는 제대로 발달할 수 있지만 이 시기를 놓치게 되면 그 영역의 발달이 더뎌진다. 유아들의 운동프로그램을 구성할 때에는 민감기를 고려해서 적절한 운동을 경험할 수 있도록 해야한다.
방향성의 원리	유아체육에서는 유아들이 발달하는 부분만 다루고, 유지되거나 쇠퇴하는 부분은 다루지 않는다. 아동의 발달은 일정한 순서와 방향에(두미원리, 중심말초원리, 세분화의 원리) 따라서 이루어지므로 유아들을 위한 운동프로그램을 구성할 때에도 그 순서와 방향에 부합되어야 한다.
특이성의 원리	발달은 일정한 순서와 방향에 따라 이루어지지만, 개인에 따라 다양한 차이가 있다(언어발달, 신체발달, 사회성발달). 발달에는 개인차가 있으므로 유아들을 위한 운동프로그램을 구성할 때에는 개개인의 발달차이를 고려해야 한다.
안전성의 원리	유아들은 호기심이 강하고 주의력과 조심성이 부족하기 때문에 위험한 환경에 노출되어 있다. 따라서 유아체육활동이 안전한 공간에서 이루어지도록 지도해야 한다.
연계성의 원리	교육과정의 내용이 여러 가지 측면에서 서로 연관성이 있어야한다. 운동·인지·사회성·정서발달의 상호작용이 이루어지도록 수업내용들이 서로 관련되고 일관성이 있어야 한다.
다양성의 원리	유아들은 집중력이 떨어지고 쉽게 흥미를 잃어버리는 특성이 있기 때문에 유아들의 흥미를 끌려면 운동프로그램을 아주 다양하게 구성해야 한다.

12 유아의 기본운동기술 유형에는 안정성 운동, 이동성 운동, 조작성 운동 등이 있다. 그 중 조작성 운동은 기구를 다루는 능력을 기르는 운동으로 배트로 치기(Striking), 날아오르는 공을 발로 잡기(Trapping) 등이 있으며 구체적으로 추진 조작운동(굴리기, 던지기, 치기, 튀기기 등)과 흡수 조작운동(받기, 볼 멈추기 등)으로 구분된다.

13 유아기는 성 인식의 차이가 미미하므로 분리활동을 하지 않는다.

14 세계보건기구(WHO)가 권장한 유아·청소년기 신체활동 지침(2020)
- 1~2세 아동 : 대·중간 강도 이상간 최소 180분간 매일 신체 활동을 해야 한다.
- 3~4세 어린이 : 매일 적어도 180분간의 신체 활동을 해야 한다.
- 5~17세 어린이와 청소년 : 매일 적어도 합계 60분의 중간강도 내지 격렬한 강도의 신체활동을 해야 한다.

15 유아체육활동은 세부적인 기술과 결과보다는 운동의 근본적인 목적을 설명해주고 과정을 중시하여 자연스런 표출을 유도하여야 바람직하다.

16 신체적 자기개념(Self-concept)은 자신의 비만, 유연성, 근력등 신체에 대한 생각 또는 개념을 뜻하며 스포츠 참여는 신체적 능력에 대한 개념 형성에 도움이 된다.

17 유아의 운동기술 수준에 맞는 도전적인 프로그램을 제공하고 무조건적인 칭찬이 아닌 과제성취에 대해 노력에 연계된 격려를 제공하여야 신체활동 참여 동기를 증진시킬 수 있다.

18 난이도가 있는 과제를 지도 시 말 보다는 시범을 보이면서 설명하면 유아들의 이해부족에 따른 안전사고가 감소된다. 시범은 정확히 반복적으로 실시하여 유아들이 모방을 통해 정확한 동작을 수행할 수 있도록 한다.

19 교재교구는 유아가 쉽게 선택할 수 있도록 사용이 용이해야 하고, 자주 사용되는 교재나 자료 등을 비치하며, 주제나 계절에 따라 주기적으로 교체하여 배치한다. 또한 유아들은 집중력이 떨어지고 쉽게 흥미를 잃어버리는 특성이 있기 때문에 흥미유발을 위해 다양한 교구를 사용하도록 한다.

20 2019년 개정된 누리과정에서 신체운동·건강 영역의 내용 범주로는 '신체활동 즐기기', '건강하게 생활하기', '안전하게 생활하기'가 있다.

01	③	02	①	03	④	04	④	05	②
06	③	07	③	08	②	09	①	10	②
11	③	12	②	13	①,②,③,④	14	③	15	③
16	②	17	②	18	④	19	③	20	④

01 수축기 혈압과 이완기 혈압은 나이가 들수록 증가한다. 동맥벽의 지방축적으로 인한 경화와 신경과민, 신장기능 부전 등으로 동맥이 말초혈액 흐름에 저항을 주기 때문이다.

02 **노화의 생물학적 이론**
- 유전적이론 : 인체 내의 노화 속도를 결정하는 데 있어 유전적인 역할에 초점을 둔다.
- 손상이론 : 세포 손상의 누적이 세포의 기능장애와 괴사에 핵심적인 결정요소이다.
- 점진적 불균형 이론 : 인체 기관이 각기 다른 속도로 노화하면서 생물적 기능, 특히 중추신경계와 내분비계에 불균형을 초래한다.

03 에릭슨의 심리사회적 발달 8단계 중 노년기는 통합감(자아주체성) 대 절망감의 단계로 통합과 성취감 속에서 죽음을 겸허히 받아들이거나 생에 대한 불만족과 죽음에 대한 낙심이 나타난다.

04 **발테스(Baltes)의 보상이 수반된 선택적 적정화 이론**
성공적 노화는 선택, 적정화, 보상의 3가지 전략과 관련된 과정이다. 주어진 환경 속에서 개인의 능력에 적합한 활동을 선택하고 다양한 수단과 방법으로 최적화하며, 보상을 얻는다는 주장이다.

05 운동(Exercise)은 체력·건강을 유지하며 향상시키려고 수행하는 계획적이고 구조화된 신체활동을 의미한다.

06 코로나 19로 인해 외부와의 접촉이 단절되어 고립감이 증가했다.

07 반두라의 자기효능감 이론에서 자기효능감에 영향을 주는 요인은 다음과 같다.
- 성취경험(성공수행경험) : 목표를 달성하기 위하여 시도한 결과 성공과 실패의 경험에 따라 자기효능감이 달라질 수 있다.
- 대리경험(간접경험) : 타인의 성공과 실패 경험을 절실하게 목격하는 대리 경험에 의해 자기효능감이 달라질 수 있다.
- 언어적 설득 : 타인으로부터 해낼 수 있다는 말을 얼마나 자주 듣느냐 따라 자기효능감이 달라질 수 있다.
- 정서적 각성(정서적 상태) : 인간은 불안, 좌절 등과 같은 정서적 반응과 그것을 조절하는 능력에 의해서 자기효능감이 달라진다.

08 노인을 힘없는 무능력자로 보면 절대 안 된다. 노인과 가까워질 경우 호칭은 부모님을 대하듯이 해야 한다.

09 행동주의 학습지도 원리를 이용하여 무의식적·암묵적으로 사용해 온 지도방법을 수정하고 개선할 수 있다. 바람직한 행동에 대한 강화 즉, 학습과정에서 칭찬과 꾸중, 정보 등의 피드백을 적절한 방식으로 사용하여야한다.

추가해설

행동주의 학습지도의 기본원리
- 작은 단계의 원리 : 학습과정을 작은 단계로 나눈다.
- 적극적 반응의 원리 : 학습자가 적극적으로 활동하도록 한다.
- 즉시 확인의 원리 : 즉각적으로 피드백을 한다.
- 학습자 검증의 원리 : 오답 시 수정기회를 제공하여 검증한다.
- 자기 진도의 원리 : 개인차에 따른 진도를 조절한다.

10 ㉠ 30초 아령 들기 : 장보기, 가방 나르기, 물건 들어올리기 같은 활동을 할 때, 필요한 상체 근력을 측정한다.
㉡ 2.4m 왕복 걷기 : 갑자기 버스에서 내리기, 일어서서 화장실 가기, 전화 받기와 같이 빠른 동작을 할 때 필요한 민첩성과 평형성을 측정한다.

11 저항성 운동을 할 경우 근력, 근지구력, 골밀도, 대사율이 증가된다. 골밀도는 평형성 운동, 근비대는 근비대 운동, 혈관 경직도는 유산소 운동에 해당한다.

12 ② 트레드밀을 이용한 검사는 속도보다 경사 위주로 증가시키는 것이 적합하다
① 평형성과 근신경 협응이 저조하고 시력손상 및 체중부하운동이 제한적일 경우 트레드밀보다 자전거 에르고미터검사가 권장된다.
③ 트레드밀 검사에서 손잡이를 잡으면 운동능력이 과대평가되어 운동능력 예측이 감소하지만, 안정성을 위해서는 손잡이를 잡을 수 있다.

13 노인의 수중운동 지도 시 유의점
- 충분한 준비운동을 한 후 물 속에 들어간다.
- 근력이 부족한 노인은 물속 걷기가 적합하다.
- 입수·퇴수를 용이하게 하고 안전에 만전을 기한다.
- ※ 모든 보기가 옳은 지도방법이므로, 문제 오류로 전항 정답처리 되었습니다.

14 요통예방을 위한 바른 자세
- 서 있는 자세 : 귀·어깨선단·엉덩이 뼈의 중앙·슬개골 바로 뒷부분·발목 뼈 외측의 정면라인이 일직선이 되어야 요통을 예방할 수 있다. 또한 장시간 서 있는 것은 요통예방에 좋지 않다.
- 수면 자세 : 옆으로 누운 태아 모양이 건강한 척추를 유지하는 데 가장 좋다.
- 앉은 자세 : 등보다 허리가 등 받침에 밀착되도록 해야 척추가 곧게 펴진다. 무릎은 의자와 직각이 되게 하고, 다리를 꼬는 자세는 허리에 부담을 준다.
- 바른 들기 자세 : 물건을 들 때는 물체를 되도록 몸에 밀착시키고, 허리를 구부리지 않고 무릎을 굽혀서 들어올린다. 허리를 편 채 엉덩이와 다리의 근육을 이용하는 것이 좋다.

15 〈보기〉의 사례에서 관상동맥질환의 위험인자는 다음과 같다.
- 연령 : 고령으로 인한 혈관약화
- 가족력 : 직계가족이 심혈관질환으로 사망
- 총콜레스테롤 : 200mg/dL 이상인 경우
- 고밀도지단백질 콜레스테롤 : 35mg/dL 미만으로 낮은 경우
- 고혈압 : 정상혈압은 140mmHg / 90mmHg 이상
- 흡연 : 현재 흡연(10대부터 하루 20개피 이상)
- 운동부족

16 미국스포츠의학회(ACSM)가 제시한 노인의 신체활동 권고지침에 따르면 근력강화운동은 주 2일 이상, 다리·엉덩관절·가슴·허리·배·어깨·팔 등의 근육을 강화하는 운동을 해야 한다. 근력강화운동은 일상활동을 할 때보다 근육을 더 많이 사용하는 운동이다. 역기, 탄력밴드 운동, 팔굽혀펴기, 턱걸이, 윗몸일으키기, 계단오르기 등이 근력강화운동에 속한다.

17 준비운동은 폐의 혈류 저항을 감소시킨다.

[추가해설]

준비운동 및 정리운동의 효과

준비운동	• 심박수가 증가하여 운동에 적합한 신체가 된다. • 정맥순환을 도와 심장이 정상기능을 발휘한다. • 근육을 이완시키고 관절가동범위를 넓혀서 부상을 줄인다. • 혈중산소포화도를 증가시켜 근육의 산소 이용률을 증가시킨다. • 폐 혈류의 저항을 감소시켜 폐의 혈액 순환을 향상시킨다.
정리운동	• 운동 후 체온을 낮추고, 뭉친 근육을 풀어 부상을 방지한다. • 빈혈과 현기증 발생을 방지한다. • 근육통과 근육경직을 예방하여 부상을 방지한다. • 호흡, 심박수를 활동 전 수준으로 되돌리는 데 도움을 준다. • 혈중젖산농도를 낮추는 데 도움을 준다.

18 ①·④ 폭이 좁은 오리걸음 패턴(활보장 감소)으로 보폭이 감소하고 분당 보폭수가 증가한다.
② 양발 지지(Double Support)는 걸음을 걷는 과정에서 두 발이 모두 바닥에 닿는 시점을 나타내는 용어이다. 양발 지지에 걸리는 시간(양발 지지기)이 차지하는 비율은 나이가 들면서 증가한다.
③ 노인들은 고르지 않거나 미끄러운 표면에서 걷거나, 균형을 잃었다고 느끼거나, 낙상을 두려워할 경우 안정적으로 걷기 위한 의식적 관여가 증가한다.

19 노화로 인한 인지기능의 저하로 단기기억력이 감소하므로 동작의 속도와 방향을 단순화하여야 한다.

20 노인은 중추 및 말초신경계의 노화로 감각정보 통합능력이 감소한다. 또한 체성감각 기능 저하로 낙상사고가 많이 발생한다.
① 노화로 인한 시력 저하에 대비해 안경을 쓴다거나, 병원을 찾아 체성감각 이상을 치료하는 등의 의식적인 노력을 통해 균형감을 향상시킬 수 있다.
② 시력 약화는 균형감을 약화시킨다. 시력은 주변 사물과의 상대적인 위치 정보를 제공한다.
③ 전정계 기능의 저하는 약화시킨다. 전정계는 신체의 움직임에 대한 정보를 제공한다.

무언가를 위해 목숨을 버릴 각오가 되어 있지 않는 한
그것이 삶의 목표라는 어떤 확신도 가질 수 없다.

– 체 게바라 –

2024 SD에듀 스포츠지도사 2급 필기 한권으로 끝내기

개정9판1쇄 발행	2023년 10월 10일 (인쇄 2023년 08월 24일)
초 판 발 행	2015년 03월 05일 (인쇄 2015년 01월 22일)
발 행 인	박영일
책 임 편 집	이해욱
편 저	배성우 · 정상훈
편 집 진 행	김은영 · 김신희
표 지 디 자 인	하연주
편 집 디 자 인	차성미 · 채현주
발 행 처	(주)시대고시기획
출 판 등 록	제10-1521호
주 소	서울시 마포구 큰우물로 75 [도화동 538 성지 B/D] 9F
전 화	1600-3600
팩 스	02-701-8823
홈 페 이 지	www.sdedu.co.kr
I S B N	979-11-383-5542-1 (13690)
정 가	30,000원

스포츠지도사
2급 필기 한권으로 끝내기

필수과목

2급 장애인 + 유소년 + 노인